图　例

◉	国家首都	——	地区界
◎	城市	……	军事分界线
	国界		珊瑚礁
	未定国界		

比例尺　1:2500万

说明：本图上中国国界线系按照中国地图出版社1989年出版的1:400万《中华人民共和国地形图》绘制。

广西壮族自治区测绘局

国家测绘局地图图形审核批准号：（2004）325号

2004年5月

中国和东盟各国国旗及东盟旗

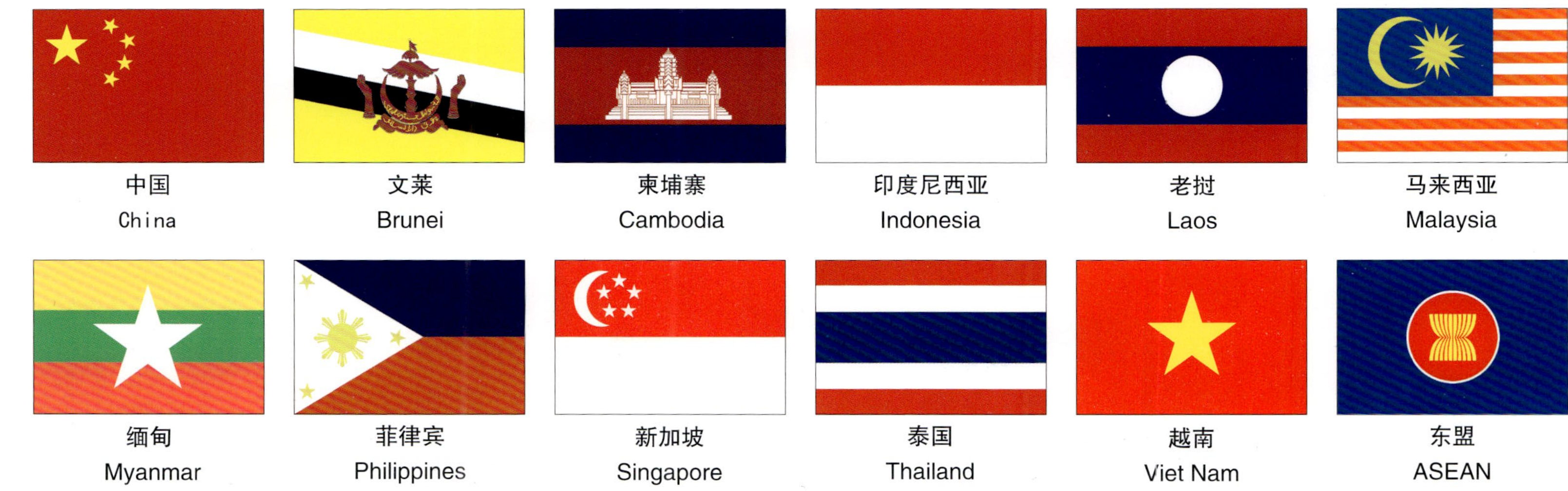

第9届中国—东盟博览会

2012年9月21日，第9届中国—东盟博览会在南宁国际会展中心开幕。中共中央政治局常委、中国国家副主席习近平，缅甸总统吴登盛，老挝总理通邢，越南总理阮晋勇，马来西亚副总理穆希丁，泰国副总理吉迪拉，柬埔寨国务兼商业大臣占蒲拉西，以及文莱工业与初级资源部部长叶海亚，菲律宾贸易和工业部副部长潘里利奥，新加坡贸工部兼国家发展部高级政务部长李奕贤，印度尼西亚贸易部出口总司总司长吉司马迪，东盟秘书处副秘书长林康宪，联合国贸发会议秘书长素帕猜，中共广西壮族自治区委员会书记郭声琨，广西壮族自治区主席马飚等出席开幕式。

时值《中国—东盟全面经济合作框架协议》签署10周年、中国—东盟科技合作年，第9届中国—东盟博览会具有特殊而深远的意义。开幕式举办场地朱槿花厅里气氛隆重、热烈，主席台金碧辉煌，会场四周环廊繁花似锦，现场友好、和谐氛围洋溢，象征中国与东盟的友好合作欣欣向荣、前景美好。

9时，开幕式正式开始。第9届中国—东盟博览会主题国缅甸商务部长吴温敏主持开幕式。缅甸总统吴登盛、中国广西壮族自治区

主席马飚、中国商务部国际贸易谈判代表兼副部长高虎城分别致辞。

致辞结束后，主席台巨大的电子显示屏播放展示博览会在中国与东盟友好交流、经贸促进和多领域合作等方面成就的精彩短片，彰显合作共赢、促进发展的主题。短片最后定格在“10+1＞11”的巨大字符上，让整个会场再次释放出合作的深意。

9时35分，中共中央政治局常委、中国国家副主席习近平宣布第9届中国—东盟博览会开幕，14位嘉宾共同为开幕剪彩。

第9届中国—东盟博览会历时5天，设展位5710个，比上届增加710个，参展企业2280家，参展客商5.2万人，比上届增长2.8%。累计交易额17.78亿美元，增长3.9%。签订国际经济合作项目118项，投资总额82.04亿美元，增长10.6%。中国企业签订对外投资项目63项，投资总额30.58亿美元，增长15.4%。签订国内经济合作项目104项，投资总额802.12亿元，增长9.7%。举办地广西签订国际合作项目69项，投资总额56.66亿美元。

① 中共中央政治局常委、中国国家副主席习近平参观第9届中国—东盟博览会展馆
② 缅甸商务部部长吴温敏主持开幕式
③ 缅甸总统吴登盛致辞
④ 中国广西壮族自治区主席马飚致辞
⑤ 中国商务部国际贸易谈判代表兼副部长高虎城致辞
⑥ 14位嘉宾共同为第9届中国—东盟博览会剪彩
⑦ 签约仪式
⑧ 2012中国—东盟智库战略对话论坛
⑨ 2012中国—东盟先进制造业发展论坛
⑩ 中国—东盟生态宜居城市建设南宁论坛
⑪ 南宁国际会展中心外景
⑫ 马来西亚副总理穆希丁参观第9届中国—东盟博览会展馆
⑬ 越南总理阮晋勇出席越南展馆剪彩仪式
⑭ 老挝总理通邢参观第9届中国—东盟博览会展馆
⑮～㉚ 第9届中国—东盟博览会展馆和展厅

第9届中国—东盟商务与投资峰会

2012年9月21日，第9届中国—东盟商务与投资峰会暨中国—东盟自由贸易区论坛在南宁开幕。峰会由中国商务部、贸促会、广西壮族自治区人民政府共同举办，东盟10国的工商会协办。峰会以“互联互通、携手共赢”为主题。中国国家副主席习近平，缅甸总统吴登盛，老挝总理通邢，越南总理阮晋勇，马来西亚副总理穆希丁，泰国副总理吉迪拉，柬埔寨国务兼商业大臣占蒲拉西，文莱工业与初级资源部部长叶海亚，菲律宾总统特使内政部长罗哈斯，新加坡贸工部兼国家发展部高级政务部长李奕贤，印度尼西亚贸易部出口总司总司长古司马迪，东盟副秘书长林康宪，中国商务部国际贸易谈判代表兼副部长高虎城，中共广西壮族自治区委员会书记郭声琨，自治区主席马飚等出席开幕式。在开幕式上，习近平以《携手推进深度合作　共同实现持续发展》为题发表主旨演讲，吴登盛代表东盟各国致辞，郭声琨致欢迎辞，高虎城致中国—东盟自由贸易区启动建设10周年贺辞。11国政府有关部门负责人，国际和区域组织代表，工商界代表及专家学者约1500人参加开幕式。中国国际贸易促进委员会副会长于平主持开幕式。

中国国家副主席习近平代表胡锦涛主席和中国政府、中国人民对峰会及论坛的召开表示热烈祝贺，对莅临会议的东盟国家领导人和嘉宾表示诚挚的欢迎。习近平在主旨演讲中说，中国—东盟博览会和中国—东盟商务与投资峰会自2004年起已连续举办8届，累计有42位中国和东盟国家领导人、1500多位部长及贵宾出席，30多万客商踊跃参会。这些成效充分表明：中国—东盟博览会和商务与投资峰会不但是中国和东盟10国共同搭建的经贸等多领域有效合作的大平台，也是中国—东盟自贸区建设的助推器，给双方企业和人民带来了实惠，在

中国和东盟合作中发挥着越来越重要的作用。习近平指出，中国与东盟各国友好关系源远流长，上世纪90年代初建立的中国—东盟对话关系开启了双方关系新篇章。双方政治互信不断加强，贸易增长不断加快，经济融合不断加深，互联互通不断加速，合作之路越走越坚实、越走越宽广。习近平表示，中华人民共和国成立60多年来、特别是改革开放30多年来，虽然在现代化建设方面取得举世瞩目的成就，但中国是世界上最大发展中国家的国际地位没有变，中国独立自主的和平外交政策没有变，中国走和平发展道路和实行对外开放的基本国策没有变。中国越是发展，同地区和世界的联系越是紧密，就越需要一个稳定的地区环境与和平的国际环境。中国近代以来曾饱经沧桑，我们深知发展之重要、和平之珍贵，将坚定不移走和平发展道路，坚定不移奉行互利共赢的开放战略，坚定不移贯彻与邻为善、以邻为伴的周边外交方针。习近平强调，中国始终是维护地区与世界和平稳定的坚定力量，我们坚定捍卫国家主权、安全、领土完整，致力于通过友好谈判，和平解决同邻国的领土、领海、海洋权益争端。我们永远不争霸、永远不称霸。既通过维护世界和平发展自己、又通过自身发展维护世界和平，这就是中国和平发展道路的题中应有之义。习近平说，当前世界经济增长乏力，欧债危机持续发酵，面临诸多不稳定不确定因素。亚洲地区虽然也面临不少困难和挑战，但总体仍保持较快发展势头。中国同东盟作为友好近邻和战略伙伴，应携手推进深度合作，共同赢得持续发展。他提出四点建议：一是更大力度提升自贸区建设水平；二是更大力度深化双向投资合作；三是更大力度推进互联互通建设；四是更大力度促进社会人文交流。习近平最后指出，在经济全球化、区域一体化深入发展的新形势下，中国和东盟的前途命运比以往任何时候都更加紧密地联系在一起。不断深化中国—东盟战略伙伴关系，是双方共同的战略选择。中国愿同东盟各国携手共进，共同开创中国—东盟友好合作更加美好的明天。

吴登盛在开幕式上代表东盟各国致辞中高度评价习近平在主旨演讲中阐述的中方愿与东盟携手推进合作、共同发展繁荣的政策理念，表示相信在双方共同努力下，中国—东盟合作的前途光明、前景广阔。指出这届峰会围绕“互联互通、携手共赢”的主题进行交流，为东盟与中国政府、企业间的经贸交流创造了平台。实施东盟互联互通总体规划将为东盟与中国间的物质互联互通、组织间的互联互通以及人与人的互联互通创造良好的条件。吴登盛表示，东盟与中国的安宁和繁荣促进了双方人民的交往。缅甸与中国是友好邻邦，传统友谊源远流长，无论是在物质上还是在精神上都紧密相连。相信未来双方的贸易往来还有很大的提升空间。缅甸和中国将继续发展互利合作关系，加强经贸、农业、能源、旅游、科技、人力资源和卫生等领域合作，为全面建成中国—东盟自由贸易区而努力，促进地区内和地区外的和平稳定与发展。

峰会期间还举办马来西亚领导人与中国企业家圆桌会、缅甸国家领导人与中国企业CEO圆桌对话会、中国—东盟商会领袖论坛等。

① 中国国家副主席习近平发表主旨演讲
② 缅甸总统吴登盛致辞
③ 中共广西壮族自治区委员会书记郭声琨致欢迎辞
④ 中国商务部国际贸易谈判代表兼副部长高虎城致贺辞
⑤ 中国国际贸易促进会副会长于平主持开幕式
⑥ 中国国家副主席习近平会见老挝总理通邢
⑦ 中国国家副主席习近平会见泰国副总理吉滴叻
⑧ 中国国家副主席习近平会见越南总理阮晋勇
⑨ 中国国家副主席习近平会见马来西亚副总理穆希丁
⑩ 中国国家副主席习近平会见缅甸总统吴登盛
⑪ 第9届中国—东盟商务与投资峰会暨2012中国东盟自由贸易区论坛闭幕式会场
⑫ 缅甸领导人与中国企业CEO圆桌对话会
⑬ 中国—东盟商会领袖论坛
⑭ 马来西亚领导人与中国企业家圆桌会

第14届南宁国际民歌艺术节

南宁国际民歌艺术节开幕式晚会 2012年9月21日晚在南宁广西体育中心上演。出席晚会的有出席中国—东盟博览会的中共中央、国家机关人员、东盟各国代表团成员、中国各省区市代表团成员，参加“两会一节一论坛”的部分重要客商、参展商和市民。

开幕式360度全景式舞台设计前卫、亮丽，象征南宁市的“朱槿花”在中央绚丽盛开。舞台璀璨的灯光焰火、大型钻石造型的电子显示屏营造出如梦如幻的唯美境界，“大地飞歌”4个字在绚彩灯光的映照下熠熠生辉，分外夺目。整台晚会由《飞歌壮乡》、《天地同心》、《时代同行》、《唱游未来》四部曲普就，围绕“中华同心，东盟同行”的主题，共安排节目30个。晚会以音乐突出主题，由中国国内著名音乐制作人对传统民歌进行全新编配，使淳朴的民歌形态与声、光、电融合，音乐的展现与全场大视觉设计、焰火、道具、舞蹈达到完美融合。

20时30分，一曲《飞歌壮乡》拉开晚会帷幕，歌手赵羽、韦晴晴精彩的演出引来观众如潮般的掌声。接着，流行歌手谢霆锋以成名曲《因为爱所以爱》、《谢谢你的爱 1999》唱响如歌的爱；民歌手陈笠笠甜美演绎《我为你插上腾飞的翅膀》，王莉、师鹏一曲《我像雪花天上来》，唱出银装素裹、漫天雪花的浪漫；“一声所爱·大地飞歌”民歌大赛中的优胜者木江子组合、张倩云、赵文等选手轮番演绎《想亲亲》、《多谢了》、《茉莉花》、《牧歌》等天南地北、风格迥异的经典民歌串烧联唱，以时尚的音乐方式传承演绎民歌经典，别有风味；广西歌手廖鸿飞明亮唱响《青藏高原》、方妮深情演唱《山歌好比春江水》；丹麦的迈克学摇滚乐队、韩国歌手李贞贤一一亮相，唱出外国艺术家对民歌的眷恋，对广西山水和绿城南宁的喜爱；曹芙嘉将经典老歌《花儿为什么这样红》唱出时尚味；王宏伟高歌广西原创歌曲《南国母亲河》；广西籍歌手胡夏、汪小敏联袂献上晚会全新主题曲《歌声闪亮》，歌曲感怀绿城南宁的旖旎风情，回顾14年“大地飞歌”在记忆中的闪亮瞬间。

《唱游未来》曲终意犹未尽，民歌手们走上舞台，共同唱响中国—东盟博览会会歌《相聚到永久》。

外国艺术家专场演出 2012年9月22日晚在南宁人民会场上演。意大利、西班牙、斯洛文尼亚、缅甸、罗马尼亚、德国、比利时、奥地利等13个国家的艺术家心手相牵，共同放歌南宁。

加拿大第一民族艺术团的“圈舞”，保加利亚国家民族合唱团的“纳达莉亚”，西班艺术家的“嘀哩嘀哩嗒郎”等节目赢得观众阵阵热烈掌声。德国丽得理舍·安弗乐团、缅甸艺术团、罗马尼亚民间乐团、斯洛文尼亚民族音乐团等轮番亮相，精彩的表演让观众倍享视听盛宴。晚会进行将近两小时。最后，踏着音乐的节奏，打着欢快的拍子，来自13个国家的艺术家与现场观众共同跳起广西“多耶”舞，将现场气氛推至高潮。

绿城歌台群众文化活动 2012年9月22～23日在南宁市6县6城区的各大广场、社区同时开展。西班牙、南非、奥地利、保加利亚、意大利、德国、加拿大、罗马尼亚、比利时、斯洛文尼亚、印度、缅甸、越南等国家的艺术家和广西艺术家共同为市民奉献15台视听盛宴。民族风情浓郁的演出，让各界来宾深切感受到了天下民歌最眷恋的地方的城市魅力。

①~⑤ 第14届南宁国际民歌艺术节开幕式晚会演出场景

⑥~⑱ 民歌节精彩节目

⑲~⑳ 外国艺术家专场演出场景

㉑~㉒ 绿城歌台演出场景

①

②
③
④
⑤
⑥
⑦
⑧
⑨
⑩
⑪
⑫
⑬
⑭
⑮
⑯
⑰
⑱
⑲
⑳
国际民歌艺术节组委会
南宁市青秀区委员会
㉑
主办单位：南
承办单位：中
南
㉒

GUANG XI KE JI

近年来，广西科技事业得到快速发展，创新能力大幅度提升，创新型广西建设步伐加快，在稳增长、促转型、扩内需、惠民生、保稳定中发挥了重要的支撑作用，为加快富民强桂新跨越做出了切实的贡献。

科技体制改革进一步深化 为全面贯彻落实党的十八大精神，落实全国科技创新大会精神，中共广西壮族自治区委员会、自治区人民政府召开科技创新大会，实施创新驱动发展战略，先后出台《关于提高自主创新能力建设创新型广西的若干意见》、《关于深化科技体制改革加快建设广西创新体系的实施意见》及66个配套文件。至此，广西拥有深化科技体制改革加快创新体系建设的一个具有地方特色、较完整的政策体系，对推动创新型广西建设，加快推进富民强桂新跨越将产生重大和深远的影响。

科技有效支撑产业创新发展 加快实施千亿元产业“350工程”、广西创新计划等，有效地支撑产业结构调整与优化升级。广西率先研发出国内首台达到欧Ⅵ排放标准的柴油发动机等一批新产品，微型汽车、轮式装载机、柴油内燃机等工业产品市场占有率排全国第1位。涌现出世界首例转基因克隆水牛等一大批农业科技新成果，蔗糖、桑蚕、木薯等优势农产品产量多年居全国第一位。科技创新为食品、汽车、冶金等8个产业产值超千亿元提供了重要支撑。

高新区保持快速发展势头 完善高新区发展环境，高新区获得较快发展。梧州、钦州高新区获准建立，广西已拥有6个高新区。2012年，南宁、桂林、柳州、北海4个高新区完成工业总产值、工业增加值、营业总收入和出口总额分别达到2714.88亿元、765.06亿元、2817.48亿元和27.50亿美元，分别比上年增长21.9%、18.8%、17.8%和31.3%。

科技创新能力进一步提升 科技投入稳步增长，2012年全自治区财政科技拨款42.1亿元，比上年增长161.6%。科技创新平台建设取得较好成绩，先后建成2个国家重点实验室、3个国家工程技术研究中心、38个自治区重点实验室、25个自治区工程院、23个千亿元产业研发中心、125个自治区工程技术研究中心、50家自治区级创新型企业、15个国际科技合作基地。科技人才队伍建设取得新进展，聘请自治区主席院士顾问116名、八桂学者48名，另有4人入选国家引进海外高层人才“千人计划”。

发明创造实现新突破 全面实施发明专利倍增计划，举办广西发明创造成果展览交易会，专利工作取得重大突破。2012年专利申请量和授权量分别达到13605件和5902件，分别比上年增长67.84%和34.11%。其中，发明专利申请6507件，增长136.02%，居全国首位。全自治区有效发明专利2560件，每万人口发明专利拥有量0.56件，比上年增长39.59%。

科技交流与合作不断深化 积极组织筹备每年在南宁举办的中国东盟博览会科技专题展，成功承办中国东盟科技部长会议，中国东盟科技伙伴计划

加快广西科技创新发展 支持富民强桂新跨越

科 技

启动仪式。中国东盟科技合作与技术转移平台初步建成。广西与国内大院大所、著名高校签署战略合作协议。自治区人民政府与国家科技部建立的部区会商制度不断深化。自治区科技厅与全自治区14个市人民政府建立会商制度，与自治区质量技术监督局、建设银行广西区分行签订合作协议，与交通银行广西分行共同支持广西企业开展知识产权质押贷款试点，均取得成效。

基础研究工作再上新台阶 广西不断加大对基础研究工作的支持力度，2007～2012年共获得国家自然科学基金项目1460项，资助经费5.52亿元。加强创新团队建设，2012年下达首批10个杰出青年基金项目和第三批5个创新研究团队项目。1人进入国家“十二五”863计划主题专家组；1个广西自然科学基金创新团队成为教育部“创新团队发展计划”创新团队。广西科研人员首次主持国家重大科学研究计划重大科学目标导向项目子课题，首次作为第一作者在国际顶级杂志《自然》系列期刊发表论文。

创新环境进一步优化 修订施行《广西壮族自治区专利条例》和《广西壮族自治区高新技术产业开发区条例》等地方法规，为自主创新提供法律保障。同时，加快落实企业研发费用税前加计扣除和高新技术企业税收优惠等有关激励自主创新的政策。连续成功举办一年一度的广西科技活动周和全国科技活动周广西活动等重大科普活动。制作播放广西首个大型电视科技宣传专题栏目《创新传奇》，编辑出版《建设创新型广西文件读本》，为创新型广西建设营造良好的舆论氛围。

① 2012年9月29日，广西召开科技创新大会，启动实施创新驱动发展战略
② 2013年1月7日，2013年广西科学技术奖励大会暨第22届广西科技活动周开幕式会场
③ 2012年12月24日，广西壮族自治区科技厅与自治区质监局举行工作会商制度议定书签字仪式
④ 2012年9月22日，中国—东盟科技部长会议在南宁召开
⑤ 2011年广西壮族自治区主席院士顾问聘请工作启动后，至2012年，自治区主席院士顾问总数已达116位
⑥ 第9届中国—东盟博览会先进技术展
⑦ 2012年9月22日，中国—东盟科技伙伴计划正式启动
⑧ 2012年11月25日，广西壮族自治区人民政府与中国科学院在南宁签署科技合作协议，正式建立科技合作关系
⑨ 2012年10月29日，第一届广西发明创造成果展览交易会在南宁开幕
⑩ 2012年9月23日上午，国家科技部、广西壮族自治区人民政府在南宁举行2012年部区工作会商会议暨新一轮会商制度议定书签字仪式

②

③

④

⑤

⑥

⑧

⑨

⑩

CHUANGXIN FAZHAN XIANDAI NONGYE ZHASHI TUIJIN QIANLIANG

创新发展现代农业

2012年广西农业创新发展，钱粮双增，成绩喜人。全自治区农林牧渔业增加值比上年增长5.6%，比全国平均增幅高1.1个百分点；农民人均纯收入6008元，增长14.8%，比全国平均增速高1.3个百分点，比全自治区城镇居民人均可支配收入增幅高2.1个百分点。呈现出十大增长点：一是粮食生产全面增长。全自治区粮食总产量1484.9万吨，创7年来最高水平；总产量比上年增加55万吨，增长3.85%，增幅高于全国平均水平0.65个百分点。二是糖料蔗产量和产糖量全面增长。糖料蔗产量7500万吨、糖产量850万吨，分别比上年增长7%和22%。三是桑蚕产量效益全面增长。蚕茧产量达到31.5万吨，蚕农售茧收入107亿元，蚕茧产量约占全国总产量的45%。四是水果产量产值全面增长。全自治区水果总产量1030万吨，产值250亿元，分别比上年增长9.1%和23%。五是秋冬蔬菜种植面积全面增长。全自治区蔬菜种植面积165.53万公顷，其中秋冬菜种植面积超过90万公顷，再创历史新高。六是茶园面积和茶叶产量全面增长。全自治区茶园面积7万公顷、茶叶产量4.65万吨，分别增长7%和4.7%，再创新纪录。七是食用菌产量产值全面增长。食用菌鲜品总产量突破100万吨，增长7.4%。八是中药材种植面积和效益全面增长。全自治区中药材种植面积发展到7万公顷，增长7.1%。九是木薯产业稳定增长。全自治区木薯种植面积22.75万公顷，产量（干片）180万吨。十是水产畜牧产业全面增长。全自治区肉类产量406.70万吨，水产品产量301.85万吨，分别增长4.0%和4.5%。生猪家禽优势水产品产业稳定增长，肉鸭、肉鸡、草食动物等短平快特色养殖蓬勃发展。

年内，自治区农业系统克难攻坚，创新推进，多项重点工作实现新突破。

坚持重中之重，推动粮食生产实现新突破 层层签订粮食生产责任书，狠抓水稻集中育秧，开展“多播一斤种、增收百斤粮”粮食作物高产创建活动，深入实施“千万亩超级稻示范推广行动计划”、水稻超高产攻关等示范推广项目，突出抓好早晚稻衔接。全年推广超级稻面积94.47万公顷，比上年增加12.47万公顷。全自治区粮食播种面积306.91万公顷，连续4年稳定在307万公顷左右。粮食单产比上年增长3.97%，总产量提高3.85%。

立足科技创新，推动科技兴农实现新突破 自治区主席农业院士顾问对接服务工作扎实开展，“百名顶尖人才支撑工程”推进有力。多项实用技术推广应用成效明显。全自治区推广测土配方施肥面积405.23万公顷；推广间套种85.6万公顷、“三避”技术183.07万公顷、“三免”技术117.91万公顷，推广水肥一体化技术面积2.04万公顷。主要农作物病虫草鼠害防治措施有力，挽回稻谷损失220多万吨。全年培训农民335万多人次，其中“阳光工程”培训10.84万人次。

围绕助农增收，推动产销对接实现新突破 坚持龙头企业带动销售加工。国家级重点龙头企业新增10家；全自治区市级以上重点龙头企业824家，带动基地农户600多万户。新发展农民专业合作社710家，完成全年计划的142%。成功举办第5届广西春茶节，第2、第3届广西名特优农产品交易会，第10届全国荔枝龙眼产销合作对接会等，组织参加第9届中国东盟博览会农业展、第10届中国国际农产品交易会。全年结合农事季节举办网上特色农产品节20次，发布展销农产品480多个。

狠抓全程监管，推动质量安全实现新突破 按照有机构、有人员、有职能、有场所、有设备和有经费要求，推进农产品质量安全监管体系建设，基本实现全自治区全覆盖。层层签订农产品质量安全责任状，着力开展农资打假专项整治和蔬菜水果茶叶专项整治，加强对“三品一标”农产品认证和监

③

扎实推进钱粮双增

广西壮族自治区农业厅

管，全自治区无公害农产品认证数累计568个，绿色食品认证数162个，认证有机食品数 37个，登记农产品地理标志32个。全年全自治区例行监测速测法定性监测蔬菜平均合格率在99 %以上。色谱法定量监测蔬菜、水果合格率也在98 %以上。

坚持开放战略，推动合作交流实现新突破 承办中国越南两国12省农业厅长联席会议。会议达成南宁共识。投资总额6.24亿元的国际农业发展基金贷款广西项目全面开工，项目覆盖44个乡镇623个行政村192万人。南北农业合作对接成效大，活动现场签约合作项目45个，金额102.6亿元。

着眼全面发展，推动各项工作实现新突破 完成全自治区乡镇农技推广机构条件建设投资计划，乡镇推广机构条件建设基本实现全覆盖。投入1020万元在全自治区102个村屯实施新农村“万元村屯”示范建设工程，指导面上城乡风貌改造工程和2个特色（生态）农业型名镇名村创建扎实推进。认真抓好依法行政和安全维稳，实现县级农业综合执法全覆盖。派出2名处级干部到西林县担任村支部第一书记，落实帮扶资金400多万元。田东县农村金融改革试点全面启动，农村党风廉政建设、土地流转、农民负担管理等其他农村工作同步推进。

2012年广西农业发展成绩大、创新多、亮点多，得到多方好评。国家农业部韩长赋、余欣荣、张桃林、高鸿宾、牛盾、朱保成等领导亲临广西调研，给予充分肯定和大力支持；袁隆平、金鉴明、谢华安、邓秀新等院士及首席专家赞誉广西特色农业发展成效显著。冬季马铃薯产业合作与发展、南亚热带作物、现代蚕业、“三品一标”、农作物绿色防控等多个全国性重要会议在广西召开，对广西农业各项举措及成效给予高度评价。

① 2012年8月，广西灌阳县超级稻攻关示范片创出亩产900.65千克的广西最高纪录。图为灌阳县黄关镇联德村农民喜收超级稻

② 2012年广西水果总产量突破1000万吨。图为灵川县海洋乡农民在采摘水蜜桃

③ 看禾选种科技活动现场

④ 宜州板围村桑园

⑤ 广西昭平县高山茶园茶农抢摘晚秋茶

⑥ 广西已成为全国最大冬菜基地。图为田阳县菜农在护理秋冬菜

⑦ 柳城县利用冬闲田培育黑木耳。图为农民在采收黑木耳

⑧ 宜州市蚕茧丰收

⑨ 广西冬菜供应全国。图为宾阳胡萝卜外运

①

②

④

⑤

⑥

⑦

⑧

⑨

SHENGSHI XINGLIN LUYI ZHUANGXIANG

盛世兴林

广西生态区位重要、自然条件优越，是中国生物多样性最丰富的地区之一。2012年，广西认真贯彻落实科学发展观，紧紧围绕建设全国生态文明示范区、全国林业强区、全国木材战略核心储备基地和全国林下经济发展排头兵的目标，以改善生态和改善民生为总任务，以推动林业科学发展为主题，以加快转变林业发展方式为主线，坚决打好造林绿化“三大战役”，深入开展林业基础设施建设“五大会战”，全力实施林业发展“六大工程”，各项工作扎实推进，林业实现平稳较快发展，呈现十大亮点：

①

造林绿化成效显著　全自治区完成植树造林30万公顷，森林覆盖率达到61.4%，比2007年提高8.7个百分点。柳州市成为广西第3个国家森林城市。

石漠化治理成效全国第一　成功争取35个县纳入全国石漠化片区扶贫规划。广西现有石漠化面积比2005年减少45.27万公顷，减幅19%，在8个石漠化省份中石漠化面积减少最多。

落实中央林业项目资金成效明显　全年落实中央林业项目资金37.9亿元，是2007年的2.8倍。

林业产业提前3年实现建设林业强区发展目标　2012年广西林业产业总产值2194亿元，比2007年翻两番，提前3年实现建设林业强区发展目标。其中，造纸与木材加工业产值达900亿元。

林下经济成为促农增收的新引擎　全自治区林下经济产值360亿元，比上年增长57%。通过发展林下经济实现人均增收1000元以上的林农818万人。林下经济发展继续成为全国典型。

林业投资规模不断扩大　全自治区林业固定资产投资达650亿元。

全国木材战略核心储备基地建设顺利推进　组织实施《广西木材战略储备生产基地规划（2011～2020年）》，加快发展速丰林，全年木材产量2100万立方米。广西已成为全国最大的木材生长、生

②

③

④

绿溢壮乡

产基地，森林年生长量、年木材产量、森林蓄积年净增量均居全国各省份第一位。全自治区森林蓄积量6.4亿立方米，比2007年净增1.3亿立方米。

改善民生取得重要进展 林业基础设施建设“五大”会战任务基本完成，林区水、电、路等基础设施建设取得新进展。圆满完成12万座沼气池建设任务。

林业科技创新取得新突破 2012年取得一批重大科技成果，获得广西科技进步奖6项，其中二等奖2项、三等奖4项。选育出国内第一个高油酸油茶优良杂交组合新品系。林业科技成果示范建设不断加强。

林业干部队伍建设取得新进展 林业干部队伍结构明显优化，干部素质稳步提高。自治区直属林业系统拥有博士70名、硕士902名、学士1290名，拥有教授级专家36名，教授、博士、硕士分别是2008年的9倍、11倍和9倍。初步构建起具有广西林业特色的惩防腐败体系，“1234”权力监督制衡机制和党风廉政建设成为全国林业系统的典型。

2013年，围绕建设生态文明示范区和林业强区、富民强桂新跨越的总目标，广西将大力发展生态林业和民生林业，坚持建设林业强区“三步走”战略和“12345”工作思路，加快转变林业发展方式，着力加强生态建设，着力提升林业产业，着力增强综合实力，着力夯实发展基础，全面推进全国生态文明示范区和美丽广西、全国木材战略核心储备基地建设，力争广西的生态环境长期走在全国前列。

⑤

① 自治区党委副书记危朝安（前中）在陈秋华厅长（右一）陪同下到广西林科院了解广西林业科技创新中心建设情况
② 自治区副主席陈章良（左一）到自治区直属林场调研
③ 自治区林业厅厅长陈秋华（左）向农户发放珍贵树苗
④ 自治区直属林场中纤板生产车间
⑤ 高峰林场速丰林
⑥ 珠江防护林
⑦ 雅长林场拥有世界最大的野生蔸兰群落
⑧ 融水苗族自治县农民在林改确权发证后，在自家的杉木林下培育灵芝菌
⑨ 国有钦廉林场林下种牧草养羊

⑥

⑦

⑧

⑨

QIESHI TIGAO KEXUE JIANGUAN SHUIPING

切实提高科学监管水平

①

广西食品药品监管部门按照加强和创新社会管理的要求，创新监管机制，提高监管能力，完善监管体系，落实监管责任，推动广西食品药品监管事业全面发展，全自治区食品药品安全形势持续稳定向好，人民群众饮食用药安全得到保障。

食品药品安全监管体制机制不断完善 《关于加强食品药品安全保障能力建设的实施意见》、《关于加强食品安全风险监测与评估工作意见》、《广西壮族自治区贯彻国务院关于加强食品安全工作决定的行动计划（2012～2015年）》等一批监管政策措施相继出台，以前所未有的力度破解监管难题，推动食品药品安全监管工作有序开展。自治区、市、县三级均在同级食品药品监管局设立食品安全委员会及其办公室，综合协调职能进一步强化，食品药品监管体系逐步健全，工作机制进一步完善。

食品药品安全治理整顿取得实效 以环境倒逼机制深入开展食品药品安全隐患大排查大治理大整改行动，着力抓好食品药品生产流通领域集中整治，成效明显。发现并消

②

⑤

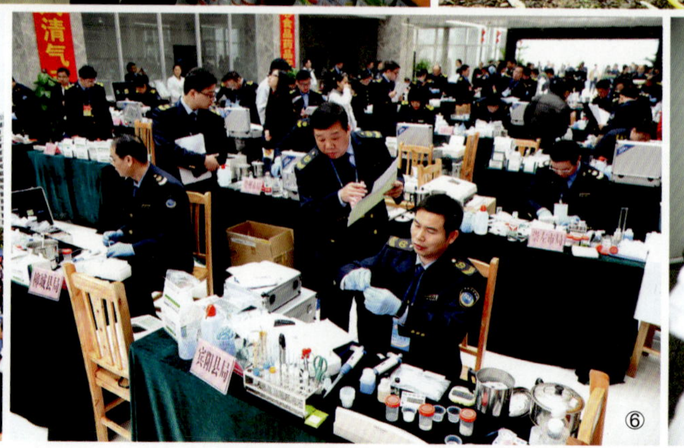
⑥

BAOZHANG GONGZHONG YINSHI YONGYAO ANQUAN

保障公众饮食用药安全

广西壮族自治区食品安全委员会办公室
广西壮族自治区食品药品监督管理局

除一大批安全隐患，依法查处和处置非法加工死猪案、生产有毒泡椒凤爪案，制售假冒味精案和“毒八角”、乳制品舆情事件。2012年，全自治区出动执法人员55.98万人次，检查食品生产经营单位61.9万家次，立案查处3807件，涉案金额5871.6万元。立案查处药品、医疗器械和保健食品、化妆品违法案1109件，捣毁各类制假售假窝点14个，移交司法机关处理31件。

餐饮服务、保健食品、化妆品和药品医疗器械日常监管全面加强 稳步推进餐饮服务食品安全分类分级综合评估和餐饮环节食品安全监督抽验工作。切实加强保健食品化妆品行政许可、注册初审、现场核查和国产非特殊用途化妆品备案工作。重点加强药品注册、生产、流通环节的科学监管，以及医疗器械的日常监管。年内，有3家企业通过生产质量管理规范现场检查，医疗器械生产质量管理步入规范化轨道。

食品药品安全监管能力建设显著增强 投入9000多万元，加强食品药品检验机构的实验室改造、食品设备配备与人员培训。全自治区有4家食品药品检验所申请并通过国家实验室认可。食品药品检验机构对国家药品标准的独立全项检验能力大幅提升。

重大活动保障和突发事件处置能力有新的提高 全面完成第9届中国东盟博览会、商务与投资峰会等重大活动食品药品安全保障任务，受到国家食品药品监督管理局的通报表扬。建立自治区、市、县三级食品安全事故应急体系和10支食品安全应急队伍以及食品安全突发事故快速通报、会商、处置机制，实行重大食品安全事件信息统一发布制度，有效防范龙江河镉污染突发环境事件可能引发的次生食品安全事件。

行政审批制度改革、示范和法制建设取得新成果 深入推进“一服务两公开”和“一体化”示范点建设工作，全面推行行政审批“三集中”，局政务服务窗口的满意率100%。示范工程建设深入推进。全自治区创建餐饮服务食品安全示范县14个、示范街106条、示范店1.33万个，创建药品安全示范县14个、“安康工程”示范药店19个。法制建设全面加强。启动地方立法工作，有序推进制定出台《广西壮族自治区食品生产加工小作坊和食品摊贩管理办法》。

① 2012年10月29日，自治区政府召开贯彻国务院决定实施广西食品安全行动计划工作会议，部署食品安全重点工作，全面启动食品安全行动计划
② 自治区副主席李康（前右二）在自治区食品安全办主任、自治区食品药品监督管理局党组书记、局长韦波（后左一）的陪同下，深入南宁市药店调研
③ 自治区食品安全办主任、自治区食品药品监督管理局党组书记、局长韦波（右三）带队检查春节食品安全保障工作
④ 时任自治区食品安全办主任、自治区食品药品监管局党组书记、局长谭明杰分别与百色、贵港、来宾食品药品投诉举报中心进行视频对话
⑤ 6月11日，2012年广西“食品安全宣传周”在南宁启动
⑥ 2012年12月10日，全区食品药品监督管理系统食品安全快速检测大培训大练兵大比武活动决赛举行
⑦ 自治区食品药品监管局执法人员深入药品生产企业现场检查
⑧ 自治区食品药品监管局执法人员深入学校食堂，检查食品安全
⑨ 查获的货值53万元的假劣药品在南宁市进行集中销毁

③

④

⑦

⑧

⑨

BAGUI YUMUYE DE KUAYUESHI FAZHAN

八桂渔牧业的

经济总量　水产畜牧业是广西农业、农村经济的支柱产业，是农民收入的重要途径。2012年，全自治区肉类产量411万吨，水产品产量303万吨，均排国内各省份第八位。水产畜牧业第一产业总产值1407亿元，养殖、加工、服务业总产值2600亿元。农民家庭经营中通过水产畜牧业获得的人均现金收入为1555.3元。广西奶水牛饲养量和水牛奶产量、大蠔产量、黄羽肉鸡产量均排国内各省份第一位，对虾产量排第二位，罗非鱼产量排第三位，家禽饲养量排第四位。广西正在向全国水产畜牧业强省（自治区）宏伟目标迈进。

产业结构　广西水产畜牧业产业结构以猪禽为主。2012年畜牧业产值1075.8亿元，水产业产值331.6亿元，分别占水产畜牧业总产值的76.4%和23.6%。其中，生猪产值560.6亿元、家禽产值298.7亿元，牛羊产值63.6亿元，分别占水产畜牧业总产值的39.8%、21.2%和4.5%。

畜牧业是广西农业和农村经济的支柱产业。2012年畜牧业产值占农业总产值的30.82%。畜牧业人均现金收入1422元，增长1.9%。

广西是中国奶水牛产业的倡导者和先行者。2012年末存栏奶水牛6.9万头（能繁母牛约3.95万头），居国内各省份第一位。

畜牧业发展使广西畜牧业资源节约和环境友好特点逐步显现。全自治区畜禽饲料每年转化消化农作物秸秆等副产品约690万吨，产肉折（节）粮30.05万吨；生产近600万吨有机肥，为农村能源和种植业提供了大量优质原料。

经过几年加速发展，罗非鱼、对虾、龟鳖成为广西优势水产品产业的核心。2012年上述3种养殖产品产值达到164亿元。各地建立具有出口美国、欧盟各国资质认证的罗非鱼、对虾加工厂15家，年加工能力40万吨以上，出口备案养殖场168个。

①

②

跨越式发展

广西壮族自治区水产畜牧兽医局

优势水产品产业化水平较高。在南宁、北海、钦州、防城港四市形成罗非鱼优势养殖区域和对虾优势养殖带，在贵港、钦州两市形成龟鳖优势养殖区域。全自治区有7.5万农户养殖罗非鱼、对虾和龟鳖，每个养殖户年均收入8.41万元；从事罗非鱼、对虾、龟鳖养殖、加工的龙头企业11家，其中国家重点龙头企业2家，自治区重点龙头企业4家。

区域布局　初步形成四大优势产业区：南北钦防名优水产品优势产区，桂东和桂北生猪优势产区，桂北桂中桂西牛羊优势产业带，桂东南家禽优势产区。

生产方式　养殖方式发生重大变革，健康养殖理念形成广泛共识。立体种养、循环生态养殖、零排放养殖、无公害标准化规模养殖等新的养殖模式快速推广。

① 2012中国—东盟（南宁）渔业文化周招商引资签约总金额达到59.8亿元
② 休闲渔业发展方兴未艾
③ 2012年全国休闲渔业垂钓烹饪大赛参赛队伍成果展示全鱼宴
④ 龙头企业成为产业化发展的重要推动力量。图为北联公司出口罗非鱼片生产线
⑤ 闻名于世的南珠在广西已经形成产业。琳琅满目的彩色珍珠，就是在广西首先培育成功的
⑥ 奶水牛养殖场一角
⑦ 特色草食动物养殖成为农民增收的新亮点。图为乐业县农民养殖的黑山羊群
⑧ 特色林下养殖蓬勃发展
⑨ 庭院养殖龟鳖致富万家

③

④

⑤

⑥

⑦

⑧

⑨

广西人口和

2012年，广西壮族自治区全面贯彻落实科学发展观，以诚信计生为总抓手，以保障和改善民生为基础，人口计生工作继续保持健康稳定发展的良好势头。

坚持党政一把手亲自抓、负总责 中共广西壮族自治区委员会、自治区人民政府继续召开人口计生工作会议，并通过召开常委会、常务会、领导深入基层调研帮扶等方式，解决人、财、物等重点难点问题，党政主要领导和分管领导多次就诚信计生、协会建设等作出批示，提出明确要求。各市县党委、政府坚持一把手亲自抓、负总责，党政主要领导亲自主持人口计生的重大决策，深入基层调研、督查、指导人口计生工作；分管领导经常听取汇报，研究协调，统筹组织，推进各项工作的开展。各级继续加大财政保障力度，绝大多数市县人口计生财政投入增长幅度高于经常性财政收入增长幅度。年内，全自治区各级财政投入人口计生事业费共28.75亿元，比上年增长14.91%。

诚信计生拓展提升 全自治区上下认真贯彻落实中央领导同志的批示精神，以诚信计生为总抓手，把稳定低生育水平和帮助群众解决实际困难有机结合起来，将利益导向、优质服务、服务体系建设、综合治理出生人口性别比等内容融入诚信计生。中共广西壮族自治区委员会、自治区人民政府两办转发《关于建立诚信计生长效机制的意见》，自治区人口计生领导小组下发《关于建立诚信计生长效机制的实施意见》。诚信计生纳入新修订的广西人口计生条例和自治区新一轮扶贫开发攻坚战的系列文件，有关部门的惠民政策也向诚信计生家庭倾斜。截至2012年12月，全自治区有诚信计生小组48.5万个，育龄群众参与率达91.3%，有91%的县（市、区）基本实现诚信计生。2012年4月，国务院副总理李克强再次在中共广西壮族自治区委员会、自治区人民政府呈报的诚信计生情况汇报上批示予以肯定。

计生协会组织建设取得新进展 自治区、市、县三级计生协会全面落实入序、参公、三定工作，14个市全部配备副处级专职副会长，绝大部分县乡落实协会编制、专职人员及协会小组长报酬。截至2012年底，全自治区有计生协会组织2.32万个；会员634万人，占总人口的11.6%。计生协会在全自治区开展计生家庭爱心保险、小额贴息贷款、珍贵树种送农家、生育关怀行动、青春健康教育、创建幸福家庭等工作，取得明显成效。2012年9月3日，中国计生协会在广西南宁召开全国计生协会基层组织建设座谈会，广西计生协会和河池市在会上介绍经验。中共中央政治局委员、全国政协副主席、中国计生协会会长王刚，国家人口计生委主任王侠出席会议并作重要讲话，对广西计生协会组织建设予以充分肯定。

人口计生公共服务体系进一步完善 免费孕前优生和幸福家园项目均纳入自治区为民办实事项目。2012年，国家免费孕前优生项目县由2011年的5个扩大到66个，目标人群覆盖率100%，自治区项目县实现全覆盖；5000个村级健康服务室和新家庭文化屋项目顺利完成，全自治区有81%的村（居）委会建成集早期教育、青春关爱、生育关怀、家庭发展、老年服务于一体的标准化幸福家园；全自治区标准化县服务站（除城区外）、乡服务所、村服务室覆盖率分别达100%、93%和81%。有15个县（市、区）进入“国优”行列，全自治区“国优”、“区优”实现率达100%。

出生人口性别比稳步下降 与公安、卫生、药监、妇联等部门联

计划生育工作

广西壮族自治区人口计生委

合开展“出生人口性别比重点治理年”活动和集中整治“两非”专项行动，与卫生部门联合进一步完善出生实名登记、监测制度，与团区委联合组织4所高校开展关爱女孩青年志愿者行动。各市、县以查处“两非”案件为突破口，采取部门联动、强化监测、加强督查、严格考核等措施，重拳出击，综合治理。全自治区共查处“两非”案210件，结案197件，刑事处罚3人。2012年，全自治区出生人口性别比为113：30，比上年下降2.39个点。

宣传教育力度进一步加大 把学习宣传中共十八大与加强人口文化建设相结合，组织开展山歌唱起来人口计生系统学习宣传十八大精神山歌演唱会，倡导科学、文明、进步的婚育观念。深入开展婚育新风进万家活动，在全自治区人口计生系统组织群众性文艺展演。扎实开展优化人口计生户外宣传环境活动，在各主要交通干道更新宣传牌1607块，新制作标语2.2万条。采取多种形式广泛宣传新修订的广西人口计生条例，使新条例深入人心，家喻户晓。

流动人口均等化服务不断强化 整合公安、综治、人社、工商、工信、民政等部门资源，强化城市社区服务管理，全自治区80%以上的社区设立一站式服务平台，流动人口普遍接受计划生育、优生优育、生殖健康等知识宣传教育。开展流动人口关怀关爱服务活动，各地为35万人次流动人口提供健康检查、就业介绍、药具发放等服务。加强流动人口信息监测，流动人口重点服务管理对象户籍地、现居住地三类重要信息反馈协查率均超过90%。积极参与泛珠区域协作，先后在百色市和贺州市召开桂滇黔3省（自治区）10县（市）、桂湘粤3省（自治区）14市区域协作联席会，签署框架协议，促进省际市间的协作。

人口信息化建设实现新突破 建成综合管理、利益导向、电子政务、决策动态分析等四大管理应用系统和全员人口个案数据库，实现自治区、市、县、乡四级网络联通，一些村实现联网。全自治区采录个案信息超过5300万人，覆盖广西全部人口（含流动人口）。开发启用全员人口数据动态分析系统，涵盖人口总量与分布、人口流动与迁移、人口与资源环境、人口预测、人口结构与素质等七大功能模块，为党委、政府科学决策提供依据。

依法行政和队伍建设取得新成效 积极开展依法行政示范乡镇和基层阳光计生行动示范单位创建活动，扎实推进化解信访积案攻坚活动。全自治区人口计生信访工作平稳，没有发生因计划生育工作执法不当引发的群体性事件和恶性案件。在请农民兄弟姐妹、流动人口评计生、下评上和当地政风行风评议“四评”活动中，受访群众满意度达到95%以上。

① 2012年9月，中共中央政治局委员、全国政协副主席、中国计生协会会长王刚（前中），在中共广西壮族自治区委员会书记郭声琨（右一）、自治区主席马飚（左一）陪同下，深入平果县新安镇庄内屯调研。图为王刚会长到计生户杨晖家中慰问

② 全国计划生育协会基层组织建设座谈会在南宁举行

③ 全自治区集中整治“两非”专项行动总结暨再动员现场会在宾阳召开

④ 桂湘粤3省（自治区）14个市的代表签订《桂湘粤3省（区）14市流动人口计划生育服务管理区域协作框架协议书》

GUANGXI ZHUANGZU ZIZHIQU GAOJI RENMIN FAYUAN

广西壮族自治区

人民法院作为推进社会主义法治建设的重要力量，肩负着推进平安中国、法治中国建设的伟大历史使命。在新形势下，广西壮族自治区高级人民法院认真学习贯彻落实中共十八大精神和习近平总书记关于法治建设重要论述，坚持以邓小平理论、“三个代表”重要思想、科学发展观为指导，紧紧围绕“努力让人民群众在每一个司法案件中都感受到公平正义”这一目标，牢牢把握司法为民公正司法这条主线，忠实履行宪法和法律赋予的职责,坚持正确司法理念，结合广西实际，创新思维，积极探索边疆民族地区审判工作新路子，深入开展“司法能力提升年”活动，审判质量效率迈上新台阶，司法改革取得新进展，文化建设成为新亮点，阳光司法取得新成效，司法研究工作实现新突破，基层基础建设有新发展，队伍建设获得新进步，司法公信力有新提升，为广西经济社会发展和改革开放营造了良好的法治环境，为推进平安广西、法治广西建设作出积极贡献。自治区高级人民法院工作报告连续5年获得人大代表高票通过并逐年提高，2012年，自治区高级法院工作报告赞成率达94.99%，各级人民法院为广西经济社会发展和改革开放营造良好的法治环境，为推进平安广西、法治广西建设作出积极贡献。

广西是中国与东盟国家经贸往来的桥头堡，也是全国唯一“沿边、沿江、沿海”的少数民族地区。随着中国—东盟自由贸易区的全面建成、泛北部湾经济合作的深化和广西北部湾经济区开放开发上升为国家战略，广西的区位优势和战略地位更为突出，经济社会发展前景更加美好。按照中共广西壮族自治区委员会提出的加快建设西部经济强区、民族文化强区、社会和谐稳定模范区、生态文明示范区、民族团结进步模范区“五区”建设要求，广西壮族自治区高级人民法院指导广西各级法院在涉外海商海事审判工作中始终为保障企业发展和项目建设、维护市场秩序，保障宏观经济平稳运行提供优良的服务。为促进广西北部湾经济区的建设发展和落实中共广西壮族自治区委员会、自治区人民政府“打造西江黄金水道，促进区域经济协调发展”的战略决策，自治区高级人民法院相继颁布《关于为广西北部湾经济区建设提供司法保障和法律服务的若干意见》和《关于为广西西江黄金水道建设发展提供司法保障的若干意见》，保障广西对外贸易与航运秩序的发展与繁荣。

随着中国—东盟自由贸易区的建立，广西面向东盟国家走出去的企业越来越多，投资形式更加多样化。广西壮族自治区高级人民法院充分

②

③

⑥

⑦

高级人民法院

利用自身优势，采取到自治区商务厅调研、与企业座谈、与专家学者研讨的方式，了解广西企业向东盟国家投资可能遇到的风险类型，研究国际投资法理论和相关国际规则、案例，撰写调研报告，为广西企业面向东盟投资规避风险提出意见和建议。同时，积极配合每年举办的东盟法律研修班，通过为研修班提供观摩、座谈、交流等方式，帮助东盟国家的学员学习中国的法律制度，特别是民商、经济法律制度以及中国在与东盟合作方面的最新法律和政策，为促进中国和东盟国家的交往与合作提供法律方面的服务。

① 广西高院党组书记、院长罗殿龙（左）向受聘的法律咨询专家颁发聘书
② 东盟国家法官到广西考察，受到热情欢迎
③ 广西高院院长罗殿龙到设在云南的北海海事法院景洪庭检查指导涉外商事海事审判工作
④ 全自治区法院院长会议
⑤ 广西壮族自治区高级人民法院法律咨询专家库成立暨聘请大会
⑥ 广西高院以调解结案方式处理一些涉东盟国家的民商事案件，收到良好效果
⑦ 广西高院与东盟国家司法界开展协作交流活动，互派人员考察学习
⑧ 广西高院邀请东盟国家法官参加司法交流座谈会，务实开展司法领域的合作

①

④

⑤

⑧

广西壮族自治区

广西壮族自治区疾病预防控制中心（以下简称广西CDC）是在原广西壮族自治区卫生防疫站、寄生虫病防治研究所和广西壮族自治区健康教育所的基础上，于2001年8月经自治区人民政府批准重新组建的省级公共卫生专业机构，隶属于广西壮族自治区卫生厅。同时增挂广西壮族自治区健康教育所、广西壮族自治区预防医学研究所和广西壮族自治区卫生监测检测中心3块牌子。2011年8月，经自治区卫生厅批准成立广西壮族自治区食品安全风险监测与评估中心。主要担负国家法定管理的39种传染病以及其他传染病、寄生虫病、地方病、慢性非传染性疾病以及食品安全等健康危害因素的预防与控制任务。

广西CDC内设11个职能科室、20个业务科所。在职人员430人，其中专业人员381人。在职人员中有大学本科以上学历的315人，其中博士研究生12人，硕士研究生86人，研究生75人；具有高级专业技术职务任职资格的112人，中级138人。经国务院批准享受政府特殊津贴专家4人，卫生部有突出贡献的优秀中青年专家1人，广西优秀专家2人，5人成为广西十百千工程人才工程人选，6人受聘为广西医科大学、广西大学等高等院校的硕士生导师。

广西CDC拥有工作用房约3.3万平方米，其中实验用房约1.2万平方米，在建应急物资储备中心（含实验中心）建筑面积1.6万平方米，预计2014年投入使用。拥有设备4200余台，价值9900余万元。2005年中心在广西卫生系统内率先通过国家级计量认证和实验室国家认可资质，2011年通过实验室国家认证/认可监督和扩项现场评审，2012年通过食品检验机构资质认定初次评审和实验室国家认可及国家级计量认证复评审。先后通过国家认证认可监督委员会、世界卫生组织（WHO）、国家卫生部、农业部等机构的认定和考核，获得卫生部保健食品功能学检验实验室、SPF动物实验室、HIV确认实验室、脊髓灰质炎确认实验室、麻疹/风疹实验室、消毒鉴定实验室，IDD实验室、农药登记卫生用杀虫剂药效测定实验室、涉水产品、化妆品检验实验室、职业卫生技术服务机构、室内空气质量检验机构、预防性健康检查机构、广西实验动物质量检测实验室、PulseNet China广西区域中心实验室、公共场所集中空调通风系统卫生学评价机构、国产非特殊用途化妆品备案指定检验机构、广西首家食品复检机构等资质，取得认证认可的检验项目941项。

广西CDC设有细菌性疾病、病毒性疾病、寄生虫病、免疫规划、卫生监测检验、慢性非传染性疾病和疫苗临床研究7个学科平台。拥有细菌性疾病防制学科、人体寄生虫学科、食品安全与环境卫生监测检验学科等一批广西医疗卫生重点学科、重点建设学科。柔性引进中国工程院院士庄辉教授、陈君石研究员分别担任病毒性疾病预防控制与疫苗研究、

疾病预防控制中心

公共卫生领域的首席科学家。2006年被中共广西壮族自治区委员会组织部、自治区人才工作协调领导小组确定为“人才小高地”；2009年3月27日，经国家人事部批准，中心博士后科研工作站挂牌成立；2012年6月12日，通过自治区人才工作协调领导小组评审，成功设置广西第二批八桂学者自然科学类岗位艾滋病防控关键技术岗位；2012年9月和2013年4月，中国现场流行病学培训（FETP）广西基地和广西医科大学广西公共卫生人才培训基地分别挂牌成立。2013年计划与香港大学、香港中文大学建立科研合作和进修培训基地。

“十一五”时期以来，广西CDC科研课题立项139项，各类课题资助资金4000多万元。其中，国家级课题4项，省部级课题32项。科研成果获各级各类成果奖43项，其中中华医学会科技进步奖2项，中华预防医学会预防医学奖、科学技术奖各1项，教育部科技进步奖1项，广西科技进步奖13项。在国外、国内刊物发表论文1174篇。

① 广西疾病预防控制中心全景
② 团结奋进的中心领导班子
③ 国家卫生部副部长尹力，著名歌唱家、全国结核病防治宣传形象大使彭丽媛，广西壮族自治区副主席李康，自治区卫生厅厅长李国坚等到中心指导工作
④ 广西CDC与澳大利亚格里菲斯大学签署合作协议书
⑤ 唐振柱主任（右一）出席世界糖尿病日宣传活动启动仪式
⑥ 广西CDC荣获全国艾滋病防治工作先进集体称号，中共广西壮族自治区委员会书记、自治区人大常委会主任郭声琨与先进集体和先进个人代表亲切交谈
⑦ 自治区副主席李康（前排右二）为广西壮族自治区食品安全风险监测与评估中心揭牌
⑧ 国家突发急性传染病防控队伍开展野外拉练
⑨ 应急队伍检测组队员在生物检测车上开展应急检测
⑩ 杨进业书记（右一）为四川重华镇地震灾区儿童检查身体

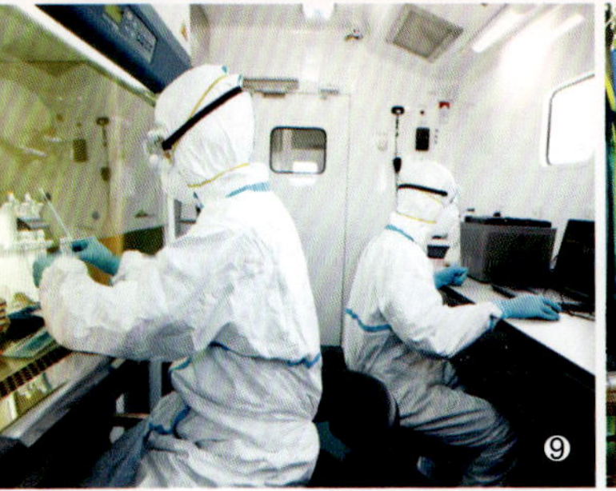

FANG CHENG GANG SHI

防城港市

防城港市是一座年轻、美丽、充满希望与活力的港口城市、边关城市、海湾城市，地处广西北部湾经济区的核心区域，在中国—东盟自由贸易区和泛北部湾区域合作中具有得天独厚的比较优势。1968年建港，1993年建市，辖港口区、防城区、上思县和东兴市。行政区域面积6222平方千米，城市建成区面积48.97平方千米。2012年末户籍人口91.56万，常住人口88.69万。有汉、壮、瑶、京等24个民族，东兴市江平镇为中国京族唯一聚居地。

国家重点支持发展的新兴城市 为加快推进西部沿海地区经济发展，1993年国务院批准设立地级防城港市。建市近20年来，防城港市作为西部地区最重要的港口工业城市，在国家和自治区的重点支持下，得到快速发展。2008年1月，国务院批准实施《广西北部湾经济区发展规划》，作为广西北部湾经济区的核心城市，国家先后在这里布局投资总额超过2000亿元的钢铁、核电、铜镍等一批重大项目，同时加大产业发展基础设施建设的支持力度。2012年东兴国家重点开发开放试验区实施方案获国务院批准。东兴试验区国土面积1226平方千米，人口总数43.3万，是唯一既沿海又沿边、跨一市二区且面积最大的国家重点开发开放试验区。防城港成为同时享受国家沿海地区、西部地区、边境地区、民族地区、广西北部湾经济区、国家沿边重点开发开放试验区等多重优惠政策相互叠加的投资洼地。

全面开放合作的特区城市 防城港市地处华南、西南与东盟经济圈的结合部，是中国唯一与越南海陆河相连的城市，是中国内陆腹地进入东盟最便捷的大通道、主门户、桥头堡和中国对外开放的前沿、窗口。拥有海岸线580多千米，陆地边境线100多千米，有5个国家级口岸，与147个国家和地区实现贸易往来。随着中国—东盟自由贸易区的建立，防城港加快边民互市贸易区建设，扩大多区域交流合作，开放带动效应日益凸显，外贸进出口总额和边贸成交额位居广西前列，对东盟贸易总额占广西总量约1/4，海关税收占广西关税总额的六成多和中国西部地区的近1/6。东兴口岸每年出入境人数超过400万人次，成为仅次于深圳罗浮、珠海拱北的中国陆域第三大出入境口岸。当前，防城港正在举全市之力加快推进东兴国家重点开发开放试验区建设，全方位扩大开放合作，努力把试验区建设成为中国—东盟战略合作先行区、沿边地区经济增长极、国际通道重要枢纽和睦邻安邻富邻示范区，打造“边境特区”、“西部深圳”。

布局大产业的港口城市 防城港是中国西部最大的深水良港，也是中国沿海12个主枢纽港之一，是中国通往东盟和马六甲海峡距离最近、物流成本最低、最便捷的海港，规划港口岸线达105千米，设计年吞吐能力远景可超10亿吨。现有万吨至20万吨级泊位30个，与100多个国家和地区的250多个港口通航，成为对接东盟联通世界的重要国际门户。2012年港口货物吞吐量1.01亿吨，比上年增长11.5%。防城港依托大港口、大交通大力发展大产业、大物流，现已形成冶金、能源、有色金属、粮油等千百亿元特色支柱产业，建成华南重要的粮油加工基地和磷酸加工出口基地，正在建设钢铁精品基地、能源化工基地、有色金属加工基地。今后5年，防城港将以钢铁、核电、金川三大项目为龙头，加快培育钢铁、有色金属、能源化工三大千亿元产业集群，打造新兴港口工业城市。

生态宜居的海湾城市 防城港市海岸线长、海湾多、海岛多，海域面积4万多平方千米，“三岛三湾”的地貌特征赋予防城港市得天独厚的海景资源，是北部湾畔唯一一座“海在城中、城在海中”的全海景生态海湾城市。这里气候好，空气好，生态好、人长寿，森林覆盖率达57.11%，拥有世界唯一的国家级金花茶自然保护区和中国第一、全球四大GEF红树林国际示范区，是中国白鹭之乡、中国长寿之乡、中国金花茶之乡、中国玉桂八角之乡、中国氧都。

近几年来，防城港市紧紧抓住各种重大历史机遇，乘势而上，开拓

依托大港口大交通　发展大产业大物流

奋进，迅速掀起全面开发建设的热潮，实现经济社会快速发展。2012年防城港市围绕“定格局、干大事、掀高潮、全面上”的主基调，以迎接建市20周年“干成20件大事，大干20件大事”为重点，凝心聚力，克难攻坚，推动经济社会加快发展，各项事业取得新成效。全市生产总值457.5亿元，比上年增长12.5%；财政收入52.4亿元，增长18.1%；规模以上工业实现增加值199亿元，增长19.2%；港口货物吞吐量1.01亿吨，增长11.5%。人均地区生产总值、农民人均纯收入、港口货物吞吐量、外贸进口总额、海关税收、工业经济效益综合指数、更新改造投资增速等7项重要经济指标排广西14个地级市第一位，工业增加值、财政收入、房地产开发投资、社会消费品零售总额、城镇居民人均可支配收入等17项经济指标总量或增幅位居广西14个地级市前列。

随着新一轮西部大开发和广西北部湾经济区建设深入推进，中国—东盟自由贸易区合作不断深化，东兴试验区建设加快推进，防城港市进入工业化、城镇化、国际化迅速发展的新“黄金期”，发展前景将十分广阔。

① 防城港20万吨级码头雄姿
② 生态海湾城市防城港
③ 防城港市市鸟——白鹭
④ 防城港市市花——金花茶
⑤ 广西东兴国家重点开发开放试验区项目集中开竣工仪式
⑥ 2012年3月8日一、二号核岛施工现场
⑦ 西湾明珠广场
⑧ 北仑河口风光
⑨ 2012年5月26日上午，防城港钢铁基地项目举行全面开工仪式，出席仪式的领导和嘉宾为项目奠基
⑩ 核电1号机组穹顶吊装
⑪ 防城港市行政中心区

QIN ZHOU SHI

钦州市

钦州市地处广西北部湾经济区中心位置，陆地面积1.08万平方千米，海岸线长562千米，人口390万。

钦州市历史悠久，文化底蕴深厚，是一座具有1400多年历史文化的岭南古城。自古就是中国通往东南亚海上丝绸之路的重要始发港，孙中山先生曾在《建国方略》中把钦州港规划为南方大港。

钦州市生态优美，物产丰富。钦州坭兴陶是中国四大名陶之一。钦州是中国坭兴陶都和中国优秀旅游城市，也是中国奶水牛之乡、荔枝之乡、香蕉之乡、海豚之乡、大蚝之乡。

随着北部湾开放开发，钦州作为新兴的临海工业城市，成为中国与东盟合作的重要枢纽，是广西产业结构转型升级的战略重点和国家实施北部湾经济区开放开发战略的重要组成部分。近5年来，钦州市紧紧抓住国家对外开放以及广西北部湾经济区上升为国家战略的机遇，充分发挥优势，认真实施“建大港、兴产业、造新城、强科教、惠民生”发展方略，积极打造五个国家级对外开放平台，进一步加快对外开放步伐和提高对外开放水平。

中国—马来西亚钦州产业园区 2012年3月国务院批准设立。这是继中新苏州工业园区、中新天津生态城之后第三个中外两国政府合作的园区。该产业园以打造中国东盟合作示范区为目标，规划面积55平方千米，现已进入实质性开发建设阶段，有食品加工、生物技术、汽车摩托车零部件生产、工程机械等6个项目签约，投资总额29亿元。2012年4月1日，中马两国总理到园区出席开园仪式。

广西钦州保税港区 2008年5月29日国务院批复设立。这是全国第六个保税港区，是目前西部沿海地区唯一的保税港区，也是中国距东盟最近的保税港区。钦州保税港区作为北部湾经济区开放开发的核心平台、西部大开发的战略引擎、连接中国—东盟自由贸易区最重要最便捷的桥梁和纽带，区位优势明显，发展潜力巨大。

整车进口口岸 2009年12月国务院批准设立。这是全国第五个整车进口口岸，全国地级市中只有钦州一家拥有，具有多重的优惠政策、辐射整个大西南汽车市场以及保税港高效优质通关服务水平等巨大优势。

国家级钦州港经济技术开发区 2010年11月，钦州港经济技术开发区由省级开发区升格为国家级开发区。开发区依托港口优势，重点发展石化、能源、造纸、物流加工、粮油加工为主的支柱产业，已经成为广西北部湾经济区最具活力、发展最快的核心平台，经国家发改委和财政部批准，成为国家循环化改造示范试点园区。2012年获中国最具投资吸引力园区称号。

国家级台湾农民创业园 2011年6月获准设立。是首个落户广西的国家级台湾农民创业园。已有多家台资企业在创业园获得成功发展。按照“两岸闻名、全国一流、国际先进”的要求，用5～10年将其建设成为集科技引进、研发、示范、推广于一体，生产、加工、贮藏、出口于一身的现代特色高效农业基地，以及台湾企业和台湾农民的创业基地。

钦州市凭借五大国家级对外开放平台，积极实施“五大工程”，着力推进经济结构战略性调整，加快转变经济发展方式，形成了科学发展的新动力。

实施千百亿产业崛起工程 大力发展“2+6”临港产业集群。重点打造石化、装备制造2个千亿元产业，发展林浆纸、电子、能源、冶金、粮

打造五大平台　加快对外开放

油、现代物流6个百亿元产业，培育10家百亿元工业企业。2012年，全市规模以上工业总产值突破1000亿元，达到1094亿元；财政收入超百亿元；三次产业结构调整为23.6∶45.3∶31.1。

实施高新产业培育工程　以获准设立自治区级钦州高新技术产业园区为契机，在电子信息、先进制造、新能源、新材料、生物等五个领域培育战略性新兴产业增长点，加快融入北部湾经济区高新产业带，打造北部湾重要新兴产业基地。

实施县域工业突破工程　在实现临港大工业顶天立地的同时，促进县域中小企业铺天盖地，形成临港工业与县域工业两轮驱动。2012年县域工业产值超过500亿元，规模以上企业达到237家，亿元企业超过百家。2013年起，继续实施县域工业壮大工程，目标是3年时间再翻1.5番。

实施特色农业提升工程　着力做强做精荔枝、奶水牛、大蚝、肉蛇等特色优势产业，实现规模化、基地化、标准化、品牌化。钦州龟鳖养殖全国有名，如今正在规划建设200公顷的“中国龟谷”，形成养殖、育种、交易、餐饮、生物制药、龟文化展示、养生休闲等一条龙产业链。

实施科教和人才强市工程　建设广西首个国际人才创业基地，务实推进“筑巢引博”大行动、领军型创业人才520计划等人才计划，以开放的姿态、优惠的政策和优良的环境，吸引高层次人才到钦州创业。

钦州是一方充满生机和活力的投资热土，热忱欢迎海内外客商和有识之士到钦州观光考察、投资创业。

① 2013年7月8日，中国国务院总理李克强亲临钦州港考察北部湾临海工业标志性工程千万吨中石油炼油厂
② 广西钦州保税港区国际集装箱码头
③ 钦州市区夜景
④ 钦州新貌
⑤ 三娘湾白海豚
⑥ 三娘湾
⑦ “南国蓬莱”龙门群岛海上公园七十二泾
⑧ 台湾农民创业园的标准化生态农业
⑨ 钦州坭兴陶产品入选上海世博会
⑩ 广西金桂浆纸业有限公司林浆纸一体化项目高档白卡纸生产线
⑪ 县域工业异军突起
⑫ 中国—马来西亚钦州产业园区中马大门
⑬ 北部湾临海工业标志性工程千万吨中石油炼油厂
⑭ 钦州燃煤电厂

HE CHI SHI

河池市

2012年是河池市遇到罕见困难和最大挑战的一年。年初龙江河突发环境事件使占全市工业40%以上的有色金属行业长时间停产整顿，国家对河池实行建设项目环评区域限批，致使全年没有一个新项目获得正式批准，有色金属产品价格下降15%以上造成企业税利大幅度减少，红水河上游连续3年严重干旱导致水电行业生产失常。面对严峻形势，河池市坚持以科学发展观为指导，以“稳中求进，上档进位”为总基调，深入实施环境倒逼机制，狠抓产业增量提质、民生保障提升、开发扶贫攻坚、城乡新貌新风、执行力提升“五大工程”，全市经济破冰运行，其他事业稳健发展，取得特殊困难条件下的发展宝贵成果。经过艰辛努力，全市工作呈现六大亮点：

特色新型产业迅速成长 2012年河池市酒业、食品加工业实现产值分别比上年增长66.5%和11.64%；鲜茧产量连续7年稳居广西第一位；全市接待国内外游客1068万人次，增长25.22%，增速位居全自治区第三，前进1位；旅游总收入90.23亿元，增长51.85%，增速位居全自治区第一，前进2位。

社会管理创新涌现新典范 天峨县“云榜模式”成为全国农村基层社会治安管理创新的典范。

开发扶贫具有首创意义 整市推进扶贫产业、整乡推进开发扶贫和旅游扶贫模式具有首创意义和鲜明特色，得到国家发改委、国务院扶贫办和自治区的充分肯定。

城镇秩序出现整体改观 城镇建设秩序、交通秩序、经营秩序和环境卫生得到有效整治，市容市貌明显改观。

招商引资取得新突破 借助中国—东盟博览会的平台，加大招商引资力度，取得丰硕成果，在第9届中国—东盟博览会上，河池市签约29项，投资总额151.05亿元。

干部作风发生良好变化 国家统计局调查结果显示，河池市政务环境由2011年全自治区第10位升至第5位，经营环境由第11位升至第8位。

展望未来，河池市将以“高举旗帜，科学发展，齐心奋力建设幸福新河池”为主题，以稳进突围、提速发展为总基调，以“五大工程”为主要抓手，力树政治新气、开创经济新型、建设城乡新貌、推行民生新政、促进文化新潮、引领社会新风、打造生态新秀、凝聚发展新力，奋力追赶，与全国全区同步全面建成小康社会。重点抓好以下工作：一是大力开展“美丽广西·清洁乡村”活动，建设山青水秀美丽新河池；

齐心奋力建设幸福新河池

二是大力创新产业发展方式，推动经济提质突围；三是大力推进“铁（路）公（路）机（场）、金水道”等基础设施建设，夯实发展基础；四是大力推动中心城区突围发展，加快城镇化进程；五是大力改善群众增收条件，持续提升民生保障水平；六是大力发展长寿养生健康产业，打造国际长寿养生旅游示范区；七是大力挖掘文化提升潜能，增强区域持续发展软实力；八是大力创新社会管理，创造稳定和谐发展环境；九是大力改进干部作风，营造团结实干高效廉洁队伍；十是大力调动一切积极因素，全面凝聚发展合力。

① 中共河池市委书记、市人大常委会主任黄世勇主持河池市三届人大四次会议

② 2013年1月16日，市长何辛幸在河池市三届人大四次会议上作政府工作报告

③ 2013年1月16日，中共广西壮族自治区委员会书记、自治区人大常委会主任彭清华（右二）到河池农村调研，与村民亲切交谈

④ 2013年5月16日，广西壮族自治区主席陈武到巴马瑶族自治县调研，与游客拉家常

⑤ 中共河池市委书记、市人大常委会主任黄世勇（前排中）、市长何辛幸（前排右二）深入河池大任产业园区指导园区发展规划工作

⑥ 2012年9月22日，在第9届中国—东盟博览会举行的自治区专场和河池专场签约仪式上，河池市签约29项，投资总额151.05亿元

⑦ 2012年5月，河池市职业教育中心学校新校区落成并启用

⑧ 2012年7月，全长179千米的六寨至宜州高速公路通车，结束了河池市中心城区不通高速公路的历史。图为“广西第一高桥”拉会高架大桥

⑨ 南方有色冶炼有限责任公司生产车间一角

⑩ 巴马国际长寿旅游示范区那社“命河”风光

GUANGXI TOUZI JITUAN YOUXIAN GONGSI

广西投资集

广西投资集团有限公司成立于1988年6月，注册资本41.97亿元。是广西壮族自治区重要的投融资主体和国有资产经营实体，肩负着参与自治区重点项目建设，培育发展资源优势产业，壮大国有资本，积聚财富，服务广西的光荣使命。

集团公司坚持改革创新，推动国有经济布局和结构战略性调整，发展壮大国有经济，市场竞争力明显增强，经济效益显著提高，国有经济的活力、控制力和影响力明显增强。截至2012年12月31日，集团公司资产总额602亿元，净资产161.8亿元，净利润8.8亿元，资产负债率73.12%，营业收入423亿元，对外投资额（股权投资）83亿元，控（参）股企业97家，其中全资和控股企业60家，职工1.9万人。成为广西地方最大的发电、铝业生产集团。

2008年以来，集团公司连续5年入选中国企业500强，排名逐年提升，先后荣获全国五一劳动奖状、全国民族团结进步模范集体、全国企业文化建设优秀单位、广西优秀企业、广西十佳企业、广西强优工业企业、广西西部大开发突出贡献集体、广西优秀劳动关系和谐企业、广西国有企业创先争优和党组织建设年活动示范单位等称号。

按照发展规划，集团公司“十二五”奋斗目标是创千亿元企业，力争到2015年营业收入突破1000亿元，利润50亿元，再造一个广投集团，成为主业突出、核心竞争力强、综合实力雄厚、可持续发展的综合性投资集团，在转型升级的挑战中谱写集团发展的新篇章，为广西经济社会发展作出新的、更大的贡献。

团有限公司

①广西投资集团董事长、党委书记冯柳江
②广西投资集团副董事长、总裁、党委副书记林冠
③冯柳江董事长（左一）陪同中共广西壮族自治区委员会书记彭清华（中）、中国驻越南大使孔弦佑（左二）和越南政府副总理阮善仁（右一）到集团公司下属企业考察
④林冠总裁到鹿寨化肥企业调研
⑤广西投资集团董事长冯柳江（中）与越南安圆集团签署合作协议
⑥广西投资集团与印尼客商洽谈项目合作事宜
⑦广西投资集团投资建设的北海能源基地，规划建设8×100万千瓦火电机组，配套4×10万吨级码头和年吞吐量5000万吨的配煤中心
⑧集团公司在全国布局发展铝加工产业，坚定走新型铝产业发展道路。图为立式氧化车间生产现场
⑨集团投资建设的龙象谷项目，总规划面积约100平方千米，将建成集生态文化园、自然博物馆、风情小镇等于一体、集聚人口30万～50万的国际生态文化旅游城
⑩广西投资集团连续10年成为中国—东盟博览会战略合作伙伴

⑦

⑧

⑨

⑩

GUANGXI HUAYIN LUYE YOUXIAN GONGSI

广西华银铝

广西华银铝业有限公司由广西投资集团有限公司、五矿铝业有限公司、中国铝业股份有限公司分别按34%、33%、33%股比共同出资设立。公司于2003年2月20日成立，2005年6月18日项目正式开工建设，2008年6月18日实现160万吨产能全面投产即达产的建设目标。2010年9月28日，公司技改工程竣工投产，生产规模达到200万吨/年。

华银氧化铝工程项目是广西“千亿元铝产业”规划的重大工业项目。一期工程规模为年产氧化铝160万吨，静态投资85亿元、动态投资110亿元，是集矿山开采、氧化铝生产于一体的现代化大型铝工业企业，有志于开发氧化铝下游产品的生产和销售。华银氧化铝一期工程是中国铝工业发展史上一次性投资最大、建设生产规模最大的氧化铝项目，是新中国成立以来广西获国家批准建设的最大工业项目，是中国有色金属行业第一个采用“交钥匙”总承包管理模式承建的项目。

广西华银铝业有限公司成立以来，认真贯彻落实科学发展观，团结奋进、顽强拼搏，克服全球金融危机的冲击、自然灾害、原材料价格与氧化铝产品价格倒挂等不利因素的影响，在严峻的市场形势下取得较好的生产经营业绩，确保企业稳定发展。自2008年6月18日全面建成投产，至2012年12月31日，华银公司共生产氧化铝730万吨，产值168.4亿元，盈利7.22亿元，上缴各种税费19.4亿元，在2010年度广西纳税百强排行榜（国税部分）中居第11位，2011年度上升至第10位。为加快革命老区脱贫致富步伐，带动地方社会经济发展作出重大贡献。

广西华银铝业有限公司在抓好生产经营的同时，不忘履行大型国有企业的职责，造福当地，回报社会。为资助当地贫困学子，公司及部分干部职工捐款12万余元；汶川、青海玉树地震，公司全体员工为抗震救灾捐款近30万元。公司还为百色市、德保县抗旱救灾等

业有限公司

捐款33万元，为遭受特大地质灾害的梧州市苍梧县沙头镇双尚村灾后重建捐款5万元，为广西见义勇为基金捐资5万元。公司将德保县巴头乡登贡村定为“十二五”期间定点帮扶贫困村。截至2012年底，已投入近20万元，修建一个篮球场和一个400立方米蓄水池。

通过公司上下的共同努力，企业的经济效益和社会效益不断提高，发展成果也得到社会各界的认可，涌现出一批先进集体：2011年，公司获广西五一劳动奖状、自治区西部大开发突出贡献集体奖；2010年，公司工会获广西百佳模范职工之家称号；2009年，氧化铝厂沉降车间获全国工人先锋号称号；2011年，检修厂检修车间、计控部计量车间检斤班分别获全国模范职工小家、全国五一巾帼标兵岗称号；2008年，矿山部马牌检修车间等6个车间获广西工人先锋号称号；2009年，材料物流部党支部被评为百色市先进基层党组织。2009年以来，先后有1人获国家和自治区西部大开发突出贡献个人奖、1人获全国五一巾帼标兵称号、1人被评为广西劳动模范、1人获广西五一劳动奖章、2人获广西五一巾帼标兵称号、3人被评为百色市劳动模范、1人被评为百色市第五批专业技术拔尖人才、1人被选拔为西部之光访问学者等。

面向未来，广西华银铝业有限公司将在公司经营班子的带领下，继续深入贯彻落实科学发展观，在中共十八大精神的指引下，遵循“为股东多创利，为员工多造福，为社会多尽责”的核心价值观，努力把公司打造成中国铝工业一流的现代化企业。

主要荣誉

① 公司总经理刘永刚
② 公司现任领导班子成员合影
③ 2003年3月，自治区党委书记曹伯纯、自治区主席李兆焯与中国五矿集团公司总裁苗耕书、中国铝业公司总经理郭声琨为公司成立揭牌
④ 公司领导和靖西县领导共同出席靖西华银矿业有限公司揭牌仪式
⑤ 刘永刚总经理到生产现场检查指导工作
⑥ 2007年12月28日，公司氧化铝一期工程顺利建成投产
⑦ 华银铝业建设者的风采
⑧ 氧化铝厂举行职工拔河比赛
⑨ 铁路专用线延伸至生产车间
⑩ 公司厂区全景

ZHONGGUO SHIYOU GUANGXI SHIHUA GONGSI

中国石油

中国石油天然气股份有限公司广西石化分公司（简称中国石油广西石化公司）坐落在山清水秀，物阜民丰，被国务院批准为中国第六个保税港区，素有北部湾天然良港之称的广西钦州港；是中国石油于2005年9月为深入落实国家西部大开发战略，优化炼油化工产业布局，建设中国石油广西石化1000万吨/年炼油工程（以下简称项目）而设立的地区公司。

项目定位于"大规模、短流程、燃料型"，秉承"采用世界先进技术、引入国际领先设计、借鉴国际工程管理、建设世界一流炼厂"的理念，致力于建设"国内领先，世界一流"现代化炼厂。总加工方案采用全加氢型工艺流程，主要工艺技术分别从美国UOP公司、DOW化学公司等国际炼油化工技术专利供应商引进。

项目一次规划，两期建设。一期为低硫原油加工工程（以下简称项目一期），投资总额157亿元，主要包括1000万吨/年常减压蒸馏、350万吨/年重油催化裂化、220万吨/年蜡油加氢裂化、220万吨/年连续重整、240万吨/年柴油加氢精制、60万吨/年气体分馏、120万吨/年汽油精制、20万吨/年聚丙烯、1万吨/年硫磺回收等10余套主体生产装置，以及公用工程、罐区、码头及码头库区、铁路专用线、钦州南宁成品油管线、100万方原油商业储备库等配套工程，2010年9月全面投产。

二期为高硫原油加工配套工程（以下简称项目二期），主要包括400万吨/年渣油加氢脱硫装置、200万吨/年柴油加氢改质装置、14×10Nm^3/h制氢装置、100万吨/年汽油加氢脱硫装置、10万吨/年MTBE装置、26万吨/年硫磺回收装置等6套主体生产装置，以及新建的油品储运、公用工程等辅助生产设施，概算投资总额70亿元。

项目一期于2006年6月21日获得原国家环保总局的环评批复；于2007年2月12日获得国家发展和改革委员会的正式核准，同年11月8日破土动工；经过30个月的施工建设，于2010年5月30日全面建成并进入生产准备阶段，同年9月8日开厂一次成功。项目二期将于2013年底全面建成投产。

项目设计采用联合工程设计模式JEC（Joint Engineering Consortium），既保证炼厂的先进性，又培养和锻炼了中国石油自己的设计队伍；工程建设采用联合工程管理模式IPMT（Integrated Project Management Team），实现安全、质量、进度、投资的全面受控；首次开厂采用联合开工管理模式ICMT（Integrated Commissioning Management Team），既发挥中国石油的整体优势，又整合相关各方的资源，实现一次开厂成功；生产运行采用矩阵式生产运行模式SPOM（Specialized＆Programmed Operational Matrix），实现500人安全、

②

⑥

⑦

广西石化公司

平稳运行千万吨炼厂的目标。

项目一期自2010年9月初投产至2013年3月初停工检修，安稳长满优运行30个月，创造了国内同类型炼厂首次开厂运行的新纪录。在第一个运行周期（30个月）累计加工原油2265万吨，实现营业收入1298亿元，缴纳税费193.3亿元。其中，2011年加工原油951万吨，实现销售收入558亿元，缴纳税费82.7亿元；2012年加工原油895万吨，实现销售收入543.6亿元，缴纳税费79.2亿元。

生产的油品质量全部达到欧Ⅲ标准，70%达到欧Ⅳ标准；污水排放全部达到国家一级标准，清洁生产达到世界一流水平。项目二期建成后，将完全具备加工高硫、高酸等各种劣质原油的能力，年加工能力将突破1000万吨，年销售收入将达到600多亿元，年缴纳税费将达到90多亿元，生产的油品质量也将全部达到欧Ⅳ标准，产品质量以及各项经济技术指标显著提高，一座与广西秀美山川相和谐的环境友好型现代化炼厂将在北部湾畔为广西经济社会发展加油给力。

整个项目对优化中国石油炼油化工业务布局，提升自身国际竞争力；对改善广西壮族自治区产业结构，促进区域经济发展；对稳定广西成品油市场，满足西南地区成品油市场需求，保障国家能源供应安全具有重要意义。

①2010年9月8日，中国石油广西石化1000万吨年炼油工程竣工投产仪式在钦州举行
②2012年4月1日，中国国务院总理温家宝到广西石化公司考察
③2012年3月28日，中共中央政治局常委李长春到广西石化公司调研
④花园式炼厂全景　⑤专用码头　⑥中央控制室
⑦厂区夜景　⑧厂区一角　⑨罐区一角　⑩成品油装车外运

①

③

④ ⑤

⑧

⑨

⑩

广西林

广西林业集团即广西林业集团有限公司于2008年10月10日由自治区人民政府批准设立，是自治区直属国有独资大型企业，注册资本8.5亿元，资产范围包括广西高峰林浆纸业（集团）有限责任公司全部资产和高峰、七坡、东门、派阳山、钦廉、博白、六万、良凤江、维都、三门江、黄冕、大桂山、雅长等13家自治区直属国有林场的14.13万公顷国有林地资产。由自治区林业厅代表自治区人民政府履行出资人职责。

按照中共广西壮族自治区委员会、自治区人民政府的决策部署，广西林业集团承担着推进沿海两大林浆纸一体化项目建设、做大做强林业产业、促进广西尽快形成造纸与木材加工千亿元产业的重任，推进北部湾经济区开放、开发，实现广西由林业大区向林业强区转变，实现科学发展、和谐发展、跨越发展。集团的主要任务：一是打造企业龙头，做大做强林业产业。运用自治区人民政府授权经营的国有资产，整合资源，投融资发展林业产业，打造林业产业龙头，做大做强林业产业。二是建设沿海林浆纸项目，打造林浆纸“航母”。加快建设北海、钦州两大沿海林浆纸一体化项目，打造世界级林浆纸产业“航母”，把林浆纸业培育成为广西的支柱产业，促进北部湾经济区开放开发。2012年3月20日，广西林业集团与斯道拉恩索集团在南宁市就北海林浆纸一体化项目签订《合作确认书》。斯道拉恩索集团董事会正式作出投资决策，2013年6月17日，国家发改委正式核准同意，标志着项目进入实施阶段。广西林业集团将加快步伐、加快速度，尽快推进项目开工建设。三是搭建投融资平台，拓宽发展领域。以14.13万公顷国有林地为基础组建的林业集团，通过整合林业资源，搭建广西新型投融资平台，拓展发展领域，培育广西经济新增长点。四是强化管理，确保国有资产保值增值。强化资产经营管理，促进产业结构调整，优化资源配置，提高经济效益，增强综合实力，实现可持续发展，确保国有资产保值增值。五是支撑生态建设，维护生态安全。科学编制和实施森林经营方案，以大面积培育森林资源为基础，支撑广西生态建设，开展节能减排，发展循环经济，保护环境，维护生态安全。

广西林业集团将按照中共广西壮族自治区委员会、自治区人民政府的决策部署，坚定不移地走以营林为基础，以林产加工为龙头，以项目为载体的产业发展道路，大力发展林浆纸一体化、林板一体化、林工贸一体化等综合项目，大力发展森林资源评估、融资担保、金融业务、林业产权交易、绿色房地产、森林旅游、种苗花卉等多元化产业。通过不断加强管理，调整产业结构，提高经济效益，增强竞争能力，实现可持续发展，将集团打造成为国际化、多元化的现代企业集团。

广西林业集团的发展目标是：到2015年建成年产值100亿元（含两

②

业　集　团

大林浆纸项目）、工业原料林20万公顷、人造板产量100万立方米、拥有1家上市公司的自治区级龙头企业；到2020年建成年产值500亿元（含两大林浆纸项目）、工业原料林面积超过23.33万公顷、人造板产量超过150万立方米、拥有2家上市公司的国家级大型企业集团。

① 中共广西壮族自治区委员会常委黄道伟（前中），自治区林业厅厅长陈秋华（左三）参观第3届中国—东盟博览会林产品与木制品展广西林业集团展厅

② 广西林业集团董事长、党委书记蒋勇（左二）会见中国冶金科工集团总经理、党委书记王为民（右二）

③ 广西林业集团与央企中农发集团签订项目合作意向书

④ 2012年3月20日，北海林浆纸一体化项目《合作确认书》签字仪式在南宁举行

⑤ 广西壮族自治区人民政府召开北海林浆纸一体化项目国有林地划拨变更登记发证工作动员部署会议

⑥ 广西林业集团与广西花样城房地产投资公司签订战略合作框架协议

MEI ZAI GUANG XI

美在广西

① 中国德天—越南板纳瀑布群
② 宁明花山
③ 北海银滩
④ 凭祥友谊关
⑤ 大新明仕田园
⑥ 贺州玉石林
⑦ 巴马那社命字河
⑧ 桂林漓江
⑨ 桂林象鼻山
⑩ 柳州蟠龙人造瀑布

中国—东盟年鉴
CHINA – ASEAN YEARBOOK
2013

主　　编　吕余生　王士威
执行主编　许家康

线装书局

图书在版编目(CIP)数据

中国—东盟年鉴.2013/吕余生,王士威主编.—北京:线装书局,2013.9

ISBN 978-7-5120-1061-1

I.①中… II.①吕…②王… III.①自由贸易区—中国·东南亚国家联盟—2013—年鉴 IV.①F752.733-54

中国版本图书馆CIP数据核字(2013)第208694号

中国—东盟年鉴

2013

主　　办:广西社会科学院　广西社会科学界联合会
承　　办:广西东南亚研究会
主　　编:吕余生　王士威
责任编辑:高晓彬

出版发行:线装书局
地址:北京市西城区鼓楼西大街41号
邮编:100009
网址:www.xzhbc.com
经　　销:新华书店发行
印　　刷:广西民族印刷包装集团有限公司

开　　本:890×1240　1/16
印　　张:30.25
字　　数:1100千字
版　　次:2013年9月第1版　2013年9月第1次印刷
印　　数:0001—1500册

广告经营许可证号:京西工商广字第8011号(1—1)

定　　价:230.00元

编 辑 说 明

一、《中国—东盟年鉴》是一部国际综合性年鉴，着重收载中国和东盟各国的基本资料及区域内各国政治、外交、经济、文化、社会等方面的重要信息，旨在为海内外各界人士了解中国和东盟各国（包括国际组织）的基本情况及中国—东盟自由贸易区的建设进程提供一个窗口，以促进国际间的相互了解和交流合作。《中国—东盟年鉴》面向国内外广大读者，面向中国—东盟博览会，为国内外读者和中国—东盟博览会与会人士提供相关资讯。

二、《中国—东盟年鉴》的编辑，坚持实事求是的科学精神，客观地反映有关各国情况，追求年鉴的科学性、权威性和实用性。

三、本年鉴从2004年起逐年编纂出版，2013年卷为第10卷。本卷年鉴着重记述2012年发生的事情并收入相关资料，其中部分内容为保持资料的完整性适当追溯历史，并收录一些历时性资料。为提高年鉴的时效，卷中大事记除记述2012年大事外，还记述2013年1～6月的大事。

四、本卷年鉴的主要栏目有：概况、动态、发展报告、东南亚国家联盟、中国—东盟自由贸易区、区域经济合作、中国和东盟及各成员国交往与合作、重要节会、新闻人物、大事记、文献、投资贸易指南、统计资料、附录等。年鉴中的概况和动态信息一般作条目化处理，发展报告、中国和东盟及各成员国交往与合作、某些附属资料则采用文章体。东盟各国资料的编排，依国际惯例按国名的英文字母顺序排列；一国之内发生的事情，在同一栏目中一般按时序编排。

五、本年鉴由广西社会科学院、广西社会科学界联合会联合主办，广西东南亚研究会承办。供稿者均为专事东南亚研究的社会科学工作者，文献资料主要来自国内权威机关、传媒或网站，具有一定的权威性和较高的参考价值。

六、作为资料性工具书，本年鉴内容资料的选题选材和编排、条目的内容要素和记述程序等，都依年鉴的体例予以规范。为方便读者阅读、检索，本年鉴配备双重检索系统：书前刊有详细目录，书后备有索引。

七、由于资料采集艰辛和成书时间仓促，本卷年鉴难免有所疏漏和不足，欢迎国内外各界读者批评指正，我们将在今后的编纂工作中努力改进。

本年鉴在策划和编纂过程中，得到有关领导机关和社会各界人士的大力支持和帮助，谨表示衷心感谢！

《中国—东盟年鉴·2013》主创单位及人员

目　　录

概　　况

动　态

发展报告

东南亚国家联盟

中国—东盟自由贸易区

区 域 合 作

中国和东盟及各成员国交往与合作

重 要 节 会

新 闻 人 物

大事记

文献

投资贸易指南

统计资料

附 录

索 引

彩图插页

China – ASEAN Yearbook · 2013
Contents

概　　况

中　　国

国　名

中华人民共和国(The People's Republic of China),简称中国、中或华。

国　旗

中华人民共和国国旗为五星红旗。长方形,长宽比为3:2。旗面为红色,象征革命。旗面左上方的五颗黄色五角星,象征中国共产党领导下的革命人民大团结。五角星用黄色表示红色大地上呈现光明。四颗小五角星各有一个尖角正对大五角星的中心点,表示围绕着一个中心而团结,在形式上也显得紧凑美观。

地　理

位　置　中国位于亚洲东部。地处东经73°~135°、北纬4°~53°之间。东部和南部濒临太平洋,西靠中亚大陆,西南与中南半岛和南亚次大陆相接,北面紧邻蒙古高原和西伯利亚。疆域东起黑龙江和乌苏里江交汇处,西到帕米尔高原;北起漠河附近的黑龙江上,南至南海的曾母暗沙。

面　积　中国陆地面积960万平方千米,约占全球陆地面积的1/15。

疆界和邻国　陆上边界漫长,从东北与朝鲜交界的鸭绿江口起,经北面、西面,到西南与越南交界的北仑河口,全长1万多千米,依次与朝鲜、俄罗斯、蒙古、哈萨克斯坦、吉尔吉斯斯坦、塔吉克斯坦、阿富汗、巴基斯坦、印度、尼泊尔、不丹、缅甸、老挝、越南等14个国家为邻。领海宽广,东面与韩国、日本隔黄海、东海相望,东南面和南面隔南海与菲律宾、马来西亚、新加坡、文莱、印度尼西亚等国相望。

地形地貌　地形复杂多样,地球陆地上的山地、丘陵、高原、平原和盆地等5种基本类型都有分布。山地、丘陵和比较崎岖的高原约占陆地面积的2/3。地势东低西高,呈阶梯状分布:第一级是东部的平原、低山和丘陵,海拔一般在500米以下;第二级是中部、西部的高原和盆地,海拔大多在1000~2000米之间;第三级是青藏高原,平均海拔超过4000米。第一级阶梯的东面和东南面是浅海大陆架,坡度平缓。主要山脉和山系有:东西走向的南岭山脉、昆仑山脉、秦岭山脉、天山山脉和阴山山脉,东北—西南走向的台湾山脉、长白山脉、武夷山脉、大兴安岭山脉、太行山脉、巫山山脉和雪峰山脉,西南—东南走向的祁连山脉和阿尔泰山脉,南北走向的贺兰山脉和横断山脉,以及唐古拉山、图库斯山和喜马拉雅山等弧形山系。弧形山系中的喜马拉雅山脉是全球最高大、最雄伟的山脉,高峰林立,其中中国与尼泊尔边界上的珠穆朗玛峰海拔8844.43米,为世界第一高峰。丘陵主要分布于华东、华南和东北,有东南丘陵、两广丘陵、山东丘陵和辽东丘陵等。高原分布于华北、西北和西南,主要有黄土高原、内蒙古高原、云贵高原和青藏高原,其中面积最大的是青藏高原,约占全国面积的1/4。平原主要分布于东部和中部,有东北平原、华北平原、长江中下游平原三大平原以及珠江三角洲平原、成都平原、汾渭平原、台湾西部平原等,是主要农耕区。盆地主要分布于西北部和中部,主要有四川盆地、塔里木盆地、准噶尔盆地、柴达木盆地、吐鲁番盆地,其中塔里木盆地面积最大,该盆地中的塔克拉玛干沙漠是中国面积最大的沙漠;吐鲁番盆地地势最低，最低点低于海平面155米，是中国陆地上最低的地方。

江河湖泊　江河众多，其中流域面积超过1000平方千米的河流有1500多条。属太平洋水系的河流主要有黑龙江、辽河、海河、黄河、长江、钱塘江、闽江、珠江、澜沧江等，其中长江是中国第一大河、世界第三大河，干流长6300千米。属印度洋水系的河流有怒江和雅鲁藏布江。属北冰洋水系的有额尔齐斯河。此外还有一些内流河，其中最长的是新疆南部的塔里木河，全长2179千米。湖泊有2.48万个，其中面积超过1平方千米的天然湖泊2800多个。主要湖泊有青海湖、洞庭湖、鄱阳湖、太湖、洪泽湖等。青海湖是中国第一大湖和最大的咸水湖。

海岸海岛　大陆东部和南部濒临渤海、黄海、东海和南海，其中渤海是内海，黄海、东海和南海是边海。大陆海岸线长1.8万千米。沿海岛屿有5000多个，其中面积超过700平方千米的有台湾岛、海南岛、崇明岛、舟山岛、东山岛、海坛岛和长兴岛；台湾岛和海南岛分别是中国第一、第二大岛。较大的群岛有舟山群岛、东沙群岛、南沙群岛、西沙群岛和中沙群岛。较大的半岛有辽东半岛、山东半岛和雷州半岛。

气　候　大部分地区属东亚季风气候区。全国冬季寒冷干燥，南北温差大；夏季普遍高温，降水较多。各地年平均降水量差异大，东南沿海可高达1500毫米以上，西北部一些地方低于50毫米。

风景名胜　重要的风景名胜有：长城，北京故宫、颐和园、天坛、明清皇室陵寝、周口店猿人遗址，北戴河，承德避暑山庄和外八庙，沈阳故宫，山东曲阜孔庙、孔府、孔林和泰山风景名胜区，陕西秦始皇陵、兵马俑，甘肃敦煌莫高窟，河南洛阳龙门石窟和白马寺、登封少林寺，江苏苏州古典园林，安徽黄山风景名胜区，江西庐山风景名胜区，广西桂林漓江风景名胜区，四川九寨沟风景名胜区和峨眉山—乐山风景名胜区，西藏布达拉宫，台湾日月潭，等等。

国　民

人　口　2012年末全国人口135404万人（不含香港、澳门两个特别行政区和台湾省人口）。按性别分，男性69395万人，女性66009万人；按城乡分，城镇71182万人，乡村64222万人。东部人口稠密，西部人

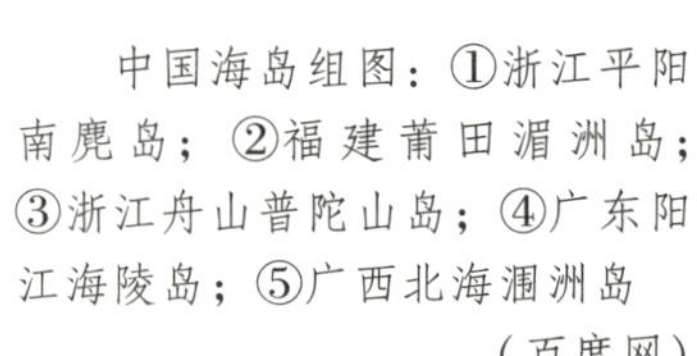
中国海岛组图：①浙江平阳南麂岛；②福建莆田湄洲岛；③浙江舟山普陀山岛；④广东阳江海陵岛；⑤广西北海涠洲岛
（百度网）

口稀少。

民　族　有56个民族,即汉、蒙古、回、藏、维吾尔、苗、彝、壮、布衣、朝鲜、满、侗、瑶、白、土家、哈尼、哈萨克、傣、黎、傈僳、佤、畲、高山、拉祜、水、东乡、纳西、景颇、柯尔克孜、土、达斡尔、仫佬、羌、布朗、撒拉、毛南、仡佬、锡伯、阿昌、普米、塔吉克、怒、乌兹别克、俄罗斯、鄂温克、德昂、保安、裕固、京、塔塔尔、独龙、鄂伦春、赫哲、门巴、珞巴、基诺等族。

语　言　汉族和回族使用汉语,其他54个民族使用本民族语言。现代汉语的共同语言是普通话。

宗　教　宪法规定公民享有宗教信仰自由。国民信仰的宗教有佛教、道教、伊斯兰教、基督教、天主教。

资源物产

土地资源　中国耕地面积12172万公顷(《中国统计年鉴·2012》数据),分布不匀,人均土地资源占有量较少。

水资源　水能资源蕴藏量6.8亿千瓦,居世界首位。人均径流量约2200立方米,仅为世界人均径流量的24.7%。在各流域中,珠江流域人均水资源最丰富。水资源分布南方多北方少,水土资源配合欠佳。

生物资源　生物资源种类多、数量大。几乎拥有北半球的全部植被类型,有种子植物300科、2980属、2.4万种,其中被子植物2946属,占全球被子植物总属数的23.6%。有陆栖脊椎动物2070种,占全球陆栖脊椎动物种类的9.8%,其中兽类420种,鸟类约1170种,两栖类184种。海鱼约有1500种,淡水鱼约500种。

矿产资源　已发现矿种171种,其中探明储量的158种,包括能源矿产10种,金属矿产54种,非金属矿产91种,水气矿产3种。重要矿产资源有煤、石油、油页岩、天然气、铁、锰、钼、钒、钛、汞、磷、铜、钨、锑、锡、铬、铅锌、铝土、镍、稀土、银、金、菱镁、普通萤石、硫铁、钾、盐、硭硝、重晶石、石墨、玻璃硅原料、清石、高岭土等。其中钨、锑、稀土、钼、钒、钛的探明储量在世界各国中居首位,煤、铁、铅锌、铜、银、汞、锡、镍、磷灰石、石棉等位居前列。

物　产　有谷物(小麦、稻谷)、棉花、油料(油菜籽、花生、油茶籽、芝麻)、麻类、糖料(甘蔗、甜菜)、大豆、茶叶、烟叶、水果(苹果、柑橘、香蕉、葡萄、西瓜)、

中国古建筑群落组图:①山西祁县乔家堡村乔家大院;②广西南宁扬美古镇;③贵州雷山西江千户苗寨;④湖南湘西凤凰古城;⑤广西桂林阳朔兴坪老寨山

(百度网)

大牲畜、肉类(猪肉、牛肉、羊肉)、奶类、羊毛(绵羊毛、山羊毛)、水产品(海水产品、淡水产品)等。其中谷物、棉花、花生、油菜籽、水果、肉类产量在世界各国中居首位,大豆、甘蔗、茶叶产量位居前列。此外,还有松脂、中药材、桐油、生丝、漆、灵香草、八角、茴油、肉桂、荔枝、龙眼等特产。

国体政体

国　体　中华人民共和国是工人阶级领导的、以工农联盟为基础的人民民主专政的社会主义国家。社会主义是国家的根本制度。国家的一切权力属于人民,实行人民代表大会制度。

全国人民代表大会　国家的最高权力机关。常设机构是全国人民代表大会常务委员会。全国人民代表大会和全国人民代表大会常务委员会行使国家立法权。

国务院　即中央人民政府,最高权力机关的执行机关,最高国家行政机关。

中央军事委员会　全国武装力量领导机关。实行主席负责制度,对全国人民代表大会及其常务委员会负责。

最高人民法院　国家的最高审判机关。

最高人民检察院　国家的最高检察机关。

中国人民政治协商会议　由各党派、各阶层组成。宪法规定,中国共产党领导的多党合作和政治协商制度将长期存在和发展。

党　派　中国内地现有9个党派:中国共产党、中国国民党革命委员会、中国民主同盟、中国民主建国会、中国民主促进会、中国农工民主党、中国致公党、九三学社和台湾民主自治同盟。其中,中国共产党是执政党,其他8个民主党派是参政党。

国家领导人

国家主席　习近平,2013年3月当选。

全国人民代表大会常务委员会委员长　张德江,2013年3月当选。

国务院总理　李克强,2013年3月任职。

中国人民政治协商会议全国委员会主席　俞正声,2013年3月当选。

国家中央军事委员会主席　习近平,2013年3月当选。

行政区划

一级行政区划　中国行政区划为34个省、自治区、直辖市和特别行政区。即黑龙江、吉林、辽宁、河北、山西、山东、江苏、浙江、安徽、江西、福建、台湾、河南、湖北、湖南、广东、海南、云南、贵州、四川、陕西、甘肃、青海等23个省,广西、西藏、新疆、内蒙古、宁夏等5个自治区,北京、天津、上海、重庆等4个直辖市,香港、澳门2个特别行政区。

主要城市　首都北京市,位于华北平原西北端,周围被河北省和天津市所包围,是中国政治、经济、文化和国际交流中心,综合性产业城市,著名古都,重要航空港。行政区域面积1043.5平方千米。2012年末全市户籍人口1297.5万,常住人口2069.3万。其他重要城市有上海、天津、重庆、哈尔滨、长春、沈阳、大连、呼和浩特、太原、石家庄、济南、青岛、南京、苏州、杭州、合肥、福州、厦门、南昌、郑州、武汉、长沙、广州、深圳、南宁、桂林、海口、昆明、贵阳、成都、拉萨、乌鲁木齐、兰州、西安、西宁、银川、香港、澳门、台北、高雄等。

经　济

国内生产总值　中国2012年国内生产总值519322亿元,比上年增长7.8%。

产　业　第一产业包括农业、林业、畜牧业和渔业。种植业是农业的支柱,主要包括粮食作物种植业和经济作物种植业。粮食种植业主要种植小麦、水稻、玉米、薯类等作物,2012年粮食产量58957万吨,比上年增加1836万吨,增长3.2%。经济作物种植业主要种植棉花、油料(花生、油菜、芝麻、油茶)、麻类、糖料(甘蔗、甜菜)、豆类、茶叶、水果等作物。2012年第一产业产值占国内生产总值的10.1%。第二产业包括工业和建筑业。工业门类齐全,主要有矿产采选、金属冶炼及压延加工、金属制品、机械制造、化学原料及制品、医药、纺织及服装制造、家具制造、食品加工和制造等行业。第二产业在国民经济中占主导地位,2012年第二产业增加值占国内生产总值的45.3%。第三产业包括地质勘查和水利管理、交通运输仓储邮电通信、批发和零售贸易、金融保险、房地产、社会财务、卫生体育和社会福利、教育文化艺术、广播电影电视、科学研究和综合技术服务等行业。第三产业在国民经济中的地位不断上升,2012年第三产业增加值占国内生产总值的44.6%。

财　政　2012年全国公共财政收入117210亿元,比上年增加13335亿元,增长12.8%。

金　融　主要银行有中国人民银行、中国建设银行、中国工商银行、中国农业银行、中国银行、中国农业发展银行、中国进出口银行、国家开发银行、交通银行、中国光大银行、中信实业银行等,其中中国人民银行是国家中央银行。主要保险公司有中国人民财产保险股份有限公司、中国人寿保险股份有限公司、中国太平洋财产保险股份有限公司、中国太平洋人寿保险股份有限公司、中国平安财产保险股份有限公司、中国平安人寿保险股份有限公司、新华人寿保险股份有限公司等。证券交易所有上海证券交易所和深圳证券交易所。货币名称为人民币,单位为元。2012年末国家外汇储备

33116 亿美元，比上年末增加 1304 亿美元。年末人民币汇率为1美元兑6.2855元人民币，比上年末升值0.25%。

进出口贸易　2012 年货物进出口总额 38668 亿美元，比上年增长 6.2%。其中，货物出口 20489 亿美元，增长 7.9%；货物进口 18178 亿美元，增长 4.3%。进出口差额（出口减进口）2311 亿美元，比上年增加 762 亿美元。

交通通信

2012 年全国货物运输总量 412 亿吨，比上年增长 11.5%。旅客运输总量 379 亿人次，增长 7.6%。年末全国民用汽车保有量 12089 万辆（包括三轮汽车和低速货车 1145 万辆），增长 14.3%，其中私人汽车保有量 9309 万辆，增长 18.3%。民用轿车保有量 5989 万辆，增长 20.7%，其中私人轿车 5308 万辆，增长 22.8%。

沿海港口主要有大连港、营口港、秦皇岛港、天津新港、烟台港、威海港、连云港、上海港、宁波港、温州港、马尾港、厦门港、汕头港、黄埔港、湛江港、北海港、钦州港、防城港、海口港、香港、基隆港、高雄港等。内河港口主要有宜宾港、重庆港、万州港、宜昌港、武汉港、九江港、芜湖港、南京港、镇江港、张家港、南通港、上海港、广州港、梧州港、贵港等。

主要机场有北京首都机场、广州花都机场、上海浦东机场、上海虹桥机场、深圳宝安机场、昆明长水机场、成都双流机场、西安咸阳机场、厦门高崎机场、桂林两江机场、重庆江北机场、大连周水子机场、天津滨海机场、杭州萧山机场、青岛流亭机场、南京禄口机场、武汉天河机场、南宁吴圩机场、长沙黄花机场、乌鲁木齐地窝铺机场、拉萨贡嘎机场、香港机场、台北桃园机场等。

2012 年末全国固定电话用户 27815 万户。其中，城市电话用户 18893 万户，农村电话用户 8922 万户。移动电话用户 111216 万户。年末全国固定及移动电话用户总数为 139031 万户，比上年末增加 11896 万户。电话普及率达到 103.2 部/百人。互联网上网人数 5.64 亿。

教　育

中国实行 9 年制义务教育。现行学制为小学 6 年；初中 3 年，高中 3 年；高等专科教育 2～3 年，本科教育 4～6 年。

2012 年全国在校生数：普通小学 9695.9 万人，初中 4763.1 万人，普通高中 2467.2 万人，各类中等职业教育 2120.3 万人，普通高等教育专科、本科 2391.3 万人，在学研究生 172 万人。著名大学有北京大学、清华大学、复旦大学、浙江大学、南京大学、南开大学、中国科技大学、华中科技大学、上海交通大学、武汉大学、吉林大学、中山大学等。

传　媒

中国官方新闻社为新华社。主要报纸有《人民日报》、《光明日报》、《解放军报》、《中国日报》、《参考消息》、《经济日报》、《中国青年报》、《工人日报》、《中国文化报》、《中国体育报》、《中国妇女报》、《经济参考报》、《中国政协报》、《科学时报》、《健康报》、《中国商报》等。主要电视台有中央电视台、中国教育台等。主要广播电台有中央人民广播电台、中国对外广播电台等。

文化体育

2012 年末全国文化系统共有艺术表演团体 2089 个，文化馆 3286 个，公共图书馆 2975 个，博物馆 2838 个，档案馆 4107 个。各类广播电视台 2579 座。有线电视用户 2.14 亿户，有线数字电视用户 1.43 亿户。年末广播节目综合人口覆盖率 97.5%；电视节目综合人口覆盖率 98.2%。出版各类报纸 476 亿份，各类期刊 34 亿册，图书 81 亿册。

2012 年全国运动员在 24 个运动大项中获得 107 个世界冠军，共创 14 项世界纪录。在伦敦奥运会上，中国运动员获奖牌 88 枚，其中金牌 38 枚，分别位列奥运会奖牌榜和金牌榜第二位。在伦敦残奥会上，中国运动员共获得 95 枚金牌，蝉联金牌榜和奖牌榜第一位。

医疗卫生

2012 年末全国共有医疗卫生机构 96.18 万个，其中医院 2.3 万个，乡镇卫生院 3.71 万个，社区卫生服务中心（站）3.36 万个，诊所（卫生所、医务室）17.96 万个，村卫生室 66.34 万个，疾病预防控制中心 3506 个，卫生监督所（中心）3037 个。卫生技术人员 650 万人，其中执业医师和执业助理医师 252 万人，注册护士 242 万人。医疗卫生机构床位 557 万张，其中医院 403 万张，乡镇卫生院 106 万张。参加城镇基本医疗保险的人数 53589 万人，比上年增加 6246 万人。

科　技

中国主要科学研究机构有中国科学院和中国社会科学院。2012 年全国研究与试验发展（R&D）经费支出 10240 亿元，比上年增长 17.9%，占国内生产总值的 1.97%，其中基础研究经费 498 亿元。共安排 1701 项科技支撑计划课题，1165 项“863”计划课题。累计建设国家工程研究中心 130 个，国家工程实验室 128 个。受理境内外专利申请 205.1 万件，其中境内申请 188.6 万件，占 91.9%。受理境内外发明专利申请 65.3 万件，其中境内申请 52.3 万件，占 80.1%。授予专利权 125.5 万件，其中境内授权 114.4 万件，占 91.1%。授予发明专利权21.7万件,其中境内授权13.7万件,占63.2%。截至2012年底,有效专利350.9万件,其中境内有效专利289.9万件,占82.6%;有效发明专利87.5万件,其中境内有效发明专利43.5万件,占49.7%。全年共签订技术合同28.2万项,技术合同成交金额6437.1亿元,比上年增长35.1%。

2012年末全国共有产品检测实验室28128个,其中国家检测中心509个。有产品质量、体系认证机构173个,法定计量技术机构3496个。制定、修订国家标准1986项,其中新制定1375项。有地震台站1687个,地震监测台网32个,海洋观测站79个。测绘地理信息部门公开出版地图1662种。

历　史

中国是世界文明古国,有5000年文字记载的历史。

原始社会晚期,中原一带出现部落,其中黄河流域以黄帝、炎帝和蚩尤为首的三个部落比较强大。后来华夏民族尊黄帝和炎帝为共同祖先。

公元前2070年,夏王朝建立,是为中国奴隶社会的开端。

公元前1600年左右,商王朝取代夏王朝。商代,青铜冶炼和青铜器铸造技术水平较高,还出现了甲骨文。

公元前1046年,周王朝取代商王朝。自此到公元前476年,中国经历了西周(公元前1046年至公元前771年)、春秋(公元前770年至公元前476年)两个时期。

公元前475年,进入战国时期,封建社会逐步确立。此时诸侯争霸,社会不安;在思想领域出现百家争鸣的繁荣局面,形成儒、法、道、墨、名、农、杂等以后长期影响中国社会的学派。

公元前221年,秦始皇嬴政统一中原,建立秦王朝。后又统一西南、东南地区,形成统一的多民族的中央集权国家。秦始皇实行统一文字和度量衡等措施,对后世影响极大。

公元前206年,刘邦建立汉王朝取代秦王朝。汉代社会经济发展较快,科学文化事业繁荣,特别是汉武帝时进入鼎盛阶段,所开辟通往西域的丝绸之路,促进了中西经济文化交流。

公元220~589年,历经三国、两晋和十六国、南北朝三个时期。这三个时期的特点是国家分裂和中华民族大融合。

581年,隋王朝建立。当时,大运河凿通,促进了南北交通和经济文化交流;设立六部官制,实行科举考试制度,对此后中国政治、教育产生深远影响。

618年,唐王朝取代隋王朝。唐代经济社会全面发展。商业繁荣,形成长安、扬州、广州等商业中心。文化发达,出现李白、杜甫等一批伟大诗人。科学进步,发明火药、雕版印刷术、天文钟等,对世界文化和科学技术的发展作出卓越贡献。

907年,唐王朝灭亡,中国出现封建割据局面,从907到960年,史称五代十国时期。

960年,宋王朝建立。宋代(分北宋、南宋两个时期),农业和工业技术都有所发展,尤其是造船技术和指南针的发明与应用,促进了海外贸易事业的繁荣。同时,中国北方先后建立辽、金、西夏、元等政权。

1279年,统一了北方的元消灭南宋,统一中国。元代,经济、文化继续发展。当时实行的行省制度一直沿袭至今。

1368年,明王朝建立。明代,江南出现资本主义萌芽,朝廷派郑和率船队七下西洋,西方传教士开始进入中国传教并传播西方科学技术。

1644年,清王朝取代明王朝。清代前期,国家强盛,经济、文化、科学技术发展;后期,朝廷腐败,国力衰弱。

1840年,英国发动侵略中国的鸦片战争,清王朝屈服,中国开始沦为半封建半殖民地社会。

1911年,辛亥革命爆发,清王朝被推翻。1912年,中华民国建立。

1921年,中国共产党在上海成立。中国共产党领导中国人民开展土地革命战争、抗日战争和解放战争,推翻压在中国人民头上的"三座大山",取得新民主主义革命的胜利。1949年10月1日,中华人民共和国建立。

中华人民共和国建立后,历经清匪反霸,土地改革,抗美援朝,镇压反革命,"三反"、"五反",农业、手工业和资本主义工商业的社会主义改造,"大跃进",人民公社化,社会主义教育("四清"),"文化大革命"等运动。1978年中共十一届三中全会后,实行改革开放,致力经济建设,经济快速发展,国力不断加强,社会稳定,人民生活水平不断提高。

文　莱

国　名

文莱达鲁萨兰国(Negara Brunei Darussalam),简称文莱。

国　旗

文莱国旗呈横长方形,长宽比为2:1。由黄、白、黑、红四色组成。黄色的旗地上横斜着黑、白宽条。黄色是该国传统颜色,代表苏丹至高无上,黑、白斜条是纪念两位有功的亲王。国旗中央绘有国徽。国徽呈红色,一弯新月环抱着一根棕榈树干,其上为展开的双翼,双翼之上为一顶华盖和一面旗帜,象征文莱信奉伊斯兰教和苏丹至高无上。在新月中央用马来文写着“遵照真主的旨意行事。”中心图案两侧有两只手臂,表示人民向真主祈求,人民对苏丹和政府的拥护。国徽底部的饰带上写着“和平之邦——文莱”。

地　理

位　置　文莱位于亚洲东南部的加里曼丹岛(旧称婆罗洲)的西北部。地处北纬4°2′~5°3′、东经114°4′~115°22′之间。北面濒临南中国海和文莱湾。

面　积　陆地面积5765平方千米。

疆界和邻国　东、南、西三面与马来西亚的沙捞越州接壤,并被沙捞越州的林梦分隔为不相连的东、西两部分。北面隔海与菲律宾、中国和越南相望。

地形地貌　陆地海拔在300~500米之间,地势东高西低。北部是平原,南部是丘陵,东部多为沼泽地,西部沿海为狭长平原。东南部与马来西亚沙捞越交界的阿干山海拔1808米,为全国最高峰。

江　河　主要河流有马来奕河、都东河、淡布隆河和文莱河。这些河流发源于南部山区,由南向北流入大海。马来奕河为全国最大河流,全长32千米。

海岸海岛　岸线长约161千米。有33个岛屿,总面积79.39平方千米。大部分岛屿分布在文莱河下游或河口地区。靠近海边的地带是长满红树林的淡水沼泽,约占陆地总面积的10%。近海海底平缓,海水较浅,海面平静,素有“少女海”之称。

气　候　属热带雨林气候区。终年炎热多雨,没有明显的干旱季节。各地年平均降雨量在2500毫米以上。年平均气温28℃,各月温差不大。空气湿度较大,达到67%~91%。

风景名胜　首都斯里巴加湾市有历史悠久的水村——Kam Pong Ayer,东南亚最堂皇的清真寺——奥玛尔·阿里赛夫丁和苏丹文物纪念馆、文莱博物馆、苏丹皇宫、水晶公园等,马来奕区有陆上油井石油生产纪念碑和其他与石油生产有关的景观。

国　民

人　口　据文莱经济策划与发展局2012年4月24日公布的第五次全国调查初步结果,2011年文莱人口39.76万,年增长率1.7%。其中:男性20.27万人,占51.5%;女性19.49万人,占48.5%。有71.2%的人口居住在文莱—穆阿拉区,15.4%在马来奕区,11.2%在都东区,2.3%在淡布隆区。

民　族　主要民族有20个。马来人(七大土著合称,包括文莱马来人、都东人、克达岩人、马来奕人、比沙雅人、姆鲁人和杜顺人)人口26.94万,占总人口的66%;华人人口4.74万(1997年),约占总人口的11%;其他种族约占23%。

语　言　主要语言是马来语,为国语。英语使用广泛。华语主要在华人中使用(多数讲闽南话,少数讲粤语)。

宗　教　宪法规定伊斯兰教为国教。大部分居民信奉伊斯兰教,少数信奉佛教、基督教、道教等。

资源物产

文莱的矿产资源主要有石油和天然气。据官方2010年公布的数据,石油蕴藏量11亿桶,天然气储量约3500亿立方米,是东南亚第三大产油国和世界第四大液化天然气生产国,产油量在东南亚仅次于印度尼西亚和马来西亚。除陆地油田外,有7个海上油田,90%石油和全部天然气出自这7个海上油田。探明储量较大、具有经济价值的矿产资源还有金、煤、汞、锑、铅、矾土和硅。

耕地面积占国土面积的5%,土壤较贫瘠。主要农产品有稻米、咖啡、橡胶、椰子、西谷米、胡椒、甘蔗、花生、玉米、日罗东胶(口香糖的主要原料)、蔬菜、香蕉、菠萝等。森林面积46.9万公顷,有11个森林保护区,总面积2355平方千米,占陆地面积41%,多数森林保护区为原始森林。植物资源丰富,其中以木本植物居多,有5000多种。领海有丰富的海洋生物资源,主要河流盛产鱼、虾等水产品。陆栖野生动物有象、犀牛、野牛、猿、猴、野猪、鹿、鳄鱼、巨蟒、眼镜蛇、狐蝠、松鼠、蜥蜴、犀鸟、雨燕等。

国体政体

国　体　文莱是伊斯兰教绝对君主制国家。君主(苏丹)拥有行政、立法、司法全部权力,同时也是宗教领袖。设宗教、枢密、内阁、立法、世袭等5个委员会协助苏丹理政。

议　会　称立法委员会。1962年曾举行选举。1970年取消选举,议员改由苏丹任命。1984年2月,现任苏丹宣布终止立法会,立法以苏丹圣训方式颁布。2004年7月,苏丹宣布重开立法会;9月,立法会恢复运作,由议长卡马鲁丁和21名议员(其中当然议员6人,高官议员5人,委任议员10人)组成,均由苏丹任命。2005年9月,苏丹解散立法会,重新任命30名新议员,卡马鲁丁为议长。2011年2月,新任命议长伊萨,6月任命新一届立法会议员。

政　府　本届政府于2005年5月由苏丹宣布组成。设首相署,国防部,财政部,外交与贸易部,司法部,教育部,交通部,宗教事务部,文化、青年和体育部,内政部,发展部,卫生部,首相署能源部,工业与初级资源部等机构。2008年8月,苏丹对内阁略作调整。2010年5月,苏丹重组内阁。内阁有14位部长。

司　法　司法体制以英国习惯法为基础。一般刑事案件在推事庭或中级法院审理,较严重的案件由高级法院审理,文莱民事案件最终可上诉至英国枢密院。最高法院由上诉法院和高级法院组成,中央设有司法会议,其主要职能是代表苏丹执行司法权力,各级法院的法官都由苏丹任命。审判机关实行审判独立原则,由最高法院、高等法院、上诉法院及地方法院组成。另设宗教法院,负责审理有关伊斯兰教的案件。

党　派　1985年5月30日,文莱苏丹宣布允许政党注册,随后出现文莱国家民主党和文莱国家团结党。1988年文莱政府取缔国家民主党,现仅存文莱国家团结党;另有国民觉醒党和国民进步党两个党派,均不参政。

国家元首和政府首脑

文莱国家元首是苏丹·哈吉·哈桑纳尔·博尔基亚·穆伊扎丁·瓦达乌拉,1967年10月5日继位。兼任首相、国防大臣和财政大臣。

行政区划

一级行政区划　分区、乡和村三级。全国划分为文莱—摩阿拉、马来奕、都东、淡布隆等4个区。区长和乡长由政府任命,村长由村民民主选举产生。

主要城市　首都斯里巴加湾市,位于文莱河畔,是文莱的政治、经济、文化、交通中心,2011年,面积100.36平方千米,人口约14万;曾被列为亚洲十佳生活城市之一。其他重要城市有马来奕、诗里亚、都东和邦加。

经　济

国内生产总值　2012年文莱国内生产总值217.156亿文莱元(约合178亿美元),比2011年增长0.9%(据文莱政府2013年2月公布2011年GDP163.3亿美元),人均国内生产总值4.449万美元。

产　业　主要产业是石油和天然气开采业,2011年石油和天然气开采业增加值约占国内生产总值的68%和出口总额的96%。日均原油产量18万~20万

文莱组图:①水上市场;②裁缝店;③水晶公园;④文莱努洛伊曼皇宫　(百度网)

桶,天然气日产量3440.52万立方米。文莱实行经济多元化战略,以减少对油气产业的依靠,重点发展重工业和轻工业、制造业、科技、电子、运输通信、餐饮业、旅游业、游乐设施、社会福利等九大项目。截至2013年3月31日,全国有5486家中小企业,其中,中型企业1787家,占33%,小型企业3560家,占65%。农业基础薄弱,2011年农业产值为1.05亿美元,仅占国民生产总值0.5%,国内稻米自给率不足3%。

财 政 财政收入的主要来源是公司税和政府财政收益(即政府在国内和国外投资所获得的收益),这两项财源历年占财政总收入的比例均在95%以上。财政支出主要有固定支出、经常支出、开发基金3项,其中经常支出约占财政总支出的76%。2012/2013财年(2012年4月1日至2013年3月31日)预算收入62.8亿文莱元,支出52亿文莱元(约合40亿美元)。

金 融 不设国家中央银行,在财政部设货币局和金融局负责金融管理。全国有8家银行,5家金融公司,26家保险公司和1家证券交易公司(2006年)。银行总资产134.95亿文莱元(2003年)。货币名称为文莱元,与新加坡元实行1:1汇率挂钩。2012年12月文莱元与美元平均汇率比价为1.22:1。2010年官方外汇储备约408亿美元,黄金储备30亿美元。

进出口贸易 主要出口原油、石油产品和液化天然气,进口机器、运输设备、食物、药品等。主要贸易对象是日本、英国、新加坡、泰国、马来西亚和美国。2011年文莱进出口贸易总额193亿文莱元,其中出口156.82亿文莱元,进口36亿文莱元,贸易顺差129亿文莱元。

外国投资 至2006年9月,外商在文莱投资约65亿美元,主要来自英国、荷兰、日本和美国。外资主要投向石油勘探和开采、天然气液化工程、电力等领域。2011年文莱吸引外资12.1亿美元。

对外投资 长期以来,文莱依靠出口石油和天然气积累大量外汇,逐年增加对外投资。至2004年年底,文莱在海外的投资累计达到500亿美元,年盈利约20亿美元。

交通通信

公路交通 文莱公路总长3127.4千米(2011年)。全国约有汽车32.59万辆(2009年)。

水 运 水运是重要的运输方式。主要港口有穆阿拉深水港,此外还有斯里巴加湾市港、马来奕港、卢穆港等,主要供出口石油和液化天然气使用。各港口与新加坡、马来西亚、中国香港、泰国、菲律宾、印度尼西亚和中国台湾有定期货运航班。2007年有各类注册船只262艘,各港口共装卸货物104.05万吨。2008年1~6月装卸货物48.12万吨。

民用航空 首都斯里巴加湾市有国际机场。文莱皇家航空公司拥有10架客机,辟有26条国际航线,2012/2013年客运量110万人次;货运量2.08万吨,空运邮件量306.8吨(2007年)。

电 信 邮电通信业比较发达。建有卫星地面站3个。拥有全国性的数字交换网络。2011年,固定电话用户7.98万户,互联网用户5.05万户,移动电话用户44.32万户。全国设有6个邮政局和1个邮电代理处。

教 育

文莱实行免费教育,国民享有11年(小学至高中)免费教育待遇。政府还资助出国留学。大多数学校由政府设立,另有少数教会学校和私立学校。文莱实行马来文和英文双语教育政策。2010年有各级各类学校258所,其中小学203所,中学34所,技术和职业大专学校16所,大学5所。在校学生11.19万人。全国有教师1.02万人。全国9岁以上人口识字率女性为95%,男性为97.5%。

教育制度主要是按英国模式建立,并使用英国的教学大纲进行教学。小学学制6年,初级中学3年,中级中学2年,高级中学或大学预科2年。只有修完13年学业的青年,才有资格进入高等学校继续深造。

传 媒

文莱新闻社是官方新闻机构,创建于1959年。主要报纸:《婆罗洲公报》,日报(英文、马来文),创办于1953年,日发行量7万份;《文莱灯塔》,周报(马来文),创办于1956年,由政府的文化、青年和体育部新闻局主办,每周三出版,期发行量4.5万份;《文莱时报》,2006年7月1日创刊。

文莱广播电视台由政府主办,创建于1957年5月,是全国唯一的广播电视台。文莱电台拥有两个广播网,一个用马来语和方言广播,一个用英语、华语和廓尔喀语广播,每天播音超过30小时。电视台从1975年起开设彩色电视频道,播放马来语和英语节目。

医疗卫生

文莱国家财政每年拨出巨额资金用于医疗卫生事业,公民享受免费医疗保健服务。医疗体系分为三级:卫生诊所、卫生中心和医院。到2012年,共有12所医院,包括5所政府医院、5所军事医院、1所私人医院和文莱壳牌石油公司1所内部医院,卫生服务中心16个,妇产科及儿科诊所14个;医院有病床1048张。全国有医生393人,牙医81人,药剂师42人,护士1915人。人均寿命为76.7岁,女性为78.8岁,男性为76.5岁。

科　技

文莱约有科技人员 7000 人(2008 年)。由于科技人才有限,国内没有独立的研究机构,主要是通过与发达国家合作研究取得科技成果。

历　史

文莱建国于公元 4 世纪,有着悠久的历史。

从 4 世纪到 9 世纪,为独立王国时期,历 400 余年。这一时期,文莱国土辽阔,国力强盛,物产丰富,民众殷实。与中国的封建王朝常有往来,中国史籍称其为“婆罗国”或“浡泥”。

从 9 世纪中叶到 10 世纪后期,为室利佛逝王朝占领时期,约 150 年。文莱经济和社会遭到严重破坏,对外交往受到影响。

从 10 世纪到 14 世纪 30 年代,为恢复时期,有 300 余年。当时的文莱幅员广阔,人口众多,物产丰富,重视商业,崇尚佛教,对外贸易发达,国际交往频繁。

从 14 世纪中叶到 15 世纪初,为麻诺巴歇(又译满者伯夷)帝国占领时期,50 年左右。这一时期,文莱丧失大部分领土,成为麻诺巴歇的附属国。

15 世纪初,文莱国王遐旺·阿拉克·贝塔塔尔投向马来半岛南端信奉伊斯兰教的满剌加国。1414 年,他娶满剌加国苏丹的女儿为妻,被该国苏丹授予穆罕默德称号,因而皈依伊斯兰教,并将文莱改为苏丹国,从而成为文莱的第一世苏丹。以后的文莱君主都使用“苏丹”这一头衔。伊斯兰教从此传入文莱。

从 15 世纪末到 17 世纪初,即第五世苏丹博尔基亚到第九世苏丹哈桑在位的 100 多年,文莱国力强盛,成为当时东南亚较有影响的国家。

进入 17 世纪后半期,文莱苏丹国进入长期衰弱时期,相继被葡萄牙、西班牙、荷兰、英国侵入。文莱苏丹对边远地区的统治名存实亡。

1847 年 5 月,英国迫使文莱签订不平等的《英国和文莱友好通商条约》,文莱由一个独立的主权国家沦为受英国支配的半殖民地。

1888 年 9 月,文莱沦为英国的保护国。

1941 年 12 月至 1945 年 6 月,文莱被日本占领。

1946 年,英国恢复对文莱的控制。1959 年,英国同意文莱自治。

1984 年 1 月 1 日,英国放弃其掌管的文莱外交和国防权力,文莱完全独立。

1984 年 1 月 7 日,文莱加入东南亚国家联盟。

1993 年 12 月 9 日,文莱加入关贸总协定。

1994 年 4 月 15 日,文莱成为世界贸易组织成员国。

文莱独立后,政治社会稳定,经济持续发展,人民生活富裕。在外交方面,奉行不结盟和同各国友好的外交政策,至 2012 年,已与 161 个国家建立外交关系。

柬　埔　寨

国　名

柬埔寨王国(The Kingdom of Cambodia),简称柬埔寨。

国　旗

柬埔寨国旗呈长方形,长宽比为 3∶2。由三个平行的横长方形相连构成,中间是红色宽面,上下均为蓝色长条。红色象征吉祥和喜庆,蓝色象征光明和自由。红色宽面中间有白底深红线条构绘的吴哥图案;吴哥是著名的婆罗门教建筑,象征柬埔寨悠久的历史和古老的文化。

地　理

位　置　柬埔寨位于中南半岛南部。地处北纬 10°20′~14°32′、东经 102°18′~107°37′之间。西南濒临暹罗湾。

面　积　陆地面积 18.10 万平方千米。

疆界和邻国　东部、东南部与越南接壤,东北部与老挝相邻,西北部与泰国交界。陆地边界线长约 2050 千米。

地形地貌　东、北、西三面地势高,中部和南部低缓。东部、北部、西部为高原,山地环绕。中部和南部是湄公河及其支流的冲积平原。平原、高原、山地分别占陆地面积的 46%、29% 和 25%。西南地区的豆蔻山山脉有全国最高峰奥拉山,海拔 1813 米。

江河湖泊　河流纵横密布。东南亚最大河流湄公河在境内流长约 500 千米,接纳境内绝大多数河流。连接洞里萨湖的洞里萨河是第二大河流,长 155 千米。洞里萨湖(又称大湖、金边湖)是中南半岛第一大湖,也是东南亚地区最大的天然淡水湖,湖面在旱季时约 2500 平方千米,雨季时约 1 万平方千米。

海岸海岛　海岸线长约 460 千米,岸线曲折、多岬角。沿海有不少岛屿和海港。戈公岛是最大的岛屿。

气　候　属热带季风气候区。各地年平均降雨量在1000～1800毫米之间，年平均气温27℃。每年5～11月是雨季，降雨量约占全年的80%以上；12月至次年4月是旱季，旱季又分凉、热两季。

名胜古迹　首都金边市有王城、塔仔山、国家博物馆等。暹粒市有列入世界文化遗产名录的吴哥古迹群。西哈努克市是著名的旅游、避暑胜地。

国　民

人　口　2011年柬埔寨人口1470万。人口密度为每平方千米81人。城市人口约占总人口的20%，农村人口约占80%。

民　族　有20多个民族。高棉族人口最多，约占总人口的85%。人口较多的民族还有华族、占族、卜农族、老族、泰族、马来族、斯丁族、越族等。

语　言　各民族的通用语是高棉语（官方语言）。

宗　教　小乘佛教是国教。高棉族人绝大部分信奉小乘佛教。占族人大多数信奉伊斯兰教。

资源物产

柬埔寨的矿产资源主要有金、磷酸盐、宝石和石油。土地肥沃，盛产稻谷、橡胶、胡椒、糖棕、腰果、烟草及各种热带水果。橡胶是主要出口产品。所产林木200余种，柚木、铁木、紫檀、黑檀、白卯、观丹木等热带林木较为有名。渔业资源丰富，洞里萨湖是东南亚最大的天然淡水渔场。西南沿海渔场经济鱼类也较多。近年来，因生态环境失衡和过度捕捞，水产资源减少。

国体政体

国　体　柬埔寨是君主立宪制国家。实行民主多党制。立法、行政、司法三权分立。国王是终身国家元首、国家军队最高司令、国家统一和延续的象征，有权宣布大赦，根据首相的提议并征得国民议会主席同意后宣布解散国民议会。

议　会　由国民议会和参议院组成。国民议会是国家最高权力机关和立法机关，每届任期5年。本届国民议会成立于2008年9月，由123名议员组成。参议院是国家立法机关，有权审议国会通过的法案，每届任期6年。本届参议院成立于2012年3月24日，由61名参议员组成。

政　府　设有首相府、农业部、商业部、工业部、文化部、内政部、国防部、教育部、外交部、财经部、计划部、旅游部等部门。本届政府于2008年9月25日成立。

司　法　法院分初级法院、上诉法院和最高法院三级。各级法院设检察官，行使检察职能。

党　派　主要有柬埔寨人民党、柬埔寨救国党、奉辛比克党等。2012年大选时有8个政党参选。

国家元首和政府首脑

国　王　诺罗敦·西哈莫尼，2004年10月29日登基。

首　相　洪森，2008年9月25日当选连任。

行政区划

一级行政区划　柬埔寨有20个省和4个直辖市。分别是：马德望省、贡布省、干丹省、磅湛省、磅清扬省、磅士卑省、磅同省、桔井省、波罗勉省、班迭棉吉省、暹粒省、上丁省、茶胶省、柴桢省、蒙多基里省、柏威夏省、戈公省、奥多棉吉省、菩萨省、腊塔纳基里省和金边市、西哈努克市、白马市、拜林市。

主要城市　首都金边市，位于柬埔寨南部，湄公河西岸，面积290平方千米，人口120万，是全国政治、经济、文化中心。其他重要城市有暹粒、西哈努克、白马、拜林等。

位于首都金边的“中国结”——友谊大厦，该项目由中国援建　（百度网）

经　济

国内生产总值　2012年柬埔寨国内生产总值566170亿瑞尔，约合140.6亿美元，比上年增长7.3%。人均国内生产总值987美元。

产　业　以农业为主，农业人口占全国从业人口的80%以上。2012年水稻种植面积297.1万公顷，稻谷总产量931万吨，比上年增长6%，除满足国内需求外，有剩余可供出口。天然橡胶种植面积28万公顷，总产量6.45万吨，比上年增长26%。渔业产量66.2万吨，增长13%。工业行业主要有纺织、制衣、建筑、电力、采矿等，其中制衣业和建筑业是工业的两大支柱产业。2012年服装出口额46亿美元，比上年增长8%，进口纺织原辅料31亿美元，增长20%。全国共有630多家制衣厂，比上年增加150家，雇佣工人35万人。建筑业增长势头明显。2012年新批准建筑项目1694个，投资额21.1亿美元。旅游业增长强劲。2012年接待外国游客358.43万人次，比上年增长24.4%。前五大外国游客来源国分别是越南（76.3万人次）、韩国（41.1万人次）、中国（33.4万人次）、老挝（25.4万人次）、泰国（20.1万人次）；旅游业收入22.1亿美元，比上年增长11.1%。

财　政　2012年预算执行收入78100亿瑞尔，约合19.53亿美元，预算执行支出67810亿瑞尔，约合16.95亿美元，国家预算收支结余10290亿瑞尔，约合2.57亿美元。

金　融　国家中央银行是柬埔寨国家银行。最大的银行是加华银行。货币名称为瑞尔。瑞尔对外币的汇率自由浮动。2012年瑞尔与美元平均比价为4040:1的水平，同比升值1.1%。年末官方外汇储备37亿美元。通货膨胀率为2.9%，同比下降2.6个百分点。

进出口贸易　2012年进出口贸易总额136.3亿美元，其中出口额54.9亿美元，进口额81.4亿美元，主要出口商品为服装、橡胶、大米和木薯等，服装和鞋类出口占出口总额的90%，主要进口商品为成衣原辅料、燃油、食品、化工、建材、汽车等。主要贸易伙伴是美国、欧盟、中国、泰国、越南、日本和加拿大。

外国投资　2012年柬埔寨政府共批准投资项目157个，投资总额22.8亿美元。其中，国内投资9亿美元，外国投资13.8亿美元。排名前3位的外资来源国为韩国（2.87亿美元）、中国（2.63亿美元）、日本（2.12亿美元）2012年新增公司3385家，比上年增长9%，主要来自中国、韩国、日本、马来西亚、泰国、越南、新加坡和柬埔寨当地企业。外资公司经营领域从制衣、制鞋、房地产、电信等逐步扩大到农业种植、农产品加工、旅游、运输、矿业、流通等。

交通通信

铁路交通　柬埔寨有两条窄轨铁路，一条由金边经马德望省通往柬泰边界的波贝，与泰国境内的铁路连接，全长385千米；另一条从金边通往西哈努克港，全长270千米。这两条铁路由于年久失修，运输能力低下。2007年柬埔寨着手这两条铁路的修复工作，预计将于2013年竣工。

公路交通　已经修复建成16条对外联系的陆路通道：通往柬越边界的1号、2号、3号、8号、21号、72号、74号和78号等8条国道，通往泰国的5号、48号、57号、62号、67号和68号等6条国道，通往老挝的7号国道，通往西哈努克港的4号公路。公路网以首都金边为中心。全国拥有汽车28万多辆。

水　运　以湄公河、洞里萨湖的航运为主。流经金边的湄公河，向北可通航老挝、泰国，向南经越南出海。有西哈努克港、金边港两个国际港口。西哈努克港是主要对外海港，可以停靠万吨级远洋货轮。金边港是最大的内河港口。

民用航空　柬埔寨主要航空公司有暹粒航空公司和吴哥航空公司。主要民用机场有金边国际机场（原名波成东机场）和吴哥机场（原名暹粒机场）。此外，西哈努克市、马德望省、腊塔那基里省、蒙多基里省、上丁省和戈公省也建有简易机场。

电　信　2012年，全国有2家固定电话公司和8家移动通信公司。移动电话和固定电话用户共1900万户，网络用户200万户。

教　育

柬埔寨小学学制6年，中学学制6年（初中、高中各3年）。2012年，全国有幼儿园2813所，小学6910所，初中1214所，高中433所，大学101所（其中公立大学39所，私立大学62所）。金边皇家大学是柬埔寨著名的综合性大学。

传　媒

发行量较大的报纸有：《柬埔寨之光报》（柬文，日报），《人民报》（人民党党报，柬文），《和平岛报》（柬文，日报），《柬埔寨日报》（英文、柬文），《金边邮报》（英文，双周报），《柬埔寨时报》（英文、柬文，周报）等。影响较大的中文报纸有《华商日报》、《柬华日报》、《金边晚报》和《星洲日报》，较有影响的英文报刊有3家，

金狮纪念碑是西哈努克市显著的地标，于*1996*年建成　（百度网）

法文报刊1家。

柬新社(AKP)为官方通讯社,成立于1980年。全国有广播电台69家,其中FM103台属国家广播电台,每天播音18小时。国家电视台(TVK)建于1984年,以柬语节目为主。

医疗卫生

自20世纪80年代以来,柬埔寨政府采取措施逐步建立医疗体系,城镇医疗条件略有起色,各类流行疾病的防治工作也取得进展,发病率有所下降。2010年柬埔寨有医院89家,卫生中心117个,诊所997家。农村医疗设施较差。2011年国民平均寿命62岁,其中男性60岁,女性64岁。

历　史

柬埔寨是历史悠久的文明古国。建国于公元1世纪。在古代,历经扶南、真腊两个时期,其中9世纪至15世纪初叶的吴哥王朝国力强盛,创造了举世闻名的吴哥文明。从16世纪末叶开始,真腊走向衰落。至18世纪末,基本上处于强邻暹罗的控制之下,成为暹罗的属国。

1863年8月,法国采取炮舰政策,强迫柬埔寨签订不平等的《法柬条约》,柬埔寨沦为法国的保护国。1884年6月,法国以逼宫方式获得柬埔寨的全部政治权利,柬埔寨沦为法国的殖民地。1940～1945年,柬埔寨被日本占领。日本战败后,法国重新控制柬埔寨。

1953年11月9日,柬埔寨获得独立。独立后的柬埔寨奉行积极的中立政策,经济发展迅速,成为当时东南亚较富庶的国家。

1970年3月18日,朗诺—施里玛达集团在美国支持下发动政变,推翻西哈努克亲王领导的王国政府,建立高棉共和国。同年3月23日,西哈努克亲王在中国北京宣布成立柬埔寨民族统一阵线;5月5日,成立以宾努亲王为首相、乔森潘为副首相的柬埔寨王国民族团结政府,致力于打倒朗诺政权。1975年4月17日,红色高棉攻占金边,高棉共和国垮台。

1976年1月,柬埔寨王国民族团结政府颁布新宪法,改国名为民主柬埔寨。民主柬埔寨政府大力推行合作社,取消货币,禁止商品交换,在对外事务方面,也执行一系列不适合国情的路线、政策。

1978年12月25日,越南出兵柬埔寨,扶持以韩桑林为首的金边政权。1982年7月,西哈努克亲王、乔森潘、宋双三派抵抗力量实现联合,组成民主柬埔寨联合政府。柬埔寨境内出现两个政权并立的局面。

1990年9月,柬埔寨抵抗力量三方同金边政权的代表在印度尼西亚雅加达会晤,宣布组成柬埔寨全国最高委员会。1991年10月23日,柬埔寨问题国际会议在法国巴黎举行,与会各方签署《柬埔寨冲突全面政治解决协定》。1993年5月23～28日,柬埔寨在联合国的监督下举行制宪会议大选。大选后,组成柬埔寨王国联合政府,恢复柬埔寨国名、国旗和国歌,恢复君主立宪制度,建立民主多党的政治制度和开放的市场经济制度,诺罗敦·西哈努克重新登上王位。

2004年10月29日,诺罗敦·西哈莫尼登基,接替诺罗敦·西哈努克成为柬埔寨国王。

柬埔寨于1999年4月30日加入东南亚国家联盟。

印度尼西亚

国　名

印度尼西亚共和国(The Republic of Indonesia),简称印度尼西亚或印尼。素有万岛之国、千岛之国、水中岛国、赤道翡翠、火山之国等别称。

国　旗

印度尼西亚国旗旗面由上红下白两个相等的横长方形构成,长宽比为3∶2。红色象征勇敢和正义,还象征印度尼西亚独立以后的繁荣昌盛;白色象征自由、公正、纯洁,还表达印度尼西亚人民反对侵略、爱好和平的美好愿望。

地　理

位　置　印度尼西亚位于亚洲东南部。国土横跨赤道。地处北纬6°至南纬11°、东经141°～95°之间。

面　积　陆地国土面积190.44万平方千米,居东南亚国家首位。

疆界和邻国　疆域辽阔,东西跨度5110千米,南北跨度1888千米。与其接壤的国家有巴布亚新几内亚、东帝汶、马来西亚,陆地边界线总长2830千米。隔海相邻的国家有澳大利亚、新加坡、泰国、中国、菲律宾等。

地形地貌　国土由17508个岛屿组成。岛屿较为分散,主要有加里曼丹岛、苏门答腊岛、伊里安岛、苏拉威西岛和爪哇岛。各岛内多崎岖山地和丘陵,沿海有狭长的平原和沼泽，并有浅海和珊瑚礁环绕。加里曼丹岛，山地从中部向四面伸展，沿海平原广阔，南部多沼泽。苏门答腊岛，山脉自西北向东南斜贯，山脉东北侧为丘陵和较宽阔的沿海冲积平原，平原东部多沼泽。苏拉威西岛，大多为山地，沿海有狭窄平原。爪哇岛，北部是平原，南部是熔岩高原和山地，山间有宽广的盆地。伊里安岛，西部高山横亘，有全国最高峰查亚峰，海拔5030米；南部平原较宽广。由于地处亚欧大陆与太平洋板块的接触带，火山活跃，地震频繁。境内有火山400多座，其中活火山120多座，约占世界活火山总数的1/6。爪哇岛火山最多，地震最为频繁。

江河湖泊　河流众多，水量丰沛，但都比较短小。较大的河流有爪哇岛的梭罗河以及加里曼丹岛的巴里托河、卡普阿斯河、马哈坎河，其中卡普阿斯河全长998千米。较大的湖泊有多巴湖、马宁焦湖、车卡拉湖、坦佩湖、托武帝湖、帕尼艾湖等，其中苏门答腊岛的多巴湖为全国第一大湖。

海岸海岛　海岸线约8.1万千米（中国驻印度尼西亚大使馆经济商务参赞处数据）。岛屿之间构成许多海峡与内海，主要有巽他海峡、马六甲海峡、龙目海峡和爪哇海、苏拉威西海、弗洛勒斯海、阿拉弗拉海、班达海等。内海中，除爪哇海、阿拉弗拉海为浅海外，其余多为深海，其中班达海最深处达7000多米。海中珊瑚礁分布甚广，总面积2万平方千米。主要群岛有大巽他群岛、努沙登加拉群岛（又称小巽他群岛）、马鲁古群岛和伊里安查雅群岛。

气　候　大部分地区属热带雨林气候（努沙登加拉群岛上的平原、谷地属热带草原气候），终年高温多雨，湿度大。年平均气温25℃～27℃，温差很小，无寒暑季节变化。年平均降水量在2000毫米以上。爪哇岛是世界上雷雨最多的地区，有“雷都”之称。每年分旱、雨两季，一般4～9月为旱季，10月至次年3月为雨季，但各地不完全一致。

风景名胜　在首都雅加达，有雅加达博物馆、印度尼西亚缩影公园、茂物大植物园、查雅安佐尔寻梦公园、拉古南动物园、波格尔植物园、独立纪念碑、独立广场等。在日惹，有婆罗浮屠佛塔、普兰班南寺庙群、日惹苏丹王宫、恩藏高原等。在巴厘岛，有古打海滩、海神庙、金巴兰海滩、努瓦角海滩、爬行动物公园等。此外，还有北苏门答腊的多巴湖及湖心岛，西伊里安的查业维查亚山，小班他群岛，爪哇的苏腊卡尔塔、喀拉喀托火山、乌绒库伦自然保护区、三宝垄、巴淡岛等。

国　民

人　口　2012年印度尼西亚人口2.46亿。人口分布极不均衡，绝大多数居住在5个主要岛屿和30个较小的群岛上。全国人口密度为每平方千米121人。人口自然增长率14.5‰。

民　族　有100多个民族。人口较多的民族是爪哇族、巽他族、马都拉族和马来族，其中爪哇族、巽他族分别占总人口的45%和14%，马都拉族和马来族各占7.5%。

语　言　各民族语言有200多种。官方语言为印尼语。通用英语。

宗　教　国民中，约87.2%信奉伊斯兰教，是世界上穆斯林人口最多的国家；6.1%信奉基督教新教；3.6%信奉天主教；2%信奉印度教；1%信奉佛教。

资源物产

印度尼西亚的石油和锡在世界上占有重要地位，是东南亚石油储量和产量最大的国家。石油储量估计为1200亿桶，已探明的天然气储量为4.8万亿～5.1万亿立方米。非油气资源锡、煤、镍、金、银等矿产产量居世界各国前列。其中，煤炭资源储量580亿吨，探明储量193亿吨；镍矿资源储量13亿吨，探明储量6亿吨；铜矿储量6600万吨，探明储量4100万吨；锡矿储量146万吨，探明储量46万吨。

森林面积1.37亿公顷（2007年），森林覆盖率超过60%。动植物种类繁多，其中包括苏门答腊虎、象、犀牛、巨蜥、黑猴、人猿、天堂鸟、袋貂、袋鼠、食火鸡、鹦鹉、鹿、倭水牛等珍稀物种。盛产各种香料、热带林木及热带经济作物。胡椒、木棉、金鸡纳霜产量居世界各国首位，天然橡胶、棕榈油产量居世界第二位，丁香、椰子、咖啡等产量居世界前列。加里曼丹和苏门答腊的铁木，努沙登加拉的檀木，爪哇和苏拉威西的乌木、柚木驰名于世。海域、江河、湖泊盛产鱼类、贝类、海参、珍珠等。

印尼人居住的房屋，门面装饰有大量牛角是家境富裕的象征　（百度网）

国体政体

国　体　印度尼西亚是单一的共和制国家。立法、行政、司法三权分立。实行总统内阁制。总统任期5年。自2004年起，总统和副总统由人民直选产生。总统任命内阁，但需征得国会同意。

人民协商会议　国家最高权力机构。由人民代表会议和地方代表理事会共同组成。负责制定、修改和颁布宪法及国家大政方针，并对总统进行监督。本届人民协商会议于2009年10月1日产生，成员692名（国会议员560名，地方代表理事会议员132名）。

人民代表会议　即国会。国家立法机构。行使除修宪和制定国家大政方针之外的一般立法权。人民代表会议无权解除总统职务，总统也不能宣布解散人民代表会议；但如总统违犯宪法，人民代表会议有权建议人民协商会议追究总统责任。本届人民代表会议于2009年10月1日举行就职仪式。有议员560名，兼任人协成员，任期5年。设议长1名，副议长4名。

政　府　设有政治法律安全统筹部、经济统筹部、人民福利统筹部、内政部、外交部、国防部、司法与人权部、财政部、能源和矿产资源部、工业部、贸易部、农业部、林业部、交通部、海洋和渔业部、劳工和移民部、公共工程部、卫生部、国民教育部、社会部、宗教部、文化旅游国务部、研究技术国务部、合作社与中小企业国务部、环境国务部、妇女事务国务部、提高国家机构效率国务部、落后地区发展国务部、国家建设规划国务部、国营企业国务部、通信和信息国务部、人民住房国务部、青年和体育国务部等部门。本届内阁于2009年10月22日组成，有阁员35人（中国外交部网站）。

司　法　最高法院和最高检察院独立于立法和行政机关之外。最高法院正副院长由人民代表会议提名，总统任命。最高检察长由总统任免。

党　派　党派众多，主要有专业集团党、斗争民主党、建设团结党、民主党、民族觉醒党、国民使命党、福利公正党等。

国家元首和政府首脑

总　统　苏西洛·班邦·尤多约诺，2009年7月当选连任。

人民协商会议主席　陶菲克·基玛斯，2009年10月1日当选。

人民代表会议议长　马尔祖基·阿里，2009年10月1日当选。

地方代表理事会主席　伊尔曼·古斯曼，2009年10月1日当选。

行政区划

一级行政区　印度尼西亚行政区划为3个特区和30个省，分别是雅加达首都特区和日惹、亚齐达鲁萨兰地方特区，以及北苏门答腊、西苏门答腊、廖内、占碑、南苏门答腊、朋古鲁、楠榜、西爪哇、中爪哇、东爪哇、巴厘、西努沙登加拉、东努沙登加拉、北马鲁古、南马鲁古、巴布亚、北苏拉威西、中苏拉威西、东南苏拉威西、南苏拉威西、东伊里安查亚、中伊里安查亚、西伊里安查亚、邦加—勿里洞、万丹、哥伦打洛、东加里曼丹、中加里曼丹、南加里曼丹、西加里曼丹省。

主要城市　首都雅加达，位于爪哇岛西部，面积650.4平方千米，人口958.8万，是全国政治、经济、文化中心，别称“椰城”。其他重要城市有泗水、万隆、棉兰、三宝垄、日惹等。

经　济

国内生产总值　2012年印度尼西亚国内生产总值8818万亿盾，比上年增长6.23%。人均国内生产总值3563美元。

产　业　农业以种植业为主，是世界主要热带经济作物生产国。2011年全国耕地面积8000万公顷、稻谷产量6539万吨，玉米产量1802万吨，大豆产量92.7万吨。2009年棕榈油产量2020万吨，橡胶产量260万吨，咖啡产量70.5万吨，可可产量75.8万吨。

采矿业为工业支柱产业，2011年印尼采矿业创收108.22兆印尼盾（约合117.9亿美元），其中石油、天然气开采占主导地位。

服务业在国民经济中的比重逐年提高。截至2011年底，印尼约有1.2万家小型超市。旅游业是印尼第三大外汇来源。2012年印尼接待外国游客804万人次，旅游业收入约90亿美元。

外国投资　2012年印尼外国直接投资总额325亿美元。新加坡为印尼第一大外资投资国，投资金额51亿美元。全年吸收外资达275亿美元。

财　政　2011年财政收入872.6万亿印尼盾，支出878.7万亿印尼盾。预算赤字占GDP的1.27%。

金　融　货币名称为印尼盾。2012年12月21日1美元兑9785印尼盾，为3年来新低。截至2012年5月28日，印尼外汇储备1136亿美元，有价证券外资减至1.15亿万盾。2010年银行业总资产3000.8万亿盾，贷款总额1765.8万亿盾。呆账率3%，比上年下降0.3个百分点，为历年最低。

2011年印尼证交所综合股指上涨3.2%，为全球表现最好的三大股指之一。全年通货膨胀率为3.79%，为亚太地区最低。

进出口贸易　对外贸易在国民经济中占有重要地位。2011年进出口总额3809.2亿美元，贸易盈余263.2亿美元。其中，出口额2036.2亿美元，进口额1773亿美元。主要进口贸易伙伴：日本、中国、美国、新加坡、马来西亚等；主要出口贸易伙伴：中国、日本、新加坡、美国、泰国等。

交通通信

铁路交通　印度尼西亚铁路总长6458千米,75%在爪哇岛。其中,1~1.067米轨道5961千米(电气化线路125千米,复线250千米),0.75~1米轨道497千米。2008年客运发送量1.79亿人次,货运发送量1782万吨。

公路交通　全国公路总长43.78万千米(2009年),其中高速公路约1000千米(2007年)。拥有轿车886.5万辆,货车4846万辆,公交车210万辆。公路客运量、货运量分别占全国总量的90%和50%。公路交通网集中在爪哇岛和苏门答腊岛。

水　运　全国水运航道21579千米,有各类港口670个,其中主要港口25个。河运、海运船只近6600艘。国际货运量2961.2万吨(2007年),国内货运量3461.5万吨。2008年雅加达丹绒不碌国际港、泗水丹绒佩拉和棉兰勿老湾等5个主要港口卸货量4712万吨,装货量3293万吨,国内客运量179万人次。

民用航空　有民用机场196个,其中国际机场29个。雅加达附近的苏加诺—哈达机场为国内最大机场。拥有各型号飞机702架。主要航空公司有鹰记、鸽记、狮航、曼达拉、辛巴迪等。2008年雅加达、泗水、巴厘岛等5个主要空港国内客运量2101万人次,货运量21.5万吨;国际客运量662万人次,货运量15.6万吨。

电　信　2011年全国有移动电话用户1.6亿户。信息和电信营业额360兆盾。

教　育

印度尼西亚实行九年制义务教育。学制为小学6年,初中、高中各3年,大学3~7年。2009年,全国有小学约165752所,在校学生约2990.1万人;初中高中60423所,在校学生约1800多万人;大学3533所。著名大学有雅加达的印度尼西亚大学,日惹的加查马达大学,泗水的艾尔朗卡大学、泗水工学院、阿伊兰卡大学,万隆的班查查兰大学等。2010年教育预算开支183万亿印尼盾,占财政总预算的20%。2009年小学入学率97.64%,初中入学率84.65%,高中入学率55.49%,15岁以上人口文盲率7.42%。

传　媒

印度尼西亚有报刊1687种。主要印尼文报纸有《罗盘报》、《专业之声报》、《印尼媒体报》、《共和国日报》、《革新之声报》、《印尼商报》等,英文报纸有《雅加达邮报》、《印尼观察家报》等,中文报纸有《印度尼西亚日报》、《国际日报》、《世界日报》、《华文邮报》(中文和印尼文互译)、《商报》、《新生日报》、《千岛日报》等。

通讯社有国营的安塔拉通讯社和私营的印尼民族通讯社。有地方电视台54座,国家电视网络11个。其中影响较大的有印度尼西亚共和国电视台、教育电视台、美都电视台等。官办的印度尼西亚共和国电视台有12个分台,覆盖印尼全境。主要广播电台有印度尼西亚共和国广播电台。

医疗卫生

印度尼西亚卫生预算开支20.8万亿印尼盾(2010年),全国有医院1156所,妇产医院3426所,公共卫生中心8570个,卫生所23163个。婴儿死亡率为2%(2006年),人均寿命69.8岁。

科　技

印度尼西亚从事科技活动的主要是国家各部委的直属研究机构、非部级中央直属研究机构、各大学和国有企业以及私营企业的研究开发机构等。中央直属研究机构由总统直接领导,从事战略性、交叉和多学科的研究与开发,科技活动由研究与技术国务部部长统筹与协调;非部级中央直属研究机构有印度尼西亚科学院、国家核能机构、技术评价与应用署、国家航空航天研究机构等。全国拥有科技人员约5万人。科技经费主要来自财政拨款。

历　史

印度尼西亚历史悠久。古代,长期处于封建割据状态,先后分为印度教王国、佛教王国两个时期。公元1世纪,佛教传入,印尼进入印度宗教文化影响时期。5世纪,出现最早的王国——加里曼丹东部的古戴王国和西爪哇的达鲁玛王国。7世纪,在苏门答腊的巨港出现强大的海上王国室利佛逝。13世纪末,拉登威查雅在爪哇建立强大的麻喏巴歇王国,统一印尼。自13世纪起,伊斯兰教逐步传入印尼。16世纪,伊斯兰教王国淡目灭掉麻喏巴歇,印尼进入伊斯兰王国鼎盛时期。

1511年,葡萄牙人为掠夺香料侵入印尼东部的马鲁古群岛。西班牙人也接踵而来。1596年,荷兰侵入。1602年,荷兰在印尼建立具有政府职能的东印度公司。1799年12月,荷属东印度公司宣布破产。1800年,殖民政府取而代之,通称"荷印政府"。1811~1816年,英国取代荷兰在印尼建立殖民政府。1816年后,荷兰逐渐恢复对印尼的殖民统治,至1903年征服亚齐,完全占有整个印尼。其间,印尼各地从未间断反抗荷兰的斗争,其中最著名的有1816~1818年马鲁古反荷起义、1825~1830年爪哇人民大起义、西苏门答腊反荷战争、1873~1903年亚齐战争等。

20世纪初,印尼出现民族觉醒运动。1927年,苏加诺等组建印尼民族党,采取与荷兰不合作政策,争取民族独立。1942 年,日本侵占印尼。1945 年日本投降后,印尼爆发“八月革命”。

1945 年 8 月 17 日,印度尼西亚共和国建立。1947 年 7 月和 1948 年 12 月,荷军先后两次在印尼发动殖民战争。1949 年 11 月,印荷双方签订《圆桌会议协定》,印尼成为联邦共和国,加入荷印联邦。1950 年 8 月,统一的印度尼西亚共和国成立。同年 8 月 27 日,印尼加入联合国。

1954 年 8 月,印尼宣布脱离荷印联邦。1950 ~ 1959 年,印尼实行议会制;1959 年起实行总统制。

1999 年 6 月,印尼举行独立后的第一次民主选举。

2004 年 7 月,印尼开始首次民主直选。10 月 8 日,选举产生新一任总统。

印度尼西亚是东南亚国家联盟创始成员国。

老　挝

国　名

老挝人民民主共和国(The Lao People's Democratic Republic),简称老挝。

国　旗

老挝国旗旗面中间平行长方形为蓝色,占旗地一半,上下为红色长方形,各占旗地的 1/4。蓝色部分中间为白色圆轮,轮的直径为蓝色部分宽度的 4/5。蓝色象征老挝民族热爱和平、康宁和独立的精神,红色象征革命烈士的鲜血,白色圆月象征老挝人民纯洁的爱国之心。

地　理

位　置　地处中南半岛北部,北回归线以南,北纬 13°52′ ~ 22°05′和东经 100°10′ ~ 107°30′之间。

面　积　国土面积 23.68 万平方千米。

疆界和邻国　东邻越南,南接柬埔寨,西与泰国、缅甸交界,北同中国云南省接壤。边界线长 5119 千米。

地形地貌　东南亚唯一的内陆国。疆域南北宽、东西窄,南北最长处 1050 千米,东西最宽处 500 千米。80% 的国土为山地和高原,平原限于湄公河谷地。地势北高南低,由西北向东南倾斜。北部海拔 500 ~ 1500 米,局部地区超过 2000 米,号称“印度支那屋脊”;大多为山地且起伏大,湄公河沿岸狭谷陡峻。有会芬高原、川圹高原、查尔平原、班班平原、康开谷地等,其中川圹高原海拔 2000 ~ 2800 米。全国最高峰普比亚山,海拔 2820 米,屹立于川圹高原南部。中部、南部地区的东半部是长山山脉西坡的一系列中山和低山,地势和缓。山脉拥有一系列东西走向的山口和隘道,如骄诺山口、穆嘉关山口、老保山口等,为老挝与越南之间的交通要冲。山脉西侧南、北各有一片高原,北为甘蒙高原,南为波罗芬高原。中部、南部地区的西半部,即万象以南的湄公河沿岸,主要有万象平原、沙湾拿吉平原和巴色低地。

江　河　有流程在 200 千米以上的河流 20 多条。湄公河干流纵贯国境,在境内流长 1898 千米(其中 919 千米为老泰界河),水流湍急,多险滩。其中,南塔河 325 千米、南乌江 448 千米、南俄河 354 千米、南吞河 215 千米、宾非河 239 千米、色贡河 320 千米、宾汉河 338 千米、色顿河 192 千米、南卡定河 103 千米、南坎河 90 千米等 13 条支流,大多由东向西汇入干流。全国 93% 以上的地域属湄公河流域。

气　候　属热带季风气候区。各地年平均气温 20℃ ~ 30℃,最凉月(12 月)平均气温 21℃左右,最热月(4 月)平均气温 29℃左右。最高气温可达 38℃。高原地区最低气温可降至零下。分旱季(11 月至次年 4 月)和雨季(5 ~ 10 月)。年平均降雨量 1600 ~ 1800 毫米,高原和高山地区降水较多,季节差别大。

风景名胜　首都万象市有塔銮、玉佛寺,琅勃拉邦省有国家博物馆、香通寺、迈佛寺、维春寺、光西瀑布,占巴塞省有孔埠瀑布和以瓦普神庙建筑群为主体的占巴塞文化景区。琅勃拉邦古城、占巴塞文化景区被联合国教科文组织列入世界文化遗产名录。

国　民

人　口　2012 年老挝人口 664.6 万人。全国人口平均密度为每平方千米 28 人。2011 年,人口自然增长率约 2.1%,妇女人均生育率为 3.5 个,人均预期寿命为 65.4 岁。

民　族　按历史、语言、文化和地理分布状况,老挝有 49 个民族。实行各民族平等政策。

语　言　老挝民族分属老泰语族系、孟—高棉语族系、苗—瑶语族系、汉—藏语族系。官方语言是老挝语。部分国民也使用泰语、华语。老挝语和泰语大致可以相通。

宗　教　佛教是老挝的国教。目前,老挝佛教徒

400多万人,约占全国总人口70%;寺庙4900多座,其中大乘佛教寺庙8座。信仰原始宗教约120万人。耶稣基督教、天主教徒约12万人,教堂550多座。此外,还有部分穆斯林和巴莱教信徒。

资源物产

老挝的矿产资源主要有锡、铅、钾、铜、铁、金、石膏、煤、盐等。水力资源丰富,可开发装机容量1300万千瓦。2011年森林面积1700万公顷,森林覆盖率达到52%。北部和南部出产柚木、紫檀、红木等珍贵木材。全国农业用地面积约470万公顷,主要农产品有稻米、玉米、木薯、红薯、豆类、咖啡、橡胶、烟叶、花生、水果、棉花等,咖啡出口量较大。

国体政体

国　体　老挝宪法规定:老挝人民民主共和国是人民民主国家,全部权力属于人民,各族人民在老挝人民革命党领导下行使当家作主的权力。

国　会　国家最高权力机构和立法机构,负责制定宪法和法律。

政　府　本届政府于2011年6月组成。共设18个部和3个直属机构。设有计划与投资部、外交部、公安部、国防部、教育和体育部、劳动社会福利部、公共工程与运输部、财政部、工业贸易部、新闻文化旅游部、农业与林业部、能源矿产部、卫生部、司法部、内务部、科技部、自然资源和环境部、邮电通信部,以及政府办公厅、国家监察署和国家银行。

司　法　最高人民法院为国家最高审判机关。最高人民检察院是国家最高检察机关。

老挝人民革命党　老挝人民民主共和国的执政党,也是老挝唯一的政党,成立于1955年,原名为老挝人民党,1972年在第二次代表大会上改为现名。2011年有基层党支部有1.4万多个,党员19.2万余人。本届(第九届)中央委员会于2011年3月产生,由61名中央委员组成。中央委员会总书记朱马利·赛雅贡。

老挝建国阵线　老挝人民革命党领导下的民族统一战线组织。主席潘隆吉·冯萨。

国家领导人

国家主席　朱马利·赛雅贡。2011年3月再次当选为国家主席。

国会主席　巴妮·雅陶都(女)。2011年6月再次连任。

政府总理　通邢·塔马冯。2011年6月连任。

行政区划

一级行政区划　目前,老挝行政区划为16个省、1个直辖市,分别是:丰沙里省、琅南塔省、博乔省、乌多姆赛省、琅勃拉邦省、华潘省、沙耶武里省、川圹省、万象省、波里坎赛省、甘蒙省、沙湾拿吉省、沙拉湾省、色贡(公河)省、占巴塞省、阿速坡省,万象直辖市。

主要城市　首都万象市,位于中部万象平原南端、湄公河左岸,面积3920平方千米,2012年万象市总人口为85万人,是全国政治、经济、文化中心,也是历史古城和佛教圣地。其他重要城市有琅勃拉邦、沙湾拿吉和巴色。

经　济

国内生产总值　2012财年,老挝实现国内生产总值约70.5万亿吉普(约92.99亿美元),比上年增长8.3%。水电、制造业、旅游业、农业和服务业成为老挝经济增长的驱动力。万象市、沙湾拿吉和占巴塞3省市经济增长分别达12.41%、12.5%和8.8%。2012财年老挝人均GDP为1260美元,其中中部地区人均年收入为1680美元,北部和南部分别为985美元和1060美元。人均GDP最高为万象市,人均2340美元;最低为丰沙里省,人均627美元。消除贫困成果显著:继2011年宣布87个县脱贫的基础上,2012年减少贫困户5.39万户。全国有贫困户14.01万户,占全国家庭总户数的13.01%。老党"九大"提出到2015年将全国贫困户控制在10%以下的目标即将实现。

位于首都万象的老挝国际会议中心,2012年11月5日正式启用。该项目由中国援建　(百度网)

产　业　农业在国民经济中仍占较大比重。2012年,老挝60%劳动力从事农业,农产品产值14.9亿美元,比上年增长2.7%;水稻种植面积95万公顷,增长5.9%;粮食产量达360万吨,为历史最高,人均稻谷350千克。玉米、咖啡、甘蔗、烟草和红薯等种植面积达20万公顷，增长8%。国家储备粮约40万吨。鱼、肉制品产量增长5%，年人均鱼、肉类制品消费量48千克。

工业主要有电力、采矿、有色金属冶炼、水泥、木材加工、服装、食品、制药等行业。2012年，工业总产值增长13.5%。能源矿产总产值达17.92亿基普，占GDP总量的12.3%，增长18.8%。其中，矿产产值增长15.7%；发电量120.4亿千瓦时，增长32.6%。截至2012年年底统计，老挝政府与国内外投资者签订电力开发项目88个，其中外国投资项目约占95%以上，合计装机容量2067.4万千瓦。截至2013年1月，建成发电的水电站已达22座，总装机容量322.69万千瓦。全国水泥产能为150万吨，水泥行业保持年增15%～20%的速度。

2012年老挝开放1483处旅游景区景点，其中，自然旅游景区景点849处，文化旅游景区景点435处，历史旅游景区景点209处；有236家旅行社及代理机构开展旅游业务。2012年为老挝"旅游年"，全年接待入境旅游人数330万人次，比上年增长22.0%，旅游收入5.14亿美元，增长26.6%。前三大游客来源国为泰国、越南和中国。

财　政　2012财年财政收入15万亿基普，预算收入主要来自矿产和电力。老挝债务由2011年占GDP的46.7%下降到2012财年43%的水平，债务状况已经逐步好转。

金　融　老挝货币名称为基普。2012财年通货膨胀率7.42%。老币基普与主要外汇保持在5%区间上下浮动。老挝证券市场上市交易股票仍只有外贸银行和大众电力2家公司，流通股数量分别为1.37亿股和12.26亿股。累计向国家上缴税收820亿基普。

进出口贸易　2012财年，老挝对外贸易总金额42.63亿美元，比上年下降0.9%。其中，出口16.96亿美元，下降16.3%；进口25.67亿美元，增长7.8%。对外贸易逆差8.71亿美元。矿产品仍为第一大出口产品，矿产品出口8.13亿美元。电力已成为老挝第二大出口商品，出口电力111.8亿千瓦时，出口金额4.7亿美元，比上年增长34%；农产品出口额1.77亿美元；工业产品出口额1.61亿美元。主要进口商品：各类车辆及零配件、燃油燃气、建材、电器、粮食、电子器材等。2012财年老挝前三大贸易伙伴分别是泰国、中国、越南。

2012年10月26日，世贸组织同意接纳老挝为成员国。按世贸规则，老挝自2013年2月2日正式成为世贸第158位成员国。

外国投资　2012财年老挝吸引国内外投资项目156个，投资总额25.93亿美元，比上年增加6.93亿美元。其中，吸引外资21.68亿美元，占全部投资的83.6%，国内私人投资3.56亿美元，老挝政府配套资金6800万美元。据老挝计划与投资部统计，1989～2012年，越南在老挝投资项目429个，投资额49亿美元，是老挝的最大投资国；泰国投资项目742个，投资总额40亿美元，位居第二；中国投资项目801个，投资总额39亿美元，位居第三。水电、矿产资源开发、农业、服务业、制造业、通讯为重点投资领域。2012年12月，老挝已设立4个经济特区和18个经济专区。老挝政府对经济特区和经济专区实行比《老挝投资促进法》更优惠的税收政策。

交通通信

公路交通　交通运输以公路运输为主。2012年有5万千米的公路，其中85%以上为土路和砂石公路。公路网以大致南北行的1500千米长的13号公路为主干，连接各支线，沟通国内主要城镇。老挝会晒—泰国清孔跨湄公河大桥（老泰第4座友谊大桥）于2012年12月12日合龙，2013年6月建成通车，昆曼公路实现全线贯通。泰国、老挝以及中国3国间的交通运输便利化基本实现。

铁路交通　老挝第一条铁路全长3.5千米，于2008年2月20日同泰国铁路接轨；同年7月开始营运。2012年10月，老挝七届国会特别会议专门研究并通过了老挝政府提出的修建南塔省磨丁—万象市铁路建设项目。该铁路项目全长417.68千米，设计时速160千米。

水　运　内河航道总长4600千米，其中湄公河老挝境内河段通航里程1600千米，是全国水运干道；除万象到沙湾拿吉河段可全年通航外，其余河段因水流湍急、多瀑布险滩，须分段航行。

老挝待客游船　（百度网）

民用航空　老挝国营航空公司2012年6月获英国UKAS机构国际ISO9001：2008认证。国际机场有万象瓦岱机场、琅勃拉邦机场、沙湾那吉省色诺机场、丰莎里机场和巴色机场。瓦岱国际机场和琅勃拉邦机场改扩建已经完成，可起降和停靠波音747和空客320等大型飞机。现有万象—中国昆明、万象—中国南宁、万象—中国广州；万象—泰国曼谷；万象—越南河内；万象—柬埔寨金边等国际航线。

电　信　邮电通信部是老挝电信业的管理机关，负责电信政策的制定。电信产业运营商主要是LTC电信、ETL电信、STAR电信、Milicon电信、SKY电信。LTC电信是国有企业，主要从事移动和固网的通信业务的运营；ETL电信是老挝与泰国合资企业，从事移动和固网的通信业务运营；STAR电信是老挝与越南的合资企业，从事移动业务；Milicon电信是私营企业，从事手机业务；SKY电信是私营企业，从事移动和固网业务。2011年手机信号已覆盖全国农村的70%。3G网络已覆盖一半以上自然村。

教　育

老挝普通教育为12年，国民教育的学制小学6年，初中、高中各3年。2011年，全国有幼儿园1358所，教室4590间，幼儿教师5623名，在校幼儿10.3万人；小学到高中学校共10231所，教室42894间，教师5.8万人，在校生138.8万人，其中高中生14.3万人。2011年有大学5所，在校大学生7.0万人，大学教师3236人。老挝国立大学是老挝最高学府，2012年毕业生7794人。大专院校108所，在校学生40134人，教师1655人。职业教育有所萎缩，由2009年的51所减少到2011年的39所，在校学生18859人，教师由2010年的1477人减少到2011年的884人。老挝政府鼓励发展私立学校。从2012学年起开办私立大专学院，设本科课程并培养学士。国立和私立学院可开设40个准学士(大专)教学专业，512个学士学位专业，57个硕士学位专业，3个博士学位专业。

传　媒

老挝有87家出版机构。88家报纸杂志社。主要老挝文报纸有《人民报》(老挝人民革命党中央机关报)、《万象时报》、《新万象报》、《人民军报》、《青年报》等。外文报刊有英文报《万象时报》、《KPL新闻》和法文刊物《革新周刊》。巴特寮通讯社是官方通讯社。出版老挝文《巴特寮》日报。这些报纸的电子媒体发展迅速。

广播电台有44家，其中中央电台8家，地方台36家。老挝国家广播电台对内用老挝语广播，对外用越、柬、法、英、泰等5种语言广播。电视台34家，17个省会城市基本普及了有线电视。电视台有老挝国家电视台、老挝卫视和各省(直辖市)电视台。

越南、法国和中国在老挝设有广播电台转播站。

医疗卫生

老挝主要城市卫生条件较好，但广大农村特别是山区医疗条件较差。国家重视医疗卫生事业，国家职工享受免费医疗，对产妇和年龄低于5岁儿童实行免费治疗。2011年底，全国有公立医院152所，其中中央公立医院4所，省级医院12所，地区医院4所，医疗中心3所，卫生所872所，私人诊所222所。全国共有病床6704张。采取政府提供一定补助、建立社会医疗保险基金等办法，在中央和省级机关公务员和军警部门逐步推行社会医疗保险。逐步推行以提高各级医疗机构服务质量为核心、建立覆盖城乡的社会健康保障机制为目标的医改计划。

科　技

老挝重视开展科技的国际合作和高科技引进应用。2011年设立科技部，负责国家科技规划和管理工作。2012年制订《到2020年科学技术发展国家战略规划》。老挝社会科学院是老挝政府的智库。全国建有10多个农业研究所。老挝服务业广泛应用IT和互联网技术。2012年老挝启动卫星和高速铁路项目。

历　史

老挝有悠久的历史。从公元1世纪到14世纪中叶，在今老挝疆域内曾先后出现过3个古国，即科达蒙、文单(或称陆真腊)和澜沧(亦译南掌，意为万象之邦)。1353年，孟骚(今琅勃拉邦，澜沧的政治中心)的统治者法昂统一今老挝全境，建立澜沧王国，形成老挝历史上第一个多民族的封建国家。

18世纪初叶，澜沧王国解体，分裂成为琅勃拉邦、万象、川圹、占巴塞等4个王国。从18世纪末叶到19世纪中叶，这些王国相继为暹罗所统治。1893年，老挝成为法国保护国，法国取代暹罗的统治。1907年，法国、暹罗签订《法暹条约》，规定老挝边界。1940年9月，老挝被日本占领。

1945年日本投降后，老挝开展独立运动，建立以佩差拉亲王为首的政府，并于10月12日宣布独立。

1946年，法国再次入侵。1954年7月，根据关于恢复印度支那和平的日内瓦协议，法国开始从老挝撤军。不久，美国入侵。1962年，老挝成立以富马亲王为首相、苏发努冯亲王为副首相的联合政府。1964年，美国支持亲美势力破坏联合政府，进攻解放区。

1973年2月，老挝各方签署关于在老挝恢复和平与民族和睦的协定。1974年4月，成立以富马为首相的新联合政府和以苏发努冯为主席的政治联合委员会。

1975年12月，老挝人民民主共和国成立，宣布废除君主制。

1997年7月，老挝加入东南亚国家联盟。

马来西亚

国　名

马来西亚联邦（Union of Malaysia），简称马来西亚。

国　旗

马来西亚国旗呈横长方形，长宽比为2:1。主体部分由14道红白相间、宽度相等的横条组成。左上方有一深蓝色的长方形，上有一弯黄色新月和一颗14个尖角的黄色星。14道红白横条和14角星象征马来西亚的13个州和联邦政府。蓝色象征人民的团结，黄色象征王室，新月象征马来西亚的国教伊斯兰教。

地　理

位　置　马来西亚位于北纬1°～7°、东经97°～120°之间。国土被南中国海分隔成东、西两部分。西马位于马来半岛南部，东临南中国海，西濒马六甲海峡；东马位于加里曼丹岛北部。

面　积　陆地国土面积33.02万平方千米。

疆界和邻国　陆上疆界2669千米。西马北与泰国接壤，南与新加坡隔柔佛海峡相望。东马则与印度尼西亚、菲律宾、文莱相邻。

地形地貌　西马地势南低北高，东西两侧沿岸为冲积平原，中部为山地。大汉山海拔2185米，为西马最高峰。东马沙巴州西部为沿海平原，内部为山地，克罗克山脉纵贯南北，其主峰基纳巴卢山海拔4101米，为全国最高峰，也是东南亚地区最高峰。沙捞越州沿海为冲积平原，内地为丘陵和山地。

江　河　境内河流密布，但大河很少。位于东马的拉让河是全国第一大河，卢帕河是全国最宽的河流。

海岸海岛　海岸线曲折，总长4192千米。西马西南部是著名的马六甲海峡，水道狭长，是连接太平洋与印度洋之间的重要海上通道。岛屿众多，有1007个岛屿，但大部分面积较小。著名岛屿有兰卡威岛、刁曼岛、乐浪岛、邦喀岛等。

气　候　属热带海洋性气候。内地山区年均气温22℃～28℃，沿海平原25℃～30℃。马来半岛西岸每年9～12月为雨季，西马东岸、沙巴、沙捞越等地雨季为每年10月至翌年2月。

风景名胜　吉隆坡市内主要景点有世界著名的高楼——双峰塔、苏丹亚都沙末大厦、独立广场、苏丹王宫、国家清真寺、杰姆清真寺、湖滨公园、胡姬花公园、国家博物馆、国家动物馆、天后宫、黑风洞等。槟城有圣乔治教堂、康华利斯堡、大会堂、钟楼、龙山堂、极乐寺、蛇庙、郑和庙、卧佛寺、马里安曼寺、雅哲清真寺、甲必丹武吉清真寺等。马六甲有荷兰红屋、三保山、三保庙、三保井、圣保罗教堂、古城门、葡萄牙村、马六甲文化博物馆等。此外，还有兰卡威岛、刁曼岛、乐浪岛、邦喀岛、大汉山国家公园、京那巴鲁公园、尼亚国家公园、姆鲁国家公园、金马伦高原、云顶高原等旅游景区。

国　民

人　口　2012年马来西亚人口2917.99万，人口平均密度为每平方千米88人。

民　族　有30多个民族。马来人、华人、印度人人口较多，分别占总人口的67.4%、24.6%、7.3%。少数民族主要有尼格列多族（又称矮黑人）、塞诺伊族、原古马来族、海达雅克族（又称伊班族）、陆达雅克族（又称比达育族）、米兰诺族、卡达山族、穆鲁特族、巴查乌族、印度尼西亚族等。

语　言　马来语为国语，通用英语，华语使用也较广泛。

宗　教　国民信奉的宗教主要有伊斯兰教、佛教、印度教和基督教等。伊斯兰教为国教。

资源物产

马来西亚自然资源丰富。锡矿品位高，储藏量居世界各国第二位。沿海蕴藏着丰富的石油和天然气，石油储藏量40亿桶（截至2009年1月探明），天然气储量2.27万亿立方米（1998年探明）。铁矿品位也较高，含铁量超过50%，储藏量1亿多吨。此外，还有铜、金、钨、煤、铝土、锰等矿产。

动植物种类繁多，被列为世界12个最大生物多样化国家之一。森林覆盖率59.5%，盛产热带硬木。是橡胶、油棕、胡椒、可可、椰子等热带经济作物的重要产地，橡胶、棕油、胡椒的产量和出口量居世界前列，其中棕油产量居世界首位。

国体政体

政　体　马来西亚政体为君主立宪联邦制。最高元首和州的苏丹分别是国家和州的立宪君主。宪法规定，马来西亚设最高元首作为国家权力即君主的象征。

最高元首还是伊斯兰教领袖兼武装部队统帅。正、副最高元首由统治者会议从9个世袭苏丹中轮流选举产生,任期5年,轮流执政,不能连任。

统治者会议　由柔佛、彭亨、雪兰莪、森美兰、霹雳、丁加奴、吉兰丹、吉打、玻璃市9个州的世袭苏丹和马六甲、槟州、沙捞越、沙巴4个州的州元首组成,其职能是在9个世袭苏丹中轮流选举产生最高元首和副最高元首(4个州的州长没有选举权和被选举权),并对国家的政策、法律和宗教问题进行审议。

联邦议会　也称国会,是国家最高立法机构。由上议院(参议院)和下议院(众议院)组成,上议院议员任期3年,有70个议席;下议院议员任期5年,有222个议席。本届国会于2008年3月全国大选后组成。

内　阁　联邦政府采用责任内阁制,内阁是马来西亚最高行政机关,由选举中得票占半数以上的政党组成。政府首脑为总理,由最高元首任命。本届内阁于2009年4月9日宣誓就职,设有25个部门。

各州国家机关　各州设有州政府,享有内政独立的自主权。君主立宪制原则适用于9个有世袭苏丹的州。槟榔屿州、马六甲州、沙巴州、沙捞越州等4州州长由联邦政府任命。

司法机关　最高司法机关为联邦法院。西马、东马分别设有马来亚高级法院和婆罗洲高级法院。各州设有地方法院和推事庭。此外,还有特别军事法庭、伊斯兰教法庭和审理苏丹刑事、民事案件的特别法庭。

政　党　马来西亚注册政党有40多个,多党联盟执政一直是马来西亚政党政治的特点。现执政的国民阵线由马来民族统一机构(又称巫统)、马来西亚华人公会、马来西亚印度人国大党、人民运动党、马来西亚人民进步党、沙捞越土著保守统一党、沙捞越人民联合党、沙捞越国民党、沙捞越达雅克族党、沙巴自由民主党、沙巴进步党、沙巴人民团结党、沙巴民主党、沙巴团结党等14个政党组成。其他政党均为反对党,主要有伊斯兰教党、民主行动党等。

国家元首和政府首脑

最高元首　阿卜杜勒·哈利姆·穆阿扎姆·沙阿,2011年12月13日当选最高元首,2012年4月26日登基。

政府总理　达图·斯里·纳吉布·敦·拉扎克,2009年4月3日就任马来西亚第六任总理。是国民阵线主席、巫统主席。

行政区划

一级行政区　马来西亚行政区划为13个州和3个直辖区。其中西马有柔佛州、吉打州、吉兰丹州、马六甲州、森美兰州、彭亨州、槟榔屿州、霹雳州、玻璃市州、雪兰莪州、丁加奴州、吉隆坡直辖区和布特拉加亚直辖区,东马有沙巴州、沙捞越州和纳闽联邦直辖区。

主要城市　首都吉隆坡,位于马来半岛南部,西濒马六甲海峡,面积243.65平方千米,人口约172.25万,是全国政治、经济、文化、交通中心。其他重要城市有马六甲、槟城、古晋、怡保、新山、巴生、山打根等。

经　济

国内生产总值　2012年马来西亚国内生产总值9375.32亿林吉特,比上年增加5.6%。人均国内生产总值10449美元。

产　业　农业以种植业为主,渔业也有一定规模。农业从业人员337万,增加值948.01亿林吉特。工业主要有电子、汽车、钢铁、石油化工、纺织和采矿等行业,从业人员912万,增加值3600.36亿林吉特。制造业发展较快,在国民经济中占有重要地位。服务业发达,从业人员369万,增加值4725.34亿林吉特。其中,旅游业是国民经济的重要支柱。2012年外国游客2532.7万人次,旅游业收入约606亿林吉特。

林国荣创意科技大学是一家私立的国际化大学　　（百度网）

财　政　2012年财政收入2000亿林吉特,财政支出2400亿林吉特。

金　融　有商业银行35家,外资银行办事处36个,证券银行12家,伊斯兰银行8家,金融公司25家。中央银行是Bank Negara Malaysia。货币名称为林吉特。2012年林吉特与美元平均汇率为3.09:1。2012年底,国家外汇储备1397亿美元。

进出口贸易　2012年进出口总额1.31万亿林吉特,其中出口额7022亿林吉特,进口额6074亿林吉特,贸易盈余948亿林吉特。主要贸易对象是中国、新加坡、日本和美国,主要出口产品有电子电器产品、棕油、石油、橡胶及制品、液化天然气，进口产品有机电产品、矿物燃料、机械设备、运输设备、钢材等。

交通通信

铁路运输　铁路干线贯穿马来半岛南北，主要铁路线有国际线和东海岸铁路线。铁路总长2418千米，年客运量540万人次。

公路运输　拥有良好的公路网。连接马来半岛南北的高速公路（亦称南北大道）和穿越中央山脉的东西高速公路是马来半岛交通的主动脉。公路总长7.59万千米。2009年，马来西亚每千人汽车拥有量为273辆，其中绝大部分为私人拥有。

水　运　有商务航运船4700艘，其中1000艘为国际贸易用途。全国船只注册总吨位300万吨。有港口33个，主要有巴生港、槟城港、关丹港、新山港、马六甲港、古晋港、纳闽港等，其中巴生港和槟城港是最繁忙的港口。内河运输主要集中在东马地区。2010年，马来西亚港口集装箱吞吐量1840.79万标箱。

民用航空　2010年有机场118个，其中国际机场5个，分别是吉隆坡国际机场、槟城机场、兰卡威机场、哥打基那巴鲁机场和古晋机场。马来西亚航空公司是国内最大的航空公司，拥有飞机100余架，辟有116条国际航线。2005年民航客运量4160万人次。

电　信　2011年互联网用户超过1750万户，其中500万户使用宽频，250万户使用无线宽频，1000万户使用3G宽频服务，2012年全国宽频普及率67%。到2012年4月止，马来西亚手机用户超过3702万户，手机普及率119.2%。

教　育

马来西亚教育法令规定政府中小学实行11年义务教育，不分种族，提供免费教育。小学学制6年，初中学制3年；高中学制4年，其中含2年大学预科；大学学制4～5年。全国有小学7084所，在校学生283万人，每18名小学生配备1名教师，小学适龄儿童入学率98.5%；中学1538所，在校生172万人，每16名中学生配备1名教师；公立高等院校10所，私立学院662所。著名大学有马来亚大学、马来西亚理工大学、马来西亚博特拉大学（农业大学）、国际伊斯兰大学、马来西亚北方大学、国民大学等。

国家财政教育经费支出占国民生产总值的6.2%。15岁以上成人识字率99%。

全国有470多个公共图书馆，藏书总量1130万册。

传　媒

马来西亚国家新闻社（简称马新社）是半官方性质的新闻机构，成立于1968年，在亚太地区设有33家分社。

全国约有50种报纸和杂志，用8种文字出版。主要马来文报纸有《马来先锋报》、《马来西亚使者报》、《每日新闻》和《祖国报》；主要英文报纸有《新海峡时报》、《太阳报》、《星报》和《马来邮报》；主要华文报纸有《南洋商报》、《星洲日报》和《中国报》。

主要广播电台有马来西亚广播电台和马来西亚之声。其中，马来西亚广播电台为官办，建于1946年，拥有6个广播网，用马来语、英语、华语和泰米尔语广播；马来西亚之声建于1963年，用马来语、阿拉伯语、英语、印尼语、缅甸语、他加禄语、泰语等8种语言对外广播。主要电视台有马来西亚电视台、第三电视台、城市电视、国民电视、第七电视台、美佳电视台、寰宇电视台，有169个电视频道可供选择。其中马来西亚电视台（包括第一电视台和第二电视台）为官办，建于1963年，播放马来语、英语、华语和泰米尔语节目。

医疗卫生

马来西亚有公立医院128所（2006年，下同），病床3.09万张；县、乡级医务所2726个。2008年马来西亚人口与医生的平均比例为每1105名居民拥有1名医生。有医护人员15万人。2011年，马来西亚医疗卫生总支出占GDP的比重为3.6%。2007年人均寿命男性71.9岁，女性76.4岁；婴儿死亡率4.4‰；人口自然增长率17.42‰。

科　技

马来西亚科技体系分政府机构、高等教育研究机构和私人机构三种。内阁科学技术委员会为马来西亚科学技术政策的最高决策机构，由总理兼任主席，成员包括科学技术与环境部、国际贸易与工业部、教育部、财政部和人力资源部的部长。科学技术与环境部下属科研机构主要有环境局、化工局、气象局、野生保护和国家公园、核技术研究所、微电子系统研究所、原子能许可委员会、马来西亚标准研究所、太空研究局和国家生物工艺学委员会。高等教育研究机构设在各大学中，博特拉大学（原农业大学）、科学大学、技术大学、马来亚大学、国民大学等高等院校均设有科研机构。马来西亚国家科学研究与开发理事会为协调机构，也是马来西亚政府科学技术方面的全国性顾问组织。

历　史

距今1万年前的旧石器时代，马来半岛已有人类居住。

公元之初，马来半岛出现羯荼、狼牙修等古国。15世纪初以马六甲为中心的满剌加王国统一马来半岛的大部分，伊斯兰教也因此传播开来。

16世纪开始先后被葡萄牙、荷兰、英国占领。20世纪初完全沦为英国殖民地。沙捞越、沙巴历史上属文莱,1888 年两地沦为英国保护地。第二次世界大战中,马来亚、沙捞越、沙巴被日本占领。战后英国恢复殖民统治。

1957年 8 月31日,马来亚联合邦宣布独立。1963年 9 月 16 日,马来亚联合邦同新加坡、沙捞越、沙巴合并组成马来西亚联邦(新加坡于 1965 年 8 月 9 日退出)。

马来西亚是东南亚国家联盟创始成员国。

缅　　甸

国　名

缅甸联邦共和国(Republic of the Union of Myanmar),简称缅甸。

国　旗

2010 年缅甸政府根据 2008 年通过的《缅甸联邦共和国宪法》有关国家标志的规定,修改国旗图案。2010 年 10 月 21 日正式启用新国旗。国旗样式为长方形,比例为 16:9。由自上而下宽度相同的黄、绿、红三色横条组成,正中是一颗白色大五角星,覆盖三色横带并指向上方。黄色代表统一、智慧、欢乐和各民族亲密团结,绿色代表土地肥沃、和谐、安宁、苍翠的国家,红色代表勇敢、果决,白色代表纯洁、正直、友善和力量。白色五角星代表联邦永久长存。

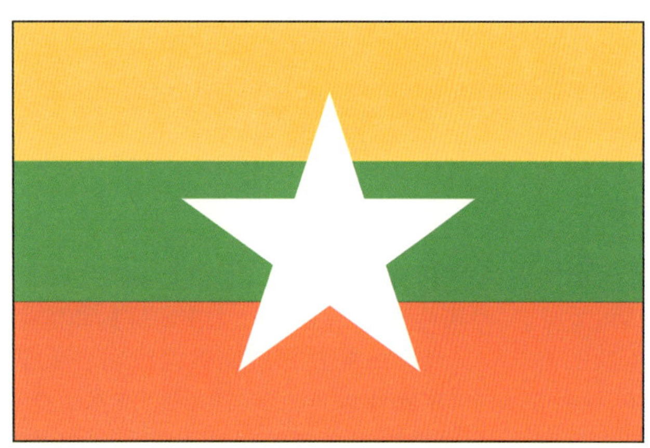

地　理

位　置　缅甸位于中南半岛西部。地处东经 92°20′~101°11′、北纬 9°58′~28°31′之间。西南濒临孟加拉湾和安达曼海。

面　积　陆地国土面积 67.6578 万平方千米。

疆界和邻国　东北与中国接壤,西北与印度、孟加拉国接壤,东南与老挝、泰国接壤。陆地边界线长 5876 千米。

地形地貌　地势大体上是两边高,中间低,北边高,南边低。东面是掸邦高原,西面为西部山地,中部是伊洛瓦底江谷地。伊洛瓦底江的中下游地区为平原,称为中央大平原,是缅甸经济较发达的地区。大部分国土是山地和高原。

江　河　大多为南北走向。主要河流有伊洛瓦底江和萨尔温江。伊洛瓦底江发源于中国的青藏高原,纵贯缅甸南北,全长 2150 千米,注入印度洋的安达曼海,流域面积占全国陆地面积的 60%。东部的萨尔温江与伊洛瓦底江大致平行,发源于中国的唐古拉山脉,它的上游是中国的怒江。萨尔温江在缅甸境内流长 1600 千米,是缅甸第二大河,流域面积 20 万平方千米。钦敦江是缅甸第三大河。水利开发度还比较低。

海岸海岛　海岸线长 3200 千米,均在南部。可划分为三段:北段是阿尔干海湾,中段是伊洛瓦底江三角洲,南段是丹那沙林海岸。面积最大的岛屿为兰里岛。

气　候　属热带季风气候区。分热、雨、凉三季。3~5 月为热季,6~9 月为雨季,10 月到次年 2 月为凉季。年平均气温 27℃,年平均降雨量 3000~5000 毫米。平原和丘陵地区炎热潮湿,山区比较凉爽。

风景名胜　主要有仰光大金塔、文化古都曼德勒、蒲甘佛塔群(有 4000 座佛塔)、波巴山、茵喋基湖风景区、茵莱湖风景区、额不里海滩、昌达海滨、避暑胜地彬乌伦等。还有世界第一大石书的曼德勒碑林,世界第一大的“敏贡”大钟。古若开王朝的首都妙乌城。

国　民

人　口　2011 年缅甸人口 6038 万。劳动力约占人口总数的 2/3。

民　族　有 135 个民族。缅族是主体民族,约占全国人口的 65%。人口较多的民族还有掸族、克钦族、钦族、克伦族、孟族、若开族、勃欧族、佤族、克耶族等。华侨华人约 250 万,占全国人口总数的 4%。印度人后裔也比较多。缅族大多居住在平原,华人主要居住在仰光一带,其他民族大多居住在山区。

语　言　各民族都有自己的语言,缅甸语为国语。缅族、克钦族、克伦族、掸族、孟族等民族有自己的文字。英语在城市常用。

宗　教　近 90% 的国民信仰佛教(小乘佛教)。男性青少年都要出家为僧一段时间。各地佛塔林立,号称“万塔之国”。佛教文化是缅甸文化的重要组成部分,佛教教义规范着缅甸人民的社会生活。另有部分国民信奉伊斯兰教、基督教、泛灵论、印度教等。

资源物产

缅甸是著名的“稻米之国”和“森林之国”。稻谷盛产于伊洛瓦底江三角洲和锡唐河河谷一带。全国森林覆盖率 41%,拥有林地 3412 万公顷,出产柚木、花梨木、丁纹木、鸡翅木、黑檀木、铁木等名贵木材和竹子、藤类。矿产资源主要有石油、天然气、宝石、玉石、锡、钨、锌、铝、铜、锑、锰、金、银等,煤炭储量2.7亿吨。水力资源蕴藏量1800万千瓦。近年不断发现新的石油和天然气资源,在果敢地区发现金矿,在东北部发现铅锌矿。已耕种土地只占可耕种土地的1/3强。生物物种资源十分丰富。自然保护区占全国面积的7%。

国体政体

国 体 缅甸是联邦制国家。

联邦议院 分为人民院和民族院。

联邦政府 国家最高行政机关。设有国防部、内务部、外交部、商务部等部门。

司法机关 法院、检察院均分为4级,第一级是最高法院和最高检察院(分别为国家最高司法机关和国家最高检察机关)。省邦、县和镇区这三级也设有法院和检察院。

党 派 全国原有37个党派,2011年又有民盟、人民民主党等政党注册。现主要有联邦巩固与发展党、全国民主联盟、若开民族发展党、民族团结党、掸族民主党、勃欧民族组织、谬族(克密族)团结协会、拉祜族发展党、克伦族人民党、全国民主力量党、果敢民主团结党。最大的政党是联邦巩固与发展党,党员多达1800万人。

国家元首和政府首脑

国家元首 总统吴登盛,2011年3月30日就职。

行政区划

一级行政区划 缅甸行政区划为7个省和7个少数民族邦以及联邦区。7个省和7个少数民族邦分别是:德林达依省、仰光省、勃固省、曼德勒省、实结省、马圭省、伊洛瓦底省,克伦邦、克钦邦、克耶邦、掸邦、孟邦、钦邦和若开邦;联邦区是内比都。

主要城市 首都内比都,面积725平方千米,人口92.36万。仰光市,位于缅甸南部,市区面积696.71平方千米,人口约530万(2004年),是全国经济、文化中心。其他重要城市有曼德勒(缅甸古都)、毛淡棉、勃生、蒲甘等。仰光、曼德勒、蒲甘、茵莱湖是四大古城。

经 济

国内生产总值 2011/2012财年缅甸国内生产总值约535.44亿美元,比上年增长近5%(国际货币基金组织数据)。

产 业 农业在国民经济中占较大比重(增加值约占国内生产总值的40%),农业劳动力1890多万人,约占全国劳动力总数的70%。以种植业为主。除水稻外,还种植小麦、甘蔗、玉米、花生、芝麻、棉花、豆类、油棕、烟草、黄麻等。耕地面积1052.16万公顷,其中水稻种植面积806.89万公顷。2009/2010财年稻谷产量3160万吨。渔业较发达,水产品出口数十个国家和地区。热带水果品种较多。畜牧业有牛、羊、猪、鸡、鸭养殖等。工业增加值占国内生产总值的26%,主要行业有农产品加工、油气开采、小型机械制造、纺织印染、木材加工、制糖、造纸、化肥、制药、电力、采矿业等。企业超过10万家,职工500万人。全国有18个工业区,职工170多万人,仰光莱达雅工业区是最大的工业园区,也是缅外合资的工业区。国有工业企业将逐步转交给私人经营。陆地油田有18个(其中蒲甘、宫达臣、坦德宾为三大油田),海上、陆地天然气田3个。年发电量60亿千瓦时,65%为天然气发电。第三产业发展较快,增加值占国内生产总值的30%以上。旅游资源丰富,2012年接待外国旅客约106万人次。创汇约4亿美元。缅甸旅游公司是国有企业。2011年,缅甸被评为世界第3最佳旅游目的地。

金 融 国有银行5家,较大的私人银行19家。货币名称为缅甸币,单位为元。汇率(浮动汇率)约为855缅元兑换1美元(2012年9月)。允许私营企业和外资进入金融领域,并已开设16个外国银行办事处开展信用卡业务(一些高档酒店已开始使用信用卡)。外汇储备约72亿美元,外债约110亿美元。有缅甸东乡等6家银行可经营外汇业务。中国工商银行在缅甸有代表处。

缅甸干邦沙底里王宫 (百度网)

进出口贸易 2012/2013财年外贸进出口总额182.4亿美元,其中出口近90亿美元,进口93.2亿美元。主要贸易伙伴是中国、泰国、新加坡、印度、日本和马来西亚。主要出口商品有天然气、服装、水产品、橡胶、皮革、虾类、柚木、硬木、矿产品、粮食、宝石等。2012/2013 财年大米出口 133 万吨。进口商品有燃油、工业原料、化工产品、机械及运输设备、精炼矿物油、纺织品、一般金属及金属制品、棕榈油、电子设备及电器、塑料、药品、消费品等。2011 年中缅贸易额为 65 亿美元。

外国投资　对外来投资实行税收等方面的优惠政策。历年累计外国投资总额约 420.9 亿美元，其中 2012/2013 财年工业等领域投资逾 14 亿美元。电力行业约占 40%，油气开采占 38% 强。主要投资领域是水电、采矿、油气工业和房地产、制造业、旅游业等。中国对缅甸投资 202 亿美元，为第一大投资国，在缅甸共有 70 多个投资项目。2010 年 12 月，中国一次性向缅甸提供贷款 24 亿美元，支持缅甸能源基础设施建设。2011 年 1 月，缅甸政府颁布《经济特区法》。2012 年 11 月，缅甸总统签署《外国投资法》。

交通通信

公路交通　缅甸有公路 515 条，总里程 22.21 万千米。毛淡棉—仰光—南坎的公路为主干道，路况较好。全国机动车保有量 95 万辆（2004 年），其中摩托车 60 多万辆，私人小轿车 18.5 万辆。2011/2012 年进口汽车近 16 万辆（多为二手汽车）。仰光—内比都—曼德勒之间正在建设高速公路。主要出境公路联通中国的瑞丽、泰国的湄赛和仁廊。

铁路交通　铁路总里程 5800 多千米，在建铁路近 3000 千米，主要是窄轨铁路。拥有内燃机车 270 台。纵贯南北的仰光—密支那线是铁路主干线，但火车速度较慢；仅仰光至曼德勒有客运特快列车。

水　运　内河航道总里程 1.47 万千米，其中正常通航的 8000 千米。主要航线在伊洛瓦底江。蒲甘和曼德勒是重要的水上旅游航线。沿江各大城市都有班轮运输。拥有各种船只 500 多艘。可供远洋货轮停靠的港口主要有仰光港、勃生港、实兑港、若开港、毛淡棉港等 28 个港口，其中仰光港是最大的海港。全国仅有缅甸五星级轮船公司经营远洋运输。远洋货轮 25 艘，集装箱码头有 3 个。

民用航空　有机场 69 个，其中主要有仰光机场、内比都机场、曼德勒机场、黑河机场、蒲甘机场和丹兑机场。仰光机场、内比都机场和曼德勒机场为国际机场。主要航空公司有缅甸航空公司、缅甸国际航空公司、仰光航空公司、曼德勒航空公司和蒲甘航空公司（后三家航空公司属私营公司）。国际直达航线联系 18 个国家和地区，有航班通往中国的北京、昆明、广州和香港等地。国内航线有 18 条，大城市和主要旅游景点均已通航。仰光机场 2011 年旅客吞吐量超过 240 万人次。

管道运输　石油管道 110 多千米，天然气管道 2200 多千米。中缅油气管道已开工建设，该管道从缅甸沿海港口皎漂经瑞丽进入中国云南。

电　信　2011 年电话用户 300 多万户，其中固定电话逾 100 万户。2008 年开通 3G 网络，国内电信网处于快速发展之中。仰光的中央电话和电报局及邮政总局是办理国际通信的主要机构。全国移动电话用户 300 万户。2013 年 4 月，政府以摇号方式向民众出售 SIM 卡。

教　育

缅甸基础教育学制为 10 年，实行小学义务教育制度。全国有小学（1～4 年级）3.5 万所，在校学生约 500 万人，教师 15 万人；初级中学（5～8 年级）3000 多所，在校学生 200 万人，教师 5 万多人；高级中学（9～10 年级）1800 多所，在校学生约 65 万人，教师 1.6 万人。高等院校有 200 多所，主要大学有仰光大学、曼德勒大学和毛淡棉大学。全民识字率 94.75%。除学校教育外，还有寺庙教育，并逐步开展远程教育。

传　媒

缅甸通讯社是国家通讯社。

报纸均为政府所办。主要报刊有英文版的《缅甸新光报》，缅文版的《缅甸之光》、《镜报》和《缅》等。《首都报》、《曼德勒日报》是著名的地方报纸。杂志和期刊有约 180 种。较著名的杂志是《妙瓦底》（缅文）、《保卫》（英文）。

全国有 6 家电视台，109 个电视转播台。境内大部分地区都能收看到电视节目。还有缅甸之声广播电台和 9 个调频电台。

缅甸世界和平塔　（百度网）

医疗卫生

缅甸有医院839所(不含14所中医医院),其中拥有300张以上病床的医院114所。最好的医院是仰光的亚洲皇家医院和仰光市总医院。此外,还有农村卫生所1468所。全国有医生2万多人。药品高度依赖进口。

缅甸传统的民族医药是缅医和缅药。政府提倡缅医与西医相结合。

科　技

缅甸有科研机构12个。另有科技大学3所、技术学院26所、计算机学院2所、航空工程和海事学院2所,这些高等学院也从事科学研究。近年来,信息技术发展较快。

联邦政府科技部负责管理全国的科学技术工作。

农业科学和应用科学在国家科技事业中占有重要地位,重视推广先进的种植技术。工业领域不断改进技术,开发新产品。

历　史

缅甸于公元1044年形成统一的多民族国家。历经蒲甘、东吁、贡榜3个封建王朝。

19世纪,英国殖民主义者以武力占领缅甸,并将缅甸划为英属印度的一个省。1937年,实行印缅分治,由英国直接统辖缅甸。缅甸人民从1920年开始争取民族解放斗争。1932年,我缅人党成立,开展大规模的反英运动。1942年5月,日军占领缅甸,缅甸人民开展抗日斗争。1945年3月举行全国总起义,缅甸光复。不久,仍被英国控制。缅甸人民继续开展民族独立运动。

1948年1月4日,缅甸脱离英联邦而独立,成立缅甸联邦,组成以吴努为首的政府,实行多党议会制。

1962年,奈温将军发动政变,推翻吴努政府,成立革命委员会执政。1974年1月,将国名改为缅甸联邦社会主义共和国,并颁布新宪法,成立人民议会,组建以奈温为主席的社会主义纲领党。1988年7月,因经济恶化,爆发全国性游行示威,奈温和吴山友(总统)辞职。

1988年9月18日,时任国防部长的苏貌将军率军队接管政权,成立国家恢复法律和秩序委员会,并宣布废除宪法,解散人民议会和政府机构。同年9月23日,军政府将国名改为缅甸联邦。1990年5月,在全国举行大选。1993年1月,缅甸政府召开制宪国民大会。

1997年11月15日,国家恢复法律和秩序委员会改名为国家和平与发展委员会。此后10多年来,缅甸政府奉行民族和解与合作政策,实行民族自治,国内民族矛盾逐渐缓和。2008年5月,全国举行宪法公投通过新宪法。2010年举行大选。2011年3月,国家和平与发展委员会将权力移交给新的国家机构,并更改国名为“缅甸联邦共和国”。2012年,举行议会补选,民盟成为最大反对党。近年来,改革步伐加速。

1997年,缅甸联邦加入东南亚国家联盟。

菲　律　宾

国　名

菲律宾共和国(The Republic of the Philippines),简称菲律宾。

国　旗

菲律宾国旗呈横长方形,长宽比为2∶1。靠旗杆一侧为白色等边三角形,中间是放射着八束光芒的黄色太阳,三颗黄色的五角星分别在三角形的三个角上。旗面右边是红蓝两色的直角梯形,两色的上下位置可以调换。平时蓝色在上,战时红色在上。太阳和光芒图案象征自由;八道较长的光束代表最初起义争取民族解放和独立的八个省,其余光芒表示其他省。三颗五角星代表菲律宾的三大地区:吕宋、萨马和棉兰老。蓝色象征忠诚、正直,红色象征英勇、胆量,白色象征和平、纯洁。

地　理

位　置　菲律宾位于亚洲东南部。地处北纬4°35′~21°08′、东经116°55′~126°37′之间。西濒南中国海,东临太平洋。

面　积　陆地面积29.97万平方千米。

疆界和邻国　疆域从北到南跨度达1000千米。北面、西面与中国隔海相望,南面与印度尼西亚、马来西亚隔海相望。

地形地貌　陆地国土由7107个岛屿组成,素有“千岛之国”之称。按照地形和岛屿排列情况,菲律宾群岛通常分为吕宋岛(第一大岛,面积4.08万平方千米)、维萨亚群岛、棉兰老岛(第二大岛,面积3.69万平方千米)、巴拉湾群岛、苏禄群岛五大部分。地貌复杂多样,山地面积占陆地总面积的2/3。群岛上横亘

7座山脉，其中谢拉马德雷山脉最长，从北到南纵贯吕宋岛东部。最高峰是钢阜山（休眠火山），海拔2955米，位于棉兰老岛。最有名的平原是吕宋平原，有“菲律宾粮仓”之称。海拔最高的地区是吕宋岛北部的奔贵高原。海岸线蜿蜒曲折，总长1.85万千米，颇多天然良港。马尼拉湾是世界上最好的港湾之一，水域达770平方千米。位于棉兰老岛东面海域的菲律宾海沟深达10540米，为世界最深的海沟。由于地处太平洋边缘的火山地震带，常发生地震。境内有火山50多座，其中活火山11座。吕宋岛上的活火山马荣火山在1616～1968年间共喷发30余次。

江河湖泊　群岛河流遍布，最长的河流是卡拉延河。吕宋岛的内湖是最大的淡水湖。

气　候　属热带海洋性气候区。分干、湿两季：5～10月为湿季，高温多雨；11月至次年4月为干季，炎热干燥。由于国土南北跨度大和东西有山脉分隔，南部与北部、东海岸与西海岸的气候有较大差别。全国年平均气温26.6℃。年降水量2000～3000毫米。东面海域是台风发源地，境内常受台风影响。

风景名胜　主要旅游景点有百胜滩、蓝色港湾、碧瑶市、马荣火山、伊富高省原始梯田等。

国　民

人　口　菲律宾人口9234万（2010年5月）。

民　族　有80多个民族。其中，马来族（包括他加禄人、伊洛戈人、邦班牙人、比萨亚人、比戈尔人等）约占全国人口的85%，华人（约150万）、印度尼西亚人、阿拉伯人、印度人、西班牙人、美国人等族群约占5%。还有为数不多的原住民。

语　言　有175种语言。通用语是以他加禄语为基础的菲律宾语。官方语言为英语。西班牙语也较流行。

宗　教　约82.9%的国民信奉天主教，5%信奉伊斯兰教，少数人信奉独立教和基督教新教。华人多信奉佛教。原住民多信奉原始宗教。

资源物产

菲律宾探明储量的金属矿有13种，非金属矿29种。储量较大的金属矿有铜、金、银、铁、铬、镍和铝土，其中铜矿储量37.16亿吨，镍矿1.27亿吨、金矿1.36亿吨。非金属矿主要有石灰石、大理石等。地热资源丰富，估计有相当于20.9亿桶原油的热能资源。巴拉望岛西北部海域石油储量约3.5亿桶。

菲律宾有可耕地1400万公顷，占土地总面积的46.9%。粮食作物主要是水稻和玉米。经济作物主要有椰子、甘蔗、蕉麻、烟草、香蕉、菠萝、橡胶、咖啡、杧果、木薯等，其中椰子产量和出口量均占世界的60%以上。森林面积1250万公顷，森林覆盖率41%，有红木、樟木等名贵木材。经济鱼类有2400多种，金枪鱼资源居世界各国前列。开发的海水、淡水鱼场面积2080平方千米。

国体政体

国　体　菲律宾是共和制国家。立法、行政、司法三权分立。实行总统内阁制。总统由人民直接选举产生，任期6年。

国　会　国家最高立法机构。由参、众两院组成。参议院议员24名，由全国直接选举产生，任期6年，每3年改选1/2，可连任两届。众议院议员250名，其中200名由各省、市按人口比例分配，从全国各选区选出；25名由参选获胜政党委派；另外25名由总统任命。众议员任期3年，可连任三届。本届国会于2010年7月选举产生。

政　府　由总统、副总统和内阁成员组成。设住房和城市发展协调委员会、执行部、外交部、财政部、司法部、农业部、国防部、贸易与工业部、公共工程与公路部、教育文化与体育部、劳工与就业部、社会经济计划部、卫生部、土地改革部、警察总监、内务与地方政务部、环境与自然资源部、交通与运输部、社会福利部、预算与管理部、科技部、旅游部、能源部等部门。本届总统、副总统于2010年5月选举产生，内阁于同年6月组成。

司法机构　司法权属最高法院和各级法院。最高法院拥有最高司法权，有1名首席法官和14名陪审法官，均由总统任命。下设上诉法院、地方法院和市镇法院。检察工作由司法部检察长办公室负责。

政　党　有政党100余个，大多数为地方性小党。主要政党有基督教穆斯林民主力量党（简称拉卡斯，最

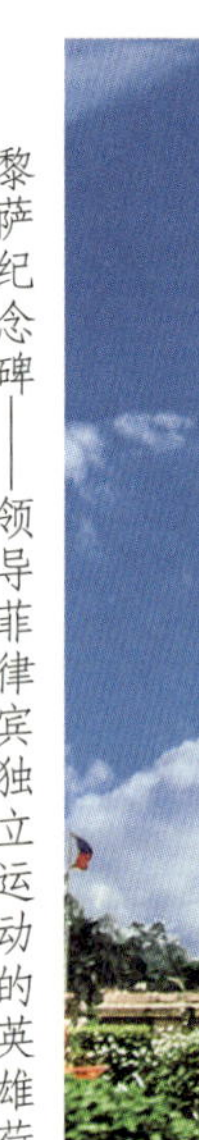
黎萨纪念碑——领导菲律宾独立运动的英雄荷西·黎萨（中）、喂奶母亲（左）、讲书父亲（右）的塑像（百度网）

大政党，现执政党）、民族主义人民联盟、摩洛民族解放阵线、摩洛伊斯兰解放阵线、共产党、自由党、民主行动党、地方发展优先党、改革党、民主战斗党、民族党等。

国家元首和政府首脑

总统是国家元首、政府首脑兼武装部队总司令。现任总统贝尼尼奥·阿基诺三世，2010 年 6 月当选。

行政区划

一级行政区划　菲律宾划分为吕宋、维萨亚、棉兰老三大部分，行政区划为首都地区、科迪勒拉行政区和棉兰老穆斯林自治区，以及伊罗戈区、卡加延谷区、中吕宋区、南塔加罗格区、比克尔区、西维萨亚区、中维萨亚区、东维萨亚区、西棉兰老区、北棉兰老区、南棉兰老区、中棉兰老区、卡拉加区等 13 个地区。下设 79 个省和 116 个市。

主要城市　首都大马尼拉市，位于吕宋岛南部，人口约 2000 万（2009 年），是全国政治、经济、文化、交通中心。其他重要城市有马尼拉、奎松、达澳、宿务、卡洛奥坎、三宝颜、帕萨伊、巴戈洛德、伊洛伊洛、卡加延德奥罗等。

经　济

国内生产总值　2011 年菲律宾国内生产总值 4243.55 亿美元（PPP），比上年增长 3.7%。人均国内生产总值 4430 美元（PPP）。

产　业　农业以种植业为主。工业以农、林产品加工业为主，制造业发展迅速。服务业在国民经济中占较大比重，从业人员约 2070.1 万人（2010 年），约占全国就业人数的 52%。

财　政　2011 年财政收入 313.8 亿美元。

金　融　主要银行有首都银行、商业银行等。货币名称为比索。2012 年比索与美元平均比价约为 42.23:1。国家外汇及黄金储备 857.61 亿美元（2013 年 1 月），2011 年外债总额 624.31 亿美元（2011 年 9 月）。

对外贸易　菲律宾与 150 个国家和地区有贸易往来。2012 年出口额 519.94 亿美元，进口额 616.6 亿美元。出口商品主要有电子产品、服装、木制工艺品及家具、椰子油、铜制品、金属配件、石油产品、水果，进口商品主要有电子产品、矿物燃料、运输设备、机械设备、有机/无机化工产品、塑料制品、谷物、钢铁、电信设备及电子机械、医药制品。

交通通信

民用航空　菲律宾航空业比较发达。全国有机场 203 个（2009 年）。主要机场有尼诺·阿基诺国际机场、宿务麦克坦国际机场、达澳国际机场、苏比克国际机场、克拉克国际机场和拉瓦格国际机场，其中马尼拉的尼诺·阿基诺国际机场是全国最大的航空港。国内航线通达 40 多个城市。国际航线较多，与 30 多个国家签有国际航运协定。

铁路交通　铁路总里程 995 千米，集中在吕宋岛。铁路网以马尼拉为中心，北达圣费尔南多，南到黎牙实比。

公路交通　公路总里程 21.3 万千米。注册机动车辆 622.04 万辆（2009 年）。

水　运　航道总长 3219 千米。全国有港口数百个，商船千余艘。主要港口有马尼拉、宿务、怡朗、达沃、卡加延、三宝颜等。

教　育

菲律宾的学前教育可自由选择。初等教育（即小学教育）为义务教育，学制 6 年（一些私立学校为 7 年）。中等教育（即中学教育）学制 4 年，免费教育但非义务教育。学位制高等教育学制一般为 4 年（工程学、法律、医学等专业需要至少 5 年的在校教育）。鼓励私人办学。全国成人识字率 92.5%。

全国有小学 42152 所，适龄儿童入学率 85%（2009～2010 学年）；中学 88455 所，入学率 65%（2006～2007 学年）。高等教育主要由私人举办。有高等院校 2060 所，其中公立537 所，私立 1523 所（2006～2007 学年）；在校生总数 243 万人，年毕业生约 50 万人。著名高等院校有菲律宾大学、阿特尼奥大学、东方大学、远东大学、圣托玛斯大学等。

位于菲律宾吕宋岛南部旅游胜地埃斯库德罗庄园里的瀑布餐厅（百度网）

传　媒

菲律宾通讯社为官方通讯社。新闻出版组织有菲律宾全国新闻记者俱乐部、菲律宾新闻摄影家协会、菲律宾出版者协会等。全国有出版机构257家。广播电台20.37万家(2009年),电视台1160家。在菲律宾广播电台、电视台中,除人民电视台为官办外,其余均为私人举办;所播节目主要是英语、他加禄语、华语节目。主要英文报纸有《马尼拉公报》、《菲律宾星报》、《菲律宾询问日报》、《自由报》、《马尼拉时报》和《马尼拉纪事报》,主要菲文报纸有《消息报》和《菲律宾快报》,主要华文报纸有《世界日报》、《商报》、《菲华时报》、《联合日报》和《环球日报》。

医疗卫生

菲律宾有医院1708所(其中公立640所,私立1068所,2001年数据),医师9.04万人,牙医4.32万人,护士48万人(2006年),助产士1.66万人;村镇医疗站1.51万个,农村医疗单位1879个(2001年)。2011年人均寿命71.94岁,人口出生率24.98‰,死亡率4.98‰(2011年7月估值)。

历　史

菲律宾是一个历史悠久的国家。最早生活在菲律宾群岛上的居民是尼格列多人。西班牙入侵之前,菲律宾存在许多土著部落和马来族移民建立的割据王国,其中最著名的是14世纪70年代兴起的海上强国苏禄王国。

1521年,麦哲伦率领西班牙远征队到达菲律宾群岛。

1531年,西班牙远征队在比萨亚群岛(现名宿务港)登陆,宣布占领该群岛。1543年,入侵的西班牙军队以其国王菲律普二世名字命名该群岛,这是"菲律宾"称呼的由来。

1565年,西班牙占领菲律宾全境,并对其实行长达300多年的殖民统治。

1898年6月12日,菲律宾起义者借美(国)西(班牙)战争之机,宣告独立,成立菲律宾历史上第一个共和国。同年12月,美国通过美西战争后签订的《巴黎条约》占领菲律宾,菲律宾又沦为美国的殖民地。

1935年11月,菲律宾成立自治政府。

1941年12月8日,日本入侵菲律宾。

1945年,美国恢复对菲律宾的殖民统治。

1946年7月4日,菲律宾宣告独立。菲律宾独立后,自由党和国民党轮流执政。

1965年,马科斯就任二战后第六任总统,并三次连任。

1983年8月,反对党领导人贝尼格诺·阿基诺被谋杀,导致政局动荡。1986年2月7日,提前举行总统选举,贝尼格诺·阿基诺的夫人科拉松·阿基诺在民众、天主教会和军队的支持下出任总统。

1992年6月,拉莫斯按宪制当选为菲律宾总统。

1994年6月,埃斯特拉达当选菲律宾总统。

1996年9月2日,菲律宾政府与最大的反政府组织摩洛民族解放阵线签署和平协议,其南部长达24年的战乱局面结束。

2001年1月,埃斯特拉达因受贿丑闻被迫下台,副总统阿罗约继任总统。

2004年6月,阿罗约总统获得连任。

2010年5月,菲律宾举行大选,贝尼尼奥·阿基诺三世当选菲律宾总统。

菲律宾是东南亚国家联盟创始成员国。

新　加　坡

国　名

新加坡共和国(The Republic of Singapore),简称新加坡。

国　旗

新加坡国旗由上红下白两个相等的横长方形组成,长与宽之比为3:2。左上角有一弯白色新月和五颗白色五角星。红色代表人类的平等,白色象征纯洁和美德;新月象征国家,五颗星代表国家建立民主、和平、进步、公正和平等的思想。新月和五颗星的组合紧密而有序,象征着新加坡人民的团结和互助的精神。

地　理

位　置　新加坡位于亚洲东南部的马来半岛南端。地处北纬1°09′~1°29′、东经103°36′~104°25′之间。南面为太平洋与印度洋之间的航运重要通道——马六甲海峡的东部出入口。

面　积　陆地面积714.3平方千米(2011年)。

邻　国　北隔柔佛海峡与马来西亚为邻，南隔新加坡海峡与印度尼西亚相望。

地形地貌　陆地国土由新加坡岛和63个小岛组成。大部分土地为低地，这些低地已开发为市区和工业区。海岸平缓，沿岸大多经过人工改造。新加坡岛占全国陆地面积的88.5%。新加坡本岛以外的其他岛屿，较大的有大德光岛（24.4平方千米）、乌敏岛（10.2平方千米）和圣陶沙岛（3.5平方千米），其中圣陶沙岛和乌敏岛是旅游景点，大德光岛是工业基地。

气　候　属热带海洋性气候。常年高温、潮湿、多雨。年平均气温24℃～27℃，日平均气温26.8℃。年平均降水量2345毫米。年平均湿度84.3%。

风景名胜　主要有牛车水、小印度、鱼尾狮公园、裕廊飞禽公园、新加坡植物园、花柏山、圣淘沙岛、乌敏岛等。

国　民

人　口　公民和永久居民378.9万，常住人口518万（2011年）。按常住人口计算，人口密度为每平方千米7555人。

民　族　种族多元。在国民中，75.2%是华人，13.6%是马来人，8.8%是印度人，其他种族占2.4%。

语　言　马来语是国语。英语、华语、马来语和泰米尔语均为官方语言。英语是行政语言，使用最为广泛。大多数新加坡人都会讲母语、英语两种语言。

宗　教　佛教、道教、基督教、伊斯兰教在新加坡均有较大影响。各类宗教信徒约占全国10岁以上人口的86%。华人大多信奉佛教，马来人多信奉伊斯兰教，印度人多信奉印度教。

资源物产

新加坡自然资源匮乏。除在本岛中部、北部及大、小德光岛等几个岛屿有花岗石外，至今尚未发现有其他矿藏。虽然四面环海，但渔业并不发达，年产量仅1万余吨。

植物资源比较丰富，品种有2000多种，多属热带低地常绿植物。普遍种植热带观赏花卉胡姬花（即兰花），品种繁多，娇美艳丽，四季盛放。所产胡姬花大量出口欧洲各国及美国、日本等国家和地区。

国体政体

国　体　新加坡是议会制国家。宪法规定，总统为国家元首，原经议会产生，1992年国会颁布民选总统法案，规定从1993年起总统由全民选举产生，任期由4年改为6年。

国　会　国家的立法机构。由议会和总统组成。实行一院制，任期5年。国会可提前解散，大选须在国会解散后3个月内举行。年满21岁的新加坡公民都有投票权。国会议员分为民选议员、非选区议员和官委议员。其中民选议员从全国9个单选区和14个集选区中由公民选举产生。集选区候选人以3～6人一组参选，其中至少1人是马来族、印度族或其他少数种族。同组候选人必须同属一个政党，或均为无党派者，并作为一个整体竞选。非选区议员从得票率最高的反对党未当选候选人中任命，最多不超过6名，从而确保国会中有非执政党的代表。官委议员由总统根据国会特别遴选委员会的推荐任命，任期两年半，以反映独立和无党派人士意见。本届国会2011年5月7日选举产生，有87名民选议员，其中人民行动党82人，工人党5人。

政　府　内阁是国家行政权力机关。由总理、副总理、各部部长组成。总统委任国会中多数党领袖为总理。根据总理提名，总统任命内阁部长。总理、部长都必须是国会议员。设有国防及安全统筹部、律政部、内政部、外交部、国防部、交通部、贸工部、新闻通讯及艺术部、教育部。本届内阁于2011年5月21日就职。

司　法　设最高法院和总检察署。最高法院由最高法庭和上诉庭组成。最高法院大法官由总理推荐、总统委任。总检察长公署下设立法处、刑事处、民事处3个部门。总统根据总理建议任命总检察长。

政　党　注册的政党有24个。主要有人民行动党、工人党、新加坡民主党等。人民行动党从1959年至今一直保持执政党地位。李光耀长期任该党秘书长，1991年吴作栋接任。2004年12月，李显龙接替吴作栋出任该党秘书长。

共和理工学院是第五所由新加坡政府完全投资的政府理工学院　（百度网）

国家元首和政府首脑

总　统　陈庆炎。2011 年 9 月 1 日就职。

政府总理　李显龙。2004 年 8 月 12 日任职。2006 年 5 月、2011 年 5 月分别连任。

行政区划

新加坡是一个城市国家。在地理上分为中央区、内市区、外市区、新镇、内郊区、外郊区等 6 个地区。选举时分为 75 个选区。不设区政权机构，由中央各部直接管理各项事务。设有公民咨询委员会、民众联络所、人民协会等社区组织，担负起准地方政府的任务，作为沟通政府与居民之间的桥梁。

首　都　新加坡市，位于新加坡岛东南，南临新加坡海峡。是东南亚最大的海港、重要商业城市和转口贸易中心，也是国际金融中心、航空中心。市容整洁美观，到处树木葱茏，浓荫密布，绿草如茵，百花娇艳，香飘四季，被誉为"世界花园城市"。

经　济

国内生产总值　2011 年新加坡国内生产总值 2996.2 亿美元，比上年增长 4.9%。人均国内生产总值 50123 美元。

产　业　农业在经济中所占比重很小，产值不足经济总量的 0.1%。2009 年农业总产值 1.08 亿新元。工业化程度较高，主要行业是制造业和建筑业，2011 年产值 924.4 亿新元，占国内生产总值的 25.1%。制造业产品包括电子产品、化学与化工产品、生物医药、精密机械、交通设备、石油产品、炼油等，是世界第 3 大炼油中心。服务业发达。2011 年服务业产值 1564.4 亿新元，占国内生产总值的 57.6%。包括零售与批发贸易、旅游、交通与电信、金融服务、商业服务等行业。旅游业兴旺发达，被誉为"亚洲旅游王国"。2011 年接待外国游客 1320 万人次，比上年增长 20%；旅游业收入 222 亿新元。

对外贸易　2012 年进出口贸易总额 9849 亿新元，比上年增长 1.1%。其中，进口 4745.71 亿新元，出口 5103.29 亿新元。马来西亚、中国和印度尼西亚是新加坡的三大贸易伙伴。主要出口电子真空管、加工石油产品、办公及数据处理机零件、数据处理机和电讯设备等，进口电子真空管、原油、加工石油产品、办公及数据处理机零件等。

财　政　2011 年财政收入 510 亿新元，支出 468 亿新元，财政盈余 42 亿新元。

金　融　由金融管理局负责制定和实施各项金融政策，负责监督与管理商业银行及其他金融机构的经营活动，实际上执行着中央银行的职能，但不发行货币。拥有 1000 多家金融机构。货币名称为新加坡元。2011 年新加坡元与美元平均比价为 1.2573∶1。至 2011 年 12 月，国家外汇储备 2451.7 亿美元。

外国投资　吸引外资是新加坡的基本国策。至 2010 年底，新加坡累计吸引海外直接投资 6186 亿新元，外资相对集中在金融服务业、制造业和批发零售业。排名前 5 位的直接投资来源国为荷兰、美国、日本、英国和挪威。

对外投资　至 2009 年底，新加坡对外直接投资总额 3399.8 亿新元，主要集中在金融服务业和制造业。排名前 5 位的直接投资对象国为中国、英国、马来西亚、印度尼西亚和澳大利亚。至 2010 年 3 月，新加坡累计对华实际投资 426.6 亿美元。两国间重要合作项目有苏州工业园区、天津生态城、无锡工业园和大连港集装箱码头等。

交　通

铁路交通　新加坡的铁路交通以地铁为主，全长 109.4 千米，有地铁站 65 个。1999 年 11 月建成轻轨铁路，全长 28.8 千米，与地铁相连，设 31 站。

公路交通　形成以 8 条快速公路为主线，众多普通道路为支线的公路网络，覆盖全岛每个角落。2007 年新加坡公路里程 3297 千米，其中高速公路 153 千米，一级公路 613 千米。2010 年底，车辆总数 94.6 万辆，其中私人轿车 58.4 万辆，货车 15.8 万辆。

水　运　新加坡港是世界最繁忙的港口和亚洲主要转口枢纽，也是世界最大燃油供应港口。有 200 多条航线连接世界 600 多个港口。有 4 个集装箱处理码头，集装箱船泊位 54 个，年集装箱处理能力 3500 万个

新加坡街景　（百度网）

标准箱。2010年有商船3978艘,总吨位4878.3万吨,港口处理货运总量5.03亿吨,集装箱吞吐量2843.1万箱。

民用航空　新加坡是亚洲地区重要的航空运输枢纽。主要有新加坡航空公司及其子公司胜安航空公司。新加坡樟宜机场连续多年被评为世界最佳机场,已开通至60个国家240个城市的航线,各国81家航空公司平均每周提供约6500班次的定期飞行服务。2012年航班起降约32.5万架次,客运量5120万人次。

通　信

电　话　新加坡固定电话用户数185.9万户,固定电话普及率40.7%。移动电话用户数561.9万户,移动电话普及率123%。

互联网　新加坡政府高度重视网络基础设施建设,并将其纳入提升国家知识型经济层次和国际竞争力的发展战略。新加坡宽带用户数326.5万户,宽带互联网业务普及率52%。

邮　政　新加坡邮政网络有66处邮局,26处投递站,32处邮务代办所,遍布全岛各主要区域,以国内和国际快捷邮件业务为邮政业务重点。

教　育

新加坡教育发展大致经历两个阶段。第一阶段从1959年到1979年,偏重于普及性和职业教育,为工业化初级阶段的经济发展培养熟练劳动力。第二阶段从1979年至今,重点发展高等普通教育和高等职业技术教育,培养高层次专业技术人才。

实行精英教育。青少年一般必须接受10年正规教育,其中小学6年,中学4年。强调识字、识数、双语、体育、道德教育,创新和独立思考能力并重。要求学生除了学习英文,还要兼通母语。政府还推行资讯科技教育,促使学生掌握电脑知识。全国有小学173所,中学156所,初级学院14所。大学主要有新加坡国立大学、南洋理工大学、新加坡管理大学和新加坡科技大学4所大学。此外,还有4所理工学院和33所技术/商业训练学院。

传　媒

新加坡主要有两大媒体集团:新加坡报业控股和新传媒。报业控股是私营上市公司,旗下有4种语言出版的15家报纸,其中英文的《海峡时报》(The Straits Times)和中文的《联合早报》在新加坡深具影响力。新传媒是一家官营公司,旗下有新传媒电视、新传媒电台、新传媒新闻网、新传媒报业、新传媒出版、新传媒制作、新传媒互动等7个集团。新加坡电视台有6个频道,并开通有线电视网和卫星电视。

医疗卫生

新加坡政府通过财政投入建立完善的社区医疗卫生中心,社区医疗服务覆盖所有居民。医疗机构分两种,一种是个人出资兴办的营利性综合全科医院,一种是政府和慈善机构建立的非营利性医院。政府推行"三重安全保健网"(即保健储蓄计划、保健双全计划、保健基金),以确保国民都有求医受诊的能力和机会。

2007年底,新加坡有7所医院、6个专业中心、18个医疗中心和3所特殊医疗研究机构。新生儿死亡率2.9‰(2003年)。国民平均寿命82岁。

科　技

新加坡在重要领域具备科研能力的机构有13家。这13家研究机构由两个研究理事会直接管理,其中生物医药研究理事会管理5家从事生物和医药研究领域的研究所,科学与工程研究理事会管理其他8家研究所。科学技术研究局、经济发展局、资讯通信管理局、国际企业发展局、标准及生产力与创新局等政府机构在科研体系中发挥重要作用。科学技术研究局的工作以科研院(中心)、大学、医院等公共科研机构为工作对象,着眼发展公共科研机构的科研人力资源,并为他们提供科研资金;经济发展局以公司为工作对象,负责支援公司的研究和创新项目,并为新的起步公司提供资金。国家财政科研经费支出约占国内生产总值的2%。

历　史

新加坡古称淡马锡,公元8世纪建国,属印度尼西亚的室利佛逝王朝。10世纪前后,已成为繁荣的港口。13世纪中叶,随着室利佛逝王朝的衰落,淡马锡改称信诃补罗。到14世纪中期,信诃补罗成为连接东西方的一个著名国际贸易港口。1350年后,屡遭爪哇的麻喏巴歇王朝和暹罗的大城王朝侵略,于14世纪末灭亡并变成暹罗的属地。18～19世纪,是马来西亚柔佛王国的一部分。

1819年,英国殖民地开拓者莱佛士登陆新加坡。1826年新加坡沦为英国殖民地。英国一直把新加坡作为远东转口贸易的重要商埠和在东南亚的主要军事基地。第二次世界大战期间,新加坡被日本占领。1945年日本投降后,英国恢复其在新加坡的殖民统治。随后,新加坡人民展开各种形式的斗争,迫使英国殖民当局改变统治方式。1954年2月,英国发表《伦德尔宪调查报告书》,提出在新加坡成立一个有32个席位的立法议会(7席由官方委任,25席由民众选举产生),并在此基础上成立民选政府。1955年,内阁式的政府成立,但重要的部长职位仍属于殖民当局。

1956 年 3 月 12 ~ 18 日，新加坡爆发要求结束殖民统治的“独立运动周”，20 多万新加坡居民在独立意见书上签字。在此形势下，英国政府 3 次邀请新加坡各派政治力量到伦敦谈判，讨论新加坡政治地位问题。

1958 年 4 月 18 日，英、新代表签订《关于新加坡自治宪法草案》，英国同意新加坡成立自治邦，实行内部自治，但保留国防、外交、修宪和颁布紧急法令权，并驻有军队。1959 年 5 月 30 日，举行新立法议会选举，人民行动党获胜。1959 年 6 月，新加坡成立自治邦，实行内部自治，英国保留国防、外交权利。

1963 年，新加坡与马来西亚、沙捞越和沙巴组成马来西亚联邦。1965 年 8 月 9 日退出联邦，成立新加坡共和国。

新加坡共和国是东南亚国家联盟创始成员国。

泰　国

国　名

泰王国（The Kingdom of Thailand），简称泰国。

国　旗

泰国国旗呈长方形，长宽比为 3∶2，由红、白、蓝三色的五个横长方形平行排列构成，上下方为红色，蓝色居中，蓝色上下方为白色，蓝色宽度相等于两个红色或两个白色长方形的宽度，红色代表民族和象征各族人民的力量与献身精神。泰国 90% 以上人口信奉佛教，白色代表宗教，象征宗教的纯洁。泰国是君主立宪制国家，国王至高无上，蓝色代表王室。蓝色居中象征王室在各族人民和纯洁的宗教之中。

地　理

位　置　泰国位于中南半岛中南部。地处北纬 5°37′ ~ 20°27′、东经 97°22′ ~ 105°37′之间。东南濒临泰国湾，西南面向印度洋的安达曼海。

面　积　陆地国土面积 51.31 万平方千米。

疆界和邻国　东与柬埔寨毗邻，东北与老挝交界，西面和北面与缅甸为邻，南与马来西亚联邦接壤。陆地边界线长 3400 千米。

地形地貌　地势北高南低，由西北向东南倾斜。地形复杂，全国大体分为 5 个地形区：（1）北部和西部内陆山区。北部山区山脉、河流众多，是湄南河的发源地。主要山脉有登劳山、坤丹山、匹邦南山和琅勃拉邦山，平均海拔 1600 米，是全国地势最高的地区。清迈的因他暖峰海拔 2576 米，是全国最高峰。西部山区多为山岭、峡谷。（2）东北部高原。也称柯叻高原，包括东北部 17 个府的广大地区。整个高原由西向东南方向倾斜，构成柯叻、沙功那空两个盆地。（3）中部流域平原。该区域包括湄南河流域以及夜功河、他真河和挽巴功河流域的中、下游地区，是泰国最大的冲积平原和水稻主产区，素有“泰国粮仓”之称。（4）东南沿海地区。包括巴真武里、差春骚、春武里、罗勇、占他武里和达叻 6 个府的狭小地区。（5）南部半岛。包括马来半岛的一部分以及连接半岛和大陆的克拉地峡。

海岸海岛　海岸线长 2616.4 千米。东南沿海海岸线曲折，近海有阁昌、阁谷、阁锡昌等岛屿。南部半岛地区西海岸为下沉海岸，大陆架狭窄，海岸线曲折破碎且多为岩岸，主要岛屿有普吉岛（全国最大岛屿，面积 500 多平方千米）、象岛、苏梅岛、PP 岛、沙美岛、道岛和希美兰岛等；东海岸平坦开阔，多沙滩，少海湾。

江河湖泊　境内河流纵横。主要河流有湄南河和湄公河。湄南河注入泰国湾，河谷宽阔，倾斜度很小，雨季常形成水患。湄公河在境内流长 930 千米，部分河段水深流急，礁石起伏，交通不便。南部半岛的宋卡湖是全国最大湖泊。其他湖泊有波拉碧湖、农汉湖、公博哇丕湖、农雅湖等。

气　候　大部分地区属于热带季风气候区，全年分为热、雨、凉三季。2 月中旬到 5 月中旬为热季，5 月到 10 月中旬为雨季，11 月、12 月和次年 1 月、2 月中旬为凉季。凉季和热季少雨，因此也合称干季或旱季。南部半岛地区属热带雨林气候区，终年炎热多雨。全国年平均降水量约 1550 毫米，年平均气温 24℃ ~ 30℃。由于地形不同，各地的降水、气温又有所差别。

风景名胜　主要风景名胜区有曼谷、清迈、芭堤雅、普吉岛、象岛、苏梅岛、沙美岛、道岛和希美兰岛等。

国　民

人　口　2012 年泰国人口 6446 万。约 1/3 的人口生活在城市。人口密度为每平方千米 131 人。

民　族　有 30 多个民族。泰族是主体民族，占总人口的 52%。人口较多的民族还有老龙族、马来族和高棉族,分别占总人口的35%、3.5%和2%。

语 言 泰语为国语。分为中部方言、南部方言、北部方言、东北部方言4种方言,其中中部方言为全国通用的标准泰语。

宗 教 90%以上的国民信仰佛教,少数信奉伊斯兰教(马来族)、基督教新教、天主教和印度教。佛教为国教,对泰国的文化影响甚深。按照传统,上至国王下至百姓,一生皆得出家一次,时间不等,以取得社会尊重。

资源物产

泰国的主要矿产资源有钾盐、锡、褐煤、油页岩、天然气、铅锌、钨、铁、锑、铬、重晶石、宝石、石油等。其中,钾盐储量4070万吨,居世界各国首位;锡矿储量占全世界的12%。

全国耕地面积2070万公顷,占土地总面积的38%。主要农产品有稻米、玉米、木薯、橡胶、甘蔗、绿豆、亚麻、烟叶、咖啡豆、棉花、棕榈油等,是世界大米主产国和第一出口国。水产品产量大,虾产量居世界各国首位。盛产各类热带水果,主要有榴莲、山竹、荔枝、龙眼、椰子等。

国体政体

国 体 泰国是君主立宪制国家。宪法规定:实行以国王为元首的民主政治制度;国王为国家元首和王家武装部队最高统帅,神圣不可冒犯,任何人不得指责或控告国王。国王通过国会、内阁和法院分别行使立法、行政和司法权。

国 会 由上议院、下议院组成。负责立法、审议政府施政方针和国家预算、对政府工作进行监督等职能。议员均直接来自民选。上议院议员不得隶属任何政党,不得担任阁员。下议院议员担任内阁职务须辞去议员职务。

内 阁 国家最高行政机关。政府总理来自下议院,由国会主席兼下议院院长提名,经下议院表决并获半数以上票数通过,由国会主席呈报国王任命。总理在解散议会前须得到内阁同意并报国王审批,在不信任案期间不得解散议会。设有总理府、国防部、财政部、外交部、旅游与体育部、社会发展和人类安全部、农业和合作社部、交通部、自然资源与环境部、信息技术和通讯部、能源部、商业部、内政部、司法部、劳工部、文化部、科技部、教育部、卫生部等部门。

司 法 最高司法机构为司法委员会,由8名委员组成。司法系统由宪法法院、司法法院、行政法院和军事法院构成。检察机关实行垂直领导,分为最高检察院、区域检察院、府级检察院。

国家元首和政府首脑

国 王 普密蓬·阿杜德。1946年即位,1950年5月5日加冕。

政府总理 英拉·西那瓦。2011年7月3日,泰国举行国会下议院选举,以英拉为首的为泰党获得265个议席,赢得大选胜利。5日,国会下议院举行会议,经投票表决,批准为泰党总理候选人英拉·西那瓦出任泰国第28任总理,也是泰国首位女总理。

行政区划

一级行政区划 泰国行政区划为76个府(府级直辖市是曼谷)。各府分别是:素可泰、彭世洛、甘烹碧、披集、碧差汶、那空沙旺、素攀、北榄、龙仔厝、夜功、那空那育、曼谷、暖武里、巴吞他尼、阿育陀耶、北标、华富里、红统、信武里、猜纳、乌泰他尼、佛统、清迈、清莱、夜丰颂、程逸、帕夭、喃邦、喃奔、难、帕、孔敬、那空帕农、乌汶、也梭吞、庵纳乍仑、呵叻、廊开、莫拉限、吗哈沙拉堪、沙功那空、莱、黎逸、廊磨喃普、胶拉信、四色菊、素辇、猜也奔、武里喃、乌隆、春武里、罗勇、哒叻、尖竹汶、巴真武里、北柳、沙缴、来兴、北碧、佛丕、叻丕、巴蜀、惹拉、沙敦、普吉、甲米、攀牙、拉农、董里、宋卡、陶公、素叻他尼、洛坤、春蓬、博他仑、北大年。

主要城市 首都曼谷,位于泰国中部,是全国政治、经济、文化、交通中心,人口约800万,市区面积1568平方千米。其他重要城市有清迈、清莱、大城、普吉等。

泰国拉玛王朝大皇宫 (百度网)

经 济

国内生产总值 2012年泰国国内生产总值3656亿美元,比上年增长6.4%,人均国内生产总值5383美元。

产　业　农业较发达，农产品出口是外汇收入的重要来源。制造业在国民经济中占较大比重，主要工业行业有采矿、纺织、电子、塑料、食品加工、玩具、汽车装配、建材、石油化工等。旅游业发展较快，设施完善，服务质量较高。2011年外国游客到泰旅游人数为1923万人次，比上年增长20.67%。

金　融　平均汇率为31.08泰铢兑1美元。国家外汇储备1816亿美元。政府未清偿债务总额1337亿美元。

进出口贸易　据泰国海关统计，2012年泰国货物进出口总额4778.9亿美元，比上年增长6.3%。其中，出口2284.1亿美元，增长3.6%；进口2494.9亿美元，增长8.8%。贸易逆差210.8亿美元，增长136.1%。

日本、中国和美国是泰国的前三大贸易伙伴，2012年泰国对三国分别出口233.4亿美元、267.6亿美元和226.7亿美元，其中对日本出口下降1.1%，对中国和美国出口分别增长3%和5.1%，三国合计占泰国出口总额的31.8%；泰国自上述三国分别进口499.3亿美元、372亿美元和129.9亿美元，其中自日本和中国进口分别增长18%和21.7%，自阿拉伯联合酋长国进口下降3.2%，三国合计占泰国进口总额的40.1%。中国香港是泰国最大的贸易顺差来源，2012年泰国对香港贸易顺差额为113.1亿美元，增长19.2%。此外，对美国的贸易顺差额为96.8亿美元，增长18.8%。泰国的贸易逆差主要来自日本、阿联酋和中国，2012年逆差额分别为265.6亿美元、128.9亿美元和104.4亿美元，分别增长42.3%、9.5%和127.6%。

交　通

铁路交通　全国铁路总长4451千米，主要是窄轨铁路。

公路交通　公路总长16万千米，其中国道1.79万千米。公路四通八达，各府、县都有公路相连。

水　运　湄公河、湄南河为泰国两大水路运输干线。曼谷是最重要的港口，承担全国95%的出口和几乎全部进口商品的吞吐。此外还有廉差邦港、梭桃邑港、宋卡港和普吉港等。海运线可达中国、日本、美国、欧洲和新加坡。

民用航空　2006年下半年投入使用的曼谷素旺那普国际机场每天进出旅客超过10万人次，是东南亚地区重要的航空枢纽，国际航线可通达欧洲、美洲、亚洲和大洋洲的40多个城市。国际机场还有清迈机场、普吉机场和合艾机场。

教　育

泰国的中小学教育学制为12年，即小学6年、初中3年、高中3年。中等专科职业学校为3年制。大学一般为4年制，医科大学为5年制。

2011年全国各级各类在校学生1395.47万人，其中，学前教育181.35万人，小学教育499.18万人，中学教育477.21万人（初中266.23万人，高中210.99万人），高等教育237.72万人（学士及大专215.67万人，学士22.05万人，大学课程班1.37万人，硕士18.58万人，硕士课程班1271人，博士1.98万人）。

2012年，全国各类高等院校164所，其中公立院校94所（综合性大学28所、皇家师范大学40所、腊察盟空理工大学9所、专业性院校7所、军事院校10所），私立院校70所（其中综合性大学40所）。著名的学府有朱拉隆功大学、法政大学、农业大学、玛希顿大学、清迈大学、孔敬大学、宋卡王子大学、易三仓大学、亚洲理工学院等。

传　媒

泰国的主要泰文报纸有《泰叻报》、《民意报》、《每日新闻》、《国家报》、《沙炎叻报》、《经理报》等，主要华文报纸有《新中原报》、《中华日报》、《星暹日报》、《亚洲日报》、《世界日报》和《京华中原日报》等，主要英文报纸有《曼谷邮报》、《民族报》等。广播电台有230多家，其中由政府民众联络厅掌管的59家。泰国国家广播电台为官方电台，设有国际部，用泰、英、法、华、马来、越、老、柬、缅、日等语言广播。电视台主要有6家，都设在曼谷。

历　史

泰国历史上曾经称“暹罗”。公元1238年建立素

湄南河岸边一景　（百度网）

可泰王朝，是泰国历史上第一个王朝。之后，经历泰国历史上持续时间最长的王朝——阿瑜陀耶王朝和短暂的吞武里王朝以及延续至今的曼谷王朝。

从16世纪起，泰国先后遭到葡萄牙、荷兰、英国、法国的入侵。19世纪末，曼谷王朝五世王大量吸收西方经验进行社会改革。1896年，英国、法国签订条约，规定暹罗为英属缅甸和法属印度支那之间的缓冲国，暹罗成为东南亚唯一没有沦为殖民地的国家。

1932年6月，民党发动政变，建立君主立宪政体。1938年，銮披汶执政，1939年6月改称泰国，意为“自由之地”。1941年泰国被日本占领，泰国宣布加入轴心国。

1945年，恢复暹罗国名。1949年5月又改称泰国。

泰国是东南亚国家联盟创始成员国。

越　南

国　名

越南社会主义共和国（The Socialist Republic of Viet Nam），简称越南。

国　旗

越南国旗为长方形，长与宽之比为3∶2。国旗旗地为红色，旗中心有一枚五角金星。红色象征革命和胜利，五角金星象征越南共产党对国家的领导，五星的五个角分别代表工人、农民、士兵、知识分子和青年。

地　理

位　置　越南位于中南半岛东部。地处北纬8°30′～23°22′、东经102°～109°29′之间。东和东南濒临南中国海。

面　积　陆地面积32.9万平方千米。

疆界和邻国　北、东、东南与中国为邻，西与老挝交界，西南与柬埔寨接壤，南面隔海与马来西亚相望。陆地边界线长3927千米。

地形地貌　地形狭长，呈S形。南北最长处约1640千米；东西最宽处约600千米，最窄处仅48千米。地势是西北高、东南低。山地和高原占全国陆地面积的3/4。有红河三角洲、湄公河三角洲两大平原，面积分别为2万平方千米和5万平方千米，是主要农业区。

江　河　河流密布，其中长度在10千米以上的有2860条。较大的河流有红河、湄公河（九龙江）、沱江（黑水河）、泸江、太平河等。

海岸海岛　海岸线长3260千米。沿海有岛屿2000多个，其中面积在10平方千米以上的20多个。较大的岛屿有盖宝岛、吉婆岛、昆仑岛、富国岛等。

气　候　属热带季风气候区。北部四季分明，多数地区年平均气温23℃～25℃。南部分为旱季（10月至次年3月）和雨季（4～9月），多数地区年平均气温26℃～27℃。空气湿润，雨量充沛，全国年平均降雨量1500～2000毫米。

风景名胜　在北方，首都河内有还剑湖、西湖、巴亭广场、胡志明陵、文庙、二征夫人庙、三岛山等，海防市有涂山海滨风景区，广宁省有被称为“海上桂林”、列入世界自然遗产名录的下龙湾，老街省有著名的避暑胜地沙巴。在中部，有被列入世界文化遗产名录的古都顺化，列入世界自然遗产名录的风雅洞，以及会安古城、美山占婆文化遗址等。在南方，胡志明市有旧总统府、古芝地道等。其他地区有芽庄海滩、大叻避暑风景区、滨海旅游胜地头顿、天涯海角名城河仙等。

国　民

人　口　2012年越南人口8878万，其中城市人口2881万，占32.45%，农村人口5997万，占67.55%；男性4392万，占49.47%，女性4486万，占50.53%。人口密度为每平方千米263人。

民　族　有54个民族，其中人口在50万以上的有京族（也称越族）、岱依族、傣族、华族（即华人）、高棉族、芒族和侬族。主体民族京族占总人口的80%以上。

语　言　各民族的通用语言是越南语。英语和华语广泛使用。

宗　教　国民受儒家思想影响较深。部分人信奉佛教、天主教、和好教、高台教等。祖先神灵崇拜在国民生活中占有重要地位。每年中国农历三月初十是祭雄王日。民间传说，雄王是越南的国祖。许多家庭都立有祖先的牌位，每逢初一、十五进香祭拜。

资源物产

矿产资源　越南发现矿种90多种，其中探明储量40多种。重要矿产资源有煤、石油、天然气、铁、锰、铬、钛、锆、铝、铜、镍、铅锌、锡、铍、金、稀土、磷灰石、石墨、瓷土、膨润土、重晶石、宝石等,其中煤储量65亿吨,铝土储量4.5亿吨。

生物资源　动植物种类繁多。有爬行动物约300种,禽类1000多种,鱼类1000多种。陆栖野生动物主要有象、犀牛、虎、豹、熊、鹿、猴、白眉猿、孔雀、翡翠鸟、金丝鸟等。2011年,种植林面积达到54.7万公顷,比上年增长3.7%;再生林面积94.2万公顷,增长4.2%;分散林种植达到1.69亿棵,增长0.4%。

物　产　主要粮食作物有水稻、小麦、玉米、高粱、薯类等。经济作物有茶、橡胶、咖啡、可可、槟榔、油桐、胡椒、八角、烟草、棉花、花生、甘蔗、麻类等。药材有党参、何首乌、通草、苍耳、砂仁、桂皮、三七、巴戟、黄连等。盛产菠萝、香蕉、椰子、杧果、菠萝蜜、柚子、荔枝等热带水果和格木、柚木、楠木等名贵木材。

国体政体

国　体　越南社会主义共和国宪法规定:越南是社会主义国家,越南共产党是领导国家和社会的力量,国家一切权力属于人民,实行人民代表大会制度。

国　会　国家最高权力机关,行使国家立法权。国会代表以普选制投票产生。

政　府　设有国防部、公安部、文化体育旅游部、内务部、国家银行、劳动荣军与社会部、司法部、建设部、政府办公厅、工贸部、财政部、教育培训部、外交部、农业与农村发展部、国家民族委员会、资源环境部、科学技术部、通信新闻部、交通运输部、卫生部、监察部、计划投资部等机构。

最高人民法院　国家最高审判机关。

最高人民检察院　国家最高检察机关。

越南共产党　越南社会主义共和国的执政党,也是越南唯一的政党。中央委员会总书记阮富仲,2011年1月当选。

越南祖国阵线　由各阶层组成,参政议政。

国家领导人

国会主席　阮生雄,2011年8月当选。

国家主席　国家元首,统帅武装力量,由国会选举产生。现任国家主席张晋创,2011年8月当选。

政府总理　阮晋勇,2011年8月连任。

越南祖国阵线中央委员会主席　黄担,2008年当选。

行政区划

一级行政区划　越南设5个直辖市和58个省,并按地域划分为6个大区:(1)红河平原11省(市),分别是河内、海防、永福、北宁、广宁、海阳、兴安、河南、南定、太平和宁平,面积21063.1平方千米,人口1977万(2010年,下同);(2)北部丘陵和山区14省,分别是河江、高平、老街、北浒、谅山、宣光、安沛、太原、富寿、北江、莱州、奠边、山罗和和平,面积95338.8平方千米,人口1116.93万;(3)中部14省(市),分别是清化、义安、河静、广平、广治、承天—顺化、岘港、广南、广义、平定、富安、庆和、宁顺和平顺,面积95885.1平方千米,人口1893.55万;(4)西原5省,分别是昆嵩、嘉莱、多乐、多农和林同,面积54640.6平方千米,人口521.42万;(5)南部东区6省(市),分别是胡志明、平福、西宁、平阳、同奈和巴地—头顿,面积23605.2平方千米,人口1456.65万;(6)湄公河平原13省(市),分别是隆安、同塔、安江、前江、永隆、槟椥、坚江、芹苴、后江、茶荣、朔庄、薄寮和金瓯,面积40518.5平方千米,人口1727.22万。

主要城市　首都河内市,位于红河三角洲平原中部,2010年面积扩至3344.6平方千米,人口656.19万。是全国政治、文化中心,面积第一大城市。其他重要城市有胡志明、海防、岘港、芹苴、下龙、太原、越池、南定、顺化、头顿、大叻、芽庄、河仙等。其中,胡志明市面积2095.5平方千米,2010年人口739.65万,是全国人口最多的城市,也是最大的工商业中心;海防市是北方重要工业、港口城市,全国第三大城市;岘港市是中部港口、工业城市;下龙市是重要煤炭基地和著名旅游胜地。

经　济

国内生产总值　2012年越南国内生产总值比上年增长5.03%,达2662.5万亿越盾(约合1284.66亿美元),人均国内生产总值约1455美元。三次产业的比重是20.9:41.1:38.1。

产　业　农业以种植业为主。2012年粮食产量4850万吨,比上年增产150万吨;水产品产量573.29万吨。工业主要有能源、机械、化工、建筑材料、钢铁、纺织、鞋类加工、食品等行业。旅游业发展迅速,全年接待入境游客664.77万人次,比上年增长9.5%。

财　政　2012年财政收入658.6万亿越盾。

金　融　货币名称为越南盾。2012年末越南盾与美元比价为20890:1。主要银行有越南国家银行(亦称中央银行)、越南工商银行、越南农业和农村发展银行、越南投资发展银行、越南外贸银行、越南国际贸易股份银行等。

进出口贸易　根据越南统计总局公布的数据,越南2012年进出口总额2289亿美元,其中进口1143亿美元,出口1146亿美元,20年来首次实现贸易顺差,外资企业在越南外贸出口中发挥主导作用,出口额723亿美元,占外贸出口总额63.1%,比上年增长31.2%;内资企业出口423亿美元,占36.9%,增长1.3%。

出口排名第一位的产品是纺织服装,出口金额

150.4 亿美元；第二位是电话及其零配件 126.4 亿美元；第三位是原油 84.7 亿美元；电脑及电子产品、鞋帽类产品、水产品和机械设备及其零配件出口额分别是 78.8 亿美元、72.5 亿美元、61.6 亿美元和 55.4 美元。

2012 年越南最大的出口市场是欧盟，出口金额 200 亿美元，比上年增长 21.3%，其次是美国市场 190 亿美元，增长 17%，第三是东盟市场 178 亿美元，增长 28%，第四是日本市场 139 亿美元，增长 23.3%，第五是中国市场 142 亿美元，增长 11.1%，第六是韩国市场 70 亿美元，增长 16.3%。

2012 年中国仍然是越南第一大进口来源国，进口金额为 342.1 亿美元，比上年增长 17.6%，其次是东盟各国 223 亿美元，增长 0.5%，第三是韩国 162 亿美元，增长 18.4%，第四是日本 137 亿美元，增长 13.8%，第五是欧盟 100 亿美元，增长 14.6%，第六是美国 63 亿美元，增长 5.6%。

2012 年越南与中国双边贸易额达到 504.4 亿美元，比上年增长 25.4%，中国是越南第一大贸易伙伴国。

外国投资　2012 年越南吸引外资 130 亿美元，相当于 2011 年同期 84.7%。越南外商直接投资排名前 10 位的国家和地区：中国香港、日本、新加坡、韩国、中国大陆、中国台湾、英属维尔京群岛、马来西亚、卢森堡、荷兰。工业和建筑业仍然是外资企业投资的重点领域。

交通通信

铁路交通　越南铁路总长 2530 千米，主要是窄轨铁路(2128 千米)，有 7 条干线。铁路运输量占全国客货运输总量的 7% 左右。

公路交通　2009 年公路总长 18.05 万千米，其中柏油和水泥路面公路 8.79 万千米；国道 1.51 万千米，省道 3.62 万千米，县道 12.93 万千米。

水　运　内河运输主要集中于湄公河三角洲、红河三角洲平原地区，有营运货船 2130 艘、客船 1600 艘。能够停靠万吨级以上轮船的港口有鸿基港、盖邻港、海防港、鸿罗港、岘港、归仁港、头顿港、西贡港等，全国有海轮 1081 艘，总吨位 310 万吨。

民用航空　有内排、新山一、岘港 3 个国际机场。至 2012 年 10 月，越南民航共有 95 架客机。2012 年民航机场旅客运输量约 1350 万人次，同比下降 0.2%。

电　信　2012 年全国电话用户 1.37 亿户，比上年增长 2.7%。其中：固定电话用户 1490 万户，下降 2.7%；移动电话用户 1.22 亿户，增长 3.5%。全国电

越南组图：①中央邮政局；②胡志明市西贡歌剧院；③胡志明青年像；④胡志明博物馆；⑤胡志明市人民委员会大厅(西贡市政厅)　（百度网）

脑宽带网用户约430万户,增长5.4%。

教　育

越南拥有完善的教育体系。基础教育学制12年,其中小学5年,初中4年,高中3年。在高中教育阶段,还有中等职业教育。大学教育学制3~6年。大学后教育,分为硕士研究生、博士研究生两个阶段。2000年宣布完成扫盲和普及小学义务教育,2001年开始普及9年义务教育。

2010~2011学年,全国有幼儿园12678所,幼儿教师15.75万人,在园幼儿306.13万人。小学校15242所,在校生704.33万人,小学教师36.58万人。初中10143所,在校生494.52万人,初中教师31.62万人。高中2288所,在校生280.43万人,高中教师14.89万人。2012年全国有215所大学,其中公立大学187所,大专院校204所,其中公立院校150所,295所中学校。全国大学、专科在校生220万人,中专在校生62.3万人;全国有高等职业学院142所,中等职业学校316所,职业培训中心850个。2012年职教院校招生190万人,其中,高等和中等职教院校招生40万人,初级150万人。私立91所,在校生68.62万人,中专教师1.81万人。越南著名高等院校有河内国家大学、国民经济大学、河内综合大学、胡志明市国家大学等。

传　媒

越南有定期出版物563种,报社约150家。主要报刊有《人民报》(越共中央机关报)、《人民军队报》(越南人民军总政治局机关报)、《大团结报》(祖国阵线中央机关报)、《西贡解放报》(越共胡志明市委机关报)、《共产主义》(越共中央政治理论月刊)、《全民国防》(越南人民军理论月刊)等。2010年出版发行报纸、杂志10.6亿份,出版发行图书2.78亿册。

国家通讯社为越南通讯社,1945年创立,在全国各省(市)均设有分社,驻外分社有16个。国家广播电台为越南之声广播电台,成立于1954年,对内广播用越南语及多种少数民族语言播音,对外广播用中国普通话、中国广东话、俄语、英语、法语、西班牙语、日语、泰语、老挝语、柬埔寨语、印尼语、马来语等播音。越南中央电视台成立于1971年,可同时播送4套节目。

医疗卫生

2011年越南有医疗机构13506个(不包括私人医疗单位),其中医院1040家,病床26.67万张,医生5.04万人,医士5.25万人,护士7.44万人,助产士2.66万人,高级药剂师3752人,中级药剂师1.93万人,司药员4752人。全国平均每万人有医生7.1人。

科　技

越南有科学研究和技术发展组织1150多个,直接从事科研工作的人员约2.2万人。全国具有大专以上文化程度的人口200多万,其中博士1.4万人,硕士1.6万人。2008年,国家财政科技事业经费预算3805亿越盾。

2010年全国有图书馆717个,其中国家图书馆1个,省级图书馆63个,市县级图书馆637个,少儿图书馆16个,共有藏书2279.5万册。

历　史

越南境内发现多处旧石器时代、新石器时代文化遗址。主体民族越族的直接祖先,是起源于古代居住在从中国南方一直到红河三角洲地区的百越族群的一个分支——雒越。雒越人在公元前3世纪之前的很长时间里,就居住在今越南北部红河流域的中下游地区。有关越南的古籍中有“文郎国”、“瓯雒国”的记载,反映古代雒越人原始部落社会的一些情况。

从公元前214年至公元10世纪初,今越南北部一直在中国封建王朝的管辖之下。939年,安南人(当时中国人对越南居民的泛称)吴权赶走中国官吏,自立为王。吴权死后,安南地区出现“十二使君”(即12个封建主)割据纷争局面。968年,安南人丁部领削平“十二使君”,统一安南,建立大瞿越国,随后派遣使者向中国北宋王朝请封,宋太祖封丁部领为检校太尉、交趾郡王。学术界一般将丁部领建大瞿越国作为越南建立自主封建国家的开始。

此后,越南先后经历前黎朝(980~1009)、李朝(1010~1225)、陈朝(1225~1400)、胡朝(1400~1407)、后黎朝(1428~1784)、西山朝(1788~1802)、阮朝(1802~1945)等封建朝代。1802年,越南最后一个封建王朝的开国皇帝阮福映依惯例向中国清王朝请封。清王朝于次年封阮福映为越南国王。这是“越南”作为国名的开始。

19世纪下半叶,越南沦为法国的殖民地。

1945年,越南人民取得“八月革命”胜利。同年9月2日,越南宣告独立,越南民主共和国诞生。

越南独立不久,法国人卷土重来,重新占领越南。越南人民开始抗法战争。1954年5月7日,越南人民赢得奠边府战役胜利,法国军队撤离越南,越南开始南北分治。20世纪50~60年代,美国人支持南越政权,越南人民展开抗美战争。1973年美国军队撤离越南。1975年,越南南北统一。

1976年,越南民主共和国改称越南社会主义共和国。

1995年,越南社会主义共和国加入东南亚国家联盟。

动　　态

政　　治

中国农村98%以上村委会实行直接选举

2012年初，中国广东省陆丰市乌坎村通过民主选举产生新一届村民委员会，成为中国农村基层民主政治建设过程当中的典型案例。中国民政部发言人表示，乌坎村民主选举不是个别现象，它已经是中国农村广大农民参与中国特色的社会主义政治建设最广泛的实践形式。现在中国农村有58.9万个村委会，其中98%以上实行直接选举；大部分省份到目前已经开展八九轮村委会换届选举，村民平均参选率达到95%以上。最近一届的村委会选举是从2011年开始的，计划到2013年结束，全国将有6亿农民参加直接选举，这是世界上涉及人数最多的直接选举。

中国严肃查办发生在领导机关和领导干部中的违纪案件

2012年1月6日，中共中央纪委、监察部在全国纪检监察机关查办案件工作情况新闻通气会上透露，2011年全国纪检监察机关共接受信访举报1345814件（次），其中检举控告类960461件（次）。初步核实违纪线索155008件，立案137859件，结案136679件，处分142893人。其中，给予党纪处分118006人，给予政纪处分35934人。通过查办案件，为国家挽回经济损失84.4亿元。2011年纪检监察机关严肃查办发生在领导机关和领导干部中的违纪案件，处分县处级以上干部4843人，移送司法机关的县处级以上干部777人。

中国海军创单舰航程最远、单次续航时间最长等多项中国海军纪录

2012年4月16日，执行“和谐使命——郑和舰环球行”任务的中国人民解放军海军308名官兵，在构建“和谐世界”、“和谐海洋”重要思想指导下，沿着郑和当年的航迹走向世界，先后到访14个国家的港口，航经三大洋六大洲，总航程3.2万多海里，创造单舰航程最远、访问国家港口最多、单次续航时间最长等多项中国海军纪录。

中国第一艘航母“辽宁号”入列

2012年9月25日正式入列交付使用。交接仪式在辽宁大连造船厂举行。中共中央总书记、国家主席、中央军委主席胡锦涛出席交接入列仪式并登舰视察。中共中央政治局常委、国务院总理温家宝一同出席仪式并宣读中共中央、国务院、中央军委贺电。“辽宁号”舰长为张峥大校，政委为梅文大校。

9月25日，中国第一艘航空母舰“辽宁号”正式交付中国人民解放军海军。中共中央总书记、中国国家主席、中国中央军委主席胡锦涛出席交接入列仪式并登舰视察。图为胡锦涛健步登上“辽宁号”，检阅海军仪仗队　　　（新华网）

·链接资料·

"辽宁号"航空母舰

"辽宁号"航空母舰(*PLAN Liaoning*)是中国人民解放军海军第一艘可以搭载固定翼飞机的航空母舰,中国海军001型航空母舰的首舰。是在苏联海军的库兹涅佐夫元帅级航空母舰第二艘、瓦良格号航空母舰(俄文:*Варяг*;英文:*Varangian*)的基础上发展而来的,在总体设计上沿袭了原来的设计特点,其舰型特点、尺寸、排水量、动力装置等都与库兹涅佐夫元帅级基本相同,在上层建筑、防空武器、电子设备、舰载机配备等方面均作了较大改进。"辽宁号"航母由苏联时期尼古拉耶夫船厂(又称黑海造船厂)建造,到1991年11月,该舰的总体工程进度达到68%,后由中国大连造船厂完成后续建造。从底层到甲板共有10层,甲板上的岛式建筑也有9层之多,分别是消防、医务、通信、雷达等部门和航母战斗群的司令部。2012年9月25日,正式更名为"辽宁号",交付中国人民解放军海军。

"辽宁号"航母主要参数。主尺寸:舰长304米、水线281米;舰宽70.5米、吃水10.5米;飞行甲板:长300米、宽70米;机库:长152米、宽26米、高7.2米;排水量:57000吨(标准),67500吨(满载);动力:4台蒸汽轮机、4轴、200000马力;航速:32节;续航力:8000海里/18节,海上自持能力15天;舰员:1960+626(飞行员)。

中国共产党第十八次全国代表大会

2012年11月8～14日在北京举行。大会批准中共中央总书记胡锦涛代表中国共产党第十七届中央委员会所作的报告,批准中央纪律检查委员会工作报告,审议通过《中国共产党章程(修正案)》,选举产生新一届中共中央委员会和中共中央纪律检查委员会。11月15日,中共中央十八届一中全会选举习近平为中共中央委员会总书记。

11月8日,中国共产党第十八次全国代表大会在北京人民大会堂举行

(新华社)

中国航母舰载机歼-15首降成功

2012年11月23日上午,中国航母舰载机歼-15降落在"辽宁号"甲板上,由飞行员戴明盟首降成功,并随后进行了滑跃式甲板起飞。歼-15舰载机是中国自行设计研制的首型舰载多用途战斗机,具有完全的自主知识产权,能执行制空、制海等作战任务,可配挂多型精确制导武器,具备远程打击和昼夜间作战能力。

文莱苏丹强调通过学习伊斯兰教来促进社会和谐

2012年2月,文莱苏丹博尔基亚在全国电视和电台发表回历1433先知诞辰的讲话时指出,国内回教徒每年在全国各回教堂连续12个夜晚举行赞歌仪式,纪念先知诞辰,并举行大型聚会游行,这是文莱人的自觉行为,必须世世代代坚持下去。要向先知保证,继续遵循先知的教导,促进国家和社会的和谐。6月27日,文莱王储比拉主持第5届婆罗洲国际回教大会开幕式时说,文莱要开展关于马来回教的教育和文明发展的研究,并吸引区域内的专家、学者参与,使文莱成为回教研究和学术交流的专业平台。根据文莱苏丹的指示,6月28日,文莱教育部在全国中小学、学院与职业技术学校的学生中开展诵读可兰经66遍的活动。8月6日,文莱苏丹为可兰经启示纪念日和回历1433年全国可兰经背诵与问答比赛的优胜者颁奖。

文莱政府强调反贪污大家有责

2012年2月20日,文莱首相署能源部常任副部长贾马英出席文莱蚬标石油公司在诗里亚英善尼社区中心礼堂举办的供应商商业诚信日活动时致辞说,反贪污受贿是全社会的责任,企业家必须具备商业道德、诚信及注重安全,确保公平竞争的环境,杜绝企业垄断。他表示,为了达到文莱零贪污的宏愿,文莱首相署不会容忍任何违反诚信的经营模式,首相署将对石油和天然气营运商与承包商制订一套行为准则,有效解决贿赂和腐败问题,杜绝任何现金或实物的贪污受贿。他认为,若要在任何商业交易中达到零贪污的目标,供应商必须做到合同和招标程序透明化。

文莱苏丹强调要做好青年工作

2012 年 3 月 1 日,文莱苏丹主持文莱第八届第一次国会开幕时说,在 2011 年取得发展成就的基础上,今年国家将把更多资源投入教育领域,通过学校教育和各种训练计划,培养更多有知识、有坚定信念、有理想的青年,促进国家朝着更加繁荣、更加文明的方向前进。

柬埔寨人民党在参议院大选中胜出

2012 年 1 月 28 日,柬埔寨举行第三届参议院选举,执政的人民党取得本次选举的胜利,共得 8880 票,占 77.81%;桑兰西党获得 2503 票,占 21.93%。第三届参议院的总席位 61 个,其中 2 名议员由国王任命,2 名由国会委任,57 名通过选举产生。有投票权的国会议员 119 人和乡委 11351 人,共 11470 人参加投票,58 人因病逝或其他原因缺席投票,实际参加投票 11412 人,投票率 99.49%,11383 票为有效票。

红色高棉审判庭对 001 号案作出终审裁决

2012 年 2 月 3 日,柬埔寨红色高棉特别法院最高审判法庭对 001 号案作终审判决,宣布驳回初级审判法庭对 001 号案涉案人康克由 35 年徒刑的判决,判处康克由终身监禁。判决书宣布:康克由于 1975 年 4 月 17 日至 1979 年 1 月 6 日任民主柬埔寨政府 S-21 监狱长期间,负责并指示狱警采取囚禁、刑讯逼供等残酷手段,杀害至少 12272 人,是史无前例的残酷暴行。法庭还宣布,康克由服刑期从 1999 年 5 月 10 日被柬埔寨军事法庭拘捕至正式宣判已经 12 年 269 天。

柬埔寨人权党与桑兰西党联合组成救国党

2012 年 8 月 20 日,桑兰西党和人权党在柬埔寨内政部注册联合成立新政党——救国党。在桑兰西党和人权党向内政部递交注册救国党的文件上,临时中央委员会成员包括:党主席桑兰西,副主席人权党波宏,秘书长孙占梯,委员善顺典和乌占罗。成立救国党的目的是要求更换国家选举委员会主席;改善选举环境,以保障选举的公正性与自由度;桑兰西重返柬埔寨参加竞选。2012 年 10 月 1 日,副总理兼内政部长苏庆签字接受救国党注册,并且接受桑兰西担任该党的主席,这样由桑兰西党和人权党联合组成的救国党正式成立。但随后柬埔寨内政部禁止桑兰西任党主席。副主席人选最后花落人权党主席金速卡;另外由于桑兰西流亡海外,并被禁止归国,这样实际上由金速卡负责两党融合之后的全面工作并准备 2013 年的大选。2009 年 10 月 29 日,桑兰西因在柴桢省柬、越边境拔除界桩而遭到法庭的指控。此外,他还涉嫌宣传不实消息,伪造公共文件,煽动暴力等罪名,被法庭判处有期徒刑 12 年。

柬埔寨奉辛比克党与民族主义党联合

2012 年 8 月 25 日,柬埔寨保皇派政党奉辛比克党和新更名的民族主义党(原名诺罗敦·拉那烈党)在首都金边宣布正式合并为奉辛比克党,以备战 2013 年举行的全国大选。奉辛比克党主席盖博拉斯美在合并大会上说,希望通过此次合并,奉辛比克党能够在 2013 年大选中赢得更多议席。民族主义党主席邵拉尼表示,此次保皇派政党合并能够使皇室力量在柬埔寨政治生活中起到更重要的作用。奉辛比克党由柬埔寨太皇西哈努克于 1981 年成立,一度在柬政治生活中发挥重要作用,目前该党与柬埔寨人民党组成联合政府。合并前一天,诺罗敦·拉那烈党举行特别大会,审议并通过修改后的党章,将党名改为"民族主义党"。

印尼总统认为反腐是印尼面临的主要挑战

2012 年 2 月 13 日,印度尼西亚总统苏西洛发表讲话表示,反腐依然是印尼当前和未来面临的一项艰巨挑战,需要长期努力才能清除腐败行为。苏西洛说,很多国家经过十几年的努力成功打击腐败行为,但是印尼国土广阔,情况复杂,比其他国家打击腐败面临更多困难,因此反腐绝不应当仅仅停留在日常工作层面。2011 年印尼虽然实现 6.5% 的经济增长,且被惠誉和穆迪调升主权信用评级至投资级,但是腐败仍然是印尼吸引外资、促进经济发展的最大障碍。

印尼总统呼吁媒体在大选中发挥积极作用

印度尼西亚总统苏西洛 2012 年 7 月 31 日在总统府同国内外媒体记者共进伊斯兰斋月的开斋晚宴时呼吁,媒体应在 2014 年总统大选中发挥积极作用。苏西洛说,媒体在传播信息和对人民大众进行政治教育方面起着重要作用。他希望媒体能够给所有总统候选人以机会,向印尼社会报道他们的思想、远见和解决当前复杂社会问题的办法。苏西洛还说,2014 年总统大选已经开始预热,媒体可以帮助人民大众了解各位候选人的相关信息,让民众去选择由谁来领导这个国家。印尼每 5 年举行一次总统选举,2014 年大选将是印尼 2004 年举行首次总统直接选举以来的第三次大选。

印尼体育部长成为首位因涉贪主动请辞的印尼内阁成员

人民网 2012 年 12 月 7 日据联合早报报道,印度尼西亚继日前收押警察总部交通部门负责人之后,昨天又限制涉贪的青年体育部长安迪出境。安迪今天向苏西洛总统提出辞呈,成为首位因涉贪主动请辞的印尼内阁成员。据悉,印尼东南亚运动会巨港选手村贪污案使选美皇后出身的民主党国会议员安洁莉娜

(Angelina Sondakh)被列为嫌犯,并限制出境。该案的相关被告日前指控青年体育部长安迪(Andi Mallarangeng)在罕巴朗(Hambalang)体育中心兴建工程中,向承建商索取回扣。肃贪委员会经调查后,将安迪列为嫌犯,并限制他出境。但安迪仍坚持认为自己是清白的。

老挝人民革命党第二次全国纪检工作会议

2012年3月26~28日在万象举行。此次会议是贯彻落实老党九大关于加强党建和纪检工作以及当前贪污腐败在党政机关和党员干部队伍中有加剧趋势的形势下召开的一次重要会议。会议由政治局委员、中央书记处常务书记本杨·沃拉吉主持,全体政治局委员,中央书记处书记,中央委员,各省市、部委党委书记及中央纪委副书记共235人出席。老党政治局委员、中央纪委书记、政府监察机关兼中央反贪污腐败委员会主任本通·吉马尼作关于政府纪检和反贪污腐败工作报告,总结2006~2011年工作并提出至2016年的方针计划。老党总书记朱马利到会发表重要讲话,要求重点抓好党内纪检、政府纪检和对反贪污腐败三项工作。会议通过廉洁从政和反贪污腐败6份重要文件:政治局关于党员干部的禁令规定,政治局关于高级干部政治职责的规定,中央委员会和政治局关于新条件下加强监督检查和反贪污腐败的决议,关于党委加强对党组织和党员监督工作的规定,2012~2020年国家反贪污腐败战略(草案)以及总理关于领导管理干部财产和收入申报的政令。

老挝人民革命党九届四中、五中全会

九届四中全会于2012年5月14~18日在万象市举行。会议由老党总书记朱马利·赛雅贡主持。会议回顾总结九届中央一年来的全面工作特别是领导与指导组织执行经济社会发展计划、2011~2012年度头6个月预算和货币计划的情况,并对2011~2012年度下半年及2012~2013年度工作提出指导方针。全会认为,自老党九大以来,国际形势错综复杂,国内也遭遇了相当严重的自然灾害。但在党的领导、政府管理以及各友好国家和国际组织的支持帮助下,各族人民团结一致克服困难,政治社会继续保持稳定有序,全国经济社会保持积极和强劲发展势头,能够维持GDP增长8%的原订指标。存在主要问题:(1)在推动商品生产与消除贫困、解决贪污腐败方面的力度还不够大;(2)政府和社会管理机制、规则等还不够完善。全会提出:继续推动全面发展,以满腔热情努力执行经济社会发展计划确定的各项宏观目标和工作重点及此次全会提出的各重点工作,继续整顿和提高政府管理效率,逐步解决社会和各级组织机构中存在的贪污腐败现象;执行政治局关于将省建设为战略单位、将县建设为全面坚强单位和将村建设为发展单位的第3号决议;为年底成功主办第7届亚欧议会伙伴会议和第9届亚欧首脑会议做好全面准备。

九届五中全会于11月26~30日在万象市举行。会议由老党总书记朱马利·赛雅贡主持。此次全会是在老挝被接纳为世贸成员并成功主办第9届亚欧首脑会议的情况下召开的。全会主要议题是深入研究国内各经济成分企业实际情况并制订今后整顿建设和发展方针。全会提出,要进一步贯彻落实党的九大决议,不断取得更多成果,尤其是组织实施好"三建设"决议,努力消除人民贫困并达到千年发展目标。

老挝七届国会三次、四次会议

七届国会三次会议于2012年6月20日至7月13日在万象举行。会议主要内容:(1)审议并通过政府关于组织执行2011~2012年度经济社会发展计划的报告、2011~2012年度头8个月政府预算计划报告及2012~2013年度计划方针的报告。将2012~2013年度GDP增速设定为8.3%,国内生产总值要达到807200亿基普。实现农业增长3.3%、工业增长15.5%、第三产业增长7%和进口关税收入增长4.2%,分别占GDP比重25.9%、31.9%、37.3%和5.8%。努力实现预算收入达到195710亿基普,预算支出234130亿基普。(2)审议并通过国家审计署下属4个机构过去5年(2006~2011年)述职报告及所拟定的未来5年(2012~2016年)工作方针。审议国家审计署关于提请通过2009~2010年度政府预算决算的建议,但要求国家审计署继续查清2009~2010年度预算中出现948.3亿基普赤字的原因并适时向国会常委会报告。选举娘万通·西潘敦为新一任国家审计署署长。(3)审议最高检察院检察长、最高法院院长和司法部部长2011~2012年度工作报告并通过上述三机构2012~2013年工作方针计划。(4)审议并通过国会常委会自七届一次至三次会议期间的工作报告及三次至五次会议期间的工作方针。同意国会常委会确定的六大工作计划和17项工作重点。(5)听取建国阵线中央主席在大会上的发言。(6)审议通过7部法律。(7)增补甘蒙省第12选区国会议员1名。

七届国会四次会议于12月5~19日在万象市举行。会议成果有7项:(1)决定立法批准老挝加入世界贸易组织。(2)审议通过沙耶武里省湄公河干流水电站建设项目。(3)审议通过甘蒙省第12选区国会议员补选结果和当选议员资格。(4)审议通过色贡省勐嘎林县县城整体搬迁安置建设项目。(5)审议通过公共卫生工作改革战略计划,重点实现公共卫生千年发展目标。(6)一致通过七届国会常委会三次至四次会议工作报告及四次至五次会议工作方针。(7)审议通过国会2012年制订和修订法律的计划,以满足新阶段经济社会发展需求并在法律行为上与国际接轨相适应。此次会议共批准了11部法律,其中4部为新法律,其他6部为重新修订法律。

马来西亚前副总理安瓦尔鸡奸案审判结束

2012年1月9日,马来西亚前副总理安瓦尔鸡奸案审判终结,法官判安瓦尔无罪释放。安瓦尔被控于2008年6月26日在帝沙白沙罗公寓一个单元房中,鸡奸当时23岁的赛夫,触犯刑事法典第377b条文,引起不小轰动。马来西亚高级法庭于2012年1月9日裁决,由于控方不能提供有效的证据,被控鸡奸前助理赛夫的国会反对党领袖安瓦尔罪名不成立,当庭获释。赛夫过后表明接受法庭的判决,但他希望总检察署能够提出上诉,把此案转到上诉庭审理。当天有4500名安瓦尔的支持者在法庭外停车场集会。安瓦尔获判无罪后不久,法庭外接连发生3起爆炸案,造成5人(包括两名律师)受伤。

马来西亚2012年国家安全罪行(特别措施)法案通过

2011年,马来西亚备受争议的1960年内部安全法令被取消。取代内安法令的2012年国家安全罪行(特别措施)法案于2012年4月获得国会通过;新的安全法案废除内政部长未审先扣的权力,于7月31日生效。2012年国家安全罪行(特别措施)法案根据联邦宪法第149条款拟定,旨在对付国内外恐怖分子、煽动背叛国家元首的情绪、危害国家治安以及以非法手段制造社会动乱者,但任何人都不应因政治理念及参加政治活动而被控。新法案允许警方在普通刑事程序及供证法令外展开调查,并制定7项安全措施,说明不能因政治信念或政治活动而逮捕任何人,废除内政部长未审先扣权。新法案赋予警方特别扣留权,警方可在无须逮捕令的情况下,扣留嫌犯24小时,但必须告知嫌犯被捕理由。扣留期过后可延长至28天,但必须立即通知嫌犯的近亲,同时允许嫌犯会见律师。新法案虽然把原本60天的扣留期缩短至28天,但警方却可在获得法庭批准后,在获释者身上安装电子监控器。新法案是为了确保执法当局有足够的执法权以对抗全球恐怖主义,捍卫马来西亚国会民主制度,同时也维护人民的自由权力而制定的。

马华公会第59届中央代表大会

2012年10月21日在吉隆坡举行。马来西亚总理纳吉布主持开幕式。在马华2341名中央代表当中,有1698人出席。会议讨论提案内容涵盖党务、政治、经济、教育等方面。由于大选即将来临,因此政治课题是重点讨论事项,首相刚宣布的财政预算案也是重点。大会通过多项计划,包括一个马华医药基金计划、一个马华教育贷款计划、一个马华党员集体保险计划和一个马华青年微型贷款计划等,为各族人民提供贷款,惠及各族人民,并提高党员士气。

马来民族统一机构(巫统)第66次全国代表大会

2012年11月27日至12月1日在吉隆坡举行。2700名代表以及来自世界21个国家24个政党的200名代表出席大会。本次代表大会是第13届全国大选前的最后一次大会,作为国阵的主干政党,大选课题为大会重点。不论是总理兼巫统主席纳吉布发表的政策性演讲,还是巫统青年团、妇女组和女青年团3个组织领袖的演讲,都离不开以即将到来的全国大选为主轴,大会弥漫着浓厚的选战气氛。

缅甸宪法法院全体辞职

2012年2月2日,联邦总检察长代表总统向宪法法院提交关于联邦议会成立的下属委员会是否属于联邦级(中央级)机构的咨询公函。3月28日,宪法法院裁决议会委员会不属于联邦级机构,引起议会多数议员不满。议会议员两次联名提案,要求宪法法院收回裁决。8月14日,人民院议长吴瑞曼致函总统吴登盛,要求宪法法院法官在8月21日前自动辞职,但宪法法院称将依法继续履行职责。9月6日,人民院通过决议弹劾宪法法院法官。同日,吴登盛批准宪法法院全体成员辞职,从而结束议会与宪法法院之间几个月的纷争。

昂山素季赢得缅甸议会补选

2012年4月1日,缅甸全国举行议会补选,共涉及45个席位,其中包括37个人民院席位、6个民族院席位和2个省邦议会席位。昂山素季获得选区85%的选票,当选为人民院议员,民盟在选举中赢得43个席位,成为议会最大反对党。

缅甸若开邦发生族群冲突

2012年5月28日,若开邦一名信仰佛教的若开族妇女遭3名罗兴伽男子强奸并杀害,此事引起了若开族的愤怒。6月3日,约300名若开人误以为肇事者在一辆长途汽车上而将车上10名罗兴伽乘客殴打致死。6月8日,若开邦孟都地区和布帝洞地区发生骚乱,造成100多人死伤,508间房屋被烧。吴登盛总统6月10日签署法令,宣布若开邦进入紧急状态,要求民众保持克制,避免冲突扩大化。自10月21日起双方冲突再次升级,若开邦敏比亚镇发生骚乱,其后迅速蔓延到多个地区,短短10天内共有89人死亡、136人受伤,32231人无家可归,大量罗兴伽人沦为难民逃离若开邦。12月4日,一艘载有200名罗兴伽人的难民船在孟加拉湾沉没,大约160名罗兴伽人溺水身亡。

若开邦持续动荡的局势引发国际社会、尤其是西方和伊斯兰世界的关注,成为影响缅甸与邻国关系的不利因素。

吴登盛大幅改组缅甸政府高层

2012 年 7 月 1 日,缅甸第一副总统吴丁昂敏乌由于健康原因辞职。8 月 15 日,在联邦第一届议会第四次会议上,前海军司令年吞上将当选副总统。7 月 9 日,吴登盛任命吴丹欣等 6 人为总统办公室、铁道部、财政部等部委负责人。8 月 28 日,联邦审计署总审计长吴伦貌、建设长吴钦貌敏和第一电力部长吴佐敏辞职。9 月 5 日,吴登盛总统签发总统令,将第一电力部和第二电力部合并为电力部,并取消工业发展部。9 月 7 日,吴登盛总统正式任命 10 位联邦部长和 6 位总统府部长,并提拔 5 名副部长为部长,其中包括一名女性,增加 4 名文职部长,使原军人占主导地位的 36 个部长中文职部长达到 12 人。其中原宣传部长吴觉山调整为合作社部长,原劳工和社会福利部长吴昂季担任宣传部长。吴登盛还将有能力、勇于改革的部长如原工业部长吴梭登、原铁道部长吴昂明提拔为总统府部长,以加强总统府部长的职能。

缅甸废除出版审查制度

2012 年 8 月 20 日,缅甸政府宣布,将取消对国内出版物的审查制度。缅甸在一份政府声明中表示:“缅甸所有出版物将不用再接受新闻审查与注册部的审查”。此前,缅甸实行了 48 年出版物事先审查制度。2011 年以来,政府对于审查制度采取了逐步放开的方式。但缅甸媒体协会主席吴貌明认为:“说取消审查制度是一项真正的改革还为时过早,缅甸仍有几部能把记者送进监狱的不友好法律。”在这些法律中,最为严厉的是 2004 年 4 月生效的电子交易法。

菲律宾同意分离组织在南部地区成立新政治实体

2012 年 4 月 25 日,菲律宾政府和谈小组在马来西亚吉隆坡结束与摩洛穆斯林解放阵线(MILF)之间的第 27 轮和平谈判,签署双方“和谈原则要点”文件。10 项和谈原则要点中,最受关注的是双方同意成立新的政治实体,以取代民答那峨岛穆斯林自治区,以结束南部多年的战祸,消灭贫穷。但这需符合菲律宾宪法规定,也需国会立法通过。菲律宾 9000 万人口中,有 5% ~9% 是穆斯林,他们多集中于南部的民答那峨岛。穆斯林自治区成立于 1989 年,范围涵盖民答那峨岛上的 5 省,面积约 26750 平方千米,由约 430 万名居民投票选出总督治理,但因 2011 年自治区选举延至 2013 年举行,目前总督非经民选,而由总统阿基诺三世指派。根据和谈原则文件,新的政治实体将为总理制的政府。但新政治实体的轮廓尚需进一步讨论,因为对新政治实体的地理范围,双方立场目前仍是南辕北辙。另一方面,MILF 的谈判小组在一篇新闻稿中说,马尼拉已经同意让他们在民答那峨岛上成立“亚国”(sub - state)。MILF 拥有 12000 余名武装成员,他们于 1977 年开始争取在民答那峨岛的“祖传土地”上建立独立伊斯兰教国家“摩洛国”,导致菲律宾南部陷入长期混乱与贫穷,至少 12 万人死于战火。成立“亚国”为 MILF 与菲律宾政府进行和谈的核心议题。MILF 要求掌握除国防、外交及邮政以外的所有政府功能。

菲律宾记者上街游行纪念马京达瑙大屠杀

2012 年 11 月 23 日是震惊世界的马京达瑙大屠杀 3 周年纪念日,菲律宾多个记者团体和民间组织在首都马尼拉举行游行抗议,扛着棺材模型上街表达对案件审判进展缓慢的强烈不满。游行团体扛了 30 多副棺材模型,从位于马尼拉西班牙王城的菲全国记者俱乐部办公室出发,一路游行至 MENDIOLA 街。抗议者身着写有“正义”字样的黑衫,把棺材并排放在大街上并摆上鸡雏,象征对司法正义的呼唤。一些抗议者和团体谴责菲当局未能实施改革,以加速司法审判程序、强化证人保护程序、修改法庭陈旧规则,解散私人武装。菲全国记者俱乐部主席安迪波尔达说,这场抗议展示了他们对案件进展缓慢的沮丧。国际媒体协会对大屠杀事件审判进展缓慢表示关切。国际记者联合会主席迈克·多比说,3 周年纪念是对政府不作为的极大失望。他呼吁菲政府加快行动,终结这种作恶却不受惩罚的文化。英国、加拿大、美国驻菲使馆连日来也就马京达瑙大屠杀 3 周年发表声明,呼吁将凶犯绳之以法。

新加坡改组内阁和重组政府部门

2012 年 8 月 1 日,新加坡总理李显龙宣布改组内阁和重组政府部门,傅海燕升任总理公署部长兼内政部第二部长及外交部第二部长,陈川仁升任人力部代部长,黄循财从 11 月 1 日起出任新加坡文化、社区及青年部代部长,副总理尚达曼不再兼任人力部部长职务;社会发展、青年及体育部和新闻、通信及艺术部将于 11 月 1 日重组为 3 个部门,即社会及家庭发展部,文化、社区及青年部,通信及新闻部,分别由陈振声、黄循财和雅国博士出任代部长或部长。此外,陈振声、李奕贤和马善高三人升任高级政务部长。

新加坡政府收紧政府采购程序

新加坡副总理兼财政部长尚达曼 2012 年 8 月 14 日表示,政府部门采购条例将更为严格和规范,未来只收到一份标书的采购须接受更严格审查,开放报价的期限也将从 4 个工作日延长至 7 个工作日。2012 年 8 月 13 日公布的 2011/2012 财政年审计长报告,也着重对各个政府部门的采购提出独立意见;多个政府机构因采购中有疏漏,被审计长点名批评。尚达曼重申,政府部门采购机制总体而言是健全的,不过政府会继续检讨和改进相关程序,在完善机制的同时也会严肃对待独立审计发现的疏漏。新条例规定,当只有一个投标者或报价时,财政部将要求说明单一报价为具有竞争力、能反映市场价格的具体理由;个别部门也可根据项目规模,改善单一报价的批准程序。

新加坡举行贪污调查局成立60周年庆典

国际在线消息,新加坡贪污调查局成立60周年庆典于2012年9月18日举行。新加坡总理李显龙在庆典上发表演讲时表示,政府绝对不会容忍贪污行为。李总理列举了新加坡成功防范和打击贪污的四个主要措施,即:强有力的政治领导层、严格的法律、让政治与金钱脱钩、给予公务员合理报酬。

新加坡贪污调查局是政府查处贪污行为的独立执法部门,局长由总统委任,直接向总理报告,如果总理不允许局长进行任何调查,他可以要求总统批准。新加坡坚决反对金钱与政治挂钩,法律明确规定候选人可用于竞选的资金上限,以避免当选领导人受制于包括赞助者在内的任何人。所谓高薪养廉是指政府根据公务员工作性质和职责范围,参照私人企业相应的工作付给同样的工资;一旦公务员被发现有贪污行为,丢掉的将是一笔可观的收入和名誉,以此约束公务员冒险贪污。国际透明组织贪污印象数据显示,2012年新加坡在廉洁排名榜上居第五位,是亚洲最廉洁的经济体。

泰国内阁改组

2012年1月18日,泰国总理英拉宣布改组内阁,近半数阁员易人。其中最引人注目的人事调整是委任红衫军领袖纳塔武为农业部副部长。2012年10月28日,泰国国王普密蓬·阿杜德签署谕旨,批准英拉·西那瓦提交的新内阁名单。英拉此前表示,由于副总理兼内政部长荣育和农业部长提拉辞职,两部门的工作几近瘫痪,因此内阁改组势在必行。此次内阁改组涉及近20位正副部长职位调整,并更换4名副总理,这4人分别是:曾在他信政府担任过司法部长的邦特·特甘差那担任副总理兼教育部长,外交部长素拉蓬·多威差猜荣任副总理并继续兼任外长,副总理兼内政部长一职由为泰党秘书长、原交通部长乍鲁蓬·琅素旺出任,原科技部长博巴索·素拉沙瓦迪也升任副总理。

泰国为泰党主席因卷入土地交易丑闻而辞职

2012年10月4日,泰国执政党为泰党主席荣育·威猜迪宣布辞去党首和国会下议院议员职务。荣育在当日举行的新闻发布会上表示,此举是为了避免因他本人卷入的一宗土地交易案影响为泰党形象。此前荣育已于9月28日辞去泰国第一副总理兼内政部长之职。2002年,荣育在担任泰国内政部副部长期间卷入一桩土地交易案,泰国国家反贪腐委员会认定,荣育在这一过程中存在违法行为。荣育1942年出生在泰国南部,曾供职泰国内政部、曼谷电力局等机构,自2008年12月起担任为泰党党首,2011年荣育辅佐英拉带领为泰党赢得国会下议院选举,后出任第一副总理兼内政部长。

泰国执政联盟拟修改宪法

2012年12月10日,以为泰党为首的执政联盟4个政党发表联合声明,称现行宪法有很多条款是不民主的,因此必须对现行宪法部分条款加以修改。在当天的联合声明中,泰国联合执政当局的为泰党、春府力量党、发展党等4个政党谴责2007年版宪法是2006年9月军事政变的产物。声明还声称现行宪法是在公民被迫的情况下公投而通过的。声明承诺,修宪是为了保护、支持、促进和维护泰国君主立宪政体。宪法作为泰国的根本大法,必须来自人民,在起草和颁布的整个过程中,必须让公民广泛参与。宪法修改基本原则是:必须促进和保护公民的权利,人民能够参与管理和监督政府,简化政治结构,提高国家管理效率等。泰国国务院事务部长哇拉贴当天表示,执政联盟旨在寻求促进宪法修正案三读表决能够向前推进的途径,并尽快形成一个宪法草拟工作机构,然后正式启动修宪进程,在完成对宪法部分条款的修改后,泰国会还将举行全民公投,新版宪法是否得以通过必须由全体公民来决定。

越南出台防治贪污腐败新举措

2012年5月6日,越南中央防治腐败指导委员会办公厅在河内举行防治腐败综合信息网开通仪式。反腐网旨在将腐败情况和反腐工作进展等信息及时、准确地向民众公开,以调动人民群众参与反腐斗争的积极性。6月,越共中央总书记阮富仲签发《越共十一届五中全会关于加强党对防治腐败和浪费工作领导的结论》,文件规定,成立直属政治局的中央防治腐败指导委员会,由越共总书记担任主任,以代替之前直属政府并由政府总理担任主任的中央防治腐败指导委员会。

11月23日,越南国会以94.98%的赞成票通过《反腐败法(修正案)》,修正案要求公开越南高级官员个人财产申报表。据此,越南的领导干部须在每年1月1日至3月31日期间,将个人财产申报清单在本人所在机关、组织或单位公布。同时,越南国会代表及地方各级人民议会代表应选人的个人财产申报表也须在选民代表会议上公布。修正案还规定对领导干部个人所增加财产的申报解释义务,规定政府负责出台有关领导干部个人所增加的财产定价、要求申报解释的权力、申报人责任、申报手续与程序等的具体规定。《反腐败法(修正案)》从2013年2月1日起生效。

越南国会决议将对由国会、人民议会推选或批准的要职人员投信任票

2012年11月21日,越南国会通过《对由国会、人民议会推选或批准的要职人员投信任票的决议》。根据该决议,越南国会将对由国会、人民议会推选或批准的越南政府要职人员的职责和权限执行效果、政治品质、道德、生活作风展开信任投票。决议规定,国会对下列人员投信任票:国家主席、国家副主席,国会主席、国会副主席、民族委员会主席、国会各委员会主任、国会常务委员会其他成员,政府总理、副总理、部长和政府其他成员,最高人民法院院长、最高人民检察院院长、国家审计署审计长等。人民议会对下列人员投信任票:人民议会主席、副主席、人民议会常务委员、人民议会委员会主任,人民委员会主席、副主席、人民委员会其他成员。决议规定信任投票将从每任期第二年起一年一度举行。

越南组织征求人民对修改宪法的意见

2012年11月23日,越南国会通过《关于组织征求人民对1992年宪法修正草案意见的决议》。据此,从2013年1月2日到3月31日,越南将通过各种方式征集对1992年《宪法》修正草案的意见,目的是发挥越南人民当家做主的权利,营造人民在立宪工作中的共识,让《宪法》体现出越南人民的意志和愿望。

外　　交

中国国家副主席习近平访问美国

2012年2月13日,应美利坚合众国副总统拜登邀请,中国国家副主席习近平抵达华盛顿,开始对美国进行正式访问。访美期间,习近平会见奥巴马总统,同拜登副总统举行会谈,还会见美国国会领导人、前政要等,并与美国社会各界广泛接触交流。除华盛顿,习近平还到访美国中部农业大州艾奥瓦州和西海岸加利福尼亚州洛杉矶市。这是中国国家副主席时隔近10年再次访美。此访正值美国总统尼克松访华、中美重新打开交往大门、上海公报发表40周年之际,被认为是一次恰逢其时并且可能影响中美关系未来的访问。

中国国家主席胡锦涛在首尔会见美国总统奥巴马

2012年3月26日,中国国家主席胡锦涛在韩国首都首尔出席第2届核安全峰会期间,在下榻饭店会见美国总统奥巴马。在会见中,两国元首就进一步推动中美合作伙伴关系发展以及共同关心的国际和地区问题深入交换意见,达成积极重要共识。会晤是富有建设性的。胡锦涛就两国关系发展提出"确保中美在亚太良性互动"等四点建议:一是坚持合作伙伴关系大方向,坚持不懈推进合作伙伴关系建设。二是全方位拓展互利共赢的务实合作,努力开创多层次、宽领域、全方位务实合作,加强基础设施建设合作和地方合作,推动两国经贸关系向新的广度和深度发展。三是确保中美在亚太良性互动,中方尊重美方在亚太的存在和正当利益,欢迎美方在地区事务中发挥建设性作用;希望美方充分考虑中方利益关切并予切实尊重;双方应该加强沟通对话,努力实现合作共赢。四是继续为中美关系注入动力,采取更多灵活方式,确保两国高层及时开展高质量的战略沟通。

2月13日,应美利坚合众国副总统拜登邀请,中国国家副主席习近平抵达华盛顿,开始对美国进行正式访问。图为美国常务副国务卿伯恩斯到机场迎接习近平副主席　　　　(新华社)

中国国家主席胡锦涛出席金砖国家领导人第4次会晤

2012年3月28日,中国国家主席胡锦涛抵达印度首都新德里,出席28～29日举行的金砖国家领导人第4次会晤。这次金砖国家领导人会晤的主题是"金砖国家致力于全球稳定、安全和繁荣的伙伴关系"。胡锦涛就全球治理、可持续发展、金砖国家合作等问题阐述中

方立场，并同与会领导人深入交换意见。会晤期间，胡锦涛还会见其他金砖国家领导人。

中国国家主席胡锦涛访问柬埔寨

2012年3月30日，中国国家主席胡锦涛抵达金边国际机场，开始对柬埔寨进行国事访问，受到柬埔寨王室、政府和人民热烈欢迎。访问期间，胡锦涛会见柬埔寨西哈莫尼国王、谢辛参议院主席、韩桑林国会主席、洪森首相，就共同关心的问题深入交换意见，并深入了解柬埔寨悠久璀璨的历史文化和日新月异的发展变化。这次访问将巩固传统友谊、深化互利合作、促进共同发展，为中柬全面战略合作伙伴关系长期稳定发展作出贡献。

中国渔船在黄岩岛潟湖作业时被菲律宾军舰干扰

2012年4月10日，12艘中国渔船在中国黄岩岛潟湖内正常作业时，被一艘菲律宾军舰干扰，菲军舰一度企图抓扣被其堵在潟湖内的中国渔民，所幸被赶来的中国两艘海监船阻止。随后，中国渔政310船赶往事发地黄岩岛海域维权，菲方亦派多艘舰船增援，双方持续对峙。中方为表达善意，于22日下午将两艘渔政船撤离黄岩岛附近海域，并表示愿通过友好外交磋商解决黄岩岛事件。

第4轮中美战略与经济对话在北京举行

2012年5月3日，第4轮中美战略与经济对话在北京开幕。中美战略与经济对话是中美双方就事关两国关系发展的战略性、长期性、全局性问题而进行的战略对话。中国国家主席胡锦涛出席开幕式并致辞。胡锦涛说，3年多来，中美战略与经济对话作为两国级别最高、参与部门最多、讨论议题最广的机制，促进了两国高层战略沟通，加深了对彼此战略意图和政策的了解，扩大了对中美关系发展方向的共识，有力推进了互利合作，增进了两国人民相互了解和友谊，丰富了两国各领域、各层次交流沟通。胡锦涛强调，中美应相互信任、平等互谅、妥善处理分歧，打破历史上大国对抗、冲突的传统逻辑，探索大国关系的新路径。胡锦涛说，两国应抓住机遇、排除干扰、共同努力，走出一条相互尊重、合作共赢的新型大国关系之路。

中国外交部就越南国会通过《越南海洋法》发表声明

2012年6月21日，越南国会通过《越南海洋法》，该法将中国的西沙群岛和南沙群岛包含在所谓越南“主权”和“管辖”范围内。同日，中国外交部就越南国会通过《越南海洋法》发表声明：“中国政府在此重申：西沙群岛和南沙群岛是中国领土。中国对上述群岛及其附近海域拥有无可争辩的主权。任何国家对西沙群岛和南沙群岛提出领土主权要求，并依此采取的任何行动，都是非法的、无效的。”同日，中国全国人大外事委员会就越南国会通过《越南海洋法》致函越南国会对外委员会，就越南国会审议通过《越南海洋法》表明立场。

中国政府就日本所谓“购岛”行径发表严正声明

2012年9月11日，据日本新闻网报道，日本政府与钓鱼岛所谓“土地权所有者”栗原家族正式签署岛屿“买卖合同”，购买金额为20.5亿日元。针对日本所谓“购岛”行径，中国政府严正声明，日本政府的所谓“购岛”完全是非法的、无效的，丝毫改变不了日本侵占中国领土的历史事实，丝毫改变不了中国对钓鱼岛及其附属岛屿的领土主权。

中国国务院总理温家宝出席上合组织成员国总理第11次会议

2012年12月5日，上海合作组织成员国总理第11次会议在吉尔吉斯斯坦首都比什凯克开幕。上合组织6个成员国以及5个观察员国的国家或政府领导人与会。中国国务院总理温家宝出席大、小范围会谈并发表讲话。会议决定成立中国—上海合作组织环境保护合作中心，加强环保能力建设。同意发展上合组织移动通信卫星服务，使之成为本组织统一的应急、救灾、反恐、移动通信服务平台。中方愿同各方加强配合，落实2012年6月承诺提供的100亿美元贷款，研究设立面向本地区的经济技术合作基金。

中国—东盟中心第2次联合理事会会议

2012年12月5日在北京举行。文莱、柬埔寨、中国、印度尼西亚、老挝、马来西亚、缅甸、菲律宾、新加坡、泰国和越南等11个中心成员国政府及东盟秘书处派代表出席。中国驻东盟大使杨秀萍表示，中国—东盟中心发挥一站式信息中心与服务中心的重要作用，为推动中国与东盟在贸易、投资、教育、文化与旅游领域的务实合作做了大量工作。中国政府愿继续与东盟各成员国政府一道，支持中国—东盟中心的工作，共同推动中国—东盟战略伙伴关系不断向前发展。

文莱苏丹首次访问土耳其

2012年4月7～11日，文莱苏丹博尔基亚对土耳其进行为期5天的访问。其间，苏丹与土耳其总统居尔举行双边会谈，签署《经贸与科技合作协定》和《互免签证协定》，并共同出席新闻发布会，宣布两国同意互派常驻外交使节以增进联系以及加强军事合作交流。博尔基亚还会见土耳其总理埃尔多安，参观伊斯坦布尔蓝色清真寺、科技历史博物馆和军事博物馆。

文莱与欧盟启动伙伴关系与合作协议谈判

文莱《婆罗洲公报》2012年4月27日报道，第19

届东盟—欧盟外长会议（AEMM）于4月26～27日在文莱召开，欧盟外交和安全政策高级代表艾希顿与东盟及欧盟各成员国外交部长出席会议。文莱苏丹博尔基亚26日在皇宫接见来文莱参加第19届东盟欧盟部长级会议的欧盟副主席兼外交和安全政策高级代表凯瑟琳·玛格丽特·艾什顿时宣布，文莱与欧盟将启动合作伙伴和合作协议（PCA）谈判。欧盟现已同印度尼西亚、菲律宾和越南等东南亚国家展开PCA谈判，拟就政治、经济和贸易等诸多领域开展对话和深层次合作。

文莱拟与印尼、马来西亚、菲律宾建经济特区

2012年5月14日，文莱主管海洋事务与渔业官员透露，文莱、印度尼西亚、马来西亚和菲律宾将在东盟东部增长区会议上讨论建立经济特区可能性，以减少对经济活动的限制并增加相互投资。

文莱苏丹出访泰国

2012年6月29日至7月2日，文莱苏丹博尔基亚对泰国进行为期4天的访问，同泰国总理英拉就农业、清真产品、能源和教育等领域合作广泛交换意见。会谈中，双方表示，将尽快签署备忘录，开展水稻种植、渔业、畜牧业、土地开发和水资源管理等合作。双方初步讨论建立合资公司，使用文莱清真品牌，将泰国发展成为出口基地。泰方表示希望通过泰国PTT公司对文莱能源领域投资，并开展可再生能源共同开发。

柬埔寨副首相兼外交与国际合作部长贺南洪访问中国

2012年2月5～7日，柬埔寨王国副首相兼外交与国际合作部大臣贺南洪对中国进行为期3天的正式访问。访问期间，贺南洪与中国外交部长杨洁篪举行会谈，双方就柬中关系、中国—东盟合作等共同关心的问题交换意见，在东盟—中国中心发表关于东盟与中国关系的讲话，参观中国文化中心。2月6日，贺南洪会见中国全国人大常委会副委员长路甬祥，双方就加强两国议会友好交流合作等交换意见。贺南洪表示，柬埔寨作为东盟轮值主席国，将与东盟各国密切合作，进一步深化和拓展中国—东盟友好合作。

柬埔寨副首相兼外交与国际合作部长贺南洪访问美国

2012年6月12，应美国国务卿希拉里·克林顿的邀请，柬埔寨副总理兼外交与国际合作部长贺南洪到美国访问。访问美国期间，贺南洪与美国国务卿希拉里·克林顿举行会谈，就发展柬美关系、美国和东盟关系交换意见。他还分别与美国国会负责东亚和太平洋事务的分委会主席吉姆·韦伯、负责东亚事务的奥巴马特别助理丹尼尔·拉赛尔会晤。贺南洪还在美国智库华盛顿战略和国际关系研究中心发表题为“柬埔寨的发展和柬美关系”的演讲。

柬埔寨国王诺罗敦·西哈莫尼访问越南

2012年9月24日，柬埔寨国王诺罗敦·西哈莫尼抵达河内，开始对越南进行为期3天的国事访问。访问期间，西哈莫尼分别与越南国家主席张晋创、政府总理阮晋勇、国会主席阮生雄分别举行会谈。双方表示两国将继续本着睦邻友好、传统友谊、全面合作和长期稳定方针展开合作，两国确定重点在经贸、投资、教育培训、文化、国防等领域深化合作。双方一致同意加快越、柬陆地边界勘界立碑进程。

柬埔寨向联合国派驻第三批赴黎巴嫩维和部队

2012年11月6日，柬埔寨派出第三批赴黎巴嫩承担联合国维和任务的工程兵218名，接替完成一年维和任务的第二批部队返国。柬埔寨王家军总司令波沙伦上将和联合国驻柬协调员道格拉斯·布洛德里克等出席当日在金边军用机场举行的欢送仪式。218名工程兵将在黎巴嫩执行一年的维和任务，任务包括排雷、筑路、架桥和营房建设、生产饮用水，向当地民众提供医疗服务等。布洛德里克表示，柬埔寨参与联合国维和行动不仅是柬埔寨的荣誉，也是世界的荣誉。柬埔寨前两批维和部队帮助黎巴嫩清理了200万平方米土

9月24日，越南国家主席张晋创（左）陪同到访的柬埔寨国王诺罗敦·西哈莫尼检阅越南三军仪仗队　（越通社）

地的地雷和炸弹遗留物，还帮助维和部队建造营房，为当地民众提供清洁水等，获得联合国的一致好评。2006年柬埔寨派出首支维和部队，参加在苏丹、乍得、中非、黎巴嫩等地的维和行动。

柬埔寨首相洪森率团访问印度

2012年12月19日，东盟轮值主席、柬埔寨首相洪森率政府高级代表团抵印度访问，出席12月20～21日在新德里举行的纪念东盟—印度建立对话伙伴关系20周年暨第10次东盟—印度领导人会议。副总理兼外交与国际合作部长何南丰、国务部长兼商业部长占比塞、国务部长兼柬埔寨发展理事会常务副主席顺占托、财经部国务秘书翁本莫尼洛等政府高官陪同洪森首相访印。本次在新德里举行的东盟—印度峰会主题是“东盟—印度：和平与共享繁荣”，由东盟轮值主席洪森首相与印度总理辛格共同主持。峰会当天通过指导印度与东盟未来20年关系发展的《印度—东盟纪念峰会愿景声明》，内容包括双方在政治、安全、经济、社会及文化发展等方面加强合作，如定期举行高官级安全对话以共享信息，确认在海洋安全、航行自由、资源获取、海上交通要道安全等方面深化合作等，将东盟与印度关系升级为战略伙伴关系，并计划到2015年双边贸易额的目标为1000亿美元。洪森首相还同辛格总理举行双边会谈，就深化柬、印关系交换意见，洪森提出印度向柬埔寨提供5700万美元优惠贷款，以援助柬埔寨两个发展项目建设。

印尼总统苏西洛访问中国

2012年3月22～24日苏希洛总统对中国进行国事访问。3月23日，印尼总统苏希洛同中国国家主席胡锦涛举行会谈。双方就双边关系和共同关心的国际与地区问题深入交换意见，达成广泛共识。两国元首一致同意，加强战略磋商，扩大务实合作，把印尼中国战略伙伴关系提升到更高水平。在会谈中胡锦涛表示，中国和印尼一水相隔，比邻而居，自2005年两国建立战略伙伴关系以来，双边关系健康快速发展，各领域交流合作成果显著；中方赞赏印尼坚持奉行一个中国政策，坚定支持印尼为维护国家统一和领土完整所做的努力。苏希洛表示，印尼视中国为重要合作伙伴，相信在双方共同努力下，两国战略伙伴关系一定会在业已良好的基础上不断向前推进。胡锦涛表示，中国将从以下六个方面进一步深化两国战略伙伴关系：加强战略沟通，增进睦邻互信；扩大经贸合作，促进共同发展；深化防务安全合作，提升合作水平；拓展海上航天合作，丰富合作内涵；扩大人文交流，夯实友好基础；加强国际地区合作，维护共同利益。苏希洛表示，印尼希望同中方保持密切高层交往和各级别、各领域对话磋商，推动务实合作取得更多互利共赢的成果。印尼欢迎中国企业扩大在印尼投资，参与印尼基础设施重大项目建设。当日印尼与中国签署超过170亿美元的合作协议，涉及钢铁、纺织、水电、农业、冶金、矿业等多个领域。

印尼和美国海军举行年度联合军事演习

2012年5月30日，印尼与美国两国海军开始在印尼东爪哇省附近海域举行为期8天的联合军事演习。两国共有2074名海军官兵参与这次名为“2012海上预备与训练合作”的军事演习。其中，美国海军派出830名海军陆战队队员和3艘海军战舰，印尼方面派出1244名海军陆战队队员、3艘海军战舰、数架飞机和其他作战装备。

3月23日，中国国家主席胡锦涛在北京人民大会堂举行仪式，欢迎印度尼西亚总统苏西洛访华（新华社）

印尼总统苏西洛会见美国国务卿希拉里

2012年9月4日，印度尼西亚总统苏西洛在雅加达会见到访的美国国务卿希拉里。双方表示将加强在防务和安全领域的合作。印尼外长马蒂·纳塔莱加瓦在会见后举行的新闻发布会上说，两国将继续推进双边合作，加强经贸往来，发展全面的伙伴关系。苏西洛希望印尼美国良好的双边关系能够继续得到全面发展。据印尼媒体报道，苏西洛和希拉里还就叙利亚问题、伊朗核问题、朝鲜局势和南海问题交换了意见。

印尼总统苏西洛访问英国

印度尼西亚总统苏西洛于2012年10月31日至11月2日对英国进行国事访问。访英期间,他与英国首相卡梅伦和利比里亚总统约翰逊·瑟利夫共同主持在伦敦召开的联合国2015年后发展问题高级别会议。卡梅伦11月1日在伦敦会见苏西洛,双方表示将进一步加强双边经贸关系,并在多个领域进行合作。英国首相府发表的声明说,双方同意争取在2015年前实现双边贸易额翻一番的目标,并期待将在明年初进行欧盟同印尼间伙伴关系协议谈判时实现减少贸易壁垒的目标。卡梅伦表示,英国石油公司最近与印尼签署的价值75亿英镑(约合121亿美元)的液化天然气项目,将极大地促进英国在印尼这一新兴市场的贸易投资。苏西洛则表示欢迎更多英国企业对印尼基础设施进行投资。双方会晤后签署教育和创意产业合作协议,以加强两国间高等院校和学生交流。两国还签署一项国防合作协议,以加强在军事领域研发、投资和生产方面的合作。

印尼总统苏西洛访问马来西亚

2012年12月18日,印度尼西亚总统苏西洛访问马来西亚,会见马来西亚总理纳吉布。纳吉布说,印尼是大马重要的贸易伙伴,仅2012年头10个月,两国贸易总额就达到10亿美元。希望明年两国之间的贸易额突破30亿美元。纳吉布指出,在投资方面,大马是印尼第六大投资国。印尼内需市场庞大,为大马投资者提供许多机会。两国有必要在银行与金融、旅游业等领域继续合作。苏西洛表示,在经济合作方面,两国还有进一步发展的空间。据悉,大马与印尼在女佣问题上已经谈妥,双方政府都认为,女佣中介费过高,有必要进行检查和调整,寻求妥善的解决方案。马来西亚外交部称,两国政府还商讨了边境上的军事合作。

老挝正式加入世界贸易组织

2012年9月28日,老挝入世工作组在日内瓦结束入世第10轮谈判,最终与世贸组织达成"老挝关于执行外贸制度并保障承担符合世贸协议义务的报告"、"农业和工业商品关税减让表"和"服务业行业开放时间表"3份重要协议。世贸组织10月26日同意接纳老挝为成员国。老挝入世前后经历了15年共10轮谈判,获得世贸70余个成员国的同意。其间共解答世贸相关成员国提出的1300个问题,涉及修订老挝法律法规90部。老挝七届国会四次会议(12月5~19日)批准老挝入世。按世贸规则,老挝自2013年2月2日正式成为世贸第158个成员国。

老挝主办第9届亚欧首脑会议

2012年11月5~6日,第9届亚欧首脑会议在万象举行。会议主题是"和平挚友,繁荣伙伴",讨论经济和金融形势、亚欧社会文化合作、亚欧会议未来发展方向以及全球性和地区问题。会议发表《第九届亚欧首脑会议主席声明》和《关于加强和平与发展伙伴关系的万象宣言》,内容主要包括加强亚欧经济金融领域合作,促进政治对话,推动亚欧社会文化交流以及亚欧会议未来发展方向。孟加拉、挪威和瑞士三国在此次会上被接纳为新成员国。此外,老挝还相继主办了第7届亚欧议会伙伴会议(10月3~4日)、第13届亚欧商业论坛会议(11月3~5日)、第9届亚欧人民论坛会议(11月16~19日),并与35个发达国家合作伙伴和40多个政府或非政府组织在万象市举行圆桌会议(11月23日)。

老挝多元务实外交活跃

老挝高层领导人除继续保持与中国和东盟相关国家高层互访外,2012年还先后出访蒙古、澳大利亚、新西兰、日本、朝鲜、科威特等国家。此外,老挝高层领导人在年内还分别出席在日本东京举行的第4次湄公河—日本合作框架最高领导人会议,在巴西举行的可持续发展高峰会,在新德里举行的第6次湄公河—恒河外长会议,在纽约举行的第67届联大会议,在科威特举行的国际传播组织(ABC)高峰会议,在印度新德里举行的东盟—印度峰会等。

年内,除中国和东盟相关国家多位政要访老外,到老挝访问的还有德国、巴西、朝鲜、美国、白俄罗斯、日本、英国等国家的政要、前政要或王室成员。

此外,在11月5~6日于万象举办第9届亚欧首脑会议期间对老进行正式访问的外国政要有:中国总理温家宝、印尼总统苏西洛、日本首相野田和孟加拉总理哈西娜。而专程前来老挝出席亚欧首脑会议的外国政要还有:俄罗斯总理梅德韦杰夫,法国总统奥朗德,巴基斯坦总理阿什拉夫,保加利亚总统罗森·普列夫内利耶夫,蒙古国总统查希亚·额勒贝格道尔吉,捷克总统克劳斯,瑞士联邦主席艾维琳·威德默·施伦普夫和澳大利亚总理吉拉德。

老越两国共同举办"老越、越老团结友好年"系列活动

2012年适逢老、越两国建交50周年和《老越友好合作条约》签订35周年,老、越两党确定2012年为"老越、越老团结友好年"并分别成立庆祝活动指导委员会。老挝国家副主席、老党中央政治局委员、中央书记处常务书记本杨任老方主席,越共中央政治局委员、中央书记处常务书记黎洪英任越方主席。庆祝活动以越南国家主席张晋创2月9日正式访老宣布启动,7月18日老越两党两国同时在万象和河内隆重集会庆祝老越两国建交50周年暨《老越友好合作条约》签订35

周年。本杨和黎洪英分别代表本国出席对方举行的庆祝活动并发表讲话。12 月 12 日本杨和黎洪英再次共同主持在老挝沙湾拿吉省色本县举行的老越友好年庆祝大会，将庆祝活动推向高潮。老挝国家主席朱马利 12 月 25～28 日访越，老越两国国家主席发表"老越友好团结年"联合公报。

2 月 20 日，马来西亚总理纳吉布（右）与泰国总理英拉签署双边联合协议并交换协议书　（百度网）

马来西亚与新加坡举行非正式峰会

2012 年 1 月 5 日，马来西亚总理纳吉布与新加坡总理李显龙在马来西亚行政中心布城举行非正式峰会，这次会谈是双方第三轮会谈，达成多项双边合作共识，领域涵盖经贸、能源、通信、交通、教育、文化等。两国领导人在会谈后发表联合声明，表示将在多方面开展双边合作。声明说，马、新将成立两国制造业联合委员会，开拓有利马来西亚依斯干达特区及新加坡的经贸活动；两国将探讨开拓渡轮及水上出租车服务，为两国国民提供衔接两国交通的另一选择；两国将开展士乃与樟宜国际机场之间的合作，并据此探索其他商业合作的可能性。声明认为，新、马两国将适应数码电视及流动宽频增长需求，探讨整合两国无线电频谱计划。此外，马来西亚还欢迎新加坡私立教育机构在马来西亚依斯干达特区及巴莪设立分校。

马来西亚总理纳吉布访问南非

2012 年 1 月 9 日，马来西亚总理纳吉布访问南非。纳吉说，马来西亚与南非长期建立的关系须适应时势发展而注入新的活力。他这次访问南非是应南非总统即非洲国大党主席雅各布祖马之邀，参加非国大党成立百年庆典。

马泰签署双边联合协议

2012 年 2 月 20 日，马来西亚总理纳吉布会见到访的泰国总理英拉，双方共同签署双边联合协议。根据双边联合协议，将加强马泰边界包括石油与天然气、能源、汽车、橡胶、大米与白糖、旅游业在内 6 个领域的双边贸易与经济合作。在两国边界兴建两座大桥，即从兰道班让衔接至泰国哥乐河镇的大桥和从彭加兰古堡衔接至泰国塔拜的大桥。同时讨论新边界合约，允许巴士自由往来边界，促进两国人民交往；共同加大对边界地区毒品贩卖、人口贩卖、走私武器等的打击力度；两国将鼓励交换贸易与投资行动、共同考虑在第三国对共同感兴趣的领域进行合作、鼓励马来西亚国家石油公司与泰国国家石油股份有限公司针对能源合作的持续洽谈；两国还将加强包括贸易、销售、服务、研发、信息分享、训练服务及清真业合作。这是泰国总理英拉上任以来，第一次正式访问马来西亚。英拉原定 2011 年 10 月到访马来西亚，但遇上泰国严重水灾，行程被迫延后。英拉此行还在国家皇宫觐见马来西亚国家最高元首端古·阿卜杜勒·哈利姆陛下。

马来西亚和新加坡两国部长及代表团展开第 3 轮双边会谈　（新华社）

马新签署药物管制合作备忘录

2012 年 4 月 8 日，马来西亚国家药物管制局与新加坡卫生科学局签署药物管制合作备忘录，以加强双边药物管制方面的合作与意见交流。这是马来西亚第一次与另一个国家签署药物管制方面的合作备忘录。在该协议下,双方将加强、推广及发展药物管制方面的合作,包括科学监管、执法、后期市场监督、分享良好生产规范和临床实践做法等。马来西亚卫生部药物服务部门高级署长拿督依莎拉曼与新加坡卫生科学局局长林建伟将联合领导一个小组来实行合作备忘录下的一系列合作。

马来西亚青年百人团访华

2012 年 4 月 18 日,马来西亚青年百人团启程前往中国展开交流之旅。在访华的 100 名马来西亚青年中,有马来西亚多所大学的学生,也有步入社会不久的年轻人。在 10 天行程中,他们将访问北京、上海、郑州等地,参观学校、博物馆以及历史和文化名胜,同时通过体育活动、文艺演出、研讨会等形式同各个领域的中国同龄人进行交流。

第 16 届马来西亚与文莱双边协商会议

2012 年 9 月 4 日,马来西亚总理纳吉布与文莱苏丹博尔基亚在马来西亚行政中心布城举行第 16 届马来西亚与文莱双边协商会议,探讨双边利益、区域及国际问题。两国领袖认为,两国国家石油企业可以合作在马来西亚沙巴州及沙捞越州,以及第三国开采石油资源及石油下游工业计划。

马来西亚总理纳吉布访问菲律宾

2012 年 10 月 14 日,马来西亚总理纳吉布抵达菲律宾首都马尼拉,对菲进行正式访问。这是马来西亚总理自 2009 年执政以来首次访问菲律宾。随同人员包括纳吉布的夫人,马来西亚外交、国防、国际贸易与工业领域的部长,以及马来西亚商业代表团。纳吉布把此次菲律宾之行称作“历史性访问”,并强调“已为菲律宾南部实现和平作出努力”。10 月 15 日,纳吉布与菲总统阿基诺三世举行双边会谈,讨论菲、马两国间的政治、经济、国防和安全合作等议题。会谈结束后,纳吉布出席菲当局与菲最大反政府武装摩洛伊斯兰解放阵线举行的和平协议签署仪式。

马来西亚总理纳吉布会见印尼总统苏西洛

2012 年 12 月 18 日,马来西亚总理纳吉布在总理署会见到访的印尼总统苏西洛。纳吉布表示,印尼是马来西亚重要的贸易伙伴,印尼内需市场庞大,为马来西亚投资者提供许多机会,两国有必要继续在银行与金融、旅游业等领域继续合作。苏西洛表示,在经济合作上,两国尚有进一步加强的空间。据悉,马来西亚与印尼在女佣问题上已经谈妥,双方政府都认为,女佣中介费过高,有必要进行检讨;有必要在女佣中介费课题上,寻求妥善的解决方案。两国政府还商讨了边境上的军事合作。

缅甸总统吴登盛访问新加坡

2012 年 1 月 29 日,吴登盛总统率高层代表团抵达新加坡,展开为期 4 天的国事访问,随行人员包括高官、企业负责人等。吴登盛和新加坡总理李显龙进行会晤,并出席备忘录签署仪式。根据备忘录,新加坡将为缅甸培训法律、银行以及金融等领域的专业人才,同时将与缅甸分享新加坡在贸易、旅游和城市规划等领域的经验。当天,吴登盛还会见了新加坡总统陈庆炎。

缅甸人民院议长吴瑞曼访问中国

2012 年 2 月 23 日,缅甸人民院议长吴瑞曼抵达中国进行为期 5 天的访问。当天,吴瑞曼会见中国全国政协主席贾庆林,贾庆林表示将加强中、缅双方的战略性合作,同时强调维持中、缅边境和平的重要性。吴瑞曼还会见中国人民解放军总参谋长陈炳德,双方表示将加强中缅双方的战略性合作,完善协调合作机制。

日本宣布免除缅甸 3000 亿日元债务

2012 年 4 月 20 ~ 24 日,缅甸总统吴登盛访问日本,会晤日本首相野田佳彦并参加日本与湄公河流域国家首脑会议。日本政府于 4 月 21 日宣布将分批免除缅甸 3000 亿日元(约 37 亿美元)拖欠债务,占缅甸所欠日本债务的 60%,恢复已中止约 20 年的对缅发展援助。

印度总理辛格访问缅甸

2012 年 5 月 27 ~ 29 日,印度总理曼莫汉·辛格对缅甸进行为期 3 天的访问,这是印度总理 25 年来首次访问缅甸。28 日,辛格会晤缅甸总统吴登盛,双方签署包括开设边境市场、成立联合贸易和投资论坛、信息技术合作、文化交流计划及印方向缅方提供 5 亿美元贷款等在内的 12 个文件。29 日,辛格在仰光会晤反对党全国民主联盟主席昂山素季。辛格此访旨在与缅甸加强包括能源合作在内的经贸合作,提高印、缅“超越朋友的关系”,平衡其他大国在缅甸的影响力。

美国总统奥巴马访问缅甸

2012 年 11 月 19 日,美国总统奥巴马在国务卿希拉里陪同下抵达缅甸,成为首位访缅的美国在任总统。奥巴马与吴登盛举行约 1 小时的会晤,双方表示要加强两国合作、促进双边关系发展。奥巴马在缅甸访问期间,还拜会了缅甸议会人民院议长吴瑞曼、民族院议长吴钦昂敏和民盟主席昂山素季,并在仰光大学进行演讲。

菲中关系因菲方非法侵占中国黄岩岛而紧张

1997 年以来,菲在中国领土黄岩岛抓捕和骚扰中国渔民的事件平均每年二三起。2012 年 4 月 8 日,菲律宾海军人员持枪登上在黄岩岛海域作业的 8 艘中国渔船，对中国渔民进行检查，并把这些中国渔船指控为非法捕鱼。4月12日，中方要求菲舰立即撤离黄岩岛海域。菲方则表态称不会放弃黄岩岛。4月16日，菲美举行联合军演；同时，菲律宾民众到中国驻菲律宾马尼拉使馆前抗议中国政府。菲方还称，"要和中国一同到国际法院寻求解决途径"。接着，菲律宾护卫舰"埃德赛"号进入黄岩岛海域。4月27日，菲律宾侨民组织呼吁各地菲律宾人到中国驻各地使领馆示威，"捍卫黄岩岛主权"；截至当晚，中国香港、加拿大及澳洲等地的菲律宾团体已响应参与示威。4月29日，菲总统阿基诺三世称，将收集"中国欺负菲律宾"的"证据"；同时菲6艘渔船进入黄岩岛潟湖，军方也声称支持菲渔民继续在该海域从事捕鱼作业，海岸警卫队会帮助并保护该海域菲方渔民利益。5月2日，总部设在美国纽约的菲律宾侨民组织"菲美良政"呼吁超过200个国家的1200万名菲律宾人于5月21日到中国驻各地的使领馆示威，无理取闹。菲律宾外长德尔·罗萨里奥则拉大旗作虎皮，他在演讲中称，菲已向美发出要求，为菲武装军队提供巡逻艇、巡逻机、雷达系统及海岸观察站等设备，帮助菲达到"最低限度的可靠防御"。5月6日，菲律宾总统发言人埃德温·拉谢尔称，菲律宾正式将黄岩岛称为"帕纳塔格礁"；菲律宾外交部向菲海岸警卫队下达指示，要求清除在黄岩岛上与菲律宾无关的标识物和建筑，妄图永久侵占黄岩岛。5月7日，菲律宾总统阿基诺三世称，他希望与中国达成一个协议，将政治与商业分开，允许民间企业前往南海开发油气资源，而两国政府则单独商议南海的主权问题。5月9日，中国外交部回应并宣称"反对菲方单方面开采礼乐滩油气田，愿与其共同开发！"

菲律宾加强与美国的战略合作关系

2012年菲律宾与美国进行两次联合军事演习。其中第一次于4月25日在菲律宾南部巴拉望举行，代号为"肩并肩2012"；第二次于7月2日在菲律宾南部棉兰老海拉开帷幕，历时9天，代号为"卡拉特2012"；内容包括战地指挥所演习、海上拦截、潜水、海上射击等军事课目，以及打捞和海上搜救等救灾课目。

6月上旬，菲律宾总统阿基诺三世访问美国。8日，美国国务卿希拉里在华盛顿为来访的菲律宾总统阿基诺三世举行午宴。希拉里宣布美国将帮助菲律宾建造一个新的国家海岸监测中心，以增强菲律宾的海上监视以及应对突发情况的能力。希拉里表示，美国在领海争端上不选边站。而阿基诺三世与美国总统奥巴马的会谈是在午宴之后举行的，会见中没有提到任何有关中国的议题。会谈后双方发表联合声明，称将确保南海"航行自由、对国际法的尊重与合法贸易无碍"等。美国的"冷淡"使菲律宾民众不满。于是，在阿基诺与奥巴马会谈的当天，菲律宾示威者在首都马尼拉的美国大使馆前举行示威集会，对驻菲美军表示抗议，并焚烧了美国国旗。

菲律宾总统阿基诺三世访问美国

2012年6月8日，赴美访问的菲律宾总统阿基诺三世在华盛顿与美国总统奥巴马举行会晤，双边会谈聚焦于安全与防御、经济、区域以及两国总体关系四大议题。据白宫高级官员在电话记者会中表示，两人的双边会谈重点在于四大议题。首先是安全与防御议题，重点是扩大两国军事合作。第二是聚焦经济议题，接着是区域议题。最后，两人讨论两国总体关系。白宫官员表示，美国一直寻求深化美国盟友与东盟和南太平洋国家的关系，建立军事与情资分享网络特别是在反恐与紧急援助方面。阿基诺三世希望在与奥巴马的会谈中提起与中国在南中国海的争议水域问题。他说，希望美国能帮助改善菲律宾的海上和空中防御。另一方面，美国官员则希望在向亚太地区轮流派驻美军问题上获得菲律宾的同意，这是美国加强在亚太地区驻军计划的一部分。但菲民众反对加强菲美军事联系。就在阿基诺三世访美同时，菲律宾大批民众上街示威，他们高举旗帜和标语，戴上面具装扮成阿基诺三世和奥巴马，抗议阿基诺三世访美寻求加强菲美军事联系，他们认为此举只会为美军驻菲人数增加铺路，美国不会帮助菲律宾，美国无意卷进中、菲对峙，尤其是武力对峙，美国无疑在玩弄菲律宾。

新加坡企业在越南加大投资力度

截至2012年3月，新加坡在越南胡志明市累计投资66亿美元（约82亿新元）。2011年新加坡是越南胡志明市的最大投资国。新加坡总统陈庆炎认为，胡志明市作为越南的经济中心，在越南整体的繁荣与进步中扮演重要的角色，新加坡企业可借此机会扩大在当地的发展。

新加坡吉宝置业在20年前就开始涉足越南的投资，至今它在越南已有18个房地产项目，投资额约20亿美元。新加坡丰树集团在越南投资近10亿美元，其中设在胡志明市的西贡南坊中心占地4.4公顷，投资额3.6亿美元。

胡志明市工商总会会长表示，该会会员有20%和新加坡企业有合作关系。

在越南投资的新加坡公司包括大、中、小企业和政联公司，涉及领域从房地产、工业园、金融、物流到旅游业。

新加坡与泰国加强金融合作

2012年6月，新加坡金融管理局和泰国中央银行签署备忘录，设立互惠的跨境抵押借贷安排，目的是协助维持两国金融稳定。

在此安排下，在新加坡营业的合格金融机构将可用泰铢或泰国政府及泰国央行的证券为抵押，从金融管理局取得新元资金。同样，在泰国营业的合格金融机构也可用新元或新加坡政府和央行的证券为抵押，从泰国中央银行取得泰铢资金。

7月6日，中国—新加坡双边合作联合委员会第9次会议在苏州举行。中国国务院副总理王岐山和新加坡副总理张志贤共同主持会议。会后王岐山和张志贤共同出席双方合作文件签署仪式 （新华社记者）

新加坡与中国签署协议力推金融合作

2012年7月6日，在新、中双边合作联委会第9次会议上，新加坡与中国签署新中自由贸易协定框架下的金融合作协议，两家在新中资银行将获得特准全面银行业务执照，其中一家还将被授权成为新加坡人民币清算行；同时，中国银监会在满足中国相关审慎性法规要求的前提下将加速审理新加坡大华银行、星展银行和华侨银行在中国设立分支行的申请。

新加坡和美国将扩大第三国培训计划

2012年7月12日，美国国务卿希拉里和新加坡外交部长兼律政部长尚穆根在柬埔寨金边举行的东盟区域论坛期间进行双边会谈，重申进一步加强合作伙伴关系。美国和新加坡发表联合文告，表示两国政府将致力于推动一个强大和团结的东盟共同体。新加坡和美国计划扩大第三国培训计划，协助东盟成员国提升在人道主义援助、公共卫生、城市可持续发展和经济发展等领域的规划能力。

2012年2月，尚穆根与希拉里签署两国合作协议，承诺携手展开第三国培训计划（Third Country Training Program，简称TCTP），联合为发展中国家，特别是湄公河下游的国家提供技术援助。

计划推出至今，已经取得良好的进展。美国和新加坡打算继续合作，进一步加强湄公河委员会（Mekong River Commission，简称MRC）成员的技术能力培训。两国还将在新加坡为东盟成员国的药品监管官员推出防止假冒保健品的联合培训。

新加坡重视开拓非洲市场

《经济日报》2012年10月22日报道，自2007年以来，新加坡与非洲的贸易以11.8%的年增长率增长，2011年双边贸易额达到109亿美元的新高。近日，新加坡贸工部下属国际企业发展局决定，2012年年底在加纳设立新加坡在非洲的第二个海外中心，以助力新加坡企业在非洲拓展更大的市场。

迄今已经有48家新加坡公司在42个非洲国家开展业务，非洲国家在新加坡常驻的公司也达到80家，新加坡政府自1992年以来为来自46个非洲国家的7000多名官员提供培训。越来越多的新加坡企业家认识到非洲这个广阔市场的重要性，纷纷开始到非洲淘金，仅在过去两年里，新加坡就已经组织15批次企业家考察团，对17个非洲国家进行了实地业务考察。新加坡国际企业发展局负责非洲事务的官员认为，新加坡企业在非洲的开发领域非常广阔，在基础设施建设、信息与通信技术和教育培训等领域都有广泛的空间。新加坡目前是东盟国家在非洲最大的投资国，2010年投入非洲的直接投资达到238亿新元，同比增长29%。

新加坡通商中国奖第三届颁奖典礼举行

新华网新加坡2012年11月28日报道，旨在促进新中友谊的新加坡通商中国奖第三届颁奖典礼于11月28日晚举行。新加坡前内阁资政李光耀和中国驻新加坡大使魏苇出席颁奖晚宴。在中国云南昆明医科大学第二附属医院担任外教的新加坡医生卢正获得通商中国青年奖。现年37岁的卢正在新加坡长大，于2008年举家移居云南昆明，为当地偏远山区的患者提供免费医疗服务。在中国推动白内障大规模复明工作的著名眼科医生林少明获得通商中国成就奖，现年78岁的林少明曾在新加坡国立大学眼科等部门任职。自1986年起，他在中国天津医科大学设立人工晶体手术培训中心，推动白内障患者复明工作。他为这一中心募集了数十万美元的资金，用于中心初期的建设和后来的扩展计划。从1994年就开始在中国发展的新加坡开发商嘉德置地获得通商中国企业奖，嘉德置地是东南亚最大的地产开发商，从1994年起开始在中国发展，如今已成为在中国最大的外资开发商之一。

新加坡与欧盟完成自由贸易协定谈判

新华网北京2012年12月16日报道，欧盟贸易委员卡雷尔·德古特与新加坡贸易和工业部长林勋强12月16日完成欧盟与新加坡自由贸易协定谈判。根据双方达成的协定，新加坡将对所有自欧盟进口的货物给予免税待遇，欧盟从新加坡进口的所有货物也将在5年内取消关税。

泰国总理英拉访问印度

2012年1月24～25日，泰国总理英拉访问印度，访问期间与印度总理曼莫汉·辛格举行双边会谈，就发展泰印战略合作伙伴关系、增加双边贸易额目标和发展自由贸易区合作事宜达成共识。2012年是泰、印建交65周年，英拉提议于2012年3月前完成泰—印自由贸易区谈判，并争取在2012年中使泰—印自贸区早期收获计划开始实施。英拉还提出泰、印之间应在未来3年内，实现双边贸易额增加1倍的目标；并在两国联合举办政府部门与民间企业CEO论坛机制，促进科技、农业、文化、环保等合作方面向更深层次发展。会谈中，英拉总理还提出泰国国务院管理下的投资促进委员会在印度孟买市设立泰国第一个促进投资办事处的愿望。会谈结束后，双方签署泰印两国国防部合作备忘录、泰外交部与印度内政部的引渡囚犯协议、两国商业部关于建立自由贸易区谈判框架修订协议、泰外交部与印度科技部之间科技合作协议、两国文化部关于2012～2014年文化合作行动计划以及泰国朱拉隆功大学与印度ICCR机构之间的学术部门合作备忘录等6份合作协议。

4月18日，中国国家主席胡锦涛在北京人民大会堂会见泰国总理英拉
（新华社）

泰国与柬埔寨举行JBC第5次会谈

2012年2月13～14日，泰国与柬埔寨边境联合委员会（JBC）第5次会议在泰国曼谷举行。会议主要讨论两国继续推动边境勘界工作，以解决边境领土纠纷问题。泰国代表团资深委员曼迪和柬埔寨代表团资深边境事务部长瓦金宏分别担任双方委员会主席。会议主要讨论泰柬两国合作勘定边境线，共同制定空中摄影以及设立边境口岸等事宜。

泰国总理英拉访问马来西亚

2012年2月20日，泰国总理英拉对马来西亚进行为期1天的正式访问。英拉与马来西亚总理纳吉布举行会谈。在会谈之后举行的新闻发布会上，英拉表示，泰国愿意在双边及东盟框架内与马来西亚展开密切合作，致力于促进和加强两国友好关系，并对即将举行的泰、马联合委员会第12次会议做好充分的准备工作。泰国支持马来西亚政府提出的加强民间企业在工业、石油、天然气、能源、汽车制造、橡胶、糖、大米和旅游等领域的合作，并全力支持清真食品加工合作。纳吉布表示，支持泰国政府和平解决泰南边境地区问题，反对一切暴力行为，支持泰南地区民众团结一致。希望泰国政府对当地民众给予更多的理解，改善当地在教育、宗教信仰和文化方面的不足问题。同时坚决反对一切在泰南地区搞分裂的行为，并积极落实和解决双重国籍问题。

泰国总理英拉对中国进行国事访问

2012年4月17～19日，泰国总理英拉对中国进行正式访问。陪同人员有外交部长等多位部长和建筑、证券、运输等企业代表。17日，泰国总理同中国国务院总理温家宝举行会谈。会谈后，两国总理共同出席双边有关合作文件的签字仪式。这些合作文件包括泰中战略合作框架协议、进一步深化和扩大教育领域合作协议、泰中农产品合作协议、铁路项目合作协议、水利及预防水灾项目合作协议等。18日，英拉分别同中国国家主席胡锦涛、全国人大常委会委员长吴邦国等国家领导人举行会见，就泰、中双边关系和共同关心的国际与地区问题深入交换意见。

美国国防部长帕内塔访问越南

2012年6月3日，美国国防部长帕内塔抵达越南军港金兰湾，开始对越南进行为期3天的访问，帕内塔是自越战结束后首位访问金兰湾前美军基地的美国防长。4日，越南国防部长冯光青与帕内塔在河内举行会谈，评价双方2011年签署的国防合作备忘录的落实情况，就建立两国国防部经常性高级对话机制，海上安全与灾难救援，联合国维和行动经验，英语培训，军事医学合作，搜寻在越战时失踪的美军士兵的遗骸，清除越战时遗留的地雷、炸弹和落叶剂危害等问题进行讨论。4日下午，越南总理阮晋勇在会见帕内塔时表示，越、美两国需要加强互信，提升两国合作关系。越南希望美方早日完全解除对越军售禁令，积极帮助越南消除越战影响。

越南与俄罗斯建立全面战略伙伴关系

2012年7月26～30日，越南国家主席张晋创对俄罗斯进行为期5天的正式访问。访问期间，张晋创与俄罗斯联邦总统普京举行会谈，通过《俄罗斯与越南加强全面战略伙伴关系的联合声明》，将双边关系从2001年以来的战略伙伴关系提升到全面战略伙伴关系，双方主张将从政治、经济、军事、人文等领域全面推动越、俄关系深入发展。两国首脑还表示，将循序渐进地发展越、俄军事技术合作以及国防与安全领域的伙伴关系。

俄罗斯将帮助越南建立原子能研究中心

2012年10月30日，越南通讯社援引俄罗斯之声报道称，俄罗斯将帮助越南在大叻及河内建立原子能科学技术中心。在大叻，将建设功率为15MW的反应炉及所有辅助配套设施；在河内，将设计算机中心、配套实验室以及各种安全保障设备和系统。原子能科学技术中心由俄罗斯援建，投资额大约5亿美元（由俄罗斯政府提供优惠贷款）。

长江水通过南水北调中线工程——湖北省丹江口水库大坝泄洪深孔闸门下泄（新华社）

经　济

中国外汇储备增幅降低

中国人民银行发布的数据显示，截至2012年底，国家外汇储备余额为3.31万亿美元，与2011年末相比，全年外汇储备增加约1300亿美元，增幅是2004年以来最低值。近10年来，中国外汇储备增长不断加快，其中2007年度增加4600多亿美元，创历史最高水平。但从2011年开始，外汇储备增幅开始明显放缓。

中国南水北调工程建设加快推进

2012年完成投资超过652亿元，创工程开工以来年度投资完成情况的最高纪录。南水北调工程于2002年开工，在建的为东线和中线。东线68项设计单元工程已完工41项，与通水直接相关的主体工程基本完工。中线丹江口大坝溢流堰面加高工程完成量过半，陶岔渠首混凝土坝段已封顶，穿黄隧洞工程洞身内衬提前完工，铁路交叉工程大部分按照计划或提前完成建设任务。

中国粮食总产量实现“九连增”

中国国家统计局数据公告显示，2012年中国粮食总产量58957万吨，比2011年增加1836万吨，增长3.2%，实现自2004年以来连续9年增产。同期，中国农村居民增收也实现“九连快”：2012年头三季度，农村居民人均现金收入6778元，实际增长12.3%。

中国石化营业收入名列《财富》500强第五

《财富》世界500强排行榜公布：2012年中国石化以3752.14亿美元的营业收入位列第五，排位与2011年持平。自1999年以来，中国石化连续14次进入全球500强排名，其中2010年名列第七，2011年、2012年连续两年名列第五。目前，中国石化已经在海外50多个国家和地区开展投资、贸易和服务业务，海外资产超过1000亿美元，海外员工超过3万人，其中80%为当地员工。

中国进出口总值继续增长

中国商务部消息：2012年中国进出口总值38667.6亿美元，与2011年相比增长6.2%。其中，出口20489.3亿美元，增长7.9%；进口18178.3亿美元，增长4.3%；

贸易顺差2311亿美元,扩大48.1%。2012年中国与美国、东盟双边贸易总额分别增长8.5%和10.2%,与俄罗斯和巴西双边贸易总额分别增长11.2%和1.8%;与欧盟、日本双边贸易总额分别下降3.7%和3.9%。

中国新批准设立外商投资企业数和实际利用外资额下降

2012年中国新批准成立外商投资企业24925家,比2011年下降10.1%;实际使用外资金额1117.2亿美元,下降3.7%。其中:服务业实际使用外资538.4亿美元,下降2.6%,占总量的48.2%;制造业实际使用外资488.7亿美元,下降6.2%,占总量的43.7%;农林牧渔业实际使用外资20.6亿美元,增长2.7%,占总量的1.9%。同期,美国对华实际投入外资金额31.3亿美元,增长4.5%;日本对华投资73.8亿美元,增长16.3%。欧盟27国对华实际投入外资金额61.1亿美元,下降3.8%。其中德国对华投资14.7亿美元,增长29.5%。荷兰、瑞士对华实际投资也有较大幅度的增长,增幅分别为49.1%和58.1%。亚洲10国/地区(香港、澳门、台湾、日本、菲律宾、泰国、马来西亚、新加坡、印尼、韩国)对华实际投入外资金额957.4亿美元,同比下降4.8%。

中国海峡两岸ECFA实施和后续商谈取得进展

2012年海峡两岸签署投保协议和海关合作协议,服务贸易协议的商谈已进入收尾阶段,货物贸易协议和争端解决协议商谈取得积极进展。ECFA早期收获计划落实良好。据大陆海关统计,2012年1~11月,台湾企业享受关税优惠约30.86亿元人民币,同比增长3.2倍。据台湾海关统计,2012年1~11月,大陆企业享受关税优惠约5005万美元,同比增长1.4倍。

文莱第10个国家发展规划继续强调经济多元化建设

《文莱时报》2012年1月4日报道,文莱苏丹博尔基亚在发表2012年新年贺词中表示,文莱第10个国家发展规划将于2012年4月1日开始实施。本次规划将通过大力改善商业环境,培养本地中、小企业成长来实现文莱经济重心从油气产业向其他产业转移的目标。文莱政府在新的规划中将继续加强住房、保健和粮食安全等领域的建设,但民众应形成节约习惯,以减少国家各方面补贴的压力和资源浪费。

提高稻米产量为文莱农业长期目标

《文莱日报》2012年2月10日报道,由于未能实现2010年稻米自给率20%的目标,文莱工业与初级资源部在第七届立法会上受到强烈批评。因此,该部决定采取以下措施,进一步提高稻谷产量:

(1)决定提高稻米产量为文莱农业长期发展目标。从2011年7月起,将全国水稻耕种面积扩大285%,从1300公顷增至5000公顷,2015年自给率目标下调为20%。(2)启动全国粮食发展中心建设。2012年2月14日,文莱工业与初级资源部农业局同加拿大一家顾问公司签署委托顾问协议,启动文莱粮食发展中心建设,提升国内粮食产量和食品加工的品质与安全水准,增强本地食品工业出口能力并培养本地食品加工和行销人才。(3)农业局推行转型计划。为提高农业生产力,文莱工业与资源部农业局推行转型计划,发展规模农业,生产高品质食品及建立严格的食品安全监管制度。在中期计划下将推行数项计划,如设立食品发展中心、中小企业本地产品加工培训发展中心及招聘技术专家参与相关领域研发分析工作。当局还将推行大规模农业生产计划,加强食品和饮品工业竞争力。(4)努力实现2008~2013年农业中短期计划,计划到2013年,国内农业生产总值将从2011年的2.41亿文莱元增至6.12亿文莱元(约合4.9亿美元)。中短期计划的重点是开发水稻种植、屠宰和农业食品三大领域。(5)拟计划到海外扩大农业生产,文莱目前正寻找合适机会,进行海外农业种植及清真食品生产,主要目标地为缅甸和越南等国。

文莱位居福布斯人均GDP榜单全球第五

文莱《联合日报》2012年2月26日报道,福布斯

8月9日,海峡两岸关系协会与台湾海峡交流基金会在台北共同签署《海峡两岸投资保护和促进协议》与《海峡两岸海关合作协议》 (新华网)

近日对全球182个国家和地区的人均GDP根据购买力进行评估后排名，文莱以4.8万美元排名全球第五。该结果显示，卡塔尔目前人均GDP排名世界第1，其后依次为卢森堡、新加坡、挪威、文莱、阿联酋和美国。福布斯本次的人均GDP计算不仅考虑到汇率，还将该国平均生活成本和通货膨胀率计算在内。

文莱宣布能源发展战略目标和十大关键指标

2012年7月12日，文莱能源部宣布国家能源发展战略目标及10项核心指标。战略目标分别为：(1)大力发展油气上下游产业，(2)确保能源的安全、可靠及有效供应，(3)促进能源产业衍生行业发展。

十大关键指标为：

(1)石油日产能翻番，达到80万桶；(2)储量接替率超过1；(3)下游产能突破50亿文莱元；(4)降低能耗45%；(5)减少断电事故数量6倍，保持"零"重大断电事故；(6)建造5万千瓦可再生能源发电能力；(7)扶持5家本土企业参与区域和国际竞争；(8)能源领域创造5万个就业机会；(9)员工本地化80%，雇佣5000名专业人才；(10)本土能源物资和服务支出增加10倍，达到60%。

为鼓励本土企业"走出去"，能源部宣布5项扶持措施，分别是：

(1)拟定资金支持计划；(2)提供员工培训、企业家精神和领导力等能力建设培训项目；(3)借助商业机构提供咨询服务，推动企业国际化；(4)建立"桥梁办公室"，帮企业建立关系网络，提供知识和支持；(5)启动制度改革，创造有益于企业产业整合，程序改进，发展国际贸易的良好环境。

能源部强调，要实现上述目标，要充分做好5项基本保证，分别是：

(1)公平且公开的竞争环境，(2)良好HSE体系(健康、安全和环境)和商业环境以及高素质本地劳动队伍，(3)硬件投资能力、劳动者培训和内外网络建设。

文莱大力扶持中小企业发展

文莱政府重视大力扶持中、小企业的发展，采取的措施有：一是文莱政府专门设立全国中、小企业奖，大力鼓励和支持创新发展。二是加大投资力度。据文莱《婆罗洲公报》2012年11月12日报道，文莱政府继2012年拨款1000万文莱元(约合5000万元人民币)作为中、小企业发展基金后，近日决定将最高借贷额从150万文莱元提高至500万莱元，偿还期从7年延长至10年，小额企业最高借贷额从3万文莱元提高至5万文莱元，偿还期从3年延至4年。

柬埔寨证券市场开盘

2012年4月18日，柬埔寨证券交易所正式开业。柬埔寨证券交易所由王国政府和韩国证交所合作成立，韩方持股45%，柬方持股55%。金边水务局成为首家上市企业，2013年将有另外一些国有和私营企业上市。

柬埔寨首家人寿保险公司成立

2012年5月21日，柬埔寨首家人寿保险公司——柬埔寨人寿保险(Cambodia Life)正式成立。该公司由柬埔寨财经部和印尼PT中亚保险公司、香港亚洲保险、泰国曼谷保险和曼谷大众保险4家公司合资成立，柬、外双方持股比例为柬埔寨财经部51%和4家外国公司49%，公司投资额280亿瑞尔，约合700万美元，主要推出定期寿险、终身寿险和抵押贷款寿险等三种人寿保险产品。

柬埔寨将与英国合作批量生产经济型轿车

2012年9月，英国BIW汽车公司经理罗宾·鲍耶与柬ACICA汽车公司董事长鲁姆尼分别代表各自公司签订20亿美元的投资合约，计划在西哈努克省建立一家汽车工厂，在3年内共同开发经济型本土汽车，预计汽车年产量30万辆。其中4.5亿美元用于建造一个新的发电站，10亿美元用于基础建设，清洁用水以及环境保护等，其余资金将投入汽车研发项目，争取在2016年之前将产品推向市场。据美国福特公司预测，柬埔寨国内对汽车的年需求量为2500~3000辆。

柬埔寨拟建首座炼油厂

2012年12月28日，柬埔寨国家石油局同柬埔寨石油化工有限公司签署《炼油厂建设与运营执照协议》，批准柬埔寨兴建首座炼油厂，厂址位于贡布省和西哈努克省交界处，由中国浦发机械公司承建，随后中国民营企业中国浦发机械公司与柬埔寨石油化工签署《中国浦发机械工业股份有限公司与柬埔寨石油化工有限公司EPC总承包合同》。炼油厂建成后将年产500万吨符合欧IV标准的燃油，不仅能供应柬埔寨市场，还可出口国际市场。炼油厂占地面积80公顷，总投资23亿美元，建设周期约36个月，计划在2015年年底建成投产，预计年销售收入约50亿美元。炼油厂远期规划为年加工1000万吨原油，配套建设100万吨乙烯和化工、化纤、化肥等装置。届时炼油厂销售收入将达到150亿美元，其周围为炼油厂配套生产配件、辅助原材料以及利用炼油厂副产品再加工的企业将达到数百家，总就业人口将达到数万；加上配套服务的生活及商业设施，将会形成一个10万~20万人口的城市，区域内经济总量有望达到300亿美元。

柬埔寨旅游业拟实施吸引中国游客市场战略

柬埔寨旅游部长唐坤在旅游研讨会上表示，柬政府将实施"吸引中国游客市场战略"，吸引更多中国游客来柬旅游观光，目标是2015年吸引50万中国游客，2020年增至100万人次。为迎合中国旅客需要，柬政府将积极改善旅游环境，提高旅游产品和服务质量，让中国旅客感到宾至如归；同时开通更多柬埔寨至中国直飞航线。旅游部长唐坤还表示，柬埔寨旅游业从酒店到餐厅、观光景点和旅游信息等都将使用汉语，从告示牌到菜单都须注明汉语，而酒店和餐厅员工等也必须学习和使用基本汉语。据柬埔寨官方统计，2012年柬埔寨接待33万中国旅客，位于越南、韩国之后居第三，每名中国游客在柬埔寨平均消费700美元。

印尼木材合法认证制度正式实施

2012年8月1日，印尼林业部在雅加达举行木材合法认证系统（SVLK）启动仪式，宣布自即日起正式实施木材合法认证制度。印尼林业部部长祖尔基弗利表示，木材合法认证系统是由印尼林业部牵头，贸易部、工业部、财政部、外交部和经济统筹部共同参与制定的认证系统，自2001年巴厘会议开始，用了近20年时间研究制订这一政策，以减少并杜绝对森林的非法砍伐、提高印尼木材质量和国际信誉、维持印尼林业可持续发展。木材合法认证制度是一项监管链认证项目，用于确保从印尼当地出口的木材产品是合法且可追溯来源的，旨在保证所有林木产品的原料采集、运输及加工等各操作环节都符合印尼的相关法律法规。印尼本地木材或其制品须通过该认证方能出口。他指出，若该认证制度实施成功，印尼将成为首个实行木材合法认证制度的亚洲国家，通过实施这一制度，印尼木材出口有望尽快达到40亿美元的年度目标。

印尼国家石油公司收购康菲石油阿尔及利亚业务

2012年12月19日，印尼国家石油公司总裁卡琳宣布，该公司已经与美国康菲石油公司签订协议，收购其在阿尔及利亚的子公司，交易协议价格17.5亿美元。目前，收购计划正在等待双方政府批准，预计明年年中完成收购。康菲石油在阿尔及利亚主要产区为405a区块，该区块由3个油田组成，其中康菲石油分别拥有3个油田的65%、3.7%、16.9%股权。

随着印尼石油产量不断下降，印尼国家石油公司加快海外业务开拓。2012年6月，印尼国家石油公司与美国石油公司哈唯斯特资源公司签署协议，双方同意以7.25亿美元价格收购后者在委内瑞拉的石油业务。

印尼政府债务居高不下

印尼财政部国家债务管理总局发布报告称：截至2012年底，印尼国家债务余额2042.8亿美元，比2011年同期的1994.9亿美元增长2.4%，债务占GDP的比重为27.3%；而在2009年、2010年和2011年，印尼国家债务占GDP的比重分别为28%、26%和25%。

磨丁—万象铁路建设项目在老挝七届国会特别会议上获得批准

老挝七届国会10月18日举行特别会议，会议正式批准南塔省磨丁—万象铁路项目建设计划。该段铁路全长417.68千米，设计时速160千米，拟由老挝政府向中国进出口银行贷款67亿美元兴建，目前已完成勘察设计并进入施工筹建阶段，预计于2013年动工。该铁路建成后，将使老挝这个无出海口国家陆路联通中国及东盟其他国家，一举成为泛亚铁路网在中南半岛的重要铁路枢纽，对老挝经济社会发展并加速工业化和现代化进程将发挥巨大作用。该铁路被老挝媒体赞誉为“21世纪老中全面战略合作的标志性工程”。

老挝广播通信卫星项目正式启动

2012年12月1日，老挝广播通信卫星项目在万象正式启动。老挝广播通信卫星项目系使用中国政府优惠贷款和商业贷款实施，由中国运载火箭技术研究院所属中国亚太移动通信卫星有限责任公司总承包，计划在2015年老挝建国40周年之际发射升空。卫星投入运营后将为老挝提供高清电视节目、远程医疗、远程教育、政府应急通信等服务。

老挝力争到2020年成为东盟第一大电力输出国

截至2012年底，老挝政府同国内外投资者签订的电力开发项目达88个，合计装机容量2067.39万千瓦。至2013年1月，建成发电的电站（厂）有22座，装机总容量322.69万千瓦。在建的水电站有27座（装机总容量561.38万千瓦）。计划到“七五”（2011～2015年）期末新增装机容量385.6万千瓦，年发电191.84亿千瓦时，同时建设230千伏和115千伏输电网，发展农村电网，资金总需求高达245.64亿美元。预计到2016年，老挝将新增水电站25座和火力发电厂1座，届时发电站（厂）总数将增至47座，装机总容量将达到755.47万千瓦。“八五”期间，老挝电力公司还将继续投资国内电网并与周边邻国和地区电网相连通。到2020年，老挝力争成为东盟第一大电力输出国。

老挝将建10个经济特区和29个经济专区

老挝自2002年1月21日批准设立首个经济特区——沙湾—色诺经济特区至2012年12月的10年时间里，已批准设立4个经济特区和18个经济专区。4个经济特区分别是：沙湾色诺经济特区、磨丁黄金城经济特区（已更名为磨丁美丽城经济专区，但仍可享受特区政策）、金三角经济特区和普乔经济特区。18个经济专区分别为：万象—努通工贸园区、万象市龙庭高尔夫专区、首都万象老中合作经济专区、普乔经济专区、塔銮湖专区、万象市湖南工业园、万象市东坡西专区、赛色塔综合发展区、波里坎赛省万坎开发区、会山专区、占巴赛省西潘敦专区、巴松菠萝芬高原专区、占巴塞省旺岛专区、沙耶武里省的南横口岸专区、华潘省浓康专区、沙湾拿吉省的老堡边境贸易区、川圹省的石缸平原专区、波乔省会晒—清孔湄公河大桥桥头专区。按照老挝政府制订的《2011～2020年老挝经济特区和经济专区发展战略计划》,计划到2020年在全国41个目标地区建成10个经济特区和25～29个经济专区。老挝设立经济特区和经济专区在投资形式上主要有老挝政府投资、国内私人投资、境外私营企业投资和国内外合资四种。老挝政府对经济特区和经济专区实行比《老挝投资促进法》更优惠的税收政策。

马来西亚推出特许经营发展蓝图

2012年1月13日,马来西亚政府发布2012～2016年特许经营发展蓝图,计划扩大特许经营领域,加强特许经营竞争力,在2016年把该领域对国内生产总值的贡献从2010年的2.2%提升至4.3%。马政府计划未来特许经营领域将从目前的食品、服饰、美容等领域扩大至电子电器、教育、医药旅游、生态旅游、绿色产品等领域,并通过特许经营发展援助基金等向业者提供融资支持,贷款最高可为设立特许经营系统成本的90%。

马来西亚扩大开放汽车市场

2012年5月,马来西亚出台新国家汽车政策,继续开放和扩大汽车市场。首先,随着马来西亚与日本、韩国自由贸易协定的落实,到2015年,汽车进口税将被逐步取消,马来西亚汽车价格预计将降低20%～30%。其次,新政策将取消外国业者在本地制造低于1.8升和售价少过15万林吉特(约5万美元)汽车生产执照的限制,从而吸引中国和印度业者进入马来西亚市场。第三,政府将鼓励业者从制造传统汽车转为环保车,以避开同泰国和印尼在传统汽车制造领域的激烈竞争。

马来西亚公布21项经济转型计划

2012年5月28日,马来西亚总理纳吉布公布21项投资总额为204.6亿林吉特(约合64.95亿美元)的经济转型计划,预计至2020年可为马来西亚创造45.9亿林吉特的国民收入,并创造39918个就业机会。经济转型计划的重点包括:德国英飞凌(Infineon)公司在居林高科技园投资计划,丰隆集团发展雪邦综合生态城市计划,Frost & Sullivan公司在柔南依斯干达特区设立全球革新中心计划,美国AIG集团全球服务在马来西亚运作计划,日本NTT MSC公司在赛城设立数据中心计划,Plentiful Harvest公司在沙巴州设立综合网箱海鱼养殖场计划,Duria Resources公司设立榴莲加工中心计划,莫实得重工业公司提升本地竞争力投资计划等。

马来西亚出台2012～2020年中小企业发展蓝图

2012年7月,马来西亚出台2012～2020年中、小企业发展大蓝图,确定包括促进企业发展、提高企业潜能和成立创新公司、提高生产力、加强业务规范在内的四大目标,并执行6项高效计划,促进中、小企业发展,力争中、小企业产出占国内生产总值的比重从2010年的32%提升至2020年的41%。6项计划包括:整合商业机构的注册和执照服务,加强亲商环境建设;设立技术商业化平台,将中、小企业整合至全国革新平台;采取针对性的投资计划,振兴非金融领域的融资体系,为中、小企业提供融资服务;推动出口计划,加速中、小企业国际化;设立初期催化剂计划,协助中、小企业成长;推动兼容性的革新措施,提升低收入者地位。

马来西亚制定大力发展造船业计划

2012年10月22日,马来西亚对外宣布,该国已制定大力发展造船业的计划。其中一项重要的目标是:在2020年之前,将造船业在国际市场所占的份额增加1倍,由现在的1%增加到2%。在2020年之前,马来西亚造船企业的员工数量将由目前的3万余人,增加到5万人以上,将商船建造量所占国内市场的份额提升到80%。同时,大力开辟国外市场。这个计划的市场目标是集中力量攻占3万载重吨级以下的中、小型商船市场。

缅甸私营企业获准经营油气业务

2012年2月7日,缅甸能源部宣布缅甸私营企业主可经营能源部下属的油气进口、仓储和销售业务,建造新的油气销售站、仓储库和油气码头。申请从事以上业务需要符合以下条件:一是必须对环境无害,二是具备有关省、邦政府许可证,三是持有需要油气的公司、组织的证明等。同时,获准经营油气业务的私企不得租用能源部所属的码头、油气仓储库等。

缅甸改革汇率制度

从2012年4月1日开始,缅甸政府在国际货币基金组织支持下,实施有控制的汇率浮动制,建立中央银行能够介入并影响汇率的银行间外汇市场。外汇交易基准价定为820缅元兑1美元,上下浮动2%。同时,政府使用800缅元兑1美元的汇率对公共账目进行重新计算。它有利于外汇市场整合、调控及国际结算和汇兑业务。

缅甸颁布新的《外国投资法》

2012年11月2日,吴登盛签署《外国投资法》。新投资法较以前的投资法更加灵活,包括取消外资在合资企业中最高占50%股份的限制,允许外资投资电力、石油和天然气、矿业、制造业、饭店和旅游业、房地产、交通运输、通信、建筑和其他服务业。农业、畜牧水产业虽然列入限制投资领域，但允许外资与缅甸企业按法律规定组建合资企业。新法还包括外资与缅甸企业组成的合资企业可享受5年免税待遇等优惠政策。

莱比塘铜矿事件

莱比塘铜矿项目始于1984年奈温政府时期，1998年缅甸军政府与加拿大艾芬豪公司合作开发该项目，2010年艾芬豪公司退出后，中国北方公司下属的万宝公司正式接手。由于该项目需要征用7867英亩的土地，涉及一些农户的搬迁，2012年6月起有当地居民开始抗议这一项目。11月18日，实皆省蒙育瓦的数百名当地农民、僧侣和维权人士进入莱比塘铜矿作业区抗议，在工地附近搭建6个临时营地，该工程的施工被迫全部中断。11月29日凌晨，缅甸警察对莱比塘铜矿抗议现场执行清场任务，用高压水枪等器具强力驱散抗议人群，造成数十人受伤。12月3日，缅甸总统吴登盛颁布总统令，任命由16人组成调查委员会，由昂山素季担任主席。委员会于2013年3月12日提交了最终调查报告，认为莱比塘铜矿项目应继续进行，但需采取必要的改进措施。一些民众开始拆除营地，撤出抗议营地。

菲律宾经济较快增长

据菲律宾国家统计协调委员会公布的数字，2012年菲律宾经济增长率达6.6%，较预期目标高出5%～6%，与上年的3.9%相比涨幅较大。这主要归功于服务领域增长率剧增，政府消费支出上升。其中，服务业、贸易、房地产、制造业等领域均呈增长趋势。服务领域是菲律宾经济增长的主要动力，2012年服务业比上年增长7.4%，占菲律宾国内生产总值的3.8%。社会消费和政府消费分别增长6.1%和11.8%。证券市场市值总额增长38.9%，交易额增长25.3%。汽车销量从2011年的14.12万辆上升到15.66辆，增长11%，超过预定目标。外汇储备从2011年的753亿美元增加到842亿美元，高于央行修订的预定目标。

菲律宾汽车销量增长11%

根据来自菲律宾汽车制造商商会（CAMPI）的报告，2012年菲律宾汽车制造商的总销量同比增长11%，至156649辆。CAMPI认为，2012年汽车销量上升，归功于更高的消费支出，海外菲律宾工人汇款增加，以及比索兑美元的强劲表现。

新加坡将发售美元债券

中国驻新加坡大使馆经济商务参赞处2012年7月17日报道，新加坡淡马锡控股宣布发售10.5年期和30年期美元债券，以筹集资金用于一般营运用途。据汤森路透旗下IFR报道，这次发行债券的总值可能高达15亿美元，利息率略高于10年期和30年期的美国国债，即分别为1.4985%和2.5835%。淡马锡控股在文告中指出，这是其总值100亿美元的全球中期票据计划中的一部分，并由淡马锡控股提供完全和无条件担保。两种债券将在获得批准后于新加坡交易所交易。

新加坡政府帮助中小企业转型

2012年10月11日，新加坡总理李显龙在新加坡制造商联合会成立80周年晚宴上表示，政府承诺帮助本地企业，特别是中、小企业转型以适应制造业发生的深刻变化，让制造业继续作为该国的经济支柱。在新加坡18万个商业机构中，有99.2%为中、小企业（年营业额1亿新元以下，或雇员不超过200人的企业）。这些中、小企业正面临转型的挑战，包括本地员工短缺、外来劳动力收紧以及资本与规模不足的局限。政府已推出多项援助计划帮助包括中、小企业在内的本地企业应对变化和维持竞争力。

新加坡企业并购交易额猛增

中国驻新加坡大使馆经济商务参赞处2012年10月11日报道，2012年头9个月新加坡的企业并购交易额猛增43.8%至536亿美元（630亿新元），这是2008年以来的最高值，其中跨境并购交易额增101.4%至385亿美元。外来并购交易额在2012年头9个月增332.7%至233亿美元，是2011年同期的4倍；对外并购交易额同比增长11.1%至153亿美元，是2007年以来的最高值。此外，新加坡企业国内并购活动同比则下跌57.1%至32亿美元。

新加坡企业海外营业额占总营业额的比重增至74%

新加坡国际企业发展局进行的一项调查显示，新加坡本地企业的海外营业额占总营业额比重从2010年的65%大幅增长至2012年的74%，海外营业额获得增长的企业也从60%增长至68%。约67%的中小企业确定了扩大海外市场的目标，比2010年高出14%。约40%的企业进军国际市场是通过合资或并购取得增长的。中国和东南亚是新加坡企业扩大海外业务的主要市场，其中印度尼西亚和越南是东南亚的主要市场，同时，企业也开始开拓中国内陆省份市场。

新加坡政府投资12亿新元发展信息项目

新加坡政府宣布在2012财年投资12亿新元（约60亿人民币）发展信息项目，高于2011财年的11.2亿新元。该投资涵盖多个政府部门的招标项目，包括国防部、公积金局、人力部、保健促进局等。其中约80%的项目金额在300万元以下，为中小企业提供了商机。各政府部门计划开发电子服务与网络平台、学习管理系统、业务过程管理以及数据分析四大信息科技领域,各企业可借此积极开拓商机。以2011财年为例,中标项目的公司中,本地公司占67%,跨国公司占33%。

新加坡吸引外资增长17%

新加坡经济发展局2013年1月28日公布的数字显示,新加坡2012年吸引的以固定资产投资衡量的合同外资达到160亿新元(131亿美元),同比增加17%,增长超过预期。新加坡吸引的外资增加主要是由于电子、能源和化工等行业投资增加,这些领域的合同投资额达到129亿新元。据估算,如果2012年吸引的投资能够全部落实,将给新加坡创造1.86万个技术要求较高的工作岗位。不过,新加坡的外资公司在2012年用于包括工资和租金在内的运营投入由前一年的73亿新元减少到62亿新元。新加坡经济发展局说,这显示2012年企业对市场前景总体而言比较谨慎。

新加坡外籍劳动力政策继续从紧

新加坡人力部代部长陈川仁2013年1月31日说,2012年年底持就业准证在新加坡工作的外籍专业人士总数约为17.38万人,比2011年年底减少1600人,这是10年来首次下降。陈川仁当天在人力部官方博客上说,这一数字下降的部分原因是由于人力部从2012年1月起收紧了发放就业准证的标准。新加坡现行的外籍劳动力政策是根据其薪水的高低和教育水平等资格将外籍工作人员分为不同的准证组别,其中就业准证一般是发给月薪在3000新元(2419美元)以上的专业人士,并有学历等其他一些要求。中等技术水平的工人一般是拿S准证,而更低技术要求的劳工一般拿工作许可证。

泰国将发展高速铁路

2012年4月27日,泰国交通部长乍鲁蓬主持召开高铁发展会议,会议就高铁项目组织架构、高铁项目调研开展方式、投资方式等问题进行研究,并将拟出报告提交给英拉总理。按计划泰国将成立一个高铁发展国家级管理委员会,由英拉总理担任主席,该委员会将负责5个方面工作,包括:国家高铁系统建设需求框架草案,工程技术,投资及财政,项目增值,高铁运营管理委员会。根据初步议定,泰国拟投入建设的高铁项目主要有4条线,即:(1)曼谷—清迈线,全程745千米,工程投资额2290亿铢;首期将建设曼谷到彭世洛府段,第二期从彭世洛到清迈。(2)曼谷—廊开府线,全长615千米,工程总价2014亿铢;首期建设从曼谷到呵叻府段,第二期延长至廊开府。(3)曼谷—罗勇府线,全长221千米,总造价723亿铢;这条线路将从目前的机场快线延伸出去,首期先从素汪纳普机场建到芭堤雅,第二期从芭堤雅建到罗勇府。(4)曼谷—南部华欣线。

泰国内阁批准全国治水工程计划

2012年7月4日,泰国内阁批准全国大型水利整治及管理工程计划。计划将拨款3000亿泰铢,覆盖国内14个水域,并将面向国际招标,对泰国水利资源与防灾减灾长远规划项目进行规划。治水工程分为14个项目,其中8个项目用于湄南河流域水利整治,另外6个项目是其他大型流域水利整治,所有工程都将在2013年初动工。

泰商收购外企总值居亚洲第三位

泰国《世界日报》2012年12月10日消息,2012年泰国大型公司海外收购业务价值累计高达250亿美元,约合7620亿泰铢,超过泰国企业2000~2012年的12年间对外收购的总和,在亚洲地区仅次于日本和中国居第三位。大型商业收购案例有:泰国酿酒集团(ThaiBev)收购市值114亿美元(约3470亿铢)的新加坡星狮集团(Fraser and Neave, F&N)、国卜蜂集团(CP)从汇丰银行(HSBC)收购中国平安保险价值94亿美元(约泰铢2860亿铢)的股份,而泰油堪产(PTTEP)贷款19亿美元(折合泰铢580亿铢)收购英国天然气石油开采公司(Cove Energy)则是泰国最为成功的商业收购案例。分析人士认为,泰国企业收购潮一方面是由于泰国公司正在经历生产模式转型,提高商品价值,抢占亚洲市场份额;其次是目前泰国政局仍存在不稳定因素,泰国富豪选择借助海外收购这种形式转移资产,以降低财产受损风险。

泰国宏观经济保持稳定

2012年泰国宏观经济运行态势保持稳定,全年国内生产总值11.36万亿泰铢(合3655.64亿美元),比2011年增长5.5%,人均国内生产总值5383美元。外国直接投资比2011年增长63%,达6455亿铢,创历史新高。其中来自日本的投资比2011年增长93%,达3740亿铢,占全部外资的58%。通货膨胀率控制在3%以内,失业率仅为0.7%,国家经常性账目保持顺差,外汇储备2000亿美元,公债维持在GDP的44%。

泰国接纳海外游客超过2200万人次

据泰国旅游与体育部统计,2012年泰国吸引入境游客2230万人次,旅游收入比2011年增长24%,达到9650亿泰铢(合322亿美元),约占泰国全年GDP的9%。中国超过马来西亚成为泰国最大的旅游客源国,全年中国游客达270万人次。预计泰国2013年入境游客将上升10%,达到2400万人次,其中来自中国的游客将有300万人次。

越南外贸近20年来首次出现顺差

2012年越南商品出口额1146亿美元,比上年增长18.3%,进口额1143亿美元,增长7.1%,出超2.84亿美元。这是越南外贸自1993年以来首次出现顺差。其中,外资投资领域(包括原油)出口723亿美元,增长31.2%,出超120亿美元;越南国内经济领域出口423亿美元,增长1.3%,入超117亿美元。出口商品结构与上年相比,重工业和矿产商品增长强劲,达49.9%。高科技含量出口商品如照相机、计算机、摄像机等主要来自外资企业。服装纺织品是越南最大的出口产品,出口额170亿美元,其中出口服装152亿美元,出口纱线18亿美元。

越南房地产市场持续低迷

2012年越南房地产市场持续低迷不振。据越南国家银行的报告,到2012年10月31日,越南的房地产贷款债务为207万亿越盾,比2011年底增长3.6%,若将房地产抵押贷款所欠债务计算在内,则该数额大约1240万亿越盾,占贷款债务总额的46.5%。房地产坏账总额大约120亿美元,相当于国内生产总值的10%。由于不动产市场遭遇严冬、融资难、商品滞销等原因,越南大批企业停产或倒闭。根据越南计划投资部公布的数据,2012年越南停产或破产企业有5.18万家。

越南山罗水电站建设工程提前3年竣工

2012年12月23日上午,越南山罗水电站工程落成典礼隆重举行。山罗水电站一度被越南媒体称为东南亚地区最大规模的水电工程。电站位于山罗省孟拉县,装机总容量2400兆瓦(6×400兆瓦),年发电量100亿千瓦时。2005年12月2日山罗水电站动工兴建,预期2015年完工。2010年12月17日山罗水电站第一台发电机组并网发电,到2012年9月26日最后一台发电机组并网发电,2012年11月27日该水电站建设完毕比原计划提前3年。越南媒体称,山罗水电站工程完全由越南自主设计和施工,外国技术专家提供技术支持。除机电设备、500kV变电装置、部分水利工程设备从国外进口外,山罗水电站工程从咨询、设计变电到供应水利工程机械设备、工程建筑安装和调试都由越南方面完成。

文　　化

中国"两基"教育目标全面实现

2012年中国"两基"教育目标全面实现,义务教育进入深入推进均衡发展新阶段。年内,全国所有省级行政区、所有县级行政单位全部通过普及九年义务教育和扫除青壮年文盲国家"两基"验收,人口覆盖率达到100%,青壮年文盲率下降到1.08%。中国在9个发展中人口大国中率先实现全民教育目标。

中国飞天"神九"和下海"蛟龙"分别创造新纪录

2012年6月24日,中国飞天"神九"与下海"蛟龙"分别创下纪录:神舟九号飞船与天宫一号目标飞行器实现手控交会对接,这是中国载人航天首次手控交会对接成功。同日,蛟龙号载人潜水器在位于西太平洋马里亚纳海沟区域,成功下潜至7020米深度,创下中国载人深潜的最高纪录。6月27日,蛟龙号又刷新纪录,下潜至7062米。

越南山罗水电站坝区　　　　(《越南画报》)

·链接资料·

“神舟”九号飞船

神舟九号飞船(以下简称神九)是中国航天计划中的一艘载人宇宙飞船,是中国“神舟”号系列飞船之一。神九是中国的第一个宇宙实验室项目921-2计划的组成部分。2012年6月16日18时37分,神舟九号飞船在酒泉卫星发射中心发射升空,搭载3名宇航员。6月18日约11时左右转入自主控制飞行,14时左右与天宫一号实施自动交会对接,这是中国实施的首次交会对接。2012年6月29日10时0分,神舟九号飞船安全返回地面。

6月16日18时37分,中国神舟九号飞船在酒泉卫星发射中心发射升空,搭载3名宇航员。图为3名宇航员在神舟九号飞船舱内执行任务

(新华社)

中国两个文化遗产项目被列入《世界遗产名录》

2012年6月29日至7月1日,在俄罗斯圣彼得堡召开的第36届世界遗产委员会会议一致同意,将中国申报的文化遗产项目元上都遗址、自然遗产项目澄江化石地列入《世界遗产名录》。至此,中国已成为唯一连续10年“申遗”成功的国家,世界遗产总数达43项,居世界第三位。

6月25日,中国“蛟龙”号载人潜水器在西太平洋的马里亚纳海沟试验海区创造中国载人深潜纪录,首次突破7000米,达到7020米。这是世界同类型载人潜水器的最大下潜深度

(新华社)

·链接资料·

世界遗产名录

为保护世界文化和自然遗产,联合国教科文组织于1972年11月16日在第17次大会上正式通过《保护世界文化和自然遗产公约》(以下简称《公约》)。1976年,世界遗产委员会成立,并建立《世界遗产名录》。中国于1985年12月12日加入《公约》,1999年10月29日当选为世界遗产委员会成员。

由于申报“世界遗产”的国家和所报的项目越来越多,2002年4月28日召开的世界遗产委员会第26次会议决定,今后审批世界遗产的条件将更加严格,一个国家一次最多申报两处遗产(其中至少包括一项自然遗产提名),尚没有世界遗产景点的国家将享有优先权。世界遗产包括:世界文化遗产、世界自然遗产、世界文化与自然双重遗产、世界文化景观、人类口头和非物质遗产代表作五类。至2012年7月,中国已有43处自然文化遗址和自然景观列入《世界遗产名录》,其中文化遗产27项,自然遗产8项,自然景观1项,文化和自然双重遗产4项,文化景观3项。

中国文化部命名第四批国家级文化产业示范(试验)园区和第五批国家文化产业示范基地

2012年9月24日,中国文化部在北京正式命名。中国湖南长沙天心文化产业园区和中国四川成都青羊绿舟文化产业园区被命名为第四批国家级文化产业示范园区,中国福建闽台文化产业园等4家园区被命名为国家级文化产业试验园区，中国木偶艺术剧院有限公司等69家企业被命名为国家文化产业示范基地。自2004年至2010年，中国文化部先后命名四批200家国家文化产业示范基地、三批6家国家级文化产业示范园区和4家国家级文化产业实验园区。据测算，中国文化部命名的国家级文化产业园区基地总体经济规模已经从2008年的600亿元，迅速扩大到2011年的3000亿元。

中国作家莫言获诺贝尔文学奖

2012年10月11日，中国当代著名作家莫言因其"用魔幻现实主义将民间故事、历史和现代融为一体"而获得2012年诺贝尔文学奖。莫言是中国当代著名作家，现任中国作家协会副主席。他从1981年开始小说创作，著有长篇小说《檀香刑》、《红高粱家族》、《红树林》、《蛙》等一批作品，多次获得国内和国际文学奖。莫言的许多作品已被翻译成多种文字，包括英文、法文、德文、意大利文、日文等，在世界文学界具有较大影响。这是中国本土作家首次获得诺贝尔文学奖。

10月11日，中国作家莫言获得2012年诺贝尔文学奖
（新华社）

中国"北斗"卫星导航系统建设总体规划第二步全部完成

2012年10月25日，中国第16颗"北斗"导航卫星成功发射，它将与先期发射的另外15颗北斗导航卫星组网运行，形成亚太区域服务能力。至此，中国"北斗"卫星导航系统亚太区域组网结束，"北斗"卫星导航系统建设总体规划第二步全部完成。中国军队的导航和授时方式已经逐步由GPS向"北斗"转换。

中国政府机构纷纷进军微博

2012年11月10日，中国国务院公报微博正式开通。2012年微博深刻地影响着中国，截至年底，中国微博实际用户数超过3亿，政府机构纷纷进军微博，政务微博已达约8万个，更多主流媒体深耕微博新兴舆论场，将主流声音做大做强。

中国文化产业总产值突破4万亿元

2012年中国文化产业总产值超过4万亿元，比2011年进一步提高。由北京大学文化产业研究院发布的《中国文化产业年度发展报告（2013）》显示，文化产业在中国GDP中所占比重正在进一步提高，对社会经济发展的拉动作用逐渐增强。从文化产业的整体市场规模看，相对传统的旅游产业与教育培训产业所占比重仍然较大，其市场规模分别达到46%和17%，总和占整个市场的60%以上。同时，相对新兴的游戏、手机、网络等互动类产业在整个市场中占有率较低，总和仅为9%。

文莱推广全民阅读

文莱易华网2012年1月12日报道，文莱文化、青年体育部部长丕显拿督哈再尔在文莱语文出版局开展的2012年阅读活动上致词时说，文莱苏丹号召全民要努力阅读，阅读已经成为全民的活动。文莱政府将大力推广全民阅读，使文莱在2035年成为全球著名的先进国家，实现成为全球经济富强、具有竞争力的理想。为此，国家必须培养少年的阅读兴趣和习惯，因为青少年是国家的未来，只有通过阅读才能源源不断地获得知识与信息，国家才有希望。伊斯兰教义也强调信徒要努力阅读，因为阅读是获得知识的主要来源。部长指出，语文出版局是推广阅读活动的牵头单位。为了有效地推广阅读活动，该局已建立9个图书馆和多个流动图书馆，并努力设法加强民众的阅读意识，如改善图书馆设备、增加藏书的品质和数量。他还强调，家长在加强儿童阅读方面扮演着重要角色，他们是孩子学习的榜样，除了鼓励孩子多阅读，也需要为孩子选购有意义的书籍。

文莱本土医疗人才匮乏

2012年2月7日，文莱卫生部部长阿达南在主持职业嘉年华推展礼上致词时说，在过去数10年，文莱的卫生事业得到很大发展，但与大多数发展中国家相比，文莱目前仍缺乏卫生专业人才。发展中国家医生与人口比率是1比170～300人，而文莱仅为1比736人。发展中国家牙医比例是1比600～1300人，而文莱比率为1比4819。药剂师方面，发展中国家比率是

1 比 730～1200 人，文莱比率是 1 比 9637 人。此外，文莱临床心理学家、验光师、视觉矫正师、足科医生、矫形师等专业人才偏少，每个专业从业人员只有 2～9 人。

文莱苏丹强调要研究回教教育发展

2012 年 2 月 9 日，文莱苏丹博尔基亚在视察首都斯里巴加湾市两所阿拉伯语学校和一所阿拉伯语预备学校时指出，文莱阿拉伯语学校成立于 1965～1966 年，接近半个世纪，有必要研究回教教育的发展。47 年来只有两所阿拉伯语学校成立，不但数量少，而且学校建筑老旧，地方不足，阻碍了阿拉伯学校的发展。所以，必须研究回教教育发展问题，加强学校建设，增加每年申请入学的人数和录取的人数，以发展回教教育。

文莱在 APEC 未来科学家会议上获得 3 枚金牌

2012 年 4 月 24～29 日在印度尼西亚三宝垄市举行的第 4 届亚太经合组织（APEC）未来科学家会议上，文莱教育部特别教育单位选派的 4 名学生参加国际资优学生活动和竞赛，为文莱赢得 3 枚金牌和多枚其他奖牌。

文莱知识产权保护取得成效

文莱《婆罗洲公报》2012 年 5 月 1 日报道，美国贸易代表办公室近日发布的《特别 301 报告》将文莱从国际盗版名单重点观察国家中删除，标志文莱打击盗版、保护知识产权取得一定效果。该报告指出，文莱在 2011 年成立专利注册办公室，并在近期对零售商发出警告，要求下架所有盗版产品，此类举措有效地保护了知识产权的价值。《婆罗洲公报》2012 年 5 月 29 日报道，年内，文莱政府加大打击盗版力度，在全国开展盗版产品清查行动，国内盗版音像及软件制品几乎绝迹。

柬埔寨举办麦加宝蕉节活动

2012 年 2 月 7 日，是佛教传统麦加宝蕉节，柬埔寨宗教部在干拉省乌廊山的舍利塔举行盛大的麦加宝蕉节法会，柬埔寨副总理兼内政部部长苏庆代表政府主持仪式，率领僧侣、国会议员、参议院成员及各善信手捧圣物及供奉品，前往“舍利塔”上香祭拜，并向狄旺和布格里僧王及多名僧侣进行布施。一年一度的佛教传统麦加宝蕉节，“麦加”指印度三月名，“宝蕉”表示礼敬。“麦加宝蕉节”也译为僧宝节，是纪念僧伽成立的重要佛教节庆，源自释迦牟尼佛在世时，1250 位阿罗汉弟子不约而同地集会于王舍城竹林精舍，听佛说波罗提木叉教诫。著名的“通诫偈”：“诸恶莫作，众善奉行，自净其意，是诸佛法！”即在此次集会中宣说。柬埔寨于公元 1854 年（佛历 2397 年）的安东国王时期开始举行麦加宝蕉节活动。

柬旅游部给中国云南文投集团节目《吴哥的微笑》颁发服务贡献奖

2012 年 7 月，柬埔寨旅游部对近年来在柬旅游市场作出重要贡献的 10 多家企业颁发旅游服务贡献奖，中国云南文化产业投资控股集团在吴哥窟投资经营的大型旅游演艺节目——《吴哥的微笑》榜上有名。这是柬埔寨政府首次将国家级旅游服务贡献奖颁发给外来旅游演艺公司。柬埔寨旅游部长唐坤对《吴哥的微笑》给予高度评价，认为其不但集中展示了柬历史文化，还提升了吴哥窟旅游整体品质，是柬旅游业中的精品项目。《吴哥的微笑》是经中国商务部和中柬两国文化部批准，由云南文投集团柬埔寨暹粒演艺投资有限公司投资运营，运用“柬埔寨元素、中国手法”，联合中、柬两国艺术家共同打造的吴哥大型旅游演艺项目，2010 年 11 月 28 日开始在暹粒正式上演。

柬埔寨举办 2012 国家青年艺术节

2012 年 11 月 10 日，为期 6 天的 2012 柬埔寨国家青年艺术节在金边真腊歌剧院拉开帷幕。柬埔寨新闻部部长乔干那烈、文化艺术部官员以及各界人士代表应邀出席开幕式并观看当天的精彩演出。乔干那烈对高棉艺术组织积极参与保护、宣传、继承高棉传统文化表示高度赞扬。这是柬国第 6 次举办类似的活动，都是在具有浓厚高棉民族传统艺术气息的城市举行。此前暹粒和马德望等省分别举办了前 5 届艺术节，艺术节的目的是传播和保护柬埔寨传统文化，增进青少年对高棉传统文化与艺术的进一步了解和认识。

“2012 东亚—拉美合作论坛”电影节在印尼举行

2012 年 11 月 23 日，由印尼外交部和旅游与创意经济部共同举办的“2012 东亚—拉美合作论坛”电影节开幕式在印尼雅加达国家博物馆举行。电影节组委会收到中国、澳大利亚、日本、新加坡、墨西哥、哥伦比亚等 15 个东亚—拉美合作论坛成员国选送影片 23 部，分别在雅加达、万隆和棉兰的大、中、小学展映。中国选送的 6 部电影受到印尼观众的喜爱，特别是其中的《走路上学》感动了印尼小观众。此次电影节的目的是促进东亚—拉美合作论坛各成员国电影产业专业机构与人士之间的交流合作，为各国创意产业合作提供平台。

“郑和下西洋”文化艺术节在印尼举办

2012 年 11 月 2～4 日，印尼文化艺术论坛在印尼巴淡岛举办“郑和下西洋”文化艺术节，纪念郑和 600 多年前的壮举及其对当地文化产生的深远影响。

围绕文化艺术节主题，主办方举办郑和下西洋图片展和印尼华人文化艺术展，介绍郑和下西洋的历史、行程及给所到之处带来的宗教、饮食、服装、节日、风俗文化等多方面的文化影响。在开幕式上，还进行中国、印尼民歌和巴迪时装秀表演。巴淡市市长阿赫姆在开幕式致辞中表示，华族文化在印尼已有2000多年历史，与当地民族文化深度融合并深深地影响了当地文化，使印尼文化更加多姿多彩。希望通过此次活动，能促进印尼各民族友好和平相处，加强印尼、中国文化交流，并吸引更多的游客来巴淡岛观光旅游。

印尼巴厘文化景观入选《世界文化遗产名录》

2012年9月24日，联合国教科文组织向印尼颁发证书，正式确认巴厘文化景观苏巴克灌溉系统为世界文化遗产。苏巴克灌溉系统始建于公元11世纪，由占地20974公顷的水稻梯田和水渠、水坝、印度教神庙等建筑物组成，至今仍正常运行，成为巴厘著名人文旅游景观。国际古迹遗址理事会评估认为，该灌溉系统体现了巴厘人精神信仰、现世生活和自然和谐统一的“幸福三要素”(Tri Hita Karana)哲学思想。苏巴克灌溉系统的申遗工作从2000年开始启动，2008年首次向联合国教科文组织申报，2012年6月在联合国教科文组织世界遗产委员会第36届世界遗产大会上获得批准。印尼教文部部长努赫代表印尼政府接受证书，并表示印尼将加大力度保护这一体现巴厘人智慧和文化的珍贵遗产。

老挝考古有新发现

一是川圹省1月27日公布出土的澜沧时期佛像300余尊，二是发现6万年前古老的现代人骨骼化石。据《每日邮报》2012年8月29日报道，这个现代人骨骼化石是美老两国考古学家在老挝安南山脉的考古挖掘中出土的，从而再次把人类迁徙到南亚的时间向前推2万年。这个头骨距今已有4.6万~6.3万年，从解剖学上来看，它显然是现代人的残骸。这一重大发现表明，第一批现代人离开非洲，迁移到世界其他地方的时间比人们以前认为的更早，它是迄今发现的最早“现代人”骨骼化石。

马克思、恩格斯、列宁和胡志明文选老文翻译本在老挝出版

老挝国家政治行政学院2月24日宣布：由老、越两国政治行政学院合作从越语版翻译成老文的马克思恩格斯文选1~2卷、列宁文选1~2卷和胡志明文选1~3卷已正式出版发行。老挝人民革命党坚持以马列主义为党的指导思想，马列著作老文译本的出版具有重大政治意义。

老挝主办第16届东盟大学生运动会并夺得32枚金牌

2012年12月12~20日，老挝主办的第16届东盟大学生运动会在万象市举行。本届运动会有东盟国家的代表2533人出席，其中参赛运动员1625人。运动会设17类比赛项目，奖牌总数800枚。其中设金牌240枚、银牌240枚、铜牌320枚。马来西亚以获得金牌60枚排名第一；越南获56金居第二；泰国获45金居第三；老挝获金32枚排第五，还分别收获银、铜牌35和46枚，合计奖牌113枚。

老挝新闻出版广播电视发展迅速

进入新世纪以来，老挝新闻出版广播电视有了长足发展。迄2012年，老挝全国有各类出版物110份，其中报纸(日报)9份，杂志101份；广播电台43座(中央8座、省级27座、县级8座)；电视台34座(中央6座、省市17座和县级11座)。年内，公安部电视台和老挝MV电视台已安装调试完毕。此外，根据中国标准，2011~2015年在全国建设广播电视数字化网络。由越南无偿援助琅勃拉邦省琅勃拉邦县和占巴塞省巴双县的电台电视转播两个项目业已完成。正在新建6座县级广播电台。

老挝国民教育体系改革初见成效

2012年老挝继续推进国民教育体系改革并取得初步成效：(1)对小学、中学、职业技术学校、大学的课程、教材和教师手册进行重新修订和设置，着力改变过去重教不重质、教学标准低以及毕业生不能很好适应市场人才需求等情况。重新编制3~7年级教材和教师手册。(2)提高职业技术学校教学培养等级，除将职业技术教学内容增加到40%外，还将职业技术学校的12个专业由中级提升至高级，将4个专业提升至学士学位级别。(3)调整学制和专业结构。(4)师资队伍人数有较大增加。(5)小学普及率大幅提升。(6)大学生毕业数量创新高，本年度仅老挝国立大学毕业生就达7794人(其中女生2997人)。(7)重视发展信息技术教学。(8)教育体育部将于2013年组织专家对全国所有大学重新进行教学质量评估，不达标者停止招收学士及以上学位生源，直至达标为止。

马来西亚中庸研究院成立

2012年1月17日，马来西亚总理纳吉布宣布成立中庸研究院并在社交网站脸谱(facebook)开设中文版微博，以亲近华族网民。马来西亚总理纳吉布说，人民秉持中庸之道，拒绝各种形式的极端主义，是向前迈进与维持和平的唯一方法。他说，马来西亚是以穆斯林居多的国家，有多元种族和宗教，但马来西亚仍应不断努力，通过中庸和“一个马来西亚”精神，实现社会和谐。

《三国演义》马来文译本在吉隆坡首发

《雪域上的光芒·文成公主》剧照　　（百度网）

2012年5月17日，马来西亚国家语文局在首都吉隆坡举行马来文版《三国演义》发行仪式，马来西亚副总理穆希丁主持仪式并致辞。《三国演义》是继《水浒传》后，由马来西亚国家语文局翻译出版的又一部中国古典文学名著，分4册，120回。由马来西亚著名学者严文灿和胡德乐领衔翻译，费时7年。马来西亚翻译与创作协会正积极寻找购买书籍的赞助者，以便将这本书捐赠给国内大专院校与中小学。在马来西亚，被翻译成马来文的中国名著已有不少，如《水浒传》、《家》、《梁山伯与祝英台》、《白蛇传》等。其中《白蛇传》曾登上本地十大畅销书榜单，而《水浒传》已经断货。下一部在马来西亚出版的马来文本中国文学名著将是《西游记》，马来西亚国家语文出版局已着手翻译工作。

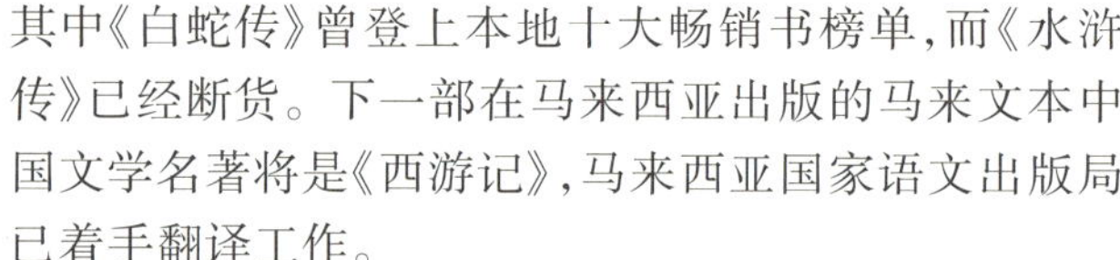

马来西亚大型音乐舞剧《雪域上的光芒·文成公主》来华演出

2012年5月18～22日，由马来西亚著名导演何灵慧编创、执导，亚洲音乐剧制作出品的大型历史音乐舞剧《雪域上的光芒·文成公主》在北京保利剧院上演。这部两幕十六场150分钟的大型音乐舞剧集中了马来西亚音乐、戏剧、舞蹈界的精英，编、导、演、音乐、舞美全部出自马来西亚团队。38位马来西亚音乐界、舞蹈界、戏剧界人士联袂演绎，女主人公文成公主的扮演者是曾获马来西亚艺术歌曲大赛总冠军及新马声乐大赛总冠军的杜君宁。这部音乐剧除在马来西亚国内和中国北京演出外，还将在西安和台湾陆续演出。

马来西亚霹雳州玲珑谷被列为世界文化遗产

2012年7月1日，马来西亚艺术及文化部部长莱士雅丁宣布，联合国教科文组织世界遗产委员会已于6月30日将马来西亚的玲珑谷列入世界遗产名录。这是继槟城和马六甲之后，马来西亚的第三个世界文化遗产地。

嘉宾为马来西亚中华人文碑林揭幕　　（百度网）

马来西亚中华人文碑林揭幕

2012年10月28日上午，马来西亚中华人文碑林揭幕仪式在雪兰莪桃源古镇举行。中国驻马来西亚大使柴玺，马来西亚卫生部部长廖中莱及马来西亚、中国、新加坡、文莱的文化艺术界代表等1000余人出席。马来西亚中华人文碑林工程历时3年，占地8万平方米，耗资数千万马币。碑林共收集商代至今的碑刻138方，完整展现了中国文字的演变过程。碑林还辟出专区展示马来西亚及东亚各国书法名家的佳作。规划设计者匠心独具，将碑刻与中式园林造景完美结合。

第 24 届亚洲水彩画联展在马来西亚举行

2012 年 11 月 10 日，由马来西亚现代水彩画家协会和马来西亚创价学会联合主办的第 24 届亚洲水彩画联展在马来西亚首都吉隆坡开展。亚细亚水彩画联盟主席贺建国出席开幕式并致辞。来自中国、日本、新加坡、泰国、印尼和马来西亚等国家和地区的 12 位画家参展，他们的 132 幅参展作品题材多姿多彩，风格技巧各异，将水彩的特性发挥得淋漓尽致。本届联展为期 15 天。其间，还举行了以“水与色彩交融的艺术”为主题的艺术研讨会和“亲子水彩艺术坊”等活动。

第 10 届国际书法交流展在马来西亚举行

2012 年 12 月 8 日，由国际书法家联合总会、马来西亚书艺协会和马来西亚创价学会联合主办的第 10 届国际书法交流展在马来西亚吉隆坡举行。马来西亚卫生部部长廖中莱、国际书法家联合总会秘书长赵长青、马来西亚书艺协会会长王雅参加开幕式并致辞。来自中国、日本、韩国、新加坡和马来西亚等 21 个国家和地区的 363 位艺术家参加，规模为历届之最。首届国际书法交流展举办于 1990 年，马来西亚曾于 1997 年主办过第 4 届展会。

“改”字当选马来西亚 2012 年度汉字

2012 年 12 月 24 日，由马来西亚中华大会堂总会、马来西亚汉文化中心和马来西亚华文报刊编辑人协会联合主办的 2012 马来西亚年度汉字评选在吉隆坡揭晓，最终，“改”字当选马来西亚年度汉字。2012 年是马来西亚第二次举办年度汉字评选活动，活动得到马来西亚人民，尤其是华裔同胞的大力支持和参与。第一阶段评选活动，共收到 1670 字提议，包括 571 个汉字，经过评审后，选出 10 个汉字，这 10 个汉字，依音序排列为：等、改、静、乱、贪、选、一、忧、涨、争。最终“改”字以 19.4% 的得票率当选。紧随其后的是“选”和“静”，得票率分别为 13.2% 和 13%。最终选出的“改”字代表了大多数华裔对 2012 年全年国际环境的看法和对马来西亚国内大事的概括，也体现了华裔对未来的期许。

“中缅胞波友好之夜”在缅甸曼德勒落幕

2012 年 5 月 18 日，“中缅胞波友好之夜”文艺晚会在缅甸曼德勒大剧院完美落幕，这是中国侨联“亲情中华”艺术团访缅的第五场演出。中国驻曼德勒总领事郁伯仁、缅中部军区司令耶昂少将，曼德勒最高行政长官吴耶敏及夫人，曼德勒省议会主席及夫人、曼德勒省大法官及夫人，曼德勒省市政府和军队各机构官员近 1500 人观看演出。

缅甸巩发党总书记到北京灵光寺参拜佛牙舍利

2012 年 5 月 21 日，缅甸联邦巩固与发展党代表团在总书记吴泰乌带领下，到中国北京灵光寺参拜佛牙舍利。受到该寺方丈热情接待。吴泰乌是应中国共产党邀请，于 5 月 20 ~ 26 日对华进行友好访问的。

缅甸中文报《金凤凰》庆祝创刊 5 周年

2012 年 9 月 22 日，缅甸《金凤凰》中文报社迎来创刊 5 周年。报社在中国驻缅使馆文化处礼堂举办缅甸《金凤凰》中文报创刊 5 周年答谢招待会。中国驻缅甸大使馆临时代办陆治及使领馆领导、缅华各界侨团侨社代表、驻缅中资企业负责人、华校董事师生代表等出席当晚的活动。

缅甸曼德勒新世纪学校举行新世纪 2012 年会

2012 年 12 月 29 日，缅甸曼德勒新世纪国际高级学校举行新世纪 2012 年会。新世纪国际高级学校是由广大热心于缅甸华文教育的侨领、学生家长筹资兴办的一所现代化国际三语（缅、英、中）学校。学校先后建立健全理化生实验室、多媒体教室等教学设施设备，聘请有教学经验的 35 位中国老师担任一至十年级的教学工作，确保孩子接受纯正的中文教育。该校校长张继在新世纪 2012 年会上说，新世纪将让更多的缅华学子接受新型的华文教育，学习更多的中华文化，感受博大精深的华夏文明。

马尼拉美术展荟萃菲律宾当代美术精品

2012 马尼拉美术展于 10 月 3 ~ 6 日在菲律宾首都马尼拉 SM 展览中心举行。美展荟萃菲律宾全国著名的 40 多家画廊、500 多位艺术家的当代美术精品，在 2800 平方米展厅内共展出绘画、雕塑、装饰品等 1400 多件作品。同时，举办讲座和拍卖等艺术交流活动。

菲律宾把 2012 年春节定为法定节假日

菲律宾总统阿基诺三世签署公告，确定 2012 年春节为特别非工作假日。公告说，2012 年 1 月 23 日，全世界华人都会欢度春节。在菲律宾，过春节的不仅有华人，还有菲律宾普通民众。菲律宾普通民众和华人一起过春节将彰显“菲华兄弟们的团结”。在菲律宾，公共假期分为普通节假日和特别节假日，特别节假日又分为工作假日和非工作假日。菲律宾政府此前曾把春节定为特别工作假日。此次政府把 2012 年春节定为特别非工作假日，将使华人和菲律宾普通民众放下工作，轻松欢度这一华人传统节日。

新加坡医疗仪器监管框架将简化放宽

2012 年 4 月，新加坡卫生科学局宣布簡化和放宽医疗仪器监管框架，让审批过程更快捷。新加坡卫生科学局把医疗仪器按其风险程度分四级，即A、B、C和D级。低风险A级医疗仪器分须审批和无须审批两种，框架放宽后，无须审批即可上架的A级医疗仪器将从原本的2000多种增至4700多种，占所有A级医疗仪器的八成。从9月起，卫生科学局也将简化中低风险B级医疗仪器的审批过程。只要仪器已获得美国、欧盟、澳大利亚、加拿大或日本这5个国家中任何两国的官方认可，并在3年内没发生安全问题，便能马上获批。这类可立即获批的B级医疗仪器约有1750种，它们的审批费用将从目前的2300新元调低至1400新元，业者可节省约40%费用。如果仪器只有两国官方认可，却没有3年安全纪录，依然可以通过快速审批程序。新加坡卫生科学局也计划在未来进一步简化较高风险的C级和D级医疗仪器，如育儿器和心脏起搏器的审批过程。

新加坡公布九大科技发展方向

2012年8月新加坡信息通信发展管理局近日公布新加坡未来3~5年的九大信息科技趋势，除几年来备受关注的网络安全、社交媒体和云计算之外，新加坡也极为关注庞大的数据量、物联网、环境可持续性、未来通信、新数据经济和用户界面的发展。这是新加坡信息通信发展管理局第6次发布新加坡信息科技发展方向报告，上一份报告是在2005年发布的。

新加坡科技设计大学开始招生

新加坡科技设计大学（Singapore University of Technology and Design，简称SUTD）是继新加坡国立大学、新加坡南洋理工大学、新加坡管理大学后，新加坡的第四所公立大学。新加坡科技设计大学的首批340名学生在2012年5月初正式上课。虽然首批招生人数比校方原本预计录取的500人少3成，但校方认为这是本着重质不重量的原则，要确保所有学生能应付严谨的课程要求，顺利完成课程。校长马尼安蒂教授表示，首批学生除了有优秀的学术表现，也具有领导潜能，并热衷于科技和设计。首批学生近半数是女生，远高于一般大学工程系的女生比例，也超越了大学原本设下的40%的目标；有26%学生是外国学生，主要来自亚洲国家。教员方面，新加坡科技设计大学收到超过2000份申请，目前已聘请81人，多于原定70人的目标。新加坡科技设计大学的长远目标是在大学进入稳定状态时聘请450名教员。新加坡科技设计大学将与美国的麻省理工学院和中国的浙江大学一起合作办学，让大学成为东西融会的枢纽。

泰国政府全面修缮大城府古迹

2012年2月16日，泰国总理英拉视察大城府古迹水灾后修缮工作进展情况，要求有关单位严格遵照程序并争取在3个月内完成古迹修缮工作。大城古迹修复计划由泰国大城市艺术厅负责，耗资14.7亿泰铢。修复计划还包括在古迹周边修建防洪堤坝，并对19条河渠进行清淤疏通，以降低古迹被淹的风险，同时建立古迹危险预警制度。保护大城府拥有700年历史的猜蒙坤古寺庙遗址的防洪堤坝设计高度为2.5米，采用直立墙壁式修建，以免破坏周边的环境。

·链接资料·

大城府遗址

泰国大城府遗址是列入联合国教科文组织世界遗产名录的古城遗址，有着悠久历史，华人习称为“大城府”。1347年，素可泰时代衰落后，乌通王迁至该地建立新都。大城时代自1350年兴起，至1767年沦亡，历时417年，前后有33位君主。1350年，乌通王在此建都，脱离素可泰王国，宣布独立，建立阿瑜陀耶王国。不久，又吞并素可泰王国，被中国明朝封为暹罗国王。1767年，缅甸军队攻陷大城，阿瑜陀耶王国灭亡。后郑信重建王国，将首都南迁至吞武里。大城府原王城遗址现为阿瑜陀耶历史公园。作为大城时代的首都，该府的文化、艺术、国际贸易一度非常发达，可惜遭入侵缅军纵火焚烧而彻底破坏，现只剩下部分宫殿遗迹、珍贵佛像和精美雕刻等供人凭吊。2011年的洪灾几乎再次使大城府古都遗址遭受灭顶之灾。

泰国大城府遗址　　（百度网）

泰国逾30万在校学生选修汉语

2012年4月23日，泰国《世界日报》刊登泰国教育部基础教育委员会的消息透露，汉语已经成为泰国在校学生除英语外的第二大选修外语，仅基教委下辖学校就有30万学生在选修汉语，而紧随其后的日语，学习人数不过34000人。随着中国经济的快速增长，加上西方各国经济持续衰退，使得很多泰国学生开始学习亚洲语言，特别是汉语、日语和韩语。而近年来学习西欧语言如法语等人数则持续下滑。除英语以外，汉语已成为选修人数最多的外语。

泰僧王获佛教界最高僧迦首领称号

2012年9月，在日本召开的全球佛教首脑会议上，来自32个国家的佛教领袖共同通过决议，授予泰国僧王佛教界最高僧迦首领称号，这是国际佛教界首次颁发这样的称号。国际佛教首领于日前来曼谷亲自向僧皇敬献相关文书。各国佛教领袖一致认为，僧王法驾获得泰国佛教善信的爱戴和敬仰。僧王一生致力于弘扬佛法，推广佛教，为维护世界和平和促进人类文明发展作出巨大贡献，对泰国、全世界的佛教善信乃至全人类均有隆重洪恩。僧王一生著述丰富，曾亲自将经文翻译成泰、汉、英、德、法文等5种语言。

越南国家航天中心破土动工

2012年9月19日，越南科学院下属国家卫星中心及越南有关部门在河内市郊区的和乐高技术园区正式动工兴建越南航天中心。中心占地9公顷，投资总额544亿日元（约合7亿美元）。其中，日本政府提供465亿日元（约合6亿美元）的官方发展援助资金，越南政府自筹资金约1亿美元。该中心计划将于2020年竣工。作为越南《到2020年航天技术研究与应用战略》的重点项目，越南航天中心主要任务是：自主研制观测地球的小型卫星，利用先进雷达技术全天候观测越南国土；建立卫星数据库，对自然灾害进行监测、预警；预测农业产量和水产资源，通过电子地图管理和规划土地；研究和应对全球气候变化。

越南国家航天中心效果图 （越南民智网）

越南足坛喜忧参半

2012年越南足球喜忧参半，越南女足夺得东南亚女足锦标赛冠军，男足在铃木杯东南亚足球锦标赛中惨败。2012年9月22日晚上，在越南胡志明市统一体育场进行的2012年东南亚女足锦标赛决赛中，越南队与缅甸队在120分钟的比赛中以0比0战平。在点球大战中，越南队以4比3战胜缅甸队，夺得冠军。11月24日至12月22日，在泰国举行的2012年铃木杯东南亚足球锦标赛外围赛上，越南国家足球队进行3场比赛，以2败1平、只获得1分的战绩被淘汰出局。这是越南足球队1996年以来参加历届东南亚足球锦标赛中最惨痛的失败。本次比赛后，越南主教练潘清雄辞去越南国家足球队主教练一职。

越南认定首批30件文物和文物组合为国宝

2012年10月1日，越南政府总理签署决定，认定首批30件文物和文物组合为国宝。这是越南首次认定国宝。经过各省市、相关部委科学委员会的筛选并经过国家文化遗产委员会审定的，30件国宝包括：玉缕铜鼓、黄夏铜鼓、陶盛铜缸、背人吹乐铜像以及跪人形铜质台灯（东山文化）；景盛铜鼓（西山时期）；“门下厅印”铜质印信（陈朝）；青花天鹅纹瓶（黎朝初）等保存在国家历史博物馆的文物；抗法抗美战争的文物，如奠边府战役中越南人民军用的37毫米高射炮，胡志明战役中攻入独立府的843号T54B坦克、390号T59坦克，以及胡志明作品《革命之路》、《狱中日记》和讲话稿《全民抗战号召书》、《告全国同胞和战士书》、《胡志明主席遗嘱》等。

越南对表演活动加强管理

为制止在表演活动中越来越多的另类着装、假唱、违反表演规定等现象，2012年10月5日，越南政府颁布《关于艺术表演、时装表演、选美和模特比赛以及经营舞台和歌舞音乐之录音、录像的规定》（79/2012/N Đ－CP号决定），重拳出击，整顿和加强管理表演活动。据此，管理部门将对违规事件作出更加严格的处理：除了加重罚款外，还附加其他的处理方式，如在一定的时间内，不得出现在舞台，不得拍电影或广告，不得参加在国外的表演或文化交流，等等。年内，越南多名演员或因另类着装，或因假唱和其他举止不端而受到重罚。

越南获得2019年亚运会举办权

2012年11月8日，第31届亚奥理事会代表大会在澳门召开。经过投票，越南河内在与印度尼西亚泗水市的竞争中获得胜利，获得2019年第18届亚洲运动会举办权。这将是越南首次举办亚洲地区规模最大的综合性运动会。第18届亚洲运动会计划于2019年11月在越南首都河内举行，将设35个比赛项目，预计有45个国家和地区的运动员约1万名参加。

越南获得2019年亚运会举办权　（越南教育与时代网）

社　　会

中国地级三沙市成立

2012年6月21日，中国民政部发布《关于国务院批准设立地级三沙市的公告》。经中国国务院批准，撤销海南省西沙群岛、南沙群岛、中沙群岛办事处，在海南省设立地级三沙市，统一管理西沙群岛、中沙群岛、南沙群岛的岛礁及其海域。经过短时间筹备，三沙市于7月24日正式挂牌成立，市政府驻永兴岛。同时，相应组建师级三沙警备区。三沙警备区主要负责三沙市辖区国防动员和民兵、预备役工作，协调军地关系，担负城市警备任务，支援地方抢险救灾，指挥民兵和预备役部队执行军事行动、任务等。

·链接资料·

中国海南省三沙市

三沙市位于中国南海，是中国地理纬度位置最南端的城市，为海南省第三个地级市，下辖西沙群岛、南沙群岛、中沙群岛的岛礁及其海域。三沙市涉及岛屿面积13平方千米，海域面积260多万平方千米，是中国陆地面积最小、总面积最大、人口最少的城市。三沙市辖最南国土海域南沙群岛暗沙组的曾母暗沙、立地暗沙、八仙暗沙及其海域，也是中国最南的领土海域。三沙市人民政府驻地位于永兴岛，是西沙群岛同时也是整个南海诸岛中最大的岛屿，面积2.3平方千米。其地势平坦，高出海面约5米，最高处8.5米，岛西南有长约870米、宽约100米的沙堤。岛上热带植物茂盛，林木遍布，主要有麻风桐、椰子树、羊角树等。岛上先后建有办公楼、邮电局、银行、商店、气象台、海洋站、水产站、仓库、发电站、医院等生产和生活设施。岛上还建有环岛公路、2400米跑道可起降波音737客机的机场、有可停靠5000吨级船只的码头，有班机、轮船通海南岛。岛中心是北京路。

7月24日上午10时40分，海南省三沙市成立大会暨揭牌仪式在三沙市永兴岛隆重举行　（百度网）

湄公河中国船员遇害案一审宣判

2012年9月20日，湄公河“2011·10·5”中国船员遇害案在云南省昆明市中级人民法院公开开庭审理。根据相关司法协定，泰国、老挝13名证人出庭作证，证实糯康犯罪集团的相关犯罪事实。昆明市中级人民法院于11月6日依法作出一审宣判，以故意杀人罪、运输毒品罪、绑架罪、劫持船只罪数罪并罚，判处糯康、桑康·乍萨、依莱死刑；以故意杀人罪、绑架罪、劫持船只罪数罪并罚，判处扎西卡死刑，判处扎波死刑，缓期两年执行；以劫持船只罪判处扎拖波有期徒刑8年。

中国扶贫基金会投入扶贫发展资金惠及千家万户

2012年中国扶贫基金会在国内共投入扶贫发展资金16.42亿元，其中捐赠款物2.92亿元，发放小额贷款13.5亿元，全国31个省（自治区、直辖市）382个县的185.76万人从中受益。年内，中国扶贫基金会共接受捐赠总计2.73亿元，比上年增长14.2%。同年，在全国边远贫困地区有100所小学、约4万名学生住进101幢新宿舍，有34.4万名学生收到新书包，有7万名小学生的营养不良状况得到改善，有4281名高中生摆脱辍学的困扰，有15595名贫困大学生摆脱失学的风险，有9003名孕产妇远离死亡的威胁，有41.3万贫困人群使用207座便民桥，涞源水灾、辽宁台风灾害、彝良地震灾害地区的15万受灾群众得到及时救援，有13万户贫困农户获得小额贷款的支持。

中国网民规模达5.64亿

中国互联网络信息中心（CNNIC）报告统计显示，截至2012年12月底，中国网民规模达5.64亿，全年共计新增网民5090万人。其中农村网民占27.6%，规模达1.56亿。2012年中国互联网普及率42.1%，较上年底提高3.8个百分点。网民人均每周上网时长20.5小时，相比上年增加1.8小时。微博用户规模3.09亿，较上年底提高6个百分点，达到54.7%。手机微博用户规模2.02亿，即有65.6%的微博用户使用手机终端访问微博。网络购物用户规模2.42亿人，网络购物使用率提高至42.9%。与2011年相比，网购用户增加4807万人，增长24.8%。使用手机进行网络购物的网民比例增加6.6个百分点，用户量是2011年底的2.36倍，手机在线支付用户数提高4.6个百分点。中国团购用户数8327万，使用率提高至14.8%，较2011年底上升3.3个百分点。团购用户全年增长28.8%，依然保持相对较高的用户增长率。

中国福利彩票发行销售再创新高

2012年中国福利彩票销售量1510.32亿元，比上年增长18%；为国家筹集公益金数量达到464亿多元，公益金筹集率30.72%。从1987年到2012年，中国福利彩票25年来累计销售7876多亿元，筹集公益金2530多亿元。中国福利彩票已经成为国家筹集社会资金发展社会福利和公益事业的重要渠道。

文莱人均用水量全球最高

2012年1月7日，文莱公共工程局水务局对媒体称，文莱的人均用水量属于全球最高者之一，每人每天平均用量为450升。文莱人的用水主要用于烹煮、洗澡、浇花、洗衣和洗车等。邻近国家如新加坡每天人均用水只有150升，而马来西亚也不过220升。文莱全国各阶层人民有必要养成节约用水习惯，以确保后代子孙有足够的清洁水可用。

文莱结婚数量增加离婚案减少

2012年1月19日文莱《婆罗洲公报》报道，文莱经济计划发展署公布的数据显示，近年来，文莱结婚数量增加离婚案减少。2010年文莱结婚数量超过2600对，高于2009年的约2500对和2008年的近2400对，其中初婚新郎平均年龄为27岁，新娘26.1岁。与此相反，离婚案数量减少，2010年为504起，而2009年和2008年分别为582起和534起。

文莱“无塑料袋日”将增至每星期3天

文莱《婆罗洲公报》2012年2月13日报道，文莱发展部环境局自2011年3月26日发起“无塑料袋日”周末运动，敦促国内主要零售商响应，每逢星期六和星期日不向购物者提供塑料购物袋。该局还透露，除增加“无塑料袋日”周末天数外，响应该运动的零售商也新增26家，达到44家。文莱每天人均垃圾量为1.4公斤，其中约16%为塑料，在东盟地区偏高。为此，自2月17日起，文莱“无塑料袋日”将增至每星期3天，除此前的星期六和星期日外，星期五也将被纳入“无塑料袋日”周末中。

文莱城镇人口比例增至85%

2012年3月7日《文莱时报》报道，文莱国家经济发展与规划局发布的数据显示，文莱城镇人口增至85%。但各区发展不均衡，差别很大。如在斯里巴加湾市，城镇人口占100%，摩拉、马来奕及都东3区城镇人口约60%。华人几乎100%居住在城镇，其中以摩拉区及马来奕区华人最多，这两个区华人占全国华人人口的96%。调查显示，马来族人口平均年增长率4.5%，华族人口平均年增长率不到1%。统计显示，1997年华人为47400人，占全国人口的15%，但因人口增长缓慢，华裔人口占全国人口的比重至2010年已跌至10%。

文莱面临人口老龄化问题

2012年4月7日，文莱卫生部部长丕显拿督哈芝阿达南说，2011年文莱64岁以上老人比2004年增长近44%。文莱60岁以上的人口已由2000年的4.3%（13900人）增加至2010年的5.4%（22200人）。而在这一期间，文莱男性的平均寿命由74岁提高至76.5岁，女性平均寿命由77.1岁提高至78.8岁。文莱人平均寿命的增长主要是由于国家经济社会的发展和政府提供的医疗保健服务的改善,使老龄人口比例扩大。根据卫生部的统计数字,2011 年过世的712 名60 岁以上的老人中,22% 是死于癌症,15% 死于心脏病,12.4% 死于糖尿病。

文莱政府加大控烟力度

2012 年6 月15 日《文莱时报》报道,为了进一步加大控制烟草的力度,文莱苏丹于5 月批准委任卫生部部长为全国烟草控制委员会主席,并委任一批委员会新成员,新成员包括文莱国家祭司局副局长、多个政府部门常任秘书、关税局总监、皇家警察总监,以及非政府组织如国家工商会、妇女理事会以及青年理事会代表。苏丹希望委任新成员,能够更有效地执行2005 年烟草法令,促进政府相关部门和私人企业界的合作,共同向民众宣扬吸烟的危害,采取行动对付违法者以及维护环境的卫生与清洁。自该委员会成立以来,已顺利地同多个政府部门或机构合作,实行多项新政策。如在2010 年11 月与财政部和经济策划与发展局合作,调涨香烟入口税及售价;同多个执法单位合作,开展更多的巡逻和突击检查行动,取缔和对付违法者。该委员会的职责,是以联合国烟草控制框架公约为依据,监督国内烟草使用情况,制定控制烟草政策,保护民众远离二手烟的危害,为戒烟者提供援助,宣扬烟草的危害,禁止烟草公司刊登广告,举办宣传活动和赞助活动以及调涨烟草入口税。文莱卫生部部长阿达南表示,文莱全国烟草控制委员会将加大控烟力度,将在9 月1 日实施新的烟盒包装与宣传法令,烟盒上健康警语面积将从原来的50% 增至70%。2012 年3 月初,文莱政府出台法令,规定将公共泳池、运动场所、公园、剧院、公共车站、医院、公用建筑物楼梯间等列为全面禁烟区。

文莱妇女平均年收入居世界第三

2012 年7 月5 日《文莱时报》报道,《2011 年全球性别差异报告》数据显示,文莱女性平均年收入约为38000 美元,仅位居卢森堡和挪威之后,居世界第三位,而文莱男性排名仅为世界第29 位。文莱妇女收入排名不仅高于瑞士、美国等发达国家,更是令邻国马来西亚(第107 位)和印度尼西亚(第109 位)无法比拟。文莱文化青年体育部副部长阿蒂娜称,文莱妇女享有平等权利,经济参与度位居世界第20 位。1971 年,文莱妇女就业人口比例仅为20%,到2010 年已达到58%。妇女在政府公务人员中的比例已达到50.4%。

柬埔寨政府暂停发放经济特许地许可证

2012 年5 月7 日,柬埔寨首相洪森签发《提高经济特许地管理效率》政府令,宣布自即日起暂停批准新的经济特许地。该法令要求政府各部门,各有关单位必须认真执行政府关于提供经济特许地的合同规定,不影响社区和当地居民的生活环境。对于已经获得经济特许地,但未按法律原则和合同规定进行开发,或者利用特许地经营权开拓更大土地,转售空闲土地,违背合同,侵犯社区人民土地的公司,政府将收回其经济特许地,对于之前已获政府批准的经济特许地,政府将继续依照法律原则和合同执行。柬埔寨农林渔业部报告显示,截至2011 年底,柬政府已向118 家公司批准涉及17 个省、共119 万公顷的经济特许地,占柬国土面积的6.6%。其中41 家为柬本地公司,77 家为外国公司。在外国公司中,越南28 家,中国27 家,韩国和泰国各5 家,马来西亚和印度各3 家,美国2 家,新加坡、以色列、澳大利亚、瑞典各1 家。

柬埔寨继续清除未爆炸物

2012 年10 月21 日,柬埔寨政府扫雷行动中心(CMAC)主任兴拉达出席由美国亚太司令部赞助举办的排雷与医疗干部培训闭幕式并发表讲话。他说,1992 ~ 2012 年的20 年间,柬埔寨共清除地雷和炮弹遗物300 万枚,其中扫雷行动中心共清除地雷和未爆炸弹250 万枚,柬埔寨王家军和非政府组织清除50 万枚。预计到2020 年将完成全国扫雷任务,但每年仍需要3000 万美元的排雷经费。柬埔寨是世界上受地雷伤害最严重的国家之一,数十年战乱,使地雷遍布全国各地,西部地区的马德望、卜迭棉芷、奥多棉芷、拜灵和柏威夏省为地雷最密集的地区。柬埔寨地雷与战争受

12 月7 日,柬埔寨首相洪森在拉达那基里省为当地286 户家庭颁发521 份土地证,总面积1277.06 公顷

(《柬华日报》)

害者信息中心的数据显示，从1979～2012年10月，地雷的危害已造成19660人死亡，44519人受伤。

柬埔寨腐败治理取得效果

柬埔寨国际透明度组织一年一度的腐败调查报告称，2012年有176个国家被列入在国际透明度组织的腐败印象评估表上，柬埔寨在这176个国家中排名第157位。柬埔寨国际透明度组织执行主任比烈托表示，在国际透明度组织的腐败印象评估表上，柬埔寨得到22分，排名第157名，而2011年得到19分，在183个国家中排名第164名。他说，在东南亚地区，柬埔寨在国际透明度组织的腐败印象评估表上比老挝和缅甸要好。而在亚太地区内，柬埔寨的腐败状况比老挝、缅甸、朝鲜和阿富汗要好。

印尼雅加达将发放市民健康卡

据印尼首都雅加达卫生局消息，雅加达市将从2011年11月开始发放市民健康卡。据不完全统计，至少有960万市民将获得健康卡并享受初步的免费医疗服务。此前，雅加达只有270万的穷人凭贫穷市民证可享受有限免费医疗服务，相关的预算2011年为6500亿印尼盾，2012年是8000亿印尼盾。为了尽快实现全民免费医疗服务，新的雅加达市政府领导人还将研究将健康保险纳入社会保障机构的可行性。

印尼泗水拟辟蹊径建设数码城市

2011年印尼互联网的普及率在亚洲仅次于中国、印度和日本，排名第四，全国互联网用户达4000万，占总人口的16%。除网络已进入千家万户外，印尼部分大中城市的部分酒店大厅、商场、星巴克咖啡厅和餐厅，都能提供收费或免费的无线上网(WIFI)服务。与过去相比，印尼的互联网普及已经取得长足进步。但互联网普及、应用和管理还须更多资金投入、加快技术升级和规范管理。面对城市基础设施尚不完善的客观现状，以及网络改造的诸多困难，印尼第二大城市泗水在互联网普及与应用方面开拓思路、另辟蹊径，找到了一条快捷、可行的新路子。据报道，泗水市政府与印尼最大的电信公司TELKOM合作，计划利用无线互联网技术覆盖全市的公园、学校、公寓、车站商场等公共场所，建造数码城市。至2012年底，已建立5个宽带学习中心，并计划通过WIFI技术在市区创造数十万个网点。泗水利用无线互联网技术建立数码城市的思路颇有创意和实用价值，值得推广。

老挝政府调高最低工资标准

据老挝《经济社会报》报道，为提高人民生活水平和生产劳动积极性，自2012年1月1日起，老挝社会劳动最低工资标准由34.8万基普提高到62.6万基普(约合78美元)。这是建国以来老政府第五次提高最低工资标准。

老挝国家主席再次颁布大赦令

继老挝国家主席朱马利2011年于老挝国庆36周年之际发布大赦令后，又于2012年11月23日在老挝国庆37周年来临之际再次发布大赦令，宣布对全国517名有立功表现的罪犯(其中女性82人、外国人21人)减刑。其中减刑470人，由无期减为20年刑期的12人，释放35人。

老挝政府加大减贫工作力度

老挝《社会经济报》报道，老挝政府计划于2012～2013财年(2012年10月至2013年9月)拨款7339亿基普(约9100万美元)用于实施1168个基础建设、农村发展和减贫项目，以便在2015年实现联合国千年发展计划。老政府计划到2013年底，将全国贫困人口比例从22%降至20%以下，贫困家庭比例从17%降至14%以下，不发达村降至30%以下。

哑弹成为老挝消除贫困的巨大障碍

1964～1973年，美国飞机在老挝共投下各类炸弹近300万吨，总量超过德国和日本在二战期间投下的炸弹总量。哑弹在老挝14个省和98个县广泛分布，面积多达8.7万平方平方千米。其中分布最为集中的是老挝最为贫困的41个县，这对老挝经济社会发展特别是当地消除贫困造成巨大障碍。18年来，哑弹共造成当地群众受伤746人(其中伤残550人，死亡196人)。老挝全国2011年度受哑弹炸伤的有99人。据老挝9月28日召开的2012年度清除哑弹会议披露，从2013年起，老挝每年用于清除哑弹资金需求达5000万美元。

马来西亚颁布新的最低薪制法案

2012年4月30日，马来西亚总理纳吉布宣布新的最低薪金制，并于2012年9月颁布马来西亚最低薪制法案。根据新的最低薪金制政策，西马最低薪金为每月900林吉特即每小时4.33林吉特；东马为每月800林吉特即每小时3.85林吉特。除女佣、园丁等家庭工人外，最低薪金制涵盖国内所有经济领域的员工。这个最低薪金制旨在确保员工薪金获得保障以应付日常开销，鼓励雇主转向高科技发展，提高员工技能及生产力。至2012年底，有4200家中小型企业申请推迟落实最低薪制法案，但只有600余家业绩欠佳的公司获得批准。

马来西亚提交2012年陆路交通法令修正案

2012年6月26日，马来西亚交通部提呈2012年陆路交通法令修正案，以取代1987年陆路交通法令。

根据新法案，超速驾驶及无牌驾驶的最高罚款额从现有的1000林吉特提高1倍至2000林吉特；车牌不符规格将面对最少300林吉特的罚款；任何违反交通指示牌人员，包括驾驶人士或路人，将面对最低300林吉特至最高2000林吉特的罚款，这意味着凡漠视天桥或斑马线指示牌，违例过马路者，都会面对惩处。2012年陆路交通法令修正案把电动脚车纳入政府管辖范畴，规定最高时速为25千米，电动脚车电动马达电力最高可达0.25千瓦。

马来西亚通过新的最低退休年龄法案

2012年6月27日，马来西亚2012年最低退休年龄法案在国会三读通过。据新的最低退休年龄法案，公务员及私人企业界雇员退休年龄从55岁延至60岁。私企界雇员可在55岁申请退休，公务员则可申请在58岁提前退休。法案通过后，雇主必须替雇员缴付公积金至60岁。2012年最低退休年龄法案生效后，私人企业员工照样可以在55岁时领取他们所有的公积金存款。为配合这项新法令的执行，社险机构(SOCSO)已经批准由2013年起，超过55岁的社险机构会员，仍然可以继续投保残疾退休养老金计划，缴付保费的数额不会提高。一旦法案提呈上议院及宪报颁布后，任何迫使雇员在60岁前退休的雇主，可被处以最高1万林吉特的罚款。马来西亚2012年最低退休年龄法案规定不受最低退休年龄限制的人员包括：中央政府、州政府、法定机构或地方当局聘用的固定、临时或合约雇员；试用期间的员工；学徒计划合约下的学徒；非公民；帮佣服务；工作时间比一般雇员短，即不超过70%者；以合约方式兼职的学生；通过固定合约受聘者，包括延长合约不超过24个月者；法令未修改前，于55岁延长聘约者。

马来西亚启用新版钞票

2012年马来西亚启用新版钞票。这套新版钞票包括面额1林吉特、5林吉特、10林吉特、20林吉特和100林吉特的纸币和面额为5分、10分、20分和50分的新版硬币。其设计突出马来西亚特色。新版钞票的正面印有马来西亚第一任最高元首阿卜杜勒·拉赫曼的画像和马来西亚国花大红花，反面印有马来西亚特有的动植物、风景和手工艺品。另据马来西亚央行介绍，新版钞票具有更好的防伪设计。

中国医疗队在缅甸启动“重见光明”免费手术活动

2012年5月8日，中国医疗队在仰光市首都医疗中心为缅甸白内障病患免费检查和手术，拉开针对缅甸白内障病患的“重见光明”活动的序幕，受到缅甸病患和家属的热烈欢迎。“重见光明”活动是中国和平发展基金会继2011年6月组织“中缅友好光明行”活动后第二次在缅甸开展复明义诊活动。中国和平发展基金会副秘书长白伟介绍说，此次活动立足于增强缅甸医疗队伍和教学能力的建设，通过务实合作，从不同层面和领域增进中缅人民的福祉，增强人民之间的了解与情感。

缅甸发生6.8级地震

2012年11月11日缅甸北部发生6.8级地震，震中位于曼德勒省和实皆省交界地区，距离缅甸第二大城市曼德勒以北130千米。强震过后，震中附近又至少发生4次5级以上的余震。据缅甸社会福利和救济安置部官员13日称，缅甸北部地震死亡人数已升至11人，另有5人在过江大桥垮塌后落水失踪。地震还导致约70人受伤，1000多人无家可归。曼德勒省和实皆省有多座佛塔和其他建筑不同程度受损。

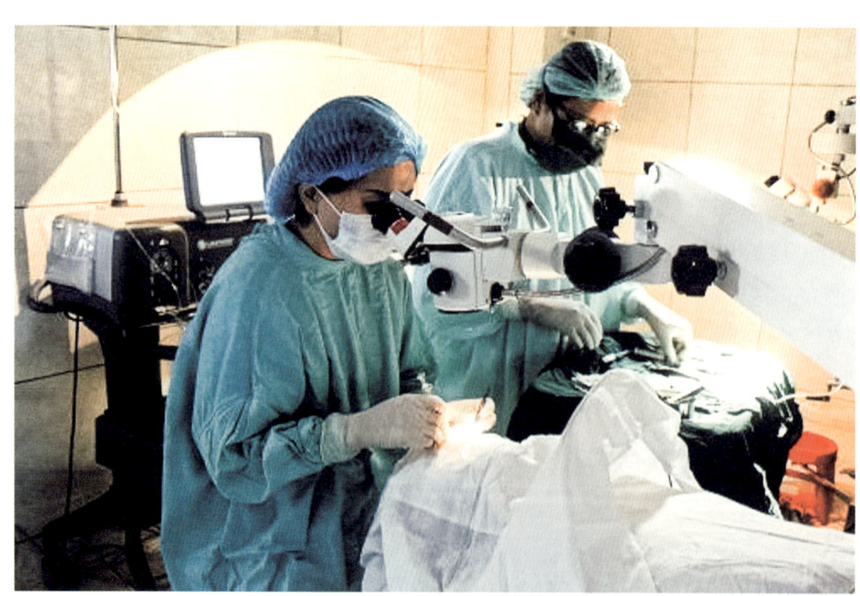

5月8日，在仰光市首都医疗中心，中国医生为缅甸白内障患者做手术

（新华社）

缅甸客机失事

2012年12月25日，缅甸一架载有71人的客机在降落过程中失事，飞机机身起火、损毁严重，两名乘客和一名行人不幸遇难，机上其他乘客则奇迹般成功逃生。出事的飞机是蒲甘航空公司从曼德勒市飞往东枝市的航班，飞机型号为福克100，机上有机组人员6人、乘客65人，其中外国乘客51人。

新加坡出招应对老龄化加速

新加坡卫生部部长颜金勇2012年1月20日在一个应对老龄化挑战的会议上说，新加坡婴儿潮一代将从2012年开始达到65岁，进入老龄阶段,新加坡65岁以上人口比例将迅速增加,到2020年,新加坡65岁以上人口占比将达15%,届时老龄化将进一步加速。根据新加坡统计局的数据,2011年新加坡379万常住居民中,65岁以上人口比例为9.3%。颜金勇说,由于针对老年人口的护理服务设施需要一段时间才能建好,因此新加坡将在未来数年内增加资源投入,应对这一挑战。新加坡政府希望在未来8年内使日间社区护理和康复护理机构数量在现有基础上增加两倍;使老年看护中心的床位数增长70%;老年活动中心的容量增长1.7倍。由于婚育年龄推迟、生育率持续降低,新加坡人口老龄化趋势明显。新加坡老龄护理行业的从业人员目前约有4000人,而社会需求将在2020年达到1.5万人。但由于薪水相对较低,且工作辛苦,许多人不愿从事老龄护理工作。

新加坡非居民人口显著增加

新加坡《联合早报》报道,尽管新加坡政府自2010年开始分阶段推出收紧客工的措施,但非居民人口仍显著增加,从而推动新加坡总人口增长。新加坡统计局和国家人口及人才署2012年9月28日分别发表的《2012年人口趋势报告》和《2012年人口报告简要》显示,截至2012年6月,新加坡非居民人口有149万,比2011年同期的139万人多出7.2%。2010年新加坡的非居民人口是131万。非居民包括那些持工作准证、就业准证、长期社交访问准证及学生证等在本地逗留的外国人。非居民人口增加的同时公民人口也有了增长,使得新加坡的总人口增加了近13万人,达531万人。针对非居民人口的增加,《2012年人口报告简要》指出,新加坡政府2013年还将进一步推出收紧客工的措施。

新加坡禁发垃圾短信

新加坡国会2012年10月15日通过个人信息保护法案,禁止向个人发送市场推广类短信等垃圾信息。新加坡政府将成立个人信息保护署,负责处理这一法案的相关事宜。人们可以在政府建立的名单上注册,机构或个人将被禁止向名单上人员发送垃圾信息。这些信息包括以营销为目的的电话、传真、文字短信和多媒体信息等,也包括通过微信等方式发送的信息,但不包括通过手机应用程序发送的短信息。个人信息保护署可以对违反法案行为施以不超过100万新元(约合人民币514万元)的处罚;向名单中的号码发一条垃圾短信,可能面临最高1万新元(约合人民币5.14万元)的罚款。新法案适用于所有私营机构,但不包括公营机构,因为许多政府部门已有比新法案更严格的个人信息保护法。新法案规定,任何机构在收集私人信息时都必须征得信息所属人的同意,并告知收集信息的用途,但不包括用于研究、医疗和新闻用途的信息。新法案将在2013年年初生效,2014年年中起正式执行。

新加坡拥车证价格再创新高

在新加坡2012年12月第一次拥车证公开招标中,中小型汽车组(排气量1.6升及以下)和商用车组(货车和巴士)成交价格再创新高,分别达78523新元和63035新元;公开组成交价格也逼近20世纪90年代突破10万新元的历史高位。业内人士认为,欧元持续疲软压低了欧洲汽车价格,经销商有更大空间进行减价促销以增加销售量,同时本地大量基础设施项目上马也推高了对商用车的需求;加上拥车证供应量减少,多重因素导致其成交价屡刷新高。

新加坡将从三大层面应对气候变化

新加坡政府近日发布《国家气候变化策略2012》报告书,这是新加坡国家气候变化秘书处首次公布完整的国家气候变化策略,计划从三大层面应对全球气候变化,把新加坡打造为一个有能力对抗气候挑战的环球都市。新公布的国家气候变化策略包括:(1)减少各领域的排碳量,包括车辆排碳量税务计划、最基本耗能标准计划、绿色建筑标志等;(2)把握绿色经济机会,测试各种新技术、商业模式和解决方案,发展为全球洁净科技中心;(3)与国内外的民间、私人企业和公共领域,以及联合国、世界贸易组织、相关组织通力合作,减少碳排放量。其中最主要的是推行各种措施,减少各领域的碳排放量。新加坡政府计划到2020年,碳排放量从11%降低至7%。目前,新加坡电源的80%来自天然气发电,比以前使用的燃油更加洁净。在交通方面,新加坡的车辆数目是根据实际道路空间拟定的,同时还实施公路电子收费系统,以控制车辆数目并减少交通堵塞,以减少碳排放量。从2013年1月开始,新加坡还将推出新的车辆排碳量税务计划,即购买低排碳量的新车将享有税务优惠,而碳排放量高的新车则必须支付额外的费用,以此鼓励公众购买低排碳量汽车。在家居方面,新加坡政府也推出了强制性能源标签计划,以帮助消费者掌握冰箱和冷气机的用电量。对于新的建筑也要求必须达到环保标准,目前新加坡已经有1000栋建筑物获得绿色标识。

新加坡人捐款增长37%

新加坡《联合早报》网站2013年1月18日报道,2012年经济增长虽然放缓,但是新加坡人依然乐善好施,捐给慈善组织的款项不跌反升。捐款网站SG Gives2012年收到的善款达850万新元,比2011年多620万新元。年底是捐款高峰期,新加坡人2012年12月通过捐款网站共捐出320新万元给270多个慈善团体,比2011年的230万新元多了39%。许多人赶在2012年的最后一天做善事,网站当天收到的善款达到40万新元。

根据新加坡慈善总监2011年的年度报告,新加坡有2093个慈善组织。民众最关心社会服务团体、医疗服务、动物和环境组织,其中社会服务团体得到最多善款,占了网站所得总款项的55%。除了善款增加,捐款最多的5名善心人士也比2011年慷慨,他们每人捐出5.5万新元至9.5万新元,最高捐款比2011年高出41%。约3成通过网站捐款者是专业人士、经理、执行人员和技师。SG Gives是由全国志愿服务与慈善中心成立的网站,有270家慈善组织在网站注册,接受公众捐款。慈善组织必须支付所收善款的3%作为行政费,以及付消费税给慈善中心。

泰国卫生部未来5年艾滋病防治战略规划出台

2012年1月9日,泰国卫生部副部长威猜在指出,该部疾病监控厅与泰国红十字会艾滋病研究中心及曼谷市政府共同举办讨论会,征求专家意见,制订预防艾滋病战略,使泰国能够成为东南亚预防艾滋病中心。威猜表示,2012~2016年泰国艾滋病防治战略包含三项重要内容:减少新感染艾滋病病毒人数,到2016年,泰国新感染艾滋病病毒人数不超过6731人;降低艾滋病患者的死亡人数;保证艾滋病患者受到公正对待,而不是受到侮辱和歧视。据泰国政府不完全统计,2011年泰国艾滋病病毒携带者人数约为114.8万,其中存活人数48.18万,而新感染人数约2万。

泰国仍是地区人口贩运中心

据2012年6月29日泰国《民族报》报道,泰国发展人类安全部检察长亚尼指出,泰国是当前东南亚人口贩运的来源地、转运地与目的地。泰国东北部和北部边界省份是起点站,被贩卖的人口分别来自中国、老挝和缅甸,这些受害者往往经由曼谷贩卖到泰国其他省份或是第三国。报道还指出,虽然泰国早于2008年就通过《打击人口贩运法》,但邻近国家仍陆续有大量人口被骗到泰国从事性产业或沦为奴工。美国国务院2012年人口贩运报告仍将泰国列入观察名单的第二级。泰国中央调查局表示,2015年东盟经济共同体成立后,随着犯罪集团可规避的法律漏洞减少和东盟国家人口信息数据库联通,将极大地提高打击贩运人口的力度和效率。

泰国人幸福指数小幅攀升

泰国易三仓大学民调中心公布的2012年11月泰国国民幸福指数调查结果显示,泰国国民幸福指数从2012年9月的5.79分升至10月的7.40分,而后在11月继续小幅攀升至7.54分。此项调查于2012年11月25日至12月1日开展,调查对象涵盖泰国18个府3169人。国民幸福综合指数的提高得益于多个指标分数的上升。其中以国民团结及对皇室效忠指标的得分最高,达到9.17分。其次是家庭和睦指标也在上升,达到7.72分。最后是个人身心健康指标,达到7.58分。该中心所用指标是,国民、国家总体形象在国际上获得好评度的增加给民众带来的幸福度,得分为6.51分。研究还指出,泰国民众幸福指数上升还得益于11月美国总统奥巴马和中国国务院总理温家宝先后访问泰国,以及11月24日的反政府集会并没有持续进行,冲突事态也没有扩大升级。此外,民众对家庭经济现状及国家经济走势的幸福程度也分别达到较高的6.21分和5.94分,原因是国家经济持续好转,政府推出的公共政策给民众带来实惠。

东南亚最完善的海啸预警系统在泰国建成

据泰国《民族报》2012年12月26日援引泰国国家灾难预警中心相关负责人的话报导说,在印度洋海啸8周年纪念日到来之际,泰国宣布建成东南亚地区最完善的海啸预警系统,可在2分钟内分析出海啸方向、速度和抵达海岸的时间,并在15分钟内发出预警。预警中心在安达曼海域修建了136座预警塔和3个海啸探测器,其中一个在海岸附近,另外两个在大海深处。一旦监测到波浪超过普通高度,探测器会立刻通过卫星向预警中心发送数据,而预警中心工作人员每天将24小时不间断地监测;监测到预警数据后,立即与泰国气象部门、美国地质勘探局、世界气象组织等机构核实数据。核实数据后,预警中心可以在海啸开始形成的2分钟内计算出海啸速度、方向和抵达海岸的时间,并在15分钟内向公众发出海啸预警。预警中心是泰国发布海啸警报的唯一权威部门,海啸预警可通过16台传真机、8条电话热线、上百个电台和电视台传送至媒体和相关部门。此外,预警中心还能向泰国9000万部手机发送海啸预警短信。

越南交通事故降至10年来最低水平

2012年被越南定为“交通安全年”,全国各地采取各项交通安全秩序配套措施,努力做好交通安全保障工作,交通事故发生率、交通事故死亡人数和受伤人数等三个方面均呈下降趋势。越南国家交通安全委员会的报告显示,2012年越南全国发生交通事故3.64万起,死亡9800人、受伤38000人。这是自2001年以来交通事故死亡人数首次下降至1万人以内。

越南艾滋病病毒感染者出现大龄化趋势

越南卫生部报告,截至2012年,越南统计在册的艾滋病病毒(HIV)感染者为21.07万人,死亡6.34万人。全国艾滋病病毒感染比例为239/100000。在越南,奠边省的艾滋病病毒感染者比例最高,每10万人中就有1015.8人。新发现的艾滋病病毒感染者出现大龄化趋势,从20~29岁年龄段转移到30~39岁的年龄段。女性感染艾滋病毒有日益增长的趋势。在北部山区省份、河内和胡志明市,都是艾滋病高危地区。

发 展 报 告

中国：2012 年发展回顾与 2013 年展望

2012 年是中国实施国民经济和社会发展第十二个五年规划承前启后的关键一年，受世界经济减速及国内需求短期疲弱的影响，中国经济增速相比上年明显放缓，全国国民经济发展呈现消费较为平稳、投资保持较快增长、内需支撑作用显著，农业生产形势较好、工业生产有所放缓、产业结构不断优化，居民消费价格涨幅继续回落等特点。2012 年，中国继续坚持以科学发展为主题，以加快转变经济发展方式为主线，把握稳中求进的工作总基调，通过实施积极的财政政策和稳健的货币政策，及时果断地加大预调微调力度，着力稳增长、调结构、促转型，加快落实相关政策措施，工业经济运行整体由缓中趋稳向企稳回升方向发展，产业结构调整稳步推进；农业经济在国家加强农田水利设施建设和强化现代农业科技支撑等强农惠农政策扶持下，受宏观经济紧缩形势影响较小，而且气象条件总体好于往年，农业生产获得丰收，增长比较明显。与发达经济体增长普遍乏力、新兴经济体明显减速形成鲜明对比，中国国民经济运行总体平稳，各项社会事业取得新的进步。到 2012 年底，全国国内生产总值 51.93 万亿元，增长 7.8%，超过预期目标 0.3 个百分点。全国公共财政收入 11.72 万亿元，增长 12.8%，财政赤字 8000 亿元；全年新增人民币贷款 8.2 万亿元，比上年多增 7320 亿元。全社会固定资产投资 37.47 万亿元，增长 20.3%，超过预期目标 4.3 个百分点，为实现“十二五”规划目标奠定了良好基础。

一、发展形势回顾

（一）经济社会发展特点

1. 农业经济取得较快增长。2012 年，中国国民经济增速放缓，但农业依然保持较高增速。2012 年头三季度中国农业增加值为 33088 亿元，同比实际增长 4.2%，增幅同比增加 0.4 个百分点，是 2009 年以来同期最高值，仅比同期国内生产总值增速低 3.5 个百分点，出现 2006 年以来农业与国民经济增速差距缩小到 4 个百分点以内的态势，比 2006～2011 年的平均差距缩小近一半。

支农惠农政策深入实施，主要农产品产量普遍增产。2012 年，全国早稻、夏粮与秋粮全面增产，粮食产量再创历史纪录，总产量 58957 万吨，同比增长 3.2%。其中，早稻、夏粮和秋粮产量分别为 3329 万吨、12995.4 万吨和 42632.6 万吨，同比分别增长 1.6%、2.9% 和 3.4%。

受油料市场价格上涨和油菜籽临时收储政策稳定种植收益等因素影响，2012 年全国油料作物播种面积增加，全年小幅增产，增幅 5.1%，产量 3476 万吨。2012 年全国糖料播种面积 191 万公顷，2012/2013 年制糖期收购糖料 11758 万吨，产糖 1400 万吨，同比分别增长 5.0%、17.5% 和 16.7%。

农产品价格先涨后跌，价格总体水平比较平稳。2012 年中国农产品价格上半年涨、下半年降，农产品价格变动比工业品滞后半年左右。其中，农产品批发价格上半年呈上涨趋势，下半年除 8 月份外，基本呈跌势或持平，总体呈上涨态势，平均涨幅 4.0%。工农产品价格总体呈反向变化，但下半年农产品价格走势也趋向工业品价格的跌势，农产品价格下跌趋势滞后于工业品价格半年左右。

农产品贸易逆差加速，粮食和棉花进口增幅扩大。2012 年 1～11 月，中国农产品出口额 560.4 亿美元，进口额 1005.7 亿美元，贸易逆差 445.3 亿美元，同比分别增长 4.2%、20.9% 和 51.2%。自 2007 年以来，中国农产品贸易逆差除了国际金融危机严重的 2009 年同比缩小之外，逐年呈快速上升趋势，从 40.5 亿美元飙升到 445.3 亿美元，年均增长 61.5%，表明中国在工业化、城镇化快速推进中对国际农产品市场的依赖日益加深。2012 年 1～11 月稻谷和大米、小麦、玉米进口分别为 214.9 万吨、369.4 万吨和 494.1 万吨，合计进口量1078.4万吨,同比猛增3倍、2.6倍和3.2倍,其中稻谷和大米、小麦、玉米净进口分别为189.0万吨、369.4万吨、489.2万吨,同比猛增23.2倍、2.6倍和3.7倍。同期,2012年1~11月,全国净进口棉花460.4万吨,同比增长80.9%,相当于全年产量的65.9%,占全年需求量的40%。大量净进口棉花对国产棉花市场价格形成巨大压力,迫使政府大量收储国产棉花以稳定价格,避免棉花价格持续下跌。

2. 工业经济运行缓中企稳。2012年上半年,中国工业经济发展受世界经济减速及国内需求短期疲弱的影响比较明显,增速逐月下滑。到8月份,全国工业增加值月度增速下滑到8.9%,成为自2010年以来增速的最低点。从下半年开始,随着国家稳增长、调结构、促转型的政策积极实施,增长景气明显回升。制造业采购经理指数(PMI)在连续4个月下滑之后,从9月份起连续3个月出现回升,11月份达到50.6%,分项指标新订单指数升至51.2%,连续两个月位于临界点以上。到9、10、11月,全国工业增加值月度增速分别达到9.2%、9.6%和10.1%。规模以上工业增加值月度环比增速在9、10、11月分别增长0.84%、0.83%和0.86%,工业经济呈现出企稳回升的运行态势。

内需拉动作用明显增强。2012年以来,由于世界经济复苏乏力,外需持续萎缩,工业品出口形势严峻,导致全国工业品出口增速出现较大幅度回落,而且增幅逐季下滑收窄,其中一、二、三季度分别增长7.4%、6.8%和3.5%。1~11月,全国规模以上工业企业实现出口交货值仅增长6.8%,同比回落10.5个百分点。在外需持续低迷的形势下,国家有针对性出台实施积极鼓励消费、大宗工业品下乡、大件农机产品购置补贴等拉动内需政策,国内内需增势平稳,对工业增长的拉动作用明显增强。1~11月,城镇固定资产投资和社会消费品零售总额同比分别增长20.7%和14.2%(扣除价格因素实际增长12%),到10月和11月,全国规模以上工业企业实现出口交货值分别增长5.4%和12.2%,增速总体呈逐季放缓态势。尽管受到出口低速增长的影响,规模以上工业完成销售产值全年同比仍保持12.5%的增长速度。

产业结构调整稳步推进。2012年,由于受经济下行挤压、企业经营成本上升和盈利水平下降等因素影响,企业技改信心不足,投资强度下滑。针对这一形势,国家及时化危为机,发布实施新一代信息技术、高端装备制造、新材料、节能与新能源汽车等规划,推动重点行业企业兼并重组,关停并转被列入淘汰落后产能名单的2761家企业的落后生产线,有序推进区域间产业转移,重点扶持高技术产业发展,适时调整优化产业结构。工业节能减排形势进一步好转,规模以上企业单位工业增加值能耗下降幅度大于预期目标。1~11月,全国高技术产业增加值增长11.8%,比规模以上工业增加值平均增速高1.8个百分点。

东部地区运行态势向好,中西部地区拉动作用增强。2012年1~11月,中国东、中、西部地区工业增加值同比分别增长8.7%、11.4%和12.8%。在全部规模以上工业增加值所占比重中,中、西部地区分别上升到25.2%和18.2%。1~10月,东、中部地区规模以上工业企业实现利润同比分别由头三季度下降1.5%和1.3%转为增长0.8%、0.2%,西部地区下降0.3%,降幅比头三季度收窄3.6个百分点。

3. 对外贸易在逆境中实现平稳增长。2012年,世界经济呈现低迷振荡的走势,在各种因素影响下全年经济增长3.3%,比上年低0.6个百分点;世界贸易量增长2.5%,比上年低2.5个百分点,远远低于过去15年平均6%的年均增长速度。在外部需求萎靡不振的情况下,中国坚持实施更加积极主动的开放战略,努力拓展对外开放新领域,构建对外贸易新机制,加强对外贸易规划引导、公共服务和权益保障。在努力稳定外需的同时,积极扩大进口,在积极有效利用外资的同时,加快对外投资步伐,鼓励各类所有制企业走出去,实现与世界各国的互利共盈。2012年1~10月,中西部地区实际使用外资继续保持较快增长,全国非金融类对外直接投资超过581亿美元,增幅达到26%左右。2012年,全国进出口额增长6.2%,其中出口增长7.9%,进口增长4.3%,贸易顺差2311亿美元,扩大48.1%。年内,中国境内投资者共对全球141个国家和地区的4425家境外企业进行了直接投资,累计实现非金融类直接投资772.2亿美元,同比增长28.6%。其中,对俄罗斯投资增长117.8%,对美国、日本、东盟、中国香港的投资均实现两位数的较快增长。

截至2012年12月底,中国对外承包工程业务累计签订合同额9981亿美元,完成营业额6556亿美元。年内,全国对外劳务合作派出各类劳务人员51.2万人,较上年增加6万人,其中承包工程项下派出劳务23.3万人,劳务合作项下派出27.9万人。

4. 社会发展平稳可控。2012年,中国坚持把保持物价总水平基本稳定作为宏观调控的重要任务,加强价格综合调控监管,物价总体水平涨幅稳步回落。全年居民消费价格比上年上涨2.6%,涨幅比上年回落2.8个百分点。其中:城市上涨2.7%,农村上涨2.5%;全年工业生产者出厂价格比上年下降1.7%。全年工业生产者购进价格比上年下降1.8%,基本控制在目标范围内。城乡居民收入稳定增长。全年城镇居民人均总收入26959元,其中城镇居民人均可支配收入24565元,比上年名义增长12.6%,扣除价格因素实际增长9.6%,增速比上年加快1.2个百分点。全年农村居民人均纯收入7917元,比上年名义增长13.5%,扣除价格因素实际增长10.7%,比上年回落0.7个百分点。

2012年,中国社会就业形势总体稳定,城镇新增就业1266万人,超过预期目标366万人,年末城镇登记失业率4.1%,控制在预期目标以内。全年农民工总量26261万人,比上年增加983万人,增长3.9%;其中本地农民工9925万人,增长5.4%;外出农民工16336万人,增长3.0%。外出农民工人均月收入水平2290元,比上年增长11.8%。社会保障水平进一步提高,新型农村社会养老保险和城镇居民社会养老保险制度实现全覆盖,城乡居民大病保险试点启动。

"科教兴国"战略继续实施,教育改革发展稳步推进,科技和教育投入高于其他投入。全年研发开支占GDP比重高达1.98%,比两年前高出0.4个百分点。

生态建设和环境保护继续推进,节能减排和环境保护取得新成效,全年单位国内生产总值能耗下降3.6%,降幅比上年扩大1.59个百分点,实现既定计划目标。修订环境空气质量标准,增加PM2.5等监测指标,并在部分地区、城市开展监测和信息发布。

(二)政治外交形势特点

1. 政治形势。2012年11月,中国共产党召开第十八次全国代表大会。十八大报告中明确指出,实现社会主义现代化和中华民族伟大复兴是建设中国特色社会主义的总任务,并对全面建成小康社会,增添了新的内容和具体指标。中国共产党十八届一中全会选举产生新一届中央领导机构,实现又一次具有历史意义的新老平稳交替,反映出中国共产党在市场经济的条件下、在社会主义民主政治的条件下执政已日渐成熟。

中共十八大确定的战略定位:一是总体目标实现两个翻番;二是新增长源泉构建在走中国特色的新型工业化、信息化、城镇化、农业现代化的"新四化"道路上;三是在结构调整上以城镇化为重心,以扩大消费为基础,把改革作为最大的红利,把城镇化作为扩内需、调结构的核心,主题非常明显。十八大提出要把生态文明建设与经济建设、政治建设、文化建设、社会建设一道,组成中国特色社会主义事业"五位一体"的总体战略布局。生态文明建设地位的提升,正是贯彻落实科学发展观的客观需要,与经济发展方式的转变、人居环境的改善等方面具有逻辑的一致性。这是建设美丽中国,实现中华民族永续发展的重要基础。

2. 外交形势。2012年,国际局势深刻变化、周边安全形势微妙复杂。4月10日,菲律宾军舰公然袭扰在黄岩岛潟湖内正常作业的中国渔船,挑起"黄岩岛事件";6月21日,越南国会通过《越南海洋法》,擅自将中国西沙群岛和南沙群岛纳入所谓越南"主权"范围。9月11日,日本政府不顾中方严正交涉,执意对钓鱼岛实施"国有化",导致中日关系急剧恶化。面对这一局面,中国启动"新型大国"外交,与国际社会携手应对多重挑战,在重大国际和地区事务上以负责任的态度发声,树立负责任大国形象。同时,中国与其他主要大国互动频密,双边关系稳定发展。

在中美关系方面,2012年适值尼克松访华和中美"上海公报"发表40周年,中美两国领导人保持密切接触和往来。时任国家副主席习近平年初成功访美,拉开了中美高层互动的序幕。之后,中美两国元首分别在出席核安全峰会和G20峰会期间实现两次会晤。美国国务卿希拉里两度来华访问。年末,国务院副总理王岐山赴美出席第23届中美商贸联委会。

在中欧关系方面,双方高层互访频密,各领域合作不断走深、走实。胡锦涛、温家宝、李克强等中国领导人访问欧洲,范龙佩、巴罗佐等欧盟领导人也成功访华。双方还在9月成功举行中欧第15次领导人会晤,共同探讨应对危机、深化合作之策,取得积极成果。

在中俄关系方面,双方务实合作规模和质量同步提升,人文交流更加活跃,在重大国际和热点问题上保持密切协调和配合。中国总理温家宝赴俄出席中俄总理定期会晤,并与俄总统普京举行会谈。在此之前,中俄两国元首年内已举行两次会晤。

在周边外交方面,中国开始以更加负责任的大国政策,推动形成中老缅泰湄公河执法安全合作机制,协商确定中国和阿富汗的警察合作机制。中国在继续以经贸合作和平崛起的同时,亦适时采取"兼顾安全合作"新思路。

2012年,中国继续重视并积极参与"峰会外交",在年内举行的世界未来能源峰会、核安全峰会、金砖国家领导人会晤、G20峰会、APEC峰会、东亚系列峰会

中国青海省玉树县第一民族中学的学生在崭新的塑胶跑道上进行赛跑课程规范教学

(新华网)

等，中国领导人无一缺席。2012 年 6 月，上合组织第 12 次元首理事会在北京成功举行，成果丰硕。年内，中国领导人穿梭于国际会场，就国际经济形势、能源安全、防止核扩散、多边区域合作等政经热点问题发出中国声音。这些都在说明，中国的国家对外战略正在发生微妙变化，中国的外交战略在外部压力下渐趋主动。

二、发展因素分析

(一)国际因素分析

2012 年，世界经济形势错综复杂、充满变数，世界经济低速增长态势持续，各种形式的保护主义明显抬头，潜在通胀和资产泡沫的压力加大，世界经济已由危机前的快速发展期进入深度转型调整期，发达经济体、新兴市场与发展中经济体都面临不同程度的发展困境。尽管欧债危机最坏的时期很可能很快过去，但要恢复到危机前的水平在短期内几乎无望；美、日等发达经济体处于弱复苏阶段；新兴经济体面临外部需求减弱和通货膨胀双重压力，外部需求疲弱导致相互竞争加剧，严峻的外部环境直接影响到国内对外贸易进出口形势。

1. 世界经济复苏步履蹒跚。国际货币基金组织预测：2012 年世界经济按购买力平价计算增速为 3.3%，比 2011 年下降 0.5 个百分点；发达经济体经济增速为 1.3%，比上年下降 0.3 个百分点，其中美国经济增长率为 2.2%，比上年提高 0.4 个百分点；新兴市场与发展中经济体经济增速为 5.3%，比上年下降 0.9 个百分点。

2. 发达国家失业率高位徘徊。美国劳工部数据显示：2012 年 12 月美国失业率仍维持在 7.8%，总失业人数增至 1221 万。根据欧洲央行数据：2012 年 11 月欧盟和欧元区的平均失业率分别为 11.8% 和 10.7%，其中西班牙和希腊分别高达 26.6% 和 26.0%。日本青年失业问题突出。日本内阁府数据显示：2012 年 10 月失业率为 4.1%，其中 15～24 岁青年人完全失业率 7.5%。

3. 全球通货膨胀水平较上年明显回落。发达经济体和新兴与发展中经济体的通胀水平同步走低。经济合作与发展组织数据显示：2012 年头三季度经合组织国家的消费者物价指数(CPI)同比分别上涨 2.8%、2.2% 和 2.1%，扣除食品与能源价格外的核心 CPI，同

中国神舟九号飞船发射成功组图：①6 月 16 日，神九发射成功；②神舟九号与天宫一号载人交会对接示意图；③6 月 16 日，神舟九号航天员出征仪式在酒泉卫星发射中心航天员公寓问天阁举行(新华网)；④6 月 17 日，从神舟九号入轨以来，景海鹏、刘旺、刘洋 3 名航天员在太空度过了第一个 24 小时(新闻网)；⑤航天员父母切蛋糕庆祝神九发射成功

比上涨1.7%,较上年第四季度下降0.3个百分点。2012年新兴市场与发展中经济体通胀水平总体高于发达经济体,其中多数国家通胀压力有所缓解,印度、印度尼西亚和俄罗斯等国通胀压力加大。

4. 贸易增速明显放缓且争端不断。世界贸易组织《2012年世界贸易报告》预测:2012年全球贸易增速为2.5%,低于此前20年平均水平的一半。贸易增速显著下滑与贸易保护主义密切关联。根据经合组织和联合国贸易与发展组织的报告,2011年11月至2012年5月,二十国集团成员采取的保护主义措施达124起,月平均17.7起,贸易保护措施更加隐蔽,并趋于长期化,出口限制、出口补贴、进口限制、技术性贸易壁垒、动植物检疫措施、延迟通关等非关税措施日益增多,给世界贸易带来新挑战。中国是贸易保护主义的主要受害国之一,2012年上半年共遭遇18个国家和地区发起的贸易救济调查,反倾销、反补贴、特保等贸易救济调查40起,同比增长38%,涉案金额37亿美元,同比增长76%。

5. 发达经济体债务危机隐患加重。2012年10月国际货币基金组织数据显示,政府债务占国内生产总值比例,2010年为100.6%,2012年为109.9%,接近二战高峰期水平。政府债务占国内生产总值比例,欧元区、美国、日本2012年分别为93.6%、107.2%和236.6%。欧债危机已经成为2012年世界经济的一大难题,但当前美国和日本的偿债能力也在沿着不可持续的道路前行,并可能成为引发下一轮债务危机的隐患。而新兴市场经济体的财政状况相比健康得多:其财政赤字占国内生产总值比例2011年为1.2%,2012年为1.4%;其政府债务占国内生产总值比例2011年为36.3%,2012年预计为34.4%。2012年,巴西、中国、印度、俄罗斯和南非政府债务占国内生产总值比例分别约为64.1%、22.2%、67.6%、11.0%和41.2%,中国、俄罗斯均处于平均线以下。

(二)国内因素分析

2012年,受国际外部环境不确定性依然较大、国内房地产调控和政策总体偏紧等因素的影响,面临着世界经济艰难复苏、国内成本上升、转型压力增大等不利因素,中国投资、消费和出口"三驾马车"的增长均有不同程度的放缓,经济发展增速在上年逐季放缓的基础上继续减速。年内,影响中国经济发展的突出困

⑥ 6月26日,中共中央总书记、国家主席、中央军委主席胡锦涛在北京航天飞行控制中心,同神舟九号航天员景海鹏、刘旺、刘洋亲切通话;⑦中国首位进入太空的女航天员刘洋(新华网);⑧凯旋而归的航天员;⑨ 7月27日,胡锦涛等中央领导在北京人民大会堂亲切会见天宫一号与神舟九号载人交会对接任务航天员及参研参试人员代表 (新华社)

难依然较多,经济运行下行压力加大,经济企稳基础还不够稳固,主要表现在:

1. 经济下行压力依然较大。据国际货币基金组织(IMF)数据,2012 年全球贸易量增长 4.0%,比 2011 年放缓 1.8 个百分点。这使得中国实体经济面临的外部环境更加严峻。同时国内经济的调整进入到一个关键时期,经济运行处在从政策刺激向内生增长转变的过程,经济增速在一定程度上呈现出适应性的调整回落,各方面的压力仍会比较大。

2. 房地产市场调控持续。2012 年,中国房地产市场进入持续深化调整阶段,房地产开发商减少土地购置,致使地方土地出让金收入明显下降。全年房地产价格虽然没有大幅度上涨,但用于建房的土地有所减少。廉租房建设和完工没有达到国家计划要求。2012 年国内房地产市场调控政策继续,房市调整持续,房地产和相关上下游产业增长乏力。

3. 部分行业产能过剩问题比较突出,“高产能、高库存、高成本,低需求、低价格、低效益”的问题困扰着行业健康发展。产能过剩主要体现在一些产品价格暴跌、库存增加、效益下滑和亏损增加,特别是在钢铁、水泥等行业表现尤为突出。年内,中国炼钢能力超过 9 亿吨,产能利用率仅有 72%;水泥产能接近 30 亿吨,超过 2015 年 25 亿吨的需求预期目标。受出口受阻影响,58 家多晶硅生产企业开工不足的有 10 家。产能过剩问题已导致这些行业产品价格加速下滑,整体经营状况恶化。

4. 企业生产经营效益持续下滑,持续发展困难加剧。2012 年,企业融资难融资贵、用工难用工贵、利润薄等多种困境形势非常严峻,由于国内前期经济增长累积的经济结构不合理等问题,有效需求不足,内需拉动乏力,全国市场需求增长未出现明显改观,企业生产成本仍居高不下,企业利润持续减少,亏损增加。1~10 月,企业亏损面为 15%,同比扩大 3 个百分点,亏损企业亏损额同比增长 50.1%;每百元主营业务收入中成本支出同比上升 0.28 元,财务费用同比增长 28.6%,高出同期主营业务收入 18.3% 的增幅,流动资产周转率下降 0.1 次/年。外需萎缩影响短期难以根本扭转,外部需求的萎缩加大了出口的压力,出口形势严峻。2012 年头三季度,进出口总额 28425 亿美元,同比增长 6.2%,增速比上年同期回落 18.4 个百分点。7 月,进、出口增速回落至 2009 年底以来的历史低位,其中出口增长 1%,进口增长 4.7%。一些劳动密集型产业和订单有向周边国家转移的趋势,部分高端出口产业面临发达国家打压,出口稳定增长的难度依然很大。

5. 出口企业竞争力下降迹象明显。2007~2011 年,中国出口对 GDP 增速的贡献平均为 26%,年均拉动 GDP 增长 2.5 个百分点。而 2012 年 1~8 月,出口仅贡献 0.61 个百分点,出口下降明显,成为全年增速放缓的主要原因。除了全球需求市场疲软因素外,在一定程度上反映了出口企业竞争力的变化。年内,国内不少外贸企业劳动力成本大幅上升,社保缴费过高,负担较重;2012 年 FDI 一直负增长,而且部分投资具有明显的产业转移性质;个别国际品牌关闭在中国的生产基地。随着国内要素价格上升,出口竞争优势逐步由低成本向规模经济、产业聚集效应转变。当外部市场持续萎缩、内部市场不振时,规模经济、产业聚集对成本上升的抵消作用也在减弱。上述因素的变化,预示国内出口竞争力开始出现下降迹象,特别是劳动密集型产品的国际市场份额已经持续小幅下降。

三、2013 年发展展望

2013 年是全面贯彻落实中国共产党十八大精神的开局之年,是实施中国国民经济和社会发展“十二五”规划承前启后的关键一年,是为全面建成小康社会奠定坚实基础的重要一年。中国发展仍处于可以大有作为的重要战略机遇期,经济社会发展具备很多有利条件和积极因素,同时也面临不少风险和挑战。2013 年经济社会发展的主要预期目标是:国内生产总值增长 7.5% 左右,发展的协调性进一步增强;居民消费价格涨幅 3.5% 左右;城镇新增就业 900 万人以上,城镇登记失业率低于 4.6%;城乡居民人均收入实际增长与经济增长同步,劳动报酬增长和劳动生产率提高同步;国际收支状况进一步改善。从国内外的发展形势和趋势出发,要实现上述目标,必须继续把握好稳中求进的工作总基调,注重需求政策与供给政策结合,短期政策与中长期政策结合,保持政策连续性和稳定性,增强前瞻性、针对性和灵活性,推动增长动力转换和发展方式的实质性转变,促进国民经济平稳较快运行发展。

(一)从国际形势看

2013 年,世界经济仍处在危机后的调整期,结构改革不到位和需求增长乏力等问题难以根本改观,金融危机的影响呈现长期化趋势,国际环境充满复杂性和不确定性。

1. 美国经济保持温和增长。到 2012 年底,美国商业零售保持平稳增长,消费者信心指数处于危机后的较高水平。制造业产能利用率平均超过 78%,接近危机前水平。新开工房屋保持较快增长,房地产市场持续回升。失业率下降到 7.8%。根据美国经济学家测算,现阶段美国潜在增长率为 2.5% 左右,创新活力使其保持较强弹性和竞争力。短期最大挑战来自就业和债务压力。低就业增长将影响消费的可持续性,财政紧缩不利于经济复苏,也可能会引发金融市场波动。

2. 欧盟将继续维持零增长或轻度衰退状况。欧债危机处置进程缓慢,但总体仍沿着预期方向发展。

随着欧洲稳定机制(ESM)的实际运转,以及财政联盟的推进,欧洲金融市场有逐步趋稳的可能。但如何摆脱高失业率(11.3%)、高通胀(2.7%)与零甚至负增长状态,仍然是一个巨大挑战。金融市场稳定只是第一步,实体经济活力和竞争力不足、内部发展不平衡等问题,短期内难见明显成效。

3. 日本经济有所放缓。2013 年,灾后重建和电力供应恢复的拉动作用明显减弱。日本罔顾历史事实挑起的钓鱼岛争端,对中日贸易和全球分工链的冲击将持续一段时间。针对美联储第 3 轮量化宽松政策,为了防止日元升值并试图走出通缩,采取巨量投放货币的措施,其影响仍有较大不确定性。

4. 新兴市场回升动力不足。随着新一轮货币宽松,大宗商品价格会逐步走高并维持在相对高位,这将有利于资源出口国投资和消费的恢复。在金砖国家增速放缓的同时,随着资金向发展中国家回流,土耳其、印度尼西亚、尼日利亚、波兰等国将有一些新亮点。但由于创新潜力总体不足和对外部市场的依赖性,新兴市场回升动力仍显不足。

(二)从国内形势看

2013 年,中共十八大以后中国不断推进政治、经济改革,不断打破制约中国社会和经济发展的瓶颈问题,推进中国经济的可持续健康发展。中共十八大提出加快城镇化建设,这将是 2013 年经济稳定增长的主动力。同时,2013 年中国经济仍处在增长阶段转换和寻求新平衡的关键期。从 2012 年经济运行状况及发展趋势看,2013 年中国经济增长阶段转换的征兆更趋明显,经济持续增长的动力依然较强,拉动中国经济增长的“三驾马车”将呈现趋稳回升态势,推动内需增长的积极因素在增多,在宏观政策的协调配合下,有望继续保持平稳较快发展的基本态势。

1. 出口增长与 2012 年大体持平。近 10 年来,中

2012 年中国主要工农业产品产量及其增长速度

产品名称	单位	产　量	比上年增长(%)	产品名称	单位	产　量	比上年增长(%)
一、工业产品				汽车	万辆	1927.7	4.7
纱	万吨	2984.0	9.8	其中:基本型乘用车(轿车)	万辆	1077.1	6.4
布	亿米	840.8	3.3	大中型拖拉机	万台	46.3	15.3
化学纤维	万吨	3800.0	12.1	集成电路	亿块	823.1	14.4
成品糖	万吨	1406.8	18.5	程控交换机	万台	2826.3	-6.8
卷烟	亿支	25160.9	2.8	移动通信手持机	万台	118154.3	4.3
彩色电视机	万台	12823.3	4.8	微型计算机设备	万台	35411.0	10.5
其中:液晶电视机	万台	11418.3	10.9	二、农业产品			
家用电冰箱	万台	8427.0	-3.1	粮食	万吨	58957	3.2
房间空气调节器	万台	13281.1	-4.5	其中:夏粮	万吨	12995	2.8
一次能源生产总量	亿吨标准煤	33.3	4.8	早稻	万吨	3329	1.6
原煤	亿吨	36.5	3.8	秋粮	万吨	42633	3.5
原油	亿吨	2.07	2.3	棉花	万吨	684	3.8
天然气	亿立方米	1072.2	4.4	油料	万吨	3476	5.1
发电量	亿千瓦小时	49377.7	4.8	糖料	万吨	13493	7.8
其中:火电	亿千瓦小时	38554.5	0.6	烤烟	万吨	320	11.5
水电	亿千瓦小时	8608.5	23.2	茶叶	万吨	180	11.2
核电	亿千瓦小时	973.9	12.8	肉类	万吨	8384	5.4
粗钢	万吨	71716.0	4.7	其中:猪肉	万吨	5335	5.6
钢材	万吨	95317.6	7.6	牛肉	万吨	662	2.3
十种有色金属	万吨	3672.2	6.9	羊肉	万吨	401	2.0
其中:精炼铜(电解铜)	万吨	574.0	9.5	生猪存栏	万头	47492	1.6
原铝(电解铝)	万吨	1985.8	12.3	生猪出栏	万头	69628	5.2
氧化铝	万吨	3769.6	10.3	禽肉	万吨	1823	6.7
水泥	亿吨	22.1	5.3	禽蛋	万吨	2861	1.8
硫酸	万吨	7686.3	2.7	牛奶	万吨	3744	2.3
纯碱	万吨	2408.8	5.0	水产品	万吨	5906	5.4
烧碱	万吨	2696.1	9.0	其中:养殖水产品	万吨	4305	7.0
乙烯	万吨	1486.8	-2.7	捕捞水产品	万吨	1601	1.3
化肥(折 100%)	万吨	7296.0	10.1	木材	万立方米	8088	-0.7
发电机组(发电设备)	万千瓦	13005.6	-9.7				

注释:表中数据均为初步统计数。各项统计数据均未包括香港特别行政区、澳门特别行政区和台湾省。部分数据因四舍五入的原因,存在着与分项合计不等的情况。钢材产量数据中含部分使用钢材加工成其他钢材的重复计算因素

国对外贸易年均增长21.7%，比同期全球贸易年均10%的增幅高出1倍多。其中，出口年均增长21.6%，在全球出口中的份额由2002年的5%上升到2011年的10.4%。2013年世界经济增速温和复苏，中国出口环境将有所好转。结合总体国际形势和以往经验推算，并考虑到国内劳动力成本上升、低成本优势逐步削弱以及结构调整升级等因素，预计2013年出口增长与2012年大体持平。

2. 消费增长有望保持基本稳定。在本轮经济持续下行中，国内就业总体稳定，城乡居民收入保持较快增长，为消费稳定增长奠定了良好基础。消费将继续超过投资成为拉动经济增长的第一动力。房地产销量持续回暖，与住宅相关的装修、建材、家电、家具等消费将有所回升；根据汽车购置周期和原油价格走势，汽车及石油制品消费将保持稳定增长；受通胀预期影响，珠宝和贵金属消费因保值需求出现恢复性增长。预计2013年消费增长14%左右。

3. 投资增长面临一定下行压力。首先，国内房地产市场调控持续，投资回升力量不足。随着商品房销售回暖，且销售增速超过新开工面积增速，以及土地购置面积增速降幅收窄，市场主导的房地产投资将出现小幅回升，但全年保障房施工套数、施工面积和新开工面积均有所下降，保障房投资增速将明显减缓。其次，受出口渠道受阻、形势不振和产能过剩、利润偏低的影响，制造业投资信心不足，增长乏力。国内制造业投资与出口增长密切相关，由于出口增长相对低迷，出口拉动的投资动力明显不足。同时，企业盈利水平普遍下降，众多企业出现亏损，自有资金不足，投资扩张动力减弱。再次，根据国内"十二五"规划部署，公路、铁路、地铁、水利等基本建设投资仍有一定增长潜力，但由于地方负债率较高，税收增收困难而民生类支出压力较大，局部地区风险约束明显增加，基本建设投资扩张能力受到限制。预计2013年固定资产投资增长18%左右。

4. 物价上涨压力有所上升。2013年，受新一轮全球性宽松货币政策影响，大宗商品价格走高和短期资本回流，都可能推高CPI上涨。其中食品供求总体仍处于紧趋平衡的格局，国际、国内供给冲击或货币宽松都容易使物价上涨预期转化为上涨现实。随着PPI逐步回升，将部分传导到CPI。2013年物价综合压力略有上升，再考虑要素价格改革等因素，全年CPI上涨空间较大。

综合判断，2013年世界经济仍处在深度调整期，国内需求面临一定下行风险，物价上涨压力有所上升，全年经济增长与2012年大体持平。从中国所处的发展阶段特点和潜在的不确定因素考虑，中国经济在寻求新平衡的过程中仍可保持基本稳定，并为深化体制改革和结构调整创造更大空间。　（周明钧）

主要参考文献

1.《2013年中国政府工作报告》

2. 中国国家发改委《关于2012年国民经济和社会发展计划执行情况与2013年国民经济和社会发展计划草案的报告》

3.《中华人民共和国2012年国民经济和社会发展统计公报》

4.《2012年中国实体经济发展报告》

5.《2012年中国工业经济运行报告》

6.《2012年中国农业经济发展情况分析报告》

7.《2012年中国对外贸易形势报告》

8.《中国经济2012年回顾与2013年展望实录》

9.《2013年中国经济发展态势分析》

10.《2013年中国经济形势展望》

11.《2013年世界经济走势展望》

文莱：2012年发展回顾与2013年展望

2012年，文莱政治社会稳定；经济保持增长；外交延续既定的对外政策，积极参加本地区及国际的一些外交活动。展望2013年，文莱各个领域的发展将保持2012年的格局。

一、政治社会稳定

文莱政府重视维护政治社会稳定，文莱苏丹在2012年新年贺词中强调，国家保持和平稳定是实现发展的前提，文莱公民都有维护国家安定的义务。年内，文莱政府根据本国的具体情况继续采取行之有效的措施来保持政治社会稳定。

（一）立法会在国家发展和稳定方面举足轻重

2012年3月1日，文莱苏丹在文莱八届一次立法国会开幕式上发表讲话，要求做好社会稳定和谐工作：一是发挥立法会的功能，要求国家立法会委员将工作重点放在关系国家发展的问题上，认真研究问题，忠实履行职责；二是政府将把更多资源投入到教育领域，培养更多有识青年，发挥青年在促进国家社会朝更繁荣、更文明社会前进中的作用；三是要求政府有关部门引导民众树立正确的家庭价值观，发挥家庭在解决各类社会问题中的积极作用，政府基层官员要关心民众疾苦，促进社会和谐。

（二）加强政府管理预防打击腐败

2012年3月7日，文莱国家立法会会议在讨论2012/2013财年国家预算案时强调要加强开支管理，防止腐败，加快腐败调查进度，加强公务人员管理等。2012年2月20日，文莱首相署能源部常务副秘书长贾马英出席文莱蚬牌石油公司在诗里亚英善尼社区中心礼堂举办的供应商商业诚信日活动致词时表示，反贪污受贿是大家的责任，企业家必须具备商业道德、诚信及注重安全，确保公平竞争的环境，杜绝企业垄断。他表示，为了达到文莱零贪污的宏愿，首相署不会容忍任何违反诚信的经营模式。

对文莱苏丹的要求，立法会议员和政府各部门都认真执行，立法会就文莱的基础设施计划实施进程、物价上涨、文莱皇家航空公司航线调整、扶贫等问题对有关政府部门进行质询和献计献策，并取得一定成效。2012 年 2 月底，由马来西亚 UEM 建筑者公司在首都斯里巴加湾市承建的 4000 套安居住宅已完工 26%。该项目占地 309 公顷，总投资 3.88 亿文莱元，包括 1600 套半独立房屋和 2400 套排屋。项目于 2010 年 2 月动工，预计 2014 年第一季度竣工。国家住宅计划首批公寓于 2012 年年中启动并于 2012 年年底建成。文莱政府有关部门还将多种日用品纳入价格控制范围之内，2012 年文莱物价继续保持稳定，全年 CPI 涨幅均在 1.25% 以内。政府还向贫困人群提供物质救助，为国民提供电力、汽油和柴油补贴，根据文莱能源部公布的统计数据，2012 年政府为国民负担的能源补贴高达 1.4 亿美元。

文莱政府重视政治社会稳定工作的措施得到国民和国际社会的认可，该国政治社会一直保持稳定，国际反腐组织“透明国际”在发布 2012 年全球廉洁指数报告中，文莱在东盟 10 国中排名第二。

二、经济增长放缓

2012 年是文莱实施第十个国家发展规划的第一年，尽管世界经济不景气，但文莱政府 2012 年推出降低企业税、实行专利法、反洗钱法等一系列举措维持经济健康发展，经济依然保持一定增长。全年国内生产总值增长 0.9%，增速较 2011 年的 3.4% 明显放缓。增速降低的主因是石油和天然气小幅减产，油气产业产值同比下降 2.5%。非油气产业产值增长 4%，其中农林渔业和服务业增长较快，推动文莱经济重心向非油气领域转移并取得初步成效。

2012 年，文莱经济发展的最大亮点是旅游业。全年接待外国游客 24.1 万人次，比上年增长 27%。

2012 年 3 月 19 日，文莱第八届立法会议批准 40 亿美元的年度财政预算。其中，8.1 亿美元投入文莱第十个国家发展规划，该规划主要是为推动文莱经济重心从油气产业转移，实现经济多元化发展。年内，已有 1048 个项目纳入国家发展规划。剩余预算将主要分配给文莱财政部（6.7 亿美元）、教育部（5.6 亿美元）、首相府（4.6 亿美元）、国防部（4.0 亿美元）和卫生部（2.7 亿美元）等部门。

据 2012 ~ 2013 世界经济论坛全球竞争力报告，文莱在全球 142 个国家中排名继续保持第 28 位。报告显示，文莱在微观经济经商环境与劳工市场效率方面获得较高评价，但健康卫生与基础教育不尽如人意。2012 年 11 月，文莱首相署副部长兼经济发展局主席拿督阿里透露，2012 年文莱保持既无内债又无外债的局面，经济状况喜人。文莱国民生活富足，以个人拥有汽车量为例，2012 年文莱达到每 2.65 人拥有 1 辆汽车，居全球第九位。

从 2012 年发展情况看，文莱经济继续保持增长，但依靠油气作为经济支柱的格局没有变化，经济多元化的目标进展不大，国内市场狭小，主要依靠油气出口来维持对外贸易的增长。

三、对外交往与合作

2012 年，文莱仍然按照既定的对外政策，主要参加东盟举办的一系列会议及各项活动；继续推行大国平衡政策，与世界主要大国继续保持密切关系，同时参与一些对外交往活动。

（一）参加东盟举办的年度系列会议及一些国际活动

2012 年，文莱苏丹出席在柬埔寨首都金边举行的东盟系列会议及多边国际会议：率领第二外交部部长林玉成和文化、青年与体育部部长哈扎伊尔出席第 20 届东盟峰会和纪念东盟成立 45 周年峰会（4 月 3 ~ 4 日）；访问马来西亚并出席第 13 届亚洲防务展（4 月 14 ~ 18 日）；与外交和贸易部部长穆罕默德出席在金边举行的第 45 届东盟外长会议、东盟与中日韩（10 + 3）外长会、第 2 届东亚峰会（EAS）外长会和第 19 届东盟

9 月 23 日，文莱皇室举办公主哈菲嘉与驸马鲁再尼的盛大婚礼　（新华网）

地区论坛(ARF)等系列会议(7月9~13日);与外交和贸易部部长穆罕默德出席在沙特阿拉伯举行的伊斯兰合作组织峰会(8月9~11日);出席在俄罗斯符拉迪沃斯托克市举行的第20次APEC(亚太经合组织)领导人非正式会议(9月6~9日);出席在金边举行的第21届东盟峰会、第15次中国—东盟(10+1)领导人会议、东盟与中日韩(10+3)合作15周年纪念峰会和第7届东亚峰会(11月18~21日);出席在印度首都新德里举行的印度—东盟纪念峰会(12月20日)。

2012年,文莱接待东盟及其他国家领导人及政要来访的有:卡塔尔国王赛阿末(1月17日)、俄罗斯外交部部长拉夫罗夫(1月29日)、马来西亚武装部队参谋长朱基菲里上将(1月30日)、菲律宾体委主席里卡多卡西亚(2月4日)、越南外交部部长范平明(2月7日)、加拿大国际贸易部部长艾德·法斯特(2月16日)、马来西亚国家元首端古·阿卜杜勒·哈利姆(5月9日)、美国国务卿希拉里(9月6日)、澳大利亚总督昆廷布莱斯(10月2~5日)、印度外长克里希纳(10月20日)、越南国家主席张晋创(11月28~30日)、缅甸总统吴登盛(12月4日)等。

文莱主办的国际会议有:第19届东盟—欧盟外长会议(AEMM),第6届文莱、马来西亚卫生部长会议等。

(二)文莱与东盟各国的交往与合作

1. 与马来西亚继续保持密切交往与合作。4月14~18日,文莱苏丹访问马来西亚并出席第13届亚洲防务展。5月9日,马来西亚最高元首端古·阿卜杜勒·哈利姆访问文莱,这是哈利姆成为马来西亚第14任国家元首之后出访的第一个国家。两国经贸合作成效显著。2012年6月,文莱投资局通过子公司安南机构购得马来西亚最大综合畜牧中心——沙巴州根地咬综合畜牧中心40%的股份。2012年7月4日,文莱能源部部长亚斯敏与马来西亚能源部部长陈华贵在文莱举行会谈,商讨加大能源合作力度,实施水力发电及可再生能源开发计划,建立文莱与马来西亚沙捞越州供电输送互补机制,以确保电力供应。

2. 与越南的交往与合作。2012年是文莱与越南建交20周年,双方交往频繁。2月,越南外交部部长范平明访问文莱。11月,越南国家主席张晋创对文莱进行访问。文莱金管局和越南国家银行、文莱国家石油公司与越南石油公司分别签署关于金融和能源领域的两项合作协议。在经济贸易合作方面,2011年,文莱和越南双边贸易额猛增10倍达2亿美元,主要贸易商品包括电器、鲜果、咖啡等。文莱在越南的94个投资国中排名第12位。

3. 与新加坡的交往与合作。《文莱时报》2012年6月8日报道,2011年,新加坡与文莱贸易额达22亿美元,较2005年的12亿美元增长逾80%。同期新加坡对文莱的投资从6300万美元增至1.81亿美元。此外,两国还同意加强环境管理合作。配合第6届文莱—新加坡常年互访活动而召开的文新环境合作年度会议于5月9日在文莱首都斯里巴加湾市举行,两国环境部官员就废物管理、空气质量监督、水源管理、青年交流计划、气候变化以及跨国烟霾污染问题等进行深入讨论。

4. 与泰国交往与合作。2012年6月29日至7月2日,文莱苏丹访问泰国,同泰国总理英拉就农业、清真产品、能源和教育等领域合作交换意见。双方将开展水稻种植、渔业、畜牧业、土地开发和水资源管理等合作。双方初步讨论建立合资公司,使用文莱清真品牌,将泰国发展成为出口基地。泰方表示希望通过泰国PTT公司对文莱能源领域投资,并开展可再生能源共同开发。泰国稻米占文莱稻米市场份额的95%。

(三)文莱与美国的交往与合作

2012年2月27日,美国总统办公室副贸易代表德米特罗伊斯·马兰蒂斯在美国驻文莱大使馆举行的新闻发布会上表示,美国将帮助文莱达到《跨太平洋伙伴协议》(TPP)的要求,并将提供技术援助。9月6日,美国国务卿希拉里访问文莱,希望同文莱“重塑友好关系”,并开展教育和商业合作。9月22日,文莱卫生部与美国Innova公司正式签约,通过合作提升国内医疗水平。文莱大学与美国斯蒂文斯理工学院签署谅解备忘录,邀请美方协助文莱大学完善新成立的综合科技学院。

(四)文莱与俄罗斯的交往与合作

2012年9月,文莱苏丹出席在俄罗斯符拉迪沃斯托克市举行的第20次APEC领导人非正式会议时与普京进行会谈。6月25日,文莱国家石油公司与俄罗斯国有Zarubezhneft油气公司签署全面合作备忘录。双方将开

文莱国家森林公园云雾飞瀑　　(中国网)

展油气领域的商业合作，探讨在能源、电站、可再生能源领域建立合资企业，并与世界最大的天然气公司——俄罗斯天然气公司加强合作。6月28日，文莱文化、青年及体育部副部长拿汀哈嘉阿蒂娜出席在俄罗斯举行的2012年亚太经合组织（APEC）妇女及经济论坛。

（五）文莱与日本的交往与合作

日本仍然是进口文莱天然气和石油最多的国家。2012年10月22日，日本三菱集团首席执行官森一之表示，三菱集团正筹划在文莱设立化肥厂、生物制药厂和太阳能电站3个项目，增大对文莱天然气领域以外的投资，广泛参与文莱经济多元化发展。其中，化肥厂项目拟选址文莱大摩拉岛工业园区，可行性研究将于年底结束。生物制药厂将基于三菱集团在文莱已开展的高科技农业种植项目，进行下游产品加工，目前已进入可行性研究阶段。太阳能电站项目将根据此前三菱在文莱太阳能示范项目所采集的数据进行进一步评估，研究结果将于2013年10月揭晓。

（六）文莱与中国的交往与合作

1. 双方高层领导及有关政府部门继续保持密切交往。2月，文莱内政部副部长哈尔比访问中国南京，进一步落实双方2011年签署的斯里巴加湾市与南京市建立友好城市谅解备忘录。3月，文莱国防部副部长穆斯塔帕访问中国，并与中国国务委员兼国防部部长梁光烈会谈。4月，中国全国政协主席贾庆林、副主席孙家正先后访问文莱。5月，亚太安全合作理事会中国委员会会长、中国军控与裁军协会会长马振岗率团访问文莱。7月，中国国家海洋局陈连增副局长率团访问文莱。8月，中国外交部部长杨洁篪访问文莱，与文莱外交与贸易部第二部部长林玉成举行会谈。9月，文莱工业与资源部部长叶海亚率团出席第9届中国—东盟博览会、中国—东盟商务与投资峰会。

2. 地方政府及民间团体的交往。2012年3月，中国武术协会副主席何青龙率领中国武术协会代表团一行20人访问文莱，文莱首相府新闻局在皇家马球俱乐部举办《追溯文莱—中国关系史》新书发布仪式。4月，中国贸促会云南分会副会长姚云祥访问文莱，新疆木卡姆艺术团到文莱演出。6月，由11名成员组成的文莱国家代表团到中国山东省海阳市参加6月16～22日举行的第3届亚洲沙滩运动比赛，中国宁夏回族自治区博览局代表团访问文莱。7月，中国浙江大学校长杨卫访问文莱，与文莱大学校长祖尔卡内在文莱大学签署中国浙江大学与文莱大学石油化工人才培养谅解备忘录。9月，中国海军“郑和”号训练舰访问文莱。11月，以中国全国青年联合会副秘书长陈光浩为团长的中国青年代表团访问文莱。12月27日，中国援助文莱的23名志愿者教师在中国青年志愿者协会官员的陪同下抵达文莱，开始为期1年的教学服务。

3. 文中双边贸易创历史新高。2012年中国与文莱双边贸易额达16.08亿美元，比上年增长22.6%。中国对文莱出口12.52亿美元，增长68.2%，中国自文莱进口3.55亿美元，减少37.3%。

四、2013年展望

2013年，文莱将延续2012年的发展态势。根据文莱政府预测，预计2013年文莱经济增长率为2%～3%。

（马　静　马金案）

资料来源：

1. 中华人民共和国驻文莱大使馆及经济商务参赞处网站。
2. 文莱《易华网》。
3.《文莱时报》。
4.（文莱）《联合日报》。
5.（文莱）《诗华日报》。
6.（文莱）《婆罗洲公报》。

柬埔寨：2012年发展回顾与2013年展望

2012年柬埔寨政局稳定，对外关系平衡发展，宏观经济运行良好，经济保持较快增长，出口增长强劲。以旅游为代表的服务业蓬勃发展，建筑业方兴未艾，农业丰收，经济逐渐向多元化转型。在欧美深陷债务危机的情况下，柬埔寨吸收外国直接投资逆势上扬，商业环境、基础设施、公共服务、社会民生不断改善，贫困率明显下降，社会治理有较大改观。

一、柬埔寨国内政治生态

（一）政治发展仍然相对稳定且可持续

2012年柬埔寨人民党一党独大的趋势日益突显，在参议院和乡选中连战连捷，反对党为壮大实力加强整合，将希望寄托于全国大选，但总体势单力薄，尚不足以与执政党抗衡。西哈努克的去世并未影响国内政治发展基本态势，无论是执政的人民党、参与权力分享的奉辛比克党，还是影响力较大的反对党——桑兰西党、人权党、拉那烈党等都表示要坚持西哈努克的政治路线，坚持“民族、国家、国王”三位一体的君主立宪政体，以国家经济重建为中心，维护国家的和平、稳定与发展大局。但在这个大框架下又难免相互之间的争夺。人民党在2012年的第3届柬埔寨参议院选举中以绝对优势胜出，获得8880票，占77.81%。最大的反对党桑兰西党获得2503票，占21.93%。乡选落幕塑造了新的乡选政治版图，人民党再次成为本届选举大赢家，在全国1633个乡分区中的1591个乡分区以压倒优势获胜，囊括金边市96个乡分区。其余42个乡由4党瓜分，其中桑兰西党占据24个乡，但失去了金边3个乡，人权党、拉那烈党和奉辛比克党共享18个乡选区。

执政的人民党大力加强自身建设，意图逐步实现党内领导年轻化、知识化，着眼长远规划。2012年5月，人民党制订《2012年至2017年乡分区发展计划》，提出未来5年内该党的18项主要工作。为加强政党年轻化、知识化建设，实现新老交替、代际转换，柬埔寨人民党计划让至少10名议员提前退出政坛，并在2013年大选中起用大批出身名门的青年才俊，使他们承载起人民党未来发展之重。为巩固联合执政基础，争取人心，洪森大力支持拉奉两党合作，共谋国家建设大计。奉辛比克党自2011年年初领导层改组以后，一心一意加强政党内部改革，完善组织管理机制，鼓励党员精诚团结，提升党的影响力和支持率，但该党在参议院选举和乡选中出师不利，只能寄希望在正式的全国大选中扭转颓势。自拉那烈从奉辛比克党分裂另立拉那烈党以来，政党处境尴尬，党首拉那烈在“党产案”丑闻之后重返政坛，意欲东山再起，但领导能力遭遇严峻挑战。2012年乡选受挫之后，拉那烈在策略上再次以退为进，宣布二度引退，权力暂交拉那烈党秘书长邵拉尼，希望以此重铸该党形象。另外，为应对即将到来的第5届全国大选，宣布与奉辛比克党联合。同时公开表示承认洪森在柬埔寨政治上的地位与作用，以此博取洪森的话语支持。年内，在奉辛比克党第5次党代表会议上，党主席韩桑林发表讲话时呼吁民族团结，维护“民族、宗教和国王”三位一体的政治体制，同时也表示对两党联合的前景和利好充满期待。

柬埔寨的在野党派中，主要有桑兰西党、人权党、柬籍党、民主联盟党、高棉不穷党、民主共和国党和民主运动党等7个党派，除桑兰西党和人权党之外，其他5个小党在年内的乡选中均交白卷。以桑兰西党和人权党为主的反对党内部凝聚力严重缺乏，离心倾向日渐加剧，为应对这一困局，反对党也在走联合自强壮大实力的道路，力图在新一届全国大选中有更大作为。桑兰西党和人权党在2012年乡选之后联合组成以桑兰西为主席、金速卡为第一副主席的救国党，两人均对新成立的救国党参选前景满怀信心，但党魁桑兰西负案在身，被禁止归国，柬埔寨国家选举委员会于2012年11月裁定取消桑兰西首相候选人资格。为此，该党二号人物金速卡参与竞选。

（二）以反腐和土改为主旋律的政府治理

2012年柬埔寨政府继续致力于加强法制建设，深入推行政府公共行政、公共财政改革，建立健全司法制度，完善司法体制改革。实行税收改革，出台惠民利民政策，改善民生，减免农民税负，土地管理改革惠及广大农村，继续完善社会福利保障制度，使社会保障覆盖80%的公民。进行国防改革，制订国防战略，加强军事训练和对外军事采购，加快装备更新，推进军队现代化建设。进一步深化基层民主制度改革，扩大社会民主，国内民主和人权状况有明显改善，成立全国总工会联盟，保护职工的合法权益，政府更加重视非政府组织对经济社会的积极作用。继续强化腐败治理，完善机制建设，改善国家形象。其中，在腐败治理和土地政策改革方面的力度最大、收效最显著。年内，柬埔寨政府继续将反贪腐视为政府重点工作，采取措施加大对公务员职务犯罪或权力腐败的打击力度，提高国家反贪机构官员法律意识和执法能力建设，提高工作效率。2012年2月起，为四级公务员加薪，以缩小公务员之间的薪水差距。要求各级公务员严格落实财产申报制度，截至2013年1月16日，共有1.15万名公务人员完成财产申报。为使公共收费合理化，防止政府部门行政腐败，制订政府部门《公共服务表》，规定在22个部门中，撤销100项不合理收费项目，严格规定2000项收费明细，违规收费可处2~5年监禁，罚款500~1000美元，并要求各党派和非政府组织参与监督。积极宣传《反腐法》，推动反腐行动社会化。2012年5月，金边法院判处金边警察局肃毒办前主任杜蒙斯受贿罪名成立，数罪并罚共判处15年监禁。

除加大肃贪反腐力度之外，柬埔寨政府年内着手进行的另一项非常重要的工作便是推行土地改革，完善国家土地管理制度，缓解土地纠纷，以保证经济社会持续发展，使人民生活稳定、安居乐业。从2012年起，政府暂停批准新的经济特许地并收回10%的经济特许地，约合26.9万公顷，返还给农户。重新测量土地并给农户发放土地证，涉及总面积200万公顷的土地，受益农民近50万。从2012年下半年开始到2013年1月，共完成测量土地55万公顷，发放土地证13万份，余下的将在2015年上半年完成。柬埔寨政府还宣布扶持农业发展，积极发展乡村基建设施，对农产品减税，逐渐降低农村贫困率。

二、宏观经济保持稳定，经济增长居东盟之首

2012年柬埔寨经济增长率为7.3%，国内生产总值（GDP）总量约为140.6亿美元，人均GDP约987美元。由于食品和商品价格调控效果显著，柬埔寨货币汇率稳定，柬币瑞尔兑美元汇率为4040:1，全年通胀率2.9%，同比下降2.6%。截至2012年年底，外汇储备增至37亿美元，可以保证5个月的进口。由于外资（FDI）及官方发展援助（ODA）资金的流入，覆盖了相当一部分主权债务，截至2012年年底，柬埔寨对外债

2005~2012年柬埔寨实际GDP增长率

年份	2005	2006	2007	2008	2009	2010	2011	2012	均值
增长率（%）	13.3	10.8	10.2	6.7	0.1	6.0	7.1	7.3	7.7

资料来源：柬埔寨财经部网站 http//www.mef.gov.kh/

务总额约36亿美元,占GDP的27%,外债主要为公共部门获得的长期官方援助性贷款。全年税收总额为7.4亿美元(约合29621亿瑞尔),比上年增长25.5%。国内外公共投资共10.34亿美元,占GDP的7.8%。其中,内资投资总额约3.28亿美元(约合13270亿瑞尔),国内投资集中于服装、制革、木薯加工、碾米等轻工业和旅游开发项目等。外资对公共投资约7.1亿美元(约合28600亿瑞尔),占整个公共投资的68%。全年新增外国直接投资(FDI)15亿美元,同比增长76%。截至2012年年底,现有FDI投资存量总额22.8亿美元,投资项目157个,FDI投资集中于能源及电力、劳动密集型加工制造产业、油气和矿业。投资增长较快的领域主要有纺织服装、汽车、电子等行业。90%的FDI投资均来自亚洲的中国、日本、韩国及越南等国,其中,韩国新增投资2.87亿美元,中国2.63亿美元,日本2.12亿美元,主要投资领域包括服装、玩具、电子、家具,以及木薯、粮食加工业等。

2012年柬埔寨产业发展呈"两慢一快"不均衡发展态势:工业产值增长较快,农业、服务业增长较慢。工业比上年增长13.3%,农业、服务业分别增长3.2%和5%。第二产业中能源、矿产、基础设施、水电及建筑行业、运输业增长较快,制造业已成为柬埔寨最重要的经济支柱之一。服装、电子、玩具等出口导向型产业投资不断加大、效率显著提高,加工制造业发生积极转型,产品附加值开始有所增加。服装和制鞋是柬埔寨最为重要的经济增长点。截至2012年年底,柬埔寨共有630家制衣厂和制鞋厂,其中年内新增150家,比上年增长31.2%;总就业人数65万,其中服装企业300多家,就业员工35万人。年内有建筑和房地产项目1694个,投资总额21亿美元,比上年增长72%;建筑面积653万平方米,增长55%。

以水稻、橡胶、玉米、豆类、木薯为主的柬埔寨农业生产取得丰收。2012年,水稻种植面积约300万公顷,稻谷总产量931万吨。五大水稻生产省份的稻谷产量为:波罗勉119万吨、茶胶115万吨、马德望87万吨、磅湛82万吨、磅通68万吨。橡胶是柬埔寨主要的经济作物,有18个省种植橡胶,种植面积28万公顷,全年产量6.5万吨。主产区为蒙多基里、拉达那基里、磅通和桔井等省。

以旅游为主的服务业有大幅增长。旅游业方面,2012年接待国内外游客350万人次,比上年增长25%。越南、韩国、中国、老挝和泰国是柬埔寨的五大客源国。金融、保险业及电信、证券业等现代服务业开始勃兴。2012年,柬埔寨银行和金融业不断推出新举措,健全金融法规和监管体系,开放资产自由流动,大大促进了金融业发展,行业业绩增速在东盟超过缅甸和老挝。柬埔寨全国有32家商业银行,其中,包括7家专业银行。截至2012年11月,银行吸收存款60亿美元,比上年增长24%。共向私营企业放贷54.9亿美元,增长30%。其中,爱喜利达银行放贷12.2亿美元,增长23%;吸收存款14亿美元,增长22%,不良资产率0.33%。全年保险业收入3600万美元,增长21%,保险赔付1580万美元。2012年4月18日,柬埔寨证券市场在加华大厦鸣锣开业。该证券市场韩国持股45%,柬方持股55%,副首相兼财经部部长吉春任证券交易委员会主席,金边水务局为第一家上市企业,首次发行约1305万股,占公司总股本的15%,柬埔寨电信公司和西哈努克港管理公司两家国有企业正在做上市准备。全年邮政业电信收入2850万美元,其中邮政营收400万美元。全国有7家移动电话公司、8家固定电话公司、24家网络服务公司、5家3G服务公司、27家VOIP服务公司和1家VSAT服务公司。截至2012年年底,全国移动和固定电话用户共1968.96万,比上年增长21%。

对外贸易持续增长。2012年柬埔寨对外贸易总额136.3亿美元,比上年增长18.7%。其中:出口54.9亿美元,增长12.6%;进口81.4亿美元,增长23%;贸易逆差26.5亿美元,增长53%。贸易逆差占GDP比重为22%。经济的外贸依存度为104%,出口依存度41.8%,进口依存度62%。出口高度依赖于纺织成衣等产品,主要出口市场为美国、欧盟、中国、韩国、泰国、越南、马来西亚、新加坡、中国香港、加拿大等。2012年柬埔寨出口商品中新增大蒜、干辣椒、蔬菜以及藤制品4种商品,主要大宗出口商品结构构成有服装和农产品。其中,出口服装46亿美元,增长8%,占当年出口总额的83.7%,主要出口市场为美国、欧盟、加拿大、日本、韩国和中国。农产品中大米、橡胶及木薯是最大的3种出口产品,其中大米出口20.6万吨,出口总额1.15亿美元,比上年增长21%,对法国、波兰、马来西亚3国的出口占出口总量的53%。为促进大米出口,柬埔寨成立了大米出口商协会,并与泰国、缅甸和老挝成立4国大米出口联盟。木薯出口72.2万吨,比上年增长160%,出口额3800万美元,增长192%。橡胶是出口额最高的农产品,2012年出口橡胶5.5万吨,比上年增长17%。但因国际胶价下跌,出口额仅为1.58亿美元,减少21%,主要出口市场为马来西亚、越南和中国。主要进口商品为燃油、成衣原料、建材、重型机床等生产资料和手机、食品及饮料、药品、化妆品等消费品及原装汽车和摩托车等运输工具。其中,纺织原辅料进口31.2亿美元,增长20%,主要来自中国大陆、中国台湾、泰国、日本和韩国,占同类商品进口总额的32%。成品油、原油进口额16亿美元,增长14.3%。建材进口额4亿美元。原装汽车、摩托车和机械设备进口191万台/件,增长250%。食品饮料进口额2亿美元,增长10%。化肥进口额2亿美元,增长30%。

三、对外关系的平衡发展

柬埔寨继续以东盟为依托，奉行独立、和平、永久中立和不结盟的外交政策，推行多边外交，积极融入国际社会、争取外援发展经济。柬埔寨作为东盟轮值主席国领导东盟平稳渡过2012年，维护了东盟内部团结，加强了东盟与外部大国的团结和推进东盟一体化进程。分别主持东盟系列会议和东盟地区论坛会议及东亚峰会，引领东盟朝着正确的方向发展。在双边关系方面，柬埔寨注重平衡发展与两个区域外大国中国和美国的合作关系，也重视与区域内两个最为重要的邻国——泰国和越南的关系。

1. 柬埔寨与中国的关系。柬埔寨继续深化与中国的传统友谊，扩大双边经贸交流、加强政治互信和各领域的互利合作。2012年柬中贸易额为29.23亿美元，占柬埔寨外贸总额的21.5%。中国是柬埔寨最大FDI投资国，也是柬埔寨最大的优惠贷款提供者和无偿援助国。截至2012年年底，中国在柬埔寨累计协议投资92亿美元，占柬埔寨吸引外资总额的34%。投资领域涉及基础设施、工业、矿产及能源开发。此外，双方还在互联互通、农业、信息通信、人力资源培训、湄公河流域开发等领域进行广泛而高效的合作等。在政治外交关系方面，2012年3月30日至4月2日，中国国家主席胡锦涛访问柬埔寨是2012年双边关系中最为重要的一件大事，也是中国国家主席时隔12年后再次访问柬埔寨。胡锦涛在访柬期间会见国王西哈莫尼、参议院主席谢辛、国会主席韩桑林和首相洪森，就深化全面合作、加强两国在国际和地区事务中的协调配合交换意见，双方发表《联合声明》并签署《经济技术合作协定》等一系列经贸合作文件，提升了柬中全面战略合作水平。

2. 柬埔寨与美国的关系。美国是柬埔寨重要的出口市场，也是柬埔寨的主要贸易顺差国，2012年头10个月，双边贸易额约25亿美元。除贸易外，美国还向柬埔寨提供3248万美元的发展援助。在双边政治与外交关系方面，美国总统、国务卿、副国务卿相继访问柬埔寨，柬埔寨副首相兼外交大臣贺南洪也对美国进行访问。1月，负责亚太事务的美国副助理国务卿帮办杰士佛·云访问柬埔寨并与柬方就双边合作问题举行会谈，会谈还涉及美国对湄公河下游国家援助以及柬埔寨拖欠美国的债务问题，双方就该问题达成基本意向。2月，美国负责亚太事务的助理国务卿库尔特·坎倍尔访问柬埔寨。3月，柬埔寨副首相何南丰访问美国。7月，美国国务卿希拉里参加东盟—美国峰会并顺访柬埔寨，会议期间与湄公河下游5国共同举办“下湄公河峰会”即“湄公河之友”会议。11月，美国总统奥巴马访问柬埔寨并参加东亚峰会。在双边军事合作方面，2012年3月，双方在柬埔寨贡不省和实居省举行为期两天的“2012吴哥哨兵”年度联合军演。参演人员由约100名美国士兵和柬埔寨政府军士兵组成，主要内容为人道主义援救、排雷、战场医疗救助、农村医疗救护等方面的演练。5月1日，美国海军第七舰队旗舰LCC19蓝岭访问柬埔寨西哈努克港。

3月30日，中国国家主席胡锦涛（左三）访柬抵达下榻宾馆时，柬埔寨副首相兼王宫事务部大臣贡桑奥（左一）代表西哈努克太皇和西哈莫尼国王向胡锦涛和夫人刘永清赠送花篮，并致以美好祝福 （新华网）

3. 柬埔寨与越南的关系。柬埔寨与越南有着传统全面合作关系，两国在政治、外交、国防安全、经济、文化、教育、人文等领域的交流与合作日益紧密。2012年是柬越建交45周年，双方为庆祝“2012越柬友好年”举行一系列活动。在政治上，两国高层进行互访，重点规划两国未来的合作方向。年内，柬埔寨国王西哈莫尼、首相洪森和副首相梅森安、国会主席韩桑林都对越南进行了访问。2012年6月，洪森访问越南期间与越南总理阮晋勇在坚江省河仙市共同主持第3届越南—柬埔寨投资会议，并签署《2011年越南—柬埔寨投资促进和保护协定》补充议定书。两国陆地边界勘界立碑工作进展顺利，到2012年年底，两国已确定239个界碑位置，完成陆地边界线703千米的划界工作。在军事合作方面，柬埔寨王家军司令波·沙伦和国防大臣年帕分别对越南进行军事访问并商谈未来双边合作的重点领域是人力资源培训、搜救、边境管理、边界各省军事机关的合作、海上联合巡逻活动等。在经济合作方面，越南是柬埔寨第二大贸易伙伴，2012年双边贸易额达到33.1亿美元，比上年增长17%。在投资合作方面，越南对柬埔寨投资仅次于中国居第二位。截至2012年6月，越南在柬埔寨注册投资总额近24亿美元。

4. 柬埔寨与泰国的关系。英拉就任泰国总理以后，柬泰两国关系持续改善，两国的政治、经济及其他交流合作关系越来越紧密，柏威夏领土争端双方达成暂时和解。泰国是柬埔寨最大的贸易伙伴，2012年双边贸易额38亿美元，比上年增长40%，占柬埔寨对外贸易的28%。但在投资方面，泰国自边界领土争端之后连续两年未对柬埔寨投资。随着双边政治外交关系回暖，泰国计划扩大对柬投资，加强两国贸易合作。关于柏威夏争端，在海牙国际法庭作出裁决一年后，2012年7月18日，柬埔寨和泰国分别从柏威夏古寺地区撤出了数百名军事人员，改派警察和保安人员驻守维持治安。泰国国防部长素坤蓬和陆军总司令帕拉育将军参加撤军仪式，撤出300名军人，另派驻200名边防警察。同日柬埔寨也宣布从柏威夏寺周边的临时非军事区撤出首批485名军人，派驻255名警察和古寺管理人员100名。此外，柬泰还一致同意新辟两个口岸，其中包括柏威夏寺口岸，扩大两国贸易往来。至此，因柏威夏导致的边界纠纷基本趋稳，后续问题双方将在2013年继续进行磋商寻求解决办法。关于边境管控问题，2012年12月，第8次柬泰合作联合委员会会议商定了双方继续落实好边境地区的合作与管控、在边境地区联合排雷等事项，年内双方还解决了非法滞泰柬籍劳工问题，从2012年12月中旬起将全部清查遣散16.56万柬埔寨劳工。为推动旅游和贸易的发展，从2012年12月27日起，柬埔寨和泰国开始实施东盟5国合作机制框架下的"单一签证"制度，作为"伊洛瓦底江、湄南河及湄公河经济合作战略"（ACMECS）框架项目的先期部分。

四、2013年柬埔寨发展展望

2013年柬埔寨政局将继续保持稳定，人民党继续执政，有利于柬埔寨内政外交政策的连续性和柬埔寨经济社会的稳定发展。在经济上，柬埔寨将继续贯彻优先发展农业、基础设施、私营经济和人力资源的四角经济战略以及以"出口、投资和消费"三驾马车并行拉动经济增长的措施。2013年，柬埔寨宏观经济运行将基本保持稳定，得益于农业、FDI和旅游业的持续增长，经济将在波动中以较快速度发展，预计GDP增长6.7%~7.0%，略低于2012年的水平。但国内安全状况欠佳，社会矛盾重重以及政府调控宏观经济手段不足、工业基础薄弱等问题，仍将是2013年甚至更长时期内柬埔寨经济增长和社会发展的最大制约。经济抗外部风险能力较低，财政汲取能力不足和高度依赖外援，将继续制约柬埔寨政府财政实力的提升且在短期内难有根本改观。欧美经济持续低迷将对柬埔寨成衣出口造成负面影响。中期内财政赤字率和政府债务负担率有望下降，但外债偿债能力严重不足，预计FDI和ODA会继续大幅流入，这样能够弥补柬埔寨经常项目高额逆差，保证经济较快增长。（蒋玉山）

资料来源：

1. 华文报纸《柬华日报》，*http://www.7jpz.com/portal.php.*

2. 华文报纸《华商日报》，*http://www.7jpz.com/portal.php.*

3. 华文报纸《金边晚报》，*http://www.7jpz.com/portal.php.*

4. 华文报纸《星洲日报》，*http://www.7jpz.com/portal.php.*

5. 英文报纸《金边邮报》，*http://www.phnompenhpost.com/.*

6. 华文报纸《国际报道》，*http://www.7jpz.com/portal.php.*

印度尼西亚：2012年发展回顾与2013年展望

2012年，印尼延续了2011年的发展态势。政治总体稳定，党派斗争加剧，暴力冲突时有发生。经济方面，在世界经济萎靡和疲软的环境下仍然保持宏观经济稳定，较低的通胀率和较高的经济增长率。尽管出口下降，但强劲的国内消费和投资的增长弥补了出口下降对经济的冲击，政府宏观经济政策较好地保持了宏观经济稳定和经济增长之间的平衡。2013年是印尼议会和总统选举的筹备年，党派斗争将更加白热化，恐怖主义、种族和教派冲突将增加，社会不安定风险加大。主要国际机构和印尼央行均对2013年印尼的经济持乐观预期。消费和投资仍将成为2013年印尼经济增长的主要引擎，出口对经济增长拉动作用将好于2012年。

一、政治社会总体稳定，党派斗争加剧，暴力冲突时有发生

2012年，印尼政治社会继续保持稳定。尽管在4月份亚齐省长选举前，亚齐发生多起暴力冲突，但亚齐省长换届最终和平和顺利完成。9月，在第二轮雅加达省长选举中，来自索罗的佐科·维多多最终战胜现任省长法乌兹·波沃。尽管现任省长法乌兹有来自执政党的支持，但斗争民主党支持的佐科·维多多因其在任索罗市长的良好政绩而获胜。

临近2014年议会和总统选举，各政党已经开始选举角逐，党派斗争加剧。早在2010年，执政联盟内部斗争开始表面化。2010年，前财政部长穆莉娅妮因与专业集团主席巴克利的矛盾被迫辞去财政部长职务，预示着在6党执政联盟中以专业集团党为主的保守派逐渐占据上风，苏西洛总统为保持执政联盟的团结而作出妥协，并最终于2011年年底对内阁进行改组。

2012年4月，在国会通过新选举法之前，各政党就围绕议会门槛进行斗争。主要大党如民主党、专业集团党和民主斗争党希望提高议会门槛为5%，而小党如人民醒悟党和繁荣公正党则希望维持2009年2.5%的水平，各党斗争的最后结果导致新选举法规定2014年议会门槛为全国选票的3.5%。2012年年初，6党执政联盟就提高电力价格和修改国家预算存在分歧，联盟中其他5个政党投反对票，最终电力提价方案在国会被否决。

腐败案政治化。2011年，印尼发生财政部部长纳扎鲁汀受贿案，执政党多位高官涉案。2012年4月，纳扎鲁汀因受贿被判5年监禁，民主党政治形象严重受损，青年和体育部部长安迪和民主党主席阿纳斯也因此先后引咎辞职，影响了民主党2014年总统候选人提名。民主党在一连串受贿丑闻发生后，民众支持率不断下降，其他政党却因民主党的受贿丑闻而提高了民众支持率。印尼民意调查机构(LSI)调查显示，民主党民众支持率已经从一年前的22%降为13.7%，专业集团党的支持率则从14%上升为15.5%。

恐怖袭击和暴力冲突时有发生。亚齐暴力冲突、巴布亚恐怖袭击以及其他地方的宗教冲突，使得印尼的社会治安形势严峻并阻碍外国直接投资的流入。

二、经济稳定增长，消费需求旺盛，政策调控有效

(一)经济保持较快增长，宏观经济形势总体稳定

2012年，印尼保持宏观经济稳定和较快经济增长，全年经济增长6.23%，令世界瞩目。在取得较快经济增长的同时成功控制了通货膨胀。2012年通胀率保持在4.3%的水平，低于2010年的4.61%和2011年的3.79%。低通胀主要得益于世界粮食价格下降以及印尼中央银行控制通胀措施。

2012年，本币印尼盾汇率保持相对稳定。印尼盾对美元汇率比2011年贬值6.3%，全年汇率波动幅度，控制在1.85%之内。

受印尼宏观经济稳定和公司盈利能力提高的影响，印尼股票市场表现强劲；2012年最后一个交易日雅加达股票综合指数(JCI)收盘于4316.69点，较一年前上升12.94%。

金融体系继续保持稳定，银行的风险控制和信贷功能增强，有力地支持了印尼经济的增长。截至2012年11月，印尼银行业的资本充足率(CAR)达17.4%，高于8%的最低要求，非经营性贷款(NPL)低于2%。全年信贷增长23.1%，高于2011年的22.3%。

2012年，国际收支保持盈余，但经常账户出现赤字。由于全球经济下滑和大宗商品价格下降导致印尼出口下降，而由于国内投资和消费需求增强，进口增长迅速。2012年，印尼出口比上年下降6.6%，大大低于2011年的13.6%，出口额1900.4亿美元。进口增长率为8.09%，进口额1916.7亿美元，经常账户赤字15亿美元，这是印尼自1998年以来首次出现经常账户赤字。资本账户盈余因外国直接投资和证券投资的增加而增加，2012年12月底，外汇储备达1127.8亿美元。2012年，印尼吸引外国直接投资222万亿印尼盾(相当于246亿美元)，比上年增长26%。

(二)消费和投资成为拉动经济增长的双引擎

2012年，印尼经济增长的小幅下降主要源于外部经济环境即发达国家经济复苏乏力以及中国、印度等亚洲国家增速下降。而印尼经济仍能保持在6%以上的高位增长则得益于国内消费和投资的强劲支撑以及国内实际生产部门的增长。

2012年，对印尼经济贡献最大的是制造业，其对GDP增长率为1.47%，其次是宾馆及餐饮业为1.44%，交通通信为0.98%。从行业增长率看，增长最快的是交通通信部门，其次是商业旅馆及餐饮、建筑、金融不动产、服务业。制造业的增长速度在缓慢提升，从2009年的2.2%上升到2010年的4.7%、2011年的6.2%以及2012年的5.73%。

从需求和开支方面看，与往年不同的是，2012年印尼经济增长主要由国内消费特别是私人消费和投资拉动。从对GDP增长率的贡献看，私人消费对GDP增长的贡献率为2.93个百分点，投资贡献2.4个百分点，出口仅贡献1个百分点(见表1)。

从GDP的构成看，2008～2012年间，消费占GDP的比重分别为60.6%、58.7%、56.6%、54.6%和54.56%。从2009年开始投资取代出口成为拉动GDP增长的第二大引擎，占GDP的比重从2006年的24.1%增加到2012年的33.16%，与此同时，出口占

表1 印尼GDP增长率的来源及对GDP增长的贡献率(2007～2012年)

单位:%

年份 项目	增长率						贡献率					
	2007	2008	2009	2010	2011	2012	2007	2008	2009	2010	2011	2012
私人消费	5.0	5.3	4.9	4.7	4.7	5.28	2.9	3.1	2.8	2.7	2.7	2.93
政府消费	3.9	10.4	15.7	0.3	3.2	1.25	0.3	0.8	1.3	0.0	0.3	0.10
投资	9.3	11.9	3.3	8.5	8.8	9.81	2.0	2.7	0.8	2.0	2.1	2.40
出口	8.5	9.5	-9.7	15.3	13.6	2.01	4.0	4.6	-4.8	6.5	6.3	1.0
进口	9.1	10.0	-15.0	17.3	13.3	6.65	3.4	3.9	-6.0	5.6	4.8	2.54
GDP	6.3	6.0	4.6	6.2	6.5	6.23	6.3	6.0	4.6	6.2	6.5	6.23

资料来源:2007～2011年的数据来自印尼中央统计局(BPS)的Strategic Data 2012,2012年的数据来自印尼中央统计局的Economic Growth of Indonesia Quarter Ⅳ-2012,No. 14/Th. XVI,February 5 th,2013

GDP 的比重则从 2006 年的 31.0% 下降到 2012 年的 24.26%(见表 2)。

表 2　印尼 GDP 的构成表(2008 ~2012 年)

单位:%

项目 \ 年份	2006	2007	2008	2009	2010	2011	2012
私人消费	62.7	63.5	60.6	58.7	56.6	54.6	54.56
政府消费	8.6	8.4	8.4	9.6	9.1	9.0	8.89
投资	24.1	25.0	27.7	31.1	32.1	32.0	33.16
出口	31.0	29.4	29.8	24.2	24.6	26.3	24.26
减:进口	25.6	25.4	28.7	21.4	22.9	24.9	25.81
偏差	-0.8	-0.5	2.2	-2.2	0.5	3.0	4.94
GDP	100.0	100.0	100.0	100.0	100.0	100.0	100.0

资料来源:2007 ~2011 年的数据来自印尼中央统计局(BPS)的,Strategic Data 2012,2012 年的数据来自印尼中央统计局的 Economic Growth of Indonesia Quarter Ⅳ -2012, No. 14/Th. XVI, February 5 th, 2013

私人消费一直保持强劲并成为印尼经济增长的主要引擎,主要归因于 1997 年金融危机后印尼经济稳步复苏、中等收入阶层不断扩大、人均收入不断增加、购买力增强、最低工资增加以及消费者信心强劲等因素;而投资的不断增加则来自经济的稳定增长、商业投资环境的不断改善、政府投资预算增加特别是基础设施投资的增加、稳健的财政政策和适度宽松的货币政策等综合作用;出口作用的下降主要源于外需不足。

(三)审慎的宏观经济政策卓有成效

2012 年,受欧债危机和美国经济疲软的影响,全球经济下滑,印尼经济因出口下降也受到拖累,2012 年 GDP 增长比 2011 年下降 0.27 个百分点。与此同时,私人消费和投资的增长强劲支撑着 2012 年 6.23% 的经济增长率,宏观经济保持稳定。印尼政府在抵御世界经济疲软采取的经济政策对印尼经济的稳定发展起着重要的作用。印尼的货币金融政策与财政政策相配合,其目标是保持宏观经济稳定和促进经济增长,并在两者之间寻求最佳平衡点。

第一,坚持稳健的财政政策,保障宏观经济稳定。2012 年,印尼的财政赤字占 GDP 比重比 2011 年有所上升,从 -1.1% 升为 -1.8%,但仍低于财政预算 -2.2% 的水平,财政赤字的增加主要是因为能源补贴增加。

第二,为抵御世界经济下滑的冲击和控制通胀,执行适度宽松的货币政策。从 2004 年起,印尼财政部开始颁布中期通胀控制目标,至 2012 年已颁布 3 项通胀目标法令。2010 年 8 月颁布的 No. 143/PMK011/2010 法令设定 2010 ~2012 年 3 年的通胀目标,即 2010 年和 2011 年为 5%、2012 年为 4.5%。2011 年和 2012 年印尼的通胀率都控制在预定目标之内,并在此基础上实现 6% 的 GDP 增长。

为消除外需不足对印尼经济的影响,印尼银行首先在 2011 年下半年下调银行基准利率的基础上再次下调,即 2012 年 1 月 12 日从 6.0% 降为 5.75%,但 2012 年印尼银行只对银行基准利率进行 1 次调整,全年的基准利率一直保持在 5.75% 的水平,没有进一步下调,原因基于对 2012 年通胀压力的预期。其次,扩大银行信贷。2012 年全年信贷增长 23.1%,高于 2011 年的 22.3%。其中,流动资金贷款年增长 23.2%,投资信贷年增长 27.4%,消费信贷年增长 20.0%。相对于 2011 年,增加的信贷更多流入生产部门。再次,通过对国内外汇市场的干预保证汇率的相对稳定。从 2012 年 1 月起,印尼银行规定所有出口的外汇收入必须存入相应的国内外汇银行;2012 年 6 月,印尼银行开始定期调整外汇存款利率。

第三,继续利用税收优惠吸引外资和促进产业发展。2011 年 8 月,印尼财政部出台新的税收优惠条例,对基础金属、炼油、石化、机械、通讯设备等行业中

表 3　印尼宏观经济指标(2000 ~2012 年)

年份 \ 项目	财政赤字占 GDP 的比重(%) 预算赤字	财政赤字占 GDP 的比重(%) 实际赤字	政府债务占 GDP 比重(%)	偿债率(%)	外汇储备(万美元)	通胀率(%)	平均汇率(美元/印尼盾)
2000		-1.1	88	22.8		9.35	
2001		-2.5	77	23.9	281.04	12.55	
2002		-1.5	67	25.1	320.34	10.03	
2003		-1.7	61	26.2	362.56	5.06	8572
2004		-1.0	56	24.2	363.11	6.40	8940
2005	-0.9	-0.5	47	20.9	347.31	17.11	9713
2006	-1.3	-0.9	39	25.2	425.97	6.60	9167
2007	-1.5	-1.3	35	18.8	569.36	6.59	9140
2008	-2.0	-0.1	33	14.1	516.40	11.06	9666
2009	-2.4	-1.6	28	19.4	661.18	2.78	9425
2010	-2.1	-0.7	27	17.4	962.11	6.96	9081
2011	-2.1	-1.1	25	14.5	1101.36	3.79	8742
2012	-2.2	-1.8	24		1127.80	4.30	9358
2013	-1.6		23			4.90	9300

资料来源:亚洲发展银行,《主要经济指标》2011;世界银行,《基本数据》;印尼银行,《经济报告》(各年);2012 年数据来自印尼银行 2012 年 1 月发布的《Monetary Policy Review》;2013 年的数据来自"印尼政府确定 2013 年经济发展目标",(印尼)《国际日报》2012 年 8 月 23 日

投资额达1万亿印尼盾(相当于1.17亿美元)以上的公司给予5~10年的免税;同时给予那些雇佣一定数额员工且投资额在5000亿印尼盾(相当于5500万~6000万美元)以上的公司税收补贴。由此,一些大的汽车制造商如通用、标致、塔塔、丰田、尼桑都计划扩大在印尼的汽车生产。2012年年初,印尼政府决定扩大税收优惠的产业适用范围,从原先的38个产业扩大到129个产业,包括农林渔牧业、矿业、电子业、制药业、食品业等。

三、对外关系:中国与印尼战略伙伴关系不断推进

2012年,印尼积极参与东盟及国际上各项活动,而其中与中国的交往与合作尤为突出。

两国之间的高层互访和会见频繁。2012年3月,苏西洛总统对中国进行国事访问。4月,中共中央政治局常委李长春访问印尼。9月,中国国家主席胡锦涛在俄罗斯符拉迪沃斯托克会见印尼总统苏西洛,就双边关系发展及共同关心的重大国际和地区问题深入交换意见,达成重要共识。8月,中国外交部部长杨洁篪访问印尼并与印尼外长马尔迪共同主持召开中印(尼)政府间双边合作联委会第二次会议。11月,中国国务院总理温家宝在金边会见印尼总统苏西洛。

自从2005年两国建立战略伙伴关系以来,两国一直在全方位推进这一关系。继2011年4月两国政府发表《关于进一步加强战略伙伴关系的联合公报》后,2012年3月,苏西洛总统对中国进行国事访问,双方又发表《中华人民共和国和印度尼西亚共和国联合声明》。在《联合声明》中,两国领导人对中印(尼)自2005年4月25日建立战略伙伴关系以来各领域合作取得的进展表示满意,双方承诺将中印(尼)战略伙伴关系提升到更高水平。2012年2月28日,中国国务委员戴秉国与印尼政治法律安全统筹部部长苏扬托在北京一致同意将双边副总理级对话机制会议由两年一次增加为一年一次。在经贸合作方面,双方同意结合中国"十二五"规划和印尼2011~2025年经济发展总体规划共同编制《中印(尼)经贸合作5年规划》。两国经贸部门也于2012年3月15~16日召开中印(尼)经济合作工作组第一次会议,正式启动规划编制工作。两国领导人会面期间,还签署了涉及各领域合作的备忘录:《海上合作谅解备忘录》、《关于加强禁毒合作的谅解备忘录》、《中华人民共和国国家档案局和印度尼西亚共和国国家档案馆档案合作谅解备忘录》、《中华人民共和国海关总署和印度尼西亚中央统计局关于对外货物贸易统计数据交换的谅解备忘录》、《中华人民共和国国家旅游局和印度尼西亚共和国旅游与创意经济部关于中国公民赴印度尼西亚旅游实施方案的谅解备忘录修订案》、《中华人民共和国国家海洋局和印度尼西亚共和国海洋与渔业部关于发展中国—印尼海洋和气候中心的安排》。中国成为印尼非油气产品第一大贸易伙伴。据印尼中央统计局数据,2012年,印尼对中国出口216.59亿美元,从中国进口293.87亿美元,贸易总额510.46亿美元。按非油气类产品对外贸易(约占印尼对外贸易总额的80%)统计,2012年,印尼对中国出口208.6亿美元,占印尼非油气类产品出口总额的13.63%,同比下降3.39%;自中国进口289.6亿美元,占印尼非油气产品进口总额19.43%,同比增长13.78%,贸易逆差81亿美元,中国成为印尼非油气产品的最大出口和进口国。

3月23日上午,中国国家主席胡锦涛在北京与印尼总统苏西洛举行会谈

(新华社)

四、2013年展望

2013年是印尼进入议会和总统选举的前一年,各政党加紧了竞选的准备工作,特别是总统候选人的提名。党派之间的斗争加剧,利用腐败案件和其他事件相互攻击成为政党斗争的常用手段,暴力冲突也将由于固有的历史和政治原因而增加,社会不安定风险加大。

2013年印尼经济增长将比2012年稍有提高。印尼银行预测,2013年印尼的经济增长率在6.3%~6.8%之间,而世行、IMF均预测印尼经济增长为6.39%。

2013年,印尼经济增长的主要动力仍来源于消费和投资,同时出口的作用增强。随着世界经济形势改善和印尼主要贸易伙伴(中国和印度)经济增长加速,

2013 年印尼的出口增长将好于 2012 年，预计将达到 3.2% ~3.7% 的增长率。（林　梅）

老挝：2012 年发展回顾与 2013 年展望

一、政治上重视加强党建及干部队伍建设，开展三建设试点，逐步推进各项改革

2012 年，老挝人民革命党分别召开九届四中全会、五中全会以及第二次纪检工作会议和第九次组织工作会议等，就加强党建、干部队伍建设及反腐工作作出部署，组织开展“三建设”试点。第七届国会分别召开第三、四次和特别会议，共审议通过 18 部法律，批准修建磨丁至万象铁路，沙耶武里水电站及批准加入世界贸易组织。政府以保持经济增长并主办好第九届亚欧首脑会议为重点，继续推进各项改革。

（一）以提高党的执政能力为目标，加强党建和干部队伍建设

一是重视加强党建和干部队伍建设。2012 年 4 月 26 ~28 日召开的第九次组织工作会议全面总结人民革命党八大以来党建和干部队伍建设取得的成绩及存在问题。老挝人民革命党总书记朱马利到会讲话，指出当前社会对党内部分党员干部革命意志消退、贪污腐化甚至蜕化变质反响强烈，亟须改进。会议按照九大提出的“努力把党建设成为适应时代发展要求的政党，成为有能力为民执政和实现国家繁荣富强的政党，成为组织意志坚强和团结统一的政党”的要求，制订党建和干部队伍建设中长期规划。

二是出台廉政和反腐规定。在第 2 次纪检工作会议上，人民革命党中央纪委书记本通作“关于政府纪检和反贪污腐败工作报告”。朱马利强调要大力抓好党政纪检和反贪污腐败工作。会议还制定“政治局关于党员干部禁止事项的规定”，“政治局关于高级干部政治职责的规定”，“中央委员会和政治局关于新条件下加强纪检监督和反贪污腐败的决议”，“关于加强党委对党组织和党员监督工作的规定”，“2012 ~2020 年国家反贪污腐败战略”（草案）和“关于领导管理干部财产和收入申报的总理令”等 6 份重要文件。

（二）积极部署开展“三建设”试点，努力消除贫困

2012 年召开的老挝人民革命党四中全会，要求把实施政治局关于“三建设”3 号决议作为今后一个时期党和政府的工作重点。“三建设”是指“将省建设为战略单位，将县建设为全面坚强单位和将村建设为发展单位”的要求。朱马利表示“这是新条件下发扬民主并赋予地方基层主人翁权利的一场深刻变革实践活动。”其目的：一是自村级开始，自下而上夯实人民民主制度；二是将九大提出的“四突破”精神变为现实；三是进一步明晰中央与地方分级管理体系，赋予地方更多权限与职责，努力提升地方党委领导能力；四是实现九大提出的到 2015 年实现全国贫困家庭仅剩 10% 的目标，为 2020 年实现摆脱国家欠发达状态并向工业和现代化转变打下基础。为此，老挝人民革命党成立了以中央书记处常务书记、国家副主席本杨为主席的中央三建设试点指导委员会，分别发布第 11 号、21 号和 16 号总理令，将全国 51 个县和 108 个村确定为“三建设”试点，政府还确定优先扶持的 64 个重点地区。指定政府 15 个部直接派干部对口蹲点帮扶并提供资金支持，政府银行要向试点县、村提供扶贫贷款。

消除贫困取得新进展。在 2011 年宣布 87 个县脱贫的基础上，2012 年减少贫困户 53850 余户。年末全国贫困户仅剩 140129 户，占全国家庭总户数的 13.01%。贫困村继续减少。全国 8615 个行政村中，已有 6000 个村基本脱贫。

（三）不断推进各项改革

一是推进土地分配。全国土地分配已取得阶段性重要成果，完成了对全国 65 万块土地的登记（其中国有及集体土地 4.8 万块），完成了对全国 47 个贫困县 2875 个村的土地分配并为农民发放土地证。二是推进行政区划压缩调整。全国最新行政区划设置为 17 个省市、145 个县和 8615 个行政村。这一调整便于政府为人口较集中的村庄修建各种便利生产生活设施，加快农村脱贫步伐。三是积极推进第二阶段（2011 ~2015 年）教育改革。要求在普及小学教育的基础上，重点提高教学质量，鼓励私人和外资投资兴办各类大专院校和职业学校，大力发展国民教育。四是推进医改。以提高各级医疗机构服务质量为核心，建立覆盖城乡的社会健康保障机制为目标，计划到 2015 年实现医保覆盖全国人口 50% 以上，最终覆盖全民。为此，政府每年需拿出政府预算的 9%。年内，开始实行对产妇和 5 岁以下儿童住院免费政策。

二、经济强劲增长，外国投资持续增加，经济社会呈现跨越式发展态势

2012 财年，老挝克服国际金融危机和国内洪涝灾害的不利影响，实现国内生产总值（GDP）增长 8.3%。这也是自 2006 年以来连续第 7 年保持强劲增长势头。

（一）宏观经济稳中向好，多数经济指标完成或超额完成

按可比价格推算，2012 年全年国内生产总值约 73 万亿基普（合 92.99 亿美元）。人均国内生产总值为 1260 美元，较 2011 年增加 57 美元。人均国内生产总值最高的为万象市人均 2340 美元，最低的是为丰沙里省人均 627 美元。

政府预算收入15万亿基普，超计划5%。其中，关税超10%，但企业管理费和土地费两项收入未达标，仅完成年度计划的70%。预算收入主要来自矿产和电力，而其他行业还面临诸多困难。

农业实际增长2.7%，粮食产量360万吨，为历史最高。人均稻谷350千克。水稻种植面积增至95万公顷，同比增长5.9%。玉米、咖啡、甘蔗、烟草和红薯等种植面积达20万公顷，同比增长8%。国家储备粮40万~50万吨，够3个月供给。鱼、肉制品产量增加5%~7%，人均鱼、肉类制品消费量48千克/年，较2011年增加2千克。农产品产值14.9亿美元。农产品除能保证国内消费外，还有部分出口。

工业增长13.5%。受国际金融危机影响，纺织业增长乏力，但能源矿产强劲增长18.79%。其中，矿产增长15.68%，电力增长32.56%。发电量120.4亿千瓦时，电力出口111.8亿千瓦时，创汇4.7亿美元，较上年增长34%。全国家庭用电普及率达80.6%。能源矿产总产值17.9亿基普，占GDP总量的12.3%。水泥行业保持年增15%~20%的速度。全国水泥产能为150万吨，实际需求250万~300万吨。

全年进出口总额42.63亿美元，其中出口16.96亿美元，进口25.67亿美元，外贸逆差8.71亿美元。

服务业实际增长8.1%，全年接待入境旅游者310万人次，创汇5.14亿美元。

2012财年，老挝投资25.93亿美元，较2011年增长6.93亿美元，新增投资项目156个。其中，吸引外资25亿美元，国内私人投资3.56亿美元，老挝政府配套资金6800万美元。

年均通胀率7.42%，老币基普与主要外汇保持在5%区间上下浮动。政府债务由2003年占GDP的91.7%下降到2012年的43%，债务状况逐步好转。

（二）主要省市经济增速稳定，部分落后省份增长加速

万象、沙湾拿吉和占巴塞3省市经济增速分别达12.4%、12.5%和8.8%，财税收入分别为4326.7亿、9482.4亿和4290亿基普，合计1.8万亿基普，继续发挥国家财税收入主力军作用。

部分落后省份经济增速明显加快并超额完成预算征收计划，其中色贡增长15%，甘蒙增长12.7%，华潘增长12.6%。此外，沙拉湾、琅勃拉邦和川圹省3省增速亦超过全国平均水平，分别达到12%，9.4%和9.3%。

（三）外国直接投资持续增加，拉动经济高速增长

2012财年，老挝吸引外资21.68亿美元，占全部国内投资的83.6%。外国投资持续增多，已成为老挝经济高速增长的重要驱动力。外国直接投资的主要特点：

一是水电开发成为吸引外资重点领域。截至2012年年底，老挝政府与国内外投资者签订的电力开发项目达88个，其中外国投资项目约占95%以上，总装机容量2067万千瓦。其中，已签MOU项目39个，项目开发协议（PDA）28个和特许协议（CA）21个。截至2013年1月，建成发电的水电站22座，总装机容量322.69万千瓦。

二是铁路建设蓄势待发，公路、桥梁和机场等基础设施建设提速。南塔省磨丁至万象市铁路将于2013年动工，线路全长417.68千米，设计时速160千米，由老挝政府向中国进出口银行贷款67亿美元兴建。此外，沙湾拿吉省至老越边境劳保口岸全长220千米铁路以及泰国廊开至万象市塔纳良之间7.75千米铁路已签订建设协议。年内，有6条公路竣工通车，新修或改造14A、14C、1E和2E等国际、省际和县际公路17条。万象瓦岱和琅勃拉邦机场改造工程完工。

三是经济特区和专业经济区审批和规划步伐加快。2012年，老挝新批3个专业经济区并对另外10个专业经济区进行可行性研究，计划到2020年在全国41个地区建成10个经济特区和29个专业经济区。

三、多边外交成果显著

2012年是老挝外交取得历史性成果最多的一年，主要标志为：2012年10月26日，老挝被正式接纳为世界贸易组织第158位成员国，标志着老挝进入全方位开放时代；2012年11月5~6日成功主办第9届亚欧首脑会议，年内还主办第7届亚欧议会伙伴会议、第13届亚欧商业论坛会议、第9届亚欧人民论坛会议、东盟农业部长会议、东盟妇女大会和第16届东盟大学生运动会，无论是办会规格和接待外国政要数量均创历史之最。随着2012年11月5日英国驻老挝大使馆在万象市正式挂牌，联合国五大常任理事国均在老挝首都设立了大使馆。除此之外，老挝年内

老挝万象塔銮寺　　（百度网）

还接待了30多个国家政要来访，老挝在地区和国际上的地位显著提升。

（一）老挝与中国的关系

两国关系处于历史最好水平。一是两国高层继续互访，两党两国关系进一步密切。年内，老挝人民革命党总书记、国家主席朱马利，总理通邢，国家副主席本杨，副总理兼外交部长通伦，副总理宋沙瓦和国会副主席赛松潘分别访华。中国国务院总理温家宝、中共中央政治局常委贺国强、中国全国人大常委会副委员长李建国等分别访问老挝，进一步推动中老全面战略合作伙伴关系向前发展。两国各部门和地方交往进一步密切，有力推动了各领域务实合作。

二是两国联合执法，国防合作和边界联检等方面合作成效显著。老挝警方于2012年5月10日将制造湄公河惨案的罪魁祸首糯康移交中国警方处理，为案件公开、公正地审理创造了条件。老挝政府支持中方倡导的中老缅泰4国湄公河流域执法安全合作，年内共完成湄公河7次护航行动，有效维护了湄公河航运安全。2012年7月9日，中国公安部部长孟建柱访问老挝，提出进一步推进中老缅泰4国湄公河流域执法安全合作3点建议，得到老方积极回应，中老两国公安部部长签署《会谈纪要》。9月6～9日，中国国防部部长梁光烈访问老挝并与老挝国防部部长隆斋签订《会谈备忘录》，备忘录强调指出中老两军将继续加强军队高层互访、军官培训、军队院校建设、边境管控和地区安全等领域合作。老中边界联检委员会年内分别举行3次会议并签署边界联检协定草案及附件，对103块立碑成果和5份相关文件予以确认。

三是中国对老援助力度进一步加大。2012年，两国领导人互访签署的合作文件共36份。中国向老挝提供无偿援助5亿元人民币和无息贷款5000万元人民币，援建老挝国家会议中心，向老挝提供优惠贷款帮助完成瓦岱和琅勃拉邦机场改造工程，为老挝成功主办第9届亚欧首脑会议等重大国际会议提供了有力支持。年内中国还提供优惠贷款启动卫星、北本跨湄公河大桥项目以及即将兴建的铁路项目。

四是老中经贸技术合作成果丰硕。2012年，两国贸易额达到15.66亿美元，较2011年增长34.2%。截至2012年年底，中国企业累计在老挝非金融类投资51亿美元，投资项目739个。2011年至2012年9月，中国对老挝协议投资31.45亿美元，是老挝最大的FDI投资国。工程承包方面，中国水电投资集团年内建成水电站1座并开工5座，6个电站合计装机容量97万千瓦，均采取BOT模式，总投资达18.7亿美元。迄今为止，已有超过15家中资专业企业进入老挝参与水电站投资和输变电工程承包，与老挝政府签署的水电投资开发项目达22个，总装机容量590万千瓦。云南省与老挝合作成效明显。在2012年3月30日于万象举办的中国（云南）—老挝经贸推介会上，共签署包括教育文化、旅游和农业等领域10个双边合作项目，合同金额4.67亿美元。

（二）老挝与美国的关系

2012年，希拉里成为57年来访问老挝的首位美国国务卿，老美关系明显升温。希拉里与老挝总理通邢会晤并与外长通伦举行会谈。美老双方表示将密切两国互利合作，同意就搜寻越战失踪美军人员遗骸、禁毒、清除未爆炸物、贸易投资、湄公河下游倡议以及设立老美工商协会等方面开展合作。双边贸易方面，近年来，两国贸易额逐年递增。老挝出口到美国的商品主要是纺织品、木制品和矿产品，从美国进口电器、计算机、车辆及零部件等。

美国加大对老挝的援助。美国负责公共安全、民主和人权事务的副国务卿玛利亚6月7～8日访问老挝时，美方向老挝提供900万美元援助用于清除未爆炸物。美老第4次全面双边对话6月27日在华盛顿举行，美国决定提供50万美元的禁毒援款。此外，美方还承诺在原援助700万美元的基础上，对湄公河下游行动倡议继续提供资金支持。9月18日，美老第7次防务对话在夏威夷举行，美国承诺继续向老方提供人道主义援助，加强美老两军在合作搜寻美军失踪人员遗骸、疾病防控和人才培训等方面的合作。年内，美方分别在老挝援建2所医院、1所中学和1个血站，援助救灾物资和医疗器械合计20万美元，提供86.6万美元人道主义援助。此外，美国还与老挝卫生部合作为老挝10个省进行卫生疾病防控培训，支持老挝国立大学进行英语教师培训等。

（三）老挝和越南的关系

老越两党两国都把发展与对方的关系置于本国外交工作的首位。2012年适逢两国建交50周年和《老越友好合作条约》签订35周年，双方将2012年确定为“团结友好年”并视作两国政治社会的重大事件。

两国举行“老越、越老团结友好年”系列庆祝活动，两国高层和地方代表团密集互访。越南中央和地方各级代表团访问老挝超过80批次。8名老挝人民革命党政治局委员以及公安部长通班和老挝建阵中央主席潘冬吉分别访问越南，另有10余位老挝省部级领导访问越南。老挝《人民军队报》把越南国家主席张晋创2月访问老挝评为10大新闻之首，显示两国特殊关系非同寻常。

越南对老挝投资力度不断加大。2012年上半年，老挝新批准越南投资项目11个，协议金额14亿美元。投资数额较大的项目有老挝甘蒙省钾盐开发和加工项目4.5亿美元，色贡3号水电站2.75亿美元和色卡曼4号水电站1.28亿美元。1989～2012年，越南累计在老投资项目435个，投资总额52亿美元，在58个对老挝投资国家和地区中居第3位。2012年双边贸易额达到9亿多美元,同比增长22%。

两国边界勘界立碑取得重要进展。自2009年开始进行边界立碑,到2012年年底为止,已立碑749块,完成总数的89.7%。

(四)老挝与泰国、缅甸、柬埔寨等国的关系

老泰保持高层交往,两国经贸合作关系十分密切。泰国诗琳通公主、防长育他沙上将、军队最高司令官塔纳塞·巴蒂马巴拉干上将、外交部部长素拉蓬和国防部部长素坤蓬空军上将等政要年内分别访问老挝。5月31日至6月2日,通邢对泰国进行访问并出席在曼谷召开的国际经济论坛第21次会议。老挝工贸部与泰国商业部3月15日在曼谷举行第4次合作会议,共同规划双边贸易投资合作,一致同意将双边贸易额从目前的40亿美元提高到2015年的80亿美元。年内,老挝国会批准由泰国公司投资38亿美元兴建的湄公河干流电站——沙耶武里水电站,装机128万千瓦,是迄今为止外国在老挝最大的投资项目。

老缅合作关系有新发展,双方签订修建老缅跨湄公河大桥协议。年内,缅甸总统吴登盛、联邦议会民族院议长兼联邦议长吴钦昂敏和内政部部长戈哥中将分别访问老挝。3月22日,朱马利与吴登盛在万象共同出席老缅跨湄公河大桥协议签字仪式。12月17~21日,缅甸内政部部长戈哥到万象出席老缅双边合作第3次会议,与老挝公安部部长通班举行会谈,双方同意继续加强边境治安合作。

老柬传统友好关系继续加强。通邢总理年内3次赴金边,分别出席第20、21届东盟峰会,率团吊唁西哈努克太皇逝世并会晤柬埔寨首相洪森。老挝外交部部长通伦3次赴金边出席第10次东盟协调理事会会议、第45次东盟外长会议及东盟10+3会议。

(五)国际对老挝援助明显增加

自2011年财年开始,日本将对老挝的援助增至年均1亿美元。11月4日,日本首相野田佳彦访问老挝时宣布,日本将向老挝提供55亿日元(约合4.3亿人民币)贷款,并加强与老挝在基础设施建设领域的合作。欧盟决定在2012~2020年间,每年向老挝政府提供"欧盟—东盟合作框架"项下预算资金1亿欧元,本财年还向老挝政府提供欧盟—老挝双边合作框架预算资金2500万欧元,向老挝社会团体和国际驻老组织提供4.12亿欧元,向老挝地方政府提供直接援助3700万欧元。德国继提供800万欧元用于湿地保护外,还增加6000万美元支持老挝实现工业化。此外,联合国、世界银行和亚洲开发银行等国际组织年内援助力度也加大。联合国向老挝提供1370万美元援助,支持老挝制订2011~2015年政府管理战略计划。世界银行提供扶贫援助2000万美元,同时还提供4笔合计3158万美元援助,分别用于灾害控制、13号公路维修、湄公河整治和基础设施建设。亚洲开发银行除向老挝政府提供2012~2016年3个优先项目共计8296.8万美元援助外,年内还分别提供农业贷款500万美元和无偿援助53.8万美元。

四、2013年展望

经济上,2013年是老挝实施"七五"计划的第三年,也将是老挝加快发展的一年。老挝专家预测未来几年老挝年均经济增长率可望达到10%。

政治上,老挝人民革命党将召开九届六中和七中全会,不断加强党的执政能力建设、干部队伍建设和反腐败斗争。国会将召开七届五次和六次会议,加快审议一批法律法规,以适应国内经济社会发展,履行加入世界贸易组织的义务。

外交上,老挝将进一步加强与周边国家睦邻友好关系,实行全方位、多元化务实外交和争取外援政策。 (陈定辉)

马来西亚:2012年发展回顾与2013年展望

2012年马来西亚外部市场仍然疲软,但通过持续实施经济转型计划,提振内需,在私人投资拉动下,马来西亚经济仍取得进一步的增长。

一、经济:全年增长5.6%

2012年马来西亚通过扩大内需以及投资拉动,推动经济不断增长。

继续实行经济转型计划,推动国内经济发展。2012年5月,马来西亚总理纳吉布公布投资总额为64.95亿美元的21项经济转型计划。马来西亚还相继出台2012~2020年中小企业发展计划、2012年至2016年特许经营发展计划、生物经济计划等,进一步促进国内产业转型,扩大内需,提振经济发展。

采取措施促进国内投资,推动私人企业界成为经济成长火车头。2012年7月3日,马来西亚总理纳吉布宣布包括设立10亿林吉特国内投资风险基金,收购外国高科技企业可享受税务优惠,申请中小企业税务优惠的企业资金门槛从50万林吉特提高至250万林吉特,从事鼓励投资行业的本地企业可申请税务优惠,本地小型服务企业合并成大企业可享受特别税率等五大内资优惠措施,以鼓励国内投资。

继续开放市场,吸引国外投资。从2012年1月1日起,马来西亚政府分阶段开放包括私立医院、牙科与医药专科、建筑、会计及税务、工程、法律、快递、教育、培训、电信等17项服务业领域,允许外资持有100%股份。政府还出台马来西亚新国家汽车政策,继续扩

大汽车市场的开放。新政策将解冻外国车企在本地制造小排量和经济型汽车的生产许可证，吸引中国和印度车企进入马国市场。

鼓励企业对外投资和出口，不断开拓新兴市场。2012年马来西亚10个政府部门及机构拟定联合行动计划，在全球59个国家及地区举办389场国际贸易展销会，以促进产品及服务业的出口。快速成长的中国、印度和东盟国家是最为重要的展销地点，其中在中国举办50项促销活动。从2012年7月开始，马来西亚外贸发展局推行新的市场发展奖金政策，在外贸发展局注册的企业可针对每个国家申请最高2万林吉特的资金，用于海外专利、商标及知识产权的费用。

推行最低工资规定，增加民众收入，拉动国内消费。2012年1月和7月，马来西亚政府分阶段落实最低工资规定，带动工资和收入增加，刺激国内消费。

通过种种努力，2012年马来西亚经济取得进一步增长，1～4季度国内生产总值增长依次为4.7%、5.4%、5.2%、6.4%，全年国内生产总值增长5.6%，总量为7094亿林吉特（以2005年不变价格计算），人均国内生产总值9974美元。2012年马来西亚对外贸易总额13096亿林吉特，增长2.3%。其中：出口7022亿林吉特，下降0.3%；进口6074亿林吉特，增长4.9%；贸易顺差948亿林吉特，下降17.3%。2012年马来西亚的主要出口市场依序为新加坡、中国、日本、美国、泰国；主要出口商品是机电产品、矿物燃料、机械设备、动植物油、橡胶及制品等，主要进口商品是机电产品、矿物燃料、机械设备、运输设备和钢材。2012年马来西亚核准6442项制造业、服务业、原产品产业投资计划，投资总额530.72亿美元，比2011年增长5.1%，创历年新高。其中：国内私人投资455.88亿美元，占85.9%，增长24.8%；外来直接投资74.84亿美元，占14.1%。至2012年12月31日，马来西亚国家银行外汇储备约1397亿美元。年内，马来西亚隔夜政策利率维持在3%，货币政策相对宽松，对经济有扶持作用。林吉特兑美元的平均汇率约为3.05:1。

1. 工业。2012年马来西亚累计工业生产指数较2011年增长4.2%，其中电力指数增5.1%，制造业指数增5.0%，矿业指数增1.5%。年内，马来西亚经济转型计划下多个大型工程项目付诸实施，其中包括吉隆坡捷运系统（MRT）、轻快铁（LRT）扩建计划、第二吉隆坡国际机场（KLIA2）、国油提炼与石化工业综合发展计划（RAPID）、敦拉萨国际贸易中心以及多项大型房屋发展计划等。这一年，马来西亚核准804项制造业投资计划，投资金额134.16亿美元，提供76631个就业岗位。其中，日本、沙特阿拉伯、新加坡、中国、韩国为马来西亚制造业最大外资来源国，上述国家的投资金额为144亿林吉特，占马来西亚制造业总投资金额的27.44%及外商直接投资额的54.05%。

2. 服务业。2012年马来西亚金融、旅游等服务业稳定增长，全年增长6.4%。服务业投资384.3亿美元，占各行业总投资金额的72.4%。其中：国内投资344.4亿美元，占89.6%；外商投资39.87亿美元，占10.37%。年内，马来西亚除了继续实施金融蓝图计划外，还在资本市场实行加强资金市场的竞争力与活力、确保管制条例均衡与相称、提高投资者权利三大层面的革新，资本市场整体规模达到2.5兆林吉特，比上年增长16.4%，创历史新高。其中，首次公开募股（IPO）筹资2210亿林吉特。股市综合指数在2012年底创出1688.95点的历史新高。截至2012年底，马来西亚债券市场规模达1兆林吉特，为亚洲第三大本币债券市场。其中，伊斯兰债券市场规模达3265亿林吉特，为全球最大的伊斯兰债券发行国，占全球伊斯兰债券总额的76.9%。马来西亚有40家信托公司管理589项基金，资产管理价值5051亿林吉特，比2011年增长19.2%。在旅游业方面，马来西亚继续实施2011～2015年兰卡威旅游发展计划，并从2012年6月1日开始，废除外国人来马须填写入境卡的规定，简化游客入境程序。此外，马来西亚还举办各种旅游促销活动，采取各种措施促进医疗保健等特色旅游业发展。2012年到马来西亚旅游的外国游客达2532.7万人次，比2011年增长1.3%，旅游外汇收入606亿林吉特，增长3.9%。

3. 农业。受原产品市场需求下降影响，只取得0.8%的增长。棕油、橡胶等热带经济作物，是马来西亚农业的支柱。2012年由于棕油市场需求萎缩、库存高涨等因素影响，原棕油价格不断下降。马来西亚政府采取降低出口税、冻结原棕油出口免税配额等措施加以扶持，使全国棕油产量稳定在1878万吨的水平上。2012年，马来西亚橡胶产量92.3万吨，较上年的99.6万吨有所下降。橡胶平均价格从2011年的每千克13.67林吉特下降到2012年的9.62林吉特。为稳定橡胶价格，马来西亚与印尼、泰国组成的国际三方橡胶理事会，并于2012年8月宣布，从2012年10月至2013年3月实施橡胶限制出口计划，三国商定削减30万吨橡胶出口量，其中印尼、马来西亚、泰国分别削减10万吨、5万吨、15万吨。年内，马来西亚逐步调整农业产业结构，以减少对油棕、橡胶等热带经济作物的依赖。

4. 提高工资，控制通货膨胀，改善人民生活。马来西亚政府通过实行第十个五年计划、经济转型执行方案（ETP）及国家关键成效领域（NKRA）推动特别项目，促使国内家庭收入显著增长。全国家庭平均月收入从2009年的4025林吉特，提高到2012年的5000林吉特，年均增长7.2%。2012年5月，马来西亚总理纳吉布公布最低薪金制政策，西马最低薪金为每月900林吉特，东马为每月800林吉特。除了女佣、园丁等家庭工人，最低薪金制涵盖国内所有经济领域的员工。2012年马来西亚消费价格指数（CPI）从2011年的

3.2%降低到1.6%,在东南亚地区属最低。

二、政治:大选延迟,国阵与民联互相角力

2012年各方面推测马来西亚第13届选举会提前举行,马来西亚总理纳吉布也表示大选会随时举行。但是原先推测4月、6月、7月举行的大选并没有如期举行,选举仍将在2013年举行。

1. 执政党联盟——国民阵线方面:进一步加强内部团结,全力筹备大选。2012年10月21日,国阵内部重要政党——马华公会召开第59届全国代表大会,马来西亚总理、国阵主席纳吉布主持开幕式。这是马华在第13届全国大选前的最后一次代表大会,因此,备选成为大会主要议题。2012年11月27~29日,马来民族统一机构(巫统)第63次全国代表大会在吉隆坡举行。大会要求党内必须加强团结,争取在选举中获胜,继续执政。

2. 反对党联盟——人民联盟方面:安瓦尔获释,重新领导民联,争取选举获胜上台执政。2012年1月9日,吉隆坡高级法庭宣判安瓦尔被控罪名不成立,当庭释放。安瓦尔重新成为人民公正党领袖,成为反对党民联领袖,有助于民联的团结,争取来届选举胜利。12月15~16日,民联三党之一的民主行动党在槟城举行全国党代会进行党内选举,林吉祥和林冠英父子再度以第一及第二高票当选,林冠英、加巴星第三度当选秘书长及主席。4月28日,马来西亚政治组织“净选盟”在首都吉隆坡发起10万人大游行,表达改革选举及反稀土厂的诉求。民联三党领袖,包括人民公正党实权领袖安瓦尔、民主行动党国会领袖林吉祥、伊斯兰党主席哈迪阿旺及吉兰丹州务大臣聂阿兹也率领逾万人参与集会。

3. 内部安全法替代法案获得通过。2011年马来西亚备受争议的内安法被取消。取代内安法令的2012年国家安全罪行(特别措施)法案,于2012年4月获得国会通过,新的安全法案废除内政部长未审先扣的权力,于7月31生效。2012年国家安全罪行(特别措施)法案的通过并实行被看作是马来西亚民主的进步,为执政党联盟赢得更多民心。

三、外交:加强与东盟国家关系,扩大与其他亚洲国家关系,与更多国家和地区谋求合作

1. 马来西亚与东盟国家关系。与新加坡关系。两国关系在2012年取得良好进展。双边高层互访频繁,多个大型合作项目陆续进行,两国在特区开展了大规模的合作。1月,马来西亚总理纳吉布与到访的新加坡总理会谈,双方10多名部长参加这次双边会议。双方重点探讨新加坡与依斯干达特区的工业合作;新加坡向马来西亚购电的可行性;在大士和柔佛州公主港开辟渡船和水上的士服务;兴建海底汽车隧道作为新柔捷运系统的一部分;数码广播和移动宽带服务合作;双边航空服务合作,尤其是樟宜机场和士乃机场的商业合作;促进高等教育、工艺与职业教育及英文教学的合作等。双方评估两国多方面合作的进展,并达成多项共识,领域涵盖经贸、能源、通信、交通、教育及文化等,标志两国关系将迈入新的发展阶段。随后,马来西亚三军总长楚其菲里将军访问新加坡。4月,马来西亚国家药物管制局与新加坡卫生科学局签署药物管制合作备忘录,以加强双边药物管制方面的合作与交流。7月,土地交换计划实施后的各个合作项目开始进行。马来西亚国库控股以60%股权与新加坡淡马锡控股以40%股权共同成立的联营公司——马新私人有限公司,携手发展滨海南及白沙浮一带的六块地段。同时,耗资200亿~300亿林吉特,全长约300千米的新—马高速铁路计划展开非正式磋商。年内,两国在依斯干达特区投资建设方面加强合作。新加坡在依斯干达特区投资14亿新元建设赛车运动城、投资40亿新元建设医药中心及滨海城市。此外,新加坡还在依斯干达特区开办大学。新加坡是依斯干达特区最大的投资来源国。

与泰国关系。2012年2月马来西亚总理会见泰国总理英拉,双方达成联合协议,加强马泰边界地区在石油与天然气、能源、汽车业、橡胶、大米与白糖、旅游业等6个领域的经济及贸易合作。两国同意在边界兴建两座大桥,双方还将在黑木山与昔罗检疫中心设立特别经济区,制定综合发展计划,完成建设泰南巴谷检疫中心。协议的签署,将推动两国的合作与交往,促进两国友好关系发展。年内,马来西亚国家银行与泰国央行签署有关跨境担保品管理的谅解备忘录,促进双方互惠运作,提升两国金融机构的流动性便利。

与印尼关系。2012年马来西亚与印尼加强高层交流。12月,马来西亚总理纳吉布在首相署会见到访的印尼总统苏西洛。纳吉布总理在讲话中提出两国有必要继续在银行与金融、旅游业等领域进行合作,在会谈中商讨两国边境军事合作。年内,双方经济合作得到加强。4月,马来西亚和印尼青年企业家签署涵盖33项贸易领域合作的谅解备忘录。12月,印尼最大银行万自立银行获得马来西亚国家银行授权,2013年可以在马来西亚设立分行。万自立银行是首家取得马来西亚营运执照的印尼银行。2012年两国的敏感问题——女佣问题再起波澜:10月,一则出售印尼女佣的广告在马来西亚网络上广为传播;11月,马来西亚又发生两起强奸印尼女性的案件;12月,解救行动曝光虐佣劣迹,引起印尼各界强烈不满,给印马两国关系再次蒙上阴影。

年内,马来西亚与文莱在马来西亚布特拉加亚举行第16届双边协商会议,探讨双边及有关国际问题。

会后两国签署经济合作备忘录，以加强两国在金融、服务业领域的整合，促进两国贸易及投资增长。10月，总理纳吉布访问菲律宾，这也是纳吉布自2009年执政以来首次访问菲律宾。双方讨论两国间的政治、经济、国防和安全合作等问题。

2. 与日本、印度以及美国等大国关系。2012年马来西亚加强与印度、日本等亚洲大国的合作。与印度签署的自由贸易协议开始生效，推动两国经济合作；与日本加强投资合作，并支持日本加入TPP。年内，马来西亚加入由美国主导的跨太平洋伙伴关系协议（TPP）谈判，参加多轮相关谈判。

3. 与中国关系。2012年马中关系进一步深化发展。双方高层互访频繁，地方交流活跃。马来西亚总理纳吉布两次来华；中国国家领导人贾庆林、贺国强，外交部长杨洁篪访问马来西亚。中共还派代表赴吉隆坡出席马来西亚执政党马来民族统一机构（巫统）第63次全国代表大会开幕式。年内，中马经贸合作进一步加强。马来西亚是中国在东盟最大的贸易伙伴，双边贸易额948.1亿美元，比上年增长5.3%。其中，中国进口583亿美元，下降6.2%，出口365.2亿美元，增长31%，贸易逆差217.8亿美元。中国是仅次于新加坡的马来西亚第二大出口市场和第一大进口来源地。中马相互投资合作不断加强。截至2012年底，马来西亚对华投资项目有5253个，总金额达63.27亿美元。中国对马投资19.8亿林吉特。中国企业在马累计签订工程承包合同总额169.6亿美元。中马两国相互建立的关丹产业园和钦州产业园相继开园，两国在金融、旅游等服务业领域的合作得到深化和扩大，在科技、教育、文化等领域的交流十分活跃。

4月1日，马来西亚总理纳吉布与中国国务院总理温家宝在中马钦州产业园区植下一棵罗汉松，祝愿园区茁壮成长和中马友谊万古长青　　（广西新闻网）

4. 马来西亚与多个国家和地区签署自由贸易协定。2012年5月，经过长达5年共11个回合的谈判，马来西亚与澳大利亚正式签署自由贸易协定，协定于2013年1月1日起生效。7月，马来西亚与印度签署的综合经济合作协定生效。11月，马来西亚与欧盟签署自由贸易协定和伙伴合作协定，将进一步深化双方的商贸关系。12月，马来西亚与土耳其签署自由贸易协议，以增进双边贸易与经济关系。

四、2013年展望

经济：将保持稳定增长，预计增长5%左右。宏观经济表现稳定，内需仍将是马来西亚经济增长的主要动力。马来西亚的两大经济支柱——服务业与制造业，将受国内需求强稳及国际贸易活动升温的带动，为经济增长作出更大贡献。农业较上年有所改善。矿业中的天然气及原油产量将增加。建筑业可望在经济转型计划及基础建设计划逐步落实支撑下维持强劲成长。

政治：大选临近，选举结果将对经济社会产生一定影响。2013年4月3日，马来西亚总理纳吉布宣布解散国会，即将于2013年6月前举行全国选举。此次马来西亚全国选举，执政党及在野党势均力敌，以纳吉布为首的国阵与反对党人民联盟领袖安瓦尔将在大选中展开激烈竞争。

综合各方面因素预测，此次大选国阵仍将胜出的可能性很大。如果国阵大胜则将让纳吉布总理更有权威来平息内部对改革的不同意见，并对国内经济带来好处，因为纳吉布倡导的经济转型计划（ETP）已经推动国内私人投资显著成长。如果国阵仅在选举中险胜，将可能导致巫统内部出现要求更换领导层的要求，类似2008年选举结果该党惨败后，该党元老要求党主席负起全责引咎下台。如果国阵丧失简单多数议席，反对党上台，政权交替，因经济政策和计划的不确定性，会对经济造成一定的影响。但无论哪个党派执政，都不会改变马来西亚正在施行的重大政治经济政策，经济稳定仍可期待。

外交：将更加重视亚洲和伊斯兰世界的交流与合作。由于美国和欧洲经济复苏缓慢，马来西亚将在经济上更多依赖亚洲和中国的发展，特别是与中国的关系将会进一步密切；对于印度、日本等亚洲大国，将会进一步加强交流与合作。而对于中东、拉美等新兴市场国家，将会积极拓展与其合作关系。　（韦朝晖）

资料来源：

1.《南洋商报》。

2.《星洲日报》。

3.《光华日报》。

4.《联合早报》。

5. 马来西亚统计局网站。
6. 马来西亚银行网站。
7. 南洋网站。
8. 中国驻马来西亚大使馆网站。

缅甸：2012年发展回顾与2013年展望

2012年，缅甸以政府转型和经济发展为中心，积极推动改革，努力实现民族和解，拓展外交空间。年内，缅甸政府在内政和外交方面取得了显著成效，但也面临着族群冲突和经济发展等多重挑战。

一、政治社会

（一）政府继续推进政治改革

1. 大幅改组政府高层。吴登盛总统大刀阔斧调整高层人事，增强政府执政能力。2012年6月5日，邮政通信部副部长吴丁伦和能源部副部长吴梭昂辞职。7月1日，缅甸第一副总统吴丁昂敏乌由于健康原因辞职。8月15日，前海军司令年吞上将当选副总统。7月9日，吴登盛任命吴丹欣等6人为总统办公室、铁道部、财政部等部委副部长。9月5日，吴登盛签发总统令，将第一电力部和第二电力部合并为电力部，并撤销工业发展部。9月7日，吴登盛任命10位联邦部长和6位总统府部长，并提拔5名副部长为部长，其中包括一名女性。原宣传部部长吴觉山任合作社部部长，原劳工和社会福利部部长吴昂季担任宣传部部长。吴登盛还将勇于改革的原工业部部长吴梭登、铁道部部长吴昂明提拔为总统府部长，大大加强了总统府部长的职能。

2. 提高政府治理能力。为加速改革进程，吴登盛总统于6月13日成立18人的国家经济和社会顾问委员会，由仰光经济大学原教务长吴莫丹担任名誉主席，吴丁突吴为主席，负责制订有关改革的战略目标和提高民生的计划。新政府敢于揭露国家机关的经济问题。3月8日，缅甸审计总署向议会提交报告，揭露部分国家机关在2009～2010财年中涉嫌挪用公款和账目造假，涉案部门有宣传部、矿业部和农业灌溉部等。

12月26～27日，吴登盛召开政府工作会议，号召政府各部门在政治、经济和社会工作中以民众为中心，提高施政能力。政府改革的第一阶段是进行政治改革和民族和解，第二阶段为重振国家经济，第三阶段为治理腐败。吴登盛坦承缅甸在改革进程中依然存在腐败和执政能力差等问题，呼吁政府要加紧治理腐败和贿赂问题以提高政府的施政能力，增加政府工作的透明度，这也是吴登盛总统2013年的施政重点。

3. 增加透明度，放松对社会的控制。加快媒体出版审查制度改革。从5月15日起，所有小说类出版物采取先出版后送审的办法审核。从6月30日开始，包括报刊杂志在内的所有出版物将全部免于审核。8月20日，缅甸正式废除实行48年的出版物事先审查制度。11月7日，缅甸官方报纸《新光报》和《镜报》宣布从2013年开始允许私人参股，读者可以自由投稿。缅甸政府还允许私人媒体从事电视播放业务，与国外媒体合作开展业务。12月28日，缅甸政府宣布从2013年4月1日起允许私人机构出版日报，报纸语种不限。9月7日，总统办公室宣布设立总统网络在线邮箱，号召公众写信提出意见，揭发官员腐败行为。10月21日，吴登盛总统举行就职以来的首次记者招待会，回答了记者提出的各种问题。

8月30日，缅甸政府宣布解除935名缅甸侨民和1147名外国人出入缅甸的禁令。11月29日，政府宣布解禁军政府时期列入黑名单的204家公司和587人，大部分属于珠宝贸易公司、综合服务公司以及华裔和印度裔企业家。2012年8月，在《私立学校注册法》颁布8个月后，缅甸教育部批准54家私立学校注册的申请。

4. 重视民生问题。缅甸面临比较严重的失业和贫困问题。缅甸约70%的人口居住在农村，贫困人口占总人口数的26%，政府计划在2015年将这一比例降至16%。缅甸农业发展银行从2012年1月1日起将农村贷款利息由15%下调至13%，贷款额也由原来的1英亩2万缅元增至4万缅元。自2012～2013财年开始，对农民的贷款利息将再下调到8.5%。自3月14日开始，缅甸电话费夜间通话降价一半。3月14日，财税部部长吴拉通在议会表示，自4月1日开始每位公务员增加补助费3万缅币，日工资也从每天1200缅元增至2000缅元。在2012年5月缅甸多家工厂工人罢工之前，工人每月基本工资普遍在8000～30000缅元之间。罢工发生后，缅甸劳工部及时召集工厂主开会，规定工人最低月基本工资为56700缅元。7月11日，政府大幅度提高了退休金比例，2012～2013财年退休金支出总额达3354.15亿缅元。随着土地征用纠纷的增多，7月26日，联邦议会通过了一项议案成立一个专门负责调查有关土地征用投诉的委员会。12月，缅甸劳动就业与社会保障部部长吴貌敏承诺缅甸政府将向在泰国和马来西亚务工的200万缅甸人颁发临时护照并承认其子女为缅甸公民。

5. 进一步完善法律制度。2012年3月，缅甸联邦议会通过《环境保护法》，对环保质量标准、环境评估作出相关规定，同时还通过《空地、闲地和荒地管理法》。3月30日，联邦议会通过《农业土地法》，规定农业土地使用权拥有者和土地权的审批程序等。4月，吴登盛总统正式签署《劳工争议解决法》，对解决纠纷的方式和作用作出规定。8月10日，议会通过《重要商品和服务法》和《外汇管理法》，并公布《缅甸公民投资法》草案。8月31日，吴登盛总统签署《2012年社会福利法》。9月7日，吴登盛总统签署《缅甸进出口法》，对进出口管理和许可证制度进行规范。11月1日，吴登盛总统签署法案，分别废除1964年《缅甸五星轮船公司法》、《征地(矿区)法》和《为人民服务业保护法》。11月29日，议会通过《2012人民院法》和《2012民族院法》，对人民院和民族院的职能、原则和组成等作了详细规定。

11月2日，吴登盛签署《外国投资法》，新投资法较以前的投资法更加灵活，包括取消外资在合资企业中最高占50%股份的限制，允许外资投资电力、石油和天然气、矿业、制造业、餐馆和旅游业、房地产、交通运输、通信、建筑和其他服务业。虽然农业、畜牧水产业列入限制投资领域，但允许外资与缅甸企业按法律规定组建合资企业。新法还包括外资与缅甸企业组成的合资企业可享受5年免税等优惠政策。

6. 允许民众维权运动和公民社会发展。随着缅甸逐步推行政治改革，缅甸民众维权意识增强。2012年1月，若开邦民众在实兑和妙吴举行“争取24小时供电运动”，要求政府为居民提供全天电力和天然气。作为回应，缅甸能源部部长吴丹泰表示，2013年后，缅甸新天然气项目的产出将主要用于国内消费。2月6日，仰光莱达雅工业区的1800名工人为薪酬和休假问题举行罢工。5月22日，数百名仰光居民参加烛光集会，抗议电力供应短缺。5月1日国际劳动节后，仰光莱达雅工业区12家服装厂工人连续多日示威，要求最低月薪增加至7万缅币和维护劳工权益，罢工潮波及仰光57家工厂并扩大到曼德勒。

截至2012年年底，共有278个国内NGO组织、53个国际NGO组织在缅甸活动，主要从事教育、健康、饮用水、种植养殖业和环境保护等67个项目。

7. 继续释放囚犯。2012年1月4日，吴登盛总统签署大赦令释放6656名囚犯。1月12日，吴登盛宣布再次释放651名囚犯，其中299名为政治犯，包括88名学生组织领导人敏哥奈和哥哥基、僧侣吴甘比拉以及前总理钦纽及其下属约200名军事情报官员。7月3日，缅甸政府释放80名囚犯，其中包括民盟成员、学生活动分子和外籍囚犯，以推动全民和解，改善缅甸与其他国家的关系。9月17日，吴登盛访美前宣布释放514名囚犯，其中包括399名外国侨民和88名政治犯。11月15日，缅甸总统再次特赦452名囚犯，包括年龄偏大、有健康问题的国内和外籍囚犯。

(二)议会运转基本正常

1. 议会补选。2012年4月1日，缅甸全国举行了议会补选，共涉及45个席位，其中包括37个人民院席位、6个民族院席位和2个省邦议会席位。昂山素季获得选区85%的选票，当选为人民院议员。民盟在选举中赢得43个席位，成为议会最大反对党，缅甸政府邀请国际社会观察员来监督投票，这一举动史无前例。

2. 议会运行情况。2012年，联邦议会(包括人民院、民族院和两院联合)共召集3次会议。1月26日，议会召开第一届议会第三次会议，讨论《2012～2013财年国家财政预算法》、《国家计划法草案》和《2012～2013财年财政支出补充法草案》等法案。会议决定组成联邦议会法律草案联合委员会，对需要通过联邦议会讨论的法律进行审核。议会第四次会议于7月4日在内比都举行。9月4日，议会通过吴登盛总统关于设立36个部、36位联邦部长岗位、威伦中将为国防部部长、吴登泰为总审计长的决定。第四次和第五次会议共通过吴登盛总统签发的法律4部。

(三)昂山素季走上政治前台

1月9日，民盟重组7人中央执行委员会，昂山素季出任党主席。3月14日，昂山素季阐述了民盟的政策和工作方针，将近期目标定为:建立法制，实现国内和平和修宪。5月29日至6月2日，昂山素季当选议员后出访泰国，参加在曼谷召开的世界经济论坛，这是她24年来首次出国访问。6月13日，昂山素季开始为期17天的欧洲之旅，先后访问瑞士、挪威、爱尔兰、英国和法国。她呼吁国际社会帮助缅甸建立强大的民主制度。

7月25日，昂山素季在联邦议会首次发表演讲，呼吁建立一个“真正民主、平等和以彬龙会议精神为基础”的国家。8月7日，昂山素季担任新成立的联邦议会法治与稳定委员会主席。自9月17日开始，昂山素季对美国进行为期18天的访问，会见美国总统奥巴马、国务卿希拉里等政要，接受美国国会金质奖章，在联合国发表演讲。11月，昂山素季访问印度，会晤印度总理辛格，在印度国会发表演讲，呼吁印度给予缅甸更多支持和投资。

(四)若开邦发生族群冲突

2012年5月28日，若开邦1名信仰佛教的若开族妇女遭3名罗兴伽男子强奸杀害，激起民愤。6月3日，约300名若开人将1辆长途汽车上10名罗兴伽乘客殴打致死。6月8日，若开邦孟都地区和布帝洞地区发生骚乱，造成100多人死伤，508间房屋被烧。6月10日，吴登盛签署法令宣布若开邦实行紧急状态。10月21日，双方冲突升级，若开邦敏比亚镇发生骚乱，后迅速蔓延到多个地区，短短10天内共有89人死亡，136人受伤，大量罗兴伽人沦为难民逃离若开邦。

(五)与多数民族地方武装签署停火协议，与克钦独立军冲突升级

1. 与多数民族地方武装签署停火协议。2012年1月6～28日，缅甸政府代表分别与钦民族阵线、克伦民族联盟、南掸邦军、北掸邦军达成初步和平协议。2月1日，孟邦和谈代表团与新孟邦党代表团在仰光和

谈达成一致,双方签署停火协定。2月26日,缅甸政府与新孟邦党签署初步和平协议,这是缅甸政府推动民族和解以来又一个成果。3月7日,7位部长组成的政府和谈代表团参加与克耶民族进步党的和平谈判,双方一致同意达成停火协议。4月8~9日,吴登盛、昂山素季先后与克伦民族联盟举行会谈,就实现永久和平交换意见。5月3日,缅甸成立以吴登盛为主席的11人联邦和平中央委员会和以副总统赛茂康为主席的52人联邦和平工作委员会,以推动政府与少数民族武装之间的和谈进程,争取实现国家的永久和平。6月10日,克伦尼民族进步党与铁道部部长吴昂明率领的政府代表团在克伦尼邦垒固签署第二轮17点和平协议。

9月3~4日,联邦和平工作委员会副主席吴昂明与克伦民族联盟举行第3次和谈,签署双方行为准则草案,并商谈军队部署等具体事宜。11月9日,吴昂明在泰国清索会见14支民族地方武装和流亡政治组织,达成政治对话解决国内政治问题、流亡政治组织回国的协议。12月7~9日,吴昂明率领和谈代表团与钦民族阵线谈判达成27点和平协议,包括承认钦民族日、建立独立的钦族人权委员会、允许在钦邦建立该组织的媒体机构等内容。

截至2012年12月,吴登盛政府已与12支民族地方武装达成停火协议,并与其他12支民族地方武装组成的联合民族联邦委员会开始了政治对话。

2. 与克钦独立军冲突升级。年内,克钦邦战火仍然持续不断。3月,政府军与克钦独立军双方在瑞丽举行自2011年军事冲突以来的第7次和谈。自5月开始,缅甸政府与克钦独立军举行3轮非正式会谈。10月29~30日,双方代表在中国瑞丽举行谈判,克钦独立军提出的民族自治权问题得到政府代表吴昂明初步认可。12月底,克钦邦武装冲突再次升级,影响到中国西南边境安全。缅甸政府军出动战斗机和直升机攻击,并占领克钦独立军总部拉扎周围的所有高地。据联合国人道主义事务协调办公室(OCHA)的报告,截至2013年1月份,克钦邦境内难民人数上升到5.5万人。

二、经济

2012年,缅甸以设定新的经济发展目标、改善外资投资环境、扩大私营经济、推动农业发展和统一汇率等为中心,实现了较高的经济增长目标。

(一)经济政策

1. 制定新的经济发展目标,推动第二波改革。2012年3月19日,吴登盛签署《2012~2013财年国家计划法》,拟定2012~2013财年GDP增长率为6.3%。三次产业比重分别为:农业3.9%,工业8.6%,服务业8.6%等。投资占比为:国家投资占27.3%,私人投资占72.7%等。

5月11日,吴登盛在总统府主持召开"为国家发展而加大改革力度协调会",宣布缅甸改革进入第二阶段,目标是要提高人民生活水平,促进以人民为中心的经济发展。吴登盛还呼吁缅侨回国参加经济建设。6月19日,吴登盛在议会就国家发展新的五年计划发表讲话,宣布政府将以经济建设为中心,提高公众福利,放宽对电信、能源及金融等多个重点行业的控制,争取到2015~2016财年缅甸人均国内生产总值增长3倍,年增长率为7.7%,实现缅甸现代化。吴登盛还提到4项经济发展原则,包括加强农业发展,努力发展工业,省邦平衡,提高人民生活水平等。9月,吴登盛再次提出要推进新一轮经济改革,减少军队对经济的影响,加大关键行业的私有化进程,在5年内使缅甸经济总量翻3番。

2. 调整汇率制度。从2012年4月1日开始,缅甸政府在国际货币基金组织的支持下,实施有控制的浮动汇率制,建立中央银行能够介入并影响汇率的银行间外汇市场。外汇交易基准价被定为820缅元兑1美元,汇率浮动区间为2%。同时,政府使用800缅元兑1美元的汇率对公共账目进行重新核算。以利于外汇市场整合、调控及国际结算和汇兑业务。8月1日,缅甸央行表示,将在近期取消外汇兑换券,将折合成美元对持券人进行赎回。

3. 增加财政透明度。缅甸政府首次将预算案提交议会辩论通过。2012年1月,缅甸财税部部长吴拉通在联邦议会会议上提交了2012~2013财年预算草案。在草案中,卫生经费拨款增加4倍,由上财年的920亿缅元(约合1.15亿美元)增加到3680亿缅元(约合4.6亿美元),教育经费拨款将由上财年的3104亿缅元(约合3.88亿美元)增加到6172亿缅元(约合7.7亿美元),增加近2倍,教育和卫生拨款占整个政府支出的7.5%,而军事预算则从2011~2012财年占政府支出的23.6%减少到14.4%。2012年11月,缅甸财税部承认缅甸政府在国外开有美元账户,约有逾60亿美元存款。12月14日,缅甸政府建立采掘业透明度行动计划组织(EITI)建设指导委员会,总统府部长吴梭登任主席,对缅甸自然资源部门提出改革建议,在投资者和民众之间建立透明的机制。

4. 清除制度障碍。缅甸基础设施较差,社会配套不足。2012年,缅甸电话普及率只有5%,政府计划在2013~2014财年把电话分布率提升至27%,在2015~2016财年提升至75%~80%。2012年2月,缅甸通讯邮电部部长吴登通在议会上表示,将允许私人投资缅甸通信业,有比例地吸引本国公民和外国投资。缅甸政府修改法规,允许每年进口8万辆汽车在国内销售。缅甸政府还出台了进口许可证申请一站式服务、促进旧汽车更换的政策。2012年5月7日,政府宣布缅甸市民可进口2007年之后生产的汽车,对小排量汽车降低进口税,这极大地刺激了缅甸个人汽车市场。缅甸能源价格过低，国家不得不大量补贴，实际上损害了能源产业的可持续发展。1月1日，政府大幅调高天然气价格和电价，天然气价格上涨34%，电力价格则翻了一番。

5. 扩大私营经济领域。2012年2月7日，缅甸私营企业主获准经营能源部下属的油气产品进口、仓储和销售业务，可以建造新的油气销售站、仓储库和油气码头。从5月1日开始，私营企业主40年来将首次获准经营保险业，可经营火险、车险、汇款险、财产险、公证险和人寿险等6种保险业务。7月2日，缅甸央行批准17家私营银行开设外币账户业务，受理美元、新加坡元和欧元3种外币的活期储蓄。9月，缅甸政府向12家民营企业颁发保险营业执照。

（二）宏观经济形势

在新政府经济改革政策的推动下，缅甸经济实现一定增长，产业结构有所改善。亚洲开发银行预测，2012年，缅甸经济增长率为6%，2013年，将上升至6.3%。缅甸经济增长的主要原因是外国增加了在石油、天然气和其他能源及矿产领域的投资。自2012年4月1日缅甸央行实行浮动汇率以来，缅甸汇率持续波动，6月3日，缅甸投资委员会主席、工业部部长吴梭登表示，美元对缅币汇率已由1:818上升到近1:842左右，缅甸已有提高美元对缅币汇率的计划。由于缅币升值，2012年，缅甸通货膨胀水平会出现上升趋势。全年平均通货膨胀率达6.2%。

财政赤字、税收能力不足、银行高额利率和农村贫困等问题是缅甸宏观经济发展面临的主要问题。近年，缅甸财政收入占GDP比重在4%～5%之间，但财政支出连年增加，2011年已经超过GDP的9%。2012年2月24日，吴登盛总统签署《2012～2013财年财政支出补贴法》，在《2011～2012财年国家财政预算法》基础上，追加2011～2012财年政府部门财政支出13243亿缅币。财政赤字使政府举借大量外债，截至2012～2013财年，缅甸外债总额已达110.2亿美元，外债余额75.399亿美元。2011～2012财年，全国的税收11345亿缅元，比2010～2011财年减少1825亿缅元。大量财政赤字、税收能力低下导致政府的投入不足，对政府发展经济目标产生不利影响。

缅甸不合理的利率政策也困扰着缅甸经济发展。缅甸的贷款利率继2011年的17%下调至15%后，自2012年1月1日起，贷款利息调整为13%。自2013年年初开始，缅甸银行下调中小企业贷款利率至8.5%。但总体而言，贷款利息率仍然偏高，导致企业融资成本很高，利润空间受到挤压，从而制约了企业的发展潜力。

2012年1月18日，缅甸土地法改革研讨会上公布的数据显示，缅甸平原地区尚有35%～53%的农村家庭没有自留地，克钦邦等少数民族地区有近一半镇区的过半农村家庭没有自留地。与此相对应的是截至2012年7月，缅甸全国总人口为5749.3万，失业人口约900万～1000万，失业率为28.4%；贫困率为23.6%，在广大缅甸农村，46%的农民仍生活在贫困线以下。

（三）产业经济形势

在银行业方面，缅甸共有4家国营银行（缅甸经济银行、缅甸外贸银行、缅甸投资与商业银行、缅甸农业发展银行）和19家私营银行。截至2012年6月29日，缅甸各银行共发放贷款37325亿缅元，其中商业贷款占总额的32.14%，工业占20.24%，农业与饲养业占14.64%，服务业占10.93%，其他占10.93%，建筑业占9.76%，交通业占1.86%，房地产业占0.84%。

在能源产业方面，截至2011～2012财年，缅甸天然气出口额29.47亿美元，比上财年的25.22亿美元增加4.24亿美元。截至2012年5月，缅甸已批准的石油天然气项目投资总额达134.75亿美元，占获批项目的43.74%；其次是电力行业项目，占41.88%；第三是矿产业，占7.46%。这3个产业的投资总额占总投资比重的93.08%。

在旅游业方面，2012年，缅甸接待游客突破100万人次，全年旅游收入5.34亿美元，比上年增长67%。其中：泰国游客居首，约9万人次；中国游客排在第二位，约7万人次；美国游客排第三位，约3.7万人次。

在农业方面，2011～2012财政年度，缅甸出口大米80多万吨。2012～2013财政年度前11个月，缅甸出口大米130万吨，整个财年大米出口总量有望突破150万吨。

缅甸中部城镇眉谬地处掸邦高原西部边缘地带，海拔1000米，年平均气温18度。花木葱茏，风景秀丽，有“花都”之称，是缅甸著名的避暑胜地（新华网）

三、外交

2012年,缅甸在外交上转向大国平衡政策,尽可能地引进其他大国力量,以实现政治、经济平衡和国家利益最大化。

(一)缅甸与中国的关系

1. 两国高层互访频繁。2012年,缅中两国保持高层频繁互访的良好势头。首先是议会层面交流不断。2月23日,缅甸人民院议长吴瑞曼访问中国,并会见中国全国政协主席贾庆林。5月14日,中国全国政协副主席王刚访问缅甸,会见缅甸联邦议会议长兼民族院议长吴钦昂敏,双方均同意相互学习借鉴参政议政经验。9月13~15日,中国全国人大常委会委员长吴邦国一行对缅甸进行正式访问,会见吴登盛总统、吴钦昂敏议长和吴瑞曼议长,双方一致同意加强湄公河流域的法制建设和执法队伍建设。9月22日,吴钦昂敏议长到中国深圳访问时表示,无论缅甸政治改革进展如何,缅中关系都会稳步向前推进。

其次是政府层面互访得到加强。6月13日,中国外交部部长杨洁篪同来访的缅甸外交部部长吴温纳貌伦举行会谈,杨洁篪表示愿同缅方加强沟通与协调,确保一些重大合作项目顺利实施。9月18日,吴登盛总统前往广西南宁出席第9届中国—东盟博览会,并作为主题国在开幕式上发言。11月19日,吴登盛总统在第15届中国—东盟峰会上表示,缅甸将继续促进东盟与中国的贸易和投资等经济合作。12月12日,缅甸计划与经济发展部部长甘佐博士率团前往广西南宁出席第18次大湄公河次区域(GMS)部长级会议。

再次是双方党际交流也在延续。5月20~26日,缅甸联邦巩固与发展党代表团访问中国。5月22日,中国国家副主席习近平在北京会见以总书记吴泰乌为团长的缅甸联邦巩固与发展党代表团,双方同意全力推动中缅传统友好关系不断发扬光大。

2. 政府其他部门及军队交流。随着中缅两国交流的深入,中缅一些相关部委代表团相互访问,以加强各自领域的经验交流。3月12日,缅甸海军司令员年吞中将一行9人访问中国大连舰艇学院。7月10日,中国公安部部长孟建柱访问缅甸,先后会见吴登盛总统和内政部部长吴哥哥。孟建柱表示,中方支持缅政府以和平方式妥善解决民族和解问题,希望缅方尽快签署《湄公河流域执法安全合作协议》。9月5日,缅甸国防军总司令敏昂莱和副总司令兼陆军司令梭温先后会见到访的中国人民解放军副总参谋长马晓天,双方就两国两军关系和地区安全形势等问题交换意见。11月16日,中国国防部部长梁光烈会见到访的缅甸国防军副总司令兼陆军司令梭温,双方同意将继续致力于加强两国两军的友好交流与务实合作。

3. 中缅智库和非政府组织的交流。2012年,随着缅甸民间组织和公民社会的兴起,缅甸智库和非政府组织访华日渐增多。5月24~29日,缅甸发展资源研究所(MDRI)创始人、缅甸总统首席政治顾问吴哥哥莱和政治顾问吴奈辛拉先后访问云南大学、中国国际问题研究所、上海国际问题研究所等机构。10月28日至11月11日,以吴哥哥莱为团长的缅甸智库与非政府组织代表团再次访华,并与中国全国政协副主席孙家正会见。12月10日,缅甸总统首席经济顾问吴敏率团对中国进行访问,考察中国经济特区。

两国文化体育交流与慈善事业合作也在加强。根据2012年9月14日中国全国人大常委会委员长吴邦国访缅期间与缅甸政府签订的协议,12月26日,中国体育援助缅甸第27届东南亚运动会28人教练组抵达缅甸。5月8日,中国医疗队在仰光市首都医疗中心为缅甸白内障病患免费检查和手术,正式启动"重见光明"活动,受到缅甸病患和家属的欢迎。12月31日,中国驻缅甸大使李军华和缅甸社会福利与安置部副部长吴蓬瑞签署《中缅两国经济技术合作协定》及相关换文,中国政府向缅甸捐助350套活动板房,用于帮助安置若开邦流离失所者和缅甸北部地震灾区灾民。

4. 莱比塘铜矿事件。莱比塘铜矿项目是缅甸联邦经济控股公司与中国北方公司下属的万宝公司的合资项目。由于涉及一些农户搬迁和土地赔偿问题,11月18日起,实皆省蒙育瓦的数百名当地农民、僧侣和维权人士进入莱比塘铜矿作业区抗议,在工地附近搭建6个临时营地,工程施工被迫中断。一些抗议者扬言要把莱比塘铜矿变成第二个"密松"工程。11月29日凌晨,缅甸警察在抗议现场用烟雾弹和水枪进行清场,造成数十人受伤。12月3日,吴登盛颁布总统令,任命16人组成调查委员会,由昂山素季担任主席。委员会于2013年3月12日提交最终调查报告,认为莱比塘铜矿项目应继续进行,但需采取必要的改进措施。一些民众开始拆除营地,撤出抗议营地。

(二)缅甸与美国和其他西方国家的关系

2012年,西方国家逐步松动对缅甸的制裁。2月6日,美国国务卿希拉里签署一项豁免令,不再反对世界银行、亚洲开发银行及国际货币基金组织等国际金融机构赴缅甸进行"评估工作",或对缅甸提供有限的技术援助。7月11日,美国首任驻缅大使米德伟向吴登盛总统递交国书,标志着美国与缅甸向关系正常化迈出了最重要的一步。同一天,美国总统奥巴马宣布准许美国企业在缅甸投资。7月14~15日,在美国国务院副国务卿霍马茨和美国商务部副部长桑切斯率领下,一个由美国38家公司高管组成的商业代表团访问缅甸。9月24日,吴登盛赴美参加第67届联合国大会,并于27日在联大发表有关缅甸未来发展的演讲。10月15日,由助理国务卿波斯纳率领的22人美国高级政府代表团访问缅甸,与缅甸高层讨论各项人权议题。11月16日，美国政府宣布取消对缅甸的产品进口限制，但矿产品和珠宝产品仍在禁止商品之列。11月19日，美国总统奥巴马在国务卿希拉里的陪同下抵达缅甸，成为首位访缅的美国在任总统。奥巴马与吴登盛总统、人民院议长吴瑞曼、民族院议长吴钦昂敏和民盟主席昂山素季进行会谈，并在仰光大学进行演讲。

2012年1月，欧盟、英国、丹麦和法国分别宣布将增加对缅甸的发展援助。2月13日，欧盟发展专员皮耶巴尔格斯抵达缅甸进行访问，并宣布将实施一项价值1.5亿欧元援助缅甸医疗、教育和就业的计划。4月23日，欧盟外长会议决定暂停对缅甸近500名个人和超过800家企业的制裁，为期一年，但武器禁运仍然有效。9月17日，欧盟委员会将缅甸纳入“除武器之外”的全面贸易优惠安排，将为其产品进入欧洲市场免除关税及配额。11月3日，欧盟委员会主席巴罗佐率团访问缅甸，宣布欧盟支持缅甸的改革开放和发展进程，将提供2亿美元用于援助缅甸的发展。4月13日，英国首相卡梅伦访问缅甸，成为60年来首位访问缅甸的英国首相，并表示要在缅甸国内政治、和平进程和经济社会发展等方面进行合作。2月12～15日，德国经济合作与发展部部长德克・尼贝尔率领德国工商业和民间组织代表团访问缅甸。4月29～30日，德国外长吉多・韦斯特韦勒访问缅甸。11月3日，挪威首相斯托尔滕贝格与丹麦首相托宁・施密特访问缅甸，参加挪威和丹麦共享的驻缅大使馆开馆仪式。同日，瑞士驻缅大使馆开馆仪式在仰光举行，瑞士驻缅大使表示瑞士将向缅甸提供约800万美元的人道主义援助。

澳大利亚也减轻了对缅甸的制裁。2012年1月9日，澳大利亚外长陆克文宣布解除目前没有参政的缅甸前军政府部长、副部长以及现任旅游官员的制裁名单。4月，澳大利亚贸易部部长爱默生发表声明，对缅甸实施旅行和金融禁令的名单从392人减少至130人，包括吴登盛在内的200多名官员的限制措施被解除。

日本在推动发展与缅甸经济关系方面采取了积极行动。4月20～24日，吴登盛访问日本，会晤日本首相野田佳彦并参加日本与湄公河流域国家首脑会议。日本政府于4月21日宣布将分批免除缅甸3000亿日元（约37亿美元）债务，恢复已中止约20年的对缅发展援助。2012年11月，在柬埔寨举行的东亚峰会期间，野田佳彦宣布将向缅甸提供500亿日元（约为6.15亿美元）的贷款。据日本贸易振兴会统计，截至2012年10月，日本商工会议所成员企业已有60家进驻仰光。

5月14～15日，韩国总统李明博对缅甸进行国事访问，两国同意加强资源开发与经济合作。作为回访，吴登盛于10月8～10日对韩国进行正式访问，签署韩国向缅甸提供援助的协议和两国经济发展备忘录。

（三）缅甸与东盟及其成员国的关系

2012年2月19日，东盟秘书长素林访问缅甸，以评估缅甸政治发展进程。1月29日至2月3日，缅甸总统吴登盛访问新加坡，出席两国技术合作谅解备忘录的签字仪式。2月8～9日，菲律宾外长德尔罗萨里奥访问缅甸，与吴登盛总统举行会谈，双方就巩固与加强两国的友好关系和共同合作等事宜交换意见。作为回访，缅甸外长吴温纳貌伦于6月14～15日访问菲律宾。2月7日，马来西亚国防军总司令穆赫德・津访问缅甸，与缅甸国防军总司令敏昂莱进行会谈。3月28日，马来西亚总理纳吉布率团对缅甸进行友好访问，两国发表联合公报，宣布将在园林业、能源和电信等方面加强合作。

2012年1月9～10日，缅甸国防军总司令敏昂莱访问泰国，分别与泰国军方高层和总理英拉举行会谈，双方同意加强两国军事和经济联系。7月22日，吴登盛总统访问泰国，两国签署包括泰缅双方共建土瓦深水港经济特区的3项谅解备忘录。12月17日，泰国总理英拉到访缅甸土瓦经济特区，并与吴登盛总统就实施土瓦经济特区项目举行会谈。

3月12日，越南外长范平明率团访问缅甸，会见吴登盛总统，两国就种植业、养殖业、商业投资、通信业和交通领域开展合作等事宜进行会谈。11月29日至12月1日，越南国家主席张晋创访问缅甸，双方签署两国央行之间银行监管合作谅解备忘录和两国油气战略合作谅解备忘录。3月20日，吴登盛总统率团前往越南、柬埔寨和老挝进行访问。4月2日，吴登盛总统率团前往柬埔寨金边出席第20届东盟峰会。11月4日，吴登盛总统前往老挝万象出席第9届亚欧峰会。11月18日，吴登盛总统出席在柬埔寨金边举行的第21届东盟峰会。

（四）缅甸与印度的关系

2012年1月22日，缅甸外长吴温纳貌伦访问印度，会见印度外长克里希纳，双方着重讨论打击边境叛乱组织问题。2月1～6日，缅甸海军派出军舰参加印度海军牵头名为“米兰”的14国海军联合演习。5月27～29日，印度总理曼莫汉・辛格访缅，这是印度总理25年来首次访问缅甸。两国签署开设边境市场、信息技术合作及印度向缅甸提供5亿美元贷款等12项协议和备忘录。12月14日，印度外长萨尔曼・库尔希德率团访问缅甸，先后会见吴登盛总统和吴温纳貌伦外长，双方讨论能源、建筑、电力和边境安全问题。12月20～21日，吴登盛总统率团前往印度出席第20届东盟—印度峰会并发表演讲，表示缅甸将为增进东盟与印度友谊而努力。

（五）缅甸与联合国及其他国际组织的关系

2012年1月31日至2月5日，联合国负责缅甸人权的特别报告员昆塔纳访问缅甸。2月11日，联合国秘书长负责缅甸问题的特别顾问南比亚尔抵达缅甸进行访问，与吴登盛就补选和民族和解等问题进行讨论。

4 月 29 日，联合国秘书长潘基文访问缅甸，会见吴登盛和昂山素季等政要，并在联邦议会发表演讲。6 月 13 日，国际劳工组织宣布解除对缅甸的制裁，允许缅甸从国际劳工组织获得技术援助和出席该组织会议。世界银行 11 月 2 日宣布，将向缅甸提供 2.45 亿美元的援助款项，其中包括 8000 万美元赠款和 1.65 亿美元无息贷款。3 月 29 日，缅甸人民院副议长吴妙年率团前往乌干达坎帕拉出席各国议会联盟第 126 次会议。

四、2013 年展望

2013 年缅甸将继续进行政治改革和经济开放，同时缅甸还将承办东南亚运动会，为 2014 年担任东盟轮值主席国作筹备。这对缅甸的重要性不言而喻：如果缅甸成功通过这两大考验，就意味着缅甸有能力重返地区性政治舞台中心的位置。（祝湘辉　李晨阳）

资料来源：

1. 中国驻缅甸大使馆经济商务参赞处网站。
2. 缅甸十一新闻周刊网站。
3. 缅甸 *Mizzima* 新闻网站。
4. 缅甸伊洛瓦底新闻网站。
5. 缅甸 *Flower News* 网站。

菲律宾：2012 年发展回顾与 2013 年展望

一、政治社会总体稳定

2012 年菲律宾政治社会可以概括为：总体安定，但家族政治矛盾仍然突出，因各种社会原因引发的游行示威活动时有发生；2012 年 4 月 26 日，菲律宾同意分离组织在南部地区成立新政治实体。

（一）惩治腐败击中阿罗约，土地改革剑指阿基诺

1. 前总统格洛丽亚·马卡帕加尔·阿罗约官司缠身。菲律宾总统阿基诺三世一上台就发誓严惩腐败，声称“决不宽恕”前任总统阿罗约。菲律宾天主教团也早在 2008 年就呼吁民众发动另一场全新的“人民力量”行动，“震垮”阿罗约政府。阿罗约卸任总统职务不久就遭到多宗指控，其中最大的一是选举委员会控告其操纵选举，二是反贪法院指控其收受回扣。

2011 年 11 月 18 日，菲律宾选举委员会和司法部设立的联合委员会以破坏选举罪名起诉阿罗约。阿罗约在首都马尼拉圣卢克医疗中心医院遭逮捕并软禁在病房，随后转送至退伍军人纪念医疗中心接受监管。

菲律宾帕赛地区法院受理了阿罗约破坏选举案。经调查取证，2012 年 7 月 25 日，法院裁定阿罗约破坏选举罪名指控不成立，准许保释。但曾担任菲律宾总统 10 年之久的阿罗约远没有摆脱受指控的阴霾。2012 年 10 月 3 日，菲律宾反贪法院宣布，阿罗约因涉嫌在总统任期内挪用 3.66 亿比索（约合 886 万美元）的国家彩票基金长达 3 年之久而被控犯有掠夺罪。依据法院开出的逮捕令，10 月 4 日下午，警方在退役军人纪念医疗中心的病房里将阿罗约逮捕。因身体健康原因，她被暂时监禁在医院病房里，由警方严加看管。10 月 29 日，菲律宾反贪法院提审阿罗约，阿罗约在庭审中拒绝反贪检察官对她提出的掠夺罪指控。

2. 土地改革破土而出，剑指阿基诺家族。2012 年 5 月 2 日，菲律宾最高法院判决总统阿基诺三世家族必须把路易西塔庄园近 5000 公顷土地中的 4300 公顷分售给当地的 6296 名农民，为菲律宾长达 14 年的土地改革画上圆满的句号。

路易西塔庄园位于菲律宾首都马尼拉市北方的打拉省。由阿基诺三世的母亲、已故前总统科拉松·阿基诺的科胡昂科家族拥有。2011 年 11 月 24 日，菲律宾最高法院曾作出判决，阿基诺家族必须将其路易西塔庄园近 5000 公顷土地中的 4300 公顷分售给当地 6296 名农民，但价格将远低于阿基诺家族此前要求的每公顷 100 万比索。另外，由于庄园部分土地已被售出用于住宅区和高速公路建设，最高法院命令庄园所有者向农民支付大约 3000 万美元的经济补偿。阿基诺家族是菲律宾最显赫的家族之一，拥有菲律宾最大的甘蔗种植园路易西塔庄园，50 年来，有关这片土地所有权的争端从未停息。这次判决显然使阿基诺家族严重“内伤”，但这项政策正是现任总统阿基诺三世的母亲、前总统阿基诺夫人任内发起制定的，目标是让千百万农民拥有自己的土地。

（二）抬棺游行抗议司法不公

2012 年 11 月 23 日是震惊世界的马京达瑙大屠杀 3 周年纪念日。当日，菲律宾多个记者团体和民间组织在首都马尼拉举行游行抗议，抬着棺材模型上街表达对案件审判进展缓慢的强烈不满。事因是 2009 年 11 月 23 日，在菲律宾南部马京达瑙省安帕图安镇，包括省长候选人曼古达达图家人、律师及 30 多名记者在内的共 58 人遭到政治对手安帕图安家族的私人武装劫持并集体屠杀，这是菲律宾历史上最恶劣的选举暴力案件。案发后，涉案的安帕图安家族人士相继落网，据称该案共有 196 名被告，其中 98 人被警方拘押，可法院审判至今未有结果。抗议者身着写有“正义”字样的黑衫，象征对司法正义的呼唤。一些抗议者和团体谴责菲律宾当局未能实施改革，要求加速司法审判程序、强化证人保护程序、修改法庭陈规，解散私人武装。菲律宾全国记者俱乐部主席安迪波尔达说，这场抗议展示了他们对案件进展缓慢的沮丧。国际媒体协会对大屠杀事件审判进展缓慢表示关切，国际记者联合

会主席迈克·多比则指出,3周年纪念是对政府不作为的彻底失望。他呼吁菲律宾政府加快行动,伸张正义。

(三)菲律宾政府同意分离组织成立新政治实体

2012年4月26日,为平息南部多年的战祸与贫穷,菲律宾政府做出重大政治让步,同意让摩洛穆斯林解放阵线(MILF)在民答那峨岛成立相当于"亚国"的新政治实体。摩洛穆斯林解放阵线拥有12000余名武装成员,于1977年开始就争取在民答那峨岛的"祖传土地"上建立独立伊斯兰教国家"摩洛国",导致菲律宾南部陷入长期混乱与贫穷,至少12万人死于战火。此事现为摩洛穆斯林解放阵线与菲律宾政府进行和谈的核心议题。摩洛穆斯林解放阵线要求具备除国防、外交及邮政以外的所有政府功能。菲律宾政府与摩洛穆斯林解放阵线的谈判小组签署和谈原则要点文件,引导双方继续就和谈重大议题作进一步磋商。

4月25日,菲律宾政府和谈小组在马来西亚吉隆坡结束与摩洛穆斯林解放阵线之间的第27轮和平谈判。在10项和谈原则要点当中,最受关注的是双方同意共同努力成立新的政治实体,以取代民答那峨岛穆斯林自治区,但这要遵照菲律宾宪法,并需国会立法。

菲律宾9000万人口当中,约有5%~9%是穆斯林,相对集中于南部的民答那峨岛。穆斯林自治区成立于1989年,范围涵盖民答那峨岛上的5个省,面积约26749.9平方千米,由约430万名居民投票选出总督治理,但由于2011年该自治区选举延至2013年举行,目前,总督由总统阿基诺三世指派。根据和谈原则文件,新的政治实体将为总理制的政府。有关人士指出,菲律宾政府与MILF都认识到保持现状是双方都不可接受的,但新政治实体的轮廓尚需进一步讨论,因为对新政治实体的地理幅员,双方尚存在原则分歧。

二、经济增长率超过预期

(一)经济增长表现超过预期,新兴投资潜力凸显

2012年菲律宾GDP增长率为6.6%,超出菲律宾政府预期的5%~6%,消费、投资、出口是拉动经济增长的主要动力。

国内消费增加。菲律宾国内消费增加的支持因素来自菲律宾服务业,尤其是服务外包承接量的快速增加,使菲律宾民众就业和收入增加。菲律宾拥有教育程度高而且英语流利的劳动力,加上工资水平远低于西方国家,因此,在承接服务外包方面拥有较大优势。

政府建设项目投资增加。菲律宾政府推行开发基础设施、发展教育和卫生政策,使得2012年政府支出增长11.8%,成为经济增长的重要驱动力。

出口复苏。虽然世界经济不稳定导致需求减少,加上菲律宾货币升值,2012年菲律宾电子产品出口值有所下降,但由于热带果蔬、食品、木制家具和成品油等出口的增加,出口仍比2011年增长7.6%。菲律宾主要出口市场仍然是日本、美国和中国。

(二)股市表现不俗

世界证券交易所联合会报告显示,在全球58个证券市场中,菲律宾证券市场在2012年中表现上佳,市值总额增长38.9%,增长率名列第三,仅次于土耳其和泰国。交易额增长25.3%,增长率也名列第三,仅次于沙特证交所和百慕大证交所。此外,菲律宾证券交易指数也表现良好,在亚洲仅排在泰国之后。

据菲律宾央行公布,2012年菲律宾吸引外国证券投资185亿美元,创10年来新高,比2011年增长12%。这些资金主要投入股市、政府债券及其他货币投资工具。央行分析,流入资金增加的主要原因是对上市公司的投资兴趣增强,以及宏观经济基本面良好使投资者信心得以维持。

2012年菲律宾外国证券投资流出146亿美元,比2011年增长17.7%;净流入39亿美元,下降4.7%。由于央行的外汇兑换运作及投资收入增加,2012年菲律宾外汇储备从2011年的753亿美元增加到842亿美元,增长11.8%。2012年汇率稳定,菲律宾比索是亚洲表现第二好的货币,平均每月外输劳务汇款达到17亿美元,均有助于推高外汇储备。菲律宾央行预计,2013年外汇储备将增至860亿美元。

三、外交:同盟外交是主线

(一)菲律宾与中国关系

1. 菲律宾总统发言人出席第9届中国—东盟博览会。2012年9月21~25日,菲律宾总统特使、内政部部长罗哈斯出席在中国南宁举行的第9届中国—东

9月21日,中国国家副主席习近平在广西南宁会见出席第9届中国—东盟博览会的菲律宾总统特使内政部部长罗哈斯 (新华网)

盟博览会。在博览会闭幕新闻发布会上，中国—东盟博览会组委会副主任兼秘书长、广西壮族自治区副主席蓝天立宣布，第10届中国—东盟博览会将于2013年9月20～24日在南宁举行，菲律宾为第10届中国—东盟博览会主题国。

菲律宾总统发言人陈显达在出席第9届中国—东盟博览会期间接受媒体记者采访时表示，作为下届中国—东盟博览会的主题国，菲律宾方面对此满怀期待，并将尽全力做好各项准备工作。他表示，菲律宾和中国的交往是多层面的，因此黄岩岛争端并不会阻碍两国经贸关系的发展。他说，菲律宾总统阿基诺三世委任内政部部长罗哈斯作为总统特使出席本届中国—东盟博览会，就是为了与出席博览会开幕式的中国国家副主席习近平就两国关系展开会谈。

2. 中菲黄岩岛争端。2012年1月30日，菲律宾总统府副发言人瓦尔特在总统府马拉卡南宫例行记者会上声称，菲律宾"继续致力于确保地区和平稳定"，"坚定地致力于通过外交途径和平解决一切争议"。她同时称，南海争议只是菲律宾与中国之间良好关系中的"一个小方面"，菲律宾坚持和平解决有关争议。可是不到100天，菲律宾就因为南海问题作出有悖于上述表态的举动。

2012年4月8日，菲律宾海军在黄岩岛海域发现8艘中国渔船，就持枪登船检查，并把被检查的中国渔船指控为非法渔船。10日，中国国家海洋局派中国海监75号和中国海监84号编队赶赴黄岩岛海域，对中国渔船和渔民实施现场保护。

4月12日，中方要求菲舰立即撤离黄岩岛海域，菲方则表态称不会放弃黄岩岛。14日，中国渔船全部驶离，护送中国渔船离开的中国海监船重返黄岩岛水域。15日，中国外交部就黄岩岛紧张局势提出交涉，中国渔政44061船从湛江港出发，前往南沙海域开展为期50天的维权护渔巡航任务。

4月25日，美国与菲律宾在南海进行联合军演。27日，菲律宾侨民组织呼吁各地菲律宾人到中国驻各地使领馆示威，"捍卫黄岩岛主权"。29日，菲律宾总统阿基诺三世称将收集"中国欺负菲律宾"的"证据"，菲律宾6艘渔船进入黄岩岛潟湖，菲律宾军方公然声称支持菲律宾渔民继续在该海域从事捕鱼作业，保护该海域菲方渔民利益。5月2日，总部设在美国纽约的菲律宾侨民组织"菲美良治"呼吁超过200个国家的1200万名菲律宾侨民于5月21日到中国驻各地的使领馆示威，声援菲律宾政府；同时，菲律宾外交部长德尔·罗萨里奥在演讲中称菲律宾已向美国发出请求，为菲律宾武装军队提供巡逻艇、巡逻机、雷达系统及海岸观察站等设备，帮助菲律宾达到"最低限度的可靠防御"。5月6日，菲律宾总统发言人陈显达称，菲律宾正式将黄岩岛称为"帕纳塔格礁"，菲律宾外交部已经向菲律宾海岸警卫队下达指示，要求清除在黄岩岛上与菲律宾无关的标识物和建筑。

5月4日，中国外交部回应，中方坚持通过外交协商解决的立场没有变化，强烈敦促菲方回到正确轨道上。5月13日，中方暂停赴菲律宾旅游，在菲律宾的中国游客5月16日前全部离开菲律宾。5月14日，中国海军两栖编队在靠近菲律宾北吕宋地区的西太平洋进行军事演练。中国国防部表示，中国人民解放军海军舰艇编队赴西太平洋海域进行训练，是年度计划内的例行性安排，不针对任何特定国家和目标。中方在相关海域拥有航行自由等合法权利，符合相关国际法和国际惯例。

3. 菲律宾总统出席中菲友好活动，称通过外交途径解决南海争议。2012年6月13日晚，菲律宾华社主要团体菲华商联总会在马尼拉酒店举行盛大晚会，庆祝菲律宾独立114周年、第11届"中菲友谊日"暨2012～2013年"中菲友好交流年"。菲律宾总统阿基诺三世率外交部长德尔·罗萨里奥、司法部长德利马、国防部长加斯明、社会福利部长索利曼等10多位政府高官出席晚会，阿基诺三世发表主题演讲。阿基诺三世在演讲中盛赞菲华社会对菲律宾的突出贡献，并主动提及菲律宾与中国近来在南海的争议。阿基诺三世表示，最近菲中两国正朝着解决相关争议的方向加快推进，阿基诺三世称，菲中两国之间的关系是互利双赢的。

4. "中菲友好交流年"菲方启动仪式举行。"中菲友好交流年"是菲律宾总统阿基诺三世2011年访问中国期间由两国领导人共同确定的。2012年1月14日，中国外交部部长助理刘振民与菲律宾外交部副部长巴西里奥在北京共同主持中菲第17次外交磋商，双方就落实2012～2013年"中菲友好交流年"活动安排、推动各领域务实合作、妥善处理南海问题等交换意见。

3月20日晚，"中菲友好交流年"菲方启动仪式在菲律宾外交部举行。中国政府特使、农业部副部长牛盾代表中国政府在启动仪式上讲话，向"中菲友好交流年"启动表示祝贺，并指出中菲建交37年来，各领域交流与合作取得长足进展，给两国和两国人民带来了实实在在的利益，为本地区的和平与发展作出了积极贡献。中国驻菲律宾大使马克卿在讲话中援引中菲交往史上著名的"中国石头"的典故，表示中菲世代睦邻友好，两国人民水乳交融，双方要珍惜中菲关系的"铺路石"，传承双方和平友好合作的宝贵遗产并发扬光大。菲律宾外长德尔·罗萨里奥表示，菲中建交37年来，双方关系已成为亚洲地区最开放、最多元、最具活力的双边关系之一，两国迄今已签署近百个政府间协议，两国省市之间已缔结近30个友好关系，中国已成为菲第三大贸易伙伴和第四大旅游客源地。菲中利益相连、命运共通，双方应在相互尊重、互利共赢、平等对话的基础上进一步巩固相互间的友谊。

（二）菲律宾与美国的关系

1. 美菲展开“肩并肩2012”联合军演。2012年4月25日，美国与菲律宾“肩并肩2012”联合军演参演部队在菲律宾南部巴拉望省普林塞萨港市的阿鲁甘湾举行“两栖登陆”演练，美菲双方近百名海军陆战队士兵参加。

2012年7月2日，代号为“卡拉特2012”的菲美联合海上军事演习在菲律宾南部棉兰老海拉开帷幕，演习历时9天，双方共派出约950名海军官兵和海岸警卫队员参加军演。演习包括战地指挥所演习、海上拦截、潜水、海上射击等军事课目，以及打捞和海上搜救等救灾课目。

2. 阿基诺三世会晤美国政要，南海成为会谈主题。2012年6月8日，菲律宾总统阿基诺三世访问美国，分别与美国国务卿希拉里、美国总统奥巴马等人举行会晤。希拉里称美国与菲律宾的盟友关系“正在翻开一个新的篇章”，双方将在科技、防务、情报交换、海事安全等方面加大合作力度。希拉里宣布美国将支持菲律宾建设一个新的海岸线警戒中心，并提供装备和训练方面的一些支持。不过在最受关注的南海问题方面，希拉里则表示美国在涉及主权纷争的南海问题上不会“选边队”。希拉里称，美国在南海地区的利益是维护地区的和平与稳定，保证自由航行。美国呼吁展开更多的对话来解决问题。美国总统奥巴马和阿基诺三世在会见中没有提到任何有关中国的议题，但奥巴马表示希望能够按国际规则保证南中国海地区的自由航行权。

3. 菲律宾对美国军援的看法互相矛盾。2012年，菲美军事联系进一步增强，美国对菲律宾的军事援助扩大近两倍，从1500万美元升至3000万美元。

2012年5月3日，菲律宾外长德尔·罗萨里奥表示，尽管美军重返亚洲意义重大，但其对菲律宾援助所占的美国对外军援份额却急剧下降，2006年美国对菲律宾的军援占当年美国对东亚国家军援的70%以上，而2012年该比例已经降至35%。菲律宾参议长恩里莱指责美国提供的3000万美元军事援助不够，并公开呼吁总统阿基诺三世拒绝接受。恩里莱接受采访时公开批评说，美国答应2012年提供给菲律宾的3000万军援相对于美国从菲律宾攫取的利益而言只是“小额施舍”。

5月9日，菲律宾国防部长加斯明称，菲律宾不能过度依赖美国或其他外部力量来提升本国的军事实力。菲律宾政府要依靠自己的资源力量增强军备。

（三）菲律宾与日本关系

1. 菲律宾外长访日谈南海问题。2012年菲日关系空前密切。5月28日，日本海上自卫队3艘训练舰抵达菲律宾进行友好访问，这是日本继召开太平洋岛国峰会“牵制中国”之后的又一行动。尽管菲律宾军方竭力澄清日本军舰的访问与当前的中菲黄岩岛事件没有任何关系，日本官方对这一事件也讳莫如深，但在中菲黄岩岛事件尚未结束之际，日本在南海问题上的一连串动作不能不让外界产生各种疑问。

6月27日，菲律宾外长德尔·罗萨里奥访问日本。6月28日，日本副首相冈田克也和日本外务大臣玄叶光一郎分别与德尔·罗萨里奥进行会谈。冈田克在与德尔·罗萨里奥的会谈中主要围绕日菲经济合作展开。冈田表示，2011年9月菲律宾总统阿基诺三世访问日本，首次将两国关系定位为“战略伙伴”具有重大意义。德尔·罗萨里奥则表示，日菲存在共同价值观及议题，希望进一步强化关系。德尔·罗萨里奥还提出，日菲经济合作协定（JPEPA）签订后，菲律宾在医护人员赴日工作等方面发展前景良好。日菲经济日益向着互补经济的方向发展，希望日后进一步加强经济合作。此外，德尔·罗萨里奥还对日本长期对菲律宾提供政府开发援助（ODA）表示感谢。玄叶光一郎在会谈中提到南海问题，他表示，希望菲律宾可以缓和同中国在南海的局势。德尔·罗萨里奥则表示通过外交手段和平解决是重要的。

2012年7月，菲律宾与日本签署加强军事合作的5年协议。随后，日本向菲律宾提供12艘巡逻船。在南海问题上，日本也借东亚峰会等多边场合给予菲律宾支持。

2. 菲律宾支持日本修改宪法重整军备。2012年12月10日，在南海领土争端的紧张态势仍未消解之际，菲律宾外长德尔·罗萨里奥在接受《金融时报》采访时公开表达对日本重整军备的支持。他的考量是日本很可能成为本地区重大的平衡因素。

（四）菲律宾与东盟各国关系

菲律宾在展开大国外交的同时，积极发展与其他东盟国家的外交关系。但菲在2012年的第45届东盟外长会上的做法实在令人不解：2012年7月13日，第45届东盟外长会在柬埔寨首都金边闭幕，因菲律宾刻意借南海问题搅局，会议未能发表联合公报，这在东盟成立45年来的历史上尚属首次。

四、2013年展望

2012年，由于投资、消费和支出的增长，菲律宾经济取得出人意料的成果。2013年菲律宾在投资、消费和支出增长势头不减和社会安定的情况下，经济增长率有望达到6%~7%。外交上，菲律宾将继续强化与美国双边关系，同时进一步加强菲日关系，以应对南海争端。菲律宾将继续其双重政策，即强化其与中国南海争端的同时，进一步推进与中国的经贸合作。

（黄尚坤　黄耀东）

新加坡：2012 年发展回顾与 2013 年展望

2012 年新加坡政治社会稳定，经济增长放缓，外交上积极参与东盟活动，呼吁东盟加快经济整合步伐，推动建立“区域全面经济伙伴关系”（RCEP），深化区域融合，与中国的关系保持良好发展势头。

一、政治社会

2012 年，新加坡政府设立部长委员会，广泛征询民众意见，全面检讨各项现行政策。人民行动党致力于增加执政透明度和政府公信力。政府解决贫富差距的努力初见成效。

一是大幅削减官员年薪。新加坡为吸引高端人才进入公共部门，之前一直将官员的薪酬向企业管理层看齐，向政府官员及公务员支付高薪，因此新加坡官员的年薪一直处于全球领先水平。为回应 2011 年国会选举中反对党对领导人薪水过高的质疑，选举之后新加坡政府开始检讨领导人的薪金问题，并设立薪金评估委员会。2012 年 1 月 4 日，新加坡薪金评估委员会在官网上发布减薪方案，新加坡总理李显龙当天表示将会接受削减年薪的提议。

二是检讨和改进政府采购机制相关程序。新加坡政府采购制度的建设起始于 20 世纪 90 年代。2002 年 5 月，新加坡正式颁布《政府采购法》，之后不断检讨和改进相关程序，逐渐建立起一套严格的、透明度较高的政府采购制度。在管理体制方面，新加坡财政部是政府采购的主管机构，主要工作是根据《财务程序法案》和《政府采购法》制定采购政策和采购指南，开发和管理政府采购电子投标系统，统一发布政府采购信息等。在政府采购的监督机制上，为了确保政府采购有效执行，政府采购需要接受审计总长的监督，保证政府采购行为健康有效运行，实现节约财政资金、促进反腐倡廉、提高使用效率等目标。2012 年 8 月 13 日公布的 2011/2012 财政年审计长报告，也着重对各个政府部门的采购提出独立意见，多个政府机构因采购中有疏漏被审计长点名批评。新加坡副总理兼财政部长尚达曼重申，政府部门采购机制总体而言是健全的，但政府会继续检讨和改进相关程序，在完善机制的同时也会严肃对待独立审计发现的纰漏。

缩小贫富差距的努力初见成效。2011 年收入最低的 10% 新加坡公民家庭，扣除通货膨胀后的人均月收入增长 6.8%，涨幅为各阶层之首；而 11% ~20% 次低收入家庭的收入增幅为 5.2%，位居第二；高收入家庭的人均收入增幅垫底，其中收入最高的 10% 家庭的收入增幅为 3.8%。2012 年新加坡推出针对中低收入家庭的消费税补助券永久性援助计划，补助券由现金、填补保健储蓄户头和水电回扣计划 3 部分构成，7 月开始向符合条件的家庭派发，2012 年的消费税补助券金额达 6.2 亿新元。针对低收入群体，新加坡政府通过就业入息补助计划、就业培训计划、特别就业补贴等举措，在技能培训、提高收入和保障就业等方面为他们提供帮助，同时也向他们提供购房、教育和医疗等津贴。

二、经济

2012 年新加坡经济增长率为 1.2%，低于此前官方预期的增长 1.5%，为近 3 年最低的经济增长水平。

（一）2012 年新加坡经济表现

1. 对外贸易小幅上升，但出口远低于预期。新加坡国际企业发展局 2013 年 1 月 24 日公布数据显示，2012 年新加坡贸易总额 9849 亿新元（约合 8020 亿美元），较 2011 年微增 1.1%。除欧盟外，马来西亚、中国和印度尼西亚是新加坡三大贸易伙伴，其中与中国的贸易额达到 1038 亿新元（约合 845 亿美元），比 2011 年增长 2.4%。2012 年新加坡非石油类产品出口 1783 亿新元（合 1461 亿美元），仅比 2011 年增长 0.5%，增幅远低于预期。从主要出口市场来看，2012 年新加坡对欧盟的出口下滑 3.8%，对美国的出口下滑 1.1%，对马来西亚的出口下滑 6%。

2. 外国直接投资大幅增加。新加坡经济发展局 2013 年 1 月 28 日公布的数字显示，新加坡 2012 年吸引非金融类投资协议金额达到 160 亿新元（131 亿美元），比 2011 年增长 17%。新加坡吸引外资增加主要是由于电子、能源和化工等行业投资增加，这些领域的合同投资额达到 129 亿新元。据估算，如果 2012 年吸引的投资能够全部落实，将会给新加坡创造技术密集型工作机会 1.86 万个。

3. 海运事业前景良好。新加坡是亚太地区海运枢纽。新加坡海事及港务管理局公布的统计数据显示，在全球经济环境和海运行业都面临挑战的情况下，新加坡港海运业仍取得不俗的业绩，集装箱吞吐量达到创纪录的 3160 万标准箱，比 2011 年增长 5.9%。2012 年，新加坡港船舶总进出港吨位达到创纪录的 22.5 亿吨，增长 6.1%。在新加坡登记的船舶总吨位 6500 万吨，比 2011 年增长 13.2%。

4. 1000 强企业总营业额创新高。2012 年新加坡 1000 强企业总营业额达到 2.42 万亿新元，创历史新高；由于商业成本上扬，企业利润持续下滑，平均毛利率为 5.8%。新加坡千强企业的总营业额于 2007 年突破 1 万亿新元大关，尽管近年深受经济危机影响，但总营业收入仍在 5 年内翻番。在商业批发和制造业拉动下，总营收比上年增长 21.7%，首次超过 2 万亿新元。DP 资讯集团根据新加坡企业取得的业绩，列出“新加坡国际100(SI100)”排名。这百家企业的海外营收总额2071亿新元,较2011年上涨6.8%。

5. 樟宜机场客流量不断攀升。据新加坡樟宜机场公布的数据,截至2012年底,樟宜机场客流量达5120万人次,比2011年增长10%。继2010年客流量突破4000万大关后,新加坡樟宜机场两年内客流量激增1000万人次。2012年樟宜机场航班起降约32.5万架次,同比增长7.6%。

(二)经济发展措施

1. 积极发展生物医药业。据新加坡经济发展局公布的《2012生物医学科学现状》显示,新加坡有50余家生物科技公司、高校及研究机构,生物科学研发人员约4500人,年均研发投入逾13亿新元(约合10亿美元)。此外,新加坡还与7家研究院和5家科研机构合作,在包括临床科学、基因组学、生物工程、分子细胞生物学、医药生物学、生物成像及免疫学等一些前沿领域打下稳固的科研基础。鉴于新加坡已具备的良好基础,7家世界顶级的制药和生物技术公司已在新加坡投资建设了30个大规模生产基地。新加坡将采用新技术加速药物研发进程,专注于对抗癌症、代谢疾病、神经退化疾病、传染性疾病和眼部疾病等顽疾的研究。生物医药业的发展有助于提高制造业产值,从而提升了新加坡的综合竞争力。

2. 不断开拓新兴产业。新加坡政府计划投入7亿新币用于发展洁净能源,在洁净能源产业、供水科技产业上设立不同的研发基金,以推动洁净能源开发和提高能源利用效率。预计到2015年,洁净科技产业将为新加坡提供34亿新元的增加值和1.8万个就业机会。2012年英利、天合、晶科、中广核等众多洁净能源领域的中资企业已陆续在新加坡设立区域总部。

3. 多方扶持中小企业发展。在新加坡,中小型企业是指在制造业领域固定资产净额少于1500万新元和在非制造业领域聘请员工少于200人的企业。每10个新加坡就业者当中,就有6个受雇于中小型企业。中小型企业对新加坡经济增长的贡献率达到近一半。近年来,中小企业面临着一系列问题与困难,新加坡政府推出多项援助计划帮助中小企业应对变化和维持竞争力。一是提供技术支持。在科研机构和中小企业间架起沟通的桥梁,帮助企业利用科技改进产品和服务。二是鼓励科技创新。标新局提供技术培训服务,实行全套的辅助支持,鼓励中小企业在开发产品和改进生产工艺中发挥创意,研究开发新产品,不断提高企业的竞争能力。三是解决中小企业资金困难,新加坡政府推出了多项中小企业贷款支持计划。在政府的支持下,每年约有5000~6000家中小企业获得贷款(占中小企业数量的4%),其中一半是微型企业。四是推出新政策资助新加坡企业“走出去”。鉴于新加坡国内市场有限,海外投资就成为创造更多就业机会、扩大营业收入的必然选择。新加坡国际企业发展局(以下简称企发局)推出“国际企业合作计划”,重点支持当地企业建立扩展海外业务能力,对于有潜力的当地企业将给予更大的金融支持,资助比例可由目前的50%提高到70%。此外,企发局深入了解企业的海外业务发展计划,主动为企业提供市场情报,协助企业把握商机。2012年下半年,企发局推出两个融资工具,即贸易融资和海外投资与海外项目的政治风险保险。5月22日,新加坡企发局发布国际化发展年报称,尽管全球经济复苏缓慢,但2011~2012年,新加坡企业却大大受益于海外业务发展,海外营收占企业总收入的比重大幅增至74%。

三、外交

(一)新加坡与中国的关系

2012年新加坡与中国关系保持良好发展势头,高层交往密切,政治互信不断加强,经贸合作成果丰硕,人文交流蓬勃发展。

1. 两国高层交往密切。2012年5月28日,中国外交部部长杨洁篪对新加坡进行正式访问,会见新加坡总理李显龙,就进一步加强和深化经济、社会及金融合作等双边关系进行磋商。9月21日,中共中央政治局常委、中央政法委书记周永康访问新加坡并出席“2012中新社会管理高层论坛”。双方就促进两国关系发展、深化执政党交流、加强双方在社会管理、执法安全等领域合作进行深入探讨。2月9~11日,新加

新加坡樟宜国际机场,是全球唯一的五星级机场。图为机场航站楼

(百度网)

坡外交部部长尚穆根访问中国。9月2～7日，新加坡总理李显龙对中国进行正式访问。7月6日，中国—新加坡双边合作联合委员会第9次会议在中国苏州举行，中国国务院副总理王岐山和新加坡副总理张志贤共同主持会议。

2. 新中金融合作进展良好。2012年金融合作成为新中两国关系的新亮点。7月6日，中国与新加坡在中新双边合作联委会第9次会议上签署《中新自由贸易协定框架下的金融合作协议》，两家中资银行获得特准全面银行业务执照，其中一家还将被授权成为新加坡人民币清算行。同时，中国银监会在满足中国相关审慎性法规要求的前提下将加速审理新加坡大华银行、星展银行和华侨银行在华设立分支行的申请。4月11日，新加坡星展集团宣布计划对其子公司星展银行（中国）有限公司增资人民币23亿元，使其注册资本金增加近60%。星展集团主席余林发表示该行正考虑进一步拓展中国中西部市场，不排除通过参股当地银行来快速拓展在华业务。新加坡淡马锡控股看好中国工商银行长期发展潜力，4月16日从高盛认购价值23亿美元的中国工商银行股票，占工商银行H股股权的5.3%，占其整体股权的1.3%。6月28日，中国银行新加坡分行财富管理中心和银行卡中心举行揭牌仪式，标志着海外中资银行的服务向更全面更深入发展。9月19日，新加坡大华银行落户杭州，成为第二家进驻杭州的外资银行。

3. 新中两国企业加快相互投资步伐。中国是新加坡企业扩大海外业务的主要市场之一。新加坡企业的海外营业额占总营业额比重从2010年的65%大幅增长至2012年的74%，海外营业额获得增长的企业也从60%增长至68%。约67%的中小企业确定了增加海外市场的目标，比2010年高出14%。新加坡淡马锡控股公司2011年年报显示，中国为其最大海外投资目的地，对华投资占比高达20%。2012年1月10日，淡马锡宣布设立独资子公司兰亭投资国际有限公司（Pavilion Capital Pte Ltd），专投中国东北亚市场。

新加坡物流与供应链管理公司叶水福集团（YCH Group）与广州交通集团签署谅解备忘录，以联营方式发展和联手管理为广州提供供应链服务的物流与配送枢纽。该枢纽面积达4.5公顷，双方将携手为广州提供全程供应链方案。

受益于中国经济持续稳定增长，新加坡嘉德置地集团旗下的凯德商用产业有限公司在中国的业务取得快速发展。凯德公司在中国的36个城市拥有58家购物商场，其中43家已经营业，15家在建。2012年7月，新加坡嘉德置地旗下的凯德商用（CapitalMalls Asia）联合亚洲和北美机构投资者设立10亿美元的中国发展基金，专门投资于中国的购物中心及零售业务。

新加坡力和投资控股有限公司（LIHE Investment）与中国河北尚宏电子科技有限公司和美国美通动力科技有限公司（Maytown Technologies）联合投资9亿美元（力和投资占51%，中、美两公司各参股30%与19%），在中国河北省衡水市投资打造电动汽车城——美通新能源汽车城。

新加坡吉宝讯通通过全资子公司与中国吉林市政府签署合资协议，双方共斥资2亿元人民币，设立吉林中新食品区国际物流有限公司，负责发展与经营中新吉林食品区国际物流园，吉宝讯通和吉林市政府将各占其中70%和30%股权。

中国企业也积极扩展新加坡业务。2012年3月29日，华为公司与淡马锡理工学院签署备忘录，双方将合作建立云技术创新中心，共同研发云计算前沿技术并培养专业人才，双方还将在奖学金设立、课程拓展和学生实习等方面加强合作。6月4日，华为新加坡公司宣布将积极扩展在新加坡的电信、企业和个人消费业务，并积极履行企业社会责任。公司从新加坡电信收购电话网络管理服务业务，本土员工800人，产品与服务涉及超过2/3的新加坡人。

总部位于大连的资讯科技外包公司海辉软件在新加坡设立区域总部，未来两三年内将利用新加坡作为拓展东南亚及澳大利亚业务的平台，在新加坡开展应用程序测试活动的方案模具研发以及云计算中间件的发展，同时也将在人力资源、人才管理、法律、资讯科技、知识产权管理、财会方面为南亚其他业务单位提供支援。

4. 新加坡与中国部分省（市）拓展经贸合作空间。2012年，新加坡在天津新增投资项目22个，实际到位资金8.7亿美元，涉及港口物流、城市开发、医疗等多个领域。3月，新加坡国际企业发展局对外宣布在未来5年拨出950万新元，推动和鼓励新加坡企业以中新天津生态城为平台，在中国北方市场设立海外商业基地。5月18日，新加坡国际港务集团与天津港股份有限公司签署战略合作框架协议，将在资本、投资、营销等领域开展全面战略合作；中新天津生态城合资公司与5家新加坡企业签署投资协议，吸引近68亿元人民币的投资；在9月举行的新加坡·天津经贸理事会第5次会议上，双方签署7项协议，深化旅游、医疗、航运物流、现代服务等方面的务实合作。

6月5日，广东省与新加坡广州知识城签署6个合作协议和4份合作意向书，项目涉及人才培训、文化、教育、公共安全和医疗等合作领域。广东是新加坡在中国最大的贸易伙伴，而新加坡是广东省在东盟成员国中的第三大贸易合作伙伴。2012年上半年，新加坡与广东省贸易总额84亿美元，新加坡在广东新增投资6亿美元，2011年同期激增长237%。2010～2012年，新加坡在广东省新增投资14亿美元。

2012年上半年，新加坡与山东省贸易额为12.6亿美元，新加坡已成为山东在东盟成员国中的第三大贸易伙伴;新加坡也是山东第四大外来投资国。2012年上半年,新加坡在山东的实际投资项目19个,总投资额4.2亿美元。截至2012年6月底,新加坡在山东省的累积实际投资总额达52.6亿美元。

(二)新加坡与东盟国家的关系

2012年新加坡积极参与东盟的活动,推动东盟加快经济整合步伐,建立区域全面经济伙伴关系(RCEP),还致力于缩小东盟成员国之间的发展差距。

1. 新加坡与马来西亚关系进入新的发展阶段。2011年新加坡与马来西亚就多年悬而未决的“马来亚铁道公司在新加坡土地发展协议要点”(POA)达成共识,促进了两国的关系。2012年1月,新加坡总理李显龙与马来西亚首相纳吉布在马来西亚布城举行会晤,达成多项双边合作共识,领域涵盖经贸、能源、通讯、交通、教育及文化等,标志着两国关系将迈入新的历史时期。4月,新加坡吉宝能源与马来西亚国家石油股份有限公司签署总值22亿新元的协议,新加坡卫生科学局与马来西亚国家药物管制局签署药物管制合作备忘录。年内,两国就吉隆坡至新加坡的高速铁路系统(HSR)展开非正式磋商,2013年初,两国已同意兴建吉隆坡至新加坡高速铁路计划,预计在2020年前投入运作。

2. 新加坡与印尼经济合作日益密切。新加坡李光耀公共政策学院亚洲竞争力研究所(Asia Competitiveness Institute)的研究表明,自1991~2000年印尼的经济每增长一个百分点,就能推动新加坡经济上扬0.16%,而自2001~2011年增幅甚至扩大至0.25%。这显示印尼对新加坡的经济影响力日益增强,两国的经贸关系也更为紧密。2011年印尼取代美国成为新加坡第四大贸易伙伴,双边贸易总额780亿元。新加坡自2009年以来也成为印尼最大的外来投资国,2011年投资额51亿美元,占其外商直接投资总额的26.3%。两国正在协商共同推进印尼巴淡—民丹—井里汶经济特区建设。两国企业界在工业园区及工业企业、旅游、休闲、运输、蔬菜水果生产加工等领域加强合作。

3. 新加坡与越南加强合作。2012年4月底,新加坡总统陈庆炎访问越南。8月,新加坡副总理兼国家安全统筹部长及内政部长张志贤访问越南,双方签署新的防止和打击跨国犯罪合作协议。9月12~14日,越共中央总书记阮富仲对新加坡进行正式访问,两国领导人在会谈中表示,两国将于2013年签署战略伙伴关系协定,以提升双方关系,并为教育、培训、金融、国防、安全等领域的合作开辟新方向。新加坡是越南第四大外资来源国,在越投资项目超过1000个,投资总额240亿美元。新加坡吉宝置业在20年前就开始涉足越南的投资,至今该企业在越南已有18个房地产项目,投资额约20亿美元,新加坡丰树集团在越南的投资市值已近10亿美元,其中设在胡志明市的西贡南坊中心占地4.4公顷,投资额3.6亿美元。2012年头7个月,新加坡与越南双边贸易额100亿新元,同比增长13%。

4. 新加坡与缅甸探讨加强经济合作。2012年1月29日至2月1日,缅甸总统吴登盛访问新加坡,两国签署《新缅技术合作计划谅解备忘录》,新方承诺向缅甸提供多方面技术支持,以协助其经济发展。这一合作协议主要涵盖经济发展、人才培养和公共管理等领域。根据协议,在经济领域,两国的合作范围将包括宏观经济规划、投资、贸易和银行业监管等。在人才培养方面,新方将向缅甸提供技术和职业培训支持,在公共管理和行政领域,缅甸将组织高级官员到新加坡考察其行政体系和各项政策。新加坡还将向缅甸提供技术支持,帮助其为2014年担任东盟轮值主席国做准备。2012年6月,新加坡荣誉国务资政吴作栋率团访问缅甸,围绕加强两国经济合作与缅甸领导人进行会谈。新加坡准备与缅甸分享其城市规划和公共住房等方面的经验,协助缅甸应对发展方面的挑战。在2010~2011财年,缅甸与新加坡的双边贸易额达20.74亿美元。其中,缅甸对新加坡出口4.46亿美元,从新加坡进口16.28亿美元。

(三)新加坡与美国、印度的关系

1. 新加坡与美国的关系。2月,新加坡外交部部长兼律政部部长尚穆根与美国国务卿希拉里签署合作协议,承诺携手展开第三国培训计划(Third Country Training Program,简称TCTP),联合为发展中国家特别是湄公河下游的东盟国家提供技术援助。4月5日,新加坡国防部部长黄永宏访问美国,新美发表联合声明,双方讨论美国在新加坡部署4艘濒海战斗舰的提议。双方还同意增加“突击队弹弓”等双边军事演习的难度,加强巷战联合演练,将继续探讨战略框架协议下新的行动倡议。4月11日,访问美国的新加坡副总理兼国家安全统筹及内政部部长张志贤与美国国土安全部部长纳波利塔诺发表联合声明,重申维护全球供应链安全。4月25日,美国贸易代表团访问新加坡,就两国如何在世界贸易组织、亚太经济合作组织以及跨太平洋伙伴关系协定等国际平台上更好地开展经济合作进行讨论。11月17日,新加坡总理李显龙与美国国务卿希拉里会面,两人就国际和区域发展问题交换意见。新加坡全力支持在2015年将东盟—美国关系提升至战略伙伴关系的水平。11月20日,新加坡总理李显龙在东盟—美国领导人会议上发表讲话,对美国在本区域所发挥的关键作用表示肯定,赞成美国宣布拓展与东盟关系的计划。

2011年,新加坡与美国贸易额首次突破500亿美元(634亿新元)大关,新加坡成为美国的第十一大出口国。美国对新加坡的贸易顺差高达123亿美元。至2011年,美国在新加坡累积的外商直接投资达到1060亿美元,超过2000家美国公司将区域总部设在新加坡。

2. 新加坡与印度的关系。2012 年 7 月，新加坡总理李显龙访问印度，呼吁东盟和印度争取在年底的东盟—印度纪念峰会前完成投资与服务贸易协议以及天空开放协定的谈判，鼓励印度参与区域全面经济伙伴关系协定(RCEP)。12 月 21 日，新加坡总理李显龙访问印度并出席在新德里举行的东盟—印度纪念峰会。印度是新加坡的第十大贸易伙伴；新加坡是印度的第二大投资国，投资涉及的领域包括资讯与通信科技、制造业、金融及保险服务等。印度是新加坡的第八大投资国，投资主要集中于金融及保险服务、资讯与通信科技、交通及仓储领域。

四、2013 年展望

新加坡金融管理局表示新加坡经济接下来几年将继续面对短期性的周期回落。其中受影响最大的是贸易相关活动、资讯科技领域以及同本区域相关的服务行业。该局在《宏观经济检讨报告》中指出，新加坡 2013 年的经济增长可能低于 3% ~5% 的潜力水平，而据新加坡工贸部(MTI)的最新预测，该国 2013 年的 GDP 增速将保持在 1.0% ~3.0% 之间。物价方面，进入 2013 年，新加坡 1 月份的整体通货膨胀率为 3.6%，低于 2012 年 12 月份的 4.3%。CPI 构成中，食品和住房的价格在 2013 年 1 月显著回落，交通运输价格仍然高企。展望 2013 年的通胀前景，预计物价上行压力仍然存在。特别是该国缩紧外劳政策在短期里不会放松，这意味着劳动力市场的紧缺可能会推动工资上涨，使一部分劳动力成本转移到消费品价格上。该国金管局和贸工部预测 2013 年整体通胀率为 3.5% ~4.5%，核心通胀率则为 2% ~3%。对外贸易方面，进入 2013 年 1 月，新加坡非石油国内出口(NODX)较 2012 年 12 月有所改善，部分原因是受到基数效应的影响，然而整体出口状况相比同期其他亚洲出口国的复苏情况则表现更为疲弱。由新加坡工商联合总会和 DP 资讯集团联合进行的“2012/2013 年全国商业调查”显示，新加坡当地企业对新加坡 2013 年经济展望的乐观程度虽然低于 2010 年刚刚走出全球金融危机的水平，但 2012 年有明显改观，半数以上的受访企业对 2013 年的经济展望持乐观态度。（罗　梅）

资料来源：

1. 新加坡《联合早报》2012 年的有关报道。
2. 新加坡《联合早报》网站，http://www.zaobao.com/相关资料。
3. 中华人民共和国外交部网站，http://www.fmprc.gov.cn/chn/相关资料。
4. 中华人民共和国驻新加坡大使馆经济商务参赞处网站，http://sg.mofcom.gov.cn/index.shtml 2012 年、2013 年有关报道和资料。
5. 新华网，http://www.xinhuanet.com/有关报道和资料。
6. 人民网，http://www.people.com.cn/有关报道和资料。

泰国：2012 年发展回顾与 2013 年展望

2012 年泰国议会政治恢复正常，但危机根源还在，他信问题仍是导致政府与反对党、不同政治派别针锋相对的直接导火索，南部动乱问题有所激化。英拉领导的联合政府工作颇有成效，洪灾之后经济得到快速恢复，全年国内生产总值增长 6.4%，居东盟乃至亚洲国家前列；外交成果卓著，与周边国家的友好关系得到深化，区域及国际合作有所加强。

一、政治态势

（一）持续推动和解

2012 年泰国在政治上仍存在着各种党派之争、红黄之争、联合内阁之争、政府与南部分裂组织之争，等等，表现出一种复杂而脆弱的新态势。和解是本年度泰国政治议程中的主题。然而，各种推动和解的举措反而加剧了不同政治派别之间的冲突。1 月，政府批准一项补偿方案，为在 2006 ~2010 年间政治冲突中的受害者提供总额为 20 亿泰铢的补偿。为了推动和解，政府欲通过一个和解法案，包括一项赦免案，对所有在 2005 年 9 月 15 日至 2011 年 5 月 10 日间与政治有关的违法犯罪人员一律给予特赦。这一提案因包括赦免他信在内而遭到民主党及黄衫军的反对。红衫军也反对赦免阿披实执政期间(2010 年)镇压他们示威活动的官员及士兵。提案未获通过，反而加剧了议会内部的矛盾和红黄两派的对立。9 月，国家真相与和解委员会发布 2010 年镇压红衫军示威活动的最终调查报告，该委员会是在 2010 年由阿披实政府授意成立的。调查报告得到各方的大体认可。英拉政府和民主党对报告结论部分提出一些异议，主要是对 2010 年示威集会现场神秘黑色蒙面人暴力行为的不同解读。蒙面人持重型武器，首先开枪引发了后来的暴力对抗。各自的解读还导致红黄双方示威者在当月爆发一次小冲突。红衫军支持者还反对调查报告指责他信滥用权力引发社会分裂、应当远离政治的建议。11 月，对抗在反他信民间团体“包围暹罗”的组织下重新回到曼谷街头。同月“包围暹罗”组织了两次大规模的示威游行。为了抗议，挺他信的红衫军也宣布要举行示威游行。

围绕和解的另一场博弈是修改宪法。年初，为泰党向国会提出修改宪法第 291 条的动议，并凭借其在国会中占有多数席位的优势，使前两轮表决获得通过。

反对党则认为政府修改宪法的目的是为了使前总理他信能够顺利回国并免受刑责而为,因而向宪法法院指控为泰党企图通过修宪动摇君主立宪制政体。泰国现行法律规定,修改整部宪法须由全国民意调查问卷决定。因此,宪法法院裁定由全民公投决定是否修改宪法。为泰党领导人表示对通过全民公投达成修改现行宪法的目标很有信心,称至少有50%以上、2300万左右符合资格的选民有修改现行宪法的要求。为避免再次出现集会抗议,英拉政府暂时不争取第三次表决通过,也不对整部宪法进行修改,而是逐条条文修改。政府成立专门委员会负责修宪全民公投事宜,希望围绕修宪问题不至于造成泰国新一轮政治冲突。各方相互指责仍然不断。11月25~27日,民主党等反对党指责英拉政府无能、滥用资金等,发起弹劾案,但被下议院否决。

(二)两次改组内阁

2012年英拉总理两次改组内阁。1月18日,英拉总理宣布改组内阁,引人注目地委任红衫军领袖纳塔武为农业部副部长。纳塔武曾被阿披实政府以恐怖活动罪名而逮捕。由于不想激起反对党的反抗,英拉总理在2011年赢得大选后没有让红衫军要员入阁。这次改组内阁还包括撤销财政部长提拉猜的职务,由副首相吉拉迪兼任财政部长一职,素甘蓬从交通部长一职调任国防部长。

10月,英拉总理再次改组内阁。这次是为泰党2012年面临的另一种形式的政治和解,即党内和解。2007年泰爱泰党被解散时,111名党领导被禁止5年内参政。2012年5月,这项禁令到期,导致为泰党一下子吸收了大量党员,而且多数与他信关系紧密。何时以及如何让这些前党领导回到党内并参与现政府的工作是一个大问题。为泰党采取循序渐进的方式。10月在每半年的常规内阁改组中,吸收其中6人为内阁成员。这个决定成功地缓解了为泰党的党内纷争。

(三)南部局势不稳

2012年泰南不稳定的局势仍没有得到有效控制。泰国军队提议成立新的步兵司令部,成员全部由来自南方的士兵组成,允许政府撤退非南部籍贯的士兵,期望此举能够使南部居民在与本地士兵打交道时态度相对友善。这项提议2011年底获内阁通过但仍未付诸行动。暴力活动在2012年下半年有所加剧,在9月16日发生的车辆爆炸事件中,有6人死亡,100多人受伤。至年底,曼谷局势趋于平稳,而南局势却有进一步激化的倾向。

二、经济规划与表现

(一)"十一五"规划

2012年泰国政府编制"十一五"规划(2012~2016)。此项规划将继续以"适当经济"思想为指导,采取以拉动内需为目的的经济政策,预计投入约720亿美元的资金,主要用于基础设施建设,重点建设曼谷至北部清莱府的高速铁路,以提升泰国的竞争力和人民生活质量。"十一五"规划的实施也是泰国迈向2027年远景目标的第一步。

(二)经济表现

据世界银行估算,2011年洪灾给泰国造成的综合损失高达450亿美元,恢复重建需要资金约250亿美元。2012年政府为灾后重建而采取了一系列措施,诸如启动大型基建计划、治水投资项目、大米典押计划及首车首房退税政策等,以促进国内消费和加大国内投资。在相关政策的刺激下,2012年泰国经济强劲复苏,国内生产总值增长6.4%,略高于预期。年通货膨胀率维持在2.99%的可控范围,核心通胀率2.15%。

国内需求和投资成为泰国经济复苏的主要动力。私人消费年增长6.6%,对GDP增长的贡献占50%。国内消费和私人投资均增长16.1%,为过去8年来增幅最高的一年。泰国人的境外投资(TDI)2012年呈现持续加强的特点,头3个季度出境资金合计为93亿美元,而2011年全年出境资金仅为82亿美元。泰国央行也进一步放宽措施允许资金出境。允许通过中介对国外资产进行投资。泰国境外投资的主要方向也开始多元化,由之前集中于东盟国家与中国开始转向更广阔的市场,包括印度、澳大利亚和中东地区等。投资行业主要包括矿业、金融和保险业、食品加工业、纺织业、房地产以及食品服务业等。

农业经济保持增长势头。2012年泰国农业总产值增长3.1%,部分地区的干旱和洪水灾害并没有对农业产量造成严重影响。其中农作物产量增长5.5%,产量增加的农作物主要有水稻、木薯、橡胶、棕榈油、水果等。甘蔗、菠萝、玉米和大豆的产量有所下降。木薯、糖和水果随着国外市场需求增加而出口增多,而大米、玉米、棕榈油、菠萝罐头的出口量同比下降。畜牧业增长3.2%,鸡肉、猪肉、鸡蛋及鲜奶产量增加。经济作物的种植面积扩大,农业机械的使用缓解了劳动力的短缺,农产品服务业增长2.9%。由于虾类产品的生产和出口到美国、欧盟等主要市场的减幅较大,渔业产量2012年3月以来下降了2.7%。

汽车销量大增,制造业增长7%。金融服务业增长6.6%,主要表现在汽车畅销带动保险业的增长。旅游业在洪水之后迅速恢复并继续以10%的速度增长。外国游客数量增长16%,达2230万人次,旅游收入8000亿泰铢,酒店和饭店收入增长8.8%。

出口增幅低于预期,市场需求萎缩。由于全球经济低迷以及2011年洪灾的后续影响,2012年泰国出口增幅未能达到预期目标。头3个季度泰国出口下降1.13%,全年出口仅维持3.12%的增幅,低于年初4.5%的预期。出口总额2284.1亿美元,主要出口产品为汽车及零配件、电脑及零配件、珠宝首饰、成品油、天然橡胶、塑胶粒、化工品、橡胶产品、钢铁、集成电路，主要出口市场包括中国、日本、美国、马来西亚、印度尼西亚、新加坡、澳大利亚、越南、印度等国及中国香港地区。大米出口下降28%，这是因为国内采购补贴和大米典押制度使得泰国大米价格高于国际市场。汽车及零配件出口增长26%，电子产品出口仅增长0.9%。进口增长7.8%，增幅超过出口。贸易顺差83亿美元。

资本流入增多，股市攀升。由于多个国家继续施行经济刺激措施，欧债问题和美国经济问题都有了相应解决措施，使得资金跨境流动寻找投资机会增多，尤其是流入泰国的资金，使泰国股市指数高涨，同比增长35.8%。12月19日，泰国股指大涨15点，创16年来新高。股市活跃也引发了首次公开募股（IPO）的热络，多家企业争相挂牌泰股市场。2012年新挂牌泰股大盘（SET）的企业共有8家，另外还有10家挂牌新证市（MAI）的公司，6个新上市的房地产基金。资本净流入还导致泰铢兑美元升值6%，政府债券收益有所下降，房地产价格温和增长。

三、外交关系

2012年泰国一方面继续参与区域合作，在区域互联互通与经济合作中发挥能动作用，为东盟经济一体化作准备；另一方面继续坚持大国平衡外交政策，与中国、美国、日本、印度关系友好。

（一）在区域一体化进程中加强与周边国家的合作关系

促进区域互联互通、维护区域经济社会稳定发展是泰国“十一五”规划的主要内容之一。泰国政府提出要在区域合作框架下促进互联互通建设和物流体系的发展，改进区域内货物及人员流通的相关规则，重视交通物流行业人力资源的开发。为了提高泰国在区域合作中的竞争力，泰国政府提出要加强工业、农业、旅游业、边境经济区、边境城镇等建设，对接周边国家乃至整个东南亚。

1. 泰国与柬埔寨的关系得到发展。2012年泰柬双方关于柏威夏寺的争议暂时得到搁置，双边高层互访频繁，整体贸易尤其是边境贸易发展快速，两国关系在2015年东盟实现经济一体化的背景下进一步紧密。7月18日，两国分别从柏威夏古寺地区撤出了数百名军事人员，改派警察和保安人员驻守维持治安。泰国防长素坤蓬和陆军总司令帕拉育将军参加撤军仪式，撤出300名军人，另派驻200名边防警察。同日柬埔寨也宣布，从柏威夏寺周边的“临时非军事区”撤出首批485名军人，派驻255名警察和100名古寺管理人员。

双边关系恢复正常使两国边境贸易大幅增长。2012年两国边境贸易额达22.68亿铢，比上年攀升86.5%。其中，泰国向柬埔寨出口20.61亿铢，增长78%；泰国从柬埔寨进口2.7亿铢，增长2.5倍。泰国向柬埔寨出口的主要产品包括燃油和建筑材料等，进口产品中大部分为木薯。

12月，泰柬双边合作联合委员会第8次会议在曼谷举行。会议由泰国副总理兼外交部部长素拉蓬与柬埔寨副首相兼外交部部长贺南洪联合主持。会议通过如下决议：第一，两国同意发展跨境贸易与旅游，宣布自2012年12月27日起实施ACMECS（伊洛瓦底江—昭帕耶河—湄公河经济合作战略组织）单一签证系统。实施单一签证系统之后，来自35个国家的游客只要持有泰方或柬方任何一国的签证都可在两国逗留60天/国。第二，泰国铁道机构表明将支持修建连接泰国沙缴府阿兰亚巴拉贴县的空律至柬埔寨波贝的铁路，以促进该地区的货物运输及跨境贸易与旅游。泰方的邻国经济发展合作署也将支持48号公路的可行性研究，借此连接柬埔寨南海岸走廊。第三，泰国同意开放沙缴府班暖玛曼的边境口岸，与柬埔寨班德曼崔省相对，以促进边境贸易和人员往来。第四，泰国同意在沙缴府飞班依恩，即柬埔寨史丹朴的对岸建立永久性边境口岸，以满足双边日益增加的边境贸易和投资活动需要。第五，同意由两国相关部门建立专门解决泰柬边境木材偷运活动问题的渠道。第

大皇宫是泰国诸多王宫之一，是历代王宫保存最完整、规模最大、最有民族特色的王宫，现仅用于举行加冕典礼、宫廷庆祝等仪式　（百度网）

六,就双边贸易投资展开讨论,决定2012~2017年贸易额每年增长30%。柬埔寨将暹粒、马德望和首都金边3个省市定为泰国对柬埔寨贸易投资的重点省份。

2. 泰国与缅甸的关系发展迅速。2012年泰缅关系发展迅速,双方合作建设土瓦经济特区的进展加快,致力于把缅甸土瓦码头的物流服务设施与泰国东部廉差邦深水码头连接起来,提升两国在亚洲地区的经济社会发展竞争力。土瓦西临安达曼海,东与泰国接壤,距曼谷约350千米。2008年5月,泰缅就共同开发土瓦港签署备忘录。2012年7月,英拉与到访的缅甸总统吴登盛达成协议,同意设立双边部长级委员会,共同推动土瓦经济特区开发。同时,两国外长签署综合开发土瓦经济特区及相关工程谅解备忘录,建立联合工作机制。土瓦经济特区由泰国最大建设企业意大利—泰国公共开发公司筹建,占地205平方千米,主要项目包括深水港口、工业园区、与泰国相连的公路与铁路以及输油管道建设计划等。土瓦港建成后将成为大湄公河次区域的物流集散中心,使印度洋和安达曼海上的商货船可以避开马六甲海峡,直接与陆路交通连接,大大节省运输时间和物流成本,影响范围覆盖印度、东南亚及中国南部,同时还将为缅甸当地创造就业机会,增加税收收入。2012年12月,英拉总理率团访问缅甸,继续就土瓦深水码头开发合作事宜与缅甸总统吴登盛举行磋商。预计具体的投资合作细节和建设规划将于2013年上半年出台。英拉表示,泰国政府鼓励企业前往土瓦经济特区投资兴业,计划在土瓦设立新的领事馆,以便进行信息交换和联络,为准备前往当地投资的泰国商人提供便利。新领馆预计在2013年开馆。

3. 泰国与老挝的贸易快速增长。2012年泰国东北部地区泰老边境贸易额2004.91亿铢,比上年增长35.8%。其中泰国出口老挝商品1559.58亿铢,增长35.2%;自老挝进口445.33亿铢,增长37.8%。泰国向老挝出口的商品主要是计算机设备、柴油、交通运输设备、消费品和功能饮料等。泰国自老挝进口的商品主要包括铜矿、无线电发射及接收器、电话和衣服等。产品进出口量最多的口岸为穆达汉、廊开和那空帕侬。

12月12日,泰老第4座跨湄公河友谊大桥正式合拢,为2013年建成通车打下基础。这座大桥将把老挝会晒和泰国清孔连接起来,包括引桥和连接公路全长11.6千米,为2车道大桥,总造价16亿铢,由泰国和中国各负责一半的费用。该桥通车后,将成为泰国南北经济网络、昆曼公路R3a路段的重要衔接点,打通昆曼公路最后一个瓶颈,有利于泰国、老挝、中国三国间的互联互通和贸易投资的发展。

(二)灵活大国平衡外交关系得到发展

泰国"十一五"规划指出,要建设性地参与各类区域和国际合作框架,采取灵活的大国平衡外交政策,继续在各种合作框架与合作战略中发挥积极作用。

1. 泰国与中国的关系。泰中关系在2012年继续友好健康发展,政治交流稳步提升。年内,中国国务院总理温家宝、中国全国政协主席贾庆林分别访问泰国。泰国总理英拉访华;泰国副总理吉迪拉率团参加第9届中国—东盟博览会,会见中国国家副主席习近平。投资合作在泰中高速铁路合作中取得新进展。泰中合作投建泰国曼谷至清迈的高速铁路总投资约3000亿泰铢,由中方提供可行性研究报告。2012年双方举行第二次泰中火车合作计划部长级委员会会议(JSC),预计2013年对外招标。两国文化交流活跃。12月16日,在由中国国家汉办主办的第7届孔子学院大会中,泰国朱拉隆功大学孔子学院获得先进孔子学院称号。这是该学院第二次获得此项荣誉。朱拉隆功大学孔子学院是在泰国诗琳通公主的倡导下,由北京大学和朱拉隆功大学合作建立的。2012年朱拉隆功大学孔子学院继续协助朱拉隆功大学中文系教学,开办泰国王宫秘书、泰国国家移民局官员等汉语培训班;举办HSK汉语水平考试,全年应试人数高达3000人。12月18日,中国《人民日报》海外版泰国月刊创刊首发式在曼谷举行。《人民日报》海外版泰国月刊为中、泰双语,每月18日出版。这是中国《人民日报》首次走进东南亚国家出版专刊。同日,云南信息报泰国办事处也在曼谷举行挂牌仪式。另外,泰中两国协调处理湄公河惨案,案件于2012年底审判结束。中老缅泰四国湄公河流域执法安全合作机制在年内取得重大进展,成功抓捕湄公河惨案主要涉案者糯康等人。四国联巡机制自2011年实施以来开展了一系列卓有成效的情报交流、联合巡逻执法、联合整治治安问题和打击跨国犯罪合作,成为中国—东盟关系的新亮点。

2. 泰国与美国的关系。2011年11月,泰国外交部给前总理他信颁发新护照,随后英国及其他欧盟国家、美国相继给他信签发签证。2012年他信访美引起反对派强烈抗议,在美国和泰国都引发了大规模的抗议示威活动,导致他信取消了在洛杉矶的一项拉力赛活动。民主党后来称美国给他信签证,目的在于为美国国家航空航天局重返泰国军事基地开路。这番表示使泰美关系陷入微妙的境地,该事件也暂时搁置。年底,泰美关系再次升温。美国国防部长帕内塔访问泰国,两国签署《2012年泰美防务联盟共同愿景声明》。不久,奥巴马总统也到访泰国。11月19日,泰国派代表出席在柬埔寨举行的第4届东盟—美国领导人会议,并与美国及其他湄公河下游各国承诺将继续推进"湄公河下游行动计划"。

3. 泰国与日本的关系。日本是泰国的最大外来投资国,双方战略伙伴关系不断得到加强。3月7日,英拉总理率团访问日本,与日本首相野田佳彦举行会谈,双方表示要加强两国的战略伙伴关系、加强高级别对话和在地区安全保障领域的合作。

2011年洪灾之后,日本制造商在泰国的投资额增长明显。据泰国投资委员会的数据,在2012年泰国6455亿铢的外国直接投资额中,来自日本的投资猛增93%,达3740亿铢,占全部外资的58%,有力地拉动了泰国经济的增长。近3年来,日本对泰国的投资一直保持增长态势。在泰国吸引的外资中,日本企业2009年占22%,2010年增加到44%,2011年增加到49%,2012年一跃增加到58%。

4. 泰国与印度的关系。2012年,历时8年的泰国与印度自由贸易协定谈判接近尾声。该协定涵盖贸易、服务和投资等领域,协定安排将优于东盟与印度签订的自由贸易协定。双方确定只要商品有40%的原料来自国内即适用自由贸易协议,共有1001个项目商品可加入该协议,包括化学产品、纺织品以及家具等。双方自由贸易的商品种类增加到83种。年内,泰印联席委员会第6次会议在印度新德里举行。双方讨论贸易、国防、安全、教育、文化及地区合作框架等问题。两国还就设立合作基金和建设连接印度、缅甸和泰国的公路等进行讨论。泰方认为,缅甸的土瓦港项目和泰南沙敦府帕巴拉深水港项目将为泰国与印度的合作提供更多机会。1月24~26日,泰国总理英拉作为2012年唯一受邀出席印度共和日活动的外国政府首脑率团访问印度。这一年,入境泰国的印度游客人数继续以20%左右的速度增长。

四、2013年展望

就2013年泰国政局来说,修宪将是年初最大的问题,将分公投、第三次表决、修改条文三步走。与柬埔寨有领土争议的柏威夏寺一案将于2013年4月裁决。

对于2013年泰国经济的发展前景,国际经济机构和泰国官方多持谨慎乐观态度,预测将保持中速增长。12月26日,泰国国家经济社会发展委员会向内阁通报2013年经济发展前景,预计2013年泰国经济增长速度为4.5%~5.5%,出口总值增长幅度为11%,国内消费和投资分别增长3.5%和8.9%,通货膨胀率介于2.5%~3.5%之间,国家经常项目盈余率约为国内生产总值(GDP)的0.9%,该预期水平与多个机构的预测大致相符。

2013年泰国经济工作重点在于维持泰铢币值稳定,以保证国家经济持续增长。2013年泰国经济增长的主要拉动力将来自政府投资,包括财政预算中价值1600亿铢的投资项目。政府还着手草拟2万亿铢资金筹集法案,以推动国家大型工程建设项目,发展国家基础设施,有关基础设施发展项目于2013年首季逐项提交议会包括反对党、内阁和国会审议。预计2013年大型投资工程实际投资可达1000亿铢,之后连续投资7年、每年投资约3000亿铢。（陈红升）

越南:2012年发展回顾与2013年展望

2012年越南在政治上继续保持稳定;经济上没有达到预期增长目标,但总体还是稳定发展;外交上积极开展全方位外交活动,努力为本国创造一个良好的外部环境。

一、政治

2012年越南政治主要有三大特点:贯彻落实越共十一届四中全会精神,召开党的十一届五中、六中全会;召开第十三届国会第三次、第四次会议,颁布多部法律;对1992年宪法修改草案广泛征求意见。

(一)贯彻落实越共十一届四中全会精神,召开党的十一届五中、六中全会

1. 贯彻落实越共十一届四中全会精神。2012年1月18日,越共中央总书记阮富仲签发决议,决定在全党范围内从党的最高领导层到一般党员开展一场严肃的、轰轰烈烈的政治运动,即全面贯彻落实十一届四中全会关于"当前党建工作的紧迫问题"的精神。决议指出:越南共产党是胡志明主席创立和锤炼的党。经过80年的奋斗、建设和成长,克服千难万苦,经受考验,以一个真正的革命党的本领,积累经验,与人民血肉相连,在革命事业中取得了伟大的胜利。实行改革路线后,党的领导能力和战斗力不断加强,人民对党的信念得到巩固,各级干部、领导和管理队伍健康成长,在各方面都取得了优异的成绩。但党建工作还存在许多不足和缺点,降低了人民对党的信心。如果长期得不到克服和修正,将对党的领导作用和社会主义制度的存亡构成威胁。决议指出,目前越共党内存在的主要问题有:(1)不少干部、党员,包括部分高级领导干部政治思想、道德、生活方式出现不同程度的退化,追求名利、地位、金钱,有些党员贪污、浪费、无纪律、无原则,等等。(2)中央领导干部队伍还没有得到较好地建设。在干部安排、分工中不严肃,不一致,缺乏主动性。有些对干部的评价、安排还不公正、不客观,用非所学,影响领导机关的威信,影响部门、地方和全国的发展。(3)"集体领导,个人负责"的原则在许多地方实际上流于形式。集体与个人之间的关系不明确,当发生错误、缺点时无人承担责任。

越共中央决定用一年的时间在全党集中力量贯彻落实党的十一届四中全会关于"当前党建工作的紧迫问题"的决议精神,加强党的思想和作风建设。四中全会决议提出必须集中落实四项措施:一是开展自我批评与批评,树立上级的先进性和榜样性;二是开展好

党组织、干部民主生活会;三是制定好机制、政策,以机制、政策管好党员;四是对党员加强政治、思想教育工作。

越南共产党电子报高度评价落实十一届四中全会决议精神,把这项活动评为越南2012年10件重大事件的首位。根据该报2012年12月28日公布的资料,越共十一届四中全会决议得到全党、全民、全军的积极响应和支持。

2. 越共中央召开十一届五中、六中全会。2012年5月7~15日,越共中央召开十一届五中全会,会议集中讨论以下问题:1992年宪法实施工作总结和宪法部分基本内容需要修改和补充;总结落实九届七中全会关于"在推动国家工业化、现代化时期继续改革土地政策和法律"的决议;总结5年来落实十届三中全会关于"加强党对反贪污和浪费的领导"的决议和"健全组织,提高中央预防、反对贪污指导委员会工作质量"的提案;2012~2020年社会政策问题;关于工资、社保、有功人员优抚问题;到2020年改革方向问题。

2012年10月1~15日,越共十一届六中全会在河内举行,会议重点讨论以下问题:2012年经济社会情况;2013年经济社会发展计划和国家财政预算;继续改革国有企业,提高其经济效益;改革土地政策和法律;从根本上全面改革教育和培训;发展科学技术;规定中央委员会、政治局、书记处、党和国家主要职务;成立中央经济委员会;政治局、书记处集体和个人根据十一届四中全会"关于当前党建工作紧迫问题"的决议精神进行自我批评与批评检查结果报告。

(二)召开第十三届国会第三次、第四次会议,讨论通过多部法律

1. 第十三届国会第三次会议。2012年5月12日至6月21日,第十三届国会第三次会议在河内举行。会议讨论通过13部法律草案,其中有《反洗钱法》、《大学教育法》、《行政处罚法》、《广告法》、《水资源法》、《越南海洋法》等。此外,国会还对其他6部法律草案提出意见,以便继续修正和完善,在第四次会议提交国会审议。会议期间,国会安排资源环境部部长阮明光、计划投资部部长裴光荣、工贸部部长武辉煌、公安部部长陈大光等4位部长直接回答国会代表的质询。政府副总理阮春福代表政府讲话,澄清一些问题并直接回答国会代表的质问。

2. 第十三届国会第四次会议。2012年10月10日至11月23日,第十三届国会第四次会议在河内举行。越南政府总理阮晋勇代表政府向大会作关于2012年经济社会发展情况和2013年任务的报告。

这次大会的主要内容有:审议2012年政府执行经济社会发展计划和国家财政预算的报告;2013年经济社会发展计划、国家财政预算和中央财政预算分配方案的报告;国会提出关于1992年宪法修改的草案,并广泛征求修改草案意见;通过关于对国会、人民议会选举产生或任命的领导者广泛征求信任票和投信任票的决定。

这次会议讨论修改和表决通过了以下法律:《出版法》、《律师法》、《税务管理法》、《国家储备法》、《合作社法》、《电力法》、《个人所得税法》、《首都法》、《反腐败法》、《土地法》、《科学技术法》、《反对恐怖法》、《国防安全法》、《基层调解法》等。

(三)对1992年宪法修改草案广泛征求意见

根据越共十一届五中全会精神和第十三届国会第四次会议代表表决通过1992年宪法修改草案征求意见的决议精神,越南在全国范围内对1992年宪法修改草案广泛征求意见。内容包括:1992年宪法修改草案全部条文,包括前言、政治制度、人权、公民的基本权利与义务、经济、社会、教育、科学、技术和环境、保卫祖国、国家组织机构、宪法效力和宪法修改规程、宪法各项规定的陈述等。

征求意见的形式:以口头或文字直接向本决议第六条规定的机关、组织反映,或者举行会议、研讨会、座谈会组织讨论,或者通过国会电子网站和大众宣传工具,或者其他有效的形式反映意见。

征求意见的对象:各阶层人民、国家机关、中央组织、国会常务委员会、民族委员会、国会各委员会、国会常务委员会各机关、政府各部委办、政府直属机关、最高人民法院、最高人民检察院、党中央各部委办、国家主席办公室等。地方国家机关:人民议会、人民委员会、人民法院、人民检察院、祖国阵线、政治社会组织、社会—行业组织、其他社会组织、大专院校、研究院、新闻通讯机关等。

征求意见的时间:2013年1月2日至2013年3月31日。

越南国会号召越南民众、干部、战士和越侨积极响应参加1992年宪法修改草案讨论,为制定充分体现人民的意志和愿望的宪法作出贡献。

二、经济

越南加入世界贸易组织后,与世界经济联系非常密切,特别是越南比较大的商品出口市场,如美国、欧盟、日本经济的好坏对越南经济发展影响很大。近几年来,这几个国家的经济发展一直处在低迷状态,对越南经济产生直接或间接的影响。2012年越南经济发展速度放缓,经济增长是10年来的最低水平。

据越南计划投资部公布的资料,2012年越南经济发展取得了比较好的成绩,同时面临许多严峻的挑战。

(一)成绩

1. 国内生产总值(GDP)持续增长。2012年越南GDP比2011年增长5.03%(2011年为5.89%),其中第一季度增长4.64%,第二季度增长4.80%,第三季

度增长5.05%，第四季度增长5.44%。分产业看：农、林、水产业增长2.72%，对国内生产总值增长贡献率为0.44%；工业和建筑业增长4.52%，贡献率1.89%；服务业增长6.42%，贡献率2.7%。

2. 农业获得丰收。2012年越南水稻种植面积约775.32万公顷，比上年增加9.78万公顷，单位面积产量达到每公顷5630千克。全年粮食产量约4850万吨，比上年增长2.6%。其中：稻谷产量4370万吨，比上年增产130万吨；玉米产量480万吨。全国水产品产量573.29万吨，比上年增长5.2%。其中：鱼类产量434.37万吨，增长5.3%；虾类产量63.27万吨，增长0.3%。大米出口700多万吨，成为世界第一大米出口国。

3. 工业生产喜忧参半。2012年越南工业生产比2011年增长4.8%。其中，采矿业增长3.55%，加工、制造业增长4.5%，电力、燃气增长12.3%，供、排水、排污增长8.4%。

工业生产增幅比2011年高的行业有：造船与漂浮件生产增长136.7%，传媒设备生产增长48.3%，零件及部分辅助件生产增长39.6%，电子零件增长23.7%，糖增长17.7%，电生产、输送、分配增长12.3%，原油开采增长9.8%，化肥增长9.7%，啤酒增长9.7%。工业生产增幅低于2011年的行业有：服装生产增长2.3%，钢铁生产增长2.2%，电力设备生产增长0.3%，布匹生产下降0.8%，鞋类生产下降0.9%，电线电缆生产下降2.1%，缝制品（除服装外）下降3.9%，水泥生产下降6%，民用电子产品下降8.1%；原煤生产下降9.4%；汽车生产下降10%；摩托车、自行车生产下降14.6%。

4. 商业经营占服务业较大比例。2012年越南商品零售与服务营业收入总额比2011年增长16%。其中：国有企业占12.3%，下降1.2%；非国有企业占84.8%，增长18.4%；外资企业占2.9%，增长34.7%。商业经营占服务业收入总额77.1%，增长15.2%。其中：宾馆酒店占11.8%，增长17.2%；服务业占10.1%，增长19.6%；旅游业占1%，增长28.1%。

5. 商品进出口成绩显著，20年来首次实现贸易顺差。2012年越南出口金额达到1146亿美元，比2011年增长18.3%。其中：国内企业商品出口金额达到423亿美元，增长1.3%；外资企业出口（包括原油）723亿美元，增长31.2%。如果不包括原油，出口金额为639亿美元，比上年增长33.5%；扣除价格因素，增长18.9%。

2012年越南商品出口金额大幅度增长主要依靠外资企业以下商品：电子计算机及其零件、各种电话及其零件、纺织服装、鞋类等。外资企业商品出口对该国出口贡献率达17.7%，越南国内企业出口贡献率为0.6%。

2012年欧盟取代美国成为越南的第一大出口市场，对欧盟出口金额为203亿美元，比2011年增长22.5%，占出口总额的17.7%。其次是对美国出口196亿美元，增长15.6%，占17.1%；第三是东盟173亿美元，增长27.2%，占15.1%；第四是日本131亿美元，增长21.4%，占11.4%；第五是中国122亿美元，增长10%，占10.7%。

2012年越南贸易顺差2.84亿美元，这是自1993年以来越南首次出现贸易顺差。主要原因是国内生产和消费下降，进口增长低于出口增长。贸易顺差主要来自外资企业的加工和组装商品出口，达120亿美元，而国内企业逆差仅为117亿美元。

2012年越南商品进口总额1146亿美元，比上年增长18.3%。其中：国内企业进口540亿美元，下降6.7%；外资企业进口603亿美元，增长23.5%。

主要进口商品有：电子计算机及其零件131亿美元，增长66.8%；布匹70亿美元，增长4.7%；纺织服装和鞋类原料、辅助材料32亿美元，增长7.9%。进口数量和价值增长幅度低或减少的原料有：化工28亿美元，下降2.3%；化工产品25亿美元，增长2.9%；汽油89亿美元，下降10%；化肥16亿美元，下降7.9%；钢材60亿美元，下降7%；一般金属27亿美元，下降1.1%；纺纱14亿美元，下降9%；棉花8.75亿美元，下降16.9%。

中国仍是越南最大的进口市场，进口金额达289亿美元，比2011年增长17.6%，占进口总额的25.3%；其次是东盟达210亿美元，增长0.3%，占18.3%；第三是韩国156亿美元，增长18.4%，占

越南出口服装生产车间　（百度网）

13.6%;第四是日本117亿美元,增长12.2%,占10.2%;第五是欧盟88亿美元,增长13.3%,占7.7%;第六是美国47亿美元,增长4.7%,占4.1%。

6. 国家财政预算收支良好。预算收入。截至2012年12月15日,越南国家财政总收入658.6万亿越盾,完成年预算计划的88.9%。其中:国内企业收入419.1万亿越盾,占84.7%;原油收入113万亿越盾,完成计划的129.9%;进出口收入119.5万亿越盾,完成计划的77.6%。在国内企业收入中,国有企业收入133.7万亿越盾,完成年预算的86%;外资企业收入(原油除外)78.4万亿越盾,完成计划的80.2%;非国有工商与服务税收86万亿越盾,完成计划的77.4%;个人所得税收入43.1万亿越盾,完成计划的93%;环境保护税12.1万亿越盾,完成计划的91.4%;行政费、手续费收入7.9万亿越盾,完成计划的88.5%。

财政支出。截至2012年12月15日,财政预算总支出约821.2万亿越盾,完成年预算计划的90.9%。其中:投资发展支出157.6万亿越盾,完成计划的87.5%(基本建设投资支出151.7万亿越盾,完成87.2%);经济社会事业发展、国防、安全、国家管理、党群团体支出(包括工资改革支出)约569.9万亿越盾,完成计划的94.8%;还债和对外援助93.8万亿越盾,完成计划的93.8%。

7. 接待国际游客人数增加。2012年越南全年接待国际游客人数约达664.77万人次,比2011年增长9.5%。游客比较多的国家和地区有:中国142.87万人次,增长0.8%;韩国70.09万人次,增长30.7%;日本57.64万人次,增长19.7%;美国44.38万人次,增长0.9%;中国台湾40.94万人次,增长13.4%;马来西亚29.9万人次,增长13.8%;澳大利亚28.98万人次,增长0.1%;泰国22.59万人次,增长24.2%;法国21.97万人次,增长3.9%;新加坡19.62万人次,增长13.8%;俄罗斯17.43万人次,增长71.5%;英国17.03万人次,增长9%;老挝15.07万人次,增长27.2%。

表1 越南国内生产总值增长情况(以1994年不变价计算)

单位:%

项目 \ 年份	2011年	2012年
年增长	5.89	5.03
经济部门		
农、林和水产业	4.01	2.72
工业和建筑业	5.53	4.52
服务业	6.99	6.42
年内各季度		
第一季度	5.53	4.64
第二季度	5.71	4.80
第三季度	6.02	5.05
第四季度	6.15	5.44

资料来源:越南统计总局

8. 控制通货膨胀成绩显著。越南政府采取有效措施,在抑制通货膨胀、稳定宏观经济方面取得显著成绩,全年通货膨胀率为6.81%。

9. 社会投资增速减缓。2012年越南全社会投资总额989.3万亿越盾,比上年增长7%,相当于GDP的33.5%,这是自2000年以来投资资金占GDP比例最低的一年。在全社会投资总额中,国有资金374.3万亿越盾,占37.8%,比2011年增长9.6%;非国有资金385万亿越盾,占38.9%,增长8.1%;外资企业230万亿越盾,占23.3%,增长1.4%。

表2 2012年越南全社会投资情况(按现行价格计算)

项目	投资额(万亿越盾)	比例(%)	比2011年增长(%)
总计	989.3	100	107
国营企业	374.3	37.8	109.6
非国有企业	385	38.9	108.1
外资企业	230	23.3	101.4

资料来源:越南统计总局

10. 吸引外资130亿美元。截至2012年12月15日,越南吸引外资130亿美元,相当于2011年同期的84.7%。新增投资项目1100个,注册资金79亿美元,相当于2011年同期的64.9%。增资项目435个,资金51亿美元。2012年实际到位外资105亿美元,相当于2011年的95.1%。外资主要投向加工、制造业,资金达91亿美元,占69%;房地产业18亿美元,占14.2%;其他行业21亿美元,占15.9%。

(二)困难

1. 破产或停产企业达5.4万家。2012年越南新成立企业69874家,比2011年下降9.9%;破产或停产企业5.4万家,增长0.5%。其中胡志明市破产企业数量高达1.9万家,增长29%。房地产、建筑、金融领域破产企业数量最多,同时这个领域新成立的企业也大幅下降。农、林、水产业新成立的企业有1191家,比2011年下降24.3%;关停企业1343家,增长12.6%。

2. 银行不良资产增多。越南国家银行报告,不良资产为8.6%,资金达202万亿越盾。越南银行行长阮文平认为银行不良资产还控制在安全线以内,但是已经亮红灯了。银行不良资产多数是由房地产企业造成的。截至2012年11月30日,有298家房地产企业欠各家商业银行1000亿越盾以上,债务总数高达125.14万亿越盾。

三、外交

2012年越南继续开展双边和多边外交活动,广交朋友,提高国际地位,全年派出16个党、国家、政府领导代表团出访各国,接待各国政要代表团30个。2012

年是越南与老挝、柬埔寨、印度、韩国友好年。越南抓住这个机会,举行多种形式的庆祝活动。

(一)越南与老挝、柬埔寨的关系

1. 越南与老挝的关系。2012年是越南与老挝建交50周年,也是越老特殊关系协议签订35周年,同时也是越老友好年。越南和老挝从中央到地方都举行庆祝活动,组团互访,除了两国总书记、国家主席、总理、国会主席率团互访之外,各有关部门、边境省、共青团等单位也组团互访。

2. 越南与柬埔寨的关系。越南和柬埔寨是好邻居、传统友谊、全面合作的特殊关系。2012年是越南与柬埔寨建交45周年,也是越柬友好年。两国举行系列庆祝活动。年内,两国共有7个高级代表团互访。越南外交部长范平明认为,2012年9月,柬埔寨国王西哈莫尼率团访问越南,把越柬友好年推向高潮。

(二)越南与中国的关系

两国领导人保持互访。年初,两国领导人互致贺电,庆祝两国建交63周年。11月8日,越共在中共十八大召开之际致电祝贺;中共十八大闭幕后,中国共产党和越南共产党互派特派员祝贺,互相通报大会结果。9月7日,中国国家主席胡锦涛与越南国家主席张晋创在俄罗斯符拉迪沃斯托克出席亚太经合组织第20次领导人非正式会议期间举行会晤。

2012年9月下旬,越南政府总理阮晋勇出席在中国南宁举行的第9届中国—东盟博览会。其间,中国国家副主席习近平会见阮晋勇一行。

越中双边贸易增长迅速。2012年两国贸易额达到504.4亿美元,比2011年增长25.4%。其中:中国对越南出口342.1亿美元,增长17.6%;自越南进口162.29亿美元,增长46%;中国顺差179.81亿美元。中国是越南最大的贸易伙伴,也是越南最大的进口市场。

(三)越南与其他东盟国家的关系

年内,越南与其他东盟国家的合作关系继续得到加强,越南党和国家领导人先后出访新加坡、文莱、马来西亚、泰国、印度尼西亚。值得一提的是,2012年9月,越共中央总书记阮富仲访问新加坡期间,在李光耀公共政策大学发表题为"为东南亚和平、稳定、合作与发展"的演讲。

(四)越南与俄罗斯的关系

2012年7月,越南国家主席张晋创访问俄罗斯,在与俄罗斯总统普京会谈时,两国领导人一致同意将两国关系提升到"全面战略合作伙伴"地位。普京表示,越南是俄罗斯在亚太地区最重要的三大战略伙伴之一。俄罗斯决定继续与越南在海上合作勘探石油,此外,还与越南加强在核电、采矿、木材加工、纺织服装、水产捕捞与加工、教育培训、公民保护等领域的合作。

(五)越南与日本的关系

2012年越南与日本高层领导实现互访,为2013年两国建交40周年和友好年开展纪念活动作准备。经济、贸易、投资继续是越南与日本合作取得显著成绩的领域。2012年头9个月,越南对日本出口增长29%。日本是越南官方援助发展(ODA)的最大国,是承认越南市场经济机制的发达国家之一。

(六)越南与欧盟的关系

越南与欧盟的关系继续发展。双方已经签订伙伴和全面合作协定,2012年6月正式启动越南—欧盟自由贸易区协定谈判。越南与英国、法国、德国之间的合作特别是与意大利的合作取得显著成绩,意大利正式承认越南市场经济机制,希望与越南建立战略合作伙伴关系。2012年欧盟取代美国成为越南第一大出口市场。越南是2012~2015年东盟与欧盟关系主席国,欧盟主动提议越南支持欧盟与东盟建立战略伙伴关系。

(七)越南与美国的关系

2011年以前,美国一直是越南最大的出口市场,越南贸易顺差主要来自美国,因此,越南非常重视发展与美国的关系。2012年越美关系继续朝着积极的方向发展,特别是在经济、贸易、投资、科学技术领域取得显著成绩。

四、2013年越南经济展望

阮晋勇总理在2012年底召开的第十三届国会第四次会议上的政府工作报告中提出,2013年越南各项经济指标是:国内生产总值增长5.5%,出口增长约10%,贸易逆差占出口总额的8%,国家财政预算赤字不超过GDP的4.8%,消费价格指数(CPI)增长约8%,全社会投资约占GDP的30%,贫困户下降2%,贫困县下降4%,创造就业岗位160万个。城镇失业率控制在4%以下,岗前培训劳动力达49%。

抑制通货膨胀、稳定宏观经济仍然是越南2013年经济工作的主线。越南经济最大的困难是国内消费不足,由房地产市场引起的银行不良资产增多,中小企业破产或停产数量还在增加。为了破解这些难题,实现上述经济指标,越南政府采取以下措施:降低存贷款利率;制定促进生产与消费,减少商品库存的措施;集中解决银行不良资产;为房地产市场解决困难。

越南政府的上述措施对刺激经济的发展起到一定的作用。据越南计划投资部公布的最新资料,2013年第一季度,越南国内生产总值增长约4.89%,高于2012年第一季度4.64%的水平。

从总体上分析,受世界金融危机的影响,加之越南国内消费能力较弱,公共投资不足,越南政府提出的各项经济指标能否实现仍需拭目以待。估计2013年越南经济发展还将缓慢前行。　　(农立夫)

东南亚国家联盟

东南亚国家联盟简况

东南亚国家联盟(简称东盟)是亚太地区重要的地区组织,包括印度尼西亚、马来西亚、菲律宾、新加坡、泰国、文莱、越南、老挝、缅甸、柬埔寨10个国家,东帝汶为观察员。秘书处设在印度尼西亚首都雅加达。东盟10国总面积450多万平方千米,2010年人口6亿,人均GDP为3093美元,对外贸易总额20428亿美元。东盟成立的宗旨是促进本地区的繁荣与稳定。1997年签署的《东盟2020年远景》表示:要将东盟建设成为一个充满关爱的社会,一个不分性别、种族、宗教、语言及社会和文化背景,所有人都享有平等发展权的社会;东盟将成为亚太地区乃至世界上一个有效维护和平与公正的现代化组织。2008年1月7日,素林接任东盟秘书长,任期5年。

东盟的前身是马来西亚、泰国和菲律宾于1961年7月31日在曼谷成立的东南亚联盟。1967年8月6~8日,印度尼西亚、马来西亚、新加坡、菲律宾和泰国发表《东南亚联盟成立宣言》即《曼谷宣言》,宣告东盟成立。1976年,上述5国在巴厘岛举行东盟第1次首脑会议,签署《东南亚友好合作条约》和《东南亚国家联盟协调一致宣言》(合称《巴厘第一协约》),确定东盟的宗旨和原则。1984年文莱加入东盟,联盟成员国增至6个(这些国家称为原东盟成员国或东盟老成员国)。之后,越南于1995年7月、缅甸和老挝于1997年7月、柬埔寨于1999年4月加入东盟,东盟在组织上实现1994年5月提出建立"东南亚10国共同体"的目标。2006年东帝汶申请加入,至今仍作为观察员参与东盟的相关会议。2003年10月,第9次东盟领导人会议通过标志东盟在政治、经济、安全、社会与文化全面合作进入历史新阶段的《巴厘第二协约》,提出在2020年建立类似于欧盟的"东盟共同体",包括政治安全共同体、经济共同体和社会文化共同体。2004年11月,第10次东盟领导人会议通过《万象行动纲领》等一系列文件,提出进一步缩小成员国间发展差距,于2020年将东盟建成一个对外开放、充满活力与关爱的共同体的目标。2005年12月,第11次东盟领导人会议通过《吉隆坡宣言》,决定制订《东盟宪章》,用法律的形式确定东盟所有准则、规定和价值观,搭建一个法律和机构框架,以加快实现东盟共同体的目标。2007年1月,第12次东盟领导人会议通过《到2015年建成东盟共同体宣言》,将进程缩短5年。会议还通过《东盟宪章蓝图宿务宣言》,为东盟解决内部分歧提供法律依据,同时为东盟共同体的建设指明方向。2008年12月15日,《东盟宪章》正式生效,东盟各国的合作更加制度化。2009年2~3月和10月,东盟分别举行第14次东盟领导人和第15次东盟领导人会议,签订《东盟共同体2009~2015年路线图宣言》等系列协定,强调东盟将于2015年如期建成"人民的共同体"。2010年4月和10月,东盟分别举行第16次东盟领导人会议和第17次东盟领导人会议,首次明确一年内举行两次东盟领导人会议,其中第一次是成员国领导人会议,讨论东盟共同体建设事务,第二次是东盟与对话伙伴领导人会议,讨论东盟与对话伙伴以及区域合作问题。2011年5月和11月,东盟

4月3日,第20届东盟领导人会议在柬埔寨金边举行 (新华社)

分别举行第18次东盟领导人会议和第19次东盟领导人会议，签署《巴厘第三协约宣言》等协定，强调以“全球共同体中的东盟共同体”为纲领，在推动2015年建成东盟共同体的进程中，带领东盟进一步放眼全球。2012年4月和11月，东盟分别举行第20次领导人会议和第21次领导人会议。其中，第20次东盟领导人会议通过《金边宣言》、《金边议程》、《2015年建立东盟无毒品区宣言》、《“全球温和派行动组织”概念文件》等一系列重要文件，各国领导人还就继续推进东盟一体化和东盟发展中遇到的问题等达成共识；第21次东盟领导人会议签署《东盟人权宣言》，启动“和平与和解机构”并决定在柬埔寨建立东盟地区排雷行动中心，同时将2015年12月31日设为建成东盟共同体的最后期限。

东盟建立一系列组织机构来加强内部以及东盟与世界各国的合作，主要有：东盟领导人会议，东盟外长会议和东盟地区论坛，以及农业和林业、经济、能源、环境、财政、通信与信息、投资、劳工、健康、法律、农村发展和减少贫困、科学与技术、社会福利与发展、打击跨境犯罪、肃毒、交通、旅游、青年、妇女工作、国防、教育、文化艺术、跨境烟雾、东盟投资区理事会、东盟自由贸易区理事会、东盟外长扩大会议、东盟经济共同体理事会议等部长级会议，部长会议下还设有高官委员会、理事会和技术工作小组。为处理东盟的对外关系，东盟在布鲁塞尔、伦敦、巴黎、华盛顿、东京、堪培拉、渥太华、威灵顿、日内瓦、首尔、新德里、纽约、北京、莫斯科、伊斯兰堡等地设立有外交机构，处理外交关系。

2008年《东盟宪章》生效后，东盟10国均向东盟秘书处派驻大使，东盟外国家也陆续向东盟秘书处派驻大使。

东盟政治安全共同体建设不断推进

2012年东盟各成员国政局平稳，东盟政治安全共同体建设不断推进。印尼的省长选举、柬埔寨的第三届乡和分区选举、缅甸大选等，均可说明东盟各成员国的政治改革和反腐政策所取得的成效。

推动缅甸融入东盟大家庭　缅甸1997年加入东盟后，东盟一直因缅甸问题遭受西方压力，缅甸也曾放弃担任2006年东盟轮值主席国，但东盟一直对缅甸保持建设性接触，并积极促进缅甸改革。缅甸2012年政治选举时，东盟派出观察团观察其大选过程。缅甸新政府也决心以此为契机，积极融入东盟大家庭。缅甸宣布主办2013年东南亚运动会，担任2014年东盟轮值主席国，与美国进行建设性接触，实施国内改革，以加快融入东盟和世界的步伐。

促进政治参与和人权保障　4月30日至5月1日，东盟举行区域民主对话第2次会议，重申在任何情况下都要确保公民参与政治的平等与民主，并将与各国际组织合作、建立各种协调机制、关注性别平等、促进少数民族参与社会事务、保障人权、加强民主与法制建设。9月，举行以“加强议会在2015年建成东盟共同体的作用”为主题的第33届东盟议会联盟大会，探讨议会在处理地区和全球事务中发挥作用的问题。东盟政府间人权委员会也举行多次会议，探讨起草《东盟人权宣言》的框架和东盟的人权问题。11月18日，东盟在金边举行以“东盟：一个共同体，共同的命运”为主题的第21届领导人会议，通过《东盟人权宣言》宣布不断推进和改善东盟地区的人权保障，呼吁终结酷刑、强行逮捕和其他侵犯人权行为。

倡议建立东盟零战争区　2012年是《南海各方行为宣言》签署10周年，但南海问题却使东盟协商一致原则和不干涉原则受到挑战。东盟与中国多次举行相关会议，探讨解决南海问题。1月，东盟和中国举行落实《南海各方行为宣言》第4次高官会议，启动该宣言框架下的2012年工作计划。5月，举行东盟地区论坛安全政策会议和第6届东盟国防部长会议，共同讨论海洋安全与核能安全问题，支持东盟国家和中国有效落实《南海各方行为宣言》，进而制定《南海各方行为准则》。10月，举行第3届东盟海事论坛，讨论保护海洋环境、生态旅游、东盟海事论坛未来合作等问题并达成共识。在东盟海事论坛第一次扩展会议上，东盟成员国与中、日、韩、印、澳、俄、美、新西兰等8个对话伙伴国代表重点讨论1982年《联合国海洋法公约》在新形势下所涉及的相关问题。在中国—东盟高官会议上，双方同意南海问题争端各方要以和平方式进行磋商，保持南海地区的和平与稳定。在第21届东盟领导人会议上，东盟各国领导人主张形成一个和平解决方案，以解决南海领土争端问题。

促进区域安全合作　在1月举行的东盟外交部长会议、7月举行的第45届东盟外长系列会议期间，东盟积极推动签署《东南亚无核区条约》，确保区域安全。《东南亚友好合作条约》第三附加议定书2012年生效后，欧盟、英国和巴西分别于7月、11月签署该条约，成为东盟的对话伙伴，使条约的缔约国达到31个。5月，东盟举办第6届国防部长会议，讨论柬埔寨首相洪森提出的建立东盟零战争区，推动东盟和平、发展与合作的建议。在第21届东盟领导人会议上，各成员国同意在柬埔寨设立排雷行动中心，启动旨在维护东盟地区和平与稳定的和平与和解机构。

加强打击跨国犯罪合作　8月，东盟肃毒部长级特别会议决定在拦截毒品跨界走私、打击非法贩运毒品、控制化学品制毒、分享禁毒经验、青年和公众禁毒意识教育、实施康复计划、执法机构间合作、替代种植等方面加强合作，努力争取到2015年建成东盟无毒品区。9月，在第13届东盟与对话伙伴打击跨国犯罪会议上，东盟与澳大利亚、中国、欧盟、日本、新西兰、韩国、俄罗斯和美国，制订《打击跨国犯罪工作计划(2013～2015)》，加强打击恐怖主义、人口贩运、非法贩运毒品、洗钱、海盗、武器走私、国际经济犯罪和网络犯罪等领域的合作。11月，东盟国防部长会议讨论东盟政治安全共同体蓝图的实施、东盟核心地位、东盟跨部门合作等问题，并开展人道主义援助、灾害救助、军队医疗三次演习，以提升东盟军队实力，促进东盟政治安全共同体建设进程。

东盟经济共同体建设快速推进

经济一体化进程加快 2012年2月，东盟经济部长会议同意进一步促进东盟内部的服务、贸易和投资便利化，解决商品、服务的市场准入问题，推进《东盟全面投资协定》尽快生效，鼓励私人部门积极参与东盟经济一体化建设，为年轻商业经营者提供更多发展空间，尽快成立一个货物和服务贸易、投资工作小组以研究区域全面经济伙伴关系问题。在8月举行的第44届东盟经济部长会议和11月举行的第21届东盟首脑会议上，与会各方同意反对贸易保护主义，促进经济健康发展，缩小成员国的经济发展差距，积极应对欧债危机及世界经济乏力所带来的全球性挑战，承诺在2015年12月31日建成东盟经济共同体。东盟自由贸易区的建设取得明显进展。至2012年2月，原东盟6国99.65%和越、老、柬、缅4国98.86%的关税目录产品实行零关税。至11月，东盟全面经济伙伴AEC蓝图的执行率达到74.5%。东盟投资一体化建设稳步推进。4月，《东盟全面投资协定》在第20届东盟领导人会议上生效，各方根据协定承诺推进东盟投资一体化，以在东盟建立稳定的、开放的、可预测的投资环境。

16国自由贸易区谈判启动 在第44届东盟经济部长会议期间，东盟与中国、韩国、日本、澳大利亚、新西兰、印度、美国、加拿大、俄罗斯等对话伙伴国经济部长举行会议，东盟还举行湄公河国家合作框架部长会议、东盟与世界知识产权组织磋商会、东盟—美国商务高峰会等会议，讨论区域经济合作问题。在第21届东盟领导人会议期间，东盟与中国、韩国、日本、澳大利亚、新西兰、印度领导人同意在2013年启动16国区域全面经济伙伴关系协议的谈判。该自由贸易区由东盟主导，覆盖人口30亿，GDP总值17.23万亿美元，建成后将成为世界上最大的自由贸易区。为提升东盟在自由贸易区的谈判能力，东盟于11月与欧盟联合举办自由贸易协定谈判培训。

农林合作加强 东盟10国不仅政治制度各异，民族、文化多元，而且经济发展程度差距较大。为在2015年如期建成东盟共同体，缩小成员国间的发展差距，2012年8月，东盟以“缩小城乡发展差距，共享我们的经验教训”为主题，在雅加达举行第10届东亚论坛，努力在缩小城乡发展差距、促进农村快速发展等方面交流信息，加强合作。9月，在万象举行第34届东盟农林部长会议和第12届东盟与中日韩10+3农林部长会议，回顾《东盟一体化粮食安全框架》、《东盟粮食安全战略行动计划(2009～2013)》、《东盟10+3大米紧急储备协议》执行情况，进一步加强公私部门之间以及同联合国粮农组织、亚洲发展银行等国际组织之间的合作，利用东盟粮食安全储备委员会、东盟粮食安全信息系统等现有机制，加强在大米紧急储备、大米贸易和粮食安全信息系统方面的合作；进一步促进农林产品贸易便利化；有效执行《东盟渔业合作战略行动计划(2011～2015)》；加强在跨境烟雾污染防治、森林可持续管理、林业产品推广、生物多样性保护、农林产品卫生检疫等方面的交流与合作，以确保本地区粮食食品安全和农林渔业的可持续发展。在10月举行的东盟一体化发展合作论坛第4次会议上，东盟秘书长素林呼吁东盟各成员国加速并切实落实《东盟宪章》，呼吁柬、老、缅、越进行经济改革，提高经济发展速度，增加人均收入，以尽快缩小成员间的发展差距，如期将东盟建设成具有一个目标、一个身份和一个声音的共同体。

能源合作进一步深化 9月，第30届东盟能源部长会议决定继续执行《东盟能源合作行动计划(2010～2015)》，在建设东盟输电网、连通区域天然气管道、发展清洁煤炭技术、提高能源效率和节约能源、研究新能源和可再生能源、区域能源政策和计划、核能合作七方面加强合作。其间，通过第9届东盟10+3能源部长会议和第6届东亚峰会能源部长会议，对地区能源安全、石油天然气市场及可再生能源等三大方面的问题展开讨论，进一步鼓励发展清洁能源和可再生能源、节能、开发能源领域人力资源、优化能源结构、改善电力基础设施、民用核电能源管理、发展低碳经济等方面的合作，确保区域能源安全。

互联互通建设取得进展 在9月举行的第3届东盟互联互通研讨会上，与会代表一致认为应加强东盟各机构间的互联互通，促进成员国间的人员往来与交流，把私营部门纳入东盟互联互通的建设规划之中。在同月举行的第16届东盟移民事务处与东盟外交部领事事务处总干事会议，发表第8次东盟移民出入境信息论坛报告，同意东盟成员国相互为处于危急状态的东盟人民提供紧急援助，认为建立完善的东盟移民管理系统也是东盟共同体建设的重要组成部分。根据2006年通过的《东盟国民免签证框架协议》，旨在带动各成员国间更多的社会和商业交流。2012年，柬埔寨正式签署该协议，老挝政府也批准签署该协议。

次区域合作有效推进 在建设东盟共同体的同时，东盟成员国之间及其与相关国家的次区域合作也在有效推进。2012年8月，东盟—湄公河流域开发合作机制(AMBDC)第14次部长级会议决定进一步加强

项目合作，推进新加坡—昆明铁路建设，在人力资源开发和能力建设方面加强合作。截至该月底，除新加坡—昆明泛亚铁路外，AMBDC 合作扩大至 52 个旗舰项目，涉及基础设施、贸易投资、农林业、矿产资源开发、工业、旅游、人力资源开发、科技等多个领域，项目投资总额达到 3 亿多美元（不含新加坡—昆明泛亚铁路），其中有 14 个项目共 2.74 亿美元的投资需要社会捐助，2620 万美元由受益国自主投资。东盟新成员国的次区域合作开始得到加强。8 月，第 4 届柬、老、缅、越经济部长会议检查了四国经济部长 2012 年行动计划的实施情况，议定 2013 年行动计划，一致同意利用东盟各种合作机制，在经济贸易、人力资源开发、合作机制等方面进一步加强四国间的合作。

社会文化共同体建设不断深化

妇女儿童权益保护　2012 年东盟促进和保护妇女儿童权利委员会（ACWC）举行多次对话会议，推进本地区妇女儿童权益保护。1 月，ACWC 与东盟地区 40 个民间组织在马尼拉举行对话会议，同意通过发起东盟区域内的公共运动，增加 ACWC 与公民社会的对话，以寻找更有效的方式保护妇女儿童。2 月，ACWC 在仰光举行第 4 次会议，讨论细化 2012～2016 年东盟地区保护妇女儿童权益工作计划，包括出版打击侵害妇女儿童暴力事件的读物，建立 ACWC 的社会服务网络等措施。7 月，ACWC 在雅加达举行第 5 次会议，与东盟儿童代表对话，听取暴力侵害妇女儿童的行为意见反映。随着人员交往的增多，东盟面临着艾滋病、禽流感、登革热等传染性疾病感染增多的挑战，尤其是艾滋病，妇女和女童占到感染者的 35%。9 月，东盟妇女相关机构与团体举行磋商，同意在防治艾滋病、促进社会性别平等、减少性传播等方面加强合作，给妇女女童提供全面教育以提高其社会地位和工作能力，减少亲密伴侣间艾滋病的传播，实现东盟宣言中提到的零艾滋病毒新发感染、零歧视和零艾滋病相关死亡的目标，切实保护妇女、女童的健康与权益。

劳工安全与人力资源开发合作　东盟十分关注劳动安全与健康问题。2 月 29 日至 3 月 1 日，东盟在越南同奈举行劳动安全与健康会议、第 2 届劳工检查会议，探讨劳动安全问题。3 月，在新加坡举行 10＋3 劳动安全与健康管理政策对话会议，探讨与中、日、韩在劳工与健康方面的具体合作问题。5 月，第 3 次东盟人力资源会议决定开展发展职业技能培训合作，以缩小成员国间发展差距。在第 8 届东盟劳工高级官员会议、第 22 届东盟劳工部长会议和第 7 届东盟 10＋3 劳工部长会议上，部长们决定加强和改善区域内社会保障和技能开发方面的合作，有效执行《东盟保护和改善海外劳工权益宣言》、《东盟劳工部长工作计划（2010～2015）》、《东盟 10＋3 劳工部长工作计划（2010～2015）》和《东盟预防与控制艾滋病工作计划（2011～2015）》，加强与对话伙伴、国际劳工组织在人力资源开发、劳动行政与劳动检查、劳资关系、劳动安全与健康、技能开发、童工问题等方面的合作。

法律合作　在东盟共同体建设中，成员国跨境法律问题面临新的挑战，各方法律需相互协调，趋向统一。2012 年，东盟举行一系列相关研讨会来研讨法律合作问题。在 1 月举行的东盟法律法规及其实践研讨会上，代表们一致认为应成立东盟法律工作小组，提高东盟成员国和东盟各机构对东盟各种规则的理解，为相关工作人员提供技术援助和能力培训服务。在 4 月举行的东盟知识产权局局长会议上，一致同意推进《东盟知识产权权利行动计划（2011～2015）》下的东盟专利审查合作项目，以利于企业家和发明者在东盟国家获得其创新专利。在 6 月举行的东盟法律与司法合作研讨会上，与会代表探讨《东盟宪章》和一体化给东盟地区带来的影响，以及东盟国际条约实施、国际仲裁、司法行政、贸易与投资法等一系列法律问题，并达成共识。随着东盟经济一体化的推进，东盟各国消费权益保护也提上议事日程。3 月，东盟消费者权益保护委员会制定东盟消费者投诉手册，为消费者维护自身权利提供便利。5 月，东盟消费者权益保护委员会第 5 次会议启用东盟消费者权益保护委员会网，受理东盟消费者投诉。

青少年东盟意识提高　东盟 10 国政治、经济、文化、民族多元，东盟共同体建设仍面临着人民东盟意识提高的问题。青年是东盟的未来，是东盟共同体建设的主体力量，提高青少年的东盟意识是建设东盟共同体的基础。2012 年，东盟在提高青少年的东盟意识方面做了大量的工作。一是为青少年提供奖学金。2 月，东盟工商咨询理事会同意为有意愿学习工商和技术专业的东盟国家优秀大学生提供奖学金，旨在培养“拥有东盟心的东盟青年”。2012～2013 学年，东盟共为越南谭岛大学来自东盟成员国的 50 名学生提供奖学基金，每位学生可获得 2.75 万美元的奖学金。二是举办各种形式的文体活动。3 月，举行吉隆坡音乐会、第 2 届东盟人力车比赛和东盟儿童论坛徽章设计比赛；5～7月，举行主题为“同一社区、同一命运”的东盟青少年（6～18 岁）绘画比赛；7 月，举行主题为“东盟在文化多样性中的统一”的摄影比赛等。三是举办青年研讨会和培训班。3 月，东盟在金边举行提升东盟意识研讨会，发放与东盟有关的 3500 多件 T 恤及刊物；4 月，在东盟青年论坛提出“一个东盟，一个命运”的口号，并决定在增进青年东盟意识、提高青年创业技能、培育青年领导能力、东盟共同体青年志愿者服务等方面推进合作；5 月，东盟教育高级官员和东南亚教育组织代表在金边举行会议，决定将东盟知识纳入东盟大、中、小学的教材；9 月，对 4 个新成员国的青年外交

官进行培训，以增强他们对东盟的认同与责任感；11月，举行第1届东盟青年会议，号召东盟青年积极参与打击人口贩运的行动；12月，在参与美国东南亚青年领袖计划的130名东盟大、中学生中开展“东盟的作用是什么”讨论。此外，东盟还举行大量有利于了解东盟的活动，有效提高东盟民众的东盟意识。年内，益普索（Ipsos）在东盟10国首都进行的东盟知识民意调查结果显示，东盟省会城市80%以上的居民知道东盟，但边远地区比例仍较低。

卫生与灾害管理合作进一步深化　东盟在卫生、环境保护、减少跨境烟雾污染、文化交流等方面的区域合作进一步加强。3月，在第15届世界烟草健康大会上，东盟秘书长倡议建立无烟东盟。4月12日，东盟灾害管理人道主义援助协调中心建立东盟灾害监测与应急系统，通过对自然灾害的监测，提高东盟应对灾害的能力。在5月举行的东盟—美国应急预案研讨会上，双方代表同意在提高区域灾害应急和管理能力方面加强合作。东盟还是亚太地区登革热感染人数最多的地区。在6月15日第二个“东盟预防登革热病日”，东盟决定调动一切资源研究新方法来预防和控制登革热病，以建立无登革热病的共同体。在7月举行的第11届东盟卫生部长会议上，代表们讨论了慢性非传染性疾病的预防与控制、全民健康保险、烟草控制、区域艾滋病和灾害管理等方面的合作事宜。

东盟对外关系多头并进

东盟与中国关系　2012年东盟与中国双方举行各种会议商讨双边合作问题，不断深化经济合作。10月，始终倡导东亚合作以东盟为主导、坚持互利共赢的中国在东盟秘书处设立使馆，为双方经贸合作再奠基石。11月，东盟和中国举行互联互通合作委员会第一次会议，同意定期举行会议，落实和讨论双方互联互通项目。在同月举行第15届东盟—中国首脑会议上，签署《关于修订〈中国—东盟全面经济合作框架协议〉的第三议定书》和《关于在〈中国—东盟全面经济合作框架协议〉下〈货物贸易协议〉中纳入技术性贸易壁垒和卫生与植物卫生措施章节的议定书》，同意建立中国—东盟自由贸易区联合委员会，以监督、协调和审查自由贸易区相关协议实施。中国与东盟双边经贸投资关系取得长足发展。从中国商务部的统计看，2012年中国仍为东盟的最大贸易伙伴，东盟则取代日本成为中国第三大贸易伙伴，双边贸易额达到4000.93亿美元，比上年增长10.3%。其中，中国出口东盟2042.72亿美元，从东盟进口1958.21亿美元，分别增长20.1%和1.6%，中国对东盟贸易顺差84.51亿美元。截至2012年底，中国与东盟双向投资累计达到1007亿美元，其中中国占23.4%，东盟占76.6%。东盟2012年在华直接投资70.7亿美元，比上年增长1%，中国企业在东盟投资44.19亿美元，增长52%。双方科技合作得到深化。自1994年中国—东盟科技联委会成立后，中国与东盟的8个成员国签订政府间科技合作协定，建立联委会机制，实施合作项目1000多项。2012年9月，中国—东盟科技部长会议启动中国—东盟科技合作伙伴计划，同意以科技政策与创新管理和农业、健康、能源、水资源等十大技术领域为合作重点，开展政策咨询、技术服务、人力资源开发、合作研究、共建联合实验室和示范园区、技术转移等多项合作，建设中国—东盟技术转移平台网络为双方合作搭建信息平台，将科技部长会议机制化，中国—东盟科技联委会会议由两年一次改为一年一次。中国与老挝签署科技合作备忘录，与柬埔寨的科技合作文件也在商议中。7月，第3届中国—东盟知识产权局局长会议围绕传统中医药数据库、中国国家知识产权战略在地方的实施以及专利审查争端解决方案等问题展开讨论，通过《中国—东盟知识产权合作工作计划（2012～2013）》。9月，第3届中国—东盟质检部长会议通过《质检部长会议谅解备忘录执行计划（2013～2014）》，决定在信息交流、人员互访、培训研讨、联合研究、沟通磋商等5个方面加强合作，同时启动中国—东盟质检部长会议合作门户网站。在南海问题上，尽管越南、菲律宾等国不断试探触碰中国，但没有得到东盟其他成员国的支持。在年内举行的东盟—中国首脑会议和外长会议上，双方代表同意继续增进睦邻互信，深化务实合作，保持双方战略伙伴关系全面发展的良好势头。

东盟与东亚合作　经过多年的协调与努力，东盟与中、日、韩建立了较为完备的10＋3国家合作平台，拥有66个不同级别的机制，涵盖政治安全、经济金融、能源和可持续发展、社会文化等24个领域，形成全方位、多层次、较高水平的合作框架体系。2012年东盟与中、日、韩3国在维护金融和粮食安全合作方面取得重要成果，包括推进《清迈倡议》多边化、建成2400亿美元规模的区域外汇储备库、共同出资设立7亿美元的区域信用担保与投资基金、成立宏观经济研究办公室，初步构建起地区金融安全网。东盟与中、日、韩大米紧急储备规模达到87万吨。东盟与东亚的区域经济合作进一步推进。8月，东盟10国、澳大利亚、中国、印度、日本、韩国、新西兰、俄罗斯、美国等18个东亚峰会成员国经济部长举行第一次会议，同意在东亚峰会框架下加强合作与发展。11月20日，东亚峰会通过《金边发展宣言》，倡导“均衡、包容、可持续”发展，同意加强宏观政策协调，缩小地区差距，加快区域经济一体化进程，中、日、韩宣布启动三国自由贸易区谈判。东盟与日本经济和文教方面的交流与合作持续加强。9月，第4届湄公河—日本经济部长会议通过《湄公河流域开发路线图》，会议建议日本、缅甸、泰国拟定一个三方框架协议，以便促进《湄公河流域—日本经济与工业合作计划》得以顺利进行。7月，东盟与日本签署《深化知识产权保护合作协议》和双边合作行动计划（2012～2013年），决定在商标、工业品外观设计、专利和实用新型专利等方面加强合作，包括日本向东盟介绍中、小企业知识产权商业化的成功案例，建立IT基础设施工作小组以分享专利审查档案信息，支持东盟加入知识产权保护的国际条约。东盟与日本在教育方面的合作也较为密切。12月，东盟和日本的重点大学代表在曼谷签署一份东盟大学网络/东南亚洲教育工程发展网络合作框架协议，计划从2013年5月起展开双边合作的5年计划，包括加强大学与工业领域的合作、通过网络提高东盟成员国的教育和科研能力、促进研究人员和学生的交流与研究合作、日本为东盟学生和教职员提供奖学金和研究资助等。

东盟与美国关系　随着美国近年"重返亚太"战略的不断推进，东盟与美国关系也持续升温。2002年美国加入《东南亚友好合作条约》，从2009年起，定期举行东盟—美国领导人会议，成立东盟—美国名人小组，在跨国犯罪、贸易、投资、能源、社会文化、气候变化、灾害管理、流行病与卫生等问题进行协商与合作。2012年美国频繁参加东盟首脑会议、东亚峰会、东盟外长会议、东盟防长会议等一系列重要会议，不断插手东盟与对话伙伴国合作以及地区安全事务，努力促进双边合作。9月，美国国务卿希拉里第二次访问东盟秘书处时称"美国是东盟的老朋友"，重申维护东盟和平与稳定的承诺，希望建立一个持久的、全方位的美国与东盟关系。11月，在第4届东盟—美国领导人会议上，东盟—美国名人小组提出建立东盟—美国全面经济伙伴关系，建议到2015年彼此间的留学生人数增加2倍、增加州市一级官员的交流、举办一年一度东盟—美国商业峰会等具体建议，旨在推进东盟与美国的全面战略伙伴关系。在经济合作方面，3月，美国和东盟制定一个为期3年的计划项目，促进东盟农业发展和食品、商品自由流通，以确保东盟国家的食品安全。8月，双方举行首届商业峰会，会议同意在技术创新、货物运输、推进东盟食品行业发展等方面加强合作，创造数字化营运环境，帮助东盟提高经济竞争力。2012年美国是东盟第四大贸易伙伴，东盟则是美国第五大贸易伙伴。

东盟与印度关系　在美国"重返亚太"战略的压力下，东盟和印度均希望通过提高合作水平，为自己在地区和国际事务中寻求更大的利益。借助2012年是东盟与印度建立对话关系20周年和印度—东盟首脑合作10周年的时机，东盟与印度开展一系列纪念活动，深化双边关系。2月，东盟代表团访问印度，与印度外交部、科技部、环境与森林部、通信信息部、印度管理研究院、印度太空研究组织等部门举行会议，探讨双边合作事宜。在第4届新德里论坛上，双方决定在印度与中南半岛交通连通、东西走廊、人员和政府机构间交流、消除贫困等方面进一步加强合作，努力建立全面自由贸易区。9月，首届东盟—印度环境部长会议同意在保护生物多样性、可持续发展、人民生计等方面加强合作。12月20日，印度与东盟建立对话关系20周年纪念峰会发表的《印度东盟：展望2020远景》，对双边未来合作作出具体规划和部署，决定将对话合作关系升级为战略合作伙伴关系，宣布完成服务贸易和投资领域的自由贸易协定谈判，提出到2015年实现双边贸易总额1000亿美元、2022年再翻一番的具体目标；决定深化基础设施建设、农业、旅游业、新能源产业以及反恐、灾害应急救援、海洋安全等领域的合作；举办第2届东盟—印度商业博览会，在信息通信、能源等领域举行部长级会议。

东盟与欧盟关系　在东盟与欧盟建立对话伙伴关系35周年之际，双方各领域的合作进一步增强。1月，在东盟、欧盟官员和商业代表研讨会上，欧盟决定提供250万欧元，对东盟在自由贸易区谈判的能力建设、解决诸如贸易自由化和政府采购等贸易新问题方面提供援助。4月，东盟和欧盟的500多位商界领袖参加第2届东盟—欧盟商务峰会，同意在农业企业、基础设施建设、制造业和服务业等四个核心领域加强双方合作。在同月举行的第19届东盟—欧盟部长级会议上通过斯里巴加湾行动计划，欧盟外交和安全政策高级代表表示欧盟有意愿加入东亚峰会。在7月第45届东盟外长会议举行期间，欧盟签署《东南亚友好合作条约》，正式成为东盟的对话伙伴。12月初，东盟与欧盟在万象举办贸易谈判培训班，增强东盟官员、学者、私营企业代表对国际商品贸易规则、最不发达国家特别待遇、自由贸易协定谈判知识的认知，提高东盟FTA谈判能力。2012年欧盟成为东盟第二大贸易伙伴、最大出口市场和最大直接投资来源，而东盟则成为欧盟第五大贸易伙伴。

多国领导人和国际组织高层频访东盟秘书处

2012年，中、美等多个国家的领导人和国际组织高层频繁访问东盟秘书处，探讨相关合作问题。1月9日，中国—东盟中心北京总部秘书长马明强访问东盟秘书处并与东盟秘书处秘书长素林会晤，双方同意通过该中心开展各种活动，创造机会促使双边政府、私营企业和人民增进了解，团结互助。3月20日，联合国秘书长潘基文会晤素林，讨论缅甸发展情况和柬、泰边境争端等问题。5月1～2日，非洲联盟委员会代表团访问东盟秘书处，就开展更密切的合作展开讨论，决定继续有效执行2005年亚非会议通过的《亚非新型战略伙伴关系宣言》，在贸易、工业、金融投资、旅游、信息和通信技术、交通运输、农业、能源等方面增强合作。6月27日，伊拉克副首相侯赛因·沙赫里斯塔尼率代表团访问东盟秘书处，强调在石油勘探、石油化工和化肥、农业、教育、文化及旅游等领域加强合作。12月7日，130名美国国务院东南亚青年领袖项目的成员走进东盟秘书处，与东盟开展合作项目参与者领导能力提升计划。

东盟与加拿大纪念对话伙伴关系建立35周年

2012年是东盟与加拿大对话伙伴关系建立35周年，双方举办一系列活动加以纪念。1月，东盟秘书处举办以“东盟—加拿大对话伙伴关系建立35周年”为主题的纪念活动。2月，加拿大军事学院国家安全计划代表团访问东盟秘书处，与东盟深入探讨军事领域的相互了解与合作。6月，双方在曼谷举行第9次大对话会议，探讨增强双边合作问题，决定举行东盟—加拿大商业理事会会议。9月，东盟秘书长素林应加拿大外交部长约翰·贝尔德邀请，访问多伦多和渥太华。双方表示期待继续深化和扩展在教育、贸易、粮食及能源安全、环境、人力资源开发、地区和平稳定、人员交往等各领域的合作，以将双边合作关系推向更高层次。

东盟与联合国预防冲突与维护和平合作进一步深化

2012年2月8日，东盟与联合国在东盟秘书处举行研讨会，吸取联合国和区域组织在预防冲突、缔造和平、维护和平方面的经验教训。东盟成员国、联合国秘书处、东盟秘书处代表和欧盟、非盟的专家参加研讨会。会议通过在第4届东盟—联合国首脑会议上提出的《东盟—联合国全面合作伙伴关系联合宣言》，双方决定在维持区域和国际和平与安全方面加强伙伴关系。

美国与东盟纪念对话关系建立35周年

2012年东盟与美国举行多项接触，纪念建立对话关系35周年，加强在政治、经济、社会、文化等领域的合作，不断增进双方间的理解与友谊。1月10日，美国前国务卿威廉·科恩在雅加达就美国与东盟对话关系发表演讲，明确东盟在地区和国际上所处的位置，为东盟了解美国的战略思维提供机会。3月29日，美国和东盟制定一个为期3年的农业和食品安全领域的合作计划，通过促进食品和商品的自由流通来确保东盟成员国的食品安全，以取得农业收入的最大化。4月2日，美国国家战略与多边事务部副助理帕特尔在东盟秘书处发表《美国的多边主义与亚洲》的演讲，强调美国与东盟在打击跨国犯罪、预防大规模杀伤性武器扩散等方面加强合作。7月9日，美国和东盟在金边举行能源利用效率研讨会，讨论把能源利用效率作为东盟高等院校的重点学科问题，美国还提出并承诺实施一个为期3年的能源合作计划。9月24～29日，东盟常驻代表委员会访问华盛顿和圣弗朗西斯科（旧金山），双方讨论涉及贸易、人权、法治等问题。

挪威加强与东盟的双边合作

2012年11月8日，东盟秘书长素林和挪威外交部长埃斯巴特·艾德在第9届亚欧首脑会议期间举行会晤，探讨加强双边合作途径。艾德承诺每年向亚欧基金捐款100万挪威克朗以支持欧亚交流，并表示尽早加入《东南亚友好合作条约》和成为东盟对话伙伴的意愿。11月26日，挪威王储哈康·马格努斯和公主梅特访问东盟秘书处。东盟秘书长素林在会见中指出，挪威在绿色发展方面积累了许多值得东盟学习的经验，挪威皇室在雅加达成立的办事处将作为挪威驻雅加达大使馆的组成部分。11月5～6日，挪威在万象举行的第9届亚欧首脑会议上，成为欧亚首脑会议的正式成员。

欧盟帮助东盟提高自由贸易协定谈判能力

2012年1月16日，欧盟与东盟在柬埔寨暹粒举行研讨会，围绕贸易谈判技巧、方法和工具展开研讨。与会者提出竞争政策、贸易便利化和政府采购等贸易新问题；欧盟同意制定一个耗资250万欧元的技术合作项目，为东盟成员国政府、私营企业、东盟秘书处提供有关贸易问题的各种援助。11月13日，欧盟与柬埔寨商务部、东盟秘书处合作，实施为期一周的柬、老、缅、越自由贸易协定谈判能力培训项目，提高柬、老、缅、越的中层官员对多边和地区贸易原则、政策、协议的理解。培训内容包括农业贸易、贸易技术壁垒及贸易协定中贸易便利化、劳工标准等问题。

第15届东盟旅游部长会议

2012年2月1日在印尼万鸦老举行。会议达成促进东盟旅游一体化、密切东盟社会关系、提高旅游从业人员素质、确保旅游服务质量、制订东盟旅游市场营销策略、开发新的旅游产品、与对话伙伴建立更加密切的合作关系等7项协议。印尼旅游与创意经济部部长冯慧兰表示：东盟国家要付出更多的努力，还要加快落实东盟旅游发展战略计划，如期推出“温暖的东盟，温暖的东南亚”品牌营销战略；尽快解决东盟内部共同签证制度，通过东盟共同签证吸引并方便非东盟的国际游客；发展旅游交通，开放航空，让全球航空公司的飞机能更便捷地飞往东盟各个国家；要保证游客的安全。

东盟经济一体化得到世行和亚行支持

2012年2月7日，东盟经济共同体副秘书长桑德兰·布斯巴那丹和世界银行东亚太平洋区副总裁帕梅拉·考克斯在东盟秘书处举行会议，双方同意在知识共享、灾害管理、食品安全、东盟新成员国贸易便利化、区域一体化等方面进一步加强合作。4月4日，东盟秘书处宣布将东盟与亚行的技术合作协议下延至2015年，东盟秘书长和亚行总裁签订的谅解备忘录显示，东盟和亚行在东盟互联互通总体规划和东盟基础设施基金建设、区域经济金融一体化和东盟秘书处能力建设方面将继续合作。5月16日，东盟和世界银行东亚太平洋区的负责人在雅加达制订一项东盟经济共同体监测和评价能力建设方案，为东盟提供有关东盟经济共同体的咨询服务。

东盟政府间人权委员会系列会议

2012年2月17～19日，东盟政府间人权委员会关于东盟人权宣言第2次会议在印尼雅加达举行。会议讨论并通过东盟人权宣言草案的结构与内容，完成对东盟人权宣言序言的审查，强调在制定东盟人权宣言时也要考虑民间组织的建议。3月9～13日，东盟在雅加达举行东盟政府间人权委员会关于东盟人权宣言的第3次会议，讨论人权宣言草案。5月6～10日，东盟政府间人权委员会在曼谷举行包括东盟政府间人权委员会有关东盟人权宣言第5次会议、东盟政府间人权委员会第9次会议、关于东盟人权宣言的第1次区域协商会议、关于人权宣言的第5次会议等一系列会议，讨论人权宣言的各章节内容，以及东盟政府间人权委员会年度报告、2012年活动实施情况及2013年的活动计划，批准东盟人权与移民专题研究的预算。6月3～6日，东盟在仰光举行东盟政府间人权委员会关于东盟人权宣言的第6次会议，继续审议东盟人权宣言草案。6月22～23日，在吉隆坡举行东盟政府间人权委员会关于东盟人权宣言第7次会议和东盟政府间人权委员会关于东盟人权宣言的第2次区域协商会议，完成东盟人权宣言的草案制订。9月12～14日，在马尼拉举行东盟政府间人权委员会与民间社会组织的第2次协商会议、东盟政府间人权委员会关于东盟人权宣言第9次会议，进一步细化东盟人权宣言草案。9月21～24日，在暹粒举行东盟政府间人权委员会第10次会议、东盟政府间人权委员会关于东盟人权宣言的第10次会议，采纳东盟领导人关于东盟人权宣言声明的起草建议，讨论东盟政府间人权委员会2013年优先活动项目，确定东盟政府间人权委员会的网站和手册。10月23日，纪念东盟政府间人权委员会成立3周年活动在金边举行。

第18届东盟经济部长务虚会议

2012年2月26日在缅甸内比都结束。与会的部长们决心进一步加强东盟内部的服务、贸易、投资力度，认真解决商品、服务的市场准入问题，以便为2015年建成东盟经济共同体作出贡献，同时也期待东盟全面投资协议正式生效。柬埔寨商务部长占蒲拉西表示时下要实现东盟内部的零关税，就得听取商业部门和私营企业对政府的意见，政府也要制定相应的解决措施。秘书长素林·比素万表示要为东盟年轻商人创造发展空间。与会的部长们还对东盟全面经济伙伴关系框架提供战略指导，同意尽快建立关于贸易、服务、投资的工作小组来处理区域全面经济伙伴关系遇到的各种问题。

第16届东盟财长会议

2012年3月29～30日在柬埔寨金边举行，柬埔寨首相洪森主持会议开幕式。洪森在开幕致辞中重申，东盟国家组成东盟经济体，对各国金融与财政管理有着重要作用，将能增加东盟在世界舞台上的分量。与会代表讨论、总结东盟国家财政部长一年来在东盟经济体框架下的工作成果，肯定财长们为东盟国家2012年经济发展总体的作用，认为东盟在财政金融方面需更密切合作，同时需要国际基金机构支持，以对东盟进行更好的开发。会议签署《成立东盟地区发展基础设施基金备忘录》。

东盟推动消费者权益保护

2012年3月30日，东盟消费者权益保护委员会制定并推出东盟消费者投诉手册，支持东盟经济一体化和东盟经济共同体的建设。投诉手册内容包括东盟10个成员国的消费者投诉热线等信息，可为东盟民众及到东盟的消费者及时维护自己的权利提供便利。5月2～4日，东盟在巴厘岛举行第5届消费者权益保护委员会会议，启用东盟消费者权益保护委员会网站，用以处理消费者投诉问题；与经济合作发展组织、东南亚消费者委员会举行协商会议，促进在保护消费者权益领域的合作。

第2届东盟—欧盟商务峰会

2012年4月1～2日在柬埔寨金边举行。峰会由柬埔寨政府、柬埔寨商会、欧洲商会商务部及东盟工商咨询理事会联合主办。来自东盟和欧盟的500多位商界领袖与会。会议为企业、政府之间提供对话平台，沟通双方在农业企业、基础设施建设、制造业和服务业等4个核心领域的意见并加强合作，强调私营部门的参与对东盟经济一体化的作用，欢迎欧盟企业积极参与东盟一体化建设。

印尼大力支持东盟秘书处建设

2012年4月2日，印尼外交部长马蒂·塔纳莱加瓦与东盟秘书长素林在柬埔寨金边签订东道国协议，印尼政府承诺给予东盟及东盟秘书处特权。5月28日，在雅加达举行主题为“从东盟的视角看东盟—欧盟的区域战略”研讨会，旨在让雅加达吸取布鲁塞尔的经验教训，使其成为东盟的外交中心。11 月 20 日，印尼外交部批准雅加达作为东盟秘书处永久所在地的文件，并表示雅加达将为其发展承担各种责任和义务。12 月 13 日，雅加达市长左戈黄进益表示，决心把雅加达发展成为“东盟的外交首都”和“印尼的门户”，建议扩大东盟秘书处的规模，并为其提供更好的设施。印尼还计划 2013 年批准《东盟服务框架协议》第八个一揽子协议，以便进一步向东盟国家开放服务业。该协议涉及电信、商业、教育、旅游、医疗、娱乐、物流等行业。

第 20 届东盟领导人会议

2012 年 4 月 3 ~ 4 日在柬埔寨金边举行。会议以“东盟：一个共同体，共同的命运”为主题。与会的东盟 10 国领导人和东盟秘书长重点讨论加快东盟共同体建设、实现地区互联互通和统一签证、落实《南海各方行为宣言》、建立东盟和平与和解机构等问题，通过《金边宣言》、《第 20 届东盟领导人会议主席声明》和东盟领导人《关于 2015 年建立东盟无毒品区宣言》。会议通过的文件内容涉及推动地区经济恢复与可持续发展、加强本地区应对气候变化和防控传染性疾病的能力等。在会上正式生效的《东盟全面投资协议》，旨在为东盟经济一体化创造一个更自由、更开放的投资制度，为投资者创造一个稳定的可预测的投资环境，以使东盟成为具有全球竞争力的经济区。柬埔寨首相洪森主持会议开幕式，并在会上发言中提出以人为本的 7 点金边世纪议程。

东盟发表主席声明要求朝鲜停止发射火箭

2012 年 4 月 4 日，第 20 届东盟首脑会议将朝鲜发射卫星运载火箭一事作为重要议题加以讨论，并通过声明强调所有与会国都应该保持克制，敦促各方不要采取任何有可能使朝鲜半岛紧张氛围升级的措施，并强调朝鲜应该遵守联合国安理会 1874 号决议——禁止利用弹道导弹技术进行所有的火箭发射，要求朝鲜停止发射火箭，为朝鲜半岛和平与稳定，尽早举行六方会谈。

东盟灾害监测和应急系统建设加强

2012 年东盟加强灾害监测和应急系统的建设与国际合作，应对气候变化和地区灾害的频繁发生。4 月 12 日，东盟灾害管理人道主义援助协调中心在美国的支持下建立东盟灾害监测与应急系统，对各种自然灾害进行可视化监控和地理监测。5 月 31 日，东盟与美国方面在曼谷举行应急预案研讨会，以提高区域应急防备和灾害管理的能力，强调双方在应急方面加强国际合作。7 月 6 日，东盟成员国的高级官员考察欧盟灾害管理准备工作，提高灾害管理准备水平。7 月 12 日，以“无论何时，打造一个准备充分的东南亚地区”为目标的东盟灾害应急物流系统正式建立，让东盟区域灾害监测、风险情形分析、援助正式进入运作阶段。10 月 12 日，为纪念东盟灾害管理日和国际减灾日，东盟有关部门在曼谷政法大学举办主题为“女性，看得见的力量”的纪念活动，充分展示东盟女性在不同组织中抗击风险灾害的风采。12 月 10 日，在东盟灾害管理人道主义援助协调中心成立 1 周年之际，东盟获得日本一体化基金承诺支持，开展东盟灾害监测和应急系统建设。12 月 3 日，东盟灾害管理人道主义援助协调中心向受台风宝霞袭击的菲律宾棉兰老岛提供 3 台发电机，并敞开应急物流系统，便利国际组织对菲援助物资的快速运输。

东盟—新西兰加强合作

2012 年 4 月 17 日，新西兰总理约翰·基在东盟秘书处演讲时表示，新西兰可以成为东盟青年接受教育的目的地之一，为双方加强教育合作铺路。5 月 30 日，第 13 届东盟—新西兰联合管理委员会在雅加达东盟秘书处举行会议，决定把东盟—新西兰联合管理委员会升级为联合合作委员会，修改联合管理委员会的职权范围，并通过《东盟—新西兰全面合作伙伴关系 2010 ~ 2015 行动计划的联合声明》，为双方就共同关心的区域和国际问题提供一个重要的交流平台。

东盟与俄罗斯加强反恐合作

2012 年 4 月 19 日，第 10 届东盟—俄罗斯联合合作委员会会议在印尼雅加达东盟秘书处举行，东盟成员国常驻代表及俄罗斯和东盟秘书处的代表出席会议。与会代表讨论东盟—俄罗斯为促进合作而制定的综合行动纲领线路图的实施情况，就如何加强在打击恐怖主义、跨国犯罪、裁减军备、灾害管理等方面的合作交流意见，强调全球温和派运动在解决极端问题方面发挥的重要作用，审查东盟—俄罗斯对话伙伴金融基金支持下的联合项目实施进展状况。11 月 19 ~ 30 日，以“国家安全部门的反恐活动”为主题的东盟成员国特别服务人员反恐培训在莫斯科举行。12 月 18 日，东盟与俄罗斯就加强打击恐怖主义的能力建设举行会议，决定建立反对恐怖主义和跨国犯罪的俄罗斯—东盟特别培训中心，使双方打击恐怖主义和跨国犯罪合作进入务实阶段。

第 19 届东盟—欧盟部长级会议

2012 年 4 月 27 日在文莱斯里巴加湾市举行。与会的东盟成员国及欧盟国家的外长、高级官员，就两个区域性组织及其成员国之间在各领域合作以及一些地区性议题展开讨论。会议通过进一步加强双方战略合作关系的《斯里巴加湾行动计划》。会后发表联合声明称，双方将全面有效落实《斯里巴加湾行动计划》，欧盟将继续深化与东盟的政治互信，在反恐、救灾、海上运输安全和实施《不扩散核武器条约》等方面加强合作，欧盟表示有意参加东亚峰会。

东盟第2届区域间民主对话会议

2012年4月30日至5月1日在雅加达东盟秘书处举行。与会代表围绕“促进和确保区域内包容性的政治参与和代表权”的主题，集中讨论在区域组织建立促进性别平等、保障少数民族参与以及民间社会参与的各种文书和协商机制，重申在任何情况下都要确保公民参与政治的平等与民主，指出区域组织在鼓励公民广泛参与政治方面发挥重要作用，非盟、欧盟、美洲、亚洲及阿拉伯世界近年来采取措施解决性别歧视、种族歧视等问题的做法值得借鉴，同意在保障人权、加强民主与法制等方面加强合作。

第15届东盟10+3财长和央行行长会议

2012年5月3日在菲律宾马尼拉举行。与会的13国财长和央行行长围绕东亚区域宏观经济形势和区域财金合作等议题展开讨论。会后发表声明称：各方将根据各自情况，继续采取适当的政策措施，巩固增长势头，积极推进经济结构改革，大力促进内需和就业；加强区域经贸投资合作和金融安全网建设，推动区域经济持续健康发展；为进一步加强清迈倡议多边化危机预防和应对能力，同意将《清迈倡议》多边化规模由1200亿美元增加1倍至2400亿美元，提高与国际货币基金组织贷款规划的脱钩比例，延长危机贷款使用期限以及新建危机防御功能等；继续加强10+3宏观经济研究办公室的机构能力建设，加快将该办公室升级为国际组织的相关工作；欢迎区域信用担保与投资基金正式开展担保业务。会议还探讨10+3财金合作未来重点领域，同意在区域基础设施融资、自然灾害保险、区域贸易本币结算三个领域进一步开展研究，以确保地区金融安全和可持续发展。

第8届东盟劳工事务高官会议

2012年5月6～7日在柬埔寨金边举行。柬埔寨劳工与职业培训部长翁肃主持开幕式，东盟10国劳工部高官出席会议。与会高官共同探讨东盟跨境劳工、社会保障、劳工健康、工作环境安全、职业培训、发展人力资源、技术认证、国家技术标准等问题，听取成员国关于劳工问题与合作的报告，检查《2012～2015年东盟劳工部长工作计划》、《东盟社会文化共同体行动计划》的实施情况，决定拟订东盟劳工合作的行动计划，以推动东盟区域劳工管理的互相协调。

东盟继续致力于跨境烟雾污染治理

2012年5月8日，第13届东盟次区域跨国烟霾污染部长指导委员会在文莱举行会议，分享文莱、马来西亚、泰国、印尼等国在热点监测、火灾预防及空气质量监测等方面的经验，敦促湄公河流域国家加强跨境烟雾污染的监测与治理合作，指出要通过预警、监测、防火和灭火加强对烟霾的控制与管理，包括改进火险等级制度、加强双边与多边合作。5月8～9日，东盟次区域跨国烟霾事务部长指导委员会在文莱举办以“森林火灾管理与依靠合作伙伴”为主题的第2届论坛，为学者、研究人员、民间组织、私营企业、金融机构、政府部门就解决火灾和越境污染等问题提供交流平台。

第3届东盟人力资源会议

2012年5月9日在柬埔寨金边举行。柬埔寨副首相棉森婉在开幕式致辞时表示，发展职业技能是保证东盟发展的关键，而东盟只有缩小成员国间的发展差距才能保证其合作和竞争力，实现区域一体化建设。与会代表就区域人力资源发展、协调和管理区域劳动力流动、加强职业技能培训、建立区域劳工市场信息等方面的合作进行讨论，并达成相关共识。

第22届东盟劳工部长会议

2012年5月10～11日，以“加强民生保障与发展职业技能”为主题的第22届东盟劳工部长会议与第7届东盟10+3劳工部长会议在柬埔寨金边举行。柬埔寨首相洪森在主持开幕式时就社会保障问题提出六点建议，建议重视发展职业劳动力、保证过境劳工权益，以推动东盟劳动力的自由流通。会议发表联合声明表示，在东盟10+3框架下，各成员国将进一步加强劳工领域的合作，畅通信息交换渠道。大会特别感谢中国近年在中国—东盟框架下劳工领域内所作的贡献，希望继续加强双边在劳工领域的合作。

首届中国—东盟中心联合理事会会议

2012年5月18日在中国北京举行。中国、东盟10国和东盟秘书处代表与会，中国驻东盟大使佟晓玲和柬埔寨常驻东盟代表坎帕烈大使共同主持会议。佟晓玲表示，中国政府对中心工作寄予厚望，希望中心发挥好自身优势，促进双方在贸易、投资、教育、文化和旅游等领域合作。坎帕烈表示东盟各成员国政府同样重视中心工作，期待中心通过举办各种活动，进一步促进中国与东盟战略伙伴关系的发展。会议审议通过中国—东盟中心的徽标、组织架构和内部规章制度、年度工作计划与预算、2012～2017年发展规划以及中心联系会员条例等多个文件。

首届东盟—美国名人小组会议

2012年5月21日在菲律宾马尼拉举行。美国资深外交官、前驻华大使芮效俭与菲方代表、前东盟秘书长塞维里诺共同主持会议。会议主要讨论东盟与美国的合作问题。芮效俭称,东南亚国家与日本、韩国等东北亚国家,包括美国自己在内,都与中国有着"重要的关系",美国"重返亚太"不应被理解为"遏制中国",美国也并未强迫东盟在美国与中国之间"选边站队",东盟国家拥有巨大的经济潜力,与东盟加强关系使美国经济获益。塞维里诺说,东盟对美、中两国之间的竞争一直维持中立的立场,"本着包容的精神,东盟已努力做到不在中、美两国间选边站队"。东盟—美国名人小组会议是根据东盟和美国领导人2009年达成的共识举行的,旨在为增强双方经济、政治和安全等领域关系提供意见。

第14届东盟—韩国联合规划与审查委员会会议

2012年5月22日在东盟秘书处举行。会议审查过去一年东盟与韩国在政治、安全、经济、社会、文化方面联合规划活动的实施情况,并为东盟—韩国建立和平繁荣战略伙伴关系指出方向,呼吁东盟—韩国中心在首尔继续举行各种活动,以促进贸易、投资、旅游和人员交往等方面的双边合作。韩方表示将继续支持东盟互联互通规划,计划在东盟设立使馆,以进一步加强双边合作关系。

第6届东盟国防部长会议

2012年5月29日在柬埔寨金边举行。与会的东盟各国防长与东盟秘书长围绕"增强东盟的整合,建设和谐与安全的共同体"的会议主题,就增强区域安全合作,促进东盟政治安全共同体建设等问题展开讨论,同意在区域和平与稳定方面加强合作。会议主席、柬埔寨副首相兼国防大臣迪班表示,世界虽趋向和平、合作和发展,但许多挑战和安全威胁依然存在,东盟在世界经济、政治和安全事务中扮演重要角色,东盟国家需要加强内外合作,探讨合作机制,解决区域问题,缩小能力差距,以实现区域稳定、安全与繁荣。

第3届东盟常驻代表委员会与中日韩驻东盟大使会议

2012年5月31日在印尼雅加达举行。会议审查东亚合作第2次联合声明与东盟中、日、韩2010~2017合作计划的实施情况,同意保证政治、安全、经济、社会、文化等领域工作计划的有效实施,采取协调一致努力以实现东盟互联互通规划,在东盟与中、日、韩合作框架的指导下加强金融、食品安全领域的合作,期待东盟中、日、韩大米紧急储备协议的实施,对中国、韩国即将在东盟设立使馆表示欢迎。

东盟—韩国中心以活动促进双边关系

东盟—韩国中心是一个政府间组织,工作重点是促进东盟国家和韩国在贸易、投资、旅游、文化方面的交流与合作。东盟与韩国在1989年建立对话框架以来,东盟成为韩国第二大贸易伙伴,双方于2010年建立战略合作伙伴关系。2012年东盟—韩国中心举行多项活动,促进双边合作。6月6~10日,在韩国首尔举办东盟文化旅游博览会,东盟国家的70个艺术团前往参加,东盟10国的国家旅游组织在丽水世界博览会设置展馆,为游客提供关于东盟旅游资源的信息,让韩国人民对东盟文化有更深入的了解。7月10日,在首尔举办主题为"展示自己:东盟自画像,韩国自画像"的东盟—韩国多媒体大赛,欢迎大学生和30岁以下的青年艺术家参加,旨在通过新闻媒体,为东盟与韩国的年轻一代创造互相了解的机会,为双方文化交流提供渠道。

东盟计划设定二氧化碳排放标准

2012年7月2日,东盟表示将针对各成员国二氧化碳排放量,制定参考标准。二氧化碳排放标准项目专属于东盟区域的国际气候变迁协议,预计将涵盖由联合国气候变化纲要公约所通过的"降低森林消退所导致的碳排放"及"减少毁林与森林退化的排放量及森林永续管理活动"两项方案,东盟委托东南亚农业教育研究中心为环境保护设计一套测量、报告、查核环境保护成本的指导方针,针对碳排放导致的森林消退而建立适用于东盟区域的碳排放标准。

第11届东盟卫生部长系列会议

2012年7月5日在泰国普吉岛举行。与会的东盟各国卫生部长围绕"2015年建成东盟共同体,健康所面临的机遇和挑战"的会议主题,就慢性非传染性疾病的预防和控制、全民健康保险、烟草控制、区域艾滋病和灾害管理等5个议题展开讨论,并达成进一步加强东盟卫生合作以提高东盟人民的健康水平的共识,强调为"三无"(无艾滋病新感染病例、无艾滋病歧视现象、无艾滋病并发症致死事件)愿景,东盟必须坚持性别平等、保护妇女儿童的权利,早日建立完善、优质、全面的艾滋病病毒检测系统。柬埔寨代表在会上介绍本国在减少传染病,降低母婴死亡率,防治疟疾、肺结核、艾滋病等方面的努力与成果。会议前后几天,第5届东盟与中、日、韩卫生部长会议、第4届东盟与中国卫生部长会议相继举行,与会各方共同探讨进一步加强卫生方面合作的相关问题,并达成共识。

第45届东盟外长系列会议

2012年7月9~13日在柬埔寨金边举行,同期举行的会议还有中国—东盟外长会议、东盟与中日韩外长会议、第2届东亚外长峰会、第19届东盟外长论坛等。此次系列会议以“同一个共同体,同一个命运”为主题。中国外交部长杨洁篪率团出席相关会议,就东亚区域合作和地区国际问题同与会各方交换意见。会议取得一系列成果:推动对话伙伴支持东盟共同体建设和区域互联互通;多个对话伙伴国在会上宣布向东盟提供援助;欧盟和英国签署《东南亚友好合作条约》,成为东盟的对话伙伴;决定起草、制定《东盟人权宣言》;推动签署《东南亚无核武器区条约》等。遗憾的是,东盟10国因解决南海争端问题未达成共识,会议未能发表联合公报,这在东盟成立45年的历史上尚属首次。

东盟与中日知识产权局局长会议

2012年7月10日和9~13日,第3届中国—东盟知识产权局局长会议和东盟—日本知识产权局局长会议分别在新加坡举行。会上,中国国家知识产权局及东盟成员国知识产权局互相通报各自在知识产权方面的最新发展情况,中方围绕传统中医药数据库、中国国家知识产权战略在地方的实施以及专利审查争端解决方案等议题进行深入交流。会议审议通过中国—东盟知识产权合作2012~2013年工作计划。东盟—日本知识产权会议签署《东盟与日本工业产权合作备忘录》(MOC),批准东盟知识产权局—日本专利局2012~2013年行动方案。

第10届东亚论坛

2012年8月15~17日在缅甸内比都举行,东盟成员国和中、日、韩3国的政府官员、学术界及商业部门和东盟秘书处的90多名代表与会。论坛以“缩小城乡发展差距,分享经验与教训”为主题。会上,各国代表分别介绍本国在缩小城乡发展差距方面的经验,希望加强交流与合作,努力缩小城乡发展差距,共同推动东亚共同体建设,以造福本地区各国人民。中国驻东盟大使杨秀萍介绍中国的主要经验和做法,表示愿同各方分享经验与教训,加强在农村扶贫开发、城镇化建设等方面的交流与合作,为缩小城乡发展差距、实现共同发展作出应有的贡献。

第44届东盟经济部长系列会议

2012年8月27~31日,东盟10国经济部长会议,东盟与中国、韩国、日本、澳大利亚、新西兰、印度、美国、加拿大、俄罗斯等对话伙伴国经济部长会议,第26届东盟自由贸易区理事会议,第15届东盟投资理事会议,湄公河国家合作框架部长会议,东盟与世界知识产权组织磋商会,东盟—美国商务高峰会及2012东盟服装和纺织品展览会等一系列会议在柬埔寨暹粒举行,就推进东盟经济共同体建设、促进东盟与对话伙伴国之间经济领域的交流合作、湄公河流域开发合作等议题展开讨论。东盟各国经贸部长同意进一步推进东盟一体化进程,反对贸易保护主义的出现,保持经济的健康发展,缩小成员国的经济发展差距,以在2015年建成东盟经济共同体。东盟与中国、日本、韩国、新西兰、澳大利亚和印度举行第1次东盟与自由贸易区伙伴国经贸部长会议,就启动覆盖16国的《区域全面经济伙伴关系协议》的谈判达成一致意见。中国商务部长陈德铭在东盟—中国经济部长会议、东盟与中日韩经济部长会议等相关会议上表示,东盟各国与对话伙伴建立更大范围的自由贸易区将成为东盟未来发展的另一重要途径。

第15届东盟与中日韩经贸部长会议

2012年8月29日在柬埔寨暹粒举行。东盟10国和中、日、韩3国的经贸部长听取东亚商务理事会汇报,一致认为,10+3合作机制启动15年来,在促进东亚团结协作、深化地区经济融合、拓展共同发展空间方面发挥了重要作用。会上,部长们就落实《2007~2017年东盟与中日韩合作工作计划》、第二东亚展望小组、东亚自由贸易区、中日韩自由贸易区进展情况等区域和全球经济问题交换意见,达成相关共识。

首届东亚峰会经济部长会议

2012年8月31日在柬埔寨暹粒举行,东盟成员国、澳大利亚、中国、印度、日本、韩国、新西兰、俄罗斯、美国的经济部长与会。会议对美国、俄罗斯出席会议表示欢迎,认为两国的加入定将进一步促进东亚峰会经济合作和经济一体化。会上,部长们通过《区域全面经济伙伴关系协议》谈判指导原则和目标;对《区域全面经济伙伴关系协议》货物贸易工作组所取得的成果表示满意,表示尽快推进服务和投资工作组的工作。

东盟肃毒部长级会议

2012年8月31日在泰国曼谷举行,东盟秘书长及东盟10国肃毒部门负责人与会。与会者讨论在执行肃毒相关法律条例中出现的问题,特别是贩毒人员跨境遣送问题,指出近年来东盟区域内跨境毒品交易增多且大部分集中在泰国、缅甸和老挝之间进行,对近来泰国缉毒工作的改进表示赞赏。与会各方表示将进一步巩固友好关系,共同推进2015年东盟无毒区的建成。

第4届湄公河流域国家与日本经济部长会议

2012年9月1日在柬埔寨暹粒举行。日本贸易振兴机构向会议作关于2012年湄公河业务需求调查报告的成果汇报。与会部长们对湄公河流域国家—日本经济与工业合作计划的实施情况表示满意。会议通过“湄公河流域开发路线图”，建议在日本、缅甸、泰国间建立一个三方框架协议，以便促进湄公河流域国家—日本经济与工业合作计划的顺利进行；同时建议东盟与其他组织密切合作来推动地区硬件基础设施建设、贸易便利化及产业合作的高效执行。

东盟成员国合作转换数字广播电视

2012 年 9 月 3～4 日，东盟在柬埔寨金边举行第 11 届数字广播会议，讨论加强合作转换数字广播电视。与会人士表示支持东盟数字转换指导方针，并为所有成员国的数字电视广播转换提供帮助。会议发表的声明称，东盟成员国可根据各自要求自行选择数字电视标准；决定除实行补贴、退税等政策外，将成立专门小组负责定制性价比较高的机顶盒，以便东盟人民都能获得规模经济带来的好处；联合制作题为“东盟颜色”的电视栏目并于 2013 年开播，并以此作为未来东盟联合制作电视节目试点。

第 16 届东盟移民局长和外交部领事局长会议

2012 年 9 月 5～6 日在泰国普吉岛举行。泰国移民事务局专员威汶·邦塔迈警察中将主持会议，东盟成员国的移民事务处和领事事务处及澳大利亚的相关代表出席会议。会议讨论《东盟免签证框架协议》的实施情况，对老挝批准该协议，以及泰国在曼谷和普吉岛国际机场设立东盟通道为东盟间旅游提供便利表示欢迎。会议发布第 8 次东盟移民出入境信息论坛报告，强调东盟成员国间共享移民出入境信息的重要性，以便打击各种跨国犯罪，同意为处于危急状态的东盟成员国提供紧急援助。会议一致认为建立完善的移民管理系统对建成东盟共同体是不可或缺的。6 日，同在普吉岛举行的第 8 届东盟与澳大利亚移民局长和外交部领事局长协商会议决定，在有利于双方的项目中采取实际行动，维持双方间建设性的合作伙伴关系，在地区人民的入境事务上继续加强合作。

湄公河流域图　　　　　　　（搜狐网）

第 3 届东盟互联互通研讨会

2012 年 9 月 7～8 日在柬埔寨金边举行。会议围绕“建设东盟共同体要实现东盟互联互通”的主题，探讨东盟互联互通总体规划的实施情况、加强东盟各机构间的互联互通、促进人员往来互联互通等方面问题。由于东盟的互联互通建设资金主要来自各国政府部门，会议决定把私营企业纳入东盟互联互通的建设规划以解决投资不足的问题，通过给予长期而收益更好的回报来发挥私营企业积极参与国家和地区基础设施建设。柬埔寨外交部长贺南洪表示，公私部门要经常协商以了解彼此的需求，注重资源优化，坚持人力资源开发，缩小发展差距，维护社会稳定，从而共同推进东盟区域的互联互通建设。

首届东盟—印度环境部长会议

2012 年 9 月 10 日在印度新德里举行。会议围绕“学习过去，评估现状，规划未来”的主题，就调动国家资源保护生物多样性，生物多样性与可持续发展、人民生计、消除贫困、粮食安全的关系，海岸与海洋生物多样性状况，名古屋议定书及生物多样性公约的实施情况等 4 个方面的问题展开讨论并达成相关共识。会议通过《东盟—印度部长生物多样性新德里声明》，决定在生物多样性与可持续发展、人民生计、消除贫困及粮食安全的关系、海岸与海洋生物多样性保护等方面加强合作。东盟成员国部长们表示，2005 年成立的东盟生物多样性中心已为东盟成员国在保护生物多样性方面提供业务支持，往后将继续发挥该中心的作用，以保护东盟地区的生物多样性。

第 30 届东盟能源部长会议

2012 年 9 月 12 日在柬埔寨金边举行。围绕“绿色东盟联通”的会议主题，部长们决定继续有效执行《东盟能源合作行动计划 2010～2015 年》，决定在建设东盟输电网、连通区域内天然气管道、发展清洁煤炭技术、提高能源效率和节约能源、研究新能源和可再生能源、区域能源政策和计划、核能合作等 7 个方面加强合作。其间，东盟还举行第 9 届东盟与中日韩 10＋3 能源部长会议、第 6 届东亚峰会能源部长会议等相关会议。与会部长们对地区能源安全、石油天然气市场及可再生能源等三大方面的问题展开讨论，同意在鼓励发展清洁能源和可再生能源、节能、开发能源领域人力资源、优化能源结构、改善电力基础设施、民用核电能源管理、发展低碳经济等方面加强合作,共同应对气候变化挑战,保证区域能源安全,发展绿色能源,以造福于人民。

第 8 届东盟社会福利与发展高官会

2012 年 9 月 13 日在越南河内举行。与会的东盟各国社会福利与发展高官围绕“加强对弱势群体的社会服务和社会保障”的主题展开讨论。会议还审查东盟社会文化共同体总体规划中有关社会福利等内容的落实和监察情况,评估东盟在完成联合国千年发展目标的进展和落实 2007 ~ 2010 年阶段社会福利、家庭与儿童行动计划等结果。越南劳动荣军社会事务部副部长阮仲谈强调,东盟各国应加强双边多边合作、信息交换和经验分享等,以有效解决各种社会问题,特别是解决有关妇女、儿童、老人和穷人等弱势群体的权益问题。

首届东盟经济共同体研讨会

2012 年 9 月 19 日在印度尼西亚雅加达举行。东盟各国政府官员、商界团体及学术界代表在会议上就如何按期建成东盟经济共同体献策献计。东盟经济共同体副秘书长林向轩表示,东盟经济共同体的目标是创造一个统一的具有竞争力的东盟市场,但要实现该目标仍有许多挑战,包括如何将区域倡议纳入国家发展计划、保持改革动力、发挥公私部门的积极性等,呼吁各成员国发动私营部门积极参与东盟经济共同体建设,共同解决这些问题。

第 33 届东盟成员国议会联盟大会

2012 年 9 月 16 ~ 22 日在印度尼西亚西努沙登加拉举行。东盟议会联盟大会是探讨东盟成员国议会如何在处理地区事务中发挥积极作用的重要论坛。此次大会以“加强大会 2015 年实现东盟共同体的功能”为主题,就增加公众对实现东盟共同体的认识、和平解决南海争端问题,减少贫困、打击洗钱和鼓励中小企业发展,加强对自然灾害的预防和救助、减少温室气体排放等问题,进行讨论并达成相关共识。澳大利亚、白俄罗斯、加拿大、中国、印度、日本、韩国、俄罗斯和欧盟方面的代表作为观察员列席会议,探讨议会如何在地区事务中发挥更大作用。

第 12 届东盟打击跨国犯罪高官会议

2012 年 9 月 25 日在泰国曼谷举行。东盟各国和澳大利亚、中国、欧盟、日本、新西兰、韩国、俄罗斯、美国等方面的代表与会,就合作打击跨国犯罪活动进行磋商。会议检查第 12 届东盟与对话伙伴打击跨国犯罪会议制订的《2010 ~ 2012 年打击跨国犯罪工作计划》的进展情况,制订 2013 ~ 2015 年工作计划,决定在反对恐怖主义、贩运人口、非法贩运毒品、洗钱、海盗、武器走私、国际经济犯罪和网络犯罪等领域加强合作。泰国副总理育塔萨·萨西巴帕在会上表示,跨国犯罪给所有国家都造成了极大威胁,会议为各方就打击跨国犯罪提供交流信息和分享经验的平台。

东盟环境保护意识进一步加强

2012 年东盟继续加强环境保护合作。9 月 26 日,在泰国曼谷举行第 12 届东盟环境部长会议,就东盟在应对气候变化、生物多样性保护、水资源管理和长久使用、都市环境管理、海洋海岸带环境保护、环境教育等方面的优先合作内容进行讨论。会议通过关于东盟环境合作的《曼谷决议》,强调东盟成员国推动东盟环境合作的决心和承诺,争取到 2015 年建成绿色东盟共同体。9 月 27 日,举行第 11 届东盟—中日韩环境部长会议和第 3 届东亚环境部长会议,加强环境保护合作。在此次会议上,中国代表团重点介绍《中国—东盟环保合作行动计划 2011 ~ 2013》的执行情况,包括建立中国—东盟环境合作官方联络点、举办中国—东盟环境合作论坛、启动中国—东盟绿色使者计划、与东盟生物多样性中心联合实施生物多样性和生态保护项目、策划建立环境产业和技术交流平台、探讨共同编写《中国—东盟环境展望报告》等。第 3 届东亚环境部长会议则主要回顾东亚环境部长会议框架下“环境可持续城市高级研讨会”等合作项目的进展,就如何落实联合国里约 20 国峰会成果等进行讨论。

老挝警方将湄公河惨案主犯糯康移交中国警方　（新华社）

第2届东盟共同体统计系统委员会会议

2012年9月26～28日在柬埔寨暹粒举行。会议强调将继续加强东盟数据统计系统的框架体制建设，确保东盟评估过程、结果、传播与沟通的可信性、责任性与专业性；加强对东盟共同体统计系统年度工作计划和2011～2015年行动计划的实施与监管，决定在东盟秘书处合作制定自愿借调计划程序的细节，责成动作组在数据共享、分析、传播与沟通方面设置有效的协调机制。会议承诺为东盟国际商品贸易、国际服务贸易、国外直接投资统计提供更为全面和细致的数据，计划出版东盟千年发展目标首次东盟统计报告。

第34届东盟农林部长会议

2012年9月27～28日在老挝万象举行。东盟10国农林部长及东盟秘书处代表出席。与会人士对执行《东盟一体化粮食安全框架》和《2009～2013年东盟粮食安全战略行动计划》，包括《东盟10+3大米紧急储备协议》的生效表示满意，同意对本地区和世界粮食安全的机遇与挑战保持警觉，鼓励公私部门合作，加强同联合国粮农组织、亚洲开发银行等国际组织合作，利用东盟粮食安全储备委员会、东盟粮食安全信息系统等现有机制，在大米紧急储备、大米贸易和粮食安全信息系统方面加强合作；进一步确认东盟农林产品的标准和文件，促进农林产品贸易便利化；继续有效执行《2011～2015年东盟渔业合作战略行动计划》，确保渔业的可持续发展；在跨境烟雾污染的防治、森林可持续管理、林业产品推广、生物多样性保护、应对气候变化问题、粮食安全等方面，加强成员国之间以及东盟各国与对话伙伴、国际组织间的交流与合作。会议期间，第12届东盟与中日韩农林部长会议也在万象举行，13国部长决定在生物能源和粮食安全、环境保护、农业和粮食信息交流、农林产品的卫生检验检疫等方面继续加强合作，以确保本地区的粮食食品和能源安全，促进农林渔业可持续发展。

东盟—联合国部长级会议

2012年9月28日在纽约联合国总部举行。联合国秘书长潘基文、第67届联合国大会主席耶雷米奇、东盟秘书长素林出席会议。会议由柬埔寨副首相贺南洪主持。与会人员围绕“用和平的方式解决国际争端”的会议主题，审查东盟—联合国全面合作伙伴关系实施情况，讨论第5届东盟—联合国首脑会议的准备情况，鼓励东盟与联合国的秘书处举行定期对话以加强合作。东盟部长们表示，作为国际组织的组成部分，他们将为目前面临的国际挑战作出贡献。联合国秘书长和联合国大会主席重申联合国与东盟密切合作的意愿，双方决定在教育、气候变化、全球金融危机、可持续发展、维和行动、人权等共同关注的领域进行合作。

东盟促进和平解决南海问题

2012年10月1日，东盟各国外长在美国纽约举行非正式会议，商讨和平解决南海问题。与会各国外长表示决心有效落实第45届东盟外长会议的主要成果，包括落实有关《南海问题六条原则声明》，促进东盟—中国有关《南海行为准则》（COC）的正式谈判等，强调《南海问题六条原则声明》及《东亚峰会互惠关系原则宣言》的重要性，呼吁有关各方根据所承诺的原则及国际法律，和平解决所有分歧。

第2届东盟与海湾合作委员会部长级会议

2012年10月1日在美国纽约举行。与会双方表示要加强并落实2010～2012年东盟与海合会行动计划，同意将计划延长至2013年；就贸易、投资、经济、发展、教育、文化、信息等领域以及国际问题交换意见并达成共识；责成东盟和海合会秘书处为2013年第3次部长级会议制定行动计划，进一步推进和深化相关领域的合作。

东帝汶积极申请加入东盟

2012年10月3日，东帝汶新任国务卿罗伯特·苏亚雷斯前往东盟秘书处拜访东盟秘书长素林，重申东帝汶申请加入东盟的承诺。作为回应，素林敦促东帝汶要在所有东盟成员国设立大使馆，并建议东帝汶可以通过成为东盟区域论坛的成员来加强与东盟的合作。12月7日，东帝汶政府再次申请加入东盟，东盟合作委员会和工作小组也对其申请进行了审查。至年底，东帝汶已在6个东盟成员国设立大使馆，同时还承诺在2017年将在所有东盟成员国设立大使馆。

第3届东盟海事论坛

2012年10月3～5日在菲律宾马尼拉举行。菲律宾副外长巴西里奥主持会议，东盟成员国与国际海事组织以及亚洲反海盗及武装抢劫船只区域合作协定组织等机构代表出席。论坛就海事安全与合作、确保航行自由与打击海盗、保护海洋环境、促进生态旅游及渔业管理等开展讨论，并达成共识。会议期间，东盟还举行首届海事扩大会议。东盟各成员国与澳大利亚、中国、印度、日本、新西兰、俄罗斯、韩国和美国的政府官员、学者和专家，就“当今背景下的联合国海洋法公约”、“海上互联互通与能力建设：基础设施、装备升级与海员培训”、“保护海洋环境与促进东亚地区的生态旅游及渔业管理：确定最佳合作实践”等3个议题展开讨论，达成相关合作共识。

柬埔寨批准《东盟各国互免签证框架协议》

2012年10月15日,柬埔寨批准《东盟各国互免签证框架协议》。至此,除缅甸外,其他9个东盟国家都签订该协议。《东盟各国互免签证框架协议》是根据2006年东盟外长会议决定制定,经东盟10国政府全部批准后方能生效的、以社交为目的的协议。根据协议,东盟成员国公民可享受14天的免签证待遇。柬埔寨对该协议的签署,将为东盟各国人员的往来提供便利,对东盟各国旅游业及经济的发展、增强成员国间人民的联系起推动作用。

首届东盟妇女工作部长会议

2012年10月19日在老挝万象举行。会议主题是"促进男女平等和东盟妇女合作,促进环境可持续发展"。老挝妇联中央主席西塞·勒德门松女士,老挝共产党政治局委员、副总理宋沙瓦·凌沙瓦和东盟各国代表出席会议。宋沙瓦·凌沙瓦代表老挝政府高度评价并赞赏各国妇女为东盟社会发展作出的巨大贡献。会议听取10月16~18日举行的第11届东盟妇女委员会会议、东盟和中日韩10+3妇女委员会会议的成果介绍,通过《关于促进男女平等和东盟妇女合作,促进环境可持续发展万象宣言》。

第4届东盟一体化倡议论坛

2012年10月29日在印尼雅加达东盟秘书处举行。东盟秘书长素林、缅甸副外长吴辛尧以及东盟各国常驻代表、东盟对话伙伴大使和国际机构代表参加论坛。素林在发言中表示,柬埔寨、老挝、缅甸、越南等新东盟国家近年来发展较快,但同老东盟国家差距仍然较大;缩小成员国发展差距是东盟共同体建设的关键。与会代表就落实东盟一体化倡议进行讨论,强调应根据成员国国别需要确定下一步工作重点,推动东盟对话伙伴、发展机构等加大对东盟一体化的支持力度。中国驻东盟大使杨秀萍表示,中方一贯支持东盟共同体建设,通过在自贸区、互联互通、农业、人力资源等领域开展务实合作,帮助新东盟国家缩小发展差距。中方愿意继续为此提供力所能及的帮助。

第14届东盟次区域部长级指导委员会会议

2012年10月31日在印度尼西亚巴厘岛举行。与会的文莱、印尼、马来西亚、新加坡、泰国的自然资源与环境部门负责人表示,同意努力缩小烟雾污染的范围,运用技术手段加强地区热点监测,成立东盟次区域部长级指导委员会(MSC)技术工作小组来监测火灾。与会人士对印尼有效实施处理跨境污染行动计划和首先签订东盟越境污染协议表示赞赏,认识到种植公司对东盟实现无烟霾目标具有关键性作用,鼓励在解决由土地开发、森林火灾而引起的气候变化和生物多样性减少问题进行国际和区域合作。会议对在2011~2012年间担任MSC主席的新加坡所做的一切工作表示赞赏,同意泰国担任2013年MSC主席。

第9届亚欧首脑会议

2012年11月5~6日在老挝万象举行。来自亚欧51个国家的政府首脑或代表围绕"和平挚友,繁荣伙伴"的会议主题,讨论经济金融、全球性问题和亚欧合作进程等议题。中国国务院总理温家宝在会上作题为《共同担负起促进世界经济稳定增长的重任》的主旨发言。会议正式接受孟加拉、瑞士、挪威作为亚欧首脑会议的成员国。会议发表《第九届亚欧首脑会议主席声明》和《关于加强和平与发展伙伴关系的万象宣言》。在第四次全体会议上,日本蓄意在钓鱼岛问题上歪曲事实,被中国外交部部长杨洁篪当场予以坚决驳斥。

第25届东盟—澳大利亚论坛

2012年11月5~6日在菲律宾马尼拉举办。东盟10国及澳大利亚的高级官员与会。菲律宾是2012~2015年间东盟与澳大利亚间的协调国。论坛发表的主席声明表示,各方决定在打击和反对恐怖主义、贩卖人口等跨国犯罪,以及人权、航海、环保、应对气候变化、生物多样性、粮食安全以及能源安全等领域加强合作,通过东亚峰会、东盟地区论坛和东盟国防部长扩大会议等,合作解决传统及非传统安全问题。

首届东盟—中国互联互通合作委员会会议

2012年11月7日在印尼雅加达东盟秘书处举行。会议旨在落实2011年第14次中国—东盟领导人会议就成立中国—东盟互联互通合作委员会达成的共识。中国—东盟互联互通合作委员会中方工作委员会主任、中国商务部副部长陈健与东盟互联互通协调委员会轮值主席坎帕力德共同主持会议。会上,东盟向中国介绍《东盟连通性总体规划》的发展情况,中国介绍双方合作项目实施进展情况并表示支持深化互联互通合作,同时决定定期举行会议研究连通性合作的关键问题,进一步推进中国与东盟在扩大融资渠道、开发新融资方式、基础设施技术转让、人力资源开发等方面的连通合作。

第9届东盟商务与投资峰会

2012年11月12日在柬埔寨金边由东盟商务咨询委员会和柬埔寨商会联合主办。与会代表主要讨论东盟经济共同体在世界上的位置、东盟再生能源的开发潜力、东盟间互联互通和基础设施的发展状况,以及如何为企业家和中小企业创造更多发展机会、《东盟全面投资协定》如何使企业与东盟政府部门更好地合作等问题。会议还设立"东盟企业奖",奖励为东盟经贸与投资发展作出贡献的企业。柬埔寨首相洪森、柬埔寨商务部长占蒲拉西、东盟秘书长素林、澳新银行集团亚洲区首席执行官吉尔斯·普兰特、新华集团主席蔡冠深等在会上发表讲话，期望与东盟加强合作。

第4届东盟与中日韩粮食安全合作战略圆桌会议

2012年11月14日在中国厦门举行。会议由中国农业部国际合作司主办，东盟10国与中日韩农业主管部门、联合国粮农组织、世界粮食计划署、亚行、东盟与中日韩大米紧急储备秘书处等国际和地区组织，以及中国13个省份农业部门和国内外粮食、种业、农机等农业企业代表出席。会议围绕“加强公私合作与保障粮食安全”的主题，就落实东盟与中日韩10+3领导人会议和东盟与中日韩10+3农林部长会议精神，探讨本区域农业可持续发展和保障区域粮食安全有效合作途径。各国代表在会上介绍发展现代农业、促进粮食生产的经验，从官、产、学角度研讨如何在粮食安全产业链中推进公私合作与政企合作，实现互利共赢。

第21届东盟峰会

2012年11月15～20日在柬埔寨金边举行。此次峰会正值东盟成立45周年之际，因此主题定为“东盟：一个共同体，共同的命运”。会议主要关注以下问题：如何实现东盟共同体，如何使符合《东盟宪章》的完整法律框架最终定案，如何维持地区和平与安全，如何维持东盟在地区架构中的中心性，如何加强和扩大东盟各部门部长之间的良好合作来应对金融经济危机、气候变化、自然资源消耗等地区和全球性的挑战。会议签署《东盟人权宣言》、《东盟2012年一体化目标报告》、《东南亚无核区协议》等一系列声明与文件。峰会期间，东盟还举行第15届东盟—中国峰会、第10届东盟—印度峰会、第15届东盟—日本峰会、第15届东盟—韩国峰会、第4届东盟—美国峰会、东盟与中日韩合作15周年纪念峰会，发表《东盟中日韩合作15周年的东盟中日韩领导人联合声明》、《东盟中日韩互联互通伙伴关系的领导人声明》等。2012年还是东盟与中国签署《南海各方行为宣言》10周年。因此，关于全面落实《南海各方行为宣言》，与尽快推进《南海行为准则》也成为本次峰会的重要议题。各方同意在推进东盟一体化、地区与全球安全与稳定等问题上进一步加强合作。由于菲律宾在南海问题上的不合作态度，此次峰会最后没有发表联合声明。

第7届东亚峰会

2012年11月20日在柬埔寨金边由柬埔寨首相洪森主持举行。与会的各国领导人围绕“东亚峰会合作进展和未来发展方向”的主题及有关国际和地区问题交换意见。中国国务院总理温家宝在发言中表示，中国历来提倡互尊互谅，讲信修睦，愿为东亚和平、稳定、发展继续发挥负责任大国作用。与会各国领导人表示，目前国际金融危机仍在继续，世界经济仍然不景气，一些欧美国家财政和债务危机给亚太地区带来不容忽视的负面影响，各国在粮食、金融、能源等领域要通力合作，加强基础设施建设，共创发展机遇，携手应对挑战，维护地区繁荣、稳定和发展。会议通过《东亚峰会金边发展宣言》，强调进一步加强东亚合作，应对地区和全球性问题。

东盟—中国中心推进中国与东盟双边合作

2012年是东盟—中国中心成立1周年。该中心举行一系列纪念活动，推进各项工作开展。12月5日，第2届东盟—中国中心联合理事会在北京举行，东盟成员国、中国、东盟秘书处的代表与会。会议讨论通过2012年东盟—中国中心年度报告，审查2013年中心工作计划和2013年中心财政预算。会议期间，中心还筹办东盟—中国中心成立1周年纪念活动，中国外交部副部长傅莹、东盟轮值主席国代表柬埔寨驻华大使西索达、中国—东盟关系协调国代表、泰国外交部东盟事务司司长阿塔育·西萨穆出席活动并讲话。年内，中国—东盟中心在贸易、投资、文化、旅游、教育方面开展31项活动，包括在中国浙江义乌建成东盟产品展示交易中心等。

第2届印度—东盟汽车拉力赛

为纪念印度—东盟对话关系建立20周年，印度政府全额资助开展第2届印度—东盟汽车拉力赛。拉力赛在2012年11月26日至12月20日举行。东盟和印度的120名选手和30多辆赛车参加比赛。赛事在印尼日惹揭开序幕，途经8个东盟国家后在印度新德里结束，行程8000千米。东盟秘书长素林称，此次活动为提高印度和东盟间关系的公共意识，促进印度—东盟对话关系进入更高层次起到积极作用。

东盟大学网络/东南亚亚洲教育工程发展网络合作框架协议

2012年12月7日，东盟和日本顶级大学的代表齐聚曼谷，签署《东盟大学网络/东南亚亚洲教育工程发展网络合作框架协议》，确定从2013年3月开始的未来5年东盟大学网络建设主要任务：(1)通过大学—工业合作活动促进东南亚工业进步；(2)通过合作研究和举行会议来应对和处理区域问题；(3)通过网络提高成员国的教育和科研能力，以培养高素质的教职员工，促进区域内部间及与日本的研究人员和学生交流。协议确定东盟与日本的合作，为东盟学生和教职员工提供奖学金和研究资助，日本每年派80名专家到东盟开展学术交流。截至2012年，该项目共为东盟国家800多名学生和年轻教职员工提供了资助。

（暨南大学文学院 李小亭 国际关系学院 陈 文）

中国—东盟自由贸易区

中国—东盟自由贸易区历史沿革

冷战结束和中国改革开放的深入推进，为中国与东盟发展双边关系创造了有利的条件。1991 年，中国与东盟开始正式对话。在同年 7 月召开的第 24 届东盟外长会议上，中国正式成为东盟磋商伙伴。1996 年 3 月，在中国提出成为东盟全面对话国得到东盟各国积极响应后，同年 7 月，中国被东盟接纳为全面对话伙伴国并出席东盟与对话伙伴国会议。1997 年 12 月，中国与东盟首次举行东盟—中国 10 + 1 领导人会议，双方领导人发表联合宣言，确定东盟与中国面向 21 世纪的睦邻互信伙伴关系。

2002 年 11 月，第 6 次中国—东盟领导人会议签署《中国与东盟全面经济合作框架协议》，确定 2010 年建成中国—东盟自由贸易区的目标。2003 年 10 月，第 7 次中国—东盟领导人会议期间，双方领导人签署《中国与东盟面向和平与繁荣的战略伙伴关系联合宣言》，中国正式加入《东南亚友好合作条约》。2004 年，在第 8 次中国—东盟领导人会议上，双方签署《中国与东盟全面经济合作框架协议货物贸易协议》和《中国与东盟争端解决机制协议》，中国—东盟自由贸易区进入实质性建设阶段。2005 年 7 月，中国—东盟自由贸易区《货物贸易协议》开始实施，双方 7000 余种商品开始全面降税，双边贸易额持续增长。2007 年 1 月 14 日，中国与东盟国家在菲律宾宿务签署中国—东盟自由贸易区《服务贸易协议》。2009 年 8 月，中国与东盟国家共同签署中国—东盟自由贸易区《投资协议》。

2010 年 1 月 1 日，中国—东盟自由贸易区如期建成。中国—东盟自由贸易区成为中国对外商谈的第一个自由贸易区，也是由发展中国家建立的世界上最大的自由贸易区。同年，中国—东盟自由贸易区《投资协议》开始实施。2010 年 10 月 29 日，在第 13 次中国—东盟领导人会议上，双方领导人签署《落实中国—东盟面向和平与繁荣的战略伙伴关系联合宣言的第二个五年行动计划（2011 ~ 2015）》和《〈中国—东盟全面经济合作框架协议货物贸易协议〉第二议定书》。2011 年 1 月 1 日，《〈中国—东盟全面经济合作框架协议货物贸易协定〉第二议定书》开始生效，11 月 18 日中国与东盟签署《关于实施中国—东盟自由贸易区〈服务贸易协议〉第二批具体承诺的议定书》，中国—东盟自由贸易区得到进一步发展。

2012 年是《中国—东盟全面经济合作框架协议》签署 10 周年，也是中国—东盟自由贸易区建设 10 周年。2012 年 1 月 1 日，《关于实施中国—东盟自由贸易区〈服务贸易协议〉第二批具体承诺的议定书》正式生效。11 月 19 日，在第 15 届东盟—中国领导人会议上签署《关于修订〈中国—东盟全面经济合作框架协议〉的第三议定书》和《关于在〈中国—东盟全面经济合作框架协议〉下〈货物贸易协议〉中纳入技术性贸易壁垒和卫生与植物卫生措施章节的议定书》，并建立一些机构专门负责双边经贸合作事宜。会议还发表“纪念《南海各方行为宣言》签署 10 周年联合声明”。

11 月 19 日，第 15 次中国—东盟领导人会议在柬埔寨金边举行。图为出席会议的各国领导人合影（新华网）

在各方的共同努力下，中国—东盟自由贸易区不仅惠及区域内各国共同发展，而且也是推动东亚经济一体化的重要基础，在推动亚洲经济乃至世界经济的复苏中发挥着重要作用。

9月21日，缅甸国家领导人与中国企业CEO圆桌对话会在中国广西南宁举行　（百度网）

中国—东盟自由贸易区制度建设不断完善

举行一系列会议和论坛　2012年3月27日，中国（云南）—缅甸经贸合作推介会在缅甸仰光举行。3月29日，中国（云南）—泰国经贸合作推介会在泰国曼谷举行。3月30日，中国（云南）—老挝经贸合作推介会在老挝万象举行。4月3日，中国（云南）—越南经贸合作推介会在越南河内举行。4月6日，中国（云南）—柬埔寨经贸合作推介会在柬埔寨金边举行。5月18日，第7次中国—东盟科技联委会会议在缅甸首都内比都举行。9月22日，首次中国—东盟科技部长会在广西南宁举行。9月21～25日，以"科技合作、开放共赢"为主题的中国—东盟博览会和中国—东盟商务与投资峰会（"两会"）在广西南宁举办。"两会"期间正式启动"中国—东盟科技伙伴计划"，建立卫星数据共享平台成为该框架下首个项目。另外，"两会"还开展缅甸领导人与中国企业家CEO圆桌会议、2012年南宁国际民歌艺术节、2012年中国—东盟商会领袖论坛等活动。11月7日，中国—东盟互联互通合作委员会第1次会议在印度尼西亚首都雅加达举行。

签订合作协定　2012年5月17日，中国—东盟银联体理事会第2次会议签署《中国—东盟银行联合体合作协议的补充协议》，为今后进一步深化合作奠定基础。7月，第4届中国—东盟卫生部长会议签署《中华人民共和国政府和东南亚国家联盟成员国政府关于卫生合作的谅解备忘录》。8月19日，中国—东盟商务理事会中方秘书处分别与菲律宾橡胶协会、缅甸水产品加工和出口协会、新加坡食品厂商联合会签署合作备忘录，以共同促进中国与菲律宾橡胶行业、与缅甸水产品行业、与新加坡食品行业的合作。8月20日，中国—东盟商务理事会中方秘书处分别与马来西亚中国经济贸易总商会、与柬埔寨中小型企业协会联盟签署合作备忘录，以共同促进中马、中柬经贸合作。8月20日，第3届中国—东盟行业合作昆明会议达成《第3届中国—东盟行业合作昆明会议共识》。9月，第3届中国—东盟质检部长会议（SPS合作）审议批准《SPS谅解备忘录2013～2014年执行计划》，并发表《第3届中国—东盟质检部长会议（SPS合作）联合新闻声明》。11月19日，在第15届东盟—中国领导人会议上签署《关于修订〈中国—东盟全面经济合作框架协议〉的第三议定书》和《关于在〈中国—东盟全面经济合作框架协议〉下〈货物贸易协议〉中纳入技术性贸易壁垒和卫生与植物卫生措施章节的议定书》，并建立一些机构专门负责双边经贸合作事宜。2012年12月，大湄公河次区域（GMS）经济合作第18次部长级会议签署《关于成立区域电力协调中心的政府间谅解备忘录》，并决定成立GMS铁路联盟。

9月20日，第3届中国—东盟质检部长会议（SPS合作）在中国广西南宁举行　（百度网）

保护知识产权和推进法务合作　2012年9月，中国举办2012中国—东盟知识产权与传统知识及遗传资源保护研讨会，来自中国和东盟成员国的知识产权主管部门官员及业界的专家、学者就传统知识和遗传资源的保护展开讨论。2012年10月和11月，面向东盟国家的科技政策与管理研修班和中国—东盟论坛相继在华举行。同时，为促进中国与东盟国家就国际、地区和国家间发展状况的对话，中国—东盟在知识产权领域开展广泛深入的交流合作。2012 年 11 月 19 日，在柬埔寨金边举行的东亚系列峰会上，中国与东盟签署中国—东盟自由贸易区框架下的两份议定书。明确中国—东盟自由贸易区联合委员会的法律地位和职责范围，确定中国与东盟国家之间的沟通协调机制，及时磋商解决各方企业遇到的技术性贸易壁垒问题，从而为广大工商界营造更加优惠便利的经营环境、促进各国经济的共同发展确立法律依据。

中国与东盟双边贸易持续扩大

自 1991 年中国与东盟建立正式关系以来，双边贸易实现快速增长。1991 年中国与东盟双边贸易额仅为 79.6 亿美元。2011 年双边贸易额达 3628 亿美元，规模增长近 45.6 倍。中国占东盟对外贸易总额的 11.7%，连续多年保持对东盟第一大贸易伙伴国的地位。2012 年中国继续成为东盟的最大贸易伙伴，东盟则超过日本成为中国第三大贸易伙伴。全年中国与东盟双边贸易额达 4000.93 亿美元，比上年增长 10.3%。其中：中国出口东盟 2042.72 亿美元，增长 20.1%；从东盟进口 1958.21 亿美元，增长 1.6%；中国对东盟贸易顺差 84.51 亿美元。

中国与东盟双边投资稳步增长

2012 年中国增加对东盟的贸易投资。中国与东盟累计双向投资已达 1007 亿美元，中国占 23.4%，东盟占 76.6%；中国企业在东盟投资增速明显快于东盟在华投资增速，中国投资占比在扩大。2012 年东盟在华直接投资金额 70.7 亿美元，比 2011 年增长 1%。与之形成鲜明对比的是，2012 年中国企业在东盟投资 44.19 亿美元，比 2011 年增长 52%。在 2012 年中国与东盟 114.89 亿美元的双向投资额中，中国所占比例已提高至 38.5%。就东盟国家而言，无论是从 2012 年的数据还是截至 2012 年的累计数据来看，新加坡都是 10 国中对华投资额最多、吸引中资也最多的国家。年内，按投资数额东盟 10 国在华投资排在前 3 位的国家是：新加坡（63 亿美元）、马来西亚（3.18 亿美元）、文莱（1.51 亿美元）；按投资增幅排在前 3 位的国家是越南（增长 145%）、印尼（增长 38.4%）、菲律宾（增长 18.2%）。中国在东盟 10 国直接投资按数额排在前 3 位的国家是新加坡、柬埔寨、老挝；按投资增幅排在前 3 位的国家是越南（增长 147.3%）、柬埔寨（增长 131%）、老挝（增长 121.8%），投资下降的只有文莱（下降 69.2%）和缅甸（下降 58.7%）。

中国与东盟服务贸易领域不断深化

2012 年 1 月 1 日，《关于实施中国—东盟自由贸易区〈服务贸易协议〉第二批具体承诺的议定书》正式生效。该议定书的生效是中国与东盟在自由贸易区建成后取得的又一重要成果。

金融服务合作不断深化 2012 年 5 月 3 日，在马尼拉举行的第 15 届东盟与中日韩 10＋3 财长和央行行长会议就进一步加强清迈倡议多边化危机预防和应对能力进行讨论，各方同意将清迈倡议多边化规模扩大 1 倍到 2400 亿美元，提高与国际货币基金组织贷款规划的脱钩比例，延长危机后贷款使用期限以及新建危机预防功能等。5 月 17 日，中国国家开发银行在北京主办中国—东盟银联体理事会第 2 次会议，各成员银行签署《中国—东盟银行联合体合作协议的补充协议》，就加强务实合作进行深入交流，探讨为东盟各国基础设施、电力、农业、中小企业、能源资源等领域重点项目提供融资支持以及在本币结算、资金交易等领域开展合作的可行性，为今后进一步深化合作奠定基础。

旅游合作稳步发展 2012 年 2 月，中国国家发展改革委员会与中国—东盟中心和国家旅游局合作在北京举办首届中国—东盟绿色旅游论坛。4 月，在中国国家旅游局协助下，中国—东盟中心率领中国中央电视台摄制组赴柬埔寨拍摄当地旅游资源，并在中国中央电视台播放。据中国国家旅游局数据统计显示，2012 年菲律宾来华旅游人数 96.20 万，比上年增长 7.57%；泰国来华旅游人数 64.76 万，增长 6.50%；新加坡来华旅游人数 102.77 万，减少 3.32%；印尼来华旅游人数 62.20 万，增长 2.28%；马来西亚来华旅游人数 123.55 万，减少 0.77%。

区域互联互通合作扎实推进 2012 年 11 月 7 日，中国—东盟互联互通合作委员会第 1 次会议在印度尼西亚首都雅加达举行。会议旨在落实温家宝总理与东

5 月 3 日，第 15 届东盟与中日韩 10＋3 财长和央行行长会议在菲律宾马尼拉举行 （百度网）

盟各国领导人在2011年第14次中国—东盟领导人会议上就成立中国—东盟互联互通合作委员会达成的共识。双方一致认为,今后中国与东盟将共同探讨进一步拓宽合作项目融资渠道,创新融资方式;研究探讨设立统一技术标准,加强在基础设施领域技术转让、人员培训和经验共享等方面的合作,促进双方合作的可持续性发展。双方还将共同致力于不断提高本地区运输便利化水平,为扩大双方贸易投资合作创造有利条件。

中国各省份与东盟经济合作不断拓宽

自中国—东盟自由贸易区建立以后,中国各省份与东盟各国开展多方面的合作,其中以广东、广西和云南3省(自治区)表现得尤为突出。

广西作为中国对接东盟桥头堡的作用日益强化。据南宁海关统计,2012年广西与东盟双边贸易额120.5亿美元,比上年增长26%,占同期广西进出口总额的4成。其中:广西对东盟出口93.4亿美元,增长36.8%;自东盟进口27.1亿美元,下降0.9%。东盟仍保持广西第一大贸易伙伴、第一大出口市场和第一大进口来源地的地位。

作为中国第一外贸大省,又作为毗邻东盟和面向东盟的经济强省,广东省与东盟经济互补性较强。长期以来,广东省对东盟贸易总额在全国各省份中位居前列。统计数据显示,广东省从东盟的进口额从2011年的552亿元人民币下降到2012年的526亿元人民币,但2012年广东省对东盟的出口额却比2011年增加约18亿元人民币。

2012年3月25日至4月6日,云南省代表团对缅甸、泰国、老挝、越南、柬埔寨进行为期13天的访问,开展一系列政治、经贸、文化、侨务活动。在13天里分别访问上述5国的曼德勒、内比都、仰光、曼谷、万象、胡志明、河内、暹粒、金边等9个城市,参加活动64场。这次出访完成了“更好地服务国家总体外交战略、服务桥头堡建设、服务云南经济社会发展”三大任务,有利于深化云南省与次区域5国的友好交往、推动云南的对外开放。云南省商务厅相关数据显示,2012年1~11月,云南省与东盟进出口贸易额达到59亿美元,占总贸易额的31.4%。其中出口32.4亿美元,进口26.6亿美元。进出口贸易额比2011年增长10.1%,其中出口增长0.4%,进口增长24.8%。

中国与东盟科技文教合作逐渐深化

在中国—东盟自由贸易区合作框架下,中国与东盟每年都举办各种文化教育类论坛和会议。2012年5月25日,双方在新加坡举办首次中国—东盟文化部长会议,会议建立中国—东盟文化部长会议机制并就该机制的运行、下阶段双方文化领域合作及《中国—东盟文化合作行动计划》等事宜进行探讨。9月,第5届中国—东盟教育交流活动在贵州省举行,此次活动以“开放创新、务实合作”为主题,先后举行中国东盟大学校长论坛、中国—东盟美食文化节、中国—东盟文化产业发展研讨会、中国—东盟医学教育论坛等活动。年内,中国举办4期东盟青年干部培训班,为东盟10国培训青年干部200名。5月,第8届澜沧江—湄公河青年友好交流活动在中国、泰国和柬埔寨举办,来自次区域6国青年代表参加活动。11月,中国举办第7届中国—东盟青年营,邀请东盟10国100名青年访华。

2012年是中国—东盟科技合作年,双方围绕科技合作的主题举办一系列活动。5月18日,第7次中国—东盟科技联委会会议在缅甸首都内比都举行。9月22日,首次中国—东盟科技部长会在广西南宁举行,“中国—东盟科技伙伴计划”在南宁正式启动,科技伙伴计划框架下第一个项目——共建资源卫星数据共享平台同时启动。

3月9日,第9届中国—东盟商务与投资峰会联络官会议在柬埔寨首都金边举行 (百度网)

第9届中国—东盟商务与投资峰会联络官会议

2012年3月9日在柬埔寨首都金边举行。会议一致赞同2012年峰会时间调整为9月21~22日举行。会议认为,2011年的第8届峰会保持政治、外交的高规格,在深化区域务实合作方面取得突破性成果,宣告中国—东盟商品交易中心的建立,推动中国—东盟矿业合作机制的形成,推进在南宁建设中国第4个国际网络出入口和深化中国与东盟在电信、信息网络等方面的合作,一批中国与东盟的重大经贸合作项目通过峰会的对话和合作平台得以促成。

中国(云南)—缅甸经贸合作推介会

2012年3月27日在缅甸仰光举行。中国云南省代表团团长、省长李纪恒,缅甸仰光省首席部长吴敏随,缅甸商务部副部长崩山博士,缅甸工商总会主席吴温昂,仰光市市长吴拉敏,中国云南省代表团副团长、副省长顾朝曦,中国驻缅甸大使李军华出席推介会,滇缅近400家企业代表600多人参加推介会。这次推介会的主要目的是加强农业科技、自然资源、机电产品、化工产品、纺织品等多领域合作,以及文化、教育领域的交流。

中国(云南)—泰国经贸合作推介会

2012年3月29日在泰国曼谷举行。由中国云南省政府和泰国商务部共同主办。中国云南省代表团和泰国政府部门、国际贸易促进厅相关负责人,以及商界人士600多人参加推介会和晚宴。与会者表示,泰国商务部与中国云南省政府一直保持着良好的合作关系,在贸易、文化、旅游等方面的合作十分密切。随着中国—东盟自由贸易区建立、昆曼公路通车,特别是云南省建设中国面向西南开放的重要门户,双方合作的力度会更大,机遇会更多,领域会更宽。

中国(云南)—老挝经贸合作推介会

2012年3月30日在老挝万象举行。推介会上,中国云南省副省长顾朝曦与老挝新闻文化旅游部副部长沙旺空·拉蒙堆签署《中国云南·老挝新闻文化领域全面合作交流的谅解备忘录》,昆明市市长张祖林与万象市市长苏甘·马哈拉签署《昆明市与万象市2012年度友好交流合作备忘录》,另外还有8个经贸合作项目在推介会上签约。出席推介会的双方相关领导还共同为老挝万象赛色塔综合开发区昆明产业园、中老农业发展中心揭牌,为中国(云南)老挝波立坎赛农业科技示范园、中国(云南)老挝琅南塔农业科技示范园举行授牌仪式。

中国(云南)—越南经贸合作推介会

2012年4月3日在越南首都河内举行。由中国云南省人民政府和越南国家工商会主办。会上,有7个双边合作项目签约,举行越南(海洋)饲料生产科技示范园授牌仪式,双方企业家开展对口洽谈,云南省旅游局、云南省教育厅举办专场推介会。云南省代表团成员及滇越工商企业界人士500多人参加推介会。

中国(云南)—柬埔寨经贸合作推介会

2012年4月6日在柬埔寨首都金边举行。会上,举行双边合作项目签约仪式,有3个合作项目在现场签约。在随后的企业分组对口洽谈会上,滇柬双方达成7个项目的合作意向,意向性合作协议金额达到7.7亿美元,涵盖贸易、相互投资、文化产业、基础设施等多个领域。

中国—东盟(崇左)产业合作与发展论坛

2012年4月9日在中国广西崇左举行。论坛主题为"合作、发展、共赢"。越南、泰国、缅甸、马来西亚等东盟7国代表和国内专家出席论坛,并围绕中国—东盟产业合作发展、深化南新经济走廊南崇经济带与东盟的产业合作、中国—东盟合作建设产业园及中国—东盟能源交通合作等议题进行探讨和交流,共同研讨中国—东盟自由贸易区建成后货物贸易、投资合作和区域经济合作等问题。

第3届中国—东盟矿业合作论坛暨推介展示会

2012年5月11~13日在中国广西南宁举行。论坛举行中国—东盟矿业高官会议,落实中国—东盟矿业合作论坛联络官制度,揭牌成立中国—东盟矿业人才交流培训中心和中国—东盟珠宝交易中心;举办高峰论坛、地质找矿论坛、签约仪式、矿业项目专场推介会等活动。在签约项目中,中方投资额500万美元以上项目13个,涉及矿产资源勘查、开采、加工及贸易等领域;投资目的地主要集中在越南、印尼、马来西亚、老挝和柬埔寨等国。

第16届中国烘焙展览会

2012年5月18~20日在中国广东广州举行。本届展会开设五大展馆,展览面积55000平方米,比2011年扩大20%;参展企业数增长12%。展会同期举办的"新良杯"第4届世界面包大赛中国区选拔赛、第16届烘焙文化与经济论坛、马来西亚食品文化节、第4届"宝桃杯"全国烘焙知识竞赛、烘焙群英荟第四季、咖

4月3日,中国云南省人民政府和越南工商会在河内共同举办中国(云南)—越南经贸合作推介会 (百度网)

啡文化节等重点品牌活动。

中国(东莞)—印尼投资环境推介会

2012年5月23日在印尼雅加达举行。由中国广东省东莞市人民政府,中国机电产品进出口商会,印尼中华总商会,印尼—中国经济、社会与文化合作协会,印中商务理事会联合主办。东莞市政协副主席吕兢在会上介绍说,2012年一季度,东莞与印尼双边经贸额超过4.2亿美元,比上年同期增长36.5%。其中:东莞出口印尼1.65亿美元,增长28.4%,从印尼进口2.57亿美元,增长42.4%。东莞20家企业代表和印尼企业家近200人在会上进行面对面的对接洽谈。

第7届印度尼西亚中国机械与电子产品贸易展览会

2012年5月24日在印尼首都雅加达举办。本届展会有400多家中国企业参展,展出面积1万平方米。近年来,中国对印尼出口连续大幅度增长,印度尼西亚中国机械与电子产品贸易展览会已成为中国在印尼最大的贸易活动。印尼从中国进口的主要商品有金属加工机械、农业机械、工程机械、汽车摩托车配件、空调制冷设备、发电及电力设备、五金工具、家用电器等。

第10届东盟华商会

2012年6月5日在中国云南昆明举行。来自37个国家和地区的600多位华侨华商相聚昆明,寻求商机,共谋发展。本届东盟华商会活动包括项目签约仪式、亚太华商论坛、东盟华商投资项目推介会、玉溪市专场投资推介会等系列活动。会上,有7个总投资额325亿元的重点项目正式签约。

中柬签署7项经贸合作协议

2012年6月19日在柬埔寨首都金边举行签约仪式。双方签署《6号公路二期扩建优买贷款协议》、《马德望多功能水坝优买贷款协议》等7项双边经贸合作协议。双方相关国家领导人还共同出席新舟60飞机交接仪式和西哈努克港经济特区揭牌仪式。

中医药东盟行活动

2012年6月27~28日在老挝万象举行。活动期间,中国中医药代表团参观老挝卫生部传统医药司并与该司负责人进行合作洽谈,就人才培养、学术交流、天然药物研究、中医药标准化建设等达成相关合作意向。中国专家还开展中医药养生保健、中医药基础理论、传统养生运动、推拿保健等专题讲座,赢得参会人员的赞赏。

2012中国广西(越南)商品博览会

2012年7月26~29日在越南河内举行。本届博览会由中国广西壮族自治区商务厅和越南工贸部贸易促进局共同主办。设140个标准展位和2200平方米的室外展区。120家广西企业参展,展品汇集汽车、工程机械、电子信息、家用电器、日用陶瓷、轻纺、化工、农业和医药等广西特色产品。

第3届中国—东盟行业合作会议

2012年8月20日在中国云南昆明举行。以"中国—东盟:打造优势互补产业链"为主题。与会者围绕深化食品咖啡行业、橡胶行业、综合性行业的分工与合作等议题进行深入探讨和广泛交流,达成《第3届中国—东盟行业合作会议昆明共识》。

第2届中国—东盟(泰国)商品博览会

2012年8月23~26日在泰国曼谷举行。本届博览会展出的主要商品包括机电、建材、家居、食品等类别。由中国对外贸易中心主办,广交会承办。约有130家中国企业参展,展厅面积约5000平方米。吸引包括泰国和其他东盟国家在内的数十个国家的15000名客商到场参观。

第11次中国—东盟经贸部长会议

2012年8月29日在柬埔寨暹粒举行。中国和东盟各国经贸部长与会。东盟国家经贸部长赞赏中国长期以来对东盟共同体建设及发展东亚合作的积极支持,认为中国—东盟自由贸易区建设进展顺利,促进了双边贸易增长,愿同中国进一步加强合作,共同应对当前国际经济困难局面。与会各国部长还就加强中国—东盟自由贸易区经济合作、进一步完善原产地规则、中国香港申请加入中国—东盟自由贸易区、中国—东盟

6月27日,名医荟萃中医药东盟行开幕式在老挝卫生部健康科学大学会议厅举行 (百度网)

博览会、中国与东盟互联互通、泛北部湾合作等双方关注的议题交换意见。

中国(宁夏)—马来西亚商务投资论坛

2012年9月11日在中国宁夏银川举行。中国贸促会副会长张伟,马来西亚总理对华特使、马中商务理事会主席黄家定出席会议,宁夏回族自治区副主席赵小平出席会议。赵小平在致辞中说,双方合作领域广泛,潜力巨大,希望各位嘉宾以此为新的起点,开展广泛的探讨交流,达成有益的共识,推进务实合作,创造新的机遇,取得新的成果。

中国—东盟渔业投资与贸易洽谈会

2012年9月15日在中国福州举行。会上,东盟各国代表介绍本国渔业发展现状与贸易政策,提出具体合作需求,就中国—东盟渔业投资与贸易合作展开讨论。会议指出,近几年来,中国与东盟贸易额大幅增长,双向投资迅速增加。渔业是中国与东盟自由贸易经济合作的重要部分,可以从合作范围、合作方式等方面展开合作框架,建立合作机制,保障渔业合作的顺利进行。

首届中国—东盟华文传媒论坛

2012年9月17日在中国广西柳州举行。由广西壮族自治区侨务办公室、柳州市人民政府、中国新闻社共同主办。来自东盟各国、欧美国家以及港澳台地区40多家华文媒体的50多位高层人士和中国国内媒体负责人、专家学者,就国际话语体系中的东盟与中国媒体合作、东盟媒体的中国报道,以及传媒搭建中国文化与世界文化对话、交流、融合平台等问题展开深入探讨,共谋世界华文媒体的创新发展之道。与会者经过深入交流、讨论,最后达成《中国—东盟华文传媒合作柳州共识》。

9月17日,首届中国—东盟华文传媒论坛在中国广西柳州举行

(百度网)

第5届中国—东盟教育交流周

2012年9月17日在中国贵州贵阳举行。本届交流周以"开放创新与务实合作"为主题,力求进一步增进中国与东盟之间的了解与友谊,加强双方交流与合作。交流周期间举行中国—东盟美食文化节、校长论坛等8项重要活动。本届交流周首次开设医学教育论坛、中国—东盟自由贸易区国际商务人才培养论坛、旅游人才培养论坛、职业教育论坛及民族文化产业发展研讨会。来自中国及东盟的官员、高校校长、教育专家、学者一起分享经验、交流成果。

越南—中国(广西)企业合作论坛

2012年9月22日在中国广西南宁举行。中越两国相关官员、企业家200多人出席论坛。随着中国与东盟经贸往来的日益密切,中国已成为越南最大的贸易合作伙伴。中越双方认为,2012年是中国—东盟全面合作10周年,双方要利用好政策,进一步深化合作,鼓励引导双方在农业、交通、旅游等领域进行投资,特别是推动交通的合作,建设好凭祥—河内和东兴—海防等国际大通道。

缅甸在中国举办推介会

推介会于2012年9月22日在中国广西南宁举行。由缅甸商务部、缅甸工商联合会主办。中缅政界、商界、企业界代表400多人出席。与会人士围绕加快中国—东盟自由贸易区建设、大湄公河次区域投资经营合作、推动双边经济合作向纵深发展等议题展开讨论。会上举行项目签约仪式,广西与缅甸有关企业签订铅锡矿勘探开发合作备忘录和渔业养殖与农业开发合作备忘录。

老挝—中国贸易投资论坛

2012年9月22日在中国广西南宁举行。由老挝计划投资部主办。旨在通过进一步宣传老挝的投资环境、政策法规架构和贸易投资机会,加强老中两国之间的经贸联系,促进双方在中国—东盟自由贸易区建设中的合作。老挝计划投资部副部长布达维·西斯潘里等政府部门官员、中国及广西有关经济部门领导、中国在老挝投资企业代表、国内外工商界代表等约200人出席论坛活动。

中老青年企业家投资贸易洽谈会

2012年9月22日在老挝万象举行。由中国—东盟青年企业家协会中方秘书处、老挝人民革命青年团中央、老挝全国青年企业家协会、中国广西青年联合会联合主办。中老两国政要和商业界人士代表近200人出席。中国驻老挝大使馆政务参赞龙定斌在致辞中说，今年是中老建交50周年，他希望此次活动更进一步增进中老两国青年的友好情谊，更进一步促进中国和老挝特别是广西和老挝之间的交流与合作。

第2届中国—东盟（柳州）汽车、工程机械及零部件博览会

2012年9月23~25日在中国广西柳州举行。旨在利用柳州市汽车、工程机械产业优势和与东盟国家的地缘优势，为中国和东盟汽车、工程机械产业双向投资、贸易合作提供平台。博览会期间，举办中国—东盟汽车及零部件贸易法规及技术标准研讨会、2012中国（柳州）与欧盟汽车产业发展合作论坛、越南产业推介会、整车企业与采购商洽谈对接会等系列活动。

中国—东盟（南宁）渔业文化周

2012年10月18日在中国广西南宁举行。文化周和交易会由广西水产畜牧兽医局与农业部渔业局、国家体育总局、中国渔业协会等单位联合举办。在开幕式上，广西区内外的35个商家代表现场签订招商引资项目共计20个，总金额59.8亿元。

中国—东盟现代农业新技术交流与对接活动

2012年10月29~30日在中国云南昆明举行。由云南省科技厅与东盟秘书处共同主办。来自东盟7国与中国11个省市的相关政府官员及高等院校、科研机构、企业代表就进一步推动区域双内双边、多边农业科技合作向深层次、高水平发展进行交流和研讨。

东盟（曼谷）中国进出口商品博览会

2012年11月1日在泰国曼谷举行。参展商来自中国14个省份，参展企业200多家，展区面积10000平方米，展位266个，参展名优产品近1000种。

2012中国—东盟（缅甸）商品展览会

2012年11月8~10日在缅甸仰光举行。中国浙江、重庆、广东等地的商家参展。展出商品以日用消费品、礼品及赠品、文体用品及玩具、电子及家电用品、摩托车、五金建材及卫浴等为主。

新加坡—中国永州经贸对接洽谈会

2012年11月7~8日在中国湖南永州举行。新加坡国际企业发展局驻武汉代表处主任杨蔚君、新加坡经济发展局驻武汉代表处主任吴佩声、新加坡国际企业发展局驻武汉代表处市场官员王颖，湖南省贸促会副会长胡强、永州市副市长唐能武出席会议。中新双方就拓宽合作领域，深化和扩大合作交易，加强通关平台建设，优化投资环境等问题进行洽谈，取得积极成果。

2012年中国—东盟博览会林木展

2012年11月16~19日在中国广西南宁国际会展中心举行。展会期间，还举办第2届林产品国际贸易论坛、第3届中国—东盟木文化论坛、2012中国人造板行业发展交流会、2012年木雕现场创作表演赛等多项专业活动。中国与越南、印尼、老挝、马来西亚等东盟国家林木业机构的政府官员、企业家、专家等参加系列活动，介绍、推广木文化，共同深入探讨中国—东盟林木业的发展趋势和动态。

第3届中国—东盟女企业家创业论坛

2012年11月18日在中国广西柳州举行。由中国东盟协会、中国女企业家协会和柳州市人民政府共同主办。中国—东盟协会会长顾秀莲，中越友好协会会长王金山，中国人民对外友好协会副会长、中国—东盟协会副会长冯佐库，中国女企业家协会会长朱蕤，以及东盟各国和中国国内知名女企业家、政府官员、外交使节、新闻记者等共350余人出席论坛。大家欢聚龙城谈合作、话发展、谋共赢。

2012中越边境商贸·旅游博览会

2012年11月19日在中国广西东兴举行。这是2012年7月国家正式批准广西东兴、云南瑞丽、内蒙古满洲里3个国家重点开发开放试验区建设实施方案后，沿边地区举办的首个重大双边商贸会展活动。本届博览会进一步深化"开发开放、携手共赢"的主题，办成规模更大、效果更好、影响更广的国际区域性盛会。

2012东盟（曼谷）中国进出口商品博览会在泰国曼谷举行。图为泰国商务部长奔颂在开幕式上致辞 （百度网）

第 3 届中国—东盟战略合作论坛

2012 年 11 月 29 日在中国广东广州举行。越南、泰国、柬埔寨、新加坡、菲律宾、印度尼西亚、马来西亚等驻穗领事馆及胡志明市代表团出席。主题为“互利合作、包容增长:中国—东盟自由贸易区背景下的中越合作”。论坛还举行中国—越南(深圳—海防)经贸区推介会,吸引众多企业代表到会与越南官员洽谈。

中国—东盟(南宁)国际汽车展览会

2012 年 12 月 6 ~ 10 日在中国广西南宁举行。设 15 个展厅及室外展区,展出面积 6.5 万平方米,采取静态展示和动态活动相结合的形式展出。室外展区面积 7000 平方米,集中展出商务车。

第 12 届缅中边交会

2012 年 12 月 9 日在缅甸掸邦举行。本届边交会以文化为桥,推介中华文化,搭建中国与东南亚、南亚国家文化交流平台。中缅双方代表官员在缅甸木姐出席边交会开幕式,并进行剪彩。缅甸联邦商务部副部长崩山在发言中称,“中国是在缅投资最多的国家,中缅两国历代胞波情深,在多方面合作中取得丰硕的成果。希望今后两国经济贸易能够不断发展。”

中国—东盟西安经贸中心成立

2012 年 12 月 10 日在中国陕西西安举行成立仪式。东盟秘书长素林·比素万、西安市副市长黄海清出席。中国—东盟西安经贸中心位于西安金融商务区核心区域。作为东盟在西安设立的经贸中心,将引领东盟各国商务机构入驻西安,并服务于西部地区和东盟之间区域经济合作。素林在致辞中说,今后我们将把中国和东盟的合作进一步向中国西部推展。相信中国—东盟西安经贸中心将会是一个完美的平台,让更多东盟国家的企业来这里投资,并且通过西安辐射整个中国西部。

12 月 9 日,第 12 届中缅边交会在缅甸掸邦开幕,中缅双方代表为展会剪彩 (中国新闻网)

第 20 届中越商品交易会

2012 年 12 月 11 日在中国广西凭祥举行。中国及东盟各国数万客商汇聚一堂,共寻中越边贸新商机。本届交易会以“魅力边关、友谊凭祥”为主题,与 2012 凭祥边关旅游节联袂举办,旨在进一步开拓中越边境旅游市场。柬埔寨、缅甸、泰国驻南宁总领事馆官员,越南谅山省文化体育旅游厅官员出席。

中国—东盟进出口大宗商品交易展示中心成立

2012 年 12 月 18 日在广西南宁举行成立仪式。展示中心通过电子商务 + 现代物流,整合行业产业链,降低企业物流和经营成本,搭建大宗商品信息与交易平台。上市交易主要商品有煤炭、锰、硫磷、粮油和其他金属等五大产业的 20 多个品种。

东盟商务旅游研讨会

2012年12月18日在中国云南石林举行。部分东盟国家及蒙古国的驻华使节汇聚一堂畅谈东盟国家与中国特别是云南的旅游合作。此次研讨会由中国国际友好文化节组委会主办。来自文莱、越南、蒙古、韩国、老挝、阿尔巴尼亚、缅甸、菲律宾、柬埔寨等国的驻华使节分别围绕与东盟各国开展旅游合作对云南省旅游业发展的战略意义,如何通过旅游拉动与东盟各国的经贸合作,推动旅游产品的开发和流通,如何加强与东盟各国的文化合作等方面进行交流。

老挝投资说明会

2012年12月20日在中国北京召开。由中国—东盟商务理事会中方秘书处和老挝驻华大使馆共同主办。中国全国性行业商(协)会负责人、企业家代表和媒体代表 200 人出席。中国—东盟商务理事会中方常务副秘书长许宁宁指出,老挝刚刚加入世界贸易组织,中国企业凭借中老两国山水相连的区位优势正在抢抓新商机。老挝驻华大使宋迪·本库在致辞中表示,老挝欢迎中国企业到老挝投资。老挝与中国、越南、泰国这些快速发展中的国家相邻,这一重要的区位优势将使得老挝成为一个重要的转口贸易中心。

首届中国—东盟金融博览会

2012 年 12 月 21 ~ 23 日在中国广西南宁举行。博览会汇集 500 多个投融资项目,资金需求超过 1000 亿元。中国和东盟各国的风险投资机构参会,与项目方对接,寻找合作机会。

(暨南大学国际关系学院 王逐兴)

区 域 合 作

大湄公河次区域经济合作

大湄公河次区域合作发展历程

湄公河(中国境内称澜沧江)是亚洲一条重要的国际河流,发源于中国青藏高原唐古拉山,自北向南流经中国青海、西藏、云南3省(自治区)和缅甸、老挝、泰国、柬埔寨、越南5国,于越南胡志明市附近注入南中国海,全长4880千米。大湄公河次区域(GMS)处于东南亚、南亚和中国大西南的结合部,涉及中国云南、广西两省(自治区)以及缅甸、老挝、泰国、柬埔寨和越南5个国家,面积256.86万平方千米,总人口约3.29亿。

大湄公河次区域合作始于1992年,当年10月,首届GMS合作会议在菲律宾马尼拉亚洲开发银行总部召开,会议确立GMS合作的总体框架。会议文件将大湄公河次区域界定为柬埔寨、老挝、缅甸、泰国、越南和中国云南省(2005年确定广西为中国参与GMS合作的第二个省份)。会议决定每年召开一次6国部长级会议,并确定8个主要合作领域,即交通、能源、环境和自然资源管理、人力资源开发、贸易和投资、旅游、通信、禁毒等。

自1992年至2012年,大湄公河次区域合作已走过20个年头,经历3个发展阶段。

第一阶段(1992～1996年)为建立互信,构建合作框架阶段　主要就GMS合作的基本问题进行可行性研究及广泛磋商,建立合作框架,形成合作机制。1994年第3次GMS部长级会议确立后来成为GMS合作蓝图的项目计划,形成《大湄公河次区域经济合作——由倡议走向实施》的会议文件。1995年11月召开的第5届GMS部长级会议进一步扩充合作领域,筛选出103项优选合作项目。1995年4月,湄公河下游泰国、老挝、柬埔寨和越南4国在泰国清莱签署《湄公河流域可持续发展合作协定》。4国决定在湄公河流域开发和管理的一切领域,包括河流资源、河上航运、洪水控制、渔业、农业、发电及环境保护等所有可能产生跨越国界影响的领域进行合作。依照协定建立的新湄公河委员会取代原来的湄公河临委会,新湄公河委员会自成立之日起就邀请上游的两个国家中国和缅甸加入该组织,并于1996年开始与两国定期举行对话。

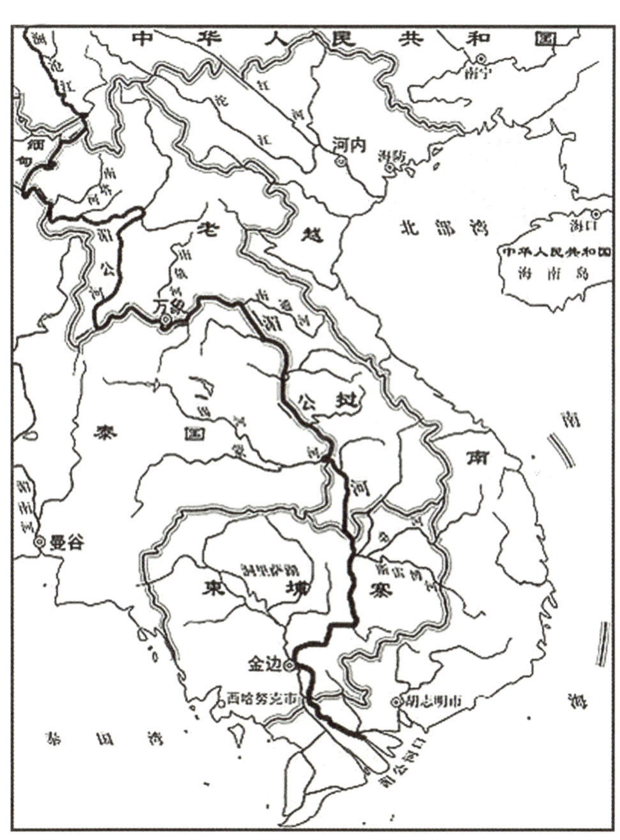

大湄公河次区域图　　（搜狐网）

第二阶段(1997～2001年)为建立战略框架和优选项目阶段　确定GMS合作优先领域,批准一批重点项目,全面展开项目可行性研究,实施优先项目。2010年11月召开的第10次GMS经济合作部长级会议确定今后10年GMS合作的5个战略重点,即加强基础设施联网,便利跨境贸易与投资,扩大私营部门的参与和竞争,开发人力资源和提高技能水平,加强环境保护和促进自然资源的可持续利用。会议确定的11个旗舰项目包括南部经济走廊、东西经济走廊、南北经济走廊、电信骨干网、电力网、便利跨境贸易与投资、私营参与和增强竞争力、人力资源开发、环保战略框架、洪水控制和水资源管理、旅游等。

第三阶段(2002~2012年)为提升和全面发展阶段　在建立首脑会议机制和召开部长级会议方面取得新进展。大湄公河次区域6国分别于2002年11月(柬埔寨金边)、2005年7月(中国昆明)、2008年3月(老挝万象)和2011年12月(缅甸内比都)举行4次领导人会议,分别通过《次区域发展未来10年战略框架》、《大湄公河次区域经济合作新10年战略框架》等重要文件,为次区域合作指明方向。2002~2012年,先后召开12次部长级会议,审议通过多项开发规划和贸易协定,推动GMS合作向深度和广度发展。

2012年是GMS合作20周年。20年来,GMS合作取得了令世人瞩目的成就,形成了自己的鲜明特色。走过20年的GMS合作更加务实,中国的主导地位进一步增强,GMS一体化进程加快。

次区域的互联互通进一步提速。在各方的共同努力下,包括公路、水路、铁路、航空、管道在内的交通网络逐渐形成;电力联网与能源贸易长足发展,统一的电力市场逐步形成;信息、通信基础设施不断完善,信息通信技术进一步得到推广应用。制度建设、人员交流和产业对接等领域不断延伸和拓展,各国文化交流取得突破。

经济走廊日益成为经济增长带。各国经济不断发展,运输贸易便利化推进和投资环境得到持续改善,多条经济走廊沿线的贸易和投资进一步扩大,依托优势资源的加工基地和产业基地不断出现,东—西经济走廊(越南岘港—老挝—泰国—缅甸毛淡棉)、南—北经济走廊(西线昆明—老挝—泰国曼谷、中线昆明—越南河内—海防、东线南宁—越南河内)和南部经济走廊(覆盖泰国曼谷、柬埔寨及越南南部地区)已经形成,部分路段正在升级改造,贸易和物流快速发展。以经济走廊为核心的经济增长带日益成为次区域经济迅速发展的助推器。中国对GMS相关国家投资进一步增长,各国贸易取得长足进步。商务合作领域不断拓展,越来越多的合作项目获得批准,跨国项目与日俱增。

环境保护领域合作进一步加大。由于次区域环境和气候变化等问题日益突出,资源开发和环境保护成为次区域经济合作能否可持续的关键。在次区域合作开发过程中,各国更加注重对环境的保护。

政府和企业主体更加积极地参与区域合作。次区域各国均鼓励当地政府和企业积极参与次区域合作,为区域的合作与发展创造生机和活力。中国“十二五”规划明确提出把云南建成中国面向西南开放的重要桥头堡,把广西建成中国与东盟合作的新高地,并将滇中地区和广西北部湾列入重点发展的经济区,这些重大举措进一步提升云南、广西两省区参与GMS合作的水平和层次。

此外,农业合作稳步推进,区域内旅游环境得到改善,旅游人数和收入不断增长,禁毒与替代种植逐步显现成效。

GMS公路建设

中国援柬57号公路建成通车　由中国提供优惠贷款援建的柬埔寨马德望—拜林—柬泰边境57号公路于2012年3月12日举行通车仪式。57号公路长103.14千米、宽11米,2008年11月开工建设,2012年1月建成,由中国路桥集团承建,广州万安公司监督。

钦州至崇左高速公路建成通车　2012年12月31日,钦州至崇左高速公路建成通车,崇左到钦州车程缩短约120千米,崇左到防城港车程缩短约90千米。该项目主线全长129千米,同步建设吴圩至上思连接线约63千米,板利至东门连接线约35千米。于2008年11月24日开工建设,项目投资总额64.5亿元,由广西交通投资集团有限公司投资建设。

清孔—会晒大桥合龙　昆曼公路是中国陆路连接东南亚国家的一条重要交通大动脉。作为重要连接点的清孔—会晒(湄公河)大桥已于2012年12月12日合龙。该桥由中、老、泰3国共同建设,全长480米,加上两侧连接公路,工程全长11千米,于2010年6月开工。大桥的合龙使得昆曼公路一线贯通,通行能力得到提升。

中老友谊大桥破土动工　老挝2号公路(东南亚15号公路)跨湄公河中老友谊大桥于2012年12月23日动工建设。桥连接乌多姆赛省的北奔县与沙耶武里省的蒙恩县,建成后可打破这条连接越南、老挝、泰国国际公路的最后一个瓶颈。建设资金来自中国贷款,承建商为中国路桥工程有限责任公司。大桥总长700米,其中桥梁长度379米,桥面宽13米,双向两车道,设计车速为60千米/小时,桥下可通行最大载重量为300吨的船只。

昆明—河内—海防公路稳步推进　昆明—河内—海防公路是国道主干线(GZ40)二连浩特—河口公路云南省境内的一段,也是亚洲公路网A14越南河内—云南昆明—缅甸曼德勒的重要组成部分,是云南出海通东盟最便捷大通道。昆明至河口全长407千米的高速公路分段建设:全长107.48千米的石林至锁龙寺段,已于2012年9月29日通车;全长78.943千米的锁龙寺至蒙自段基本完工;南盘江特大桥在建,主桥已合龙,预计2013年10月全线通车。届时从昆明到河口将实现全线高速。

越南运输部召开在建高速公路项目会议　2012年6月6日,越南交通运输部在河内召开胡志明市—龙城—油曳、内排—老街、河内—海防高速公路项目会议。越南交通运输部部长丁罗升、公路沿线相关省市人委会代表、项目业主、中国和韩国承包企业代表150余人出席会议。胡志明市—龙城—油曳项目由亚行和日本国际协力机构(JICA)出资,中国路桥集团承建第1标段。内排—老街项目由亚行和韩国进出口银行出资,广西路桥建设有限公司承建第7标段,已完成50%工程量,进度为全线最快。河内—海防项目由越方自筹资金,中国路桥集团承建第3标段,广东长大公司承建第5标段,山东路桥承建第8、9标段。

GMS铁路建设

作为交通建设的重要组成部分,泛亚铁路建设进展比较顺利,多条线路建设取得重要突破。

玉蒙铁路全线贯通　作为泛亚铁路东线的重要组成部分,玉(溪)蒙(自)铁路于2012年8月14日全线贯通,2012年9月26日全线试通车,2013年2月23日全线正式运营。玉蒙铁路结束了滇南地区没有准轨铁路的历史。玉蒙铁路是国家实施西部大开发战略和云南省桥头堡建设的重点工程,对改善滇南交通条件、促进云南经济社会发展、开拓东南亚市场、打通中国—东盟陆地国际大通道、加快云南桥头堡建设具有十分重要的意义。玉蒙铁路全长141千米,设计标准为国铁I级电气化铁路,速度目标值为每小时120千米,项目概算投资45亿元,由铁道部与云南省政府合资建设,全线修筑隧道35个、桥梁61座,桥隧总长77.84千米,占线路总长度54.95%。

蒙河铁路建设进展顺利　蒙河铁路是中国实施西部大开发战略和云南面向西南开放建设的重点工程,是泛亚铁路东线的重要组成部分,于2009年底开工建设。北起蒙自北车站,南至河口北车站,全长141千米,设计标准为国铁I级电气化铁路,速度目标值为每小时120千米,概算投资69.3亿元。截至2013年5月,累计完成路基土石方1210万立方米,完成设计量的96.81%;完成特大桥5876延米,完成设计量的86.97%;完成隧道8.6万成洞米,完成设计量的88.5%;正线铺轨13.95千米。预计2014年底全面竣工。

昆玉铁路扩能改造工程顺利推进　该工程自昆明枢纽东南环线渠东站接轨,向南经昆明市晋宁县、玉溪市红塔区至玉溪南站与玉蒙铁路接轨,全长49.3千米,设计标准为双线200千米时速的电气化铁路,投资总额52亿元。于2010年11月28日开工,至2012年底,征地拆迁及铁路建设均取得突破性进展。

广通扩能线顺利开工　2012年12月30日,广通至大理铁路扩能改造工程开工。该铁路途经楚雄市和大理市,设计时速200千米,线路全174.45千米,全线设8个车站,新建桥梁78座、隧道42座,桥隧总长达109.88千米,约占全线总长的63%,工程概算投资139.36亿元,预计于2017年5月完工。此外,全长99千米的昆明至广通段铁路扩能工程已于2007年开工,计划2013年建成。届时,广(通)大(理)铁路将从国家Ⅱ级单线铁路提升为国家Ⅰ级双线电气化铁路,与正在建设的昆明至广通复线相连接,构成昆明至大理、昆明至丽江之间快速便捷的铁路运输大通道。

大保线全面推进　全长133.6千米的大理至保山段于2008年6月30日开工建设,截至2012年11月,大保段已完成桥梁建设10座,贯通隧道7个。累计完成路基土石方530万立方米,占设计量的75.6%;完成桥梁9110成桥米,占设计量的76.5%;完成正线隧道34.9千米,占设计量的33.66%,完成辅助坑道24.86千米,占设计量的37.28%。预计2014年2月建成。此外,保山至瑞丽段195.74千米,于2011年5月30日在云南省德宏傣族景颇族自治州瑞丽市举行建设动员会和奠基仪式。

中国—东盟快速铁路通道　该通道为广西连接中南半岛国家的一条快捷铁路新线。南宁至凭祥铁路扩能改造工程正在统筹推进,前期准备工作顺利开展,项目可行性研究报告上报文件已通过铁道部有关司局的会签,项目环评报告业已完成。

中国广西铁路建设取得重大进展,高速铁路建设全面推进　2012年广西铁路完成投资358亿元人民币,完成投资量为中国各省份第二、西部第一。到2012年底,南宁铁路局营业里程4131.4千米,其中广西境内3540.8千米。广西境内的德保至靖西铁路于2012年12月30日全线贯通,为对接越南打下基础。2013年计划开通湘桂、柳南、南黎、钦北高铁项目和玉铁、黎钦铁路,投产新线1081千米,约占全国2013年高铁新增里程的1/5,建成投产规模居全路首位,广西也将结束没有高铁的历史,成为中国5个自治区中首个

玉蒙铁路全线接轨　（新华社）

建成高铁的自治区。到“十二五”期末,南宁铁路局营业里程将达到5700千米,其中复线2450千米,电气化铁路3580千米。

老挝国会审议通过中老铁路项目　据老挝《万象时报》报道,2012年10月18日在万象召开第7届国会特别会议,老挝政府副总理、中老铁路建设指导委员会主席宋沙瓦专门向国会汇报。会议审议通过老挝政府向中国政府全额贷款70亿美元,修建连接中老边境及老挝首都万象铁路项目。

GMS 水运航道建设与运输

南北交通走廊水运建设和水上运输取得成效。主要包括澜沧江—湄公河国际航运、红河国际航运和中缅国际航运。

澜沧江—湄公河国际航运合作回暖　中国云南与GMS联系的国际水路大通道主要是澜沧江—湄公河航运。2012年4月,清盛港将货船码头改造为旅游码头,货船停靠到6千米外的新码头,新港口的吞吐量是现有港口的5倍。在建的景洪港勐罕港区加快推进,届时该作业区旅客年吞吐量可达40万人次;货运部分建设300吨级货运泊位4个,年货物吞吐量100万吨。

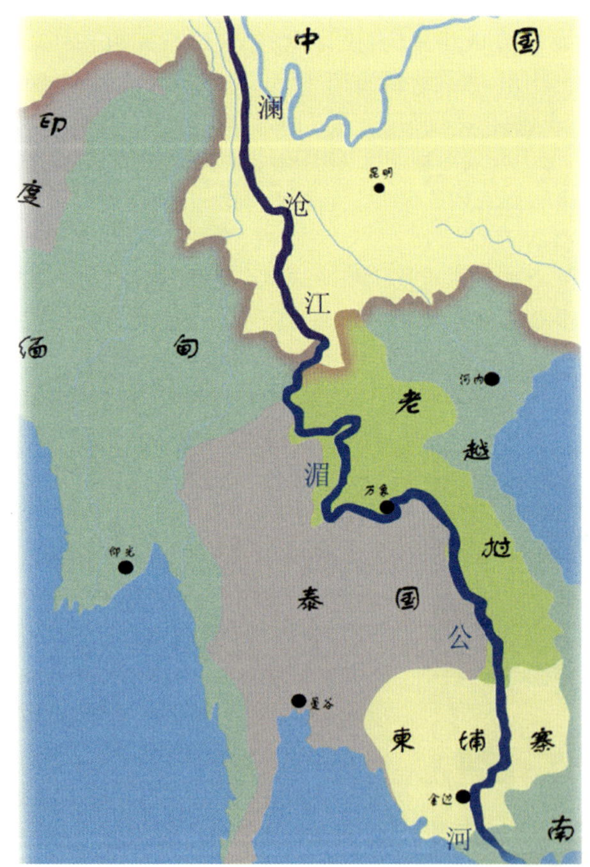

澜沧江—湄公河流域图　（百度网）

“10·5”事件后,中国高度重视澜沧江—湄公河国际航运安全问题。通过中、老、缅、泰四国湄公河联合巡逻执法护航,海事部门采取船舶出入境签证,安装北斗卫星对航行船舶进行随时监控,定期对船舶进行安全检查,加强水情通报,航运企业、船员积极采取安保措施,加强安全防范等,使国际航运安全形势保持平稳,加之海事、海关、边防、检疫检验部门积极为航运企业服务,帮助联系货源,简化通关手续,减少压港时间,提供良好的通航环境,使国际航运得到快速恢复。据统计,从2011年12月10日复航到2012年10月底,累计运输货物16.58万吨,与上年相比虽有一定减少,但货物品种有所增加。

红河国际航运提上议程　2011年5月,中国《国务院关于支持云南加快建设面向西南开放重要桥头堡的意见》,第一次从中央层面明确指出“推进中越红河水运等国际联运”。同年11月底召开的中共云南省第九次代表大会也将红河航运重启提上议事日程。红河航道之商运,自1911年起,已沉睡百年。红河纵贯滇西南,南至越南北部最大的港口城市海防而入海,是云南省乃至中国西南至太平洋的最近水路。2011年11月,中国代表团和越南老街省交通运输厅代表在越南老街就红河航运合作开发事宜进行会谈,并签署《红河航运合作备忘录》。2012年1月3日,中国国家交通部委托天津水运工程研究院开展的“红河航运复航”研究课题基本完成,报交通部验收。

中缅陆水联运　中缅陆水联运通道是沟通中国与东盟、南亚等国的重要贸易通道,由中国云南瑞丽口岸出境,沿着瑞丽至缅甸八莫的公路,从八莫下水伊洛瓦底江直达仰光、印度洋。2011年5月30日,中国云南龙陵至瑞丽高速公路在云南瑞丽奠基,项目全长128千米,北连保山至龙陵高速公路,南连中缅交界处瑞丽至缅甸八莫公路。截至2013年1月,累计完成投资20.6亿元,预计2015年建成通车。

GMS 航空建设

中国进一步提升机场功能,增加新机场,扩充航线数量,完善航线网络,与中南半岛国家机场互联互通,促进GMS区域内空中运输协同发展。

长水机场全面运转　中国云南昆明新国际机场——长水机场于2012年6月28日全面实行转场运营和正式通航。6月28日至12月22日,长水机场共完成航班运输起降9.93万架次,旅客吞吐量1197.01万人次,货邮吞吐量11.43万吨。2012年1~11月,昆明国际机场(含巫家坝机场和长水机场)累计保障航班运输起降18.04万架次、旅客吞吐量2175.15万人次,分别比上年增长2.8%和6.1%,完成货邮吞吐量23.89万吨,旅客吞吐量继续排名全国机场第7位。截至2012年12月,昆明长水机场通航城市115个(其中国内88个,国际24个,地区3个);通航航线223条(其中国内187条,国际32条,地区4条);运输航空公司33家(国内20家,国际9家,地区4家)。

南宁机场扩建顺利推进 投资总额68.8亿元的南宁机场航站区扩建工程前期工作基本结束，进入全面施工阶段。截至2012年底，南宁机场新航站楼中央大厅建设进展顺利，2013年上半年可完成钢结构的封顶工作。该项目建成后，年旅客吞吐量可达1600万人次，货邮吞吐量16.4万吨，飞机起降量13.76万架次。

GMS电力项目合作与开发

中国与越南电力项目合作 2012年11月28日，中国和越南合作的水电投资项目——小中河水电站首台机组并网发电。这是中国和越南合作的首个水电投资项目，也是南方电网公司参与大湄公河次区域电力合作的首个电源项目，是云南电网公司实施“走出去”战略中的第一个境外水电投资项目。小中河水电站由云南电网公司持股49%、越南北方电力总公司持股51%，负责具体实施。2008年5月小中河水电站正式动工，12月28日成功截流；2009年10月25日开始大坝填筑；2012年5月28日下闸蓄水，10月27日电站送出工程完成搬迁和线路架设，11月28日第一台机组投产发电，所发电量接入越南国家电网。

中国与泰国电力项目合作 2012年11月12～18日，中国南方电网公司总经理钟俊率团到泰国国家发电局（EGAT）进行回访，与总裁苏塔先生进行会谈，参观泰国国家电力调度控制中心，考察泰国天然能源开发公司所属的太阳能电厂、清迈2号变电站以及普吉3号变电站。中泰两国企业就太阳能合作达成一致，并就双方在泰国合作建立太阳能示范基地签约。

中国与缅甸电力项目合作 中国大唐投资建设的缅甸太平江一级水电站，装机容量4×60兆瓦，2011年1月全部并入云南电网。电站90%以上的电量通过500千伏缅甸太平江一级至中国大盈江四级单回线路回送中国南方电网，日均回送电量约为300万千瓦时。2011年6月，受缅甸政府军与克钦独立武装在太平江电站周边持续发生军事冲突的影响，电站机组被迫全部停运，中止对中国送电。2013年4月19日，恢复对中国送电。

中国与柬埔寨电力项目合作 2012年，由中国大唐集团公司控股的云南东南亚经济技术投资实业有限公司（大唐海外投资公司）在柬埔寨投资开发建设的金边至马德望输变电工程全线完工，正式转入生产运营准备阶段。该项目是大唐集团公司第一个海外电网BOT项目，项目建设期2年，商业运营期25年。项目工程穿越柬埔寨首都金边市及干拉、磅清扬、菩萨、马德望4个省，全长300千米，包括变电站、光纤通信、输电线路3个部分，投资总额1.13亿美元。

额勒赛下游水电项目 由中国华电集团公司投资建设，2010年12月成功截流，2013年5月18日首台机转子成功吊装，标志着柬埔寨额勒赛下游水电站首台水轮发电机组进入最后的总装和调试阶段。电站位于柬埔寨王国西部戈公省额勒赛河上，由上、下两个梯级电站组成，总装机容量338兆瓦。全部建成发电后，将成为柬埔寨境内最大的水电站，预计年均发电量可达11.98亿千瓦时。

斯登沃代水电项目 由中国大唐集团公司投资，2010年11月2日截流成功；2011年1月3日主体混凝土开盘浇筑，11月1日实现大江二期截流；2012年8月21日顺利通过下闸蓄水阶段现场验收，9月12日实现大坝全线封顶。电站分两级开发：第一级为坝后式电站，装机容量20兆瓦，第二级为引水式电站，装机容量100兆瓦，两级电站总装机容量120兆瓦。2012年12月1日，该水电站一级电站发生开裂事故，二级电站发电机组安装工程未受事故影响，仍在按期进行。按照中柬双方约定，斯登沃代水电站一期工程将于2013年11月10日竣工并投入使用。

南宁机场新航站楼“双凤还巢”方案效果图（新华社）

中国与老挝电力项目合作 南俄5号水电站项目建成投产。2012年12月9日，中国水电建设集团以BOT方式投资的南俄10万千瓦5号水电站项目建成投产。南俄5水电站坐落于老挝琅勃拉邦省和川圹省境内的湄公河一级支流南俄河的支流南汀河上，是南俄河5个梯级的最上游一级。于2008年10月1日开工建设。该电站碾压混凝土重力拱坝高100.5米，装机容量12万千瓦，年均发电量5.07亿千瓦时，工程投资总额1.99亿美元。

老挝北部230千伏电网建设项目协议签订。2012年12月21日，老挝国家电力公司与中国云南电网公司就老挝北部230千伏电网建设项目合同内容签订协议。

老挝南俄5号水电站项目建成投产仪式　　（百度网）

中国云南电网在GMS地区的电力进出口取得成绩

2012年1～10月，中国云南电网公司4条对越南送电线路累计出口电力收入1.31亿美元。自2004年9月25日起至2012年10月31日，云南电网公司对越南送电累计出口电力收入12.13亿美元。2012年1～10月，115千伏勐腊—那磨线对老挝送电累计出口电力收入512.0万美元；自2009年12月6日至2012年10月25日，115千伏勐腊—那磨线对老送电累计出口电力收入1494.7万美元。

2012年1～10月，中国云南电网公司从缅甸瑞丽江电站进口电力支出3.08亿元人民币；自2008年12月起至2012年10月25日，云南电网公司自缅甸瑞丽江电站进口电力支出12.80亿元人民币。自2010年8月起至2012年10月25日，云南电网公司累计自缅甸太平江电站进口电力支出9589.7万元人民币。

GMS能源合作

中国和泰国在新能源领域展开合作　2012年11月12日，中国—东盟新能源与可再生能源新技术交流与对接活动在昆明举行。中泰两国企业就太阳能合作达成一致，并就双方在泰国建立太阳能示范基地签约。此前，中国云南与泰国阿裕塔雅大学共同建设的中泰太阳能建筑一体化示范基地已在泰国大城府落成。

中国缅甸油气管道建设全面推进　中缅油气管道作为一条重要的能源通道，不仅对保障中国能源安全具有重要意义，而且将为缅甸经济注入持续发展动力。油气管线在缅甸境内段长约800千米，包括在西海岸皎漂配套建设的原油码头，2011年10月开工建设。中缅油气管道工程（缅甸段）经过3年建设，至2013年7月28日，天然气管道工程建设全面完成，达到投产运行条件，原油管道正式开通运营。中缅油气管道是继中亚油气管道、中俄原油管道、海上通道之后的第四大能源进口通道。它包括原油管道和天然气管道，其中原油管道的设计能力为44万桶/天（2200万吨/年），天然气管道的输气能力为120亿立方米/年。原油管道建成投产后，中国进口中东原油不必再经马六甲海峡，而可自印度洋安达曼海的缅甸马德岛上岸，经该管道输送至中国西南地区。

GMS信息通信合作

老挝与中国通信卫星合作项目　中国航天科技集团所属中国运载火箭技术研究院2012年12月1日在万象宣布，老挝广播通信卫星项目正式启动。老挝广播通信卫星项目由中国运载火箭技术研究院所属中国亚太移动通信卫星有限责任公司总承包，计划在2015年老挝人民民主共和国建国40周年之际发射升空。卫星投入运营后将为老挝提供高清电视节目、远程医疗、远程教育、政府应急通信等服务。

缅甸允许国内外私人投资通讯领域　为促进缅甸国内通讯业的发展，缅甸将允许私人投资参与缅甸通讯业的建设和服务。缅甸制定《2011～2015通讯业发展规划》，并制定相应的邮政、电信、通讯法律法规，开始允许私人企业投入资金参与通讯领域的建设和服务。

按照缅甸通讯业发展五年规划，未来5年内将增加3000万部GSM制式手机。缅甸还计划拥有自己的通讯卫星，以提高通讯能力，促进信息产业发展。为此，缅甸政府决定通过国际招标的方式引进两家运营商，以帮助其在短时间内提升电信产业。缅甸开放电讯市场的举措吸引了世界各地90多家电讯营运商投标，中国移动有限公司已与缅甸沃达丰集团公司签署合作协议组成联合体，参与缅甸电信牌照竞争。

越南信息技术产业发展迅速，中国企业积极参与合作　2012年10月18日，越南国际移动通讯展览会在河内举行。本届展览会是为越南国内外移动通讯公司搭建产业链交流与交易、分享经验的平台。展会吸引越南邮政通信集团、日本索尼爱立信、中国华为、韩国三星等众多国内外大型移动运营商参展，GMS成员老挝、柬埔寨等国的通信企业也参加展会。

GMS 农业合作

在农业合作方面，中国积极推动与GMS国家在农业信息应用和农业科技交流、跨境动植物疫病防控、农业贸易、农村可再生能源等方面的合作，作为在地理位置上有着先天优势的广西壮族自治区在推进与GMS国家农业合作方面发挥了重要作用。

企业投资　近10年来，广西农业实施“走出去、引进来”战略，与GMS国家增强双向互动，农业引进外资促进发展取得明显成效。广西企业纷纷到GMS国家进行农业资源开发，建立一批水稻、木薯、甘蔗、茶叶、蚕桑、剑麻生产基地，既缓解了企业发展的土地资源压力，也带动相关国家农民增收。广西万川种业有限公司在越南推广杂交水稻，20年从未间断。广西崇左等市的制糖企业到越南边境地区建立甘蔗种植基地累计种植面积3186.67公顷。广西共有30多家企业、单位赴越南、老挝、柬埔寨等国家开展农业开发合作。2012年10月19日，广西农垦越南归仁年产10万吨木薯变性淀粉及配套项目二期工程开工。

项目援助　近年来，广西先后在GMS国家实施户用沼气示范与推广、水稻高产栽培示范、果蔬新品种栽培示范等一批境外农业技术试验示范项目，收到良好的社会效果，这些项目已成为对外展示中国先进农业实用技术的重要窗口。

广西壮族自治区农业厅在柬埔寨进行的沼气池援建项目，为柬埔寨解决农村能源问题、改善农村卫生状况提供了样板。项目的成功实施深受当地群众的欢迎，被誉为“友谊争光项目”。广西还先后举办多期农业技术培训项目，主要有：奶水牛生产管理与技术培训班、甘蔗生产与加工技术培训班、GMS农村可再生能源技术培训班、缅甸农业技术人员培训班、老挝现代农业技术应用培训班等。

广西依托自身农业技术优势和人才资源，在中越边境地区开展农业技术交流，有效促进中越边境地区农业发展和农村经济水平的提高。广西农科院在越南建立中越农业综合技术示范研究推广基地，开展杂交水稻组合和瓜菜品种的种植示范。2012年9月29日，中国—老挝合作农作物优良品种试验站在老挝万象揭牌成立。

动物疫病防控　广西通过组织实施中越边境重大动物疫病防控试验站建设技术支持、中越禽流感防控技术培训、中国广西—越南广宁植物病虫害防控等项目，推动与广西邻近的越南广宁、高平、谅山等边境省开展动植物病虫害防控合作，提高区域动植物病虫害监测与防控水平。广西兽医部门还先后承担实施中越跨国动物疫病监测控制、大湄公河次区域（GMS）跨境动物疫病防控技术合作、中越边境禽流感防控技术培训、中越边境重大动物疫病防控试验站建设技术支持和中越边境重大动物疫病防控阻截带建设等项目，为越南兽医技术人员进行有关动物疫病快速诊断和动物疫病防控技术培训，帮助较早参加联席会议的越南边境3省各建立1个重大动物疫病防控试验站，提高了越南动物疫病防控技术水平，有效防止了重大动物疫病在中越边境地区的发生、流行和蔓延。2012年1月在南宁召开的第4次联席会议上，参加的成员已扩展到中越两国12省区，翻开了中越农业友好合作的新一页。

技术合作　2012年9月，中国农业部副部长牛盾与老挝农业与林业部副部长蓬巴里萨·巴翁万坎举行双边会谈并签署《2012～2013年中国—老挝农业合作工作计划》。双方同意在广西农业职业技术学院2004年承建的中老合作农业试验基地基础上，进一步加大建设力度，合作共建中国—老挝合作农作物优良品种试验站，开展农作物良种繁育、农作物种质资源保护、农作物品种综合试验以及新品种展示与人员培训等。中国农业部对试验站建设提供指导和相应资助。老挝农林部负责为试验站提供项目所需要的土地。试验站建设以中国农业部和老挝农林部每年确定具体项目方案实施。中国农业部指定广西农业职业技术学院作为中方实施单位。老挝农林部指定相关单位作为老挝执行单位。

GMS 环境合作

2006年实施的大湄公河次区域核心环境计划和

中越水稻迁飞性害虫防治合作座谈会与会人员　（百度网）

生物多样性保护走廊规划(CEP-BCI)为GMS国家的环境合作奠定良好基础。CEP-BCI项目为期10年,是亚行历年最大的技援项目,为加强次区域的生物多样性保护、减贫、提高环境管理能力与水平、提升次区域环境合作的能力建设起到了重要作用。

经过第一期的项目实施,广西境内取得了一系列的成果。推动了广西靖西邦亮省级自然保护区的成立,同时在省级和县级成立了项目管理办公室和由各政府部门组成的项目指导委员会,在项目示范区开展参与式农村社会经济调查、完成廊道地区土地利用规划和廊道设计方案、更新生物多样性调查的数据。项目一期工程扩大了中国参与GMS环境合作和生物多样性保护走廊建设的积极影响。项目二期(2012~2016年)于2011年底得到亚行批准,主要包括战略环评、生物多样性保护、气候变化和低碳发展以及可持续环境管理等内容。

GMS卫生合作

2012年,中国政府继续加强与大湄公河周边国家开展卫生合作。中国除继续执行与缅甸、老挝、越南等国家的艾滋病和疟疾防控合作项目外,还开展结核病、登革热病、高致病性禽流感等防控项目,合作项目不断增多,覆盖面积逐渐扩大。

中国为GMS五国举办多期培训班,培训一批疟疾防治、人感染高致病性禽流感和甲型H1N1流感监测方面的官员和专家以及跨境卫生合作项目方面的专业管理人才。大湄公河次区域是全球疟疾疫情流行最严重的地区之一。2012年9月大湄公河次区域公共卫生大会在昆明举行。老挝、越南、泰国、缅甸、柬埔寨等大湄公河次区域国家,及有关国际组织和高校的300余名专家学者参加大会,针对大湄公河次区域公共卫生领域所面临的问题进行探讨,分享学术科研成果。

GMS旅游合作

中国与GMS旅游合作　旅游合作是GMS成员国经济合作的重要组成部分和重点实施项目。《大湄公河次区域旅游业发展战略》在中国昆明召开的第二次GMS领导人会议上审议通过后,中国积极推进该旅游发展战略的实施,在旅游规划研究、旅游培训项目、基础设施建设、推进GMS旅游项目等多个方面开展工作,取得良好成果。中国和越南边境旅游合作项目取得新进展,中国国家旅游局与越南文化体育与旅游部签署旅游合作协议。

中国积极参与旅游人才培训合作。2012年9月9日,在中国广西召开第二期GMS高级旅游管理人才培训班。截至2012年,广西桂林市已经连续举办两期大湄公河次区域各国高级旅游管理人才培训班。举办时间一般在每年的9月,受训人员来自中国、柬埔寨、缅甸、老挝、越南、泰国六国的旅游行政管理部门的中高层官员。

中国与区域内各个国家之间的旅游合作越来越紧密,相互间互利共赢程度逐渐加深。特别是广西、云南两省与GMS其他5国相互之间的旅游量逐年增加,旅游业逐渐成为缅甸、柬埔寨、越南等相对落后国家和地区的支柱产业。

广西地理位置优越,自然环境和人文环境独特,地处中国与东盟自由贸易区中心和大湄公河次区域合作的东北部。具有丰富的面向国际竞争的旅游资源,旅游市场逐渐扩大。据广西旅游部门统计,2012年上半年,广西接待来自东盟国家的游客48.76万人次,比上年同期增长32.2%,占所有外国游客人数的54.3%。到广西旅游的十大客源国中包括越南和泰国两个GMS国家,越南居首位。

云南省充分利用区位优势独特、旅游资源品味高、旅游氛围浓厚和发展势头良好等有利条件,大力推进区域旅游合作,有力地拓展了旅游市场空间。云南省积极参与GMS各方开展互为旅游目的地营销,将昆明、石林、丽江、大理、西双版纳列为“湄公河明珠”景点,纳入GMS统一对外促销。云南省已经分别与越南、老挝等周边国家签订旅游合作协议或备忘录14份,编制完成《金四角旅游区跨国旅游线路规划》和《香格里拉—腾冲—密支那旅游区跨国旅游线路规划》,通过开辟多条旅游线路,开展边境旅游,举办旅游节庆活动,进行旅游项目投资、旅游管理人员培训等多方面的合作,促进跨国境旅游和边境旅游的发展。

GMS其他国家旅游业快速发展　泰国旅游业最发达。旅游业已经成为泰国外汇的主要来源之一。2012年泰国入境游客达2230万人次,比上年增长26%,创历史新高。2012年7月18日泰国旅游局发布数据显示,中国游客数量首次超过马来西亚成为泰最大旅客来源国,中国游客成为泰国旅游业增长的主要因素之一。

越南旅游业潜力巨大。2012年越南旅游业保持较快的增长速度,入境游客比上年增长9.5%,旅游业总收入增长23%。越南旅游业的预期目标是到2013年末实现旅游业总收入190万亿越盾,比2012年增长18.75%。其中国内旅游约3500万人次,增长7.7%,入境旅游720万人次,增长5.15%。

老挝旅游业稳步发展。旅游业已经成为老挝的第二大产业。老挝经济发展比较缓慢,很多地方的自然景色保持原生态,具有丰富的自然和人文景观。2012年旅游业为老挝带来约5.14亿美元的收入,入境游客总数超过300万人次,几乎达到老挝人口的一半。老挝旅游人数已由2006年的120万人次,上升到2012年的330万人次。老挝政府正致力于进一步完善基础设施和服务业,以吸引更多海外游客到老挝旅游。

缅甸改革、创新促进旅游业发展。缅甸政府在旅游业方面不断改革、创新、探索，颁布一些相关政策和法规。2012 年，为了吸引更多的国外旅游者，缅甸政府采取多项措施加强国际旅游合作，其中包括修复第二次世界大战期间著名的“死亡铁路”。2012 年 6 月起，缅甸对来自 27 个国家及地区人员实行仰光机场落地签证；8 月，又对来自中国香港和澳门地区的游客实行落地签证。缅甸被称为“未被破坏的净土”，被美国有线电视新闻网 CNN 评为世界第 3 最佳旅游目的地。2012 年，缅甸入境游客 100 多万人次，旅游收入 5.34 亿美元。

越南下龙湾一景 （百度网）

柬埔寨积极改善旅游环境。经过多年的发展，柬埔寨旅游业已经成为重要的创收产业之一。来自中国的游客逐渐增多。在今后的发展战略中，中国已成为柬埔寨的主要客源国之一。具体目标是到 2015 年吸引 50 万人次的中国游客。

GMS 教育、人力资源开发和科技交流与合作

中国政府高度重视 GMS 框架下的人力资源开发、教育及科技交流合作。根据各成员国的需求，采取多种形式与 GMS 各成员国进行定期交流和合作。

合作教育继续稳步推进 中国广西、云南高校不断与 GMS 各国开展合作办学，进行人才培训。在各高校开设多门东盟各国的语言课程，不断扩大留学生规模。每年还派遣工作人员赴越南、泰国、老挝、柬埔寨等国进行组织宣传。

在中国云南省的 68 所高校中，共建立 56 个小语种公共外语科研室，有 22 所高校开设 GMS 五国的小语种专业。在云南高校就读的留学生已有 2 万多人，其中来自周边国家的超过 60%，GMS 留学生接近 2/3，越南、泰国、缅甸等国家到云南留学的人数近几年呈增长态势。为继续加强中国云南与东盟国家人才交流，从 2004 年开始设立云南省政府招收周边国家留学生奖学金，资助金额由最初的 180 万元增至 400 多万元，每年可资助名额由最初的 70 名增至 180 名。

2012 年，中国广西与东盟双向互换交流留学生过万人，广西已经成为中国接受东盟国家留学生最多的省份。东盟国家到广西留学的学生有 9312 人，广西到东盟国家留学的学生有 5000 多人。广西将力争到 2015 年实现中国广西与东盟双方学生相互流动达到 3 万人，到 2020 年建设成为面向东盟的教育国际交流与合作高地，成为中国—东盟合作国际化人才的培养基地、向东盟国家输送汉语教师的输出基地、东盟国家专业人才的培养培训基地以及东盟国家青年学生出国留学的首选地之一，成为东盟问题的研究、咨询和服务中心。

除人才教育外，中国与 GMS 成员国在语言推广、专业技术合作方面也开辟多个领域，诸如农业技术、卫生、法律等领域内的各种合作培训项目不断增加。广西民族大学每年为 GMS 各国培养出很多法官及法律专业人才，并且为柬埔寨、老挝、越南等国家培养旅游管理高级人才 100 多人。2012 年 9 月 9 日，第二期 GMS 高级旅游管理人才培训班在桂林开班。来自中国、柬埔寨、缅甸、老挝、越南、泰国六国的旅游行政管理部门的中高层官员参加课程学习，培训期间还到桂林市、阳朔县及龙胜龙脊梯田等相关景区进行考察学习，开展相关教学和实践活动。

人力资源开发合作进一步拓展 中国政府高度重视与 GMS 各国间人力资源的开发，根据双方需要，定期举办多种专题研讨会及干部培训项目。中国云南省在承担 GMS 合作框架下的人力资源开发合作培训项目的同时，拨出专项经费为各成员国举办各种类型的培训班，为越南、老挝、柬埔寨、缅甸等国培养各方面的人才。为扩大与东盟人才的交流，2012 年广西相继成立中国—东盟商务会展人才培训中心等 5 个教育培训中心。

截至 2012 年，中国政府共举办 3 次人力资源和社会保障领域高层专题研讨会，就 GMS 各国在经济合作过程中的社会保障、就业、人力资源开发等问题进行交流和商讨。并且分别在泰国和老挝建立中泰、中老妇女培训中心。中国—东盟青年干部培训基地、中国—东盟妇女培训中心、中国—东盟青少年培训基地、中国—东盟人才资源开发与合作广西基地、中国—东盟法律培训基地、中国—东盟农资协会等相继落户南宁，为广西开展与 GMS 人力资源培训和教育文化交流创造条件。中国广西、云南两省份还参与“金边培训计划”，并为其提供资金支持。

GMS 贸易和投资合作

经贸论坛推动合作　中国积极参与 GMS 经济走廊建设，大力推动 GMS 次区域合作从交通合作逐步扩大到贸易和投资便利化合作，以 GMS 经济走廊论坛、研讨会、活动周等形式促进各国地方政府和企业的经贸交流。

2012 年 6 月 27 日，GMS 第 4 届经济走廊论坛在缅甸曼德勒举行，此次论坛的主题是：实施 GMS 新十年战略框架，加深 GMS 经济走廊合作。通过这一活动，GMS 各国企业合作打破长期以来机制较少、平台渠道单一的局面，达成 GMS 经贸和投资合作共识，就开展投资项目评估，促进环境友好型科技在农业、工业以及旅游业中的应用，减少污染和排放，提高资源使用效率，以及促进可再生能源利用，建设气候友好型生态能源项目，加强 GMS 国家间能源合作等问题进行讨论和协商。

推进贸易便利化　GMS 经济合作迈入新十年之际，中国对 GMS 国家的经贸合作明显提速。2012 年，中国对外贸易增长 6.2%，中国与东盟贸易增长 10.3%，中国与 GMS 国家贸易增长 18%。中国对越、老、柬、泰 4 国投资增速超过 100%。

中国政府十分重视区域内贸易和投资的便利化，积极落实 GMS 投资便利化战略行动框架，建立口岸信息平台，推出各港口实行 24 小时预约通关服务等 6 项便利化措施，提高口岸通关效率，完善签证政策，简化签证办理手续。在云南、广西设立口岸签证点，为 GMS 国家商务人员来华提供便利。为在中越、中老和中老泰相关口岸实施便利运输协定，中国海关积极参与海关过境监管以及相关执法合作的谈判工作，为在上述口岸实现交通和贸易便利化奠定了法律基础。在相关政策和措施的推动下，GMS 区域内成员国之间贸易和投资增长较快。2006 年中国与 GMS 国家的进出口总额为 400.88 亿美元，占同期中国对东盟国家贸易总额的 24.93%；到 2012 年，中国与 GMS 国家进出口总额达 1541.31 亿美元，占同期中国对东盟国家贸易总额的 38.52%，比上年上升 13.59 个百分点。

由表 1 和表 2 可以看出，从 2007 年至 2012 年，除 2009 年中泰、中柬进出口贸易总额增长出现负值外，中国与其他 GMS 国家都出现不同程度的增长。最近 5 年中国与越南、老挝、柬埔寨、泰国、缅甸贸易年平均增长率分别为 38.85%、47.74%、29.53%、16.05% 和 28.99%。从进口和出口方面进行对比，除泰国外中国对缅甸、老挝、越南和柬埔寨的贸易出口均大于进口。

表 1　中国与 GMS 其他五国进出口贸易情况（2012 年）

单位：亿美元

项目	中缅	中越	中泰	中老	中柬
进口	12.98	162.29	385.51	7.88	2.15
出口	56.74	342.13	311.97	9.37	27.08

资料来源：根据 UN comtrade 网站资料整理

GMS 禁毒与替代种植合作

2012 年，中国政府高度重视在禁毒领域与 GMS 国家之间的合作，采取一系列政策措施。在大湄公河次区域禁毒合作机制（MOU）及双边禁毒谅解备忘录和协议框架下，中国与 GMS 国家通过人员互访、联合执法、提供禁毒人员培训（累计为越南、老挝、缅甸、柬埔寨提供 24 期 740 人的培训）等形式开展双边及多边禁毒合作。

中国政府出台一系列专门政策，加大对境外替代种植的支持力度。一是安排专门的境外替代种植专项资金，对中国企业在缅甸、老挝北部从事替代种植、发展替代产业予以扶持。二是扩大进口返销产品的品种范围、延长进口配额的有效期。三是中国出口信用保险公司制定对企业开展境外替代种植项目予以保险支持的办法。四是向缅甸政府提供援助在缅北果敢地区实施毒品替代种植项目。五是为便利替代种植人员到境外开展工作制订灵活的措施。

替代种植吸纳了大量当地烟农参与，他们的收入得到提高。针对缅甸北部局势复杂多变、老挝北部罂粟种植反弹的形势，中国大力推进境外禁种除源战略，通过替代农产品返销进口和专项资金支持等方式，鼓励和支持国内企业到缅甸和老挝开展罂粟替代种植，发展替代产业。至 2012 年，中国云南近 200 家企业实施替代项目

表 2　中国与 GMS 五国的进出口总额情况（2007～2011 年）

金额单位：亿美元　增长率：%

年份	中越		中老		中柬		中泰		中缅	
	金额	增长率	金额	增长率	金额	增长率	金额	增长率	金额	增长率
2007	151.15	51.9	2.49	14.2	9.33	27.3	346.38	24.9	20.60	41.1
2008	194.60	28.8	4.16	67.1	11.30	21.1	412.53	19.1	26.26	27.5
2009	210.00	7.9	7.44	78.8	9.44	-16.5	382.00	-7.5	29.07	10.7
2010	300.94	43.0	10.55	40.3	14.41	52.6	529.47	38.6	44.44	53.2
2011	402.07	33.6	13.06	20.4	24.99	73.5	647.37	22.3	65.00	46.3
2012	727.63	80.97	17.25	32.08	29.23	16.97	697.48	7.74	69.72	7.26

资料来源：根据中国商务部网站和 UN comtrade 资料整理

200多个，累计投资16亿元。种植甘蔗、橡胶、玉米、水稻、木薯和热带水果等多种作物，种植面积达20多万公顷，并且利用当地的农作物进行加工再生产。替代企业还积极参与当地政府及禁毒部门组织的禁毒活动，包括为当地已实现罂粟禁种的村寨发放免费医疗卡、出资开办戒毒所、无偿收治吸毒人员等。

大湄公河次区域环境工作组第18次年会

2012年5月17～18日在云南景洪召开。中国、柬埔寨、老挝、缅甸、泰国、越南的环境部门高官，亚洲开发银行、联合国环境规划署、世界自然基金会以及芬兰、瑞典等国际组织或发展机构的代表共70余人参加会议。

会议认为，作为推动次区域可持续发展的坚定支持者和实践者，中国政府高度重视与次区域各国的合作。在亚洲开发银行及相关国际机构的支持下，通过大湄公河次区域核心环境项目特别是生物多样性走廊建设项目的实施，中国参与次区域环境合作地区在生态建设、能力发展、环保意识等方面取得明显成绩，并通过不断引入国际上先进的环保理念与经验，逐步在项目示范地区形成布局较为合理的自然保护区网络体系，有效提高了公众的生物多样性保护意识。与会者一致认为，参与次区域合作的中国云南省与广西壮族自治区环境质量总体保持平稳，环境管理能力有所提高，为流域可持续发展作出积极贡献。

大湄公河次区域（GMS）环境工作组（WGE）作为一个以项目推动为主的全面合作机制，10多年来在流域内的生物多样性走廊建设、自然资源保护、扶贫、流域环境监测等方面开展一系列具体合作。工作组提交的GMS经济廊道环境影响评价、生物多样性走廊建设、环境绩效评估、环境管理能力建设以及运营财务可持续发展等组成的第一期核心环境项目已顺利结束。

第4届GMS经济走廊活动周

2012年6月6日在昆明开幕。活动周以“开拓新领域探索新方式”为主题举办九大系列活动。GMS国家和地区的政府官员、工商界代表等共410人参加活动。活动内容主要有服务桥头堡、走出去论坛，GMS商务理事会第3次会议，GMS供应链服务联盟2012年会，GMS行业合作对接会和中老跨境经济合作区建设协商会议等。活动周取得多项成果，评出云南参与GMS合作20年突出贡献十大人物；达成GMS商务理事会第3次会议——昆明共识；推动中老跨境经济合作区规划建设取得实质性进展，成立中老边境经济合作区联合工作组；加快推动GMS国家互联互通，行业对接成效显著；促使参与GMS合作的企业覆盖面更广，成立中国云南华商投资贸易促进会。

GMS商务理事会第3次会议

2012年6月8日在中国昆明召开。由中国云南省商务厅和GMS商务理事会共同主办。主题是：“分享合作成果、创新发展空间”。

柬埔寨总理府事务部长赛莱·阔萨尔、柬埔寨前外交部部长斯索瓦·斯瑞、老挝总理府事务部副部长玫克·范拉克、泰国财政部副部长威蒙·将吉拉吴提琨分别致辞，老挝大使宋迪·本库先生、缅甸大使吴丁乌先生、越南大使阮文诗先生出席会议开幕式并讲话。

与会代表审议并通过《大湄公河次区域商务理事会——昆明共识》。《昆明共识》呼吁GMS各国工商界应积极参与执行《GMS经济合作新十年战略框架（2012～2020）》以及有关协议。GMS成员国应共同加快推动GMS的互联互通。加强GMS供应链服务体系建设，为区域内中小企业开展贸易、投资提供服务，形成优势互补、诚信实用、高效便捷的供应链服务体系。各国政府应加强协调，营造公平开放的贸易和投资环境，建立透明和规范的投资促进机制，鼓励和支持工商界合作，促进产业结构调整和产业升级。要加快推进《GMS便利客货跨境运输协定》和《GMS贸易投资便利化战略行动框架》的实施，实现区域内的跨境直达运输，推动人流、物流、商品流转区域内便利流动。

GMS第4届经济走廊论坛

2012年6月27日～29日在缅甸曼德勒举行。主题是：“实施GMS新十年战略框架，加深GMS经济走廊合作”。缅甸、老挝、越南、柬埔寨、泰国等GMS国家的经济部长和亚行的专家共100多人参加。中国商务

参加GMS第4届经济走廊论坛开幕式的各国官员合影　（百度网）

部李荣灿部长助理率中国代表团出席论坛并发表讲话。GMS各成员国认识到，通过确立重点地区、进行全方位协调和多部门合作这些新途径促进走廊发展需要各国国内和各国间进行更为紧密有力的协调。

GMS成立20周年庆祝活动

2012年9月14日在菲律宾马尼拉举行。中国、柬埔寨、老挝、缅甸、泰国、越南等GMS成员国的部长级官员、发展伙伴代表、亚行行长副行长等出席。20年来，GMS经济合作机制取得丰硕的成果，已成为区域经济合作机制及南南合作的典范。在促进次区域基础设施网络化初步形成，提升各成员国的整体竞争力，推动经济社会不断向前发展以及区域经济一体化进程持续等方面，GMS经济合作机制均发挥了重要作用。

对于GMS的未来合作，中国财政部部长助理张晓松提出三点建议：一是坚持软件和硬件合作并重。一方面要作好战略问题研究、政府间政策对话和协调、贸易和投资便利化及人力资源开发等软件领域的合作；另一方面，要加快经济走廊发展、城镇化和工业化、电力联网和贸易等硬件领域的建设。二是鼓励亚行多渠道动员资源，不断创新融资模式和途径，增加资金和智力投入，为次区域合作注入持久动力。三是继续深化次区域知识交流与共享，进一步加强成员国机构能力建设。

亚洲开发银行副行长斯蒂芬·格罗夫在开幕式致辞中表示，20年来，在GMS各成员国和亚行的共同努力下，GMS经济合作取得了丰硕的成果。亚行承诺将继续为GMS经济合作提供强有力的支持，与各成员国一道，共同为次区域的繁荣稳定和一体化作出积极的努力。与会国代表也分别在致辞中充分肯定GMS经济合作20年取得的成就，并对未来合作前景进行展望。

2012澜沧江·湄公河流域国家文化艺术节

2012年11月27日在中国云南西双版纳开幕，本届艺术节以搭建“和平友好 共同发展”交流平台为宗旨。通过中、老、缅、泰、柬、越艺术家的文化学术交流，向世界展示澜沧江·湄公河流域各国独具特色的资源优势和文化魅力。本届艺术节由开幕式晚会、西双版纳国际影像展、澜沧江·湄公河流域国家艺术商品街、美食街以及服饰展演、民族之秀等内容组成。

2012澜沧江·湄公河流域国家文化艺术节开幕式晚会场景　（百度网）

大湄公河次区域经济合作第18次部长级会议

2012年12月11～12日在广西南宁举行。GMS成员国的部长级政府官员，亚洲开发银行副行长史蒂芬·格罗夫，联合国亚太经济与社会理事会、国际移民组织等国际组织及有关域内外国家的代表出席。中国财政部部长谢旭人率中国代表团出席并主持会议。

谢旭人在致辞中充分肯定20年来GMS经济合作所取得的巨大成就，并提出三点建议：一是继续坚持务实合作，推动成员国稳增长、促发展。继续加强基础设施建设，提高贸易和投资便利化水平，推动经济走廊及其沿线城镇化和工业化，全面实现域内基础设施互联互通，提高次区域经济增长的包容性和可持续性。二是不断创新合作机制，为GMS经济合作的未来发展注入新活力。加强前瞻研究，发掘未来合作中各方利益交汇点，创新合作领域和融资模式，促进知识交流与分享。三是加强与其他亚洲区域合作机制的协作，更好地服务于亚洲区域经济一体化进程，为东盟共同体建设提供支持。

本次会议是2011年GMS第4次领导人会议通过《GMS2012～2022年合作战略框架》后召开的首次部长级会议，具有承上启下的重要意义。

会议以“新起点，新发展：巩固20年合作成果，提升未来合作水平”为主题，以GMS新十年战略为指引，就落实重点领域发展倡议、加强次区域项目投资、完善工作协调机制等议题进行深入探讨，取得多项成果。一是区域合作的制度性安排迈出新步伐。会议签署《关于成立区域电力协调中心的政府间谅解备忘录》，并决定成立GMS铁路联盟（GMRA）。这是开展GMS经济合作以来，首次以一种机制化的安排来促进域内基础设施的优化配置，标志着GMS经济合作在完善政策和项目协调机制方面迈出重要步伐。二是区域合作规划实施诞生新平台。本次会议就制定区域投资框架的关键问题达成共识，为下一步区域投资框架的制定指明方向。区域投资框架必将成为推动GMS经济合作继续向前发展的新的、有力的平台。三是区域合作能力建设迈上新台阶。会议批准《GMS 人力资源战略框架及行动计划(2013～2017 年)》,明确进一步加快建立 GMS 知识平台。GMS 知识平台的建立将有助于区域内国家更系统地开展知识交流、经验分享。会议还审议通过《实施降低 GMS 地区流动人口感染艾滋病风险备忘录的行动计划》以及与交通和贸易便利化相关的成果文件。与会代表普遍认为,此次部长级会议对完善 GMS 经济合作机制,推动落实新十年战略,加强新时期 GMS 重点领域合作具有重要指导意义,是 GMS 经济合作机制发展史上的又一里程碑。

(王术坤　黄　跃　赵明龙)

大湄公河次区域经济合作第 18 次部长级会议文件签署仪式　　（百度网）

中越“两廊一圈”区域合作

中越“两廊一圈”区域合作概况

“两廊一圈”的区域范围包括中国广西、云南、广东湛江市西部沿海地区、海南西部沿海地区以及越南的河内、海防、广宁等 10 个省市。“两廊一圈”中的“两廊”,是指分别从中国广西南宁和云南昆明为起点的两条经过越南首都河内通往越南海防、广宁的经济走廊。一条是东廊,由南宁—谅山—北江—北宁—河内—兴安—海阳—海防—广宁构成;一条是西廊,由昆明—老街—安沛—永富—河内—兴安—海阳—海防—广宁构成。“一圈”是指环北部湾经济圈,包括中国广西沿海地区、广东湛江及海南西部沿海地区和越南北方沿海地区(包括广宁、海防、太平、南定、宁平、清化、义安、河静、广平、广治 10 个省),主要港口有广西防城港、钦州、北海港,海南海口、洋浦、三亚港,以及越南的鸿基、海防、炉门港等,是中越两国交往便捷的海上通道。两个经济走廊分别从中国南宁、昆明出发,汇集到包括越南海防在内的环北部湾经济圈,从而构成幅员 14 万平方千米,总人口 3900 万的“两廊一圈”跨国次区域经济合作区域。

中越“两廊一圈”区域合作始于 2004 年,是中国、越南两国提出的推动双方区域经济合作的一项战略措施,是中越经贸合作的重要组成部分,也是中国—东盟次区域合作的一个重要组成部分。

2004 年 5 月 20 日,越南政府总理潘文凯访问中国期间,向温家宝总理提出中越两国建设“两廊一圈”的构想。该设想得到中国政府的积极响应。2004 年 10 月 6 日,温家宝总理对越南进行正式友好访问。中越两国政府于 10 月 8 日发表《中越联合公报》。公报强调两国之间在“长期稳定,面向未来,睦邻友好,全面合作”方针的指引下,从全局和战略高度出发,拓展互利合作,不断推动中越关系迅速、全面和深入发展。公报中重点提到双方同意在两国政府经贸合作委员会框架下成立专家组,积极探讨“昆明—老街—河内—海防—广宁”、“南宁—谅山—河内—海防—广宁”经济走廊和环北部湾经济圈的可行性。至此,“两廊一圈”进入两国政府的合作构想。

中越“两廊一圈”合作的目标是在两国边境省份间构筑一个平台,为双方企业及第三国企业开展经贸合作创造便利条件,形成推动两国经贸合作的新增长点。合作的重点领域包括双边贸易、农业、工业、旅游业、资源开发与加工、电力合作、基础设施建设、贸易自由化和流通便利化建设、环境保护及生态建设等。自 2004 年以来,中越双方依托“两廊一圈”平台,在交通、经贸、投资、跨境经济区、旅游、环保等方面开展合作,取得一定的成绩。

中越“两廊一圈”区域合作发展历程

2005 年 3 月 25 日,中越两国“两廊一圈”专家组第一次会议在越南河内举行,会议讨论“两廊一圈”合作的可行性和具体实施方案,同意共同编制关于“两廊一圈”合作的研究报告。此次会议标志着中越两国合作建设“两廊一圈”开始从设想走向实际操作。

2006 年 7 月 5 日,中越经贸合作专家组第二次会议在中国云南蒙自举行。双方就《中国—越南经贸合作专家组关于“两廊一圈”合作的研究报告》内容深入细致地交换意见,对报告内容和双方下一步工作原则达成一致。通过此次会议,中越双方进一步明确“两廊一圈”合作的方向和领域。

2006年11月16日，中越两国领导人在河内签署《中华人民共和国政府和越南社会主义共和国政府关于开展“两廊一圈”合作的谅解备忘录》，双方同意在“两廊一圈”范围内重点合作领域包括基础设施、货物和旅客运输、资源开发与加工、农业、旅游业等9个方面。两国同意首先开展在“两廊一圈”范围内的交通运输、资源开发与加工、口岸建设和贸易投资便利化等领域的合作，实施条件成熟的项目，逐步带动其他领域共同发展，以实现在两国边境省份间构筑一个平台，为双方企业及第三国企业开展经贸合作创造便利条件，使“两廊一圈”成为两国经济新增长点的目标。中越备忘录的签署为全面开展“两廊一圈”合作奠定了基本的合作框架。

2008年，中越双方将“两廊一圈”合作项目纳入《中越经贸合作五年发展规划》。

2011年10月11～15日，越南共产党中央委员会总书记阮富仲对中国进行正式访问。在此期间，双方领导人共同签署《中越2012～2016年经贸合作五年发展规划》等一系列协议，两国政府共同发表《中越联合声明》，声明强调：鼓励并为双方企业扩大长期互利合作、建设跨境合作区和“两廊一圈”合作创造有利条件。

2012年3月31日，中国国务院副总理李克强在海南博鳌会见出席博鳌亚洲论坛2012年年会的越南副总理黄中海，双方表示要落实好经贸合作五年发展规划，进一步加强经贸、人文等领域合作。3月26日，中越两国政府签署《中国越南两国政府关于共同建设北仑河二桥协定》及其《议定书》，双方还就尽快签署两国部门间《关于建立行车许可证制度协议》及在北仑河口地区划定自由航行区达成共识。

中越两国建设“两廊一圈”不仅在两国中央政府有共识，在两国地方政府也有积极响应。自2004年以来，广西积极响应中央政府的决策，自治区的主要领导每年均出访越南，与越方领导人就扩大以“两廊一圈”合作为重要内容的“一轴两翼”、泛北部湾区域经济合作进行广泛的交流，并达成重要共识。2008年4月3日，中共广西壮族自治区委员会书记郭声琨访问越南，他在会见越南政府总理阮晋勇时表示，广西非常重视发挥与越南山水相连的优势，积极参与中越两国领导人确定的“两廊一圈”区域合作。为进一步推进中国与东盟的合作，中国广西提出以“两廊一圈”为起点和基点，共同推进以泛北合作为重点的“一轴两翼”合作。“一轴两翼”是“两廊一圈”的拓展和延伸。推动“两廊一圈”和“一轴两翼”建设，为中越两国在更大范围、更宽领域、更高层次参与国际经济合作创造了新的机遇。同日在河内举行的中国广西—越南经贸合作推介会上，郭声琨还提出中越双方将在交通基础设施、加工制造业、农业、港口物流、中越跨境经济合作区建设、贸易投资便利化六大重点合作领域开展“两廊一圈”合作，越方对此表示支持和赞同。

中越“两廊一圈”区域合作新进展

2012年，中越“两廊一圈”区域合作在交通、经贸、旅游以及能源合作领域均取得新进展，为中越双边经济发展发挥巨大的推动作用。在交通合作方面，中国钦崇高速公路、靖西至龙邦高速公路、防城至东兴高速公路、昆明—河口高速公路及中越东兴二桥、水口二桥前期工作有序推进，沟通中越的陆路通道和沿海公路建设都取得新进展，广西沿海铁路建设亦随着南宁至钦州铁路的通电试运行而取得阶段性胜利。对接中国的河内至谅山高速公路项目可行性报告获得越南交通部的批准；河内至河口、河内至海防高速公路工程加紧推进。在经贸合作方面，中国东兴国家重点开发开放试验区启动建设，越南政府作出加快芒街市发展的决定，中越两国掀起边境经济区合作建设的新一轮热潮；钦州、凭祥物流保税系统日趋完善，功能逐步增强。旅游合作迈出新步伐，中越汽车运输新规定的出台，大大推进了两国边境旅游便利化，为两国不断深入开展旅游合作创造有利条件，两国公民出入境旅游日益升温。在能源合作方面，2012年中越双方恢复电力能源的出口业务合作。在贸易合作方面，中越两国国贸、边贸双双获得新发展，促进两国及边境地区进出口贸易健康发展。在加强东西“两廊”合作的同时，双方也在“一圈”范围内的相应领域加快自身建设，以期继续为推进“两廊一圈”合作奠定坚实的经济基础。

中越“两廊一圈”区域合作机制

2012年，中国广西与云南两省区分别与越南边境有关省市召开联合工作委员会会议，进一步推进中越边境地区合作机制建设。

2012年12月5～7日，中国广西与越南广宁、谅山、高平、河江四省联合工作委员会在越南高平省高平市举行第5次会晤。中国广西壮族自治区副主席蓝天立及越共中央委员、政府办公厅主任武德儋出席会晤并分别致辞。双方回顾联工委第4次会晤1年来有关共识落实情况。会议认为，联工委第4次会晤以来，双方区省及各有关部门履行职责，切实落实会晤共识，积极开展各领域的交流与合作，密切了双方友好合作关系，促进了边境地区经济社会的发展。本次会晤的主题为“友好合作、繁荣边界”。中国广西与越南四省就进一步加强双方在各领域的交流与合作进行广泛深入探讨，并在11个方面达成一系列重要共识：继续加强双方各级和民间互访往来，夯实友好基础；实行更加开放的政策，促进经贸投资合作；加强科技、农、林、渔业及水产养殖领域合作；积极开展文化、体育、教育交流合作；共同加强旅游产品开发、宣传推介和旅游管理合作；加强边境口岸、互市点建设运行及开放升格；加强边境交通基础设施建设，合力加快国际通道同步规划和建设；加快推进边境地区跨境经济合作区建设；共同加强边界管理及打击边界犯罪合作；加强双方通航界河船舶航行管理合作；加强进出口商品质量安全和疫情信息的沟通交流，加大对边境地区走私犯罪活动的打击力度。会晤结束后，于6日下午正式签署联工委第5次会晤备忘录。

2012年6月3日，中国云南省与越南河江、老街、莱州、奠边省联合工作组第4次会议在昆明举行。越南副总理阮善仁，中共云南省委副书记、省长李纪恒出席会议并致词。中国云南省副省长顾朝曦，越南老街省主席阮文咏、河江省副主席阮文山、莱州省副主席王文成、奠边省副主席黄文仁分别率各省代表团出席会议。云南省政府秘书长丁绍祥主持会议。会上，中国云南省和越南北部4省代表团团长作主旨演讲。双方积极评价联合工作组第3次会议以来各领域取得的合作成果，并希望进一步发挥联合工作组各职能部门作用，完善合作机制，推动双边各领域合作与交流。会议认为，两国各中央部委提早通关或升级龙富—阿巴寨、平河—乌马都汞、天保—清水口岸，为推进越南各地方与云南全面合作提供便利。提出逐步促进双边贸易平衡，研究并实施具有高科技含量、改善环境的若干合作项目。会议结束时，中越5省代表团团长共同签署《中国云南省与越南河江、老街、莱州、奠边省联合工作组第4次会议纪要》，5省公安部门共同签署《中国云南省与越南老街、河江、莱州、奠边省警务联络机制备忘录》，文山壮族苗族自治州与河江省签署《中国云南省文山州与越南河江省2012年至2015年合作规划》。

6月3日，中国云南省与越南河江、老街、莱州、奠边省联合工作组第4次会议在昆明举行 （云南网）

中越“两廊一圈”公路建设

2012年中越两国继续在公路建设方面的合作不断深化，公路网络对接进一步加强，各项建设取得新进展。

钦州至崇左高速公路 2012年12月31日正式通车。钦崇高速公路于2008年11月24日开工建设，起于中国钦州市钦南区黄屋屯镇米标村，与南宁至友谊关高速公路相接，主线长129千米，同时修建吴圩至上思县、板利至东门两条连接线。该高速公路采用双向四车道标准，路基宽26米，全线设置互通式立交7处，服务区两处、停车区3处，项目投资总额64.5亿元。

百色—靖西—那坡高速公路 2012年10月26日，随着靖西至那坡高速公路K40+200—K41+500段的开工，靖西至那坡高速公路进入路面施工阶段。

防城至东兴高速公路 项目全线位于中国广西防城港市境内，路线起于防城区大宝坝村，接钦防高速公路K18+660处，途经茅岭、防城、江平和东兴等8个乡镇，终于东兴市楠木山村，接县道X253线防城港至东兴一级公路，与规划建设的中越北仑河二桥引道相连，路线全长55.18千米。年内，防东高速公路全面完成路基土石方工程施工，所有桥梁和立交均完成架设，路基成形贯通。

南宁至钦州高速公路改扩建工程 2012年6月27日启动建设。该项目总里程约88千米，投资总额52亿元。

河内—谅山高速公路 越南交通运输部于2012年2月17日批复河内—谅山高速公路项目的最终可行性研究报告。决定拟投资14亿美元兴建河内—谅山高速公路。该公路全长158千米，起于谅山省境内的友谊关口岸，终于河内1A国道和5号国道交点，途经谅山、北宁、北江等省和河内市。公路计划建4～6车道，设计行车时速80～120千米。分两期建设，一期建4车道，二期扩宽至6车道。

水口—驮隆二桥 2012年3月8日，受中国国家发展改革委的委托，中国国际工程咨询公司在广西龙州县召开水口至驮隆中越界河二桥可行性报告现场调研评估会议。拟建的水口至驮隆二桥位于广西崇左市龙州县水口镇水口口岸，按一级公路标准设计，桥梁长约90米，投资总额3000万元。该项目的建设将减轻水口至驮隆一桥的运输压力，对建设中国—东盟自由贸易区陆路大通道，改善口岸交通条件有重要作用。

北仑河二桥　2012 年 8 月 5 ~ 8 日，受中国国家发展改革委委托，北京交科公路勘察设计院在广西召开中越北仑河公路二桥工程可行性研究报告现场调研及评估会议。8 月 7 ~ 8 日，广西壮族自治区发改委交通处派员赴东兴市进行现场调研，考察项目现场，并参加咨询意见交流会。拟建的中越北仑河公路二桥位于广西壮族自治区东兴市与越南广宁省芒街市交界的北仑河上，一桥下游约 3 千米处，桥长 618 米。

玉林至铁山港高速公路　中国广昆高速和兰海高速的连接线，是广西"四纵六横"公路网的重要组成部分，起于玉林市北流西琅镇白坟垌南面，接岑溪至兴业高速公路，止于北海市铁山港区北铁一级路上 4 号路东北方向 2.5 千米处，与兴港路对接于北铁一级路上。全线约 177 千米，设计行车时速主线 120 千米，一级公路联线 100 千米/小时。主线路宽 28 米，联线路宽 24.5 米。2012 年 12 月 6 日，高速公路土建路基工程顺利完成交工验收，2013 年 4 月 3 日通车运营。

雷州半岛环岛一级公路　2012 年 12 月 19 日动工，是中国广东湛江市"三环四通"交通网络的重要组成部分，全长 325 千米，投资总额 100 多亿元。其中徐闻段长 119.92 千米，首期动工的启动段从南山镇那涧村起，途经龙泉森林保护区、大汉三墩旅游区，跨过粤海铁路、通港公路，直到前山和家村，聚集了徐闻最优势的旅游资源，是当地今后经济社会发展的主动脉。

防城港市企沙客运站　位于中国广西防城港市港口区企沙镇，占地面积 4.73 公顷，按国家一级客运站标准建设，设计日发送旅客 12000 人次，建筑面积 25000 平方米，投资总额 6000 万元。项目由客运站大楼、停车场、城市公交车辆、出租换乘和运输生产附属设施等 4 部分组成。项目建设期为 2011 ~ 2013 年。

昆明南连接线高速公路　是中国《国道主干线系统规划布局方案》中"五纵七横"公路主骨架网络中 GZ65（上海—昆明—瑞丽）和 GZ40（二连浩特—昆明—河口）的重要组成部分，也是昆明主城路网规划的重要组成部分，全长 24.998 千米。按高速公路标准设计，公路主线道路为双向 6 车道沥青混凝土路面，设计行车时速 100 千米。工程投资总额 83 亿元。截至 2012 年 8 月 31 日，累计完成投资 32.33 亿元。

昆明至河口高速公路　长约 400 千米，起于中国昆明，止于越南河口。其中石林至锁龙寺高速公路于 2012 年 9 月通车。预计 2013 年 10 月全线贯通，届时从昆明到河口将实现全线高速。

老街至河内高速公路　全长 264 千米，起于越南河内内排—下龙高速公路，终于老街省金城工业商贸区。是昆明—海防交通走廊和湄公河次区域交通系统中的重要项目。第一期为内排至老街段，长 245 千米，投资总额 12.49 亿美元。

下龙—芒街高速公路　全长 151.5 千米。2012 年 9 月 13 日越南广宁省政府与泰国 Y - Thai 公共发展公司在广宁签订关于下龙—芒街高速公路项目投资立项、技术设备—施工图纸的研究合作备忘录。项目投资总额超过 21 亿美元，以 BOT 和 BT 或 PPP 形式投资。高速路分 6 车道，1 期工程为 4 车道。2013 年 1 季度动工建设。

中越"两廊一圈"铁路建设

广西沿海铁路扩能改造工程南宁—钦州铁路　始于中国南宁火车站东端，终于钦州北站。铁路全长 98.79 千米，投资总额 97.6 亿元，为国家 1 级双线电气化铁路，设计行车时速目标值 250 千米，牵引质量 4000 吨，满足开行双层集装箱列车运输条件。由中国铁建十四局集团承建，2008 年 12 月 11 日开始动工，2012 年 12 月 1 日通电试运行，为广西首条高速铁路。

广西沿海铁路扩能改造工程钦州北—防城港铁路　以货运为主，客货共线铁路。线路自广西钦州北引出，北接在建的钦州东站，经钦州市钦北区、钦南区，防城港市防城区、港口区，止于防城港站，正线全长 62.6 千米。国家 Ⅰ 级双线电气化铁路，旅客列车设计行车时速 250 千米，投资总额 49.9 亿元，工期 3 年。2009 年 6 月 23 日开工，2013 年初进行动车组试运行调试。

广西沿海铁路扩能改造工程钦州北—北海铁路　2009 年 6 月 23 日开工建设，投资总额 38 亿元，正线长度 99.45 千米，客货共线，属国铁 Ⅰ 级电气化双线铁路，设计行车时速 250 千米。2010 ~ 2012 年累计完成投资 30.5 亿元。

连接中国东兴和越南芒街的中越北仑河二桥效果图　（百度网）

田东至靖西铁路 2012年12月30日正式开通运营。全长39千米，有14座高风险溶岩隧道，共12.1千米，大小桥梁23座，共7.3千米，桥隧比达50%。

玉林至铁山港铁路 北起黎湛线玉林站Ⅱ场中心，经过玉林市福绵管理区、陆川县、博白县，钦州市浦北县，北海市合浦县，南至地方铁路铁山港支线。全长98.2千米，为国家Ⅰ级单线铁路，旅客列车设计时速160千米，全线设14个车站。2009年12月27日开工建设，2012年9月开始进入铺架阶段，预计2013年年底建成通车。

昆明至河口铁路 是泛亚铁路东线的重要组成部分，分两段建设。第一段为昆明至玉溪段的扩能改造工程，自昆明枢纽东南环线渠东站接轨，向南经昆明市晋宁县、玉溪市红塔区至玉溪南站与玉蒙铁路接轨，全长49.3千米。2010年11月28日开工，至2012年11月，累计完成投资15.49亿元，占投资总额的30.5%，工程预计于2013年下半年完工。完工后的昆明至玉溪的铁路将全线建成最高时速200千米的电气化铁路，从昆明乘坐城际列车前往玉溪预计可实现40分钟内到达。该工程通车后将促进滇中、滇南铁路网的形成。第二段为玉溪至蒙自铁路，是昆明—河口铁路主要部分，该铁路纵跨云南省玉溪市和红河州，全长141千米，设计行车时速120千米，批复投资44.69亿元。2005年12月15日开工建设，2013年1月1日全线开始铺架，预计2014年10月竣工。通车后，玉蒙铁路将与原有的昆（明）玉（溪）铁路和在建的蒙（自）河（口）铁路相连接，从河口出境连接越南铁路网到达河内。

中越“两廊一圈”内河港口航道建设

左江通道开发 作为珠江流域唯一的国际性河流，左江是中国直通东南亚国家最便捷的水运通道。随着珠江—西江经济带发展上升为中国国家战略，左江通道建设也提到重要议程。左江上溯水口河航道可达越南高平省高平市，由平而河航道可达越南谅山省谅山市。下游可沿西江航运干线通贵港、梧州、广州、珠海、深圳以及香港和澳门。随着广西壮族自治区打造西江亿吨黄金水道重大战略构想的提出和实施，左江作为珠江流域内唯一的国际性水道备受关注。如果说纵横广西境内的西江水系是连接珠三角与东南亚的水上大动脉，那么，左江便是这条大动脉进入东盟的“最后1千米”。从2008年开始，广西崇左市就把“打造左江国际航道”提上议事日程，提出“充分发挥左江支流优势，着力打造国际水路大通道、左江山水大画廊、城乡发展大动脉”的左江航运发展框架，以激发左江最大活力。崇左市以高昂姿态积极融入西江黄金水道建设中，并取得重大进展。一是《左江国际水运通道战略研究报告》于2011年9月20日通过专家评审。二是以《崇左港总体规划》为核心的规划编制工作取得重大突破，该规划于2012年10月获得广西壮族自治区人民政府批复。三是广西西江开发投资集团崇左投资有限公司于2011年10月8日挂牌成立，标志着西江黄金水道的主要支流——左江的规划建设进入实质阶段。四是项目前期工作取得重大突破，崇左港新环作业区初步设计报告已获自治区交通运输厅批复，崇左港濑湍作业区、扶绥将军岭作业区工程可行性研究报告已获自治区发改委批复。第一批合作项目包括扶绥将军岭港区及配套物流园区、濑湍作业区及配套物流园区、新环作业区一期工程，计划投资约11.89亿元。

崇左市编制的左江水运发展规划，包括近期规划、中期规划和远期规划。近期规划是尽快修复左江各水电站的过船设施，实现左江全线通航。下游正在建设的郁江老口航运枢纽2014年截留蓄水后，左江崇左以下航道将全线渠化，崇左至南宁可达到1000吨级航道标准。中期规划是要配套兴建一批港口，《崇左港总体规划》将崇左港划分为5个港区，有15个作业区，设计年吞吐能力达到4000万吨。远期规划，是力争在2020年前，将上金河口至宁明、龙州至水口、龙州至平而河全段全部建成500吨级航道，将宁明至在妙河段全部建成300吨级航道，形成“一干三线”，即以左江水运干线和平而河、水口河、明江河为主框架，干支畅通、江海直达、跨国运输、设施较为完善的国际航道网。届时，大吨位船舶可从越南谅山省和高平省沿西江水路网直通中国港澳地区。

边境界河航道普查 2012年，根据中越界河（广西段）航道养护工作任务要求，南宁航道管理局扎实推进该航道普查、测量工作。至2012年3月21日，航道普查外业已完成39.3千米，其中水口河8.3千米，平而河31千米，占总工作量的48.76%；航道测量外业已完成36.6千米，其中水口河7.1千米，平而河29.5千米，中国境内部分测量任务完成。

红河国际水道 中国云南最便捷的出海通道，从河口到越南重要海港海防航程仅486千米。红河航运历史悠久，从中国秦汉时期到民国初年，红河航运屡屡呈现繁荣景象。1907年，河口出入船只一度达到18431艘，盛极一时。而如今整个红河的在航船舶20吨以上的仅有16艘，20吨以下的有60艘，客船16艘。今昔对比，红河国际水道资源没有充分利用。红河云南境内段可通行20吨级船舶，而境外越南段可通行50吨至700吨级船舶。河口港以边民互市、边境贸易、商品集散、来料加工、边境旅游为主，中方在河口有各类机动船舶30余艘，越方平均每天有近10艘50吨级以下船舶来往于两国，但河口港尚无正规的码头设施。红河航运一旦开通，将成为贯通中越两国的重要经济命脉。在中国—东盟自由贸易区和昆明—河内—海防经济走廊建设的大背景下，云南红河州积极推进中越红河水路通道建设，红河航运前期工作顺利开展，

中方拟在河口建设国际港口——河口港,客货航运取道红河经越南安沛、越池、河内最终到达海防,预计投资1.2亿元。《云南省内河航运发展规划(2006~2020年)》对红河河口港作了定位:河口港主要为红河州和玉溪市经济发展服务,同时可吸引昆明市、曲靖及西南的四川省、贵州省出口到越南、东南亚等地区的部分物资到此中转。特殊的区位条件使河口港在普通客运和旅游客运方面发挥重要作用。河口港将发展成为滇东南地区对外开放的重要口岸,将承担外贸货物、客运等水陆中转业务,成为云南省东南部地区与东南亚地区贸易的集散地,为腹地外向型经济发展服务。

红河国际航运建设前期工作加紧进行。《红河航运发展规划报告》由云南省水运规划办公室和云南省水运规划设计研究院编制,于2008年12月28日通过交通部规划司、云南省发改委等有关部门的评审。2012年2月,受交通部委托由天津水运工程研究院承担的"红河航运复航"的研究课题已结题。

中越"两廊一圈"沿海港口建设

钦州港　位于中国广西钦州市钦南区的钦州港经济开发区,分为金谷工业园和金光工业园。管辖7个社区(不设乡镇建制),常住人口9万,流动人口8万。1996年6月,广西壮族自治区人民政府批准设立省级钦州港经济开发区,开发区筹备工作正式启动。此后,钦州港建设进入快速发展阶段。2008年5月,中国国务院批准在钦州港设立中国第六个保税港区——钦州保税港区。2012年,开发区共实施项目108个,其中列为自治区、市重点项目81个。为确保项目顺利推进,开发区调动所有行政资源,全力以赴开展征地拆迁工作,保证项目建设按时推进,天恒石化、嘉华钛白粉、金桂林浆纸、玉柴石化二期等一大批项目快速建设。同年,钦州港30万吨级主航道竣工,30万吨级油码头水工部分建成,天盛勒沟7万吨级散货码头等一批深水码头先后投产,港口吞吐能力接近1亿吨。

北海港　地处中国广西南陲,南海北部湾畔,是广西对外开放的重要港口。2012年完成港口货物吞吐量1757.43万吨。在码头建设方面,2010年7月北部湾港务集团投资建设的石步岭港区邮轮码头正式开工,该工程被列入2008~2012年广西北部湾经济区大港口建设项目计划,主要包括新建2万、3万和5万吨级多用途泊位码头各1个,设计通过能力200万吨。5号泊位于2012年7月正式投产。

防城港　位于中国广西防城港市,中国的深水良港,西部地区第一大港,有着明显的区位优势。2012年防城港港口建设成绩显著:实现亿吨大港的两大标志性项目相继建成并投入运营。403~407号泊位投入运营,18~22号泊位技术改造项目的码头前沿栈桥基础工程完工,B101~102斗轮堆取料机投产,比计划提前近1个月,港口货物吞吐量提升20%以上。至此,防城港万吨级以上泊位达到30个,新增港口货物吞吐能力2705万吨。至2012年12月23日,防城港市港口吞吐量突破亿吨大关。

海口港　位于中国海南省海口市,现有秀英、海甸、新海及马村4个港区,位于城市中心的秀英港和海甸港根据规划全部搬迁至马村港和新海港,秀英港将转变为兼有邮轮游艇码头、主题公园等在内的城市服务综合体。海口港从2003年开始进行二期深水泊位起步工程的前期工作,2006年12月19日开工建设,2009年6月18日投入试运行。项目投产试运行至2012年1月,共完成出入境船舶2590艘次,外贸箱集装箱32万标准箱。2012年12月21日海口港单港集装箱吞吐量突破100万箱,跻身"单港百万标箱大港"行列。在新增港口建设项目方面,2012年3月23日海口港新海港区客货滚装码头工程正式开工,该工程投资总额24亿元,分两期建设,将建成18个3000~10000吨级泊位,到"十二五"期末年吞吐能力将超过310万辆次汽车和2000万人次。

洋浦港　位于洋浦经济开发区,地处中国海南儋县西北部洋浦湾东海岸,洋浦港水域由洋浦湾和新英湾组成。2007年9月,中国第四个保税港区——洋浦保税港区经国务院批准设立。早期形成的粮食仓储加工产业焕发了新生机,洋浦粮库、海发面粉等企业开始转型,洋浦粮库扩建二期工程在建,50万吨/年进口东南亚大米加工基地等粮食进出口贸易、加工项目按计划推进。2012年10月11日下午,中国国家口岸办验收组成员认真审议后一致认为海南洋浦港口岸神头港

3月23日,中国海南省海口港新海港区客货滚装码头工程开工建设(百度网)

区已经具备对外开放条件，神头港区顺利通过验收，使洋浦对外开放水域进一步扩大，标志着洋浦将成为中国南海最大的进出口港口。

中越“两廊一圈”运输便利化合作

2012年，根据《中华人民共和国政府和越南社会主义共和国政府关于修改中越汽车运输协定的议定书》和《中华人民共和国政府和越南社会主义共和国政府关于实施中越汽车运输协定的议定书》的有关内容，两国间的运输规模与范围有所扩大。第一，取消了关于客货运输车辆只能在各自边境省的城镇转运和边境地区居民点换装的规定，将运输范围扩大到两国非边境地区，将运输方式由转运、换装改为点到点的直达运输。第二，实现中越间公务车辆相互驶入的历史性突破。第三，两国将新增中国龙邦口岸—越南茶岭出入境口岸和10条客货运输线路，中国广西占一半，分别是南宁至河内、南宁至海防、桂林至河内、崇左至下龙、百色至高平。同时，为了更好地管理，还将强化出入境通行、检查以及运输市场管理。过去只有3种行车许可证，今后会启用新版的国际汽车运输行车许可证，行车许可证种类由3种增加至7种，增加D、E、F、G种行车许可证，D种行车许可证用于危险货物运输和超限货物运输，E、F、G种行车许可证用于超出两国边境地区的运输。此外，对车辆及人员条件、证件进行了明确，从治理超限超载、设备安全、排放环保、第三者责任强制险的角度对车辆进行了规范，明确缔约一方的运输车辆在缔约另一方领土上行驶，须悬挂本国车辆号牌、粘贴国际道路运输行车许可证，驾驶员随车携带本国车辆行驶证、驾驶证、护照等相关证件和单据。

中越“两廊一圈”园区建设

东兴国家重点开发开放试验区　2012年9月22日，借第9届中国—东盟博览会东风，中国广西壮族自治区政府召开广西东兴国家重点开发开放试验区专场推介会，向与会东盟10国商家介绍东兴区位、港口、生态、产业、经济、政策优势。《广西东兴国家重点开发开放试验区实施方案》于2012年7月获中国国务院批准，东兴倾力打造“边境特区，西部深圳”。8月17日上午，重点开发开放试验区建设工作会议在东兴召开，全面启动重点开发开放试验区建设。按照国务院批准的实施方案，试验区将建设成为中国—东盟战略合作先行区、沿边地区经济增长极、国际通道重要枢纽以及睦邻安邻富邻示范区。按照广西北部湾经济区的整体布局和东兴试验区地理特征、发展水平及环境承载力，试验区重点布局国际经贸区、港口物流区、国际商务区、临港工业区、生态农业区等五大功能区。

凭祥跨境经济合作区　2009年以来，中国广西凭祥市全面实施推山填沟造平地工程，加快推进中越凭祥—同登跨境经济合作区建设，实现边境通道互连互通。累计投入11亿元开展全市互市贸易基础设施建设，中越浦寨—清新、弄怀—谷楠、叫隘—那行3条跨境通道及浦寨越卡监管大门先后建成投入使用，弄怀中卡验货场一期工程完工投入使用，叫隘边贸互市点基础设施建设二期工程、油隘边贸互市点基础设施建设一期工程正抓紧开展前期工作。同时，先行推动中越跨境合作区浦寨（弄怀）边贸旅游区建设，在政策支持、运作模式等方面进行先行先试，为全面建设中越跨境合作区浦寨（弄怀）边贸旅游区积累经验。凭祥市积极推进口岸边贸点软硬件基础设施建设，进一步规范边境贸易货物监管，加快汽摩配综合市场、农副产品专业市场等有形市场建设。浦寨、弄怀是跨境经济合作区的重要组成部分，将通过建设专用通道使两个边贸市场连成一片，为边贸旅游区先行先试奠定基础。

中越边境中草药材商贸物流基地　2012年12月10日，广西壮族自治区重点项目——中越边境中草药材商贸物流基地（宁明爱店）项目（暨广西宁明爱店中药城）开工仪式在宁明县爱店镇举行。该项目位于广西第一个获得国务院批准的中药材进出口口岸——崇左市宁明县爱店镇口岸。爱店是中国面向东盟的重要陆路口岸，拥有得天独厚的中草药材商贸物流传统优势，是中国面向东盟国家出口的大型中草药市场。该项目由广西云天实业有限公司投资开发建设并运营。项目占地约30公顷，建筑面积约45万平方米，规划有交易展示、研发加工、配套服务、仓储物流等四大功能区，投资总额约10亿元，计划打造中国—东盟国际区域内规模最大、功能最全、影响力最广的中药材商贸物流集散基地。

河口—老街跨境经济合作区　2010年6月8日，在第18届昆交会上中越跨境经济合作区建设指导委员会第3次会议讨论通过《关于加快推进中国河口—越南老街跨境经济合作区研究和建设合作的框架协议》，并由中国云南省和越南老街省正式签署该框架协议。跨境合作区由中国河口国际口岸北山片区和越南老街金城商贸区对接而成的5.35平方千米为核心区域，将大力发展现代物流、国际会展、进出口保税加工、金融保险服务、宾馆餐饮等产业。而在河口北山片区、蒙自红河工业园区、越南老街口岸经济区及腾龙工业区，合计规划总面积129.85平方千米的拓展区域，重点发展农林渔产品深加工、矿产资源和有色金属深加工、化工及化肥生产、机电产品加工和保税区等特色工业园区，成为承接发达地区产业转移的出口加工基地。中国云南河口北山口岸区和越南老街金城商贸区都制订发展规划和招商引资计划，并按照各自的步骤向前推进。

铁山港（龙潭）组团龙潭产业园　《广西北部湾经济区发展规划》中规划建设的5个功能组团之一，组团

包括北海铁山港工业园和玉林龙潭产业园。

北海铁山港工业园距北海市区41千米,位于北铁一级公路东端,东临铁山港湾,南邻北海电厂,北至新龙码头,西抵规划中的6号路,规划用地总面积677.6公顷。2006年广西北部湾经济区成立后,作为三大重点临海工业区之一的铁山港工业区应时而生。2009年5月,北海市与中国石化集团公司在北海铁山港工业区共建具有国际先进水平、具备核心竞争力的生态石化区;2010年3月,北海炼化项目全面开工,18个月后建成一个国际一流、国内领先的现代化石化产业项目;2011年3月,北海诚德新材料项目一期竣工投产;2012年1月1日,北海炼化打通了全流程,首车合格液化气运送出厂,实现一次性投产成功。2012年,铁山港工业区规模以上工业总产值达428亿元,比上年增长252.16%,产业集聚效能逐步释放。

玉林龙潭产业园于2008年5月成立,位于广西北部湾经济区五大功能组团之一的铁山港(龙潭)组团所在地的博白县龙潭镇,地处两省三县(市)的交汇处,毗邻北海港(98千米)、湛江港(105千米)、规划中的铁山港东岸码头(20千米),325国道、216省道、渝湛高速及正在建设的玉林至铁山港高速公路在境内纵横交织,规划中的合浦至河唇铁路从产业园中部通过,区位优势十分明显。自2008年5月组建以来,产业园基础建设取得重大进展。园区路网方面,南北1号路、龙腾路已于2010年建成通车,南大道、南区配套路网在建。供水排污方面,伟业水厂达到2万吨/日供水规模,垃圾处理厂于2011年10月竣工投入使用,污水处理厂主体工程即将完成。电网建设方面,3座110千伏变电站已经建成投入使用,供电可靠性达到99.9%。配套设施方面,产业园商务大厦已投入使用,产业园孵化中心在建,园区工作和生活条件明显改善。产业园已集聚25家企业,投资总额55.7亿元,临海产业集群已成雏形。其中,建成投产14家,投资总额22.9亿元,在建11家,投资总额32.8亿元。

北海出口加工区　2003年3月10日经国务院批准设立,规划面积1.454平方千米,首期封关面积1.135平方千米。同年12月26日通过海关总署等国家8部委联合验收组验收,于2005年4月正式运作,当年进出口总额突破1000万美元。2007年,进出口总额突破两亿美元大关;累计引进项目37个,项目投资总额35亿元,累计实现进出口额2.6亿美元。2008年,开始规划建设北海出口加工区B区;7月,北海出口加工区铁山港分区正式动工建设。全年完成进出口总额3亿美元(含国内采购、深加工结转及转关),比上年增长50%以上。累计引进项目43个,项目投资总额45亿元。2009年,工业总产值超过17亿元。2010年,完成工业总产值73.78亿元,进出口总额超过9亿美元。进出口业绩位居中西部(含东北)地区22个海关特殊监管区第三位(仅次于成都、西安),并获准成为国家级加工贸易梯度转移重点承接地,推动北海成为广西最重要的电子信息产业基地。2011年,实现规模以上工业产值108.3亿元,是2008年的24倍;实现进出口值(含保税物流货值)16亿美元,是2008年的5倍;实现税收1.33亿元,是2008年的13倍。2012年3月7日,中国国务院办公厅复函广西壮族自治区人民政府和海关总署,同意扩大广西北海出口加工区规划范围。扩大后的北海出口加工区规划面积3.296平方千米,共分为两个区块。其中,区块一(A区)为北海出口加工区现有区域,规划面积1.454平方千米;区块二(B区)位于铁山港区,规划面积为1.842平方千米。按照计划,未来5~10年,将完成北海出口加工区B区及配套产业园区的开发建设和招商引资工作,力争工业总产值达到700亿元以上,成为名副其实的加工制造基地和保税物流中心,最终建设成布局合理、配套完善、环境优美、全国一流的生态型出口加工区。

北海出口加工区　　(百度网)

中越深圳—海防经贸合作区　2012年11月28日,在首届广东国际交流合作周系列活动之第3届中国(广东)—东盟合作论坛暨中国·越南(深圳—海防)经贸合作区推介会上,深圳市深越联合投资有限公司与宁波市百隆东方股份有限公司正式签约,使百隆东方成为第一个入驻中国·越南(深圳—海防)经贸合作区的企业,同时也标志着历经4年筹备的中国·越南(深圳—海防)经贸合作区正式启动运作。合作区位于越南海防市安阳县境内,距越南首都河内85千米。占地面积800公顷,开发建设面积超过230公顷,其中包括厂房180公顷,仓储设施40公顷,公共服务平台10公顷。首期投入使用的196公顷土地正在进行七通一平的开发,2013年6月将可提供具备建厂条件的熟地,并基本完成招商工作;计划于2015年全面完成项目的开发建设及招商引资工作。

广西钦州保税港区　2012年12月10日,钦州保税港区二三期路网工程暨酒类检测中心开工仪式在港区举行,标志着钦州保税港区二三期建设进入实质性建设实施阶段,也标志着以进口酒类等六大特色主导产业发展取得重大突破,掀起保税港区新一轮的开发建设热潮。钦州保税港区二三期路网工程建设道路总长约24千米,包括“四纵八横”12条道路,投资总额8.4亿元。其中二号路、三号路、黄海路、港区九大街、港区十二大街等“三纵两横”5条主干道路总长约10千米,概算投资4.7亿元。钦州保税港区进口酒类检测中心规划建设进口酒类检测实验室约3000平方米,占地约0.33公顷,投资总额3075万元。项目分两期建设,其中一期计划建设实验室约2100平方米,投资总额1500万元,二期工程正在筹划。年内,广西钦州保税港区运营发展取得良好成效,全年完成集装箱吞吐量47.4万标箱,比上年增长18%,其中内贸完成45.3万标箱,增长17.7%,外贸完成2万标箱,增长20.7%;全年内外贸易总额301亿元,增长61.83%;外贸进出口总额27亿美元,增长2倍,总量跃居广西14个口岸第3位,增速名列中国各保税港区的第2位;港口吞吐量1150万吨,增长59%;入区企业115家,其中2012年引进企业44家。

凭祥综合保税区　凭祥—同登跨境经济合作区的配套项目,规划面积8.5平方千米,于2011年9月30日正式封关运营,吸引首批10个项目入区,涵盖物流、贸易、加工等企业。2012年9月16日,随着27辆崭新的厦工工程机械驶入广西凭祥综合保税区,首批机电产品的顺利通关,标志着广西凭祥综合保税区机电产品展示中心正式启动运营。这批厦工工程机械由广西达诚天基投资有限公司经营,货值达1500万元。广西达诚天基投资有限公司携手厦工投资广西凭祥综合保税区,充分利用广西凭祥综合保税区这个中国通往东盟的陆路主通道,发挥厦工工程机械的品牌优势,开拓东盟国家新的合作商机。

中越“两廊一圈”贸易合作

中越两国一直以来十分重视贸易合作。2011年,中越双边贸易额达402.1亿美元,比上年增长33.6%。其中,中方出口290.9亿美元,增长25.9%;进口111.2亿美元,增长59.1%。2012年,中越贸易额为504.4亿美元,增长25.4%。其中,中方出口342.1亿美元,增长17.6%;进口162.3亿美元,增长46%。

中国广西与越南边境贸易得到较快发展。边境小额贸易已成为广西对外贸易的重要组成部分。据海关统计,2012年广西对越贸易额为97.3亿美元,比上年增长28.4%。2002~2012年广西边境小额贸易进出口货物286.67亿美元,年均增长40%。在广西东兴市,每天参与互市贸易的固定边民超过3万人。2012年东兴市中越边贸成交额达30亿美元,比上年增长34%,其中边民互市贸易进出口总额达24.7亿美元,增长63%。出口越南的货物主要有机械设备、电器等,占货物运输总量的81.09%,轻工、医药产品占9.57%,木材占6.82%。

中国云南与越南双方贸易合作日益加深,滇越贸易整体维持较为强劲的增长势头。2011年滇越贸易额超过10亿美元。2012年中国河口海关共监管进出境货物132.3万吨,货运总值8.225亿美元;电力出口13.7亿千瓦时,贸易额8266万美元;监管进出境旅客330余万人次,进出境运输工具11.6万辆。电力贸易是滇越贸易的一个亮点,自2004年9月起至2012年底,云南对越出口电力累计收入12.43亿美元。

中越“两廊一圈”旅游合作

桂越旅游合作　2012年,中国广西凭祥市接待旅游总人数293.26万人次,比上年增长7.1%;旅游总收入17.97亿元人民币,增长13.16%;其中,接待入境旅游人数(过夜)11.95万人次。凭祥中越边境异地办证业务共审批出境旅游人员3.37万人次。广西东兴市2012年接待游客478万人次,增长22.8%;旅游总收入35.8亿元,增长17.6%。

广西三大旅游试验区建设有序推进。2009年12月,《国务院关于进一步促进广西经济社会发展的若干意见》中提出建设桂林国家旅游综合改革试验区、中越跨国旅游合作区、涠洲岛旅游区(简称“三区”),自此广西开始把实施“三区”建设,作为促进广西旅游产业科学发展的重大机遇和推动广西经济社会又好又快发展的重大机遇,至2012年,“三区”的建设已经取得实质性进展。为全力推进桂林国家旅游综合改革试验区建设,自治区专门成立桂林国家旅游综合改革试验区建设工作领导小组,自治区旅游局安排专项经费,启动《桂林国家旅游综合改革试验区总体方案及规划纲要》编制工作,并多次在桂林召开国家旅游综合改革试验区建设专题协商会,就建设桂林国家旅游综合改革试验区出现的问题进行专题研究。同时,经过大量的前期工作,依托大新德天瀑布为中心建设的中越跨国旅游合作区前期工作已基本完成。此前,中国国家旅游局与越南国家旅游总局就德天景区合作开发框架协议进行磋商。为高起点、高标准全力推进涠洲岛开发建设,广西壮族自治区旅游局组织开展《北海涠洲岛旅游区发展规划》的编制工作,并邀请国家旅游局，以及世界旅游组织、中国国务院政策研究室、国家发展改革委、中国科学院、中国社会科学院、北京交通大学等单位的专家给予智力支持。广西壮族自治区政府还成立涠洲岛旅游开发建设工作领导小组，协调北海市政府、自治区旅游局、北部湾办、发改委、财政厅、国土厅、文化厅和海洋局等12个成员单位通力合作，全力保障涠洲岛的开发建设。2010年，《北海涠洲岛旅游区发展规划》的获准实施，涠洲岛成为继海南岛之后，中国第二个被明确定位为发展国际高端休闲度假旅游的海岛。2011年8月26日，广西在涠洲岛启动投资总额逾3亿元的首批10个旅游基础设施项目。这批以生态环保设施为主的项目涵盖景区及道路绿化、地质遗迹保护、垃圾污水处理、游客服务中心及酒店设施等。2012年12月14日，24个涉及旅游基础设施及配套设施的项目在涠洲岛开工、竣工。开工项目包括污水处理厂一期、西南海岸整治修复、自然保护区湿地生态保护等15个项目，投资总额11.2亿元。竣工项目投资总额1.3亿元，包括城乡风貌改造一期、鳄鱼山景区地质遗迹保护一期、天主教堂修缮及广场改造等9个项目。截至2012年12月27日，涠洲岛旅游区接待上岛游客45.26万人次，比上年增长6.84%。

经典中越边境旅游专线适时推出。2012年1月1日，最经典的中越旅游专线启动仪式在南宁举行，隆重推出以“千古岩画、神奇边关、越南风情、边贸盛景”为特色的经典中越旅游专线，游客凭身份证即可出国体验特色越南风情。中越旅游专线由凭祥和平国际旅行社、宁明花山风景区、崇左中越国际旅行社、广西超大集团、南宁维也纳酒店、南宁千色旅游营销管理有限公司联手打造。此次推出的专线有南宁—花山—友谊关—浦寨—越南新清一日游，南宁—花山—热带植物园—南山红木—友谊关—浦寨—越南新清二日游，南宁—凭祥浦寨边贸城—越南新清自由贸易区一日游三条旅游专线。这是广西利用旅游资源，联合各大旅游公司为广大旅游爱好者推出的最经典中越旅游专线。

防城港至下龙湾旅游航线复航。2012年9月27日，载有参与防城港—下龙航线试航的防城港市代表团的中国连珠湖号旅游船泊靠鸿基港。11月3日，首批120名旅客乘坐高速客轮从防城港出发，沿着“海上胡志明小道”穿越下龙湾风景区，到达越南鸿基港口，然后换乘游船游览下龙湾。这标志着广西防城港至越南下龙湾海上旅游航线正式恢复运营。

滇越旅游合作　滇越旅游合作日益为双方所重视，双方在开展跨境旅游领域合作上有新的期望和要求，为共同打造云南—越南国际旅游黄金线路采取一系列措施。首先，进一步简化出入境手续。2011年1月1日，中国河口口岸恢复边境旅游异地办证工作，开辟红河州河口县至越南老街省沙巴县2日游、红河州河口县至越南广宁省8日游。其次，推进河口旅游二次创业。河口县利用河口口岸的区位优势，在中国—东盟自由贸易区建成利好形势下，加快旅游转型升级，不断巩固和拓展出入境旅游，加强与国外旅游行业的交流与合作，强力推进河口—老街—河内—下龙湾旅游，河口—老街—河内—下龙湾—胡志明市—芽庄旅游等精品旅游线路，力促中越双方边境旅游合作向纵深发展。再次，打造旅游特色村。为适应中越边境旅游发展需要，2011年8月，红河哈尼族彝族自治州出台《红河州旅游特色村建设标准(试行)》，在全自治州启动乡村旅游标准化建设工作，从全自治州1195个行政村和9633个自然村中选出40个乡村作为旅游特色村建设示范点进行重点打造。重点从旅游基础设施、旅游服务接待设施、安全设施建设，以及旅游服务机制和管理等方面，按标准化建设要求对全自治州乡村旅游特色村建设作出规范。2012年河口县与越南的旅游合作取得较大进展，全县接待国内外旅游者174.5万人次，比上年增长10.4%；旅游业总收入9.47亿元，增长12.5%；旅游企业接待75.9万人次，增长11.7%；旅游企业营业收入2.3亿元，增长22.8%。据云南河口边检部门统计，2012年河口口岸通关旅客318.09万人次，其中组团跨境游旅客27.6万人次，比上年增长8.6%。

中越“两廊一圈”能源合作

2012年，中越两国电力合作仍是中越两国能源合

1月1日，最具经典的中越旅游专线启动仪式在广西南宁举行　（百度网）

作的主要内容。2012年上半年，因受中国国内电力短缺、越南对中国电力需求降低等因素影响，广西电网公司与越南第一电力公司签订协议，暂停对越出口电力。这是自2006年广西电网公司通过东兴市深沟变电站向越南出口电力以来首次向越南暂停出口电力。2012年10月初，由于越南国内电力开始趋于紧张，越南不得不再次向中国购电，广西电网公司即通过东兴深沟变电站向越南出口电力2451.8万千瓦时，价值149.1万美元。年内，广西电网公司通过东兴深沟变电站出口电力6658.57万千瓦时，价值404.84万美元。其中，12月出口电力906.63万千瓦时，价值55.12万美元。云南水电资源非常丰富，自2004年以来加强对越南的电力出口。云南电网公司数据显示：2012年1～10月，云南电网公司4条对越送电线路累计出口电力收入达1.60亿美元；自2004年9月25日起至2012年12月31日，对越送电累计出口电力收入12.43亿美元。

越南小中河水电站　2012年11月28日，由中国云南电网公司和越南北方电力总公司共同投资建设的小中河水电站首台机组顺利并网发电，这是中国和越南合作的首个水电投资项目。小中河电站位于越南老街省沙巴县达万乡境内的小中河，距老街60千米，装机2×11兆瓦，年发电量近1亿千瓦时，最高水头达863米，是东南亚第一高水头卧式机组电站。小中河水电站由中国云南电网公司持股49%、越南北方电力总公司持股51%，负责具体实施。项目概算投资7760亿越南盾，公司注册资本金占项目总投资的33%，各股东方按照股比投入。其中中国云南电网公司共向该项目投入资本金703.47万美元。2006年11月14日，越中电力投资有限公司在越南河内挂牌成立，2008年5月小中河水电站动工，2012年11月28日第一台机组投产发电，所发电量接入越南国家电网。

钦州大型火电厂　位于中国广西钦州市钦州港区，一期工程2005年5月23日开工建设。电厂规划容量4×600兆瓦。2007年8月第一台机组投产发电，同年12月第二台机组投产。2012年10月16日，国投广西钦州电厂二期2×1000兆瓦机组工程在钦州港经济技术开发区启动。二期工程完工后，国投钦州电厂将成为广西装机容量最大的火电厂和西电东送的重要电源支撑点。

海防火电厂　一期工程2×300兆瓦机组工程项目是越南装机容量最大的火电项目之一，同时也是中国企业在越南承建的第一座300兆瓦机组的热电厂。该工程2006年5月开工建设，中国企业获得越南海防2×300兆瓦火电机组工程施工总承包，1号机组PAC所有任务于2011年11月15日胜利完成。至此，越南海防火电厂一期2×300兆瓦机组全面实现PAC目标。

防城港核电站　位于中国广西壮族自治区防城港市港口区光坡镇红沙村，规划建设6台百万千瓦级核电机组，一期建设两台单机容量为百万千瓦的核电机组。一期工程2010年7月30日开工，截至2012年底，累计完成工程量52%。预计首台机组将于2015年初投入商业运行。首期两台机组建成后，每年可为广西北部湾经济区提供150亿千瓦时安全、清洁、经济的电力。

钦州港煤炭码头　2012年10月16日，国投钦州港煤炭码头开工建设。码头岸线主要分布在钦州港的果子山和金鼓江口，项目投资总额14.86亿元，建设工期30个月。该项目计划新建一个5万吨级煤炭接卸泊位，码头长278米，年接卸能力640万吨；改造现有的一个7万吨级卸煤码头，年接卸能力由500万吨增加到720万吨。这两个泊位建成后，来自北方地区的煤炭和从印尼等国进口的煤炭将在这里上岸，有助于保障广西北部湾地区燃煤需求和电力供应。

越南海防火电厂外景　（中新网）

中越“两廊一圈”农业合作

种桑养蚕合作　中越双方于2008年第5届中国东盟博览会和2011年中国—东盟百色农展会上分别签订《中国广西那坡县—越南高平省河广县种桑养蚕农业产业合作项目意向书》和《中国广西那坡县和越南高平省保乐县、通农县农业产业合作意向书》，为推进中越种桑养蚕合作项目，2012年上半年，中国广西那坡县主动与越南通农县、保乐县、河广县沟通与交流，多次派出技术员深入越方示范点开展技术指导和培训。到6月底，越方新增桑园面积20.87公顷，其中通农县4.53公顷，保乐县3.33公顷,河广县13公顷,共培训蚕农160多人次。越方饲养大蚕98张,鲜茧产量3256千克,销售收入11.73万元。

糖料蔗生产合作　2008年以来,中国广西龙州县先后到越南下琅县各社举办10期甘蔗栽培技术培训班,培训人员1200多人次。至2012年,龙州县在越南合作种植的甘蔗面积已达733.33公顷。2011/2012年榨季除留种外,约有1.34万吨原料蔗运到龙州制糖企业压榨,双方均获得较好的经济效益。2012/2013年榨季生产原料蔗4万吨左右。此外,龙州县还利用沿边优势与越南在茶叶、麻风树、澳洲坚果、香蕉等亚热带作物种植、加工技术方面达成合作共识,全面推进跨国农业合作。龙州县已在越南种植乌龙茶133.33公顷、麻风树200公顷,并全面打造跨国现代农业合作示范区,与相邻的越南4县签订跨国农业合作示范框架协议。

动植物疫病防控合作　2012年中越两国加快建设跨境动物疫情防控带,这一区域将在中越两国边境纵深50~100千米的范围内开展畜禽A类重大动物疫病免疫接种,防止重大动物疫病在中越边境地区发生、流行和蔓延,最大限度防控、阻滞动物疫情的跨境传播。中国广西出入境检验检疫局通过中越两国出入境检验检疫局合作平台,先后实施中—越跨国动物疫病监测控制、大湄公河次区域(GMS)跨境动物疫病防控技术合作等项目,与越南广宁、谅山、高平等边境省开展跨境动物疫病监测和防控合作与交流活动。

中越"两廊一圈"环境保护合作

中国广西大新县采取一系列有力措施对中越边境界河——归春河进行生态保护,并取得明显成效。归春河上游水质均保持国家地面水环境质量Ⅰ类标准,界河边上的硕龙镇被中国环保部命名为国家级生态乡镇。为保持归春河不受污染,大新县成立下雷自然保护区德天管护站,负责管理和保护德天景区及归春河沿岸的自然环境。每月对归春河进行水质监测,随时掌握界河的背景水质情况。严格把好环保审批关,凡是在德天风景区以及硕龙镇区域内的建设项目都要高标准、严要求报批,控制新污染源的产生。大新县还先后投资280多万元在德天景区和硕龙镇建成两个生活污水处理站,日处理量分别为720吨和1140吨。

中越两国五县(市)春节座谈

2012年1月6日在中国云南河口举行。中国河口县,越南老街市、巴刹县、沙巴县、猛康县的党政领导欢聚河口,共叙中越友谊之情,共谋今后发展大计。会上,中越一市四县领导分别简要介绍各自近年来经济社会发展情况。双方就如何更好地推动经济又好又快发展相互交换意见,并达成共识,一致表示将紧紧抓住中国—东盟自由贸易区和中越"两廊一圈"建设的有利时机,充分借助河口与老街已缔结的友城关系,进一步加强在维护地区安全稳定、商贸旅游合作、文化、卫生、城市建设等领域的交流与合作,共同推进河口与越南跨境经济区建设,努力实现双边经济的更快更好发展,进而把河口与越南邻边一市三县打造成为中越两国边境友好的典范。

中越气象部门在7个方面再度合作

2012年2月28日,中国气象局局长郑国光与越南自然资源与环境部副部长陈洪河签署《中国—越南气象科技合作联合工作组第10次会议纪要》。根据这一文件,未来两年,中越两国气象部门将在天气预报、气象信息交流、邻近地区气象科学交流与合作研究、人才培训、气象计量检定技术交流、业务组织管理、亚洲区域气候预测和气候变化评估经验交流等7个领域开展14个项目的合作。

中越北部湾湾口外海域工作组第一、第二轮磋商

2012年5月21~22日,中越两国在越南河内举行北部湾湾口外海域工作组第一轮磋商。双方肯定基于2011年10月签署的《指导解决越南—中国海上问题基本原则协议》中所确定的原则,致力推进北部湾湾口外海域划界谈判,坚定对在此海域合作共赢问题进行磋商的决心,并对北部湾湾口外海域划界及在此海域合作共赢问题的磋商程序及工作路线图表示一致同意。此举为北部湾湾口外海域下轮磋商奠定基础。根据第一轮海上磋商的决定,中越两国北部湾湾口外海域工作组第二轮磋商于9月26~27日在中国北京举行。双方一致同意要共同努力,按照《指导解决越南—中国海上问题基本原则协议》展开谈判,稳健推动北部湾湾口外海域划界谈判,同时商讨该海域的共同开发问题。

越南广宁省代表团访问中国广西

2012年4月16~20日,以越共广宁省委书记范明政为团长,越南广宁省人委副主席阮文成为副团长的越南广宁省代表团一行63人,对中国广西进行友好访问,先后访问广西防城港、南宁、柳州、桂林等市。4月17日上午,中共广西壮族自治区委员会书记、自治区人大常委会主任郭声琨,自治区主席马飚分别在南宁荔园山庄会见、宴请代表团一行。

越南交通运输部召开在建高速公路项目会议

2012年6月6日,越南交通运输部在河内召开胡志明市—龙城—油曳、内排—老街、河内—海防高速公路项目会议。越南交通运输部部长丁罗升、公路沿线相关省市人委会代表、项目业主、中韩两国承包企业代表等150余人出席。

胡志明市—龙城—油曳项目由亚行和日本国际协力机构(JICA)出资,中国路桥集团承建第1标段。内排—老街项目由亚行和韩国进出口银行出资,广西路桥建设有限公司承建第7标段,已完成50%的工程量,进度为全线最快。河内—海防项目由越方自筹资金,中国路桥集团承建第3标段,广东长大公司承建第5标段,山东路桥承建第8、9标段。

中国广西壮族自治区商务厅与越南边境贸易指导委员会签订座谈纪要协议书(百度网)

中国(广西)—越南企业合作论坛

2012年9月22日在中国南宁国际会展中心举行。两国的相关官员、企业家200多人出席。中越双方认为,2012年是中国—东盟全面合作10周年,双方要利用好政策,进一步深化合作,鼓励引导双方在农业、交通、旅游等领域进行投资,特别是推动交通的合作,建设好凭祥—河内和东兴—海防等国际大通道。

第9届中国—东盟博览会越南采购商专场贸易配对会

2012年9月23日在中国南宁举行。300多家中国供应商排队与60多家越南采购商进行"一对一、面对面"洽谈。此次配对会共设置农产品及农资农机、食品包装加工、电子电器、电力能源等5个洽谈区域,现场配有越语翻译,以便中越双方客商顺畅沟通。越南河内日明工贸公司有关人员告诉记者,来参会的中国供应商很多,供应品种十分齐全,让他们有了更多的选择余地。而越南农业贸易促进中心、越南河内工业园管理办公室等多家单位除采购农产品加工设备外,对寻求投资伙伴更感兴趣,希望通过配对会找到投资合作项目。

中越企业论坛

2012年11月21日在越南河内举行。论坛主题为"潜力与合作机遇"。在本次论坛上,与会代表最关注的是如何解决中越贸易失衡问题。许多代表认为,应提高越南向中国市场出口产品的附加值,同时提高越南产品竞争力。同时,越南一方面应注重吸引中国企业到越南投资,另一方面应大力促进向中国出口贸易服务、旅游资源和创新文化产品等。

中国广西与越南就推动双边边境贸易达成共识

2012年12月12日,中国广西壮族自治区商务厅与越南边境贸易指导委员会代表团在南宁举行边境贸易座谈会。双方就推动双边边境贸易发展达成系列共识,并签署会谈纪要。在座谈会上,双方就边境贸易发展、边境贸易管理政策及措施、口岸基础设施、边民互市点建设、边境商贸物流、跨境经济合作区、经济走廊建设以及加强信息交流合作等问题进行深入交流与探讨,并就相关问题达成共识,包括同意交换关于边境贸易管理政策和调控措施,以及中越边境口岸进出口货物金额和结构的信息,同意相互配合及时解决边境贸易发展中出现的困难和问题,同意每年一届轮流在双方境内共同举办边境贸易合作会议等。

中国云南与越南签署加强边境贸易合作会谈纪要

2012年12月13日,中国云南省商务代表团与越南联合部门考察团在昆明举行工作会谈并签署《中华人民共和国云南省商务厅与越南社会主义共和国工贸部边境与山区贸易司会谈纪要》,旨在建立灵活而有效的合作机制,加强双边边境贸易管理政策和调控措施等方面的信息交流,及时解决边境贸易活动中出现的问题,进一步促进云南省与越南边境省份的边境贸易发展。 (赵明龙　伍成江)

泛北部湾区域经济合作

泛北部湾区域经济合作发展概况

泛北部湾区域经济合作范围　泛北部湾区域是指北部湾和南海海域周边国家和地区所共同构成的空间区域,涉及越南、柬埔寨、泰国、马来西亚、新加坡、印度尼西亚、菲律宾、文莱8个东南亚国家以及中国的海南省、广东省、广西壮族自治区、香港特别行政区和澳门特别行政区。

在2006年7月20日举行的首届环北部湾经济合作论坛上，提出构建泛北部湾经济合作区的构想，论坛形成的《环北部湾经济合作论坛主席声明》提出："要围绕拓展和深化中国—东盟战略伙伴关系，站在面向东亚合作的高度上，构建泛北部湾经济合作区，将环北部湾经济合作延伸到隔海相望的马来西亚、新加坡、印度尼西亚、菲律宾、文莱等海上东盟国家。密切物流、产业、贸易与投资合作，共同促进本地区加快发展。"

2007年7月出版的《泛北部湾合作发展报告》将泛北部湾区域经济合作的国家增至9个，即中国、越南、柬埔寨、泰国、马来西亚、新加坡、印度尼西亚、菲律宾和文莱，明确中国的海南省广东省、广西壮族自治区、香港特别行政区、澳门特别行政区属于泛北部湾区域。

泛北部湾区域经济合作战略目标 推动泛北部湾区域经济合作，旨在通过重点加强港口物流合作，实现产业对接与分工，促进相互贸易与投资，大力发展临海工业，联合开发海上资源，加快临海城市发展，形成一批互补互利、相互促进、各具特色的港口群、产业群和城市群，形成中国—东盟经济合作框架下的次区域经济合作。

泛北部湾区域经济合作的主要领域 经济领域主要加强交通、港口、海运、航空、环保、信息等基础设施建设，加强物流、金融、旅游、渔业、农业、资源开发与保护、投资与贸易、环境保护等各方面的合作，促进临海工业和海洋产业的发展。社会发展领域主要加强人力资源开发与培训、科技、教育、文化、医疗卫生、防灾减灾等方面的合作。

泛北部湾经济合作机制 主要有一年一度的泛北部湾区域经济合作论坛（简称泛北论坛）、泛北部湾区域经济合作市长论坛（简称泛北市长论坛）、泛北部湾区域经济合作联合专家组（简称泛北合作联合专家组）等。

2006～2012年，泛北论坛已成功举办7届，成为推动泛北部湾区域经济合作的重要平台和机制。参加论坛的主体，从以政府官员为主，逐步扩展到学术界、工商界等人士广泛参与。首届泛北论坛于2006年7月20日在广西南宁举行，时称"环北部湾经济合作论坛"。本次论坛提出泛北部湾经济合作构想，主要成果是《环北部湾经济合作论坛主席声明》。第2届泛北论坛于2007年7月26～27日在广西南宁举行，主要成果有《论坛主席声明》、《中国—东盟港口与发展合作联合声明》、《中国—东盟海运协定》和《中国—东盟航空合作框架》。第3届泛北论坛于2008年7月30～31日在广西北海举行，主要亮点是推动成立泛北部湾经济合作联合专家组。第4届泛北论坛于2009年8月6～7日在广西南宁举行。本届论坛对以南宁—新加坡经济走廊为重点务实推进泛北合作的认识进一步深化。第5届泛北论坛于2010年8月12～13日在广西南宁举行。本届论坛分析了中国—东盟自由贸易区建成为泛北合作带来的历史性机遇，对以南宁—新加坡经济通道建设为重点、推进泛北合作和如何通过加快产业发展和航运、港口、物流合作来深化泛北合作形成共识。第6届泛北部湾经济合作论坛于2011年8月18～19日在广西南宁举行。本届论坛对加强泛北各国区域联通与跨境合作、扩大跨境贸易和投资以及深化金融、旅游合作取得一系列共识。论坛发布《泛北部湾经济合作可行性研究报告》，形成《泛北部湾智库峰会宣言》，还签署一批合作协议。第7届泛北部湾经济合作论坛于2012年7月12～13日在广西南宁举行，本届论坛对推进泛北区域城市发展合作、电子信息产业合作、产业园区合作等达成一系列共识，并签署一批合作协议。

泛北部湾经济合作市长论坛是泛北部湾经济合作的一个重要机制，一般每年举行一次。2007～2011年先后在广西北海举行4届。其特点主要是：（1）参加国家和地区的代表、专家人数较多，层次较高。第1～3届有6个国家17个城市的代表及专家参加。第4届有7个国家的29位市长或市长代表出席。（2）发表泛北市长论坛宣言或备忘录。（3）达成诸多共识。拓展了港口物流、旅游文化方面的合作，并期望在具体产业、具体项目上加强合作，用好中国提供给东盟的合作基金和贷款。

泛北合作联合专家组是泛北合作的重要机制之一。2008年1月4日泛北部湾经济合作中方专家组成立暨工作会议在北京举行。以后，又分别召开4次泛北部湾经济合作联合专家组会议。2008年7月30日，泛北合作联合专家组首次工作会议在广西北海举行。2008年10月24日，泛北合作联合专家组第2次工作会议在广西南宁召开。此次会议取得以下成果：一是东盟各方就泛北部湾经济合作如何开展进一步达成共识，二是确定联合专家组成员，三是通过《泛北部湾经济合作联合专家组行动计划》。2009年8月6日，泛北合作联合专家组第3次工作会议在广西南宁举行，会议讨论修改《泛北部湾经济合作可行性研究报告》，通过《关于加快泛北部湾经济合作的行动建议》。2011年6月2日，泛北合作联合专家组第4次会议在广西北海举行，会议通过《泛北部湾经济合作可行性研究报告》，完成泛北部湾经济合作前期研究工作，相关各方一致同意将该报告提交中国—东盟经济高官会讨论通过。2012年7月12～13日，泛北部湾经济合作联合专家组第5次会议在广西南宁举行，会议讨论并形成《泛北部湾港口物流合作专项规划》、《南宁—新加坡经济走廊陆上交通基础设施专项规划》、《泛北部湾农业合作专项规划》、《泛北部湾贸易便利化合作专项规划》、《泛北部湾投资便利化合作专项规划》、《私营企业参与泛北部湾经济合作专项规划》和《泛北部湾地区经贸合作平台建设专项规划》等7个专项规划，并通过《泛北部湾经济合作联合专家组第5次会议纪要》。

南新走廊建设

南宁—新加坡经济走廊（简称南新走廊）是泛北合作中被各国寄予厚望的中国—东盟合作新通道、太平洋西岸新经济增长带。2012年在泛北部湾区域各国的支持下，南新走廊发生了巨大变化。前期在建项目继续进行且有部分完工，重要公路路段得以升级改造，路桥的完工促使线路更短更便捷，许多重大路桥项目纷纷开工，连通各国的铁路和高速铁路项目也得到立项且有部分项目开工。

公路建设　南宁至新加坡公路线路主要有以下几条：（1）南宁—河内—和平—邦富—桑怒—万象—曼谷—新加坡。该路全长约3560千米基本建成，两头为高速公路，中间需新建约800千米高速公路。河内—谅山高速公路项目的最终可行性研究报告已由越南高速公路投资发展总公司和亚洲开发银行向越南交通部递交，并于2012年2月17日在河内通过评审。河内—谅山高速公路全长158千米，起点为谅山省境内的友谊关口岸，终点是河内1A国道和5号国道交点，途经谅山、北宁、北江等省和河内市。公路计划建成达A类标准的4车道高速公路，其中从河内至北江新颖段100千米为新建公路并与1号国道平行，其余路段与1号国道重叠。项目投资总额约14亿美元，其中亚行提供5亿美元援款，越南政府配套资金1.8亿美元，差额资金来自其他融资渠道或由亚行分期提供融资。（2）南宁—河内—东河—老保—沙湾拿吉—穆达汉—曼谷—新加坡。该通道称为“东西走廊”，路况通畅，2012年没有新变化。（3）南宁—河内—荣市—吊桥/南包—他曲—那空帕农—曼谷—新加坡。途径泰国和老挝的湄公河第三座友谊大桥是跨越湄公河的新桥，是“亚洲高速公路”计划中的部分路段，已于2011年11月11日建成通车。（4）南宁—东兴—芒街—海防—河内—胡志明—金边—曼谷—新加坡。该通道的中国广西防城港至东兴高速公路正在加快推进，预计2013年建成通车。连接中国东兴和越南芒街的中越北仑河公路二桥项目业已经中国国务院批准动工建设。越南境内，河内至海防高速公路，长105.5千米，项目沿线各地已完成征地工作，中国路桥集团承建第3标段，广东长大公司承建第5标段，山东路桥承建第8、9标段，预计2014年完工。越南河内—胡志明1776千米基本上为二级公路，胡志明—金边236千米（一号公路）为二三级油路；金边—曼谷662千米，泰国境内基本上为高等级公路，柬埔寨境内为三四级油路和砂石路面，需要新建高速公路，该路段途径的柬埔寨5号国家公路已开工扩建，全长30千米，由中国进出口银行融资，中国上海建工集团承建。（5）南宁—新加坡公路辅线。一是南宁—龙邦—高平—河内—万象—曼谷—新加坡公路。该路的中国广西崇左至靖西高速公路在建，路基基本成型；靖西—龙邦高速公路前期工作正在推进。越南境内公路没有新变化。二是南宁—水口—高平—河内—万象—曼谷—新加坡公路。该路段的崇左—水口高速公路正加紧推进前期工作。水口/驮龙口岸—高平—河内公路仍为二三级公路，没有新变化。三是南宁—硕龙—高平—河内—万象—曼谷—新加坡公路。该路的中国广西隆安那桐至大新硕龙高速公路段正开展前期工作，有望2年后开工建设，其余路段没有变化。

铁路建设　南宁—新加坡铁路，实际上由四大路段组成：一是南宁—河内，全程370千米，已开通国际客运专列，每天一班，时速为70千米；二是河内—胡志明市，全长1730千米，客运列车每天对开1～2班，运行时间40小时，平均时速43千米；三是金边—曼谷约611千米，这条线路的柬埔寨段基本上没有运营。四是曼谷—新加坡，其中曼谷至马来西亚边境（Padang Besar）约990千米，窄轨铁路，时速60千米，全天开行客运两班。马泰边境至吉隆坡铁路，每天运行2班，时速60千米。新加坡—吉隆坡350千米，每天有3趟列车往返，单程耗时超过6小时。从旅游交通来看，南新旅游走廊铁路交通两头通，中间基本不适应旅游需要。在这条铁路走廊上，最有吸引力的是“亚洲东方快车”，这是唯一一列曼谷直通新加坡的列车，经泰国华欣、马来西亚槟城、吉打州、吉隆坡，然后抵达新加坡，其设备和服务完全参照五星级酒店标准，旅程全长2030千米。

南新交通走廊铁路建设在沿途国有不同程度进展。中国广西南宁至凭祥铁路将扩能改造为快速铁路，预计2015年开工建设，改造后时速可达200千米，从南宁至友谊关1小时车程。南宁至靖西铁路的德保至靖西段，2012年12月31日建成通车，该路连接越南高平省。南宁至东兴铁路，已建成南宁至防城港铁路段，防城至东兴段已开展前期工作，预计“十二五”期末开工建设。中国昆明至老挝首都万象高速铁路，前期工作已经展开，该路连接泰国曼谷、马来西亚吉隆坡和新加坡。连接老挝和越南的沙湾拿吉—劳保铁路建设项目合同已于2012年11月在老挝首都万象签署，预计5年后竣工，这将是老挝连接越南的首条高速铁路。泰国政府正在规划建设曼谷—清迈、曼谷—廊开、曼谷—尖竹、曼谷—巴旦北沙4条高速铁路，其中曼谷—廊开、曼谷—清迈铁路计划两年内开工。2012年，新加坡与马来西亚筹划建设新加坡—吉隆坡跨国轻快铁路。该项目建成后，新加坡至吉隆坡的交通时间将由现在的6小时缩短为90分钟。马来西亚吉隆坡至泰国曼谷双轨铁路。初步规划也已编制完成。

泛北部湾区域港口合作

泛北部湾区域内东盟国家共有各类港口100多个，依靠港口、轮船和水路进行的物流运输活动是泛北部湾经济合作区物流运输的主要方式。在第2届泛北部湾经济合作论坛上，中国与东盟国家签署《中国—东盟港口与发展合作联合声明》、《中国—东盟海运协定》。在第5届泛北部湾经济合作论坛上，中国广西、海南、广东的航运企业就港航物流合作与新加坡、泰国、柬埔寨等东盟国家缔结友好港协议。

广西　围绕建设中国—东盟区域性国际航运枢纽和港口物流中心，广西不断加快港航基础设施建设。广西北部湾港已建成泊位227个，其中万吨级以上56个，拥有集装箱班轮航线30多条，每周50多个班次，与世界100多个国家和地区的200多个港口通航。2012年续建沿海水运项目11个，计划建成防城港403~407号、北海铁山港区3~4号、钦州大榄坪3~8号泊位等项目9个。防城港钢铁基地专用码头、防城港403~407号、北海铁山港区3~4号泊位、北海石步岭港区邮轮码头自开工以来累计完成投资分别为计划投资总额的42.6%、66.6%、88.8%和85.4%；钦州港30万吨级航道、钦州大榄坪3~8号泊位等2个项目完工。年末北部湾港综合吞吐能力达到2亿吨。

航道建设方面续建重点项目为钦州港金鼓江航道工程（一期）、北海港沙田港区航道建设一期工程，开工建设钦州港30万吨级进港航道支航道工程。港口建设方面续建防城港东湾403~407号泊位码头工程、防城港东湾513~516号泊位工程、广西北部湾钦州30万吨级油码头工程、北海石步岭港区邮轮码头工程，开工建设防城港东湾402号泊位码头工程等，其中北海石步岭港区邮轮码头工程、广西北部湾港钦州30万吨级油码头工程、钦州港华兴件杂货码头等项目完工。总投资20亿元的玉林“无水港”项目在建，贺州“无水港”也已完成项目选址。预计到“十二五”期末，广西北部湾港3个亿吨级港区已基本成型。广西北部湾港务集团与越南国家开发投资银行、造船工业集团合资全面开发建设越南海河港等项目顺利推进。

航线建设方面，2012年3月中国海丰集团开通曼谷至广西防城海运集装箱航线，北部湾地区直通泰国首条海运航线诞生。该条航线线路为：曼谷—林差邦—海防、防城—香港—蛇口，比之前由香港中转的航线节约5~7天时间。至此，北部湾港拥有包括钦州—越南海防集装箱直航航线、北海—香港—海防外贸航线、北海—海口—北方各港内贸航线、防城港—香港—蛇口—海防集装箱班轮航线、防城港—巴生—新加坡—曼谷集装箱直航班轮航线，以及广西沿海港口至新加坡、马来西亚巴生港、泰国曼谷港、越南海防和胡志明港等航线的强大海运系统。

广西北部湾经济区港航企业不断加强与国内外著名港航企业的合作。广西北部湾国际港务集团与海南港航控股有限公司签订战略合作协议、与广州港集团签订开通内贸集装箱班轮航线合作协议、与中海集装箱运输股份有限公司签订集装箱班轮航线合作协议、与新加坡万邦航运公司签订开通东盟集装箱和散杂货不定期班轮航线合作协议、与泰国RCL宏海箱运公司签订开通东盟集装箱班轮航线合作协议、与柬埔寨西哈努克港签订缔结友好港协议、与新加坡裕廊港签订缔结友好港协议，根据有关协议，广西北部湾国际港务集团将与上述国家港口在班线开通、码头仓储、货物流通等方面展开合作，携手打造泛北区域的大物流体系，从而使泛北合作的务实行动迈出坚实的一步。至2012年，广西北部湾港已开通国际航线23条，其中开通东盟国家航线6条（直航4条、经东盟国家中转2条）。

海南　围绕“打造面向东南亚的航运枢纽、物流中心和出口加工基地”这一目标，积极开辟海上航线，大力发展港航物流业，基本形成北有海口港，西有洋浦港和八所港，南有三亚港，东有清澜港的“四方五港”布局，为港口物流业发展奠定基础。

港口航道建设方面，2012年海南省拟投资25亿元，加快推进重点港口航道建设。建设重点包括：加快

12月20日，中国广西防城港东湾403~407号泊位码头工程通过竣工验收（百度网）

推进建设海口港马村中心港区、洋浦神头港区、三亚南山港、八所港和清澜港等港口航道工程，完善以洋浦海口组合港为龙头的北部湾区域性航运枢纽港工程和“四方五港”布局，加快海口港新海港区客货滚装轮渡码头一期建设。国投孚宝30万吨原油码头、中海油300万吨液化天然气站线等重大工程有序推进。琼州海峡跨海工程前期工作亦已展开。

广东　2012年底，全省拥有生产性泊位2955个，其中沿海泊位1833个，万吨级以上深水泊位265个，内河泊位1122个。全省港口年综合通过能力13.84亿吨，集装箱年通过能力4979万标准箱；其中沿海港口年综合通过能力11.97亿吨，集装箱年能过能力4307万标准箱；内河港口年综合通过能力1.87亿吨，集装箱年通过能力672万标准箱。珠江三角洲地区港口年综合通过能力10.86亿吨，集装箱年通过能力4857万标准箱。

广东沿海港口货运量有不同程度增长。广州港完成货物吞吐量4.51亿吨，居全国第4位，比上年增长0.79%；集装箱吞吐量1474万标准箱，增长2.24%。深圳港货物吞吐量2.28亿吨，增长2.16%，集装箱吞吐量2294万标准箱，居全国第2位，增长1.64%。湛江港货物吞吐量1.71亿吨，增长9.99%，旅客吞吐量1215万人，增长1.57%。珠海港货物吞吐量7745万吨，增长8.03%。汕头港货物吞吐量4563万吨，增长13.93%。

广东的港航基础设施建设投入不断增加。2012年实施港口码头建设项目13项，投资总额369亿元。其中续建项目7项，包括广州港南沙港区三期工程、深圳港盐田港区西作业区集装箱码头、珠海港高栏港区集装箱码头二期、惠州港荃湾港区煤炭码头一期工程等；新开工项目6项，包括汕头港海门港区煤炭中转基地、揭阳港惠来沿海港区靖海作业区通用码头、茂名港博贺港区煤炭码头、阳江港13、14号泊位等。计划到2015年底建成投产12个项目，新增集装箱通过能力1050万标准箱，煤炭码头泊位通过能力7794万吨，油品泊位通过能力2150万吨。实施航道整治项目20项，投资总额127亿元。其中续建项目3项，包括惠州港荃湾港区主航道扩建工程、韩江三河坝至汕头航道整治工程和白坭水道（含流溪河）整治工程；新开工项目17项，包括湛江港40万吨级航道、汕头港广澳港区航道二期及防波堤工程、海安航道整治工程、榕江航道整治工程、北江乌石至三水河口段航道整治工程等项目。到2015年底建成投产7项，建成沿海、内河航道里程444千米。

泛北部湾区域海上旅游航线

海上泛北部湾区域旅游交通主要航线有：（1）中国北海深水港码头开辟通达越南下龙湾航线，每天有“东方公主号”邮轮往返下龙湾，全程180海里，行程约10小时。（2）新加坡开辟处女星华邮轮之旅，由新加坡—槟城—普吉岛往返6天5晚。这是南新旅游走廊南端最豪华的海上旅游交通。（3）新加坡还开辟新加坡—胡志明—岘港—下龙湾—香港9天巡游（搭乘歌诗达维多利亚号）海上航线。中国海南开辟三亚—下龙湾—岘港4天3晚游，乘宝瓶星号船为豪华邮轮之旅。中国广东开辟东莞到越南岘港、胡志明市5天游的海上航线。

泛北部湾区域物流网络建设

由于地缘、交通、政治和经济中心的因素，使中国南宁、广州、海口逐步成为连接东盟国家的前沿国际性物流节点城市和枢纽。南宁是广西北部湾经济区核心城市，现有1条铁路、4条公路、2个空港、3个海港直接与东盟国家连接，集聚了东盟和华南、西南、华中的物流资源，成为连接国内和东盟的国际化物流服务平台、国际区域性交通运输枢纽和全国性物流节点城市。广州是中国华南最大的省会城市，有3个海港和2个空港直接与东盟国家连接，集聚了中南、华南、西南和东盟的物流资源，成为中国与东盟国家海港和空港物流最大的国际物流节点城市和交通枢纽。海口为中国第2大岛的省会城市，与东盟国家隔海相望，有3个海港和1个空港与东南亚国家连接，集聚东盟和华南、西南特别是环北部湾物流资源，成为中国与东盟国家连接的海港和空港物流节点城市之一。越南河内、海防、岘港，泰国穆达汉、呵叻、曼谷，马来西亚吉隆坡，新加坡，老挝万象，缅甸曼德勒、仰光等也成为与中国连接的陆路、空港、海港的国际联运物流节点城市和交通枢纽。

中国广西加快推进北部湾保税物流体系建设，沿海沿边物流节点初步成型。2008年以来，国家先后批准设立钦州保税港区、凭祥综合保税区、南宁保税物流中心，随着广西壮族自治区政府对这3个海关特殊监管区建设力度的加大，保税物流基础设施建设有长足发展。

南宁保税物流中心被誉为中国西南地区最大的“无水港”，于2010年7月正式投入运营。2012年1～11月，南宁保税物流中心共办理报关单约5000票，进出口货值4.3亿美元，进出口货运量约20万吨，累计入库税款约4亿元。其中：办理保税业务报关单1622票，比上年增长105.06%；出入园区货物总货值3.08亿美元，增长250%。钦州保税港区是中国第六个保税港区，也是中国西部地区第一个保税港区和距东盟最近的保税港区。自2011年2月全面开港运营以来，保税港区增强码头综合服务功能，发展海铁联运、多式联运，区内运输业务快速增长。2012年内外贸易总额301亿元，比上年增长61.83%；外贸进出口总额27亿美元,增长2倍,总量跃居广西14个口岸第3位,增速名列全国各保税港区的第2位;港口吞吐量1150万吨,增长59%,其中集装箱吞吐量47.4万标准箱,增长18%。北海出口加工区加快产业结构调整,开展进口商品保税物流建设,筹建总投资约2亿元的北海出口加工区进口商品市场。该市场以加工区款关卡口为界,分为区内保税仓储展示和区外商务商贸两大功能区,其中保税仓储展示区分别建设综合接待展示厅、酒类食品恒温恒湿海关监管仓库、进口商品展示街等项目。综合接待厅已经建成,监管仓库、展示街在建。北海出口加工区进口商品市场预计2013年底建成,投入运营后,第一年的出口总额可达5亿美元。广西北部湾地区保税物流体系已成为泛北合作的重要平台,促进了广西对外经贸的快速增长。2012年,广西加工贸易进出口总值达到50.43亿美元,比上年增长64.53%。广西与东盟双边贸易总额120.5亿美元,增长26%,占同期广西进出口总值的4成。广西边境小额贸易进出口总额83.47亿美元,增长33.5%。其中:出口72.47亿美元,增长42.5%;进口10.99亿美元,下降5.7%。

中国海南省海口综合保税区于2008年12月22日设立,是继国务院批准设立洋浦保税港区后,海南省又一个由海关监管的开放层次最高、优惠政策最多、功能最齐全、手续最便捷的特殊经济区域。2011年1月,海口综合保税区通过国家验收,开始封关运行。2012年完成工业总产值170.25亿元,比上年增长9.41%;利润总额17.49亿元,增长9.74%;工业增加值37.8亿元,增长12.7%;税收12.9亿元,增长19.4%;进出口货值1.84亿美元,增长28.2%。

泛北部湾区域金融合作

自2010年6月广西正式成为中国跨境贸易人民币结算试点地区以来,泛北国家与中资银行之间的业务合作频繁。中资银行金融机构在东盟国家设立8家分行,东盟国家金融机构如新加坡星展银行也已在南宁设立分行。广西银行业与东盟银行业的业务合作,已由单一的国际结算业务,向信贷类、代理类和股权投资类等多元化发展。2012年末,驻桂的中资银行机构与东盟各国银行建立的代理行、境外账户行达94家。2012年1月29日,中国国家开发银行与东盟国家银行发起建立中国—东盟银行联合体,国家开发银行广西分行负责承担与越南、柬埔寨金融合作的具体推进工作。2012年12月13日,中国国家开发银行广西分行与柬埔寨加华银行签订3000万美元的授信协议。2012年1月28日,中国工商银行中国—东盟人民币跨境清算中心挂牌开业。自2012年6月起,广西所有具有进出口经营资格的企业(包括重点监管企业)均可依法开展出口货物贸易人民币结算业务。2012年7月25日,广西金融电子结算服务中心在南宁成立。中国—东盟货币服务中心加快建设。泛北金融合作的进一步加强,对增强广西金融市场活力和整体竞争力,优化广西金融投资环境,增进与东盟以及周边国家经贸往来必将产生重大而深远的影响。2012年,广西参与跨境人民币结算的市场主体稳步增长,广西跨境人民币结算金额671.58亿元,比上年增长85%;采用人民币开展跨境结算的外贸企业1481家,增长60%。广西与62个境外国家和地区发生人民币实际收付业务,有15家银行的115家分支行办理跨境人民币结算业务,覆盖包括东盟10国在内的57个国家和地区;广西可以用人民币结算的出口企业从原来383家试点企业扩大到9000多家。

泛北部湾区域产业园合作

中马钦州产业园区　中国与马来西亚合作的第一个产业园区,位于广西钦州市。是2012年泛北合作中产业联手的亮点和重点之一。园区规划面积55平方千米,人口约50万,分为工业区、居住区、配套服务区、港口新城生产中心区和生活中心区。按照统一规划、分期开发的原则,首期开发建设15.11平方千米,其中启动区7.87平方千米。园区开发建设分为三期:一期为包含居住、产业、商业以及行政办公用地的综合区,占地15.11平方千米,其中启动区7.87平方千米;二期为生活性服务中心、产业区和居住区,占地18.1平方千米;三期为智慧生态区以及产业区,占地22.2平方千米。

中国广西南宁保税物流中心　（新华网）

中马双方为推进该园区最终落实作出积极努力。2012年3月7

日，马来西亚总理对华特使、马中商务理事会主席黄家定率团赴钦州，就加快务实推进中马钦州产业园区建设进行考察，与中方达成广泛共识，并签订《中马钦州产业园区合作备忘录》。3月26日，中国国务院批准同意设立中马钦州产业园区，并同意中马钦州产业园区实行现行国家级经济技术开发区政策，并给予其享受其他特殊的政策条件。4月，中马钦州产业园区正式开园建设，成为泛北合作标志性工程。建设期间，园区获得来自各方的支持。中国国家开发银行已初步计划为中马钦州产业园初期建设项目提供540亿元贷款，以推动产业园各项基础设施建设顺利进行。中国国家开发银行已对钦州港大榄坪泊位工程、钦州至崇左高速公路等中马钦州产业园配套项目承诺贷款376亿元，发放贷款53亿元。为了使园区发挥其聚集产业的作用，2012年6月在马来西亚首都吉隆坡举行中马钦州产业园区推介会。中共广西壮族自治区委员会书记郭声琨率广西代表团参会，就中马钦州产业园区及其姊妹园马中关丹产业园区合作建设、进一步深化广西与马来西亚经贸、产业等多领域合作等事宜与马方进行对话。6月17日，在吉隆坡举行的中国（广西）—马来西亚经贸合作推介会上，钦州市共签订包括清真绿色食品加工、汽车摩托车零部件生产等4个投资总额为21亿元的项目，与马来西亚彭亨州关丹市签署关于建立经济合作伙伴关系意向书。在第7届泛北经济合作论坛上，各国代表高度肯定中马钦州产业园的合作模式，对其成为先进产业的聚集地、外商投资的密集区以及泛北经济合作标志性旗舰项目充满希望。

马中关丹产业园区　位于马来西亚关丹市，是中国与马来西亚进行的“两国两园模式”产业合作重要组成部分，是中马钦州产业园区的姊妹园。2012年6月15日，中国广西钦州市与马来西亚关丹市正式建立经济合作伙伴关系，两国政府及有关单位签署《中国政府与马来西亚政府关于马中关丹产业园区合作的协定》和《钦州市与关丹关于经济合作伙伴关系的意向书》。园区建设按照“政府主导、企业主体、市场运作”的模式，坚持马方为主、企业为主，保障安全、保障收益，分期建设、滚动发展，以园带城、以工业带动服务业，全球招商、联合招商，政策对等、两园互动的原则，重点发展塑料和金属、汽车零部件、纤维水泥板、不锈钢制品、电器及电子、信息通信等产业。根据上述战略计划，园区主要划分装备制造、电子信息、食品加工、材料及新材料、生物技术和现代服务业等6个产业园区。

为打造泛北合作的“两国两园模式”典范，中国和马来西亚积极进行协商讨论，努力为园区建设提供支持和便利，园区建设进展顺利。2012年4月1日，经马来西亚纳吉布总理提议，马中两国就合作共建马来西亚—中国关丹产业园达成一致，中国商务部委托广西牵头与马来西亚合作，共同建设马中关丹产业园，与中马钦州产业园结为姊妹园区。6月12日，郭声琨率团考察拟规划建设的马中关丹产业园，双方达成一批合作意向。马中关丹产业园位于马来西亚东海岸经济特区内，总面积6.07平方千米。广西将积极推动搭建园区建设管理机构。8月，中马双方联合在北京召开专题推介会活动，面向世界500强、大型跨国公司和中国中央企业开展招商。10月24日，广西壮族自治区主席马飚在南宁主持召开马中关丹产业园广西领导小组会议，听取马中关丹产业园区筹建进展情况汇报，强调要加大力度，密切联系，积极推进马中关丹产业园区建设，开展专题招商，力争使项目早日开园、早见成效。

中泰崇左产业园　2012年9月23日，中国—泰国（崇左）产业园由中国广西崇左市政府与泰国城乡发展基金会派出代表签约成立。该园区位于崇左市区东北部，距市中心约5千米。一期规划建设面积约15平方千米，未来发展将根据园区建设情况扩大至80平方千米。产业园以糖业循环、制糖食品、资源型循环产业（锰铝循环产业）和机电电子为主导产业，远期规划至2030年，入园企业达到500家以上，实现综合产值3000亿元人民币以上。签约双方将按照“合作开发、全球招商、利益共享、共同发展”原则，双方合作共建，由泰国与中国崇左市的企业共同组建园区开发公司管理和运营。

中泰（崇左）产业园落户广西崇左与两国之间密切的交流和合作密不可分。2012年3月24日，中共崇

4月1日，中马钦州产业园开园仪式在中国广西钦州举行　（中新社）

左市委书记赵乐秦率团出访泰国，与泰国方面就合作共建产业园进行交流，泰国的回应十分积极，泰国两仪糖业集团与崇左市政府签署意向书。9月23日，第9届中国—东盟博览会举办期间，签约仪式在南宁红林大酒店举行，广西壮族自治区副主席蓝天立等领导出席仪式并见证签约，崇左市市长黄克代表崇左市与泰国城乡发展基金会主席蒙迪·素帕蓬签约。12月，由崇左市与ISGM集团爱师琦沅（泰国）股份有限公司合作开发的崇左港濑湍作业区产业园项目落户。该项目位于江州区濑湍镇旧街村，在中泰（崇左）产业园规划范围内，项目用地73.33公顷，投资总额15亿元人民币，主要建设崇左港濑湍作业区及港口综合加工区、物流配送中心、仓储交割区、综合服务区等五大主功能区。产业园码头岸线长700米，陆域面积约21万平方米，项目将建成4个1000吨级散货泊位、4个1000吨级通用泊位，可实现货物年吞吐能力400万吨。

泛北部湾区域双边贸易合作

中国—东盟自贸区建成后，泛北国家和地区的跨境贸易合作快速发展。2012年，中国与泛北部湾区域国家双边贸易额为3913亿美元，比上年增长13.61%。其中：出口额1976.60亿美元，增长25.60%；进口额1937.30亿美元，增长3.81%。马来西亚超越泰国和新加坡，成为中国在泛北区域国家中第一大贸易伙伴。年内，中马两国双边贸易总额高达948.1亿美元，增长5.3%。其中：出口额365.2亿美元，增长32%；进口额582.9亿美元，减少6.2%。中越贸易额也突破500亿美元。

中国与泛北国家区域贸易情况（2012年）

国家	中国进出口		中国出口		中国进口	
	总额（亿美元）	比上年增长(%)	总额（亿美元）	比上年增长(%)	总额（亿美元）	比上年增长(%)
马来西亚	948.1	5.3	365.2	31	582.9	-6.2
泰国	697.4	7.7	312	21.4	385.4	-1.3
新加坡	692.7	8.7	407.5	14.6	285.2	1.4
印度尼西亚	662.2	9.4	342.9	17.6	319.3	1.9
越南	504.4	25.4	342.1	17.6	162.3	46
菲律宾	363.7	12.8	167.3	17.4	196.4	9.2
柬埔寨	29.3	17	27.1	17	2.2	16.8
文莱	16.1	22.6	12.5	68.2	3.6	-37.3
合计	3913.90	13.61	1976.60	25.60	1937.30	3.81

资料来源：冬莉、李红等著“2012～2013年中国—东盟货物贸易数量分析与预测”，载《东南亚纵横》2013年第2期

泛北部湾区域旅游合作

旅游业已成为推动泛北区域经济合作的先导先行产业。2011年泛北部湾旅游合作峰会提出：通过旅游目的地共建与市场营销合作，旅游信息共享平台建设，促进泛北部湾旅游市场的合作。2012年，中国与泛北区域国家的旅游合作继续保持原有路线，并实现新的突破。

旅游人才培训　中国广西与泛北部湾国家旅游人才合作交流不断加强。2012年2月13日，国家旅游局复函广西旅游局，同意在广西设立中国东盟旅游人才教育培训基地。中国东盟旅游人才教育培训基地在广西民族大学和桂林旅游高等专科学校挂牌，作为非实体单位，依托两校承担面向东盟地区的旅游人才援外培训项目。至此，广西东盟旅游人才教育培训基地升格为国家级基地。

打造跨国旅游产品　中国与东盟国家致力于共同打造跨国和边境旅游产品，构建泛北部湾区域特色旅游产品和旅游线路。2012年3月15日，中国26个省、市、自治区的100多家旅行社代表齐聚北海，开始在广西滨海城市及近邻越南下龙与河内的“北部湾风情之旅”踩线活动。在为期6天踩线活动中，代表们将就北海、东兴、南宁以及越南芒街、下龙、河内等城市旅游资源进行实地考察，并就相关线路设计与推广进行研讨交流。中国广西与越南河内市、广宁省等共同打造中越跨国自驾车旅游线路，并在有关手续办理上提供便利。中国方面从委托旅行社办理到通过审批所需要的时间从15个工作日缩短到5个工作日，出关车辆的排量在1.6升以上就可以参与跨国自驾游。

共建国际旅游合作区　根据中国《国务院关于进一步促进广西经济社会发展的若干意见》，广西依托大新德天—板约跨国瀑布景区、凭祥—同登友谊关景区和东兴—芒街景区，加快推进中越国际旅游合作区建设。

（1）大新德天瀑布景区。2012年3月11日，中国外交部边界与海洋事务司司长邓中华率调研组到大新县就进一步推进中越德天—板约瀑布国际旅游合作区项目进行调研，并表示将全力推进有关工作，促进项目早日开发建设。调研组认为，国务院《关于进一步促进广西经济社会发展的若干意见》提出广西要“依托崇左大新德天瀑布景区和凭祥友谊关景区设立中越国际旅游合作区”的战略决策后，大新县积极配合上级部门，为推进项目建设做了大量前期工作。投资4.5亿元的德天·丽水边城综合性旅游接待项目，已经取得良好效益。同时，近期又规划建设从硕龙镇到德天瀑布约8千米长的“德天小镇”旅游项目。这些举措为中越国际旅游合作区建设打下良好基础。中越德天—板约瀑布国际旅游合作区项目初步设想是，以核心景区为中心、跨中越边境线两侧，以跨国瀑布观光、

中越民俗体验、山水休闲度假为主，中越双方各划出领土外延面积共约6.8平方千米作为合作开发区域，双方共建通道相连、无障碍通道、实行特殊旅游政策的封闭区域，将该区域建设成为中国沿边旅游对外开放先导区、国际旅游合作示范区。调研组表示，中越德天—板约瀑布国际旅游合作区项目的开发建设，对于密切中越两国的关系，促进两国边民共同致富具有重要意义。中国外交部边海司根据国家对外开放及兴边富民等有关工作部署，配合有关部门，全力推进项目各项工作，促使项目早日开发建设。2012年9月，中国国家旅游局就德天瀑布景区开发编制了中越合作旅游区的项目，并与越南书面洽谈沟通。

（2）凭祥友谊关景区。2012年中国广西凭祥市重点加强旅游基础设施，充分挖掘边关历史、军事文化等特色旅游资源，推进友谊关景区、大连城景区、班夫人公园、夏石板小青龙泉生态旅游景区等旅游项目开发。将舞剧《班夫人》搬上舞台；在大连城景区探索开发具有本地特色、高品位的旅游文化节目，使之成为凭祥旅游新亮点；发挥热林中心兰花谷的资源优势，开辟夜赏兰花项目。推动友谊关创建国家5A级景区，按4A级景区标准规划建设南山红木文化城、浦寨边贸点，进一步提升旅游景区总体水平。继续开拓跨国旅游市场，精心打造中越跨国游、边境探秘游、浦寨跨国商贸游等旅游精品线路。对红木工艺品、牛角工艺品等特色旅游产品进行深加工和精包装，建设旅游小商品市场，提高旅游产业经济效益。

（3）东兴景区。东兴国际旅游集散中心地处中越北仑河畔，是中越国际旅游合作和东兴边贸中心的重要组成部分，也是东兴国家重点开放开发实验区的启动项目。2012年，东兴市编制《珍珠湾国际旅游区——金滩国际旅游岛详细性规划》，为国际旅游合作区建设描绘发展蓝图。2012年11月，广西北投运德旅游运输有限公司揭牌仪式在东兴国际旅游集散中心举行。该公司将在东兴国际旅游集散中心新建一个二级客运站，预计2013年底投入使用。

跨国旅游如火如荼 中国广西和泛北国家开展全面旅游对接，成效显著。广西在南宁成立国家旅游集散中心，整合中越跨国胡志明足迹之旅、中越海上跨国之旅、中越跨国自驾车游等多条跨国旅游线路，形成新的旅游热点和满足市场新需求的特色跨境旅游线路。旅游交通条件明显改善，开辟广西通往胡志明、新加坡、曼谷、雅加达等泛北国家主要城市的国际航线，开通桂林、南宁至越南河内、下龙、岘港的旅游专列。广西与泛北各国在线路开发、客源互送、宣传促销、市场监督、旅游人才培训等领域的合作全面深化。2012年，广西与泛北各国之间的游客量大幅增长，越南和马来西亚已成为广西排名第一、二位的国际旅游客源国，泛北各国到广西旅游的人数已超过广西接待全部外国旅游人数的40%。年内，广西旅游业继续保持较快增长趋势，全年接待入境过夜游客340万人次，比上年增长12.3%；国际旅游外汇收入12亿美元，增长14%；旅游总收入1628亿元，增长27.4%；旅游总人数2.08亿人次，增长18.4%。东盟特别是泛北国家已经成为广西第一国际旅游客源。

泛北部湾区域农业合作

为促进泛北部湾区域国家之间加强农业产业交流，中国广西每年都举办关于农业方面的合作交流和采购洽谈会。2012年3月，中国和越南联合在南宁举办2012第8届泛北部湾（广西）中外畜牧业展示交易会暨第2届中国畜牧业对接越南买家采购洽谈会、第2届中国农业（肥料/种子/农药）产品（越南）买家采购会等，以促进中越以及其他东盟国家的农业技术交流与合作。会上，采购商与中国供应商进行面对面洽谈，达成一批采购和合作意向。泛北部湾区域国家之间也十分重视农业的合作和发展。2012年3月，在文莱召开的东盟东部增长区商业联合会董事会议就着重商讨了该次区域内国家开展水稻种植的可能性，并进一步讨论具体和实施方案。

第7届泛北部湾经济合作论坛

2012年7月12～13日在广西南宁举行。中国、柬埔寨、印度尼西亚、马来西亚、缅甸、菲律宾、新加坡、泰国、越南等国家政府官员、专家学者，国际组织代表、中外著名企业代表以及中外新闻媒体记者400多人出席。论坛继续秉承“共建中国—东盟新增长极”的宗旨，以“泛北部湾区域经济合作与共同繁荣”为主题，根据泛北合作热点，举办“泛北智库峰会——全球经济再平衡：泛北部湾区域合作与发展”、“泛北城市发展峰会”、“泛北电子信息产业发展峰会”、“中国—马来西亚产业合作峰会”等四大专题峰会，为深化泛北合作提出很多有见地的观点，为促进泛北各国经济合作提供更进一步的方案和措施。

论坛举办期间，与会代表总结了泛北合作6年来的成果，对推进泛北区域城市发展合作、电子信息产业合作、产业园区合作等达成一系列共识，并签署一批合作协议。

泛北部湾经济合作联合专家组第5次会议

2012年7月11日在广西南宁举行。由中国商务部主办。中国和东盟国家组成的联合专家组成员、中方专家组成员代表出席会议。此次会议是在2011年6月完成《泛北部湾经济合作可行性研究报告》，并得到中国—东盟经贸部长会议和中国—东盟领导人会议充分肯定和欢迎的背景下，为落实第14次中国—东盟领导人会议主席声明制定泛北部湾经济合作路线图提议而召开的。会议讨论中方专家提交的《泛北部湾经济合作路线图(大纲)》和泛北部湾经济合作7个专项合作规划,并通过《泛北部湾经济合作联会专家组第5次会议纪要》。

会议一致认为,由中方专家提交的《泛北部湾经济合作路线图(大纲)》基本涵盖了泛北部湾经济合作路线图的基本要素,具备很好基础。同意由中国、东盟10国、东盟秘书处和亚洲开发银行尽快派出代表组成专家工作组,共同开展《泛北部湾经济合作路线图》制定工作,并以中方专家提出的《泛北部湾经济合作路线图(大纲)》为基础,进一步修改和完善,制定完成泛北合作路线图。同时,与会代表认为,7个专项合作规划提出的思路、目标、重点项目和保障措施对下一步开展泛北部湾经济合作具有重要意义,建议进一步完善后,与路线图一并提交2012年底召开的中国—东盟经济高官会、中国—东盟经贸部长会议和第15次中国—东盟领导人会议审议通过。会议邀请各成员国自愿申报一批投资少、见效快、建设周期短的合作项目,作为泛北部湾经济合作早期行动加以推动。会议为泛北部湾经济合作机制建立,务实推动各领域合作项目实施奠定基础。

泛北部湾城市发展峰会

2012年7月12~13日在广西南宁举行。与会代表有中国和东盟、泛北部湾国家的专家学者,南宁市领导机关和市直有关单位、各县区负责人以及中外媒体记者。南宁市代表在峰会上提出泛北部湾城市发展两大战略:

打破壁垒 推动南—新走廊建设 应打破行政壁垒和区域分割,建设水陆空配套、相互贯通、内外通达、便捷畅通、高效安全的交通、信息和口岸设施,实现基础设施的互联互通和网络化,打造南宁—新加坡经济走廊,最大限度地共享资源,降低要素在区域内流动的成本。加强产业合作,促进区域优势互补。加大资源合作开发力度,合作发展现代物流、金融、会展等服务业,改造提升有色金属、橡胶、制糖等传统优势产业,加快发展汽车、机械、林浆纸等新兴优势产业和生物、电子信息、节能环保等高新技术产业,优化泛北各城市生产要素,提高资源配置效率,推动泛北各城市产业结构升级,增强区域整体竞争力。同时,充分发挥贸易与投资对泛北各城市合作的带动和先导作用,立足"以贸易吸引投资、以投资促进贸易",增加泛北各城市客商对各城市发展环境的了解,提高客商投资信心,调整优化出口结构,提升国际市场竞争能力,带动出口增长。

务实合作 实施"引金入邕"战略 泛北各城市之间应该务实推进城市之间的产业合作,务实推进城市之间的金融合作,务实推进城市之间的投资与贸易合作,务实推进城市之间的基础设施合作,务实推进城市之间的人文交流与文化合作,以及务实推进城市之间的生态合作。南宁市将大力实施"引金入邕"战略,加快金融业发展。南宁愿与泛北各城市加强沟通联系和研究,建立与完善证券、货币、保险和外汇等专业市场,建设区域性货币结算中心、基金中心、资产管理中心、创业投资中心等,优化金融发展环境,在共同应对和防范金融风险、支付结算、推动金融机构互设分支机构等方面加强合作,提高金融合作水平。与泛北各城市互联互通,立足于完善交通基础设施,统筹各种运输方式发展,加快建设连接泛北各城市的立体交通网络。南宁正在加快吴圩国际机场新航站区建设,将与各方密切合作,增开国际、国内航线,建设广覆盖、大密度的航空通道。大力促进与泛北各城市通信基础设施建设、通信技术应用、电信普遍服务等合作,积极推进电子商务与加工制造、现代物流、产品交易等产业的融合。在现代化工、轻纺、新型建材、特色造纸及纸品深加工、电子信息、农产品加工、新能源、生物医药、节能环保等优势产业方面加强合作,推动产业转型升级,加快形成区域性产业优势。

中国—马来西亚产业合作峰会

2012年7月12~13日在广西南宁举行。峰会围绕中国和马来西亚产业合作模式、发展重点和方向,中马钦州产业园产业定位暨园区国际合作等进行深入探讨和交流,提出富有建设性的意见和建议。广西壮族自治区副主席黄道伟出席峰会并致辞。会议指出,在中马两国领导人的关心支持下,由两国政府共同建设的中马钦州产业园区已顺利开园,其姊妹园——马中关丹产业园区的合作协定也正式签订。这不仅对深化广西与马来西亚的友好合作,而且对增进两国政治互信,发展中马战略性合作关系具有重要意义。中马产业合作峰会必将进一步深化广西与马来西亚的产业合作,加快中马钦州产业园区建设,全面推动中马两国产业合作乃至中国—东盟合作向更大范围、更宽领域、更深层次发展。

会议指出,中马共建中马钦州产业园区,不仅使这一园区成为中国改革开放以来中马两国政府合作的第3个园区,而且双方再度联手共建马中关丹产业园区,采取"两国双园"模式,开创中国园区国际合作的先例。会议就全面推动广西与马来西亚交流合作在更广领域和更高层次上向前发展提出三点建议:一是加大园区产业合作;二是促进中马钦州产业园区和马中关丹产业园区互动发展,把园区打造成为双方合作的示范区,成为中国—东盟务实合作的典范;三是以园区建设为契机,深化各领域合作,共创互利共赢、合作发展的新局面。钦州市代表表示愿意从四个方面携手推进中国—马来西亚产业合作发展:设计好合作模式,为中外企业投资兴业提供"安全港湾";选择好重点产业,为优势互补和共同升级提供"对接平台";制定好优惠政策，为互利共赢创造“政策洼地”；营造好服务环境，为入园企业提供宜商宜居的“第二家园”。

会议通过中国—马来西亚产业合作峰会声明。声明指出，广西及钦州凭借着优越的区位优势、便利的交通条件、开放的合作平台，在中马两国经贸合作与交流中发挥独特的重要作用。中马合作共建产业园区是泛北合作机制的创新，开创了两国双园、园区国际合作的新模式，有利于深化中马双方特色优势产业合作，着眼未来的发展，拓展产业合作的领域，培育战略性新兴产业，联手抢占国际产业发展的制高点。声明强调进一步促进中马两国港口城市联盟，加快园区及腹地的铁路、高速公路、港口等基础设施建设，打造航运、物流通道，建立物流信息平台，改善区域内的物流运输条件，实现产业和物流，港口和城市的互动发展。积极落实中国东盟投资合作协议等自贸区优惠政策，创造公平、开放的贸易投资环境，为双方企业进入本国市场提供更加便利的条件，积极鼓励和支持双方投资促进机构、行业协会等中介组织发挥桥梁和纽带作用，以各种灵活形式，深入交流沟通，寻找更多的合作机会。

第 7 届泛北部湾智库峰会

2012 年 7 月 12 日 ~13 日在广西南宁举行。主题是“全球经济再平衡：泛北部湾区域合作与发展”。广西壮族自治区副主席蓝天立，中国财政部原部长、综合开发研究院理事长项怀诚在会上致辞。峰会从区域合作多元化与亚太自由贸易区建设、多边贸易体制与深化泛北区域合作、人民币国际化与泛北地区金融合作等几个方面进行深入探讨。马来西亚战略与国际研究所执行所长阿比丁，美国经济战略研究所总裁克莱德·普莱斯特威兹，韩国对外经济政策研究院前院长、高级顾问李昌在，泰国发展研究院院长尼鹏，亚洲开发银行高级经济学家宋雷磊等专家学者分别就以上议题发表演讲。

蓝天立在致辞中说，近年来中国—东盟 10+1 合作不仅成为东盟与所有对话伙伴关系中最具活力和最富成果的一组关系，而且也成为亚太地区乃至全球区域合作的一大亮点。泛北合作是中国—东盟自由贸易区框架下新的次区域合作。6 年来，泛北合作不断务实推进、创新发展，从共识走向实践，在实践中实现共赢。2011 年，中国—东盟领导人会议通过了《泛北部湾经济合作可行性研究报告》，标志着泛北合作正式纳入中国—东盟全面合作框架，上升为由各国政府层面共同推动的新兴的次区域合作项目，泛北合作由此开启了新的篇章。泛北智库峰会以促进泛北地区合作与发展为宗旨，成功搭建了泛北地区智库之间交流与合作的平台。峰会既就各方共同关切的利益进行有益的探讨和交流，又为加强互信、增进了解提供有效的交流平台。

项怀诚在致辞中说，泛北合作已成为中国—东盟合作的新平台和新亮点。近年来中国—东盟合作成就巨大，但同时也面临一些困难和挑战，中国和东盟只有增强共识，求同存异，才能进一步实现互利双赢。相信在中国—东盟自贸区建成的新形势下，泛北合作将发挥更加显著的作用。希望各国智库机构的专家们为泛北合作提供更科学的发展方案，促进泛北合作走向深入。

首届泛北部湾海洋环境论坛

2012 年 8 月 10 日在广西南宁举行。中外多所重点高校与研究所的 30 多位专家、学者在论坛上进行交流与研讨。专家学者们围绕海洋水文和大气动力学、海洋生态环境监控和保护方法、海洋环境变化和监测技术 3 个专题展开深入交流与研讨。美国麻省大学达特茅斯分校陈长胜教授作的题为《南中国海北部湾多尺度物理与生态过程的特征与模型研究》的专题报告，展示了全球海洋环境监控系统的优越性，并提出能否在北部湾也建立一个监控系统的新观点。中国海洋大学海洋环境学院侍茂崇教授在题为《北部湾环流与水交换》的报告中，对关于南海与北部湾水交换的传统观念提出新挑战。同样来自该校的鲍献文教授主讲了温州瓯江区域开发利用的实践，并提出不少思考与建议，希望能为北部湾开发提供借鉴。本次论坛还为北部湾经济区建设发展提供科技支撑，同时为国内外科研单位与广西社会科学院等广西科研单位之间的进一步合作打下良好基础。

首届泛北部湾海洋环境论坛 （百度网）

中国和东盟及各成员国交往与合作

中国和东盟交往与合作

2012年是《中国—东盟全面经济合作框架协议》签署10周年和中国—东盟科技合作年，中国—东盟战略伙伴关系不断结出新的硕果。在双方共同努力下，双方领导人在中国—东盟建立对话关系20周年纪念峰会上宣布的一系列倡议得到落实，政治安全合作进一步扩大，自由贸易区建设不断深化，科技、环保、文化、教育等各领域务实合作稳步推进。

一、政治安全合作不断加强

在政治外交方面。2012年中国同东盟国家保持密切高层交往，年内双方副总理级以上高层互访达50余次，进一步加强了双方的战略互信和沟通协调。11月，在第15次中国—东盟领导人会议上，温家宝总理倡议双方要重点深化中国—东盟自由贸易区建设，加强科技合作，扎实推进互联互通合作，密切人文交流。为了深化中国—东盟战略关系，有效应对来自各方面的挑战，中国与东盟还就其他政治方面展开了新的合作。除了高层交往外，中国—东盟在外交方面的合作也不断深化。9月27日，中国驻东盟使团正式开馆。对此，东盟秘书长素林表示："向东盟派驻使团更能从长远表明中国致力于在遵守与东盟保持'好邻居、好朋友、好伙伴'承诺的基础上，处理双方在共同利益方面面临的挑战，更好地发展战略伙伴关系"。

在防务与安全合作方面。2012年1月14日，中国和东盟各国在北京举行落实《南海各方行为宣言》第4次高官会，会议启动《宣言》框架下的务实合作并通过"2012年工作计划"。6月，双方在河内举行落实《南海各方行为宣言》第5次高官会，会议就推动落实《宣言》、推进南海务实合作达成广泛共识。年内，中国还举办南海海洋防灾减灾研讨会、南海海洋生态环境与监测技术研讨会。东盟国家则举办海上搜救研讨会、海洋生态与生物多样性研讨会。5月29日，中国国务委员兼国防部长梁光烈上将在柬埔寨首都金边出席中国与东盟国防部长磋商会，并作题为《持续加强互信合作，携手共建和谐亚太》的发言，强调中国将从战略高度和长远角度，与东盟各国进一步加强对话交流，不断增进理解信任，深化务实合作，为国家关系全面发展增添积极因素，为推进和谐亚洲建设作出贡献。11月5日，由中国国防大学和文莱防务战略研究所共同主办的第16届东盟地区论坛国防院校校长会议在中国北京举行，会议围绕"变化世界中的国家安全战略教育"的主题展开为期4天的研讨。11月19日，在第15次中国—东盟领导人会议上双方发表"纪念《南海各方行为宣言》签署10周年联合声明"。

1月14日，中国和东盟国家在北京召开落实《南海各方行为宣言》第4次高官会。中国和东盟10国高官及东盟秘书处官员出席会议 （百度网）

在非传统安全合作方面。2012年5月，中国警方联手泰国、马来西亚、柬埔寨、印尼、菲律宾等7个东盟国家警方采取统一行动，成功摧毁“11·29”特大电信诈骗犯罪集团，抓获犯罪嫌疑人482名，有效遏制该类犯罪多发的势头。双方公安部门通过各类研讨会和研修班，保持密切交流与沟通。6月，中国—东盟警察组织的高级警官研修班在浙江举行。6月至8月，第9期中国与东盟刑侦技术培训项目在北京举行。中国还举办高级执法官员研修班，邀请东盟成员国的执法官员参加。10月30～31日，中国—东盟海事磋商机制第8次会议在广东珠海举行，与会代表就区域内国际海事劳工公约履行、海运温室气体减排、海上搜救应急合作等共同关心的热点问题进行协商。年内，中国还参加东盟打击跨国犯罪部长级会议、东盟10+3打击跨国犯罪部长级会议等相关会议，与东盟加强相关领域的合作。

二、经贸合作成效显著

（一）双边贸易及经济合作

2012年在中国—东盟自由贸易区框架下，中国与东盟开展一系列经贸论坛、会议，签订各项经济合作协定。5月11日，2012中国—东盟矿业合作论坛暨推介展示会在南宁举行，会议签约20项，合同金额约120亿元。8月20日，第3届中国—东盟行业合作昆明会议达成《第3届中国—东盟行业合作昆明会议共识》，会议强调双方要挖掘经贸互补性，打造区域内互利互惠、优势互补的产业链，积极寻求市场最大限度的相互开放，推进自由贸易区内贸易和投资的便利化，加强各国产业规划和政策的沟通和协调，充分利用好自由贸易区优惠政策，提高区域经济一体化能力，应对市场开放后带来的新变化。11月19日，在金边举行的第15届东盟—中国领导人会议上，双方签署《关于修订〈中国—东盟全面经济合作框架协议〉的第三议定书》和《关于在〈中国—东盟全面经济合作框架协议〉下〈货物贸易协议〉中纳入技术性贸易壁垒和卫生与植物卫生措施章节的议定书》，并建立一些机构专门负责双边经贸合作事宜。

2012年中国继续成为东盟的最大贸易伙伴，东盟则超过日本成为中国第三大贸易伙伴。全年中国与东盟双边贸易额4000.93亿美元，比上年增长10.3%。其中：中国出口东盟2042.72亿美元，增长20.1%；自东盟进口1958.21亿美元，增长1.6%；中国对东盟贸易顺差84.51亿美元，东盟对中国贸易差额额度收窄，双边贸易发展态势逐渐趋于平衡。中国对东盟各成员国的贸易总额继续保持增长势头，其中对文莱、柬埔寨、老挝、菲律宾、越南分别保持22.6%、17.0%、32.8%、12.8%和25.4%的两位数增长；中国对东盟各成员国出口也继续保持高速增长，其中对马来西亚、文莱和老挝出口分别增长31.0%、68.2%和96.8%；中国自东盟成员国进口呈现涨跌不同的情况，其中对文莱、缅甸、老挝、马来西亚、泰国分别减少37.3%、22.7%、4.1%、6.2%和1.3%，对柬埔寨、印尼、菲律宾、新加坡和越南分别增长16.8%、1.9%、9.2%、1.4%和46.0%。

（二）双向投资

2012年9月21～25日，以“科技合作、开放共赢”为主题的中国—东盟博览会和中国—东盟商务与投资峰会在广西南宁举办。博览会商品贸易成交总额17.78亿美元，比上届增长3.9%。签订国际经济合作项目118个，合同总金额82.04亿美元，增长10.6%。

截至2012年底，中国与东盟累计双向投资已达1007亿美元，中国占投资总额的23.4%，东盟占76.6%。2012年东盟在华的直接投资金额70.7亿美元，仅较上年增长1%。与之形成鲜明对比的是，2012年中国企业在东盟投资44.19亿美元，较上年增长52%。在2012年中国与东盟114.89亿美元的双向投资额中，中国所占比例已提高至38.5%。就东盟国家而言，新加坡是东盟10国中对华投资额最多、吸引中资也最多的国家。2012年东盟在华投资排在前三位的国家是：新加坡（63亿美元）、马来西亚（3.18亿美元）、文莱（1.51亿美元）。按投资增幅计，排在前三位的是：越南（增长145%）、印尼（增长38.4%）、菲律宾（增长18.2%）。2012年，中国在东盟10国直接投资按数额排在前三位的国家是新加坡、柬埔寨、老挝，按投资增幅排在前三位的国家是：越南（增长147.3%）、柬埔寨（增长131%）、老挝（增长121.8%）；投资下降的只有文莱（下降69.2%）和缅甸（下降58.7%）。

（三）金融合作

在金融方面，为进一步防范、抵御经济危机的再次冲击，为方便双边融资和资金交易，中国与东盟进一步深化双边在金融领域的合作。2012年5月3日，在马尼拉举办的第15届东盟与中日韩（10+3）财长和央行行长会议就进一步加强清迈倡议多边化危机预防和应对能力进行讨论，各方同意将清迈倡议多边化规模扩大1倍，达到2400亿美元、提高与国际货币基金组织贷款规划的脱钩比例、延长危机后贷款使用期限以及新建危机预防功能等。2012年5月17日，中国国家开发银行在北京主办中国—东盟银联体理事会第2次会议，各成员银行签署《中国—东盟银行联合体合作协议的补充协议》，就加强务实合作进行深入交流，探讨为东盟各国基础设施、电力、农业、中小企业、能源资源等领域重点项目提供融资支持以及在本币结算、资金交易等领域开展合作的可行性，为今后进一步深化合作奠定基础。

（四）旅游合作

2012年中国国家旅游局继续为每个东盟国家和东

盟秘书处参加中国国际旅游交易会免费提供两个标准展台，并将其展位集中安排在相邻区域，对东盟各国在展会期间举办的专题宣传活动，给予支持和协助。2 月，中国国家发展改革委员会与中国—东盟中心和中国国家旅游局合作在北京举办首届中国—东盟绿色旅游论坛。4 月，在中国国家旅游局协助下，中国—东盟中心率领中国中央电视台摄制组赴柬埔寨拍摄当地旅游风光片，并在中国中央电视台播放。中国国家旅游局统计显示，2012 年菲律宾来华旅游人数 96.20 万人次，比上年增长 7.57%；泰国来华旅游人数 64.76 万人次，增长 6.50%；新加坡来华旅游人数 102.77 万，减少 3.32%；印尼来华旅游人数 62.20 万人次，增长 2.28%；马来西亚来华旅游人数 123.55 万，减少 0.77%。年内，中国出境游人数 8313 万人次，比上年增长 18.4%，其中中国公民首站前往东盟国家旅游人数 969 万人次，增长 21.7%。

（五）次区域开发与合作

2012 年是大湄公河次区域（GMS）合作开启 20 周年。6 月，第 4 届 GMS 经济走廊活动周在中国云南昆明举办，会议达成 GMS 商务理事会第 3 次会议——昆明共识。5 月，大湄公河次区域环境工作组第 18 次年会在云南景洪举行，会议通过第二期核心环境项目总体活动计划。12 月，大湄公河次区域（GMS）经济合作第 18 次部长级会议在中国广西南宁举行，会议签署《关于成立区域电力协调中心的政府间谅解备忘录》，并决定成立 GMS 铁路联盟。会议就制定区域投资框架的关键问题达成共识，为下一步区域投资框架的制定指明了方向。

在区域互联互通合作方面。2012 年 11 月 7 日，中国—东盟互联互通合作委员会第 1 次会议在印度尼西亚雅加达举行。会议旨在落实温家宝总理与东盟各国领导人在 14 次中国—东盟领导人会议上就成立中国—东盟互联互通合作委员会达成的共识。双方一致认为，今后中国与东盟将共同探讨进一步拓宽合作项目融资渠道，创新融资方式；研究设立统一技术标准，加强在基础设施领域技术转让、人员培训和经验共享等方面的合作，促进双方合作的可持续性发展。双方还将共同致力于不断提高本地区运输便利水平，为扩大双方贸易投资合作创造有利条件。

三、社会文化交流与合作

在科技与知识产权合作方面。2012 年是中国—东盟科技合作年，双方围绕科技合作的主题举办了一系列活动。5 月 18 日，第 7 次中国—东盟科技联委会会议在缅甸首都内比都召开。9 月 22 日，首次中国—东盟科技部长会在广西南宁举行，中国科技部部长万钢和东盟 10 国科技部长、东盟秘书处高级官员出席会议。同日，“中国—东盟科技伙伴计划”在南宁正式启动，科技伙伴计划框架下第一个项目——共建资源卫星数据共享平台同时启动。10 月和 11 月，面向东盟国家的科技政策与管理研修班和中国—东盟论坛相继在华举办。为促进中国与东盟国家就国际、地区和国家间发展状况的对话，中国—东盟在知识产权领域开展广泛深入的交流合作。9 月，中国举办 2012 中国—东盟知识产权与传统知识及遗传资源保护研讨会，来自中国和东盟成员国的知识产权主管部门官员及业界的专家、学者就传统知识和遗传资源的保护展开讨论。

在文化教育的合作与交流方面。2012 年 5 月 25 日，双方在新加坡举办首次中国—东盟文化部长会议，会议建立中国—东盟文化部长会议机制并就该机制的运行、下阶段双方文化领域合作及《中国—东盟文化合作行动计划》等事宜进行探讨。9 月，在南宁举办第 6 届中国—东盟文化论坛。同月，第 5 届中国—东盟教育交流在中国贵州举行。

第 4 届 GMS 经济走廊活动周开幕式（百度网）

2012 年中国继续增加面向东盟国家的中国政府奖学金名额，推动实施《留学中国计划》，吸引更多东盟留学生来华学习，鼓励中国—东盟学生加强双向交流。为增进双边青年之间的合作与友谊，2012 年中国举办 4 期东盟青年干部培训班，为东盟 10 国培养青年干部 200 名。5 月，第 8 届澜沧江—湄公河青年友好交流活动在中国、泰国和柬埔寨举办，来自次区域 6 国青年代表参加活动。11 月，中国举办第 7 届中国—东盟青年营，邀请东盟 10 国 100 名青年访华。

在卫生健康与生态环保方面。2012 年 7 月，双方在泰国普吉岛举办第4届中国—东盟卫生部长会议，并签署《中华人民共和国政府和东南亚国家联盟成员国政府关于卫生合作的谅解备忘录》。9月，第3届中国—东盟质检部长会议（SPS合作）审议批准《SPS谅解备忘录2013—2014年执行计划》，并发表《第3届中国—东盟质检部长会议（SPS合作）联合新闻声明》。会议还正式启动中国—东盟SPS合作门户网站。双方就SPS谅解备忘录自动延期一年达成共识，原则同意于2013年签署新的SPS谅解备忘录。为推行中国与东盟达成的《中国—东盟环境保护合作战略》，2012年双方制定《中国—东盟环境合作行动计划》。双方就落实此计划开展政策对话、能力建设、区域环境问题合作研究等活动，并实施中国—东盟绿色使者计划。

（王夏兴）

中国和文莱交往与合作

2012年中国与文莱继续保持密切交往与合作，各个领域的合作特别是经济贸易合作取得令人瞩目的成效，双边贸易创造历史新高。

一、政治交往与合作

（一）高层领导及有关政府部门保持密切交往

2012年9月7日，文莱苏丹博尔基亚出席在俄罗斯符拉迪沃斯托克举行的第20次APEC领导人非正式会议时与中国国家主席胡锦涛举行双边会谈，把中文两国领导人年度交往推向高潮，双方表示进一步加强双边的合作。苏丹对文中两国贸易合作表示满意，建议双方在银行业开展合作，表示坚定支持一个中国政策。双方政府部门来往频繁。2012年2月13日，应南京市政府邀请，文莱内政部副部长哈尔比赴南京进行为期4天的工作访问。此访旨在进一步落实双方2011年签署的斯里巴加湾市与南京市建立友好城市谅解备忘录。3月19日，中国国务委员兼国防部部长梁光烈在北京会见来访的文莱国防部副部长穆斯塔帕，梁光烈表示，中方重视文莱作为明年东盟轮值主席国和东盟防长扩大会东道国的重要作用，并愿以此为契机，进一步推动中文双边关系发展。穆斯塔帕表示，双方的交流与合作为两国两军友好关系注入了新的活力。应文莱政府邀请，4月1～3日中国全国政协副主席孙家正率团、4月18～20日全国政协主席贾庆林分别访问文莱。贾庆林此访系两国1991年建交以来中国全国政协主席首次访问文莱，对推动中文睦邻友好合作关系进一步向前发展起到积极作用。访问期间，贾庆林会见文莱苏丹和立法会议长伊萨，就进一步深化中文两国在政治、经济、社会、文化等领域的友好交往与合作以及共同关心的问题深入交换意见，达成广泛共识。贾庆林19日在文莱首都斯里巴加湾出席文莱—中国友好协会举行的午宴并致辞说，1991年两国建交以来，中文关系进入全面发展的新时期，特别是近年来两国关系发展顺利，堪称大小国家平等相待、互利合作、和谐共处的典范。文莱立法会议长伊萨赞赏中国对大小国家都一视同仁的和平友好政策，高度评价中国的发展给本地区及其他地区国家带来的机遇。他表示愿与中国进一步加强交流合作，推动两国关系不断向前发展。5月24～28日，亚太安全合作理事会中国委员会会长、中国军控与裁军协会会长马振岗大使应邀率团访问文莱。7月10日，中国外交部部长杨洁篪在柬埔寨金边出席东盟地区论坛系列外长会期间会见文莱外交与贸易部第二部长林玉成，并于8月11日访问文莱与林玉成再次举行会谈。7月18日，国家海洋局陈连增副局长率团访问文莱，与文莱交通部部长阿卜杜拉举行会谈，双方同意今后重点在海洋科研、海啸预报以及海上漏油处理等方面开展合作。9月19日，文莱工业与初级资源部部长叶海亚代表文莱政府前往南宁出席第9届中国—东盟博览会、商务与投资峰会，并在会议上致辞。其间，文莱政府举办旅游专场推介会，向参会各方深度介绍文莱旅游资源。25日，第9届中国—东盟博览会闭幕，文莱获得最佳品牌展示奖和最具魅力城市奖。文莱在本届博览会共签订价值18.78亿美元的合同，比上届增长3.9%。

4月19日，中国全国政协主席贾庆林访问文莱会见文莱苏丹博尔基亚

（新华社）

（二）地方政府及民间团体交往频繁

2012年3月5~8日，应文莱武术总会邀请，由中国武术协会副主席何青龙率领的中国武术协会代表团一行20人访问文莱。代表团在马来奕中华中学体育馆、斯里巴加湾市国家体育馆进行两场公开表演，内容包括拳术、剑术、棍术、太极扇、武术小品等，他们精湛的武艺和良好的精神风貌赢得观众热烈掌声。3月29日，文莱首相府新闻局在皇家马球俱乐部举办《追溯文莱—中国关系史》新书发行仪式，该书由文莱文化、青年与体育部博物馆司代理副司长卡里姆依据相关文献、论文和文莱政府赴华拍摄的大型资料片《追溯文莱—中国关系史》编写而成。4月7日，中国贸促会云南分会姚云祥副会长访问文莱，邀请文莱国内中小型企业及商会会员前往参加即将在6月举行的中国昆明进出口商品交易会。4月11日晚，由中国驻文莱大使馆，文莱文化、青年与体育部，中国新疆维吾尔自治区人民政府共同主办，文莱—中国友好协会协办的“文化中国·魅力新疆”文艺演出在杰鲁东半圆形剧场举行，到场观众2500多人，演出获得圆满成功。6月12日，由11名成员组成的文莱国家代表团前往中国山东海阳参加第3届亚洲沙滩运动比赛。6月28日，中国宁夏回族自治区博览局代表团访问文莱。7月5日，中国浙江大学校长杨卫访问文莱，与文莱大学校长祖尔卡内在文莱大学签署石油化工人才培养谅解备忘录，备忘录规定，浙江大学将从2012年开始帮助文莱大学开设石化专业课程，为文莱国民经济支柱产业——油气产业培养专业人才。9月11~14日，中国海军“郑和号”训练舰访问文莱。在为期4天的访问中，双方开展一系列友好交流活动。文皇家海军官兵和当地民众、华人华侨踊跃参加军舰开放日活动，参观军舰设备并与中国海军将士互动。11月23日，应文莱文化、青年与体育部邀请，以中国全国青年联合会副秘书长陈光浩为团长的中国青年代表团访问文莱。12月27日，中国援助文莱的23名志愿者教师和中国青年志愿者协会官员抵达文莱，开始为期1年的教学服务。该志愿者项目是为落实两国领导人加强人才合作的共识，由中国商务部、共青团中央和青年志愿者协会共同组织实施的政府合作项目。23名志愿者将在2013学年协助文莱大学、文莱理工大学和多所文莱中小学校开展医学、体育和汉语课程教学。

二、经贸交流与合作

（一）双边贸易额创历史新高

据中国海关统计，2012年中国与文莱双边贸易额达16.08亿美元，比2011年增长22.6%，比2009年翻两番，创历史新高。中国对文莱出口实现大幅增长，达12.52亿美元，比2011年增长68.2%；中国自文莱进口受原油进口减少影响仅为3.55亿美元，下降37.3%。

（二）开展各种项目的合作

2012年4月19日，文莱工业与初级资源部与中国商务部在文莱斯里巴加湾签署农业领域经济及贸易合作的谅解备忘录。两国同意增加农业产品贸易、扩大农业合作领域、促进双边经贸关系平衡和健全发展，鼓励中国企业参与文莱的经济多元化建设。4月，由中国中交集团承建，合同金额超过1亿美元的德里赛—鲁木高速公路已经完成工程量的60%以上，将于2013年10月完工。4月20日，浙江恒逸集团有限公司在文莱帝国酒店举办恒逸实业有限公司文莱分公司揭牌仪式，并与文莱经济发展局签订30年土地租约，正式拉开恒逸集团投资文莱大摩拉岛石化项目序幕。恒逸集团PMB项目是中国民营企业在海外投资的一个重大项目，也是文莱建国以来的一个特大项目。浙江恒逸集团是一家总部设在浙江杭州的民营企业，2011年度销售收入560亿元人民币，名列中国企业500强第211位。大摩拉岛（PMB）石化项目一期投资估算为42.92亿美元，计划生产对二甲苯（PX）、乙二醇（MEG）和其他石化产品。2012年6月，中石油东方地球物理勘探有限公司文莱分公司圆满完成文莱L区块三维采集项目。东方物探在L区块共完成三维勘探面积

4月11日，由中国驻文莱大使馆，文莱文化、青年与体育部，中国新疆维吾尔自治区人民政府共同主办，文莱—中国友好协会协办的“文化中国·魅力新疆”文艺演出在杰鲁东半圆形剧场举行，来自新疆的木卡姆艺术团表演具有浓郁新疆特色的歌舞和杂技节目 （百度网）

181 平方千米，二维勘探试验面积 14 平方千米。7 月 15 日，文莱苏丹宣布将拨款约 2.3 亿文莱元（约合 2 亿美元）用于扩建光纤到户（FTTH）工程。该项目一期工程由中国华为公司承建，现已接近项目尾声。10 月 17 日，一家文莱公司宣布将与中国科尔沁牛业股份有限公司成立合资公司，在中国内蒙古科尔沁合作养牛，后者提供草场土地。公司初步计划先期饲养 3 万头牛之后，将逐渐增加饲养量。10 月 25 日，中文渔业合作项目喜获丰收，文莱 45 吨石斑鱼出口中国香港，根据 2009 年广东省海洋渔业局与文莱渔业局签署的合作谅解备忘录，双方指定企业组建金航（文莱）海洋生物有限公司，联合实施深水网箱养殖基地项目。迄今为止，项目累计投资 395 万美元，年产石斑鱼、金鲳鱼等名贵鱼类近 200 吨。同月，浙江恒逸集团与文莱壳牌石油公司签署《原油供应协议》，根据协议，未来 15 年内恒逸集团每年可从文莱壳牌获得 275 万吨原油供应，每批供应量在 30 万～60 万桶之间。（马　静　马金案）

中国和柬埔寨交往与合作

在进一步推进全面战略合作伙伴关系方针指导下，2012 年中柬两国全面合作与交流进一步加强，传统友谊不断巩固，政治互信进一步增进，各领域务实合作卓有成效，在国际和地区事务中保持密切沟通和协调，堪称国与国平等相待、真诚合作的典范。中柬友好合作关系的发展符合两国和两国人民根本利益，也有利于本地区稳定和繁荣。

一、中国—柬埔寨政治交往与合作

（一）两国领导人互访活动

1. 中国国家领导人访问柬埔寨

应柬埔寨国王诺罗敦・西哈莫尼的邀请，2012 年 3 月 30 日至 4 月 2 日，中国国家主席胡锦涛访问柬埔寨。3 月 31 日，胡锦涛在金边分别会见柬埔寨国王西哈莫尼与首相洪森、参议院主席谢辛、国会主席韩桑林。双方就双边关系及地区形势深入交换意见，一致同意共同推动中柬全面战略合作伙伴关系不断向前发展，扩大各领域互利合作，推进中国与东盟关系和东亚合作。胡锦涛在会见洪森时就发展中柬关系提出 4 点建议：一是保持密切交往，加强战略沟通，制订落实中柬全面战略合作伙伴关系行动计划，加强党际交往，扩大人员培训合作，相互借鉴治国理政经验。二是扩大务实合作，实现互利双赢，结合各自优势和发展战略，统筹规划经贸合作，加强农业合作，中方鼓励有实力的中国企业赴柬投资兴业，推进基础设施建设合作，增加民航运力，促进旅游业发展。三是加强安全执法合作，共同打击恐怖主义、制毒贩毒等跨境犯罪活动，保持两军交往。四是密切多边配合，加强相互支持，加强在联合国，东亚合作，东盟地区论坛，大湄公河次区域经济合作等多边场合的沟通协调和配合，维护两国及广大发展中国家共同利益。

6 月 12～13 日，中共中央政治局常委、中央纪委书记贺国强率团访问柬埔寨。6 月 12 日，贺国强在金边会见柬埔寨国王西哈莫尼。贺国强表示，中国高度重视巩固和加强同柬埔寨的传统友谊，愿同柬埔寨一道，认真落实胡锦涛主席同西哈莫尼国王达成的共识，保持高层互访，深化经贸合作，扩大人文交流，加强在重大国际和地区事务中的沟通和配合，不断把两国全面战略合作伙伴关系提升到更高水平。西哈莫尼表示贺国强之行必将为柬中友好关系进一步发展注入新动力。柬埔寨王室愿与中国共同努力，推动两国关系在现有基础上不断向前发展。

11 月 18 日，应柬埔寨首相洪森邀请，中国国务院总理温家宝抵达金边对柬埔寨进行正式访问，并出席于次日在金边举行的第 15 次中国—东盟（10＋1）领导人会议，东盟与中日韩（10＋3）合作 15 周年纪念峰会和第 7 届东亚峰会。访柬期间，温家宝总理前往柬埔寨王宫吊唁西哈努克并同洪森首相举行会谈，双方

11 月 18 日，中国国务院总理温家宝在金边同柬埔寨首相洪森举行会谈（新华社）

就巩固两国传统友谊,深化全面战略合作伙伴关系,加强国际地区事务协调配合等交换意见。当日,随同温家宝访问的中国商务部部长陈德铭与柬埔寨副首相兼财经部长吉春、劳动与职业培训部长翁速分别签署《中柬两国经济技术合作协定》,《西哈努克省职业技术教育与培训中心项目考察换文》等4项经贸合作文件,中国银行金边分行与柬埔寨卓雷丁水泥厂签署《项目贷款协议》。

6月13日,中国和柬埔寨双边合作签字仪式在金边举行

(中国驻柬埔寨大使馆经济商务参赞处)

2. 柬埔寨国王西哈莫尼访问中国

2012年7月下旬至8月上旬,应中国国家主席胡锦涛邀请,柬埔寨国王诺罗敦·西哈莫尼一行19人访华,其间于8月5~7日访问中国河南省,郭庚茂省长在郑州会见柬埔寨国王诺罗敦·西哈莫尼国王一行。

3. 双方党际交流

2012年5月8日,以盖博拉斯美为团长的柬埔寨奉辛比克党代表团访问中国,中共中央政治局常委、中央纪委书记贺国强8日会见奉辛比克党代表团一行。贺国强表示,中国共产党和奉辛比克党自建立党际关系以来,合作内容日益丰富、合作水平不断提高,2012年两党签署了交流合作备忘录,党际关系步入新的发展时期。希望两党继续保持高层交往,加强治党治国经验交流,进一步密切在国际和地区事务中的协调配合,为推动国家关系不断发展发挥更大作用。盖博拉斯美表示,奉辛比克党高度重视与中国共产党的合作关系。当前形势下,包括奉辛比克党在内的柬各方倍加珍惜并全力发展柬中睦邻友好合作关系,将落实好胡锦涛主席访柬期间与柬方领导人达成的重要共识,推动柬中全面战略合作伙伴关系不断向前发展。

(二)两国议会与人大及其他部门之间的交流与合作

2012年9月19日,中国全国人大环资委副主任黄献中率团访问柬埔寨并与柬埔寨国会第一副主席颜惹举行会谈。双方强调,中柬将基于两国传统友谊的基础上继续互相支持,两国国会环保部门加强环境与资源保护方面进行交流并为加深两国政府和人民的友谊而努力。黄献中表示,中国将继续支持柬埔寨进一步对环境与自然资源保护方面的交流和合作。颜惹指出,柬埔寨坚持一个中国的政治立场,坚持台湾和西藏是中国领土不可分割的一部分。

12月7~8日,应柬埔寨常务副总理棉森婉邀请,中国国务委员刘延东抵柬进行为期两天的正式访问。双方就深化两国合作关系等议题交换意见。双方还共同出席中柬科学技术合作签字仪式,中国科学技术部副部长王志刚和柬埔寨工业、矿物与能源部国务秘书谢祥洪代表中柬双方签署《科技合作谅解备忘录》。访柬期间,刘延东还入王宫吊唁西哈努克,会见首相洪森,并出席中柬食品工业实验室的揭幕仪式。

12月19日,中国全国政协副主席、中国国际交流协会副会长王志珍,率中国国际交流协会代表团抵达金边对柬埔寨进行为期4天的访问。20日,柬埔寨代总理苏庆、参议院第一副主席赛冲分别会见王志珍。苏庆和赛冲对中国长期以来提供的宝贵援助表示感谢,并表示中柬双方的互利合作给两国人民带来实在的好处。

(三)两国在国际和地区多边合作

2012年中国和柬埔寨埔寨继续加强在东盟系列峰会、东盟地区论坛、东亚峰会,以及香格里拉安全会议、亚欧首脑会议等地区和国际多边会议和论坛上的合作与协调,尤其是7月在金边举行的东盟外长会议上,柬埔寨拒绝东盟个别国家试图将南海争端问题写进东盟峰会最终声明的要求,有利于稳定地区局势和加强东盟的团结,保持东盟与中国关系的平衡发展。此外,柬埔寨还在其他国际场合涉及台湾、新疆、西藏等问题上始终坚持"一个中国政策"。而中国也支持柬埔寨坚持独立自主、不结盟的外交政策,支持柬埔寨基于具体国情对政治制度和经济政策的选择。

(四)中国柬埔寨执法合作

年内,中国与柬埔寨在禁毒合作和打击电信诈骗犯罪方面取得突出成果。2012年8月30日,中国与柬埔寨警方密切合作,成功抓获特大毒品犯罪案件主犯胡成根。潜逃国外达4年半之久的胡成根被依法移交中国警方并被押解回中国,这是2012年7月中国与23个国家启动"合力—2012"打击跨国毒品犯罪联合行动以来,又一次成功在境外抓捕重大毒品犯罪逃犯。

12 月 15 日,在公安部统一指挥下,重庆警方和江苏警方组成打击电信诈骗专案工作组赴柬埔寨,展开打击境外电信诈骗犯罪专项行动。2013 年 1 月 5 日 11 时,专案组民警与柬埔寨警方同时向前期侦查确定的 9 个窝点发起突袭,共抓获涉嫌电信诈骗犯罪嫌疑人 94 人,其中台湾犯罪嫌疑人 68 人,大陆犯罪嫌疑人 23 人,柬埔寨籍嫌疑人 3 人,并抓获在柬境内设立多个窝点的诈骗集团首犯杨某。1 月 17 日,23 名电信诈骗犯罪嫌疑人被中国警方从柬埔寨押解回国,至此,“12・03”特大跨国跨两岸电信诈骗案成功告破。

二、中国—柬埔寨经贸合作

随着中柬全面战略伙伴关系的建立,中国与柬埔寨的经贸合作持续深化。

(一)两国双边贸易

2012 年中国与柬埔寨双边贸易额 29.23 亿美元,比 2011 年增长 17%。其中:中国对柬埔寨出口 27.08 亿美元,增长 17%;从柬埔寨进口 2.15 亿美元,增长 16.8%。中国对柬埔寨出口主要商品包括纺织品及纺织品原辅料、成衣、农产品、船舶和钢材、机电产品和高新技术产品等。从柬埔寨进口主要商品包括天然橡胶、木材、服装、农产品、铜矿砂及其精矿、农产品等。

(二)两国投资合作

中国与柬埔寨投资合作的特点首先是单向性,即主要是中国对柬埔寨进行投资;其次是中国对柬埔寨投资额增长快,投资额大,投资主要领域涉及农业、交通运输、通信、电力、服装、旅游业、矿产和能源开发等。

1. 中国对柬埔寨非金融类投资。2012 年中国企业对柬非金融类直接投资金额为 7.2 亿美元,比 2011 年增长 131%。中国投资的重点集中在制衣、家具和大米加工业等。截至 2012 年底,中国对柬埔寨累计协议投资约 92 亿美元,是柬埔寨最大的外资来源国,占柬埔寨吸引外资总额的 34%,累计实际到位资金 23.93 亿美元。

2. 中国在柬埔寨工程承包项目。年内,中国企业在柬新签承包工程合同总额 29.55 亿美元,比上年增长 485.7%,营业额 11.71 亿美元,增长 41.9%;外派人数4272 人,增长 24.4%。中国企业派出赴柬劳务合作人数 1400 人。截至 2012 年底,中国企业在柬承包工程累计合同额和营业额分别是 81.69 亿美元和 40.53 亿美元。

3. 中国对柬埔寨的优惠贷款。2 月 2 日,中国进出口银行行长李若谷和柬埔寨副首相兼财经部大臣吉春在金边签署三项优惠出口买方信贷贷款协议,总额 3.02 亿美元。三个项目包括 214 号公路(1.13 亿美元)、76 号公路延长线(8927 万美元)和水利发展项目(9930 万美元)。2 月 16 日和 22 日,中国驻柬大使潘广学和柬埔寨副首相兼财经部长吉春在金边分别签署《中柬两国 2012 年经济技术合作协定》和《关于购买 2 架新舟 6 飞机的立项换文》,换文规定,中国将为柬埔寨提供无息贷款购买 2 架新舟 60 飞机,这是新舟 60 飞机首次出口到柬埔寨。

三、中国对柬埔寨援助

(一)中国对柬埔寨各类援助

据柬埔寨官方统计,1992 ~ 2012 年,中国向柬埔寨累计提供无偿援助、无息和优惠贷款约 20.93 亿美元。其中,无偿援助 1.25 美元,无息贷款 1.52 亿美元,人民币优惠贷款 5.56 亿美元,美元优惠贷款 12.6 亿美元。

(二)中国对柬埔寨援外培训

2012 年有 195 名柬埔寨学员赴中国参加 51 期双边援外培训项目,柬方还选派 1 名青年官员赴华攻读硕士学位。培训范围涉及开发区管理、工业体系建设、商业数据收集整理、农作物检验检疫等诸多领域。培训项目针对性和实用性强,对于提高柬埔寨政府能力建设,促进经济社会发展以及减少贫困具有积极的作用。

四、中国—柬埔寨军事交流与合作

(一)两军高层往来

2012 年 5 月 27 ~ 30 日,应柬埔寨王国副首相兼国防大臣迪班邀请,中国国务委员兼国防部长梁光烈启程赴柬埔寨访问并出席中国与东盟国防部长会议,随同出访的主要成员有成都军区副司令员李作成,广州军区副政治委员田义功等。28 日,梁光烈在金边与柬埔寨副首相兼国防大臣迪班举行会谈。双方就两军关系等共同关心的问题深入交换意见。会谈后双方签署柬中两军合作协议。

(二)中国对柬埔寨军事援助与培训

2012 年 5 月,梁光烈访问柬埔寨时承诺,中国将为柬埔寨提供 1.2 亿元人民币的无偿援助,帮助柬埔寨提高军校和军医方面的能力,将接受更多的柬埔寨官兵到中国培训。12 月 13 日,柬埔寨王家军总司令波沙文表示,柬中两国于 2011 年 8 月签署由中国向柬埔寨提供 12 架直升机的合同,总价值 1.95 亿美元,2013 年4 ~ 8 月将装备柬埔寨空军部队,柬埔寨计划使用其中的 2 架作为 VIP 直升机,4 架作为战机,另 6 架作为运输机,目前 25 名柬空军飞行员和机械师正在中国接受有关操控直 - 9 直升机的培训。另据柬埔寨空军司令胜松那将军透露,将来柬埔寨空军和海军也将装备中国制造的 MA - 60 型战斗机。2012 年 11 月 5 日,中国援助柬埔寨扫雷培训班开学典礼在位于柬埔寨乌东县的柬埔寨国防部维和扫雷中心举行。

五、中国—柬埔寨人文交流

(一)2012 年中国广西电视展播周在柬埔寨启动

8 月 21 日,由中国广西电视台和柬埔寨国家电视台联合举办的2012年中国广西电视展播周在柬埔寨国家电视台总部举行启动仪式，展播周期间，广西电视台带来了《洪森首相——广西人民的老朋友》、《律动广西》、《广西——天下民歌眷恋的地方》、《漓江渔火》、《家住黄姚》、《苗岭笙歌》等6个专题节目，其中《洪森首相——广西人民的老朋友》介绍了柬埔寨首相洪森6次出席中国—东盟博览会的情况。这些节目由柬埔寨国家电视台播音员配音，从8月21～26日每天22:00在柬埔寨国家电视台播出。

（二）2012年柬埔寨中国图书展销会在柬埔寨举行

9月20日，由中国国家新闻出版总署主办，广西新闻出版局承办，柬埔寨和平书局协办的2012年柬埔寨—中国图书展销会及版权贸易洽谈会在金边和平书局举行。中国驻柬埔寨大使潘广学代表李志工参赞、柬埔寨文化和艺术部国务秘书肯沙烈、广西壮族自治区新闻出版局副局长黄健、柬华理事总会代表蔡伟华、和平书局董事长蔡迪华和广西壮族自治区新闻出版局代表团，以及端华学校、崇正学校、民生中学、广肇学校、华明学校、立群学校师生代表等应邀出席本次图书展销会。（蒋玉山）

中国和印度尼西亚交往与合作

2012年中国与印度尼西亚关系良好，双方政治与安全合作稳步发展，往来密切；印尼在南海问题上继续扮演调停者的角色，双方在国际舞台上相互支持。两国经贸关系更为紧密，贸易额进一步增长；文化和社会合作稳步发展。

一、政治合作：稳步发展，高层往来密切

高层互访密切。2012年3月22～24日，印尼总统苏西洛访华。约两天的访问行程中，苏西洛分别会见中国国家主席胡锦涛、全国人大常委会委员长吴邦国、国务院总理温家宝、中共中央政治局常委李长春，出席印尼总统与中国和印尼企业总裁对话会，被清华大学授予荣誉博士学位，与两国青年见面交流。双方签署关于海洋、禁毒、贸易、旅游等领域的多份合作文件，两国企业家就钢铁、纺织、水电、农业、冶金、矿业等领域的15个项目签署合作协议，投资意向总额逾170亿美元。苏西洛对提前实现2015年双边贸易额达到800亿美元的目标充满信心。此外，双方还同意深化防务、安全合作，提升战略伙伴关系，推进区域框架内合作。两国元首一致同意，加强战略磋商，扩大务实合作，把中国印尼战略伙伴关系提升到更高水平。

4月26日，中共中央政治局常委李长春对印度尼西亚进行正式友好访问。访问印尼期间，李长春会见印尼总统苏西洛、国会议长马祖基，访问印尼大学，发表重要演讲并赠送书籍。7月，印尼国会代表团赴中国进行考察访问。8月，中国外交部部长杨洁篪访问印尼，与印尼外长马尔蒂共同会见中外记者并发表讲话，杨外长还拜会了印尼总统苏西洛。

两国高层积极利用各种国际舞台进行合作。9月8日，出席APEC峰会的胡锦涛主席在俄罗斯符拉迪沃斯托克会见印度尼西亚总统苏西洛，就双边关系发展及共同关心的重大国际和地区问题深入交换意见，达成重要共识。胡锦涛指出，当前，中国印尼双边关系发展良好，给两国人民带来实实在在的利益。加强两国战略合作，不仅符合两国根本利益，也将在本地区起到积极示范作用。印尼希望本地区各国继续本着相互尊重、团结合作的精神，共创亚太地区美好未来。印尼尊重和重视中国在南海问题上的立场，有关各方应该通过友好协商妥善解决南海问题。印尼愿同中方密切合作，维护本地区和平稳定。

11月18日，出席东盟10+3峰会的温家宝总理在柬埔寨首都金边会见苏西洛总统。温家宝说，近年来，中国和印尼在相互尊重、相互信任基础上发展了友谊，深化了合作。两国保持密切高层交往，建立了多个重要对话机制，经贸、人文等领域务实合作成果丰硕，防

11月18日，中国国务院总理温家宝在柬埔寨首都金边会见印度尼西亚总统苏西洛（新华社）

务、执法、航天、海上合作取得突破,在地区和国际事务中密切配合,有效维护了共同利益。中方愿同印尼方全面落实达成的各项共识,推动双边关系取得新进展。

双方积极推进副总理级对话机制。中国印尼2005年建立战略伙伴关系之后,设立了副总理级对话机制,并分别于2006年和2010年举行过会议。2012年2月27日至3月1日,印尼政治法律安全统筹部长苏扬托访华,并与国务委员戴秉国共同主持中国印尼副总理级对话机制第三次会议。双方就两国关系及重大国际和地区问题友好深入地交换意见。双方决定,采取进一步措施,落实“两国战略伙伴关系行动计划”。双方同意,保持两军交往,扩大海事、航天、防灾救灾、粮食安全等领域合作;提升执法合作水平,共同打击恐怖主义和毒品等犯罪;探讨建立人文交流合作机制,加大文化、教育、卫生、媒体交流和青年交往;加强在地区和国际事务中协调配合,共同推动中国—东盟关系发展,促进亚洲和世界和平、稳定与繁荣。双方同意,将该对话机制会议由两年一次增加为一年一次。

二、经济合作:成绩喜人

2012年中国与印尼的各种展会和会议如期举行。第7届中国机械电子产品展览会于5月24日在印尼首都雅加达国际展览中心举办。该展会由中国机电产品进出口商会、福建省商务厅、浙江省商务厅、广东省商务厅及山东省商务厅共同举办,400多家中国企业参展,展出面积达1万平方米。展品类别涵盖新能源、家电电子消费品、食品加工机械、农业机械、汽车及摩托车产品、五金工具及建材等多个领域。9月21日在广西南宁开幕的中国—东盟博览会中,印尼展团携88个印尼企业及政府机构出席,租用展馆面积2025平方米,展位128个。

9月21日,参加第9届中国—东盟博览会的印尼艺人为游客表演民俗风情文化节目 (中新社)

双边贸易方面,印尼中央统计局公布的数据显示,自2012年1月份起,中国继续成为印尼最大贸易对象国。1~12月印尼出口总额1900.4亿美元,同比下降6.61%;进口总额1916.7亿美元,增长8.02%。根据出口国别分类,1~11月,中国吸收印尼商品价值189亿美元为最多,其次是日本的159亿美元和美国的134.1亿美元。在进口来源方面,中国供应商品价值264.2亿美元为最大,其次是日本211.1亿美元,美国106.6亿美元。印尼已成为中国在东盟的第三大贸易伙伴。另外,在印尼一向强调的非石油天然气类进出口数据中,中国也是印尼非油气类产品的最大贸易伙伴。

旅游方面的合作也创下喜人的成绩,根据印尼旅游与创意经济部的数据,2012年印尼接待中国游客61.82万人次,比上年增长25.40%。其中通过旅游胜地巴厘岛进入印尼的最多,其次为首都雅加达。中国排在新加坡、马来西亚、澳大利亚之后成为印尼的第四大游客来源国。中国游客增长速度之快,增长潜力之大,引起印尼旅游部门的高度重视。而中国国家旅游局网站的最新数据,在2012年中国入境游主要客源市场中,印度尼西亚排名第14位,入境人数62.20万人次,比上年增长2.18%。

三、社会文化合作:交流加强,合作逐渐深入发展

2012年7月,中国教育部副部长郝平率团与印度尼西亚教育文化部副部长玟杜在印尼日惹举行首次中国—印尼教育联合工作组会议。汉语学习越来越受到印尼人民的重视,教师培养也从中国国内输送逐步转向在当地举办汉语教师技能培训。在2012年3月苏西洛总统访华后的两国联合声明中提到“双方积极评价孔子学院和印尼研究中心为促进中国印尼文化交流和加强两国语言培训发挥的作用,表示将进一步加强两国教育机构间的合作,继续加强两国学生和教师交流。”孔子学院的设立为在当地培养汉语教师作出了贡献。

中国与印尼之间的民间文化艺术活动的举行,也增加了两国人民的相互了解。2012年4月,新疆木卡姆艺术团在雅加达的精彩演出赢得了观众的好评。这是2007年7月以来,新疆木卡姆艺术团第三次到印尼演出。

在科技交流方面,中国与印度尼西亚联合举办的科技创新产品及技术展览会于2012年9月11日在雅加达开幕。展会旨在为两国科技

企业搭建合作平台，进一步推动和加强两国科技领域的交流与合作。在媒体交流方面，2012 年 11 月 23 日，以中国外交部前副部长徐敦信为团长的中国智库代表团一行在中国驻印尼大使馆官邸与印尼部分主流媒体高层举行交流会。

四、安全合作：有所加强

在安全合作方面，双方继“利刃—2011”中国印尼特种部队联合训练在印尼举行后，2012 年 7 月，中国人民解放军与印度尼西亚国民军“利刃—2012”特种部队联合反恐训练在中国济南军区某综合训练基地举行，双方各派 70 多人参加联训。

2012 年 7 月，正在澳大利亚访问的印尼总统苏西洛提出印尼愿加入澳大利亚、美国举行的联合救灾演习，并建议中国加入这一演习，显示印尼对美国在澳大利亚北部派遣驻军的关切有所缓解。这不是苏西洛首次提议中国加入这一演习。2011 年 11 月，澳大利亚总理吉拉德在东亚峰会上向苏西洛解释说美海军陆战队进驻澳大利亚并没有针对周边任何一个国家的意思，并提出美澳印尼军队可以一起训练，一起演习。苏西洛顺势提出应该把中国军队也邀请进来。这当然也是印尼大国平衡外交政策的体现。

在南海问题上，印尼一直积极扮演南海争端调停者角色，希望借推动解决南海争端彰显其地区大国的影响力。2012 年印尼在南海争端中继续扮演调停者的角色。7 月在柬埔寨举行的第 45 届东盟系列会议上，与会各国关于南海问题分歧较大，最终甚至未能发表关于大会成果的共同声明，这是 45 年来从未有过的事。对此，印尼外长马尔蒂表示失望，以至于立即出访越南、菲律宾和柬埔寨来游说这些国家，以寻求弥合东盟内部在南海问题上出现的分歧，希望达成一个关于南海问题的共识。7 月 20 日，最终达成共识。在这个过程中，印尼外交部发言人迈克尔·德那表示，在南海问题中，印尼单纯地作为调停者，这当中没有别的因素，而是因为，作为东盟的成员，有责任推动东盟的进步。

（梁炳猛　杨君楚）

中国和老挝交往与合作

一、两国高层继续保持互访

2012 年 5 月 27～29 日，老挝总理通邢应邀访华并出席在北京举行的首届中国服务贸易交易会开幕式，其间，会见温家宝、贾庆林和贺国强等中国领导人。温家宝总理提议抓紧研究制订落实中老全面战略合作伙伴关系的行动计划，在矿产、水电、农业、交通等重点领域加强合作。通邢总理表示老方愿与中方加强在治国理政方面的交流借鉴，保持高层交往，深化经贸、交通、科技、人文等领域的交流合作，共同打击贩毒和跨国犯罪，密切在国际、地区事务中的协调配合。

6 月 10～12 日，中共中央政治局常委、中央纪委书记贺国强访老分别会见朱马利、通邢和本杨，并与老挝中纪委书记本通进行会谈。贺国强提出保持高层互访和深化党际及工青妇交流、全面推进经贸领域合作、加强两国司法国防公安和执法合作、加强文化教育交流、加强地方合作和在地区和国际事务中的协调与配合等七个方面建议。贺国强访老期间，中老双方签订 9 份合作文件。

7 月中旬，老挝国家主席朱马利应邀访华，同胡锦涛主席就进一步深化老中战略合作伙伴关系内涵深入交换意见并达成广泛共识，其间双方签署 14 份合作文件。

9 月 20 日，通邢总理再次率团出席在南宁举行的第 9 届中国—东盟博览会并会见国家副主席习近平。习近平强调，新形势下双方应抓紧落实好两国最高领导人就深化全面战略合作伙伴关系达成的重要共识，加快推进各领域务实合作。中方欢迎老方继续积极参与南博会、昆交会，进一步深化同广西、云南等中国西南省份的合作，造福两国人民。

9 月 20 日，中国国家副主席习近平在广西南宁会见老挝政府总理通邢

（人民网）

11 月 4～5 日，温家宝总理访问老挝并出席第 9 届亚欧首脑会议。温总理在会见朱马利时强调做好四

方面工作:一是在涉及彼此核心利益的问题上继续坚定地相互支持,二是在平等互利的基础上扩大务实合作,三是加强中国与东盟的团结与互信,四是深化湄公河流域执法安全合作。两国总理共同出席老挝国际会议中心启用仪式,并见证双边12份合作文件的签署。

11月30日至12月1日,中共中央政治局委员、全国人大常委会副委员长兼秘书长李建国访老并会见老党总书记朱马利,向老党中央通报中共十八大有关情况。强调新一届中共中央领导集体和习近平总书记珍视和重视中老两党两国关系,将一如既往,同老挝党和政府一道,坚持"长期稳定、睦邻友好、彼此信赖、全面合作"方针和"好邻居、好朋友、好同志、好伙伴"精神,坚持从战略高度和长远角度推动两国全面战略合作伙伴关系稳定健康发展。

二、中国政府对老挝的援助

2012年中国提供5.5亿元人民币无偿援助帮助建成老挝国家会议中心,为老挝成功主办第9届亚欧首脑会议等系列重大国际会议提供有力支持,受到老党、政府和人民的交口称赞。中国政府年内还提供无偿援助1.5亿元人民币支持老挝实施"七五"计划相关项目。

2月22日,在第5次中老合作委员会会议上,中老双方签署6份合作文件。1月20日和10月26日,布建国大使代表中国政府与老方分别签署中老两国经济技术合作协定、关于中国政府向老挝提供优惠贷款用于建设公安部警察指挥中心的框架协议、关于中国政府向老挝政府提供无偿援助用于湄公河安全合作工作的协议、关于中国政府援助老挝维修国家文化宫以及提供资金建设国家会议中心绿化区的换文等6份合作文件。

中国对老援助重大基础设施建设、改造与升级,范围涉及铁路、卫星发射、卫星地面设施、水电站、电网、桥梁、道路、机场、飞机租赁、光纤通信、广播电视、中小企业及教育等方面。尤其值得提及的是:即将修建的老挝南塔省磨丁—万象铁路(全长417.68千米,设计时速160千米),将由老挝政府向中国进出口银行贷款67亿美元兴建。该铁路将成为老挝历史上规模最大的基础设施建设项目,建成后将为老挝经济社会实现跨越式发展并与国际联通奠定坚实的基础,被老方赞誉为老中21世纪合作的标志性工程。

三、中老各部门和地方交往与合作

年内,中国中央有关部门、地方及企业20余名负责人分别访老,分别是:中国驻世贸组织代表易小准、陕西省委书记袁纯清、中国商务部副部长兼中老合作委员会主席陈健、共青团中央副书记罗梅、中共中央党校副校长李景田、云南省省长李纪恒、中国储备粮管理总公司副总经理姚瑞坤、国家林业局副局长张建龙、全国人大外事委员会副主任南振中、华为公司副总裁杨素、中国全国政协常委徐振寰等。

访问中国的老挝政府官员有:老挝公安部长通班、老挝国家社会科学院院长坎培、老挝新闻文化旅游部长波盛坎、老挝科技部部长波万坎、琅勃拉邦省省委书记兼省长坎平赛宋平、中央纪委副书记通西、老挝国会经济计划财政委员会主席苏万萍和中联部副司长婉迪等。

四、中老两国在联合执法、国防和边界联检等方面的合作

老挝支持中国倡导的中老缅泰4国湄公河流域执法安全合作,年内完成湄公河7次联合护航行动,有效维护了湄公河航运安全。7月9日,中国国务委员兼公安部长孟建柱访老时,提出进一步推进中老缅泰4国湄公河流域执法安全合作的3点建议,得到老方积极回应,会后两国公安部长签署《会谈纪要》。

9月6~9日,中国国务委员兼国防部部长梁光烈上将率领中国高级军事代表团访问老挝,会见老挝国家主席朱马利并与老挝副总理兼防长隆齐中将举行会谈。朱马利积极评价老中全面战略合作伙伴关系,认为老中两国国防安全领域合作成果显著,愿与中方不断巩固传统友谊,推动两国两军关系不断向前发展。

2月22日,在第5次中老合作委员会会议上,中老双方签署6份合作文件

(国际在线)

中老两国防长在会谈中就两国两军关系及国际和地区安全形势等问题深入交换意见，达成广泛共识。双方签订《会谈备忘录》，强调继续加强两军在高层互访、人员培训、院校建设、边防管控和地区安全等领域的交流与合作，不断推动两国关系全面发展。

年内，老中边界联检委员会分别举行第四、五、六次会议并达成边界联检协定草案及附件，对完成的103块边界立碑成果和5份相关文件予以确认。老方评价上述成果为构建长期稳定的老中全面战略合作伙伴关系、使老中边境成为永久和平、友好合作的典范作出了重要贡献。

五、经贸技术合作成果丰硕

（一）双边贸易

2012年中老双边贸易额达到15.66亿美元，比2011年增长34.2%。其中，中国出口8.38亿美元，自老挝进口7.28亿美元。老中双边贸易额占老挝全年外贸总量的31.73%。

（二）投资合作

2012年，中国对老协议投资31.45亿美元。据中方统计，1988～2012年，中国对老挝投资总额达70亿美元，排在58个国家和地区对老投资第二位，仅次于泰国，投资项目739个，集中在水电、矿产、农业和服务业。

中资企业在老挝水电开发领域成就卓著。如中国水利电力公司，年内在老挝建成电站1座（南俄河5号电站，装机12万千瓦），开工电站5座（南叶2号，装机18万千瓦；南坎2号，装机13万千瓦；南乌江一期工程2、5、6级水电站，总装机54万千瓦），上述6个电站合计装机97万千瓦，均采取BOT模式，投资总额18.72亿美元。该公司还取得南乌江1、3、4、7号电站开发特许权。迄今为止，已有超过15家中资企业进入老挝参与水电站投资和输变电工程承包项目，与老挝政府签署开发MOU及投资开发的水电项目22个，合计装机约590万千瓦。中资企业已成为老挝水电开发的主力军。

（陈定辉）

中国和马来西亚交往与合作

2012年在世界经济政治格局发生深刻变化的背景下，中马关系经受住考验，进一步获得深化发展。

一、高层互访频繁，地方交流活跃

4月，马来西亚总理纳吉布来华出席中马钦州产业园区开园仪式，会见中国国务院总理温家宝。5月，温家宝总理会见来华出席国际行动理事会第30届年会的马来西亚前总理巴达维。6月，中共中央政治局常委、中央纪委书记贺国强对马来西亚进行正式友好访问。8月，中国外交部长杨洁篪应邀访问马来西亚。9月，中国人民解放军副总参谋长马晓天率领中国军事代表团访马，马来西亚国防部长艾哈迈德·哈米迪和武装部队司令祖尔基费利在吉隆坡分别会见马晓天。马来西亚国防部秘书长伊斯梅尔还与马晓天在吉隆坡共同主持中马首次防务安全磋商。11月，中共代表、中央机构编制委员会办公室副主任何建中在马来西亚首都吉隆坡出席马来西亚执政党马来民族统一机构（巫统）第63次全国代表大会开幕式，转交中国共产党致巫统最高理事会的贺信。年内，贵州、福建、湖南、广西、陕西等中国地方省份组团赴马交流。

4月1日，中国国务院总理温家宝在广西南宁会见马来西亚总理纳吉布（新华社）

二、中马经贸合作进一步加强

（一）双边贸易

马来西亚是中国在东盟最大的贸易伙伴，2012年中马双边贸易额948.1亿美元，比上年增长5.3%。其中：中国进口583亿美元，下降6.2%；中国出口365.2亿美元，增长31%；中国对马贸易逆差217.8亿美元。中国为仅次于新加坡的马来西亚第二大出口市场和第一大进口来源地。马来西亚对中国出口最多的商品为机电产品、机械设备、动植物油、橡胶及制品和矿物燃料；马来西亚自中国进口的主要有机电产品、机械设备、粗钢、钢材和塑料制品。

（二）投资合作

截至2012年底，马来西亚对华投资共5253个项目，总金额达63.27亿美元。中国对马投资19.8亿林吉特。

（三）工程承包

2012年中国企业在马来西亚新签承包工程合同总额36.1亿美元，比上年增长21.9%，完成营业额23.7亿美元，增长10.6%。截至2012年底，中国企业在马累计签订承包工程合同总额169.6亿美元。

（四）中马两国相互建立的关丹产业园和钦州产业园相继开园

2012年4月1日，中国国务院总理温家宝与马来西亚总理纳吉布共同出席在广西钦州举行的中马钦州产业园区开园仪式。钦州中马产业园区开园至今吸引包括食品加工、生物科技、汽机车零组件及工程机械等6项投资项目，投资总额29.3亿人民币（约合4.9亿美元）。6月15日，马来西亚总理纳吉布和中共中央政治局常委、中央纪委书记贺国强共同出席中马两国关于共建马中关丹产业园协议的签字仪式。至年末，关丹产业园已签署5个中国投资项目，将吸引105亿林吉特的投资，创造就业机会8500个。在其他经济合作方面：6月27日，中国电信公司、中国通信服务公司在马来西亚的分公司开业；9月，马来西亚国交通部与中国南车集团签署合作备忘录，进行铁道工程与技术、铁道基础建设工业资源、铁道工程人力资源开发、以及先进铁道工程与技术相关领域的合作；9月8日，北京同仁堂与海鸥集团签署在马来西亚成立北京同仁堂中医养生保健中心合作意向书；9月19日，中马签署燕窝产品出口协议，有效期为5年，中国正式解除对马国燕窝产品长达1年多的进口禁令。

6月15日，马来西亚总理纳吉布和中共中央政治局常委、中央纪委书记贺国强共同出席中马两国关于共建马中关丹产业园协议的签字仪式　　（新华社）

三、金融、旅游等服务业合作不断深化和扩大

2月，中国人民银行与马来西亚国家银行续签中马双边本币互换协议，互换规模由原来的800亿元人民币（400亿林吉特）扩大至1800亿元人民币（900亿林吉特）。3月，人民币清算系统在马正式启动，至5月，包括马来亚银行、联昌银行、大众银行、丰隆银行、兴业银行、大马银行、安联银行、马回教银行、马穆马拉特（Muamalat）银行、丰隆投资银行及侨丰投资银行在内的11家马来西亚金融机构正式加入人民币清算服务系统，方便中马两国贸易商以人民币进行贸易结算。4月，中国全国城市农贸中心联合会与马来西亚农业与农基工业部农产品营销管理局签署中马农产品营销与推广谅解备忘录，双方表示将推动包括燕窝、冻榴莲、木菠萝、凤梨等在内的马来西亚农产品出口至中国。11月8日，中国银行与马来西亚旅游部在马来西亚首都吉隆坡签署合作谅解备忘录，双方将共同推广“马来西亚第二家园”计划，吸引来自中国和世界其他地区的投资者来马投资和定居。年内，中国赴马旅游的游客达156.4万人，比上年增长24.6%。

四、科技、教育、文化等领域交流活跃，合作扩大

4月，马来西亚青年百人团赴华访问。7月23～31日，马来西亚华裔杰出青年访华团访问北京、湖南和广东。5月18～22日，马来西亚大型历史音乐舞剧《雪域上的光芒·文成公主》来华演出。6月，马来西亚与中国政府签署大熊猫保护合作协议，中国租借给马来西亚为期10年的两只大熊猫将在协议签署一年后抵马。大熊猫作为友好使者，必将为密切中马人民友好感情起到积极作用。6月22日，纪念中国和马来西亚两国建交38周年的马中两国人民友好交往图片展在马展出。2012年中华文化大乐园——马来西亚吉隆坡营、中华才艺营、中华民族舞蹈营相继在马来西亚开营。8月30日，由新华通讯社东盟编辑部和马来西亚世界华人媒体集团共同设立的新闻网站“新世华网”在马来西亚正式上线，这是中马两国媒体在新兴媒体领域携手合作、扩大中文媒体国际影响力的又一个新尝试。在马来西亚2012年度汉字评选活动中，“改”字当选2012年马来西亚年度汉字。　（韦朝辉）

中国和缅甸交往与合作

2012年中缅高层互访频繁,民间交流扩大,互惠互利经济合作加深。中缅合作和交流已经从政府扩大到民间,深化和发展成为一种全方位的关系。

一、双边政治关系

(一)两国高层频繁互访

1. 议会层面交流不断

2月23日,缅甸人民院议长吴瑞曼抵达中国进行为期5天的访问,先后会见中国全国政协主席贾庆林、中国人民解放军总参谋长陈炳德,双方表示将加强中缅双方的战略性合作,完善协调合作机制。5月14日,中国全国政协副主席王刚访问缅甸,会见缅甸联邦议会议长兼民族院议长吴钦昂敏,双方均同意中国全国政协与缅甸民族院和人民院加强交流,相互学习借鉴参政议政经验,为推动两国关系发展发挥积极作用。9月13~15日,中国全国人大常委会委员长吴邦国访问缅甸,会见吴登盛总统、联邦议会议长吴钦昂敏和议会人民院议长吴瑞曼。双方领导人表示,将继续加强在油气领域的合作,进一步加强湄公河流域的法制建设和执法队伍建设。9月22日,缅甸联邦议长兼民族院议长吴钦昂敏访问深圳时表示,中国的发展和繁荣只会让缅甸受益,无论缅甸政治改革进展如何,缅中关系都会稳步向前推进。

2. 全面战略合作伙伴关系健康稳定发展

6月13日,中国外交部部长杨洁篪会见来访的缅甸外交部长吴温纳貌伦,表示愿同缅方加强沟通与协调,确保一些重大合作项目顺利实施,共同推动两国全面战略合作伙伴关系持续健康稳定发展。9月18日缅甸总统吴登盛前往中国广西南宁出席第9届中国—东盟博览会。9月21~22日,吴登盛总统一行在南宁作为主题国参加第9届中国—东盟博览会开幕式,还出席第9届中国—东盟投资与商务峰会和科技部长会议等系列会议,并与中国企业CEO举行圆桌对话。

3. 军队友好交流务实合作

9月5日,中国人民解放军副总参谋长马晓天访问缅甸,缅甸国防军总司令敏昂莱、缅甸副总统年吞先后会见马晓天一行,双方就两国两军关系和地区安全形势等共同关心的问题交换意见。11月16日,中国国防部长梁光烈会见来访的缅甸国防军副总司令兼陆军司令梭温,双方表示在新的国际和地区形势下,将继续致力于加强两国两军的友好交流与务实合作,维护中缅两国的共同利益。

4. 党际交流延续

5月20~26日,缅甸联邦巩固与发展党代表团一行10人在总书记吴泰乌带领下访华。代表团一行参观云南省西双版纳傣族自治州景洪电厂,参拜北京灵光寺的佛牙舍利。22日,中国国家副主席习近平在北京会见以总书记吴泰乌为团长的缅甸联邦巩固与发展党代表团,双方同意全力推动缅中传统友好关系不断发扬光大。

二、双边经贸关系

(一)双边贸易与投资

2012年1~7月,中缅双边贸易额29.4亿美元,其中缅甸对华出口14.53亿美元,自华进口14.86亿美元,中国是缅甸最大贸易伙伴。边境贸易仍然在与缅甸贸易往来中占据重要地位。12月9~11日,第12届中缅边境经济贸易交易会在缅甸木姐举行,中缅企业签署价值约3.14亿美元的合同,比上届增长51%。

截至2012年8月,中国对缅甸累计投资141.4亿美元,位居外国对缅投资首位。中国对缅甸的投资主要集中在电力、矿业和能源领域,其中对缅甸电力的投资额为40亿美元。

(二)经济技术合作

1. 双边主要合作项目进展情况

2月15日,中缅油气管道缅甸段关键控制性工程——伊洛瓦底江隧道工程全面告捷。9月6日,中

9月14日上午,缅甸总统吴登盛在总统府会见正在缅甸进行正式友好访问的中国全国人大常委会委员长吴邦国 (新华社)

缅管道（缅甸段）YBB030号桩至YBB032号桩管线通过试压竣工验收。按照计划，中缅天然气管道将于2013年5月30日投产运行，中缅石油管道将在9月30日开始输油。

2012年3月，渤海钻探钻井四公司与缅甸金石油公司达成合作意向，竞标金石油公司CDT－12井成功。12月5日，渤海钻探钻井四公司按照要求完成缅甸市场第一口井钻探、试油各项任务。

8月13日，中缅矿业领域最大的合作项目——达贡山镍矿1号电炉烘炉点火一次成功；10月3日，达贡山镍矿项目顺利产出第一炉镍铁，标志着达贡山镍矿项目实现重要节点性目标。

2. 两国签署新经济合作协议

2012年2月14日，中国长江三峡集团及中国水电顾问集团昆明勘测设计研究院与缅甸电力二部合作签署《缅甸国家电力系统规划项目谅解备忘录》，委托中国水电顾问集团昆明勘测设计研究院开展缅甸国家电力系统规划，并提交《缅甸国家电力系统规划报告》给中缅两国政府审查。3月26日，云南省海外投资有限公司、国家开发银行和缅甸扎隆林克（大米）有限公司、缅甸农业灌溉部农务司在缅甸内比都共同签署《缅甸大米生产加工出口项目合作框架协议》。3月27日，中国（云南）——缅甸经贸合作推介会在缅甸仰光举行，滇缅双方共签署7个双边合作项目，总金额1.46亿美元。

7月27日，云南澜沧江国际能源有限公司与缅甸电力二部电力司在缅甸首都内比都共同签署《仰光燃气蒸汽联合循环电厂项目可行性研究谅解备忘录》。该电厂设计装机500MW，由中缅双方按BOT方式投资开发。

在9月13～15日吴邦国委员长访问缅甸期间，中缅两国有关部门负责人签署一批新的合作文件，主要是：《两国政府间经济技术合作协定》、《向在缅甸举行的第二十七届东盟运动会提供技术援助合作谅解备忘录》、《向缅甸提供预防小儿乙肝疫苗援助合作谅解备忘录》、《向缅甸提供医疗器材援助谅解备忘录》、《向缅甸提供教学器材项目备忘录》、《在缅甸建设农业示范中心可研援助谅解备忘录》、《向缅甸提供建材援助项目移交证书》、《提供小型碾米机援助移交证书》、《缅甸联邦国家广播电视台与中国国际电台关于缅语播放中文电视剧的项目合同》、《关于富人河水电项目贷款协定和比陆河水电项目贷款的协定》。

9月22日，由缅甸商务部、缅甸工商联合会主办的“金色缅甸——缅甸国家推介会”在南宁举行，广西有关企业与缅甸企业签订铅锡矿勘探开发合作备忘录和渔业养殖与农业开发合作备忘录。

三、双边文化及其他交流

（一）媒体和文化体育交流与合作

5月18日，由中国侨联组织的“中缅胞波友好之夜”文艺晚会在曼德勒国家大剧院演出，这是中国侨联“亲情中华”艺术团访缅的第五场演出。8月28日至9月4日，以缅甸宣传部信息与公共关系司副司长吴温勉为团长的缅甸新闻代表团来华访问，同中国一些媒体进行交流与会谈。9月14日，中国国际广播电台与缅甸宣传部签署中国电视剧缅甸版译制播出协议。10月15日，中国电影节在缅甸仰光开幕，中缅两国官员签署中国中央电视台电影频道和缅甸国家电视台合作协议。

根据2012年9月14日吴邦国委员长访问缅期间与缅甸政府签订的协议，中国为缅甸承办2013年第27届东南亚运会提供援助，内容包括向缅甸派遣教练，邀请170多名缅甸运动员到中国训练，向缅甸提供运动员训练器材和比赛器材，帮助缅方建设竞赛管理系统，协助缅方举办开闭幕式等。12月26日，中国援助缅甸承办第27届东南亚运动会28人教练组抵达缅甸。

（二）宗教交流和社会援助

2月22日，北京灵光寺与仰光大金塔缔结友好寺院签字仪式在仰光举行。中国佛教协会副会长明生法师宣布将把缅甸信众瞻拜中国灵光寺佛牙舍利时捐赠的善款和珠宝用于缅甸的佛教和慈善事业。此外，中国佛教协会还将筹集善款，开展援建缅甸中小学校、为白内障患者提供医疗救助等慈善项目。

5月18日，由中国侨联组织的“中缅胞波友好之夜”文艺晚会在缅甸曼德勒国家大剧院完美落幕 （人民网）

5月8日，中国医疗队在仰光市首都医疗中心为缅甸白内障病患免费检查和手术，正式启动“重见光明”活动，受到缅甸病患和家属的热烈欢迎。中国和平发展基金会还将与缅甸光明基金会在缅甸共建中缅眼科医疗中心，为缅甸眼疾病患提供持续的医疗服务。这一系列活动还包括5月中旬海尔集团向缅甸仰光丁甘尊镇区10所中小学捐赠海尔电脑建立电脑培训教室。9月5日，中国驻缅甸大使李军华向缅甸红十字会转交中国十字会捐赠的善款5万美元，该笔捐款将主要用于伊洛瓦底省和勃固省的水灾灾区恢复重建工作。12月31日，中国驻缅甸大使李军华和缅甸社会福利与安置部副部长吴蓬瑞签署《中缅两国经济技术合作协定》及其相关换文，中国政府向缅甸捐助350套集成房屋，用于帮助安置若开邦流离失所者和缅甸北部地震灾区灾民。缅甸社会福利和救济安置部部长密密翁钦代表缅甸政府感谢中国政府和人民对缅甸人民的深情厚谊和对缅甸灾民的慷慨捐助。（祝湘辉）

中国和菲律宾交往与合作

一、双边经贸关系不尽如人意

菲律宾驻中国大使馆统计显示，2011年菲中双边贸易额较2010年增长22%，达到322.54亿美元，创下历史新高。菲律宾贸工部部长多明戈表示，目前还不掌握有关2012年菲中双边贸易额的确切数字，但菲律宾与中国之间2012年的双边贸易额增长势头确实“十分强劲”，菲律宾在对华贸易中享有顺差。菲律宾总统阿基诺三世2011年对中国进行国事访问期间，两国曾商定到2016年时把双边贸易额提高到600亿美元。但其实，随着黄岩岛敏感问题的矛盾升级，2012年菲律宾与中国之间的经贸关系不尽如人意：一是双边贸易额下降。中国海关总署数据显示，2012年2月份，中国对菲律宾进出口总额24.76亿美元，较1月份环比下降0.8%，占中国对东盟10国贸易总额的0.9%，是中国在东盟的第六大贸易伙伴。4月份，中国对菲律宾进出口总额27.48亿美元，环比下降14.6%，占中国对东盟10国贸易总额的8.9%，依然维持东盟第六大贸易国的地位。二是中国无人购买菲律宾香蕉。据《菲律宾星报》报道，菲律宾水果出口商2012年5月25日表示，尽管中国已经允许菲律宾香蕉进入中国市场，但中国没有人愿意购买菲律宾香蕉。菲律宾香蕉种植与出口人协会负责人史蒂芬·A·安蒂热说，在中国，“没有一个人”购买那些获得中国政府许可而进入中国市场的菲律宾香蕉。“总统府说它（中国）已经开放，但是没有人买。”安蒂热说，如果再没有人下订单，这些货船将会被再返回菲律宾。安蒂热说，中国已经准备将大约100个集装箱的香蕉遣返菲律宾。“并且，我们所了解的是，现在已经有240个集装箱在返回菲律宾的路上了。这些都是遗留在中国不同港口，没有进口商问津的香蕉。”中国在5月初因从菲律宾进口水果中截获检疫性有害生物暂停进口菲律宾香蕉，此后菲律宾香蕉业者已多次表达不安，他们担忧中菲黄岩岛事件引发的政治紧张关系会影响到该国庞大的香蕉产业。三是中国赴菲律宾旅游人数减少。2012年到菲旅游的中国游客人数估计不到20万，远低于菲旅游部原先设定的吸引45万名中国游客的目标。

二、菲律宾积极参与在中国南宁举办的中国—东盟博览会

2012年9月21～25日，第9届中国—东盟博览会在中国广西南宁举行。菲律宾总统特使、内政部长罗哈斯出席博览会开幕式，并在广西官员和菲律宾官员的陪同下巡视展馆内的菲律宾展位。在博览会闭幕式上，中国—东盟博览会组委会副主任兼秘书长、广西壮族自治区副主席蓝天立在闭幕新闻发布会上宣布，第10届中国—东盟博览会将于2013年9月20～24日在南宁举行，菲律宾为第10届中国—东盟博览会主题国。菲律宾总统发言人埃德文·拉希尔达（陈显达）表示，作为下届中国—东盟博览会的主题国，菲律宾方面对此满怀期待，并将尽全力做好各项准备工作。他还表示，菲律宾和中国的交往是多层面的，因此，黄岩岛争端并不会阻碍两国经贸关系的发展。他说，菲律宾总统阿基诺三世委任内政部长罗哈斯作为总统特使出席中国—东盟博览会，就是为了与出席博览会开幕式的中国国家副主席习近平就两国关系展开会谈。

三、菲律宾菲华联谊总会庆祝成立37周年

2012年2月19日，菲律宾菲华联谊总会在首都马尼拉举行盛大仪式，庆祝创会37周年。中国驻菲律宾大使马克卿对菲华联谊总会多年来取得的成绩予以充分肯定。

在庆祝仪式上，菲华联谊总会2012～2014年度理事会职员宣誓就职，黄俊人接替施清胆出任理事长。马克卿说，菲华联谊总会成立37年来，弘扬中华文化，宣传当代中国，发展中菲友谊，促进中菲经贸，成绩斐然，广受赞誉。他还说，菲华联谊总会在中菲建交前一年创立，创会理事长吴永源等爱国人士顶住多种压力，以促进中菲友谊和经济文化交流为己任，义无反顾地在菲律宾举办中国图片展、电影展，促使中菲建交后不久在全菲掀起一股中国热。目前，菲华联谊总会各分会遍布全菲，在加强华裔青少年培养、加强与祖籍国的交往、促进中国和平统一方面发挥了积极而

独特的作用。

四、菲律宾两位中国事务特使宣誓就职

2012年5月23日，菲律宾总统任命的两位中国事务特使李永年和塞萨尔·萨拉梅亚23日正式宣誓就职，菲总统阿基诺三世当天在总统府为两人监誓。

据菲律宾媒体报道，阿基诺三世总统任命的这两位中国事务特使主要任务是推动菲中政府间友好交流、鼓励中国公民赴菲旅游、筹备菲官员访华以及吸引中国企业赴菲投资。菲总统府称，李永年的头衔是总统中国事务特使，塞萨尔·萨拉梅亚的头衔是总统中国投资事务特使，两人任期均为6个月。

李永年曾担任过菲华社会核心领导社团菲华商联总会（商总）理事长，现为商总名誉理事长，他曾一度获总统阿基诺三世提名出任菲律宾驻华大使，但因一直未能得到国会批准，最终主动请辞。有消息称，李永年担任总统中国事务特使的主要任务是推广"2012～2013中菲友好交流年"，推动更多中国游客到菲律宾旅游，并探索通过增进文化、艺术等领域合作和加强人员往来"提升两国间的友谊和合作水平"。塞萨尔·萨拉梅亚曾担任菲律宾发展银行主席，他担任总统中国投资事务特使的主要任务则是"为菲律宾吸引更多中国投资和商业合同"，为阿基诺政府力推的公私合营伙伴项目寻找中国投资者。

对于菲律宾总统阿基诺三世任命两名中国事务特使一事，中国外交部（微博）发言人洪磊5月17日曾在记者会上表示，"我们注意到菲方重视双边关系的态度，希望看到菲方的实际步骤，为维护两国合作创造必要的氛围和良好的环境"。

五、中国副外长傅莹拜会菲总统阿基诺三世

2012年10月19日，正在菲律宾访问的中国外交部副部长傅莹在菲律宾总统府拜会阿基诺三世总统。傅莹向阿基诺三世转达中国领导人的问候和信息，表示中方重视发展中菲睦邻友好合作关系，珍视两国人民之间的传统友谊，希望能妥善处理有关问题，推动中菲关系健康稳定发展，造福两国人民。傅莹表示，当日上午举行的两国第18轮外交磋商取得积极成果，中方愿同菲方加强沟通，积极落实两国领导人的共识，促进交流与合作，使两国关系回到正常发展的轨道。

阿基诺三世欢迎傅莹访菲，请她转达对中国领导人的问候，肯定两国外交磋商取得的成效。阿基诺三世表示，"我去年对中国进行了成功访问，中国发展取得的成就令人印象深刻"。他指出，菲中两国都是发展中国家，都需要在一个稳定的内外环境下发展经济、改善民生，希望双方加强沟通交流，促进相互了解与信任，本着面向未来的精神推动菲中关系向前发展。

19日上午，傅莹还会晤了菲律宾外长德尔罗萨里奥，之后与菲副外长巴西里奥进行会谈，并在建设性气氛中就中菲关系和共同关心的问题交换了意见。双方同意将保持对话，妥善处理有关分歧，避免中菲合作关系再度受到影响。巴西里奥会后对当地媒体表示，"这是一次成功的会谈，双方都十分友好"。

10月19日，正在菲律宾访问的中国外交部副部长傅莹前往总统府拜会阿基诺总统
（百度网）

六、菲律宾启动"中菲友好交流年"，中国特使出席仪式

2012年3月20日，中国政府特使、农业部副部长牛盾出席"中菲友好交流年"启动仪式并致辞。牛盾在致辞时表示，中菲两国应坚持相互尊重，求同存异，通过对话扩大共识，妥善处理分歧，共同维护两国友好大局。

2011年菲律宾总统阿基诺三世对中国进行国事访问期间，两国领导人同意将2012～2013年定为"中菲友好交流年"。中菲两国在北京和马尼拉两地分别举行启动仪式。菲律宾外交部长德尔罗萨里奥、总统新闻传播办公室部长科罗马等多位菲国高官及外国驻菲使节、菲华社会知名人士等200多人出席仪式，德尔罗萨里奥代表菲方致辞时表示，"中菲友好交流年"的正式启动是对菲中两国长期友好关系最适合的献礼，证明了两国走和谐和公正关系之路的决心。

中国政府特使牛盾致辞时表示，在两国政府大力支持下，中菲两国将通过历时两年的"中菲友好交流

年”,在政治、经济、文化、旅游、司法、防务等领域共同举办一系列活动。相信随着各项活动顺利展开,两国政府和社会各界将进一步加深了解,增进友谊,为双边关系全面发展营造和谐积极的氛围。

七、中菲防长首度会晤引起高度关注

2012 年 5 月 28 日,中国国防部长梁光烈上将在金边应约会见正在柬埔寨参加东盟防长会的菲律宾国防部长加斯明,这是黄岩岛事件之后中菲两国首长的首次会晤,这次会晤吸引了全球的目光,世界有多家主流媒体都是在第一时间对会晤进行了报道和分析。

八、菲律宾表示致力于外交解决南海争议

2012 年 1 月 26 日,菲律宾总统阿基诺三世在接受中国新任驻菲律宾大使马克卿递交国书时,高度评价菲中双边关系近年来稳步发展,期待与中方一道积极落实他于 2011 年访问中华人民共和国期间两国领导人达成的各项共识,将两国合作关系不断向前推进。阿基诺表示,菲中有加强合作的需要,合作领域很广阔。相信菲中双方都有解决问题的诚意和决心。只要双方共同努力,就能够找到妥善解决问题的办法。6 月 13 日,菲律宾总统阿基诺三世在一场由华社团体主办的中菲友好活动上表示,菲律宾和中国都正在努力通过外交手段和平解决南海争议,两国关系互利双赢,“应持续加强合作”。阿基诺三世称,菲中两国之间的关系是互利双赢的,“必须立刻去做的就是,在已经证明互利双赢的领域持续加强合作,对于存在分歧的领域则要不辞辛劳地持续寻找和平的外交解决之道”。

九、中菲船舰南海黄岩岛对峙

菲律宾政府在公开的场合表态和平解决菲中外交问题,但 2012 年 5 月间出现的“中菲黄岩岛对峙”显然与其表态不一致。

中国在处理黄岩岛问题上,从与东南亚国家的友好关系和维护该地区的和平与稳定出发,主张以和平协商方式解决领土纷争,对频发的事件表现出克制与忍让,但菲却视之为软弱可欺,把抓捕中国渔民当成儿戏。据统计,从 1997 年以来,菲在黄岩岛抓捕和骚扰中国渔民的事件平均每年两三起。每次事发后,中国政府都提出抗议和交涉,但菲方充耳不闻,侵犯行为非但没有收敛,反而呈变本加厉之势。2012 年 4 月 8 日,菲律宾海军在黄岩岛海域发现 8 艘中国渔船。菲海军持枪登上中国渔船,对中国渔民进行检查,并把这些中国渔船指控为非法捕鱼。4 月 10 日,中国国家海洋局派中国海监 75 号和 84 号编队赶赴黄岩岛海域,对中国渔船和渔民实施现场保护。双方均声称坚持对争议地区黄岩岛拥有主权,都不肯首先撤离争议海域。自此,双方对峙拉开序幕。

4 月 12 日,中方要求菲舰立即撤离黄岩岛海域。菲方则表态称不会放弃黄岩岛。对于菲律宾的无理行为,在中国外交部交涉无果的情况下,4 月 15 日,中国渔政 44061 船从湛江港出发,前往南沙海域开展为期 50 天的维权护渔巡航任务。4 月 16 日,美菲举行联合军演;同时,菲律宾众多民众到中国驻菲使馆前抗议中国政府。中方表态,菲应该回到承认和尊重中国对黄岩岛领土主权的原则立场上来。菲方终于表态,不会因对峙事件而同中国交战,同时称“要和中国一同到国际法院寻求解决途径”。菲律宾护卫舰“埃德赛”号进入黄岩岛海域。4 月 18 日,中国南海渔政 310 船从广州出发,前往南海执行维权护渔任务。中国外交部副部长傅莹第二次约谈菲代办。菲方表态,4 月 18 日,在黄岩岛海域与中方船只对峙的菲律宾考古船已离开这一海域。4 月 27 日,菲律宾侨民组织呼吁各地菲律宾人到中国驻各地使领馆示威,“捍卫黄岩岛主权”;当晚,中国香港、加拿大及澳洲等地的菲律宾团体响应参与示威。4 月 29 日,菲总统阿基诺三世称将收集“中国欺负菲”的“证据”;菲 6 艘渔船进入黄岩岛潟湖,军方声称支持菲渔民继续在该海域从事捕鱼作业,海岸警卫队会帮助并保护该海域菲方渔民利益。5 月 2 日,总部设在美国纽约的菲律宾

4 月 15 日,中国渔政 44061 船从湛江港出发,前往南沙海域执行为期 50 天的维权护渔巡航任务　（南方网）

侨民组织“菲美良政”呼吁超过200个国家的1200万菲律宾人于5月21日到中国驻各地的使领馆示威，声援菲律宾政府；同时，菲律宾外长德尔·罗萨里奥在演讲中称，菲已向美发出要求，为菲武装军队提供巡逻艇、巡逻机、雷达系统及海岸观察站等设备，帮助菲达到“最低限度的可靠防御”。5月3日，菲媒称中国14艘船只抵达黄岩岛海域，并评论认为中国派船保护渔民利益及领土主权的举措“无礼”，是“给目前的局势火上添油”。5月4日，中方外交部回应，中方坚持通过外交协商解决的立场没有变化，强烈敦促菲方回到正确轨道上。5月6日，菲律宾总统发言人埃德温·拉谢尔称，菲律宾正式将黄岩岛称为“帕纳塔格礁”。菲律宾外交部向菲海岸警卫队下达指示，要求清除在黄岩岛上与菲律宾无关的标识物和建筑。5月7日，菲律宾总统阿基诺三世称，他希望与中国达成一个协议，将“政治”与“商业”分开，允许民间企业前往南海开发油气资源，而两国政府则单独商议南海的主权问题。5月9日，中国外交部回应并宣称“反对菲方单方面开采礼乐滩油气田，愿与其共同开发。”

截至5月上旬，南海上空的紧张阴云才慢慢消散。5月14日，中国海军两栖编队在靠近菲律宾北吕宋地区的西太平洋进行军事演练。中国国防部此前表示，解放军海军舰艇编队赴西太平洋海域进行训练，是年度计划内的例行性安排，不针对任何特定国家和目标。中方在相关海域拥有航行自由等合法权利，符合相关国际法和国际实践。

至此，南海紧张局势终于告一段落。虽然其后还有菲律宾将菲律宾群岛以西海域由“南中国海”改名为“西菲律宾海”、菲律宾拒在中国新护照上盖签证不承认九段线等敏感事情发生，但相对于四五月份的紧张局势而言，这已经是小雨小雪了。

（黄耀东　黄尚坤）

中国和新加坡交往与合作

2012年中国与新加坡关系保持良好发展势头，高层交往密切，政治互信不断加强，经贸合作成果丰硕，人文交流蓬勃发展。

一、两国高层交往密切

2012年9月4日，中国国家主席胡锦涛在北京人民大会堂会见到访的新加坡总理李显龙。胡锦涛说，中新建交22年来，两国关系经历了国际风云变幻的考验，取得长足发展，双方相互了解不断加深，互利合作不断扩大。中国坚定奉行与邻为善、以邻为伴的周边外交方针，推动区域合作深入发展，坚定支持东盟一体化建设，支持东盟在东亚合作中发挥主导作用。中国愿同包括新加坡在内的东盟国家一道，努力营造和平稳定、平等互信、合作共赢的地区环境。李显龙表示，新中关系发展很好，两国合作快速发展，新加坡愿同中国一道，不断探索合作的新领域、新方式，推动两国关系跟上时代步伐，继续向前发展。

5月28日，中国外交部部长杨洁篪对新加坡进行正式访问，会见新加坡总理李显龙，就进一步加强和深化经济、社会及金融合作等双边关系进行磋商。9月21日，中共中央政治局常委、中央政法委书记周永康访问新加坡并出席中新社会管理高层论坛；中新就促进两国关系发展、深化两国执政党交流、加强双方在社会管理、执法安全等领域合作进行深入探讨。

2月9～11日，新加坡外交部部长兼律政部部长尚穆根访问中国；5月，新加坡副总理兼国家安全统筹部部长及内政部部长张志贤访问中国，荣誉国务资政吴作栋来中国出席国际行动理事会年会；9月2～7日，新加坡总理李显龙对中国进行正式访问。

9月4日，中国国家主席胡锦涛在北京会见新加坡总理李显龙

（新华社）

7月6日，中国—新加坡双边合作联合委员会第9次会议在中国苏州举行，中国国务院副总理王岐山和新加坡副总理张志贤共同主持会议。中新双边合作联委会第9次会议成功举行，进 步推动双方在

银行金融、高新技术、人文交流、社会管理等领域的合作。

二、中新金融合作进展良好

2012年金融合作成为中新两国关系的新亮点。7月6日,中国与新加坡在中新双边合作联合委员会第9次会议上签署中新自由贸易协定框架下的金融合作协议,两家在新加坡的中资银行将获得特准全面银行业务执照,其中一家还将被授权成为新加坡人民币清算行;同时,中国银监会在满足中国相关审慎性法规要求的前提下将加速审理新加坡大华银行、星展银行和华侨银行在华设立分支行的申请。4月11日,新加坡星展集团宣布计划对其子公司星展银行(中国)有限公司增资人民币23亿元,使其注册资本金增长近60%。星展集团主席余林发表示该行正考虑进一步拓展中国中西部市场,不排除通过参股当地银行来快速拓展在华业务。新加坡淡马锡控股看好中国工商银行长期发展潜力,4月16日从高盛认购价值23亿美元的中国工商银行股票,占工商银行5.3%的H股股权,占其整体股权的1.3%。6月28日,中国银行新加坡分行财富管理中心和银行卡中心举行揭牌仪式,标志着海外中资银行的服务向更全面更深入发展。9月19日,新加坡大华银行落户杭州,成为又一家进驻杭州的外资银行。新加坡大华银行是新加坡第二大银行,2007年大华银行(中国)正式注册,在北京、上海、广州、深圳、厦门等地拥有9家分行和3家支行。9月21日,新加坡交易所(SGX)与天津市国有资产监督管理委员会签署上市谅解备忘录,双方将合作交流信息,以支持适合的天津公司到新交所上市。至年末已有4家天津公司在新加坡交易所挂牌。新加坡交易所还与中国福建省、江苏省、辽宁省、山东省、浙江省、重庆市签署吸引中国公司到新加坡上市的谅解备忘录。

三、两国企业加快相互投资

中国是新加坡企业扩大海外业务的主要市场之一。新加坡企业的海外营业额占总营业额比重从2010年的65%大幅增长至2012年的74%,海外营业额获得增长的企业也从60%增长至68%;约67%的中小企业确定扩大海外市场的目标,比2010年高出14%。新加坡淡马锡控股公司2011年年报显示,中国是其最大海外投资目的地,对华投资占比高达20%。2012年1月10日,淡马锡宣布设立独资子公司兰亭投资国际有限公司(Pavilion Capital Pte Ltd),专投中国及东北亚市场,特别是希望拓展其对中国私有企业和中小企业的渗透和覆盖。新公司的名称取自中国书圣王羲之的《兰亭序》。

新加坡物流与供应链管理公司叶水福集团(YCH Group)与广州交通集团签署谅解备忘录,以联营方式发展和联手管理为广州提供供应链服务的物流与配送枢纽。叶水福集团20世纪90年代中期进入上海市场,是率先进入中国市场的新加坡公司之一,现已逐步在中国的华东、西南、华北和华南各大门户城市建立了广泛的物流网络。

受益于中国经济持续稳定增长和近年来积极推进的"促消费"政策,新加坡嘉德置地集团旗下的凯德商用产业有限公司在中国的业务取得快速发展。2012年凯德公司在中国的36个城市拥有58家购物商场,其中43家已经投入营业,15家正在开发建设中。新加坡嘉德置地旗下的凯德商用(Capital Malls Asia)联合亚洲和北美机构投资者设立10亿美元的中国发展基金,专门投资于中国的购物中心及零售业务,此举表明这些机构投资者继续看好中国零售市场的发展前景。

新加坡力和投资控股有限公司(LIHE Investment)与中国河北尚宏电子科技有限公司和美国美通动力科技有限公司(Maytown Technologies)联合投资9亿美元,在中国河北省衡水市投资打造电动汽车城——美通新能源汽车城,在当地研发与测试电动车技术,并生产电动车。其中,力和投资占51%,中、美公司各占30%与19%。该项目符合中国政府关于新能源汽车的经济发展战略,也顺应中国环保车市场的未来发展方向,是中新两国在新兴战略产业方面合作的一次积极尝试。

新加坡吉宝讯通通过全资子公司与中国吉林市政府签署合资协议,将设立一家合资公司——吉林中新食品区国际物流有限公司,负责发展与经营中新吉林食品区国际物流园,以更好地为吉林中新食品区服务。吉宝讯通和吉林市政府将各占其70%和30%股权。双方共斥资2亿元人民币。

中国企业也积极扩展新加坡业务。2012年3月29日,华为公司与淡马锡理工学院签署备忘录,双方将合作建立云技术创新中心,共同研发云计算前沿技术并培养专业人才,双方也将在奖学金设立、课程拓展和学生实习等方面加强合作。同日,华为在南太平洋地区首个企业业务解决方案展示中心揭幕。新加坡经济发展局表示,华为与淡马锡理工学院的战略合作和展示中心的设立,标志着新加坡在成为云计算人才培养基地和全球数据管理枢纽进程中取得重要进展。6月4日,华为新加坡公司宣布将积极扩展在新加坡的电信、企业和个人消费业务,并积极扮演企业公民角色,公司从新加坡电信收购电话网络管理服务业务,其本地员工达800人,产品与服务已涉及超过2/3的新加坡人。

总部位于大连的资讯科技外包公司海辉软件在新加坡设立区域总部,未来两三年内将利用新加坡作为拓展东南亚及澳大利亚业务的跳板，在新加坡开展应用程序测试活动的方案模具研发以及云计算中间件的发展，同时也将在人力资源、人才管理、法律、资讯科技、知识产权管理、财务与会计方面为南亚其他业务单位提供支援。本区域占集团业务的比重预计3年内将从5%提高到10%，员工人数则从500人增加到750人。

四、新加坡与中国部分省（市）拓展经贸合作新空间

2008年中国与新加坡合作开始建设天津生态城项目后，新加坡与天津市的经贸合作快速发展，2012年新加坡在天津新增投资项目22个，实际到位资金8.7亿美元，涉及港口物流、城市开发、医疗服务等多个领域；新加坡和天津市贸易额在2012年增长11.8%，达27亿新元。

2012年3月，新加坡国际企业发展局对外宣布在未来5年拨出950万新元，推动和鼓励新加坡企业以中新天津生态城为平台，在中国北方市场设立海外商业基地。5月18日，新加坡国际港务集团与天津港股份有限公司签署战略合作框架协议，将在资本、投资、运营等领域开展全面战略合作；中新天津生态城合资公司与5家新加坡企业签署投资协议，吸引近68亿元人民币的投资；在9月举行的新加坡·天津经济贸易理事会第5次会议上，双方签署7项协议，深化旅游、医疗、航运物流、现代服务等方面的务实合作。根据理事会2012～2013年工作计划，今后几年双方将重点在可持续发展、和谐发展和创新发展领域拓展新的合作空间。在可持续发展领域，将加强环保、城市管理、人才培训方面的合作。新加坡将推出新的企业服务政策，鼓励和吸引创新型、高附加值的项目落户天津生态城；天津将引进新加坡先进的城市管理技术和经验，在城市垃圾处理、交通控制和防洪系统等方面开展合作。在和谐发展领域，加强医疗、教育和中小型科技企业合作，鼓励新加坡民间资本进入天津市的医疗和教育领域，引入一批战略新兴产业领域的中小型企业到天津市投资发展。在创新发展领域，加强生活服务业、文化创意产业方面的合作。

6月5日，广东省与新加坡广州知识城签署6个合作协议和4份合作意向书，项目涉及人才培训、文化、教育、公共安全和医疗等合作领域。广东是新加坡在中国的首要省级贸易伙伴，新加坡是广东省在东盟成员国中的第三大贸易合作伙伴。2012年上半年，新加坡与广东省贸易总额达到84亿美元，新加坡在广东实现6亿美元的新投资，较2011年同期激增237%。过去3年，新加坡在广东省的投资增加14亿美元，占新加坡过去30多年在广东省投资总额的21%。未来5年，新加坡预计会进一步在广东省实施约60亿美元的投资项目。

2012年上半年，新加坡与山东省的贸易额为12.6亿美元。新加坡已成为山东在东盟成员国中的第三大贸易伙伴，新加坡也是山东的第四大外来投资者。2012年上半年，新加坡在山东的实际投资项目19个，投资总额4.2亿美元，是上年投资总额的80%。至2012年6月，新加坡在山东省的累积实际投资总额达52.6亿美元。

5月8日，新加坡与中国四川省合作建设的新川创新科技园破土动工，四川省委书记刘奇葆、新加坡总理公署部长林瑞生、新加坡星桥控股主席黄根成出席奠基仪式。新川创新科技园是中国西部省份与新加坡合作的首个大型园区项目，项目开发周期为2012～2020年，预计直接投资约200亿元人民币。项目规划面积10.34平方千米，规划居住人口12万，就业人口12万至15万。园区按照产城一体的指导思路，重点发展高端产业和产业高端，突出金融商务、科技创新、国际交流和文化创意四大核心功能，打造集现代制造、现代服务、现代生活于一体的一流创新科技园区。新加坡总理公署部长林瑞生认为，新川创新科技园是继1994年苏州工业园、2008年天津生态城、2010年广州知识城之后新加坡与中国的第四个大型合作建设项目，双方企业可以通过这个平台在更大的创新空间里有所作为。

新加坡与四川省经贸往来日益密切。2005年新加坡在四川省实际投资仅有6600万美元，双方贸易额1.21亿美元；2011年这两个数字已分别激增到6.45亿美元和9.08亿美元。截至2011年年底，新加坡在四川省的实际投资累计达到22亿美元，成为四川省第四大外资来源地。

深圳市与新加坡具有较强的经济互补性，双方在电子信息、金融服务、节能环保等诸多重点行业都存在着广阔的合作空间。10月30日，中国深圳投资合作推介会在新加坡举行，深圳市投资推广署向新加坡工商业界介绍深圳的投资环境、深圳与新加坡的投资往来现状以及深圳近年产业发展的新动态、新举措等，为新加坡企业赴深圳投资发展并借深圳为平台拓展中国市场提供交流沟通的机会。深圳与新加坡投资贸易往来密切，在深圳投资的127个国家和地区中，新加坡企业不仅在投资项目、投资额上居于前列，而且投资领域十分广泛，涉及国际贸易、专业技术服务、咨询服务等，据统计，截至2012年5月，新加坡在深圳的投资项目有619个，实际投资额约12亿美元。

五、文化交流与合作

5月23日，中国文化部部长蔡武对新加坡进行访问，与新加坡新闻、通讯及艺术部部长就加强中新文化

交流与合作举行双边会谈，并同新方签署两国政府间2012至2014年双边文化交流执行计划。

11月17日晚，新加坡首届中国电影节在新加坡国立大学校友会礼堂拉开帷幕，为期6天。中国电影节是中国驻新加坡大使馆联合新加坡—中国友好协会和新加坡国立大学举办的文化交流活动。活动期间，放映《白蛇传说》、《失恋33天》、《桃姐》、《非常完美》和《英雄》等5部中国电影。为了增加新加坡观众对中国文化的了解，在每部电影放映前还播放《中国文化》、《北京紫禁城》、《四季中国》、《汉字》和《舌尖上的中国》等纪录短片。这次电影节受到新加坡观众的热烈欢迎，影票供不应求。

12月10日上午，新加坡中国文化中心举行开工仪式，标志着工程建设正式开始，预计2014年9月完工。新加坡中国文化中心于2009年11月在中国国家主席胡锦涛对新加坡进行国事访问期间确定建立，2010年11月中国国家副主席习近平和新加坡国务资政吴作栋共同为新加坡文化中心奠基。该中心位于新加坡中心地段，毗邻新加坡国家图书馆、新加坡国家美术馆等众多文化机构。建成后的新加坡中国文化中心将设有剧场、展厅、图书馆、教室等设施。

2012年，中新出版业者加强合作开拓国际市场。4月25日，由中国艺谷文化产业集团和新加坡图书出版总会联合举办的中国新加坡出版高峰论坛开幕。中新两国出版业者在会上签署4项合作协议，根据协议，双方将合作把儿童小说、投资指南、旅行指南等500种新加坡出版书籍数字化，进入电子书市场，同时新方有关出版业者被授权出版1000种中国图书，再经新加坡销往东南亚。（罗　梅）

9月20日，中国国家副主席习近平在广西南宁会见泰国副总理吉迪拉（人民网）

中国和泰国交往与合作

2012年中泰全面战略合作伙伴关系不断向前发展。双方积极落实两国签署的经贸合作五年发展规划，经济上互利合作，中国成为泰国第二大贸易伙伴，泰国是中国在东盟国家中第二大贸易伙伴。双方重点加强在交通、水利等基础设施建设、农业以及相互投资方面的合作，继续开展在大湄公河次区域的合作，积极推动双方在旅游和青年交流方面的合作。

一、两国高层保持密切交往，政治上高度互信

（一）高层来往频繁

2012年4月20～25日，中国全国政协主席贾庆林对泰国进行为期6天的正式友好访问，11月中国国务院总理温家宝对泰国进行正式访问，7月国务委员、公安部部长孟建柱访泰，8月中国文化部副部长杨志今访问泰国。同年1月，泰国公主朱拉蓬非正式访华，4月泰国公主诗琳通、总理英拉、国防部长素甘蓬分别访华，泰国副总理兼财政部部长吉迪拉来华出席博鳌亚洲论坛2012年年会，5月朱拉蓬公主非正式访华，7月泰国外长素拉蓬访华，9月泰国副总理春蓬、国会主席兼下议院议长颂萨·革素拉暖、副总理吉迪拉分别来华访问。

11月21日，中国国务院总理温家宝在曼谷与泰国总理英拉举行会谈。温家宝说，在当前国际和地区形势发生深刻复杂变化的形势下，中方愿与泰方坚定地相互支持，相互帮助，共同发展，保持高层交往，进一步密切在地区事务中的协调配合，特别是推动中国与东盟关系健康稳定发展，促进地区和平、稳定与繁荣。中泰两国扩大合作有着许多有利条件和广阔前景。中方愿同泰方一道，积极落实两国签署的经贸合作五年发展规划，重点加强在交通、水利等基础设施建设、农业以及相互投资方面的合作，继续开展在大湄公河次区域的合作。中方高度重视两国文化教育交流，愿为泰国提升汉语教学水平和规模提供帮助，并积极推动双方在旅游和青年交流方面的合作。英拉表示，泰中关系在各领域取得长足进展。泰方坚定奉行对华友好政策，愿密切两

国各级别交往。希望双方以制造业、农产品和基础设施建设为重点，促进双边贸易和双向投资不断增长，共同推进本地区的互联互通。加强泰中地方合作和人文交流意义重大，有着广阔的前景。

（二）建立全面战略合作伙伴关系

2012 年 4 月 19 日发表《中华人民共和国和泰王国关于建立全面战略合作伙伴关系的联合声明》，主要内容如下：

1. 双方重申继续推动两国关系深入发展的政治意愿，将根据双方 1999 年 2 月 5 日在曼谷签署的《中华人民共和国与泰王国关于二十一世纪合作计划的联合声明》、2001 年 8 月 29 日发表的中泰关于战略性合作的联合公报以及 2012 年 4 月 17 日签署的《中泰战略性合作共同行动计划（2012～2016）》，进一步推动落实各领域合作。

2. 双方对长期以来建立在悠久历史文化紧密联系基础上的两国关系保持旺盛活力，合作成果丰硕表示满意。双方一直为两国人民的福祉、两国的繁荣以及本地区的和平、稳定与发展等共同目标而坚持不懈地努力。

3. 双方重申，两国的和平、稳定、繁荣与发展紧密相连，也与地区乃至全球变化中的地缘政治、地缘经济架构密切相关。当前形势为两国进一步扩大合作带来了巨大发展潜力和机遇，双方决定建立中泰全面战略合作伙伴关系。

4. 双方重申，两国伙伴关系将继续以和平共处五项原则这一世界公认的国际法原则为指导，秉持友好和善意的精神。泰方继续坚持一个中国政策，承认中华人民共和国政府是代表全中国的唯一合法政府，承认台湾是中国领土不可分割的一部分，支持两岸关系和平发展。

5. 双方认为，应进一步巩固并加强中泰副总理级经贸联委会、两国外交磋商、两国国防部年度防务安全磋商和中泰科技联委会等现有双边合作机制以及中国云南省、广东省和福建省厦门市同泰国建立的合作工作组的作用，支持两国更多省市缔结友好关系，不断推进双方全面战略合作伙伴关系，扩大两国共同利益，实现两国人民根本利益。

6. 双方强调加强行政、立法、司法和政党等各领域、各层级互访交流的重要性。两国政府各部门应加强交流，增进相互理解和政治互信，推动双方合作取得更大更全面的发展。

7. 双方对 2011 年 12 月 22 日在泰国曼谷签署《中华人民共和国政府和泰王国政府关于可持续发展合作谅解备忘录》表示欢迎，该备忘录包含的发展高速铁路和其他铁路系统、综合水资源管理体系、经济的清洁可再生替代能源和能效研发、教育和人力资源发展等方面合作，体现了两国间全面战略合作伙伴关系的内涵。

8. 双方同意采取以下适当和必要的措施，共同推动两国全面战略合作伙伴关系不断发展：（1）推动在传统和非传统安全领域的更广泛合作，打击恐怖主义、贩毒、贩卖人口、非法移民、电信诈骗和网络犯罪，加强湄公河执法安全合作。（2）促进双边贸易便利化，争取到 2015 年实现双边贸易额 1000 亿美元目标。（3）积极推动陆路和水路交通合作，特别是湄公河航运和高速铁路建设合作，推进地区互联互通建设，包括东盟与外部的互联互通。（4）推进两国旅游合作，提高旅游产品质量，推动环境友好型旅游产业发展。（5）在对方国家推广本国语言文化并设立文化中心，为在泰国的孔子学院和孔子课堂以及在中国的泰语角和泰语研究提供支持。（6）加强农业、科技、海洋和环境领域合作，扩大双边农产品贸易，加强农业科技合作。（7）加强在水资源管理、洪涝等灾害的防灾减灾以及灾后重建等领域的交流与合作。（8）拓展卫生、体育领域合作，促进双方在医学研究、医药生产、传染病防控、应对突发公共卫生事件等方面的合作。（9）双方将继续加强协调配合，在中国—东盟、东盟与中日韩（10+3）等机制框架下不断深化合作，推动东亚一体化进程。（10）中方重申支持泰方关于发展 10+3 互联互通伙伴关系的倡议，愿同泰方密切配合，推动倡议落实。（11）双方积极评价 2011 年 7 月中国与东盟国家就落实《南海各方行为宣言》指针达成一致，并启动《宣言》框架下的合作。（12）继续推进大湄公河次区域经济合作，支持落实 2011 年 12 月通过的《大湄公河次区域经济合作新十年战略框架（2012～2022）》，为消除地区贫困、促进经济社会发展作出更大贡献。（13）进一步加强在联合国、世界贸易组织、亚太经合组织、亚欧会议、亚洲合作对话等其他国际和地区机制中的协调与配合。

9. 泰方对中国政府和人民在 2011 年泰国发生特大洪灾期间给予泰方的资金和物资援助深表感谢。

（三）在国际事务中相互支持

中泰双方在涉及各自国家重大利益的问题上相互理解和支持，7 月 25 日泰国接替越南担任中国—东盟协调国后公开表示，双边冲突最好由有关国家自行解决，因此，泰国不希望有任何外国介入南海争议。

7 月 4 日，中国外交部长杨洁篪同来访的泰国外交部长素拉蓬举行会谈，双方就中泰关系及共同关心的国际和地区问题广泛深入交换意见。杨洁篪表示，中泰是友好近邻，两国各领域友好交流与合作发展顺利。中方愿同泰方携手努力，落实好两国战略性合作共同行动计划，不断充实中泰关系内涵，打造合作新亮点，共同推动中泰全面战略合作伙伴关系取得更大发展。杨洁篪表示，希望泰国今年 7 月成为中国—东盟协调国后，在推动中国与东盟关系整体发展，深化东亚区域合作方面发挥更大作用。素拉蓬表示，泰方高度重视发展同中国的全面战略合作伙伴关系，视中国为可信赖的好朋友，认为中国的发展有利于促进本地区稳定繁荣，愿同中方加强协调与配合，深化双方各领域务实合作，使泰中关系不断向前发展。泰国愿为推进中国与东盟关系发展作出努力。

二、双边经贸合作

双边贸易全面快速增长。据泰国海关统计，2012年泰国与中国的双边货物贸易额639.6亿美元，比上年增长13.1%。其中：泰国对中国出口267.6亿美元，增长3%，占泰国出口总额的11.7%；自中国进口372亿美元，增长21.7%，占泰国进口总额的14.9%，上升1.6个百分点。泰方贸易逆差104.4亿美元，扩大127.6%。中国是泰国的第二大贸易伙伴，仅次于日本。中国为泰国第一大出口市场和第二大进口来源地。

塑料橡胶和机电产品是泰国对中国出口的主要商品。2012年对中国出口塑料橡胶85.5亿美元，比上年下降5.6%，占泰国对中国出口总额的32%。机电产品出口74.7亿美元，下降2.7%，占泰国对中国出口总额的27.9%。化工产品、矿产品也是泰国对中国出口的重要商品，全年出口额分别为31.4亿美元和18.5亿美元，增长9.8%和54.5%。

双边投资继续增长。中国在泰国的投资项目主要涉及金属制品和机械、农产品、化工制品和纸、电气及电子产品、矿产业和陶瓷业等。2012年中国企业在泰投资较上年增长110%，截至2012年底，中国累计在泰投资12.8亿美元，项目44个。泰国在华投资34.7亿美元。

三、安全合作及其他领域的合作

中泰执法部门保持密切协调与配合，双方在共同打击恐怖主义、电信诈骗、贩毒等跨国犯罪方面的合作取得积极成果。2012年7月，国务委员、公安部部长孟建柱访问泰国。泰国总理英拉会见孟建柱时表示，目前泰中关系发展良好。两国高层交往密切，战略互信日益增强，为两国关系发展不断注入新的动力。泰方高度重视发展同中国的全面战略合作伙伴关系，愿与中方一道，深化执法安全等各领域务实合作，推动两国关系持续快速发展。英拉表示，泰方将依法公正处理湄公河“10·5”案件涉案人员。同日，孟建柱还会见泰国陆军司令巴育。双方就加快“10·5”案件侦破工作及推动中老缅泰四国湄公河执法安全合作深入交换意见，并达成重要共识。在两国努力下，湄公河“10·5”案4名罪犯糯康、桑康·乍萨、依莱、扎西卡被逮捕归案。年内，在泰国帮助下，潜逃泰国、涉嫌职务侵占3000万元人民币的重大经济犯罪在逃犯罪嫌疑人张树新、周红艳被缉捕回国，并追回价值1120万泰铢的赃款及赃物。

文化教育合作继续深入。3月24日，中国海外交流协会主办，华侨大学承办，泰国华文教师公会和普吉市政府协办的中华文化大乐园泰国普吉营开营式在普吉市体育馆举行，泰国普吉市副市长陈福财，华侨大学驻泰国代表处代表余秀兰女士，及近千名学生及家长出席开营式。

中国支持泰国的华文教育。5月11日，泰国教育部在总理府举办中国汉语教师志愿者来泰任教大会，泰国总理英拉出席并发表讲话。英拉说，中泰两国的友好关系历史悠久，随着中国经济的快速增长，汉语已成为世界上使用最广泛的语言之一。泰国青少年热衷学习中国语言和文化，但泰国师资缺乏，难以满足学习者的需求。泰中合作的汉语教师志愿者项目为泰国师生创造了直接学习汉语和中国文化的良好机会，对加深泰中两国人民之间的友好情谊具有特殊重要意义，中国汉语教师志愿者是增进中泰人民友谊的纽带。中国驻泰国大使管木在会上说，在中泰两国领导人的亲切关怀和泰国教育部与中国国家汉办的共同努力下，中泰汉语教学合作不断取得显著成绩，成为中泰交流与合作中的亮点。目前，中泰双方已合作建立12所孔子学院和11个孔子课堂，近3000所学校开设汉语课程，学习汉语的人数已达80多万。6月14日，泰国吉

6月14日，泰国吉拉达王宫学校举办庆祝孔子课堂成立3周年活动。图为孔子课堂师生表演中国民族舞蹈
（新华网）

拉达王宫学校举办庆祝孔子课堂成立3周年活动。诗琳通公主出席此次活动，参观孔子课堂成立3周年图片展并观看中泰文化融合的文艺演出。图片展展出吉拉达学校孔子课堂成立以来的珍贵照片，重点反映诗琳通公主支持和关怀孔子课堂建设的情况，以及孔子课堂开展汉语教学及中华文化推广活动等内容。（梁炳猛）

中国和越南交往与合作

2012年中国与越南在政治、外交、经贸关系继续发展的同时，南海之争形势复杂，对两国关系带来了负面影响。

一、政治交往保持稳定

2012年中越两国高层领导人继续保持互访和会晤，政治交往大局稳定。中越在军队、执法安全、海上救助、干部培训、青年交流等领域的交流合作继续发展。9月7日，中国国家主席胡锦涛在俄罗斯符拉迪沃斯托克出席亚太经合组织第20次领导人非正式会议期间与越南国家主席张晋创举行会晤，就中越关系及共同关心的问题交换意见。9月20～21日，越南政府总理阮晋勇率团出席第9届中国—东盟博览会和中国—东盟商务与投资峰会。20日，中国国家副主席习近平在广西南宁会见阮晋勇。4月11～17日，越南人民军总参谋长杜伯巳上将率高级军事代表团访问中国；13日，中国国家副主席、中央军委副主席习近平在北京人民大会堂会见杜伯巳一行；16日，中国人民解放军总参谋长陈炳德上将与杜伯巳举行会谈，双方就国际地区形势、两国两军关系及其他共同关心的问题交换意见。4月23日，中国人民解放军海军“郑和”号远洋航海训练舰抵达越南西贡港，对越南进行为期3天的友好访问。11月8日，越南共产党中央委员会对中国共产党第十八次全国代表大会召开表示热烈祝贺；15日，越南共产党中央委员会总书记阮富仲发来贺电，热烈祝贺习近平当选中国共产党第十八届中央委员会总书记；17日，越共中央总书记阮富仲派特使、越共中央委员、中央对外部部长黄平君来华表示祝贺。12月1日，中共中央政治局委员、全国人大常委会副委员长李建国应越南共产党邀请对越南进行友好访问和通报中共十八大情况。中越两国领导人都强调，愿在十六字方针和“四好”精神指引下，本着同舟共济的精神，高度重视和推动中越全面战略合作伙伴关系不断向前发展，以维护地区稳定，促进经济发展，实现长久繁荣。南海问题不是中越关系的全部，但要从战略高度，通过谈判协商，妥善解决彼此的分歧，不使其影响两国关系大局。

二、两国经济贸易再创新纪录

2012年中越两国经贸关系发展平稳，双边贸易额持续增长，创历史新高。中国对越南投资继续增加，且从传统制造业向服务业延伸。

据中国海关总署统计，2012年中越贸易额504.39亿美元，比上年增长25.4%。其中：中国出口342.10亿美元，增长17.6%；进口162.29亿美元，增长46%。中国是越南计算机、电子产品及零配件、天然橡胶、煤炭和大米等农产品的第一大出口市场。

9月20日，中国国家副主席习近平在广西南宁会见越南政府总理阮晋勇（人民网）

中越经济合作体现双方互利共赢。中越企业在电力、交通、化工等多个领域开展了卓有成效的合作。中方企业在越南承建的火电站总装机容量达1236万千瓦，约占越南火电总装机容量的80%。中方建设的金瓯、宁平和北江氮肥厂尿素产量将占越南总产量的70%。越南政府总理阮晋勇高度评价中方企业使用优惠出口买方信贷建设的宁平煤头化肥厂，称该项目成功投产结束了越南多年来氮肥依靠进口的历史。中国企业成熟的技术和丰富的经验为越南经济发展和国家建设作出了贡献，越南稳定的社会环境和快速发展的经济也为中国企业开展合作提供了平台。为支持双方企业上述合作，中方向越方提供16亿美元优惠贷款和数十亿美元的出口信贷。据中方统计，2012年上半年，中方企业对越南新增投资同比增长105%。在越南太平、老街等多个省份，中国投资企业已成为当地最大的企业和当地经济发展的重要动力。

三、边境地区交往密切，经贸合作深化，但跨境经济合作区进展缓慢

（一）边境地区各项交往及经贸合作逐步深化

2012年中越举行边境省级会谈会晤和各项联谊活动。中越边境商贸旅游活动有序开展，2012年11、12月，一年一度的中越东兴—芒街商贸·旅游博览会、凭祥边境交易会和中越边境经济贸易交易会分别在中国广西东兴、凭祥和云南省河口举行。

中越两国的互联互通建设取得进展，2012年开通3条汽车运输线路。8月18日，中越启动中国昆明—河口—越南老街—河内—海防国际道路运输线路开通仪式；8月22日，启动中国南宁—友谊关—越南友谊—河内线、中国深圳—友谊关—越南友谊—河内线两条国际道路运输线路开通仪式。这标志着中国与越南之间实现客货运输车辆的直达运输和公务车辆的相互驶入，打破长期以来中越汽车运输只能在边境地区转运及换装的限制，将极大促进两国交通运输领域的合作，为双方商贸、务工、留学、旅游等提供便利。

中越边境农业交流合作态势良好。广西与越南边境地区合作种植加工糖料蔗、茶叶、麻风树、澳洲坚果、香蕉等，取得较好成效。到2012年年底，中国广西龙州县已在越南种植甘蔗677公顷、乌龙茶133公顷、麻风树200公顷。2012年1月4~5日，中国—越南两国12省农业厅长联席会议在广西南宁举行，会议达成强化双方动植物病虫害防控、推动农业科技交流和健全农业交流合作机制的《南宁共识》。

（二）跨境经济合作区建设进展仍缓慢

中越商议在两国边境地区建设一系列的跨境经济合作区，如凭祥—同登、东兴—芒街、龙邦—茶岭和河口—老街等跨境经济合作区。2011年9月30日，作为中越凭祥—同登跨境经济合作区重要载体的广西凭祥综合保税区正式封关运营。东兴重点开发开放试验区建设实施方案获得中国国务院批准。2012年12月，中国广西代表团赴越南谅山市出席越—中跨境经济合作区建设与发展研讨会。研讨会旨在为越方修改完善越—中跨境经济合作区可行性研究报告收集各方意见。在这方面，中方推进合作力度较大，越南方面进展缓慢。

四、南海之争对两国关系带来负面影响

2012年越南在南海动作频频。4月，越南中南部的庆和省派出6名僧人赴南沙一些岛屿修缮寺庙，当住持。6月，越南空军出动2架苏-27战机首次自中部空军基地飞抵南沙群岛执行巡逻侦察任务。6月21日，越南国会通过《越南海洋法》，公然把中国的西沙群岛和南沙群岛划入越南领土主权及管辖范围。当日，中国外交部副部长张志军召见越南驻华大使阮文诗，就越南国会6月21日审议通过侵犯中国领土主权的《越南海洋法》向越方提出严正交涉，中方对此表示强烈抗议和坚决反对。7月，在第19届东盟地区论坛外长会议上，越南与菲律宾提出南海问题，企图使南海问题国际化。

在越南国会表决通过《越南海洋法》的当日，中国公布批准设立地级三沙市的决定。三沙市管辖西沙群岛、中沙群岛、南沙群岛的岛礁及其海域。6月23日，中国海洋石油总公司公布在中国南海地区对外招标9个油气区块的公告。

针对中国成立三沙市和进行油气招标，2012年7月1日、8日、22日、8月5日和12月9日，在河内和胡志明市共出现5次大的反华示威游行。

（马金案）

11月8日，2012年中越（河口）边境经济贸易交易会在中国—东盟河口国际贸易中心开幕

（百度网）

重 要 节 会

第9届中国—东盟博览会

第9届中国—东盟博览会招商招展

2012年4月13日，第9届中国—东盟博览会筹备工作会议在中国广州召开。中国商务部、科技部相关司局以及各省、自治区、直辖市、计划单列市商务主管部门、中国—东盟博览会秘书处派代表出席会议。会议强调第9届博览会要以服务国内企业开拓东盟市场为契机做好三项工作：一要结合稳增长、调结构、促平衡的要求做好展览组织工作，引导企业充分利用博览会开拓东盟市场；二要以自贸区《投资协议》和《服务贸易协议》的推进为契机，充分发挥博览会平台作用，探索投资与贸易紧密结合的新模式，促进中国企业对外投资和经济合作，参与国际竞争；三要以博览会为平台深化服务贸易和服务外包的合作与发展，在积极组织服务贸易企业参展参会的同时，充分发挥金融机构对企业“走出去”的助推作用，为企业提供优质的金融服务。要求加大展览创新，举办多领域交流活动，提高博览会服务水平，确保展会取得更好的成效。会议透露，第9届博览会国内预订展位数已达规划总展位数的40%。会后，举办地中国广西全力推进相关招商招展，通过拜会东盟国家领导或借访问东盟国家之机，密切与东盟有关部门关系，加强与当地企业及商会的沟通，宣传博览会成果，推动东盟企业通过参会以获得双赢。

5月8日，中共广西壮族自治区委员会书记、自治区人大常委会主任郭声琨及自治区主席马飚拜会顺访广西的老挝国家副主席本扬·沃拉吉。本扬副主席在会见中表示，老挝将借助博览会的良好平台，推动与中方的全方位合作，进一步巩固、深化兄弟般友谊关系。5月18日，缅甸联邦公务员委员会主席吴觉都在中国南宁与广西壮族自治区主席马飚会见时表示，缅方将全力筹办好第9届博览会主题国活动。6月12日，率团出访马来西亚的中共广西壮族自治区委员会书记、自治区人大常委会主任郭声琨参观访问马来西亚马中商务理事会成员企业——常青集团与实达集团，并在接受当地媒体访问时宣传广西、介绍中马钦州产业园区和马中关丹产业园区开发建设情况及第9届博览会筹办情况，促进双方多领域合作。6月17日，第9届中国—东盟博览会、中国—马来西亚钦州产业园区暨中国(广西)—马来西亚经贸合作推介会在吉隆坡举行。郭声琨在致辞中表示，广西将以《中国—东盟全面经济合作框架协议》签署10周年和中马钦州产业园区、马中关丹产业园区建设为新契机、新起点，全面推动与马来西亚的交流合作：一是共同举办好中国—东盟博览会和商务与投资峰会，推动泛北部湾经济合作等次区域合作，并欢迎马方在广西首府设立领事机构，搭建合作新桥梁；二是携手加强产业园区机制制度、政策规划等方面建设，组织更多有实力的企业参观考察、入园落户，促进马中关丹产业园区和中马钦州产业园区的互动发展，早见成效，共同把园区打造成为双方合作的示范区，成为中国—东盟务实合作的典范；三是加强国际大通道建设，共同推进交通运输、航空、港口、仓储物流、信息化和人才培训等合作。马来西亚总理对华特使黄家定在致辞时特别重申了总理纳吉布在钦州产业园区开园仪式上作出的“大马政府会非常认真地完成这项计划”的承诺。随团访问的中国—东盟博览会秘书处与马来西亚对外贸易发展局签署第9届中国—东盟博览会组展合作备忘录，与马中经贸总商会签署第9届中国—东盟博览会招商合作备忘录。中马双方有关方面还就入驻中马钦州产业园区的清真绿色食品加工、汽车摩托车零部件生产、火龙果综合加工、港口建设等4个项目进行签约，项目投资总额21亿元。郭声琨还会见马来西亚贸工部部长慕斯塔法，希望其继续支持办好中国—东盟博览会，推动马来西亚国家领导人出席第9届中国—东盟博览会，组织有实力的企业参展参会，共享发展成果。慕斯塔法表示将尽全力做好这些工作。7月9日，第9届中国—东盟博览会和商务与投资峰会组委会在北京召开会议，就博览会如何更好地为各部委加强与东盟的合作提供服务，以及研究和部署举办博览会10周年活动。中国商务部国际贸易谈判代表兼副部长、博览会组委会副主任高虎城在主持会议时强调：第9届中国—东盟博览会的筹备一要充分展示自贸区建设成果，深化共办共赢；二要加大创新力度，提高经贸实效；三要紧扣科技合作的主题，办出特色。7月17日，率团出席2012广西国际友好城市交流大会的缅甸仰光省行政长官吴敏瑞，在与郭声琨的会见时愉快地接受了出席中国—东盟博览会的邀请。

8月13日，中国—东盟博览会和商务与投资峰会广西领导小组召开会议，听取博览会、商务与投资峰会、国际民歌艺术节和中国—东盟自由贸易区论坛的筹备工作汇报，研究部署下阶段工作。会议要求各相关部门要全力作好各项重要活动的安排，强化安全保卫，高标准完成接待服务和基础设施保障，为盛会营造良好氛围。9月11日，第9届中国—东盟博览会和中国—东盟商务与投资峰会指挥中心展览工作部举行新闻吹风会，介绍博览会招商布展、会期贸易投资活动及展览现场服务等有关情况。会议透露，中外名优企业踊跃参加第9届博览会展会，博览会专业化程度明显提升。第9届博览会共设展位4600个，申请使用展位5710个，其中中国国内申请使用展位4110个。境内外参会客商组团增至90多个，企业商贸配对意向明显。约有3000多家国内外客商报名参会并有明确的采购和投资意向。美国、俄罗斯、法国、澳大利亚、日本、韩国等区域外国家和地区的参会规模也进一步扩大。汇总安排有贸易投资促进活动50场，包括东盟10国和国内重点省市推介会、各国各行业专场贸易对接会、参展商讲坛、东盟产业园区招商大会、跨国公司投资意向说明暨对接会等。11国的魅力之城全部确定，专题展区正在组展，展区总展示面积2167平方米，比上届增加419平方米。

截止至开幕，中外企业申请展位5710个，超出规划展位数的24%；实际安排参展企业2280家，使用展位4600个，展位供不应求。第9届博览会参展参会企业结构更优，知名企业增多，企业重复参展率高。在国际经济合作、工程机械、运输车辆等展区，企业重复参展率均高达88%。参展参会客商5.2万人，比上届增长2.8%；中外采购（投资）团组90多个，其中东盟和其他国家、地区采购（投资）团组73个，比上届增长12.3%。东盟和其他地区使用展位1300个，创历史新高，印度尼西亚、老挝、马来西亚、缅甸、泰国、越南等6个国家包馆参展。

第9届中国—东盟博览会开幕式

2012年9月21日，第9届中国—东盟博览会在南宁国际会展中心开幕。中共中央政治局常委、中国国家副主席习近平，缅甸总统吴登盛，老挝总理通邢，越南总理阮晋勇，马来西亚副总理穆希丁，泰国副总理吉迪拉，柬埔寨国务兼商业大臣占蒲拉西以及文莱工业与初级资源部部长叶海亚，菲律宾贸易和工业部副部长潘里利奥，新加坡贸工部兼国家发展部高级政务部长李奕贤，印度尼西亚贸易部出口总司总司长吉司马迪，东盟秘书处副秘书长林康宪，联合国贸发会议秘书长素帕猜，中共广西壮族自治区委员会书记郭声琨，中国广西壮族自治区主席马飚等出席开幕式。

时值《中国—东盟全面经济合作框架协议》签署10周年、中国—东盟科技合作年，第9届中国—东盟博览会具有特殊而深远的意义。开幕式举办场地朱槿花厅里气氛隆重、热烈，主席台金碧辉煌，会场四周环廊繁花似锦，现场友好、和谐氛围洋溢，象征中国与东盟的友好合作欣欣向荣、前景美好。

9时，开幕式正式开始。第9届中国—东盟博览会主题国缅甸的商务部长吴温敏主持开幕式。缅甸总统吴登盛、中国广西壮族自治区主席马飚、中国商务部国际贸易谈判代表兼副部长高虎城分别致辞。

第9届中国—东盟博览会开幕式主席台　　（百度网）

吴登盛在致辞中说，中国—东盟博览会为增进中国与东盟的友好关系，提高双方经贸等各领域的合作发挥了重要作用，受到东盟国家的高度重视。博览会也是成功实施中国—东盟自由贸易区的重要组成部分。东盟和中国的市场非常巨大，双方有着丰富的自然资源和人力资源，重要的是双方同处于正在快速成为国际交往和贸易中心的亚太地区，因此双方的共同努力对于地区和平与发展非常重要。

马飚说，9年来，在各方的共同努力下，中国—东盟博览会硕果累累，重要的平台作用显现，不仅凝聚了开放的共识，还拓展了交流范围，深化了务实合作。广西通过承办这个盛会，已由中国南疆边陲发展成中国对东盟开放的前沿和窗口，已由中国的交通末梢成为连接多区域的国际大通道、交流大桥梁、合作大平台。这届博览会以“互利共赢促发展”为主题，推进中国—东盟自由贸易区发展、互联互通建设、全方位合作和促进睦邻友好，必将为深化中国—东盟战略伙伴关系作出新贡献。

高虎城说，10年前《中国—东盟全面经济合作框架协议》的签署，标志着中国—东盟自由贸易区建设正式启动。10年来，双方共建博览会平台，共推商品服务、信息要素的顺畅互动，共促《框架协议》的全面落实，实现了全面建成自贸区并稳步发展的目标，为本地区共同发展注入强劲的动力。第9届博览会将是合作共赢促发展的盛会，将充分展示自贸区建设和发展新成果、新商机，为双方企业和人民带来更多的福祉。

致辞结束后，主席台巨大的LED显示屏播放展示博览会在中国与东盟友好交流、经贸促进和多领域合作等方面成就的精彩短片，彰显合作才能共赢、促进发展的主题。短片最后定格在“10+1>11”巨大字符上，让整个会场再次释放出合作的深意。

9时35分，中共中央政治局常委、中国国家副主席习近平宣布第9届中国—东盟博览会开幕，并与吴登盛、通邢、阮晋勇、穆希丁、吉迪拉、占蒲拉西、叶海亚、李奕贤、罗哈斯、古司马迪、林康宪、高虎城、郭声琨等14位剪彩嘉宾共同为开幕剪彩。剪彩嘉宾们共同拉开系在画卷上的红绸，为现场嘉宾展现一幅描绘中国与东盟合作成果和前景的巨大图画，以点睛的手法再现“共展宏图”的创意，表达中国与东盟合作共赢发展的共识，表明中国和东盟国家通过博览会平台共创美好未来的愿望和信心。

伴随着空中飘下的礼花、彩带和雷鸣般的掌声，第9届中国—东盟博览会隆重开幕。

第9届中国—东盟博览会展厅设置

第9届中国—东盟博览会采用南宁国际会展中心、广西展览馆、南宁华南城“一会三馆”格局，设商品贸易、投资合作、先进技术、服务贸易、“魅力之城”五大专题：

商品贸易专题　(1)东盟商品展区。①品牌展品：展示东盟各国行业内领先、深受市场认可的知名品牌产品及形象。②农产品食品：展示食品、饮料、土畜产品等。③家具家居：展示木质家具、藤制家具、其他家具、家具半成品及零配件、家居装饰等。④工艺品及珠宝饰品：展示特色工艺品、珠宝首饰、玉石、贵重宝石、礼品等。⑤日用消费品：展示清洁用品、洗浴用品、美容护理用品、餐厨用品、家用电器等。⑥服务业产品：展示旅游休闲产品、教育、金融服务、环保设计、商务咨询、法律咨询等。⑦大宗原材料(形象展示)：展示棕榈油、橡胶、矿产品及其他原材料等。

(2)中国商品展区。①机械设备展：工程机械及运输车辆展区(室外展区)展示工程机械、运输车辆，食品加工与包装机械展区展示通用机械、包装机械、加工机械，电力设备展区展示发电设备、电气自动化设备、电线电缆、新能源技术项目。②电子电器展：电子电器展区展示通信设备、绿色小家电、新能源产品；综合产品展区展示创意电子消费品、创意家居用品及礼品；③建筑材料展：展示铺装材料、门窗幕墙、卫浴产品、新型环保建材。

投资合作专题　以国际经济合作为主，展示国际工程承包、劳务合作、资源开发、信息科技、能源开发、基础设施建设、园区招商等。

先进技术专题　以科技创新技术为主，展示绿色经济、节能环保、新能源和可再生能源、农业现代化装备、农业种植养殖技术、光机电及电子信息等技术领域的最新科技成果。

服务贸易专题　以服务贸易专题为主，展示企业金融服务、旅游服务及信息技术外包服务等内容。

“魅力之城”专题　围绕“科技合作”的主题，11个主办国选择在科技合作领域具有合作商机和发展潜力的本国城市作为“魅力之城”向公众展示，并举办相关主题及城市交流活动。11个“魅力之城”分别是：缅甸的雅丹纳博，新加坡的新加坡城，菲律宾的圣费尔南多和克拉克自由港区，马来西亚的关丹，印度尼西亚的明古鲁，中国的广州，泰国的清迈，越南的芽庄，文莱的斯里巴加湾，老挝的甘蒙，柬埔寨的马德望。

第9届中国—东盟博览会“魅力之城”简介

中国广州市　简称穗，地处中国大陆南部，珠江三角洲的中北缘。是中国第三大城市，广东省省会。广州地理位置优越，是古代海上丝绸之路起点之一，被称为中国的“南大门”。

展馆以实物、模型、图片、文字、光电技术、多媒体平台等方式，全面展示作为中国在科技领域具有明显优势的城市所取得的发展成果和蕴藏的巨大商机。展览内容包括总体理念、区域发展、合作成果三部分。展厅采用回廊式设计。以深蓝色为基调的展厅里，一面巨大电子显示屏上滚动播出影音图像，一个屹立在精致沙盘上的广州标志性建筑——广州塔，一块可让你查询到相关信息的电子触屏显示器和一排展示2007～2011年地区生产总值变化的数据模型，周边墙面上适当布置文字、图片介绍，形象地展示着广州低碳经济、智慧城市、幸福生活的发展理念和近年城市建设和发展速度。

文莱斯里巴加湾市　位于文莱河上，由42个村落组成，村民3.9万人，约占文莱全国总人口的10%。作为世界上最大的水上村庄，被称为“东方威尼斯”。

村庄里有棚屋、清真寺、餐厅、便利店、学校与医院等4200座建筑，都由栈道和木桥连接起来。通往各个村庄靠岸点的主要交通工具是一种俗称“水上的士”的小船。连续9年作为“魅力之城”的水城，简约、静谧、优雅，水上村庄完美设计浑然天成。

展厅由一组典型的水上村庄棚屋模型、栈道、海湾和座椅休息区组成，几艘小船静静地停靠在屋前。棚屋为传统木结构房屋，其墙体色泽鲜艳亮丽，内有空调、卫星电视、互联网终端、自来水等完善的现代化设施。走进展馆如同走进风景秀美的海边。在特色风情的村庄里，文莱风格的建筑前，身着民族服装的演员正在载歌载舞。

柬埔寨马德望市　柬埔寨西部的重要城市。土壤肥沃，素有“柬埔寨粮仓”之称，除盛产大米外，玉米、大豆、黄麻、甘蔗及各种水果也有较大产量，养殖业比较发达。交通便利，铁路、公路横贯全境。

展厅门前庄严的佛像、威武的巨狮，一派“袖珍吴哥窟”的设计，历史文化气息厚重。一尊半跪的武士人像神情威严恭敬，双手用金盏托着权杖，仿佛在向访客们叙述马德望辉煌的历史。展厅每日安排多场古典宫廷舞和民间舞演出，生动地展现典雅古朴的柬埔寨舞蹈文化。展厅里一应俱全的农耕工具，木犁、箩筐、锄头等，还安排有头戴斗笠、跳着采茶舞的女子向访客展示“魅力之城”的农家生活。

印度尼西亚明古鲁市　旧名萌菇莲，是位于苏门答腊岛西海岸的海岛城市，明古鲁省省会。背倚巴里桑山脉，面临印度洋，沿岸椰林婆娑，南部产丁香，主产业为金属加工、纺织、制陶、蜡染、木雕、草编等。1945年，苏加诺在此宣布印度尼西亚共和国成立。

展厅大门仿照海岛上的一个古堡城门设计。城门前，身着绚丽服饰、随音乐翩然起舞的迎宾舞者迎领访者进入展馆参观。穿过灰白色相间的拱形城门，城里一间灯光柔和、古色古香的小屋格外引人注目：淡黄色的墙体配以咖啡色的屋顶，屋里桌旁坐着身穿民族服饰的当地人，靠旁停放着一辆老式自行车，墙壁挂满苏加诺总统的照片以及他与毛泽东主席、与美国前总统尼克松的合照。这间苏加诺总统曾居住过、承载着重大历史的小屋，寻访者仿佛回到20世纪四五十年代的印度尼西亚。来到小屋后院，几座精致的小白塔围成的院子里，错落有致地摆放着几盆绿色植物，几个展柜上展示着明古鲁出产的花布、手包、鞋子、草编工艺品、玉石及水晶等特色产品，浓郁的地方文化让访者的思绪从历史回到现在。

老挝甘蒙市　位于老挝中南部、西滨湄公河与泰

第9届中国—东盟博览会“魅力之城”组图（一）：①中国广州市；②文莱斯里巴加湾市；③柬埔寨马德望市；④印度尼西亚明古鲁市；⑤老挝甘蒙市（广西新闻网）

国相邻，是老挝重要的商贸中心和甘蒙省的经济、文化中心。矿产业发达，水电资源丰富，风景美丽，是老挝著名的旅游胜地。

展厅面积约90平方米，两边设计为两道白色拱门，拱门两端分别放置一座小金塔，拱门与小金塔间摆放着绿色盆景，拱门上方各自点缀着4条凌空飞檐。8根白色的圆柱环绕支撑着层层叠叠的白色塔顶，形成一个塔型通透式大门。圆柱上有精致描金花纹，金色塔顶与拱门上飘逸的金色飞檐相得益彰，以白色和金色为主色调的魅力之城。展示内容以介绍甘蒙历史、文化、经济等的图片为主，综合反映城市特色及合作商机。

马来西亚关丹市　马来西亚彭亨州首府，西马东海岸最大的港口城市。美丽的滨海自然风光、独特的人文景观、质朴的小城生活氛围让关丹获得“东海岸之窗”的美名，旅游业也因此成为其重要支柱产业。继2011年中马两国领导人决定共同建设中马钦州产业园之后，2012年两国领导人又决定建设马中关丹产业园，形成“两国双园”的合作模式。

展厅仿关丹城市入口的造型设计：圆顶拱门，椭圆围城，墙面红黄蓝三色张显着马来西亚国旗的颜色。进入展厅就仿佛进入关丹城。在约100平方米的展区里，既展现当地独特的旅游风光，也以立体沙盘和各种图片展示关丹产业园的规划和发展前景。关丹产业园：借助港口优势，重点规划装备制造、电子信息、食品加工、材料及新材料、生物技术和现代服务业等6个产业园区。

缅甸雅丹纳博市　被定位为缅甸国内数码城。博览会期间，农产品与食品、珠宝玉器、木材与木制品及手工艺品和著名品牌企业是缅甸展示的重点。

展厅的设计与博览会“科技合作”的主题相契合。展厅由10根气派的圆柱环绕而成，柱子顶端大金塔式尖顶金碧辉煌，巧妙的设计使得70平方米的“金色缅甸”展厅犹如一座富丽堂皇的宫殿。展厅里，访者可充分了解缅甸的旅游、农业、能源、教育及其科技方面的优势和投资商机。来自缅甸文化部的专业演员每天在展厅里为观众表演独具特色的缅甸民族舞蹈，同时向众人祝福。

菲律宾圣费尔南多市和克拉克自由港　位于吕宋岛南部的圣费尔南多市，距首都马尼拉56千米，是邦板牙省首府和菲律宾交通中心。作为稻米、甘蔗的集散地，市内制糖厂、碾米厂、纺织厂众多，还有众多精美手工艺品、木雕、柳编家具等。圣费尔南多市漫长的海岸线便于开展海上活动，一年一度的国际冲浪节更是吸引世界游客的好时节。这里气候宜人，道路宽广，风

第9届中国—东盟博览会“魅力之城”组图(二)：①马来西亚关丹市；②缅甸雅丹纳博市；③菲律宾圣费尔南多市和克拉克自由港；④新加坡新加坡城；⑤泰国清迈市；⑥越南芽庄市　（广西新闻网）

格浓郁的美式建筑，是风景迷人的旅游胜地。

展厅设计简洁明快却颇具寓意：透明的玻璃地板和穹顶，里外透明的展厅点缀着其中的图画和影像，让圣费尔南多市和克拉克自由港区这个海天一色的魅力景象镶嵌在方寸之间，给访者留下充分的想象空间。

新加坡新加坡城　新加坡作为新兴的发达国家，其金融、航运、服务也是著名的产业。本届魅力之城展示，主要通过水资源科技、IT 信息科技、绿色环保科技、医药科技以及如何以教育来支撑以上科技发展等几个方面来展现其科技理念，风格和内容，紧扣博览会“科技合作”主题。展馆前的英文名称“Singapore”中间的“O”换成一个显眼的小红点，意味着新加坡国土在地图上也许只能用一个小红点显示，但它像红点一样引人瞩目，新加坡人将发挥自己所能，在不同领域做到最好。

展厅由多个大小不一的盒状展台组成，纯黑底色上勾勒着红白线条和多彩的画面，使得“盒子”像一件件时尚的 IT 产品，造型简约，动感十足。走进展厅就像是打开了一个个现代人类文明的“盒子”，新加坡先进的科技理念和成就点点滴滴尽在简约动感中。

泰国清迈市　泰国北部政治、经济、文化教育中心和第二大城市。这个建于 1296 年的著名历史文化古城，从建立起直至 1556 年都是泰国宗教、文化和商业中心，居民大都笃信佛教。清迈城内历史文化遗迹遍布，古代城垣保存完好，现代建筑繁华林立，车水马龙，熙熙攘攘，古色古香的寺庙佛塔与极富泰北特色的现代建筑错落有致。

展厅近 200 平方米，分前后两个部分展示清迈的特色风情。前部分展区中央是一个以一面大型 LED 屏为背景的舞台，播放着泰国特色的文艺节目，舞台两侧分别设置有展示区，一边展示着清迈风景名胜、自然风光和介绍木艺、纺织品、食品等特色产品，另一边则是休闲按摩区，展示的是泰式兰纳古法按摩技艺。展厅后部分展区主要展示清迈闻名的手工艺品。

越南芽庄市　位于越南中南部，以旅游、养殖以及海产品加工业为支柱产业，拥有众多的文化遗迹、纯净蔚蓝的大海、美丽的海湾和银白的沙滩、随风婆娑的椰林，是越南著名的滨海度假胜地。

展厅前半部分以一幅长约 7 米的海湾实景图营造水天一色的沿海风光，让人如身临其境般享受着海滩上的椰树、海上的微风，一字排开的遮阳伞、柔软洁白的细沙、舒适的躺椅。设计者特地从芽庄运来约 3 吨白沙，使实景更逼真。展厅后半部分主要展示芽庄的风土人情和工艺品。

第 9 届中国—东盟博览会国际经济合作项目签约

2012 年 9 月 22 日在南宁举行集中签约仪式。仪式上集中签约国际经济合作项目 80 项，项目合同总额 66.1 亿美元，签约项目涉及的国家及地区有东盟 10 国和美国、英国以及中国的香港、澳门、台湾地区。其中：中国企业对东盟国家投资和承包工程等对外投资与合作项目 27 项，签约金额 15.3 亿美元；中国利用外资项目 53 项，总投资 50.78 亿美元。第 9 届博览会集中签约的国际合作项目有两个特点：一是国际合作领域覆盖面广，结构优化。合同项目涉及的行业不仅增多，而且改变了以往第二产业比重过高的现象，涉及第一、第三产业项目数及签约额为历届之最。二是中国与东盟国家的双向投资全面推进。中国有 6 个省（自治区、直辖市）与东盟国家签订投资合作项目，对外投资与合作项目涉及农业及农产品加工、制造业、交通能源等多个领域，涉及的东盟国家也增加到 9 个。

第 9 届中国—东盟博览会国内经济合作项目签约

2012 年 9 月 22 日在南宁举行集中签约仪式。仪式上共签订国内经济合作项目 94 项，项目合同总额 720.42 亿元。签约企业分别来自黑龙江、辽宁、北京、河北、江苏、上海等 16 个省（自治区、直辖市）和中央直属企业。签订项目涉及工业制造、基础设施、交通能源、农业、林业、商贸物流仓储、旅游开发、软件与信息服务等行业。此届集中签约活动在投资领域有新突破，新型能源、生物科技类项目多而且规模大，签约项目数、投资金额均超过历届博览会。中央直属企业在集中签约中签订合作项目 19 项，项目投资总额 218.3 亿元。广西北部湾经济区建设投资持续火热，新签投资项目 22 项，投资总额 191.26 亿元，项目集中在临港产业园建设、基础设施、信息技术研发、清洁能源、新兴制造业、商贸流通等领域。

第 9 届中国—东盟博览会签约现场　（广西新闻网）

·链接资料·

第9届中国—东盟博览会广西签约活动

2012年9月21～25日中国—东盟博览会期间，中国广西各市借助博览会平台，充分开展经贸合作活动，投资合作成果明显。

南宁市 博览会期间签约94项，项目投资总额560.39亿元。其中，在9月21日举行南宁投资贸易洽谈会暨重大项目签约仪式上，来自欧美、东盟国家和日本、韩国，以及北京、上海、广东等20多个省(自治区、直辖市)和港、澳、台地区的300多家知名企业负责人参加，现场签约36项，项目投资总额289亿元。世界500强企业新加坡普洛斯公司，美国星巴克、可口可乐公司成功与有关县(区)签约投资项目，国内知名品牌企业国美电器、红星美凯龙、大连万达、广东龙光、南车集团、青岛啤酒等也在签约活动中有所建树。在9月22日举行的第9届中国—东盟博览会国际、国内经济合作项目集中签约仪式上，南宁市签订合作项目12项，项目投资总额72.85亿元。此外，在22日举行的广西食糖精深加工产业发展介绍会上，签订南宁中国糖城等5个项目，项目投资总额50亿元。

桂林市 博览会期间签约62项，项目投资总额948.37亿元。项目涉及旅游、制造业、基础设施、交通能源、农业及农产品加工和商贸物流仓储等行业，其中旅游开发、新能源开发项目投资量最大。其中，在9月22日举行的第9届中国—东盟博览会国际、国内经济合作项目集中签约仪式上，签订投资合作项目17项。在桂林经济合作项目专场签约活动中，签订外资项目4项、内资项目41项，项目投资总额分别达到4.58亿美元和565.66亿元。

北海市 在第9届中国—东盟博览会国际、国内合作项目集中签约仪式上签约10项，项目投资总额64.26亿元。在签约项目中，外资项目3项，总投资5800万美元，分别为：北海工业园区管委会与澳门投资商苏耀明签订的金沙计算机存储产品等电子设备生产项目，北海出口加工区管委会与北海顶业电子科技有限公司签订的打印墨盒加工项目，海城区勤劳现代农业服务中心与泰国素乐拿利工业园区有限公司签订的中泰素乐拿利现代农业示范基地项目。内资项目7项，项目投资总额60.56亿元，主要项目有：北海市人民政府与工信部软件与集成电路促进中心签订的国家软件与集成电路公共服务平台北部湾分中心，合浦县人民政府与柳州正菱集团福建鲍凯汽车制造有限公司签订的挖掘机、装载机及零部件生产项目，海城区人民政府与北海市美凯龙置业有限公司签订的北海红星美凯龙城市综合体项目，铁山港工业区管委会与广西南洋船舶工程有限公司签订的修造船厂工程项目等。

梧州市 博览会期间签约5项，项目投资总额28.5亿元。主要项目有：投资3000万美元的玩具礼品生产项目、投资2亿元的梧州工业园区火麻汤保健品生产项目、投资15亿元的西江生态旅游开发项目、投资7.5亿元的岑溪花岗岩废石料综合利用项目、投资2亿元的增点食品搬迁扩产技改项目。

防城港市 博览会期间签约25项，项目投资总额601.98亿元。其中，在第9届中国—东盟博览会国际、国内合作项目集中签约仪式上签约项目4项，项目投资总额105.6亿元，分别为：市人民政府与香港联邦酒店集团签订的投资4032万美元建设白浪滩五星渭博度假大酒店的合作协议，港口区人民政府与广西金旭投资集团公司签订投资13亿美元共同建设的红沙片区滨海旅游休闲度假景区项目，中国紫琉璃连锁肿瘤防治国医馆股份公司投资1.21亿美元在上思县开发建设十万大山药用植物种植及中医药养生园项目，防城区人民政府与大唐国际发电股份公司签订投资15亿元共同开发建设大唐国际防城港风电项目。此外，在防城港市经济合作项目专场签约活动中签约10项，项目投资总额259.06亿元，其中包括神华集团投资100亿元建设防城港煤电一体化项目，东兴红木文化产业园项目、中一重工二期项目、中电防城港电厂二期项目、广西玉山医学中心等。防城港市借助博览会平台，在场外签约11项，项目投资总额237.32亿元。

来宾市 在博览会国际、国内合作项目集中签约仪式上签约14项，项目投资总额突破150亿元。其中：外商投资项目4项，投资总额5.04亿美元；国内企业投资项目10项，投资总额125亿元。主要项目有：市人民政府与中国航空工业新能源投资有限公司合作开发的新能源开发项目，合山市人民政府与广西合山金圆环保建材有限公司合作开发的广西合山金圆环保建材有限公司资源综合利用项目，市人民政府与浙江嵊州市广源房地产开发有限公司合作开发的小商品批发市场项目。

贺州市 在博览会国际、国内集中签约仪式上和贺州专场项目签约会上共签订投资合作项目27项，项目投资总额120.61亿元。其中：合同项目26项，投资总额119.35亿元；协议项目1项，投资总额1.26亿元。项目涉及工业制造、矿产深加工、新能源、新材料、农业及农产品加工、旅游开发、商贸物流等产业领域，投资来源地主要有美国、瑞士以及国内的香港、澳门、北京、广东、福建、江苏、浙江、湖南等地。

河池市 博览会期间签约29项，项目投资总额151.05亿元。项目涉及新能源开发、旅游开发、城市建设、建材、物流、农副产品深加工等领域，其中有26个项目投资额超亿元，主要有装机容量20万千瓦的天峨县交连岭风力发电项目和环江毛南族自治县40万千瓦风力发电一期工程。

百色市 在9月21日举行的百色市投资环境推

介会暨项目签约仪式上，签订国际、国内合作项目85项，项目投资总额430亿元。项目涵盖铝加工、新能源、化工、建材、矿产开发、冶炼、生物制药、商贸物流、旅游、农业种养加工等产业，主要有：凌云县铁皮石斛产业化项目、广西信发配套热电联产机组项目、西林县油茶种植与深加工项目、田阳县年产50万吨稀土铝合金电缆项目、平果县碧桂园项目等。

广西农垦 博览会期间与中外客商签约36项，项目投资总额169.88亿元。其中：国内招商引资项目29项（含外资项目3项），项目合同协议内资142.11亿元，外资3.35亿美元；中国、印度尼西亚经贸合作区招商项目及对外合作项目7项，项目投资总额9886万美元。上述项目投资涉及工业园区基础设施、工业制造业、农产品加工、商贸物流等领域，投资来源地主要为香港特别行政区和美国、印度尼西亚、越南等国家。

第3届中国—东盟质检部长会议

2012年9月20日在南宁举办。由中国国家质检总局与东盟秘书处共同举办。中国国家质检总局局长支树平，东盟农林部长会议副主席、老挝农林部副部长提·坡马萨，中国广西壮族自治区主席马飚等100多位代表出席。支树平、提·坡马萨和马飚分别代表中国、东盟和广西致辞。

支树平在致辞中高度评价加强质检合作对本地区经济社会发展的重要意义，回顾并充分肯定中国与东盟自2007年建立质检领域的部长级会议机制以来，双方加强食品安全和动植物检疫领域合作所取得的丰硕成果。认为以"加强合作，服务中国—东盟自贸区建设"为主题召开会议，更好地向世界展示中国与东盟加强合作，应对挑战，携手共渡难关的信心和决心。建议进一步加强合作交流，反对贸易保护；加强高层对话，完善合作机制；加强能力建设，实现共同发展；加强措施协调，服务自由贸易。

提·坡马萨在致辞中说，中国是东盟长期以来的合作伙伴，东盟愿意与中国寻求各领域的广泛合作。质检合作对于社会经济发展、粮食安全、农业发展等具有重要意义，加强该领域的合作对中国—东盟自由贸易区的良好发展也将产生深远影响。他指出，中国和东盟双方贸易往来还会进一步增长，会议将进一步保持共同合作的热情，以给双方更深层次的合作和社会经济发展带来利益。

马飚代表中共广西壮族自治区委员会、自治区人民政府对会议的召开表示祝贺，对中国和东盟质检部门为深化合作、进步、共赢所付出的努力表示感谢。他指出，长期以来，中国国家质检总局给予广西一系列特殊的优惠政策，助推广西的开放开发和跨越发展。广西质检部门立足区情，对接东盟，积极作为，与各级地方政府、部门签署加强质量安全监管、实现通关便利化的合作备忘录，出台支持广西扩大开放、促进对外贸易平衡发展的10项措施，建立健全服务中国—东盟博览会和商务与投资峰会的工作机制，积极探索特殊监管区检验监管模式，大力推进出口食品农产品质量安全示范区建设，为广西"质量兴桂战略"的实施作出积极贡献。

围绕"加强合作，服务中国—东盟自贸区建设"主题，与会代表们就推动双方在质检领域持续、深入、全面、有序的合作进行沟通和探讨。会议审议批准旨在深化信息交流、人员互访、培训研讨、联合研究、沟通磋商等5个方面合作的《SPS谅解备忘录2013～2014年执行计划》。会上，中国和东盟双方就SPS谅解备忘录自动延期一年达成共识，原则同意于2013年达成并签署新的SPS谅解备忘录。会议还通过《联合新闻声明》，并于会后举行联合新闻发布会。

第4届中国—东盟金融合作与发展领袖论坛

2012年9月22日在南宁举办。中共广西壮族自治区委员会常委、自治区副主席黄道伟主持论坛开幕并致辞。柬埔寨国家银行行长谢占多，老挝银行副行长索纳谢·西特法谢，菲律宾中央银行行长助理多勒雷丝·玉维恩可，中国人民银行副行长潘功胜，中国银监会副主席王兆星，中国证监会主席助理张育军，中国保监会副主席周延礼等出席论坛并发表主旨演讲。来自东盟国家和中国的银行、证券、保险、投资、资信评估机构代表以及专家学者围绕"合作发展、互利共赢"的主题开展讨论。

黄道伟在致辞中表示，双方在继续深化金融合作中应着眼协调发展，全面推动政府金融监管服务部门、金融机构以及非金融企业等各层次之间的合作，把合作重点从过去以机构互设、项目融资、企业上市为主，拓展到全方位的资本合作、货币合作、金融一体化上来。其次要着眼互利共赢和持续发展，宜将金融生态环境建设作为往后合作的重点之一，积极推进法治环境、政策环境、信用环境等建设，努力构建一个开放合作、统一协调、充满活力的区域性金融市场体系。

作主旨演讲的嘉宾们均表示，在国际金融危机进一步蔓延，全球经济金融形势复杂多变的背景下，中国—东盟区域各国的金融合作尤其重要。论坛的举办有利于发挥金融对维护自贸区平稳运行、提升自贸区实施效果、巩固自贸区发展势头的服务支撑作用，将务实推动区域各国政府间的金融合作。

中国—东盟文化论坛

2012年9月11日在南宁举办。由中国文化部和广西壮族自治区人民政府共同主办。中国文化部副部长赵少华，中共广西壮族自治区委员会常委、宣传部部长沈北海，自治区副主席李康，中国国家图书馆馆长周和平，以及东盟各国和中国的数十家图书馆代表出席论坛。论坛围绕“亚洲图书馆的资源共享与合作发展”的主题和“数字图书馆建设与合作”、“文献资源共建与共享”等议题展开讨论。代表们认为，亚洲各国丰富多彩、独具特色的多元文化在每个国家的图书馆馆藏中均得以体现。现今图书馆事业步入了数字图书馆建设时期，走向信息共享的新阶段。亚洲各国图书馆应进一步增强合作与互助意识，推动图书馆领域合作升级，努力推进区域文化领域的务实合作。会议审议并通过由中国国家图书馆与新加坡国家图书馆共同提出的《东亚图书馆南宁倡议》。

中国—东盟先进制造业发展论坛

2012 年 9 月 22 日在南宁举办。由中国工业和信息化部与广西壮族自治区人民政府联合主办。中国、马来西亚、老挝、柬埔寨、泰国、印度尼西亚、越南、韩国等国的政府官员、知名研究机构专家、制造业企业家等 400 人出席。中国广西壮族自治区副主席杨道喜致开幕辞。论坛以“合作、进步、共赢——聚焦北部湾（广西）开放开发形势下的先进制造业发展”为主题。中国工业和信息化部副部长苏波、马来西亚国际贸易与工业部副部长慕克力・马哈迪、中国科学院院士潘际銮分别作主旨演讲，中国全国人大常委会、老挝国家社会科学院、中国商务部国际贸易经济合作研究院、中国电子信息产业研究院、中国铝业、中国柳工集团、泰国两仪集团的代表分别发表演讲，中国工业和信息化部、泰国正大集团、越南梅星投资及建设股份公司、老挝工贸部、中国国家开发银行等，围绕先进制造业合作与发展共同研究发展对策，达成广泛共识。论坛宣读《共同推进中国与东盟先进制造业合作发展倡议书》，倡议各方以先进制造业合作为重点，加快产业转型升级，深入推进中国—东盟产业合作，实现自贸区互利共赢，携手打造区域经济共同体。

9 月 17～18 日，第 5 届中国—东盟智库战略对话论坛在南宁举办

（广西新闻网）

第 5 届中国—东盟智库战略对话论坛

2012 年 9 月 17～18 日在南宁举办。由中国社会科学院国际研究学部、广西社会科学院、广西国际博览事务局、广西北部湾发展研究院共同主办。中国、柬埔寨、老挝、越南、新加坡、印度尼西亚等国研究机构的专家学者 100 多人参加。中国广西壮族自治区副主席李康，柬埔寨皇家科学院副院长宋春奔，中国社会科学院国际研究学部主任张蕴岭，老挝国家社会科学院副院长通萨・班亚辛，中国广西社会科学院院长吕余生，广西国际博览事务局副局长宫起君出席论坛开幕式并致辞。

李康在致辞中表示：广西愿与东盟国家在互派技术专家、联合开展技术攻关、联合开设培训机构、互派留学生等方面加强合作，提高技术创新能力和新产品研发能力；在加强沟通与合作的基础上，尽快扩大产业合作与协调，促进产业整合与结构升级，逐渐形成贸易结构不同的产业梯次转移体系，形成多赢格局，共同打造区域竞争力。

宋春奔在致辞中回顾了柬、中两国在过去 20 年的合作成就，希望并诚邀更多的中国商家、投资者和游客到柬埔寨旅游考察，寻找商机，达到双赢。同时希望中国继续发展与柬埔寨在各方面的合作，为柬埔寨的发展作出贡献。

张蕴岭在致辞中说，中国与东盟建立对话与合作关系 20 年来，国家关系正常化并获得全面改善，经济关系进一步密切，各种合作机制逐步建立并逐步完善，建立战略伙伴关系是共同发展的里程碑，构建中国—东盟自由贸易区是双方关系发展的一个重要转折点。希望双方继续保持沟通、协商，要着眼于大局。

吕余生在致辞中说，中国和东盟各国智库积极参与、通力协作，推动论坛不断向国际化、宽领域、多层次的方向发展，对话成果丰硕。广西社会科学界愿以更加精诚的态度、更加开放的视野、更加务实的作风，与东盟各国智库一道谋求全方位对话新路径，加快中国—东盟智库交流基地建设，打造中国—东盟高端思想旗舰，不断延伸、拓展和提升中国—东盟智库对话的内涵、层次和水平。

围绕“新形势下的中国—东盟合作”的论坛主题，与会专家学者就“当前世界经济与政治新形势对东亚地区的影响”、“中国—东盟自由贸易区建立两年后的回顾与展望”、“合力推进中国—东盟互联互通建设”、“泛北部湾区域合作的难点及对策”、“中国—东盟产业合作的新途径和新模式”、“中国—东盟科技、人文交流合作与拓展”、“广西北部湾经济区在推进中国—东盟合作发展中的地位和作用”等7个分议题开展研讨，并提出一系列建设性意见。

第3届中国—东盟物流合作论坛

2012年9月24日在南宁举办。中国广西壮族自治区人民政府和中国物流与采购联合会联合主办。中国、东盟各国、澳大利亚等国家的行业代表、专家学者、政府官员等约400人出席。论坛采取主题演讲、高峰对话、商务洽谈、项目推介、展览展示、专题考察等多种形式，围绕“中国—东盟物流陆路通道互联互通”的主题，重点探讨中国—东盟合作发展陆路通道经济、跨境运输、大湄公河次区域物流合作、物流技术提升与合作模式创新等多个议题，并提出一系列意见和建议。论坛还举行陆路东盟崇左看专题研讨会、桂台闽企业合作洽谈会和中国—东盟物流设备推介会等3个专题会议，组织代表考察中国—东盟物流特别推荐城市中国崇左市。

中国—东盟自由贸易区论坛

2012年9月21日在南宁举办。由中国商务部、东盟10国经贸主管部门、东盟秘书处和广西壮族自治区人民政府联合主办。联合国贸发会秘书长、泰国前副总理素帕猜·巴尼巴滴，中共广西壮族自治区委员会副书记危朝安，东盟副秘书长林康宪，中国商务部部长助理仇鸿，东盟10国经贸部及发展部部长和诺贝尔经济学奖获得者詹姆斯·莫里斯，中国全国人大常委会内务司法委员会副主任委员、民建中央副主席辜胜阻等著名专家、学者出席论坛并发表演讲。中国广西壮族自治区副主席高雄主持论坛。

危朝安以《扩大开放，互利共赢，拓展提升中国—东盟合作“南宁渠道”》为题作演讲。指出广西愿意继续发挥自身优势，与东盟各方一道，继续深化拓展合作平台，积极参与构建国际大通道，主动参与次区域合作，加快建设合作园区，不断拓展和提升“南宁渠道”，为深化中国与东盟各领域合作发挥更重要作用。

与会代表们围绕“深度合作、持续发展——迈向更高水平的一体化”的主题和“提升贸易便利化水平，扩大货物贸易规模”、“共建跨国产业园区，深化投资合作”、“拓展合作领域，促进经济一体化”的3个分议题，探讨自贸区未来发展之路，并对香港与中国—东盟自贸区合作等问题进行有益探讨。论坛形成并通过《主席声明》。

中国—东盟职业教育论坛

2012年9月21日在南宁举办。中国教育部副部长鲁昕，老挝教育、青年、体育部副部长孔习·盛玛尼，越南教育与培训部副部长阮荣显，中国广西壮族自治区副主席李康等出席论坛并发言。

鲁昕在发言中对深化区域间职教合作提出6点建议：共同提升职业教育的战略地位，共同完善政策制度体系，共同深化教育教学改革，共同构建校企合作机制，共同分享优质教学资源，共同推进长效机制建设。

围绕“发展职业教育，繁荣区域经济”主题，印度尼西亚、泰国、新加坡等东盟国家官员、学者代表分别作专题演讲。

中国—东盟科技部长会议

2012年9月22日在南宁举行。中国以及东盟10国的科技部部长参加会议并共同启动中国—东盟科技伙伴计划。

中国全国政协副主席、科技部部长万钢在致辞中说，中国与东盟国家同为发展中国家，同样肩负着发展经济、改善民生的任务，都深刻认识到科技创新对经济社会发展的驱动作用。中国与东盟早在1994年就成立了科技联委会。在联委会框架下，中国科技部和东盟科技委及东盟各国司局级科技主管官员每两年会晤一次，确定合作重点，实施合作项目1000多个，通过联合研究、共建联合实验室和科技示范基地、开展科技人员培训等，促进中国先进适用技术在东盟国家的推广和应用，增进了中国与东盟各国企业及研究机构间的交流与合作。科技合作已成为中国和东盟战略合作伙伴关系的重要体现。他希望通过此次会议，中国与东盟各国能共享科技发展经验，增强区域内各国的科技能力，切实推动科技合作不断取得新成绩。

文莱发展部部长苏越伊在致辞中高度评价中国与东盟国家的科技合作成效，认为中国与东盟的科技合作已成为中国—东盟战略伙伴关系的重要组成部分，并具有越来越重要的地位。称赞中国在促进高新技术产业发展、科技提高农业生产力等方面成果丰硕，希望中国和东盟国家的科技合作在更广泛领域和更高水平上开展。

会上，与会人士回顾中国与东盟的科技合作，讨论中国—东盟科技伙伴计划主要内容，并就进一步完善中国—东盟科技合作机制、促进科技合作深入发展交换意见。与会各方在合作重点领域和合作方式上达成共识。认为结合东盟国家科技发展规划与重点，中国—东盟科技伙伴计划应以科技政策与创新管理、农业、健康、能源、水资源等十大技术领域作为重点，加快推动相关审批手续，尽快签署《中国—东盟科技合作谅解备忘录》。一致同意将科技部长会议机制化，中国东盟科技联委会根据需要可提议召开部长会议，决定将联委会会议由两年一次改为一年一次。

中国—东盟生态宜居城市建设南宁论坛

2012年9月22日在南宁举办。中国住房与城乡建设部副部长齐骥，联合国助理秘书长兼人居署副执行主任艾依萨·琪拉博·卡西拉，中共广西壮族自治区委员会常委、南宁市委书记陈武，广西壮族自治区副主席高雄，马来西亚房屋和地方政府部部长曹智雄等在论坛开幕式上致辞。中国科学院院士，中国工程院院士，联合国人居署官员，东盟国家建设主管部门官员，柬埔寨、老挝、马来西亚、波兰、俄罗斯、美国等国驻华使领馆官员，第9届博览会魅力城市领导以及中国有关方面负责人出席开幕式。

围绕"现代生态·宜居城市"主题，专家学者们就生态宜居城市评价指标体系研究、城市绿色交通、水资源保护与利用及水质安全、城市规划与气候变化、绿色建筑与节能技术运用等5个议题进行对话交流，深入探讨。

大湄公河次区域资源合作开发与可持续发展研讨会

2012年9月28日在南宁举办。会议由中华全国工商业联合会、大湄公河次区域工商论坛主办。中华全国工商业联合会常务副主席孙安民，中共广西壮族自治区委员会常委、统战部部长范晓莉，大湄公河次区域工商论坛秘书处主任卡梅拉等出席开幕式并致辞。越南、老挝、缅甸、柬埔寨、泰国以及中国广西、中国民营经济国际合作商会的官员、专家和企业家参加。

会议围绕"发展绿色矿业、实现互惠共赢"主题，通过研讨交流，共享与会各方对推进大湄公河次区域各国资源勘查、开发利用及环境保护的经验和建议，促进和推动次区域资源产业贸易、投资合作与发展，确保区域经济繁荣和社会可持续发展。会议指出，中国和东盟各国都处于工业化发展阶段，对矿产品的需求十分强劲。因为互补性强，矿业合作前景广阔。面对能源资源、环境保护、区域经济、社会协调发展等亟待解决的问题，只有通过加强合作、科技创新、降低能源消耗，才能实现低碳、绿色、和平的发展道路。

第3届中国—东盟国际口腔医学交流与合作论坛

2012年10月11～13日在南宁举行。由中国卫生部和广西壮族自治区人民政府主办。广西壮族自治区副主席李康，中国卫生部国际合作司亚非处处长冯勇、疾控局口腔卫生处处长王维真，中国工程院院士邱蔚六、老挝卫生部副部长索默克·金沙达、柬埔寨卫生部副国务秘书伊·苏那洛、亚太牙医联盟会长李稚健等350名政府官员、口腔医学专家、学者出席论坛开幕式。

论坛以"促进和加强中国—东盟口腔医学职业技术培训的交流与合作，开创中国与东盟口腔医学新未来"为主题，安排中国—东盟国际口腔医学交流与合作高峰论坛、威廉·哈里森·贝尔名师讲座、正颌外科研讨会和口腔现代医学研讨会等三项活动。与会代表就中国及东盟各国口腔医学职业技术培训的交流与合作、中国及东盟各国口腔公共健康的区域合作、中国及东盟各国口腔医学高级师资教育的交流与合作等展开广泛交流。

第9届中国—东盟商务与投资峰会

第9届中国—东盟商务与投资峰会暨中国—东盟自由贸易区论坛开幕式

2012年9月21日，第9届中国—东盟商务与投资峰会暨中国—东盟自由贸易区论坛在南宁开幕。峰会由中国商务部、贸促会、广西壮族自治区人民政府共同举办，东盟10国的工商会协办。峰会以"互联互通、携手共赢"为主题。中国国家副主席习近平，缅甸总统吴登盛，老挝总理通邢，越南总理阮晋勇，马来西亚副总理穆希丁，泰国副总理吉迪拉，柬埔寨国务兼商业大臣占蒲拉西，文莱工业与初级资源部部长叶海亚，菲律宾总统特使、内政部长罗哈斯，新加坡贸工部兼国家发展部高级政务部长李奕贤，印度尼西亚贸易部出口总司总司长古司马迪，东盟副秘书长林康宪，中国商务部国际贸易谈判代表兼副部长高虎城，中共广西壮族自治区委员会书记郭声琨，自治区主席马飚等出席开幕式。在开幕式上，习近平以《携手推进深度合作 共同实现持续发展》为题发表主旨演讲，吴登盛代表东盟各国致辞，郭声琨致欢迎辞，高虎城致中国—东盟自由贸易区启动建设10周年贺辞。11国政府有关部门负责人，国际和区域组

9月21日，第9届中国—东盟商务与投资峰会暨中国—东盟自由贸易区论坛在南宁开幕（广西新闻网）

织代表,工商界代表及专家学者约1500人参加开幕式。中国国际贸易促进委员会副会长于平主持开幕式。

中国国家副主席习近平代表胡锦涛主席和中国政府、中国人民对峰会及论坛的召开表示热烈祝贺,对莅临会议的东盟国家领导人和嘉宾表示诚挚的欢迎。习近平在主旨演讲中说,中国—东盟博览会和中国—东盟商务与投资峰会自2004年起已连续举办8届,累计有42位中国和东盟国家领导人、1500多位部长及贵宾出席,30多万客商踊跃参会。这些成效充分表明:中国—东盟博览会和商务与投资峰会不但是中国和东盟10国共同搭建的经贸等多领域有效合作的大平台,也是中国—东盟自贸区建设的助推器,给双方企业和人民带来了实惠,在中国和东盟合作中发挥着越来越重要的作用。习近平指出,中国与东盟各国友好关系源远流长,上世纪90年代初建立的中国—东盟对话关系开启了双方关系新篇章。双方政治互信不断加强,贸易增长不断加快,经济融合不断加深,互联互通不断加速,合作之路越走越坚实、越走越宽广。习近平表示,中华人民共和国成立60多年来、特别是改革开放30多年来,虽然在现代化建设方面取得举世瞩目的成就,但中国是世界上最大发展中国家的国际地位没有变,中国独立自主的和平外交政策没有变,中国走和平发展道路和实行对外开放的基本国策没有变。中国越是发展,同地区和世界的联系越是紧密,就越需要一个稳定的地区环境与和平的国际环境。中国近代以来曾饱经沧桑,我们深知发展之重要、和平之珍贵,将坚定不移走和平发展道路,坚定不移奉行互利共赢的开放战略,坚定不移贯彻与邻为善、以邻为伴的周边外交方针。习近平强调,中国始终是维护地区与世界和平稳定的坚定力量,我们坚定捍卫国家主权、安全、领土完整,致力于通过友好谈判,和平解决同邻国的领土、领海、海洋权益争端。我们永远不争霸、永远不称霸。既通过维护世界和平发展自己、又通过自身发展维护世界和平,这就是中国和平发展道路的题中应有之义。习近平说,当前世界经济增长乏力,欧债危机持续发酵,面临诸多不稳定不确定因素。亚洲地区虽然也面临不少困难和挑战,但总体仍保持较快发展势头。中国同东盟作为友好近邻和战略伙伴,应携手推进深度合作,共同赢得持续发展。他提出四点建议:一是更大力度提升自贸区建设水平;二是更大力度深化双向投资合作;三是更大力度推进互联互通建设;四是更大力度促进社会人文交流。习近平最后指出,在经济全球化、区域一体化深入发展的新形势下,中国和东盟的前途命运比以往任何时候都更加紧密地联系在一起。不断深化中国—东盟战略伙伴关系,是双方共同的战略选择。中国愿同东盟各国携手共进,共同开创中国—东盟友好合作更加美好的明天。

吴登盛在开幕式上代表东盟各国致辞中高度评价习近平在主旨演讲中阐述的中方意愿与东盟携手推进合作、共同发展繁荣的政策理念,表示相信在双方共同努力下,中国—东盟合作的前途光明、前景广阔。指出这届峰会围绕"互联互通、携手共赢"的主题进行交流,为东盟与中国政府、企业间的经贸交流创造了平台。实施东盟互联互通总体规划将为东盟与中国间的物质互联互通、组织间的互联互通以及人与人的互联互通创造良好的条件。吴登盛表示,东盟与中国的安宁和繁荣促进了双方人民的交往。缅甸与中国是友好邻邦,传统友谊源远流长,无论是在物质上还是在精神上都紧密相连。相信未来双方的贸易往来还有很大的提升空间。缅甸和中国将继续发展互利合作关系,加强经贸、农业、能源、旅游、科技、人力资源和卫生等领域合作,为全面建成中国—东盟自由贸易区而努力,促进地区内和地区外的和平稳定与发展。

中国—东盟商会领袖论坛

2012年9月22日在南宁举办。由中国商务部、贸促会和广西壮族自治区人民政府共同主办。中国和东盟双方的政界要员,重要行业商会负责人,以及专家学者约200人参加。

中国贸促会副会长于平在开幕式讲话中表示,与会代表共同探讨中国—东盟行业协会的合作机制、推动区域经贸共同发展和繁荣的新思路和新举措,进一步凝聚中国与东盟各国以及区域外工商界的合力,加快建设中国—东盟商品交易中心。广西壮族自治区政协副主席黄日波在演讲中提出建立中国与东盟间各行业的行业协会,推进行业合作。欢迎世界各国商会在广西设立办事机构,大力推进各国商会资源合作共赢。邀请东盟各国商会积极参与共建中国—东盟商品交易中心,邀请东盟商会来广西投资兴业,共谋发展。

与会人员围绕"提升行业合作,推进互联互通,共同推进中国—东盟商品交易中心建设"的议题,就深化区域经贸合作以及当前贸易、投资等经济热点问题进行深入探讨。

中国—东盟矿业合作论坛暨推介展示会

2012年5月11日在南宁开幕。中国广西壮族自治区主席马飚、缅甸矿业部部长吴登泰、中国国土资源部副部长汪民、柬埔寨工业矿产能源部副国务秘书凯奇、中国贸促会副秘书长于晓东在开幕式上致辞。中国和东盟有关部门和矿业商协会组织的负责人、外交使节、国际和区域组织代表、知名人士和专家学者共1000多人参加开幕式。

马飚在致辞中指出,加强中国—东盟矿业务实合作是中国—东盟自由贸易区发展的必然要求,符合各方共同利益。中国—东盟矿业合作论坛暨推介展示会为加强双方矿业合作搭建了一个重要的交流合作平台。近年来,中国与东盟矿业合作共识不断增加,领域不断扩大,取得了丰富的合作成果,矿业合作已经成为中国—东盟自由贸易区框架下区域行业合作的新亮点。论坛以“加强地质找矿 促进矿业发展”为主题,围绕“政府合作、投资融资、产品贸易、项目合作”等议题开展的深入探讨,必将促进各方矿业企业共赢发展,必将促进中国—东盟矿业的可持续发展。广西愿充分利用中国—东盟自由贸易区建成等良好机遇,进一步推进与东盟在矿业方面的交流合作发展。

汪民在致辞中指出,随着中国—东盟自贸区的深入发展,双边矿产品贸易成本将进一步降低,矿业投资便利化程度将进一步提高。在当前世界经济艰难复苏时期,更加需要中国与东盟各国加强沟通交流,深化互利合作,促进矿业可持续发展。汪民就矿业合作提出三点建议:一是巩固合作平台,加强在地质与矿产资源领域政策、贸易、投资等方面的对话与合作,探索建立中国与东盟在矿业领域重大国际问题上的磋商协调机制;二是拓宽合作领域,进一步挖掘在环境地质调查、地质灾害防治、矿产资源开发、综合利用等领域的技术合作潜力,促进技术交流、共享与推广应用;三是加强人才建设,积极探索中国与东盟在矿业领域人力资源开发合作的有效途径,在矿业人才培训方面开展形式多样的务实合作。

吴登泰、凯奇在致辞中肯定中国—东盟矿业合作论坛在深化东盟与中国交流合作中的重要作用,呼吁东盟各国与中国、广西进一步加强交流沟通,深化在矿产资源开发等方面的合作,促进区域共同繁荣发展。

在开幕式上,中国广西壮族自治区人民政府与柬埔寨工业矿产能源部签订矿业合作备忘录,中国地质调查局与越南地质矿产总局签订矿业合作备忘录和8个矿业合作项目。

缅甸国家领导人与中国企业 CEO 圆桌对话会

2012 年 9 月 21 日在南宁举行。缅甸总统吴登盛、中国贸促会副会长于平出席并发表演讲。缅甸工商会联合会主席吴温昂主持对话会,缅甸商务部部长吴温敏及中共广西壮族自治区委员会常委、宣传部长沈北海出席并致辞。中缅双方的政府高官、商界领袖、贸促机构、国际和区域组织代表约 250 人参会。

于平在致辞中表示,中国—东盟自贸区建成以来,中缅双方携手合作,共同经受住了金融危机的考验,并在多个经贸领域开展经贸合作,取得喜人成果。中缅经贸合作具有较大潜力,中缅企业可在以下方面增进合作:一是继续扩大相互投资,寻找投资合作新亮点;二是双方加强公路、铁路、水运港口码头、口岸、通信等基础设施建设合作,加快推进互联互通,提升中缅企业合作水平;三是充分利用资源、产业互补性加强产业合作。

吴登盛总统在演讲中表示,缅甸高度重视中国—东盟博览会系列活动,并将继续支持。在经贸方面,中国已成为缅甸最大的贸易伙伴之一,两国间的贸易和投资正在蓬勃发展。正如中国—东盟自贸区是中国与东盟合作关系的重要标志一样。包括缅甸在内的东盟国家都在根据协议削减税率。缅甸不仅有丰富的自然资源,还有其他独特的优势。缅甸将在不损害民族利益、不损害国家荣誉、不损害政权、不破坏环境的基础上,真诚欢迎外国投资。

在对话会上,中国华为技术有限公司、中国技术进出口总公司、中国机械进出口有限公司、中国北方工业公司、天津长城服装集团等多家中国企业的 CEO 们与缅甸商务部长吴温敏进行直接对话,就进一步加强双方在基础设施建设、农业加工、电信、矿业、石油、旅游等领域的合作展开面对面交流。

第 9 届中国—东盟博览会轻工展

2012 年 9 月 22 日在南宁华南城举行。设七大展区,涵盖中国—东盟双方轻工业优势领域。展厅设国际标准展位 1696 个,展览面积 6.5 万平方米,总展示面积近 10 万平方米,境外展团展览面积超过总面积的 20%。轻工展吸引来自 19 个国家和地区的 980 家企业参展,展品包括家电、工艺礼品、文体礼品、皮革制品、日用品、家居饰品、书画作品等。在展览的 5 天时间里,观展观众达到 62 万人次,海内外客商签订投资意向合同金额 21.8 亿元,现场成交额 3.2 亿元。

南宁国际民歌艺术节

第 14 届南宁国际民歌艺术节暨第 9 届中国—东盟博览会开幕晚会

2012 年 9 月 21 日晚在南宁广西体育中心举行。出席晚会的有出席中国—东盟博览会的中共中央和中国国家机关人员,东盟各国代表团成员,中国各省(自治区、直辖市)代表团成员,参加“两会一节一论坛”的部分重要客商、参展商和市民。

开幕式 360 度全景式舞台设计前卫、亮丽,象征南宁市的“朱槿花”在中央绚丽盛开。舞台璀璨的灯光焰火、大型钻石造型的 LED 显示屏营造出如梦如幻的唯美境界,“大地飞歌”4 个字在绚丽灯光的映照下熠熠生辉,分外夺目。整台晚会由《飞歌壮乡》、《天地同心》、《时代同行》、《唱游未来》四部曲谱就,围绕“中华同心,东盟同行”为主题,共安排节目 30 个。晚会以音乐突出主题,由中国国内音乐制作人对传统民歌进行全新编配,使淳朴的民歌形态与声、光、电融合,音乐的展现与全场大视觉设计、焰火、道具、舞蹈达到完美融合。

20时30分，一曲《飞歌壮乡》拉开晚会帷幕，歌手赵羽、韦晴晴的演出引来观众如潮般的掌声。接着，流行歌手谢霆锋以成名曲《因为爱所以爱》、《谢谢你的爱 1999》唱响如歌的爱；民歌手陈笠笠演绎《我为你插上腾飞的翅膀》，王莉、师鹏一曲《我像雪花天上来》，唱出银装素裹、漫天雪花的浪漫；“一声所爱·大地飞歌”民歌大赛中的优胜者木江子组合、张倩云、赵文等选手轮番演绎《想亲亲》、《多谢了》、《茉莉花》、《牧歌》等天南地北、风格迥异的经典民歌串烧联唱，以时尚的音乐方式传承演绎民歌，别有风味；广西歌手廖鸿飞唱响《青藏高原》、方妮演唱《山歌好比春江水》；丹麦的迈克学摇滚乐队、韩国歌手李贞贤一一亮相，唱出外国艺术家对民歌的眷恋，对广西山水和绿城南宁的喜爱；曹芙嘉将经典老歌《花儿为什么这样红》唱出时尚味；王宏伟高歌广西原创歌曲《南国母亲河》；广西籍歌手胡夏、汪小敏联袂献上晚会全新主题曲《歌声闪亮》，歌曲歌颂绿城南宁的旖旎风情，回顾14年“大地飞歌”在记忆中的闪亮瞬间。

9月21日，第14届南宁国际民歌艺术节暨第9届中国—东盟博览会开幕晚会在南宁开幕 （广西新闻网）

《唱游未来》曲终意犹未尽，民歌手们走上舞台，共同唱响中国—东盟博览会会歌《相聚到永久》。

外国艺术家专场演出

2012年9月22日晚在南宁人民会场上演。意大利、西班牙、斯洛文尼亚、缅甸、罗马尼亚、德国、比利时、奥地利等13个国家的艺术家同台演出，共同放歌南宁，充分展示其艺术、风情、友谊，让中外客人尽情感受中国艺术的魅力和各国多姿多彩的异域情调，使南宁国际民歌艺术节真正体现出天下民歌眷恋的地方和巨大魅力。

晚会先由加拿大第一民族艺术团登台，其欢快的《圈舞》点燃了现场的激情。接着，以民歌与舞蹈结合的方式演绎民族音乐的保加利亚国家民族合唱团唱响《纳达莉亚》，和谐的旋律、亲切的笑容，传递着友谊与欢乐；一阵明快的乐曲声响起，“西班牙的风”奔放欢跳《嘀哩嘀哩嗒郎》，热烈激情的表演风格让观众兴奋不已。异国情调，浪漫歌舞，外国艺术家们的精彩表演获得如潮的掌声。在掌声中，德国丽得理舍·安弗乐团、缅甸艺术团、罗马尼亚民间乐团、斯洛文尼亚民族音乐团等轮番亮相，精彩的表演让观众尽享视听盛宴。晚会进行将近两小时。最后，踏着音乐的节奏，打着欢快的拍子，来自13个国家的艺术家与现场观众共同跳起广西“多耶”舞，将现场气氛推至高潮。

绿城歌台群众文化活动

2012年9月22～23日在南宁市6县6城区的各大广场、社区同时开展。西班牙、南非、奥地利、保加利亚、意大利、德国、加拿大、罗马尼亚、比利时、斯洛文尼亚、印度、缅甸、越南等国家的艺术家和广西艺术家共同为市民奉献15台视听盛宴。民族风情浓郁的演出，让各界来宾深切感受到了天下民歌最眷恋的地方的城市魅力。

鲜花装点的南宁民族广场是绿城歌台群众文化活动的中心歌台。当日，民族广场装扮得分外美丽。热情的观众顶着似火骄阳，将广场中心歌台围了个里三层外三层。广西送变电艺术团表演的开场歌舞《节日欢歌》拉开演出欢乐的序幕。歌手周建的《唱着山歌等你来》、《壮乡是个幸福海》两首民歌，传递壮乡儿女热情好客、海纳百川的美好情怀。南宁市群星艺术团的10多位阿姨表演的舞蹈《秀》，以真挚的情感、细腻的肢体语言赢得观众掌声。南宁市虎邱村艺术团的舞蹈《赶海乐》，欢快的舞蹈语言洋溢着浓郁的生活气息。从南宁国际民歌艺术节开幕式盛大舞台走来的赵羽、韦晴晴组合，为观众带来《乐逍遥》和《盼月圆》两首歌曲。南宁市警营蓝湾艺术团的舞蹈《追·寻》，将一位民警的真实故事向群众展示，演员们深情的演绎感染了在场观众。外国艺术家的激情演出更是中心歌台的亮点。南非 MIDM 舞蹈团献上南非味的现代舞，尽显自由奔放、率性随意。西班牙“西班牙的风”舞蹈团的艺术家将弗拉明戈舞和伦巴、探戈舞搬上舞台，热烈奔放、活力四射的表演赢得观众如雷般的喝彩。奥地利克拉根福青年民歌乐团的艺术家用手风琴、吉他等乐器演奏《哟德尔华尔兹》，让在场观众深深陶醉。

在青秀区金湖广场歌台上，舞蹈《壮乡谣》像一幅美丽的壮乡风情画，将现场观众的思绪带到了大山深处。缅甸艺术团带来的歌舞《黄昏的乡村》和《缅甸新年舞》，展现缅甸人民在新年通宵达旦欢歌跳舞情形，共庆美好节日的情景。保加利亚国家民族合唱团的艺术家们手持具有民族特色的乐器，原汁原味演奏《纳达利亚》，欢快的歌舞表达了年轻人欢度节日时的幸福喜悦之情。

在江南区江滨休闲公园歌台上，罗马尼亚民间乐团演员们用亲手制作的乐器演奏风味十足的民歌。描绘南宁的歌曲《山歌好比春江水》、《绿城水之乐》等，让观众倍感亲切。

良庆区滨江广场歌台也给观众带来不同的视听享受。在舞台上，异域风情绚丽的印度民族舞蹈，激情澎湃的比利时流行歌曲，让观众看得炫目，听得投入，仿佛身处异域。比利时玛德莫歇尔乐队表演《闪光的七月》等3首歌曲，主唱歌手被热烈的现场感动，走到台前与观众互动高唱，引得台下欢声阵阵。

此外，兴宁区、西乡塘区、邕宁区、高新区、南宁—东盟经济开发区、横县、宾阳县、武鸣县、马山县、上林县、隆安县等各区县的歌台活动也成功开展，整个南宁市成了歌的海洋、欢乐的城市。

第14届南宁国际民歌艺术节绿城歌台青秀区歌台演出场景

（广西新闻网）

举办地概况

广西壮族自治区

简称桂。首府南宁。地处中国南疆，南临北部湾，陆地周边与广东、湖南、贵州、云南等省接壤，西南与越南社会主义共和国毗邻。行政区域面积23.67万平方千米，约占全国总面积的2.5%。陆地疆界线长1020千米，大陆海岸线长1595千米。设14个市109个县（市、区）。世居民族有壮、汉、瑶、苗、侗、仫佬、毛南、回、京、彝、水、仡佬等12个。2012年末总人口5240万，常住人口4682万，其中城镇人口2038万，农村人口2644万。

广西地势西北高，东南低。疆界四周山地环绕，中部和南部多为平地，整个地形呈向南开口的盆地状。陆地面积中，山地、丘陵和石山面积占69.7%，平原和台地占27%，水面占3.3%。内陆河流众多，水量丰富。北部湾海岸曲折，多溺谷。近海有岛屿697个，岛屿总面积66.9平方千米。

广西位于北纬20°54′~26°24′，东经104°26′~112°04′，北回归线横贯中部，属亚热带季风气候，全年光照充足，雨量充沛，气候温暖。年平均气温16.5℃~23.1℃，大部分地区年降水量1500~2000毫米，平均日照时数1562.3小时。

广西矿产资源种类繁多，储量较大。探明储量的97种矿藏中有64种储量居全国前10位，其中铝土矿、锰矿等12种居全国首位。广西还是全国10个重点有色金属产区之一，有色金属矿藏储量处于全国前列，被誉为“有色金属之乡”。石灰岩、高岭土、滑石、膨润土等非金属矿的储量亦居全国前列，但煤、石油等能源矿较贫乏。从地区分布看，桂东的主要矿产为银、钽、钛，桂南的主要矿产为锰、稀土、花岗石，桂西的主要矿产有铝土矿、金，桂北的主要矿产为锡、铅、锌、锑、汞、银、硫铁矿和滑石，桂中的主要矿产为石灰岩、白云岩和重晶石。

能源资源蕴藏巨大。境内河流众多，主要河流水量大、落差大，是中国三大水电建设基地之一。河流水能理论蕴藏量2133万千瓦，可开发装机容量1751万千瓦。风能，地热等也有较高的可开发性。

海洋资源丰富。较长的大陆海岸线以及合适的海岸线曲直比，造就沿海地区如钦州港、北海港、防城港、铁山港、珍珠港等众多天然良港。良好的海域环境孕育了众多的鱼类、虾类、头足类、蟹类、贝类、藻类和其他海洋生物种类，鱼类和虾蟹类经济水产分别达到50多种和10多种。煤、泥炭、铝、锡、锌、汞、金、钛铁矿、石英砂、石膏、石灰石、花岗岩、陶土等海洋矿产资源亦达到20多种。北部湾盆地、莺歌海盆地和合浦盆地三个含油沉积盆地蕴藏丰富的海洋石油、天然气资源。

生物资源多样。境内发现的陆栖脊椎野生动物929种（含亚种），约占全国总数的43.3%，属国家重点保护的珍稀物种149种，约占全国总数的44.5%，其中国家一级保护物种24种，占全国的26.8%。野生植物288科1717属8354种，居全国各省份第三位，其中金花茶、银杉等国家一级重点保护植物37种。

旅游资源得天独厚。广西不仅拥有以桂林山水为代表的山清水秀、洞幽石奇的山水景观，还有以北海银滩为代表的旖旎滨海风光，以兴安秦灵渠、宁明花山壁画为代表的文物古迹，以苗族、侗族为主的少数民族民俗风情，以靖江王陵、恭城文庙、太平天国金田起义遗址、昆仑关战役旧址、百色起义纪念馆等为代表的历史人文景观，及众多全国有名的山水园林景观，在地域分布上形成桂林山水文化休闲旅游区，南宁商务会展绿都文化旅游区，北海银滩为主的滨海旅游区，乐业大石围天坑群旅游区，德天瀑布旅游区，桂东宗教名胜历史文化旅游区，贺州山水古镇生态文化旅游区，桂中少数民族风情生态旅游区，来宾“三圣”旅游区，崇左百色边关风情旅游区和河池百色崇左红色教育旅游区等。

广西物产丰饶。除盛产水稻、木薯等粮食作物，甘蔗、蔬菜等经济作物以及各种热带和亚热带水果外，水产和畜禽养殖在国内也占有较大份额。糖料蔗、蚕茧、木薯、秋冬菜产量继续稳居全国第一位，水牛奶、大蠔、黄羽肉鸡、木材产量也跃居全国第1位，肉类、水产品、优质稻、香蕉、柑橘、蔬菜、食用菌、中药材等产量位居全国前列。

广西地处中国大陆东、中、西三大地带交汇点，具有沿海、沿边、沿江的区位优势，不仅是中国唯一与东盟既有陆地接壤又有海上通道的省份，也是中国通往东盟最便捷的国际大通道和中国西南地区最便捷的出海口。

2012年广西把握稳中求进的总基调，着力调结构、促转型、扩内需、惠民生、保稳定，经济社会保持平稳较快发展的良好势头。全年实现地区生产总值13031.04亿元，比上年增长11.3%。其中：第一产业增加值2172.37亿元，增长5.6%；第二产业增加值6333.09亿元，增长14.4%；第三产业增加值4525.58亿元，增长9.5%。第一、二、三产业增加值占地区生产总值的比重分别为16.7%、48.6%和34.7%，对经济增长的贡献率分别为8.1%、62.5%和29.4%。按常住人口计算，人均地区生产总值27943元。财政收入1810.07亿元，增长17.4%；公共财政预算收入1165.98亿元，增长23.0%；公共财政预算支出2965.2亿元，增长16.5%。各项税收收入762.46亿元，增长18.2%。

广西经济结构调整取得明显成效。一是以环境和市场倒逼机制推动产业转型升级初见效果。对存在突出环境隐患的1183家企业实行限期整改，对374家实行停产整治，对228家实行关闭取缔。有色、电力和建材3个产业升级为千亿元产业，新增年产值超30亿元的强优企业8家、年产值超百亿元的园区5个、微型企业2.04万户；上汽通用五菱宝骏基地、梧州再生铜冶炼、玉柴铸造中心二期等一批重大产业结构调整项目竣工投产，全自治区工业园区总产值突破万亿元大关。二是自主创新能力增强。新组建自治区级工程院25家，新增梧州、钦州两个自治区级高新区。新认定高新技术企业96家，高新技术企业总数达到420家。铝产品、橡胶制品、石化产品、茧丝绸、松脂林化等5个国家质检中心通过验收，建成内燃机及零部件等国家质检中心2个、自治区质检中心6个。玉柴高速大功率船电发动机研发成功，全自治区发明专利申请量超过6500件。三是服务业发展势头良好。第三产业增加值占生产总值比重达到34.7%，比上年提高0.6个百分点。金融机构年末存、贷款余额分别达到1.6万亿元和1.24万亿元，分别增长18%和16.1%；客货运输周转量增长16.3%，邮电业务总量增长12.3%；旅游

广西旅游景点组图：①黄姚古镇；②三江风雨桥；③左江斜塔；④兴安灵渠；⑤大新德天瀑布　（百度网）

总收入1659.7亿元,增长29.9%。四是区域发展协调性增强。北部湾经济区14个重点园区工业总产值超过3000亿元,沿海港口吞吐能力超过2亿吨,经济增速继续领先于自治区平均水平。西江亿吨黄金水道初步形成,桂东承接产业转移示范区规划启动实施,西江经济带汽车、机械、建材、高新技术等产业布局和发展初具规模。桂西资源富集区发展规划颁布实施,百色生态型铝业、崇左糖业和锰深加工业等产业基地加快建设,河池市产业增量提质工程启动实施,生态型有色金属产业得以健康发展。五是城镇化水平持续提高。自治区城镇化率比上年提高1.73个百分点,达到43.53%,城镇建成区面积由2180平方千米增加到2298平方千米。

内需支撑进一步增强。通过采取积极有效的扩大内需措施,投资、消费协调拉动作用明显增强。一是投资结构进一步优化。年内全社会固定资产投资达到1.26万亿元,比上年增长24.4%,扣除价格因素实际增长20.4%,其中固定资产投资完成1.22万亿元,增长24.8%。在固定资产投资中,更新改造投资完成额4257.1亿元,增长39.4%;民间投资完成额7393.46亿元,增长31.7%。二是筹融资取得明显进展。全年社会融资总量突破3000亿元,新增贷款1708亿元,比上年多增45亿元。获得中央预算内投资167.49亿元,比上年多增33.3亿元。有12家企业获得国家核准发行债券,发债总额130.5亿元。向社会公布广西第二批共496项的投资项目目录(总投资2534亿元),大力引入民间资本。三次是重大项目建设步伐加快。防城港钢铁基地、金桂林浆纸一体化造纸生产线、中国联通南宁总部基地等一批重大项目实现开工或竣工,全自治区新开工重大项目1410项,竣工或部分竣工806项,开工率和竣工率均超过90%。四是基础设施建设继续加强。玉林至铁山港、钦州至崇左、六景至钦州港等3条高速公路,以及湘桂线扩能改造永州至桂林段、沿海铁路扩能南宁至钦州段及钦州至防城港段3条铁路基本建成,试验动车成功试行;柳州港阳和码头、北海港铁山港区1~4号泊位等港口项目建成投产,国家西气东输二线广西段支干线建成并向南宁市和贵港市供气,南宁电厂、贺州电厂3台新机组投产发电,南宁轨道交通1号线全面施工。项目投产新增铁路里程361.4千米、高速公路里程443千米,铁路和高速公路总里程分别达到3580千米和3197千米;新增发电装机容量288万千瓦,总装机容量达到2995万千瓦;民航旅客吞吐量超过1400万人次。五是扩大消费政策得到较好落实。全自治区社会消费品零售总额4474.6亿元,比上年增长15.9%,扣除价格因素后实际增长13.3%。家电下乡补贴圆满收尾,全年销售家电产品307万台,实施补贴四年累计销售家电1000多万台。41个重点建设的市场项目实现开工,新型农村商品流通网络和农产品批发市场体系不断完善。

文化发展迈出新步伐。一是公共文化服务体系建设取得重大进展。14个设区市的24个博物馆、图书馆、艺术馆项目全部开工建设,各级各类公共图书馆和文化馆(站)全部向社会免费开放。建成乡村公共文化服务中心1200个。在全国率先全面利用乡镇综合文化站开展中小学生书法普及教育活动。《桂花雨》、《黑狗哈拉诺亥》等作品获得全国“五个一工程”奖。桂版图书突破6000种,文艺院团新创作剧(节)目近百个。靖西壮锦厂成功入选国家级非物质文化遗产生产性保护示范基地。乡镇广播电视网络整合基本完成,3万个20户以下通电自然村广播电视村村通工程完成,提前实现“十二五”直播卫星村村通目标,全自治区广播、电视人口综合覆盖率分别提高到96.1%和97.7%。第4届广西体育节、广西首届全民健身运动会、第3届广西万村农民篮球赛等大型体育活动成功举办。二是文化产业加速发展。广西文化产业城核心项目——中国东盟创意乐园启动建设,来宾金龟岛民族文化博览园、桂台文化旅游园、北海文化产业园动漫基地、凭祥红木文化产业园等建设取得实质性进展。新增自治区文化产业示范基地23家,广西榜样传媒集团入选第五批国家文化产业示范基地。三是文化体制改革不断深化。需要改制的108家国有文艺院团,实行转制22家、划转69家、撤销17家。

生态文明建设成效显著。一是主体功能区规划经国家审查同意并由自治区人民政府颁布实施,成为国内第5个发布的省份。二是节能减排积极推进。万元生产总值能耗比上年下降4.26%;化学需氧量排放量78.03万吨,氨氮排放量8.26万吨,二氧化硫排放量50.41万吨,氮氧化物排放量49.83万吨,分别下降1.63%、1.61%、3.25%和上升0.86%。淘汰落后产能电力2.4万千瓦、水泥1630万吨、铁合金35.17万吨、造纸31万吨。城镇污水处理率、生活垃圾处理率分别达到76.6%和89%,新增建村庄污水处理设施483套。三是循环经济加快推进。钦州石化产业园被国家列为循环化改造示范试点,梧州市被国家列入第二批餐厨废弃物资源化利用及无害化处理试点城市,柳钢被国家列为首批产业废物综合利用骨干企业,贺州华润循环经济产业示范区主要固体废物综合利用率达100%。四是生态建设和环境保护得到加强。植树造林30万公顷,超额完成年度任务,全自治区森林覆盖率达到61.4%。柳州市获国家森林城市称号,桂林市列为国家第二批低碳试点城市。全自治区新增水土流失治理面积5.8万公顷,完成地质灾害隐患点治理200处。14个设区市环境空气质量优良天数比例达到98.9%,39条主要河流水质达标率达到97.2%,城市集中式饮用水水源地水质达标率达到98.7%,近岸海域水质保持基本稳定。

重点领域改革取得新突破。一是扩权强县交接全面完成。共有719项管理权限向县级政府下放,22个扩权强镇试点和10个镇级财政管理体制改革试点启动。二是价格改革稳步推进。依法调整桂林等市供水价格、14个设区城市污水处理收费标准以及60家小水电企业上网电价,实行居民阶梯电价。三是医疗体制改革步伐走在全国前列。所有政府举办的基层医疗卫生机构和村卫生室实现基本药物制度全覆盖,7个试点县的21家公立医院全部取消药品销售加成。四是国有企业改革积极推进。836家规模以上国有企业有812家完成改制。五是金融体制改革有新突破。北部湾金融租赁有限公司和北部湾财产保险有限公司获得国家批准成立,填补了广西没有非银行金融业总部机构和全国性保险总部机构的空白。田东县成为国家新一轮农村金融改革试验区之一。此外,统筹城乡、农村产权、集体林权、事业单位、行政管理、社会保障等领域改革均有新进展。

开放合作水平不断提高。全年对外贸易进出口总额294.74亿美元,比上年增长26.2%。其中:出口154.68亿美元,增长24.2%;进口140.05亿美元,增长28.5%。以东盟为重点的国际合作深化拓展。第9届中国—东盟博览会和商务与投资峰会、第7届泛北部湾经济合作论坛等重大展会成功举办;中马钦州产业园正式开园、马中关丹产业园全面启动;钦州保税港区整车进口口岸正式投入使用,北海出口加工区扩区和东兴国家重点开发开放试验区建设实施方案获国务院批复,中国—东盟南宁空港经济区、南宁—新加坡经济走廊南崇经济带发展规划颁布实施;与东盟的双边贸易额突破百亿美元大关,达到120.5亿美元;全年实际利用外资30亿美元,比上年增长11%。国内区域合作进一步加强。与四川、湖南、云南合作共建临海产业园,与福建、湖南两省以及神华、华润、大唐等12家央企签署战略合作框架协议;在第8届泛珠大会上与广东签署两广经济一体化发展工作备忘录和共建粤桂合作特别试验区指导意见,与泛珠各方签约项目65项,项目投资总额259.45亿元;与港澳台地区的合作深入推进,香港继续成为广西最大的外资来源地。对外投资合作步伐加快。对外投资的中方协议投资额达到6.72亿美元,比上年增长69.1%;对外承包工程全年完成营业额7.5亿美元,增长14.8%。

民生和社会事业发展步伐明显加快。城镇居民人均可支配收入21243元,比上年增长12.7%;农村居民人均纯收入6008元,增长14.8%。就业形势保持稳定。年末城镇登记失业率3.41%,比上年末下降0.05个百分点;城镇新增就业54.05万人,农村劳动力转移就业新增89.93万人次。社会保障制度进一步完善。新型农村和城镇居民社会养老保险实现制度全覆盖,参保人数达1586.4万人;城乡三项医疗保险参保率达到97.9%,门诊统筹实现全覆盖。社会事业加快发展。563.9万名农村义务教育阶段学生享受免费教科书和免学杂费资助,64.37万名城市义务教育学校在校学生免除学费;每千人口医院床位数2.92张(增长7.4%),规范化电子健康档案建档数3360.3万人(建档率73%),免费婚检率达到96.99%(居全国前列),基本实现诚信计生的县(市、区)达到89%。保障性安居工程加快推进。城镇保障房建设完成投资246亿元,新开工25.93万套(含新增租赁补贴3.15万户),开工率107.6%,竣工16.92万套,住房保障覆盖面提高到13%;农村危房改造竣工20.7万户,6.9万农村分散供养五保户、低保户、残疾人和茅草房住户告别危房,消除农村茅草树皮房攻坚战全面完成。扶贫开发有新进展。滇桂黔石漠化区区域发展与扶贫攻坚规划获国务院批准,规划涉及35个县(区);3000个贫困村整村推进扶贫开发村级规划、兴边富民行动大会战启动实施。

广西的经济社会发展中还面临不少困难和问题,后发展欠发达的基本区情没有改变,人民群众日益增长的物质文化需要同落后的社会生产之间的矛盾没有改变,主要表现在:经济总量小,人均水平低;工业化、城镇化水平不高,农业基础薄弱,产业结构不合理,基础设施不完善;科技支撑能力不强,创新型人才缺乏;市场化、国际化程度较低;经济发展方式仍较粗放,资源环境约束压力加大;基本公共服务保障能力不足,城镇居民收入不高,贫困面还比较大。

南宁市

广西壮族自治区首府。简称邕。是广西的政治、经济、文化中心和中国北部湾经济区的核心城市,位于广西的中部偏南,处于中国华南、西南和东南亚经济圈的结合部,是环北部湾沿岸重要经济中心。辖6个区和6个县,行政区域面积2.21万平方千米。是以壮族为主的多民族和睦相处的现代化城市,居住着壮、汉、苗、瑶等36个民族,2012年末总人口713.5万,其中市区人口274.55万。

南宁市的地形是以邕江广大河谷为中心的盆地形。盆地向东开口,南、北、西三面山地围绕,形成西起凤凰山,东至青秀山的长形河谷盆地,西北有右江,西南有左江,南有良凤江,北有心圩江,组成盆地的向心水系。全市平均海拔74~79米,最高处海拔496米。由于地处北回归线南侧,在气候上属于湿润的亚热带季风气候,年平均气温在21.6度左右,年均降雨量1304.2毫米,平均相对湿度79%。夏季潮湿,冬季稍显干燥,干湿季节分明,一年四季绿树成荫,有“草经冬而不枯,花非春而常放”之说。是中国园林城市、绿化模范城市、中国卫生城市、中国优秀旅游城市,获得联合国人居环境奖。

南宁市资源，物产丰饶。辖区内河系发达，河流众多，流域集水面积在200平方千米以上的河流有郁江及其支流等39条，最大河流郁江平均天然径流量397亿立方米。熔岩地区地下伏流发育，地下水资源丰富，辖区多年平均地下水量为每平方千米11.1万立方米，多年平均浅层地下水资源补给量25亿立方米。水资源总量556亿立方米。发现矿产63种，重要矿产有煤、热矿水、铁、锰、钒、钛、铜、铅锌、金、银、独居石、磷、硫铁矿、芒硝、砷、泥炭、重晶石、萤石、耐火黏土、压电水晶、熔炼水晶、滑石、叶蜡石、石膏、石灰岩等。生物资源丰富，自然分布的野生脊椎动物有31目、90科、208属、294种，其中鱼类22种，两栖类19种，爬行类42种，鸟类151种，哺乳类60种；有维管束植物209科、764属、2023种。其中蕨类植物250种，裸子植物18种，被子植物1755种；乔木树种600多种，以壳斗科、茶科、杜鹃花科、樟科、胡桃科、木兰科、大戟科为优势。

南宁市是广西的主要产粮区和经济作物基地，主要种植水稻、玉米、甘蔗、桑、木薯、花生、豆类、麻类、茶叶、花卉、食用菌、西瓜、香蕉、龙眼、荔枝、菠萝、柑橙、杧果、扁桃等。工业形成以制糖、造纸、机械、化工、建材为主导的体系。第三产业形成以商贸、餐饮、房地产等为支柱，金融、通信、旅游、会展、仓储、服务等为新支撑点的服务体系。

2012年南宁实现地区生产总值2503.6亿元，比上年增长12.3%，经济总量在中国5个自治区首府城市中排第一位。规模以上工业实现增加值633.67亿元，增长22%，增速在中国27个省会城市中排第二位，工业对经济增长贡献率达到42.6%。全社会固定资产投资完成额2585.18亿元，比上年增长28.1%，其中工业投资完成712.29亿元，增长36.3%。财政收入422亿元，增长16.1%，公共财政预算收入增速在中国27个省会城市中排第五位。社会消费品零售总额1255.59亿元，增长17%，增速在中国27个省会城市中排第六位。对外贸易进出口总额41.47亿美元，增长65.2%，其中出口25.17亿美元，增长51.5%。农林牧渔业总产值536.41亿元，增长5.5%。粮食总产量215.1万吨，增长3.9%。茉莉花、香蕉、木薯、甜玉米等特色产品产量均居全国第一。城镇居民人均可支配收入22561元，增长12.8%；农村居民人均纯收入6777元，增长15.9%。居民消费价格总水平涨幅2.9%。被评为全国创业先进城市、中国国际物流先锋城市、福布斯中国大陆最佳商业城市，还获全国城市品牌建设奖等。

经济结构转型升级步伐加快。一是现代工业逐步强大。2012年实现工业总产值2287.9亿元，比上年增长21.2%；规模以上工业总产值2100.37亿元，增长22.8%，增速居中国27个省会城市第三位。全市新增产值亿元以上企业90家，总数达到493家；规模以上工业企业总数达到941家。园区工业快速发展，18个工业园区的工业总产值占全市的70%。高新技术开发区、经济开发区、南宁—东盟经济开发区3个园区的规模以上工业总产值占全市的45.4%。工业化信息化深度融合，产品创新和品牌创新力度加大。全年工业技改投资完成573.12亿元，比上年增长36.5%。工

南宁市旅游景点组图：①武鸣伊岭岩；②南宁大桥；③水城南宁；④昆仑关（百度网）

业效益快速提高，全市规模以上工业企业利润增长46.1%，增幅高于全国40.8个百分点。二是现代服务业稳步发展。年内统筹推进国家流通领域现代物流示范城市建设，发展第三方物流、保税物流及城市配送等现代物流业态，青啤·海尔（东盟）商贸物流等一批重大物流项目正式落户。大力实施“引金入邕”战略，新增银行业金融机构2家、金融租赁公司1家、小额贷款公司22家。金融机构年末本外币存款余额5685亿元，比上年增加914亿元；年末本外币贷款余额5832亿元，增加794亿元。电子商务、服务外包等新兴服务业发展，千橡互动集团旗下的“猫扑网”总部从北京迁入南宁，高新技术开发区成为全国首批、广西唯一的国家电子商务示范基地。会展业火热发展，年内成功举办广西（南宁）台湾名品博览会、首届广西发明创造成果展览交易会等各类专业展会88个。

城市现代化建设取得新进展。按照“现代、生态、便利、特色”的要求，积极推进五象新区的规划建设，着重抓好的百项重点基础设施项目和百项重点产业项目共完成投资132.15亿元；五象新区内的广西文化产业城、广西体育产业城、“七馆四街”、金融总部基地、中国—东盟国际物流基地、龙象谷、龙岗商务区等板块建设加快推进，新区“一年新面貌”的建设目标基本实现。

经济内生动力增强。全年筹措财政性城建资金126.88亿元，引导民间投资1568.92亿元，实施涵盖农业、工业、服务业、社会事业、城建、交通能源等各个领域的项目1.16万项，其中1.02万项开工建设，竣工投产项目9581项。其中，产业方面实施项目210项，完成投资177.01亿元，富士康南宁科技园、南南铝加工等24个亿元以上项目实现投产；重大基础设施方面实施项目172项，完成投资256.3亿元，南宁火车东站、南广高铁等铁路项目加快推进，六景至钦州港高速公路基本建成，南宁西江黄金水道新增港口吞吐能力1366万吨，南宁吴圩国际机场新航站区主体工程、轨道交通1号线全面开工；社会公益方面实施重点项目245项，完成投资20亿元，广西体育中心二期竣工、三期开工建设，凤岭儿童公园投入使用，南宁市民族艺术基地、南宁博物馆主体建筑封顶，中国—东盟创意乐园（锦园）开工；生态环保方面实施项目113项，完成投资50.6亿元。全市限额以上批发业商品销售额、零售业销售额、住宿业营业额、餐饮业营业额分别增长22.5%、21.9%、13.9%和33.7%，旅游总收入增长29.2%，总额突破400亿元。县（区）经济实现快速发展。所辖6个县实现规模以上工业总产值569亿元，平均增长30.5%，高于全市增速7.62个百分点；6个城区财政收入160.16亿元，总量占全市的38.0%。

现代生态宜居水平稳步提升。年内着力加快国家环保模范城市、生态文明示范区创建，有4个乡镇被命名为国家级生态乡镇，14个村被命名为自治区级生态村，国家节水型城市创建工作通过现场考核。“中国水城”项目、邕江综合整治和开发利用、“绿满邕江”工程、“绿满南宁”造林绿化工程等得到大力实施，全市新增荒山造林绿化面积近万公顷、城市绿地400多公顷，全市森林覆盖率、建成区绿地率、绿化覆盖率分别达到47.3%、36.2%和41.4%，人均公园绿地面积达到13.22平方米。节能减排、循环经济模式打造、污染及落后产能关停并转和转型升级取得长足进步。市区生活污水集中处理率和生活垃圾无害化处理率分别达到90.8%和100%，空气质量优良率达到96.2%，生活水源邕江的5个地表水源水质达标率100%。

开放型经济水平进一步提升。通过积极参与泛北部湾经济区合作及大湄公河次区域合作，与东盟国家的进出口贸易总额达到7.83亿美元，增长25.2%。组织开展“中瑞友谊日”、“领事馆日”等大型涉外活动，推进与国际友城交流合作，紧密与香港、澳门的经贸关系，围绕重点园区、重点产业招商。全年到位区外境内资金696.21亿元，增长17.3%；直接利用外资5.03亿美元，增长17.2%；实现加工贸易出口12.29亿美元，增长150%。企业申报境外投资企业16家，投资总额2.7亿美元。

和谐社会全面发展。就业和社会保障体系进一步完善，城镇新增就业岗位8.2万个，城镇失业人员实现再就业2.1万人，城镇登记失业率控制在3.1%以内，农村劳动力转移就业新增10.2万人。城乡居民社会养老保险制度实现全覆盖，发放城乡低保资金2.89亿元。安排社区惠民资金3500万元，解决一批社区居民最关心的民生问题。保障性安居工程扎实推进，新开工各类保障性住房28143套，开工率106.20%；竣工6689套，竣工率111.48%。教育事业优先发展，教育支出占公共财政支出比例达13.3%。137所幼儿园完成改扩建并招生，新增学前教育招生规模1.23万人，学前3年毛入园率达到85.1%；义务教育巩固率达到94%；高中阶段毛入学率达到91%。农村义务教育学生营养改善计划继续实施，惠及学生13.05万人。校安工程新建、改建和扩建校舍106.69万平方米。高等职业教育综合改革试验区建设有突破，邕江大学升格为本科高校并更名为南宁学院。卫生事业加快发展，新型农村合作医疗农民参与率达到97.94%，123个乡镇卫生院和55个由政府及公立医院举办的社区卫生服务机构全部实施国家基本药物制度“零差价”销售。基本公共卫生服务人均经费标准从15元提高到25元。社会管理服务加强，安全生产整治、治安专项整治、“和谐在基层”行动和社会矛盾“大排查、大防控、大调处、大化解”活动扎实开展，群众生活和谐，安居乐业。

在发展的道路上，南宁市还存在一些困难，主要表现在：重大产业项目支撑不足、项目建设筹融资难、科技支撑能力不强、创新型人才缺乏和城乡发展不平衡。

新　闻　人　物

习近平

2012年11月15日在中共十八届一中全会上当选中国共产党中央委员会总书记，并被任命为中共中央军事委员会主席。1953年6月生。中国陕西富平人。1969年1月参加工作，1974年1月加入中国共产党。清华大学人文社会学院马克思主义理论与思想政治教育专业毕业，在职研究生学历，法学博士学位。1969～1975年，陕西省延川县文安驿公社梁家河大队知青、党支部书记。1975～1979年，清华大学化工系基本有机合成专业学习。1979～1982年，国务院办公厅、中央军委办公厅秘书（现役）。1982～1983年，河北正定县委副书记。1983～1985年，正定县委书记，正定县武装部第一政委、党委第一书记。1985～1988年，福建厦门市委常委、副市长。1988～1990年，福建宁德地委书记，宁德军分区党委第一书记。1990～1993年，福建福州市委书记、市人大常委会主任，福州军分区党委第一书记。1993～1995年，福建省委常委，福州市委书记、市人大常委会主任，福州军分区党委第一书记。1995～1996年，福建省委副书记，福州市委书记、市人大常委会主任，福州军分区党委第一书记。1996～1999年，福建省委副书记，省高炮预备役师第一政委。1999～2000年，福建省委副书记、代省长，南京军区国防动员委员会副主任，福建省国防动员委员会主任，省高炮预备役师第一政委。2000～2002年，福建省委副书记、省长，南京军区国防动员委员会副主任，福建省国防动员委员会主任，省高炮预备役师第一政委。2002年，浙江省委副书记、代省长，南京军区国防动员委员会副主任，浙江省国防动员委员会主任。2003年，浙江省委书记，省军区党委第一书记，南京军区国防动员委员会副主任，浙江省国防动员委员会主任。2003～2007年，浙江省委书记、省人大常委会主任，省军区党委第一书记。2007年，上海市委书记，上海警备区党委第一书记。2007～2008年，中共中央政治局常委、中央书记处书记，中央党校校长。2008～2010年，中共中央政治局常委、中央书记处书记，中华人民共和国副主席，中央党校校长。2010～2012年，中共中央政治局常委、中央书记处书记，中华人民共和国副主席，中共中央军事委员会副主席，中华人民共和国中央军事委员会副主席，中央党校校长。2012～2013年，中共中央委员会总书记、中共中央军事委员会主席，中华人民共和国主席，中华人民共和国中央军事委员会主席。中共第十五届中央委员会候补委员，第十六届、十七届、十八届中央委员会委员，第十七届中央政治局委员、常委、中央书记处书记，第十八届中央政治局委员、常委、中央委员会总书记。中华人民共和国第十二届全国人民代表大会第一次会议当选为中华人民共和国主席。

习近平　　　　（百度网）

莫言

2012年10月11日，因其“用魔幻现实主义将民间故事、历史和现代融为一体”，获得2012年诺贝尔文学奖，成为首位获此奖项的中国籍作家。1955年生于中国山东高密。作家。现为中国艺术研究院文学院院长、中国作家协会

莫言　　　　（百度网）

副主席。1981年开始创作生涯,写作风格素以大胆著称,其作品深受魔幻现实主义影响。在小说中构造独特的主观感觉世界,天马行空的叙述,陌生化的处理,塑造神秘超验的对象世界,带有明显的"先锋"色彩。1988年,根据其作品《红高粱》改编的同名电影在柏林电影节上获金熊奖。

罗阳

2012年11月25日上午,随中国首艘航母"辽宁号"参与舰载机起降训练,在大连执行任务时突发急性心肌梗死、心源性猝死,经抢救无效,于12时48分在工作岗位上殉职,享年51岁。中国国务院决定追授他航空工业英模称号,中国航空工业集团公司决定授予他航空报国英模称号,中华全国总工会追授他全国五一劳动奖章。中共中央总书记、中央军委主席习近平2012年11月26日作出重要指示,号召全体共产党员学习他的优秀品质和可贵精神。年底,被评为感动中国2012年度人物。研究员级高级工程师,飞机设计专家,歼15战机总设计师、总指挥。中国辽宁沈阳人。1961年6月27日生。1982年北京航空学院(今北京航空航天大学)高空设计专业毕业,后在职获北京航空航天大学飞机设计硕士学位。1986年8月加入中国共产党。2002年7月任中航工业沈阳飞机工业(集团)有限公司党委书记兼副董事长,后任董事长、总经理兼党委副书记。2008年12月兼任中航工业航空装备有限责任公司副总经理、分党组成员,2012年1月任中航工业航空装备有限责任公司特级专务。1999年经国务院批准享受政府特殊津贴。是辽宁省劳动模范,航空报国金奖获得者,多次立功受奖。

罗阳 (百度网)

吴良镛

著名建筑学与城市规划专家,教育家。1922年生。中国江苏南京人。1944年毕业于重庆中央大学建筑系,获工学学士学位。1946年开始协助梁思成创办清华大学建筑系。1949年赴美国匡溪艺术学院建筑与城市设计系学习,毕业后获建筑与城市设计专业硕士学位。1951年回国后历任清华大学建筑系副主任、主任,清华大学建筑与城市研究所所长,人居环境研究中心主任等职务;其间先后受聘为加拿大不列颠哥伦比亚大学、澳大利亚悉尼理工大学、美国加州大学Berkeley分校、法国高等社会科学研究院、联邦德国卡塞尔大学等机构的客座教授。1980年当选中国科学院院士(学部委员)。1995年当选中国工程院院士。是中国城市规划学会理事长,中国建筑与城市研究所所长。在建筑教育领域作出杰出贡献,多次获得国内外嘉奖,1996年获国际建协教育/评论奖。先后出版《中国古代城市史纲》(英文版)、《城市规划论文集》、《广义建筑学》、《北京旧城与菊儿胡同》、《迎接新世纪的来临》、《建筑学的未来:世纪之交的凝思》、《人居环境科学导论》等著作;专著《广义建筑学》对建筑学与社会学、经济学等多学科的综合研究进行了重要的理论探索。参与中国建筑学会、中国城市科学研究会等多个全国性学术组织的创建工作。长期致力于中国城市规划设计、建筑设计、园林景观规划设计的教学、科学研究与实践工作。教学上注重理论联系实际,倡导建筑与城市规划相结合。为北京、桂林、三亚、深圳等城市的规划,特别是旧城区改造整治规划设计工作作出重要贡献。

吴良镛 (百度网)

周月华

被中国中央电视台评为"最美乡村医生"和"感动中国"2012年度人物。女。1969年生。出生后8个月被诊断为先天性小儿麻痹症,左腿残疾。凭着自己执着的意志和追求完成中学学业并从卫生学校毕业。在找工作的过程中因身体残疾而四处碰壁。后来,看到乡亲们每次都要步行几个小时才能到镇上医院看病,她动了行医的心思。她将平时省吃俭用省下来的200元

周月华(左)和丈夫艾起 (百度网)

钱和家中仅有的600元储蓄作为开诊所的启动资金，又把家里堂屋修整出来做场地，药品采购则靠两个弟弟用小竹筐一筐筐往回背，1990年11月，她的柳荫镇西河村卫生室终于正式挂牌营业。开始行医时，周月华右肩挎着药箱，左臂杵着拐杖在山间艰难行走，这种行医方式直到她遇到了人生中的第二条左腿——她的丈夫艾起。周月华和艾起结婚之后，无论上山、涉水，刮风下雨，只要出诊，艾起便会攥起周月华的手，用宽阔的后背将她背到病人家里。20多年来，她硬是靠着拐杖和丈夫的后背，“爬”遍了方圆13平方千米的大小山岭，为辖区近5000村民带去了医疗服务。

何玥

被中国中央电视台评为2012年度感动中国十大人物，2012年度中华儿女年度人物。女，壮族，2000年1月1日生。中国广西阳朔金宝乡人。生前为金宝乡中心小学少先队员。2012年被查出脑瘤，主动提出将自己的器官捐献给需要的人。2012年11月17日凌晨，何玥因患脑瘤进入晚期被确定为脑死亡。她父亲根据她生前的意愿，将她的肾脏和肝脏捐献：两个肾脏和一个肝脏被分别移植到两名尿毒症患者和一名肝病患者体内，使3名患者的生命得以延续。何玥的义举经《桂林日报》、《桂林晚报》、中央电视台等媒体报道后，感动了无数人，被称为“最美女孩”。

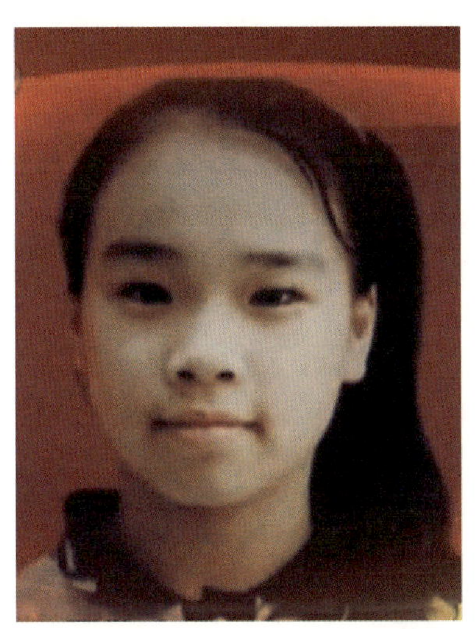

何玥　　（百度网）

李文波

2012年5月被评为全国2011年度海洋人物。中国山东平度人。1964年6月生。1985年7月毕业于山东海洋学院（现中国海洋大学）。1985年8月入伍，1988年3月加入中国共产党，专业技术6级职称，大校军衔。20多年来，李文波先后29次赴南沙执行守礁任务，累计守礁97个月，主要依靠人工观测，累计向联合国教科文组织和军内外气象部门提供水文气象数据140多万组，创造连续7000多天无漏报、错报的记录，受到联合国教科文组织的高度评价和赞扬。他和同事们利用南沙建站20多年来西南、东北季风期的气象资料，对南沙的水文气象活动规律进行不断探讨，先后在《广东气象》发表《南沙海区季风过渡期风的特征》、《南沙海区海浪季节变化特征》等论文。他摸索设计南沙第一套水文气象月报表程序，于1999年开始编写《南海水文气象观测教材》，于2000年出版。由于工作成绩突出，6次被评为优秀共产党员。1996年被评为全军先进气象水文工作者。2000年、2005年分别立三等功1次。2011年被评为海军优秀共产党员。

李文波　　（百度网）

郑哲敏

获2012年度国家最高科技奖。1924年10月2日生。中国山东济南人。著名力学家、爆炸力学专家。1943～1947年，在西南联合大学电机工程系及机械工程系学习，获工程学学士学位。1947～1948年，在清华大学任助教。1948～1952年，在美国加利福尼亚理工学院机械工程系学习，先后获科学硕士、理学博士学位。1952～1954年，任加利福尼亚理工学院机械工程系教师。1955～1956年，任中国科学院数学研究所副研究员。1956～1978年，任中国科学院力学研究所副研究员，弹性力学组组长，第四研究室副主任，爆炸力学研究室副主任、主任。1978～1989年，任中国科学院力学研究所研究员、副所长、所长。1982～1986年，任《力学学报》主编。早期在水弹性力学研究中取得成就。长期从事固体力学研究，开拓和发展中国的爆炸力学事业。擅长运用力学理论解决工程实际问题，提出流体弹塑性体模型和理论，并在爆炸加工、岩土爆破、核爆炸效应、穿甲破甲、材料动态破坏、瓦斯突出等方面取得重要成果。倡导海洋工程力学、材料力学性能、环境灾害力学的研究，创建中国科学院力学研究所非线性连续介质力学实验室，为推动中国力学事业发展作出贡献。1986年至今，兼任中国科学院海洋工程中心主任，国际理论与应用力学联合会

郑哲敏　　（百度网）

理事、大会委员会委员，中国科学院力学研究所非线性连续介质力学实验室主任。1980 年当选中国科学院院士。1993 年被选为美国国家工程科学院外籍院士。

王小谟

获 2012 年度国家最高科技奖。1938 年 11 月 11 日生。中国上海金山人。雷达工程专家。1961 年毕业于北京工业学院。电子工业部电子科学研究院高级工程师，信息产业部科技委副主任。1986 年、1995 年分别获国家科技进步奖一等奖。1988 年获国家科技进步奖二等奖。主要论文有《计算机模拟试验法－雷达发展概率的计算》、《三坐标雷达的最佳设计》等。20 世纪 60 年代，创造性提出脉内扫描方法，使雷达系统大大简化。70 年代担任 JY－8 雷达主持设计师，研制成功中国第一部自动化引导雷达。80 年代主持设计的 JY－9 雷达具有较好的低空性能，在国外演习和综合评分中名列前茅，是国际上公认的优秀低空雷达。从事雷达科研 30 余年，设计研制具有国际先进水平的多种型号雷达，尤其在三坐标雷达和低空雷达方面卓有建树，为国家创造较大经济效益，为军事电子工业发展作出重大贡献。

王小谟　　（百度网）

林汉璋

被文莱苏丹委任为文莱摩拉区及淡布隆区华人婚姻注册官，任期从 2012 年 6 月 1 日起生效，至 2015 年 5 月 31 日。这是到目前为止文莱最年轻的华人婚姻注册官。1967 年生。文莱福建会馆主席。早年毕业于英国渣大，获市场学学位。又获英国工商管理硕士学位。是多家公司董事经理，也是林成国父子公司、泉发号、泉发百货商场及《联合日报》股东。乐善好施，帮助社会，且为人忠直，备受文莱华人社会尊重。2012 年被委为文莱华社新春联欢大团拜及 2012 年文莱摩拉区华社庆祝文莱苏丹 66 岁华诞筹备委员会主席。其父是文莱华社已故知名闻人拿督林成国。林成国生前为文莱社会服务并作出杰出贡献，曾先后 4 度被文莱苏丹委任为文莱摩拉区与淡布隆区华人婚姻注册官，任期长达 9 年，并获文莱苏丹赐封二级拿督勋章及独立勋章。

林汉璋　　（百度网）

诺罗敦·西哈努克

2012 年 10 月 15 日凌晨在北京逝世。柬埔寨太皇。生于 1922 年 10 月 31 日，是柬埔寨诺罗敦与西索瓦两大王族之子。1941 年 4 月被柬埔寨王国王位委员会推选为国王，10 月 31 日加冕为柬埔寨国王。作为国王，西哈努克对柬埔寨的治理分两个时期。第一时期为 1941～1955 年，其后让位于他的父亲苏拉玛里特；第二时期为 1993～2004 年 10 月 7 日，后传位于现国王西哈莫尼。西哈努克是一生拥有多重政治身份的政治家，他当过国王，领导过执政党，出任过首相，同时在国际社会上也是一位活跃的外交家。西哈努克被誉为柬埔寨独立之父。1953 年 11 月 9 日，西哈努克领导柬埔寨人民取得国家独立，结束法国在柬埔寨延续 90 多年的殖民统治，使柬埔寨获得领土完整与民族统一。西哈努克也是柬埔寨宪政之父。1954 年柬埔寨的独立获得国际社会承认，遵照日内瓦协议，柬埔寨次年举行全国选举。1955 年 4 月，西哈努克将王位让给父亲苏拉玛里特，自己成立人民社会同盟，主张国家—佛教—国王三位一体。同年 9 月，人民社会同盟在大选中获胜，成为执政党，西哈努克出任柬埔寨首相。1970 年 3 月 18 日，朗诺—施里玛达集团发动军事政变，西哈努克流亡北京。1993 年 9 月，在国际社会干预下，柬埔寨再次举行全国选举，国家更名为柬埔寨王国，西哈努克第二次成为柬埔寨国王。2004 年 10 月，由于健康原因，西哈努克传位于其子西哈莫尼。

诺罗敦·西哈努克　　（新华网）

西哈努克一生兴趣广泛，多才多艺，在音乐上颇有造诣，用英语、法语及高棉语创作了很多电影歌曲。西哈努克1952年4月与诺罗敦·莫尼列·西哈努克结为伉俪，他们育有诺罗敦·西哈莫尼和诺罗敦·诺林达拉邦二子。

柬埔寨政府对西哈努克的评价称，西哈努克为柬埔寨国家独立、领土完整、民族和解与社会经济建设奉献了一生。柬埔寨副首相涅本蔡说，西哈努克的离去对柬埔寨是巨大的损失，"我们为此十分悲痛。他是一位伟大的国君，我们都尊敬并爱戴他"。

西哈努克太皇是中国人民的伟大朋友，同中国几代领导人结下了深厚友谊，为开创和培育中柬友好作出了不可磨灭的贡献。他的逝世，不仅是柬埔寨人民的巨大损失，也是中国人民的巨大损失。作为中国人民的老朋友，西哈努克还被评为2012感动中国候选人。

苏西洛·班邦·尤多约诺

印度尼西亚总统。2012年对中国进行国事访问。1949年9月9日生于印尼东爪哇省。毕业于印尼国家军事学院，后在美国、比利时、德国等国军事院校进修。曾任印尼第二军区司令、社会政治事务参谋长等职，获上将军衔。1999年后任印尼矿业和能源部长，政治、社会和安全事务统筹部长。2004年10月在印尼首次总统直选中获胜，成为印尼第六位总统。2009年10月再次当选，连任总统。

苏西洛·班邦·尤多约诺（百度网）

林敬益

2012年12月22日病逝，享年73岁。1939年生于马来西亚霹雳州打巴。早年在怡保圣迈克尔学院学习。1958年在英国贝尔法斯特女王大学留学。1964年获医学士学位。1965年回国后在太平等地公立医院工作，后开业行医。1968年参加马来西亚华人公会(简称马华公会)。1971年任马华公会霹雳州联络委员会主席。同年12月受委为上议院议员。1972年1月任主管新村事务的不管部长。1973年4月因领导马华公会改革派反对当权派，被马华公会当权派开除，6月辞去不管部长职务。同年12月率领马华公会改革派集体加入民政党(也称人民运动党)，任署理主席。1978年当选霹雳州行政议员。1980年8月起任民政党主席。1986年8月起任初级产品部长。2004年调任能源、水务及通讯部长。领导民政党长达28年，2007年卸下党主席职。2008年获国家元首封赐敦勋衔，是马来西亚全国四位拥有敦勋衔中的唯一马来西亚华人，朝野敬称为敦林。2012年12月26日马来西亚为其举行国葬。是马来西亚历史上第5位获国葬礼遇的华裔领袖。

杰蒂·阿赫塔·阿齐兹

2012年3月因在促进伊斯兰银行和金融方面作出重大贡献而获得2012年伊斯兰开发银行奖。又在《全球金融》杂志于8月发布的最新年度全球央行行长评比中被评为全球6名最佳央行行长之一，连续第4年被评为"A"级行长。女。1947年生。1978年毕业于美国宾夕法尼亚沃顿商学院。自2000年担任马来西亚国家银行行长至今已12年，是马来西亚首个担任此要职的女性。《全球金融》杂志自1994年起，依照各国央行行长对控制通货膨胀、经济增长目标、货币稳定及利率管理等各项能力，进行全球央行行长评比，评出最高成绩"A"到最差"F"的不同等级。

杰蒂·阿赫塔·阿齐兹（百度网）

杨紫琼

2012年受马来西亚霹雳州苏丹殿下赐封拿督斯里，再次成为马来西亚演艺界受封此衔的华裔女艺人，也是马来西亚华裔艺人中唯一有此勋衔的人。女。1963年8月6日生。马来西亚女演员，国际影星。出生于马来西亚怡保，祖籍中国广东，客家人。15岁时随父母赴英国攻读舞蹈和戏剧学位。1983年被选为马来西亚小姐。1984年受邀到香港演出，并以

杨紫琼（百度网）

《皇家师姐》一片成名，成为香港头号武打女星。1992年与成龙合拍电影《警察故事3》之后，成为亚洲最富知名度和片酬最高的女影星。1997年参加拍摄好莱坞电影《明日帝国》，以007邦女郎形象扬名国际。2001年获国际戏院商协会颁发的最具代表性国际巨星称号，并获封赐拿督勋衔，成为马来西亚第一位受封拿督的华裔女艺人。2002年被评为马来西亚十大杰出青年之一和世界十大杰出青年之一。2007年获法国文化部颁发的骑士荣誉勋章。2009年获影响世界华人大奖。在其最新电影《THE LADY》中饰演诺贝尔和平奖得主昂山素季，演技深获好评。

潘德莉拉·丽农·帕姆格

8月代表马来西亚参加2012年英国伦敦夏季奥林匹克运动会出战女子10米跳台、女子双人10米跳台及女子双人3米跳板3个项目，在女子10米跳台组跳水比赛中赢得一面铜牌，这是马来西亚奥运史上第一面跳水奖牌、第三面铜牌，并打破马来西亚只在羽球项目夺牌的记录。是马来西亚第一位获得奥运奖牌的女运动员，也是继杨健立之后第二位在奥运跳水个人项目中晋级决赛的马来西亚选手。马来西亚女子跳水运动员。1993年3月2日生于马来西亚沙捞越州。2010年11月代表马来西亚参加广州亚运会，出战女子10米跳台及双人10米跳台3个项目，她先与梁敏喻合作赢得双人10米跳台银牌，再在10米跳台个人项目中夺得一面铜牌。

黎紫书

2012年3月所著长篇小说《告别的年代》在中国发行简体版，由新星出版社出版发行；并入围奖金高达30万港元的2012红楼梦奖：世界华文长篇小说奖。马来西亚华人女作家。本名林宝玲，1971年12月8日生于马来西亚怡保市，现居英国。毕业于霹雳女子中学。1995年24岁时便夺下第3届花踪马华文学奖首奖。1996年获得第18届台湾联合报文学奖短篇小说首奖。1999年所著《天国之门》、《山瘟》两书在台湾出版。已经出版的著作还有微型小说集《简写》、《无巧不成书》，散文《因时光无序》，个人文集《独角戏》等。被评论界称之为最具张爱玲特色的马来西亚才女作家。2010年首部长篇小说《告别的年代》在台湾出版，迅速登上畅销排行榜，并入选当年《亚洲周刊》十大华文小说。2011年相继获得花踪文学奖马华文学大奖、《中国时报》开卷好书奖等奖项。

黎紫书　　（百度网）

王诗伟

2012年1月31日病逝于马来西亚马六甲医院，享年106岁。是马来西亚最高龄的百岁老南侨机工，中国昆明、厦门等7个南侨机工团体、博物馆和纪念馆等组织致电吊唁。1906年生。中国海南人。16岁到马来西亚，在马六甲驾驶巴士。受武汉合唱团的抗战热情鼓舞，响应陈嘉庚号召，毅然离别怀孕妻子与两岁大儿子，于1939年8月13日加入第9批南侨机工队，远赴云南，在滇缅公路上冒着日军的枪林弹雨，出生入死，驾驶卡车运载军需品，支援抗战前线。战后于1946年复员回到阔别7年的马六甲，与家人团聚。为表彰他对中国抗战作出的贡献，2011年中国政府向他颁发"抗日有功"金章与奖状。

周仰杰

2012年3月获得影响世界华人大奖。马来西亚华裔鞋类设计师，英国帝国勋章获得者。1961年生于马来西亚槟城，祖籍中国广东梅县。11岁时制作他生平的第一双鞋。20世纪80年代初，凭自己设计的作品考上伦敦英国艺术大学，从此在英国开创鞋子王国。1986年在伦敦东部哈雷克区一家废弃医院大楼里创立工作室，坚持用手工制作鞋子。1988年所设计的高跟鞋被时尚杂志《Vogue》发现，对其作了长达8页的专题报道，从此被时尚界认识。1990年起为英国王妃戴安娜设计、制作鞋子，成为御用鞋匠。1996年在伦敦开设第一家Jimmy Choo鞋店。同年与《时尚》杂志编辑Tamara Mellon共同创立Jimmy Choo Ltd，开设精品鞋店，设计并销售工厂批量生产的高档女装鞋子品牌"Jimmy Choo London"。此后，"Jimmy Choo"品牌指的是"Jimmy Choo London"，而他原本的手工女装鞋品牌便改成"Jimmy Choo Couture"。2002年4月脱售他手上所有的Jimmy Choo Ltd股份，继续专心于超级高档女装鞋"Jimmy Choo Couture"的制作。目前是在国际上拥有以自己英文姓名作为著名鞋子

周仰杰　　（百度网）

品牌的唯一华裔人士。“Jimmy Choo Couture”鞋子是世界上最昂贵的鞋子，其粉丝包括各国王室、影视明星、政商名流等。2003 年 6 月，英国女王向他颁赠英国四等爵士勋位，以表彰其使伦敦成为时尚女鞋设计重镇的贡献。2004 年在故乡槟城获拿督勋位。2011 年获世界杰出华人设计师大奖。

吴瑞曼

2012 年 2 月 23～27 日访问中国，先后会见中国全国政协主席贾庆林、中国人民解放军总参谋长陈炳德，表示将加强中缅双方的战略性合作。1947 年生。1969 年毕业于缅甸国防大学，1988 年晋升少校，1996 年取得准将军衔，次年出任西南军区司令员，随后进入缅甸的最高权力机构——国家和平与发展委员会，并逐渐晋升为缅甸三军总参谋长、和发委第一秘书，成为军政府第三号人物。2010 年宣布辞去军职参加议员选举，11 月 10 日当选联邦议会人民院议员。2011 年 2 月 4 日，在新成立的联邦议会第一次会议上当选人民院议长。

吴年吞

2012 年 8 月当选缅甸联邦共和国副总统。1954 年生。毕业于缅甸国防大学第 16 期。2008 年 6 月担任缅甸海军司令。2010 年晋升中将，2012 年升为上将，被授予“释利锡都”荣誉称号。担任海军司令期间，吴年吞处置因缅孟海域争端而引发的双方对立，与印度海军加强联系，并从中国进口两艘军舰。2012 年 7 月原副总统丁昂敏吴辞职后，吴年吞被议会选举为副总统。

帕奎奥

菲律宾拳王。2012 年 6 月 10 日在与美国拳王布拉德利（Timothy Bradley）的对决中迎来 7 年来的首败。但 34 岁的拳王帕奎奥仍然是菲律宾的国家英雄。他共获得过 8 个级别的拳击金腰带，成为世界职业拳坛绝无仅有的先例。2007 年 4 月，在帕奎奥和马奎兹第二次对决前，菲律宾军方和国内的反政府武装约定停战 7 小时。帕奎奥用拳头赢得了全世界的尊重，他生平的每一段都可称之为传奇。作为职业拳手，帕奎奥没有资格参加奥运会，但为了满足他从小“参加奥运会”的心愿，政府任命帕奎奥为 2008 年北京奥运会菲律宾代表团旗手。2008 年 12 月，在帕奎奥与美国“金童”德拉·霍亚比赛前后的 3 个小时，菲律宾全国的犯罪率为零。当时，尽管赛前增重 17 磅，身高只有 1 米 66 的帕奎奥比德拉·霍亚矮 12 厘米、体重轻 6 公斤，他仍然以压倒性优势赢得那场总出场费高达 1 亿美元的“梦幻之战”，成为美国“金童”2009 年 4 月退役的首要原因。帕奎奥的忠实粉丝遍布全世界，包括 NBA 球星加内特和奥尼尔，奥尼尔提出愿在比赛入场时举着帕奎奥的冠军腰带进场，为他开路。2009 年帕奎奥参加国会议员竞选，这是他第二次参加竞选。第一次他竞选其家乡桑托斯市议员，结果落败，因为许多菲律宾拳迷不希望帕奎奥因从政而退出拳坛。两年后，帕奎奥选择在菲律宾南方的萨兰加尼省竞选，结果以 80% 的压倒性优势击败垄断该省议员席位 12 年的琼比安家族。当上国会议员的帕奎奥并没有放弃拳击，他一边比赛一边用自己靠打拳积累的财富与影响为国家服务。

帕奎奥　　（百度网）

施至成和陈永栽

根据《福布斯》杂志最新公布的菲律宾富豪排行榜，商场大亨施至成蝉联菲律宾首富，陈永栽居次席。现年 87 岁的施至成，家族资产净值达 91 亿美元，第五次成为菲律宾首富；排名第二的是活跃于华人社会的陈永栽，福布斯估计他的资产净值达 45 亿美元。施至成在菲律宾有“商场之王”称誉，早年从 1 家鞋店起家，现在除拥有 43 座购物商场之外，商业触角已延伸至银行业及房地产业，他旗下的金融银行，目前是菲律宾规模最大的银行。陈永栽现年 77 岁，靠经营烟厂发迹，之后将事业版图拓展至酿酒、航空公司以及银行业。

林任君

2012 年 6 月 1 日起任新加坡华文报集团总编辑。新加坡《联合早报》编辑顾问，中国北京大学世界传媒研究中心顾问，新加坡国立大学李光耀公共政策学院、新跃大学文学与社会科学院兼任客座教授。1950 年生。1972 年毕业于南洋大学政府与公共行政学系。1977 年加入《联合早报》前身《星洲日报》担任译员。1993 年底任《联合早报》总编辑。倾注毕生心血推动华文日报《联合早报》逆势前进，并

林任君　　（百度网）

引领《联合早报》突破局限走向国际市场，在华文媒体世界中形成一股不可忽视的力量。1995年创设《联合早报》电子版，是东南亚第一家跨入互联网时代的华文报，也是全球最早上网的华文报之一。联合早报网迅速成长，受到读者和网民欢迎，每日页览量达四五百万，每月独立浏览访客达1000万。

林少明

2012年获得通商中国成就奖。新加坡眼科专家。1934年生。历任新加坡国立大学医院眼科主任教授、国立眼科中心主任、亚太地区人工晶体学会主席、亚太眼科学会秘书长、世界白内障医师学会主席、第26届国际眼科大会主席。自1986年开始在中国展开大规模白内障致盲的复明工作，被众多病患誉为“播撒光明的天使”。在中国主要城市协助设立10所眼科中心，20年来累计捐款超过百万美元，推动眼科中心为中国培养5000多名眼科医生，帮助50多万名中国眼科患者恢复视力。其善举促进了新、中两国的友好关系。1996年获中国国务院颁发给外国人的最高荣誉奖项——“友谊奖”。是中国天津市和厦门市的荣誉市民。

林少明　　（百度网）

卢正

2012年通商中国青年奖得主。2012年4月获中国云南省人民政府颁发的云南省彩云奖，成为继陈来荣医生之后第二位获此奖励的新加坡医生。1975年生。2008年4月受聘于中国昆明医科大学第二附属医院，主要从事住院医师和专科医师规范化培训工作。同时非常关注基层乡镇卫生院和村医的继续教育，积极参与云南大理、怒江、红河等地、市举办的乡镇卫生院以及村医的培训工作。还充分发挥自身优势，积极推进新加坡与中国昆明之间医学领域的交流与合作。接受过英汉双语教育，使他能有效地与当地人沟通，也成为许多到云南服务的新加坡志愿者的沟通桥梁。被中国云南人民誉为“人民医生”。

卢正　　（百度网）

荣育·威猜迪

2012年9月28日，宣布辞去泰国第一副总理兼内政部长职务。1942年7月15日生于泰国南部素叻他尼府。泰国朱拉隆功大学政治科学专业毕业，国家发展管理研究所硕士。曾在泰国内政部、曼谷电力局等机构供职。2008年12月7日当选为泰党主席。2010年9月14日再次当选新党首。2011年7月3日泰国举行国会下议院选举，在野的为泰党在下议院500个席位中赢得过半数席位（265席），获得组阁权。由于辅佐英拉带领为泰党赢得国会下议院选举，2011年底出任泰国第一副总理兼内政部长，但由于2002年在内政部副次长任上的一桩土地交易，被泰国国家反贪腐委员会认定存在违法行为。为平息风波，荣育·威猜迪宣布辞去政府职务（仍担任执政的为泰党主席及国会下议院议员）。

荣育·威猜迪　　（百度网）

潘氏河清

获得2012年伦敦奥运会“入场券”，在11月23日体操世界杯捷克站比赛、11月13日中国福州亚洲体操锦标赛和12月日本“丰田杯”体操赛共获得3枚金牌。2011年和2012年连续两年以最多选票获得越南体坛最具代表性运动员称号，被誉为2012年越南体坛的“黄金姑娘”。体操运动员。1991年10月生于越南海防。曾在中国接受体操训练8年。

潘氏河清　　（百度网）

大　事　记

2012 年

1 月

2 日　为庆祝缅甸独立 64 周年，缅甸总统吴登盛签署减刑和大赦令。官方称全国 9000 多名犯人从 3 日起陆续被释放。

4 日　新加坡政府委派的一个独立委员会通过内阁减薪方案。

△越南国会副主席丛氏放抵达中国进行为期 5 天的访问。

5 日　马来西亚总理纳吉布、新加坡总理李显龙分别率代表团，在马来西亚布城进行双边第三轮会谈，达成涵盖经贸、能源、通信、交通、教育及文化等方面的合作共识。两国领导人会谈后发表的联合声明表示，将继续在多方面开展双边合作。

△英国外交大臣黑格抵达缅甸访问，分别会见缅甸总统吴登盛、外交部长吴温纳貌伦和联邦议会人民院议长吴瑞曼等。

8～10 日　新加坡国防部常务秘书郑子富率国防部代表团出席在河内举行的第四次越南—新加坡防务政策对话。

9 日　越南人民军副总参谋长武文俊中将在河内会见来访的美国海军第七舰队司令斯威夫特。

10 日　中国海关总署公布的数据显示，2011 年中国与东盟双边贸易总值 3628.5 亿美元，比上年增长 23.9%。

△东盟—澳大利亚—新西兰自由贸易协定在印度尼西亚生效，印尼成为最后一个加入该协定的东盟成员国。

11 日　东盟外长非正式会议在柬埔寨暹粒举行，东盟 10 国外长和东盟秘书长素林出席。会议就柬埔寨倡议、主题为《东盟一个共同体，一个命运》的东盟 2012 年活动计划进行讨论。

13 日　美国国务卿希拉里·克林顿宣布美国将同缅甸互换大使。

13～15 日　中国和东盟 10 国落实《南海各方行为宣言》第四次高官会在北京举行。

14 日　中国与菲律宾在北京举行第 17 次外交磋商，双方就双边关系、加强务实合作及共同关心问题交换意见。

△中国台湾地区领导人选举投票结果揭晓，中国国民党候选人马英九、吴敦义获胜。

17 日　新加坡《联合早报》援引越南传媒报道：在俄方协助下，越南海防港军办船坞用 2 年时间建造的第一艘国产军舰正式列编服役。

18 日　泰国总理英拉、外交部部长素拉蓬等官员出席中国驻泰国大使馆举办的“开门过大年”迎新春活动。英拉还通过媒体向中国人民拜年。

△缅甸全国民主联盟领袖昂山素季正式报名参加议会补选。

18～19 日　美国参议员约翰·麦凯恩率团对越南进行工作访问并与越南政府总理阮晋勇会见。

19 日　为庆祝菲泰两国建交 63 周年，泰国总理英拉对菲律宾进行任总理以来的首次访问。英拉当日与菲律宾总统阿基诺三世就加强两国经贸合作等问题进行会谈。

20 日　中国、老挝在万象共同签署包括经济技术合作协定、中国向老挝提供优惠贷款框架协议等 3 份协议。

26～27 日　美国和菲律宾在华盛顿举行第二次双边防务对话。

31 日　东盟与中、日、韩 10＋3 宏观经济研究办公室在新加坡揭牌运行。该办公室是东盟与中国、日本、韩国设立的区域内部经济监测机构，主要职责是当金融危机来临时为启动多边货币互换协议“多边清迈倡议”提供判断依据。

2 月

1 日　中共中央、中国国务院发布《关于加快推进农业科技创新持续增强农产品供给保障能力的若干意见》，指导新世纪中国农业、农村、农民“三农”工作。文件分“依靠科技创新驱动,引领支撑现代农业建设";"提高市场流通效率,切实保障农产品稳定均衡供给"等6部分23条。

2日 缅甸"民主之声"网站报道,缅海军参与由印度海军牵头的14国海军(印度、澳大利亚、孟加拉国、文莱、菲律宾、缅甸、泰国、印尼、斯里兰卡、新加坡、马来西亚、马尔代夫、塞舌尔和毛里求斯)孟加拉湾联合海上演习。

3日 中国广西新闻网报道,中、越两国12省(自治区)农业厅长联席会议达成包括广西农业企业与越南边境各省签署的糖料蔗产业开发合作在内的《南宁共识》。

△中国国务院批准通过《西藏自治区"十二五"时期住房和城乡建设发展规划》。在"十二五"期间,西藏将加大城镇基础设施投资力度,城镇化率将达到30%。

6日 中国全国政协主席贾庆林在北京会见到访的柬埔寨副首相兼外交国际合作部大臣贺南洪。

△文莱、印度尼西亚、马来西亚、菲律宾东盟东部增长区(BIMP-EAGA)信息和通讯工作组公布2012~2016年实施蓝图。蓝图包括信息乡村通项目、BIMP-EAGA海底电缆项目和智能清关识别项目。

△泰国《世界日报》报道,泰国2012年1月新登记法人企业5087家,比上年增长4%,其中曼谷地区1945家,其他地区3142家,投资总额174.46亿铢。

7日 为期10天的第31次"金色眼镜蛇"军演在泰国举行。泰国、美国、新加坡、日本、韩国、印度尼西亚、马来西亚参加军演,澳大利亚、法国、加拿大、英国、孟加拉国、意大利、印度、尼泊尔、菲律宾、越南等国应邀参与军演策划,军演人数1.3万。

9日 中国国务院发布《质量发展纲要(2011~2020年)》。纲要要求健全地方政府负总责、监管部门各负其责、企业是第一责任人的质量安全责任体系,将质量安全和质量发展纳入地方各级人民政府绩效考核评价内容。

9~11日 越南国家主席张晋创首次对老挝进行正式访问,与老方共同启动2012越老友谊团结年系列活动。

10日 中国国务院总理温家宝在北京接受第十一世班禅额尔德尼·确吉杰布拜见。

12日 越南外交部长范平明开始对中国进行为期4天的正式访问。

14日 第三届新加坡航展举行。

△2011年度中国国家科学技术奖励大会在北京举行。中国科学院院士谢家麟和中国科学院院士、中国工程院院士吴良镛获国家最高科学技术奖。

15日 《中国国家"十二五"时期文化改革发展规划纲要》公布。

21日 中国国务院副总理李克强在北京会见印度尼西亚国防部长普尔诺莫·尤斯吉安托罗。

△中国国务院批复《西部大开发"十二五"规划》,从七个方面提出西部大开发"十二五"时期的奋斗目标。

23日 中国全国政协主席贾庆林在北京会见到访的缅甸联邦议会人民院议长吴瑞曼。

△中国国务院办公厅发布《关于积极稳妥推进户籍管理制度改革的通知》,要求今后出台有关就业、义务教育、技能培训等政策措施,不要与户口性质挂钩。

27日 菲律宾能源部部长阿尔门德拉斯称,外资可在巴拉望岛西北部的两个油气区块水域勘探石油天然气资源。次日,中国外交部发言人洪磊针对此事明确表示,任何国家或公司未经中国政府允许而在中国管辖海域从事油气活动均属非法。

28日 中国—印度尼西亚副总理级对话机制第三次会议在北京举行,中国国务委员戴秉国和印度尼西亚政治法律安全统筹部部长苏扬托共同主持,并就两国关系及重大国际和地区问题深入交换意见。

28日 中国国务委员兼国防部部长梁光烈在北京会见到访的泰国陆军司令巴育。

3月

1日 第二届东盟和中、日、韩(10+3)新闻部长会议在吉隆坡举行。出席会议的13国主管新闻事务的部长级官员,就进一步加强媒体合作、促进区域发展、扩大亚洲影响交换看法。

△中国环境保护部发布关于实施《环境空气质量标准》(GB3095-2012)的通知,要求到2012年,京津冀、长三角、珠三角等重点区域以及直辖市和省会城市监测PM2.5。

3日 中国柴达木盆地建成并安全并网大规模光伏电站1000兆瓦,成为世界上太阳能光伏装机容量最集中的地区。

6日 泰国总理英拉称,内阁会议当天通过一项20亿泰铢的预算案,将作为所有在政治暴力冲突中受害者的赔偿金。

7日 菲律宾军方宣布与美国于4月在吕宋岛和巴拉望岛以西的南海海域举行第28次"肩并肩"联合军演。

△中国国家海洋局对所辖海域海岛进行名称标准化处理,同时公布龙头鱼岛、鲳鱼岛等其他70个钓鱼岛附属岛屿的标准名称、汉语拼音和位置描述。

8日 中国大亚湾中微子实验发现新的中微子振荡模式被美国《科学》杂志评选为2012年度十大科学突破。

9日 第9届中国—东盟商务与投资峰会秘书处在金边召开峰会联络官会议。会议一致赞同2012年峰会举办时间调整在9月21~22日。

12日 以"关注粮食安全和减少农村饥贫人口"为主题的第

31 届联合国粮农组织亚太区域会议在河内开幕。

13 日 马来西亚学术鉴定局宣布，从 2011 年 4 月 28 日起，马来西亚学生从北京大学、清华大学、南京大学等 146 所中国大学获得的文凭都获得承认。2011 年 4 月 28 日，中、马两国签署包括两国高等教育学位相互承认等 8 项合作协议。

13 日 菲律宾反贪法庭对卷入“国家宽带网”项目丑闻的前总统阿罗约夫人及其丈夫发出逮捕令。

△中新网报道，缅甸海军第一次派军舰访问越南，两艘炮艇于 12 日抵达越南岘港。

16 日 柬埔寨副首相兼经济和财政大臣吉春在金边会见到访的中国银行监事长李军时表示，柬埔寨欢迎更多的中资银行到柬开设分行，参与该国经济领域的发展建设。

17 日 柬埔寨副首相兼经济和财政大臣吉春在第 8 届柬埔寨—亚洲经济论坛开幕式致辞中说，东盟必须加强参与合作解决全球性问题的能力，包括应对经济危机、气候变化、自然灾害、传染疾病以及打击跨境恐怖主义和犯罪活动。

19 日 中共中央政治局委员、全国政协副主席王刚在北京会见以中央委员、国家社会科学院院长坎培·班马莱通为团长的老挝人民革命党代表团。

△中国国务委员兼国防部部长梁光烈在北京会见到访的文莱国防部副部长穆斯塔帕。

△文莱媒体报道，文莱、印尼两国海军各派出两艘军舰举行联合军演，以进一步完善两军联合行动准则、程序和战术。演习项目包括夜间遭遇战、海上拦截训练等。

21 日 马来西亚国家银行声明当天起推出人民币结算业务。

22 日 中国外交部发言人洪磊在例行记者会上说，中方有关部门 3 月 4 日依法查处进入西沙群岛内水进行非法作业的 2 艘越南渔船和 21 名越南渔民。洪磊就菲律宾将在南沙群岛中业岛修建简易港口码头一事答记者提问时表示，中国对南沙群岛及其附近海域拥有无可争辩的主权。中方反对任何国家侵犯中国对南沙群岛主权的非法活动。

22 ~24 日 印度尼西亚共和国总统苏西洛·班邦·尤多约诺对中国进行国事访问。访问期间，苏西洛分别会见胡锦涛、温家宝等中国党和国家领导人及两国青年代表、中国知名企业家；中国清华大学向苏西洛总统授予荣誉博士学位。双方于 24 日发表《联合声明》。

25 日 中国香港特别行政区第四任行政长官选举结果揭晓，梁振英以 689 票胜出，成为香港特别行政区第四任行政长官人选。

29 日 《日本经济新闻》报道，日本国际协力机构（JICA）周内与越南签署 8 项日元贷款协议，在 2011 财政年度提供给越南 2700 亿日元基础设施建设贷款基础上，2012 年度将再向越南提供约 1360 亿日元贷款，主要用于建设位于河内西部的一个高新产业园区的道路、水电供应等基础设施。

30 日 中国国家主席胡锦涛抵达金边，对柬埔寨进行为期 3 天的国事访问。4 月 2 日，两国发表《联合声明》。

4 月

1 日 中国国务院总理温家宝在南宁会见马来西亚总理纳吉布，并共同出席在钦州市的中马钦州产业园区开园仪式。

△缅甸举行新政府首次议会补选。由 17 个政党的 150 名候选人及 7 名独立候选人，竞选 37 个联邦议会人民院议席、6 个联邦议会民族院议席和 2 个省邦议席。缅甸联邦选举委员会 3 日公告称：民盟共赢得 43 个各级议会议席，民盟主席昂山素季当选联邦议会人民院议员；执政的巩发党仅获 1 个议席。

2 日 东盟外长会议、东盟外长和东盟联合政府人权委员会会议、东南亚无核区委员会会议、第 7 次东盟政治安全理事会会议、第 10 次东盟协调理事会会议等一系列东盟部长级会议分别在金边举行。

3 ~4 日 第 20 届东盟峰会在金边举行。峰会讨论《东盟共同体路线图宣言（2009 ~2015）》，东盟安全共同体、东盟经济共同体和东盟社会文化共同体建设，实现地区互联互通，劳动力自由流动，自然灾害管理和粮食安全等问题，通过《东盟金边宣言：一个共同体，共同的命运》、《东盟共同体建设金边议程》、《2015 年建立东盟无毒品区宣言》和《东盟全球温和派行动组织概念文件》等文件。

5 日 中国全国政协主席贾庆林、国家副主席习近平在北京分别会见到访的泰国公主诗琳通。

9 日 中共中央总书记、国家主席胡锦涛在北京会见第 6 届世界华侨华人社团联谊大会全体代表。

11 日 中国之声《新闻纵横》报道，菲律宾海军日前闯入中国黄岩岛海域，并在“维护主权”的旗号下对避风停靠黄岩岛的 12 艘中国渔船进行袭扰，并试图逮捕渔民。事发后与赶至黄岩岛的中国海监 75 号、84 号渔政船对峙。中方就此向菲方提出严正交涉。

△马来西亚第 14 任最高元首阿卜杜勒·哈利姆宣誓就职。

11 ~13 日 英国首相卡梅伦分别访问印度尼西亚、马来西亚和缅甸。

13 日 中国国家副主席、中央军委副主席习近平在北京会见到访的越南人民军总参谋长杜伯巳一行。

16 日 第 28 次菲律宾、美国“肩并肩”联合军事演习开幕，

4500 名美军士兵和 2300 名菲律宾士兵参加演习。

17～19 日 泰国总理英拉率团访问中国。19 日，中泰两国发表关于建立全面战略合作伙伴关系的联合声明。

18 日 柬埔寨股市迎来首个交易日。交易首日仅有金边水务局 1 只上市股票。

△中国全国政协主席贾庆林对文莱进行正式友好访问。

20～25 日 中国全国政协主席贾庆林对泰国进行正式友好访问。

22 日 法新社报道，美国声明从 4 月 23 日起和越南在岘港举行为期 5 天的"非战斗"海军交流活动。

△中俄海上联合演习在中国青岛举行。这是中国海军与外国海军举行的规模最大、科目最丰富的联合军事演习。

23 日 中国海军"郑和"号远洋航海训练舰抵达越南西贡港，开始对越南进行为期 3 天的友好访问。

△欧盟 27 国外长会议作出"实质性减少或全面取消对缅甸制裁"的决定，并于 28 日在仰光正式开设欧盟驻缅甸办事处，以加强与缅甸政府的联系。

26 日 中共中央政治局常委李长春访问印度尼西亚，当日在雅加达会见印度尼西亚总统、民主党指导委员会主席苏西洛。

△中国国务委员兼国防部部长梁光烈在北京与来访的泰国国防部部长素坤蓬·素旺那达举行会谈。

30 日 菲律宾外交部部长罗萨里奥和国防部部长加斯明在华盛顿同美国国务卿希拉里及国防部部长帕内塔举行"2＋2"会议。

△4 时 50 分，中国成功发射两颗北斗导航卫星。这是中国北斗卫星导航系统首次采用"一箭双星"方式发射地球中高轨道卫星。

5 月

1 日 联合国秘书长潘基文在仰光会见缅甸全国民主联盟领导人昂山素季。

2 日 缅甸全国民主联盟领导人昂山素季和另外 33 名民盟成员宣誓就任缅甸国会议员。

3 日 中国远洋航海训练舰"郑和"舰与马来西亚海军"杰巴特"号护卫舰，在马六甲海峡中线以东靠近马来西亚一侧海域进行编队运动和通信演练。

△《马尼拉公报》报道，菲律宾总统发言人埃德温·拉谢尔称，菲律宾正式将黄岩岛称为"帕纳塔格礁"（Panatag-Shoal）。

△第四轮中美战略与经济对话在北京举行。对话以"深化战略沟通与务实合作，推进持久互利的中美经济关系"为主题。

4～10 日 中国国务委员、国防部部长梁光烈正式访问美国。

5 日 柬埔寨首相洪森亲自驾驶推土机，启动中国向柬埔寨提供优惠贷款援建的"上丁—柏威夏 214 号公路"和"湄公上丁中柬友谊桥"项目。

6 日 越南中央防治腐败指导委员会办公厅开通防治腐败综合信息网。

△菲律宾外交部向菲海岸警卫队下达指示，要求清除在黄岩岛上与菲律宾无关的标识物和建筑。

7 日 中国外交部副部长傅莹第 3 次就黄岩岛事件约见菲律宾驻华使馆临时代办蔡福炯，就黄岩岛一事向菲方提出严正交涉。傅莹强调黄岩岛是中国固有领土，"希望菲方不要误判形势，不计后果地不断推动事态升级"，并表示中方已做好应对菲方扩大事态的各种准备。

8 日 中共中央政治局常委、中央纪委书记贺国强在北京会见到访的柬埔寨奉辛比克党代表团。

△中共中央政治局常委、中央政法委书记周永康在北京会见到访的新加坡副总理兼国家安全统筹部部长、内政部部长张志贤。

10 日 被中老警方联手抓获的湄公河流域金三角地区特大武装贩毒集团首犯糯康依法移交中国警方。

11 日 为期 4 天的"蓝色突击—2012"中、泰海军陆战队联合训练在中国广东湛江举行。

11～13 日 第 3 届中国—东盟矿业合作论坛暨推介展示会在中国南宁举行。

14～15 日 韩国总统李明博访问缅甸。

15 日 菲律宾海军发言人通塞称，美国海军"北卡罗来纳"号核动力潜艇（SSN－777）13 日抵苏比克自由港，在完成基本物资补给后将于 19 日离开。

19 日 中国铁道部发布《关于鼓励和引导民间资本投资铁路的实施意见》，鼓励和引导民间资本依法合规进入铁路领域。

20 日 中国国家主席胡锦涛与东帝汶总统鲁阿克互致贺电，热烈祝贺东帝汶民主共和国独立 10 周年暨中国与东帝汶建交 10 周年。

20～22 日 东盟—美国对话会议在马尼拉举行。

22 日 中国全国人大常委会副委员长严隽琪在北京会见由副主席赛颂蓬·丰威汉率领的老挝国会代表团。

△菲律宾国防部部长加斯明表示，菲律宾正加速采购最

新武器装备，用于未来5年“保卫领土”的装备现代化项目多达138项。

25日 中共中央政治局委员、中央书记处书记、中宣部部长刘云山在北京会见以中央纪委副书记通西·沃拉西为团长的老挝人民革命党干部考察团。

27日 柬埔寨国王西哈莫尼在王宫会见到访的中国全国人大常委会副委员长路甬祥。

27~29日 中国国务委员兼国防部部长梁光烈访问柬埔寨，并出席中国与东盟国防部长磋商会。

△印度总理辛格对缅甸进行正式友好访问，成为25年来首位访问缅甸的印度总理。辛格与缅甸总统吴登盛会谈，双方同意加强两国多领域合作，推动双边关系发展。

28日 日本海上自卫队3艘训练舰访问菲律宾，以加强两国海上部队的关系。

28~29日 中国外交部部长杨洁篪对新加坡进行正式访问。

29日 第6届东盟国防部长会议在金边举行。会议以“增强东盟的整合，建设和谐与安全的共同体”为主题，推动和平、发展与合作，推动东盟在2015年建成政治与安全共同体。会议期间，中国国务委员兼国防部部长梁光烈上将出席中国与东盟国防部长磋商会。

30日 中国全国政协副主席王志珍在北京会见到中国进行工作访问并出席两国建交10周年庆祝活动的东帝汶外长达科斯塔。

6月

1~3日 为期3天的第11届香格里拉对话暨亚洲安全会议在新加坡举行。亚太地区27个国家的代表团会上就亚太地区安全问题进行广泛的讨论和交流。对话设“美国在亚太地区的再平衡”、“保护海事自由”、“威慑和地区稳定”、“新型战争：网络、无人机和新威胁”、“全球和亚太安全的新风险”等5个主题分会。

2日 新加坡国防部透露消息称，新加坡已原则同意美国在新加坡部署4艘濒海战斗舰。

3日 美国国防部部长帕内塔抵达越南金兰湾访问，重回美军越战时期在越建立的海空军基地，成为越战后重访金兰湾的美国最高阶官员。

4日 新加坡总理李显龙会见率中国广东省代表团到新加坡访问的中共中央政治局委员、广东省委书记汪洋。

△越南国防部高级代表团与美国国防部高级代表团在金兰湾举行会谈。

△菲律宾国防部次长奥诺里奥·阿斯库埃塔表示，只要提前获得菲政府许可，美国军队、战舰以及飞机未来可重新使用其在苏比克湾、三描礼士省和克拉克的旧有军事设施。

5日 美军与印尼在爪哇岛举行“2012海上预备与训练合作”联合军演。双方共派出2074名官兵和6艘海军战舰及侦察机等参加军演。

△中国国家主席胡锦涛在北京与到访的俄罗斯总统普京举行会谈，就双边关系和共同关心的重大国际和地区问题交换意见，达成重要共识。双方一致同意进一步深化平等信任的全面战略协作伙伴关系，促进共同发展，维护世界和平、安全、稳定。

6日 越共中央总书记阮富仲在河内会见赴越出席第8次中越两党理论研讨会的中共中央政治局委员、中央书记处书记、中宣部部长刘云山。

8~10日 菲律宾总统阿基诺三世访问美国；在与美国总统奥巴马会谈中，双方重申对加强双边关系的承诺。

9~14日 缅甸联邦共和国外交部部长吴温纳貌伦对中国进行正式访问。

10日 缅甸国家电视台报道，缅甸总统吴登盛当天签署法令，宣布即日起在若开邦实行紧急状态，应对若开邦孟都地区和布帝洞地区8日发生的骚乱。截至10日，若开邦孟都地区和布帝洞地区8日发生的骚乱，共造成8人死亡，23人受伤，508间房屋被烧，1间清真寺和19家商店遭破坏。

10~16日 中共中央政治局常委、中央纪委书记贺国强对老挝、柬埔寨、马来西亚进行正式友好访问。

12~13日 由马来西亚海事研究所主办、主题为“和平解决南海问题的最新进展和影响”的南海问题研讨会在吉隆坡举行。

16日 菲律宾外交部宣布由于天气状况恶劣，阿基诺三世总统在15日晚下令两艘在黄岩岛海域的菲方船只撤离。

△缅甸全国民主联盟领导人昂山素季抵达挪威，领取其在1991年获得的诺贝尔和平奖，并发表获奖演说。

△18时56分，执行中国首次载人交会对接任务的神舟九号载人飞船顺利将3名航天员送上太空。并于北京时间6月24日12时55分圆满完成交会对接任务。

18日 中央军委副主席徐才厚在北京会见到访的新加坡国防部部长黄永宏。

19日 中国外交部发言人就越南空军940战斗机联队苏—27战斗机18日对中国南沙群岛岛礁进行所谓“巡逻侦查”表示强烈不满，重申中国对南沙群岛及其附近海域拥有无可争辩的主权，越方有关行动严重侵犯了中国的主权。

21日 中国民政部网站刊登《民政部关于国务院批准设立地级三沙市的公告》称，中国国务院批准撤销海南省西沙群岛、南沙群岛、中沙群岛办事处，设立地级三沙市，管辖西沙群岛、中沙群岛、南沙群岛的岛礁及其海域。三沙市人民政府驻西沙永兴岛。

△中国外交部副部长张志军召见越南驻华大使阮文诗，就越南国会当日审议通过侵犯中国领土主权的《越南海洋法》，向越方提出严正交涉，声明中方对此表示强烈抗议和坚决反对。

24～28日 以“武装部队抗震救灾应急行动”为主题的第3届东盟与中、日、韩(10+3)武装部队非传统安全论坛在中国石家庄举行。

27日 中国—东盟区域性信息交流中心暨中国联通南宁总部基地在中国南宁开工建设。

7月

1日 中国香港庆祝回归祖国15周年大会暨香港特别行政区第四届政府就职典礼在香港会展中心举行。中共中央总书记、国家主席、中央军委主席胡锦涛出席会议并发表讲话。他在讲话中强调，中央政府实行一国两制、港人治港、高度自治方针将毫不动摇，全力支持香港特别行政区行政长官和政府依法施政将毫不动摇，同香港各界人士一道维护和促进香港长期繁荣稳定将毫不动摇。

△中国全面启动城乡居民养老保险全覆盖工作，计划年底前完成包括职工养老、新农保、城镇居民养老在内的养老保险制度的全覆盖。这意味着中国基本养老保险制度体系初步形成，中国人几千年来“老有所养”的愿望初步实现。

1～16日 中国和印尼两军特种部队在中国济南举行代号为“利刃—2012”的反恐联合训练，双方各派出70多人的特种分队参加。

2日 日本防卫大臣森本敏在东京与到访的菲律宾国防部部长加斯明举行会谈，并签署旨在加强海上安全保障等领域合作的防卫合作备忘录，成为继新加坡、越南等国之后签署这一备忘录的第9个国家。

△菲律宾海军发言人奥马尔·通赛中校透露，菲律宾海军和美国海军在东棉兰老岛举行“战备与训练合作”演习，并将在棉兰老岛附近海域进行活动。

8～12日 中国国务委员、公安部部长孟建柱访问老挝、缅甸和泰国。

10～11日 美国国务卿希拉里访问越南，分别与越共中央总书记阮富仲、政府总理阮晋勇进行会晤。阮晋勇与希拉里就近期南海局势及湄公河流域合作交换意见。

10～12日 东盟与中、日、韩10+3外长会，东盟与中国外长会10+1，第2届东亚峰会(EAS)外长会和第19届东盟地区论坛(ARF)外长会议分别在金边举行。

12～13日 第7届泛北部湾经济合作论坛在中国南宁举行。论坛秉承“共建中国—东盟新增长极”的宗旨，以“泛北部湾区域经济合作与共同繁荣”为主题，同时召开泛北智库、泛北城市发展、泛北电子信息产业发展、中国—马来西亚产业合作等4个专题峰会12个专题会议，400多人参加。

14日 日本外相玄叶光一郎访问越南，与越南外交部部长范平明就海上安全领域合作和由日本协助越南提高沿岸警备能力，以及在越南合作兴建核电站和开采稀土达成共识。

17日 菲律宾总统阿基诺三世出席由中国提供资金和技术支持的安嘎特供水和管道改造二期工程开通仪式。

△亚洲开发银行董事会批准人民币和印度卢比可作为亚行贸易融资项目的结算货币，结束亚行贸易融资项目仅可以美元、日元和欧元进行结算的历史。

18日 中共中央政治局委员、中央书记处书记、中宣部部长刘云山在北京会见到访的新加坡国家发展部部长、人民行动党主席许文远一行。

△《中国广西交通运输厅与越南公路总局交换国际汽车运输行车许可证备忘录》在河内签署。这是中、越首次交换国际汽车运输行车许可证。

20日 中共中央政治局委员、中央书记处书记、中组部部长李源潮在北京会见以中央书记处书记、中组部部长占西·普西坎为团长的老挝人民革命党中组部访华代表团。

△中国全国政协副主席厉无畏在北京会见到访的柬埔寨副首相、奉辛比克党执行主席涅本蔡一行。

△第45届东盟外长会议主席、柬埔寨副首相兼外交国际合作部大臣贺南洪在金边举行记者会，公布东盟外长达成的“东盟关于解决南海问题6点原则”。

23日 菲律宾总统阿基诺三世在国情咨文中宣布价值18亿美元的军事现代化计划。该计划包括采购C－130新型运输机、武装直升机以及通信设备等。

26日 中国全国政协副主席孙家正在北京会见以越南胡志明共青团中央书记处书记阮孟勇为团长的越南青年访华代表团。

28日 越南国防部长冯光青大将在国防部召开越南人民军各时期在华培训留学干部代表大会上表示，越南人民军高度重视发展与中国人民解放军的全面友好合作关系，称这是越南国防外交政策的一贯主张和最优先考虑。

8月

3日 新加坡副总理张志贤会见到访的中共中央对外联络部副部长艾平。

5日 朝鲜最高人民会议常任委员会委员长金永南开始对越南进行为期3天的访问。其间，与越南国家主席张晋创举行会谈，双方一致同意继续巩固和发展两国传统友谊，推动两国在各领域的合作。

8 日　中国—马来西亚钦州产业园区介绍会在北京举行。

9～13 日　中国外交部部长杨洁篪分别对印度尼西亚、文莱和马来西亚 3 国进行正式访问。

14 日　中国社会科学院编制的《城市蓝皮书：中国城市发展报告 NO. 5》表示，中国城镇化率首次突破 50% 关口，城镇常住人口开始超过农村常住人口。

15 日　缅甸联邦议会选举前海军司令年吞上将为副总统。年吞当天在议会宣誓就职。

20 日　缅甸即日起废除针对所有本地出版物的审查制度。

27 日　第 44 届东盟经济部长系列会议在柬埔寨暹粒开幕。东盟轮值主席、柬埔寨首相洪森在开幕式上呼吁东盟经济部长就推进东盟共同体 2015 年如期建成等议题进行讨论。

△缅甸总统吴登盛发布总统令，大幅改组政府。根据总统令，9 名原政府部长被调动担任或兼任新的职务。这是吴登盛总统领导的缅甸新政府自 2011 年 3 月执政以来最大规模的一次政府改组。

28 日　中国和越南首次海上搜救应急通信联合演习圆满成功。此次演习共设置险情报告、信息收集、搜救力量协调、医疗远程救助等场景 7 个。

△菲律宾军方宣布，菲律宾、美国、文莱、印度尼西亚、马来西亚、泰国和新加坡的海军即日起在马六甲海峡、苏禄海和苏比克湾举行为期 5 天的联合反恐训练演习。这次演习也称为“东南亚合作与训练”。

△澳大利亚国防部部长史密斯访问越南，讨论更进一步发展双方日益加强的防御关系。

29 日　第 15 次东盟与中、日、韩 10＋3 经贸部长会议在柬埔寨暹粒举行。

30 日　首次东盟与澳大利亚、中国、印度、日本、韩国、新西兰 6 个自由贸易伙伴经贸部长会议在柬埔寨举行。会后发表的《联合新闻声明》称，会议是启动《区域全面经济伙伴关系协议》谈判的关键一步。

9 月

2 日　中国国务院总理温家宝在乌鲁木齐会见出席第二届中国—亚欧博览会的柬埔寨首相洪森。

△新加坡共和国总理李显龙抵达中国成都，开始对中国进行为期 6 天的正式访问。

△中国人民解放军副总参谋长马晓天率军事代表团分别对越南、缅甸、马来西亚和新加坡 4 国进行访问。其间，马晓天率团出席中越第 6 次防务安全磋商、中马国防部首次防务安全磋商、中新国防部第 4 次防务政策对话。

3 日　执行“和谐使命——环球行”任务的中国海军“郑和”舰抵达印尼泗水，开始进行为期 4 天的友好访问。

3～4 日　美国国务卿希拉里访问印度尼西亚，会见印尼总统苏西洛并与外长马蒂·纳塔莱加瓦就加强两国全面伙伴关系和共同关心的地区及国际问题举行会谈。

6 日　美国国务卿希拉里访问文莱。

7 日　中国国家主席胡锦涛在俄罗斯符拉迪沃斯托克举行的亚太经合组织第 20 次领导人非正式会议期间，会见越南国家主席张晋创，就巩固和发展中、越关系坦诚深入交换意见。

10 日　中共中央政治局常委、中央政法委书记周永康在北京会见出席夏季达沃斯论坛的新加坡荣誉国务资政吴作栋。

△《人民日报》发表《中华人民共和国政府关于钓鱼岛及其附属岛屿领海基线的声明》，宣布中华人民共和国钓鱼岛及其附属岛屿的领海基线。

12～15 日　中国全国人大常委会委员长吴邦国对缅甸进行正式友好访问。

17～18 日　第 5 届中国—东盟智库战略对话论坛在中国南宁举行。论坛围绕“新形势下的中国—东盟合作”的主题展开讨论，共谋新形势下中国—东盟合作发展大计。

20～21 日　中国国家副主席习近平在中国南宁分别会见出席第 9 届中国—东盟博览会的老挝总理通邢、越南政府总理阮晋勇、泰国副总理吉迪拉、缅甸总统吴登盛、马来西亚副总理毛希丁和菲律宾总统特使、内政部部长罗哈斯。

21 日　中共中央政治局常委、中央政法委书记周永康访问新加坡，会见新加坡总统陈庆炎、总理李显龙，并出席中、新社会管理高层论坛。

△以“城市化进程中的社会管理”为主题的 2012 中、新社会管理高层论坛在新加坡开幕。

21～25 日　以“科技合作”为重点主题的第 9 届中国—东盟博览会和中国—东盟商务与投资峰会在中国南宁举行。中国和东盟各国、国际组织的 267 位部长级以上官员参加。

25 日　中国第一艘航空母舰“辽宁”号正式交付中国人民解放军海军使用。

27 日　印度和越南在新德里就南中国海问题举行会谈并进行国防战略对话。

28 日　由中华全国工商业联合会、大湄公河次区域工商论坛主办的大湄公河次区域资源合作开发与可持续发展研讨会在中国南宁开幕。

10 月

2 日　第 5 届东亚部长家庭论坛在文莱举办，东亚 13 个国家的 81 名代表出席。

△印度尼西亚《国防工业法》获众议院批准。

3日 第3届东盟海事论坛在菲律宾马尼拉举办。到会的东盟成员国以及参与东亚峰会的中国、澳大利亚、印度、日本、新西兰、俄罗斯、韩国和美国8国的政府官员、学者等,围绕“当今背景下的联合国海洋法公约”、“海上互联互通与能力建设:基础设施、装备升级与海员培训”、“保护海洋环境与促进东亚地区的生态旅游及渔业管理:确定最佳合作实践”等内容展开研讨。

4日 菲律宾警方执行对前总统阿罗约的逮捕令,再度将她羁押在政府医院病房内。

5日 泰国总理英拉在泰国投资大会上宣布,泰国即将启动历史上规模最大的基础设施投资计划(总额900亿美元),以满足东盟经济共同体以及大湄公河次区域经济迅速发展的需要。

6日 美国总统奥巴马签署行政命令,解除对缅甸的国际金融限制。

7日 菲律宾总统阿基诺三世宣布,菲律宾政府与最大反政府武装“摩洛伊斯兰解放阵线”(MILF)达成一项框架协议,将在菲律宾南部创立一个新的政治实体,取代“棉兰老穆斯林自治区”。

8日 《菲律宾每日问询者报》报道,菲律宾武装部队与美军在苏比克湾开始为期10天的两栖登陆演习,加强双方防务合作。演习内容包括人道主义救助、灾难应对方案、海洋安全及地区开发。

9日 由中国政府援建的柬埔寨5号国家公路金边北部段扩建工程开工。

11日 瑞典文学院宣布将2012年诺贝尔文学奖授予中国作家莫言。瑞典文学院常任秘书彼得·恩隆德评价说,莫言的“魔幻现实主义融合了民间故事、历史与当代社会”。

15日 柬埔寨太皇诺罗敦·西哈努克在北京逝世,终年90岁。胡锦涛等中国国家领导人就柬埔寨太皇西哈努克逝世向柬埔寨国王西哈莫尼、太后莫尼列致唁电表示哀悼和慰问。

△菲律宾政府与国内最大反政府武装“摩洛伊斯兰解放阵线”正式签署和平框架协议,结束长达40年的冲突。

18~20日 中国外交部副部长傅莹访问菲律宾,与菲方官员就中、菲关系及共同关心的问题交换意见。

20日 美国《华尔街日报》网站报道,美国政府代表团对缅甸进行为期两天的访问,代表团成员中有美军太平洋地区指挥官弗朗西斯·威尔辛斯基中将等数名军方官员。

22日 美国海军“范德格瑞夫”号护卫舰和救援舰抵达柬埔寨西哈努克港,参加第三次柬美海上联合战备训练演习。

23~24日 中、越两国公安部第3次合作打击犯罪会议在河内举行。

24日 美国核动力航母“乔治·华盛顿”号抵达马尼拉港,对菲律宾进行访问。

25日 中国成功将第16颗北斗导航卫星送入预定轨道,顺利完成第二代北斗导航工程区域组网。

30日 中国发布《缺陷汽车产品召回管理条例》,并于2013年1月1日起施行。

11月

1日 缅甸议会通过新的《缅甸联邦外国投资法》。该法案允许外资投资电力、石油和天然气、矿业、制造业、饭店和旅游业、房地产、交通运输、通信、建筑和其他服务业。

2日 美联社网站报道,世界银行批准向缅甸提供8000万美元贷款,用于缅甸农村地区贫困人口援助,兴修道路、桥梁、学校、医疗诊所和农村市场。这是缅甸25年来首次得到世界银行的贷款。

4~6日 中国国务院总理温家宝出席在万象举行的第9届亚欧首脑会议并对老挝进行正式访问。

5日 中国国务院总理温家宝在老挝万象举行的第9届亚欧首脑会议第一次领导人会议上,作题为《共同担负起促进世界经济稳定增长的重任》的主旨发言。

5~8日 由中国人民解放军国防大学与文莱防务学院共同主办的第16届东盟地区论坛国防院校长会议在北京举行。中国、菲律宾、马来西亚、泰国、美国、日本、韩国等东盟地区论坛的21个成员方代表出席这次以“变化世界中的国家安全战略教育”为主题的会议。

6日 湄公河中国船员遇害案在中国昆明市中级人民法院一审宣判,被告人的故意杀人、运输毒品、绑架、劫持船只等罪名成立,糯康、桑康、依莱、扎西卡数罪并罚被判死刑,扎波被判死缓,扎拖波被判有期徒刑。

7日 首届东盟—印度能源部长会议在印度举行。

△中国—东盟互联互通合作委员会第一次会议在印度尼西亚雅加达举行。会议一致同意中国—东盟互联互通合作委员会落实中国和东盟国家领导人关于促进中国与东盟互联互通合作的有关共识和倡议。

8日 中国共产党第十八次全国代表大会在北京开幕。大会的主题是:高举中国特色社会主义伟大旗帜,以邓小平理论、“三个代表”重要思想、科学发展观为指导,解放思想,改革开放,凝聚力量,攻坚克难,坚定不移沿着中国特色社会主义道路前进,为全面建成小康社会而奋斗。越共中央委员会、老挝人民革命党中央委员会分别致电(函),热烈祝贺中共第十八次全国代表大会召开。

12～19日 缅甸国防军副总司令兼陆军司令梭温上将对中国进行友好访问并观摩珠海航展。

15日 中国共产党第十八届中央委员会第一次全体会议在北京举行。习近平当选中共中央总书记、中共中央军委主席。

16日 中国—东盟博览会林产品及木制品展在中国广西南宁开展。

17日 中共中央政治局常委、中央书记处书记、中宣部部长刘云山在北京会见越共中央总书记阮富仲特使、越共中央委员、中央对外部部长黄平君。

18日 以"东盟:一个共同体,共同的命运"为主题的第21届东盟峰会在柬埔寨金边开幕。峰会达成和签署包括《东盟人权宣言》、《东盟2012年一体化目标报告》、《东南亚无核区协议》等一系列声明与文件。

△美国总统奥巴马开始对泰国、缅甸、柬埔寨访问之旅。

19日 第15次中国—东盟领导人会议在柬埔寨金边举行。会议发表"纪念《南海各方行为宣言》签署10周年联合声明"。

20日 第7届东亚峰会在金边举行。会议通过《东亚峰会金边发展宣言》等文件。

20～24日 2012中国—东盟青年营在中国南宁举行。来自东盟10国的81名青年代表和中国青年代表一起,围绕中国与东盟在经济、文化及青年工作之间的交流与合作三个方面开展系列活动。

23日 越南第十三届国会第四次会议通过《反腐败法(修正案)》,要求越南高级官员公开个人财产。

26日 中国交通运输部南海航海保障中心挂牌运转。该中心负责中国2/3海域面积的航海保障服务,范围覆盖广东、广西、海南三省(自治区),海域面积210万平方千米。

27日 东盟秘书长素林离任。越南外交部副部长黎良明将于2013年1月正式上任,任期至2017年。

△第34届东盟高级交通官员会议在印度尼西亚巴厘岛召开。会议讨论2015年东盟一体化交通网络发展具体项目并作出数项重要决定。

△越南国家主席张晋创对文莱进行正式访问。其间,随访的越南国家银行、越南石油公司负责人分别与文莱金管局、文莱国家石油公司负责人签署两项合作协议。

12月

2日 越共中央总书记阮富仲在河内会见到访的中共中央政治局委员、中国全国人大常委会副委员长兼秘书长李建国。

3日 中共中央政治局常委、中央书记处书记刘云山在北京会见到访的泰国前总理、为泰党高级顾问颂猜·翁沙瓦。

4～5日 缅甸总统吴登盛访问文莱,双方认为在未来的油气开发领域合作前景广阔。

10日 中共中央政治局委员、国务委员、中央政法委书记、公安部部长孟建柱在北京会见来访的越南共产党中央政治局委员、公安部部长陈大光。

11日 菲律宾总统阿基诺三世签署"武装部队现代化法案",立法确定将菲武装部队现代化计划延续15年,并免除军方武器购置的关税和增值税,规定购置飞机、军舰、坦克、装甲车辆、通信产品及高火力枪械无需公开招标。根据此法,菲律宾将在5年内投入750亿比索(约合18亿美元)用于军事现代化项目。

△菲律宾与美国第3次双边战略对话在马尼拉举行。双方讨论包括经济联系、包容性增长、司法改革、执法能力建设、海上安全、防务合作以及地区和全球问题等在内的广泛议题。

12日 大湄公河次区域(GMS)经济合作第18次部长级会议在中国南宁闭幕。会议决定成立GMS铁路联盟,协调域内铁路干线对接,加快推动跨境铁路项目实施,以促进各成员国间的互联互通和经济社会协调发展。

19日 中国全国人大常委会副委员长周铁农在北京会见到访的老挝人民革命党中央委员、老挝政府办公厅部长兼主任、老挝中国友好协会会长辛拉冯·库派吞。

20日 旨在纪念印度与东盟建立对话关系20周年的印度—东盟纪念峰会在印度新德里开幕。峰会声明将印度与东盟的关系提升为战略伙伴关系。

24日 俄罗斯军工综合体新闻网报道,俄企业为越南海军建造的06361型"华沙女人"级潜艇首艇"河内"号在月初完成航试。

26日 中国云南省高级法院对湄公河中国船员遇害案进行二审宣判,驳回糯康等6名上诉人(原审被告人)故意杀人、运输毒品、绑架、劫持船只案的上诉,维持对糯康、桑康·乍萨、依莱、扎西卡的死刑判决,维持并核准对扎波死刑、缓期2年执行的判决,维持对扎拖波有期徒刑8年的判决。

△老挝人民革命党中央委员会总书记、国家主席朱马利访问越南。

△菲律宾国防部宣布与意大利和韩国的公司签订价值16.3亿比索(约合人民币2.5亿元)的军购合同。

29日 世界银行2013国际欠债统计数据发布,印度尼西亚仍被列入十大欠债国名单。

31日 中国外交部发言人华春莹就《越南海洋法》2013年1月1日生效实施时强调,中国对西沙群岛、南沙群岛及其附近海域拥有无可争辩的主权。中国对《越南海洋法》生效后将给南海局势带来的负面影响深表关切,要求越方不要采取任何使问题复杂化、扩大化的行动。

(马 静 马金案 周明钧)

2013年1~6月

1月

3日 越南政府新批准至2020年国家储备发展战略。发展战略确保2015年越南储备总量占国内生产总值0.8%~1%,2020年达到1.5%。

3~4日 日本副首相兼财务相麻生太郎访问缅甸。缅甸总统吴登盛与麻生举行会谈时,麻生表示:日本将在3月底前向缅方提供约500亿日元规模的日元贷款,并计划在月内免除缅甸拖欠日方的约5000亿日元债务。

4日 新加坡联合早报网披露,缅甸政府近日与克钦族独立军发生冲突,导致缅甸1万多人逃亡至中国云南省寻求避难。当日,中国外交部发言人华春莹在例行记者会上证实武装冲突事实,并就缅方炮弹落入中方境内提出交涉,要求缅方立即采取有效措施,避免类似事件再次发生。

7日 中国海军第12批护航编队抵靠越南胡志明市,开始为期5天的友好访问。

9日 印度尼西亚财政部长阿古斯表示对本国2012年实现6.3%的经济增长有信心,认为印尼有可能成为仅次于中国的、全球经济表现第二佳的国家。

11日 马来西亚正式向东盟秘书处递交批准《东盟反恐公约》的文件,成为10个成员国中最后通过此公约的国家。

13日 中国在国际可再生能源机构第三次全体会议上宣布,计划于年内加入国际可再生能源机构;认为中国风能发电已居世界首位,太阳能设备制造能力和技术也居世界前列。

16~18日 日本首相安倍晋三先后访问越南、泰国和印度尼西亚。

18日 越共中央总书记阮富仲、越南国家主席张晋创、国会主席阮生雄和政府总理阮晋勇分别与中共中央总书记习近平、国家主席胡锦涛、全国人大常务委员会委员长吴邦国和国务院总理温家宝互致贺电,共贺越中建交63周年。

△东盟和日本在印度尼西亚雅加达联合举行建立友好合作关系40周年庆典。

△中国2012年度国家科学技术奖励大会在北京举行。中国科学院院士、中国工程院院士、中国科学院力学研究所研究员郑哲敏,中国工程院院士、中国电子科技集团公司电子科学研究院研究员王小谟获2012年度国家最高科学技术奖。

19日 各国探讨对缅甸支援框架的第一届开发合作论坛在缅甸内比都举行。

19~20日 中国政府特使、外交部副部长傅莹在缅甸仰光拜会缅甸总统吴登盛,双方就进一步深化中缅全面战略合作伙伴关系深入交换意见,并一致同意要维护好中缅边境地区的和平与稳定。

20日 中国人民解放军副总参谋长戚建国与缅甸国防军副总司令兼陆军司令梭温在缅甸内比都举行首次战略安全磋商,双方就地区安全形势、两国两军关系等问题交换意见。

21日 泰国内阁批准一项在本国西北部与缅甸接壤的湄索地区建设经济特区的草案,并同意投入510亿泰铢用于中北部多府基础设施建设。

22日 哈莉玛·雅各布女士被任命为新加坡国会议长。

23日 中国人民解放军副总参谋长戚建国在柬埔寨金边分别会见柬埔寨副首相兼国防大臣迪班和柬王家军总司令波尔沙伦。

27日 中国陆基中段反导拦截技术试验取得预期成功,表明已掌握弹道导弹防御系统的核心技术并可经受考验。

28日 中国国务委员兼国防部部长梁光烈上将在北京会见到访的文莱皇家武装部队司令阿米努丁少将。

29日 在俄罗斯符拉迪沃斯托克出席亚太议会论坛第21届年会的中国全国人大常委会委员长吴邦国,分别会见马来西亚上议院议长阿布·扎哈尔和老挝国会主席巴妮。

30日 中国国务院副总理张德江在北京会见文莱外交与贸易部第二部部长林玉成。

31日 中国发布加快发展现代农业,进一步增强农村发展活力的若干意见,首次提出鼓励和支持承包土地向专业大户、家庭农场、农民合作社流转,不提倡、不鼓励在城镇规划区以外拆并村庄。

2月

2日 老挝正式成为世界贸易组织第158个成员。根据加入WTO协议,老挝承诺所有进口商品平均税率为18.8%,其中农产品19.3%,其余产品18.7%,在服务贸易方面开放商业服务、保险、银行和其他金融业务,以及私人医院服务、旅游、航空运输等10个领域,共涵盖79个行业。

△东盟政府间人权委员会第11次会议在文莱斯里巴加

湾市结束。

3 日　中国全国政协主席贾庆林抵达金边，出席柬埔寨太皇西哈努克葬礼，并分别会见柬埔寨太后莫尼列、国王西哈莫尼和首相洪森。

4～7 日　中国全国政协主席贾庆林访问马来西亚。其间，贾庆林会见马来西亚总理纳吉布、最高元首哈利姆和上议长阿布·扎哈尔，并出席马中关丹产业园启动仪式。

5 日　菲律宾亚典耀大学孔子学院为其编辑出版的《菲律宾中国国画》画册举行发布会。

7～18 日　“金色眼镜蛇”联合军事演习在泰国清迈举行。美国、泰国、印度尼西亚、新加坡、日本、韩国、马来西亚等 7 个国家的 1.1 万军事人员参加，中国、俄罗斯等 8 个观察员国派员观摩。

8 日　中国自主研发的风能机器人“极地漫游者”在南极成功投入使用。该技术的运用在国际尚属首次。

10 日　东盟地区自然灾害应急实地演练（ARDEX 13）计划会议在越南举办。

11 日　日本媒体披露该国计划向菲律宾捐赠一批巡逻船（每艘造价 1100 万美元），相关费用拟列入 2013 年财政预算支出。菲律宾官方主办的菲新社此前也曾披露日本拟出资为菲海岸警卫队提供 10 艘巡逻船的消息。

13 日　泰国媒体报道，近百名携带枪支和炸药的武装分子袭击陶公府一处海军基地。泰国军方成功反击，打死恐怖武装分子 17 名，其中包括直接策划陶公府教师遇害案的南部恐怖袭击团体非常重要人物。

15 日　新加坡《联合早报》报道，新加坡文化、社区及青年部代部长黄循财在新加坡沦陷纪念日参加第 46 届悼念日本占领时期死难人民祭礼后，向媒体宣布“日本占领时期死难人民纪念碑”列为新加坡第 65 个国家古迹。

19～20 日　以“东盟—印度：合作伙伴共创繁荣愿景”为主题的第 5 届东盟—印度对话会议在印度新德里召开，东盟各国、印度的领导人及相关政府官员、专家出席会议。

21 日　中国国务院总理温家宝前往柬埔寨太皇西哈努克生前在北京的住所，看望太后莫尼列和国王西哈莫尼。

22～26 日　越南政府副总理、越老合作分委会主席阮春福访问老挝，并与老挝高层人员出席芒科—西庄 2E 公路项目交接仪式和糖厂、乳胶厂竣工仪式，参观一批经济、文化基地。

24 日　文莱外交与贸易部部长穆罕默德亲王应中国外交部部长杨洁篪邀请正式访华。

25 日　中共中央总书记习近平在北京会见中国国民党荣誉主席连战及随访的台湾各界人士。习近平在会见时强调，继续推动两岸关系和平发展、促进两岸和平统一，是新一届领导集体的责任，同时有充分信心继续坚定不移地推动两岸关系和平发展，有充分信心克服各种困难开辟两岸关系新前景，有充分信心同台湾同胞携手迎接中华民族伟大复兴。

25～28 日　缅甸总统吴登盛访问挪威、芬兰、奥地利、比利时、意大利等国。吴登盛此行成为欧洲国家数十年以来迎来的第一位缅甸领导人。

3 月

1 日　制造震惊中外“湄公河惨案”的糯康、桑康·乍萨、依莱、扎西卡等 4 名罪犯，在中国昆明被执行死刑。

△美国海军首艘近海战斗舰 LCS－1 自由号部署新加坡。

3 日　泰国总理英拉出席在曼谷召开的联合国《濒危野生动植物种国际贸易公约》第 16 届缔约国大会，并在开幕式上表示泰国将修订法律，全面禁止象牙及象牙制品交易。

4 日　中共中央政治局委员、中央书记处书记、中宣部部长刘奇葆在北京会见以老挝人民革命党中央书记处书记、中宣部部长兼国家社会科学委员会主席征·宋本坎为团长的老挝国家社会科学委员会代表团。

6～9 日　第 19 届东盟经济部长级非正式会议在越南河内举行。

8～9 日　第 12 次东盟—欧美经济部长磋商和第 3 次东盟—欧盟商务峰会在越南河内举行，会议一致通过 2013～2014 年东盟—欧盟经贸与投资合作计划，同意按计划定期举行对话、磋商及合作活动，以推动双方经贸、投资合作。

10 日　缅甸最大反对党全国民主联盟举行首次全国代表大会，昂山素季在会上当选连任党主席。

△中国国务院机构改革和职能转变方案公布。根据方案，共减少正部级机构 4 个，撤销 7 个，新组建 3 个。

12～15 日　越南政府总理阮晋勇应老挝政府总理通邢的邀请，访问老挝并主持第 7 届柬埔寨—老挝—越南发展三角峰会及出席在万象举行的第 6 届柬埔寨—老挝—缅甸—越南合作峰会及第 5 届洛瓦底江—湄南河—湄公河经济战略合作会议。

13 日　菲律宾新任驻中国大使巴西里奥宣誓就职。

14～16 日　中国第十二届全国人大一次会议第四、五、六次全体会议选举产生新一届国家领导人。习近平当选国家主席、中央军事委员会主席，李源潮当选国家副主席，张德江当选全国人民代表大会常务委员会委员长；决定李克强为国务院总理，张高丽、刘延东、汪洋、马凯为国务院副总理。

14～15日 越南国家主席张晋创、老挝国家主席朱马利、新加坡总统陈庆炎、新加坡总理李显龙、柬埔寨国王西哈莫尼、缅甸总统吴登盛、文莱苏丹博尔基亚、马来西亚总理纳吉布等东盟国家领导人，分别电贺习近平当选中国国家主席。

19日 美国国防部副部长阿什顿·卡特访问菲律宾。

21日 中共中央总书记、国家主席习近平应约与越共中央总书记阮富仲通电话，就巩固和发展中、越两党两国关系为两国人民造福相互交流。

22日 缅甸总统吴登盛宣布密铁拉等4个中部城镇进入紧急状态，实施军事管制，由军队接管治安；原因是密铁拉发生针对人和财产的打砸并造成数十人在骚乱中丧生、多座清真寺和数十间店铺房屋遭焚烧的事件。

23～30日 中国国家主席习近平访问俄罗斯和坦桑尼亚、南非、刚果共和国，并出席金砖国家领导人第5次会晤。22日，习近平在莫斯科国际关系学院发表题为《顺应时代前进潮流 促进世界和平发展》的重要演讲，呼吁各国共同推动建立以合作共赢为核心的新型国际关系，强调中国坚定不移走和平发展道路，坚定不移发展中俄全面战略协作伙伴关系。

26日 针对越南渔船QNg96382再次进入西沙海域捕捞被驱赶事件，中国外交部发言人洪磊当天表示中方采取的行动必要、正当。据核实，行动并没有造成越方渔船任何损伤。

△马来西亚兰卡威国际海事与航空展开幕，美国、俄罗斯、新加坡、泰国、法国等31个国家和地区的参展商参展。

27日 俄罗斯《军工信使》周刊报道，2012年东南亚国家武器进口规模比2008年增长169%，而且大量采购常规潜艇等各种海军武器装备及能够杀伤海上和地面目标的两用武器。

△俄罗斯军事工业综合体网站报道，俄泽廖诺多利斯克造船厂将再为越南建造两艘出口型的11661E型“猎豹-3.9”级护卫舰。

28日 凤凰网报道，中国、老挝、缅甸、泰国执法部门在北京启动湄公河流域“平安航道”联合扫毒行动，以震慑湄公河金三角地区的毒品犯罪，探索用制度方式维护好湄公河流域的长治久安。

4月

1日 中国国务委员杨洁篪、外交部长王毅在北京分别会见文莱外交与贸易部第二部长林玉成。

△中国国防科技信息网报道，俄罗斯为越南建造的6艘636M型“阿尔罗萨”级柴电潜艇的首艇将如期于年内交付使用。

1～5日 新加坡总理李显龙访问美国。

2日 中国国务院总理李克强应约同泰国总理英拉通电话。英拉祝贺李克强就任中国国务院总理。

△第17届东盟财政部长会议、东盟央行行长会议在文莱举行。会议重点讨论东盟金融合作和货币政策。

△柬埔寨军方在磅士卑省举行自内战结束以来的首次大规模公开军事演习。

4日 中国驻越南大使馆全体馆员、驻越中资机构代表和长期从事对华友好工作的越方人士一行前往越南安沛省安平县，缅怀长眠于此的242名援越抗美中国烈士。

4～7日 文莱苏丹博尔基亚对中国进行国事访问。其间，中国国家主席习近平与文莱苏丹举行会谈，决定将双方关系提升为战略合作关系。会后发表《中华人民共和国和文莱达鲁萨兰国联合声明》。

5日 中国国家主席习近平在中国三亚市与缅甸总统吴登盛举行会谈。

5～17日 菲律宾和美国第29次“肩并肩”联合军演在苏比克湾等地举行，约8000名菲、美官兵参与演习。

6～8日 题为“携手共建美好未来”的东盟民间组织研讨会暨东盟人民论坛在文莱斯里巴加湾举行。

6～11日 泰国诗琳通公主应邀访问中国。

7日 东盟协调理事会工作小组第3次会议筹备会——东盟高级经济官员会议在文莱斯里巴加湾举行。

7～9日 柬埔寨首相洪森出席博鳌亚洲论坛年会期间，分别会见中国国家主席习近平、中国国务院总理李克强和全国人大常委会委员长张德江。

8～12日 首届东盟地区有机农业标准的专家专责工作小组会议暨第9届东盟园艺产品及其他农业产品专责小组会议在文莱斯里巴加湾举行。

9日 中国首个为南海海域及周边国家和地区服务的多语种广播——中国国际广播电台南海之声（FM101.0）正式开播。

9～11日 第9届东盟经济共同体理事会议、东盟外长会议、第9届东盟政治安全共同体委员会议、第12届东盟协调委员会等东盟部长级会议在文莱斯里巴加湾召开，为于4月24～25日召开第22届东盟峰会做准备工作。

16日 中国国务院副总理汪洋在北京会见到访的泰国副总理包巴索。

△中国外交部部长王毅会见到华出席第19次中国—东盟高官磋商的东盟国家高官和驻华使节。

20 日　中国四川省芦山县发生 7.0 级地震，震源深度 13 千米，震区严重受灾。

△越共中央总书记阮富仲、国家主席张晋创、政府总理阮晋勇、国会主席阮生雄分别致电中共中央总书记、国家主席习近平等中国领导人，对四川芦山地震造成灾害表示诚挚慰问。

21 日　美国海军钟云号导弹驱逐舰和救难者号打捞救助船靠泊越南岘港市仙沙港，开始为期 5 天的对越访问与交流。

21～28 日　泰国国会主席兼下议院议长颂萨率国会代表团对中国进行正式友好访问。

22 日　文莱苏丹博尔基亚就中国四川省芦山县 7.0 级强烈地震分别致电中国国家主席习近平和国务院总理李克强，对中国政府和人民表示慰问和支持。

△越南工贸部与中国商务部在越南河内签署《农产品贸易合作备忘录》。

△欧盟成员国外长卢森堡会晤决定取消对缅甸实施的除武器禁运以外的全部制裁。

25 日　中国十二届全国人大常委会第二次会议表决通过《中华人民共和国旅游法》。该法自 2013 年 10 月 1 日起施行。

27 日　中国人民解放军副总参谋长戚建国中将在北京与到访的菲律宾国防部副部长埃斯库埃塔举行防务安全磋商。

△中国与文莱、老挝科技部签署科学技术合作谅解备忘录，共同推动北斗卫星导航系统应用。

30 日　缅甸宣传部网站报道，缅政府当日批准包括美国《国际先驱论坛报》等 10 家私营日报在内的外国英文报纸出版发行。这是缅甸首次批准外国英文报纸在缅出版。

5 月

1 日　泰国总理英拉在曼谷会见到访的中国外交部部长王毅。

△在越、美扩大合作研讨会上，越南外交部副部长范光荣称湄公河下游倡议日益呈现多样化发展趋势，规模不断扩大，体现了美国与东盟所作出的努力。

△应印度尼西亚外交部部长马尔迪邀请，中国外交部部长王毅开始对印尼进行访问。

2 日　缅甸总统吴登盛正式辞去联邦巩固与发展党主席职务，由联邦议会人民院原议长吴瑞曼接任该职。

2～3 日　第 26 次东盟—美国对话会在美国华盛顿举行。

3 日　越南政府总理阮晋勇会见到访的中国人民政治协商会议全国委员会副主席、澳门特区前行政长官何厚铧。

△新加坡总理李显龙会见到访的中国外交部部长王毅。

△中国最高人民法院、最高人民检察院发布《关于办理危害食品安全刑事案件适用法律若干问题的解释》，首次明确生产、销售不符合安全标准的食品罪和生产销售有毒、有害食品罪的定罪量刑标准。

4 日　文莱苏丹博尔基亚在斯里巴加湾皇宫会见到访的中国外交部部长王毅。

6 日　马来西亚选举委员会公布投票结果：马来西亚国民阵线获得 222 个国会下议院议席中的 133 席，获得继续执政资格。

△为期 3 天，以“保护我们的人民、保护未来”为主题的第 7 届东盟国防部长会议在文莱召开。

7 日　中国国务院新闻办公室发布消息：中国与南亚经贸合作暨首届中国南亚博览会定于 6 月 6～10 日与第 21 届昆交会同期举办。

7～8 日　第 3 次中国—东盟国防部长会晤在文莱举行，中国、东盟 10 国的防务部门领导人和东盟秘书处负责人出席。

8 日　《中国海洋发展报告》举行首发仪式。首发仪式上首次公布中国于 1990 年 3 月 31 日留在黄岩岛上的大地测量标识照片，进一步完善中国对黄岩岛持续不断行政管辖的历史记录。

10 日　中国外交部发言人就菲律宾渔政船射杀中国台湾渔民事件表示，中方对此严重关切，对开枪射杀台湾渔民的野蛮行径表示强烈谴责，要求菲方立即进行调查，并尽快作出说明。

△中国海军首支舰载航空兵部队正式组建，标志着中国航母部队战斗力建设进入新的发展阶段。

10 日　全球第一个海上园林博览会——2013 中国锦州世界园林博览会开幕。

10～11 日　越中双边合作指导委员会第六次会议在北京举行。双方重申将认真落实有关共识和《关于指导解决中越海上问题基本原则协议》，坚持通过友好协商与谈判和平解决争议；同意全面有效落实《南海各方行为宣言》，共同维护南海和平与稳定。双方签署《越中文化协定 2013～2015 年执行计划》、《越中 2012～2016 年经贸合作 5 年发展规划》等重点合作项目清单谅解备忘录。

10～12 日　以“加强矿产技术合作，推动矿业科学发展”为主题的中国—东盟矿业合作论坛暨推介展示会在中国南宁举行。

12～15 日　越南政府总理阮晋勇访问俄罗斯。其间，阮晋勇前往加里宁格勒参观俄罗斯为越南海军制造并进行海试的潜艇。

13 日　首届东盟地质矿产国际研讨会在越南巴地头顿省头顿市举行。

15 日　马来西亚总理纳吉布宣布新一届内阁成员名单：慕尤

丁连任政府副总理，新内阁从25个部门减至24个，正副部长人数减少11人。

15～16日　第9届亚洲国际海防展览会在新加坡举行。

20日　缅甸总统吴登盛访问美国，在白宫会晤美国总统奥巴马。吴登盛此行成为1947年以来缅甸国家元首首度访美。

21日　菲律宾总统阿基诺三世在海军建军115周年纪念仪式上宣布，国家拨款750亿比索实施军事现代化计划，用以提高保卫领海的能力。

23～24日　东盟与中、日、韩10+3高官会，东亚峰会高官会和东盟地区论坛高官会在文莱斯里巴加湾举行。

24日　日本首相安倍晋三开始对缅甸进行为期3天的访问。这是自1977年以来日本首相第一次访问缅甸。

27日　美国"万事达卡"公司在泰国曼谷发布新一期世界热门旅行目的地指数报告并向曼谷颁发冠军奖杯。

△中国工商银行新加坡分行启动离岸人民币清算业务，新加坡成为继中国香港和中国台湾之后，第三个发行人民币离岸债券的市场。

31日　第12届香格里拉对话会在新加坡开幕。来自亚太以及区外等20多个国家和地区的防务高官、学者热议区域安全并举行双边或多边会谈。

6月

2～8日　老挝国会主席巴妮·亚托杜应中国全国人大常委会委员长张德江邀请，率国会代表团对中国进行友好访问。

3日　中国—东南亚民间高端对话会在中国南宁举行。

3～5日　第27届亚太圆桌会议在马来西亚吉隆坡举行。来自东盟、中国、日本、俄罗斯、美国等国的官员和专家学者就地区事务和政策等议题展开讨论。

5日　中越第4次国防部防务安全战略磋商在中国北京举行。

6日　访问中国云南省并出席中国—南亚博览会和2013年昆交会的越南政府副总理武文宁在昆明会见中国国务院副总理马凯。

8日　印度4艘军舰访问越南并与越方海军在南海附近举行联合搜救演习。

10日　越共中央总书记阮富仲在河内会见参加第8次中国广西(越南)商品博览会的中共中央委员、广西壮族自治区委员会书记彭清华。

△《雅加达邮报》报道，印尼海军参谋长马赛迪约宣布将在印尼廖内群岛省建造1个新海军基地，以加强印尼前沿岛屿和边境的安全。

10～11日　越南第十三届国会第五次会议首次对越南国家主席、政府总理、国会主席、各部部长、国会各委员会负责人等立法、司法、行政最高级官员进行信任投票。投票结果显示，国会副主席阮氏金银(女)获得最多信任票，央行行长阮文平"最不值得信任"，总理阮晋勇也在信任度较低官员之列。

12日　菲律宾总统阿基诺三世在菲独立115周年纪念活动上发表演说称，未来5年内将投入750亿比索用于军事现代化建设。

13日　柬埔寨首相洪森在首都金边会见率中国广西代表团访问柬埔寨的中共广西壮族自治区委员会书记、自治区人大常委会主任彭清华一行。

17日　印尼总统苏西洛在雅加达会见率中国广西代表团访问印尼的中共广西壮族自治区委员会书记、自治区人大常委会主任彭清华一行。

△10+8东盟防长扩大会机制首次人道主义援助救灾和军事医学联合演练在文莱举行。

19～21日　越南国家主席张晋创应中国国家主席习近平邀请，对中国进行国事访问。两国元首在会谈后共同出席《中越两国政府落实中越全面战略合作伙伴关系行动计划》等多项合作文件签字仪式。

24日　缅甸总统吴登盛在内比都会见到访的中国国务委员杨洁篪。

25日　搭载200多名官兵的越南海军丁先皇号和李太祖号护卫舰编队开始对中国南海舰队进行为期4天的友好访问。

26日　中国中央军委副主席范长龙在北京会见到访的泰国武装部队最高司令塔纳萨一行。

27日　美国与菲律宾在吕宋岛与黄岩岛之间的海域进行"克拉2013"联合海军军事演习。菲律宾海军发言人法比克军演前表示，为期一周的演习在黄岩岛以东约108千米的海域举行。美国、孟加拉国、文莱、柬埔寨、印度尼西亚、马来西亚、新加坡、菲律宾、泰国等国海军参加。

27日　正在菲律宾访问的日本防相小野寺五典与菲国防部部长加斯明举行会谈，表示为抗衡正在不断强化海洋战略的中国，日、菲两国应以美国为后盾牵制中国。中国外交部发言人华春莹28日在北京表示，中方反对有关国家拉帮结派，误导国际舆论。

30日　第46届东盟外长会议、第14届东盟与中日韩10+3外长会议在东盟轮值主席国文莱举行。

文　献

重 要 文 件

中华人民共和国和印度尼西亚共和国联合声明

（2012年3月24日，北京）

一、应中华人民共和国主席胡锦涛阁下的邀请，印度尼西亚共和国总统苏西洛·班邦·尤多约诺阁下于2012年3月22日至24日对中国进行国事访问。

二、中国政府和人民给予苏西洛总统及印尼代表团热情友好接待，高度评价苏西洛总统此访对深化中印尼战略伙伴关系的重要意义。

三、苏西洛总统对胡锦涛主席和中国政府与人民在其访问期间给予他和印尼代表团热情款待表示衷心感谢，这彰显了两国和两国人民间的持久友谊和全面合作。

四、访华期间，胡锦涛主席在北京同苏西洛总统举行了会谈，全国人大常委会委员长吴邦国和国务院总理温家宝分别会见了苏西洛总统，中共中央政治局常委李长春与苏西洛总统共同会见了两国青年代表，苏西洛总统还同中国知名企业家代表见面。中国清华大学向苏西洛总统授予荣誉博士学位，表彰他领导印尼为促进本国经济发展和本地区和平、稳定与发展所发挥的作用。

五、在会谈会见中，两国领导人对中印尼自2005年4月25日建立战略伙伴关系以来各领域合作取得的进展表示满意。双方承诺将中印尼战略伙伴关系提升到更高水平。

政治、防务和安全领域

六、双方重申将继续奉行相互尊重主权、独立和领土完整的原则。苏西洛总统重申印尼坚持一个中国政策，支持两岸关系和平发展和中国和平统一大业。胡锦涛主席赞赏印尼方立场，重申中国尊重和支持印尼为维护国家统一和领土主权完整所作的努力。

七、双方一致认为，应保持两国高层密切协调和磋商，继续完善现有各层级对话机制。2012年2月28日，中国国务院国务委员戴秉国与印尼政治法律安全统筹部长苏扬托在北京一致同意将双边副总理级对话机制会议由两年一次增加为一年一次，两国领导人对此表示赞赏。双方还表示，将根据两国关系发展需要，积极探讨进一步充实该机制对话的内容。双方欢迎两国外交部长尽早共同主持召开双边合作联委会第二次会议。

八、在防务安全领域，双方欢迎并支持两国安全防务部门加强沟通与合作，同意推动落实联演联训、国防工业以及非传统安全领域的合作。中方欢迎印尼成立和平安全中心，表示愿积极支持在该中心设立汉语中心。

九、双方高兴地看到，两国在司法、执法领域合作取得进展，一致认为双方应积极推动《中国和印尼引渡条约》尽早生效，两国执法部门应进一步密切高层互访和业务团组交流，深化在打击跨国犯罪和恐怖主义、禁毒、执法能力建设领域以及在情报信息交流、案件协查、缉捕和遣返犯罪嫌疑人等方面的高效、务实合作，共同维护两国国内安全和社会稳定。

经济发展领域

十、双方对两国经济合作稳步推进表示满意，同意继续致力于扩大和深化双边经贸合作。双方还同意进一步发挥好现有中印尼经贸联委会机制作用，积极推进两国各类经济合作机制建设，并在必要时就经济事务举行更高级别的双边磋商，共同推动中印尼经贸合作长期健康顺利发展。

十一、在贸易领域，两国领导人高兴地看到，近年来双边贸易额稳步上升，对双方在2015年前实现800亿美元贸易目标表示乐观。双方重申愿继续加快实现双边贸易顺利、平衡、可持续发展进程。

十二、在投资领域，双方将继续鼓励两国企业增加和拓展双向投资。苏西洛总统欢迎中国企业在印尼增加投资，参与印尼产业能力建设。

十三、在基础设施领域，中方重申将继续参与印尼基础设施发展项目，特别是印尼2011～2025年经济发展总体规划包括的项目。

十四、在经贸规划合作方面，双方同意结合中国“十二五”规划和印尼2011～2025年经济发展总体规划共同编制《中印尼经贸合作五年规划》。两国经贸部门于2012年3月15日至16日召开中印尼经济合作工作组第一次会议，正式启动规划编制工作。

十五、在工业领域，双方同意全面积极落实两国在2006～2011年签署的各项产业合作协议。

海上合作领域

十六、双方积极评价两国在海洋领域进行富有成效的合作，欢迎两国签署海上合作谅解备忘录，同意成立海上合作委员会并启动两国海上合作基金。

十七、双方承诺继续加强在航行安全、海上安全、海军合作、海洋科研环保、海上搜救、船舶建造、海上能力建设和渔业等领域的合作，继续加强在国际海事组织等国际场合的协调与配合。双方同意共同推进“蓝色经济”，继续支持中印尼海洋与气候中心开展互利合作项目。

科技领域

十八、双方同意进一步发挥好两国科技联委会作用，不断深化在信息通信、农业、海洋渔业、生物科技和生物医药技术等领域的合作。

十九、中方感谢印尼长期支持中国远望号航天测量船赴印尼相关海域实施北斗导航卫星发射海上测控任务，重申将进一步加强两国航天合作，支持印尼航天技术发展。

粮食、水和能源安全

二十、双方对自然灾害和部分地区不断加剧的政治经济动荡给全球粮食、水和能源安全带来的影响深表关注。双方重申将继续加强双边合作与协调，共同应对粮食、水和能源安全问题。

二十一、在农业领域，双方同意加强在粮食生产及农产品质量安全领域的合作，并积极探讨在两国农业部2001年签署的农业合作谅解备忘录框架下开展务实合作。

二十二、在能源领域，鉴于平价的能源供应是两国实现可持续发展的必要条件，双方认为有必要保证能源安全。因此，双方同意进一步发挥好两国能源论坛作用，巩固和拓展在油气、矿产和电力等领域的合作，积极探讨开发新能源和可再生能源的合作机会。印尼方向中方介绍了印尼为完善矿产资源管理所作的努力，期待中国企业增加对印尼矿业的投资，并承诺将继续为包括中国投资者在内的外国投资者营造更加有利的投资环境。

二十三、在水安全领域，双方同意加强在水资源可持续管理、综合性水利枢纽开发、涉水灾害防御以及水处理方面的合作。

社会和文化领域

二十四、双方高兴地看到，两国在文化、教育、科技、旅游、档案和青年交流领域的合作取得进展，一致认为加强上述领域的合作将进一步深化相互了解与信任。

二十五、在文化领域，双方认为应进一步加强合作，促进两国文化产业方面的交流。双方同意建立两国部长牵头的人文交流合作机制。

二十六、在教育领域，双方积极评价孔子学院和印尼研究中心为促进中印尼文化交流和加强两国语言培训发挥的作用，表示将进一步加强两国教育机构间的合作，继续加强两国学生和教师交流。

二十七、在青年交流领域，双方欢迎2012年开展100名青年交流互访项目，并支持继续开展这一项目。

二十八、在旅游领域，双方认为两国在旅游领域合作潜力巨大，鼓励两国相关机构包括私营部门加强合作，增加互访游客人数，扩大对旅游业的投资，为两国游客提供便利。

二十九、在档案领域，双方同意进一步加强在文化遗产、历史文献和文献保护领域的合作。

国际和地区事务

三十、两国领导人还就共同关心的国际和地区问题交换意见，强调两国更紧密的伙伴关系对加强多边主义、促进地区和国际和平、稳定与经济发展具有重要意义。双方赞赏并相互支持彼此在全球和本地区发挥更大作用，重申加强伙伴关系，在双方共同关心的国际和地区问题上保持协调与配合，共同致力于本地区乃至世界的和平、稳定与繁荣。

三十一、两国领导人强调，中国和印尼有必要在以东盟为主导的地区合作框架下加强配合与协调。2011年中国和东盟共同庆祝建立对话关系20周年，双方高度评价中国—东盟战略伙伴关系取得的成就，承诺将推动中国—东盟自贸区建设、互联互通取得积极成果，不断拓展和深化中国同东盟在政治、安全、经济和社会文化等领域的合作。中方重申将坚定支持东盟一体化和共同体建设，支持东盟在区域合作中发挥主导作用，尊重各方在10+3、东亚峰会上达成的共识，包括《东亚峰会互利关系原则宣言》。

三十二、双方强调，各方已就《南海各方行为宣言》后续指针达成一致，这有利于继续维护南海地区和平、安全和稳定。各方应继续确保全面有效地落实《南海各方行为宣言》，用好中国—东盟海上合作基金，加强务实合作，并朝着在协商一致基础上最终制定“南海行为准则”而努力。

三十三、双方一致认为，建立东南亚无核武器区对维护本地区的和平和稳定具有重要意义。双方愿共同努力，推动《东南亚无核武器区条约》议定书早日签署。

三十四、双方支持有关各方推进六方会谈进程，全面均衡落实9·19共同声明所确定的各项目标。

三十五、双方欢迎缅甸取得的积极进展，强调保持这一势头具有重要意义，呼吁西方国家解除对缅甸的经济制裁，相信这将有助于缅甸促进社会和经济发展。

三十六、关于地区经济一体化，双方强调，本地区国家间加强互联互通和开展密切、互利、可持续的贸易与投资合作具有重要意义，双方将为此加强协调与合作。

三十七、双方对近期中东和北非局势表示关注，呼吁冲突各方立即停止一切暴力行动，通过包容性和平对话和政治协商寻求各方均可接受、反映各派意愿的解决办法。双方强调应根据《联合国宪章》的宗旨和原则以及相关国际法和国际准则实现上述目标。

三十八、双方对霍尔木兹海峡持续的紧张局势造成的影响深表关注，认为油价上涨将导致通胀压力上升，进而加剧发展中国家贫困问题，还将进一步恶化许多国家业已存在的高通胀问题。双方呼吁国际社会敦促有关各方保持最大限度的克制，采取措施缓解该地区紧张局势。

三十九、双方讨论了欧元区主权债务问题及其对全球经济的负面影响，承诺在这一问题上加强双边和包括国际货币基金组织、20国集团、亚欧会议在内多边合作框架下的协调与合作。双方还将继续呼吁维护发展中国家的发展权。

四十、中方表示将全力支持印尼担任2013年亚太经合组织东道主。双方承诺将加强协调与配合，致力于实现茂物目标，并继续维护开放性地区主义，在发展中经济体和发达经济体制定的不同时间表内，继续保持本地区开放、自由的贸易和投资势头。考虑到各经济体发展程度不同，双方重申将加强合作，进一步加强经济技术合作，全面实现茂物目标。

四十一、会谈结束后，胡锦涛主席和苏西洛总统出席了下列合作文件的签字仪式：

（一）《中华人民共和国政府和印度尼西亚共和国政府海上合作谅解备忘录》

（二）《中华人民共和国政府和印度尼西亚共和国政府关于加强禁毒合作的谅解备忘录》

（三）《中华人民共和国国家档案局和印度尼西亚共和国国家档案馆档案合作谅解备忘录》

（四）《中华人民共和国海关总署和印度尼西亚中央统计局关于对外货物贸易统计数据交换的谅解备忘录》

（五）《中华人民共和国国家旅游局和印度尼西亚共和国旅游与创意经济部关于中国公民赴印度尼西亚旅游实施方案的谅解备忘录修订案》

（六）《中华人民共和国国家海洋局和印度尼西亚共和国海洋与渔业部关于发展中国—印尼海洋和气候中心的安排》

四十二、双方对苏西洛总统此次国事访问的成果表示满意，相信此访将为进一步增进双边关系、加强两国合作和提升中印尼战略伙伴关系奠定坚实基础。

中华人民共和国和柬埔寨王国联合声明

一、应柬埔寨国王诺罗敦·西哈莫尼邀请，中华人民共和国主席胡锦涛于2012年3月30日至4月2日对柬埔寨王国进行国事访问。访问期间，胡锦涛主席分别会见了柬埔寨国王诺罗敦·西哈莫尼、参议院主席谢辛亲王、国会主席韩桑林亲王和首相洪森亲王。双方在亲切友好的气氛中就双边关系及共同关心的国际和地区问题深入交换意见，达成广泛共识。

二、双方相互通报了各自国内形势。中方对柬埔寨人民在西哈莫尼国王和以洪森首相为首的王国政府领导下，在维护国家稳定，促进经济发展，拓展对外交往等方面取得的显著成就表示祝贺。柬方高度评价中国改革开放和现代化建设取得的成就，相信中国的发展有利于促进本地区和世界的和平、稳定与发展。

三、双方一致认为，自1958年7月19日两国建立外交关系以来，由毛泽东主席、周恩来总理等中国老一辈领导人和诺罗敦·西哈努克太皇共同缔造和精心培育的中柬传统友谊历久弥坚，不断发扬光大。近年来，双方领导人保持密切交往，政治、经济、社会、文化等各领域友好交流与合作全面推进，建立了全面战略合作伙伴关系，中柬关系步入了新的历史发展时期。

双方认为，在国际和地区形势深刻复杂变化背景下，中柬两国深化战略互信，密切务实合作，不断丰富全面战略合作伙伴关系内涵，具有重要的现实意义和长远的战略意义，符合两国和两国人民的根本利益，有利于本地区的和平、稳定与发展。

四、为进一步增进两国人民间的深厚友谊，全面扩大和深化两国各领域友好交流与合作，双方同意加紧制定落实中柬全面战略合作伙伴关系的行动计划，并就以下内容达成一致：

（一）保持高层互访和交往的良好传统，两国领导人将继续通过双边互访、多边场合会晤等灵活多样的形式进行经常性接触，就双边关系和国际地区问题及时交换意见，加强战略沟通，牢牢把握中柬友好合作关系的正确方向。

（二）充分肯定党际交流合作对推动中柬全面战略合作伙伴关系健康稳定发展的重要意义，同意根据独立自主、完全平等、互相尊重、互不干涉内部事务四项原则和两国执政党交流合作备忘录，保持两党领导人互访，增进相互了解与信任，交流借鉴治国理政经验。

（三）从战略高度重视和深化中柬经贸合作，本着"平等互利、注重实效、优势互补、共同发展"的原则，进一步提升两国经贸合作规模、质量和水平。

第一，结合各自国家经济发展战略，加强对双方务实合作的统筹规划，促进两国经贸合作持续健康发展。双方一致同意，2017年两国贸易额将达到50亿美元，在现有的25亿美元基础上实现翻一番。

第二，加强协调配合，抓紧落实现有经贸合作项目。中方愿继续为柬埔寨国家建设提供力所能及的经济援助，根据平等互利原则，支持柬埔寨交通、能源、通信、水利等基础设施建设。

第三，探索新型合作模式，采取多种形式增进合作效益。中方积极支持有实力、信誉好的中国企业在基础设施、农业、工业、旅游和合作区建设等重点领域与柬方加强合作。

第四，访问期间，双方签署了《中柬经济技术合作协定》等合作文件。

（四）深化两军合作，保持两国防务部门和军队各层级人员往来，密切开展军事训练、人员培训、院校建设、后勤保障等领域合作。

（五）进一步深化两国执法安全领域合作，加强执法部门高层互访和业务团组交流，推进在打击跨国拐卖人口犯罪和电信诈骗犯罪、打击恐怖主义、禁毒、执法能力建设领域以及在案件协查等方面的高效、务实合作，共同维护两国国内安全和社会稳定，为本地区的和平与安宁作贡献。

（六）充分发挥各领域对口合作机制的作用，进一步扩大科技、教育、文化、卫生、传媒、体育等各领域友好交流与合作。双方决定，将2013年中柬建交55周年确定为"中柬友好年"，共同举办内容丰富、形式多样的庆祝活动，扩大人文交流和民间往来。加强青少年友好交往，培养中柬友好接班人，夯实两国友好的民意基础，使两国永做好邻居、好朋友、好兄弟、好伙伴。

（七）柬方重申继续坚定奉行一个中国政策，承认中华人民共和国政府是代表全中国的唯一合法政府，台湾是中国领土不可分割的一部分，反对任何形式的"台湾独立"，继续支持两岸关系和平发展和中国的和平统一大业。中方对柬方的理解和支持表示高度赞赏。

（八）进一步加强在联合国、亚欧会议等多边论坛中的协调配合，共同维护广大发展中国家的利益。

五、中方支持柬方作为今年东盟轮值主席国为推动东亚合作所做努力。双方重申，将进一步加强在东盟与中日韩、东亚峰会、大湄公河次区域经济合作等区域合作机制中的密切合作，坚持东盟在区域合作中的主导地位，支持将发展作为区域合作的主题，共同推动东亚合作健康发展，为维护地区稳定、缩小发展差距、促进共同繁荣作出更大贡献。

六、双方愿密切配合，在中国—东盟建立对话关系20年来业已取得的丰硕成果的基础上，不断拓展和深化中国同东盟在政治、安全、经济、互联互通、社会文化及国际地区事务中的合作，将中国—东盟战略伙伴关系推向新的高度。

七、双方同意进一步加强在东盟地区论坛、东盟防长扩大会等地区安全对话与合作机制中的协调配合，共同推动相关机制继续坚持东盟主导、协商一致、不干涉内政、照顾各方舒适度等行之有效的原则，深化"建立信任措施"（CBM），重点在非传统安全领域开展合作。双方重申支持建立东南亚无核武器区,愿共同努力,推动《东南亚无核武器区条约》议定书尽早生效。

八、双方认为,中国和东盟国家应继续遵循《南海各方行为宣言》的宗旨和精神,充分发挥《指针》等现有各机制的作用,推动全面落实《南海各方行为宣言》,办好年内举办的纪念《南海各方行为宣言》签署10周年研讨会。大力推进南海务实合作,共同维护南海和平稳定,使南海成为中国与东盟国家之间的和平之海、友谊之海、合作之海。

九、双方一致认为,胡锦涛主席对柬埔寨的国事访问取得了圆满成功,推动中柬全面战略合作伙伴关系迈上了新的台阶,具有重要的里程碑意义。胡锦涛主席对西哈莫尼国王以及柬埔寨政府和兄弟的柬埔寨人民所给予的隆重、热情和友好的接待表示衷心感谢,邀请西哈莫尼国王方便时再次访华,西哈莫尼国王对此表示感谢并愉快地接受了邀请。

2012年4月2日于金边

中华人民共和国和泰王国
关于建立全面战略合作伙伴关系的联合声明

应中华人民共和国国务院总理温家宝邀请,泰王国总理英拉·钦那瓦于2012年4月17日至19日率团对中华人民共和国进行正式访问。

访问期间,中华人民共和国主席胡锦涛、全国人大常委会委员长吴邦国分别会见英拉总理。温家宝总理同英拉总理举行会谈。中华人民共和国副主席习近平会见英拉总理。国务院副总理王岐山同英拉总理共同出席中泰企业家午餐会。双方就双边关系以及共同关心的地区和国际问题深入交换意见。会见、会谈气氛坦诚,富有建设性,成果丰硕。英拉总理对中国政府和人民的盛情款待表示感谢。

中国领导人高度赞赏普密蓬国王陛下、诗丽吉王后陛下以及其他王室成员长期以来对中泰友好关系的关心和支持,请英拉总理转达对国王和王后陛下的诚挚问候和良好祝愿。泰方对此表示感谢。

双方一致认为,此访进一步推动并提升了中泰战略性合作关系。会见、会谈结束后,双方达成以下共识:

一、双方重申继续推动两国关系深入发展的政治意愿,将根据双方1999年2月5日在曼谷签署的《中华人民共和国与泰王国关于二十一世纪合作计划的联合声明》、2001年8月29日发表的中泰关于战略性合作的联合公报以及此访期间于2012年4月17日签署的《中泰战略性合作共同行动计划(2012~2016)》,进一步推动落实各领域合作。

二、长期以来,建立在悠久历史文化紧密联系基础上的两国关系保持旺盛活力,合作成果丰硕,双方对此表示满意。双方一直为两国人民的福祉、两国的繁荣以及本地区的和平、稳定与发展等共同目标而坚持不懈地努力。

三、双方重申,两国的和平、稳定、繁荣与发展紧密相连,也与地区乃至全球变化中的地缘政治、地缘经济架构密切相关。双方认为,当前形势为两国进一步扩大合作带来了巨大发展潜力和机遇。为此,双方决定建立中泰全面战略合作伙伴关系。

四、双方重申,两国伙伴关系将继续以和平共处五项原则这一世界公认的国际法原则为指导,秉持友好和善意的精神。泰方继续坚持一个中国政策,承认中华人民共和国政府是代表全中国的唯一合法政府,承认台湾是中国领土不可分割的一部分,支持两岸关系和平发展。

五、双方认为,应进一步巩固并加强中泰副总理级经贸联委会、两国外交磋商、两国国防部年度防务安全磋商和中泰科技联委会等现有双边合作机制以及中国云南省、广东省和福建省厦门市同泰国建立的合作工作组的作用,支持两国更多省市缔结友好关系,不断推进双方全面战略合作伙伴关系,扩大两国共同利益,实现两国人民根本利益。

六、双方强调加强行政、立法、司法和政党等各领域、各层级互访交流的重要性。两国政府各部门应加强交流,增进相互理解和政治互信,推动双方合作取得更大更全面的发展。

七、双方对2011年12月22日在泰国曼谷签署《中华人民共和国政府和泰王国政府关于可持续发展合作谅解备忘录》表示欢迎,该备忘录包含的发展高速铁路和其他铁路系统、综合水资源管理体系、经济的清洁可再生替代能源和能效研发、教育和人力资源发展等方面合作,体现了两国间全面战略合作伙伴关系的内涵。

八、双方同意采取以下适当和必要的措施,共同推动两国全面战略合作伙伴关系不断发展:

(一)推动在传统和非传统安全领域的更广泛合作,打击恐怖主义、贩毒、贩卖人口、非法移民、电信诈骗和网络犯罪,加强湄公河执法安全合作。

(二)促进双边贸易便利化,争取到2015年实现双边贸易额1000亿美元目标。稳步推进在互利领域的双向投资。双方将继续推动使用本国货币用于贸易和投资结算,减少汇率风险对两国经贸合作的影响。

(三)积极推动陆路和水路交通合作,特别是湄公河航运和高速铁路建设合作,推进地区互联互通建设,包括东盟与外部的互联互通。双方同意利用好包括昆明至曼谷公路、南宁至莫拉限公路和南宁至纳空帕侬公路等现有连接中泰的陆路交通网络。

(四)推进两国旅游合作,提高旅游产品质量,推动环境友好型旅游产业发展。大力鼓励民间交往,夯实双边关系未来发展的根本和基础。

(五)在对方国家推广本国语言文化并设立文化中心,为在泰国的孔子学院和孔子课堂以及在中国的泰语角和泰语研究提供支持。在两国教育合作协议和相互承认高等教育学历和学位的协定框架下,加强双方学生交流以及在教育机构、汉语教学方面的合作,鼓励青年志愿者加强交流。

(六)加强农业、科技、海洋和环境领域合作,扩大双边农产品贸易,加强农业科技合作。进一步加强太阳能、风能和生物质能等清洁能源和能效领域的交流与合作。共同推动中泰气候与海洋生态联合实验室的建立和发展。

(七)加强在水资源管理、洪涝等灾害的防灾减灾以及灾后重建等领域的交流与合作。

(八)拓展卫生、体育领域合作,促进双方在医学研究、医药生产、传染病防控、应对突发公共卫生事件等方面的合作。

(九)中方重申支持东盟在区域合作进程中继续发挥主导作用,支持东盟为地区和平、稳定和繁荣作出更大贡献。泰国作为下一任中国—东盟关系协调国,将与中方密切合作,共同推动中国—东盟战略伙伴关系向前发展。泰国作为中国—东盟自贸区东盟方主席,将继续与中方密切合作,以实现本地区共同利益。双方将继续加强协调配合,在中国—东盟、东盟与中日韩10+3等机制框架下不断深化现有合作,推动东亚一体化进程。双方重申东亚峰会应坚持“领导人引领”的战略论坛性质,促进共识,循序渐进,照顾各方舒适度,重点关注共同关心的地区和国际问题。

(十)中方重申支持泰方关于发展10+3互联互通伙伴关系的倡议,愿同泰方密切配合,推动倡议落实。

(十一)双方积极评价2011年7月中国与东盟国家就落实《南海各方行为宣言》指针达成一致,并启动《宣言》框架下的合作。鼓励各方以《宣言》签署十周年为契机,抓住当前难得机遇,全面落实《宣言》,推进南海合作,使南海真正成为和平之海、友谊之海、合作之海。

(十二)继续推进大湄公河次区域经济合作,支持落实2011年12月通过的《大湄公河次区域经济合作新十年战略框架(2012~2022)》,为消除地区贫困、促进经济社会发展作出更大贡献。

(十三)进一步加强在联合国、世界贸易组织、亚太经合组织、亚欧会议、亚洲合作对话等其他国际和地区机制中的协调与配合。

九、泰方对中国政府和人民在2011年泰国发生特大洪灾期间给予泰方的资金和物资援助深表感谢。

2012年4月19日于北京

中华人民共和国和印度尼西亚共和国政府间双边合作联合委员会第二次会议联合新闻稿

(2012年8月10日,雅加达)

一、中华人民共和国外交部长杨洁篪和印度尼西亚共和国外交部长马蒂·纳塔莱加瓦于2012年8月10日在雅加达共同主持了双边合作联合委员会第二次会议。

二、两国外长在上午举行了小范围会谈,下午共同主持了双边合作联委会会议。杨洁篪外长还拜会了印度尼西亚共和国总统苏西洛·班邦·尤多约诺。

三、会议在富有建设性和友好的气氛中举行。两国外长对双边关系发展表示满意,强调把握机遇深化和拓展合作,将两国关系提升到更高水平具有重要意义。两国外长还就共同关心的国际和地区问题深入交换意见。

四、两国外长一致认为,2012年3月苏西洛总统对中国进行的国事访问,有力促进了两国源远流长的传统友谊和全方位合作。

五、双方重申将继续奉行相互尊重主权、独立和领土完整的原则。印尼方重申印尼坚持一个中国政策,支持两岸关系和平发展和中国和平统一大业。中方赞赏印尼方立场,重申中国尊重和支持印尼为维护国家统一和领土主权完整所作的努力。

六、两国外长表示将为实现两国领导人制定的2015年双边贸易额达到800亿美元的目标而努力,重申发展强劲、平衡、可持续双向贸易的重要性。两国外长还强调加强和拓展互利投资合作具有重要意义。

七、为推动双边防务安全合作,会议同意促进包括团组互访、机制性对话、联合演习、培训项目和国防工业在内的合作。

八、会议强调加强两国食品和能源安全、海上和航天合作的必要性。会议讨论了加强两国人文交流,促进教育、旅游、科技、文化、青年合作以及大熊猫与科莫多巨蜥合作研究。

九、两国外长对签署两国外交部相互培训外交官的安排表示欢迎。两国外长同意全面执行两国外交部关于互惠培训合作的谅解备忘录。

十、双方就亚太经合组织、东盟及相关事务以及联合国相关问题、朝鲜半岛局势、中东问题、巴厘民主论坛等议题交换了意见。

十一、中方支持东盟共同体建设和一体化进程,支持东盟互联互通,支持东盟在东亚合作中的主导地位。中国致力于加强与东盟战略伙伴关系,共同推动东亚合作进程。

十二、两国外长高度重视中国与印尼在国际和地区场合的长期紧密合作,重申双方将致力于共同为本地区和世界的和平、稳定与繁荣创造有利条件。

十三、维护南海和平稳定是本地区国家的共同责任。中国、印尼及其他东盟国家愿共同努力,全面有效落实《南海各方行为宣言》,增进互信,推动合作,共同维护南海和平稳定,按照《南海各方行为宣言》的原则和精神,在协商一致的基础上朝着制定“南海行为准则”而努力。

十四、最后,双方决定两国政府间双边合作联委会第三次会议将在中国举行,具体时间将通过外交渠道商定。

2012中国—东盟自由贸易区论坛主席声明

(2012年9月21日)

2012年9月21日,中国—东盟自由贸易区论坛在中国广西南宁举行。本届论坛由中国商务部、东盟10国经贸主管部门、东盟秘书处和广西壮族自治区人民政府共同主办。来自中国和东盟国家的领导人、政府官员、企业及学术界代表约1000人出席了论坛。本届论坛以“深度合作、持续发展——迈向更高水平的一体化”为主题,围绕如何加强各方在贸易、投资、经济一体化等领域的合作进行了广泛交流,取得了积极成果。

一、中国—东盟自由贸易区建设启动10年来成效显著。与会代表认为,中国—东盟自由贸易区建设启动以来,双边贸易增长迅速,相互投资不断扩大,各领域的交流与合作不断深化,给双方企业和人民带来了实实在在的好处,实现了互利共赢、共同发展的目标。

二、提升贸易便利化水平,推进货物贸易发展。与会代表认为,优化贸易程序,加强监管部门间沟通协调,提高通关效率和监管透明度,推动行业对接,创新贸易、投资促进机制,促进区域内生产要素流动,对扩大区域内货物贸易规模,实现双边贸易可持续发展具有重要意义。

三、共建各类合作园区,促进双向投资不断发展。与会代表认为,合作共建产业园区、经贸合作区、跨境合作区等各类园区,有利于扩大相互投资,促进各国产业升级和经济结构调整,推动区域经济发展。各国应积极创造有利于园区发展的良好环境,推动提供“单一窗口”服务,对园区建设提供时政、金融、税收、贸易等支持政策,努力把各类合作园区建成促进相互投资、深化中国东盟合作的新平台、新动力和新亮点。

四、加快服务贸易自由化,提升服务贸易水平。与会代表认为，发展服务贸易是促进各国产业优化升级的有效途径。双方应扩大服务贸易开放领域，降低市场准入门槛，加强服务贸易监管合作，创新服务贸易合作机制与发展模式，不断提升区域内服务贸易发展水平。

五、推进次区域合作，扩展自贸区合作内容。与会代表认为，次区域合作丰富了中国—东盟自由贸易区的内涵，促进了中国与东盟经贸合作的深化和提升。双方应以机制建设、平台搭建、项目合作和环境营造为重点，鼓励和引导企业积极参与，扎实推进大湄公河次区域合作、泛北部湾经济合作、东盟东部增长区等次区域合作。

六、加快互联互通建设，深化自贸区合作领域。与会代表认为，加快基础设施建设、实现互联互通已经成为中国—东盟自贸区各成员之间的共识，并开展了大量务实合作，取得丰硕成果。在中国—东盟自贸区框架内，双方将加强在交通、口岸、港口物流、通讯等基础设施建设方面的合作，共同推动国际运输通道网络建设不断取得新进展。同时，双方还将进一步加强海关、质检、标准互认等法规制度协调，促进人文交流，推进多领域、立体式互联互通合作。

七、深入探讨香港参与中国—东盟自贸区合作。与会代表探讨了香港以单独关税区身份加入中国—东盟自贸区的重要意义，认为香港的加入可以为自贸区增加新的活力，进一步便利双向贸易，拓展投资合作领域，促进产业融合，提升自贸区一体化水平。希望各方加快对香港加入中国—东盟自贸区的必要研究、评估和国内咨询工作，确保各方清楚地理解香港加入的影响，包括机遇和挑战。

八、对中国—东盟自贸区发展前景充满信心。与会代表认为，在各方的共同努力下，中国—东盟自贸区不仅能成为区域内各国共同繁荣与发展的美好家园，而且是推动东亚经济一体化的重要基础，在推动亚洲经济乃至世界经济的复苏中将发挥重要作用。

会议主办方对中国和东盟各国对本次论坛的积极参与表示感谢。与会各国代表对东道主的周到安排和热情接待表示感谢。

新起点，新发展：巩固二十年合作成果，提升未来合作水平

大湄公河次区域合作第18次部长级会议部长联合声明

（2012年12月12日）

中国　南宁

序言

1. 我们，大湄公河次区域（以下简称GMS）六国即柬埔寨王国、中华人民共和国、老挝人民民主共和国、缅甸联邦共和国、泰王国和越南社会主义共和国的部长于2012年12月12日齐聚中国南宁，出席GMS经济合作第18次部长级会议。我们审议了GMS经济合作的总体进展，并重点审议了GMS第四次领导人会议通过的《GMS2012～2022年合作战略框架》的实施进展情况，包括区域投资框架的筹备工作。区域投资框架将明确未来10年GMS经济合作的新项目和新举措。

GMS经济合作进展情况

2. 不久前，GMS经济合作刚刚举行了20周年庆祝活动。20年来，次区域发生了显著的变化，GMS经济合作机制在其中发挥了不小的作用。与1992年相比，GMS的经济发展实现了快速增长，部分国家的人均收入增长了10倍或以上，贫困发生率下降了1/3甚至更多，人类发展指数显著提升。GMS各成员国制定了推动交通和贸易便利化的各项措施，增强了各成员国在交通、信息通信、能源基础设施方面的联系。GMS各成员国奉行更加开放的贸易政策，区域内贸易额显著增加。最重要的是，GMS各成员国的友谊不断加深，使得我们更易携手合作，解决各成员国共同面临的问题。

3. 在过去20年成就的基础上，同时考虑到全球经济的不确定性及环境威胁等新挑战，2011年12月，GMS各成员国领导人在缅甸举行的GMS第4次领导人会议上通过了《GMS 2012～2022年合作战略框架》，并指示GMS各成员国部长负责监督制定出一个综合性的区域投资框架（以下简称RIF），确立一批新的适宜投资的项目，确保该框架得到有效实施。

4. 我们高兴地看到，RIF及项目规划的筹备工作现已取得显著进展。我们开展了对多行业的评估及相关专题研究工作。其中，对GMS地区交通领域和相关物流体系的评估分析表明，现有交通走廊的发展程度与本地区贸易及其他经济活动的实际需求和潜在需求之间仍有差距；对能源领域的评估研究包括电力部门的组织和发展、提高能源可及度、可再生能源和能源效率政策，以及区域供求前景；评估了GMS各成员国日益深化的城镇化进程，提出了推动城市有序包容发展的途径，要求各成员国充分合作，实现共赢，避免潜在负面影响；研究分析了《GMS人力资源战略框架及行动计划（2013～2017年）》，包括劳动力流动的有关情况，以及持续有效管理劳动力流动的做法，以全面提升次区域的整体竞争力。此外，我们还审议了GMS各成员国国家规划与本区域优先发展项目之间的联系，确保二者的发展方向一致并进一步形成合力。我们将进一步增强多行业间的协调力度，强化跨行业间的关系，包括认真做好发展与环境保护之间的关系。

5. 根据上述RIF中的工作，我们对近来GMS经济合作取得的以下成绩予以赞扬和认可：

▲《成立区域电力协调中心（RPCC）的政府间谅解备忘录（MOU）》明确了GMS各成员国在统筹协调电力规划、电力系统运行及规定建立高效协调的区域电力市场方面的工作；

▲《GMS人力资源战略框架及行动计划（2013～2017年）》确立了发展经济走廊以及培育更具竞争力的GMS人口及劳动力队伍的多个倡议和行动方案；

▲通过《实施降低GMS地区流动人口感染艾滋病风险备忘录的行动计划》；

▲GMS各成员国在次区域交通论坛上决定成立GMS铁路联盟（GMRA），该联盟初期为非法人政府间实体。该联盟的成立标志着我们在推动GMS域内外国家实现互联互通，形成高效、安全、环保、可持续的交通模式这一最终目标方面迈出了重要的第一步；

▲将《GMS支持农业核心计划二期（CASP II）》的执行期延长到2020年。

6. 我们还高兴地看到，我们在交通与贸易便利化方面做出了持续的努力，柬埔寨与泰国签订了关于波贝—亚兰边境交通权交易的双边协定，中国和越南签署了关于南北走廊交通权互换的双边协定；部分国家就开展通关时间研究做好了

相关准备工作,这一研究有助于实现东盟经济共同体提出的贸易便利化目标,推动建立国家单一窗口系统;此外,GMS 工商论坛在建立 GMS 货物运输商协会(FRETA)方面也取得了进展。

新方向及未来的举措

7. RIF 目前所取得的成果为次区域新 10 年的合作与发展提出了全新的方针、原则和途径。这些成果表明,经济走廊发展应继续作为 GMS 经济合作的支点,GMS 新 10 年战略重申了这一点,但与此同时,我们现在必须确保经济走廊的发展是由需求驱动,并与当前及潜在的贸易、旅游和其他经济活动的发展保持一致。这意味着有必要做如下考虑:干预措施必须着眼于城镇化发展,但要将偏远地区和增长中心联系起来;必须建立连通性,以支持对外、跨境及国内贸易和旅游业的发展;干预措施必须具有多部门特点;需要充分发挥区域与国家规划和优先重点之间的互补性与协同性。

8. 因此我们要求 GMS 各成员国的高级官员、参与 GMS 经济合作的相关机构、GMS 秘书处采取下列措施,在 2013 年一季度末之前确定一批新的次区域合作规划和项目:

(i)回顾现有各走廊(包括延伸至缅甸的走廊)的发展情况和基本考虑;加强内陆地区与门户港口的联通,增强国内的互联互通,以加速推动国内外贸易与旅游业发展。

(ii)由于走廊地区幅员辽阔但资源有限,因此,应确定优先投资区域。

(iii)制定一揽子有利于推动走廊发展的经济技术可行、涉及多部门的项目方案。这些方案大致具有以下特点:

▲合理、有序地推动城市发展——适当确定具有增长潜力的重点城镇和其他城镇或城市,并解决其发展需求十分重要。这些需求包括供水、卫生、交通、电力等基础设施建设,也包括旨在改善商业或投资环境、促进环境可持续发展、应对气候变化的制度和政策措施。

▲发展交通,有效满足城镇化发展、国内外贸易与旅游发展以及其他经济活动的需要——这需要对交通系统进行投资,从而提升城市中心的运输效率,减少道路拥堵,并且通过二级公路,将城市中心与小型城镇、周边郊区和农村地区以多式联运与联合运输等方式连接起来。

▲推进电网的合理发展以及 GMS 电力部门的一体化与可持续发展——包括确定柬埔寨、老挝和缅甸的重点输电投资项目,加强各国国内的电网建设,使其成为 GMS 电网的基础。需要努力采取措施,使 RPCC 能够做好电力市场运营的技术工作,以便推进未来电力市场的同步运营。同时,在能源效率(EE)和可再生能源(RE)方面,确定合适的技术方案,制定用于改善能源效率与促进可再生能源应用的最佳实践工具、政策和目标。

▲做好 GMS 信息高速公路(ISN)与扩大信息通信技术运用,推动发展的统筹结合——加强 GMS 各成员国的交流与合作,建设并改善新一代骨干网络。

▲加强人力资源开发和能力建设——GMS 欠发达成员国需要投资支持开展能力建设工作;开展技术与职业教育和培训,高等教育与研究;实施反人口贩卖倡议;解决健康问题,如艾滋病等传染性疾病跨境传播的防控及不安全食品和药物的交易;推进安全的、能够提高竞争力的劳动力跨境流动;同时加强次区域在人力资源开发方面合作的制度和机制建设。

(iv)继续大力推进各领域的合作行动,包括加强核心环境项目—生物多样性保护走廊计划(CEP - BCI)二期框架下的环境合作,争取在环境的可持续发展中以气候友好的方式促进减贫工作;加强 CASP II 框架下的农业合作,改善食品与能源安全;同时加强"旅游业再调整战略",包括"促进包容性增长的 GMS 旅游业基础设施发展"框架下的旅游合作。

(v)大力推进交通与贸易便利化(TTF),利用并扩大交通权互换,推进贸易便利化,包括开展边境综合管理、能力建设和动植物卫生检疫措施(SPS)方面的合作。

(vi)加强次区域倡议与国家规划和优先重点领域的统一。要有效落实各项计划和项目,就必须将其与国家优先重点有效衔接,包括与经济特区及产业集群的发展相连接,与门户港口及铁路建设等交通运输的发展相连接,以及与各国境内重点区域一体化发展相连接。

(vii)针对私营部门和发展伙伴的具体利益需求设计制定规划及项目,并利用创新式的公私合作工具,为新一代次区域项目融资并调动来自私营部门和发展伙伴的资源。我们也鼓励 GMS 各成员国之间进一步开展双边互助。

9. 在 2012 年 6 月于缅甸曼德勒举行的第 4 次 GMS 经济走廊论坛(ECF - 4)上,GMS 各成员国认识到,通过确立重点地区、进行全方位协调和多部门合作这些新途径促进走廊发展需要各国国内和各国间进行更为紧密有力的协调。这就需要进行制度创新,进一步强化 ECF 作为多部门合作主要协调论坛的作用,同时增强 GMS 各成员国秘书处职能,与当地政府和私营部门一同改进其跨机构协调工作。

10. 此外,鉴于需要深化合作以支持并实现更全面的部门目标,我们要快速推进已经开始的制度创新,包括全面运作 RPCC、建立 GMRA 以及成立特别工作组来协调包括促进知识共享在内的城镇化发展工作。

结束语

11. GMS 经济合作第 18 次部长级会议取得了丰硕成果。在本次会议上,我们正式迈入了 GMS 经济合作机制成功实施的第 3 个 10 年。我们充分地总结过去 20 年所取得的成就和教训,清醒地看到新 10 年将要面临的挑战。此次部长级会议为新 10 年的行动指明了方向,确定了次区域未来发展的重点领域以及使合作更深化、更具活力的制度框架。因此,我们深信,我们能够继续战胜未来的挑战,坚定地迈向 GMS 经济合作规划的愿景。过去一年的辛勤努力已经为创新高效的行动明确了方针。我们将提振精神,坚定不移地贯彻这些方针。

12. 发展伙伴的大力支持令我们信心倍增。一直以来,这些合作伙伴都在给予我们坚定的支持,促进合作事业取得成功。他们不仅提供了宝贵的发展资金,而且乐于分享知识和经验。作为这些帮助的受益者,我们深感幸运。我们深信,在新的 10 年中,双方将一如既往地保持并增强这一伙伴关系。

13. 感谢中国为主办 GMS 经济合作第 18 次部长级会议所做的精心准备和周到安排。此次会议在广西壮族自治区首府南宁市举行,这一快速发展的城市正是联系中国与东南亚地区的重要纽带。我们还要向亚行致以衷心感谢,感谢亚行协助组织此次会议,同时也感谢亚行一直以来与 GMS 各成员国建立的强大、坚定的合作伙伴关系。

重要论文和研究报告

东南亚的政党与国家

王赓武

一、引言

在过去的200年里,民族国家作为一种政治制度,在全世界占有支配性地位。为了不自外于世界主流,任何国家都必须或者最终走向民族国家之路。有人认为,民族国家这种政治制度正受到全球化进程的巨大挑战。但是,仍有无数例子表明,民族国家是所有外交关系的基础。尽管地区主义与全球化的冲击不小,民族国家制度仍保持高度的适应性,毫无式微之象。本文集中考察民族国家的一个方面,即二战后政党在东南亚国家建构过程中的作用。它同时也在思考,这种作用是否总是有益的?政党是否也可能使业已存在的分歧永久化,甚至进一步破坏国家赖以存在的基础?

1945年,民族国家在东南亚还是一种新生事物。二战结束时,东南亚有一些或多或少可与日本、韩国这样的同质化国家相比较的原生民族。最明显的例子就是越南,另外还有泰国、老挝和柬埔寨。至于其他地方,则未发现一丝一毫民族国家的痕迹。东南亚政体可分为两种:一种是完全放弃殖民时期的国家架构,努力去寻找一种能建立民族国家的政治架构,例如印尼和缅甸;另外一种是,保留帝国势力遗留下来的国家架构,并试图通过自己的政党建立新的民族国家,就像菲律宾、马来西亚和新加坡。因此,与欧洲或世界其他地区于19世纪至20世纪初建立的民族国家相比,东南亚国家有很大的不同。例如,在莫里斯·迪韦尔热关于政党的权威研究中,他只是考察了政党在原生民族以及那些已经建立了民主制度的国家里的作用,而对于还没有建立民族国家的地区的政党,却并未涉及;同样地,他也没有论及那些在殖民者离开之后才开始民主化的后殖民国家。

在"还没有建立民族国家",或者"在殖民者离开之后才开始民主化"的东南亚后殖民国家里,1945年以后主要存在三种不同的政治形态。第一种是,政党之间完全互不信任,政府凌驾于政党之上,只允许"王室"政党存在,例如某一时期的泰国和文莱、军人主政的缅甸以及1998年以前的印尼。第二种是,主张革命的共产党获得胜利,例如越南和老挝,柬埔寨也差不多如此。第三种情形出现在菲律宾、马来西亚、新加坡以及现在的泰国、印尼和柬埔寨。在这些国家,尽管不同政党对于民主的理解不同,但都有着强烈的民主诉求。在这些案例中,一个、两个或者更多政党,包括多党联盟,都有其实践国家建构的空间。

1945年,东南亚的领导人都在庆祝战争结束与殖民统治在东南亚开始终结。虽然这些前殖民帝国都力图重返东南亚,但它们当中有些已更清醒地意识到:其重返东南亚将是暂时的。对于反殖民者而言,由国际联盟向联合国的转变意义非凡,它象征着对民族国家这一世界体系的重申。这样,一整套可供未来的民族国家用以对照自身的标准被建立起来了,以一种能被国际社会广泛接受的方式去"认可"与"被认可"具有了可能。

大多数新独立的国家都意识到,它们继承的只是国家的某些形态,但还远不是欧洲经典模式的民族国家。不过,每一个国家都成立了政党或者可能发展成政党的组织。每一个政党的领导者都希望自己的政党成为治理国家的工具,最终塑造国家的命运。在他们看来,这些政党肩负着终有一天把他们的国家建设成为成熟的民族国家的使命。

那么,政党是什么?莫里斯·迪韦尔热认为,现代意义上的政党脱胎于西欧国家的民主化进程,由传统意义上的组织演进而来。而传统意义上的组织由享有共同利益的人们组成,他们行动一致,并对其所在社会施加政治影响。根据这一定义,在1945年的东南亚,尚未存在这样的政党。事实上,东南亚语言中的"政党"一词是由英语"party"翻译而来的。至于翻译的方法,有的是在当地语言中寻找大致等同的词语;而在很多地方,则只是简单的音译,用当地语言的拼法拼写出"party"的读音。用前一种方法翻译,一些被选用的当地词语本来就有其特有的意义,甚至可能与欧洲"政党"中所内涵的民主假设相矛盾。例如越南语中用以表示"政党"的词语,就来自日语和汉语中的古词语"dang"。而在这两种语言中,"dang"的原始意义都与"派系"有关,其构词隐含秘密与共谋之意,与欧洲"政党"概念中的民主假设是直接冲突的。

迪韦尔热的研究考察了当时已知的各种政党及其结构,以及政党制度在19～20世纪各个国家的发展情况。虽然在东南亚并没有出现所有类型的政党,但是迪韦尔热呈现出来的这幅政党"全景图"对于东南亚已经出现的政党是一个非常有用的参照。不过,还有许多可能的情况是迪韦尔热还没有考虑到的,并且这些"可能的情况"在亚洲新的政治条件下已经变得非常重要。迪韦尔热没有将政党与国家建构联系起来,也即,在尚未建立民族国家,而其政党领导人又希望通过政党塑造国家未来的地方,政党发挥的是什么作用,迪韦尔热对此并没有研究。他没有论及一种可能性,即一个国家可能并不仅仅是民族国家或者国家民族,还可能是政党国家。他也没有注意到,欧洲的一党制国家是法西斯和共产党为了改变主流的民主政党而建立的,而在亚洲的一些国家,类似的政党从一开始就在其力所能及之处掌握了主动权,而一旦它们掌握国家权力并且成为国家政治制度的核心,国家就开始形成。还有一点不同的是,欧洲的军队在很大程度上可以接受被任何执政党控制,而不会建立自己的政党,而在亚洲,只要一有机会,军队就会趁机建立自己的政党。

二、政党与国家建构

本文并不准备讨论政党的概念在东南亚的全部内涵,在此笔者将集中探讨几种主要类型的政党,并且直指一个问题:这些政党对其誓要建立的那种国家产生了什么影响?首先,这些政党从何而来?有一些可追溯到20世纪早期,而更多的是1945年以后才成立的。政党组织主要有三种来源,但关注一些政党在过去半个世纪里如何改变其结构和功能,是一件有趣的事情。造成这种变化的一个主要原因在于,那些政党领导人试图领导和管理的国家的国情,特别是他们在建构新国家的过程中将要发挥的或没有发挥的作用。

东南亚最早出现与最普遍的是各种各样的利益团体,包括宗教的或者种族的地方性团体、对当局表达不满的协会,以及反映各种社交与知识分子聚会观点的非正式社会团体等。荷属东印度群岛有几个明显的例子。这些团体并没有像政党那样组织运行，因为在其成立之时，其所在的地方尚未具备民主的可能。然而，在一些关键时刻，一些团体开始在政治上变得积极，经常与其他志同道合的团体联合，在全国范围组成更大的组织，以施展它们的政治抱负。它们虽然代表的是存在已久的深深植根于传统社会的利益，但其逐渐发展成能更有效地发出自己声音的社团机构。但是，这些团体还只是"原生政党"组织。

到了20世纪30年代，为了在讨论国家事务的会议上陈述观点，东南亚一些主张以欧洲现代国家为榜样、走欧洲政党发展之路的地方出现了新的政党。在欧洲，一些政党是从早期(19世纪之前)上层社会群体之间为争夺权力而建立的"前现代"政党发展而来的，但它们最终都顺应民主意识的觉醒，适应正在变化的政治形势而做出改变。在法国大革命后的一个时代里，许多欧洲政党完成了其现代转型。与前述这些政党不同，18世纪末北美13个殖民地对英国统治的反抗最终导致了一种独特的平民主义政党的产生，这也是后来现代政党的主要模式之一。类似的例子也出现在19世纪的澳大利亚。在那里，英国《1832年改革法案》发展起来的模式衍生出了许多典型分支。

美国和法国革命也促使了其他类型政党的产生，而这些政党成了现代革命党的先驱。这种政党，无论是以法西斯主义、共产主义还是其他名义，都自认为比早期的政党更民主，并且常常以人民的名义推翻压迫性政权来夺取权力。在19世纪欧洲的民主化进程中，这些政党对政府构成了挑战。革命者们认为政府的所谓民主有名无实，政府由代表着中产阶级以及新兴资产阶级利益的政党所控制，而这些政党是为了剥削在英国和法国产生的工人阶级而建立的。因此，革命党必须纠正这种不合理的现象，必要的话，在可能的地方，使用武力。

在回顾1945年以来东南亚发展中的种种问题之前，政党的性质与作用值得更密切关注。在大多数国家都被卷入的国家建构的背景中，这是一个特别重要的问题。这些政党是什么样的？它们在这些国家里发挥着怎样的作用？为了建构国家，政党对国家机器的利用或改变达到了什么程度？政党又是如何改变其性质以适应国家变化的？本文仅仅是对这些问题的一个初步考察，其他更大的问题，笔者将只是简单涉及。例如，笔者本应该从国家的文化、社会和宗教方面去探寻政党性质的历史根源。而且，把"经济增长改变了政党的性质及其所处的环境，使它们在全球化的压力下变得脆弱"作为贯穿全文的主要思路，也应该是重要的。然而，笔者主要关注的是，政党与国家之间的关系，以及它们是如何改变或者彼此维持的。

三、革命党与国家建构

在已形成的众多类型的政党中，笔者选择了三种过去50年里在东南亚地区占支配地位的政党，它们都在国家建构中发挥了作用。第一种是革命党，第二种是军队主导的政党，第三种则是在那些或多或少民主化或者追求民主的国家里出现的各种各样的政党。在每一种案例里，政党都与国家有着一种独特的关系，而这个"国家"可能业已存在，也可能尚未建立，或者是政党要参与建立的。

在二战后短短几年内组织得较好且最引人注目的是印尼与越南的革命党。它们学习欧洲政党的民主模式，在反殖民和自治运动中诞生。在这两个案例中，日本和中国的宽松民主政党在政党的组织方面对其有一定影响，日本于1942～1945年间占领印尼则对苏加诺的政党最终领导反抗1945年荷兰殖民者重返的军事行动起了很大的作用。在当时的不利条件下，一个赋予军队特殊地位的革命党就这样产生了。与印尼不同的是，越南当时已经具备了建立一个独特国家的种族与文化基础。于是，越南革命党控制并且利用国内民族主义运动，先后反抗法国与美国的殖民统治，走上共产主义的道路。相比之下，印尼还强烈地需要糅合几个潜在的民族要素，才能形成一个统一的国家。因此，当务之急是给予这个新国家一个可靠的身份认同，这是激发尼迪克特·安德森的"想象共同体"观念最迫切、也是必需的步骤。

印尼和越南都曾经走过共产主义道路，共产党在这两个国家的出现都很早。在越南，共产党取得了胜利。除了别的原因，主要是因为它取得了中国大陆的帮助，中国大陆从国民党统治转向共产党的胜利，越南革命也走上了这样的道路。在1955～1975年这20年战争期间，越南共产党在其周围聚集起了一批小的政党及民间团体。现在，它以一个大联盟，也即越南祖国阵线的名义统治国家。这样，越南共产党视自己为国家的代表，并且为巩固自己的权力而创建了相应的国家架构。相反，印尼共产党失败了，因为它未能展现革命战争所需要的建设国家的热忱，相反，它运用以阶级为基础的国际主义辞令，与自认为是革命的真正领导者的民族主义武装分子展开争论。最后，印尼共产党发现自己被其不能控制的国家结构与想象的民族共同体所排斥——在这两者的形成过程中，它没有起任何作用。

东南亚地区还不乏像印尼共产党这样最终失败的例子。其中最有名且实力最强的是马来亚共产党，它与中国、印尼、越南、泰国以及沙捞越的共产党都有联系。尽管其民族主义的对手从来都不怎么强大，马来亚共产党也极力宣称自己的最终目标是民族主义，却还是成为刚刚开始国家建构的多元社会的牺牲品。一个地方如果不具备形成国家的要素，政党及其军队再有勇气，做出再大的牺牲，都不足以弥补这一缺陷，马来亚共产党认识到这一点已经太晚了。

在泰国和菲律宾，还有一些作风温和却值得注意的共产党，而缅甸则有革命党。越南共产党从一开始就为法属印度支那殖民地的其他地方建立类似政党提供指导，特别是柬埔寨的红色高棉和老挝的人民革命党。此外，国际主义思想促使它们在亚洲向中国或者越南寻求帮助，而后来发生的事件迫使它们，特别是缅甸共产党和柬埔寨共产党改变了方向。这些国家的政党都接受了国外共产党的帮助与支持，其中唯独老挝借助"手足情深"的越南共产党的帮助夺取了政权。这些政党是没有能力夺取国家政权的，不过，这些政党的激进主义事实上已对各自国家政府建构新国家的努力造成了影响。至少，它们为反殖民主义的产生作出了贡献，还在各自国家激起了工人与农民的平等主义意识与争取社会公正的斗争。这些政党的实践给予我们的启示是，在尚未具备形成国家要素的地方，为了建构国家，革命党应该首先转向民族主义运动。

四、军事政权与国家建构

第二种政党是军队主导的政党，即便它们实际上不是由军队建立的。在欧洲，军队主导的政党还称不上一种特定的政党类型，而更多只是政党在发展中的暂时偏差。但是，在东南亚的一些地方，军队在非殖民化的过程中发挥了重要作用，它们即使不能直接掌控国家，也要求自己的声音能被听见。这种军事政权出现得很早，甚至在民族主义开始获得广泛关注之前就出现了。那就是在泰国，1932 年军队帮助推翻了绝对的君主统治。新政权以“新泰国”之名建立，此后在其控制中央政府的努力中经历了诸多沉浮起落。在与官僚体制的配合中，军队其实并不一定需要政党。1945 年以后，军队虽然被迫建立或者支持一些政治组织，但这些政治组织并没有得到更多的支持。20 世纪 70 年代以后，军队统治制度不得不让位于民主制度。军队统治失败的原因涉及国家经济的发展以及一个接受更好教育的社会的出现，但更深层的原因在于，强大的中产阶级建立起了一套新的国家标准。这是军队精英们不愿意接受，更不准备去实现的。改变的压力来自于军队领袖们所不能控制的外部事件，但最终导致其垮台的，是他们自己不能领导国家去适应变化。相反，那些能够调整自己去适应变化的政党，得到了国内外的认同。这种得之不易的认同目前正在经受严峻的考验。

然而，在缅甸，截至 20 世纪 60 年代，军人控制了整个国家，并且试图取缔此前所有的政党。他们建立了自己的权力体系，并以此统治了这个国家 40 多年。有意思的是，军队领袖们给保证其权力的组织冠上各种各样的名目。总的来说，他们避免使用“政党”一词，强调其所要扮演的一种在他们看来超越政治的民族角色。然而，很明显地，它们就是政党，而且实行的是一党专政的国家体制。尽管 20 世纪 80 年代以后，缅甸军方被迫重开“党禁”大门，并受到来自全国民主联盟的直接挑战，但军队领袖们还是坚持认为，国家的命运太重要了，不能交到政客及其政党手中。正是以国家与国家团结的名义，军人掌控着这个国家。可以说，对于军人而言，他们的目标并不是民族国家，也不仅仅是由国家塑造的民族。尽管并没有成立自己的政党，但他们集体所做的，就像是统治一个政党国家——所有一党制国家所致力要做的事情。

军事政权在印尼的发展可以拿来与上述国家做一比较。1965 年以后，印尼由军队掌权，但其发展轨迹却有所不同。虽然不像泰国、缅甸那么明显，但是在长达 20 多年的时间里，军队主要官员充当着专业集团党的根本基础，而该组织是苏哈托政权建立的，它发挥着执政党的作用。不过，与泰国和缅甸一样，印尼当局也极力淡化专业集团党作为政党的观念，将其塑造成一个代表所有人的民族精神的团体。另外，虽然从来没有大肆宣扬，印尼当局的潘查希拉思想代表的就是专业集团党已经着手建构的国家的本质。这是专业集团党为保证其对国家发展道路的掌握所做的一种努力。

这些军事集团是否称得上一种特定类型的政党，目前还存在争议。不过，事实表明，只要形势需要，军队精英们是有能力组成政党的。在某些情况下，例如二战前的泰国，就受到日本军国主义影响。日本军队以天皇的名义掌握了国家政权，颠覆了新生的民主制度。另一方面，泰国军队也没有寻求民主支持便以“新泰国”的名义夺取了国王的权力。在缅甸，由于民主政党的分裂与软弱，军队宣布接管国家，紧接着便开始建构他们自己的权力制度。也许有人会说，这样的一种制度一点也不需要政党参与其中，但是，对 1945 年以后的东南亚而言，必须引起注意的是，这些军事集团就是军队主导的政党，要求在国家建构中发挥重要作用。

五、民主政党与国家建构

最后，第三种政党就是民主政党，它们的存在需要或多或少的民主条件。目前东南亚地区已经出现了一些这样的政党。菲律宾 1945 年独立后的几年间，出现了试图像美国那样实行两党制的自由党和国民党。但是，一些激进的政党对它们形成了挑战，其中包括无法接受这两个政党所代表的狭隘阶级利益的工人和共产主义组织。而且，由于成员的流动性以及政党路线存在诸多交叉之处，这两个政党之间的差异逐渐被模糊了。不久之后，费迪南德·马科斯从自由党转向国民党实现了“一党”的跨界和交叉，最终导致了这种双重性与两党制的终结。可见，两党制在菲律宾受到质疑，以至于被不断涌现的短命政党或为了赢得选举而暂时组成的政党联盟所取代。

有证据表明，在菲律宾，西班牙的政治传统并没有完全为美国的政治传统所代替，而且，受拉丁美洲政治运动影响，军事政变也变得频繁。但是，美国殖民遗产仍然影响很大，民主制度在菲律宾生存了下来。菲律宾的国家建构似乎并不依赖政党，组织完备且实力强大的社群组织，尤其是天主教会，发挥着更重要的作用。然而，其他由少数民族（例如摩洛穆斯林）或者经济实力强大的华人领导的力量，恶化了政党政治的问题，而政党政治曾一度被国家寄予厚望。例如，基督教穆斯林民主力量党，这个由前总统拉莫斯创立的政党联盟，表现出了学习在其他地方尤其是在马来西亚取得成功的联合执政模式的迹象。

这使笔者联想到马来西亚和新加坡所实行的政党制度。它们都宣称这两种政党制度是借鉴英国议会制度而来的。1945 年，这两个地方政党制度的开端并不起眼。当时，英属马来亚各地的种族骚乱和武装暴动加速了英国殖民者离开的步伐，但建立政党的有意义的尝试却主要是受外部影响。其中，有来自中国国民党和共产党的影响，也有来自印度国大党的支持，更近一点，还有与当时已经开始自称“印度尼西亚人”的荷属东印度群岛民族主义者的联系。不过，殖民当局对马来封建君主和贵族的支持以及不断增长的移民贸易利益延缓了当地政党的建立，同时也削弱了国家认同的形成。所以，当 1957 年马来亚联合邦获得独立时，关于应该建构一个什么样的国家，众说纷纭。这些说法要么互不相干，例如不同族群的不同理想，要么目标相反，例如上层阶级及工人阶级各自的政党。此外，英国通过英式教育为整个马来亚培育人才的努力对于塑造新的国家精神而言，也显得杯水车薪，并且太迟。而且，这样的做法事实上也对在方言学校就读的学生起到了离间效果，加深了种族与阶级隔阂。1961 ~ 1965 年，以一个新的、更大的马来西亚联邦统一马来亚联合邦及新加坡殖民地的努力失败后，这两个国家的政党制度不可避免地走上了不同的发展道路。

在马来西亚，由三大公共政党组成的政党联盟于 1957 年领导国家走向独立，从此开始了对这个国家的统治。后来的国民阵线是在最初三个政党的基础上扩大而成，并试图让更多的反对党也加入其中。目前国阵由超过 12 个政党组成，其中有些非常弱小，甚至是分裂的。至于剩下来的反对党，它们也尝试组成另一个政党联盟，以战胜国阵。最近组成的反对党联盟已经对执政党构成了严重挑战。就“只有另外成立一个政党联盟才有希望打败执政党联盟”这一点而言，马来西亚可以说已经形成了一种独特的政党类型，即联盟政党。当然，这并不是什么新事物，但是在东南亚地区，还没有别的政党联盟比马来西亚的政党联盟存在时间更长，而且，除了内部的一些政治斗争，也没有别的政党联盟比其更稳定。当然，更没有哪一个政党联盟像马来西亚政党联盟这样，一心一意地要建立一个以“在马来人土地上的马来人至上”为宗旨的民族国家。

事实上，国民阵线作为政党的性质是由马来人领袖认为可行的国家类型决定的，而这种类型的国家之所以可行，主要依据在于马来西亚的人口结构。也就是说，政党联盟这一途径，并不仅仅是为了无限期地保持某一政党或者政党联盟的执政地位，而是为了保证一种关于国家形态的构想能够有机会以非暴力、不流血的形式实现。但这并不意味着政党联盟制度本身就是更令人满意的，组成联盟的每个政党都是一种理想的政党，或者其政治家相对其他政党更无私、更廉洁。到目前为止，这种制度使国家的建构者可以克服多元社会传统可能导致的分裂倾向。因此，马来西亚的发展道路显示了，东南亚地区的特定政党可以将国家置于政党之上，而其成功取决于一个强大的、能够使行政体系有效运行的国家制度。

在泰国自20世纪70年代中期开始的民主化进程中也能找到可以与此做一比较的政党联盟。在泰国，我们可以看到，一些联盟类型的政党先是取得国家权力，尔后在选举中落败，存在时间最多不过几年。即便是平民主义的泰爱泰党，也不得不通过与其他较小政党组成联盟来统治国家，然后被另一个同样不稳定的政党联盟推翻。到目前为止，以君王为象征、得到官僚精英支持、但强调民主政治的泰国，已陷入全面瘫痪状态。这使得泰国政党的立场更接近于欧洲那些既不为国家建构所需要，亦不对国家团结起关键作用的政党。因此，它们可以自由地代表地方的或者其他小集团的利益。

现在讨论1998年以后印尼政党的作用还为时过早。目前印尼有如此多的政党，而各党成员改变党籍的现象似乎相当频繁。印尼新的总统制度建立在普选的基础上，总统不得不长时间依赖有相同政见的政党联盟。不管怎样，这可能是必需的。很简单，因为任何单一的政党都没有足够的人力去统治一个幅员如此辽阔的国家，也无法代表其复杂多样的社会群体利益。不过，如果可以将马来西亚视为榜样，那么联盟政治不失为一种典范。很难说这样的一种联盟是否稳定，但是更难想象的是，单一的政党能够独自或者与其他单一政党一起建构一个大多数印尼人想要的国家。为此，需要一套权力影响广泛的国家机器。这提醒我们，一个国家如果没有强大的国家机构，将会长期处于混乱无序且脆弱的状态。对于印尼这样一个幅员辽阔、人口众多的国家来说，强大的国家机构的缺失将导致其政党难以形成建构新国家所必需的粘合力。因而印尼面临的巨大困难在于，它既不是国家民族，也不是政党国家，而被迫在想象中飞跃成为民族国家。或许，仅仅为想象中的国家所鼓舞，印尼的领导者们就会知道印尼应该成为什么样的国家，拥有什么样的政党。

至于新加坡，其情况与东南亚地区其他任何国家完全不同。新加坡执政党人民行动党一开始是欧洲很多国家都有的那种左翼社会民主党，但是，1961年以后，它开始从大众型政党向精英政党转变。造成这一转变的原因是复杂的，外部的政治压力包括越南战争以及共产主义运动是一种解释。不过，从政党的领导能力这个角度来看，人民行动党敢于改变路线，建立一种有助于巩固权力的国家结构也是一个重要原因。改组后的人民行动党吸取了欧洲类似政党的教训，不过更直接的教训可能来自其他地方，尤其是俄罗斯和中国的组织严密、根植于革命党的精英政党。因此，与马来西亚的联盟政党相比，新加坡政党的发展道路无疑是截然不同的。

英国试图为其殖民地和保护领地建立的马来亚殖民国家，就这样创造了两种如此不同的政治制度，并且其两个部分分别由国民阵线和人民行动党这两个不同的政党主政，这几乎让人难以置信。不过，在1961～1965年间，人民行动党确实企图在它支持的马来西亚联邦中协商得到一个特殊的角色，但是，对其而言，与一个它不能也不准备加入的政党联盟共存，其中的矛盾可想而知。事实上，合作的失败使人民行动党寻求独自开拓一条新的道路变得更加必要，而这条道路通向的是它能保卫的国家。人民行动党与至少6个反对党共存（还有一些仍登记在册但不再活动的政党）。从1965年开始，为了保证其建国计划持续推行，人民行动党利用它所继承的强大国家政权的一切手段，击败了反对党。目前，新加坡这个国家似乎仍在其既定轨道上，而掌权的人民行动党决心要保证这条道路的畅通。人民行动党为自己设定的目标似乎是可行的，这一方面是因为新加坡是一个小岛国，另一方面是因为，在新加坡人口的种族构成中，有一个明显占主导地位的多数族群——华人。忠贞不贰的人民行动党已经为新加坡的未来做好了不止40年的规划。如果说东南亚地区有一个主要由单一政党建成的国家，那么，那一定就是新加坡。

上述案例提醒我们，政府的民主制度是可以由不同类型的政党来推行的。在此我们可将柬埔寨包含在内，尽管其政党比不上新加坡或者马来西亚的，也很可能不会发展出自己的政党制度。柬埔寨政党的混合性非常明显。柬埔寨人民党仍然保持着其革命传统，民族团结阵线或者说奉辛比克党则是保皇主义、官僚主义以及平民主义的奇特混合物。还有一个以其领导人森朗西的名字命名的森朗西党。只要柬埔寨继续沿着现在这条通向民主的道路前进，那么这些不同的政党终将会以一种特殊的方式集合起来。柬埔寨政党证明了它们与外国殖民者遗留下来的民主制度进行合作，并且对其加以改造以满足自己特定需要的能力。接下来使它们为人称道的是，它们衡量建构国家所需要东西的方式，以及它们如何利用所继承的国家架构来实现自己的目标。接着，它们可能会宣布成为具备民主合法性的政党，以使自己变得更加有效与独特。

六、结论

东南亚的政治领导人，包括其反对者，都将欧洲的政党模式视为衡量一个政党成功与否的标准。莫里斯·迪韦尔热及其他学者的相关研究，即使还算不上“指南”之类的，但也就如何组织政党，及其应该或者不应该做什么等问题，提供了指导。然而在实践中，许多政党发现，它们都不得不各自面对“未经教科书批准就出现”的新挑战，包括所期望的国家尚未存在这样的关键性事实。当这些政党为了保证生存而临时灵活调整自身的时候，借鉴欧洲政党模式其实对他们帮助不大。那么，关于前面提出的问题，即政党能在多大程度上决定国家所要发展的道路及时实现，笔者已经说明了，这也取决于非殖民化后遗留下来的国家架构的状况。对于殖民时期的国家制度遗产，东南亚地区的人民是接受还是拒绝以之为建国的基础？他们是否认为这是保卫国家所必需的？对于目前的国家情况，他们是否认为既不是“民族”，也不是“民族国家”，而更像是一个必须以国家形象来塑造民族的“国家民族”？

通过考察执政党的性质，这些问题可能会得到解答。无论如何，要对东南亚国家政党做出概括与归纳似乎不太可能。在独立时就确认存在原生民族的地方，例如越南，是民族决定其所需要的政党类型，以确保民族团结以及为国家服务。但是，在尚未存在民族而不得不从零开始建构国家的地方，就像东南亚其他的大多数国家，尤其是印尼、马来西亚和缅甸，各种不同的政党或者政党制度都有可能出现。在这些案例中，问题主要在于哪个政党会成功夺取国家权力并且利用国家制度推动国家朝着自己想要的那种形态发展。值得注意的是，越南和印尼的革命党发挥了非常不同的作用。越南劳动党，也即现在的越南共产党，很明显地独自决定了国家的命运，其他所有政党，或被破坏，或为环境所迫不得不与其合并。由此看来，单一政党可以宣称代表国家，而确定符合新的国家需要的国家形态则是这个政党的责任了。

而在印尼，革命催生了很多政党，它们都认为，政党在未来印尼国家塑造中发挥着关键作用。鉴于将要组成的印尼国家的国土面积和人口构成的复杂性，这样的发展是颇为符合现实需要的。取得胜利的革命党可以选择像1965年之后那样采取军事途径，或者反映多种族与多中心的多样化要求，走上民主道路。而当时印尼作为一个民族尚未成形的事实也要求，不同的利益在国家制度中得到适当的体现。没有一个单一政党可以独自承担建构国家的工作。目前，印尼人民在两种不同的政党之间获得了平衡，但是，有趣的是，如果这两种政党混合，以军人为民主制度之首，会不会也行得通？但问题在于，印尼大多数领导人所理解的国家目标的性质实际上能否塑造出一种能长久统治国家的政党？到目前为止，对于印尼来说，还没有一个政党可以有足够长的时间利用国家制度去确定其想要建构的国家类型。

如果我们转向讨论不稳定的军事政党，那么老生常谈的问题就是，政党是否应该一直控制军队？或者军队是否应该操纵政党？在越南，就像中国一样，政党控制军队依然是一个信条，并且很可能会持续下去。而军队操纵政党，在东南亚的其他地方更加普遍。我们已经看到，军队是多么频繁地成功操纵了政党，即使它事实上并没有控制政党。军队对政党的操纵总是不稳定的，即使在缅甸这样的已被军队控制了很长时间的国家。而如果专制军队对权力的滥用激起了愤恨以及强烈的民主反对，军队的所谓建构国家的口号也就不足信了。

但是，是否那些坚持民主的政党在国家建构中就做得更好呢？目前在泰国活跃的政党并不像欧洲的任何政党。直到21世纪，它们都还是太年轻、太反复无常，因此，除了推进国家机器实施的或者平民大众要求的政策之外，做不了多少事情。到目前为止，在泰国南部以及东北部的国家建构中，它们做得并不比军事政权好。更有甚者，许多泰国人都不认为执政党是为国家服务的。很多人怀疑，它们中的大部分人只是政客们以国家利益为代价中饱私囊的工具。不过，在菲律宾，我们可以看到一种相反的趋势。菲律宾的政党可能满足了特定社会集团的需求，也符合某种选举民主的标准，但是，它们也削弱了许多国家制度的作用，其中包括那些致力于发展经济与维持法律和社会秩序的制度。由于不能有效实施国家制度，菲律宾政党也在那些已经在国家建构进程中被忽略的群体中失去了威信，特别是南部的穆斯林少数民族。如果说，一套行之有效的国家制度是国家繁荣所必需的，那么，菲律宾政党体制在这方面还做得不够。

马来西亚和新加坡掌握国家前进缰绳的两个政党似乎都表现得比较好，但是，对它们来说，是什么构成国家，这仍然是个不易解决的难题。因此，核心问题就在于，控制和培育国家制度。通过国家制度，政党可以明确什么是它们可以或者不可以向人民传达的，而这又是政党巩固其威信和合法性所需要的。如果它们能够有规律地做到这一点，那么它们就赢得了建构国家所需的时间。不过，没有人会知道，这两个国家最终各自建立起其所期望的国家还需要多长时间。

东南亚地区的政党种类几乎与国家数量一样多。但是，没有一个与西方传统的政党相似。在那些民族意识已经形成或者即将形成的地方，政党表现得更像一个准备好去完成这项任务的组织；而在民族意识尚未形成的地方，政党则有一系列可以扮演的角色。它们要么描绘未来国家的蓝图，要么防止已开始出现的国家分裂，要么为终将出现的国家创造更好的条件。很多东西取决于政党能否充分利用时间将其努力完全付诸实践。然而，正如前文案例所显示的，政党所能利用的国家架构的状况才是最主要的因素。印尼与马来西亚的对比是鲜明的。当继承下来的国家架构软弱无力时，政党就需要付出更大的努力并且要求更大的权力以保证事情完成。反之，政党就能很快取得很大的成就。除此之外，还有其他的变量，例如多元社会里的种族融合、贫富差距的悬殊、外界压力的强度等。但是，可以肯定的是，无论状况有多复杂，对于政党来说，与其为不可预测的国家建构去努力，不如为既有的特定民族服务，那样会更有好处。这给予我们的启示是，东南亚地区的大多数政党仍然在国家建构的道路上摸索着。与此同时，东南亚地区想要建立自己国家的人们，应该将目光越过政党而看得更广更远。实际上，他们已经以积极参与更大范围组织的行动来付诸实践了。通过培育民主生态环境，他们不仅有机会直接为国家建构做出贡献，还有机会使将来政党角色合法化。

（作者系新加坡国立大学东亚研究所原所长　原载《东南亚研究》2012年第4期，吴宏娟译，吴金平校）

民主选举与社会分裂

——东亚民主转型国家与地区的政治与政局

李　文

20世纪末，菲律宾、韩国、泰国和印度尼西亚因相继实现“由非民主体制过渡到民主体制”的政治转型，即实施一人一票的竞争性选举而成为“民主化第三波”的典范，深得塞缪尔·亨廷顿等西方政治学家的青睐。如今，事态的发展偏离多数政治学家的预期，民主转型非但没有给上述国家和地区带来秩序、稳定与和谐，反而带来社会分裂、对抗与政治动荡。菲律宾的“人民力量革命”，泰国红衫军与黄衫军之间的流血冲突，韩国地域之间的分歧，印尼频频发生的种族宗教纷争，都是人们耳熟能详的事例。揭示东亚民主转型国家和地区的民主选举与社会分裂之间的联系，探究这一现象产生的原因，重新审视东亚政治发展道路的复杂性和曲折性，是本文的主要任务。

一、社会分裂的类型及其与民主选举的关联性

按照社会认同层次的不同，社会分裂可划分为家族分裂、种族宗教分裂、地域分裂和阶级分裂等多种类型。东亚民主转型国家和地区的社会分裂比较复杂，除韩国的地域分裂和台湾地区变相的地域分裂的表现形式相对单一之外，其他国家的社会分裂都明显具有多种类型交织的复合特征，如菲律宾的社会分裂是家族分裂和阶级分裂的混合，泰国的社会分裂是地域分裂和阶级分裂的结合，印尼的社会分裂是地域分裂和种族宗教分裂的复合，等等。

1986～2005年，菲律宾共发生4次“人民力量革命”，十几万、几十万人屡屡上街，举行抗议示威游行，并经常伴随流血和暴力冲突。这些“革命”的爆发多与民主选举有关。1983年，菲律宾首都马尼拉发生大规模示威活动，起因在于现任总统阿基诺三世的父亲贝尼格诺·阿基诺在回国参加选举途中被人暗杀。1986年，菲律宾总统马科斯因在选举中存在严重的舞弊行为，导致人民群众的强烈不满。阿基诺夫人继承丈夫遗志，发动第一次“人民力量革命”。2005年6月，媒体曝出阿罗约选举舞弊丑闻，引发第四次“人民力量革命”。

在“人民力量革命”背后，是菲律宾政治家族之间的较量。1986年，菲律宾的第一次“人民力量革命”推翻马科斯的独裁统治，恢复民主制度。但是学者们认为，和1972年马科斯宣布军管之前一样，当时菲律宾的民主是精英民主、寡头民主或大地主民主。“人民力量革命”名义上反对独裁，反对贪腐无能和不知廉耻的、不讲道德的腐败政权，但矛头直指某些政治家族，斗争本身则受到另外的政治家族势力介入甚至操纵。第一次“人民力量革命”是以阿基诺夫人为核心的精英同以马科斯为首的精英之间的对垒。在第二次和第三次“人民力量革命”中，支持平民总统埃斯特拉达的是洛佩斯家族；而他的反对者阿罗约副总统身后则有阿亚拉家族的支持。

在菲律宾的地方选举中，政治家族间的争斗更为血腥。很多家族在地方拥有雄厚和长久的影响力，长期把持着当地的政权，甚至父子相传。阿尔曼多·古斯蒂洛统治内格罗斯省北部超过20年，这个城市被菲律宾人称为“他的地盘”。

从2006年起，泰国政局持续陷入“反他信”与“挺他信”的斗争危机。从反对党抵制选举，到军事政变，再到街头暴动，泰国政治冲突的暴力性不断上升。2010年3月，民主党政府动用军警镇压“红衫军”运动，导致88人死亡，近2000人受伤，成为1992年“五月流血”事件以来最严重的政治流血事件。在红衫军暴动事件平息之后，泰国总理阿披实不得不承认泰国是个分裂的国家。

1987年韩国民主转型后，在总统选举中出现了严重的地域分裂倾向，其突出表现是“不同地区的选民在政治选举中表现出不同的偏好，往往简单地、执著地、甚至是盲目地支持出身于或来源于以本地区为根据地的政党的候选人，而敌视或者对出身于其他地区的候选人不屑一顾”。岭南的“PK”地区（包括庆尚南道、釜山和蔚山等地）是长期以来为韩国民主而奋斗的金泳三的家乡，是他的权力根据地。在民主主义与威权主义进行较量的年代，这里与湖南地区（包括全罗南北道、光州等地）属于同一个民主阵营，但是在1992年的总统选举前，朝野三党合并又使该地区与岭南的“TK”（包括庆尚北道和大邱地区）地区联合，共同对抗湖南地区。湖南地区的经济发展多年来一直落后于岭南地区，在政治权力资源的分配方面也受到一定的制约，因而湖南地区的选民一直是旧的政治经济秩序的重要反抗力量。金大中出生于湖南地区的光州，是反抗威权统治的民主斗士，受到湖南地区选民坚定不移的支持。忠清地区是金钟泌的家乡，也是他的政治支持力量的主要来源。在其后的多次选举中，这种地域之间的裂痕一直未能得到修补。在动荡的韩国政坛中，“三金”（金泳三、金大中、金钟泌）为实现近现代化和民主化作出了贡献，但也留下了地区主义、老板政治及金权政治等弊端。“三金政治”的功与过已经成为历史，但国内政治格局至今仍未摆脱“三金”形成的地区主义。

1998年5月，第7次蝉联印尼总统的苏哈托被民主化浪潮推翻，印尼自此开启民主化进程，人民开始拥有言论、集会、游行等权利，并在1999年6月进行大选。自实行民主选举制度至今10多年的时间里，印尼在爪哇以外的其他岛屿不断发生种族宗教冲突。1999年圣诞节期间，安汶发生严重的宗教冲突，一周的暴力冲突导致6人死亡，数十人受伤。官方统计显示，自1999年圣诞节到2000年1月上旬，马鲁古群岛已有700多人死于宗教冲突。民主选举是引发这些种族宗教冲突的一个因素。

二、民主选举为何在东亚转型国家和地区引致社会分裂

东亚民主转型国家和地区民主选举引致社会分裂，很大程度上由这些国家和地区独特的经济、政治和文化所决定。

（一）根本原因：贫富差距过大

在贫富差距过大和地区经济发展存在严重不平衡的情况下，实行竞争性民主制度极容易造成社会分裂。民主转型以来，菲律宾和泰国的政治和社会长期处于不稳定状态，其根源在于极度贫困和不平等。“在菲律宾，工业和商业的发展并没有带来相应的工商业阶层的兴起，这只是精英家族经济多元化的结果而已。”2008年，菲律宾高达2/5比例的人口每人每天的生活费用低于两美元。2010年6月7日，联合国开发计划署发布的《2009年泰国人类发展报告》指出：泰国的政治动荡深深植根于日益严重的社会分化问题。2008年，泰国的基尼系数为0.425，最富有的20%人口占有整个国民收入的55.06%，而最贫穷的40%人口仅占20.43%。2010年，大约500万泰国人生活在官方划定的贫困线以下。贫富差距过大问题也始终存在于印尼的民主转型过程中。2001年，60%的人口生活在贫困线以下。时任总统梅加瓦蒂曾说：“印尼未能解决2亿人的吃饭问题，我感到羞耻。”

城乡之间存在的严重不平衡问题，长期以来一直困扰着泰国经济的正常发展。从宏观数据来看，60年代以来泰国的社会—经济发展成就斐然，全国贫困率已从1962年的57%降至1988年的42.21%以及1998年的17.46%。但是，长期以来的重城市，轻农村政策导向，却使得泰国的农民群体无从分享国家社会—经济的发展红利，从而导致国内的贫富差距、城乡差距和地区差距日趋严重。在泰国的贫困人口中，只有很少一部分生活在城市——在2007年约有63.5万人，大部分贫困人口居住在泰国北部和东北的农村地区。

在韩国现代化进程中，地区发展不平衡的矛盾也很突出。韩国人口的1/2集中在首尔、仁川和京畿道等首都圈，首都和地方的发展形成鲜明反差。首尔占国土总面积0.6%，却集中了全国1/4的人口和60%以上的资金。尽管朴正熙政权自20世纪70年代起就试图遏制首都圈过度膨胀的势头，但是收效甚微。

东亚民主转型国家和地区的实践表明，在贫富差距问题

未能得到很好解决的情形下实行民主选举，某些政治家和政治势力为了赢得选举，宣扬和倡导民粹主义、种族主义和地域主义等与民族国家意识相悖的社会认同，往往成为其根源在于经济不平等的族群、地域和阶级纷争的导火索。

在经济发展水平较低，贫富差距较大的国家中，选举本身还会导致贫富之间鸿沟的进一步加大，使财富分布的不平等在政治领域获得凸显。竞选需要大量的金钱，尤其体现金钱万能。占有更多金钱和资源的候选人更有可能影响选举结果。民主选举的实施，非但没有有效修补民众和政治家族之间的裂痕，反而由于受政治家族的操纵有所加大。在"豪门资本主义"的社会结构下，少数寡头精英垄断了菲律宾中央和地方政府机构，并利用既有的社会和经济优势掌控和影响选举结果，之后，又利用他们掌握的政治特权去掠夺更多的经济和社会资源。

在地域发展存在严重不平衡的情况下，即使在富裕地区和贫困地区之间没有发生任何净转移支付，生活在落后地区的民众也会产生一种被剥削和被歧视、甚至被压迫的区域意识。在泰国，他信及其政党利用这种意识不断赢得选举的胜利，但却导致了严重的城乡对立。在韩国，经济发展不平衡导致落后地区的民众产生不满情绪，这种情绪在总统直选过程中得到释放和宣泄。出身自经济落后地区的候选人，为了选票，在竞选过程中会或多或少渲染落后地区的"受害意识"，而落后地区的民众，也愿意出身于自己所在地区的候选人当选，以期改变本地区的落后状况。在韩国民主选举过程中出现的地域分裂，使"三金"时期的权力之争很大程度上表现为地域之争。

在苏哈托执政时期，印尼中央政府对外岛盘剥（地方85%的收入要上缴国库），外岛丰富的自然资源带来的收益绝大部分落入由爪哇人控制的中央政府，且中央政府奉行铁腕控制下的民族主义大一统政策，对外岛的种族和宗教实行"一致性原则"下的强迫同化政策，中央—地方、爪哇—外岛和富有—贫困之间的对立，掺杂着主体民族—少数民族和主流宗教—非主流宗教之间的对立，不满情绪日益积累。而在民主转型过程中，伴随强力压制的解除，长期积蓄的矛盾和怨恨等到了发泄的时机。在所谓的民主体制下，居住在马鲁古群岛的穆斯林和基督教双方平静的关系被打破，开始相互冲突甚至屠杀，就是一个突出的例证。

某些政治家和政党在竞争性选举中亮出的民粹主义旗帜，不断唤醒下层民众潜在的不满，使部分地从封闭状态摆脱出来的穷人，不再安于自己的贫穷状态，他们对社会和政府的期望大幅提升，但任何一届政府，都很难使这些期望得到全部满足。下层社会对富人、社会甚至政府的不满情绪不断积蓄。在这种情况下，某些政客的挑动、煽动或某位候选人的失言，都可能引爆这种情绪，使全社会或部分地区陷入不同阶层、不同集团的对立，甚至流血冲突之中。

得益于他信政府的"草根政策"，泰国农村的贫困率从2000年的26.49%降至2006年的12.04%。这使得早已对"重城市，轻农村"政策麻木不仁的农民群体迸发了摆脱贫困与落后的希望，开始形成"维护他信派系执政地位，争取农民群体发展利益"的政治认同感与迫切的参政意识。泰国众议院选举的投票率在90年代基本在60%左右，2001年升至69.9%，2005年升至72%，2007年更是升至85.4%。农民争取自身利益的诉求的迅猛增长激活了"沉默选票"；北部、东北部成千上万的农民出现在政治权力安排的圆桌上并开始扮演决定角色。

（二）重要原因：民族国家意识薄弱

民族国家意识薄弱是东亚民主转型国家和地区的民主选举引致社会分裂的重要原因。社会成员对家庭、村落、地区、种族和宗教这些特殊群体的社会认同与对民族国家的社会认同之间存在不一致性甚至排斥性。在民主选举中，某些社会群体的成员对自己所在群体的社会认同超过对民族国家的社会认同，致使竞争和分歧超出可控范围。

民族国家意识淡漠，至今依旧是东亚转型国家和地区需要认真加以解决的问题。1988年，D·沃费尔说："在菲律宾，各种不同的根深蒂固的亚文化产生不同的集团认同，它分裂了菲律宾民族。"有学者指出："对于许多新兴的东南亚国家来说，国家的观念在许多国民的心目中，仍然是一种遥远而陌生的概念，国家利益、公共利益的观念尚未深入人心。"二战结束以来，韩国人的民族主义感情十分强烈，但同时，人们对血缘、学缘和地缘等与民族国家意识相冲突的价值始终保持高度认同。在这样的情况下实行民主选举，参加竞选的政治家或政党为赢得选举，经常置民族国家意识甚至国家利益于不顾，强化对特殊群体的社会认同，放大和夸大不同群体社会认同的对立和矛盾。

菲律宾的民主选举经常导致家族意识的增强和国家认同的削弱。自从殖民主义给菲律宾带来了美式选举的民主政治体制后，不同层面的政治选举始终围绕不同政治家族的争斗而开展。

民主转型以来，菲律宾当选的历届总统，或出身豪门，或得到豪门的支持。现任总统阿基诺三世，前任阿罗约，前前任拉莫斯，都来自菲律宾的"政治世家"，再前任，则是阿基诺三世的母亲阿基诺夫人。2006年，菲律宾报纸《宿务日报》曾经做过一次宗谱政治历史研究，结果发现14名总统中至少有12人沾亲带故，例如拉莫斯总统是马科斯总统的表弟，阿罗约总统是马卡帕加尔总统的女儿。菲律宾绝大多数国会议员来自134个家族，其中阿基诺、加西亚、拉莫斯和洛佩兹四大家族最为著名，国会选举主要表现为这些家族之间的角逐。1987年5月选举产生的200名众议员中，有130位来自政治豪门，另有39位和这些豪门有亲属关系，只有31位没有这样的家族背景。2004年选举时，有60%左右的众议员来自这些豪门。2007年，菲律宾国会当选的265名议员中，大约有160名来自上述家族。

在泰国农村，传统的庇护文化十分发达，而民主选举加强了上层对下层的庇护和下层对上层的忠诚。他信和沙玛等上层政客借助金钱向下层民众施恩，下层民众知恩图报，投之以选票。红衫军的主体是农民，他们教育程度低下，组织涣散，但亲他信和沙玛的地方大佬、乡绅和领头人能够利用他们的传统社会纽带进行大规模社会动员，保证他信及其政党在选举中立于不败之地。

（三）直接原因：选举文化不够成熟

在东亚民主转型国家和地区的政治文化传统中，缺乏认可多数法则、善于妥协、注重廉洁、服膺法制等保证民主选举成功的不可或缺的要素；候选人和投票者普遍缺乏对"政治正确性"和维护国家利益的自觉和敬畏；获胜为上，胜者通吃，巨头统治，腐败以及漠视法律等现象几乎充斥于所有的选举过程之中。

这些国家和地区的竞选经常是对人不对事:不同竞选人、不同的党派之间对决的往往不是不同的政策与主张,而是情绪动员和相互抹黑。

由于在政治生活中缺乏足够的妥协、宽容以及对少数的尊重,东亚民主转型国家和地区的民主选举过程中的"夺权斗争"容易演化为置程序和法律于不顾的生死对决。在1998年菲律宾大选中,埃斯特拉达获胜并出任总统,但其对手不甘心失败,2001年1月,在反对派阿基诺夫人和阿罗约等人的操纵下,菲律宾爆发第二次"人民力量革命",推翻上台执政才31个月的埃斯特拉达总统,并以涉嫌侵吞国家财产罪将其逮捕。2005年2月,泰国举行下议院议员选举,他信领导的泰爱泰党获胜,赢得下议院500个议席中的377个席位。3月9日,他信被国会下议院推选为总理。但反对派却不接受这一选举结果,2006年9月19日泰国军方发动政变,他信被迫下台。2007年8月,沙玛领导的人民力量党(由泰国前总理他信领导的泰爱泰党转变而来)在2007年12月的泰国大选中获胜。反对派人民民主联盟不肯接受失败的结果,转而采取破坏手段,经过长时间精心准备与策划,于2008年8月起接连举行大规模反政府示威,直到沙玛下台才告一段落。

自1987年民主化以来,韩国6位历任总统中有3位被其继任者提起刑事诉讼。2009年4月30日,前总统卢武铉就所涉受贿案件接受检方问询,5月,因不甘受辱,跳崖自杀。在这样的文化传统下,许多政客担心一旦大选失败,将面临灭顶之灾,不得不为赢得选举孤注一掷。

在二战结束后的一段时间里,东亚民主转型国家和地区养成了一种与威权主义抗争的"民主运动"传统,且这种"民主运动"深受以美国为首的西方世界的青睐。在完成了所谓的民主化之后,在民主选举中失败的一方不肯接受失败这个结果,转而采取"民主运动"这种以往对付威权主义政府的手段反对甚至推翻民选领袖和民选政府,从而造成朝野之间、官民之间乃至新旧政权之间势不两立的局面。韩国、菲律宾、泰国和印尼的威权主义政权大都是被大规模群众游行示威推翻的,因此,在民选政府执政后,反对派依旧希望通过这种方式完成政权更迭。

三、民主选举是否是构成社会分裂的必要条件

在东亚民主转型国家和地区,如果不实行竞争性选举,前述社会分裂与政治动荡是否有可能在一定程度上得以避免呢?本文倾向于给出肯定的答案,因为在这些国家和地区,较为严重的社会分裂和政治动荡,多发生在民主转型、实行民主选举之后。在战后很长一段时间里,有的东亚国家,虽然与前述东亚民主转型国家政治体制相似,经济发展水平接近,但由于没有加入第三波民主化,直到今天依旧没有发生影响较大的社会分裂和政治动荡。

二战结束后,东亚许多走资本主义道路的国家和地区,都在一个时期内相继实行过由军人或准军人执政的威权主义政治。在韩国,从1972年到1988年,一直实施由军人掌权的威权主义统治。在东南亚,1958年10月,沙立通过政变夺取泰国的最高权力,建立起以自己为核心的军人统治。1965年新加坡独立后,在李光耀和人民行动党的领导下,一直实行"半竞争性的政党制度"。马来西亚从1969年开始实行"新经济政策",逐步确立以马哈蒂尔为首的威权主义统治。在菲律宾,马科斯总统在1972年宣布全国进入紧急状态,颁布军管法,中止宪法,解散国会,禁止一切政党活动。这一状态一直持续到1986年的"二月革命"。

东亚威权主义统治具有下述特点:政府或当局推行经济增长优先政策,强调社会稳定,严格限制言论和结社自由,对选举加以控制或施加重要影响。实施这些政策或举措的一个必然结果就是:虽然针对所谓"独裁统治"的民主运动时有发生,但与民族国家意识相悖,并相互攻讦的特殊群体的社会认同也失去肆意生长的土壤。朴正熙政变上台后的一个时期内,韩国没有出现明显的地域分裂,重要原因就在于朴正熙政权确立"经济第一"和"政治稳定"的发展战略。沙立执政时期,泰国很少发生不同集团和阶级之间的对抗,因为沙立的基本主张就是泰国急需的并不是民主。泰国最需要的是调动一切力量发展经济,"提高百姓的生活水平是我们的最高目标",在民主制度下,这不可能做到。在菲律宾,马科斯实行军管时期,政党制度和选举制度几乎被彻底废除。各种社会矛盾被经济发展这一头等重要的任务和高压政治所压倒、压制和淹没。这一时期虽然发生民主运动,但其反对的目标是"独裁政府",本身并不带有社会分裂的色彩。

在有效防止社会分裂方面,马来西亚采取"有限的竞争性选举",取得显著成就。马来西亚从立国伊始就存在着棘手的民族关系问题,尤其是马、华、印三大族群之间的矛盾最为突出。在经济、政治,乃至宗族、语言和风俗习惯等方面,三大族群之间存在较大差异。这些差异在一些突发事件的刺激下很容易成为加剧矛盾和引发冲突的根源。1969年,独立以来一直统治着马来亚和后来的马来西亚执政联盟在大选中遭受严重挫折,同时还失去一些州议会的控制权,当时该国的华人与印度人组织在野党的游行庆祝活动,引起马来族人的不满,酿成大规模的族群冲突和骚乱,即"五·一三惨案",造成196人死亡,180人遭枪伤,259人被其他各种武器打伤。惨案发生后,马来西亚以平息族群冲突为由加强了政治集权。政府出台一系列政治和经济措施,修改宪法,从稳定社会秩序出发,对公民言论自由和议会权力等进行某些限制,对政党进行重新整合,建立包括巫统、马华公会、印度人国大党、伊斯兰教党和人民运动党等11个政党在内的国民阵线。从1974年以后,国民阵线长期处于执政党的地位,在马来西亚形成一党独大、适度中央集权的政治模式。以"五·一三惨案"以及拉扎克对马来西亚的政治改造为标志,马来西亚政治走上威权主义的轨道。政治强人马哈蒂尔总理"不相信西方的民主形式是终极的和最好的民主形式"。他坚决主张"应当容许每个国家实行符合本国人民特点和需要的民主。人民应当通过基本的民主进程决定他们需要什么样的和何种程度的民主"。在这种"非民主"的体制下,马来西亚的经济社会一直保持较为平稳的发展态势。

新加坡独立伊始,就实行威权主义政治体制,李光耀长期担任总理,握有最高权力;人民行动党长期担任执政党;政府对舆论实行严格的控制;劳工运动和其他政治运动受到压制;政府官员从严执法,廉洁自律;政府以权威确保稳定,推进国家的现代化发展。李光耀坚持认为:"我们不能把西方的政治发展过程和西方的标准全盘搬到新加坡的社会结构中。""政体的制定必须根据一个国家的风俗习惯,并符合其人民的特性。"他和人民行动党反对毫无限制地行使"人身保护权、自由结社和表达的权利",因为"盲目地运用这些概念,可能造成有组织社会的松懈"。"民主洋溢会导致无纪律和秩序混乱的局面,对发展产生不良的影响。"与西方文化对人

权的理解不同，新加坡为保障人民的生存权和发展权，严格限制所谓的“自由的权利”。为有效避免种族宗教冲突和流血事件的发生并给经济社会发展造成严重影响，新加坡政府严格限制结社、言论自由，严格规定宗教活动的范围。

马哈蒂尔和李光耀都认为经济的发展和社会的稳定需要少数人的果断决策，而不是广泛的大众参与。认为多元政治和大众参与意味着紊乱和失序，威权主义的精英政治则意味着稳定和秩序，“稳定与秩序优先于民主与人权”。1980年，李光耀明确指出，西方的政治多元化和民主化损害经济发展已经为新加坡的实践所证明：“我们从1959年6月到1963年9月的首届任期，是在政治纷争、无谓的罢工和狂暴的示威中损失掉，几乎没有什么投资、建设、新工作职位和经济成长。”1994年，马哈蒂尔也指出：“我敢肯定，如果我们采用现成的民主体制，如美国的那种，那么今天马来西亚的总理可能就不会站在你们的面前了。他将忙于处理在马来西亚首都出现的骚乱和炸弹事件，揣度一个叫作马来西亚的国家是否仍然存在。”

四、几种可供选择的替代方案

在东亚发展中国家和地区，采取何种民主形式，既能够有效地扩大政治参与，又能增进社会和谐、团结与稳定，是许多政治学家共同关心的课题。

西方学者从20世纪60年代起开始关注多元社会的民主实践与政治稳定问题，特别是部分欧洲国家的政治实践经验，并取得了诸多成果。拉尔文提出了分割的多元主义概念，着重强调了精英合作的价值。兰姆布鲁奇提出了比例民主或协同民主的概念，着重强调不同阵营精英之间的协商与合作，而不是竞争性的多数原则的政治决策过程。其中，成就最卓著者是利普哈特。1968年，他在荷兰案例的研究基础上，首先提出了协合式民主的基本理论框架。随后，他系统论证了协合式民主，并于1977年出版了其代表著作《多元社会中的民主》。具体而言，协合式民主在实践中包括以下特征：第一，大联合内阁；第二，相互否决规则，作为对关键少数群体利益的额外保障机制；第三，比例性原则，即依据每个群体人口数量的不同比例作为政治代表、公职任命以及公共资源分配的主要依据；第四，群体自治，授予每一个群体高度自治以管理其内部事务。20世纪80年代以来，利普哈特在借用狄克森的共识民主概念的基础上，进一步提出以“通过多种手段分享、分割和限制权力”为主要内容的共识民主理论。

近年来，协商民主的优势在东亚的国内政治、甚至在国际政治中日益凸显。所谓协商民主，就是一个社会同时存在的多个以种族、地域、宗教、经济利益以及意识形态分割的政治势力通过相互协商，在最大限度上取得的共识，在最大限度上维持稳定性的政治机制。与选举民主相比，协商民主不是通过不同利益群体间的竞争达成政治的妥协而形成利益格局和政治秩序，而是直接通过以非对抗性政治协商建构利益格局和政治秩序。承认和照顾协商各方的利益是协商民主的前提与基础。

从东亚地区的政治发展实践看，协商民主不失为一种既能够扩大政治参与，又能够淡化和减少各种容易引起分裂和冲突的社会差别，使各种可能引发对立和矛盾的要素消弭于无形之中，使不同地区、种族、宗教和阶级的人们能够和平相处的民主政治形式。东亚地区有着自己独特的历史文化，其突出特征是对社会整体的重视胜于对个体的重视，反对西方文化推崇的个人主义，强调国家、集体和社会利益。亨廷顿指出：东亚的“民主是一种文化传统的产物，这种传统强调国家的养民与教民的作用，并以此作为公民行为的准则，而不是作为个人权利的保护者。限制国家的人权观念在东亚极其薄弱。就个人权利受到承认的程度而言，这些权利通常被看成是由国家创设的权利。对和谐与合作的强调优先于分歧与竞争。对秩序的维持和对等级结构的尊重被看作是核心的价值。观念之间、群体之间和政党之间的冲突被看成是危险的”。李光耀也认为，西方民主的核心是强调监督与制衡、个人自由和权利；东方民主应该强调个人对集体和国家的服从。马哈蒂尔坦然宣称：“我们是重视群体的。我们不认为个人的权利优先于社会的权利。”东亚历史文化的上述特征，决定了这一地区起码在现代化进程中的一段时间内更适合实行重视整体一致的协商民主，而非凸显个体的竞争性民主。从某种意义上说，李光耀执政时的新加坡和马哈蒂尔执政时的马来西亚，实施的是协商民主而非威权主义。

有些政治学家认为在特定历史条件下，比例代表制优于一人一票的选举。所谓比例代表制，主要指在国会议员选举中，以每一参选组别所得选票占全部票数的百分比分配议席。戴蒙德指出：“在原则上，特别是在高度分化的社会中，代表不同的社会团体和利益的最纯粹的方法是借助比例代表制。实际上，在社会分歧是多重的、深刻的，并已转化成政治动员的地方，通过放弃比例代表制，借助政党制度来阻碍这些冲突的再现，将面临可能减少威胁民主政治的稳定性的政治异化、骚乱和暴力的风险。比例代表制的形式越纯粹，对于一个政党进入议会所要求的选票的最低比例就越低，在此，政党越举足轻重，议会就越倾向于在它的政治构成中反映社会中的社会、文化和意识形态的利益的平衡。”比例代表制根据票数确定议员人选，有利于小党发展而且比较客观地反映政治组织的实力，可以给小党和少数党提供当选机会，有利于保护少数；它可以防止死票现象的发生，也可以在一定程度上避免少数政治家族操纵选举的弊端，得票数与议员当选数可以维持比例关系，使各阶层各种利益在政治决策层上拥有自己的代表；从总体上有助于克服选举的地方性带来的缺失。1982年和1994年，日本开始分别在参议院和众议院部分实施比例代表制，取得良好效果。

新加坡在保证少数族群的政治地位和参与权方面，采取的选举办法与比例代表制有近似之处。1965年独立伊始，新加坡政府规定在政府内阁中必须有马来人代表。这项措施后来成为一条不成文的规定。在政府12位正部级部长中，一般都有3~4位是马来族和印度族。少数民族还当选或出任过国家总统、人民行动党副主席和国会副议长等职位。1988年，新加坡国会通过小组议员法案及集选区法案，在国会议员选举中采取选区划分制度，即将选区划分为“单选区”和“集选区”两种。在单选区中，得票最多的候选人赢得该选区的议席。在集选区中，实施“政治组合”竞选：由各个政党推出一个至少由4人组成的小组，其中至少应包含1名少数民族，得票最多的小组获得该选区的全部议席。这种方式不利于小党，但有利于少数民族。1991年议会选举共选出81名议员，其中21人是由单选区选举产生，60人由15个集选区选举产生，华人62名，马来族人10名，印度族人7名。1997年第9届议会大选中，当选的83名议员中有15位是少数民族。

需要强调指出的是：本文的目的只是揭示东亚民主转型

国家和地区竞争性民主与社会分裂之间存在的关联性，而不认为在东亚地区威权主义政治优于民主制度。以长远的目光审视，东亚民主转型国家和地区的民主选举导致社会分裂的情况，或许只存在于某个特定历史时期；返回威权主义，开历史倒车，既缺乏可能性，也缺乏必要性。

（作者系中国社会科学院亚太与全球战略研究院研究员　原载《当代亚太》2012年第2期　收入本书时有删节）

东南亚国家经济外交的策略研究

阎　梁　田尧舜

有关大国外交的研究可谓汗牛充栋，但对小国外交是否有效或者小国应实施何种外交策略的探讨仍不多见。囿于国力，小国在政治、军事和经济等领域的国际事务中一般很难发挥重要作用。不过，小国仍然可以凭借其在自然资源、地理位置或联合成立组织等方面的优势开展"小国外交"，以引起大国的重视。因此，"弱国无外交"可能只反映了特定时期或历史条件下学者和政治家们所持有的认识。在当代国际事务中，这一认识不断受到经验事实的挑战。20世纪70年代，石油输出国组织成员国曾经利用石油武器有效地打击了美、日、西欧等发达经济体。冷战后，东南亚小国在周边大国之间娴熟运用的平衡外交策略也非常典型。另一方面，冷战结束以来，非传统安全受到国际社会的更多关注，而经济、文化等"低政治"领域内的国际事务更是各国外交部门经常面临的问题。因此，充分研究小国的经济外交行为及其策略，对于丰富国际问题与外交学研究、深入理解中国与周边国家交往中对方的政策具有一定的意义。

尽管经济外交在很多国家的官方辞令中还没出现，但该术语所包含的政策内容已经反映在各国的外交行为中。经济外交通常有两种表现形式："其一，国家为了经济目标而进行的外交活动，即以外交为手段追求国家经济利益的实现；其二，国家为实现其外交目标（政治、安全等利益）而实行的对外经济活动，即以经济交往为手段追求经济以外的对外关系上的利益"。例如，通过加入国际经济合作组织来扩大对外贸易、引进外国资金与技术，或者限制国外进口、消除外国对本国商品的歧视等就属于前者；而通过向发展中国家提供经济技术援助，以提高本国声望或扩大在国际事务中的发言权等属于后者。

经济外交的有关研究主要围绕大国如何利用经济战略（策略）来实现本国的政治、安全目标而展开，在一定程度上忽略了对小国经济外交策略的讨论。鉴于小国在政治、安全领域一般很难有大的作为，我们在研究小国经济外交时不但需要讨论上述的第一种情形（即国家以外交为手段谋求本国经济利益），而且也应该关注上述第二种情形（即通过经济手段实现政治、安全利益）。也就是说，研究大国经济外交时可能需要更多关注前一种情形，而探讨小国经济外交可能需要同时考虑以上两种情形。本文通过分析东南亚各国在不同实践领域中的经济外交行为，尝试小结其中所包含的策略。

一、东南亚的地区安全机制及其结构

东南亚国家开展经济外交时有一个基本的背景，即冷战后在该地区逐渐形成的日趋复杂的安全机制。如果不了解这一机制的缘起及变化情况，以及主要大国在该地区影响力的消长，我们就很难理解东南亚国家在其经济外交中所持有的各种复杂动机。

冷战结束以后，美国事实上成为唯一的霸权国。不过，经典的权力平衡理论所预期的其他大国对美国的制衡行为并没有出现。进入新世纪以后，中国实力不断增长，在周边的影响力不断扩大，不过这一态势也很难被理解为是对美国霸权的制衡。有学者指出，在单极条件下，制衡是一种改变现状而不是维持现状的行为，即制衡的目的是以全球权力平衡体系来取代现存的非均衡单极结构。因此，任何寻求全球权力平衡的国家都会被贴上改变现状国家的标签。为了逾越这一观念障碍，新兴大国必须通过分散的、且成本高昂的抵制行动，使单极霸权的权威地位及其规范失去合理性，并为今后更有效的制衡与全球竞争铺平道路。可见，在冷战后的东南亚地区，中国并非是以美国霸权制衡者的角色出现的。相反，东南亚国家则希望保持美国对本地区事务的长期"介入"，并将其作为制衡中国的主要依靠。

东南亚国家传统上认为，美国在该地区以安全保障者的身份存在是保持东南亚稳定的决定性因素。伴随中国影响力的上升，在军事及政治经济领域，东南亚国家都把美国作为重要的制衡力量。有些学者在讨论东南亚、美国与中国之间的安全关系时指出，中国实力的增长必将带来体系性的权力转移现象，因此东南亚国家需要在中、美两国之间做出抉择。实际上，东南亚国家并非是在制衡与追随之间做出简单的政策选择。东南亚各个次区域实际上采取了一种双重策略，既与中国保持深层次的接触，也用软制衡策略来应对未来可能的现状改变。软制衡包括增加军事采购及实现武器装备的现代化，以及保持美国对该地区的介入，以平衡中国的力量。

部分东南亚国家采取的双重策略在内涵上比较接近于有些学者提出的"两头下注"策略。在这里，"两头下注"指的是，东南亚国家为了避免在制衡、见风使舵或中立等政策选项之间做出直接的选择而采取的一整套策略。具体而言，"两头下注"策略包括以下三个组成部分：一是间接制衡或软制衡，即劝说其他大国特别是美国来平衡中国在该地区的影响力；二是在政治、经济和战略等层面与中国保持全面的接触，希望中国被"社会化"并按照国际社会的制度与规范行事；三是"牵绊"东南亚周边大国的总方针，使这些大国成为维护该地区稳定的利益攸关方。实际上，这三个策略也折射出东南亚国家希望避免的三个结果，即中国对该地区的支配、美国从东南亚的退出以及本地区的秩序失稳。

还有不少学者聚焦于东盟安全共同体建设，认为这一集体安全性质的组织及其所蕴含的安全规范是维持东南亚地区秩序的基本保障。不过，在肯定此类共同体建设意义的同时，也有学者指出了其局限性，即东盟仅仅为该地区的大国协商提供了一种最低限度的标准谈判规则。在冷战刚结束的一段时期内，这种按照"东盟方式"（包括主权、非干涉、共识、包容和非正式等原则）传播的地区规范的确发挥了作用，成功地将中、日、美等大国吸引到谈判桌前。这一时期，东盟通过把大国关系制度化，使大国和小国在地区安全管理中都能发挥作用。但是，后来这一制度化过程的进展并不顺利，并没有带来对保持本地区稳定尤为重要的大国持续合作。同时，东盟地区主义使大国倾向于把东盟视为实现其"软制衡"的工具，而不是促进大国协商并将大国游戏规则制度化的场所。大国之间的协商是形成东南亚新地区秩序的主要

支柱，而东盟在其间发挥的作用非常有限。这一任务必须由美国、中国和日本等国自己来完成。

如果描述东南亚地区当前存在的地区安全机制，除了异常复杂的美国自冷战至今与其东南亚盟国或准盟国签订的一系列双边军事协议，以及该地区现有的正式与非正式的多边安全合作（如美、日、澳、印近年来的安全合作）之外，我们仍可以看到一个清晰的、由一系列国家及组织构成的、近似圈层的结构，其从内到外大致由这几个层面构成：(1)东盟是该机制的内核，但它只是带有一定集体安全功能的地区性组织，由于其自身在安全问题上存在的先天脆弱性，东南亚国家不得不依赖区域外大国（特别是美国）的力量来平衡区域内的大国及区域周边大国，以保持该地区的和平与稳定。(2)向外看，与东南亚毗邻的日本、印度与澳大利亚等周边大国也陆续参与到该地区的安全机制建设之中，构成了该安全机制的中间层。对此，美国及东南亚国家均持欢迎态度，因为这种参与可以使东南亚地区与域外大国的接触表现出多样化趋势，以避免外界形成美国、中国在该地区已形成两极的印象。(3)再向外看，东南亚国家甚至还借助地理上并不邻近的欧盟力量来进一步平衡中、日、美等大国在该地区的影响力。另外值得关注的是，以俄罗斯、美国首次参加2011年度东亚峰会为标志，俄罗斯也正式介入东南亚地区的安全事务。此前，俄罗斯甚至有意恢复其冷战期间在该地区开辟的军事基地。因此，可以认为，欧盟、俄罗斯构成了东南亚安全机制的外层。至此，世界主要大国及欧盟都卷入到东南亚地区安全机制的形成过程之中，其间的大国利益盘根错节、相互交织，形成了一个相互叠加的平衡结构。能够成功地“撬动”如此惊人的大国力量，东南亚国家的外交智慧与能量由此可见一斑。以下，我们从多边国际组织、双边或多边自由贸易协议以及次地区合作等已有的实践领域来具体分析东南亚各国在其中的经济外交策略。

二、多边国际组织与东南亚小国经济外交

东南亚国家建立东盟的目的，是希望其成为亚太地区各种国际交往与合作的枢纽。东盟不希望任何周边大国在该地区形成主导力量，因此借助于区域外的美国、欧盟及俄罗斯来对周边大国实现再制衡。未来，东盟还期望美国将其全球战略重心转移到东亚，因为该地区还存在着一些不稳定因素，如部分领土、领海争端尚未完全解决，而原有大国平衡也有可能发生变化。在东盟的倡导和推动下，亚太经合组织、东盟地区论坛、东南亚高峰会议、亚欧会议等多边国际组织（或会议、论坛）先后建立，为东南亚各国开展经济外交搭建了平台。而东南亚各国开展经济外交的目的除了经济利益之外，也有上述政治与安全考虑。

东盟借助于亚太经合组织实现了对美国的制衡，成功地防止了后者对本地区的绝对控制。美国原本希望把APEC变成一个由美国主导并且制度化的“新太平洋共同体”，以约束成员国，并逐渐把政治和安全目标引入该组织运行之中。然而，东盟主张APEC应该是一个结构松散、具有协商性质的经济论坛，且属于成员资格开放的地区性组织。另外，美国强调APEC应在推动贸易自由化方面发挥重要作用，而东盟国家除了贸易自由化考虑外还特别强调了APEC在推动亚太地区多国经济和技术合作方面的作用，从而更接近于中国的立场。另外，东盟担心美、日两国共同主导APEC，因此支持中国更多地参与，以抵消美日的影响。在东盟和中国的坚持下，《APEC经济领导人行动宣言》和《大阪行动议程》均突出了灵活性、非歧视性和非强制性等原则，提出了各成员国“自愿”的原则，按各国各地区实际情况来实现贸易和投资自由化的期限目标。东盟的这些集体行动有效地限制了美国企图主导APEC的初衷。

随后，美国开始着手操作APEC的替代物。2005年6月，智利、新加坡、新西兰、文莱四国签署了《跨太平洋战略经济伙伴关系协议》。眼下，美国正在与澳大利亚、文莱、智利、马来西亚、新西兰、秘鲁、新加坡和越南等APEC成员国就该协议进行相关谈判。该协议中有关降低环保产品的关税、降低GDP能耗、国有企业必须按商业方式运作等要求对中国有一定的针对性。由于APEC贸易投资自由化的进展比较慢，2009年美国有意加入TPP。美国希望借助TPP这个精简版的APEC来主导未来亚太地区政治经济格局并且已经得到日本等国的响应。2011年11月，在APEC第19次领导人非正式会议召开前夕，日本首相野田佳彦宣布日本愿意参加TPP的谈判，并称加入TPP有助于亚太地区的安全。

另外，东盟国家还发起了亚欧会议这一重要的政府间国际论坛，希望利用欧洲的力量来进一步制衡美国。1996年3月，在泰国曼谷举行的首届亚欧会议上，东盟开始尝试在亚欧诸国之间发挥联络及领导作用。2010年，在比利时布鲁塞尔举行的第8届亚欧首脑会议正式吸纳了俄罗斯、澳大利亚和新西兰等新成员国，从而使其成员数目增加到48个，东盟在亚欧会议这个平台上的“蛋糕”也越做越大。

亚欧会议尽管只是一个每两年定期举行的论坛，但对东盟实施以大国平衡为目标的经济外交意义重大。东盟各国希望把欧洲引入到东南亚地区的发展进程中，以此来缓和中、美在各个领域的竞争对本地区稳定潜在的不利影响，最终形成亚、欧、美多极均衡的稳定结构。此外，亚欧会议还有助于东盟国家加强对欧经济合作，增强自身实力，以减轻东盟国家对美、日等国的过度依赖，并提升东盟在亚洲乃至全球的地位。

东盟通过推动中国—东盟自由贸易区的建设有效地减少了东盟国家对美、日的贸易依赖，并间接地借助中国平衡了美、日的经济力量。从2000年倡议建立自贸区到2010年，中国—东盟自由贸易区建设十年间，“东盟对中国的出口增长48%，中国对东盟的出口增长55%”。从这一数据可以看出，该平台使东盟与中国实现了双赢。2011年11月，第14次中国—东盟10+1领导人会议暨中国—东盟建立对话关系20周年纪念峰会在印度尼西亚巴厘岛举行。印尼领导人表示，在全球经济困难的背景下，东亚要肩负起促进地区经济增长的重任，成为拉动世界经济增长的动力。东亚峰会各成员国要齐心协力，坚持东亚峰会的原则，维护和平、合作大局，确保峰会沿着正确方向继续前进。东盟不赞成在峰会上讨论具体的政治、安全问题。

三、自由贸易协议框架与东南亚小国经济外交

由于集体行动本身存在一定的难题，成员相互妥协所产生的政策选择往往是“次优”而非“最优”的，这就为东盟中的单独成员国为追求自身利益最大化而采取单独行动预留了空间。东南亚部分国家与外部签订自由贸易协议就是这种单独行动的灵活表现。一般地，自由贸易协议既包括双边自由贸易协议，也包括多边自由贸易协议。东南亚小国在其经济外交中对这两种协议均有所运用。

在通过对外签订FTA开展经济外交方面,新加坡、马来西亚和泰国等经济发展水平较高的东南亚国家表现较为突出。对于这一趋势,有学者研究认为,在东南亚小国的经济外交中存在着一种新的双边主义模式,包括地区外和地区内两种情况。在地区外双边主义中,东盟各国与其他亚太国家缔结了新的双边贸易协议,新加坡、泰国是其中典型的国家。在地区内双边主义中,东盟内部的最新外交发展表明新加坡和泰国形成了“轴心”,即出现了东南亚地区主义内部的国家联盟。该学者还指出,双边贸易协议有地区汇聚及地区偏离两种作用。前者可以对地区主义的发展作出正面贡献,而后者实际上削弱了地区共同体的建设。基于新加坡、泰国对外经济政策的深层战略意图以及更广泛的国际政治经济考虑,东南亚地区已有的双边贸易协议可能会带来地区偏离作用的影响。由此可见,此种经济外交策略也是一把“双刃剑”,在充分实现本国利益的同时,可能给东南亚地区主义的发展带来消极影响。

还有学者以“轮轴—轮辐”为喻,描述、解释了东南亚国家对外签订自由贸易协议的行为。当一国与多个国家签订双边合作协议时,这个国家就像一个“轮轴”,与之签订协议的国家就像“轮辐”。在国际经济合作中,“轮轴”国可以获得巨大收益,无论在投资领域还是在贸易领域都是如此。当然,小国要成为轮轴国需要具备若干基本条件。

新加坡是东南亚首个发达国家,因此最有条件运用FTA策略开展经济外交。新加坡通过与发达国家签订双边FTA,成功地贯彻了大国平衡外交原则。新加坡先与日本、欧洲自由贸易联盟、美国等世界主要经济体签署了FTA,然后才与中国签订了双边FTA。由于FTA对东南亚地区主义有一定的负面影响,新加坡的这一签约顺序安排可以减少其他东南亚国家的不满情绪。此外,新加坡还与已经建立起FTA网络的国家签约,希望利用这些国家的有关经验。譬如,新加坡与约旦签约的原因是后者已经与美国签订了FTA,并且试图以约旦为跳板进入中东市场。同理,与秘鲁、巴拿马等国签订FTA,主要也是为了借此进入中美洲、南美洲市场。在双边FTA之外,新加坡还签署了一些多边FTA。例如,在与新西兰、澳大利亚签署双边FTA基础上,新加坡还与这两国签订了三边FTA。在与美国签订FTA后,新加坡继续与加拿大、墨西哥谈判并最终与北美自由贸易协定(NAFTA)接轨。

新加坡的上述举措不但刺激了本国经贸发展,也给其他东南亚国家树立了典范。2004年1月,马来西亚与日本启动自由贸易区的谈判。两国在2005年12月签署了“经济伙伴协定”,并于2006年7月正式生效。泰国也非常积极地利用FTA。截至2009年12月,泰国已经对外签署了11个FTA协议,还有更多的协议正在谈判或酝酿中。

四、次区域合作与东南亚小国经济外交

与欧洲、北美等地区域化相比,东南亚地区合作中衍生出的次区域合作颇具特色,并且符合东南亚国家在经济、社会等领域内部差距悬殊的现实。这种悬殊的差距使东盟中那些地理上临近且经济发展水平相似的国家具备了开展局部合作的可能性。这种次区域层次的经济合作及相应的外交行为介于集体行动与单独行动之间,可将其视为“准集体行动”。

从合法性来看,开展次区域合作的法律依据是《加强东盟经济合作框架协定》中的第4~6条,其明确规定了东盟经济合作的方式并肯定了东南亚次区域经济合作的意义。该协定表明“成员国之间或者东盟成员国与非东盟成员国家之间的小地区安排,能够作为对东盟总的经济合作的补充”。据此,次区域合作也成为东南亚国家开展经济外交的可用平台。东南亚比较有影响的次区域合作主要包括:

(一)大湄公河流域开发计划

大湄公河次区域涉及澜沧江—湄公河流域内的中、柬、老、缅、泰、越六国。1992年在亚洲开发银行的倡议下,六国共同发起了大湄公河次区域经济合作机制。其中,亚行作为参与方和出资方,为会议召开和具体项目提供技术和资金支持。在该次区域的开发中,有关东南亚国家有效地开展了经济外交,利用日本、印度、中国、欧盟、美国的竞争关系,吸引外来投资,促进了本国的交通基础设施建设和经济发展。有学者强调指出,该次区域是在冷战后“新地区主义”觉醒的背景下出现的,是东盟中的增长三角之一。在评估了大湄公河次区域合作与湄公河盆地的冲突减少之间的关系后,该学者指出,该地区的经济合作是在实现安全与稳定之后才启动的。由此可见,部分东南亚国家在次区域合作层面上的经济外交与前述在FTA层面上开展的经济外交相似,都以实现经济目标为主。

1992年以来,主要发达国家以及东盟、联合国、亚洲开发银行与世界银行等先后介入,形成的合作机制包括:(1)亚洲开发银行大湄公河次区域合作。日本和中国在该机制中有一定程度的主导权竞争。中国提出纵贯中南半岛的“南北经济走廊”后,日本提出了开发横贯湄公河的“东西经济走廊”,意在打通东西交通干线并扩大沿线地区的贸易和投资。(2)东盟—湄公河流域开发合作。日本是该流域最大的直接投资国和援助国,并成为该合作机制的核心参与国。(3)湄公河—恒河经济合作组织。2000年11月,由印度与越、老、柬、缅、泰等国组建形成。印度希望借此合作机制落实“东向政策”,通过参与湄公河流域开发,为实现其向亚洲大国、世界大国转变的战略服务。2003年,泰国首先同印度签署自由贸易协议。越南与印度于2007年7月签署《战略伙伴关系联合宣言》,其中印度提出修建连通新德里和河内的铁路。在该机制中,印度希望把中国的影响排除在外并得到部分国家的响应。此外,还有新湄公河委员会和中老缅泰毗邻地区增长四角机制等次区域合作机制,在此不再赘述。

(二)越南—中国“两廊一圈”发展计划

“两廊一圈”合作计划于2006年启动。“两廊一圈”,是指“昆明—老街—河内—海防—广宁”、“南宁—谅山—河内—海防—广宁”两条经济走廊以及“环北部湾经济圈”。通过提出该计划,越南在东盟与中国完全建成自由贸易区之前,率先开展与中国西南诸省区的合作,从而取得了更多的经济利益。中外学者在对“两廊一圈”计划的讨论方面有所不同。中方学者集中于探讨该计划的政策架构和具体合作前景等,诸如讨论交通、经贸、旅游等的“对接”问题。而越南学者则研究了构建“两廊一圈”首先需要建立的合作机制。越南社会科学院中国研究所所长杜进森提出,中越构建“两廊一圈”应首先建立这些地区的“两国一制”,即在中国—东盟自由贸易区框架下,两国在“两廊一圈”地区建立利于双方要素流动的统一的政策、统一的法律等。可见,中方希望实践先行,在经验累积的基础上,逐步推进中越之间的次地区合作。而越方则希望制度先行,即首先建立有关合作的政策

法规，通过这些法规同时约束两国的合作行为。

（三）从“新—柔—廖”增长三角到“柔南经济特区”

2006年底，马来西亚政府在紧邻新加坡的柔佛州建立了“柔南经济特区”，发展金融、IT、旅游等高附加值产业。通过该计划，马来西亚加强了与邻国新加坡的经济合作，也成功吸引了中国、日本等国的投资。该特区的前身是1990年启动的“新—柔—廖”增长三角合作，即新加坡、马来西亚的柔佛州、印度尼西亚的廖内群岛三者之间的次区域经济合作，不过合作利益分配等因素影响了其进一步发展。马来西亚、印尼认为，“新加坡在该次地区经济合作中处于轴心地位，支配着该成长三角，得益最多；而马来西亚、印尼则处于从属和被动地位，得益较少。该成长三角内部的合作是建立在不平等关系基础上的。”

随后，马来西亚建立“柔南经济特区”，以改善自身的从属地位。该区仿照中国深圳与香港互动模式，以较低的生产、经营费用吸引新加坡、中国企业入驻。为保护民族产业，马来西亚曾对外资设置了股权比例等限制条件，后来又出台了税收补贴与减免等吸引外资的政策，并取消了本土企业占30%股权的规定。另外，在特区投资的外国企业必须缴纳一定数额的社会计划基金，用于兴建廉价房屋和基础设施等特区福利发展。

五、东南亚国家的经济外交策略及其启示

东南亚国家的经济外交策略主要有以下几方面内容：首先，东盟通过亚太经合组织、亚欧会议等国际组织或论坛开展经济外交，成功地防止了大国对该地区事务的主导。其次，部分经济发展水平较高的东南亚国家还采取了单独行动，即通过与外部国家签订自由贸易协议的方式来实现本国利益的最大化，但这些国家的单独行动给东南亚区域主义带来了消极影响。最后，地理位置临近且经济发展水平相似的国家在次区域合作中扩大了本国的利益。从这几个实践领域来看，东南亚国家在第一个领域主要追求的是地区和平与安全、大国力量平衡等非经济目标，在其他两个领域中则以追求本国经济利益最大化为主。

东南亚国家的此类外交策略还带给我们如下启示：东盟各国不断引入外部大国相互制衡的举动源于其在安全方面存在的天然脆弱性。与欧盟相比，东南亚缺乏法国、德国那样能在地区各种事务中独挡一面的主导大国。不过，如果将东南亚、东北亚合并考虑，东亚地区明显存在主导国家，完全可以摆脱美国等域外大国的介入，承担起领导本地区完成区域化的任务。这里的关键仍然是中日关系的“升华”。对此，也有学者指出中日领导模式可能存在的问题，并创造性地提出了“东盟机制下的中美日合作领导模式”。

新、马、泰等国对自由贸易协议的青睐也不难理解。这些国家处于国际分工体系的次核心位置并与世界主要发达经济体建立了较为紧密的贸易、投资关系，因此是东盟中少数具有单独行动能力的国家。当这几个国家不满足于东盟组织集体行动所能实现的“次优”结果时，采取单独行动追求“最优”结果成为理所当然的选择，尽管不利于本地区的区域化。

中南半岛国家之间的次区域合作以及这些国家“合纵连横”并在周边大国之间左右逢源的做法，完全符合其经济、社会发展比较落后但仍具有“拾遗补缺”条件的现状。利用周边大国之间的竞争，为本国争取更多的投资、发展援助并改善本国的基础设施，是这些国家经济外交的主要收获。中越的次区域合作则带有一定的特殊性，由于没有其他大国的卷入，越南没有条件可以像大湄公河流域次区域合作中的国家那样借力打力、左右逢源，因此只能转而求助于政策法规来约束对方大国的行为。

（阎梁系南开大学讲师　田尧舜系对外经济贸易大学硕士研究生　原载《东南亚研究》2012年第4期）

东盟安全共同体：权力制衡与规则构建

——基于现实建构主义的观察

郑英琴

2003年10月召开的第9届东盟首脑会议发表了《东盟协调一致第二宣言》，提出在2020年建成东盟共同体，后又提前至2015年。“东盟共同体”包括经济共同体、安全共同体和社会文化共同体。其中，安全共同体的提出是东南亚区域合作的又一个里程碑。尽管离安全共同体的目标仍有相当大的距离，但东盟在地区安全合作方面取得了一定成果，有效维持了地区和平，开创了独具特色的地区合作之路。在差异性较高的东南亚地区，东盟安全共同体如何构建？本文试着从现实建构主义的新视角解读此问题。

一、安全共同体的理论分析

（一）关于“安全共同体”

一般认为，国际政治学的“安全共同体”概念最早由理查德·瓦根伦提出，卡尔·多伊奇等人于1957年在合著的《政治共同体与北大西洋地区》一书中进行了更深入的研究。多伊奇对“安全共同体”的定义是：不同的国家通过整合达到这样一种程度，“真正确保共同体的成员相互之间不会发生实质性的冲突，而是将以某种其他方式解决他们的争端。”随着冷战结束后新安全理念的兴起及地区一体化的扩展和深入，安全共同体的研究日益兴盛起来，东盟更被视为研究安全共同体的典型案例，一些学者纷纷运用现实主义、自由主义及建构主义等理论预测其发展。

现实主义者认为，“东盟的生存及发展一直依靠以美国军事存在为前提的更为广阔的势力均衡体系，并且为其所左右。”这种观点暗含着这样一个假设，即国际体系中的小国以及弱国，或者是单独行动或者是通过多边制度，在国际秩序中都缺乏一种起决定性作用的能力，因而必须依靠大国的资源和领导。现实中东盟并非在美国的主导下取得发展，相反，东盟在东亚合作中扮演了主导性的角色。自由主义则假设了地区一体化的一些基本条件，比如共同拥有一个自由民主的国内环境以及一种程度较高的经济相互依存性，这对于解释东盟安全共同体亦有失说服力，因为东盟并不具备该条件。著名学者阿米塔·阿查亚从建构主义的角度出发，把东盟视为一个相互作用和社会化的过程，强调规则在东盟共同体建设中的重要作用，认为规范促使了某种区域共同体意识的产生。“安全共同体的观念，按照社会学的观点，可以让我们将东盟作为这样一个地区组织，它对于其成员国的战争、和平以及合作的利益和政策既可以管理又可以制约。”阿查亚的视角独特，论述十分全面，似乎无懈可击，但问题在于，他并不完全站在建构主义的立场。一方面他遵循理性主义的逻辑，认为小国主导的多边制度低效，主张建立大国协调；另一方面他又遵循建构主义的逻辑，认为小国主导的多边制度重要，正在改变大国的地区认同和地区国际关系的性质。

究竟是认同的变化重要还是理性计算重要？阿查亚对此并未详细阐明，这使得他的观点摇摆不定。综合以前的研究可以发现，建构主义和现实主义在解读东盟安全共同体上各有不足，这为现实建构主义理论提供了发展空间。

（二）现实建构主义理论

现实建构主义，顾名思义即现实主义与建构主义的融合。早在20世纪90年代中后期，研究欧洲一体化的一些学者就开始尝试这方面的研究。2003年，塞缪尔·巴尔金在《国际研究评论》上发表了《现实建构主义》一文，试着将现实主义和建构主义融合，建立"现实建构主义"理论。巴尔金的这篇文章引起了国际关系学界的极大关注。《国际研究评论》在2004年还专门开辟了关于"现实建构主义"的论坛，探讨其理论发展的路径。

作为现实主义和建构主义的搭桥理论，现实建构主义理论之所以能成立，是因为前两种理论并不是相互对立的，更像一枚硬币的两面。现实主义和建构主义最大的分歧在于"观念"能否提供一种可能性，从而使国际结构产生变化。前者悲观，认为权力不可超越，而后者较乐观，认为观念能建构出更好的国际社会。对此，现实建构主义从一种进程的视角来观察，发现连接"权力"与"观念"的重要桥梁是"规则"。但"权力"与"观念"究竟如何连接？"规则"的力量有多大？关键要解答两个问题：(1)国际关系在多大程度上、如何由社会建构而成？(2)世界政治中的权力能在多大程度上、如何被超越？从以上的两个问题出发，现实建构主义试图在现实主义和建构主义之间实现完美的融合。其基本理论可归纳如下：首先，国际社会的行为主体是国家，国家间的互动建构着国家的对外身份，国家对外身份的改变会影响国家具体利益的界定，进而影响国家的对外行为——竞争或者合作，但其行为的有效性取决于国家的权力大小。其次，国际社会的实质是不平衡的权力分配结构，但这种结构的意义是通过国际社会共有观念解读形成的。由于"特定的权力结构可以影响特定规范格局的变动，反之，特定规范格局的变动也会影响特定权力结构的变迁。"由此，现实建构主义认为国际体系结构的基础仍是权力分配，但这种权力作用的发挥有赖于国际社会共识的形成，两者互动，互动媒介是规则。简而言之，现实建构主义认为观念在权力的基础上通过国际规则建构国际社会结构，使其建构结果超出权力之外。

现实建构主义作为现实主义和建构主义的合成理论，弥补了现实主义作为一种物质性静态理论的不足，亦纠正了建构主义过于强调观念、身份等因素所导致的偏颇。现实建构主义以物质权力为基础，以社会观念认同为框架，以国际规则为桥梁，兼具社会学分析法的优势及科学实在论对客观存在的肯定，能比较全面地解释国际社会现象，而且这样的分析比现实主义乐观，比建构主义客观。

（三）现实建构主义定义下的"安全共同体"

现实建构主义理论对"安全共同体"的定义是：在一个有秩序的体系里，成员国在互动的过程中集体承诺并遵循不使用武力的原则。与多伊奇等人的观点相比，现实建构主义对安全共同体的定义强调成员国"互动的过程"。这个"过程"需要研究的内容很多，巴尔金认为主要应关注权力的运用与规则结构及政治道德的载体之间的关系。换句话说，即权力与机构/进程的关系，通过该机构/进程，不使用武力的原则得以形成、合法化并被维持。现实建构主义视角下的安全共同体研究，需理清几个主要问题：其一，如何确立不使用武力原则？其二，成员国通过何种力量来确保不使用武力原则被遵守，即这种力量是表现为"硬性"的强制力还是"软性"的道德/规则制约？其三，这种力量如何影响安全共同体的建设与长期运行？

运用现实建构主义分析东盟安全共同体，关键在于探讨确保东盟成员遵守"不使用武力"原则的力量所在。建构主义强调这种力量来自于规则和规范——东盟成员国对"东盟方式"的认同使其对自身行为实行自我克制，避免了冲突的升级。它能解释规则如何通过建构东盟成员国的身份及认同进而使其对东盟建设安全共同体产生正面作用，却无法解释为何仍有不少成员国继续我行我素，背离"东盟方式"，甚至挑战东盟集体身份和地区认同。由此可见，规则的力量虽有效却也有限。除了规则与规范，东盟安全共同体建设中还有什么力量的作用是不可忽视的？本文试图通过分析东盟安全共同体的发展脉络对此进行解答。

二、东盟安全共同体建设：权力制衡与规则构建

安全合作一直都是东盟的首要议题。东盟存在的主要意义在于把混乱和不稳定的地区变为和平与稳定的地区。东盟的主要目的在于把异国人和敌对者的地区变为友人和合作者的地区。考察东盟的安全合作历史以及东盟建立安全共同体的实践，可以发现两个主要的内在逻辑：首先是共同的安全威胁导致安全合作需求；其次是规则的建构深化东盟的战略合作。

（一）威胁促成了安全合作：权力的制衡

东盟成立至今，其面临的威胁可归纳为以下几个方面：一是冷战时期面临美苏争夺及共产主义的威胁。东盟成立于冷战时期，由于战略位置重要，当时的东南亚成为美苏争夺的一块"肥肉"。同时，因为防务力量弱，东南亚多个国家都依赖于美国的军事保护，站在美国的一边，把共产主义视为主要威胁。越南入侵柬埔寨后，东盟不再笼统地把所有社会主义国家列为主要威胁对象，反对越南地区扩张主义成为其安全合作的中心任务。在处理柬埔寨问题过程中，东盟成员国加强了地区认同意识，完善了合作机制，并开始重视与中国的战略合作。二是非传统安全，特别是恐怖主义的威胁。冷战结束后，意识形态的对立日渐淡化，越南于1995年正式加入东盟，东盟在冷战期间面临的安全威胁已不复存在。但却出现了新的威胁——非传统安全，特别是恐怖主义的威胁。印度尼西亚的"伊斯兰团"制造巴厘岛爆炸案和雅加达万豪酒店爆炸案；泰国南部和菲律宾南部也频频遭受暴力袭击。三是东盟内部存在的安全隐患。东盟大多数国家的国内政治经济局势仍极不稳定，存在众多国内冲突根源，其中以宗教、民族问题最为敏感。国内不稳定因素容易外溢为跨国间的争端，从而为冲突埋下隐患。1996～1997年间约有10万缅甸克伦人难民在缅甸军队的追击下逃往泰国，引起两国的军事对峙。此外，东盟面临的冲突隐患还包括领土与海域争端。如越南、泰国和柬埔寨在泰国湾东部海域，马来西亚、泰国和越南在泰国湾西南海域存在的争端，以及南海争端等。

由此可见，东盟的地区安全和稳定始终面临着某些威胁。巴里·布赞认为，在这种情况下，国家一般会面临两种选择：一是建立在受威胁的国家基础上的国家安全战略；二是依赖于国家间关系调整的国际安全战略。在他看来，从弱

国走上强国是实现国家安全的重要途径，“创造更强大的国家是国家安全的必要条件”。当然，国家安全战略也必须与国际安全战略结合起来。国家的安全战略建立在自身实力的基础上，而国际安全战略则以权力在相关国家的分配为基础。面对威胁，由于东盟国家的实力较弱，单个国家不足以抵抗外来威胁，特别是冷战时期面对美苏两大强国对于本地区主导权的争夺，东南亚国家选择的是“国际安全战略”这一路径，即建立地区组织，通过与他国的安全合作抵御外部威胁。因为东盟国家中没有权力特别突出并足以成为地区霸主的国家，也没有形成相互抗衡的两极权力分配，各国相互制衡，又都需要联合以对抗外来威胁。这种权力分配形式决定了东盟安全战略合作的方式：自愿性的合作而非结盟，由多层次的“区域安全复合体”渐进性地向安全共同体发展。

（二）规则深化了安全合作：认同的建构

东盟对于内部争端的解决是基于一套东盟特有的规则规范，即“东盟方式”。“东盟方式”包含核心的基本原则，即互相尊重主权和领土完整，互不侵犯，互不干涉，互不使用武力。其中，不使用武力原则是安全共同体建设的核心规则，该规则在东盟内部的确立通过两个方面得以实现：一是历史实践经验。东南亚国家之间限制使用武力解决彼此间争端的理念产生于区域内部协商解决印度尼西亚和马来西亚冲突的过程中。武力对抗使东南亚国家饱尝了灾难性后果，于是寻求非武力解决争端便成为首选。随后，东盟又在处理马来西亚和菲律宾的沙巴争端中，看到了限制使用武力在实践中的可行性，增强了东盟国家实行不使用武力解决争端的决心。历史与实践的经验创造了这样一种文化环境，使非武力解决争端的理念深入东盟成员国，形成某种无形的力量，为“不使用武力”原则的确立与贯彻奠定观念基础。二是官方文件规范。自1967年成立时，东盟在《曼谷宣言》中强调：“地区内国家之间，通过遵守尊重公正和法律原则，坚持联合国宪章的原则，促进地区和平和稳定。”1971年的《吉隆坡宣言》特别把联合国宪章的几条原则作为东盟规范的来源，这些原则包括“放弃使用武力威胁”与“和平解决争端”。1976年在巴厘签署的《友好与合作关系条约》中概括了下列原则：（1）相互尊重独立、主权，尊重所有国家的领土完整；（2）每个国家的权利是保护本国存在，不受外部干涉、颠覆和强迫；（3）互不干涉内政；（4）运用和平手段解决分歧和处理争端；（5）放弃使用武力威胁。至此，东盟成员国之间非武力解决争端的原则以成文形式得以确立。

“所有规则都同时具有构成性和限制性作用”。规则的构成作用是通过规则内化为行为体本身行为观念的一部分，成为指导行为体行为的内在规则这样一个过程完成的，而这个规则所建构的就是认同并遵照此规则行为的行为体这样一种新身份。规则限制作用的驱动力主要是功利性的。由于东盟未能建立起权威的管理机构，“不使用武力”这个规则的“限制性”无法通过严格的奖惩措施予以实现，只能通过“建构性”来发挥其作用，使其得以被遵守。因此“不使用武力”这一规范内化为东盟成员国的行为认同的程度与东盟内部非武力解决冲突的实现程度呈正比。任何规则的建构性作用都必须通过实践完成，不使用武力原则对东盟安全共同体的建构离不开东盟的地区一体化实践。东盟试图通过地区一体化实践，将东盟的一系列规则，包括不使用武力等，内化成东盟国家的行为认同，实现东盟安全共同体的构想。实践证明，东盟的地区认同建构取得了一定的成效。东盟的创始国从1967年成为一个集团后相互之间就一直没有发生过战争。东盟扩容后，整合新成员、建构新成员对东盟规则的认同成为东盟的一大挑战。除了规则，经济相互依存也是地区认同的来源之一。东盟可以通过扩大和激励次区域经济合作，如“增长三角”等，推动东盟成员国间信任机制的建设，进而促进东盟成员国地区认同的建构。

通过上述分析，可对现实建构主义理论有关东盟安全共同体的问题作出如下解答：第一，东盟的安全合作建立在权力相互制衡的物质结构基础上，其非武力原则的建立源于历史实践经验并通过正式条文予以确立。第二，非武力解决争端等安全共同体建设所必须遵守的规则的维护，是通过权力与规则的相互作用得以实现。第三，由于权力的制衡作用始终处于基础地位，即使东盟在建构地区认同方面做出了较大努力，这种规则建构的认同虽深化了东盟的安全战略合作，但要超越权力的制约仍相当困难。这也可以解释东盟国家为何在冷战结束后继续开展军备竞赛，包括增加军费开支、扩充武装力量，大量购进先进武器等。正是因为存在权力的相互制衡，东盟国家在开展地区安全合作的同时没有放弃发展国家安全的战略。东盟的规则与认同的力量能否强大到克服权力的制约，建构出超越权力的国家关系，决定着东盟安全共同体的未来发展。

三、东盟建设安全共同体面临的问题

如前所述，东盟努力维护不使用武力的原则，但能否实现成员国集体放弃武力，用和平方式解决争端，并在“高政治”和高敏感的安全战略领域进行深入整合，最终实现安全共同体的构想？从现实建构主义的角度观察，认同与权力之间的博弈是最终决定因素。在建构集体认同与平衡权力制衡之间，东盟安全共同体建设还面临着诸多问题和挑战。

首先是机制建设的缺失——东盟内部无法建立具有法律效力的地区安全管理机制。东盟的安全共同体实践主要通过三个渠道进行：一是“东盟方式”，这是东盟运行的主要机制，是一种较灵活的、非制度化的松散框架。二是东盟地区论坛（ARF），东盟通过ARF来打造东盟地区的抵御力，巩固和发展地区内的集体认同和不使用武力等地区规范。ARF是一个开放性的合作框架，区外大国的参与将东盟的安全共同体建设与亚太区域合作绑在一起，使其发挥的作用有限。三是东盟为推进“和平或非战共同体目标的实现”而谋划的“和平区”、“中立区”和“无核区”建设，这些都是合作框架，不具法律强制力。尽管以机制化为目标的《东盟宪章》已于2008年底正式生效，但东盟制度化的发展与完善仍有很长的路要走。

其次是建构共识的矛盾。“东盟方式”中的东盟决策原则之一——“当事国利益优先原则”，是东盟为维护主权完全独立，避免侵蚀任何一个成员国的主权而采取的原则。决策原则之二——“全体一致原则”，是东盟在各个成员国之间寻求达成某种共识的尝试，使持不赞成态度的国家也能通过否决权表明自己的立场，这样即使不能达成某个决议，也可在某种程度上实现一致性：各个成员的利益都得到表达——无论通过肯定或否定的方式。“全体一致原则”体现了东盟在权力分配不均的各国之间试图创造某种平等性，使各国能更好地维护其自身利益。这些规则一方面使东盟得以在成员国力量有差异、缺乏相似性背景下继续进行地区整合与合作,另一方面也成为东盟一体化,特别是安全共同体发展的阻碍因素。比如,"全体一致原则"使东盟难以在某些重大问题上做出决策,因为总有一些国家基于自身利益的考虑而反对某些提案。特别是在传统安全领域,由于大多涉及国家主权、领土等核心利益,成员国之间利益聚合度不高,再加上"当事国利益优先原则",东盟要形成一致的声音更是难上加难。因此,东盟共识的建设面临着现实的矛盾:"地区利益"与"国家利益"之间的竞争与博弈。由于"共识"的支撑基础是"主权观念"及"不干涉",因此,东盟的地区利益往往不得不让位于个别国家的国家利益。"我们感"的获得缺乏共有利益的支撑,从而阻碍了集体身份的建构,也制约了安全共同体的建设。

再次是国家实力不强、经济相互依存度不高。"一个国家或国家集团在地区的国际战略格局中的地位与作用主要是由其整体实力决定的。"东盟成员多是发展中的中小国家,国家经济实力有限直接限制了东盟整体防务实力的发展。另外,东盟内部经济一体化程度低也是一个大问题。东盟自由贸易区自1992年启动以来已有接近20年的时间,但东盟内部的贸易比重却仍徘徊在20%左右。东盟与非东盟成员国之间的贸易远高于东盟内部的贸易,大部分东盟国家的主要贸易伙伴和外国投资者都来自地区外部。经济相互依存度越高,地区一体化的驱动力才会越大。东盟内部经济一体化程度不高制约了信任机制的建设,从而影响安全共同体的建设。

最后,也是最大的一个制约因素是东盟地区安全防卫的独立性不足,缺乏共同军力使东盟在安全防卫上始终无法彻底摆脱区外大国的影响。在合作构筑安保体制上,东盟面临的最大问题是缺乏"共同军力"。共同防卫能力的欠缺,加上东盟面临的战略环境变化,特别是地区内各国及周边力量抗衡的变化,使得东盟频频寻求地区外大国的军事支持以达到平衡。最为典型的是寻求美国的军事保护,而美国也一直觊觎东南亚地区安全合作的主导权。地区外大国的军事介入使东盟安全共同体建设更依赖外部,亦增添了更多变数。

四、结语

现实建构主义强调权力、认同及规则之间的相互作用。规则塑造认同从而引导并改变行为体的行为,但行为体的行动力却受限于其权力。"东盟方式"等规则在建构东南亚区域认同及塑造东盟国家集体行为方面确实发挥了重要作用,但由于东盟各国物质实力弱,加上国家观念即主权观念强,使得东盟安全共同体步履艰难。虽然如此,由于遭受恐怖主义、跨国犯罪、生态危机等非传统安全因素的困扰,东盟各国在非传统安全领域的利益聚合点较高,若能通过非传统安全领域的合作形成有效机制并加以推广,或可成为东盟安全共同体建设的助力。

(作者系上海国际问题研究院研究实习员 原载《东南亚南亚研究》2012年第4期)

东盟地区安全战略的形成、演变与发展趋势

程晓勇

自1967年成立以来,东盟一直在地区事务中扮演着活跃的角色,并且在冷战后"作为整体力量异军突起,成为新的一极活跃在亚太舞台上"。作为亚太地区唯一的国家集团,东盟的成员都是中小国家,这两个特性决定东盟的安全战略明显不同于亚太地区其他大国的安全战略。四十多年来,东盟不断针对国际政治格局的变化和自身实力的发展对其安全战略进行调整。梳理东盟地区安全战略的形成、内容及演变情况,对于理解东盟的安全行为和把握东南亚地区安全走势具有重要意义。

一、东盟地区安全战略的形成

安全战略是国家或者国家集团维护自身安全利益,进行安全活动的总体方略,包括安全问题的看法、安全利益的判断、安全行动的决策与安全政策的谋划,既是指导其安全行为的原则、方针、政策及思想,也体现为具体的安全行为。东盟国家都是地处东南亚的中小国家,其安全利益几乎全部集中于本区域内,作为东南亚国家组织的东盟也不例外,可以说,地区安全战略近乎构成东盟安全战略的全部。

虽然东盟自成立后一直强调集团内部的经济和社会合作,淡化政治和军事色彩,但事实上,东盟成立初期,由于成员国经济总量小且发展差异不大,彼此之间的经济和社会合作水平远不及与区域外经济体(如美国、日本、欧洲)的合作。相反,东盟在地区政治和安全事务上一直"有所作为"。正如有学者指出,东盟在冷战期间的外交和政治合作取得了许多成就,但在开展区域经济合作方面却几乎进展不大。东盟虽然不是以安全合作为目的而成立的政治、军事集团,但作为国家组织,其职能的嬗变有自身的逻辑,对于东盟这个综合性的国际组织而言,维护本区域的安全与稳定自然是其应有的重要职能。

自20世纪60年代末成立以来,东盟虽然没有公布过一个清晰的、指导性的安全战略文件或者以宣言、条约、纲领的方式向国际社会宣布其安全战略。但东盟作为亚太地区重要的国际行为主体,其安全行为不可能是盲目的,必须要有指导其安全行为的方针政策。事实上,东盟成立初期,成员国就通过内部的双边安全合作或者参加东盟框架之外的双边、多边安全机制来寻求多种形式的安全保障。在这些合作的基础上,从20世纪70年代起,东盟开始突破不在内部发展多边安全合作的限制和单纯以军事谋安全的束缚,赋予地区安全新的意义。东盟国家先后在1971年和1976年通过了《吉隆坡宣言》、《东南亚友好合作条约》和《东南亚国家联盟协调一致宣言》等三个重要文件,确立了东盟整体的安全构想,此后,东盟根据国际形势变化和自身实力发展情况,并依据对安全威胁来源的认知和判断,适时调整其安全战略,逐步形成了能够有效维护东盟国家安全利益的战略。

二、东盟地区安全战略的演变

40多年来,在威胁来源的辨识和判断基础上,东盟不断重塑自身的安全观并修正安全保障对策,其安全战略在不同时期有不同的内容和侧重。大体上,东盟安全战略的演变分为三个阶段。

(一)冷战时期:安全战略的探索与初步形成(1967~1989)

东盟成立初期,正值美苏在亚太地区的争夺加剧和越南问题由局部冲突向全面战争扩大并有可能向其他地区蔓延之时,出于防御苏联和越南在东南亚的扩张以及对中国的疑虑和防范,东南亚一些国家认为,无论在安全问题上还是在经济、社会问题上都有加强区域合作的必要。1967年8月,马来西亚、印度尼西亚、泰国、菲律宾、新加坡5国创建了东南亚国家联盟。虽然东盟不是以军事集团的名义成立的,标

志东盟成立的《东南亚国家联盟宣言》中并未提及安全合作和防务问题，而是宣称东盟的宗旨与目标是：以平等和协作的精神，共同努力促进本地区的经济增长、社会进步和文化发展。将东盟合作的范围集中于经济、社会、文化和科技领域。但随后的10年内，东盟在经济、文化等领域的合作并不如人意。主要原因在于东盟虽然强调经济领域的合作，但由于成员国经济尚不发达，彼此之间经济合作空间有限，东盟内部的经济联系远弱于东盟各国家与日本，美国等外部国家的经济联系。“东盟国家开展经济合作背后深层的动因，很大程度上归因于成员国之间地缘政治的考虑和政治安全问题上的协调需要。冷战期间所谓共产主义的共同威胁以及越南侵略柬埔寨，冷战后中国的崛起等因素，促使东盟国家达成政治谅解，从而产生东盟这个‘解决政治问题的共用工具’，东盟国家希望通过联合自强达到缓和相互之间紧张关系的目的，并进一步主导东南亚事务，这种共同的安全关切是所谓‘东盟意识’的战略基础，为东盟国家之间一系列的经济合作提供了可能。”在“东盟意识”主导下，当经济合作不“如意”时，东盟很自然地将合作领域延伸到了政治和安全领域。这一时期，受两极格局的制约和东盟国家自身存在的问题，东盟在安全领域的合作主要集中于：

1. 通过东盟框架内的双边或多边合作保障成员国安全和社会稳定。由于殖民主义的“历史遗产”，东南亚一些国家之间存在领土与领海纠纷，不但影响着地区和平与稳定，也为外部势力介入提供了机会。东盟成立前，东南亚国家间多次由于领土与领海权益发生冲突。东盟的成立，能够促使成员国在边界和领海纠纷问题上保持克制，并将争议在东盟内部以非对抗性方式协商解决。东盟国家在1976年签署了《东南亚友好合作条约》，详细阐述了东盟国家内部处理安全问题应遵循的原则、规范和规则，明确规定解决内部安全矛盾的原则是“和平解决分歧或争端；反对诉诸武力或以武力相威胁”。此后，在《东南亚友好合作条约》和《东南亚国家联盟协调一致宣言》精神指导下，东盟内部的安全合作主要采取易于操作的双边军事合作形式，以避免给外部造成军事集团的印象。包括印尼和马来西亚，新加坡和印尼，菲律宾和新加坡，文莱与马来西亚，泰国与新加坡等开展了互助军事训练，联合军事演习，边境共同巡逻，情报交换等形式的军事安全合作，这些双边安全合作，起到了培养了安全合作意识的作用，密切了成员国间的安全联系，增强了相互信任。

2. 选择性地借助外部力量保障地区安全。东盟都是中小国家，军事实力弱小，即使通过成员国的联合能增强整体的力量，在一定程度上抵御外部对东盟国家的威胁，但是毕竟东盟实力有限，仅靠自身无法阻遏对东盟国家安全的威胁，鉴于此，东盟有选择的借助区域外的力量来增强保障安全的能力。考虑到历史联系与冷战后国际格局状况，东盟国家主要选择与美国和英国建立军事关系加强东盟的安全感。1971年，东盟的两个重要国家马来西亚和新加坡与英国、澳大利亚、新西兰建立五国联防机制就是东盟与区域外国家建立安全合作关系的重要举措和尝试。此外，菲律宾、泰国与美国保持着密切的军事同盟关系，新加坡与美国虽未签署正式军事同盟条约，但两国防务合作关系十分密切。随着1978年越南侵略柬埔寨，控制印支三国以及苏联进驻金兰湾海军基地，将军事力量部署在东南亚地区，东盟国家的安全意识更为强烈，进一步强化与美国的军事联系。仅1979年东盟5国从美国得到了1.08亿美元的直接军事援助，到1984年，美国的军事援助额增加到2.66亿美元。接受美国的直接军事援助外，东盟国家还购买美国的先进武器装备增强防务能力。1982年，东盟国家采购美国的军事装备高达16.76亿美元。除了军事援助与军备销售外，东盟还从美国得到技术、训练、情报、演习等方面的帮助。

3. 提出“和平、自由和中立区”战略设想。东盟成立后不久，国际格局发生深刻变化，美国自20世纪70年代以来开始从亚太地区收缩力量，以加强与苏联在欧洲和中东的争夺。与此同时，东南亚国家安全保障的另一根支柱——英国的安全保护也出现变数。60年代中期开始，英国不再承担过多的海外义务，逐步撤出东南亚地区。与美英从东南亚地区收缩及后撤相反，苏联开始积极实施南下战略。军事上，苏联力图抢占东南亚地区的海峡控制权，实施海洋霸权战略。政治上，苏联领导人勃列日涅夫抛出“亚洲集体安全体系”构想，加紧对东南亚国家的渗透。面对美英收缩力量后东南亚地区出现力量真空，东盟自身防御力量不足的局面下，东盟必须寻求新的安全政策思路，并相应调整自己的安全战略。1968年，马来西亚副首相伊斯迈尔首次提出了地区中立化建议。他表示：“地区国家集体宣布东南亚中立化的时候到了。为了确保其有效性，该中立化必须得到大国的保证。”1970年4月，在埃及开罗召开的不结盟筹备会议上，马来西亚代表再次提出东盟地区的中立化设想，并要求东盟的中立化得到美国、苏联和中国的承认和保护。东南亚地区中立化构想经过东盟内部的争论和协调，最终成为共识。1971年11月27日，东盟五国外交部长在吉隆坡签署了《吉隆坡宣言》(《和平、自由和中立区宣言》)，正式宣布了东盟以中立求安全的政策。《吉隆坡宣言》宣示东盟“和平、自由和中立区”的宗旨和原则是“缓和国际紧张局势，获得东南亚的永久和平”，同时“东南亚国家决心维护地区的稳定与安全，避免任何形式的外部干涉”，“和平、自由和中立区”战略设想表明了东盟不希望介入任何冲突，以免危及自身，也不希望东南亚地区“为人所用”而“引火烧身”。至此，东盟的地区安全战略加入了新的“元素”：除了以自身实力和外部援助求安全外，还试图以身份塑造求和平。虽然东盟的地区和平和中立化构想并未得到国际社会的完全承认，但是这一构想体现了东盟在地区安全战略上的灵活性。1995年，东盟各国进一步签署《东南亚无核武器区条约》，强调建立东南亚无核武器区是东盟建立和平自由中立区的重要因素，排除了在东南亚地区引入核竞赛和爆发核危机的可能，力图为东南亚长期安全打下基础。

（二）后冷战时期：安全战略的成型(1990～2000)

冷战结束后，国际安全局势发生重大变化，亚太地区的热点安全问题中，朝鲜半岛紧张局势得到一定程度的降温，柬埔寨问题顺利解决，亚太地区国家纷纷将国家战略重心转移到经济建设上，这成为东南亚地区保持和平稳定局面的新动力。虽然，还存在影响和平的因素，但总体上看，东南亚地区处于二战以来最安全的时期。基于新的安全形势，东盟判断，短时期内不存在对东盟的直接威胁，有必要对安全战略做出调整。基于这种认识，东盟的安全战略发生了明显变化，增加了新的内容。

1. 增强自身实力、强化共同安全意识。东盟国家深知，要保障安全,首先要加强自身的防务能力。随着东盟国家经济的快速发展,东盟有能力承受更大防务开支,因此,东盟加快了军队现代化建设。与冷战后其他地区军费支出下降相反,东盟国家防务开支逆势增长,除菲律宾外,东盟国家军事开支有明显的增加,并且保持了近10年的军费开支连续增长,直到1998年爆发东南亚金融危机。

除了增强自身防卫能力外,扩大东盟范围,并强化共同体意识是另一条有效的维护安全途径。1992年,东盟六国召开第四次首脑会议,会后发表的《新加坡宣言》表示东盟将:(1)通过提高政治和经济合作水平来促进地区的合作与安全。(2)维护东盟的集体利益以应对其他经济集团的压力。(3)寻求东盟成员之间在安全问题上的新的合作途径。(4)发展与印度支那国家的友好关系。显然,《新加坡宣言》表明东盟在安全战略上的几点考虑:首先是东盟需要加强合作水平,并在新形势下寻求扩大东盟,增强实力。一方面将冷战时期的"对手"印支半岛国家纳入东盟,根本上解决"门口"的威胁源,另外,通过吸纳新成员,扩大整体实力,增加应对外部威胁的能力。在这一安全战略的指导下,东盟迅速扩大,越南(1995年7月),老挝、缅甸(1997年7月)和柬埔寨(1999年4月),先后加入东盟,实现了囊括东南亚所有国家的"大东盟"构想,将东盟六国的安全合作扩展到整个东南亚地区,东盟成为东南亚地区安全合作上唯一的主角,为确保地区安全和稳定提供了稳固的组织架构和政策保障,并能够以集体的力量在亚太地区安全中发挥建设性的作用。

2. 周旋于大国之间,实施"平衡与制约"政策。东南亚地区资源丰富,拥有石油、天然气、有色金属、木材、橡胶、棕榈油等重要资源,还有丰富的海洋资源。此外,东南亚是太平洋和印度洋的连接纽带,区域内的马六甲海峡是战略意义的交通要冲,这些因素决定了东南亚地区重要的战略地位。历史上东南亚先后遭受过英、法、荷、日、美等国的殖民统治。即使在今天,区域外大国也是决定东南亚地区安全和稳定的重要因素。东盟认识到这个现实——不可能将外部的势力和影响完全排除出去。经过深思熟虑和仔细权衡,东盟找到了一种巧妙的对外战略:既然大国在东南亚地区存在利益切实,并且不可能放弃这些利益,以东盟国家的实力,排除大国利益既不可能,也不现实,一旦"触犯"大国,反而招致不安全,那么,承认各大国在东南亚地区的利益,接受他们在本地区的存在和影响。但是,东盟国家在处理与周边大国关系时,必须奉行均衡战略,即在各大国之间寻求势力的平衡,防止某个大国在该区域的存在过分强大。通过大国的相互制约来确保地区的安全与稳定。东盟认为"在20世纪90年代以后,该区域的国际关系至少部分是由中美关系所决定的。在亚太,则是由美国、中国和日本三个大国的关系决定东南亚区域国际关系的主要内容"。基于此,东盟特别看重发展与美国、中国和日本的关系。除了美国,中国与日本三个亚太地区的大国外,东盟还积极发展与欧盟与印度的关系,借助更多的外部力量进一步平衡美中日三大力量,以权力结构的离散达到多力量的共存和制衡。

表1　东盟主要国家防务开支情况(1989~1997年)

单位:百万美元

年份	印度尼西亚	马来西亚	新加坡	泰国	菲律宾
1989	1340	1050	1970	1920	1290
1990	1400	1110	2230	2040	1300
1991	1480	1530	2220	2260	1240
1992	1520	1530	2690	2540	1160
1993	1580	1610	3310	2990	1350
1994	1730	1740	2790	3030	1260
1995	1850	1840	3190	3020	1070
1996	2030	1760	3370	3160	1050
1997	2390	1730	3920	2960	1140
1989~1997年增幅	78.36%	64.76%	98.98%	54.17%	-11.63%

资料来源:Jeffrey Chamberlin,Comparisons of U.S. and Foreign Military Spending: Data from Selected Public Sources,CRS Report for Congress,Order Code RL32209,January 28,2004,Table 2. 亦参考陈亦平.依赖与抗争——冷战后东盟国家对美国的战略[M].北京:世界知识出版社,2006(91)

(三)进入新世纪:安全战略注入新内涵(2001年以来)

2001年发生的"911"事件改变了世界各国的安全观念,各国纷纷意识到安全问题已经突破了传统意义上以军事安全与政治安全来界定的窠臼。东盟认识到新时期的安全威胁除了军事侵略外,还有经济失败、贸易冲突、人口过快增长和无序流动、环境污染、族群压迫、人权问题以及恐怖主义和毒品走私等跨越国境的非国家行为,安全不再局限于传统的政治和军事领域而是扩大到经济、文化、科技、社会和环境等各个领域。因此,东盟强调通过更大范围内的合作,以促进地区的"综合安全"。

在东盟需要应对的各种非传统安全威胁中,恐怖主义首当其冲。冷战前,印尼、菲律宾、泰国等东盟国家内部也曾面临宗教极端分子和民族分裂势力的恐怖活动,但是这些恐怖活动数量并不算多,造成的影响也极为有限。"911"事件后,恐怖主义受到刺激和发酵,世界各地频繁发生恶性恐怖袭击,并一度成为东南亚地区安全的主要威胁,印尼、泰国、菲律宾等国都发生了严重的恐怖主义事件。除了印尼、泰国和菲律宾等恐怖主义重灾区外,新加坡、马来西亚、缅甸、越南、老挝等国也不同程度地受到恐怖主义的威胁。

除了恐怖主义外,海盗问题也是令东盟等国家头痛的问题。全世界超过半数的海盗抢掠案发生于东南亚水域,在马六甲海峡,严重的海上袭击事件时有发生,威胁着航道安全,给相关国家造成了严重的经济和治安危害,损害着东盟国家的声誉。此外,进入新世纪,频繁发生的大规模流行疾病也给东盟国家造成了很大的社会安全困扰。2003年,东南亚地区先后爆发了非典型肺炎和禽流感疫情,给东盟国家造成了人员死亡,重创了东盟国家的旅游、养殖、航空、娱乐等产业并重挫进出口贸易。另外,自然灾害和环境安全也成为影响东盟"综合安全"的一个因素,2004年12月26日,印度尼西亚苏门答腊岛附近海域发生8.9级强烈地震引发海啸波及东盟数个国家,造成了惨烈的人员伤亡和财产损失。2006年7月,印尼发生森林大火,火灾造成的烟雾跨越国境,笼罩东南亚其他国家上空,一度造成马六甲海峡停航,森林火灾造成印尼数百人死亡并造成这一地区的生态系统受损。除以上非传统安全威胁外,能源安全,金融安全与制毒和跨国贩毒也是冷战后困扰东盟国家的突出非传统安全难题。

针对非传统安全问题威胁经济社会稳定,东盟国家及时调整了安全战略,为以原本应对军事和政治威胁为主的安全战略注入新的内容。近年来,东盟各国积极探索非传统安全领域的合作并取得较大进展,实现了打击恐怖主义和跨国犯罪等非传统安全领域合作的机制化。在2001年和2002年召开的东盟第7届和第8届峰会均发表了反恐联合声明,2003年7月,东盟在马来西亚成立反恐中心,分析恐怖活动和培训人员。同年9月,东盟陆军总司令和东盟警察首脑会议均把反恐合作列为最重要的议题。2007年东盟第12届次高峰会议签署本地区第一份反恐公约,重申东盟将在反恐领域进一步加强合作,以遏制一切形式的恐怖行为。除了东盟内部的反恐合作外,东盟还以双边或多边合作形式积极加入世界反恐联盟,与多个国家进行反恐合作。反恐以外,东盟在其他非传统安全上的内部与外部合作也取得了积极成效。由于非传统安全涉及因素多,问题之间相互影响和掺杂,应对的难度和需要各方合作的广度与深度高于传统安全,东盟认识到不能孤立对待各项非传统安全,也不能孤立的依靠自身来解决这些问题。这迫使东盟以综合视角来看待安全问题,并寻求对安全问题进行总体治理和多边合作应对。在应对各类非传统安全过程中,东盟安全战略不断注入新的内涵,并在综合安全观的基础上确立综合安全战略。

三、东盟地区安全战略的发展趋势

新世纪10年来东盟在传统与非传统安全领域内的合作进一步促进了东盟共同安全意识的成熟。2004年,第10届东盟峰会签署了《东盟安全共同体行动纲领》,2009年,第14届东盟峰会颁布《东盟政治与安全共同体蓝图》,宣示东盟将在2015年建立东盟共同体的蓝图,标志着东盟安全战略将指向更为紧密的安全共同体方向。尽管如此,由于东盟自身的安全能力有限,与区域外大国的关系仍将是东南亚地区稳定的基本保证,可以预见,在相当长时间内,东盟将保持现有的大国平衡关系,借助大国营造自身的安全环境将始终是东盟地区安全战略的重要内容。同时,东盟历来十分重视独立自主,坚持追求"以我为主",随着东盟共同体的建立,东盟将更为积极和自信地追求由其"主导"的地区安全机制。

与从容周旋于大国之间通过力量平衡塑造有利的安全环境相比,未来东盟地区安全战略面临的挑战更有可能来自于内部:首先是东盟国家经济结构的调整。东南亚金融危机打断了东盟国家几十年的经济快速发展,虽然目前东盟已经逐步从危机中恢复,但是,如何调整出口为导向的劳动密集型为主的经济结构,提高东盟国家的经济竞争力,增强经济安全(特别是金融安全)是东盟地区安全战略需要考虑的问题。其次是社会政治的调整与转型,随着老一代领导人退出政治舞台,东盟国家普遍面临着原有的权威政治向制度政治过渡的问题,在这一过程中,可能引发个别东盟国家出现严重的社会动荡,并将动荡向其他东盟国家传递。如何应对"社会转型阵痛"并避免影响政治社会安全将考验东盟安全战略在处理内部问题上的效力。

表2　不同时期东盟认知的主要安全威胁来源

年代	东盟成员国	东盟认知的主要威胁来源
1967~1989	马来西亚、印尼、泰国、菲律宾、新加坡、文莱	成员国间的领土与领海纠纷;与外部国家的领土和海洋权益争执;国内"共产主义运动";苏联、越南
1990~2000	马来西亚、印尼、泰国、菲律宾、新加坡、文莱、越南、老挝、缅甸、柬埔寨	与外部国家的领土和海洋权益争执
2001~	马来西亚、印尼、泰国、菲律宾、新加坡、文莱、越南、老挝、缅甸、柬埔寨	与外部国家的领土和海洋权益争执;民族(种族)冲突、分离主义、恐怖主义、贸易冲突、金融风险、环境生态恶化、大规模疾病等非传统安全

四、结语

自1967年成立以来,经过40多年的探索和演变,东盟地区安全战略日趋成熟。总体上看,东盟的地区安全战略包括内外两个层面,对内层面包括一系列东盟内部的双边和多边安全合作机制,目的是解决东盟成员国内部的安全问题。《东南亚友好合作条约》的签署标志着东盟区域安全机制在东盟内部的初步建立。冷战后大东盟确立,东盟安全机制成功地扩展到整个东南亚地区,随着东盟区域安全机制在确保避免冲突以及和平解决内部争端方面取得成功,东盟安全战略不仅对成员国产生了规范制约作用,共同安全意识也不断得到强化。冷战后,《东盟安全共同体行动纲领》和《东盟政治与安全共同体蓝图》的颁布,标志着东盟期待建构共同安全体,形成统一和稳固的安全战略。

东盟地区安全战略的对外层面是为了应对来自于外部的威胁。一方面,东盟通过实施大国平衡战略,使对东盟有重大影响力的区域外大国在东南亚地区相互牵制,最终任何一方都难以单独威胁东盟的安全。此外东盟积极推进由其主导、包括区域外国家参与的地区安全机制建设。这些机制根据东盟的政治与安全需要划分为不同类别,一类限制在东盟与中日韩三国内,如10+3外长会议、10+1领导人会议等机制,另一类则覆盖整个亚太区域,如东盟地区论(AFR)、亚太经合组织等,借助这些跨区域的安全机制,东盟可以与区域外的国家就安全问题进行协商谈判,加强合作,并就这些问题形成安全保障机制。40多年来,东盟内部没有发生安全冲突,也未遇到来自于外部的严重安全威胁,这一经验证明东盟安全战略在维护区域安全上是有成效的。

(作者系复旦大学政治学在站博士后　原载《南通大学学报(社会科学版)》2012年第3期)

全球金融危机背景下的东盟核心规范
——危机是否制度发展的催化剂?

〔英〕迪帕克·奈尔

对东盟的批评主要出于两个方面的担忧。第一是对区域制度自治和机构的一般现实主义的怀疑论,更多的是对地区环境的怀疑,在这一环境下,民族国家与以主权为中心的大国观念在官方论述和政策方面占主导地位。这一点已经是并且仍然是引起争论的领域,这一领域的任何方面都能够引起一系列争论。第二方面则更加具体,主要是指东盟未能意识到其规定的目标,以及在制定目标与实现目标方面的制度性缺陷。第一点引发了东盟自身对制度设置的分析,对东盟来说,是影响制度设置的实际的和程序上的规范。

本文主要关注的是东盟的制度规范。这一关注点是基于下面的论点,即这些规范将影响东盟的制度设置,并且对其作为一个理性组织的信誉具有潜在的意义。这种影响力也将延伸到东盟模式对东南亚的经济和安全的地区主义效力上,以及在更加广泛的东亚和亚太层面的地区项目。

由于经验主义的显著特点,东盟未能填补规定的目标与实际结果之间的差距,这已经成为对东盟近期制度性实践的主要评论。试图对东盟未能实现目标进行的解释包括了各种理由,但是所有的解释都是围绕东盟的两个制度规范:不干涉成员国的内部事务以及通过协商一致进行决策。近期的实践表明，这些传统规范并未妨碍东盟采用雄心勃勃的经济和政治议程，从想象“基于单一市场和产品”的经济整合到引人注目的地区政治生活。后者设想了治理改革的规范、与人分享的治理方式与民主所担任的角色，这些都渐渐出现在东盟的主要组织文件中，引人注意的是，这些偏离了“亚洲”认同和价值的基本论述。但是，继续占主导地位的东盟在决策方面的传统核心规范表明了其制定目标的特征，这些特征限制了对新目标的认识，以及在逻辑上加强对这些新目标、新规范的实施。这些（基于新规范的）新目标与继续实行的传统规范（成员国对这些规范既不干涉又不完全遵从）之间的分离，拉大了所定的目标与所达到的结果之间不断加深的差距。

虽然东盟新的世界性的规范被认为是表面文章并非实际的行动而不被理睬，但是当东盟精英们仍然对传统规范墨守成规时，新的规范确实已经对他们渴望的国际合法性和制度可信性造成了新的复杂性。实际上，这些新规范的存在已经使得在任何意义上完全遵守传统规范变得越来越不可能。结果是为不干涉和协商一致的核心规范带来了新的潜在挑战，本文认为其实这种挑战已经存在。

东盟核心规范的变化可以产生更大的影响力。东盟在召集区域对话以及制定泛亚洲制度和安排方面的作用，使其对亚洲安全具有重要意义。作为这些泛亚洲区域进程的管理者，东盟发展为东盟 +3、东亚峰会和东盟地区论坛，其地区主要模式从关注地区形式到外交风格，再到“建立共同体”这样的最终目标。因此，就采用不干涉和协商一致的规范这一特定案例来说，东盟内部的制度性变化将对更广泛的亚洲安全产生影响。一个制度上得到完善的东盟更有信心实行和遵从规范，将会影响像东盟地区论坛这样的正式制度的制定，虽然东盟地区论坛是一个安全论坛，但是它并不能解决最紧急的区域安全威胁。实际上，六方会谈、南海争端的协商和台湾问题已经在其他多边和双边机制上被强调。东盟地区论坛奉行协商一致和没有约束力的方式，这些源于东盟的风格（即“东盟方式”）在一定程度上说明了产生上述问题的原因。

笔者要探讨的问题是东盟官方论述中涉及的 2008 ~ 2009 年的“全球经济和金融危机”是否促进了东盟的制度变化，具体而言就是，危机是否影响到东盟两个核心规范的实行。

在这篇文章中，笔者分析了经济危机对经济整合计划的影响，并且在政治方面，危机对东盟政治和安全共同体的目标的影响，它们是被纳入与人分享的治理方式的新的规范议程的。笔者还将探究危机是否可能在实践中引发制度改革的行动趋势。笔者得出的结论是此次危机对东盟的影响是微小的。东盟组织的反应没有显示出人们期望的在危机环境下的制度发展。相反，东盟反应的实质证明了其制度上的惯性。以经济整合为例，东盟没有表现出显著的领导能力，它通常只是作为发表地区团结言论的论坛。危机期间，东盟峰会和官方文件都充斥着保护主义与自由贸易的论述，这反映出在制度连贯性方面并没有更大的进展。这从另一方面表明在地区层面宣布的言辞与在国家层面变化的经济政策之间仍然存在差距。这一差距是由于缺乏有效的服从和实施机制。

接下来笔者要讨论的是对东盟基本规范的适应，而不是转变的推动力，这种推动力可能源于两个其他因素。第一个因素是近期国内政治变化造成的东盟新旧成员国之间的差异，它们利用传统的对权力力量的协商一致的做法，使得东盟整体“声音”的一致性变得复杂了。这种分离主要是由东盟旧成员国所谨慎倡导的与人分享的治理方式所界定的，特别是印尼这样的旧成员国，在民主联合方面，它是东盟最大和最有影响力的成员国。同时，我们注意到一些国家精英们正小心谨慎地探求权利与政府治理方面的自由规范，这种不断增长的趋势是令人欣慰的（东盟旧成员国中唯一没有这种趋势的是缅甸。）

缅甸的东盟成员国身份已经引起了关于权利与价值的公开论述。这也在不同层面有利于东盟精英、公民社会以及东盟旧成员国在广泛的公开观点方面塑造其自我认知。此外，东盟与缅甸的建设性政策协议引起了关于人权和民主的广泛国际论述（由美国和欧盟这样的主要国际力量所支持），东盟也希望得到国际认同。尽管没有超出不干涉和协商一致的规范范围，但东盟成员国在与缅甸的建设性协议中扮演的角色已经得到改进。缅甸问题有助于东盟的制度改革，如东盟 -1 制，也可能使得东盟实行更加墨守成规的制度。

理论考虑：危机是否该是催化剂？

在危机环境下期望东盟进行制度变化是出于 3 方面的原因。第一，变化的理论根据源于国际政治的经济与安全层面的联系，以及东亚地区主义论述中以“经济安全”这一概念为中心。在国际关系文献中，经济安全这一概论通常用于国家，并被描述为“经济福利与国家安全之间的联系”。这表明了包含在国际关系实践中的二元性，即对安全和经济福利的追求是相互依赖的过程，是有联系的。

这一联系在东南亚的理论与实践中得到证明，实际上是在更加广泛的东亚国家。从理论上说，虽然存在一些差异，但是通过建立经济与安全共同体，经济合作促进区域稳定与和平的观念毫无疑问地体现在 20 世纪五六十年代的区域整合理论中，如新功能主义和相互影响论。这一观念也包含在冷战后出现的自由制度主义和“新地区主义”理论中。在实践上，上述联系被“行为合法性”所证实，即源于保障公民经济福利的政治合法性，它为 20 世纪 80 年代和 90 年代东亚地区繁荣时期的政权稳定提供了主要基础。

这一联系也明确体现在东南亚的东盟地区主义中。事实上，1967 年东盟的成立就体现了这种利益的复杂结构。努力投入地区组织的目的是要解决国内政权安全的当前威胁，如叛乱、冷战时期的大国政治引起的外部干预，也可能是内部冲突，特别是从印尼对抗的视角来看。像东盟这样的地区组织可以解决这些安全担忧，这不仅是由于人们相信地区经济相互依赖使得战争作为外交政策变得不太可能，还因为地区经济合作将刺激国内发展，堵住了影响稳定的各种活动的经济源头，为政权的安全提供了保障。

这种经济与安全之间的联系为后冷战时期东亚地区正式的制度化安排提供了基础。虽然亚太经济合作组织（APEC）早期明确回避安全问题，但是其创立的理念是：经济繁荣将增强国内稳定，相应地将加强国际稳定与安全。APEC 努力筹划有亚太特色（东盟地区论坛）或东亚特色（东盟 +3 和东亚峰会）的制度，是被这种经济与安全关系的思想激发的，将为后冷战时期亚洲稳定的地区秩序提供基础。

期望变化的第二个原因是历史方面的：过去的危机经历

为研究制度变化提供了有趣的背景。例如，关于1997年金融危机的研究表明了其怎样促进东南亚国家“在政治、合作与社会领域的变化”。研究还表明亚洲金融危机怎样使地区主义转移到更加排外的方向，建立了像东盟+3这样的新的地区制度。这明确表明开放的“亚太”地区主义向狭隘的和更加制度化的“东亚”转变。另外，东盟内部对1997年危机的反应，并且由于未能解决危机失去了可信性，使得其采取激进的行为方式，努力建立三大支柱性共同体，并提出地区经济整合计划。

更重要的是，近期的研究表明危机后的提议没有挑战传统的规范或结构特点。相反，这些提议表现出东盟试图得到合法性，并努力追赶被认为是成功的和合法的组织模式（具体来说就是欧盟），以增强其自身的生存力。类似地，2001年美国9·11袭击后的安全危机为研究制度变化提供了类似的环境。此次袭击使得东盟和东盟+3在其议程中更加重视反恐，特别是像亚太经合组织这样的亚太组织，安全关注对贸易和经济合作的影响是利弊并存的。

简而言之，危机提供了一种环境，人们可以观察到主要规范遇到的挑战，对制度设置进行修改，并至少可以找到组织行为及其新目标之间的结合点。危机作为引起实际的（东亚货币地区主义）或表面的（东盟共同体的建立）变化的催化剂，已经在东南亚和东亚的理论和实践方面得到证实。

这就导致了考察危机环境下制度性反应的第三个原因：从解决影响政府稳定的危机方面来说，自1997年金融危机以来，东盟机构已经阐释了地区组织当前和未来的逻辑依据。从1997年的《河内行动计划》到2007年规划正式的东盟共同体的蓝图，防止危机的明确议程巩固了这些东盟的新目标。这一议程目前不仅包括防止金融和货币危机，还包括反恐、环境保护、对灾难的人道主义援助以及防止流行病。经过10年的危机准备计划，特别是在经济和金融方面，2008～2009年的危机是对东盟充分反应的合理试验，也验证了东盟既定目标达到的水平。因此，此次危机为检验东盟是否已经在制度上更加强大提供了环境。

可能存在的一个简单但恶意的批评是：人们应该真的期望国家和组织按照它们所说的做吗？同意这一观点或多或少有些绝对，这不仅排除了寻求解释的可能性，也对可能有意义的论述形成挑战。正如瑟尔指出的，把不可改变性和一定程度的义务联系在一起的承诺包含在所有演讲行为中。演讲行为中不包含对论点事实的承诺，言语和含义的表达将不可能。如果论点的真实性是伪造的，承诺者是不诚恳的，那么，“承诺者需要公开承担责任”。

危机对东盟地区主义的影响

在这一部分，笔者通过审读关于地区经济整合与建立政治共同体的著述，探讨危机的影响。具体来说，笔者将评估其中的争论与分歧，揭示有关东南亚地区整合的不断变化的政治观念和议程。

对东盟经济共同体计划的影响

在东盟的官方论述中，表现地区经济整合的互补性的贸易和金融进程被认为将有利于在2015年之前建立一个东盟经济共同体（AEC）。东盟经济共同体的既定目标是建立一个单一市场和生产基地，把东盟变成一个商品、服务、投资、熟练劳工和资本可以自由流动的地区。2003年的第二《巴厘协定》确定在2020年建立东盟经济共同体，2007年的第12届东盟峰会把这一时间提前至2015年。

此次金融危机对东南亚经济的直接影响是重大的。新加坡、马来西亚和泰国这样严重依赖出口的经济体，经济增长快速下滑。地区内贸易也减少了。2009年，东盟整体的国内生产总值增长近1.75%。

但是，此次危机产生的影响比不上1997年的经济危机引起的不稳定。这次在避免出现崩溃状态方面的表现相当成功是由于各国政府自上次危机后已经变得谨慎小心了。大部分国家的账户都有多余资金，保持大量外汇储备，重要的是适时地引进了一系列刺激经济的措施。总之，此次危机影响的弱化主要是由于国家的介入。

这引起了两个问题：期望东盟在对危机的反应中发挥作用是否合理？并且，假如合理的话，东盟在解决危机产生的影响方面发挥怎样的直接作用？第一个问题引起了两方面的考虑：（1）期望东盟作出反应是不合理的，因为此次危机的源头来自本地区外；（2）此次危机的贸易和出口导向性特征限制了东盟的反应范围。这两点充分有助于解释此次危机对单个国家的稳定性的影响较少的原因。它们也解释了为什么相对于1997年公众和学术界的严厉批评，此次危机期间对东盟的反应及地区合法性的宣言的批评减弱了。

然而，从具体内容来看，上述两个言论都是有问题的。即使此次危机的源头来自外部，但这并不能解释为什么东盟对危机产生的影响免责，因为危机防御已经成为东盟既定的组织活动的中心议程。同样地，危机以贸易为导向的特征并不意味着它对金融和货币安全没有影响，正如韩国在2008年年底的表现，以及印尼这样的国家面临的流动资金短缺问题。那么，作为东盟在1997年后反应的特征，金融和货币安全机制是否能缓解这些问题就成为一个密切相关的问题。此外，人们只能关注东盟地区主义的宣言，在关于经济整合的声明中，东盟常常表现为代表其10个成员国的利益，代表了5亿人民以及5000亿美元的市场。正是这一自我认知为东盟继续雄心勃勃的经济共同体的目标提供了规范和正当理由，并且使得东盟的行动可以得到保证。

人们可能会问到目前为止东盟担当了怎样的角色。东盟在经济衰退时期的一些著名的反应包括：扩展了《清迈倡议》的货币互换机制，把区域外汇储备库从240亿美元扩大到1200亿美元；同意增强区域宏观经济管理，建立一个宏观经济和金融监测办公室；倡议增强亚洲债券市场，以发展本币债券，并为地区债券市场提供更大的便利。

虽然这些倡议并不是不重要，但是它们对解决此次危机的影响不是至关重要的。虽然清迈倡议对流动资金短缺来说是个有用的金融工具，但是它在本质上仍然是第一道防线。尽管危机施加了压力，但是并没有产生影响。正如埃默斯和瑞文希尔指出的，韩国在2008年遭受的投机性袭击为发起《清迈倡议》提供了一个契机。但是，韩国选择与美联储签署了一项300亿美元的货币互换协议。在清迈倡议下80%的资金动用必须符合国际货币基金组织的条件，这使其比双边互换协议在政治上的吸引力要弱，并更难用于内部调整。虽然清迈倡议的缺陷使其在2009年进行多次变化，但它仍然受到国际货币基金组织的条件制约，这使其在危机期间不具吸引力。除了像清迈倡议所存在的具体的制度性缺陷，为了解决危机进行的东盟内部合作也是有限的，具体表现为：尽管新加坡和马来西亚拥有相当充足的外汇储备，印尼在2009年还是决定向世界银行贷款20亿美元，向澳大利亚借贷10亿美元，向日本借贷15亿美元，并向亚洲开发银行贷款10亿美元。

此次危机期间，关于区域经济整合的论述都在围绕着保护主义，而不是以自由贸易为中心。东盟峰会及部长会议似乎为各国领导人提供了发表对自由贸易承诺的平台，他们对保护主义在区域引起的直接后果提出了警告。在2009年2月第十四届东盟峰会上，各国领导人"赞成坚决反对保护主义，并抑制新的贸易壁垒"。东盟轮值主席、泰国总理阿披实指出需要联合起来采取"坚定的行动"来反对保护主义，"如果我们继续保护主义的路线，每个国家都将会衰落。"

这些主张不一定完全符合国家所追求的政策。在2008年危机期间，印尼贸易部长颁布第56号法令以限制进口，担心印尼成为无人购买的商品的倾销市场。2009年2月，该部长在一次公开活动中要求印尼公务员购买和使用本国生产的产品。马来西亚总理阿卜杜拉·巴达维的态度反复无常。在一次采访中，他表示保护主义是国家在危机时期作出的"正常回应"。他进一步指出政府必须保护其人民，"如果我们不为马来西亚人创造由马来西亚人建设的项目，那么谁将会购买我们的产品?"仅在几天后，当和其他东盟领导人一起参加第14届峰会时，阿卜杜拉总理声称"我们所有人的想法都是一样的：我们反对保护主义"。反映国内贸易保护主义态度的运动也出现在其他国家的新闻报道中。著名的事例是柬埔寨和老挝的"购买本地货"运动，以及由菲律宾华商和当地制造商领导的"购买中国货，购买当地货"运动。

在某些层面上，地区团结与特定国家的行为之间存在分歧并不意外，对它们进行太多的解读是有危险的。更有可能的是，地区层面对"团结"的论述将作为迫使国家领导人放松明显的贸易保护主义的途径。同样地，它可能被用于使外国直接投资把兴趣放在地区内。此外，危机时期总是期望贸易保护主义，而贸易保护主义观点在全球普遍存在，因此东南亚地区也不例外。

对上述论述的考察至少可以得出两个有限的结论。第一，国家与地区间的差距仍然是不同利益的复杂地带，源自东盟的区域经济整合的说辞不会轻易被接受。这也引起了问题，就是关于在2015年实现其雄心勃勃的整合目标东盟做出了怎样的准备。第二，不管是上文提及的官方声明，还是在建立制度方面，此次全球金融危机并没有推动地区项目的连贯性。例如，东盟宪章没有阻止成员国推行贸易保护主义政策的机制，此次危机以及地区团结的言论也无法阻止这一方向的任何行动。

显示东盟的自由贸易承诺的另一个例证是，在金融危机期间达成的一系列自由贸易协定。在官方论述中，这一措施发出了反对贸易保护主义的强烈信号。虽然与澳大利亚、新西兰、中国、韩国和印度的自由贸易协定似乎是东盟对自由贸易承诺的证明，强调了它最终达成东亚自由贸易协定的目标，但是还需要两个限制性条件。

第一，有些自由贸易协定的可靠性和广泛度是存在疑问的。它们是否涉及易受影响地区的主要免税额？它们是否为所有成员国提供同等待遇？例如，东盟—印度自由贸易协定包括商品贸易，但不包括投资和服务贸易，因为东盟担心，印度服务领域的竞争力不断增强，并且在这一协定下印度专业人员的流动性将会更强。此外，东盟成员国是否将在同一时间实行这些自由贸易协定还尚未见分晓。2009年，印尼的纺织品制造商催促政府将东盟—中国自由贸易协定推迟5年至2015年实行。

第二个限制性条件是更加基本的，询问双边自由贸易协定是否是一视同仁的多边协定的可怜替代品。这种担忧是基于对自由贸易协定是为地区整合"制造障碍"还是"解除障碍"的广泛讨论。就特点和适用范围来说，亚洲的自由贸易协定被认为是不同的，东盟与外部合作者之间的自由贸易协定以及东盟内部的自由贸易协定都显示了为更深的地区整合建立障碍和解除障碍的迹象。

虽然与外部合作者之间的自由贸易协定对东亚整合来说是很重要的，但是东盟更担心的是东南亚内部的经济整合。经济衰退影响了一些成员国在2010年的期限内消除关税壁垒所做的准备。例如，菲律宾表示由于经济衰退，它将取消减少大米和糖的关税壁垒的计划。不过，也有证据表明东盟经济整合的计划在危机之前就被一系列因素所阻碍。主要的挑战包括东盟内部的贸易比例较小，当地商人对东盟自由贸易协定的关税特权利用不够，非关税壁垒问题仍然存在，东盟内部的服务贸易缺乏行动，对东盟投资区(AIA)的执行不一致。从更根本的方面来说，成员国之间巨大的经济差异、收入差距和监管系统的不同使得东盟经济共同体计划变得复杂。这些差异意味着不同的国家追求整合的速度不同。因此，有活力的率先自由化的国家，如新加坡和泰国不得不建立"新泰强有力经济伙伴关系"，以加强双边合作。这些差异以及东盟成员国能够整合的步伐限制了东盟作为一贯的行为体实现它所宣称代表的地区利益的能力。

对东盟政治和安全共同体以及东盟宪章的规范性承诺的影响

从东盟成立的这些年来，东盟一直表示实行"全面的"安全观，即经济安全与政治稳定和防御能力联系在一起，最近几年，增加了一些人类的安全。除经济整合外，东盟还计划寻求在2015年实行东盟政治和安全共同体。虽然地区安全共同体的计划自2003年就被设立为一个目标，但是政治和安全共同体蓝图的形成却是不久的事情。像东盟政治和安全共同体的计划一样，2008年12月实行的东盟宪章是一个有意义的发展。它反映了东盟过去10年进行的努力，自2004年得到支持以来，促进了东盟的制度化。

这一进程的中心说明了地区互动的新规范，即良好的管理(关注当前)、政治改革、法律原则和民主(关注未来)。这些与人分享的新规范的缓慢进程可以追溯到1997年的东盟2020展望报告。此后，这些规范结合了2003年的第二个《巴厘协定》和2004年的万象行动计划，承诺东盟国家在"公正、民主与和谐的环境"下建立一个地区。2005年，东盟成员国领导人承诺在2007年年底之前制定一个正式的宪章。2006年，东盟召集名人小组为宪章起草一份报告。名人小组报告出人意料地大胆，对东盟组织的规范改革和制度建设提出了主要的建议，包括明确主张民主准则。报告提倡"积极加强民主观念、良好的管理，拒绝政府进行不符合宪法和不民主的变革，推行法律原则，包括国际人道主义法以及尊重人权和基础性自由。"这份报告超出了纯粹的规范，建议为实行这些规范而建立专门的制度机制。主要是，它改变了完全协商一致的规范(即东盟-1)，并建议建立一个"争端解决机制"，可以在不服从的情况下强制制裁。

因此,名人小组指出为了寻求东盟更深层次的整合,需要服从和强制执行。名人小组还寻求对秘书处办公室进行授权。这些大胆的建议未能平复东盟成员国的不安,特别是柬埔寨、老挝、马来西亚和越南这些国家,因为东盟采用宪章的步伐接近了。名人小组报告中关于服从和强制执行的建议被削弱了,但宪章还是采纳了报告中提议的一些大胆规范,只是缺乏完全实施这些规范的机制。试图实现新规范,同时又缺乏支持规范实现的基础,这反映在宪章的开头。宪章号召成员国"尊重主权原则、平等、领土完整、不干涉、协商一致以及不同国家的统一性",但紧接着又要求成员国"遵循民主原则、法律规则,采取较好的治理方式,尊重、保护人权和基础性自由"。因此,寻求政府改革和政治发展是在协商一致和不干涉的决策进程中进行的。

提前实行宪章的尝试也体现在东盟政治和安全共同体的蓝图中。东盟政治和安全共同体已经为民主、较好的治理方式以及"人权的促进与保护"作了详细的准备。蓝图也列出了具体的措施:(1)在精英外交和东盟专家的进程之外加强与其他组织的磋商(例如:更加自由的行为体,如公民社会和学术团体);(2)增进东盟国家内部的信息自由流动;(3)采用新的方式传播与人分享的治理方式的规范,如政府官员和媒体的能力建设、文化交流、分享最好的实践和公民社会的互动等。虽然这些新规范还没有在任何有意义的层面得到实施,但笔者认为在官方层面的清晰表达已经为东盟试图自我修复增加了更复杂的变化。这些变化体现在东盟宣称的议程与其无法实现议程之间日益增长的紧张状态,还体现在这种状态给东盟试图寻求国际合法性带来的影响。任何对实现宪章中的规范基础的有意义的尝试都必须在一定程度上面对两个已经界定的规范,也可能是与之冲突,即不干涉和以协商一致为基础的决策原则。对东盟宪章来说,这些规范(以及它们决定的结构特点)遭遇了较严重的压力,强调了认识行为体的观点,即东盟必须重塑其传统的规范以实现未来的制度可信性。

这些新规范来自哪里呢?它们有各种不同的来源。一个来源是最近在一些东南亚国家慢慢兴起的与人分享的政治,大部分是在印尼,较少在马来西亚,还有在民主功能失调的菲律宾和泰国。第二个来源是通过传统媒体和新媒体实现的公共领域和公民社会的能动性的增强。第三个来源是一些国家精英(特别是在印尼和泰国)在追求政府改革规范与民主过程中不断增强的水平。最后一个来源是国际规范政体的影响,使得主权以一定的治理观念为条件,并依靠辅助手段来满足这些条件。多边组织和地区机构,如欧盟已经成为在外部影响进程中的重要行为体。

现在回到主要的问题:经济危机是否影响东盟试图运用新规范建立一个政治和安全共同体?东盟宪章与东盟政治和安全共同体蓝图是比较新的,这使得进行任何明确的评价都比较困难。一些分析家认为危机为东盟成员国拖延实施规范的任何行动提供了借口。成员国的资源和能源都致力于经济复苏,像能力建设项目、交流或培训这样的具体建议可能受到资源限制的影响。这再次引发了对国家承诺与包含宪章新规范的政治意愿的疑问。

东盟未来制度发展的源泉

如果没有发生经济危机,是否存在制度发展的其他来源呢?笔者认为该地区的两个变化将有利于不干涉和协商一致规范的适应。第一,东盟新旧成员国之间的裂缝在不断增大。这一趋势是源于旧成员国间兴起的一些与人分享的政见,相反,柬埔寨、老挝和越南这几个新成员国的集权主义增强。菲律宾已经建立的民主制并不实用,多年来都是新规范的主要拥护者。但其他国家近年来已经经历了不同程度的脆弱且谨慎的政治改革。2008 年 3 月的马来西亚大选以及一个较武断的公众领域的崛起就是例子。

而最著名的是印尼的民主调整。如果制度设置反映出地区系统内最有权力的国家的利益,那么印尼的改变及其对东盟地区主义的影响足够引起人们的密切关注。印尼没有实行任何形式的"霸权地区主义",在"霸权地区主义"情况下,起主导作用的国家的战略和军事目标或涉及意识形态的看法会干扰到地区制度。虽然如此,印尼正在变化的特征可能影响到东盟。在一定程度上,这种影响已经存在。印尼新闻界和政治界已经就与东盟相关的问题展开了公开的讨论:东盟是否应该是印尼对外政策的基石,东盟未能产生有意义的共同认同,东盟官僚机构和精英的特征,东盟宪章缺乏实行机制。印尼对外政策的精英们也变得越来越接受关于人权和民主治理的言论。例如,印尼外交部东盟合作司司长乔哈里在 2009 年接受采访时指出,印尼积极促进建立一个东盟人权机构是合理的,因为印尼"有义务确保我们关于人权的地区协议在质量上不低于我们国家的认同,我们也承诺达到全球水平"。

印尼对东盟的态度正在变化,作为多边平台的 20 国集团成员,印尼可以增强其在国际舞台上的分量,并且更加坚定地拥护新的规范,这些都不能被其他东盟精英们所忽视。但是,与人共享的政见的兴起只是局限在几个东盟成员国,主要是旧成员国(不包括缅甸)。越南和柬埔寨已经表现出加入公民社会团体的愿望,虽然担心它们只会指派代表加入,而不是促进公民社会。随着经济现代化,同时经济和社会领域的合理化,越南和柬埔寨将会以法律原则和透明化为基础吸收更加"西方的"经济管理观念。无论如何,柬埔寨、老挝、马来西亚和越南仍然重视集权政体的安全。东盟新旧成员国之间较大的经济差距可能使得它们之间在治理和民主改革问题方面产生微妙的或公开的分化。

第二个变化虽然与第一个刺激因素不同,但也相关,即东盟试图使缅甸社会化。这一努力在将来可能会更有力,使东盟转向不同的制度化道路。1997 年接受缅甸为成员国时,东盟遭到不断的批评。但是,不知不觉地,缅甸的成员国身份已经成为并可能仍将是东盟坚持不干涉和协商一致的传统规范时面临的一个重要问题。

这一情况存在几个原因。第一,虽然东盟容忍各种不同的政权形式,从完全的民主、托管的民主和专制的君主制到一党专政,但缅甸的军政权与其他所有的政治模式都分离开来。这主要是因为除了缅甸(以及在某种程度上的老挝),其他所有东盟成员国都是由政府管理的,它们都拥有一定程度的合法性。现代化和经济增长已经成为政权安全的一个基础。政府和广大人民之间缺少这一联系使得任何促进政府改革的尝试都特别困难。那么,这就使东盟试图规划对缅甸的有效政策变得非常复杂。建设性参与的政策是基于希望使缅甸军政府社会化,培养合作的习惯,利用伙伴国的压力,塑造竞争心,以引起改变。该政策寻求使军政府现代化并朝着一定形式的合法性治理的刺激因素。但是,军政府在生存方面的既得利益大部分情况下脱离了对广大人民治理的考虑，这一分离使人们怀疑东盟在缅甸问题方面能够取得多大的成功。

第二，东盟建设性参与的政策已经在成员国间引起了一场虽是小范围但热烈的内部讨论，这些国家也面临着国内公民社会团体和当地政治反对党。在官员、学界和大众媒体范围内进行的这场讨论有利于在一些东盟成员国间传播治理和与人分享的范式。2008 年 8 月，缅甸延长对昂山素季的监禁激起了广泛反响，东盟表达了“深深的失望”。一些国家领导人，如印尼总统苏西洛要求昂山素季参加国内大选。像马来西亚民主行动党这样的反对集团要求缅甸退出东盟。这些评论一直持续到 2010 年 11 月 7 日的缅甸大选。例如，菲律宾提醒，通过欺骗性选举，军政府“也是在将东盟自身处于危险中”。

建设性参与的政策已经在东盟的制度设置方面产生一定的变化。在压力下，东盟多年来反复提出声明，希望缅甸进行政治改革，并释放昂山素季和其他政治犯。2005 年，缅甸选择放弃接任东盟轮值主席，而事实上是其他国家担心缅甸的国内政治状况，缅甸在压力下放弃主席国身份。无可否认，东盟对缅甸的言辞和实践从“灵活参与”到“加强互动”，反映出试图对刻板的观念和不干涉进行一些修正。但同时，改革的尝试也是对传统规范的重申，并努力增强在不干涉规范的范围内的互动。

更重要的是，东盟对缅甸的声明包括了治理和人权的言论，制定了一定的规范，并且其认同的政治价值是可以被其成员国，特别是国际行为体所接受的，更加彻底地，是在不断发展的大众媒体环境下可以被国内反对派和公民社会团体所接受。简言之，东盟对缅甸的声明代表了其最持久的尝试：(1)评论和“干预”一个成员国的国内事务；(2)应用了东盟－1 的决策模式或有限的协商一致。总之，对缅甸的政策虽然不是引人注目的，也不是决定性的，但它对东盟的制度规范进行了一些修改，并在东盟计划中越来越频繁地运用东盟－1 的模式。

第三，东盟的国际合法性及相关问题与东盟怎样处理缅甸问题紧密联系在一起。“缅甸问题”与国际上对人权和民主的广泛论述有关，再次说明了对规范的要求与对规范的执行之间的紧张状态。

2008 年和 2009 年的实证经验表明，经济和金融危机并没有导致东盟的任何制度发展。关于此次危机的经济影响，东盟反应的范围和有效性并没有给人留下深刻印象。东盟没有规划出有意义的地区反应来使成员国有效应对危机的后果。清迈倡议没有产生作用，并且大量的自由贸易协定是危机前制定的计划。另外，此次危机影响了成员国在东盟自由贸易协定下为完全解除贸易关税壁垒所做的准备。

危机期间，东盟的反应包括为表达地区团结提供了论坛，特别是关于坚持自由贸易和自由主义。这似乎使得成员国形成统一的战线，但统一的声明似乎已经被成员国间的保护主义倾向所削弱了。虽然保护主义并不是东南亚所独有的，但自由贸易和保护主义的论述揭示了地区论述与国家政策之间存在的差距。其中的涵义是，这种争论使得原有的希望落空，即此次危机可能为制度的一致性提供了机会，或者可能促进形成详细的新机制以更好地执行和服从制度。

此次危机对政治安全共同体计划的影响似乎更不明确。各国没有发表意见，这样的沉默表明追求东盟宪章的规范议程的政治意愿仍然微弱，并存在分歧。正如预期，经济议程在危机期间的地区论述中占主导地区，并且进行治理、政治改革和民主活动的能力可能受到资源的约束（即使只是个托词）。简言之，没有证据可以证明此次经济危机激发了对东盟传统的不干涉和协商一致制度规范的挑战或改革。

本文转而强调了可能促使东盟进行制度改革的其他原因，这种改革更加遵从传统规范，可能只是对传统的两个规范进行修改。这些原因被认为是东盟旧成员国国内政治中出现的尝试性的，却是不断兴起的与人共享的规范，特别是在东盟最大的也是最重要的成员国印尼。这一趋势可能引起与新成员国之间的紧张状态。最后，东盟一直试图通过建设性参与政策促使缅甸军政权的社会化，这也许可以被看作是东盟精英们不得不对严格遵守两个传统规范进行调整的一个重要的核心。

（原载《南洋资料译丛》2012 年第 2 期，许丽丽译）

外资为何转投东盟？

王 勤

7 月 18 日，国际体育用品巨头阿迪达斯称将在 2012 年 10 月关闭其在华的最后一家直属工厂。而早在 2009 年，另一家体育用品巨头耐克就关闭了在华的唯一工厂而转移到东南亚。除体育用品外，Zara、H&M 等全球服装零售巨头也开始逐步将生产基地建立在东盟国家。

近年来，伴随着东盟国家经济迅速崛起，外国资本大量涌入该地区，东盟国家成为继中国之后最吸引外资的制造业基地。那么，外资为何如此青睐东盟国家？

一、东盟国家：亚太经济重要的增长极

近年来，东盟国家积极调整中长期经济发展战略，各国相继推出经济转型和产业升级的政策措施，加快经济重组和结构调整的步伐。2010 年 2 月，新加坡公布未来 10 年新加坡的七大经济战略，确定了转向通过技能和创新来巩固已有的经济增长的发展方向。近年，新加坡加大了创新密集产业领域的研发，政府提出了要进一步推动研发活动，在 5 年内使研发经费开支占到国内生产总值（GDP）的 3.5%，使创新逐渐成为经济发展的一项重要支柱。

2010 年 10 月，马来西亚政府推出了经济转型计划（ETP），该执行方案包括 12 项国家关键经济领域和 131 项计划，总投资额预计为 4440 亿美元，预计到 2020 年该计划将创造 330 万个就业机会，人均收入将由目前的 7500 美元升至 15000 美元，实现进入高收入国家的目标。

2011 年 5 月，印度尼西亚政府提出了《2011～2025 年印尼经济发展总体规划》。根据该规划，印度尼西亚政府将重点发展“六大经济走廊”，着力推动交通、通讯、能源等大型基础设施项目建设，形成各具产业特色的工业中心，力争实现在 2025 年跻身世界十大经济强国的远景目标。

2012 年 3 月，泰国政府提出将在未来 5 年拟投资约 720 亿美元，发展基础设施建设等项目，以加强泰国的长期竞争力和提升人民的生活质量。

二、新的国际产业分工和区域生产网络

随着国际投资和跨国公司的大量涌入，东盟国家的生产

跨国化得以不断发展,并日益成为国际产业分工和区域生产网络的重要节点。

据统计,1990 年至 2011 年,东盟国家吸收的外国直接投资的流量从 128.21 亿美元增至 1165.39 亿美元,增长 8.1 倍;外国直接投资存量从 643.03 亿美元增至 10772.84 亿美元,增长 15.8 倍。跨国公司根据全球经营战略在东盟国家的电子信息、石油化工、纺织、汽车工业等投资设厂,并将其纳入全球和区域生产网络体系中。

由于东盟区域生产网络的形成与发展,各国在世界进出口贸易的地位上升,东南亚成为世界上最大的集成电路和电子元件、第三大办公自动化设备和通信器材,以及世界上化工、汽车、医药、纺织、成衣等重要出口基地。

目前,东盟国家制造业的国际竞争力在迅速提升。根据联合国工业发展组织公布的 1980 年至 2005 年各国工业竞争力指数(CIP),在全球 122 个国家和地区中,新加坡从第 2 位跃居第 1 位,马来西亚从第 40 位跻身第 16 位,泰国从第 47 位跃居第 25 位。其中,各国在人均制造业增加值、人均制成品出口额、制造业增加值占 GDP 的比重、制成品占总出口的比重、制造业增加值的中高技术产品比重、制成品出口的中高技术产品比重等 6 项指标的世界排名均有不同程度的提高。

三、外资何以大量涌入东盟国家

2008 年,在国际金融危机的冲击下,东盟国家经济普遍出现衰退或减速,但各国较快摆脱金融危机的阴影,印尼经济呈现"高增长、低通胀"的良好发展态势。2010 年,菲律宾的经济增长率创下 24 年来的新高,新加坡的经济增长速度也是建国以来最快的一年,东盟国家成为亚太地区经济增长的热点地区。

此外,东盟国家投资环境有了明显改善。这些年,东盟国家进入政治社会转型的新阶段,民主化进程有所加快。许多国家经历了大选,政府领导人实现了新旧更替,基本保持了权力的和平过渡和政局的相对稳定。另一方面,东盟国家自然资源丰富、劳动力成本低廉,各国发展水平不一,比较优势明显。同时,各国政府积极采取向外资开放的政策,营造良好的投资环境。

2006 年 11 月,越南正式成为世界贸易组织的第 150 个成员国。为此,越南做出 10 项承诺,其中包括在 2008 年正式开放货物贸易市场,大幅降低进口关税,在 5 年内取消与商品国产率及出口商品有关的工业补贴,取消对农产品出口补贴,外资企业享有与当地企业相同的待遇,确保政府政策出台的透明度等。

当前,东盟区域经济一体化主要从 3 个层次展开:一是东盟区域的经济一体化经历了从特惠贸易安排到自由贸易区,再向经济共同体迈进的发展过程;二是东盟与中国、日本、印度、韩国、澳大利亚和新西兰的自由贸易区均取得不同的进展;三是东盟成员国与区外国家建立了双边或多边自由贸易协定。据统计,截至 2012 年 1 月,东盟各成员国提议中的自由贸易协定为 51 个,正在协商中的自由贸易协定为 38 个,已达成的自由贸易协定为 97 个,总数达 186 个。

这些年,东盟国家进入政治社会转型的新阶段,民主化进程有所加快,投资环境有了明显改善。

随着东盟区域经济一体化进程,区内市场规模扩大,贸易与投资壁垒消除,为该区域产业分工和生产网络型的对外直接投资提供了条件。近年,中国加快了产业结构的升级与调整,鼓励发展资本、技术密集型产业,加上劳动成本的上升,使得一些劳动密集型企业也转移到东盟国家。

尽管东盟国家吸引外资取得了新进展,但各国吸引外资仍存在一些问题。例如,除一些先进国家外,多数东盟国家的基础设施相对滞后,交通运输、电力供应、配套产业、人力培训明显不足,一些国家劳资关系尚未理顺,腐败现象比较严重,这些因素将制约外资的进一步流入。

(作者系厦门大学东南亚研究中心主任　原载《中国报道》2012 年 9 月总第 103 期)

2015 年东盟经济共同体:发展进程、机遇与存在的问题

刘　鸣

继 2007 年 11 月东盟在第 13 届峰会上通过了《东盟经济共同体蓝图》和签署了《东盟宪章》后,第 14 届东盟峰会又发表了《东盟共同体 2009 ~ 2015 年路线图宣言》、《东盟政治安全共同体蓝图》、《东盟社会文化共同体蓝图》,以及《东盟一体化第二阶段行动计划》等一系列重要文件。按照《东盟宪章》,"东盟共同体"将由东盟经济共同体、东盟政治共同体和东盟文化共同体三部分组成。

此后,经济共同体已经明确提出一体化的目标。即把东盟变成一个统一的市场和生产基地,并在其框架下实现货物、服务、投资和技术工人的自由流动,从而使其成为一个竞争力强的经济区,一个经济平衡发展的经济区,一个与全球经济接轨的经济区。2010 年召开的东盟第 16 届峰会再一次重申尽快落实《东盟宪章》内容,于 2015 年建成由政治安全共同体、经济共同体和社会文化共同体为三大支柱的东盟共同体。

一、东盟经济共同体推进进程:势头良好,步伐稳健

从区域内的贸易与投资数值和关税的削减情况看,东盟经济共同体已经取得了实质性的进展,势头良好。文莱、印度尼西亚、马来西亚、菲律宾、新加坡和泰国之间 99.11% 的商品关税已取消,柬埔寨、老挝、缅甸和越南 98.86% 的商品关税已经降至 0 ~ 5% 的水平。东盟成员国之间的直接投资快速增长,其中仅 2010 年增幅就高达 132%。在贸易方面,2010 年,东盟区内贸易额达到 5197 亿美元,比 2009 年增长 31.2%。

东盟经济部长会议还就制定货物原产地和原产地证明规则、加强海关协作、简化贸易手续,以及建立标准化机制等达成了共识。目前,在服务领域,东盟各成员国已经开放或正在准备开放的行业或部门的服务业有 80 个。在整合旅游业、航空运输业、纺织业和汽车制造业等领域也已经取得了实质性的进展。

东盟对经济共同体建设的准备工作也进行了多次评估,总体评介较好。根据第一次评估(2008 ~ 2009 年),东盟已按蓝图要求完成了 83.8%;而第二次评估(2010 年至 2011 年 4 月)东盟则完成了 52.78%。在 2011 年 8 月 11 日举行的第 43 届东盟经济部长会议上,对东盟经济共同体建设进展情况进行了回顾,认为,截至 2011 年 7 月底,东盟共同体蓝图确定的措施已有 73.4% 得到实施。

二、东盟经济共同体发展：对中国"走出去"战略是一个新机遇

虽然，东盟共同体不同于当年的欧洲共同体，它不是一个以让渡国家主权为主要特征的一体化合作机制，它也没有准备要发展为超国家的经济集团，而主要是强调国家间合作。但是，它是一个包含了10个不同发展水平国家的紧密经济合作的机制。

第一，东盟经济共同体与中国有许多共同点，双方地缘相邻，经济上，因中国市场的包容性以及中国—东盟自由贸易区（一个具有19亿人口的巨大市场）而使相互依存度越来越高。目前，双方贸易互补关系主要在于资源结构和产业结构的差异：中国进口东盟国家的资源及相关制成品，东盟进口中国的机电产品。

东盟是中国重要的对外承包工程的传统市场。2003～2008年，中国完成对东盟承包工程的营业额由17.61亿美元增至46.7亿美元，增长了1.7倍。此外，东盟还是中国最大的海外劳务市场，新加坡、印度尼西亚、马来西亚、缅甸、泰国和越南是中国对东盟劳务输出的主要国家。

双方在10+3与10+1机制的基础上建立了完善的对话合作机制，确定了11个重点合作领域与三大次区域合作以及自由贸易区的建设。多领域的合作必将为中国参与并分享东盟经济共同体的各种经济利益创造有利的条件。可以讲，双方已经形成了真正的"协同合作模式"。近期，双方合作的重点是互联互通规划。

在2010年召开的第17届东盟领导人会议上，东盟各国共同制定了《东盟互联互通总体规划》，该《规划》囊括了七百多项工程和计划，投资规模约达3800万美元。东盟要建立一个共同体，各成员国之间必须实现互联互通，在基础建设、交通、通信等领域加强合作，同时加强各国人民之间的交流。

东盟国家互联互通是指实体的、机构的以及民间的合作纽带。这些纽带包括了东盟旨在实现经济共同体、政治安全共同体和社会文化共同体的基础支持和促进手段。（1）实体互联互通主要包括：交通运输、信息与通信技术、能源；（2）政府机构互联互通主要包括：贸易自由化和促进、投资与服务自由化和促进、相互承认协议/机制、区域运输协议、跨境流程、能力建设项目；（3）民间互联互通主要包括：教育、文化、旅游业。

从这份规划看，它的目标不仅仅在所谓的道路、铁路和海运、空运的连通，而且包括交通运输、信息、技术、能源、教育、文化、贸易、投资等诸方面的全面接轨，为建立统一的共同体在物质、精神上作好全面的准备。

为推动东盟与中国更广泛、深入的合作，中国总理温家宝在参加印度尼西亚巴厘岛第14次中国与东盟领导人会议时倡议，成立中国—东盟互联互通合作委员会，加快推进互联互通等基础设施建设。双方还举行了"中国—东盟互联互通战略研讨会"，深入讨论了中国—东盟互联互通与制度建设、产业对接、地方动议及中国—东盟互联互通合作和未来发展方向等议题。为推动基础设施建设，中国设立了30亿元人民币的中国—东盟海上合作基金，推动海上互联互通建设；成立中国—东盟互联互通合作委员会，支持泰国提出的10+3互联互通伙伴关系倡议。随着这些互联互通建设的推进，必然会给中国与东盟的多领域合作带来巨大的外溢效应。

第二，目前，中国国内的商业和劳动力成本越来越高，竞争越来越大，特别是随着人民币的升值，出口企业的利润越来越小。同时中国的大部分产品处于供过于求的状况，生产能力过剩，国内市场需求不足。面对这种形势，向外寻找机遇是我们的最佳选择。

无论是中国的国企还是民企，过去"走出去"战略往往选择发达国家。虽然在美国通过兼并和接管等方法可以提高我们吸收高技术的能力，但是，美国等国对中国的投资有许多限制，而且成本高，这是对我们企业发展的不利方面。所以，我们有必要适当地转换思路，把"走出去"战略部分地转向发展中国家。

近几年，中国政府积极推动以东盟为重点的"走出去"战略，激活了企业赴东盟的投资热，越来越多的中国企业把东盟国家作为主要投资目的地，中国对东盟的投资呈现明显加快的势头。而进入东盟任何一个国家，实际上就进入了10个国家的市场，而且可以以当地的生产成本的价值来标价。当然，我们在东盟的投资重点不是吸收高技术，而是技术转让、扎根当地、拓宽市场，造福东盟人民。

第三，双方已经开放投资市场，取消相应的投资壁垒，相互实施国民待遇。2011年中国大陆对东盟非金融类直接投资25.4亿美元，同比增长13.1%。东盟首次成为中国企业在国外投资的第一大市场。截至2010年底，中国对东盟直接投资达到108亿美元，投资领域已经从传统的矿业、建筑业拓展到能源、制造业、商务服务业。但是中资在东盟国家吸引外资总额中所占的比重相对较低。根据东盟秘书处数据，2006～2008年，中国对东盟的FDI只占其全部吸引外资金额的2.1%，同欧盟（22.4%）、东盟内部（15.2%）、日本（14.2%）、美国（7%）相距甚远。目前，中国对东盟的投资仍然以加工业为主，这种状况必须进行调整。

第四，随着东盟内部市场的形成，区内相对发达国家的经济获益就会越大，而新东盟国家的市场保护性优势将明显削弱，如柬埔寨、老挝、缅甸，后者希望中国和其他区外发达国家前去投资，发展劳动密集型企业以解决当地就业问题并带动产业的发展。

第五，10+3的发展，中国与东盟自由贸易区的建立，韩国与日本相继与东盟建立自由贸易区将为东盟经济共同体的发展创造有利条件。2011年，中国与东盟双边贸易总值为3628.5亿美元，增长23.9%，高出中国进出口总体增速1.4个百分点。双方的贸易有望在2015年突破5000亿美元。中国目前已是东盟第一大贸易伙伴，东盟则是中国第三大贸易伙伴。

这些与东盟密切联系并重叠的自由贸易区将为共同体的对外经济发展奠定良好的外部环境。中国与东盟的贸易效应也将进一步显现，因为中国对东盟的平均关税将在两年里降到0.1%。

第六，中国—东盟自由贸易区的建立和东盟单一市场的形成将会改变国际贸易格局，并刺激美国、日本、印度、澳大利亚、俄罗斯等国加快在区域贸易自由化和一体化方面采取更积极的行动。同样，中国可以借道东盟开拓更广阔的市场。东盟与日本、韩国、印度、澳大利亚都建立了自由贸易区。中国企业要想绕过一些国家的关税壁垒，借道东盟是一个可以选择的途径。这种多层次、交叉的一体化合作架构会有利于各国采取更为开放的措施，为最终达成多边贸易自由化的机制而铺平道路。

第七,随着东盟经济一体化水平的提高,贸易与加工的能力也将获得大幅度提高,中国—东盟的经济合作规模、范围都将显著扩大。东盟国家具有原料产品资源优势,如橡胶、木薯、棕榈油、热带水果等,都是中国有需求并大量进口的产品。同样,其他各国也需要从东盟经济共同体进口质量和价格均具有比较优势的原材料和半成品。这样,东盟经济共同体就需要建立原材料生产基地,并根据区外大市场的需求来组织生产。中国企业拥有资金、技术优势。在东盟经济共同体建设过程中,中国可扩大对东盟国家的投资,利用当地丰富的资源进行符合中国需要的加工,然后再返销中国,或出口到其他地区。

第八,双方在科技领域也具有广泛的互补性。如在电子、原料产品加工、木制品、藤制品、珠宝设计制作以及服务业等方面,东盟有关国家有技术和经验优势,而在生物制药、信息通信、航天技术、农业种植、新能源、新材料等领域,中国已达到国际先进水平。另外,中国的轻工、纺织、建材、家电等企业相对国外企业有成本、技术和设备优势。更重要的是,东盟对国际市场的辐射力强,市场渠道较畅通。中国企业走进东盟,可以东盟国家为基地,开拓更多的海外市场,创造更广阔的经济发展空间。

第九,由于欧盟给予新东盟四国以种种的特殊优惠措施,所以,老东盟国家与中国均可以把上述国家建设成为向东盟区外出口的生产加工基地。中国与东盟的贸易主要集中在马来西亚、新加坡、泰国、印度尼西亚、菲律宾等 5 个东盟老成员国。2008 年,中国与上述五国的贸易额占中国与东盟贸易总额的 89.6%。东盟国家来华投资的来源主要集中在老的东盟六国。老六国对华投资累计项目数和实际投资额占东盟对华投资的比重超过 97%,需要进一步拓宽投资来源。

当然,在向东南亚"走出去"的过程中,中国的企业要兼顾好中方和外方、企业和国家、盈利和社会责任之间的关系,不仅把资金、商品、技术带到国外,也要把良好的国家形象展示出去。

三、东盟经济共同体 2015 年目标:进展与困难并存

客观而言,目前,虽然在实现经济共同体的进程中,东盟各国取得了一定的进展,但是,离东盟要建立政治、经济和社会文化共同体的大目标还存在较大距离。2015 年能否如期实现这个目标,特别是能否先建立经济共同体,各界普遍存在不少疑问。

东盟秘书长素林博士在新加坡出席"2010 年东盟竞争性报告"发布会时郑重表示,何时建成东盟共同体并无绝对明确的日期,2015 年只是一个目标,而不是建成共同体的最终时限。他同时强调指出,建成东盟共同体还有大量工作要做。首先是东盟国家内部政治体制、价值观和社会文化的多样性,为政治安全的协调增加了难度。其次是创造单一市场和生产基地以及基础设施的改造与更新需要大量资金,而资金的不足会成为加速一体化进程的制约因素。

东盟经济共同体的目标由 5 个方面构成:贸易与投资的无障碍化、区域内贸易高度相互依赖性、与经济有关的法律政治制度得到统一、单一市场和生产基地得以形成(在其框架下实现货物、服务、投资和技术工人的自由流动,以及更自由的资本往来)、建立超越成员国的权力机构。

由于东盟几乎所有的纲领性文件中都反复强调"不干涉内部事务原则","尊重独立、主权、平等和各国国家认同性",这表明东盟各国不愿放弃和出让任何主权。因此,东盟未来的三大共同体不会考虑建立超越成员国主权的权力机构,未来的经济共同体仅仅是包含前面所述的 4 项内容。从目前的情况看,这 4 项都已经获得了不同程度的进展,但可能离需要达到的初步目标尚有 35% ~40% 的距离。

新加坡东南亚研究所就"东盟经济共同体"撰写的报告提出,应将东盟建设成为一个"超自由贸易区"。考虑到东盟成员开放程度及经济发展水平之间的差异,东盟不应建成如 20 世纪 50 年代欧洲经济共同体所采用的关税同盟形式,而是将东盟建成一个零关税的自由贸易区,再添加一些共同市场所具有的因素(如资本、熟练劳动力及一些其他生产要素的自由流动)的设想将更为现实。而东盟战略暨国际研究组织则提出应将东盟建设成为一个"次共同市场"。

按照这种较低层次的共同体标准,实际上它的定位就是贸易上的一体化,在投资、服务领域和单一市场与生产基地方面并没有共同体的安排。但从东盟关税削减的实际情况看,在有些方面它又似乎要好于这种定位。目前,文莱、印度尼西亚、马来西亚、菲律宾、新加坡、泰国之间的贸易已接近零关税,其余东盟国家的关税也已大幅下降,在 2010 年《东盟互联互通总体规划》实施后,东盟更是加大了相互直接投资,加速经济一体化进程。

但是,除蓝图规划和经济共同体建设中有关货物贸易的实施情况令人满意外,在促进贸易与投资以及物流和运输等方面仍然未达到规定的目标。今后要在上述领域实现一体化,不仅需要东盟十国间大量的政策协调与配合,还涉及如何采取具体措施平衡各成员国之间存在的多方面差异。

贸易往来的基本现状是:虽然老东盟国的关税已经降到了最低点,但是东盟内部一体化程度仍然较欧盟、北美区低,东盟十国内部贸易额占总贸易额的比重远低于欧盟和北美。目前东盟 10 国之间的贸易占到总贸易量的 24% ~25%,维持在 5000 亿美元,而欧盟 27 个成员国内部贸易总额达到 68%,北美地区内部贸易量也达到了 48%。因此,如果按照2015 年实现经济一体化的目标要求,除了每年增加 2 万亿美元贸易总额之外,东盟还要将内部贸易量每年提高 30% ~35%,同时,在打通本地市场、实现内部劳动力和资本等生产要素自由流动方面还有很长的路要走。

以上情况主要反映了一个客观的状况:东盟产品的出口地主要还是欧美和中国;东盟市场上除本国生产的消费品外,主要来自于中国等区域外的国家,东盟内部无法有效提供。

而关键在于,东盟须消除金融、法律、工程、旅游及电信等服务业的障碍,加快改革和协调相关法律法规;同时在制定单一投资、商业及签证法规方面的进展亦相当有限;一些国家在接受共同体安排的同时,还在考虑如何应对共同体建立后的负面影响,如制定进口增长保护措施法或称特保法;对于给予成员国提供东盟投资人国民待遇也困难重重;在削减关税壁垒、统一东盟产品质量标准以及简化海关手续等方面,各国仍须做出更多努力。

造成这些改革缓慢的原因很复杂,其中意识形态分歧、经济差距、国内不同的利益集团博弈、官僚体系拖沓、领土海域争端以及国内政治动荡等可能是主要因素。也有学者把东盟各国对东盟一体化消极的原因归结于 4 个方面:各国脆

弱的政治生态;统治集团的私利;动荡不定的国内政局;国内政治问题加剧。

当然,各成员国执行已签署的协议时不够坚决、地区经济合作缺乏国内政治利益集团的支持;政府仍然强调本国的控股权等也都是难于实现共同市场的重要因素。

正是由于前面3项内容的实施尚不理想,所以,创建一个单一市场和生产基地,一个激烈竞争的经济区域,一个公平的经济发展区域,以及使地区完全融入全球经济的主要目标就很难在短期内实现。另外,没有政治与法律上的全面协调与保持一致,经济共同体的相关合作就无从全面正常地展开。

创造单一市场和生产基地以及基础设施的改造与更新需要大量资金,资金不足已成为制约因素。东盟成员国之间巨大的经济差距则构成了最大障碍。

根据上述发展态势分析:在未来3年里建立一个具有雏形意义的经济共同体应该是可能的,但它实际上就是自由贸易区的升级版,即在贸易关税削减为零的基础上,开始形成货物、服务、投资和技术工人的较低程度的自由流动,继而逐步统一各国各自为政的法规,最终形成单一市场和生产基地。

四、东盟经济共同体与其他地区经济合作的关系

东盟经济共同体要顺利地建成,还需要处理好下述几对矛盾:

第一,与10+3和10+1的关系,这是合作的基础,而且它以东盟为核心,与东盟经济共同体具有互补、重叠与相向发展的关系。随着清迈倡议的多边化协议的生效,一个总规模达到1200亿美元的东亚外汇储备库正式成形,这体现了10+3成员共同防范全球经济下行风险和提高应对挑战能力的坚定承诺和共同努力。由于中日韩与东盟都是参与者,大家有着抗御金融危机的共同利益,所以,如果东亚外汇储备库最终成为亚洲货币基金组织,它必然成为地区金融合作的中流砥柱。与此同时,10+3宏观经济研究办公室,将提高10+3国家的经济监测能力,积极推动亚洲债券市场建设。

东盟经济设施的发展有赖于中日韩的投资,许多机电设备与日常用品也需要中国的出口和投资。换言之,共同体自身不能解决所有的经济供给与需求,也无法提供发展的巨额资金,遇到重大危机必须依靠东亚地区的总体支持。因此,跨共同体的经济合作对东盟国家是必不可少的。

中国政府在2009年承诺向东盟国家提供的150亿美元信贷共支持了50多个基础设施的建设,涉及所有东盟国家。2011年11月,在中国—东盟领导人会议上,中方提出在对东盟设立的150亿美元信贷和总规模100亿美元的中国—东盟投资合作基金基础上,再追加100亿美元贷款,其中40亿美元优惠贷款,支持东盟基础设施和重大民生项目建设。

10+3合作机制目前已在18个领域建立了约50个不同层次的对话机制,其中包括外交、经济、财政、农林、劳动、旅游、环境、文化等14个部长会议机制。我们要把这些对话机制演化为常态的协调、管理机制,真正发挥地区利益协调一体化的功能。

第二,"环太平洋经济伙伴关系协定"(TPP)的发展,根本地影响了东盟经济体的成效。由于它不单是贸易关税的全面开放,而且对投资环境的保障,劳工条件、环境、知识产权保护、政府采购、服务领域的开放等广泛的经济部门制定了高标准。所以,在经济要素配置与体系的完善上均达到了最优化。目前,东盟的新加坡、马来西亚、文莱、越南均是谈判成员国,其他国家还有美国、加拿大、澳大利亚、新西兰、秘鲁、智利。如果日本能够加入,TPP成员的GDP将占APEC成员的62%,占全球的35.5%。这样,这些国家的投资、贸易重心将转到TPP中,东盟的单一市场将可能是TPP中的小市场;生产基地将受TPP中的产业优势分工体系的影响而进行整合,其中新加坡、马来西亚、文莱、越南将成为核心。为此,泰国可能会积极向其靠拢。对于剩余的5个东盟国来说,由于经济本来就不很发达,在这种不利的经济一体化发展趋势下,其参与经济共同体的动力将大大降低。

素林先生强调,东盟经济一体化应优先于TPP。他说,东盟应优先致力于内部经济统合,区域内贸易自由化主导权如被美国掌控,东盟一体化建设恐走入歧途。马来西亚经济研究所学者穆罕默德·阿里夫教授也表示,虽然东盟各国最终会选择加入TPP谈判,但东盟各国应该寻求作为一个整体,在TPP谈判中发挥更大的影响。东盟各国经济规模相对较小,单独一国很难在TPP中有影响。建设东盟的统一市场显然比TPP谈判更为紧迫和重要。

第三,与APEC的关系。APEC成员中有最发达的工业化国家美国、日本;最重要的市场中国和美国。全球最大的3个经济体(美、中、日)均在该区域内,东盟经济共同体要推动内部国家的经济发展,基本条件之一就是与APEC成员国进行制度性的合作,进一步推动亚太贸易和投资自由化便利化,促进经济技术合作,支持多边贸易体制,抵制贸易保护主义。

在2010年的APEC第18次领导人非正式会议上,发表了《APEC领导人增长战略》,其中要求推动各成员加快转变经济发展方式。其中,创新政策合作是"下一代"贸易投资问题合作的重点议题之一,在APEC内开展相关合作有助于提升区域内整体创新能力和经济增长的内生动力。而这需要APEC发达经济体加大对发展中经济体的资金和技术支持,帮助他们提升环境产业,实现可持续发展。

除需要恰当地处理好上述3对矛盾外,东盟经济共同体的成功之路还取决于:

一是东盟共同体需要政府出面建立重要产业的大集团,形成众多跨行业的跨国公司,并在东盟地区进行最佳的资源与经济要素配置,这将有利于全区域性的劳动分工和共享发展成果。否则,具有竞争力的单一市场和生产基地就很难形成。

二是由于各国经济水平的差异,劳动力素质的参差不齐,新东盟国家在完全开放市场后,本国的产业发展将失去保护性的优势,其经济上会依附于东盟的产业链,缺乏自主性产业。因此,在构建经济共同体的过程中,需要制订适度的战略,帮助这些国家发展符合它们的国情特点,特别是能改善人民基本生活的产业。

三是解决好各国吸收外资不平衡的情况。作为经济共同体应该为不同的成员国构建适合其产业发展,同时也与共同体产业分工一致的投资环境。

四是减少为吸引外资而进行相互攀比、恶性竞争的免税计划。统一投资优惠安排,把最急需的资本投入最需要的地方,形成区域内经济要素的市场化配置并达到最佳效用,以形成全区域的生产基地和培养跨国的管理人员。

五是均衡产生发展。除制造业的发展外,也需要支持农业和农产品加工业、科技及人才开发领域、公共事业和基础服务业以及环保等绿色产业的发展。

总之,加快东盟一体化进程,需要考虑与协调各方面的问题,包括缩小富国和穷国的差距、实现单一的大市场和产品基地、培育东盟共同的价值观、增强东盟共同体的认同感等。东盟共同体的建设是富有远见的,它的发展可以进一步提高东盟的影响和地位,确保其在东亚地区各机制中的核心领导地位,平衡美国在地区重要问题和安全结构上的主导性,调和中国影响力上升所带来的地区力量变化的冲击。

(作者工作单位上海社会科学院　原载《世界经济研究》2012年第10期)

中国—东盟税收协调的现状及路径选择

施本植　郑　蔚

区域性经济组织的合作大多始于自由贸易,而税收协调的一项重要内容——关税协调是区域内成员国推动贸易发展的初始选择和第一个步骤。也就是说区域性经济组织从建立之初就伴随着税收协调。随着中国—东盟自由贸易区建设的推进,各国之间商品、资本、技术和劳动力等经济要素在区域内跨国流动的日益频繁,各国之间都存在着不同程度的利益交织、竞争与合作关系,区域内各国相互间由于对从事国际经济活动的自然人和法人征收所得税、财产税、关税等所带来的税收分配关系变得错综复杂。在这种复杂的税制联系下,税收主权是国家主权的一种基本反映形式,因此,各国往往极力维护这种主权而不愿意让度、放弃,这将带来由于国与国之间税收管辖权交叉重叠而导致的重复征税;各国为了尽可能多吸引跨国流动资本而竞相实施税收优惠政策而产生的税收国际竞争;国际经济行为主体(主要是跨国公司)采用改变居所、联属公司内部贸易和转让定价、在避税港设立基地公司等形式进行国际避税等问题。这些问题越来越成为阻碍中国—东盟自由贸易区发展的因素。这些问题的解决需要区域各国进行税收协调与合作,通过国际协调来逐步实现区域内税收政策的配合、制度的融合,减少成员国之间的税收摩擦和冲突,以促进区域经济持续健康发展。

一、国际税收协调及其特征

西方理论界对国际税收协调这一概念存在着不同的解释,主要归因于对“协调”一词的不同理解。从上世纪80年代西方税收理论开始关注国际税收协调问题以来,在西方文献中主要出现了三个词来表述“协调”:cooperation,coordination与harmonization。这三个不同的词体现了西方学者对国际税收协调概念从“合作”到“协调”到“融合”的不同理解。使用cooperation的含义是指参与协调的国家通过进行某种合作来解决税收差异和冲突问题。Coordination是指参与协调的国家通过某种共同的政策和机制对各国的税收政策进行协调的过程;James用harmonization对国际税收协调的范围和内容的界定受到了西方学者的普遍公认。其含义是:对成员国的税种、税基、税率和税收征管进行协调,这种协调分以下几个层次:首先是各国设置不同税种的无协调状态,其次为联盟成员国都设立某些相同税种、同时允许成员国设立某些不同税种的“部分协调”状态,再次是每个国家实行相同税种、不同税基、不同征管方式的“名义协调”状态,最终达到税种和税基完全相同的“财政联邦制”状态。

以著名财政学家马斯格雷夫为首的一些学者把国际税收协调分为两种不同的类型:一种是通过统一各国的税制来消除大部分税收冲突,从而实现税制的均等化。另一种是创造一个既能使各国在最大的自由范围内安排自己的税制结构又不会干扰国际效率和公平的框架,也就是在“差异化”的前提下协调,即允许每个国家有不同的税制,但在运用税收政策时必须考虑共同的经济和社会目标。

我们认为,完全“均等化”的税收协调只是一种理想状态,它要求参与协调的国家采取统一的经济政策,甚至要有共同的政治目标,并放弃大部分的税收主权,其实现的可能性依赖于区域经济完全一体化的实现。因此,目前的国际税收协调事实上是一种“差异化”的税收协调。

国内税收理论早期对国际税收协调的定义主要限于国际税收关系的协调,即两个或两个以上的国家或地区针对行使各自税收管辖权产生的冲突进行协调。从上世纪90年代后期以来国内学者普遍将国际税收协调的含义进行了扩展,即两个或两个以上的国家或地区,为了实现共同的经济目标,通过颁布共同指令、签订税收制度或税收管理合作协议等途径,使参与国或地区的税收政策、税收制度(包括税种、税率)互相接近或统一,以减轻彼此之间的税收冲突和摩擦,以增进商品、资本和劳务在相关区域内自由流动,提高整体效率和福利所采取的一系列相关政策和措施。

综上所述,我们认为,国际税收协调的内涵及特点可以概括为:

第一,国际税收协调是一种体制和规则在本国税收利益和国际税收利益间寻求平衡和妥协的行为。协调的目的是消除税收摩擦和冲突并保持适当的竞争;协调的本质是参与协调的国家必须让渡一部分税收主权;协调的主体是具有税收主权的国家或地区政府;协调的对象是参与国税法中规定的征税目的物;协调的内容包括税收管辖权、税率、税基以及税收管理。

第二,国际税收协调是一种税收关系从国内到国际发展的过程。这种协调必然要受到各国国内经济发展水平、财政政策、法律制度、等因素的限制,又受到国际经济发展水平、国际经贸关系、国际税收关系、国际经济组织以及经济一体化进程的影响和制约。

第三,国际税收协调是一种博弈协调。由于目前除了欧盟之外还没有任何一个经济一体化区域建立起超国家的强权机构来操控这种协调,各国政府只能通过建立各种形式的国际机制来消除国际合作中的障碍。而这种国际机制的达成及实施过程就是各方政府选择合作竞争的博弈过程。

二、中国与东盟国家税收差异及税收协调的现状

中国和东盟国家在税收方面存在着较大的差异。东盟国家大都以税收为主要的财政收入来源,大多数国家都实行以所得税和流转税为主体的税制结构。东盟各国按税制结构的差异大致可以分为工业化国家、新兴工业化国家和后发展国家三个层次。间接税比例最高的是柬埔寨(2003年关税占税收收入的33.5%,增值税占32.7%),其次就是老挝(71.4%)和中国(65.56%)。直接税比例最高的是文莱(96.7%),其次是新加坡(66%)。

与东盟各国相比,中国的直接税比例较低,间接税比例较高,税制结构层次与越南、老挝等几个后发展国家相当。

税制结构主要服务于各国的宏观经济政策，各成员国间较大的税制差异将意味着在区域内较难形成统一的间接税、直接税协调政策。

尽管中国与东盟各国在资源禀赋、经济发展水平等方面差异较大，但总体上多属发展中国家，宏观税负水平较为接近。东盟各国税收占 GDP 的比重平均约为 15% 左右，其中最高的是新加坡 20.7%，最低的是老挝 12.5%，中国 2003～2007 各年度税收收入占 GDP 的比重分别为 17.07%、17.66%、15.72%、16.62% 和 18.14%，与东盟各国大体相当。

中国和东盟各国都是复合税制，除文莱以外的国家基本上建立了以增值税和消费税为中心的间接税、以个人和公司所得税为主的直接税两者相结合的现代税制。但各国税种设置差异较大，一些国家设置了特定税种。即使是同一税种，其性质、税率、征收范围和减免细则也不一样。东盟多数国家的税种在 10 个左右，文莱、柬埔寨最少(3～4 个)，最多的印度尼西亚也只有 17 个税种。从总体上看，中国与大部分东盟国家多采取以间接税为主的税制结构，流转税收入在税收收入中比重较大。从所得税税种来看，中国、新加坡、马来西亚、文莱、泰国的公司所得税实行单一税率，在个人所得税方面，中国、缅甸实行分类所得税，其他国家是综合所得税制，越南、老挝、缅甸等国家对国内居民和非居民适用不同的税率。

在间接税方面，中国和东盟的多数国家都建立了以增值税和消费税为主的流转税体系，但各国又存在着较大差异。首先是税基的确定方式不同。印度尼西亚实行的是生产型增值税，其他各国推行的则是消费型增值税。在课税范围上，中国的增值税是以在中国境内销售货物和提供加工、修理修配劳务以及进口货物为征税范围，课税范围较窄；而东盟大部分国家都将增值税扩大到货物销售和劳务服务经营方面。消费税往往以某些消费品和奢侈品作为课税对象，且总体税率都比较高，但各国消费税也存在着较大差异。例如征税范围上中国的消费税包括烟、酒及酒精、化妆品、贵重首饰及珠宝玉石等 14 类商品；马来西亚消费税的征税范围也主要是对烟草、酒及酒精、汽车、货车、摩托车等国内生产的商品和进口的商品征税；老挝消费税的征税范围主要有汽油、酒、汽水及其他饮料、成品烟、雪茄烟、香水及化妆品等。税率上马来西亚消费税的最高边际税率达 100%，印度尼西亚是 75%，中国为 56%。

就所得税制而言，中国和东盟的差异也很大。尽管企业所得税的税率差异不大，但税收优惠政策差异较大。东盟各国一方面逐步降低公司所得税税率，从上世纪 90 年代以来，东盟各国的公司所得税率平均下降了 40% 左右；另一方面是充分采取税收优惠政策来吸引外资。中国和东盟各国普遍采用税收政策吸引外资，相互间已形成了税收竞争的态势，在建立自由贸易区的进程中，税收优惠政策方面国际协调的任务十分艰巨。

在对自然人居民身份的认定上，东盟各国按国际通行 183 天的时间标准，而中国采取“时间和住所”双重标准，在时间标准上实行中国特色的 1 年标准和 5 年标准。各国所得税的纳税范围也不一样，例如中国的个人所得税应税所得包括工资薪金所得、个体工商户的生产经营所得、劳务报酬所得等 11 类；而新加坡则包括应税雇佣所得和股息、利息等，但对个人资本利得不征税。在税率上，中国的最高边际税率水平高达 45%，东盟多数国家在 35% 左右，新加坡和柬埔寨仅为 20%。

此外，中国和东盟国家税收征管方面也存在着差距。迄今中国税收的信息化程度已较大提升，形成了以计算机网络为依托、分工明确、管理规范的征管模式。新加坡和马来西亚等国也越来越多地利用信息技术进行税务登记、纳税申报、税款征收、税务稽查、纳税资料收集和检索等，尤其是新加坡实施了“税务一体化系统”，目前 80% 的申报已实现自动化处理。越南自 2007 年 7 月起采取了一窗式服务，中央及省市一级税务征管已基本实现信息化。但东盟其他国家税收征管的信息化程度还较低。

至今为止，中国—东盟自由贸易区开展的国际税收协调主要是关税协调，间接税和直接税的协调在区域内仅有一些双边的合作，但尚未在区域层面展开。自由贸易区关税协调的特点是：分阶段、分层次、分产品逐步降税；成员国不分大小，一律平等；通过颁布区域性税收协定来协调。采取的主要措施是：第一，实施共同有效的普惠关税(CEPT)，将 CEPT 减税计划分两种方式实施：快速减税和正常减税；第二，采取原产地规定。为了使区域内成员国比非成员国享有较多贸易优惠或较低关税，1992 年东盟自由贸易区理在会在雅通过了“CEPT 原产地条规”，根据该条规，会员国直接进口东盟国家产品成分比率不低于 40% 的产品，出口国核发产地证明者，可享有优惠关税。

与欧盟相比，中国—东盟自由贸易区进行间接税协调的难度更大，主要原因是：欧盟发达国家成员居多，而中国—东盟自由贸易区则以发展中国家居多，各成员国经济发展差距巨大；中国—东盟国各成员国在国家规模、人口数量、经济发展水平等方面也存在很大差异；中国—东盟区域各国税收状况和税制结构差异非常显著，而且各国的税收制度在不同程度上存在不成熟性；中国—东盟关税的协调尚未全面完成，对间接税协调的意愿还未达成共识。随着中国—东盟自由

中国与东盟各国吸引外资主要税收优惠政策

国家	公司所得税税率	主要税收优惠政策
中国	25%	两免三减半，五免五减半，生产性外商投资企业减按 15% 的税率征收企业所得税
文莱	30%	5 年免税期，投资税收抵免
新加坡	20%	新技术产业有 5～10 年的免税期，研究和开发支出允许双倍扣除
马来西亚	28%	5～10 年免税期，投资税收抵免，费用扣除
印度尼西亚	28%	减税优惠，费用扣除，优惠税率 10%～15%
泰国	30%	3～8 年免税期，进口机器免进口税，中小企业享受 20%～25% 的税收优惠
菲律宾	35%	6～8 年免税期，费用扣除
越南	28%	最长 4 年免税期，随后 9 年减半征税，优惠税率 10%～20%，减免土地税费，折旧提高一倍
缅甸	30%	5～8 年免税期，再投资减免税，费用扣除，加速折旧
老挝	35%	减免关税，优惠税率 20%
柬埔寨	20%	最长 8 年免税期，优惠税率 9%

资料来源：凌荣安、古炳玮撰，《中国与东盟各国税制改革及趋势比较》，载《宏观经济研究》2009 年第 6 期

贸易区建设的深入，各国税制差异引起的冲突将逐步成为区内商品、资本、劳务进一步流动的障碍。我们认为，尽管中国—东盟目前还达不到全面展开间接税协调的程度，但是鉴于区域经济一体化发展的规律和需要，应对间接税的协调进行前瞻性考虑。首先在区域内统一增值税的类型，实行普遍的消费型增值税；逐步规范税基，统一减免税规定，进一步加强税制的透明度；同时建议各国完善增值税制度，已引入增值税的国家逐步取消不合理的减免税，拓宽增值税税基，还未引入增值税的国家适时引入增值税。

就直接税协调而言，目前中国和东盟国家仅在部分成员国之间建立了一些双边税收协定来避免双重征税，中国与马来西亚、新加坡、泰国、越南、老挝、菲律宾、印度尼西亚、文莱8个国家除了避免双重征税的协定外，还明确规定了对外国税收的抵免。但目前柬埔寨还没有与其他国家签署避免双重征税的协定。

三、进一步推进中国—东盟国际税收协调的路径选择

中国—东盟之间的税收协调应分阶段、分步骤实施，税收协调的进度应与区域成员国经济发展水平及区域经济合作的进展相适应。借鉴欧盟的经验，中国—东盟自由贸易区的税收协调应分以下几步走：

1. 近期协调（10～15年）。也就是目前所处的阶段，在这一阶段主要致力于关税协调，消除贸易障碍；同时围绕成员国间出现的国际重复征税、国际避逃税等税收冲突进行双边或多边的协调；另外要为下一步展开区域性间接税、直接税协调以及建立区域性协调机制进行铺垫；各国完善现行的税制，成员国之间针对阻碍商品流动的税收因素，签署一些双边的国际税收协定，初步建立区域内的税收协调制度，健全和完善区域性税收协定的内容；建立成员国财政和税务机构的交流机制，以促进税收征管技术和情报交流，打击国际逃避税以及解决区域内税收利益争端等。

2. 中期协调（15～25年）。这一阶段已基本完成了关税的协调，主要考虑间接税协调，针对有害国际税收竞争逐步展开区域性的资本税协调；改革现有的欠完善、可操作性和针对性不强的争端解决机制，建立起区域内国际税收协调的争端解决机制；建立起完善的、具有法律效率的区域性国际税收协调制度和机制。

3. 长期协调（25～35年）。税收协调的重点转向直接税协调，同时进一步提高间接税协调的广度和深度；建立起较完善的区域性国际税收协调机制；完成区域性国际税收协调制度化和机构化，设立正式、独立、常设的国际税收协调组织机构，对区域性国际税收协调承担监督、协调、评审的责任。形成区域内紧密有效的国际税收协调机制。

——关于间接税协调。中国—东盟之间首要目的在于减少区域内阻碍商品自由流动的税收扭曲因素，其次就是解决区域内存在的较为严重的逃避税、走私和跨国境购物问题。目前一些成员国为了特定经济目的在增值税征收环节采取了特殊的税收政策，使商品不能实现真正意义上的零税率进出口；另外一些国家利用出口退税进行间接出口补贴的现象依然存在；由于各成员国在间接税征管方面的合作较为松散，加上一些国家在税收管理上的漏洞，导致有些国家的逃避税行为较为严重。间接税协调的主要内容是增值税和消费税的协调，重点在增值税。协调的范围涉及税收征管、税率和税基、间接税征收原则协调以及税收收入的划分等。间接税的协调也应由低到高，较低层次主要涉及税收征管合作，以保证税收信息得以充分交换，然后再过渡到间接税税基和税率的协调，可以考虑在充分协商的基础上制定有关间接税率允许变动的范围，最后再进行间接税征收原则的协调，以消除阻碍商品跨国流动的边界控制。

——关于直接税协调。中国和东盟之间现阶段虽然不必要全面展开直接税的协调，但应该采取一些柔性的合作举措，为今后建立税收协调机制打下基础：逐步分国别、分阶段展开直接税、间接税和资本转让税的协调，最终在所有成员国之间达成一致；根据现实情况有选择地进行税收协调，将协调的重点放在对市场机制造成扭曲的税种上，如针对企业所得税和一些间接税带来的有害税收竞争，建立关于有害税收竞争的报告制度，形成区域内成员国不实行有害税收竞争的承诺制度；在税收协调过程中建议各成员国在国际税收协调的大环境中进行内部税收制度调整和改革。当前，世界上各个区域经济一体化组织对直接税的协调也没有较好的解决方案，欧盟也只制订了一些原则性的条款。中国和东盟成员国之间的关税和非关税壁垒消除后，经济一体化的趋势将不可阻挡，商品、资本和劳动力的流动会加快，各成员国之间的所得税收制度的差异对投资和贸易的影响会日益突出。较可行性的解决方案是区域性协调和成员国之间的双边协调结合，区域性对话、会晤机制与各成员国之间的谈判和协商结合。

——关于公司所得税协调。应根据各成员国公司所得税制的具体特点，结合各成员国国内税收制度改革，分阶段逐步进行。第一步是要求各成员国内资企业和外资企业所得税统一。第二步是在税率水平上进行协调，可以采用超额累进税率，对中小企业进行优惠。第三步是在费用扣除规定上进行协调。

——关于个人所得税协调。由于各国经济发展差异，税收征管水平不同，可结合各成员国国内税收制度的完善来协调。第一步是统一对居民个人和非居民个人的税收政策。第二步是向综合个人所得税制方向统一。第三步是在税率上对最高边际税率进行协调。

（作者系云南大学经济学院院长、教授　原载《经济问题探索》2012年第4期）

东南亚国家核能发展战略与新动向分析

吴崇伯

受国际油价不断上涨以及能源需求日渐扩大的影响，东南亚国家近年纷纷将目光瞄准核能，计划在2015年至2021年左右建成东南亚第一座核电站。但这些国家对核能的监管等能力受到东盟内外的质疑，尤其是日本福岛核电站危机后，东盟国家的核能开发战略以及与此相关的环境安全等问题引起全球的关注。

一、东南亚各国的核能发展计划升温

东南亚国家的核电项目正在积极的运作当中，泰国、印尼、越南、马来西亚、菲律宾、缅甸甚至柬埔寨等国都相继提出了明确的核能发展战略和具体的核电发展计划。

1. 泰国。为了适应经济快速发展对电力的迫切需求，泰国把希望寄托在发展核电上。泰国政府2007年4月公布了从2007年到2021年为期15年的电力开发计划，计划兴建5

个核电厂，总发电能力达5000兆瓦，其中2个分别计划在2020年和2021年投入运营。核电站所使用的核反应堆类型尚未确定，但发电规模均定为100万千瓦。泰国政府表示将聘请200多名核电站专家，对全国的核电资源进行评估，在厂址科学性、安全性、环保性等方面进行论证，并准备耗资约60亿美元在10～15年内建成该国首个核电站。泰国有关部门已经开始招募技术人员进行培训，并就核电厂的建设地点进行勘查、协议、沟通，包括积极与东盟内其他国家进行有关核能电厂建设事宜的沟通，取得其他国家的技术帮助和支持，另外，在国内积极争取民众的支持，已经先期拨付了2亿泰铢进行核电的先期宣传工作。

2. 印尼。印尼原计划1997年实施核电站项目，但由于公众的反对以及纳土纳大型天然气田的发现和开发，加上1997～1998年的金融危机，这一计划被搁置。2005年国际油价上涨剧烈，作为欧佩克在东南亚的唯一成员国，印尼不受其利，反受其害。随着国内经济的复苏以及电力短缺情况的加剧，印尼政府2003年宣布恢复中止了5年的核能源发展计划。2005年4月，印尼政府通过媒体宣布了政府发展核电的打算，寻求民众的支持。2006年5月，印尼政府两名官员就核电问题发表明确讲话，印尼计划在2015年前建成首座大规模核电站，初期发电能力1000兆瓦，然后发展到4000兆瓦，能够满足印尼5%的电力需求，印尼的核电站计划被重新提上日程。2008年印尼国会通过了核能法，并完成了对能源发展蓝图的审议。印尼宣布，力争在2025年前建成四座总发电量达6000兆瓦的核电站，主要为爪哇与巴厘岛的农村地区提供电力，其中第一座核电站于2008年招标。印尼的核电站计划成了不少国家眼中的商机。自2007年底至2008年初，韩国和日本已经与印尼达成了开发核电站的协议，俄罗斯也宣布将参加印尼首座核电站的投标。印尼政府表示，苏拉威西岛哥伦打洛省极有可能是印尼第一个能够提供4000兆瓦电量核电厂的地点。核电厂的目标是，到2017年能提供国家能源总需求的2%电力。而邦加勿里洞省长2010年12月底表示，邦加勿里洞省政府准备兴建两座总发电量达1.6万兆瓦的核能发电站，以满足国内特别是邦勿地区的电力需求。两座核电站将建立在西邦加县文岛（发电量1万兆瓦），以及南邦加县Permis乡（发电量6000兆瓦），因为这两个地区拥有良好的土地结构，适合兴建核能发电站，同时两个县区也接近海岸，可减低电力供应成本。

3. 越南。越南建设核电站的设想由来已久，早在2006年，越南政府就出台了和平利用核能战略，计划在2017～2020年建成首座核电站并运行发电。2007年，越南政府将首座核电厂的建成时间提前到了2015年。同年6月，越南政府公布《原子能法》草案，为发展核能提供法律保障。越南政府于2009年8月审批颁行《加快建立核电站决议的草案》，宁顺省核电站项目已于2009年得到越南国会通过，其中，宁顺1核电站将于2014年动工，第一台机组将于2020年投入运行。到了2009年11月，越南国会开始正式提出建造核电站的提案。2010年越南已经把利用核能提上了国家议事日程，越南政府2010年7月初批准了《2010～2030年核电发展规划指导意见》，决定在20年内建设8座核电站，是2009年越南国会批准建设核电站数量的4倍。规划建设的8座核电站将分布在宁顺、平定、富安、河静和广义5省份，每座核电站预计安装4至6台核电机组。俄罗斯和越南已经签署了关于在越南合作建设核电站的协议，两国合作建设越南首座核电站项目的总投资达到50亿美元，标志着两国能源与科技合作提升到了新的水平。越南核电计划由俄罗斯Atomstroiexport公司执行，俄罗斯还将帮助越南在大叻省建核能研究培训中心。

4. 马来西亚。与所有计划兴建核电厂的东盟国家相比，马来西亚显得有点滞后。但总体而言，马来西亚政府对核能是非常积极的。马来西亚决定开发核能作为新的替代能源，计划在10年之内兴建核电站。马来西亚核能机构总监达乌莫哈末曾表示，核能发展前景良好，马来西亚应尽早制定核能开发政策。他主张马来西亚在实现“2020年宏愿”之前把核能确定为替代能源，甚至建起两座核电站。马来西亚政府2010年5月初宣布，将斥资31亿美元建造国内首座核电站，并原则批准在15年内兴建两座发电量各为1000兆瓦的核电厂。按照计划，第一座核电厂预计于2021年营运，第二座则在2022年投入运营。马来西亚政府已授权国家能源公司Tenaga推进该项目。目前马来西亚58%的电力来自燃油和燃气发电，33%的电力来自燃煤发电，9%的电力来自水力发电。马来西亚计划在2030年使全国10%以上的电力供应来自核能发电。法国作为核电大国，马来西亚核能发展计划为法国核电企业提供了良好机遇。法国核电企业已明确表示将积极参与马来西亚核能发展计划，并为未来开拓印尼、泰国和越南等亚洲国家的核电市场起到示范作用。在第一阶段，法国将对马来西亚的核电发展需求和潜力做出评估，并同马来西亚有关方面交换科技信息。法国已开始为马来西亚的核电项目做准备，以便抢在中日韩三大竞争对手之前与马来西亚签署该项目合作框架协议。

5. 菲律宾。菲律宾是东南亚最早有核能发电计划和行动的国家，是东盟唯一曾经兴建核电厂的国家。菲律宾20世纪70年代耗资23亿美元建造了巴丹核电厂，由美国西屋电气公司负责设计建造。然而，由于技术上的缺陷，这家核电厂未曾输出任何电力，于1987年关闭，至今依然闲置。因为当局发现该厂不安全，根本无法投入运作。鉴于核能是清洁能源，能降低对制造污染、释放温室气体和导致全球变暖的矿物燃料石油、天然气和煤炭的依赖，因此菲律宾重新考虑开发利用核能，特别是有意重新启动巴丹核电厂，研究核能发电的问题，菲政府初步决定通过公私合作的模式修复巴丹核电站。韩国是世界发展核电最成功的国家之一，核电发电量已占全国发电量的40%。从20世纪70年代第一个核电站建成后，韩国核电一直稳步发展，因此，菲律宾新任总统阿基诺三世2010年7月表示，正考虑从韩国引进核电技术，使用核能发电。菲律宾国家电力公司和韩国电力公司是菲律宾核电发展的合作方。此外，美国、日本、俄罗斯和法国的核电设备供应商也表示有兴趣在菲律宾投资核电厂。

6. 柬埔寨、缅甸、新加坡。柬埔寨工业、矿业和能源部高官Ith Praing 2010年8月20日称，柬埔寨考虑未来发展核能，以满足国内的电力需求。他表示，该国科学家已开始研究核技术，希望能赶上东南亚邻国发展核电的步伐。但目前柬埔寨尚未对核电项目成本进行评估，仍以水电作为重点。缅甸也开始制定相关核能开发和人才培养计划。早在2007年5月缅甸就宣布，将在俄罗斯的协助下兴建核电厂。即便是小国新加坡，也于2010年4月宣布可能在西南岛屿海底建核发电厂。

二、东盟国家发展核电的缘由以及面对的挑战

（一）东盟国家发展核电的缘由

核能作为一种大规模替代化石燃料的经济、洁净的能源，其重要性已被世界大多数国家所认识。由于风能和太阳能等新能源还不具备大规模发展并替代化石能源的条件，而且新能源发电还面临电网不稳定、电价较高等问题，而水能及生物质能又面临资源有限等问题，因此核能理所当然地为人们所重视。

第一，多个东南亚国家推出自己的核能计划与该地区的能源供需矛盾日趋紧张有关。近年国际能源价格的急剧波动给这些国家带来了很大的压力，寻找替代能源成了一项迫在眉睫的任务。印尼是个能源大国，石油、天然气、煤炭等储量巨大，但由于政策不稳定、缺乏投资等原因，这些能源没有得到合理开发。同时，近年来印尼经济复苏，对能源的需求不断增加。据统计，印尼对电力的需求每年增长8.7%。面对能源需求和供给的矛盾，印尼政府决定调整能源结构，减少石油天然气发电，寻找可替代能源，利用核能弥补能源供给不足成为政府考量的方案之一。目前在印尼全部电力中，成本最低的水力和地热发电仅占10.8%和3.1%，而天然气发电占32.8%，燃油和煤炭发电量高达53.2%。近些年国际油价暴涨使印尼以石油、天然气为燃料的火力发电厂生产成本大幅上升。面对电力供应日益紧张的局面，印尼政府已陆续采取一些积极和强制性措施。按照印尼政府的长远整体规划，火电、水电、核电和地热电将是印尼未来电力产业的四大支柱，其中把适当发展火电和核电，大力发展水电和地热电作为奋斗目标。核电对印尼加强能源（电力）供给安全及多样性而不过分依赖化石燃料有着重要的意义。不仅如此，核能亦有助于减少温室气体及气候变化带来的威胁。油气资源同样丰富的马来西亚国内生产难以满足日益增长的国内需要，于是，相对便宜、清洁的核能发电便成为受“追捧”的对象。

越南的核电发展和本国的电力需求也是密切相关的。由于越南本国工业特别是各种高耗能产业的高速发展，越南国内的用电量每年都在以15%的速度递增。尽管越南也拥有相关的水力发电站，但提供的电力远远不能满足需求；另一方面，兴建火力发电站又会破坏环境，因此，建造核电站就成了越南政府一种必然的选择。泰国能源部长比亚沙瓦也曾明确指出，由于泰国的人均能源需求正在飙升，该国目前60%的能源都必须从外国输入，因此必须拓展新的资源以维持经济增长。泰国2010年的电力发展计划是2020年到2025年将兴建5座核能发电厂，届时核能发电将占供电量的10%，以减少对天然气的依赖。目前泰国供电主要来自天然气发电，比重达71.5%，煤发电占18.4%，水力发电占3.4%，其他方式发电占0.4%。

第二，东盟国家在技术和资金两方面所获得的国际和双边支持也给区域内建立更多核电厂增添了动力。所有的东盟成员国都签署了全球性的《核不扩散条约》以及防止核武器扩散的地方协定，并于2007年7月一致同意成立一个地区性不扩散核武器机构。此外，东盟10国都已签订《东南亚无核区条约》，该条约禁止签约国在该地区开发、安置、运输、使用或试验核武器。条约自1997年生效后，至今尚未发现违反条约的情况。因此，印尼等国的核能计划得到了国际原子能机构的支持。在过去几年里，东盟各国还先后通过多项相关计划，以加强在维护东南亚无核区及确保核能安全性方面的合作。这既可以帮助那些力主发展核能的东南亚国家获得外界的支持，也有助于保证该地区的核能利用不会偏离民用的轨道。

此外，泰国具备建设核电站的得天独厚的优势：泰国不处在地震带上，有符合核电安全的地质条件；水资源非常丰富，能够满足核电站运营的散热条件。印尼铀矿资源丰富，能为核电站提供充足的资源保障，等等。

（二）东盟国家发展核电所面临的挑战

东南亚国家纷纷开始发展核电固然可能解决能源的短缺，但核电在使用过程中面临着国际政治、核安全、核技术等诸多问题，东盟国家发展核能面临诸多挑战。

第一，核电厂建设需要相当大的投资。根据计算，发电容量为100万千瓦的核电厂需要40～60亿美元投资，相当于发电容量为300～400万千瓦的煤炭发电厂的建造经费，这还未计入核电厂的风险费用。印尼和泰国预计，兴建一个发电量达到千兆瓦级的核电站大约耗资15亿美元。而根据核能机构的估算至少需要40亿美元的预算。不太擅长实施长期计划的东盟各国将不得不花费可能长达10～15年的时间来规划、建设并试运转他们的核能项目。这就意味着即使经历几任政府更迭也要保证项目持续发展，而在此期间其他燃料的价格可能出现大幅波动。

第二，核电发展需要科技、人才、法规环境等的支撑。多数东南亚国家对核能科技并不熟悉，核电厂的硬件易建，但安全、管理的软件却非一朝一夕所能达致。越南目前的技术水平还不足以自我建造核电站，很大程度上还需要依赖外部的技术支持。越南今后上马核电站最关键的问题就是反应堆由谁来提供，同时要确保核燃料的长期供应也绝非易事。印尼作为东南亚重要的铀生产国，原材料充足无疑是其最大的天然优势，但印尼也不得不将铀送往国外浓缩成燃料。随着全球诸多国家开始复兴核电站计划，对铀燃料的争夺很可能激化，由此将会拉动供应价格的上涨。

第三，东盟国家发展核电最大的挑战还在于不少民众对国内核电站的安全感到担忧。因为在核电建设发展的短短几十年时间里，核灾难已经不止一次降临到人类的头上。日本福岛第一核电站发生泄漏事故之前，核泄漏事故在其他国家也有发生。从1957年的欧洲核反应堆事故到1979年美国三里岛核电站2号机组的核泄漏事故，它们都向世界敲响了核安全的警钟。1986年的苏联切尔诺贝利核事故更促使人们从技术和管理两方面加强核安全建设。东盟有的国家，如印尼和菲律宾处在火山带上，是地震频发的国家。特别是印尼近年经常发生大规模的地震灾情，引起邻近的新加坡和澳大利亚的关切。印尼是一个火山之国，全国共有火山400多座，其中活火山100多座。印度尼西亚政府计划在东爪哇省慕里亚半岛兴建四到六座核反应炉，引发当地环保组织和当地民众的示威活动。菲律宾地震多发问题也成为该国发展核电的一大困扰，各方争执不断，现在可能成为东盟各国中最后实现核能发电的国家。目前泰国发电所使用能源选择不多，70%为液化石油气，但如果修建核电站存在安全风险，还无法得到民众支持。虽然泰国国家能源局努力宣传核电站的必要性，但恐怕一时还不能得到泰国民众的理解。

第四，东盟内部也难以就核能问题达成共识。新加坡曾呼吁，为了确保东南亚核能安全，东盟应该建立区域核能安全保护制度。2007年1月在菲律宾宿务召开的第12届东盟

峰会上，新加坡总理李显龙就主张在本地区建核电厂之前，东盟应先建立一套涉及安全、环境和卫生等问题的完善的区域核能安全保障体制。鉴于核问题极易导致跨界环境问题，李显龙还建议在2008年东盟峰会上签署一份“环境永续发展联合宣言”。新加坡在开发核能问题上的谨慎立场在东盟中比较有代表性，体现了东盟内部几个较小国家的观点。东盟内部目前就核安全问题展开的协调型博弈，由于博弈各方的利益取向不同，在达成利益分配的方案上存在一定困难。

三、日本福岛核电站危机对东南亚国家核能计划的影响与最新动向分析

2011年3月日本大地震引发的核电站事故引起全球对核电站安全的担忧。意大利、印度、韩国、中国等国都表示将重审本国的核电站计划，德国甚至决定在2022年以前关闭国内所有核电站。东南亚各国也纷纷重新审查现有的核能发展计划，放缓核电站发展速度。

日本的核辐射危机促使泰国重新考虑其核电计划。3月15日，泰国东北部的加拉信府有2000多民众前往该府市政厅示威，抗议泰国电业管理局计划在该府修建核电站。泰国主管安全事务的副总理素贴2011年3月16日称，泰国将暂停其兴建核电站的计划，他不希望泰国人民冒着生命危险来实施核电计划。由于大众反对，泰国总理阿披实也延后决定核电厂的兴建政策。阿披实总理已指示有关机构，密切监测和评估来自日本地震灾区核物质泄漏对泰国的影响，并要求能源部重新审核5个核电站的建设计划。能源部受命详细研究两个问题，一是核电站的应急措施，二是核电站遭到恐怖袭击的可能性。总理府发言人帕尼坦表示，就个人而言，阿披实总理并不热衷核电发展计划，日本核电站出现的问题使阿披实的忧虑更深。

日本核电厂泄露事件也引发了马来西亚社会各界对马来西亚核能计划的担忧，他们敦促政府放弃或重新考虑发展核电计划。马来西亚“环境之友”及“槟城消费人协会”促请政府停止建设核能发电厂，建议政府考虑采用更安全、便宜及可再循环使用的电能，如风力发电及太阳能。马来西亚民主行动党巴生区国会议员查尔斯圣地亚哥呼吁政府以日本为鉴，放弃筹划中的核电厂计划。他表示，日本拥有60年的核电经验，但是仍然无法避免发生核泄露事故，可见发展核电失败的风险和成本过高。马来西亚槟城首席部长林冠英则重申，槟城政府坚决不允许在该州建立核电厂。马来西亚最大的华人政党——马华公会总会长也敦促政府以日本福岛核电站爆炸事件为鉴，重新考虑兴建核电厂的计划。马来西亚“环境保护协会”主席则认为，马来西亚根本不需要核电厂，因为马来西亚拥有石油、天然气、生物能源、水力发电和太阳能，而且马来西亚是全球第三大太阳能电池生产国。拥有这么多能源选择，能源供大于求。针对上述种种质疑，马来西亚能源、水务与绿色工艺部部长表示，马来西亚核能发展机构已经开始对外公开招聘国际顾问公司，研究马来西亚核电厂地点、安全性、使用科技类型等，同时也开始调查人民的接受度，计划在10年后建造马来西亚第一座核电厂。马来西亚是否继续兴建两座核电厂的计划，有待内阁评估马来西亚核能发展机构提呈的报告后才作决定。兴建两座核能发电厂计划处于初步研究阶段，一旦专家报告认为马来西亚不适合发展核电，政府便会做出检讨。

印尼正在努力实现能源资源的多样化，摆脱一直以来对石油、天然气和煤炭等资源的过分依赖。由于国内的能源消费大幅飙升，兴建核电站被视为保持能源供需平衡的一个重要组成部分。因此印尼表示，正计划兴建的核能发电厂不会因日本发生的地震和海啸而停止。印尼核能委员会BPPT发言人法哈德表示，尽管日本发生的大地震和海啸对福岛核电站造成了严重损害，但印尼政府不会停止国内4座核反应堆的建设计划，因为印尼国内电力缺乏情况非常严重。印尼将来再也不能依赖如天然气、煤炭这样的不可再生能源发电了。目前该国电力供应的44%来自煤炭，26%来源于天然气。印尼加里曼丹地区铀资源储量能够在1000兆瓦发电能力下使用150年。印尼核能监督机构表示，印尼政府选择邦加岛兴建核能发电厂，除了人口稀少外，当地也未发生过地震和海啸，未来印尼电力需求非常高，如果不立即兴建核能发电厂，根本无法满足越来越高的电力需求。

综合东南亚各国对日本福岛核电事故的反应，东南亚国家的核电战略和核电建设计划将出现以下趋势和动向：

第一，重新认识与定位核能，重视发展其他新兴清洁能源。核危机促使东南亚各国重新审视新能源产业的发展方向，在深度检视自身的核能规划的基础上，重新认识与定位核能，并且未来能源产业发展的重点，应是向光伏、地热、风能等尚未完全成熟但较为安全可靠的新能源转向，更为清洁、安全的新能源将成为产业结构中的主导力量。

作为仅次于美国的世界第二大地热能源开发大国，菲律宾计划在2011年使其利用地热资源发电的能力达到292.1万千瓦。菲律宾将于2011年在北部的吕宋岛和中部的米沙鄢地区建成10多个地热发电站，总发电能力为99万千瓦。目前，菲律宾全国各地的地热发电站的总发电能力为193.1万千瓦，仅次于美国的277.5万千瓦的地热发电能力。但菲律宾电力需求的约25%由地热发电站供应，这一比例位居世界第一。菲律宾政府正就10处地热资源开发项目进行招标，同时还有9项合作正在与国内外公司直接进行商讨，这些合作总共将开发620兆瓦的地热能源。

印尼的地热资源约占全球总量的40%。有资料表明，印尼地热能源已探明储量达2700万千瓦。尽管优势明显，但印尼的地热发电能力现阶段远远落后于美国和菲律宾。由于缺乏开发利用资金以及政府各部门的协同配合不够密切，迄今为止，印尼的地热能源开发利用还十分有限，仅开发99.2万千瓦，不到全国能源用量的4%。为了加快地热能源的开发利用，印尼已经出台了专门的政府法令，同时积极吸引国内外投资。印尼矿物与能源部制定的地热能源开发利用规划中明确规定：至2020年，地热发电的最终指标为6000兆瓦，其中2008年须达到2000兆瓦，2012年3442兆瓦，2016年4600兆瓦和2020年6000兆瓦。

泰国未来5年内重点发展的替代能源有太阳能及风力发电。随着国际市场油价增长、太阳能板价格下降以及推迟修建核电厂等因素的影响，泰国政府将很快启动新的太阳能发展规划。泰国最大的国营石油炼化企业之一班查克石油公司计划投资500亿泰铢，将太阳能发电能力提升四倍，达到500兆瓦。德国一家公司也计划在泰国建造东南亚最大的商业太阳能发电厂。泰国政府风力发电激励政策使泰国的风能潜力超过预期，这吸引大量的民营企业参与投资。此外，泰国将兴建3座800兆瓦的天然气发电厂，以弥补核电厂延期造成的电力短缺。泰国国家石油公司也会在泰国湾、缅

甸与海外寻求更多的天然气,以兴建天然气发电厂。

马来西亚的国家新能源政策将致力于将水电在总发电中的比例从目前的10%提高到20%。

第二,吸取日本福岛核电站危机的教训,采用更先进的技术,并在选址上更加谨慎。福岛核电站危机发生后,越南国内许多专家认为,越南需要对日本福岛核电厂发生泄露事故进行研究和评估,从中吸取教训,保障国家核电开发方向的正确性。虽然越南不会像日本那样经常发生地震,但在进行核电设计时也应充分考虑防震问题。越南原子能研究院院长王友晋2011年3月16日称,越南正在制定和实施相关核电开发计划,在核电项目选址问题上应从日本核事故中吸取教训,充分评估安全因素。越南科学技术部正在征求相关部委意见,并向核电设计单位提出相关安全保障意见。越南科学技术部现已要求核辐射安全局重新评估越南核电厂选址方案,要求充分考虑三方面的安全影响:一是自然现象(地震、海啸等)可能对核电厂安全造成的影响;二是人类活动(飞机起降、化工厂、交通运输等)可能对核电厂安全造成的影响;三是核电厂可能对居民造成的影响。核电安全取决于多种因素,其中最关键的因素是技术因素。越南未来兴建的核电厂将采用世界上最新、最先进的一代核电技术,以确保安全。

印尼政府认为,1971年兴建的福岛核能发电厂所采用的轻水反应堆技术已落伍,而印尼计划在邦加岛兴建的核能发电厂将使用最新的技术。印尼计划建造的核反应堆非常安全,因为采用的建造技术比福岛核电站要先进40年。

东南亚其他国家也将提高核电技术门槛,注重安全保障,以应对因战争、自然灾害所引发的安全事故。在核电站的选址上也会更加慎重。福岛第一核电站在选址时对特大自然灾害的综合评估不足。东南亚各国在核电站抗灾强度设计上,至少会选取当地历史记录的最高值;同时,核电厂在选址时,将会综合考虑厂址所在区域周围的环境特征,考虑厂址所在区域内可能发生的自然或人为的外部事件对核电厂安全的影响;当然,核电厂尽量建在人口密度相对较低、离大城市相对较远的地点。

第三,加速人才培养,为未来核能发展做准备。核电人才的培养已是当务之急。东南亚国家已开始启动核电开发研究,注重核电应用的管理人才和技术人才的培养,同时加强能源重点专业和综合性管理学科的建设。自2004年以来,越南国家电力集团已选派172人次到有经验的国家的核电厂进行短期培训。2011年4月初,越南教育培训部与越南电力集团签署核能人力资源培训合作协议。根据协议,越南教育培训部将与越南电力集团及其他相关部门配合,选派干部和学生赴俄罗斯国家核能研究大学学习,以培训核能专业的工程师、硕士等人才。俄罗斯国家核能研究大学将资助50%的培训费用,越南国家电力集团资助50%。2013年首批9人将在俄罗斯国家核能研究大学毕业回国,为宁顺省核电项目服务。

在全球化石能源终将耗尽,而人口增长和生活水平的改善推动能源需求不断上升的现实状况下,核能作为稳定、高效、清洁的替代能源,相对风能、太阳能等而言优势突出。日本福岛核危机事故严重影响雄心勃勃的东南亚核能战略,但东南亚的核电计划在吸取诸多教训的基础上、在确保安全的前提下还会继续发展。印尼、越南都明确表示,日本发生重大核事故对他们而言是一个严肃的教训,但不会影响其逐步实施核电项目的计划。

(作者系厦门大学教授　原载《东南亚研究》2012年第2期)

发挥核心城市集聚辐射作用
推动南新经济走廊建设

吕余生

一、建设南宁—新加坡经济走廊已逐渐成为沿线各国的共识和共同发展需要

中国南宁—新加坡经济走廊若以公路和铁路为主轴的话,则纵贯中国、越南、老挝、柬埔寨、泰国、马来西亚和新加坡7个国家。自2006年7月首届环北部湾经济合作论坛上广西提出建设南宁—新加坡经济走廊构想以来,得到了沿线东盟国家的积极回应,共识正日益凝聚。2010年8月,在南宁举行的第五届泛北部湾经济合作论坛上,中国、越南、老挝、泰国、马来西亚、新加坡等泛北部湾地区国家智库机构联合发布了关于推进南宁—新加坡经济通道建设的倡议。2011年8月,在南宁举行的第六届泛北部湾经济合作论坛上,与会代表总结了泛北合作开展5年多来取得的进展,宣布了《泛北部湾经济合作可行性研究报告》,形成了《泛北部湾智库峰会宣言》。一旦这些构想得以实施,南宁—新加坡经济走廊贯通将指日可待。同时,在实践上,目前,南新经济走廊沿线国家的硬件和软件设施已经有了初步的基础,可在此基础上推进南新经济走廊建设。目前,“硬件”上沿线国家已采取行动加强走廊沿线的交通基础设施建设与对接,“软件”上南新经济走廊上的GMS“东西走廊”便利化措施已经实施,沿线国家经济存在较强的互补性,产业合作潜力巨大。近年来,得益于中国与东盟政治关系的大幅提升,中国—东盟自由贸易区建设的顺利推进,中国与东盟经贸合作规模不断扩大。双边贸易额从1991年的79.6亿美元增至2011年的3628.5亿美元,短短21年间规模扩大了45.6倍。目前,中国是东盟第一大贸易伙伴,东盟为中国第三大贸易伙伴。双方相互投资的规模也不断扩大。截止2011年6月,双向投资累计近800亿美元,其中,中国对东盟投资额已接近130亿美元。东盟已成为中国企业“走出去”的重要目的地。就广西而言,由于泛北部湾经济合作及南新经济走廊建设的推动,与东盟及沿线各国的开放合作越来越紧密,边境合作不断深化,旅游合作不断深入,文化交流日益频繁,陆海空交通建设提速,经贸合作成效显著。2011年,广西对东盟进出口95.6亿美元,占广西外贸进出口总值的41%,东盟已成为广西第一大贸易伙伴。中越跨境经济合作区加快推进,中马钦州产业园区顺利揭牌启动,这表明南新经济走廊经济发展的动力和潜力都很大。

二、发挥核心城市聚集辐射作用,推动南新经济走廊建设

核心城市在当今世界经济社会发展中的作用越来越大。在南新经济走廊建设中,我们要充分发挥沿线核心城市的集聚、辐射和带动引领作用。南宁—新加坡经济走廊沿线主要连接中国广西南宁,越南河内、胡志明市,柬埔寨金边,老挝万象,泰国曼谷,马来西亚吉隆坡和新加坡。这8个城市有6个是所在国家首都,2个是省会城市,都是区域经济中心,经济发展形成一定势差。经济相对发达的为吉隆坡、新加坡、曼谷、胡志明市,是推动走廊经济发展的火车头。经济发展

相对落后的是金边和万象，南新经济走廊的建设将为金边和万象两座城市发展带来新的机遇。南宁与河内两座城市距离相距较近，直线距离大约300千米路程，经济发展程度相似，但具有很强的互补性。

1. 南宁。南宁是广西的省会，是全自治区政治、经济、社会文化中心，位于广西的西南部，毗邻粤港澳，背靠大西南，面向东南亚，是"泛珠三角"经济区中面向东盟市场的重要前沿城市。自从2004年中国—东盟博览会落户南宁后，南宁市经济得到了飞速发展。相信经过"十二五"时期的持续快速发展，综合实力将显著增强，城市综合竞争力将明显提高，经济总量占全区的比重将继续提升，"三基地一中心"建设成效将更加显著，区域城市地位将更加凸显，中国—东盟交流合作平台将更加完善。如今这座迅速崛起的现代化城市正在努力建设面向中国与东盟合作的区域性国际城市、综合交通枢纽、信息交流中心、内陆开放型经济战略高地。

2. 河内。河内是东盟连接中国的北大门，是中国连接东盟的南大门，是东盟国家最靠近中国的中心城市，在中国—东盟合作中特别是在南新经济走廊建设中处于重要的战略地位。为了提升河内在国内外的地位和影响，争取既是越南的政治中心也是经济中心，越南国会于2008年5月通过河内市范围扩大的规划，河内的面积扩大两倍多，扩大以后的总面积是3344平方千米，是原河内市的3.6倍。城市人口增加1倍，达到620万。越南建设部已编制完成"至2030年和至2050年越南首都河内总体规划"。

3. 胡志明市。胡志明市是南新经济走廊的一个重要城市，经济发展一直保持高于越南全国的平均增长速度。2011年，全市GDP约503.227万亿越盾（按实际价格计算），同比增长10.3%。尽管该增幅不及2010年的11.8%和没有完成提出的12%的目标，但仍取得了高于1.7倍全国平均增幅的水平。工业产值739.2万亿越盾，同比增长11.7%。进出口总额471.31亿美元（不含原油出口），同比增长19.2%。2011年新批外资项目384个，协议投资额24.04亿美元。至2011年年底，全市有效外资项目共计4241个，总投资额324亿美元。2006年10月，胡志明市对城市进行新的城市总体规划。根据新规划，2025年该市人口控制在1000万以内，其中市区人口为740万人。

4. 金边和万象。金边和万象分别为柬埔寨和老挝国家的首都，两座城市经济发展相对较落后，产业不够发达，主要拥有些劳动密集型和资源密集型产业。但拥有丰富的自然资源。南新经济走廊的建设将为这两座城市带来良好的发展机遇，首先是交通的改善，走廊的建设大大改善这两座城市的交通状况，提高公路和铁路等级，提高通行能力。其次是带来经济发展的机遇。南新经济走廊的建设，将加快区域融合和一体化的步伐，产业转移的力度将加大。这两座城市可以借机承接邻近发达城市的产业转移，大力发展劳动密集型和资源密集型产业。由于柬埔寨和老挝都具有丰富的旅游资源，这两座城市还可以大力发展旅游业，从而促进经济发展。

5. 曼谷。曼谷处于中国与东盟交通的枢纽地位。在南新经济走廊中处于重要的"承北启南"的"中转站"地位，是南新经济走廊重要的支撑点。向东可以连接大湄公河次区域合作东西经济走廊，向北连接大湄公河次区域合作南北经济走廊，随着东西经济走廊和昆曼公路的建成通车，昆曼高速铁路也即将动工建设。曼谷的交通枢纽地位将更加凸显出来，通过南新经济走廊经广西南宁向东延伸连接中国发达的珠三角、长三角地区，向西直通印度洋。向南连接发达国家城市新加坡和世界上最繁忙的马六甲海峡。2010年，曼谷国内生产总值达到1400亿美元，人均GDP 2万美元，在南新经济走廊串联的城市中，经济总量仅次于新加坡，成为名副其实的东南亚第二大城市，具有极强的经济辐射力和加强合作的诉求。

6. 吉隆坡。在吉隆坡到2020年发展规划中，用"伟大"一词来形容吉隆坡的发展目标。吉隆坡作为马来西亚首都，由于邻近发达国家新加坡，为了承接新加坡的产业转移和经济辐射，未来规划中计划投资165亿马币修建一条时速350～450千米的高铁连接新加坡。到时到新加坡将只要用时1.5小时至2小时左右。这条高铁的修建将完善和提升南新经济走廊南端的建设。犹如人体动脉血管一样源源不断地将新加坡先进的技术、资本输送至南新经济走廊其他国家，促进当地国家经济发展。

7. 新加坡。将新加坡比喻成火车头一点也不言过其实。在南新经济走廊中，新加坡位于该走廊的最南端，也是南新经济走廊所在中南半岛中经济实力最强的国家，在南新经济走廊开发建设中具有举足轻重的地位。新加坡拥有先进的技术、资本和管理经验，在物流、航空、港口、教育、金融等高端产业上具有发展优势。2010年新加坡GDP 22273亿美元，

南新走廊途径主要城市部分经济指标（2011年）

指标	单位	南宁	河内	胡志明	金边	万象	曼谷	吉隆坡	新加坡
城市面积	平方千米	6559	3344.7	2390	375	3920	1568	243	710
人口	万人	711.5	676.31	738.92	102	60①	800①	170	518
国内生产总值	亿美元	351	—	239.6	—	15.45①	1400①	275.5①	2996
GDP增长率	%	13.5	10.1	10.3	—	11.93①	—	9.2①	4.9
人均国内生产总值	美元	4947	1950		—	1920①	20000①	18166①	50123
工业总产值	亿美元	134	58.4	352	—	—	—	—	2304
农业总产值	亿美元	48.6		5.3	—	—	—	—	—
旅游入境人数	万人次	—	127.71	350	—	24①	—	894②	1320
旅游收入	亿美元	35.92	—	8.7	—	—	—	22.6②	179
财政收入	亿美元	57.7	58.9	94.27	—	—	—	—	—
进出口总额	亿美元	25.10	292	471.31	—	—	—	—	7864
出口总额	亿美元	16.62	212	268.7	—	—	—	—	4154
进口总额	亿美元	8.48	80	202.6	—	—	—	—	3710
外商投资	亿美元	3.73	2.9	324	—	—	—	—	119

资料来源：2012《越南国情报告》、2012年《南宁市经济与社会发展统计公报》、各国统计局公布的数字及相关资料整理而成，其中①为2010年数据，②为2008年数据，另一部分城市数据未及统计

人均 GDP 43867 美元,2011 年新加坡 GDP 2996 亿美元,人均 GDP 50123 美元,成为东南亚的“首富”。新加坡邻近马六甲海峡,从马六甲海峡上岸的货物可以由新加坡通过南新经济走廊输送到其他国家,其他国家的货物也可以由南新经济走廊输送到新加坡,然后经马六甲海峡运往世界各地。

三、加强核心城市支撑体系建设,夯实南新经济走廊基础

第一是加强产业分工合作。产业是南新经济走廊核心城市发展的重要支撑。南新走廊两端是发达国家(地区),中间是相对落后的大湄公河次区域合作国家,从而形成了经济势差,有利于产业梯度转移及合理分工。从产业分工看,新加坡的信息产业、生物产业、航空等高新技术产业比较先进,金融、物流等服务业也很发达,呈现向资本和技术密集型产业转移的态势;吉隆坡、曼谷的制造业、热带农业比较有竞争力;河内、金边的农业、服装业有发展前景,呈现劳动密集和资源密集型产业加速集聚的态势;广西南宁传统的制造业如机电、农林产品加工有比较优势。因此,经济走廊内完全可以按照各方的产业优势进行分工合作,促进产业整合、结构升级,逐渐形成结构不同的产业梯度转移体系,共同打造区域竞争力。广西与南新经济走廊沿线城市产业合作有着国内其他省份所没有的优势,各方如果能积极抓住机遇,深化产业合作,南新经济走廊必将成为真正意义上的经济走廊,给沿线城市和人民带来福祉。

第二是加强交通基础设施建设,加快互联互通步伐。城市群发展最为关键的条件,就是交通基础设施的建设和互联互通。南新经济走廊沿线城市交通基础设施已有较好的基础。今后各城市要将各自国家的内部交通基础设施建设与南新经济走廊建设和东盟内部互联互通结合考虑。今后可加快凭祥—胡志明市的高等级公路和快速铁路的修建,柬埔寨加强国内路网基础设施改造步伐,泰国可加速对高铁的可行性研究,争取早日动工兴建,马来西亚可克服各种困难和障碍,修建吉隆坡到新加坡的高铁。只有各国将自己国内基础设施与南新经济走廊基础设施建设相互呼应,才能早日实现互联互通。

第三是加强沿线城市港口资源整合,形成区域竞争力。沿线城市大部分为港口城市,港口物流合作自然成为城市合作的重要内容。当前,我们应牢牢地抓住中国与东盟货物贸易持续增长带来的航运机遇,充分发挥沿线城市港口众多、腹地广阔等优势,以更开放的心态、更广阔的视野,利用好区域内外两个市场、两种资源,开展务实性战略互惠合作,共建港口分工协作体系、共建港口基础设施、共建港口物流网络、共建临港产业体系、共促海事安全和海洋环保、共促人才交流与管理技术合作,打造亚太地区乃至世界最具影响力的航运枢纽、港口群。

(作者系广西社会科学院院长、研究员　该文系在第 7 届泛北部湾经济合作论坛泛北城市发展峰会上的主题演讲)

中国发展与东盟互联互通面临的挑战与前景

李晨阳

互联互通是近年来中国与东盟加强区域合作的重要内容,也是提高中国与东盟的相互依赖程度和经济一体化水平,夯实中国与东盟关系可持续发展的重要途径。关于中国与东盟互联互通的意义、主要进展,国内已有学者专文阐述。本文拟在简要介绍未来中国发展与东盟互联互通规划的基础上,全面探讨中国发展与东盟互联互通所面临的主要挑战以及中国与东盟互联互通重点项目的前景。

一、中国未来发展与东盟互联互通的主要规划和目标

在服从中央政府统一安排的前提下,云南、广西地方政府也有自己与东南亚国家在地理上连接的诸多战略、规划和项目。

(一)云南未来发展与东盟互联互通的战略和主要项目

20 世纪 90 年代初开始,云南与东南亚的交通基础设施连接经历了“打开南门,走向亚太”的“通边达海”战略、连接东南亚和南亚的国际大通道战略和桥头堡战略等几个阶段,先后提出了建设中缅陆水联运、澜沧江—湄公河国际河运、中缅油气管道、第三亚欧大陆桥和印度洋国际大通道等重大项目建议,参与了 GMS 南北经济走廊、两廊一圈和泛亚铁路等互联互通项目的建设,这些工程部分取得了明显进展,但中缅陆水联运等项目夭折了。随着胡锦涛总书记 2009 年 7 月在云南视察时提出“要把云南建设成为中国面向西南开放的重要桥头堡”,云南省与东盟之间的互联互通规划和建设就围绕桥头堡展开。2009 年 12 月,云南省委省政府把“云南建设成为面向西南开放重要桥头堡”确立为云南经济社会发展新三大战略目标之一。国务院于 2011 年 5 月 6 日下发了《国务院关于支持云南省加快建设面向西南开放重要桥头堡的意见》,已把云南建成中国向西南开放的重要门户定为云南桥头堡建设排在首位的战略定位。

(二)广西未来发展与东盟互联互通的主要战略、项目和目标

广西是中国唯一与东南亚海陆相交的省区,2004 年,广西积极响应越南提出的“两廊一圈”计划;2005 年,广西加入大湄公河次区域合作机制;2006 年 7 月,广西提出泛北部湾经济合作构想,即由泛北部湾经济合作区、大湄公河次区域合作两个板块和南宁—新加坡经济走廊组成中国—东盟之间“一轴两翼”区域经济合作的战略构想,并把“南宁—新加坡通道或走廊”的建设作为重点。目前广西与东盟互联互通交通基础设施建设的目标是力争用 10 年的时间,建成以南宁国际综合交通枢纽为中心,以海港、空港为龙头,以泛北部湾海上、南宁—新加坡陆路和南宁通往东盟国家航空三大通道为主轴的出边出海国际大通道体系,着力建设连接东南亚的铁路、公路、沿海港口和机场。

(三)中央政府未来发展与东盟互联互通的主要规划和项目

交通基础设施合作是 GMS 合作和中国—东盟自由贸易区建设的重要内容。自 2002 年以来,中国与东盟先后建立了交通部长年度会议等合作机制,双方先后签署了《中国—东盟交通合作谅解备忘录》等一系列关于交通通联的协议。中国对东盟提出的泛亚铁路和《东盟互联互通总体规划》持肯定态度,中国《中长期铁路网规划》(2008 年调整)提出改建中越通道昆明—河口段,新建中老通道昆明—景洪—磨憨段、中缅通道大理—瑞丽段等,形成西南进出境国际铁路通道。

2009 年,中国正式提出加快与东盟国家的互联互通,宣布设立规模为 100 亿美元的中国—东盟投资合作基金,并向东盟国家提供 150 亿美元信贷支持,其中优惠贷款额度由原来的 17 亿美元增加到 67 亿美元。在 2011 年 11 月 18 日的

第14次中国—东盟10+1领导人会议暨中国—东盟建立对话关系20周年纪念峰会上,温总理再次提出把互联互通等基础设施建设放在突出位置,并倡议成立中国—东盟互联互通合作委员会,力争尽快实现中国与东盟有关国家陆路运输通道互联互通的目标;构筑海上互联互通网络,愿采取有力举措与东盟国家发展冷藏船、滚装船以及集装箱班轮直线,推进海上旅客和货物运输便利化;同时中方将追加100亿美元信贷,其中包括40亿美元优惠性质贷款。

二、中国未来发展与东盟互联互通所面临的主要挑战

虽然东盟很重视与中国的互联互通,东盟自身的《东盟互联互通总体规划》也把昆明—新加坡铁路列入了优先项目,但总体上中国与东盟之间未来的互联互通发展面临着来自国内、国外的诸多挑战。

(一)中国发展与东盟互联互通面临的内部挑战

1. 广西、云南提出的发展与东盟区域合作战略以及互联互通的项目本身存在一定的不足。广西提出的"一轴两翼"战略把泛北部湾经济合作与GMS作为两翼,南宁—新加坡经济走廊作为轴心,但是由于海上合作比较难以开展,泛北部湾经济合作的推进困难重重。云南的桥头堡战略由于桥头堡的军事术语色彩浓厚,最初受到了国际社会的一些质疑。目前中国政府已要求把桥头堡翻译成Gateway而不是Bridgehead,并做了大量的释疑工作,但是尚未完全消除东南亚、南亚以及欧美国家的疑虑。

2. 广西、云南自身能力的不足。中国与东盟的互联互通总体上属于中央政府管理的事务,广西、云南作为次国家政府没有直接与外国政府商谈并签署互联互通协议的权力。换句话说,地方政府去游说东南亚国家支持广西、云南提出的互联互通项目,影响力有限。此外,对于广西、云南提出的发展与东南亚国家互联互通的庞大规划而言,凭云南、广西自身的经济实力,根本无法完成,东南亚国家首先会考虑中国中央政府的态度,而不是广西、云南的建议。

3. 中国相关省份之间的竞争。这种竞争不仅存在于广西与云南之间,广东、海南乃至上海、江苏也对云南、广西构成了严峻的挑战。比如广西试图将南宁建成面向东盟的国际门户枢纽机场,并耗费巨额资金来培育航线,但它在近期无法与昆明竞争。广西计划把北海、钦州、防城等港口建成辐射东盟的区域性国际航运中心,但也将遇到货源不足的问题,广西北部湾港群的吞吐能力可能过剩。

4. 建设资金短缺和预期收益不被看好。中国和东盟国家多为发展中国家,经济实力有限,柬埔寨、老挝和缅甸还被联合国列入最不发达国家,没有能力投入巨资修建连接中国的公路、铁路等交通通联项目。中国政府提供的100亿美元合作基金和250亿美元信贷,对于规模宏大的中国与东盟通联项目而言是杯水车薪。2011年9月,东盟决定设立基础设施基金,初步基金总额为4.852亿美元,目标是每年资助6个项目。东盟希望在2020年之前,能发放40亿美元贷款,资助项目总价值达130亿美元以上。此外,人们普遍对中国与东盟之间公路和铁路建好后的预期收益不是太看好,事实上昆曼公路、湄公河航运开通后的效益都与预期相距甚远。

(二)中国发展与东盟互联互通面临的外部挑战

1. 中国与东盟之间复杂的政治关系以及区域外大国的干涉是最大的外部挑战。由于历史原因及现实存在并日趋恶化的南中国海问题、美国等区域外大国的干涉等因素,使中国与东盟之间的互信度还不高,尤其是中越关系是影响广西与东南亚陆地上互联互通的关键因素。此外,东盟各国之间的关系也错综复杂,尽管提出了《东盟互联互通规划》,但要到2020年才能初步建成。马来西亚2010年提出的由中国公司承建的"隆新高铁"计划也未见下文。随着中国与东盟关系的不断发展,美国奥巴马政府重新加强了对东南亚的重视和在东南亚地区的军事存在,印度、日本一直与中国争夺对东南亚地区的影响。尤其是美国和印度为阻止中国走向印度洋,完全有可能对中国与东盟之间的互联互通尤其是中缅之间的通道建设设置障碍。

2. 中国与东盟的互联互通计划与东盟的互联互通总体规划并不完全匹配。东盟内部的互联互通规划只将昆明—新加坡铁路列为优先项目,除此并无其他项目涉及到中国,尤其是广西力推的南宁—新加坡经济走廊未被东盟所接受。即便是双方都认可的昆明—新加坡铁路,双方也有分歧。东盟规划有东线和西线,先修东线。中国对于优先修建东线并无异议,但有东、中、西三线规划,尤其是在中国的西线方案中,重点不是要尽快连接新加坡,而是优先修建从昆明经瑞丽最后到印度洋沿岸的皎漂港。此外,东盟拟议中的互联互通内容只包括物理连接、制度对接和人员往来,但中国政府和学者认为,要把产业方面的互联互通作为双方互联互通的核心内容。

3. 交通技术标准的差异。例如中国和东盟国家的铁路轨距不相同。中国使用的是轨距1435毫米的标准轨,东南亚国家绝大多数使用的是1000毫米的窄轨,印度尼西亚的轨距是1067毫米,不同的轨道标准间的转换影响了国际铁路联运的效率。同时,各国间还存在不同的交通规则,中国、老挝和越南实行车辆右行的公路交通规则,而马来西亚、泰国和新加坡则是左行。

4. 口岸通关便利化严重滞后。目前中国和东盟国家口岸管理制度、运输标准和金融服务存在明显的差异,如区域内各国对口岸开放时间和车辆限载量各不相同,尤其是中越之间、中泰之间还不允许货车跨境行驶。这给客货跨境流动造成了无形的壁垒,影响到国际运输的通畅运作。如,2009年开通的南宁—河内国际旅客列车全程需要13个小时,其中出境、入境就要5个小时,而坐飞机只要45分钟,乘汽车只要5个多小时。所以,即便中国与东盟之间的交通通联能很快实现,但通关便利化滞后问题也将严重影响通道的成效。

三、中国与东盟之间主要互联互通项目的前景

中国与东盟之间未来最主要的互联互通项目是云南桥头堡中的对外交通建设(包括昆明—新加坡铁路)、南宁—新加坡通道,总体前景较为乐观。

(一)昆明—新加坡铁路的前景看好

由于东盟把昆明—新加坡铁路列入中国与东盟互联互通的重要项目,而且中国将把这一铁路视为中国—东盟互联互通的示范项目来建设。与此同时,泛亚铁路东、中、西三条线路中国境内段的铁路建设不仅纳入了国家中长期铁路规划调整方案,而且已经动工建设。

(二)昆明—新加坡高铁是被媒体炮制出来的虚假新闻

2010年以来中外媒体铺天盖地地报道中国高铁即将走向东南亚,鼓吹昆明—新加坡高铁将于2011年4月25日动工,2020年以前3条连接中国与东盟的高铁都将竣工,等等,

中国将拥有直达印度洋出海口的高速通道,等等。如新加坡《联合早报》2011 年以来也多次用"中国高铁外交异军突起"、"高铁战略成中国与周边政经交往粘合剂"等字眼来报道中国高铁走向东南亚。部分中国学者也撰文评述中国高铁走向东南亚的可行性和风险。这些报道使中国高铁走向东南亚变得真假难辨,但事实真相是,中国外交部、铁道部、国家发改委、交通部从来没有正式发布这样的消息,国务院批准的《中长期铁路规划调整方案(2008)》根本没有提到出境的高铁。尤其是媒体混淆了高速铁路、客运专线和快速铁路的概念,把规划的客货混用的快速铁路(时速 170 ~200 千米)等同于高速铁路,并强调中国高铁走向东南亚的地缘政治和战略意义。中国媒体的炒作使国外媒体纷纷跟风,国际社会普遍质疑中国高铁在不可能盈利的情况下走向东南亚的真正目的。实际上中国与东盟之间修建高铁的经济条件根本不成熟,东南亚对中国存在的偏见和民族主义情绪也可以使"高铁出轨"。交通基础设施建设要适度提前,供应也能产生需求,但昆明—新加坡高铁无疑是过度超前了。

(三)南宁—新加坡经济走廊(或通道)很有可能"有实无名"

建成南宁—新加坡经济走廊(或通道)本身不存在问题,但是要东盟承认这个名称有较大的难度。其实南宁与新加坡之间已有公路连接,广西学者曾组团实地考察过这条路。《东盟互联互通总体规划》中昆明—新加坡铁路东线方案就经过河内,而南宁已有铁路与河内相通,因此,只要等昆明—新加坡铁路东线方案在 2020 年建成,南宁—新加坡之间的铁路就通了。但是要东盟承认"南宁—新加坡经济走廊(或通道)"这个名称有较大的难度。由于海运具有价格低、运量大、快捷等优势,实际上广西与马来西亚、新加坡的贸易走海路要快捷和便宜得多,因此,南宁与吉隆坡、新加坡之间即使有铁路连接,南宁与这两个城市之间的点对点货物运输将很少,乘坐这条铁路的旅客也不会多。

(四)把云南建设成为中国向西南开放重要桥头堡中的交通项目前景看好

虽然国务院下发了加快把云南建设成为中国向西南开放重要桥头堡的指导意见,但是具体的规划和实施方案还在制定当中。除了上文提及的泛亚铁路东中西三线之外,中国与缅甸两国政府已签署了昆明与缅甸皎漂之间的油气管道、铁路和高速公路的相关协议,其中油气管道境外段已于 2010 年 6 月 3 日正式动工,预计 2013 年完工;中缅铁路和公路已完成了部分勘测和设计。因此,昆明与缅甸之间的互联互通项目前景比较乐观。

四、结语

中国政府近年来把发展与东盟的互联互通提升到前所未有的高度,主要是着眼于中国的周边安全、稳定以及加快沿边省份的开放,当然也考虑到了夯实中国—东盟关系的基础、增强中国与东盟的相互依赖以及对"东盟互联互通总体规划"的配合,总体上中国比东盟更加积极,广西、云南等地方政府比中央政府更为积极,并且先后提出了众多的发展战略和重大项目。但是广西提出的南宁—新加坡经济走廊超出了省级政府的财政能力和外交管辖权限,也没有被"东盟互联互通总体规划"以及 GMS 合作近期的建设规划所接受,因而在实践过程中难以推动。此外,昆明连接缅甸、老挝最后到新加坡的高速铁路项目,纯粹是被媒体炒作出来的。

中国与东盟的互联互通面临着区域内各国之间复杂的政治关系、外部大国竞争、建设资金短缺和融资难度大、各国交通标准不一、运营赢利预期较低等方面的挑战,其中政治互信是中国—东盟互联互通项目能否顺利推进的根本因素,尤其是错综复杂的中越关系是南宁—新加坡经济走廊能否建成的关键;南海主权争端是海上互联互通的主要障碍。东盟虽然通过了"东盟互联互通总体规划",但东盟能投入的资金有限,东盟内部的互联互通能否按期实现也要打问号。

由于东盟与中国互信度不够,中国与东盟的互联互通可以尝试与美国、日本、印度等进行竞争性合作,不一定要把其他大国都排挤出去。实际上中缅油气管道就是由中国、韩国、印度和缅甸的企业共同建设和合股经营,在中国与东盟之间的铁路和公路建设应该同样可以与其他国家合作。这样的合作模式既可以降低资金压力和金融风险,也可减少东盟国家的疑虑和担心。

(作者系云南大学国际关系研究院东南亚研究所所长、教授　原载《思想战线》2012 年第 1 期)

中国—东盟快速铁路通道与泛亚铁路运输联盟研究

林晓言　丁　伟　陈小君

2010 年 1 月 1 日中国—东盟自由贸易区正式启动,这标志着世界上唯一由发展中国家组成的区域性经济体进入稳步发展阶段。2010 年上半年,中国与东盟贸易额较上年同期增长 54.7%。其中,中国向东盟出口 646 亿美元,较上年同期增长了 45.4%;中国从东盟共进口 719 亿美元,增长了 64%。此外,中国还与越南、泰国、马来西亚等东南亚国家开展了不同形式、不同程度的经济合作和文化交流,加强了自贸区各成员间的紧密联系。在这一进程中,不可忽视的是,如何推进能够实现人或物空间位移的各类交通运输方式的发展,特别是具有长距离重载运输特性的铁路通道建设。

2005 年 4 月,国家发展和改革委员会批准广西壮族自治区正式纳入大湄公河次区域合作范围,这是继云南省之后第二个参与该经济合作的中国省份。广西和云南作为中国最南部的两省份先后参与中国—东盟自贸区,其目的当是在促进各自经济发展的前提下促成面向东盟各国和东南亚的多层次、全方位对外开放格局。因此,在看到广西作为后来者似乎要与云南形成竞争关系的表象下,更应探究促成二者携手合作的放大效应。东盟各国运输基础设施特别是铁路网建设参差不齐且整体落后,广西和云南当以构建多通道快捷铁路通道为抓手,并通过结成运输战略联盟,夯实中国—东盟的连接纽带。

战略联盟是指由两个或两个以上有着共同战略利益和对等经营实力的企业,为达到共同拥有市场、共同使用资源等战略目标,通过各种协议、契约而结成的优势互补或优势相长、风险共担、生产要素水平式双向或多向流动的一种松散的合作模式。战略联盟是连接市场与企业的中介,发挥着"组织化市场"的功能,因而较好地体现了信息化时代把市场竞争和组织管理关联一体、综合运作的要求。交通运输联盟是指两个或两个以上的交通运输企业或部门为共同提高竞争优势,共享能够相互补充的稀缺资源,建立具有一定地域辐射能力的运输市场,从而提高服务质量,并最终实现利润提高而组成的长期合作伙伴关系。目前,交通运输联盟研究主要围绕集装箱班轮、航空线路、轨道交通等方面。基于各类交通方式的优势与限制,这些运输联盟形成了各自的特色与方式。

目前,中国通往东盟国家的铁路通道大体可分为云南境内建设和广西境内建设,分别基于不同的次经济区域发展环境,云南境内直接面向大湄公河次区域,广西境内则面向泛北部湾次区域。但从国家层面来说,这些通道都是为加强中国与东盟各国的经济联系而服务的,具有宏观目标的一致性。因此,如何有效权衡铁路运输通道间的竞争与协调关系,以确保整体效益的最优和共同目标的实现,是本文所试图分析与探讨的。

一、泛亚铁路及中国—东盟快速铁路通道背景

中国—东盟自由贸易区是世界上人口最多的自由贸易区,是全球第三大自由贸易区。该贸易区由中国和东盟10国共同组成,拥有19亿消费者、近6万亿美元国内生产总值和4.5万亿美元贸易总额。自贸区启动后,中国和东盟6个老成员国文莱、菲律宾、印度尼西亚、马来西亚、泰国、新加坡之间,超过90%的产品将实行零关税。关税壁垒的逐渐消除,为中国与东盟企业创建了更加便利的发展平台。随着中国—东盟自贸区的全面建成,东盟已成为中国企业"走出去"的主要目的地之一。据统计,2010年1月至6月,中国和东盟双边贸易额达1365亿美元,同比增长55%。同期,中国对东盟非金融类直接投资约12.2亿美元,同比增长125.7%。研究表明,中国、东盟间陆路口岸进出口货运量2020年将达到8860万吨,其中进口4680万吨,年均递增13%。

直接受益于中国—东盟框架的云南和广西先后提出了面向东盟的发展规划。云南更早提出了中越"两廊一圈"建设。即"昆明—老街—河内—海防—广宁"、"南宁—谅山—河内—海防—广宁"经济走廊和环北部湾经济圈。它是由越南前任总理潘文凯2004年在对中国进行国事访问时正式提出的。这一构想涉及中国广西、广东、云南、海南、香港和澳门及越南的10个沿海地带。两条走廊共跨度14万平方千米,总人口3900万。建设"两廊一圈"包含了中越发展贸易和经济关系、投资、技术合作、旅游、跨国界经济交换、土地、铁路以及水运方面的问题。推动"两廊一圈"建设是基于中越两国关系不断全面深入发展在经贸合作方面的具体成果,它标志着中越经济在迈向一体化方面步入了规划和实际操作层面。

云南交通运输战略方面,"泛亚铁路"倡议来源于1995年12月,马来西亚总理马哈蒂尔在东盟第五届首脑会议上提出的。具体为,修建一条跨越湄公河流域范围的铁路,从马来半岛南端的新加坡,经马来西亚、泰国、印支等国家到中国昆明。1996年3月,首届亚欧25国和欧盟领导人会议,马哈蒂尔提议亚欧共同推动湄公河流域开发合作时,再次将"泛亚铁路"作为一项国际铁路联网计划提出,与会各国一致赞同。2009年6月11日,联合国亚洲及太平洋经济社会委员会批准《泛亚铁路网政府间协议》正式生效。研究过程中提出了泛亚铁路境外通道和境内通道的不同方案。境外包括昆明—新加坡的6个线路方案,境内则包括云南—东盟的东、中、西三个方案:西线为大理—保山—瑞丽;中线为祥云—景东—普尔—磨憨;东线为玉溪—蒙自—河口。

广西方面,2006年7月,中共广西壮族自治区委员会书记刘奇葆在第一届"环北部湾经济合作论坛"上,首次提出了泛北部湾中国—东盟"一轴两翼"区域经济合作新格局的战略构想。该构想将中国—东盟自由贸易区作为基本发展背景,规划形成以南宁—新加坡为直线的贯通中国与中南半岛东盟7个国家一条公路和一条铁路主轴;以构成环北部湾经济区的中国三省区(广东、海南和广西)和东盟五国(越南、马来西亚、新加坡、印度尼西亚、菲律宾和文莱)为左翼;以构成湄公河次经济区的中国云南省和南亚五国(缅甸、泰国、老挝、柬埔寨和越南)为右翼的区域经济合作新模式,从而有效配置区域内的资源,通过加快经济建设的步伐来促进东亚整体合作的深入发展。

广西交通运输战略方面,主要依托于南宁—新加坡经济走廊的构建。该经济通道以南宁为起点,沿途联通越南、柬埔寨(或老挝)、泰国、马来西亚、新加坡等5个东盟国家,以铁路、公路、水运、航空为载体和纽带,以人流、物流、信息流、资金流为基础,构建产业群、城镇群、便利化通行体系以及边境经济合作区,形成优势互补、区域分工、联动开发、共同发展的跨国经济通道。南宁—凭祥—河内通道(下文的广西通道)将是中国—东盟铁路通道的主动脉,它通过近期开通南宁—凭祥—河内—金边—曼谷—吉隆坡—新加坡铁路通道;远期开通南宁—凭祥—河内—清化(越南)或桑怒(老挝)—万象—曼谷—吉隆坡—新加坡的铁路便捷通道,再通过南宁与湘桂、南广、黔桂铁路相连,形成中国与中南半岛一体化联动的铁路网络体系。

中国—东盟快速铁路通道的概念由广西壮族自治区率先提出。该通道从南宁—凭祥—河内。这里的"快速"并非简单意义的火车运行速度的"快",更包括通过口岸功能和通关机制的改善,推进广西和东盟各国无障碍交通圈/旅游圈建设,积极推进发展保税物流和口岸经济,推动中国与东盟之间泛北部湾次区域合作,这对广西意义明显。在《南宁市国民经济和社会发展第十二个五年规划纲要》中,明确提出南宁构建内陆开放型经济战略高地的目标,利用新一轮西部大开发扶持政策设立先行先试的开放型经济试验区。具体线路建设方面,湘桂铁路南宁至凭祥段,由于既有技术标准较低,为了推动中国—东盟间经贸往来,"十二五"规划新建高标准的双线铁路。而同登至河内段铁路,越南已规划在2020年前建设高标准的准轨铁路。

二、中国—东盟铁路运输联盟分析框架

1. 构建基础。在竞争的市场环境下,竞争主体为了求同存异共谋发展,联盟是其通常的行为选择之一。由于国际上多数国家的反垄断限制,交通运输领域特别是海运和空运的企业主体,往往无法进行扩大规模效应的购并行为,多采用战略联盟策略。陆路运输特别是铁路运输较少涉及联盟问题。中国铁路运输领域总体上还处于供不应求的局面,整体竞争格局并未形成,因此并无在方式内联盟的紧迫性,在与其他运输方式实现多式联运中存在合作联盟趋势。尤其是在中国高速铁路逐渐成网并形成竞争优势的前提下,铁路与民航、铁路与公路之间实际上已经存在联盟发展的现实基础。具体到本文的广西通道和云南通道,因其是借助广西和云南两个省区的地域联系,建立中国与东盟各国的铁路运输网络,从而加强双方的贸易往来和社会交流。因此,本文认为上述两条通道存在局部市场竞争前提下的区域合作的联盟需要。

因为都是服务于中国—东盟自由贸易区的发展，两通道之间在服务的国家以及运输市场划分等方面必然存在相互竞争的关系。这两条通道分别代表了线路所在省区的区位优势。(1)经济地理方面的区位优势。广西与云南均是中国—东盟自由贸易区和中越“两廊一圈”的前沿地带，前者还是泛北部湾经济合作的中心地区，而后者则是大湄公河次区域合作的桥头堡和泛亚铁路中心区。同时，两地在对内和对外贸易中都存在着激烈的竞争。(2)政策方面的区位优势。广西的环北部湾经济区发展战略已经上升为国家“十一五”西部开发战略。云南也在积极提升“西南大通道”的战略地位，积极参与泛珠三角洲区域合作。从地方政府的办税效率和服务成本来看，两地都在进行制度政策建设，提升地方政府的形象和地方软实力。因此，其对于地理资源和政策资源都存在激烈的竞争。

从整个国家的宏观战略层面，两条通道的利益又是一致的。都是联系中国南方与东南亚各国的主要铁路纽带，均负有加快中国—东盟区域经济一体化建设的职责。因此，从国家利益的高度来说，两大通道的目标又是一致的。此外，就两省区具体的地域联系看，广西通道主要面向中部并可以进一步联通东部地区，云南通道则主要针对西南和西部地区。同时，广西在努力建立泛北部湾合作机制，并已成功将中国—东盟自由贸易区博览会永久落户南宁。云南则着力打通西南地区多渠道“国际大通道”并且具有三条通道布局，其和快速通道(广西通道)的线路走向存在明显差异，广西通道在一些领域可以弥补云南东通道的若干不足。所以本文认为，站在更高的利益高度共同加快两条通道的发展进程，而不是突出二者的竞争部分，可以有力提升中国同东南亚各国以及其他东盟国家的合作深度与广度。

分析认为，广西通道和云南通道之间存在着既竞争又合作的协同关系。符合建立运输联盟的前提基础，而该联盟不仅包括云南东通道和广西通道，而且应广泛包括中国广西境内和云南境内连通东南亚各国铁路通道以及其他方式交通通道的集合。如何根据各通道的建设进程有效构建运输联盟，如何客观分析联盟内通道之间的制约影响和促进作用，以及联盟构建的价值与意义，这些问题都值得进一步讨论。

2. 联盟运输流程。铁路运输联盟是集合了不同省区的区域铁路运输，其不仅可以缓解地域能源紧张，减少交通事故，而且在适应物流发展方面也有很强的优势，所以无论从市场角度，还是从政府角度都具有很大潜力。随着中国及东盟相关区域(如广西、云南、大湄公河次区域)铁路运输基础设施的完善，转运技术的进步以及区域经济一体化带来的双边贸易量的增长，自贸区内的铁路联运市场范围也会随之扩大，并将在未来逐渐成为区域运输联盟的主导力量。

基于铁路联运的运输联盟分析可以按照其规划及在建项目分析展开，其中包括，处于广西境内的“南新通道”即南宁至凭祥段；而云南则有其独具的东(中越铁路)、中(中老铁路)、西(中缅铁路)三条线路分别与越南、老挝、缅甸三国相通。铁路联运在本文里强调的是不同地域的铁路子系统的无缝连接和紧密协调，其前提则是各自铁路网络布局的相对完善，各铁路子系统要协调发展。基于铁路联运思路分析，笔者认为运输联盟可以成为一个有机体，其内部各组成部分相互约束、相互协调，最终实现联盟的综合效益最大化。

从铁路联运管理的角度来看，广西与云南的各自铁路系统要积极主动要求进行铁路联运，中央政府、铁道部及广西、云南地方政府在政策上要给予鼓励。同时，广西、云南的各铁路局或铁路建设办公室需要改进管理体制，提高自身管理水平，为铁路联运提供适宜的制度和管理环境。

从铁路网络需求的角度来看，广西、云南的铁路联运方案要以国家、地方发展需求为根本出发点，同时要具备足够多的决策数据。广西是中国唯一与东盟在海、陆两方面都相连的省区，是西南地区最便捷的出海通道。而云南则位于中国与东亚、南亚的结合部，是连接其最重要的陆路通道。广西与云南的铁路联运网络分布较为广泛，同时上述两省区同处于贸易区的前沿地带，同属于“两廊一圈”合作体系，其作为中国面向东盟各国窗口的重要性不言而喻。因此，只有不断巩固铁路联运这一纽带，才能加强区域间和区域内的经济、技术、文化交流。

如果要对铁路联运过程进行客观描述，则可以通过相关软件的分层技术将广西、云南铁路联运过程表示出来。在整个联运过程中，站场等用点表示；铁路干、支线则抽象为线；省区等地理区域则用多边形表示。从图1中可以看出，整个联运流程和参与联运的各省区的独立与协作关系。

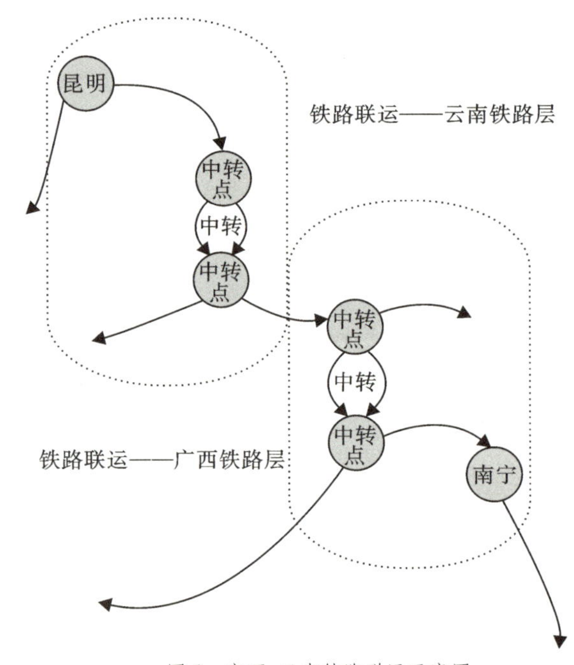

图1 广西、云南铁路联运示意图

3. 衍生效应。从历史上看，广西、云南与东盟国家接壤，因此本文认为广西、云南铁路联盟的建立将使广西、云南及东盟诸国的运输衍生效益得到极大提升。其主要体现在以下几方面：(1)运输成本。其主要包括各区段的运费、中转费以及必要的仓储费等，而这些费用可以通过内部成员间的相互协作，合理部署与分配运量，避免内部恶性竞争。(2)运输时间。其主要包括各区段的在途时间、中转时间以及必要的仓储时间等。而在运输联盟内部可以通过统一的调度使得运输工具的周转时间缩短，充分发挥运力，并有利于运输线路通过能力的提高，尤其是处于运输高峰(如节假日运输)时，对运输优化的贡献极大。(3)运输距离。从整个运输过程来讲，运输时间、费用等经济指标都与运输有着一定的比例关系，因此，运距的缩短是铁路运输联盟建立的又一个明显优势。如经广西通道，曼谷至北京的距离为4006千米，曼谷至广州距离为2084千米，分别比云南通道缩短了831千米和1338千米。云南通道的优势在于，中国内陆省区西下印度洋和西进中东、北非、西欧等缩短运距3000～5000千米。(4)区位优势互补与市场规模。广西与云南有着不同的区位优势，组建运输联盟可以突出这两个省区不同的区位特点，实现联盟内部的协调互助和资源共享，以提高联盟的整体运输效益。与此同时，联盟的建立可以实现区域内外的客货流动，可以提高枢纽地区的经济辐射能力，扩大运输市场规模。(5)换装次数、滞留时间与服务质量。在运输换装或手续办理过程中，其过程每增加一次，不但会增加经济成本，而且还必须付出相应的时间成本，而铁路联盟的建立可以大幅减少换装次数从而达到减少货损、简化手续，优化整体运输链条，提高运输服务质量。

当然，铁路运输联盟的建立也会有其负面作用，这是由联盟内部的同质竞争所引起的。铁路联盟的各成员共同承担着中国与越南的贸易运输，而在贸易总量一定的条件下，势必会带来运输量竞争。同时，由于两地均属中国西部地区，在产业结构、资源禀赋等方面具有相似性，因此，这会加剧同质化竞争，进而阻碍双方寻找自身优势。

4. 经济社会意义。运输联盟不仅可以使其内部各通道有效发挥自身作用，还能实现其经济社会意义。首先，广西通道将成为中国中东部地区通往东南亚和东南亚国家通往中国内陆的最便捷通路，加深沿线各国间的经贸往来和区域经济的一体化，推动沿线各国在旅游、文化等各方面的合作。从滇越贸易发展趋势看，货运量的增加将是长期的，铁路运输将直接影响当前和今后滇越贸易的发展。因此，云南通道将成为中国与东盟实现经济对接最强劲的物流通道之一，调整和优化双方产业结构。从更高的层面，本文的铁路运输联盟为中国广西境内和云南境内连通东南亚各国的铁路运输通道集合，是服务于区域发展战略的运输联盟。这里的联盟基于国家层面对外经济合作视角，是一种更为宏观的战略联盟构想。在这个联盟框架下，同质的铁路运输通道之间不再是单一的竞争关系，而是整体协调下的局部竞争，可以实现差异化下的统一。因此，运输联盟可以避免通道间或同行业间的绝对竞争，促进各部分发挥既有优势、明确适合自身的服务对象和发展定位，致力于在不断减少成员间摩擦的同时，增强联盟内部的协调性和有序性。此外，运输联盟旨在整体效益的最大化，通过各通道间的有效部署与协作，联盟不仅可以保证中国与东盟各国的各类交流和运输需求，还可以扩大区域经济合作与文化合作的影响力与辐射力。

三、运输联盟治理机制

联盟治理是一个相互融合、相互协调的过程。相关的研究表明，联盟内部可能会存在严重的不稳定性，要增进联盟稳定性和提高绩效，首要条件是要采取适当的联盟治理机制。运输联盟治理机制是以指导广西、云南双方开展铁路运输合作，并激励与约束双方合作行为的控制机制。对于运输联盟中的治理机制，笔者认为可以分成两类：一是正式的治理机制，其主要依靠规则或法律力量进行的激励或补偿机制；二是非正式治理机制，其主要依靠双方的意愿、关系的问题处理。但无论是正式治理，还是非正式治理，其共同目标都是促进铁路运输联运的合作，相互取长补短，使区域铁路运输效益最大化，并维持联盟的稳定性。其联盟治理机制如图2所示。

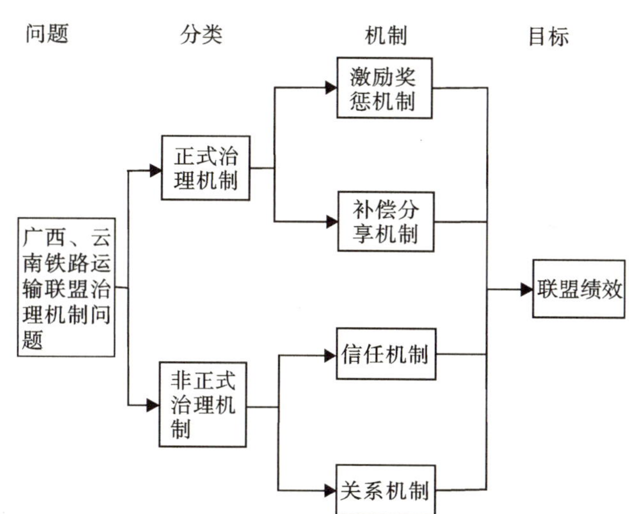

图2 广西、云南铁路联盟治理机制图

1. 正式治理机制。在现实的铁路运输联盟合作中，正式治理机制的重要性是毫无疑问的。而笔者认为，正式治理机制是维持联盟稳定性、促进联盟绩效的基础。

设计合理的激励和奖惩机制。铁路运输联盟的主体为了自身的利益，就有可能违背联盟的共同利益，而违约行为的根本原因在于利益，即违约的收益大于违约的成本。因此，要防止违约行为，保证联盟的稳定，必须要给予违约者以惩罚，加大违约者的违约成本，进而抑制违约倾向。而要设计好的激励奖惩机制，首先满足的前提条件就是双方的完全信息共享，即不存在信息不对称的情况。由于信息的完全，联盟双方的所有行动都是可观察的，合理的奖惩机制体现在当铁路联盟的参与方试图在工作中选择偷懒时，它将会为自己的偷懒付出代价，而勤奋的一方则获得补偿。如若在完成特定的运输量任务当中引进上述奖惩机制，同时基于信息完全的条件，其中某成员为了减少己方固定资产损耗，选择减少运量，则其一旦被发现就需要付出罚款，且将这笔罚款赋予承担运量较多的一方，此时罚款至少满足大于偷懒方所得利益的条件，则联盟成员就都可以勤奋工作，并维护共同利益。通过上述分析可以看出，设立一种合理的奖惩治理机制，能够较好地从制度层面保证联盟达到理想的绩效。

完善的利益补偿和分享机制。除了建立完善的奖惩机制外，考虑到为对方提供完全的技术或能力共享，对于提供方来说会存在动力不足的问题。而要想减少这种问题，维护联盟的稳定，则需要双方从长远利益出发，通过订立契约的方式承诺为对方短期的损失提供长期补偿，进而使联盟双方结成利益共享、风险共担的共同体，提高成员对组织的忠诚度，稳定合作关系，为共同利益的实现提供保障。同样考虑在信息完全的情况下，若没有引入利益补偿与分享机制，优势方由于贡献了自己的核心运输能力，其所得收益要小于其不贡献的情况，因此，作为理性的参与者优势方将选择不发挥自己的核心运输能力，而对于劣势方来说，既然优势方选择不合作，那么其理性的选择也就是不合作。这样仅靠双方自愿合作的情况是不可能存在的。但是，若引入利益补偿与分享机制，则可以保证运输联盟中优势一方的有效供给，从而可以提高联盟双方的合作积极性，推动区域铁路运输效率提高。

2. 非正式治理机制。如果说正式治理机制是维持联盟稳定性、促进联盟绩效的基础，那么非正式治理机制则是对正式治理机制的有力补充。而合理地使用非正式治理机制则能够有效降低联盟的交易成本。

信任机制。许多研究成果都充分说明信任在联盟中处于重要的地位，同时联盟绩效也随着信任感增加而增加。运输联盟中的信任，即一般认为运输联盟中的成员自信对方不会利用自己的劣势，包括不利的选择、道德风险、不合理的要求或其他的劣势等，是联盟成员对另一成员能够有效合作的积极期望，它可以通过社会网络和威慑效应产生压制性的效果。而社会网络效应作为一种举荐机制，使得联盟成员之间随着相互了解和熟悉，从而产生一种基于规模性和网络性的信任；同时，社会网络效应也可以作为一种威慑机制，由于联盟成员担心失去自己的声誉以及其他成员再次交易的关系或其他交互关系，进而可以产生基于威慑的信任。当然，社会网络效应以及威慑效应发挥所产生的效果是随着外界环境的变化而变化的，并且其量化分析还有待于进一步的检验，但是可以肯定的是其作为增进运输联盟成员相互信任的机制而存在是非常有必要的。

关系机制。在中国特有的社会习惯与文化背景下，尤其是在政府机关或是大型国企中，对关系的非正式治理机制的使用就显得尤为重要。如果可以充分把握关系等传统文化内涵，则能够对运输联盟的发展起到较好的促进作用。关系机制在调节联盟内部成员和其他成员的关系时是各成员之间良好的愿望或感情的积累，同时也意味着互惠、长期的规则，具有一定的关系的联盟成员会更加注重长期发展与未来收益。相关研究表明，希望与其他成员建立长期发展关系的成员不会在处理其关系问题时有机会主义倾向。因此，具有一定关系的联盟成员会相信联盟内其他成员是可信且言行一致的，在考虑自身利益的同时，也会为其他成员的利益考虑；同时，由于双方之间关系机制的存在，联盟成员就不需要担心运输能力更强的其他成员会有机会主义行为，从而减弱联盟内部进行网络共享的阻碍，增加各成员的合作意愿，减少冲突。若还有什么补充的话，那就是在中国这种特殊的文化背景下，关系机制也是一把双刃剑，如果使用得当则会起到促进作用；若使用不当，则很有可能导致联盟的分崩离析。而且，在某种程度上，过于强调成员双方的关系问题极有可能使得联盟处理问题时标准过于模糊，有可能导致联盟内部成员间的冲突问题。

通过上文分析可以发现，广西、云南的铁路运输联盟需要一系列机制给予相应的保障。在治理过程当中，既要发挥正式的治理机制作用，当然这是需要中央政府及铁道部等相关部门给予政策和法律上的保障，并加强对应的监管与考核。同时，联盟的内部要以正式治理机制为基本框架，并辅以非正式治理机制，促进联盟内部成员间的信息交流和沟通，建立完善的内部管理职能，制定相应的规范标准，明确权责，进而推动铁路运输联盟公平有序、相互促进的良性发展。

四、结语

铁路运输联盟是在中国—东盟自贸区建立的条件下，为了加强中国西南及大湄公河地区的铁路网络完善而提出的构想。遵从这样的构想，笔者认为在全球经济一体化的大背景下，需要站在一个更高的角度来看待区域交通运输发展的问题。而本文分析了以铁路联运为基本构架的运输联盟，认为只有合理安排区域铁路联运的布局，并建立制度层面的相关机制，才能够确保运输联盟的稳定，进而提升联盟绩效，实现区域经济的协调发展和资源优化配置。

中国与东盟各国同为发展中国家，双方贸易优势不够突出，出口产品的种类和结构也存在一定的相似性，因此，如何依托铁路运输联盟把握二者之间的经济联系和贸易关系是应当着重考虑的问题；当然，本文所建立的铁路运输联盟分析框架是一个促进内部协作与外部合作的组织方式，其构建的实际过程中仍会存在不少的体制性问题，需要深化研究；此外，除了铁路通道，其他运输方式在加强中国—东盟的合作与交流中已经在发挥着积极作用，如何有效利用各类运输方式的运输优势，进一步构建中国—东盟综合交通运输联盟，实现地区间的无障碍便捷运输，也需要深入探索。

（林晓言、陈小君工作单位系北京交通大学　丁伟工作单位系广西铁路建设办公室　原载《天津大学学报·社会科学版》2012 年第 2 期）

东盟在南海问题上的政策评析

葛红亮

东盟虽非南海问题的争端方，但对南海问题也有持续的、很浓厚的兴趣，并在南海问题发展和南海安全形势演变中扮演着越来越重要的角色。

20 世纪 90 年代初，在两极格局结束后不久南海局势骤然紧张起来。1992 年 2 月中国颁布《中华人民共和国领海及毗连区法》，重申中国的陆地领土包括东沙群岛、西沙群岛、中沙群岛、南沙群岛以及其他一切属于中华人民共和国的岛屿。同年，中国国家海洋石油总公司与美国克利斯通能源公司签订了“万安北－21”区块石油与天然气勘探与开发合同。同时，在东南亚国家中“中国威胁论”也被大肆渲染。有菲律宾官员当时就曾以“入夏以来，东南亚各国周边海域突然波涛汹涌”来形容这一局势。以此为契机，在菲律宾首都马尼拉召开的第 25 届东盟外长会议上，菲律宾、文莱、印度尼西亚、马来西亚、新加坡与泰国六国签署了东盟第一份关于南海问题的正式文件——《东盟南海宣言》。以此次会议和《东盟南海宣言》为标志，东盟逐步形成在南海问题上的政策立场。

此后，东盟于 1998 年要求菲律宾、越南拟定“南海地区行为准则”草案，后与中国达成《南海各方行为宣言》，2011 年又和中国就落实《南海各方行为宣言》指导方针达成一致。虽然东盟为中国与有关国家就和平解决南海争端搭建了新平台，给争端的和平解决创造了良好的政治氛围，但是东盟在处理南海突发事件方面仍“捉襟见肘”。2012 年 4 月 10 日中菲黄岩岛对峙事件发生后，菲律宾要求东盟国家在这一事件上表明立场，美国也要求东盟发挥积极作用，然而东盟在事件发生后并未发表任何立场声明，也未为事件的和平解决提供建设性意见。

一、东盟在南海问题上的政策目标

长期以来，在东盟的观念中中国的形象是一个正在崛起的巨人。为此，在地区事务中“平衡”中国一直是东盟地区政策的重要内容，东盟在南海问题上的政策倾向则是东盟地区政策的具体体现。然而，中国又是地区发展与安全机制建设不可或缺的力量，在南海问题上与中国对抗并不符合东盟自身的利益，由此“平衡”中国并非东盟在南海问题上大做文章的唯一取向。除这一目标外，在这一问题上东盟还有着政治、经济与安全方面的利益追求。

（一）增强东盟的凝聚力

东南亚地形地貌复杂多样，整个地区被山川、海洋分割，没有像亚洲大陆那样连成一片，这种地理特征使东南亚在历史上难以形成大一统的政治局面，甚至在半岛及海岛两个地区也未能产生统治全地区的封建帝国。这一地理特征也使东南亚各国在很长的历史时期中形成了具有相当差异性的经济结构，文化、宗教与政治体制。对此，西方学者甚至评论道："世界上很少有别的地区能比东南亚更鲜明地表明在千差万别之中求得一致将会遇到的各种问题。"虽然由于东盟的出现，这一"破碎地带"的特征有所减弱，但本质却未曾改变，并对东盟增强凝聚力产生了相当负面的影响。

20 世纪 90 年代，东盟六国扩大为十国，"大东盟"的形成进一步凸显了东盟凝聚力不强的一面。在冷战结束后，地区内原先存在的民族与宗教矛盾、边界与海域纷争等问题开始凸显，各国政治制度的隔阂、经济发展水平的差异也在"大东盟"形成后变得越来越显著。然而，由于东盟坚持"不干涉内政"原则和缺乏超国家权力机构建设，东盟成员国之间由于矛盾与纷争引发的对峙和冲突往往得不到东盟的及时干预，东盟的凝聚力由此大受影响。以南海问题为例，虽然中越、中菲利益冲突相对突出，但是越南、菲律宾、马来西亚与文莱在南海问题上也同样存在着利益纠纷，时而也出现外交上的"口舌之争"。

由此可见，东盟积极介入南海问题，旨在促使成员国能在这一问题上加强合作和交流，建立成员国之间的信任机制，为成员国之间争端的解决奠定良好的基础，从而达到增强东盟凝聚力的目的。

（二）以南海资源拉动东盟经济发展

由于拥有独特的地质地理结构，南海蕴藏着丰富的海洋资源。以石油、天然气资源为例，20 世纪 60 年代末联合国暨远东经济委员会发布勘探报告，就认为南海地区蕴藏着丰富的石油、天然气资源。此外，南海岛礁上有着丰富的鸟粪等磷矿资源，海洋中拥有大量渔业资源，海底还蕴藏着难以估量的可燃冰等稀有资源。其中，石油、天然气资源的发现，则成为东南亚有关国家加强对南海关注力度，进而引发当代南海问题的关键原因之一。

在南海问题产生和进一步发展过程中，越南、文莱等东盟国家在南海石油、天然气资源掠夺和盗采中已经获取了相当的收益。1979 年，文莱石油日产量曾达到历史最高值 26.1 万桶；90 年代中期以来，文莱的石油日产量则一直保持在 20 万桶左右，天然气日产量也高达 10.59 亿立方英尺。文莱石油天然气工业产值约占其国内生产总值的 40%，甚至一度高达 60% 以上。越南从南海六大油田盗采石油 1 亿吨以上，天然气 15 亿立方米，石油成为越南经济第一大支柱产业。越南 2007 年通过了"至 2020 年越南海洋战略"，"海洋强国、依海富国"被明确定为这一战略的总目标，而随后不久制定的决议章程则强调指出，到 2020 年越南海洋和海湾经济发展要占据全国 GDP 的 53% ~55%。由此可见，东盟国家在南海获取的既得经济利益和未来潜在经济收益非常巨大。

在亚洲金融危机后，东盟国家经济一蹶不振，对南海地区石油、天然气资源的依赖程度加深。以文莱为例，据《文莱时报》称，2008 年文莱每天生产石油 18 ~20 万桶，同年进出口总额为 186 亿文莱元，其中出口总额为 149 亿文莱元，原油出口占 53.2%，液化天然气占 44.6%，大幅增长 91.3%。由于以石油、天然气为主的南海资源在东盟国家经济发展中有着越来越突出的作用，东盟介入南海问题时不得不考虑其成员国在南海地区的经济利益诉求。

（三）平衡大国力量，提升东盟在地区事务中的主导地位

南海问题被韩国学者称为"亚洲的火药桶"，自 20 世纪 90 年代开始便是东盟所构筑的多边机制中的重要话题之一，同时也是东盟寻求以"大国平衡"政策提升东盟在地区事务中主导地位的支点。

冷战后前苏联和美国军事力量的相继撤出，一方面使东南亚地区出现了短暂的权力真空，为地区国家摆脱大国控制、增强独立性提供了难得的机遇，另一方面也使东南亚地区恢复了"破碎地带"的面貌，为后来美国、日本、印度与俄罗斯等大国介入地区事务创造了条件。毋庸置疑，任何一个单独的东南亚国家均无力阻止区域外大国介入与干涉地区事务。东盟作为东南亚国家联合自强的象征，却改变了试图阻止大国介入的传统观点和政策途径。在外交实践中，东盟欲以"大国平衡"政策将东南亚地区建设成一个开放地区，既不阻止区域外大国参与地区事务，又借自身作为地区多边机制主导者的角色平衡美国、日本、中国与印度等国，确保东盟在地区事务中占据主导地位。

东盟在地区事务中一向奉行"大国平衡"政策，在南海问题上也不例外。南海问题是东盟主导下的地区多边安全会议或论坛中重要的讨论议题，多次出现在东盟峰会、东盟地区外长扩大会议等地区多边会谈的议程中。东盟的这一做法在客观上为美国、日本、印度等区域外大国介入南海问题创造了条件，在主观上东盟则试图利用东道主身份在地区安全机制中谋求主导地位。因此，东南亚地区形成了独特的"小国领导大国"格局。当然，也必须指出，中国加入地区安全机制也被东盟视为平衡美国、日本与印度等国在地区事务中影响力的重要因素。

二、东盟在南海问题上的政策内容及其特点

（一）以"集团方式"介入南海问题

以"集团方式"介入南海问题是东盟在这一问题上的核心政策内容，是其他两方面主张的基础。一方面，东南亚南海问题有关争端方利用东盟以"集团方式"在南海问题上与中国对抗，原因在于菲律宾等国家畏惧在中国所主张的"双边"谈判中处于不利地位。对此，国内外学者与官员均有类似评述。1992 年 11 月，新加坡的一位西方外交人士在总结东盟各国的军事情势时曾说："东盟有关会员国想单独与中国谈判很困难，因此，联合各国的力量与中国对抗的趋势已经越来越明显"。对此，中国南海研究院院长吴士存则认为，为了弥补在双边对话中单个力量的不足，东盟采取了集团外交的方式与中国抗衡。另一方面，东盟以"集团方式"介入南海问题也是其长期坚持的"协商一致"原则在南海问题上的反映。"协商一致"是东盟自创立以来的一个重要共识，意味着东盟成员国在内部"协商一致"的基础上对外用"一个声音"说话。

继《东盟南海宣言》后，1995 年东盟有关国家开始根据《东盟南海宣言》第四点试图建立南海国际行为准则。"美济礁"事件后，中国与菲律宾关于南海及其他合作领域磋商的联合声明达成了"同意不使用武力"、平等协商、以和平友好

方式解决争端等八项原则。以此为基础，第二年召开的东盟外长会议对建立“南海地区行为准则”的构思给予了肯定。1999年11月，由菲律宾、越南起草的“南海地区行为准则”草案被递交至东盟第三次非正式领导人峰会上讨论。由于草案反映了东盟解决南海争端的共同态度，得到了与会各方的一致赞赏。然而，东盟内部协商一致的成果并未得到中国的认可，东盟与中国在长达三年的协商过程中并未就“南海地区行为准则”达成一致，而是于2002年11月达成了一份对双方均具有妥协性的《南海各方行为宣言》。从《东盟南海宣言》到《南海各方行为宣言》，东盟均以“集团”方式介入南海问题，以内部协商一致的成果和中国在南海问题上进行对抗和博弈。

自《南海各方行为宣言》实施后，2009年南海地区安全形势再度出现紧张局面，制定“南海地区行为准则”的呼声再次出现，东盟以“集团方式”介入南海问题表现得更为显著。2009年，东盟公布《东盟发展蓝图(2009—2015)》。在“蓝图”中，东盟就东南亚南海各方的合作直接表示：“将继续保持东盟成员国之间紧密的协商关系”。2011年5月发布的第18届东盟峰会主席声明在谈到落实《宣言》行为指针和《南海地区行为准则》对华协商之时也强调，东盟再次重申东盟原则，即各国在与对话伙伴国(指中国)对话过程中必须团结一致。可见，东盟以“集团方式”在南海问题上与中国展开对话和博弈仍将继续。

(二)以“多边机制”掌控南海形势发展

以“多边机制”控制南海形势是东盟介入南海问题的重要表现。从内部来看，“多边机制”是东盟有关国家以“集团”方式介入南海问题的路径；从外部来看，“多边机制”则是东盟以东盟地区外长扩大会议、东盟地区论坛等平台介入南海问题的核心指导原则，也是东盟推行“大国平衡”政策的主要途径。由此，以“多边机制”控制南海局势发展具有明显的中介作用。

“多边机制”在东盟南海政策中的体现始于20世纪90年代初。1991年，时任中国外交部长钱其琛作为马来西亚政府的客人，应邀出席了东盟部长会议的开幕式。在《东盟南海宣言》对外公布的当年，中国成为东盟的对话伙伴国，标志着中国与东盟的多边关系开始起步。同年在东盟外长会议上，中国代表团向东盟清晰地阐述了中国在南海问题上的态度和原则立场。时任中国外长钱其琛指出：“在南沙问题上同我们存在争议的国家都是中国的友好邻邦，我们重视同这些国家的友好合作关系，不愿看到因为存在分歧发生冲突，影响国家间友好关系的发展和本地区的和平与稳定。我们提出‘搁置争议、共同开发’的主张，愿意在条件成熟的时候同有关国家谈判寻求解决的途径，条件不成熟可以暂时搁置，不影响两国关系。我们相信，只要本地区有关各国共同努力，南海地区不仅不会成为新的冲突‘热点’，而且沿岸国家之间还可望开展广泛的互利合作。”可见，中国虽未签署《东盟南海宣言》，但同意了宣言的基本原则。这不仅缓和了南海局势，而且使东盟了解中国在南海问题上的态度，为进一步发展东盟—中国对话关系创造了良好的氛围。

1993年东盟决定邀请中国作为特邀代表出席于7月召开的东盟外长扩大会议。1994年，东盟外长会议又决定提升中国“特邀国”地位为东盟的“协商国”；同年，首届东盟地区论坛在泰国举行，中国应邀参加。东盟邀请中国参加地区论坛的主要目的之一就是说服中国接受《东盟南海宣言》，然而由于泰国是首届地区论坛的主席国，南海问题被淡化。由于“美济礁”事件的发生，在1995年召开的第二届东盟地区论坛上，南海问题没能回避，成为会后主席声明的显著内容之一。此后，东盟借东盟外长会议、东盟地区论坛等多边交流平台多次讨论了南海问题。通过与中国在多边会议或论坛上的交流与互动，东盟加深了对中国在南海问题上立场的了解，增强了东盟通过“多边机制”控制南海局势的信心。

进入新世纪后，借助多边机制，中国与东盟达成了妥协性的《南海各方行为宣言》。在中国加入《东南亚友好合作条约》后，东盟以“多边机制”在南海问题上牵制中国并以此介入南海问题的力度进一步加强。南海问题不仅成为近十年来东盟主导的多边会议、论坛的重要话题之一，而且在会后发表的公报或声明中，东盟均反复强调了对南海局势的关注。然而，随着区域外大国加深对南海问题的介入，东盟所主导的一系列多边机制逐步演化为东盟奉行“大国平衡”政策推动南海问题国际化的舞台。

(三)以“大国平衡”政策推动南海问题国际化

东盟推行“大国平衡”政策的初衷并非为了推动南海问题国际化，而是为了“维护东南亚地区的稳定与繁荣”。但是，由于东盟不愿意看到中国一个国家单独主宰地区事务，“大国平衡”政策也就顺理成章地成为“多边机制”以外用以平衡中国的主要举措。

20世纪90年代至今，东盟一直寻求推动南海问题向国际化发展，这是东盟试图平衡中国在地区崛起的重要途径和支点。以东盟的“大国平衡”战略为依据，以东盟所主导的一系列多边会议与论坛为载体，区域外的美国、日本、印度等国纷纷介入南海问题。1995年，在冷战后美国南海政策首度改变，主张将南海问题提交至东盟地区论坛等地区政治与安全机制中进行讨论。是年，时任负责东亚和太平洋事务的助理国务卿洛德指出：作为地区安全论坛，东盟地区论坛如果想要成为一个值得信赖的安全对话舞台，就必须谈论像南沙争端这样的重要地区安全议题。日本同时也利用东盟“平衡”中国的心理，采取了追随美国的政策，在第二届东盟地区论坛上提出可在东盟地区论坛框架中讨论南海问题。进入21世纪后，印度、日本与美国先后于2003年10月、12月和2009年7月签署了《东南亚友好合作条约》，积极支持东盟主导的一系列多边机制，与此同时，他们还不断扩大在东南亚地区的政治、经济与军事影响力，加大对南海问题的介入力度。客观来看，东盟“大国平衡”战略确实实现了新加坡领导人所宣称的“开放亚洲”的目标，然而也无疑为区域外美、日、印等国更深地介入南海问题提供了便利。

从整体来看，东盟在南海问题的政策表现出了显著的“集团”、“多边”与“平衡”三大特征。这三个特征并非彼此独立，而是相辅相成。其中，“集团”是东盟南海政策的首要特征，是其他两个特征的基础；“多边”既是东盟南海政策的重要载体，又是东盟推行“平衡”政策的重要路径，发挥一定的中介作用；“平衡”则是指导东盟介入南海问题的基本思想。

三、东盟南海问题政策的现实影响

东盟在南海问题上的政策是其在特定的地区环境中从自身经济、政治与安全等角度考量的结果。自20世纪90年代以来，这一政策帮助东盟提升凝聚力，促进经济发展，提高国际地位。在南海地区互信机制不健全和合作层次不够深入的情况下，东盟这一政策倾向在使东盟及其内部有关南海争端国家受益的同时，不可避免地损害了中国在南海地区的合法权益，同时也对尽早和平解决南海问题产生了双重影响。

（一）消极影响

由于东盟并非南海问题的当事方，通过和签署《东盟南海宣言》既是东盟正式介入南海问题的开始，也是东盟给南海问题带来消极影响的开端。

第一，导致南海问题日益“东盟化”。众所周知，南海问题在本质上是中国与东南亚南海争端方的双边问题。因此，南海问题只能由中国与东南亚南海争端方之间通过政治协商解决。然而，20 世纪 90 年代以来，东盟利用中国积极维护地区稳定与和平的良好愿望将中国纳入地区多边安全机制，这在某种意义上使东盟日渐成为南海问题有关当事国的代言人，以“一种集体的声音”在南海问题上对华展开博弈。2009 年以来，南海问题中区域外大国因素不断增强，越南、菲律宾等国鼓吹“南海地区行为准则”的声势也随之日渐高涨，南海问题面临着进一步“东盟化”的危险。

第二，客观上“鼓励”了越南、菲律宾等国消极对待中国所提出的“搁置争议、共同开发”原则。为了避免主权争议阻碍整个南海问题的解决，中国提出了“搁置争议、共同开发”的主张，希望从海洋权益层面入手解决南海问题。然而，东盟有关南海问题当事国为了维护在南海地区的既得利益，在东盟的客观“鼓励”下，日益将中国提出的这一原则“束之高阁”。不仅如此，越南、菲律宾等国在《南海各方行为宣言》签署后还屡屡采取单边举措，不惜一再违背宣言精神，以图维护和扩大既得利益。这构成了《南海各方行为宣言》效用大打折扣的重要原因之一。

第三，推动了区域外大国加速对南海问题的干预。南海问题产生之初，区域外大国普遍持相对中立和不介入的立场，甚至整个国际社会和国外学者都表达了对中国的支持，这也在相当长的一段时间内避免了南海问题的复杂化。然而，随着 20 世纪 90 年代中期地区形势的变化，美国、日本与印度等国纷纷变更亚太政策，逐步加强了对南海问题的关注力度。不可否认，区域外大国南海政策主观上的改变是导致南海问题大国因素迅速强化的最主要原因。但是，东盟在南海问题上奉行的“大国平衡”政策，在客观上无疑为区域外大国渗透南海问题创造了有利条件。有关国家也据此积极评价东盟所搭建的东盟地区论坛等平台。2011 年 6 月 4 日，印度国防部长慕克吉在新加坡举行的“香格里拉对话”中对东盟搭建东盟地区论坛、东盟防长系列会议的努力深表赞赏。由此反观，东盟对区域外大国介入南海问题有着难以推卸的责任。

（二）积极作用

不容置疑，东盟参与南海事务也对南海问题的发展产生一定的积极影响，而这种积极影响也始于《东盟南海宣言》的签订。

首先，对南海地区和平与稳定的关注一直是东盟参与南海事务的重要体现，这在很大程度上也决定了东盟可以在南海事务中发挥积极作用。东盟参与南海事务始于 20 世纪 90 年代初，当时南海局势骤然紧张，地区爆发潜在冲突的可能性日渐增大，而这些都是《东盟南海宣言》出台的重要原因。《东盟南海宣言》在明确南海问题复杂性的同时，还强调指出任何不利于和平解决问题的事态发展都将给地区和平与稳定带来直接的影响。可见，维护南海地区的和平与稳定是东盟参与南海事务的初衷之一。再从东盟参与南海事务的进程来看，时至今日，东盟历次会议中有关南海问题的声明无不表达了其对地区和平与稳定的关注。

其次，东盟所搭建的一系列多边机制，作为地区政治与安全事务的重要平台，也构成了南海局势的缓冲。菲律宾、越南等南海争端方是东盟介入南海事务的主要推手，然而由于东盟内部其他国家如泰国、老挝、柬埔寨与缅甸等南海非争端方的存在，争端方的过激行为势必受到不同程度的牵制。例如，在“南海地区行为准则”的讨论过程中，菲律宾有关东盟内部先行就准则草案达成一致的要求遭到东盟其他成员国的反对，这些成员国认为，包括中国在内的所有争端方均应在一开始就参与准则的协商过程。再从区域外来看，美国、日本与印度等国借助东盟有关机制介入南海问题，不可避免地与东盟成员国产生互动，并在这一互动过程中影响有关国家。以美国为例，其历来公开主张以协商方式和平解决南海问题，客观上对菲律宾等国在南海地区的种种过激行为有一定的遏制作用。最后从中国这一角度来看，中国是东盟多边机制不可或缺的重要参与者，在参与过程中不仅对菲律宾、越南等国有关南海问题的言行有所遏制，而且也在客观上对东盟其他非争端国家产生了某种积极影响。

最后，东盟所创建的一系列地区安全机制为中国—东盟及中国与东盟有关国家在南海问题上的互动提供了平台。互动是一个持续不断并逐步提升善意的过程。中国历来主张与有关争端国家通过双边协商的方式解决这一争端，而东盟内部则存在不同的声音，既有以菲律宾为代表的争端方主张将南海问题提交国际法院仲裁，又有以越南为代表的争端方主张将双边争端与多边争端区分解决。在中国—东盟及中国与东盟有关国家在多边、双边场合非正式地讨论南海问题的过程中，东盟及南海问题有关当事国对中国在南海问题上的立场和原则有了逐渐深入的了解，这有助于扩大彼此的共识和减少分歧，同时也成为中国与东盟及有关当事国提升善意、建立信任的重要途径。

需要指出的是，东盟在南海事务中的参与对南海问题产生的积极影响是建立在维护地区和平与稳定的基础上的。这与中国将南海建成“和平之海、友谊之海、合作之海”的目标并无不同。因此，从维护南海地区和平与稳定这一层面出发，中国与东盟有着共同的利益。

四、东盟南海问题政策的政治后果

在南海问题近 20 年的发展过程中，东盟的介入及其政策倾向对南海问题发展的影响具有显著的两面性，既有积极的一面，又有消极的一面。而东盟在南海问题上的政策给东盟自身、地区形势和中国—东盟关系带来的潜在风险更值得探讨。

（一）东盟成员国遭遇“分化”危险

南海问题对东盟而言明显具有双重含义：一方面，其将促使东盟在南海问题上面对中国时形成一定意义上的“团结”，对增强东盟凝聚力有着重要影响；然而，另一方面，由于东盟成员国在南海问题上有着显著差异的利益诉求，东盟南海政策使东盟面临着潜在的“分化”风险。

恰如丹麦学者塞洛特所言，“南海问题是东盟内部分歧的根源之一”。其主要原因在于东盟各国在南海问题上有着不同的利益诉求，在对华关系上也有着不同的态度与立场。因此，对于东盟成员国而言，南海问题有着显然不同的意义。

泰国、新加坡、柬埔寨、缅甸和老挝作为东盟内部对南海地区岛礁及其附近海域无任何利益诉求的五个国家，在东盟有关南海问题的争论中地位最为超脱。泰国虽然与美国有着军事同盟关系，但由于泰美之间的贸易与经济纠纷，泰国仍对泰美关系持相当谨慎的态度，再加上泰中关系友好，泰国对中美在东南亚地区的战略竞争一直避免卷入。对于泰国而言，南海问题同样被认为是影响地区稳定与和平的因素之一。因此，推动地区稳定与和平及中国与东南亚南海问题争端国之间的合作，则被泰国视为南海议题的中心任务。在泰国作为东盟轮值主席国主持东盟系列地区安全会议期间，南海问题并未出现在重要议程之列。在南海问题上，新加坡采取的政策则与泰国颇为相似。柬埔寨、缅甸与老挝则因为与中国在政治、经济及安全方面关系密切，对南海问题持一种比较中立的态度。总体上，泰国等五个国家在南海问题上的态度较为温和。

马来西亚、印尼与文莱虽均是南海问题的当事国，在南海问题中有着不同层次的利益诉求，但在执行东盟南海政策过程中，却与越南、菲律宾等国有着明显不同的想法。不可否认，马来西亚推动了中国—东盟对话机制的建设，并在中国—东盟南海问题对话过程中扮演着积极的角色。在长期的对话中，马来西亚政府历来反对在南海问题上向中国施压以迫使中国让步的做法，并强烈反对美国等区域外大国介入地区事务。在公开场合，马来西亚不止一次批评美国介入东南亚地区政治与经济事务。不仅如此，马来西亚在地区安全会议与论坛上甚至还积极支持中国反对南海问题国际化的要求。“印尼是东盟中最大的国家，在东盟中起着领导作用”，因此，印尼尽管对南海地区争议岛屿不存在任何领土诉求，而仅对能够在蕴藏丰富油气资源的纳吐纳海域享有主权和专有开采权抱有很大的兴趣，地位相对超脱，但仍在南海问题上摆出相对高调的姿态，以协调者的身份自居，主持了“第二轨道”的“处理南中国海潜在冲突会议”。同时，印尼对中国在南海地区采取进一步措施也不无担忧，由此也对美国在地区的军事存在抱着相对支持的态度。在亚洲金融危机后，印尼国内政治动荡，经济问题、民族问题层出不穷，其在南海问题上的政策也开始出现有心无力的状况。文莱以领海法的解释跻身南海纷争，其主张主要涉及中国在南海的权益，但因马来西亚对南通礁提出主权要求并于 1984 年占领了该岛礁，文莱与马来西亚在南海问题上也存在利益矛盾。2003 年一艘马来西亚军舰用武力将法国一家公司的油气探测船驱赶出被文莱视为己有的“J－K”油气生产区域，而法国这家公司从文莱政府获得了油气开采权。马、文两国一度为此“剑拔弩张”。

越南、菲律宾则是东盟成员国中与中国在南海问题上矛盾相对突出的国家，中越、中菲均因南海问题发生过较为激烈的冲突和摩擦，因而这两国也最为关心中国在南海问题上的立场与原则。越南、菲律宾不仅对中国—东盟南海问题对话态度积极，曾不止一次就当前非正式的会谈方式表达不满，而且他们极力主张东盟以集体的方式向中国施压，对中国所主张的双边协商机制持相当冷淡的态度。因此，越南、菲律宾在南海议题上与其他东盟国家分歧最大。仅以《南海各方行为宣言》的适用范围和命名为例，越南与马来西亚就存在很大分歧。越南将西沙群岛置于其内的想法并未得到马来西亚等国的支持，而越南所命名的南海“行为准则宣言”也未能取代马来西亚的南海“各方行为宣言”。随着宣言的签署，越南主观上产生了被东盟其他成员国“抛弃”的想法，并一直呼吁建立“南海地区行为准则”。此外，越南、菲律宾对美国等区域外国家介入南海问题也持欢迎态度。越南凭借与印度的传统亲密关系，在南海地区日渐加强印越安全合作，同时开始积极与美国、日本加强交流。菲律宾则依靠美菲军事同盟，试图借助美国的支持在南海问题上与中国叫板，同时对与日本加强地区海洋安全合作也抱有很浓的兴趣。

可见，东盟成员国在南海问题上存在很大分歧，这不仅表现在某些成员国在涉及本国根本利益问题上有着强烈的民族主义情绪，而且还表现在东盟就南海问题如何与中国对话这一问题上。东盟面临潜在的“分化”风险。

（二）东盟面临“被绑架”困境

无可置疑，东盟介入南海问题以维护成员国在南海地区的利益为宗旨。然而，由于成员国在南海问题上各有不同的诉求，相当一部分成员国甚至在南海岛屿及其附近海域毫无利益要求，东盟介入这一问题客观上也只是维护了越南、菲律宾等国在南海地区的利益。基于东盟机制的作用，其有可能沦为越南、菲律宾等国推行南海政策的工具。

从机制角度来看，在建构其制度体系的过程中，不论是从决策机构还是从执行机构的设置和运转来看，东盟都倡导一种无核心的机制，从制度上保障每个成员国的绝对平等地位。成员国这种绝对平等地位的重要体现之一，就是任何一个东盟成员国均有依据《东盟宪章》成为东盟轮值主席国的权力。当东盟某一成员国成为轮值主席国时，该国则拥有决定东盟外长会议、东盟峰会等多边会议的时间、次数以及设置会议议程的权力，在地区事务中的话语权不言而喻。具体到南海问题，东盟轮值主席国是否将该议题纳入地区多边机制议程，或写入外长会议声明、峰会首脑声明，将对东盟在南海问题上的关注度有着决定性的影响。这在实践中无疑为越南、菲律宾等国“绑架”东盟、推行其南海政策提供了便利。

从《东盟南海宣言》的发表到流产的“南海地区行为准则”，菲律宾、越南利用担当轮值主席国之机在东盟内部的鼓动均产生了显著的推动作用。菲律宾资深外交官、东盟前秘书长、新加坡东南亚研究所东盟研究中心主任鲁道夫·塞维利诺认为，1992 年主持召开当年东盟外长会议的菲律宾是南海问题在会议上被讨论以及通过和发表《东盟南海宣言》的最大推手。在“南海地区行为准则”被提上日程后，东盟 1998 年在越南河内通过了“河内行动计划”，明确提出要建立地区行为准则。在这一背景下，菲律宾、越南在 1999 年 3 月承接了起草该准则的任务，至 1999 年 8 月完成准备工作。然而，在该份“准则”中，菲律宾试图以国际法院裁决取代双边协商，越南则试图将西沙群岛包括在“准则”的适用范围之内，这就为中国—东盟就“准则”协商一致设置了障碍。“南海地区行为准则”因而流产，菲律宾、越南“绑架”东盟也最终未能如愿。

《南海各方行为宣言》签署后，菲律宾、越南两国不仅一再强调要建立“南海地区行为准则”，而且还利用其 2007、2010 年担任东盟轮值主席国之机提升东盟介入南海问题的程度,并以东盟为平台推动南海问题进一步向国际化方向发展。2007年,菲律宾担任东盟轮值主席国,主持召开了东盟外长会议和东盟地区论坛,因此在当年南海问题不仅成为这两个会议的讨论内容,而且在会后发布的联合公报与主席声明中也有较大篇幅的描述。2010年,越南担任东盟轮值主席国。越南利用这一时机不仅将南海问题列入由其主持的一系列会议议程中,还特别在2010年举行了第16次和17次东盟首脑峰会,强调建立"南海地区行为准则"的必要性。此外,越南还利用轮值主席国的身份召开了首届东盟防长扩大会议,邀请区域外美国、日本、印度等国防长集中与会,讨论包括南海问题在内的地区安全议题。南海问题国际化的趋势也因此加剧。

(三)地区安全形势可能走向"恶化"

南海地区传统安全形势有"恶化"的潜在风险。这一风险有两个来源:第一个来源是区域内越南等国屡屡采取违背《南海各方宣言》精神的单边举措,第二个来源是区域外美国、日本与印度等国介入南海问题。这两方面风险均与东盟在南海问题上的政策倾向有直接的关联。

因为东盟以"集团"方式在南海问题上与中国博弈,越南、菲律宾等国在南海问题上的强硬态度备受鼓励,而有关国家也敢于屡屡违背《南海各方行为宣言》的精神。因此,东盟在这一问题上的政策在客观上增加了南海地区的内部风险。然而,东盟一向奉行"不干涉内政"原则,无能力限制越南、菲律宾等国违背宣言精神的行为。

东盟试图以多边安全机制控制南海安全局势,使中国承诺以和平方式解决南海问题。然而,由于实力不济,东盟在实质上也难以建立有效的对华战略,区域外美国等国在南海地区的军事存在是东盟延续自身南海政策的前提条件。随着区域外美国、日本与印度等国在南海地区军事影响力日渐扩大,中国在南海方向的战略压力骤然倍增。在这一情形下,地区互信机制的缺乏使东南亚地区安全形势"恶化"风险越来越大。对于这一风险,东盟除了一系列多边机制外并无其他有效的应对方法。

(四)削弱中国—东盟关系可持续发展的基础

中国—东盟双边关系的可持续发展主要依赖两个方面的支撑:一是物质基础,即中国—东盟经济贸易合作的不断深入;二是认知基础,也就是说双方的领导人和人民都有促进相互关系的主观意识和能动性。随着2010年中国—东盟自由贸易区的正式建立,中国—东盟经济贸易合作关系也获得了迅速发展,加强了双边关系可持续发展的物质基础。

长期以来,共同维护地区和平、稳定与发展一直是中国与东盟的共同利益。以此为基础,中国一贯支持东盟不断发展壮大,与此同时中国—东盟关系获得了较快发展。然而,东盟在南海问题上的政策却呈现出"集团"、"多边"和"平衡"的特征,将中国视为"平衡"的对象,通过"多边"形式以"集团"的方式在南海问题上与中国讨价还价。同时,这一政策还给南海问题的发展带来了更多的复杂性因素,使南海问题的尽早和平解决面临更多的障碍。毫无疑问,中国不会支持一个利用南海问题一致以华为敌的东盟,维系中国—东盟关系可持续发展的认知基础也将势必因此受到损害。

一旦中国—东盟关系可持续发展的认知基础受到损害,构成双边关系可持续发展的经济基础也必将受到侵蚀,中国—东盟关系的可持续性也就面临着"滑坡"的风险。

五、对东盟在南海问题上政策的进一步思考

东盟对南海问题的介入使中国在寻求通过外交与协商的途径和平解决南海问题时面临更多复杂因素,特别是东盟所主导的一系列地区安全机制的建立,既给了越南等南海问题当事国推动以多边方式与中国进行谈判的机会,又为区域外美国、日本与印度等国介入南海问题创造了条件,由此,中国不得不在南海问题上面临来自东盟及其成员国和区域外大国多方的压力。同时,东盟对南海事务的参与还有着另一层面的影响。通过中国—东盟对话机制及东盟所主导的地区多边安全机制,中国有了进一步阐明立场的平台,也有了共同维护地区和平与稳定、应对南海紧张局势的协商渠道。然而,近些年中国在南海问题上的战略压力并未减弱,反而出现了增强的势头。在近处看,这一势头是东盟介入所产生的消极影响之一,从远的来说,则是前述一系列潜在风险的体现。为此,中国需要进一步思考如何利用东盟所主导的多边机制以缓解南海战略压力这一问题。除继续积极参与东盟多边机制外,中国应针对东盟在南海问题上所产生的消极影响及政策风险推出有效的反制措施,切实维护中国在南海的主权与海洋利益,推动各方协力将南海建成"和平之海、友谊之海、合作之海"。

(作者系暨南大学博士生　原载《外交评论》2012年第4期)

南海问题与地区安全:西方学者的视角

任远喆

南海问题涉及中国和其他声索国的主权和领土完整,关系到亚太地区的秩序建构和地区内外主要国家的战略走向,涵盖了历史、地理、法律、国际关系等诸多领域,一直是国际安全战略研究领域的重要议题之一。南海问题研究在经历了20世纪80、90年代的"繁荣期"之后,2009年以来更是持续升温,国际学术界召开了一系列以南海问题为主题的学术会议,产生了一大批相关的著作、文章和政策研究报告。毋庸置疑,这些以学术研讨相标榜的成果和活动有着各种或明或暗的现实动机,与中国在南海问题上的立场和观点多有不同,甚至相去甚远,其实已经通过各种方式和途径影响和介入了各方在南海问题上的斗争和博弈,然而,正是为了在南海问题的发展变化之中正本清源、坚定立场、争取主动,才更需要客观、全面地了解海外特别是西方学者的视角和观点。而且,为了在国际上发出我们的声音,澄清我们的立场,赢得更多理解和支持,我们也很有必要加强与国际学术界在南海问题上的对话与交流,甚至不排除激烈的交锋。

不难理解,西方学者更倾向于把南海问题与地区安全联系起来。那么,为什么近年来南海问题会重新成为西方地区安全研究的一个热点?此轮国际学术界有关南海问题的研究又具有哪些新特点?这些正是本文试图探讨的主要问题。

一、南海问题研究的兴起及传统研究路径

国际学术界对南海问题的研究始于20世纪70年代。随着南海油气资源的探查和发现,南沙群岛及其周边海域日益成为亚太地区政治与经济的交汇点,周边国家对于南海主权的争夺变得日益激烈和复杂。国际上也相继出现了一批研究南海问题的重量级学者,他们从南海的历史考察、法理依据和合作方式等方面入手展开了深入讨论。

最早从历史和地理角度客观研究南海问题的代表是德国学者迪特·海因策。他在1976年发表的关于南海岛屿纠纷的著作中,非常详细地勾画了南海的地理状况,并从19世纪末开始回顾了南海纠纷演变的过程。他的研究引起了西方学者的极大兴趣,不少人开始对南海投入了更大的关注。80年代,美国学者马温·S.塞缪尔斯从古代历史上南海岛屿的归属、二战前后各国围绕南海岛屿主权的斗争以及中国的海洋政策等几个方面,论述了南海争端问题的由来及各国对涉事岛屿主权的诉求。其著作在对南海问题进行历史回顾的同时,着重分析了中国在其中的角色,这在西方学术界引起了一系列讨论。日本学者浦野起央的《南海诸岛国际纷争史》是外国学者中关于南海争端历史研究较为权威的著作,该书对南海诸岛的历史渊源、地理位置、海洋资源、纷争由来和各国主张都做了深入分析,兼论历史上外部势力对南海问题的介入,并客观地指出中国对南海诸岛拥有主权。挪威奥斯陆大学国际和平研究所前所长斯坦·汤尼森更是在大历史的背景下,分析了近代以来欧洲在亚洲地区实力的衰落以及由此带来的南海问题的发展进程。可以说,从历史角度出发的学者,尽管有不同的研究重心,但都力图还原南海争端的历史影像,以期从源头上找出南海问题的症结所在。

为了找到解决南海纠纷的出路,西方学者纷纷提出了法律解决的方案。美国东西方中心的马克·J.瓦伦西亚是世界上著名的国际法专家,也是从国际法角度研究南海问题的代表性人物,他出版了一系列涉及南海问题的国际法著作。他与美国法学家范·戴克等人以南海岛礁的自然地理状况为基础,从国际法的角度分别论述了中国、越南、菲律宾、马来西亚、文莱等国在南海区域的划界要求,分析了南海周边国家在追求自身利益的过程中及各自划界方案存在的问题,并且比照世界上其他国家解决争议海域资源开发和管理的方式方法,探讨了多种资源分享方式的可能性。但是一些西方学者针对这些划界方案提出了质疑。澳大利亚墨尔本大学海洋划界专家维克托·普雷斯科特非常关注声索国可以声索的范围,论述了中国、马来西亚和菲律宾在领海划界以及专属经济区划界中的要求,并从海洋法的角度探讨了这种划界存在的问题和局限。他认为应该首先将南海各国划界区域分为可以通过谈判解决以及通过建立互信解决两大类,然后才能从新的技术角度讨论各国的划界问题。

与此同时,国际学术界也在积极寻求"共同开发"的途径。其实,早在20世纪70年代末,瓦伦西亚就在美国东西方中心主持了"南中国海共同开发"研究项目,西方学者从那时起就开始寻找南海共同开发的可能性。之后,各种各样的方案被纷纷提出。瓦伦西亚就提出建立"共同使用区",并成立南沙管理机构来进行管理;北欧亚洲研究所资深研究员基维马基等人提出建立"海洋公园区",在其中禁止一切经济活动,仅作为鸟、鱼和海龟的自然保护区。从法律角度出发的学者大都带有一定的理想主义色彩,总希望将南海问题缩小为一个法律事件,通过遵循已有的国际法,或者提出新的法律倡议,来化解矛盾。但是,在具体实践过程中,尽管各国纷纷表示对国际法的重视和尊重,但往往从本国利益出发,以实用主义的态度进行诠释,乃至得出与国际法学者截然相反的推断,国际法成为南海问题复杂化的重要推手。

20世纪90年代,对南海共同开发的研究不只停留在学术层面,也从实践层面逐步展开。从1990年开始,在加拿大等国的资助下,南海相关国家和一些区域外国家召开了每年一届的"处理南海潜在冲突研讨会",积极探讨在争议区实行共同开发或共同合作的必要性和可行性。这一系列研讨会的召开增加了各国之间的互信,并对共同开发展开了许多有益的探讨。

总的来看,从上世纪70年代到本世纪初,在西方地区安全研究中,南海问题研究一直进展平稳,研究路径侧重客观的历史考察,积极寻求增进合作、解决争端的方法。虽然伴随着90年代"中国威胁论"的盛行,南海问题研究的中国指向开始出现,但并未成为主流。

二、南海问题研究升温及其主要原因

从2009年开始,南海问题突然升温,成为地区乃至国际安全的焦点。随之而来的是南海问题研究也迅速热了起来,一系列相关国际学术会议的召开,重新编织了南海研究的"学术共同体",并且成为某些国家将南海问题国际化的重要途径。

这些国际会议尽管很多是由南海周边国家倡议、组织并在其国内召开的,但在会上往往是西方学者表现得更为活跃。以2011年越南主办的南海问题国际研讨会为例,在31位发言学者中,将近一半来自西方学界。他们在会上积极介绍最新的研究成果,几乎成为会议的主角。

为何南海问题会再次升温,并成为东亚地区安全研究的热点?综合西方学术界的主要研究成果,我们可以得出以下几个方面的因素:

(一)中国的迅速崛起

表1　近年来重要的南海问题国际研讨会统计

主办国家	时间	地点	主题	主要议题
越南	2010年11月	河内	南中国海:区域安全与发展方面的合作	1. 国际环境变化背景下南海问题的全球意义 2. 国际环境变化背景下南海问题的地区意义 3. 南海局势新变化及其对地区和平、稳定与合作的意义 4. 南海的合作构架 5. 南中国海合作:经验与前景
	2011年11月	胡志明市		
	2012年11月	河内		
美国	2011年6月	华盛顿	南海海洋安全国际研讨会	1. 南海相关各方利益与政策 2. 南海问题的最新进展 3. 当前南海航行安全机制与框架的有效性评估 4. 加强地区安全的政策建议
	2012年6月			
菲律宾	2011年7月	马尼拉	南海:为了地区的和平合作与进展	1. 南海局势最新进展的评估及其对地区安全与合作的意义 2. 中国—东盟关系中的南中国海问题 3. 向前看还是向后看:南海合作
马来西亚	2011年12月	吉隆坡	南海问题的新进展及其对地区安全的含义	1. 南海问题最新进展:不同的视角和出路 2. 海洋安全与海军外交的角色 3. 南海问题的前景:不同的选择及其含义

西方国家对中国实力的迅速增长及其带来的潜在的海洋冲突早有论述。马温·S.塞缪尔斯指出，南海问题同中国在亚洲转变的大国角色有关。从20世纪70年代开始，中国为了成为海洋大国采取了新的范围更广的强硬的海洋政策，当代海洋争端会与中国海洋力量的不断壮大密切相关。在2009年开始的这一波南海问题研究中，中国因素经常被提起，所谓中国“自以为是”和“侵略性”成为南海争端复杂化的“主要诱因”。有西方观察家认为中美之间的“无暇号”事件主要反映了中国在海军现代化问题以及在寻求南海油气资源上的“自以为是”。美国官员对中国在南海“侵略性”行为的指责也成为西方学者的主要引述对象。

澳大利亚著名的南海问题专家卡尔·塞耶对中国在南海问题上的“自以为是”进行了解读。他认为主要有三个原因：“(1)北京力图向河内施压，使其接受南海油气联合勘探生产协议；(2)中国意图向越南发出信号，强烈反对美越加深安全合作；(3)北京基于地缘政治考虑和本国对进口能源的依赖，意识到保护南海航道安全的重要性。”而在华盛顿，关于中国南海政策的解读可以分为以下四类：(1)中国在南海的这些行动是在美国国内经济面临困难时对其意志力的试探；(2)相对于南方近邻来说，中国的行为是实力增长的自然结果，中国过去以实利为诱惑苦心经营的与东盟的关系正在得到回报，现在许多东盟国家都对中国的举动保持缄默；(3)中国在该地区的长远之计没变，只是中国现在自信有能力将南海问题公开化，并在与美国的讨论中拒绝将其目标清晰和固定化；(4)中国现已与越南在很多问题上发生争端，错误估计了越南将美国和绝大多数东盟国家拉入争端的能力。这些西方学者的解读大部分都围绕着中国崛起带来的资源需求、军力扩张、理念变动等方面展开，其中带有深深的“中国崛起威胁论”的意味。

特别值得一提的是在2010年的南海问题研究中，关于中国“核心利益”的争论成为国际学术界的核心话题。在越南召开的第二届南海问题国际研讨会上，各国学者针对这一问题向中方学者发起了多轮提问和指责。瓦伦西亚就指出，“中国拒绝马来西亚和越南外大陆架建议，并将南海归为核心利益等行为，都为美国提供了一个外交机会，并使得东盟各国更加靠近美国。”西方学术界普遍认为中国将南海问题提升为“核心利益”，这是其南海政策的一大调整，是“自以为是”的最好例证，也是导致南海地区矛盾激化的导火索之一，因此应该尽快对华施压，逼迫其澄清在南海问题上的最新立场。

(二)美国亚太战略调整

此轮南海问题研究的一大特点是非常重视南海问题升温的美国因素以及对中美关系的影响。这与当前对奥巴马政府的亚太战略以及中美关系的反思有关。在政策层面，美国国内从2009年开始，积极干预论者的政策呼声日益壮大，美国现行南海政策出现微调迹象。在2010年的东盟地区论坛上，希拉里宣称“在南海的航行自由、开放进入亚洲公海水域和遵守国际法，事关美国的国家利益。”为此，希拉里表示，美国“将乐意促成关于该问题的多边会谈，以形成《南海各方行为宣言》”。此后，美国高官多次在不同场合提到美国在南海的国家利益。2011年7月，希拉里再次呼吁“各方用符合国际法的表述方式来明确自己对南中国海提出的主张。”“对南中国海海域提出的诉求应该完全出于针对地形地貌的合法诉求。”她建议相关各方应该根据1982年的《联合国海洋法公约》来阐述各自的诉求。

在西方学术界看来，在南海争端日益突出的同时，美国多次强调自己在南海的国家利益，并主动帮助一些东南亚国家寻找和平解决南海问题的途径，这固然有美国宣称的航道安全、经济利益等方面的原因，更重要的是契合美国亚太的“战略枢纽”。按照卡普兰的说法，“东亚可以被大体划分为东北亚和东南亚两个区域，朝鲜半岛是东北亚地区的核心，而在东南亚地区的核心则是南海。”“在未来的10年里，争夺西太平洋的主导权将决定美国的国家安全政策。”他还将南海称为“海上欧亚大陆的中心”。可以说，美国在南海的战略布局一方面加强了同东南亚国家之间的政治、经济和安全联系，另一方面起到了防范、遏制中国的作用，强化了其在东亚地区维持领导地位的目标。此次南海争端中，越南、菲律宾等国在南海问题上态度和政策都趋于强硬，这与美国因素密切相关。正如帕西瓦尔所说，“南海也许不是中国战略意图和美国亚太政策一贯性的试金石，但是对于美国来说南海问题的升级是件好事，可以帮助美国强化亚太地区的同盟和伙伴关系。”

近年来，在西方学术界的战略研究中，美国战略调整是重要的研究议题。而这种战略调整同南海问题升温息息相关，将南海问题置于美国战略调整的范式之下进行探讨，已成为西方学者重要的研究取向。在当前的中美关系中，南海问题是导致中美“战略互疑”的重要安全议题，国际学术界也试图从南海问题的进一步研究入手推动中美之间互信的建立。

(三)能源安全问题凸显

当前对能源安全的日益重视，使国际学术界开始从能源安全角度审视南海问题的发展。上世纪70年代南海海域油气储藏前景被公布以及国际石油危机，实为推动南海争端出现、南海问题研究逐步展开的重要原因。从西方学者的研究来看，能源需求的竞争性是导致2009年以来南海问题再次升温的重要诱因，而如何在保证各国能源安全的前提下加强合作也成为地区安全研究的重要方向。

近年来，亚洲各国经济的迅速发展需要大量的油气资源作为支撑，能源安全成为西方安全研究的新领域。美国能源信息署的远期分析认为，从现在起到2025年，亚洲发展中国家的石油消费预计将平均每年增长3%。如果这种趋势延续下去，这些国家的原油需求将从2002年的1510万桶/天上升到2025年的近3360万桶/天。而根据国土资源部最新的统计，南海石油蕴藏量达418亿吨，天然气蕴藏量约为7.5万亿立方米。巨大的油气资源，不断上升的能源需求，使南海问题各方更加关注在南海的能源利益。

因此，能源角度也成为此轮南海问题许多研究的切入点。学者们认为，2008年金融危机到来后，石油和天然气价格日益上涨，各国在南海的勘探活动随之增多，从而导致南海争端复杂化。中国和东盟的声索国都积极吸纳一批国际公司，对其各自所主张海域的能源储备进行开采，满足各自国内经济快速发展的需要。与此同时，随着各国深海钻探技术的提升，新的油气资源不断被发现。有学者就指出，新的油气资源的成功勘探使中国与相关国家之间出现了争议。美国新安全研究中心的罗杰斯直截了当地分析了自然资源如何影响到区域内国家的对外行为，他认为南海地区许多国家并没有将资源竞争放在一个更广泛的全球框架下来考虑，因此它们之间很难进行合作。只有区域各国加强气候变化等非传统领域的合作，才能推动南海地区的和平竞争，确保地区稳定。

中国不断增长的能源需求也同样成为国际学术界关注的焦点。有学者指出，由此引起的中国同相关国家之间的能源竞争加大了南海形势的复杂性。美国海军学院的彼得·达顿更是将南海的资源占有视为中国南海政策三大目标之一。

三、当前南海问题研究的主要议题及方向

南海问题研究带有很强的政策取向，与一定时期的国际和地区形势发展密切相关。新一轮南海问题研究除了延续传统的历史和法律的研究路径之外，伴随着南海局势的变化又出现了一些新的研究议题。

（一）南海地区的制度建设

2002年签署的《南海各方行为宣言》（DOC）作为迄今南海地区最重要的制度安排，对于地区的和平与稳定起到了非常重要的作用。然而，随着新一轮南海争端的不断复杂化，DOC的作用在逐渐下降，西方学术界开始考虑在南海地区建立约束性制度安排的重要性。

2011年7月，中国与东盟各国就落实《南海各方行为宣言》后续行动指导方针达成一致，大大缓解了南海地区的紧张局势，也为建立更具法律约束力的“南海各方行为准则”（COC）铺平了道路。塞耶对此进行了深入研究。他仔细对比了2005年中国和东盟国家提出的指导方针草案和2011年指导方针的最终版本，提出“指导方针”只是暂时性的安排，不带有法律约束力，是东盟国家逼迫中国加快COC谈判的权宜之计。不过西方学者普遍认为，为了南海地区持久的和平与稳定，建立制度性的安排，特别是COC，是非常有必要的。

挪威的汤尼森就非常重视COC的作用。他认为，此次南海问题最大的变化是DOC的约束作用不复存在，各国已经不再严格按照DOC行事。如果DOC能得到全面遵守，许多事件也许根本不该发生。因此他提出，达成一项具有法律约束力的协议迫在眉睫。而这种建立行为准则的尝试应该和为海洋划界营造良好的初始条件的努力相结合。如果这一具有法律约束力的行为准则不仅仅作为维持现状的条件，而且着眼于海洋法的实施，进而促使海军部门、渔民组织以及石油机构积极参与到行为准则的制定之中，并最终建立互信，那么它将发挥持久的影响和作用。

可以看出，在建立南海制度性安排这一问题上，西方学者注意到中国与东盟国家有分歧，普遍支持东盟有关国家的立场，希望尽早建立COC，从而用制度建设来约束中国不断增长的地区影响力。

（二）南海争端的国际法解决

这是南海问题研究的传统路径，也是必不可少的一部分。西方学者受其法律传统和观念的长期浸染，近两年在国际法方面的成果非常多。

尽管是传统研究路径的延续，但此次南海问题法律研究的进一步深化，同有关国家希望利用国际法来约束中国在南海的行为有关。一方面希望中国能够接受国际法院等国际机构的仲裁，另一方面试图利用《联合国海洋法公约》来说明中国传统“九段线”的不合理性。比利时法学家埃里克·弗兰克就提出：“就国际法而言，‘九段线’或‘U线’缺乏坚持的基础。如果坚持将‘九段线’或‘U线’作为中华人民共和国或‘中华民国’官方政策的一部分，会产生严重问题。坚持‘九段线’的主张也违背了现存的研讨、建立互信、以合作谋求共同发展的治理机制。”汤尼森也指出，“如果中国希望对整个‘九段线’之内的区域拥有主权，那么将同国际法相矛盾，或者说干脆彻底推翻国际法，而这必须征得其他国家的同意。”可以说，在这一轮“南海热”中，无论是政策界还是学术界，都反复强调国际法的重要性。究其原因，这种方式最容易占领“道义制高点”，在政策上得到民众的支持，在舆论上构建中国“不守法”的负面形象，从而为自身的战略目标服务。

（三）南海危机管理机制的建立

随着南海问题的不断升级，未来南海存在爆发冲突的可能性，如何建立东亚海上危机管理机制也是国际学术界热议的焦点。

一方面是建立中美之间的危机管理机制。2011年6月，澳大利亚罗伊研究所出台了题为《危机和信心：印度—太平洋之亚洲的主要大国与海洋安全》的报告。报告指出，各国在南海上的边缘政策有可能将地区大国和美国拖入冲突之中。因此报告建议，应该在多边安全论坛上更加重视海洋安全，并建立一种危机管理和协作机制。美国战略与国际研究中心的葛莱仪在最新发表的报告中提出，未来南海地区存在三种冲突的可能性——中美在中国所谓的专属经济区、中菲在黄岩岛以及中越在南沙地区，她建议中美之间建立降低风险机制和互信机制，比如开展非传统安全领域的联合海上演习，以增加中美双方的合作，预防冲突的发生。

另一方面是建立中国与东南亚国家之间的危机管理机制。瑞典学者拉姆西斯是研究南海地区冲突管理的专家，他通过分析在东南亚地区业已存在的许多双边或多边争端解决和安全合作机制，比如众多的联合发展安排和建立信任措施，对未来中国与东南亚国家之间建立危机管理机制提出了建议。他认为，1992年《东盟关于南中国海宣言》和2002年《南海各方行为宣言》使各方保持克制并努力寻求彼此争端的和平解决，强化危机管理，增进共同利益，加强非传统安全合作成为各方共识。而现在南海地区存在着难以克服的安全困境，未来危机管理机制的建立还有很长的路。

当前南海问题的波澜起伏为危机管理研究提供了鲜活的现实案例，各种提议也为决策者提供了重要的决策参考。但是，这类研究也存在一个共同的逻辑，即将中国视为未来南海冲突的主要诱因，并希望就此“对症下药”。

（四）南海问题中的中国因素

中国作为南中国海问题的重要一方，其南海政策的演变一直是国际学术界研究的重点。瓦伦西亚早在90年代就专门分析了中国的南海政策并对政策演变进行预估，论述了中国的政策主张、采取的行动，回顾了中国在南海问题上与美国、东盟以及其他相关国家的关系。在2009年南海问题再次升温以来，国际学术界对中国与南海问题的研究更加深入，尤其是侧重从内政角度来分析中国的南中国海政策。

西方学者普遍认为，中国国内权力的转移以及民族主义情绪高涨，也是南海局势紧张的重要原因。比如，葛莱仪指出，“中国处于领导权过渡时期，其极端民族主义给国家构成了一种挑战。中国政府试图通过在南海问题上的强硬姿态转移其在国内承受的压力。”帕西瓦尔更是将中国在南海的行为称为"增量帝国主义",认为这在2012年中国共产党第十八次代表大会之后就会显现。

与此同时,一些学者开始从中国政府机构对南海政策影响的角度做文章。国际危机组织在2012年4月出台了题为《搅动南中国海》的研究报告。报告详细分析了中国国内不同的海事管理机构在南海问题上的利益诉求,提出"九龙闹海"是导致中国在南海地区政策强硬且缺乏连贯性的重要原因,中国政府现在缺乏有效协调这些机构的能力,而未来南海问题的走势也和中国国内协调密切相关。

在研究中过分强调中国因素,与普遍强调中国是此次南海问题升温的主要原因有关,而这些特点鲜明的"去中心化"研究已越来越受到国际学术界的推崇,也与近年来西方学术界热衷于分析中国外交与内政之间关联性的趋势一致。

四、对中国南海问题研究的启示

南海问题研究作为国际安全研究领域的重要议题,一直受到国际学术界的高度重视。尤其是2008年开始的新一轮南海研究热潮,新的视角不断出现,旧的路径进一步深化,取得了一大批研究成果,推动南海研究上了一个新的台阶。知己知彼,回顾和总结这些成果,对中国南海问题的研究有很大的借鉴意义。

第一,进一步加强对于南海问题的历史阐释和法律解读。在南海历史研究方面,近年来国际学术界新的进展不多,大部分史实已经得到了普遍认可。但是,一些东南亚国家专门组织人员对史料进行新的发掘,收集对其主权有利的证据,在国际上发表文章,试图获得舆论支持。而从国际法角度看来,各国学者纷纷提出新的概念来表述对于未来南海划界问题的看法,有很多是为南海问题国际化的目标服务的。当前的南海问题,至少从学术角度来讲,已经国际化,这就需要我们的南海研究也得做到能与国际学术界接轨的程度。具体来说,国际学术界普遍对中国的"九段线"存在质疑,许多研究成果从历史和法律角度证明其既不合理也不合法。这一倾向需要引起中国南海问题研究者的高度重视。中国的"九段线"有充足的历史依据和法律依据,但是需要运用现代学术语言进行重新阐释。

第二,提出南海合作新倡议,占领国际舆论制高点。长期以来,国际学术界经常探讨如何开展合作,化解南海困局。近年来,一些学者相继提出建立南海共同渔业区、建立互信机制和冲突管理机制等倡议。虽然很多倡议落实起来难度很大,但仍为各国之间的合作提供了一些思路。中国一直是"搁置争议、共同开发"的积极倡导者,学术界更应该在如何落实共同开发问题上加强研究。迄今这方面的学术成果还比较有限。比如可以探讨如何将泛北部湾合作的模式推广到南海其他地区,如何进行非传统安全尤其是保证南海航道安全方面的合作,增进国际学术界的共同理解。

第三,推动南海各国战略的比较研究。南海问题研究不能仅仅停留在学术层面,需要同南海局势的发展及各国的战略考量紧密联系起来。只有带着一定的战略取向,南海问题的研究才能更实在。如今国际学术界对于中国南海战略的研究已经非常系统深入,并且形成了一定的共识和分析框架,来判断中国未来的政策走向。而我们对此次南海争端中很多国家的战略还把握不准,尤其缺乏一种历史分析的纵深,往往流于就事说事,少有战略走向上的预判和前瞻性。同时,还应加强对各国南海战略和政策的比较研究,特别是应该从美、越、菲等主要国家入手,对于整个南海的战略态势进行宏观、全面的把握。

总而言之,在当前南海研究的国际话语体系中,亟待出现中国话语。通过学术上的对话,可以在一定程度上化解当前的南海困局,找到推动南海问题走向和平合作解决的新方向。

(作者系外交学院讲师　原载《外交评论》2012年第4期)

论中国在南海问题上的国家利益

杨光海

随着南海争端不断升温以及由此引起的各种影响不断显现,南海问题已成为中国在东南亚方向面临的最紧迫、最重大的战略性问题。关于这一问题如何应对和解决,中国舆论界和研究界已提出了不少建设性的观点,但同时也存在一些局限。其中之一是,虽然都是从维护中国国家利益的立场出发,但是对中国在此问题上的国家利益的定义比较单一,考虑不够全面,如较多强调领土主权和资源权益的重要性,而轻视了对国家间关系和战略环境等方面利益的考量,由此导致所得出的结论如果仅从自身所关注的利益层面看是适用的,但若从中国利益的全局来考虑,则并非完全得当。另一些研究虽然注意到了该问题所涉及的国家间关系和战略环境方面的利益,但缺乏对这些利益的关联性和重要性的具体论证。鉴于这种现状,笔者拟以国家利益概念为切入点,对该问题所涉及的中国各方面利益做一全面分析,以期为思考中国的南海政策提供启示。

国家利益是国家对外政策的根本依据,维护和增进国家利益是国家对外行为的根本动因。国际政治学大师汉斯·摩根索指出:"只要世界在政治上还是由国家所构成,那么国际政治中实际上最后的语言就只能是国家利益。"这句格言深刻地指出了国家利益在国际政治以及国家对外政策中的基础性地位。中国改革开放国策的总设计师邓小平同志也反复强调国家利益原则,并且将其提升到中国对外战略"最高准则"的地位。

以国家利益作为对外战略的最高准则,具体到南海问题的处理上,就是要首先明确、清晰界定中国在该问题上拥有哪些利益,这些利益是如何排序的,以及它们对于中国的安全和发展具有什么样的意义。此外,还要理清这些利益之间是一种什么样的关系,亦即是相互冲突的,还是相互促进的。而要对这些问题作出准确回答,则需要对南海问题的性质予以全面的把握。就此而言,人们首先想到的自然是领土问题,其次会是资源问题。的确,这两个方面正是南海问题所具有的最根本和最突出的属性。但是,如果把视野再放开一些,我们就会发现,南海问题除了这两方面之外,还应包括国家间关系和战略环境层面的含义。由此引申,中国在南海问题上的国家利益完整地看应该包括领土主权、资源开发、睦邻关系以及战略安全这四个方面。

一、领土主权

领土是国家生存和发展的最基本的物质基础。领土分为陆地领土和海上领土两大部分。随着人类对于陆地领土的开发和利用空间日益减小,海上领土正变得越来越重要。中国是一个陆海复合型国家,中国的进一步发展决定了中国必须把海上领土和海洋权益作为一个至关重要的领域来保护和经营。就南海而言，中国对该海域诸岛及其附近海域拥有无可争辩的主权、主权权利和管辖权。这些权利基于以下国际法原则：一个是习惯国际法确立的有关岛屿主权归属的“发现和先占”原则；另一个是《联合国海洋法公约》确立的有关领海、毗连区、专属经济区和大陆架划分的“陆地支配海洋”原则；还有一个是习惯国际法确立并在《联合国海洋法公约》中得到承认的“历史性权利”。

中国在南海的上述权利不仅体现在国际法上，还体现在中国长达两千多年的相关实践上。进入20世纪后，中国维护南海权益的行动不断加强。早在三四十年代，当时的民国政府就颁布了若干文件和地图，声明中国对南海诸岛的主权。二战结束后，民国政府又根据《开罗宣言》和《波茨坦公告》，派兵进驻南沙主岛太平岛，并设各群岛管理处。新中国成立后，中国政府不仅收复了被非法侵占的西沙群岛和南沙群岛几处岛礁，还通过颁布《领海声明》（1958年）、《领海及毗连区法》（1992年）和《专属经济区和大陆架法》（1998年）等法律文件，明确宣布：中国的陆地领土包括南海的东沙群岛、西沙群岛、中沙群岛和南沙群岛在内；中国在南海享有符合《联合国海洋法公约》规定的领海、毗连区、专属经济区和大陆架。2012年6月24日，中国政府正式将原来的县级西南中沙办事处升格为地级三沙市。所有这些为中国在南海的主权和管辖权奠定了法律和政治基础，也为我们维权提供了重要依据和动力。

但是，由于近半个世纪以来一些周边国家的不断侵占，中国在南海实际行使的主权和管辖权范围却非常有限。目前，整个南海四大群岛中，只有西沙群岛和中沙群岛附近以及以北海域由中国控制，东沙群岛为台湾当局管控。至于在面积最大、岛礁最多的南沙群岛，中国实际占有的岛礁仅有8个（包括台湾当局驻守的太平岛在内），其余有40多个分别被越南、菲律宾和马来西亚侵占。文莱虽未实际占有，但对其中的南通礁提出要求。不仅如此，这几个国家还以种种“理由”把南沙群岛附近的大片海域及海床划为本国的专属经济区和大陆架。进入21世纪，特别是最近几年来，这些国家虽未敢再采取抢占我岛礁的行动，但开始利用一些新的手段对我在南海的权益进行侵犯，包括：加快国内立法，强化民事管理；炮制法理依据，开展法理攻势；吸引外国公司，扩大油气开发；加紧内引外联，推动争端多边化和国际化；无视中国政府的休渔令，过度捕捞渔业资源，同时对我渔民的正常作业进行抓扣阻拦，等等。这些举动使得问题的解决变得更加复杂化、艰巨化和长期化。如何应对这些挑战、切实维护中国权益，已成为我们不得不面对的一个严峻课题。

二、资源开发

南海是世界第三大海，拥有丰富的多样化的海洋资源。就石油和天然气资源而言，虽然目前国际上对该海域储量的估计存在较大差异，但一个普遍的看法是，其储量是相当可观的。据中国海洋石油总公司的最新数据，整个南海盆地群石油地质储量约在230亿至300亿吨之间，天然气地质储量约为16万亿立方米，约占中国油气总资源量的1/3，其中70%蕴藏于153.7万平方千米的深海区域。此外，南海还蕴藏有大量的替代性能源“可燃冰”。2010年12月，中国科考人员在南海北部神狐海域发现了11个可燃冰矿体，矿藏面积约为22平方千米，预计储量约为194亿立方米。

在过去，由于政治顾虑、技术薄弱和资金缺乏等方面的原因，中国对南海油气资源的开发利用没有予以足够重视，中国的开发区域仅限于南海北部近海，即北部湾中国海域以及雷州半岛、海南岛周边一带，至于在南海南部，尤其是南沙群岛海域，迄今仍然是空白。而随着形势发展，这一利益的开拓正变得越来越重要。

首先，开发利用南海资源是缓解中国能源紧缺矛盾、扩大能源供给来源的必然要求。随着中国经济持续快速发展，中国对于能源的需求正呈现迅速扩大之势。早在2002年，中国的能源消费就已位居全球第二，仅次于美国，到了2010年，中国又成为全球第一大能源消费国。2000年到2011年间，中国石油消费从2.2亿吨增长至4.7亿吨，天然气消费从245亿立方米增长至1294亿立方米，预计未来还将进一步增加，中国油气压力越来越大。

其次，开发利用南海资源是中国规避因过分依赖进口能源而可能面临的各种风险的必然要求。中国自从1993年起成为石油净进口国以来，进口石油就一直呈逐年增长的趋势。随着中国陆地油田进入枯竭期，中国对进口石油的依赖越来越大。据中国石油经济技术研究院发布的《2011年国内外油气行业发展报告》，2010年，中国进口石油为2.39亿吨，同比增长17.5，对外依赖度接近55%。而到了2011年，中国石油对外依赖度已上升至56.3%，天然气对外依赖度达到21.9%。中国的进口石油主要来自中东和非洲，从这两地进口的石油占目前中国石油进口增量的60%左右。但是，由于非洲局势长期不稳，突发性的冲突和内战不断，中东已陷入大规模的政治和社会动乱，而且由于矛盾错综复杂，未来形势难以乐观。波斯湾和霍尔姆斯海峡是中国从中东进口石油的唯一必经通道，也被称为“世界上最重要的石油咽喉要道”，但由于伊朗核问题的不断加剧以及美以同伊朗关系的持续紧张，这条通道的安全保障存在隐患。这就要求中国必须拓宽能源供给来源，加快对包括南海在内的中国管辖海域的油气资源的勘探和开发。

除油气资源外，南海还是中国海南、广东和广西等沿海省份的传统渔场和经济生活的重要依托，对于这些省份经济的发展和人民收入水平的提高乃至中国渔业的可持续发展具有非常重要的意义。中国是世界上最大的渔业生产国，2009年渔业产量占世界的34.37%，捕获量占世界的16.78%。渔业已成中国国民经济的一个重要组成部分，在中国农业生产总值中所占比重已从1978年的1.6%增至2010年的9.3%。在中国的渔业生产结构中，以往近海渔业占主要份额，但由于长期过度捕捞以及沿海一带工业化和城市化的快速扩展，近海渔业资源已经趋于衰竭，加之中国政府已对近海捕鱼实行限制政策，因此把渔业开发的重点向深海扩展已成为必然趋势。

南海是世界上最重要的渔场之一，占全球捕获量的1/10。同时，南海也是世界上生物种类最多的海域之一，各种鱼类多达2000余种，占全球可食用鱼类的近10%，因此是中国发展深海渔业的一个重要方向。不过，据联合国粮农组织发出的警告，南海西部的渔业资源正面临过度捕捞的危险，而且有些鱼种已经灭绝。这种情况要求中国既要加大对南海渔业资源的开发利用，同时也要重视对其进行保护，这也是《联合国海洋法公约》的专属经济区制度赋予沿岸国的义务。但在此方面，中国同样面临着来自周边一些国家的挑战。它们一方面置中国政府每年5～8月间在部分海域实施的休渔制度于不顾,鼓励或纵容本国渔民肆意过度捕捞;另一方面派遣所谓的执法力量对中国渔民在传统渔场的正常作业进行阻挠。据统计,1989年以来,南沙群岛海域已发生300多起中国渔船遭抓扣、驱赶甚至枪击的事件,其中,遭到抓扣的渔船超过80艘、渔民超过1800人。

三、睦邻关系

南海问题的核心虽然在于领土主权和资源权益之争,但由于争端各方都将这两方面视为本国的核心利益,因此其处理方式和发展走向对于争端各方关系的亲疏变化势必会产生重大影响。另外,该问题是一个多边性质的争端,虽然在东南亚10国中只有4个是争端方,也虽然东盟作为一个组织声明不对各方的声索采取立场,但由于该组织谋求在对外事务中“用一个声音讲话”,在本地区事务中发挥核心作用,并且试图用“东盟规范”对中国进行约束,因此该争端的实际影响更为广泛,如果处理不好,也会对中国与东盟组织的关系造成冲击。这样一来,南海问题就涉及中国与东南亚两个层面的关系:一个是中国与越、菲、马、文等争议国的关系;另一个是中国与东盟组织的关系。

关于中国应该与东南亚建立一种什么样的关系,这个问题从理论上讲很容易回答,这就是:睦邻友好、全面合作。但若是把它同南海问题联系到一起,就不是那么简单了。这就无形中在保持睦邻关系与维护国家权益之间形成了某种程度的紧张甚至冲突。实际上,这也是中国在南海问题上所面临的最大困境和难处。那么,在处理南海争端时是否需要考虑睦邻关系这一点呢?如果单从维护中国的领土主权和资源权益的角度看,鉴于中国在这两方面面临的日益严峻的挑战,答案肯定是否定的。但是,如果把角度再放宽、放远一些,将其置于中国与东南亚乃至整个周边战略的全局和高度加以考虑,所得出的看法就会有所不同。实际上,保持与东南亚的睦邻关系也属于中国的重要利益,也需要尽可能地加以维护,在南海问题趋于升温的背景下,尤其需要小心呵护。

首先,保持与东南亚的睦邻关系是中国塑造有利于和平发展、和平崛起的周边环境的必要组成部分。和平发展是中国自改革开放以来所确立的最高层次的国家战略,其根本目标是要通过加快经济增长和社会进步,使中国尽快摆脱落后面貌,达到发达国家的水平,并通过不断增强综合国力,使中国从一个地区性大国成长为一个具有全球影响的世界级大国。最近30年来,中国在推进这一目标方面已经取得了非常显著的成就,最重要的标志就是中国作为全球第二大经济体地位的确立以及由此引起的中国国际声誉、国际威望和影响力的历史性提升。这些成就的取得从外部因素上看得益于相对和平、稳定、友善和包容的国际环境尤其是周边环境,从政策层面看得益于中国奉行的“与邻为善、以邻为伴”和“睦邻、安邻、富邻”等外交政策。

但与此同时,也必须看到,中国仍处于崛起的初级阶段,中国的人均GDP仍排在世界90位以后,距离达到中等发达国家水平还有相当大的差距。这就决定了争取有利的国际环境首先是周边环境,仍然是中国外交的一项首要任务。冷战时期,中国的国际环境非常险恶,这不仅是指中国相继甚至同时面临来自美苏两个超级大国多方面的巨大压力,也包括周边多数邻国或是出于追随超级大国的考虑、或是由于意识形态及安全方面的顾虑而对华采取疏远和敌视。这是导致中国无法把战略重心集中到经济建设这一中心任务上来的外部原因。冷战结束以来,中国迎来了相对宽松的国际环境,与周边各个方向国家的关系也大为改善。就东南亚方向而言,所取得的成就尤其明显,中国政府倡导的与周边国家永远做“好邻居、好朋友、好伙伴”的政策正在该地区收到越来越好的效应。中国的外交也因此而率先在该地区赢得“魅力攻势”“微笑外交”“软实力外交”等美誉。这些成就的取得使得中国在这一地区第一次不再有敌对国家和国家集团,也使得任何区外大国利用该地区对中国施压的企图难以奏效。这就为我们维护战略机遇期和统筹国内国外两个大局创造了必要条件,也为中国增进在该地区的其他利益开辟了广阔的道路。

其次,保持与东南亚的睦邻关系是中国发展外向型经济的必要条件之一。中国的经济建设在很大程度上是以不断地加强同世界各地和各国的经济交往为前提的。在中国经济增长的诸多驱动因素中,对外贸易、投资和经济技术合作占有相当大的分量。东南亚是中国的近邻,又是一个拥有11个国家6亿人口且日益呈现出较高增长活力的庞大市场,因此是中国外向型经济的一个非常近便和重要的平台,而且在中国的对外经济中所占地位日趋突出。以贸易为例,1991年,即中国与东南亚所有国家全面建立和恢复外交关系的第一年,中国与东南亚的贸易额只有84亿美元,2004年突破1000亿美元,2007年突破2000亿美元,2011年更是达到3628.54亿美元。而且,中国与东盟贸易的增幅一直远高于中国对外贸易的平均增幅。据统计,1991～2008年,中国对外贸易年均增幅约为15%,而与东盟的贸易年均增幅超过20%。目前东盟已是中国的第三大贸易伙伴、第三大进口来源地和第四大出口市场。再从单个国家看,中国也已同该地区各国互为首要或主要的贸易伙伴。2008年全球金融危机爆发以来,美欧等发达国家经济遭受重创,市场急剧萎缩,而相比之下,包括东南亚在内的亚洲市场在经历了短暂低迷之后,已率先恢复增长。这对于中国扩大出口和投资来说更显重要。

最后,保持与东南亚的睦邻关系是中国加强增信释疑、化解东南亚国家对中国和平崛起的疑虑的必要举措。当前,“中国崛起”已成为国际社会广泛热议的话题,由此引起的国际反响也越来越强烈。面对中国的迅速崛起和综合国力进一步壮大的必然趋势,作为近邻和弱小行为体的东南亚国家所产生的认知和心态是极其复杂的:一方面,它们把中国的崛起视为机遇,把崛起的中国视为合作伙伴,希望通过加强同中国在各领域的合作来带动自身经济的发展和本地区的繁荣、稳定与一体化,希望中国能够成为维护发展中国家权益的有力支柱。另一方面,它们又对中国未来的战略意图及走向存有疑虑,担心日益强大的中国是否会继续坚持和平发展道路,是否会像历史上的崛起大国那样推行扩张主义和霸权主义,是否会寻求以武力方式解决与邻国的领土领海争端。

应该说,对于大国崛起的疑虑和担心是国际政治的常见现象,本无需过多在意。但问题是,忧虑和畏惧作为一种心理认知,如果无限加深和扩大,会直接影响国家的态度、立场及政策反应,进而导致崛起大国的外部政策环境恶化。目前,在东盟国家以及东盟组织以“大国平衡”为特征的对外战略中,之所以仍然存在对华制衡的一面,就是由于它们对于中国的上述疑虑所致。因此，在中国谋求和平崛起的过程中，有必要把增信释疑作为一项具有战略意义的经常性的任务来做。而要在此方面取得突破，除了政策宣誓和舆论宣传之外，最容易产生实质性效果的应该是继续推行睦邻友好政策。而南海争端作为目前中国与东南亚存在的唯一一个重大安全矛盾，无论中国采取何种政策，也无论中国出于何种正当理由，已经被该地区多数国家以及亚洲其他一些国家视为是“对中国在21世纪作为亚洲的一个地区性和全球性大国角色的一个关键考验”，也是“对中国睦邻友好政策意图的一个关键考验”。新加坡总理李显龙于2012年9月6日访华期间在中共中央党校发表演讲时也毫无保留地指出：许多国家将通过中国处理棘手的南海问题的方式来评价中国发展对世界的含义。

四、战略安全

所谓战略安全，是指一国的生存和发展不受来自敌对大国的致命性威胁和挑战，不存在足以使本国的发展陷入中断或受阻的外部障碍，因而得以按照自己的意愿谋求国力的不断强盛、利益的不断拓展和影响力的不断扩大。战略安全事关国家生存与发展大计，因此是一国在国际政治斗争中必须解决的最高层次的战略问题。就中国而言，周边地区是我们维护战略安全的首要区域。冷战结束后，中国在周边各个方向的战略安全环境都得到了很大改善，第一次不再面临紧迫的外来入侵威胁，也不再面临众多国家的集体压力。但是，若从拓展国家利益和影响力、维护海洋权益和战略通道安全等角度看，中国的战略安全环境并不容乐观，而且随着中国崛起的步伐加快和与邻国海上争端的加剧，最近几年来还出现了趋紧的迹象。

具体到东南亚方向，目前中国在战略安全方面所面临的挑战主要表现为美国出于“重振领导地位”的目的，大力实施“重返亚洲”和“战略重心东移”战略。具体举措包括：军事上，计划把60%的海军力量部署在西太平洋区域，首次在作为东南亚南部侧翼且距南海最近的澳大利亚北部部署海军陆战队，在新加坡部署濒海战斗舰，在印度洋南部靠近东南亚和南海的科科斯群岛建立航空和监视设施，扩大与菲律宾的军事合作和对菲军事基地的使用，提升与越南的安全关系并谋求越南军事基地（包括岘港和金兰湾）的使用权，提出“印度洋—太平洋”概念，把这两大洋视为一个统一的战略区域，并通过加强与印度的战略合作关系，增加在亚太的战略筹码，制定“空海一体战”和“联合作战介入”构想，应对所谓“反介入、区域拒止”挑战，加强在亚洲的导弹防御系统建设（包括最新计划在菲律宾部署X波段雷达）等。外交上，巩固传统盟友，寻找新的伙伴，一改以往轻视东盟和以东盟为中心的东亚多边主义的传统，全面参与该地区的多边机制（包括新近成立的东亚峰会和东盟国防部长扩大会议）、举办年度性的美国—东盟首脑会议、派驻东盟大使、推进与缅甸关系正常化、加大对老挝和柬埔寨的重视、力推国会批准加入《联合国海洋法公约》等。经济上，以“国家出口计划”为指导，扩大对包括东南亚在内的亚太地区的出口贸易，推进“跨太平洋伙伴关系”计划（TPP），力图建立以美国模式为标准、以美国市场为中心，最终把该地区所有国家都纳入进来的“高质量”的21世纪“亚太自由贸易区”等。

美国的战略重心东移虽然说不是完全针对中国，但却是以加强同中国竞争影响力以及威慑和遏制中国为主要目的，尤其是在军事和战略领域，更是把中国作为首要对手看待。如果说在经济领域美国在把中国视为竞争对手的同时，也视为合作伙伴的话，那么，在战略和安全领域美国已经明确地把中国当作头号对手来看待了。只要翻阅一下最近几年来的美国报刊、学术论著和内部文件，就可以发现，这已是美国研究界的主流看法，也是美国决策界的真实意图。正如美国学者所言：基于对中国国力持续增长和美国国力相对衰退的预测，“美国正在力图把战略关注点重新转移到中国崛起上来，它所明确强调的是平衡和限制中国在该地区的实力和影响力”。为了达到这一点，“美国会竭尽全力遏制中国，并且最终削弱中国，以使其不再成为主导亚洲的威胁”。

应该说，上述举措能否顺利实施，不仅取决于美国自身的努力，还取决于该地区国家是否愿意接受、支持和配合。从经济方面看，美国通过TPP削弱中国地位的图谋未必能够实现，因为伴随着中国作为全球增长引擎和亚洲生产及供应链中心地位的确立，能够向该地区提供更多、更具吸引力的经济机会的国家已经变成了中国，而不是美国。但是，如果从军事和安全领域看，目前的形势对美国来说则是比较有利的，其中的一个重要背景就是面对中国迅速崛起周边一些国家产生了疑虑，更为直接的原因则是南海争端近几年来的持续升温和加剧。美国此次公开介入南海争端打的是“维护航行自由”“遵守国际法”“反对使用武力及武力威胁”等旗号，因此颇具欺骗性和蛊惑性。目前，美国在实施上述举措方面已经取得不少进展。东南亚一些国家尤其是与中国有争议的越菲等国由于自知缺乏与中国单独对抗的实力，因此对美国等区外大国的介入予以欢迎，甚至是主动邀请美国介入。越南一位外交官就坦言：“邀请美国介入并利用美国平衡中国的影响力是我们的最佳战略。”泰国军方一位负责与邻国军事关系的官员指出：安全形势的变化正在把该地区的国家推向美国一边，以寻求其帮助。可见，南海争端的升温的确为美国战略重心东移提供了可乘之机。美国决策界和研究界对此普遍感到窃喜。例如，《纽约时报》刊登的一篇文章指出：“在过去好些年里，有关亚洲未来的讨论流行着这样一个大的观点，即随着中国崛起，其邻国正在不可避免地被拉入中国的轨道……在此情况下，美国被认为成了输家，因为它的财富和影响力被耗费在伊拉克和阿富汗，它的经济麻烦侵蚀了它在更具活力的亚洲的地位。但是，最近以来中国与其邻国日益升级的摩擦给美国提供了一个重塑其主导权的机会。这个机会正在被奥巴马政府急切地加以利用。”由此可以预见，南海局势越是紧张，美国加强在该地区存在和影响力的图谋就越容易得手。

美国的上述举措对中国的消极影响将是巨大的和多方面的：一是会加剧南海争端的复杂化和国际化，使中国所坚持的与争端方直接谈判的政策变得越来越难以实现。二是会增加越、菲等在南海问题上向我发难、与中国对抗的底气和筹码，进而助长争端的恶性循环，给中国稳定南海的政策造成冲击。三是会使美国进一步扩大在该地区的力量优势和战略主导能力，徒增中国在东南亚方向的战略压力，尤其是会削弱中国对马六甲—南海这条至关重要的海上航线的安全保障能力。四是不利于中国在该地区安全事务中影响力的提升，甚至会使中国在地区安全领域变得被动和孤立。总之，南海问题已成为中美之间日益显现的地缘战略竞争的一个焦点，也因此而成为中国在东南亚方向战略安全利益的最大牵引点。

结论：寻求利益平衡——中国处理南海问题的指导原则

通过以上分析，可以看出，中国在南海问题上的利益并不仅限于某一个或两个方面，而是涉及领土主权、资源开发、睦邻关系和战略安全这四个方面。而且，由于这四方面利益都很重要，因此不存在在它们之间进行取舍的问题，而是必须予以兼顾，以使其都得到维护和促进。这就需要在它们之间进行平衡。这样一来，寻求利益平衡就成为中国处理南海问题的指导原则。

寻求利益平衡的关键在于：一方面要努力维护中国在南海的领土主权、海域管辖权和资源权益；另一方面则要确保中国与东南亚的睦邻关系和在东南亚方向的战略安全环境不受损害。由于这两者之间存在着冲突——前者的不当追求会导致后者受到冲击，后者的过度强调则会使前者遭到损害，因此能否以及如何处理好这两者的关系便成为中国南海政策的关键。

（原载《新东方》2012 年第 6 期）

大湄公河次区域经济合作（GMS）的制度化问题研究

杨　倩

一、大湄公河次区域及次区域经济合作

（一）大湄公河次区域及次区域经济合作简介

1. 次区域基本情况。澜沧江——湄公河流经中、缅、老、泰、柬、越六国，被称为“东方的多瑙河”。国际上将这条河里所经的六国区域称为大湄公河次区域。

从地理位置上讲，该区域处于东南亚、南亚和中国西南结合部，是连接中国和东南亚、南亚地区的桥梁，地缘环境十分重要。同时，这一区域资源丰富，市场潜力巨大，受到区域各国乃至世界的关注。

湄公河开发涉及航运、水能、林业、矿业、环境保护、贸易、投资、禁毒等多个领域，据估算，至少需要投入两千多亿美元才能见效。对于资金技术有限的流域各国来说，只有走合作开发的道路才能进行有效的开发利用。同时，GMS 六国中，有 5 个国家已经是 WTO 的成员，已经接受了 WTO 的贸易原则及争端解决机制，这也为发展国际贸易，运用国际机制解决合作中的问题创造了可能。

2. 大湄公河次区域经济合作背景。全球冷战结束后，随着地区局势的缓和，中南半岛各国政治局势趋于稳定，国际纷争日渐消停，经济发展成为各国的首要目标。尤其是 1991 年 10 月 23 日《柬埔寨和平协议》的签订，使得柬埔寨问题通过国际合作得到和平解决，从而为中南半岛的区域合作创造了条件。中国方面，1989 年，中国与老挝实现关系正常化，1991 年，中国与泰国实现关系正常化，为实现次区域的合作创造了先决条件。从外部因素讲，二战后日本借助战后赔款重返湄公河地区，并积极参加联合国有关湄公河下游地区水资源的开发调查活动，虽然提升在该区域的影响是日本的首要考虑，但其活动却客观推动了大湄公河次区域合作的形成，也为次区域经济合作打下了基础。另外，美国、苏联从中南半岛撤军也减轻了次区域合作的政治压力，为合作创造了空间。

经济上，关税总协定的多边自由贸易体制贸易风险的增大导致保护主义抬头；苏联解体后，中南半岛上的国家无法再依赖其援助进行发展，必须提升出口，引进外部资金，从而加大了区域合作的必要性。1988 年，泰国前总理差猜提出了“变印支战场为商场”的“印支倡议”。此时，亚洲开发银行适时地在大湄公河次区域各国间扮演了穿针引线的角色，为各国的发展提供了一个非正式的多边平台。1992 年，在亚洲开发银行（ADB）倡议下，大湄公河次区域 6 国举行首次部长级会议，共同发起了六国七方的大湄公河次区域经济合作（GMS）计划。

（二）大湄公河次区域经济合作机制与目标

从合作机制上看，GMS 由亚行牵头，亚洲开发银行作为大湄公河次区域合作的倡导者在其中同时扮演着协调者和资金、技术支持援助者的角色。具体运作则通过召开会议进行。会议分为领导人会议，部长会议和高官会议，领导人会议是大湄公河次区域合作的最高会议机构和决策机构，每 3 年一届，轮流在各国召开。部长级会议自 1992 年起每年召开一次，负责在政策层面确定合作的方针，它下设有高官会和 9 个工作组和专题论坛。高官会每年定期举行，其职能是联系政策和业务层面，并为部长级会议做准备。

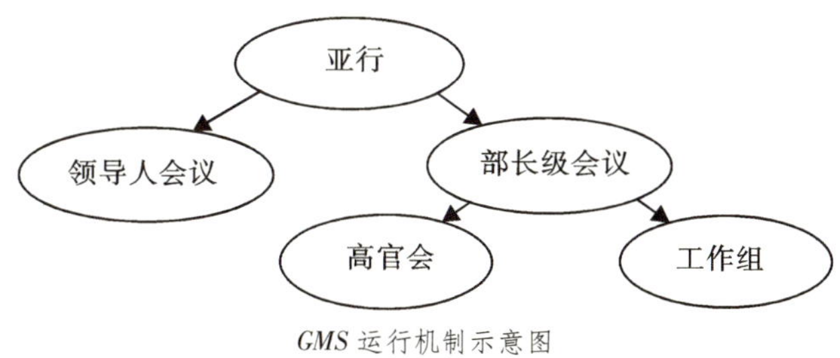

GMS 运行机制示意图

从大湄公河次区域经济合作机制发展的历程来看，走的是“政府牵头，项目主导”的道路。这一方面适应了次区域的特性：各国市场发育程度较低，民间力量不足，历史因素导致民间合作基础薄弱，从而难以依托民间力量开展合作；同时在各国政治、经济制度差异显著的客观条件下，如果于 GMS 起始阶段设定机制运行的强有力的规范，则会对合作造成困难。但是另一方面，这一道路也使得 GMS 合作机制呈现松散特征。实践中，项目签订虽多，但实行情况欠佳。

对于 GMS 的分析与评价，应基于其成立时的目标。关于次区域经济合作目标的问题，学术界众说纷纭。周士新在《中国和东盟在大湄公河次区域的合作》中认为，次区域经济合作中，中国的目标包括：第一，与湄公河次区域国家建立紧密的身份认知；第二与湄公河次区域建立互联互通的合作关系；第三，促进东南亚资源开发，促进经济共同发展；第四，促进国家西部大开发战略。相对应的，他认为东盟的目标包括促进东盟区域一体化进程和促进成员国经济的发展两方面。杨祥章在《大湄公河次区域合作与泛北部湾经济合作比较研究》中则强调了“密切经济合作基础”“加强成员国间的经济联系，实现次区域共同发展，减少贫困；增加发展机遇，鼓励贸易与投资，简化过境安排，满足共同的资源需求。”持类似观点的还有汤敏、缪・塞，他们认为，GMS“为投资提供资本的私有成分和通过发展基础设施、提供财政鼓励或者通过精简现有行政秩序而使之提高效益的公有成分之间加强合作，有助于充分利用地理上临近地区的互补性”；相反，也有学者更关注次区域合作中的地缘战略，国家安全战略，例如，叶贵在《大湄公河次区域安全合作机制研究》中,强调了协调大国间的战略意图和完善GMS地区安全行动协调机制。

二、推动大湄公河次区域经济合作机制常态化的必要性

(一)制度常态化——加深地区合作的必由之路

指导区域合作和次区域合作的理论核心是地区主义。区域合作的目的是加强地域的联合,通过区域合作的方式,对内增强凝聚力和认同感,对外维护本区域的共同利益,提高本区域在国际社会的地位和作用。区域制度的建设和区域整合的过程是互动关联的。贸易、投资的发展必然要求货币层次上制度化的合作;GMS成员国间经济往来的加深、加速,必然离不开跨境运输、海关检验、物流合作等方面更具效力的约束;条约内容的多元化以及经济合作的多样化也必然离不开共同条约执行,以及争端解决机制的形成。

(二)发展的临界点——向制度化跳跃

从制度化发展的进程来看,需要经过以下阶段:(1)确立共同的价值观念或区域意识,即形成认知共同体。加强区域成员对区域组织的认同,以增强组织的凝聚力。(2)建立规则系统。把区域合作行为体的行为纳入相同的固定模式之中,它注重的是标准的普遍性而不是特殊性。(3)建立组织系统。组织系统不仅包含组织机构,而且还有相应的运行机制以确保组织机构顺畅运行。

分析GMS的发展历程,可将其发展阶段分为以下时期:

GMS发展进程

时间	1992~1996年	1997~2002年	2003年至今
阶段	合作启动期	合作放缓期	全面发展期
阶段进展	就合作基本问题进行磋商,建立合作机制	金融危机下的原有项目搁置与更广泛领域的合作	更注重长远,合作机制得到了提升,领域扩大,贷款项目多
典型条约或构想	首次部长级会议,共同发起了大湄公河次区域经济合作(GMS)决定GMS事务部长会议原则上每年举行一次	"三纵两横"五大"经济走廊"的提出并得到亚行优先资助马尼拉部长会议要求区域成员减少过境物流人流障碍	《大湄公河次区域便利运输协定》《大湄公河次区域政府间电力贸易协议》《大湄公河次区域贸易投资便利化战略行动框架》《大湄公河跨境运输协定》2004年起中国向老、柬、缅大部分出口中国的商品提供零关税待遇

GMS的发展首先由各国政府牵头,经过长期的准备,为进一步合作创造必要的政治经济环境;其后逐步提高合作层级,将部长会议升格至领导人会议,并将尝试制定战略规划指导进一步合作;最后,合作领域不断拓展并深化,出现以具体的经济条约明确合作主体间权利与义务的趋势。

(三)制度性问题——制约次区域合作进一步发展的桎梏

1. 缺乏独立的争端解决机制。大湄公河次区域经济合作并没有独立的争端解决机制。当前,纠纷出现时,一般有两种争端解决途径:一是诉诸传统国际法,如《联合国海洋公约》;二是采取次区域国家都参与的国际条约的争端解决机制。

值得一提的是,大湄公河次区域合作的六个国家都是《中国—东盟全面经济合作框架协议》《中国—东盟全面经济合作框架协议争端解决协议》的协约签订国。从"条约必须遵守"而言,次区域成员国在经贸合作的争议中,理论上适用《中国—东盟全面经济合作框架协议争端解决协议》确定的争端解决机制。然而,《框架协议》确定的中国—东盟自由贸易区建设的主要内容是货物贸易、服装贸易、投资开放等领域,其中货物贸易是自由贸易区的核心内容;同时,该协定主要适用于中国—东盟自由贸易区建设的四个阶段发展的特定需要。而大湄公河次区域经济合作,其合作内容更为宽广,因而采用传统国际法上的争端解决方式,或者是将次区域经济合作中的争端诉诸东盟经济合作框架下来解决,都是不适宜的。

2. 合作主体的法律地位问题。大湄公河次区域经济合作前后共召开了13次部长级会议,但真正务实的,对次区域合作有实质性意义的会议并不多;经济合作先后确定了近百个优选项目,确定了经济走廊计划和宏伟的发展战略,但是具体落实到实处的寥寥无几。

次区域法律层级不高,缺乏约束力,与经济合作中主体地位息息相关,首先表现在合作方的法律地位问题上。中国方面,虽然是以国家的身份参与次区域合作,但是实际上是由云南、广西直接参与其中。而作为中国的西南省份,其行政审批权、行政法规制定权有限,因此在推动GMS合作上,能发挥的作用有限。

3. 经济特区规范化问题。大湄公河次区域六国中,除了泰国以外,其他五国都处于经济转型期。无论是对内经济改革,还是对外合作,都呈现"摸着石头过河"的现象。建立经济特区,在有限的范围内实行不同于国家绝大部分地区的政策,则成为GMS合作中的常见策略。

然而,从长远来看,经济特区规范化的问题可以成为经济合作深入的隐忧。首先是特区和国家签订的其他国际协约的相容问题。GMS大多数成员国也是WTO组织成员;经济特区是各国优惠政策的产物,而WTO则强调非歧视型原则和国民待遇原则。此外,经济特区建设中欠缺规范化也反映在处理与GMS其他国家贸易合作问题上。比较显著的是"境内关外"的法律地位问题。在推动GMS合作中,2000年7月,中国在云南省德宏州瑞丽市姐告边界设"境内关外"贸易区。

但其归属问题和管辖问题,始终没有得到解决与确定,而近年来发生在姐告贸易区的司法管辖案件即反映了制度上的不完善。笔者曾于2011年到该地调研,也得知当地政府与海关在对区域法律地位的理解上,存在着本质不同。

三、推动GMS制度建设的利弊条件分析

(一)有利条件——经济合作程度加深与国际规则的内化

自GMS机制启动以来,次区域外国投资流量从1992年的22亿美元上升到2003年52亿美元。其中,中国、泰国是区域发展程度较高的国家。1999年到2003年,中国平均年投资为27.8亿美元。2003年,泰国直接投资流出量达5.57亿美元。次区域国家间相互依存程度的提升,为建立起更加有效的合作机制,从而推动合作的进一步发展创造了条件。

另一方面,虽然次区域国家在政治体制、经济体制、文化风俗等方面有着显著的差异,但是事实证明,但达成一个带有区域特点的机制仍是可能的。六国中,有五个国家已经是WTO的成员,接受WTO的游戏规则。同时GMS六国都签署

了《东盟投资框架协议》等协定;《东盟投资框架协议》规定,在2010年之前向东盟投资者开放除协议当中规定的例外条款之外的所有产业,在2020年前向所有投资者开放。协议例外条款规定,对于保留行业的"暂时例外"清单,越南在2013年取消,除越南、柬埔寨、缅甸外的国家在2010年取消。国际规则的不断内化,将为GMS合作机制化开拓更广阔的空间。

(二)双重作用——非地区行为体在次区域经济合作中的因素

大湄公河次区域虽是地区性组织,但绝非不受非地区行为体的影响。中国也并非是参与大湄公河次区域开发的唯一大国,按照大湄公河流域国际合作开发的资金给付力度排序,依次为日本、中国和印度。根据"新地区主义"的观点,地区化的范围突破了区域或地缘因素的限制,"南北型"合作成为新的合作潮流。在贸易方面,富裕大国可能是大多数商品更有效率的供给者,是地方生产者提高竞争力的源泉。在规则制定上,日本等较为发达的国家介入开发,也有利于合作的规范化。因此,非地区行为体的介入对于推动GMS的纵向发展有着有利的一面。

(三)不利因素——GMS机构及其成员国自身问题

次区域合作的机制化也面临着现实的困难,而首要的困难是GMS自身的问题,包括GMS机构设置中的问题和GMS成员国的问题。

次区域经济合作的主导方是亚洲开发银行,在促进区域发展的过程中,亚行发挥着巨大的作用。(见下表)

亚行为GMS融资金额(百万美元)

阶段	1992~1996年	1997~2002年	2003~2007年
融资金额	377	597	2452.3

数据来源:http://www.adb.org/GMS/projects/adb-projects.asp#loans

但是,亚洲开发银行的主导作用表现为其对经济合作的支持,从此意义上讲,更像是一个融资机构,因而也不能发挥权威领导作用。湄公河次区域经济合作从一开始就是建立在平等、互信、互利互惠的基础上的区域合作模式。其主要内容是以项目为主导,从次区域成员的实际需要出发,提供资金技术支持。根据合作原则和形式,大湄公河次区域紧急合作采取了一种联系松散的合作机制。成员国不论大小,经济实力强弱,一律平等。在合作框架内,没有核心国家,没有领袖国家,一切决策都须经过成员国的充分讨论。

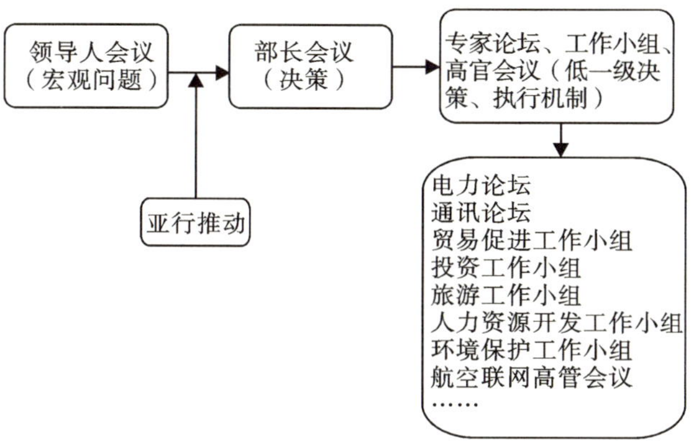

这种机构设置导致其决策、执行机制十分庞杂。从合作流程看,领导人会议决定宏观性、指导性问题;而部长会议则是真正的决策机构,进行决策。在整个设置中,没有统筹规划、监督审查的机制,合作的临时性、随意性强。同时,负责具体执行的各小组、论坛、高官会议间也缺乏沟通联系机制,整个合作模式呈现出松散分离的特征。

除了上述机构设置中的桎梏,GMS成员国自身的问题也是制度化中须带克服的障碍。GMS各国在市场经济的建设程度上还处在不同的发展阶段。次区域各国在市场经济建设和运行等方面缺乏经验,信息不对称、制度不对称等问题严重制约相互发展。

缅甸方面,到2006年,除50年前和英国签订两国间避免双重征税的协定后,缅甸再未与其他任何国家签订此类协定。同时,缅甸实行严厉的外汇管理:按政府规定,外来投资注册资金必须按官方汇率机制,且合作及外资企业的收入不得调换成外汇,只能靠企业自己创汇。这就直接影响外资的投向,将投资导向少数能自己创汇的行业。柬埔寨方面,现行法制体系下,法律贯彻实行困难。目前柬埔法院中没有经济法庭和专业法庭。老挝《投资法》实行多年,但是与其配套的法规仍不完善和具体;行政效率低下,机关官僚作风严重,投资审批程序繁琐,制约着与外国的投资合作。越南方面,地方政府与中央政府政令并不统一。地方政府为吸引外资,展开了激烈斗争,对中央政府政策常常阳奉阴违。同时,地方政府在行政审批上也要灵活得多,一些较为落后的省份为吸引外资,常常会给出较大优惠的政策。因此,与越南当地合作不确定因素较多。泰国相对于其他东南亚国家,有着一套长效机制保持国家的内外政策和经济发展计划,因此得以在频繁的政变中,仍保持经济秩序的连续性。不过,区域合作中,泰国保护主义倾向明显,80年代以来,泰国加强了对进口的限制,实行保护价格政策,采取进口许可证的方式或通过提高关税及附加品的办法来限制或阻止某些产品的进口。中国方面,在法规、政策数理并细化成配套细则上,仍然有很长的路要走。改革开放30多年来,中国制定了大量的贸易投资法规文件,其中不少是政府内控文件。另外,云南、广西安置自身和次区域国家经贸合作与发展的需要,制定相应的地方性法规;而地方行政权力过大,市场调节、法治意识不足。在某些地区,州市一级政府还存在用行政权力向企业硬性谈判的方式完成本应由政府完成的工作。

四、结语

本文首先对GMS成立的背景、目标及其组织机制进行了分析。此后,一方面从理论层面分析制度化对推进次区域合作的重要性;另一方面结合GMS发展的进程,分析制度化对其发展的必要性。最后,本文从GMS成员国相互间经济联系加强以及各国对国际规则适应性加强的有利因素,非地区行为体参与次区域事物的双重作用,GMS机制本身所存在的制约性因素等方面分析了制度建设中的利弊条件。

制度化有助于区域合作的深化和长期稳定。当前,GMS尚没有形成稳定的结构性系统,中国、东盟国家还没有建立起高水平的合作机制,制度的建构和完善还任重道远。这一困境的出现,有着客观的历史现实原因;但是,推动地区的发展是中国和东盟国家共同的愿望,而使合作由非制度化走向制度化,由无组织向有组织的发展,则需要各成员国携手同行。

(作者系北京大学国际关系学院09级学生　原载《现代经济信息》2012年第7期)

大湄公河次区域经济合作：复杂的合作机制与中国的角色

沈铭辉

大湄公河次区域（GMS）合作机制是由亚洲开发银行于1992年发起，得到了澜沧江—湄公河流域内中国、柬埔寨、老挝、缅甸、泰国和越南六国共同响应而建立的，是目前运行比较成功的一种次区域合作机制。

一、GMS的机制特征

与其他区域经济合作机制不同，GMS是由亚洲开发银行这一国际经济组织为牵头人，采取项目制合作方式推进的次区域合作。自1992年第一次GMS经济合作会议确定了"亚行倡导的GMS经济合作的总体构架"后，1993年GMS第二次会议便初步拟定交通、能源、环境与自然资源管理、人力资源开发、经贸与投资和旅游等六个合作领域。伴随着此后各届GMS部长会议的召开，其合作领域逐步扩大至通信、禁毒、农业等领域，形成了交通、能源、电信、环境、农业、旅游、贸易便利化、投资和人力资源开发等9个GMS优先合作领域。

2002年在柬埔寨首都金边首次举行大湄公河次区域经济合作领导人会议，标志着GMS合作进入了新阶段。会议决定其后每三年在成员国轮流举办一次领导人会议，并通过了"次区域发展未来十年战略框架"，该战略框架包括五个战略方向，即以跨部门方式加强次区域基础设施联系、推进跨境贸易投资便利化、提高私人部门参与、开发人力资源、保护环境与合理利用自然资源；同时，此次领导人会议还提出了11大骨干计划加以综合管理和推进，包括南北经济走廊、东西经济走廊、南部经济走廊、电信骨干网、电力联网与贸易安排、跨境贸易投资便利化、提高私人部门参与、开发人力资源、战略环境框架、洪水控制和旅游发展。

2008年第三次GMS领导人会议接受了2007年部长会议对"次区域发展未来十年战略框架"中期评估所提的建议，即：一方面，强调"软件"方面的合作来确保发展的影响和可持续性，特别是采取措施加强竞争力和关注关键的社会和环境问题；另一方面，仍将基础设施建设作为优先任务。2011年GMS领导人会议通过并发表了《GMS新十年（2012～2022）战略框架》等合作文件，与会领导人还发表了《领导人会议联合宣言》。新10年战略框架为未来10年的合作制定了三大战略目标，即促进次区域一体化建设，推动贸易、投资及旅游的便利化，促进可持续发展战略框架，还确定了八大优先合作领域。

作为GMS牵头人的亚洲开发银行，在GMS合作中发挥了多重功能，即作为融资方，为GMS合作中的项目提供了资金融通；作为技术支持方，向GMS合作项目提供了技术支持和项目咨询；为GMS项目发挥秘书处和协调人功能，组织各方参与GMS项目，帮助各利益方达成一致；并支持、推动GMS各层次对话，如政策协调层面的领导人会议、部长级会议，实践层面的高官会议，各合作领域的论坛（交通、能源、电信、商业、农业）和工作组会议（环境、旅游、贸易与投资）等。

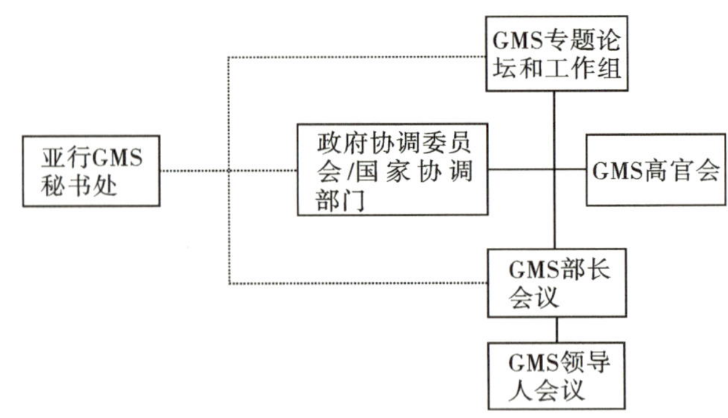

图1 GMS的组织结构

资料来源：ADB. Greater Mekong Subregion Economic Cooperation Program: Overview, Mandaluyong City, Phil.: Asian Development Bank, p5.

亚行利用贷款和技术援助等项目合作方式，联合GMS所在国政府、其他国家政府以及国际组织等多个主体，为GMS国家优先发展项目成功实现融资。具体而言，除亚行和GMS所在国政府外，世界银行（WB）、欧洲投资银行（EIB）、石油输出国组织（OPEC）、世界卫生组织（WHO）、北欧开发基金（NDF）、法国开发局（SFD）、日本国际合作银行（JBIC）、日本国际协力事业团（JICA）、泰国进出口银行（Thai Txim Bank）、法国经济合作投资公司（PROPARCO）以及马来西亚、澳大利亚、泰国、韩国、芬兰、丹麦、法国政府等主体均已成为GMS项目合作的融资方。目前，GMS已初步形成了亚行、GMS国家政府、国际其他资助方共同融资的开放式项目合作平台。

截至2011年底，GMS共实施了56个贷款（赠款）项目，项目总额达到150亿美元，其中亚行自身提供贷款51亿美元，GMS国家政府配套资金43亿美元，联合融资56亿美元，这些项目涉及公路、改善机场和铁路、提供跨境电力供应的

表1　GMS贷款项目融资渠道

单位：百万美元

年度	项目总额	亚行贷款	GMS国家政府配套资金	联合融资
1992	0.00	0.00	0.00	0.00
1993	0.00	0.00	0.00	0.00
1994	731.40	210.00	325.90	195.50
1995	100.10	78.00	22.10	0.00
1996	501.60	239.00	160.10	102.50
1997	0.00	0.00	0.00	0.00
1998	197.50	140.00	57.50	0.00
1999	1362.30	307.00	620.30	435.00
2000	0.00	0.00	0.00	0.00
2001	455.20	150.00	194.80	110.40
2002	220.40	115.00	36.90	68.50
2003	677.00	294.30	197.80	184.90
2004	1274.00	380.00	582.60	311.40
2005	1296.67	56.00	9.77	1230.90
2006	285.36	122.00	47.76	115.60
2007	3097.90	1505.00	915.50	677.40
2008	797.78	246.00	105.38	446.40
2009	295.89	135.36	113.45	47.08
2010	3111.52	1010.00	920.65	1180.87
2011	595.00	112.00	39.00	444.00

资料来源：亚洲开发银行，http://www.adb.org/GMS

水电项目，旅游基础设施，城市发展和控制传染病等；实施了177个技术援助项目，项目金额2.86亿美元。总体来看，由亚行主导的GMS合作机制是目前湄公河流域众多合作机制中最有成效的。

二、复杂的合作机制限制了GMS合作的深化

虽然GMS合作机制在其20年的运行中表现出了极强的活力，但是目前亚太地区的政治、经济形势已经较过去发生了较为明显的变化，深化GMS合作机制面临着不确定性。

（一）GMS行为主体：各国差异较大限制了合作的深化

从静态角度，GMS的参与国全部为发展中国家，在合作基础较为薄弱的情况下进行合作。GMS经济合作是典型的南南合作，区内的中国和泰国基本属于新型工业化国家，越南是一般发展中国家，而缅甸、柬埔寨和老挝属最不发达国家之列。事实上，同为发展中国家的GMS各国在相互需求中存在着较强的对外依赖性和对内竞争性，虽然GMS各国可以通过各种资源和产业的整合，获得更大的规模经济效应，共同应对外部市场波动对区域经济的冲击，这也是GMS经济合作的基础，但GMS多数国家的国内资源和产业结构较为接近，基本都以第一产业和劳动密集型工业为主，主要利用本国的自然资源和廉价的劳动力资源参与国际分工，难以在区内形成有效的分工，又均采取外向型开放战略，对外部市场和技术严重依赖，彼此之间很多产品在国际市场上是直接的竞争对手，一体化过程中的贸易创造效应远远小于贸易转移效应，所以很难形成相互信任和凝聚力。从动态角度，GMS国家在教育水平特别是初级教育普及水平上差距较大，这显然会成为影响GMS合作机制深化的长期制约。

而且从国际经验看，南南合作面临着不小的困难，成功的范例并不多。一方面，南南合作对经济增长的贡献不明显；另一方面，南南合作如非洲一体化之后，收入差距不是缩小，而是增加了，南椎体国家亦是如此，不是利益共享，而是优势突出的国家得到更多实惠，处于劣势的国家得利较少。GMS经济合作面临着同样的挑战。这些国家除中国外，国内市场狭小，难以吸纳其他成员国的商品，同时由于经济体制和经济发展水平的差异也很难对一体化政策进行协调。

更不能忽略的是，GMS各国历史上政治、军事冲突不断，社会文化矛盾重重，这些矛盾极大程度上造成了GMS合作难以形成“区域意识”，进而影响了GMS合作机制的深化。正是由于历史上的政治和军事矛盾，各方容易对GMS合作的风险评估和基本判断产生偏差，进而影响各方参与合作的诚意与力度。在东南亚国家内部，一度出现的反对GMS合作的理由是，在东南半岛修筑便利交通线将使中国向东南亚的军事威胁更为直接，特别是伴随着中国经济实力不断提高，所谓的“中国威胁论”、“新殖民主义”等论调不绝于耳，GMS合作机制的深化所面临的不确定性因素短期内难以消除。

（二）GMS合作领域：环境保护压力巨大

GMS国家所在的中南半岛，拥有较为丰富的林木、矿产等资源，从国际贸易角度，是上述国家拥有的参与国际分工的天然禀赋。从工业化阶段论视角看，GMS不少国家都处在从农业国向工业国转型的阶段，这些国家目前参与国际分工的唯一优势就是丰富的自然资源和一定程度上的劳动力资源，GMS部分国家不得不采取“资源变资产”的方式来发展经济。但是走这样开发矿产、水利和林木资源的工业化老路，不可避免地引发了大湄公河次区域的环境问题和相关国际关注。

鉴于GMS合作机制的交通、农业、能源、环境、旅游等诸多方面的合作领域涉及湄公河水域本身，而目前围绕着湄公河的环境保护问题已经引发了多方面的关注和争议，以GMS合作机制中比较受到关注的水资源为例，目前湄公河水资源的开发已不仅是水资源开发，它已成为一个环境安全问题，引发了GMS各方甚至国际社会较大的争议。湄公河从它的上游中国云南流入南中国海至少发挥着渔业、灌溉、航运和发电等四个方面的作用。然而，湄公河流域也长期经受洪涝、盐碱、沿岸森林被滥伐和植被破坏以及水质污染等的侵害。为此，1995年湄公河下游四国签署了“湄公河流域可持续发展合作协议”，并成立了湄公河委员会，开展湄公河流域水及相关资源的利用与保护合作，中国政府亦积极开展与湄公河委员会的防洪合作，向湄公河委员会提供澜沧江两个水文站汛期水文信息，对湄公河下游制定防洪减灾预案、减少因洪水灾害造成的损失发挥了重要作用。而倍受关注的湄公河水电开发问题成为GMS各方关注的焦点，以至于被称为“水政治”。湄公河流经之处大都属于水电资源极为丰富而沿岸居民大都是生活极其贫困的地区，修建水电站自然就成为当地政府脱贫的首选项目。事实上，有关水电站对生态环境、人类社会的影响的相关研究已有很多，近些年来国际上各类型绿色环保组织所掀起的“反坝浪潮”也不鲜见，虽然水电开发的综合影响并没有绝对定论，但是由于近年来全球极端气候发生率明显提高，不免使得国际上代表不同利益的非政府组织借机针对GMS的水电开发引发“水战”。

事实上，环境问题已经成为影响中国深化GMS合作的棘手问题。GMS各国对中小型水电项目的需求量很大，中国有着该项目建设上的适用技术优势和丰富的成功经验，因此承建了不少中小型水电项目，但由于宣传上的误导和其他一些原因，国际NGO认为是中国企业的行为严重破坏了下游的生态环境。另外，也确实存在矿产资源开采上，部分中国企业把一些不规范的做法带到了GMS国家，忽视了环境保护问题，进而引发了针对中国企业和中国的强大国际环保舆论压力。而美国和日本则利用其先进的技术水平，重点强调环境保护和生态平衡，与中国形成对立面。美国将环境保护作为“美湄合作”框架的重点领域，日本强调所谓的“亚洲循环经济”，将东南亚国家的回收家电运回日本处理，这些都进一步增加了中国加强参与、深化GMS合作机制的难度。

（三）GMS合作环境：发展中的外部因素复杂

由于GMS国家大都是发展中国家，部分国家还属于最不发达国家，因此其经济发展和GMS合作本身所需资金大都不足，部分GMS国家很大程度上需要依赖外来国家和国际组织的资金供给，这也就决定了GMS合作中的“外部主导”问题。即GMS合作机制利益博弈不仅局限在成员国之间，还因为外部资金支持和项目共同开发引发了外部多国介入GMS合作，这加剧了GMS合作的复杂性。

日本一直是湄公河开发的重要捐助国。从20世纪80年代开始，日本在向东南亚大举进行直接投资的同时，也对湄公河流域进行了大量调查研究。随着亚洲开发银行GMS经济合作机制的出台，日本加大了在该地区的参与力度，并形成了日本参与湄公河开发合作的一整套计划。日本还积极要求参加东盟—湄公河流域开发合作机制，并已获准

成为该合作机制的核心国。2003年12月,在“日本—东盟特别首脑会议”上,日本政府公布了《湄公河地区开发的新观念》;2007年日本政府公布了新的GMS政策,即《日本—湄公河地区伙伴关系计划》。另外,日本外务省自1991年起,在政府开发援助中专门设立了“湄公河地区开发项目”,加大了对GMS五国的支持力度。多年来,日本作为GMS多数国家最大的援助国(见表2)和投资国,其对GMS五国的影响日益加深。

表2　　日本ODA占GMS国家外援比重

单位:%

年份	柬埔寨	老挝	缅甸	泰国	越南
2004	29.0	40.7	32.9	—	51.9
2005	29.0	34.0	32.8	—	48.1
2006	30.6	34.1	33.5	—	43.1
2007	27.2	36.7	23.6	—	43.0
2008	27.0	31.0	—	—	38.8

注:ODA包括无偿资金援助、技术合作以及日元贷款,根据当年无偿资金援助、技术合作以及日元贷款借贷余额计算

资料来源:Ministry of Foreign Affairs of Japan, Japan's ODA White Paper 2010

作为东亚地区的两个大国,中日之间的经济实力对比也在一定程度上成为影响GMS合作进程的重要变量。在亚行主导下的GMS合作机制中,由于日本占亚行的股份最多,不可避免地会发生中日两国在GMS合作领域的博弈。针对中国提出的“南北走廊”计划,日本宣布加快“东西走廊”的建设,并于2008年1月,向湄公河“东西走廊”无偿援助2000万美元。2009年11月在日本举行的日本—湄公河次区域国家首次高峰会议上,日本首相鸠山承诺,在未来3年内日本将向湄公河次区域5国提供55亿美元的ODA援助,并加强对湄公河次区域5国的支持,维持该地区的稳定和发展。此外日本还加大了对次区域人力资源的培训,通过各种援助和人力资源培训项目,向年轻人灌输日本式思维。中国全力推进大湄公河次区域开发就被部分日本媒体视为在东南亚建立“卫星城”和面向东盟的南进“据点”。为了防范中国影响的扩大,日本已经在该区域加大了经济外交的力度。日本的作为,有可能导致参与GMS合作各方的分化,在GMS合作中处理好中日之间的关系也是下阶段中国参与GMS合作机制所必须面对的挑战之一。

20世纪70年代前,美国曾较多地参与了湄公河的开发。越战结束后,美国的直接参与有所减少,主要是通过国际机构和跨国公司发挥影响。美国借助世界银行、国际货币基金组织的援助贷款,以及微软、IBM、可口可乐的投资活动,并通过一些人权、环境、扶贫、宗教方面的非政府组织(NGO),大力在GMS营造“民主化”的软环境。然而,随着近期中国在东南亚地区影响与日俱增,美国也加紧了“重返东南亚”的步伐。2009年7月22日,在泰国普吉岛出席东盟地区论坛(ARF)部长会议的美国国务卿希拉里签署了《东南亚友好合作条约》(TAC),美国成为TAC的第16个区域外成员国,美国政府将在位于印尼首都雅加达的东盟秘书处派驻常设外交机构,美国今后要致力于和东南亚国家建立面向未来的伙伴关系。在此次会议期间,美国与柬埔寨、泰国、老挝、越南这4个湄公河下游国家探讨了建立新的“美湄合作”框架的设想,打算在环境保护、健康保健和教育三个重点领域展开合作,并建议湄公河委员会与美国第一大河密西西比河管理部门建立伙伴关系。7月27日,美国宣布2009年将为大湄公河次区域的柬埔寨、越南、老挝和泰国四国提供1.5亿美元的援助,其中的700余万美元,用于建立“大湄公河环境监测系统”,以保护该区域内的生态环境,提高人民的环保意识,促进水利、森林等自然资源可持续发展。剩余款项用于卫生领域中的艾滋、流感、疟疾、肺结核等疾病防治项目。这都预示着美国有意更深的介入GMS区域事务,同时遏制中国在这一地区日益扩张的影响力。虽然美国会采取比较巧妙的方式,不与中国发生正面冲突,但美国的强势介入有可能给中国在该地区深化GMS合作制造新的干扰。

此外,欧洲和其他西方国家大部分是通过官方的开发援助、直接投资、捐助开发和研究等方式参与大湄公河的开发合作。如澳大利亚、新西兰、瑞典等国积极参与湄公河开发,以官方开发援助和人力资源开发为主。英法等国重点投资、捐助和合作主要集中在原旧殖民地国家。欧盟及其他欧洲国家以亚欧首脑会议为契机,已在“共同合作湄公河开发计划”方面达成共识,表示积极支持开发合作。东盟近年来也越来越重视湄公河流域开发合作,考虑到GMS部分国家是该地区经济较不发达的国家,为了尽快使新成员国融入东盟,早在1996年就通过了《东盟—湄公河流域开发合作基本框架》,其目的是提高湄公河流域国家的经济水平。

值得一提的还有印度的因素。从1991年开始,印度推行“东向战略”,希望全面发展与东盟的地区合作,其中也包括“孟印缅斯泰经济合作联盟”、“湄公河—恒河合作计划”以及“环印度洋地区合作联盟”。有学者认为,印度进入东南亚有着“明显排斥中国的意图”。实际上,GMS国家方面也有借助印度来平衡中国作用的考虑。

虽然GMS合作机制成功地吸收了来自日、美、欧、印度等外部国家的资金,但是过高程度的“外部主导”问题已经严重打乱了大湄公河地区的外部发展环境,各利益集团围绕着自身利益很有可能会时常展开博弈,进而影响GMS合作整体进程,并可能成为制约GMS合作机制深化发展的不利因素。

三、在GMS框架下的中国角色

GMS合作机制是由亚洲开发银行发起的,以项目为导向的,包含广泛合作内容的区域合作机制,该合作机制具有相当程度的特殊性,对这一特殊性有充分认识将有助于把握GMS的走向。

第一,次区域经济合作的经济地理学定义为:边界由屏蔽效应向中介效应转化的过程中,毗邻国家在其边境接壤地区开展的区域经济合作,其目的是就近利用边境区的区位优势,变潜在资源优势为经济优势,改变边境地区的经济落后状态,从而增强边境区域竞争优势的一种经济合作形式。事实上,GMS合作机制这一基于广义边境贸易的合作机制,其目标取向和合作内容同传统区域经济合作有显著的不同,不能用一般的区域合作理论解释。这是因为次区域合作在发展的轨迹上具有跳跃式的增长路径,在合作目标的取向上超越传统经济合作的经济利益,在发展的模式上具有灵活性。这种以项目主导的合作,目标还在于加强基础设施建设、简化边界内措施以便吸收外资发展经济或者脱贫,而非建立共同市场为目标的一体化。无怪乎有学者早就指出,该合作“为投资提供资本的私有成分和通过发展基础设施、提供财政鼓励或者通过精简现有行政秩序而使之提高效益的公有

成分之间加强合作,有助于充分利用地理上临近地区的互补性”。因此,从这个角度来看,以 GMS 为框架的合作方式,其主要目标仍将致力于项目式脱贫,不能过分指望 GMS 合作机制发挥其他作用。

因此,从中国的角度,如果将利用 GMS 合作机制加强与中南半岛国家的互联互通,同时在一定程度上推动中国云南省和广西壮族自治区的经济发展视为参与 GMS 的主要目标的话,那么 GMS 合作机制基本能够完成这一使命。但是如果把过多的原本不属于 GMS 机制的东西纳入目标范畴,则会导致中国反受其害。例如希望通过 GMS 大幅推动中国边境省份经济发展、或者利用 GMS 机制增强中国在中南半岛上的影响力等等,这些目标往往不切实际而且容易影响我方达成 GMS 的主要目标。从这个角度看,GMS 合作机制仅是消除投资障碍以便吸收外资的一种项目式合作,如果希望达到进一步的经济、政治目标,还需要采取诸如与 GMS 部分国家签署双边自贸协定等其他措施。

第二,需要注意,GMS 合作机制由亚洲开发银行——这一区域性金融机构作为倡导者和主要协调人。GMS 经济合作是亚洲开发银行于 1992 年首倡并发起的亚洲区域内最成功的区域经济合作机制之一,20 年来亚行一直都是 GMS 经济合作重要的资金供给方和合作协调人,为 GMS 的经济发展作出了巨大的贡献。由一个国际金融机构作为发起人而形成的一个成功的区域经济合作机制在全世界并不多见,这也是由湄公河这一地区的复杂的内、外部环境所决定的。大国力量相互制衡使得亚行成为协调这一地区经济发展的各方都认可的中间人。因此,在目前周边综合发展环境并不乐观的前提下,积极支持亚行在 GMS 合作中发挥主导作用显得尤为重要。从操作上看,在水电建设项目上积极取得亚行的贷款,不仅有利于减轻资金压力和风险,而且还有助于在一定程度上减轻中国企业的公关压力和国际 NGO 的单方面指责。因此,积极支持亚行的 GMS 工作,在亚行框架下推动合作应该是中短期内的工作方向。

第三,多方参与的多种区域合作机制并存。20 世纪 90 年代初,以澜沧江—湄公河为主轴的次区域经济合作悄然兴起,目前已形成多种合作机制,除由亚洲开发银行倡导的“GMS 经济合作”之外,还有东盟主导的“东盟—湄公河流域开发合作”、以澜沧江—湄公河为主轴的中、老、缅、泰四国毗邻地区的“黄金四角经济合作”以及老、泰、柬、越四国的“湄公河流域持续发展合作”等。这些机制与 GMS 合作机制一道发挥着不同的功能,满足了不同层面的多样化需求。这种多层次的、部分重叠的合作机制虽然在其他地区可能比较陌生,但是在东亚地区却是一个常见事物,因为东亚合作本身就具有这一特性。这不仅体现了东南亚地区内部高度复杂的政治、经济关系,也反映了域外大国的利益博弈。鉴于这一特性,无论东亚合作或者 GMS 合作,可能都会在一定时期内维持在功能性合作层面上,而 GMS 合作机制的成功也充分体现了这一点。虽然湄公河地区多种合作机制并存反映了各方的不同利益和侧重,有利于满足多层次需要,但是也存在着缺乏总体规划和协调的问题,因此,本着深化 GMS 合作机制的目的,可以考虑推动亚行加强与上述多重合作机制的沟通与协调,以便提高合作倡议的生命力。

(作者系中国社会科学院亚太与全球战略研究院研究员　原载《亚太经济》2012 年第 3 期)

论 文 摘 要

《加强中国与东盟能源安全合作的国际法思考》　谭民(武汉大学国际法研究所)撰,发表于《南洋问题研究》2012 年第 1 期。指出中国与东盟的能源安全合作已从现实和制度层面展开,但是仍然存在能源产品出口受到限制、能源运输通道安全受到威胁、南海问题向国际化方向发展等问题,应当注重国际法规范在保障中国与东盟能源安全合作中的作用,利用联合国条约体系、WTO 协议和 CAFTA 协议,充分认识 ECT 和 NAFTA 协定的借鉴意义。

《中国—东盟安全合作的综合化》　郑先武(南京大学国际关系研究院)撰,发表于《现代国际关系》2012 年第 3 期。指出中国—东盟伙伴关系启动 20 年来,双方安全问题日益综合化,表现出多领域、多层次互动的综合安全格局。这决定着中国—东盟安全合作呈现出综合化的发展,即以“伙伴关系”框架内“大多边”为制度中心、“小多边”和“双边”为内部支撑,以“区域”、“区域间”和“全球”等更大的多边为外部促进的多层次互动格局。这一合作也存在一些明显问题,最重要的是弱制度及其局限。由此,建构一种更具内聚性、操作性和实效性的合作安全机制就成为一种重要的制度选择。

《菲律宾南海政策:利益驱动的政策选择》　鞠海龙(暨南大学国际关系学院/华侨华人研究院)撰,发表于《当代亚太》2012 年第 3 期。指出菲律宾南海政策的利益驱动特征表现在两个方面:一是基于安全和经济利益,在没有任何合法依据的情况下宣称对南海部分岛礁及海域拥有主权和管辖权;二是利益因素一直是影响其南海政策的主要因素。正是因为菲律宾南海政策具有利益驱动的鲜明特征,所以它更容易在国际环境相对有利的条件下,受国内军方和能源利益集团的推动,从而表现出激进化的特征。2011 年以来,菲律宾激进化的南海政策恶化了中菲关系,加剧中国与东盟国家在南海问题上的对立,给中国周边环境带来不利影响。菲律宾激进的南海政策既考验着中国南海维权的底线,也考验着中国经营周边战略环境的智慧。中国的战略应对不但要着眼于南海问题的具体事务,而且要有更长远、更清晰的战略研判。

《国内政治与南海问题的制度化——以中越、中菲双边南海政策协调为例》　钟飞腾(中国社会科学院亚太与全球战略研究院)撰,发表于《当代亚太》2012 年第 3 期。文章通过对中越、中菲南海政策协调的分析表明,三方在功能性问题上存在着极强的合作可能性。但功能性问题的特点是容易产生矛盾。在对主权存在不同主张的情形下,由于担心资源开发的收益分配不公平,深化合作的政治基础并不牢固。越南和菲律宾由于人地资源矛盾突出,对海洋资源的渴求显著强于中国,其南海政策极易获得国内的高度支持,这是越南和菲律宾不会在南海争端中让步的原因,也是其面对日益强大的中国仍表现强硬的根本原因。中越在南海问题上的双边制度化程度要高于中菲,其原因在于中越之间存在更紧密、更深入的关系,多个议题制度化的成果及经验外溢到南海领域，使双方高层在战略上容易达成共识，并对两国的国内决策和执行产生强大的约束力。理解越南和菲律宾南海政策的差异，还需要挖掘两国更多的国内政治经济因素。越南、菲律宾政府各自都面临着来自国内利益和相关部门的挑战。可以预计，国内利益多元化将使其南海政策更加难以协调。

《东盟“伊斯兰化”与东盟10国对以关系的互动研究》 钮松（上海外国语大学中东研究所）撰，发表于《南洋问题研究》2012年第4期。指出冷战结束为东南亚地区一体化发展和东盟扩大创造了条件。随着伊斯兰复兴运动近年在马来西亚和文莱的深化，这两国出于宗教情感而持反以亲阿的态度，并将其变为东盟意志，无视东盟大多数成员为非伊斯兰国家且与以色列合作良好的事实。这既体现了冷战后国际关系格局发展现实在东南亚的投影，又体现了当代国际关系的“宗教转向”和东盟国家在伊斯兰问题上的分歧公开化。以色列实际上已成为东盟伊斯兰与非伊斯兰成员国之间的宗教“柏林墙”。欧盟模式应是东盟可资借鉴的方向，东盟制度建设乃至维系存在的基础在于：一是加强东盟制度民主建设，二是东盟机构的“去宗教化”。马来西亚和文莱可以通过伊斯兰会议组织等国际宗教组织发出其宗教诉求，但东盟绝非在宗教上的合适平台。

《东南亚国家的经济外交与地区安全秩序的重塑》 阎梁（南开大学周恩来政府管理学院）、田尧舜（对外经济贸易大学国际经济研究院）撰，发表于《当代亚太》2012年第4期。指出内容提要：冷战结束后，塑造东亚地区安全秩序的力量来源主要有两个：一是雅尔塔体系的遗产，二是东南亚国家的经济外交。一方面，中国与俄罗斯通过上海合作组织构建了在安全等领域的合作，而美国在美日同盟的基础上强化了其在东亚的单边及多边同盟体系。因此，雅尔塔体系遗产的组织化程度较以往明显提高。另一方面，东南亚诸国通过在东盟10+合作框架、亚太经合组织以及亚欧会议等平台实施经济外交，比较成功地把主要大国及区域集团力量牵绊在东亚地区，并影响冷战后东亚地区的政治、安全秩序。

《东盟规范的演进及其对外部规范的借鉴：规范传播视角的分析》 程晓勇（复旦大学国际关系与公共事务学院）撰，发表于《当代亚太》2012年第4期。指出规范是建构主义兴起后国际关系研究的热点问题，其中，规范传播是规范研究的重要内容。现有的规范传播研究多集中于规范在组织内的纵向传播以及由发达地区向不发达地区的横向传播，并在这两个维度上探讨规范的传播机制与传播战略。东盟规范根源于东南亚地区的历史文化传统与本地经验并借鉴了部分外部经验，伴随着东南亚地区合作的形成与发展而逐步生成和不断演化。东盟规范的演进过程同时体现了规范的纵向传播以及横向传播；从“小”东盟到“大”东盟，体现出东盟规范的纵向传播；东盟规范在东亚地区主义中的作用和影响则体现了东盟规范在更大范围内的横向传播。此外，20世纪90年代以来，东盟在借鉴的基础上对部分欧洲安全规范进行了本地化，体现出外部规范对东盟的横向传播。无论是东盟规范的向外传播还是东盟对外部规范的本地化，都体现出东盟不断适应形势变化、解决自身发展问题的需要。

《主导性国家与东盟安全共同体的建构——兼谈美国重返东南亚对建构东盟安全共同体的影响》 郭琼、陈一一（兰州大学政治与行政学院）撰，发表于《东南亚研究》2012年第5期。指出当下，东盟安全共同体的建构正面临着重重阻碍，主要表现为规范难以建立、制度难以生成和国家间集体认同的单薄。与此同时，2009年后美国开始执行的重返东南亚的外交策略对东盟安全共同体的建构也产生了不可忽视的作用。以上两方面的因素都影响着东盟安全共同体的最终形成。基于此，本文认为，东盟安全共同体建构的关键性问题在于主导性国家的缺失；而美国对东盟安全共同体建构的强势介入在短期内有利于安全共同体的推进，但长期来看却会阻碍主导性国家的确立从而不利于东盟安全共同体的建构。

《中国—东盟自由贸易协议法律性质论》 陈咏梅（西南政法大学国际法学院）撰，发表于《暨南大学学报（哲学社会科学版）》2012年第7期。指出2010年1月1日，中国—东盟自由贸易区全面启动，这是继欧盟和北美自由贸易区之后世界第三个最大的自贸区，也是发展中国家间最大的自贸区。CAFTA的全面达成将极大地促进中国与东盟间的贸易增长，推动东亚地区的经济一体化进程。CAFTA的名称暗含着中国与东盟整体之间的协议，但由于东盟不具备独立的国际法律人格，没有缔约能力，因此，CAFTA实质上是中国与东盟各个成员国间的双边协议的集合。CAFTA的这一法律性质定位对CAFTA争端解决机制及CAFTA义务的履行都将产生深远影响。

《“中国—东盟法律文献数据库”建设实践研究》 吴郁（西南政法大学图书馆）撰，发表于《东南亚纵横》2012年第9期。指出文章从“中国—东盟法律文献数据库”建设的背景入手，介绍了数据库的主要内容和体系健全、页面美观简洁，使用方便、数据库系统完善等特色，对数据库在建设中遇到的问题，包括数据库的人员配备、资源收录、软件系统、标引规则、建设流程和知识产权问题进行了研究。

《自贸区建设与中国东盟关系——一项战略评估》 王玉主（中国社科院亚太与全球战略研究院）撰，发表于《南洋问题研究》2012年第1期。指出文章在分析中国东盟自贸区建设三重目的的基础上，对自贸区建成以来中国东盟双边关系的发展作了简要评估：即自贸区建设虽然加强了中国—东盟双边经济的相互依赖关系，但在中国经济快速崛起、美国重返东亚的背景下，自贸区建设对双边关系的促进作用正在下降。因此，本文认为，后自贸区时期中国—东盟关系的经营需要超越“经济利益捆绑”的综合战略。

《中国与东南亚交往的民间桥梁：东南亚国家对华友好协会中的华人角色分析》 高伟浓（暨南大学华侨华人研究院）撰，发表于《东南亚研究》2012年第1期。指出在中国与东南亚国家间越来越频繁和多样化的交流活动中，东南亚各国的对华友好协会是这个地区发展对华关系的重要民间桥梁，而华人精英则不同程度地在各自的协会中扮演着重要角色。他们有的在前台起主导作用，有的在幕后起主导作用，有的担任辅佐角色，也有协会华人尚处于缺位状态。在中国与东南亚国家的公共外交中，各国的对华友好协会可以作为公共外交的平台发挥积极作用。

《权力格局失衡与心理调适——中国东盟关系中的信任问题》 季玲（外交学院东亚研究中心）撰，发表于《南洋问题研究》2012年第1期。指出2009年以来，尽管中国—东盟自贸区成功建成，双方的经济相互依赖达到前所未有的高度，但是中国与东盟仍然经历了严重的信任危机。通过对中国—东盟长达20年的信任关系建构历程进行回顾，文章试图回答哪些因素影响着中国—东盟信任关系的建构这一理论问题。在对现有理论要素进行折中主义整合并且补充之后，文章从权力格局失衡以及东盟国家心理调适需要的角度重新看待中国与东盟20年来信任关系建构的互动进程，并对当前中国外交应对周边小国信任危机提出政策建议。

《风雨同行 共谋发展—中国与东盟建立对话关系20周年回顾与展望》 刘新生（中国国际问题研究基金会）撰，发表于《东南亚纵横》2012年第2期。指出20年来，中国—东盟关系走过了从消除疑虑、开展对话、增进互信到建立战略伙伴关系的不平凡的历程，成为南南合作的典范。尽管当前的中国与东盟关系还面临诸多挑战，但随着双方政治互信的增加、相互依赖的增强、安全合作的深化，未来的中国与东盟合作必将进一步走向成熟和共赢。

《中国—东盟自贸区建设的目标及对双边关系的影响》 王玉主（中国社会科学院亚太与全球战略研究院区域合作与全球治理研究室主任、研究员）撰，发表于《创新》2012年第3期。指出通过对中国—东盟自贸区建设的基本目标的分析，自贸区建设应是受经济利益主导的，而战略目标则是在自贸区推动的进程中逐步明确和发展的。未来一个时期，自贸区中国与东盟关系的促进作用将受到越来越多的非经济因素影响。如何从中国与东盟关系的视角评价中国—东盟自贸区，需要从思路上作根本的转变。

《中国—东盟自由贸易区原产地规则签证操作程序变动分析》 容静文（广西国际商务职业技术学院）撰，发表于《创新》2012年第3期。指出根据中国与东盟签署的《第二议定书》，2011年1月1日起，中国—东盟自由贸易区启用新版原产地证，并对原产地规则项下的签证操作程序进行修正。此次修正的目的是促进贸易便利化，提高中国—东盟自由贸易区优惠关税的利用率。进出口企业应随时关注协议的变化，以便在与东盟国家的贸易中充分享受中国—东盟自贸协定项下的关税优惠待遇和提高通关效率。

《中国与东盟关系现状、趋势、对策》 许宁宁（中国—东盟商务理事会）撰，发表于《东南亚纵横》2012年第3期。指出在中国国际战略环境中，东盟处于十分重要的地位。目前中国与东盟关系正面临着美国“重返东南亚”和南海部分岛屿主权争端矛盾上升的两大考验。中国应高度重视对东盟关系的发展，继续坚持“与邻为伴、以邻为善”的周边外交方针，大力促进双方的全面合作、创新合作、务实合作、互利合作，不断深化双方战略伙伴关系。

《对冷战后中国与东盟关系的反思》 李晨阳（云南大学人文学院）撰，发表于《外交评论》2012年第4期。指出冷战结束后，中国努力发展与东盟的全方位合作，并把与东盟的关系视为中国周边外交的最前沿和突破口。中国与东盟关系在冷战后总体上取得了长足发展和进步，然而近年来双方关系的发展势头遇到了新的情况和问题，中国与东盟相关国家在南海问题上的矛盾更是一时难以平息。这种局面的出现，与区域外大国的干预和东盟对中国关系的战略定位直接相关，也与长期以来在发展与东盟关系方面存在的一些认识偏差和误区有关。对此，中国必须与时俱进，厘清对东盟以及中国—东盟关系的思想认识，加强战略谋划，并在具体思路和策略上做出必要的调整。

《国际法院对岛礁争端的裁量与南海维权——东南亚国家的经验及其对中国的启示》 邵建平、刘盈（云南大学国际关系研究院）撰，发表于《当代亚太》2012年第5期。指出东南亚国家中的马来西亚、印尼和新加坡通过国际法院裁决的方式成功地解决了相互之间的岛礁主权争端。在对马来西亚与印尼、马来西亚与新加坡岛礁主权争端案的裁决过程中，国际法院综合考量了有效控制、继承、禁止反言和先占原则。马来西亚与印尼、马来西亚与新加坡通过国际法院裁决解决相互间岛礁争端的经验对中国更好地维护南海主权具有一定的启示。

《博弈架构下中国—东盟共赢的实现》 王志远（广西民族师范学院）撰，发表于《湖北第二师范学院学报》2012年第10期。指出经济全球化、区域一体化是当今世界发展的潮流，通过结成某种形式的联盟达到利益上的占优获取，是其具体体现。在博弈逻辑中，联盟保持稳定性或得以结成，须满足两个条件：一是某个参与人对该联盟的贡献应大于其从该联盟获得的收益，二是他从该联盟获得的收益大于他从其他可能的联盟中获得的收益。这两个条件是实现参与人各方共赢的基本要求。中国—东盟各成员国实现共赢的具体化条件为：贡献约束、获益满足。在中国—东盟各成员国共赢模式下，共赢实现具有理论的坚实根基与成功的必然性。

《中国—东盟关系能经受住考验吗?》 张蕴岭（中国社会科学院）撰，发表于《东南亚纵横》2012年第10期。指出中国与东盟建立对话与合作关系20年来，双方的关系取得了快速的发展。回顾以往的历程，总的来说有以下3个特点：一是中国与东盟成员国家的关系正常化，并获得全面改善；二是双方发展了密切的共享的经济关系，不仅互为最重要的贸易伙伴，也发展了多方面的合作；三是双方的关系逐步建立在机制化的基础上，建立了从高层对话到自由贸易区等各种合作机制。无论从哪个角度，对东盟来说，与中国的关系是具有特别重要性的，对中国来说也是一样。中国支持东盟的团结，东盟要平衡中国也应把握好分寸，处理不当也必然会伤害自己。东盟也不会让自己成为美国战略包围中国的一个前沿阵地的。展望未来中国与东盟之间的关系，尽管面临很多新的挑战，但我们没有理由悲观，无论从哪个角度来说，中国与东盟国家之间的关系都是不可替代的。

《中国—东盟自由贸易区次区域经济合作研究》 吴琼、金铃（沈阳理工大学经济管理学院）撰，发表于《商场现代化》2012年11月（下旬刊）。指出中国与东盟地缘相近、文化相通、经济互补，是友好近邻，也是重要的战略伙伴。自由贸易区的建设安排，将中国与东盟国家紧密地联系在一起。加强区域合作，更加相互依存，也是实现东亚和亚太地区的持久和平、促进共同繁荣的需要，对稳定和巩固中国的周边环境具有积极意义。针对中国东盟区域合作面临的制约因素，文章提出了一些对策稳步推进次区域开发合作，使之成为中国与东盟经贸合作发展的新要求。

《后危机时期的东盟国家经济》 王勤（厦门大学东南亚研究中心）撰，发表于《南洋问题研究》2012 年第 1 期。指出近年来，东盟国家经济相继从衰退中复苏，逐渐摆脱国际金融危机的阴影。随着全球经济形势的动荡和增长趋缓，东盟国家的经济增长呈现出减缓的趋势。后危机时期，东盟国家积极调整宏观经济政策，加快经济转型和产业升级，推进区域经济一体化的进程。在新的国内外经济形势下，东盟国家经济发展将面临新的挑战。

《中国—东盟投资促进措施研究》 杨禄辉（昆明理工大学法学院）撰，发表于《法制与社会》2012 年第 2 期下。指出投资促进，是《中国—东盟投资协议》中的重要条款，是一个国家或地区为了鼓励投资，激发投资者的投资热情，而向各个潜在的投资者所进行的各种营销活动。文章意在研究中国和东盟各国采取的投资促进措施的利弊，以达到改善投资环境、完善投资促进措施、实现区域共同繁荣的目标。

《2011～2012 年中国—东盟货物贸易数量分析与预测》 李红（广西大学商学院）、李军（南宁海关统计处）、方冬莉（广西大学商学院）撰，发表于《东南亚纵横》2012 年第 3 期。指出 2011 年中国与东盟的进出口贸易总额突破 3600 亿美元，增幅回落但仍在高位，中方逆差扩大且呈进一步向海关特殊监管区域、外商投资企业、资源类产品以及东部沿海省市等方面集中的趋势。一般贸易、外资企业、机电产品等方面均占中国—东盟贸易的一半。私营企业对双方进出口增长的贡献突出，而加工贸易、外商投资企业、国有企业等方面所占比重则在下降。数据检验分析显示，中国、日本、韩国、美国与东盟的贸易具有稳定的协整关系、关联程度。计量预测 2012 年的中国—东盟经贸合作将保持持续的增长势头。

《东南亚国家的粮食生产与粮食政策》 吴崇伯（厦门大学南洋研究院）撰，发表于《东南亚南亚研究》2012 年第 3 期。指出东南亚国家长期为实现粮食自给进行不懈的努力，到 20 世纪 80 年代中期，东南亚地区成为当今世界少有的实现粮食自给并有大量出口的地区。然而，进入 90 年代以后，东南亚一些国家出现粮食产量下降、自给率降低、对外依赖增强的趋势。东南亚国家采取新的措施来促进粮食生产和粮价稳定，确保国内粮食安全。

《产业协调政策对中国—东盟区域经济合作的博弈分析》 欧阳华（广西财经学院）撰，发表于《广西财经学院学报》2012 年第 4 期。指出由于中国和东盟所处的产业化水平、产业构造和资源禀赋都存在差别，在单纯的市场规律作用下，很难实现中国—东盟区域资源的合理配置和区域整体发展的最优。中国和东盟的各个国家都应积极参与国际经济交流和产业合作，探索产业协调的各种政策措施，协调中国和东盟的产业合作关系，使之形成互补和互动关系，发生共振和共进效应，完成资源、资金、劳动等因素的整合，在推进各国自身经济发展的同时，增进中国—东盟整个区域的整体得益。

《中国—东盟交通运输合作机制研究》 余元玲（重庆大学法学院）撰，发表于《甘肃社会科学》2012 年第 4 期。指出中国—东盟交通运输合作近年来取得了丰硕的成果，其成功应归因于中国—东盟交通运输合作机制，这一合作机制主要包括了有关交通运输合作的实施机制、合作条约、会议论坛、专门组织机构、渐进的合作模式等等。然而，这一机制也存在缺陷，需双方共同努力积极应对。中国—东盟交通运输合作机制为自由贸易区合作法治化进程提供了现实的范本，值得借鉴推广。

《中国—缅甸经济走廊及其影响》 赵洪（新加坡国立大学东亚研究所）撰，发表于《东南亚南亚研究》2012 年第 4 期。指出正在建设中的中国—缅甸经济走廊将给中缅关系发展及区域能源安全与合作带来机遇与挑战。中国应该以中缅经济走廊建设为契机，将中缅合作领域扩展至社会制度建设和经济改革方面，使双边经济合作进入一个更高层次。

《东盟参与“TPP 轨道”合作面临的机遇、挑战及战略选择》 李文韬（南开大学 APEC 研究中心）撰，发表于《亚太经济》2012 年第 4 期。指出美国高调推进的“TPP 轨道”合作使得亚太地区的政治经济格局面临一场激烈变革。面对新的机遇与挑战，东南亚国家联盟（ASEAN）的区域经济一体化战略也必须随之进行全面调整。东盟加入“TPP”可以提升自身地位，协调制衡地区大国；打开国际市场，享受复合网络型分工福利；接受高标准条款，倒逼国内经济体制改革；但是同时也会使“ASEAN + +”作为区域合作主导模式的地位受到干扰；增加对美国的政治经济依赖；国内敏感产业和经济管理体制受到冲击；东盟内部的政治经济利益协调难度加大。因此，面对“TPP”，坚持“大国平衡”战略，采取集体一致行动的参与方式仍是东盟区域经济合作战略的核心原则。

《浅议中国—东盟投资争端解决机制》 杨青青、徐力立（重庆市巫山县人民法院）撰，发表于《东方企业文化》2012 年第 7 期。指出建立行之有效的争端解决机制是中国—东盟自由贸易区制度建设的重要内容。中国与东盟各国在争端解决机制协议中达成了基本的共识，并呈现出受案范围的明确性、争端解决方法的多样性、选择管辖的排他性、磋商机制的前置性等特点。同时中国—东盟争端解决机制在运用该争端解决机制管辖制度、仲裁庭组成人员、设置及表决方式、裁决程序、执行程序等方面的规定仍存在不足，针对这些不足，《中国—东盟争端解决机制协定》应在管辖制度中增设专属管辖，合理安排仲裁人员组成结构，完善仲裁庭设置及表决方式、仲裁裁决复核程序和执行程序。

《基于中国—东盟自由贸易区的滇桂区域物流一体化探析》 李万青（重庆电子工程职业学院）撰，发表于《价格月刊》2012 年第 5 期。指出在中国与东盟贸易往来取得持续、突破性进展的情况下，从环境生成、技术建构、规制制定的角度，对中国—东盟自由贸易区的滇桂物流一体化进行深入探讨，提出构筑连接东盟的公路、铁路、内河航道和航空的滇桂立体性大交通网络，建设基于聚合效应的滇桂物流节点网络和功能齐全的信息网络，打通和理顺西南地区通向东盟的国际大通道，形成统一、协调、高效的滇桂现代化区域物流体系。

《中国—东盟经济关系与地区整合的前景》 周士新（上海国际问题研究院外交政策研究所、亚太研究中心）撰，发表于《创新》2012年第5期。指出中国与东南亚国家经济合作近年来呈现出较快发展的态势，正成为东亚地区整合的重要模式。这不仅体现在中国与东盟以及日本、韩国为预防东亚金融危机的再次发生，努力推进清迈倡议多边化的进程中，更体现在双方建立自由贸易区的过程中。中国与东盟的经济关系促进了双方关系在更多领域的发展，对构建东亚地区整合具有积极意义。中国对支持东盟在地区合作中发挥领导者作用的立场不仅稳定了双方关系，对构建东亚新秩序也具有积极意义。

《中国东盟自由贸易区及其“外溢效应”》 杨文博（辽宁大学）撰，发表于《辽宁教育行政学院学报》2012年第6期。指出通过对中国—东盟自由贸易区的建立以及其“外溢”效应进行分析，从而对中国的东盟战略进行一些浅层次的政策建议，即为了弥补中国—东盟自贸区存在的不足，双方应该排除干扰，力推10+1、10+3机制成为亚太地区核心对话机制；双方应该扩大共识，建设基于共同利益之上的中国—东盟关系；双方应该深化合作，为中国、东盟合作向传统安全领域过渡创造条件。

《中国—东盟产业合作现状、趋势及建议》 许宁宁（中国—东盟商务理事会）撰，发表于《东南亚纵横》2012年第6期。指出2011年、中国—东盟产业合作中国与东盟互为重要贸易伙伴、东盟成为中国企业在国外投资的第一大市场、中国在东盟国家承包工程不断发展的现状。认为中国和东盟双方不断扩大的市场开放、调整产业结构和促进产业升级来推动产业合作将成为发展趋势，并对中国—东盟产业合作提出以下建议：加强中国和东盟政府间的产业政策互相通气、互相协调，并进而发展为部长级合作机制；将中国和东盟的产业合作与中国—东盟互联互通有机结合；充分发挥中国向东盟国家提供的信贷、中国—东盟投资合作基金、中国—东盟银行联合体在产业合作中的作用；加大中国与东盟在物流、科技、知识产权、技术法规和经济法规、标准和合格评定程序，以及法律咨询、商务咨询、会计服务、信息服务等领域的合作，以一系列的配套合作协助产业合作；双方企业应积极参与产业合作，利用中国—东盟自由贸易区优惠政策，扩大投资合作，实现更多的贸易创造；将双方产业合作与中国—东盟人力资源开发合作相结合，与中国—东盟自由贸易区内次区域经济合作相结合，互为促进等。

《中国与东盟区域货币合作研究》 周后红（南宁职业技术学院）撰，发表于《国际商贸》2012年第6期。指出中国与东盟国家进行区域货币合作，有利于建立区域金融危机的预警、解救机制，解决CAFTA各经济体的汇率制度选择困境，促进中国—东盟自由贸易区各国的贸易规模和区域内经济一体化。由于中国与东盟区域货币合作具备了一定程度的金融基础，经济基础和贸易基础，应当克服中国—东盟经济一体化程度不高的障碍，加快金融体制改革，逐步推动人民币国际化进程，加强与东盟国家的区域货币合作。

《中国与东盟农产品产业内贸易实证研究》 范巧娟、李淑贞（杭州电子科技大学经贸学院）撰，发表于《世界农业》2012年第6期。指出中国与东盟农产品贸易额在2001～2010年大体上得到了稳步的增长，且其在中国农产品对外贸易总额中的比重逐年增加，由2001年的11%增长到2010的16%，东盟逐渐成为中国重要的农产品贸易伙伴。随着中国与东盟农产品贸易的不断发展，同类产品的产业内贸易的发展也十分迅速。本文运用格鲁贝尔—洛伊德（G－L）指数和布吕哈特边际产业内贸易指数，分别对2001～2010年中国和东盟农产品产业内贸易情况进行实证研究。结果显示，中国与东盟农产品产业内贸易水平不高，而且贸易增量主要由产业间贸易引起，但产业内贸易水平在保持平稳中有所上升。最后，通过对中国—东盟农产品产业内贸易分析的基础上，提出中国农产品产业内贸易发展的建议。

《中国—东盟博览会可持续发展问题探析》 汤碧（对外经济贸易大学）撰，发表于《经济问题探索》2012年第7期。指出中国—东盟博览会是中国和东盟10国政府经贸主管部门及东盟秘书处共同主办的国家级、国际性经贸交流盛会，其不仅是一个经贸促进和多领域合作的平台，而且承载着中国—东盟友好交流、进一步深化战略伙伴关系的重要使命。作为中国与东盟合作共赢的重要平台，中国—东盟博览会在自贸区的建设中以及对推动中国与东盟经贸合作中起到了重要的作用。但是，随着中国东盟合作的进一步加深和自贸区建设的逐步深化，中国—东盟博览会还有许多不完善之处，需要及时进行调整，以进一步有效发挥其交流、合作、对话的平台功能。

《中国与东盟国家双向投资关系分析及对策研究》 吕娜（云南师范大学商学院）撰，发表于《学术探索》2012年第7期。指出东南亚国家与中国山水相连，文化习俗相近，双方商业合作和友好往来历史悠久，随着中国与东盟经济的快速发展以及自贸区的启动，双方合作空间进一步拓展，发展前景将更加广阔。投资合作是中国—东盟经贸合作的强大推动力，这得益于中国—东盟自由贸易区《投资协议》开始实施，双方开放投资市场，改善投资环境，降低贸易壁垒，为双方企业创造更多投资机会。

《中国—东盟农产品贸易逆差：发展趋势与应对策略》 王艳、吴晓颖（西安理工大学经济与管理学院）撰，发表于《国际经济合作》2012年第8期。指出随着近年中国与东盟的贸易总量快速增长，中国与东盟农产品贸易逆差持续放大。在国内，农产品的生产成本逐步提高，缺乏比较优势，农业生产方式等因素制约着农产品生产的品质，农产品出口大都以原材料为主且价格普遍偏低是中国—东盟农产品贸易逆差的主要原因。因此，充分利用零关税安排扩大优势农产品出口、提高农产品附加值，提升出口产品竞争力；充分发挥中国比较优势；提高产品商品化程度，大力发展农产品加工业，规模化生产，降低生产成本是减少中国对东盟贸易逆差的有效措施。

《中国—东盟运输服务贸易一体化的现状、水平与发展前景》 陈秀莲（广西财经学院经济与贸易学院）撰，发表于《国际贸易问题》2012年第8期。指出通过分析中国—东盟运输服务贸易的现状和一体化水平，发现中国与东盟国家运输服务贸易在硬件建设上获得了较大的进步，但软件一体化的建设较晚；中国与东盟各国的运输服务贸易增长很快，但长期处于逆差的状态；中国—东盟的运输服务贸易一体化水平较高，且中国对东盟进口的密集度大于出口的密集度，未来一体化有上升的趋势。展望未来，由于中国与东盟国家近年来物流基础设施的发展、自由贸易区的如期建立、双边货物贸易的发展、物流水平、设施和环境有所改善等因素客观上决定了中国与东盟国家未来的运输服务贸易一体化将进一步深化。

《中国—东盟出口结构相似度的研究》 刘语臻（美国哥伦比亚大学）撰，发表于《企业家天地》2012年第8期。文章计算了中国和东盟在美国和日本市场上总体和按Lall贸易商品分类的出口相似度。计算结果表明，中国和东盟6国的产品在日本市场上总体相似度高于美国；中国和新加坡在美国市场上高技术产品和资源性产品竞争日趋激烈；中国和亚洲四小虎在美国市场竞争趋缓，但在日本市场上吻合度较高；中国和越南的产品在美日市场上相似度近年来大幅提升。最后本文驳斥了“中国威胁论”，提出中国要把握与东盟不同层次国家不同技术水平产品的互补性机遇，发展自己的优势产业，人民币升值环境下中国亟需优化出口结构等政策建议。

《中国—东盟自贸区建成后对广西边境贸易发展的影响及对策研究——以百色边境贸易为例》 周町波（百色学院）撰，发表于《价格月刊》2012年第9期。指出2010年中国—东盟自贸区建成后，广西边境贸易发展面临良好的发展机遇，边境贸易发展迅速，规模逐年增大，进出口产业结构不断优化。同时，也面临着产品出口压力增加，边境贸易优惠政策弱化等诸多挑战。以广西百色边境贸易为例，分析中国—东盟自贸区建成后带来的发展机遇与挑战，提出重点发展优势产业，提高出口产品竞争力；构建边境经济带，促进边贸发展方式转变；加快服务业的发展，提升边境服务贸易的比重；继续稳定边贸出口鼓励政策，加大优惠措施出台等适应边贸发展的对策。

《〈中国—东盟全面经济合作框架协议〉签署以来广西与东盟经贸合作分析》 雷小华（广西社会科学院）撰，发表于《东南亚纵横》2012年第11期。指出2002年11月4日，中国与东盟签署《中国—东盟全面经济合作框架协议》，标志着中国与东盟的经贸合作进入了一个新的历史阶段。10年来，广西凭借区位优势，与东盟各国在各领域都开展积极的合作，尤其是在经贸领域，无论是货物贸易、服务贸易还是投资合作都取得了可喜的成绩。《中国—东盟全面经济合作框架协议》签署以来，广西与东盟货物贸易、服务贸易、投资合作的成绩斐然，并呈现出诸多新的特点，但是也存在一定的问题，因此广西与东盟经贸合作应努力扩大经贸空间，拓宽双向投资领域；不断增强中国—东盟博览会等会展的投资促进功能，鼓励企业“走出去”；提高签约真实性，保证项目落地。

《中国—东盟“南南竞争”区域生产网络价值创造战略途径探寻》 梁运文（广西大学商学院）撰，发表于《经济理论与经济管理》2012年第11期。指出探寻“南南竞争”属性下的中国—东盟区域生产网络价值创造机理，具有重要的理论和现实意义。本文构建了“南南竞争”下的中国—东盟区域生产网络价值驱动要素体系，其中区域生产网络中企业与顾客间的“协同价值”，中国—东盟间民族国家的“竞合关系”，中国—东盟空间内的“地点资源”组合，11国政府的“政治治理”，是决定与驱动中国—东盟区域生产网络有效价值创造的“四辆马车”。在此基础上，本文对中国—东盟区域生产网络各价值要素结构逐次进行了深入剖析，以探寻能有效创造中国—东盟区域生产网络价值的战略途径。

《投资政策对中国—东盟区域经济合作的影响研究》 欧阳华（广西财经学院经济与贸易学院）撰，发表于《河北科技大学学报（社会科学版）》2012年12月。指出中国与东盟有巨大的合作潜力，东盟各国的经济发展水平和产业优势的不同，增加了中国不同产业、不同行业对其进行直接投资的机会，从而提升了中国与东盟的区域经济合作水平。但从中国与东盟的投资结构来看，两地在投资的产业结构、国别分布、投资主体、投资占比等方面还存在结构不平衡的现象。因此应通过完善对外直接投资的法律体系，设立中国—东盟投资协调领导机构；加强对东盟投资的产业导向，促进中国产业结构的升级；加强政府与行业协会的信息服务职能和自主技术创新能力的培养；积极采用跨国并购方式投资东盟等措施来完善和健全中国与东盟的投资政策，优化两地间的投资结构，使双方都获取长期的投资收益，从而更好的促进中国—东盟区域经济合作。

《中国—东盟区域旅游一体化机制探析》 程成（广西大学中国东盟研究院）、栾坤（广西财经学院）、何政（广西大学中国东盟研究院）撰，发表于《特区经济》2012年第7期。指出现阶段，中国和东盟各国的旅游发展水平不一、各有特点，彼此之间存在有一定的竞争性，从而表现出旅游市场分隔，旅游供给分割，双边合作多于多边合作，缺乏制度性安排的合作机制，跨多国旅游线路少、缺乏跨国旅游便利化措施，旅行社直接对接不足，缺乏国际性旅游人才，交通标准和规格存在差异，旅游通道对接障碍等制约瓶颈。为此，亟待建立信任机制、信息交互机制、旅游利益补偿和旅游行为约束机制，构建跨国旅游联盟发展机制和合法化的制度规范机制，以消除这些瓶颈制约，实现旅游发展的制度化、长期化，推动中国—东盟区域旅游一体化进程。

《中国与东盟农产品产业内贸易影响因素的分析》 刘春梅（武汉市广播电视大学、武汉软件工程职业学院）撰，发表于《国际商贸》2012年第12期，文章通过选取2001～2011年中国与东盟地区农产品贸易数据，实证分析了影响中国与东盟农业产业内贸易的因素。结果表明，区域内的人均GDP、外商直接投资、劳动资本比、经济一体化程度都能极大地促进区域内的农产品产业内贸易发展。而中国与东盟区域内的人均GDP差异则是导致农业产业内贸易滞后发展的重要原因。

《**境外危机冲击下的东盟国家金融安全及其监管**》 陈敏娟(中南财经政法大学经济学院)撰,发表于《东南亚纵横》2012年第12期。指出在世界经济整体低迷、世界金融市场堪忧的严峻背景下,金融安全呈现出全球化、弱控性、战略性等新特征、境外危机的传导机制、境外危机对国家金融安全产生重要影响,如加大了东盟国家货币政策的复杂性,对东盟国家金融监管提出新的挑战,加剧东盟国家汇率波动及逆转的风险,对东盟国家的进出口、消费以及投资带来冲击,从而影响企业和居民家庭的资产负债表,再影响到金融机构特别是银行的盈利能力以及风险管理能力等,因此,东盟国家应采取完善监管体系,加强免疫能力,加强金融创新,化解金融风险,制定危机应急预案,应对国际资本流动冲击风险,完善资本流动的国际监控,加强区域内不同发展层次国家间金融监管主体的国际合作等措施来构建金融安全网,确保东盟金融经济在全球金融经济动荡中的安全。

《**中国—东盟地区环境合作分析**》 孙秀华、张晓燕(玉溪师范学院)撰,发表于《玉溪师范学院学报》(第28卷)2012年第2期。指出中国致力于发展与东盟地区各国的环境友好关系,在环境合作原则指导下,通过各种环境合作力图使中国—东盟地区各国的生态环境得以改善。这些环境合作主要通过东盟—中日韩环境部长会议机制形式得以实施,同时也反映在中国与大湄公河次区域其他五国的环境合作中,具体合作内容以GMS机制等形式予以展现。

《**中国与东盟的金融发展对温室气体排放的影响——兼论低碳经济合作**》 任力(北京大学光华管理学院)、黄崇杰(厦门大学经济学院)撰,发表于《南洋问题研究》2012年第3期。文章以中国与东盟5国为研究对象,运用面板数据计量分析方法研究了金融发展对于温室气体排放的影响。结果表明,金融开放程度的提升会降低温室气体排放,金融中介的发展有助于降低温室气体排放,但金融市场的发展对于温室气体排放的影响不确定。相应的政策建议是:提升中国与东盟各国的金融对外开放与合作程度,发挥金融对低碳产业的支持作用,建立起资本市场对环境信息的披露合作机制,促进中国与东盟碳金融市场一体化发展,推进中国与东盟的清洁能源投资合作等。

《**中国与东盟高校开展合作的思路与对策**》 岑家铭(广西中医学院护理学院)、罗艺徽(广西中医学院护理学院)、林世科(泰国孔敬大学医学院)撰,发表于《学术论坛》2012年第3期。指出中国—东盟自由贸易区建立发展的进程为中国高校与东盟高校之间的合作提供了广阔的空间,提出中国—东盟自由贸易区的可持续发展离不开两地高等教育的合作,提出两地之间高等教育在开展"教师互派、学生互换、学分互认、学位互授"合作中需要注意的几个问题,以及解决的模式、思路与对策。

《**中国与东盟文化交流现状及存在问题研究**》 韦莉娜、唐锡海(南宁职业技术学院高职教育研究所)撰,发表于《南宁职业技术学院学报》2012年第4期。指出中国—东盟文化交流发展至今,已呈现出繁荣发展的态势,但双方在文化交流的深度、人员素质、制度保障以及文化认同等方面,仍存在着一定的问题需要解决。建议从建立文化交流战略合作伙伴关系,加强与东盟国家文化认同和融合,以及进一步完善文化交流保障运行机制等方面,促进双方文化的交流和合作,实现各国文化产业的快速发展,推动中国和东盟各国经济发展。

《**携手合作加速推进中国—东盟区域文化发展繁荣**》 陈深汉(南宁职业技术学院)撰,发表于《创新》2012年第6期。指出中国—东盟自由贸易区具有许多区域文化合作共赢的有利条件。通过搭建"中国—东盟文化论坛"这一平台,建设文化人才培养工程和文化资源开发工程两个工程,形成区域文化建设前景谋划与交流机制、区域文化资源共同开发与利用机制、区域文化市场共同开拓与繁荣机制三个机制,就能加速实现区域文化建设的区域文化事业共同推进、区域文化产业共同发展、区域文化内涵共同提升、区域文化市场共同繁荣的四大目标。

《**战略伙伴关系框架下中国—东盟的社会人文合作**》 许利平(中国社会科学院亚太与全球战略研究院)撰,发表于《东南亚纵横》2012年第8期。指出中国与东盟的战略伙伴关系对于重塑中国周边稳定、和谐的环境具有重要的战略意义。在战略伙伴关系的框架下,社会人文合作与政治、安全合作和经贸合作相互补充,相互促进。2005~2010年是社会人文合作的探索期,2011~2015年是社会人文合作深化期。未来10~20年,双方的社会人文合作必将超越经贸合作,焕发出更多的生命力,为中国—东盟战略伙伴关系打下坚实的基础。

《**中国—东盟体育产业合作现状及策略研究**》 乐玉忠(河南科技学院体育学院)撰,发表于《东南亚纵横》2012年第9期。指出中国与东盟国家加强合作交流有利于地区的经济发展、社会进步,而体育交流是深化中国—东盟友好关系的有效方式,不仅有利于中国的体育发展、有利于提升东盟国家体育的国际竞争力,而且有利于促进国际体坛公平新秩序的建立。文章对中国和东盟体育产业发展问题进行研究,认为通过增强体育产业合作意识、强化政府政策支持力度、经济一体化跨国联赛管理、建立长期的推广宣传机制和平台、借助体育博览会对经济和体育的促动作用、大力发展全民健身事业、打造重点合作项目等可以实现中国—东盟体育产业携手并进,共同打造中国—东盟体育产业合作发展的空间和路径。

重要研究成果题录

东南亚地区形势回顾与展望

"东南亚2011~2012年形势回顾与展望——专家访谈录",东南亚纵横编辑部撰,载《东南亚纵横》2012年第1期。

"2011年东南亚政治经济发展概述",王士录撰,载《东南亚南亚研究》2012年第1期。

"2011~2012年东南亚经济回顾与展望",王勤撰,载

《东南亚纵横》2012 年第 2 期。

“老挝:2011 年发展回顾与 2012 年展望”,陈定辉撰,载《东南亚纵横》2012 年第 2 期。

“改朝换代后的菲律宾经济:2011 年回顾与展望”,沈红芳撰,载《南洋问题研究》2012 年第 2 期。

“2011 年的缅甸:在改革中前进”,祝湘辉、李晨阳撰,载《东南亚纵横》2012 年第 2 期。

“东南亚地区形势:2012 年”,曹云华、甘燕飞撰,载《东南亚研究》2012 年第 2 期。

“2011 年菲律宾经济、政治与外交形势回顾”吴金平、鞠海龙撰,载《东南亚研究》2012 年第 2 期。

“2011 年大选之后的泰国”,陈建荣撰,载《东南亚研究》2012 年第 2 期。

“2011 ~ 2012 年中国—东盟货物数量分析与预测”,李红、李军、方冬莉撰,载《东南亚纵横》2012 年第 3 期。

“文莱:2011 ~ 2012 年回顾与展望”,马静、马金案撰,载《东南亚纵横》2012 年第 3 期。

“平稳发展的柬埔寨政治经济形势”,李涛撰,载《东南亚南亚研究》2012 年第 1 期。

“柬埔寨:2011 ~ 2012 年回顾与展望”,蒋玉山撰,载《东南亚纵横》2012 年第 3 期。

“马来西亚:2011 ~ 2012 年回顾与展望”,韦朝晖撰,载《东南亚纵横》2012 年第 3 期。

“菲律宾:2011 ~ 2012 年回顾与展望”,黄耀东撰,载《东南亚纵横》2012 年第 3 期。

“新加坡:2011 ~ 2012 年回顾与展望”,罗梅撰,载《东南亚纵横》2012 年第 3 期。

“越南:2011 ~ 2012 年回顾与展望”,农立夫撰,载《东南亚纵横》2012 年第 3 期。

“政治稳定,经济增长居东盟之首——印度尼西亚 2011 ~ 2012 年回顾与展望”,杨晓强、陈程撰,载《东南亚纵横》2012 年第 4 期。

“泰国:2011 ~ 2012 年回顾与展望”,陈红升、李丹撰,载《东南亚纵横》2012 年第 4 期。

“构建以人为本、平衡发展的东盟共同体——东盟 2011 年内外合作分析”,林雯撰,载《东南亚纵横》2012 年第 4 期。

“2011 年中国—东盟关系”,郑玲撰,载《东南亚纵横》2012 年第 5 期。

东南亚政治、外交

“新时期印度尼西亚全方位外交战略解析”,闫坤撰,载《东南亚纵横》2012 年第 1 期。

“中国与东南亚交往的民间桥梁:东南亚国家对华友好协会中的华人角色分析”,高伟浓撰,载《东南亚研究》2012 年第 1 期。

“政治身份认同与缅甸果敢同盟军的瓦解”,张伟玉撰,载《当代亚太》2012 年第 2 期。

“试论非传统安全合作对东盟国家间关系的推动关系”,朱陆民、龙荣撰,载《东南亚纵横》2012 年第 2 期。

“东南亚国家核能发展战略与新动向分析”,吴崇伯撰,载《东南亚研究》2012 年第 2 期。

“泰国立宪君主政治权威兴衰的过程、原因与趋势”,周方冶撰,载《南洋问题研究》2012 年第 2 期。

“新加坡廉能政府建设的经验及启示”,姚家庆、唐翀撰,载《东南亚研究》2012 年第 2 期。

“1986 ~ 2010 年的越南政治体制改革特点探析”,卢梅花撰,载《东南亚南亚研究》2012 年第 2 期。

“国内政治与南海问题的制度化——以中越、中菲双边南海政策协调为例”,钟飞腾撰,载《当代亚太》2012 年第 3 期。

“浅析新加坡的公共外交”,杨毅、杨玉灵撰,载《东南亚研究》2012 年第 3 期。

“马来西亚南海安全政策初探”,龚晓辉撰,载《南洋问题研究》2012 年第 3 期。

“东盟与印度 10 + 1 合作机制的发展”,马嫚撰,载《东南亚纵横》2012 年第 4 期。

“东盟‘伊斯兰化’与东盟 10 国对以关系的互动研究”,钮松撰,载《南洋问题研究》2012 年第 4 期。

“东盟安全共同体:权力制衡与规则构建——基于现实建构主义的观察”,郑英琴撰,载《东南亚南亚研究》2012 年第 4 期。

“越南与美国经贸合作发展的历程、现状与前景”,郑国富撰,载《东南亚纵横》2012 年第 4 期。

“柬埔寨问题与新加坡地区外交的转机”,魏炜撰,载《南洋问题研究》2012 年第 4 期。

“缅甸军政府的转型及其前景展望”,王卫撰,载《东南亚研究》2012 年第 4 期。

“东盟规范的演进及其对外部规范的借鉴:规范传播视角的分析”,程晓勇撰,载《当代亚太》2012 年第 4 期。

“缅甸非政府组织反坝运动刍议”,王冲撰,载《东南亚研究》2012 年第 4 期。

“法团主义视角下越南商业协会的政治参与”,吕亚军撰,载《东南亚研究》2012 年第 5 期。

“泰柬围绕柏威夏寺的争端——基于宗教视角的分析”,章远撰,载《东南亚研究》2012 年第 5 期。

“东亚地区主义:源起、动因及未来走向”,麻陆东撰,载《东南亚纵横》2012 年第 5 期。

“论 19 世纪泰国外交成功维护国家主权独立之原因”,李敏撰,载《东南亚研究》2012 年第 5 期。

“主导性国家与东盟安全共同体的建构——兼谈美国重返东南亚对建构东盟安全共同体的影响”,郭琼、陈一一撰,载《东南亚研究》2012 年第 5 期。

“泰国温和应对中国崛起的动因与启示(1997 ~ 2012)”,孙学峰、徐勇撰,载《当代亚太》2012 年第 5 期。

“际法院对岛礁争端的裁量与南海维权——东南亚国家的经验及其对中国的启示”,邵建平、刘盈撰,载《当代亚太》2012 年第 5 期。

“印尼世界观及其引导下的外交政策目标”,闫坤撰,载《东南亚纵横》2012 年第 6 期。

“试论近三十年来菲律宾的侨务政策及其作用”,李涛撰,载《东南亚纵横》2012 年第 6 期。

“泰国南疆地区暴力袭击活动的特点及成因分析”,林志亮、陈碧兰、谢金凤撰,载《东南亚研究》2012 年第 6 期。

“革新开放条件下越南共产党富有特色的党内民主建设及启示”,石学峰撰,载《东南亚纵横》2012 年第 7 期。

“与大国共舞——东盟的大国平衡战略”，李松寒、王森撰，载《东南亚纵横》2012年第9期。

“东盟各国关系”，（老挝）通萨·班亚辛撰，载《东南亚纵横》2012年第10期。

“东盟超越不干涉主义？——基于缅甸问题的考察与分析”，程晓勇撰，载《太平洋学报》2012年第11期。

“日本对大湄公河次区域（GMS）五国援助述评”，赵姝岚撰，载《东南亚纵横》2012年第12期。

“反腐倡廉与政府采购：新加坡的经验及启示”，张惠彬撰，载《东南亚纵横》2012年第12期。

东南亚经济

“东盟五国制造业结构变动实证分析”，苏颖宏、杨瑞兰撰，载《东南亚纵横》2012年第1期。

“后危机时期的东盟国家经济”，王勤撰，载《南洋问题研究》2012年第1期。

“新加坡会展旅游业（MICE）发展的优势和成功经验”伍鹏撰，载《东南亚纵横》2012年第1期。

“东亚经济一体化的必要性与可能性”，陈廷根撰，载《东南亚纵横》2012年第1期。

“越南岛屿经济发展趋势及特点”，赵鹏、李双建撰，载《东南亚纵横》2012年第2期。

“简析柬埔寨天然橡胶业的发展”，郭又新撰，载《东南亚研究》2012年第3期。

“正在崛起的印尼经济分析与前景透视”，吴崇伯撰，载《南洋问题研究》2012年第3期。

“东南亚国家的经济外交与地区安全秩序的重塑”，阎梁、田尧舜撰，载《当代亚太》2012年第4期。

“泰国农产品加工业发展的经验与启示”，王海波撰，载《东南亚纵横》2012年第4期。

“印度尼西亚石油分成合同管理条款的形成和效果浅析”，林达丰撰，载《南洋问题研究》2012年第4期。

“越南的FDI结构：发展与趋势”，覃丽芳撰，载《东南亚研究》2012年第5期。

“新加坡汇率状况研究：2001～2011年”，潘永、蒋愉撰，载《东南亚纵横》2012年第7期。

“越南保险市场发展研究”，唐金成、陈黎勇撰，载《东南亚纵横》2012年第10期。

“东盟国家的经济转型与结构调整”，王勤撰，载《东南亚纵横》2012年第10期。

“新加坡医疗旅游发展研究”，梁金兰撰，载《东南亚纵横》2012年第10期。

“西方国家放宽经济制裁背景下的缅甸经济发展前景”，李艳君撰，载《东南亚纵横》2012年第11期。

“新加坡国家航运中心法律服务体系研究”，邓珊撰，载《东南亚纵横》2012年第11期。

“越南与俄罗斯经贸合作发展的历程、现状与趋势”，郑国富撰，载《东南亚纵横》2012年第11期。

“境外危机冲击下的东盟国家金融安全及其监管”，陈敏娟撰，载《东南亚纵横》2012年第12期。

“基于政策视角的泰国有机农业发展研究”，陈良敏、吕玲丽撰，载《东南亚纵横》2012年第12期。

东南亚社会与文化

“16～17世纪老挝世俗文学及其特点”，黄勇撰，载《东南亚纵横》2012年第1期。

“短暂的联合：越南民族主义力量联合战线研究”，阳阳撰，载《南洋问题研究》2012年第2期。

“菲律宾高等教育国际化的实践与利弊”，黄建如、柯利群撰，载《东南亚纵横》2012年第2期。

“越南百年电影事业回顾（19世纪末～21世纪初）”，章旭清撰，载《东南亚研究》2012年第2期。

“东南亚非政府组织：源起、现状与前景——以马来西亚、泰国、菲律宾、印度尼西亚为例”，甘燕飞撰，载《东南亚纵横》2012年第3期。

“马来西亚华人的三一教信仰考察”，石沧金、欧阳班铱撰，载《东南亚研究》2012年第3期。

“21世纪初越南高等教育发展的法律保障——解读越南《高等教育法》”，尚紫薇撰，载《东南亚纵横》2012年第4期。

“东南亚：长路漫漫”评述，郭建军撰，载《东南亚纵横》2012年第4期。

“从冲突到融合：天主教在越南的本土化过程”，李春霞撰，载《东南亚研究》2012年第4期。

“试论当代菲律宾天主教社会行动之肇始”施雪琴撰，载《南洋问题研究》2012年第4期。

“从强制仲裁到劳动法庭：印度尼西亚劳动争议解决机制的晚近发展”，杨强、李蓉撰，载《东南亚纵横》2012年第5期。

“越南官方媒体的中国认知变迁分析——以越南《人民报》（2000～2011）为样本”，李春霞撰，载《当代亚太》2012年第5期。

“现代世界中的泰国佛教——一个人类学的视野”，段颖撰，载《东南亚研究》2012年第5期。

“老挝古代文学的特征”，陈有金撰，载《东南亚纵横》2012年第6期。

“老挝电影发展历程及前景探析”，覃海伦撰，载《东南亚纵横》2012年第6期。

“中越文化关系略论”，古小松撰，载《东南亚研究》2012年第6期。

“想象的地方性神圣历史——菲律宾阿拉安人的神话观”，史阳撰，载《东南亚研究》2012年第6期。

“从女性文学形象看当代越南妇女生存现状”，黄以亭撰，载《东南亚研究》2012年第6期。

“越南新农村建设政策实施的成效及看法”，叶大凤、黄春正撰，载《东南亚纵横》2012年第7期。

“泰国语言政策初探”，赵燕撰，载《东南亚纵横》2012年第7期。

“论泰国民主之父比里·帕侬侬的民主思想”，张锡镇撰，载《东南亚纵横》2012年第8期。

“泰国社会文化面面观”，陆汉斌撰，载《东南亚纵横》2012年第8期。

“泰国华文教育史研究综述”，李屏撰，载《东南亚纵横》2012年第8期。

“21世纪初越南文学的特点”，李婷婷撰，载《东南亚纵横》2012 年第 8 期。

"1945～1975 年的越南行政区划"，舒全智撰，载《东南亚纵横》2012 年第 9 期。

"浅谈越南语词汇中的西方外来词现象"，赖艳凌、岑新明撰，载《东南亚纵横》2012 年第 11 期。

"新加坡国立大学学生资助政策特点研究"，公伟庆撰，载《东南亚纵横》2012 年第 11 期。

"难民问题治理上的各相关行为体分析——对缅甸罗兴伽难民的个案研究"，杨超撰，载《东南亚纵横》2012 年第 12 期。

"越南理论思维革新下的影视文化发展"，于向东、屈琰涵撰，载《东南亚纵横》2012 年第 12 期。

"略论越南'水文化'"，杨然撰，载《东南亚纵横》2012 年第 12 期。

"试论新加坡实现人才立国战略的'三步曲'"，曹惠容撰，载《东南亚纵横》2012 年第 12 期。

"泰国府名的历史文化内涵"，史先建撰，载《东南亚纵横》2012 年第 12 期。

"菲律宾私立高等教育对我国民办高校的启示"，李伟、田谧撰，载《东南亚纵横》2012 年第 12 期。

中国与东南亚关系

"自贸区建设与中国东盟关系——一项战略评估"，王玉主撰，载《南洋问题研究》2012 年第 1 期。

"权力格局失衡与心理调适——中国东盟关系中的信任问题"，季玲撰，载《南洋问题研究》2012 年第 1 期。

"风雨同行 共谋发展—中国与东盟建立对话关系 20 周年回顾与展望"，刘新生撰，载《东南亚纵横》2012 年第 2 期。

"中国与东盟关系现状、趋势、对策"，许宁宁撰，载《东南亚纵横》2012 年第 3 期。

"浅析中国参与东盟减灾合作问题"，洪凯、魏祖志撰，载《东南亚纵横》2012 年第 3 期。

"中国—东盟政治合作机制研究"，杨勇、冯霞撰，载《太平洋学报》2012 年第 3 期。

"走出南海诸岛主权争端的法理迷途"，孙小迎撰，载《东南亚纵横》2012 年第 4 期。

"福建歌仔戏向东南亚传播的历史回顾与探析"，潘培忠、王汉民撰，载《东南亚纵横》2012 年第 4 期。

"平等相待 真诚友好——中国与东帝汶建立外交关系 10 周年回顾与展望"，刘新生撰，载《东南亚纵横》2012 年第 5 期。

"中国—东南亚区域研究的现状和展望——以中文著作为例"，贺圣达撰，载《东南亚纵横》2012 年第 8 期。

"战略伙伴关系框架下中国—东盟的社会人文合作"，许利平撰，载《东南亚纵横》2012 年第 8 期。

"中国—东盟关系能经受住考验吗?"，张蕴岭撰，载《东南亚纵横》2012 年第 10 期。

"加强东盟与中国的经济关系"，(马来西亚) Datuk M Supperramaniam 撰，载《东南亚纵横》2012 年第 10 期。

"中国与东盟关系展望"，(越南) 黄越撰，载《东南亚纵横》2012 年第 10 期。

"构建中国—东盟人文交流新格局——新世纪中国—东盟人文交流回顾与展望"，张成霞撰，载《东南亚纵横》2012 年第 11 期。

中国与东盟经济合作

"新形势下中国与老挝双边贸易关系研究"，张建中撰，载《东南亚纵横》2012 年第 1 期。

"广东省企业参与中国—东盟自由贸易区经贸合作的战略考量"，康蕾撰，载《东南亚纵横》2012 年第 1 期。

"大湄公河次区域(GMS)合作 20 年综述"，李平撰，载《东南亚纵横》2012 年第 2 期。

"老挝万象新城建设——中老战略合作的新篇章"，何光涛撰，载《东南亚纵横》2012 年第 2 期。

"中缅会计准则趋同研究——基于中缅固定资产具体会计准则之比较"，蒋峻松、杨继波撰，载《东南亚纵横》2012 年第 2 期。

"中国与印尼能源关系:现状、挑战和发展策略"，赵春珍撰，载《南洋问题研究》2012 年第 3 期。

"出口产业生产贸易链构建的财政利益补偿机制研究——基于中国—东盟自由贸易区框架下我国粤、桂、琼、滇四省区的分析"，李杰云、范祚军、侯晓撰，载《东南亚纵横》2012 年第 4 期。

"主动适应新形势新变化勇创广西商务发展新佳绩"，韦朝晖、李雄强撰，载《东南亚纵横》2012 年第 4 期。

"中国与东盟国家出口商品比较优势研究——基于显性比较优势指数的实证分析"，杨海、李文静撰，载《东南亚纵横》2012 年第 4 期。

"中国—东盟服务贸易发展的现状及战略选择"，周金城撰，载《东南亚纵横》2012 年第 5 期。

"中国—东盟自由贸易区国际投资条约的冲突与协调"，李娟撰，载《东南亚纵横》2012 年第 5 期。

"广西与中国—东盟自由贸易区:定位、机遇与发展重点"，杨超撰，载《东南亚纵横》2012 年第 5 期。

"中越证券市场比较研究"，曾宪友、吕建撰，载《东南亚纵横》2012 年第 5 期。

"中国—东盟零关税时代对中国柑橘产业的影响及对策研究"，李树丽、祁春节撰，载《东南亚纵横》2012 年第 6 期。

"中国—东盟自由贸易区框架下积极培育广西对外贸易竞争优势的思考"，李好撰，载《东南亚纵横》2012 年第 6 期。

"基于 GMS 的中国—柬埔寨会计比较"，叶宏、彭牧青撰，载《东南亚纵横》2012 年第 6 期。

"中越边境旅游发展的 PEST 分析"，吕兢撰，载《东南亚纵横》2012 年第 7 期。

"中国的东盟区域经济研究评述"，王勤撰，载《东南亚纵横》2012 年第 8 期。

"中国对越南直接投资的环境优势分析"，罗有亮撰，载《东南亚纵横》2012 年第 8 期。

"多视角看中国和日本对东盟机电产品出口贸易竞争性"，郭健全、罗希撰，载《东南亚纵横》2012 年第 8 期。

"中国广西与东南亚国家合作发展蚕业前景广阔"，马富礼、刘建文撰，载《东南亚纵横》2012 年第 9 期。

"越南货币贬值的影响及中国的应对"，卢珍菊撰，载《东南亚纵横》2012 年第 9 期。

“加强中柬经济合作”,(柬埔寨)宋春奔撰,载《东南亚纵横》2012 年第 10 期。

“从越南视角看泛北部湾合作”,(越南)杜进森、范红燕撰,载《东南亚纵横》2012 年第 10 期。

“北部湾的后发崛起及其绿色导向”,周中坚撰,载《东南亚纵横》2012 年第 10 期。

“加强中国与东盟旅游产业合作对策研究——基于当前国际背景下旅游合作在区域经济一体化中的重要性视角”,曹丽、刘治福撰,载《东南亚纵横》2012 年第 10 期。

“中国—东盟自由贸易区建成后广西推进贸易投资便利化的战略构想及对策建议”,刘波撰,载《东南亚纵横》2012 年第 10 期。

“共建经贸合作区增强区域经济合作新动力”,韦朝晖、陈万华撰,载《东南亚纵横》2012 年第 11 期。

“《中国—东盟全面经济合作框架协议”签署以来广西与东盟经贸合作分析》,雷小华撰,载《东南亚纵横》2012 年第 11 期。

“中越北部湾渔业合作回顾及启示”,陈平平、李建伟撰,载《东南亚纵横》2012 年第 11 期。

“云南参与大湄公河次区域贸易状况及对策研究”,赵梅、袁静梅、谭淑娟撰,载《东南亚纵横》2012 年第 11 期。

“CAFTA 下中国与泰国经济贸易发展及展望”,张利霞撰,载《东南亚纵横》2012 年第 12 期。

“昆河经济走廊建设与滇越贸易的发展”,杨珂、丁跃撰,载《东南亚纵横》2012 年第 12 期。

中国与东盟文化、教育交流与合作

“新加坡《海峡时报》关于中国报道的分析”,邢永川、许荣华撰,载《东南亚纵横》2012 年第 2 期。

“东南亚教育部长组织新加坡地区语言中心对中国的支教活动”,高伟浓、张应进撰,载《东南亚纵横》2012 年第4 期。

“中国—东盟自由贸易区建设与我国国际化人才的培养”,严云鸿撰,载《东南亚纵横》2012 年第 4 期。

“在中国的东南亚留学生的文化适应问题——对广西民族大学东南亚留学生的调查”,肖耀科、陈路芳撰,载《东南亚纵横》2012 年第 5 期。

“建立中国—东盟博览会国际化人才实习基地构想”,李冬梅撰,载《东南亚纵横》2012 年第 5 期。

“广西—东盟合作办学模式下的大学生爱国主义教育”,覃海逢撰,载《东南亚纵横》2012 年第 5 期。

“东南亚地区汉语教学现状及发展途径”,侯宇霞撰,载《东南亚纵横》2012 年第 5 期。

“中国—东盟自由贸易区背景下我国高校商务英语人才培养研究”,宋建清撰,载《东南亚纵横》2012 年第 6 期。

“基于中国—东盟自由贸易区发展需求的口译听辨教学”,樊毅撰,载《东南亚纵横》2012 年第 6 期。

“越南学生在广西留学现状分析”,谢德富撰,载《东南亚纵横》2012 年第 6 期。

“浅谈越南语教学中的缩略语”,陈继华撰,载《东南亚纵横》2012 年第 7 期。

“中国与东盟国家高等教育合作及发展对策”,杨行玉撰,载《东南亚纵横》2012 年第 7 期。

“探析我国英语教学中交际法的体现——以中国—东盟合作框架下涉外英语交际能力培育为例”,冒志红撰,载《东南亚纵横》2012 年第 7 期。

“中国—东盟外事口译中译员母语重要性及培训对策探析”,冯家佳、黄建凤撰,载《东南亚纵横》2012 年第 8 期。

“面向中国—东盟自由贸易区的我国高职院校英语教学改革”,吴定敏撰,载《东南亚纵横》2012 年第 8 期。

“对外汉语教学新思维——以泰国汉语教学实践为例”,邱宗锋撰,载《东南亚纵横》2012 年第 9 期。

“新加坡教育信息化对我国高校‘数字化资源建设’的启示”,黄新辉撰,载《东南亚纵横》2012 年第 9 期。

“从民间歌唱传统中看壮泰族群关系——以中国壮族‘末伦’和老挝、泰国佬族 Mawlum 的比较为个案”,陆晓芹撰,载《东南亚纵横》2012 年第 9 期。

“东南亚儿童文学中的汉文化元素”,梁卿、李园、李珊撰,载《东南亚纵横》2012 年第 9 期。

“‘中国—东盟法律文献数据库’建设实践研究”,吴郁撰,载《东南亚纵横》2012 年第 9 期。

“中国—东盟体育产业合作现状及策略研究”,乐玉忠撰,载《东南亚纵横》2012 年第 9 期。

“东盟文献馆藏建设刍议——以广西壮族自治区图书馆为例”,覃柳慧撰,载《东南亚纵横》2012 年第 10 期。

“中国云南省与 GMS 五国高等教育合作与交流研究述评”,郑淑英撰,载《东南亚纵横》2012 年第 12 期。

北部湾开放开发研究

《广西北部湾经济区开放开发报告》,广西北部湾经济区规划管理领导小组办公室、广西社会科学院、广西北部湾研究院编,社会科学文献出版社,2012 年 5 月。

《泛北部湾合作发展报告》,吕余生主编,社会科学文献出版社,2012 年 8 月。

“中国—东盟合作背景下广西北部湾经济区构建高层次法律人才体系研究”,韦宜耀仪撰,载《东南亚纵横》2012 年第 1 期。

“广西北部湾经济区参与多区域合作现状与对策”,毛艳撰,载《东南亚纵横》2012 年第 3 期。

“九大创新缓解广西北部湾经济区中小企业融资困境”,施慧洪撰,载《东南亚纵横》2012 年第 3 期。

“广西北部湾经济区:2011 ~ 2012 年面向东盟国家的开放合作回顾与展望”,雷小华、黄耀东撰,载《东南亚纵横》2012 年第 6 期。

“广西北部湾经济区转变经济发展方式的战略定位和对策建议”,赵锋撰,载《东南亚纵横》2012 年第 6 期。

“广西北部湾经济区区域文化与企业文化创新研究”,马瑞、林加权撰,载《东南亚纵横》2012 年第 6 期。

“广西北部湾经济区推进‘走出去’战略的效应分析与路径选择——基于中国与东盟经贸合作的视角”,杨亚非撰,载《东南亚纵横》2012 年第 7 期。

“广西北部湾经济区推进中国与东盟加强防灾减灾国际合作的战略选择”,杨亚非撰,载《东南亚纵横》2012 年第 11 期。

东南亚区域合作

“南海地缘政治特征及中国南海地缘战略”，王圣云、张耀光撰，载《东南亚纵横》2012年第1期。

“东亚经济一体化的特殊性——地区一体化的理论视角”，赵贞撰，载《东南亚纵横》2012年第4期。

“亚太地区形势演变对中国周边海洋形势的影响及对策”，郭新昌、张晶撰，载《东南亚纵横》2012年第6期。

“从国际体系变迁看亚欧区域间合作”，周乔撰，载《东南亚纵横》2012年第6期。

“东亚地区金融中心崛起的趋势、动因与发展战略”，闫彦明撰，载《东南亚纵横》2012年第7期。

“国际金融危机后东南亚地缘经济格局的探析”，朱丽群、骆华松、熊理然撰，载《东南亚纵横》2012年第8期。

“快速变化的东亚经济格局”，江瑞平、竺彩华撰，载《东南亚纵横》2012年第10期。

“以共同利益推动东亚区域经济一体化进程”，刘爽撰，载《东南亚纵横》2012年第10期。

“对东亚新形势的若干看法”，董漫远撰，载《东南亚纵横》2012年第10期。

“RCEP：东盟主导的区域全面经济伙伴关系”，许宁宁撰，载《东南亚纵横》2012年第10期。

“中国与湄公河国家经济关系：新发展与新问题”，卢光盛撰，载《东南亚纵横》2012年第10期。

“澜沧江—湄公河流域水资源合作机制研究”，汪霞撰，载《东南亚纵横》2012年第10期。

东南亚历史研究

“暹罗曼谷王朝时期的鸦片问题”，沈燕清撰，载《东南亚纵横》2012年第1期。

“当代印尼历史和外交研究的新视野——评刘宏著《中国与印度尼西亚的建构，1949～1965》”，邱武德、马艳艳撰，载《东南亚南亚研究》2012年第4期。

“泰国中央银行独立性的历史发展与影响因素研究”，何军明撰，载《东南亚研究》2012年第5期。

“明清时期的东南亚语种人才培养”，韦红萍撰，载《东南亚纵横》2012年第7期。

“古代中国与柬埔寨经贸交流综述”，黄灏撰，载《东南亚纵横》2012年第8期。

“1940～1953年间柬埔寨教育的佛教模式”，(柬)占本尼著，梁薇译，载《东南亚纵横》2012年第11期。

“越南汉籍《阮述〈往津日记〉》与《建福元年如清日程》比较”，王志强撰，载《东南亚纵横》2012年第12期。

华侨华人研究

“华侨华人历史地理研究刍议”，于亚娟、吴宏岐撰，载《东南亚纵横》2012年第1期。

“越南华侨社会的形成与发展”，邱普艳撰，载《东南亚南亚研究》2012年第1期。

“晚清驻外领事以粤籍为主体的原因”，马一、寇海洋撰，载《东南亚纵横》2012年第1期。

“东南亚地区伊斯兰信仰的传播及华人在其中发挥的作用”，梁明柳、关熔珍撰，载《东南亚纵横》2012年第2期。

“二战前新加坡华人‘会馆办学’研究”，汤锋旺撰，载《东南亚研究》2012年第4期。

“19世纪初至20世纪初新加坡华人的职业结构”，王付兵撰，载《南洋问题研究》2012年第4期。

“马来西亚华文媒体对中华文化传承的贡献”，陈俊林撰，载《东南亚纵横》2012年第5期。

“后苏哈托时代福建籍华人社团与印度尼西亚多元社会的构建”，黄玲毅、丁丽兴撰，载《东南亚纵横》2012年第5期。

“马来西亚的华人新村：人口变化的影响与对策”，文平强撰，载《东南亚研究》2012年第5期。

“历史记忆、仪式场景与社群整合：新加坡华人社群保护神崇拜”，孟庆梓撰，载《东南亚研究》2012年第5期。

“印尼民主改革时期华人社会几个热点问题”，温北炎撰，载《东南亚研究》2012年第6期。

“中国崛起时代的东南亚华侨华人社会：变迁与挑战”，刘宏撰，载《东南亚研究》2012年第6期。

“中国的东南亚华侨华人研究：历史、现状与前景——庄国土教授访谈录”，郭平撰，载《东南亚南亚研究》2012年第1期。

“嬗变中的‘他者’形象：论后苏哈托时代印尼当地社会华族观”，江振鹏、丁丽兴撰，载《东南亚研究》2012年第6期。

“印度尼西亚华文补习班（学校）现状之调查与分析”，汪敏锋撰，载《东南亚纵横》2012年第7期。

“日本华侨华人与中国对日公共外交”，张月撰，载《东南亚纵横》2012年第7期。

“近现代孔教会在东南亚华人社会中的改造与变异——新加坡、马来西亚和印尼孔教会的个案分析”，高伟浓、陈华撰，载《东南亚纵横》2012年第8期。

“服务一生奋斗一世——沈慕羽对马来西亚华社的贡献及影响”，李其荣撰，载《东南亚纵横》2012年第8期。

“加强大洋洲、南太平洋地区华侨华人问题研究的新思考”，张秋生撰，载《东南亚纵横》2012年第9期。

“马来西亚华文教育现状与发展策略”，刘世勇、武彦斌撰，载《东南亚纵横》2012年第9期。

“华人与外来华商在马来西亚的经济活动”，何启才撰，载《东南亚纵横》2012年第9期。

“印度尼西亚区域性华语社会的特点、发展趋势及对华语教育的影响”，徐天云撰，载《东南亚纵横》2012年第9期。

“东南亚华商创业中小企业融资的法律体系构建”，王浩云撰，载《东南亚纵横》2012年第11期。

“抗战期间东南亚华侨的救国活动及彰显的民族精神”，马凌撰，载《东南亚纵横》2012年第11期。

“东南亚华人历史知识体系的嬗变——读《马新史学80年》”，汤锋旺撰，载《东南亚纵横》2012年第11期。

“移民政治认同对国家关系的影响——以东南亚一些国家为例”，郑一省撰，载《东南亚纵横》2012年第12期。

“试论旧金山湾新教教会对美国华人的救助活动——以中美学校和明光学校为例”，李永、顾晓莉撰，载《东南亚纵横》2012年第12期。

投资贸易指南

中国投资贸易指南

2013年关税实施方案

（国务院关税税则委员会〔2012〕22号）

一、进口关税调整

（一）最惠国税率

1. 对9个非全税目信息技术产品继续实行海关核查管理，税率维持不变。因税则税目调整，涉及税目增至10个（附表略）。

2. 对小麦等8类47个税目的商品继续实施关税配额管理，税目和税率维持不变。对配额外进口的一定数量棉花实施滑准税，并适当调整相关公式参数。对尿素、复合肥、磷酸氢二铵三种化肥的配额税率执行1%的税率（附表略）。

3. 对感光材料等47种商品继续实施从量税或复合税，税率维持不变，对5种感光材料产品实施从价税（附表略）。

4. 其他最惠国税率维持不变。

（二）暂定税率

对燃料油等784项进口商品实施暂定税率（附表略）。

（三）协定税率

根据与有关国家或地区签署的贸易或关税优惠协定，对有关国家或地区实施协定税率（附表略）：

1. 对原产于韩国、印度、斯里兰卡、孟加拉和老挝的1875个税目商品实施亚太贸易协定税率；

2. 对原产于文莱、印度尼西亚、马来西亚、新加坡、泰国、菲律宾、越南、缅甸、老挝和柬埔寨的部分税目商品实施中国—东盟自由贸易协定税率；

3. 对原产于智利的7308个税目商品实施中国—智利自由贸易协定税率，并进一步下调该协定项下部分税目的税率；

4. 对原产于巴基斯坦的6509个税目商品实施中国—巴基斯坦自由贸易协定税率；

5. 对原产于新西兰的7319个税目商品实施中国—新西兰自由贸易协定税率；

6. 对原产于新加坡的2961个税目商品实施中国—新加坡自由贸易协定税率；

7. 对原产于秘鲁的7085个税目商品实施中国—秘鲁自由贸易协定税率；

8. 对原产于哥斯达黎加的7281个税目商品实施中国—哥斯达黎加自由贸易协定税率；

9. 对原产于香港地区且已制定优惠原产地标准的1760个税目商品实施零关税；

10. 对原产于澳门地区且已制定优惠原产地标准的1271个税目商品实施零关税；

11. 对原产于台湾地区的614个税目商品实施海峡两岸经济合作框架协议货物贸易早期收获计划协定税率。

（四）特惠税率

根据与有关国家或地区签署的贸易或关税优惠协定、双边换文情况以及国务院有关决定，对原产于埃塞俄比亚、贝宁、布隆迪、厄立特里亚、吉布提、刚果、几内亚、几内亚比绍、科摩罗、利比里亚、马达加斯加、马里、马拉维、毛里塔尼亚、莫桑比克、卢旺达、塞拉利昂、苏丹、坦桑尼亚、多哥、乌干达、赞比亚、莱索托、乍得、中非、阿富汗、孟加拉国、尼泊尔、东帝汶、也门、萨摩亚、瓦努阿图、赤道几内亚、安哥拉、塞内加尔、尼日尔、索马里、老挝、缅甸和柬埔寨，共40个联合国认定的最不发达国家的部分税目商品实施特惠税率（附表略）。

（五）普通税率

普通税率维持不变。

二、出口关税调整

（一）“出口税则”的出口税率维持不变

（二）对铬、铁等部分出口商品实施暂定税率，对部分化肥征收特别出口关税（附表略）

三、税则税目调整

对部分税则税目进行调整（附表略）。调整后，2013年版税则税目共计8238个。

以上方案自2013年1月1日起实施。

国家商务部、海关总署调整
2012年自动进口许可管理货物目录的公告

（国家商务部、海关总署公告2012年第38号）

根据《中华人民共和国对外贸易法》、《中华人民共和国货物进出口管理条例》和《货物自动进口许可管理办法》，现决定调整《2012年自动进口许可管理货物目录》，取消部分货物自动进口许可管理（详见附件），自2012年7月1日起执行。

附件：取消自动进口许可管理商品清单

中华人民共和国商务部

中华人民共和国海关总署

2012年6月26日

附件：

取消自动进口许可管理商品清单

类别	海关商品编号	商品名称	备注	计量单位
铜	7403290000	未锻轧的其他铜合金	铜母合金除外，包括未锻轧的白铜或德银	千克
	7406102000	白铜或德银制非片状粉末		千克
	7406109000	其他铜合金制非片状粉末		千克
	7406201000	精炼铜制片状粉末		千克
	7406202000	白铜或德银制片状粉末		千克
	7406209000	其他铜合金制片状粉末		千克
	7408221000	铜镍锌铅合金(加铅德银)丝		千克
	7408229000	其他铜镍合金(白铜)丝或铜镍锌合金(德银)丝		千克
锅炉	8402119000	其他蒸发量>45吨/时的蒸汽水管锅炉		台/千克
	8402200000	过热水锅炉		台/千克
汽轮机	8406811000	40<功率≤100兆w的其他汽轮机	功率指输出功率	台/千瓦
水轮机及其他动力装置	8410901000	水轮机及水轮的调节器		千克/套
电气设备	8501610000	输出功率≤75KVA交流发电机		台/千瓦
	8501620000	75KVA<输出功率≤375KVA交流发电机		台/千瓦
	8501630000	375KVA<输出功率≤750KVA交流发电机		台/千瓦
	8504210000	额定容量≤650KVA液体介质变压器		个
	8504220000	650KVA<额定电压≤10MVA液体介质变压器		个
	8504231100	10<额定容量<220MVA液体变压器		个
	8504231200	220≤额定容量<330MVA液体变压器		个
	8504231300	330≤额定容量<400MVA液体变压器		个
	8504232900	额定容量≥500MVA液体变压器		个
	8504311000	额定容量不超过1千伏安的互感器		个
	8504319000	额定容量≤1千伏安的其他变压器		个
	8504329000	1<额定容量≤16KVA的其他变压器		个
	8504330000	16<额定容量≤500KVA其他变压器		个
	8504340000	额定容量>500KVA的其他变压器		个
	8515390000	其他电弧(等离子弧)焊接机器及装置	非全自动或半自动的	台

国家外汇管理局、海关总署、国家税务总局关于货物贸易外汇管理制度改革的公告

（2012年第1号）

为大力推进贸易便利化，进一步改进货物贸易外汇服务和管理，国家外汇管理局、海关总署、国家税务总局决定，自2012年8月1日起在全国实施货物贸易外汇管理制度改革，并相应调整出口报关流程，优化升级出口收汇与出口退税信息共享机制。现公告如下：

一、改革货物贸易外汇管理方式

改革之日起，取消出口收汇核销单（以下简称核销单），企业不再办理出口收汇核销手续。国家外汇管理局分支局（以下简称外汇局）对企业的贸易外汇管理方式由现场逐笔核销改变为非现场总量核查。外汇局通过货物贸易外汇监测系统，全面采集企业货物进出口和贸易外汇收支逐笔数据，定期比对、评估企业货物流与资金流总体匹配情况，便利合规企业贸易外汇收支；对存在异常的企业进行重点监测，必要时实施现场核查。

二、对企业实施动态分类管理

外汇局根据企业贸易外汇收支的合规性及其与货物进出口的一致性，将企业分为A、B、C三类。A类企业进口付汇单证简化，可凭进口报关单、合同或发票等任何一种能够证明交易真实性的单证在银行直接办理付汇，出口收汇无需联网核查；银行办理收付汇审核手续相应简化。对B、C类企业在贸易外汇收支单证审核、业务类型、结算方式等方面实施严格监管，B类企业贸易外汇收支由银行实施电子数据核查，C类企业贸易外汇收支须经外汇局逐笔登记后办理。

外汇局根据企业在分类监管期内遵守外汇管理规定情况，进行动态调整。A类企业违反外汇管理规定将被降级为B类或C类；B类企业在分类监管期内合规性状况未见好转的，将延长分类监管期或被降级为C类；B、C类企业在分类监管期内守法合规经营的，分类监管期满后可升级为A类。

三、调整出口报关流程

改革之日起，企业办理出口报关时不再提供核销单。

四、简化出口退税凭证

自2012年8月1日起报关出口的货物（以海关“出口货物报关单[出口退税专用]”注明的出口日期为准，下同），出口企业申报出口退税时，不再提供核销单；税务局参考外汇局提供的企业出口收汇信息和分类情况，依据相关规定，审核企业出口退税。

2012 年 8 月 1 日前报关出口的货物,截至 7 月 31 日未到出口收汇核销期限且未核销的,按本条第一款规定办理出口退税。

2012 年 8 月 1 日前报关出口的货物,截至 7 月 31 日未到出口收汇核销期限但已核销的以及已到出口收汇核销期限的,均按改革前的出口退税有关规定办理。

五、出口收汇逾期未核销业务处理

2012 年 8 月 1 日前报关出口的货物,截至 7 月 31 日已到出口收汇核销期限的,企业应不迟于 7 月 31 日办理出口收汇核销手续。自 8 月 1 日起,外汇局不再办理出口收汇核销手续,不再出具核销单。企业确需外汇局出具相关收汇证明的,外汇局参照原出口收汇核销监管有关规定进行个案处理。

六、加强部门联合监管

企业应当严格遵守相关规定,增强诚信意识,加强自律管理,自觉守法经营。国家外汇管理局与海关总署、国家税务总局将进一步加强合作,实现数据共享;完善协调机制,形成监管合力;严厉打击各类违规跨境资金流动和走私、骗税等违法行为。

本公告涉及有关外汇管理、出口报关、出口退税等具体事宜,由相关部门另行规定。之前法规与本公告相抵触的,以本公告为准。自 2012 年 8 月 1 日起,本公告附件所列法规全部废止。

特此公告。

国家外汇管理局
海关总署
国家税务总局
2012 年 6 月 27 日

国家海关总署关于调整部分实施反倾销措施进口货物商品编号的公告

(2012 年第 62 号)

根据 2013 年版《中华人民共和国进出口税则》的税目设置及税则号列的调整情况,海关相应调整了部分进出口货物的商品编号。现就涉及征收反倾销税的相关进口货物的商品编号填报事项公告如下:

一、自 2013 年 1 月 1 日起,进口经营单位申报进口本公告附件所列属于应征收反倾销税的货物时,应按照本公告附件列明的调整后的商品编号填报。

二、对本公告附件所列进口货物征收反倾销税的其他事项,仍按照相关反倾销公告中的规定执行。

特此公告。

附件:

征收反倾销税进口货物的商品编号调整对照表

商品名称	公告号	调整前商品编号	调整后商品编号
乙醇胺	海关总署 2010 年第 69 号 海关总署 2009 年第 89 号 海关总署 2009 年第 72 号 海关总署 2008 年第 7 号 海关总署 2006 年第 80 号 海关总署 2004 年第 36 号	2922111000 2922119001 2922120001	2922110001 2922120001
初级形态二甲基环体硅氧烷	海关总署 2011 年第 84 号 海关总署 2009 年第 26 号	2931900001 3824909904	2931909001 3824909904

财政部、国家发展改革委、海关总署、国家税务总局关于调整《国内投资项目不予免税的进口商品目录》的公告

(2012 年第 83 号)

为加快转变经济发展方式、推动产业结构调整和优化升级,积极鼓励企业引进国内不能生产的先进技术设备,统筹兼顾对外开放和国内发展,促进先进技术引进和企业自主创新,财政部、国家发展改革委、海关总署、国家税务总局在广泛收集、整理各地方、有关部门、行业协会、企业意见的基础上,针对《国内投资项目不予免税的进口商品目录(2008 年调整)》(以下简称《2008 年目录》)执行中存在的问题,对《2008 年目录》中的部分条目进行了调整,形成了《国内投资项目不予免税的进口商品目录(2012 年调整)》(以下简称《2012 年目录》),现将有关事项公告如下:

一、根据近年来国内装备制造水平和相关产业发展的变化,对《2008 年目录》中部分条目所列技术规格进行了相关调整。另外,根据《中华人民共和国进出口税则》对《2008 年目录》中部分条目所列税则号列进行了相应调整和修正,同时对部分商品的名称等内容进行了调整和修正,调整后形成的《2012 年目录》详见附件。

二、《2012 年目录》自 2013 年 1 月 1 日起执行,即 2013 年 1 月 1 日及以后新批准的国内投资项目(以项目的审批、核准或备案日期为准,下同),其进口设备一律按照《2012 年目录》执行。

为保证老项目顺利实施,对 2013 年 1 月 1 日以前批准的国内投资项目,其进口设备在 2013 年 6 月 30 日及以前申报进口的,仍按照《2008 年目录》执行。但对于有关进口设备按照《2008 年目录》审核不符合免税条件的,而按照《2012 年目录》审核符合免税条件的,自 2013 年 1 月 1 日起,可以按照《2012 年目录》执行。货物已经征税进口的,不再予以调整。自 2013 年 7 月 1 日起,国内投资项目项下申报进口的设备一律按照《2012 年目录》执行。

三、现行政策对国内投资项目项下进口设备的免税条件另有规定的,有关进口设备仍需执行相关规定。但此前公布实施的《进口不予免税的重大技术装备和产品目录(2012 年修订)》中相关装备和产品的技术指标与《2012 年目录》不一致的,以《2012 年目录》所列技术规格为准,并自 2013 年 1 月 1 日起一并调整。

附件:国内投资项目不予免税的进口商品目录(2012 年调整),略。

文莱投资贸易指南

一、文莱对外贸易的法规和政策规定

(一)贸易主管部门

文莱贸易政策的制定和实施主要由文莱工业与初级资源部负责,财政部、经济发展理事会等其他有关部门参与。

文莱工业与初级资源部主要职责是:鼓励和支持当地企业及外国投资者开展商品生产和服务,保障国家食品安全和就业,推动经济持续、多元化发展。该部下辖5个执行局:农业局、森林局、渔业局、工业发展局和旅游局。

(二)贸易法规体系

文莱与贸易相关的主要法律包括海关法、消费法以及一系列涉及食品安全和清真要求的法规。2001年和2006年分别颁布证券法和银行法。

(三)贸易管理相关规定

文莱实行自由贸易政策,除少数商品受许可证、配额等限制外,其余商品均放开经营。

1. 进口管理。出于环境、健康、安全和宗教方面的考虑,文莱海关对少数商品实行进口许可管理。植物、农作物和牲畜须由农业局签发进口许可证(植物不能带土),军火由皇家警察局发证,印刷品由皇家警察局、宗教部和内务部发证,木材由森林局发证,大米、食糖、盐由信息技术和国家仓库发证,二手车由皇家海关发证,电话装置、无线电设备由通讯局发证,药品由卫生部发证,鲜、冷冻的鸡肉和牛肉由宗教部、卫生部和农业局发证。除以上有关部门发放进口许可证外,机动车、农产品、药品及与药品相关的产品进口还须提供相关的原产地证书和检验证明。

没有商业价值的样品可免税进口,有商业价值的样品进口,需交抵押金,如果样品在3个月内出境,可退还抵押金。

文莱与贸易相关的主要法规(截至2007年)

法规名称	主要内容
海关法及相关规定(2006)	有关海关规定。包括特别关税、关税返还、对违反规定的处罚等
进口商品估价规定(2001)	根据世贸规则明确海关估价
(1)东盟通用特别关税条例(2005) (2)中国—东盟全面经济合作框架协议下东盟—中国早期收获计划商品关税条例(2005) (3)中国—东盟全面经济合作框架协议下海关货物贸易协议(2006)	实施有关东盟贸易协议
公司法(1957)	公司注册法规等
证券法(2001)	政府间金融往来、为经营商及有关个人在管理和交易证券方面提供建议
银行法(2006)	银行执照
投资促进法(2001)	投资领域
清真肉类法	规范清真肉类产品的进口和市场供应
商标法(2000)	商品
公共卫生(食品)条例(2001)及公共卫生(食品)(2002)	食品安全

资料来源:文莱工业与初级资源部

禁止进口商品包括:鸦片、海洛因、吗啡、淫秽品、印有钞票式样的印刷品、烟花爆竹(从2008年起允许指定经营商进口)等。对某些商品实行临时禁止进口,如水泥、锌皮瓦片等。

酒精饮料进口受到严格限制。

2. 出口限制。除了对石油、天然气出口控制外,对动物、植物、木材、大米、食糖、食盐、文物、军火等少数物品实行出口许可证管理,其他商品出口管制很少。

(四)进出口商品检验检疫

文莱公共卫生(食品)条例规定所有食品,无论是进口产品还是本地产品,都要安全可靠,具有良好品质,符合伊斯兰教清真食品的要求,尤其对肉类的进口实行严格的清真检验。对于某些动植物产品,如牛肉、家禽,需提交卫生检疫证书,进口食用油不能有异味、不含任何矿物油,动物脂肪须来自在屠宰时身体健康的牲畜并适合人类食用,动物脂肪和食用油须是单一形式,不能将两种或多种脂肪和食用油混合。脂肪和食用油的包装标签上不得有“多不饱和的”字眼或相似字眼。非食用的动物脂肪须出具消毒证明。进口活动物必须有兽医证明。

大豆奶应是从优质大豆中提取的液体食品,可包括糖、无害的植物物质,除了允许的稳定剂、氧化剂和化学防腐剂外,不得含有其他的物质,并且其蛋白质含量不少于2%等。

此外,该条例对食品添加剂、包装以及肉类产品、渔类产品、调味品、动物脂肪和油、奶产品、冰淇淋、糖与干果、水果、茶、咖啡、无酒饮料、香料、粮食等,都规定了相应的技术标准、对食品的生产日期、保质期、食品容器及农药最大残留量、稳定剂、氧化剂、防腐剂等都有明确的规定。

(五)海关管理规章制度

1. 管理制度。2006年新《海关条例》对特别关税、关税返还、处罚方式等做了规定。

2. 关税税率。对东盟成员国产品的关税税率大部分在0~5%之间。对食品类及大部分建筑材料和工业机械免征进口税,电器类商品及香水、化妆品、地毯、珠宝、水晶灯、丝绸、运动器材等征收5%的进口税,汽车征收20%的进口税(目前已改为同等税率的消费税),烟和酒精饮料有特别税率。

自2010年中国—东盟自贸区正式启动以来,文莱对中国商品关税逐年下降,部分非敏感产品关税在2012年已降至0,一般敏感产品关税已降至20%以下。文莱总体关税税率很低,对极少商品如香烟等商品的进口关税略高于对东盟成员国的关税。

二、对外国投资的市场准入

(一)投资主管部门

文莱主管国内投资和外国投资的政府部门为工业与初级资源部和经济发展理事会。

(二)投资行业的规定

1. 禁止的行业。包括武器、毒品及与伊斯兰教义相悖的行业等。

2. 限制的行业。林业不对外资开放。

3. 鼓励的行业。包括化工、制药、制铝、建筑材料及金融业等行业。2001投资促进法将部分产业纳入先锋行业,投资享受税收优惠,以吸引外来投资。

(三)投资方式的规定

为保护民族资本,法律规定,外资与本地公司或商人合资的企业，文方须占31%以上股份。不涉及国家食品安全且产品全部出口的工业，外国人可占100%所有权。

1999年文莱政府放宽外国投资者在渔业领域的投资限制，基本政策是：合资经营，文方股权不少于30%；只能在文莱渔业局批准权限和海域范围内捕鱼；准予使用挂文莱国旗的渔船捕捞的鱼必须在文莱上岸；养殖活动只限于文莱渔业局所限制的品种，中国企业已于2009年底在文莱开展深海网箱养殖项目。

外资并购文莱企业的案例极少，具体操作时应向有关主管部门充分咨询过户手续及审批期限，必要时可寻求中国驻文莱使馆经商处协助。

（四）特殊经济区域的规定

文莱政府在国内共划出10个工业区以吸引外国投资。其中双溪岭工业区（Sungai Liang Industrial Site）是最主要的工业区，规划面积283公顷，主要用于油、气下游和高科技产业。在该区最大的外来投资项目是日本投资的甲醇厂项目，总投资6亿美元，设计产能85万吨，2010年5月第一批产品出口中国。

文莱10个工业区

工业区名称	规划面积（公顷）	主要用途
Serasa	83	制造业及服务
Kampong Salar	40	家具、仓储及冷藏
Lambak Kanan(East)	74	高科技产业
Lambak kanan(West)	45	食品加工
Beribi l & ll	47	制造业及服务
Serambangun	40	制造业及服务
Sungai Liang(双溪岭工业区)	283	石油下游产业，高科技
Sungai Bera	50	制造业及服务
Pekan Belait	38	制造业及服务
Batu Apoi	5	制造业及服务

资料来源：文莱工业与初级资源部

文莱目前并未特别设置经济开发区，仅有工业园区，暂无中国企业入驻。

三、文莱对外国投资的优惠

（一）优惠政策框架

文莱政府于1975年颁布投资促进法，2001年在该法基础上颁布新的投资促进法令，延长了对部分鼓励投资产业的税收优惠期。

（二）行业鼓励政策

根据投资促进法，在以下产业投资享受税收优惠：

1. 先锋产业。即有限责任公司达到以下要求：（1）符合公众利益；（2）该产业文莱未达到饱和程度；（3）具有良好发展前景，产品应具有该产业的领先性，可以获得先锋产业资格证书，并享受以下优惠：免收所得税；免30%的公司税；免公司进口机器、设备、零部件、配件及建筑构件的进口税；免原材料进口税；为生产先锋产品而进口的原材料免征进口税；可以结转亏损和津贴。先锋产品包括：航空食品、搅拌混凝土、制药、铝材板、轧钢设备、化工、造船、纸巾、纺织品、听装、瓶装和其他包装食品、家具、玻璃、陶瓷、胶合板、塑料及合成材料、肥料和杀虫剂、玩具、工业用气体、金属板材、工业电气设备、供水设备、宰杀、加工清真食品、废品处理工业、非金属矿产品制造。

先锋产业的免税期（从生产日开始计算）

注册资本金额	免税期
50万~250万文元	5年
250万文元以上	8年
高科技园区内	11年
免税期延长	每次3年，总共不超过11年
（高新区）免税期延长	每次5年，总共不超过20年

2. 先锋服务公司。即符合公众利益，并从事以下经营活动的公司：涉及实验、顾问和研发的工程技术服务、计算机信息服务和其他相关服务、工业设计的开发和生产、休闲和娱乐的服务、出版、教育产业、医疗服务、有关农业技术的服务、有关提供仓储设备的服务、组织展览和会议的服务、金融服务、商业顾问、管理和职业服务、风险资本基金业务、物流运作和管理、运作管理私人博物馆、部长指定的其他服务和业务，可享受免所得税以及可结转亏损和补贴待遇。免税期8年，可延长，但不超过11年。

（三）地区鼓励政策

文莱暂无地区鼓励政策。

四、外国企业在文莱获得土地的规定

（一）文莱土地法的主要内容

按照文莱《土地法》，土地归国王所有，国民可以购买使用。但是土地使用需要经过土地规划管理部门的规划，经过规划的土地方可使用。土地规划的有效期满后，使用者是否可以继续使用该土地，须由法院裁定。

（二）外资企业获得土地的规定

文莱法律规定，外国人在文莱不能获得土地所有权和买卖权，只有文莱公民才享有买卖土地的权利，而外国人和侨民只能租用土地。

五、环境保护的法律规定

（一）环保管理部门

文莱政府主管环境保护的部门是环境、园林及公共娱乐局（Jabatab Alam Sekitar Taman Rekreasi），又称JASTRE，隶属发展部。主要职责是：开展环境管理和保护，以提高民众生活质量，推动国家经济发展和繁荣。主要职能包括：环境保护，风景区、公园及公共娱乐设施建设与管理，垃圾管理以及国际环境领域合作等。

（二）文莱主要环保法律法规名称

文莱暂无环保法，相关管理文件有环境、园林及公共娱乐局发布的《文莱工业发展污染控制准则》。

（三）环保法律法规基本要点

1. 投资商应在项目计划初期对环境因素予以考虑。包括项目位置、采用清洁技术、污染控制措施、废物监管等。

2. 项目发展商需提供的说明材料。（1）将在项目场地上开展的贸易及加工；（2）申请人将为控制土地、空气、水及噪音污染采取的措施；（3）废料的管理和处理等；（4）全面的环境影响评估报告。

（四）环保评估相关规定

自2010年起，文莱新建工程项目必须通过环境评估。企业需要聘请专门机构进行环境评估，并向文莱发展部环境与公园司提交环境评估报告，评估费用根据项目规模而定。

六、保护知识产权规定

（一）当地有关知识产权保护的法律规定

文莱知识产权法正在草拟中。文莱的新商标法律《1999年紧急(商标)条规》于2000年6月1日生效。文莱目前是世界贸易组织(WTO)的成员,已加入世界知识产权组织(WIPO),但尚未加入《商标国际注册马德里协定》等有关商标保护的国际条约。

有关知识产权保护的具体规定可与文莱高等法院和总检察署联系。

(二)知识产权侵权的相关处罚规定

文莱法律规定,违反知识产权保护规章的行为,受法律制裁,具体可向文莱总检察长署咨询及购买相关文件。

(三)与投资合作相关的主要法律

与投资相关的法律包括《合同法》、《土地法》以及《投资促进法》。文莱工业与初级资源部负责有关投资合作政策的制定和实施。

七、投资合作相关的主要法律及对中国企业投资合作的保护政策

(一)投资合作相关的主要法律

与投资相关的法律包括《合同法》、《土地法》以及《投资促进法》。文莱工业与初级资源部负责有关投资合作政策的制定和实施。

(二)文莱对中国企业投资合作的保护政策

1. 中国与文莱签署双边投资保护协定。2000年中国与文莱签订《鼓励和相互保护投资协定》,并于2004年签署《促进贸易、投资和经济合作谅解备忘录》。

2. 中国与文莱签署避免双重征税协定。2004年中国与文莱签订《避免双重征税和防止偷漏税的协定》。

3. 中国与文莱签署的其他协定。包括:《民用航空运输协定》(1993年)、《卫生合作谅解备忘录》(1996年)、《文化合作谅解备忘录》(1999年)、《中国公民自费赴文旅游实施方案的谅解备忘录》(2000年)、《最高人民检察院和文莱达鲁萨兰国总检察署合作协议》(2002年)、《高等教育合作谅解备忘录》(2004年)、《最高法院合作谅解备忘录》(2004年)、《旅游合作谅解备忘录》(2006年)。

4. 其他相关保护政策。文莱政府表示将参与《区域全面经济关系协议(RCEP)》谈判。《区域全面经济关系协议(RCEP)》的成员国包括东盟10国、中国、日本、韩国、印度、澳大利亚和新西兰。

柬埔寨投资贸易指南

一、对外贸易法规和政策规定

(一)贸易主管部门

柬埔寨商业部为柬埔寨贸易主管部门。

(二)贸易法规体系

柬埔寨与贸易相关的法律法规主要包括《进出口商品关税管理法》、《关于制衣行业原产地证书、商业发票、出口许可证核发的规定》、《关于商业公司贸易行为的规定》、《关于实施装运前检验服务的规定》、《加入世界贸易组织法》、《关于风险管理的次法令》、《关于成立海关与税收署风险管理办公室的规定》等。

(三)贸易管理的相关规定

商业部负责出口审批和免税进口核准手续——在多数情况下,进口货物无需许可证。但部分产品需要获得相关政府部门特别出口授权或许可后方可出口。

1. 作为最不发达国家享受的出口优惠。欧、美、日等28个国家给予柬埔寨普惠制待遇。美国给予柬埔寨较宽松的配额和进口关税,欧盟在"除军火外所有商品倡议"下,给予柬埔寨除军火外几乎所有产品零关税的待遇。

2. 出口商品当地含量及原产地原则。柬埔寨目前无当地含量要求,即不限制使用进口原材料、零部件(对健康、环境或社会有害的原材料、零部件除外)。在柬埔寨,出口商应重视普惠制的原产地规则要求。普惠制下出口至美国的产品,原产地规则对当地含量的最低要求为35(符合条件的东盟成员国,即柬埔寨、泰国、印尼和菲律宾,在原产地规则要求中视为同一国家)。在"除军火外所有商品倡议"下,原产地规则要求出口产品至少有40%的含量出自出口国。

3. 出口优惠、限制。根据投资法修正法,由柬埔寨投资委员会批准的出口型合格投资项目可享受免税期或特别折旧。其出口产品增值税享受退税或贷记出口产品的原材料。禁止或严格限制出口的产品包括文物、麻醉品和有毒物质、原木、贵重金属和宝石、武器等。半成品或成品木材制品、橡胶、生皮或熟皮、鱼类(生鲜、冷冻或切片)及动物活体需交纳10%出口税。服装出口需向商业部缴纳管理费普惠制下服装出口至美国或欧盟的,需获得出口许可证。

4. 免税进口。根据投资法修正法,由柬埔寨投资委员会批准的出口型合格投资项目可免税进口生产设备、建筑材料、原材料和生产设备附件。为取得生产用原材料免税进口批件,进口公司应每年向柬埔寨投资委员会申报拟进口材料的数量和价值。

(四)进出口商品检验检疫

财经部海关与关税署、商业部进出口检验与反欺诈局联合负责进出口商品检验——检验地点为工厂或进出口港口。柬埔寨全部进出口货物均接受检验,政府正计划逐年降低检验比率。价值5000美元或以上的进口货物,在出口国进行装运前检验。检验报告和其他装船前检验文件将被递交柬埔寨海关,货物抵达柬埔寨后,货主凭检验单据到海关交纳税款并提出货物。

(五)海关管理规章制度

1. 管理制度。柬埔寨政府近年来不断改进海关管理制度,致力于实现简洁、高效、透明和可预测的海关管理。

2006年,柬埔寨起草完成并通过《关于通过风险管理实施贸易便利化的次法令》,准备实施基于贸易商档案数据的风险管理系统,即通过利用电脑系统分析贸易商档案数据、商品和/或原产地进行海关监管。为此,柬埔寨政府还采用计算机化海关清关综合系统——自动海关数据系统。

此外,为简化海关程序,政府决定推行使用"海关一站式服务系统",并计划在西哈努克港安装自动海关数据系统终端。柬埔寨政府希望借此减轻贸易活动的行政负担,并减少腐败滋生的机会。

2. 关税税率。除天然橡胶、宝石、半成品或成品木材、海产品、沙石等5类产品外,一般出口货物不需缴纳关税。所有货物在进入柬埔寨时均应缴纳进口税,投资法或其他特殊法规规定享受免税待遇的除外。进口关税主要由四种汇率组成:7%、15%、35%和50%。

在中国—东盟自由贸易协定的共同有效关税体制下,从东盟其他国家成员国进口、满足原产地规则规定的产品可享

受较低的关税税率。按照整体关税减让时间表规定,到2010年,除少数特例商品外,柬埔寨关税税率降至0~5%。

二、外国投资市场准入规定

(一)投资主管部门

柬埔寨发展理事会是唯一负责重建、发展和投资监管事务的一站式服务机构,由柬埔寨重建和发展委员会和柬埔寨投资委员会组成。该机构负责对全部重建、发展工作和投资项目活动进行评估和决策,批准投资人注册申请的合格投资项目,并颁发最终注册证书。

但对于下列条件的投资项目,需提交内阁办公厅批准:(1)投资额超过5000万美元;(2)涉及政治敏感问题;(3)矿产及自然资源的勘探与开发;(4)可能对环境产生不利影响;(5)基础设施项目,包括BOT、BOOT、BOO和BLT项目;(6)长期开发战略。

(二)投资行业的规定

柬埔寨政府视外国直接投资为经济发展的主要动力。柬埔寨无专门的外商投资法,对外资与内资基本给予同等待遇,其政策主要体现在《投资法》(本法于1994年8月4日柬埔寨王国第一届国会特别会议通过,1997年、1999年两度修订)及其《修正法》(2003年2月3日柬埔寨王国第二届国会通过)等相关法律规定中。

1. 鼓励投资的领域。《投资法》十二条规定,柬埔寨政府鼓励投资的重点领域包括:创新和高科技产业、创造就业机会、出口导向型、旅游业、农工业及加工业、基础设施及能源、各省及农村发展、环境保护等,在依法设立的特别开发区投资。投资优惠包括免征全部或部分关税和赋税。

2. 限制投资领域。《投资法修正法实施细则》(2005年9月27日颁布)列出禁止柬埔寨和外籍实体从事的投资活动,包括:神经及麻醉物质生产及加工;使用国际规则或世界卫生组织禁止使用、影响公众健康及环境的化学物质生产有毒化学品、农药、杀虫剂及其他产品;使用外国进口废料加工发电;《森林法》禁止森林开发业务;法律禁止的其他投资活动。

此外,该细则还列出了"不享受投资优惠的投资活动"和"可享受免缴关税,但不享受免缴利润税的特定投资活动"。

3. 对外国公民的限制。《投资法》对土地所有权和使用作出规定:(1)用于投资活动的土地,其所有权须由柬埔寨籍自然人、或柬埔寨籍自然人或法人直接持有51%以上股份的法人所有。(2)允许投资人以特许、无限期长期租赁和可续期短期租赁等方式使用土地投资人有权拥有地上不动产和私人财产,并以之作为抵押品。

(三)投资方式的规定

1. 外国直接投资。在柬埔寨进行投资活动比较宽松,不受国籍限制(土地法有关土地产权的规定除外)。除禁止或限制外国人介入的领域外,外国投资人可以个人、合伙、公司等商业组织形式在商业部注册并取得相关营业许可,即可自由实施投资项目。但拟享受投资优惠的项目,需向柬埔寨发展理事会申请投资注册并获得最终注册证书后方可实施。获投资许可的投资项目称为"合格投资项目"。

2. 合资企业。合格投资项目可以合资企业形式设立。合资企业可由柬埔寨实体、柬埔寨及外籍实体或外籍实体组成。王国政府机构亦可作为合资方。股东国籍或持股比例不受限制,但合资企业拥有或拟拥有柬埔寨王国土地或土地权益的除外。在此情况下,非柬埔寨籍实体的自然人或法人合计最高持股比例不得超过49%。

3. 合格投资项目合并。两个或以上投资人,或投资人与其他自然人或法人约定合并组成新实体,且新实体拟实施投资人合格投资项目,并享受合格投资项目最终注册证书规定投资优惠及投资保障的,新实体需向投资委员会书面申请注册为投资人,并申请将合格投资项目最终注册证书转让新实体。

4. 收购合格投资项目。投资人或其他自然人或法人收购合格投资项目所有权,且拟享受合格投资项目最终注册证书规定投资优惠及投资保障的,应向投资委员会提出收购申请,将合格投资项目最终注册证书转让新实体。收购人为未注册自然人或法人的,需先申请注册为投资人。投资人股份转让造成受让方取得投资人控制权的,投资人须向投资委员会提出转让申请,并提供受让人名称和地址。

(四)特殊经济区域的规定

2005年12月,《关于特别经济区设立和管理的148号次法令》颁布,特别经济区体制在柬埔寨开始施行。柬埔寨发展理事会下设的柬埔寨特别经济区委员会是负责特别经济区开发、管理和监督的一站式服务机构,特别经济区管委会是在特别经济区现场执行一站式服务机制的国家行政管理单位,由柬埔寨特别经济区委员会设立,并在各特别经济区常驻。至2008年底,斯登豪、曼哈顿、柴柴、欧宁、金边和西哈努克等6个特别经济区已获政府正式批准,另有5个也已取得特别经济区委员会许可。

特别经济区法令规定特别经济区委员会应向全部特别经济区提供优惠政策;《投资法修正法》规定,位于特别经济区的合格投资项目有权享受与其他合格投资项目相同的法定优惠政策和待遇。

柬埔寨政府以次法令形式正式批准14个经济特区,另外还有8个特区获得柬埔寨经济特区局证书。获批的经济特区主要分布在国公省、西哈努克省、柴桢省、卜迭棉芷省、茶胶省、干拉省、贡布省、磅湛省和金边市。其中,西哈努克省经济特区数量最多,包括中国江苏红豆集团与柬埔寨国际投资开发集团合资建立的西哈努克港经济特区。

西哈努克港经济特区(以下简称特区)是中国商务部首批中标的境外经贸合作区之一,也是首批获商务部财政部验收确认的6个境外合作区之一,该合作区建设进展顺利,已

特别经济区享受的优惠政策

受益人	优惠政策
经济区开发商	(1)利润税免税期最长可达9年 (2)经济区内基础设施建设使用设备和建材进口免征进口税和其他赋税 (3)经济区开发商可根据《土地法》取得国家土地特许,在边境地区或独立区域设立特别经济区,并将土地租赁给投资企业
区内投资企业	(1)与其他合格投资项目同等享受关税和税收优惠 (2)产品出口国外市场的,免征增值税。产品进入国内市场的,应根据数量缴纳相应增值税
全体	(1)经济区开发商、投资人或外籍雇员有权将税后投资收入和工资转账至境外银行 (2)外国人非歧视性待遇、不实行国有化政策、不设定价格

吸引服装、摩托车等类入区企业7家。

据柬埔寨发展理事会统计,2011年,柬埔寨各类经济特区共吸引外资项目39个,吸纳就业3.2万人次,吸引投资7.15亿美元,占柬埔寨全年新批投资额的10%。在柬经济特区投资,可享受税收、设备和原材料进口、产品出口等方面的优惠政策。近年来,柬埔寨经济特区吸引外资呈增长趋势。在柬经济特区投资的外商主要来自日本、中国、中国台湾、马来西亚和新加坡,行业涉及服装、制鞋、电子、农产品加工等。

三、外国投资优惠政策

(一)优惠政策框架

柬埔寨政府给予外资与内资基本同等的待遇,《投资法》(1994年8月4日柬埔寨王国第一届国会特别会议通过)及其修正法(1997年、1999年两度修订)为外国投资提供了保障和相对优惠的税收、土地租赁政策。此外,外国投资同样可享受美、欧、日等28个国家/地区给予柬埔寨的普惠制待遇。

1. 投资保障。柬埔寨政府对投资者提供的投资保障包括:(1)对外资与内资基本给予同等待遇,所有的投资者,不分国籍和种族,在法律面前一律平等。(2)柬埔寨政府不实行损害投资者财产的国有化政策。(3)已获批准的投资项目,柬埔寨政府不对其产品价格和服务价格进行管制。(4)不实行外汇管制,允许投资者从银行系统购买外汇转往国外,用以清算其与投资活动有关的财政债务。

2. 投资优惠。经柬埔寨发展理事会批准的合格投资项目可取得的投资优惠包括:(1)免征投资生产企业的生产设备、建筑材料、零配件和原材料等的进口关税。(2)企业投资后可享受3~8年的免税期(经济特区最长可达9年),免税期后按税法交纳税率为9%的利润税。(3)利润用于再投资,免征利润税;分配红利不征税。(4)产品出口,免征出口税。

(二)行业鼓励政策

柬埔寨行业鼓励政策主要体现在农业和旅游业。

1. 农业。在吸引外商投资农业产业上,柬埔寨政府依据投资法对开发种植1000公顷以上的稻谷、500公顷以上的经济作物、50公顷以上的蔬菜种植项目;对畜牧业存栏在1000头以上、饲养100头以上的乳牛项目、饲养家禽10000只以上项目;以及占地5公顷以上的淡水养殖、占地10公顷以上的海水养殖项目均给予支持和优惠待遇。主要鼓励措施:(1)项目在实施后,从第一次获得盈利的年份算起,可免征盈利税的时间最长为8年。如连续亏损则被准许免征税。如果投资者将其盈利用于再投资,可免征其盈利税。(2)政府只征收纯盈利税,税率为9%。(3)分配投资盈利,不管是转移到国外,还是在柬国内分配,均不征税。(4)对投资项目需进口的建筑材料、生产资料、各种物资、半成品、原材料及所需零配件,均可获得100%免征其关税及他赋税,但该项目必须是产品的80%供出口的投资项目。

2. 旅游业。自第一届王国政府提出优先发展旅游业的战略以来,柬埔寨旅游业的经济功能受到了充分重视,为旅游业的产业化发展奠定了良好基础。十多年来,旅游业成为柬埔寨国民经济的主要增长点和支柱产业。目前全国大多数省市都把发展旅游业作为首要工作之一,将旅游产业定位于"优先发展行业"、"支柱产业"、"特色产业"来加快发展。

四、外国企业在柬埔寨获得土地的规定

(一)土地法的主要内容

柬埔寨《土地法》于1992年颁布,并于2001年8月修正。2001年土地法修正案主要目的是明确不动产所有权体制,以保障不动产所有权及相关权益。该法还旨在建立现代化土地注册体系,以保障人民拥有土地的权利。

土地法指定土地管理城市规划和建设部作为不动产权属证明文件的核发部门,并负责国有不动产的地籍管理工作。在所有权规定方面,严禁外籍自然人和法人拥有土地。《宪法》规定:全部自然人或法人均可单独或集体拥有所有权。仅限于柬埔寨籍自然人或法人有权拥有土地(第四十四条)。2001年《土地法》还规定仅限于柬埔寨自然人或法人可拥有土地所有权,外籍人士伪造身份证件已在柬埔寨拥有土地的,应受到惩罚(第八条)。柬埔寨籍法人是指柬埔寨公民或公司持有51%或以上股份的公司。此外,《土地法》规定:除为公共利益外,不得剥夺所有权。需剥夺所有权的,应按法律法规规定的形式和程序进行,并应提前予以公平、公正的补偿。

土地特许　柬埔寨土地特许分为三类:社会特许、经济特许及适用开发或开采特许。社会特许受益人可在国有土地上修剪住宅和、或开垦国有土地谋生。经济特许受益人可整理土地进行工业或农业开发。使用、开发或开采特许包括矿产开采特许、港口特许、机场特许、工业开发特许、渔业特许,不受2001年《土地法》管辖(第四十九条、五十条)。

土地特许仅在特许合同规定的时间内设定权利(第五十二条)。土地特许面积不超过1万公顷,特许期限不超过99年(第五十九、六十一条)。

土地租赁　土地租赁分为两种:无限期租赁和固定期限租赁。固定期限租赁包括短期可续租租赁和15年或以上长期租赁。长期租赁构成对不动产的诉权,该权利可用于等值回报或继承转让。(第一百零六条、一百零八条)。

抵押　不动产所有人可以其不动产作为抵押品,通过抵押或质押方式保证支付债务(第一百九十一条)。

土地使用限制　1994年颁布的《土地使用规划、城市化与建设法》管辖柬埔寨全境范围内的土地使用。本法和很多土地使用规划均极其笼统,投资者在实施投资项目之前应认真核对实际的规划规则。2010年12月,柬埔寨内阁通过法律草案,允许外国人购买柬埔寨业主房屋一楼以上的房产。

(二)外资企业获得土地的规定

根据柬埔寨《土地法》(2001年)规定,禁止任何外国人(包括自然人和外商控制的法人)拥有土地,但合资企业可以拥有土地,其中外方合计持股比例最高不得超过49%。由于近30年的战乱,柬埔寨土地体系遭到严重破坏,许多土地所有权权属证明文件及地块登记资料丢失,造成目前仍有大量与土地所有权相关的纠纷。因此,很重要的一点是投资者在与柬埔寨公司订立土地使用、租赁或按土地所有权分配利益的合同之前,应核实土地所有人的所有权。

柬埔寨政府暂停批准经济特许地。2012年5月7日,柬埔寨首相洪森签发《提高经济特许地管理效率》的政府令,宣布自即日起暂停批准新的经济特许地。该法令要求政府各部门、各有关单位必须认真执行政府关于提供经济特许地的合同规定,不影响社区和当地居民的生活环境;对于已经获得经济特许地,但未按法律原则和合同规定进行开发,或者利用特许地经营权开拓更大土地,转售空闲土地,违背合同,侵犯社区人民土地的公司,政府将收回其经济特许地;对于之前已获政府批准的经济特许地,政府将继续依照法律原则和合同执行。

五、环境保护法律规定

(一)柬埔寨环保部门

柬埔寨环境保护主管部门是环境保护部,其主要职责是:通过防止、减少及控制污染,保护并提升环境质量和公共卫生水平;在王国政府决策前,评估项目对环境造成的影响;保障合理及有序的保护、开发、管理及使用柬埔寨王国自然资源;鼓励并为公众提供机会参与环境和自然资源保护;制止影响环境的行为。

(二)主要环保法律法规名称

柬埔寨国民议会于1996年11月18日通过了柬埔寨第一部《环境保护法》。环境保护部与柬埔寨其他有关部门制定了一系列环保规章,就柬埔寨领空、领水、领地内或地表上进口、生成、运输、再生、处理、储存、处置、排放的污染物、废物和有毒有害物质的来源、类型和数量;噪音、震动的来源、类型和影响范围都进行了明确规定。

(三)环保法律法规基本要点

根据柬埔寨《环境保护法》,任何私人或公共项目均需要进行环境影响评估;在项目提交柬埔寨王国政府审定前,由环境保护部予以检查评估;未经环境影响评估的现有项目及待办项目均需进行评估。环境保护部与有关部门有权要求任何工厂、污染源、工业区或自然资源开发项目所在区域的所有人或负责人安装或使用监测设备,提供样品,编制档案,并提交记录及报告供审核。环境保护部应依据公众建议,提供其相关作为信息,并鼓励公众参与环境保护和自然资源管理。企业不得拒绝或阻止检查人员进入有关场所进行检查,否则将处以罚款,有关责任人还可能被处以监禁。

(四)环保评估的相关规定

柬埔寨日益重视环境问题,并正在努力建立其环评体系。柬埔寨于1999年颁布了有关环境影响评价的法令,规定项目须在其环评报告经柬埔寨发展署(CDC)批准后方可实施。柬埔寨环境保护和资源管理法(EPNRM)中规定了环境影响评价的具体适用范围,主要集中在工业、农业、旅游业以及基础设施建设4个领域内。环境保护部是环境影响评价的主要管理部门,其他各部门如水利、能源、交通等,为其所负责领域内的项目环境影响评价提供相关意见。同时,各级环境部门须负责同级政府部门之间的协调合作,保证环评的顺利施行。

在环评初期,申请人须将项目方案递交至环境影响管理机构,并公布项目方案中的详细计划。法令还对其公示方式进行了严格规定,公众有权在公示期30天内对项目方案提出书面异议并提交环境影响管理机构,同时抄送项目申请人。收到公众的书面异议后,项目申请人须在确定环境影响评价的具体范围时进行公众咨询,并将咨询结果和相关文件连同环评职责书一并交由EIA(环境影响评价)专门委员会审查。在专委会正式确定职责范围之前,公众还可以通过在专委会中的代表对项目方案提出二次异议。

柬埔寨虽然1999年就颁布实施了环评法令,但由于条件所限,直到2004年才有部分建设项目开展环评工作。柬埔寨环评人员和法律法规尚处起步阶段柬埔寨国家环评法令规定,项目在获得审批和动工之前,必须完成环境影响评估工作,并向环保部送交环评报告书。

六、保护知识产权规定

(一)当地有关知识产权保护的法律法规

柬埔寨已于1995年成为世界知识产权组织成员,并于1999年加入《巴黎公约》。进入新世纪以来,柬埔寨政府已通过一系列保护知识产权的法律法规,取得长足进步。最新颁布的法律法规包括:《商标、商号与反不正当竞争法》(2002年);《版权与相关权利法》(2003年);《专利、实用新型与工业设计法》(2003年)《育种者权利和植物品种保护法》(2008年)。此外,柬埔寨政府还准备颁布下列法律:《未披漏信息与商业秘密保护法》、《集成电路版图设计保护法》、《地理标志保护法》。

1. 商标商号。2002年颁布的《商标、商号与反不正当竞争法》(下文简称《商标法》)是柬埔寨第一部知识产权保护法,该法规定应通过注册取得商标专有权。如申请人在申请材料中能够证明其已在《巴黎公约》任一成员国提交该商标全境或区域注册申请的,可取得商标注册的优先权。该法还对注册程序、失效、集体商标、商标许可、商号、侵权和赔偿、边境保护措施、所有权转让或变更等均作出规定。

柬埔寨《商标法》仅认可"一国用尽原则",因此,权利所有人对分销和进口享有专有权,并可通过委托或分销协议方式转让给独家分销商。

2. 版权。2003年颁布的《版权与相关权利法》(简称《版权法》)旨在为作家、表演者提供与其作品相关的权利,保护文学作品、文化表演、表演者、唱片制作人、广播机构节目,以保证这些文化产品能够得到公正合法的使用。作品作者对该作品享有可针对任何人行使的专有权,包括精神权利和经济权利——作者的精神权利永久有效,不可剥夺,且不得扣押或设定追溯期限。作者的经济权利是指通过授权复制、公开发表或创作衍生作品等,实现其作品价值的专有权,经济权利保护自作品创作完成之日起开始,至作者去世后50年止。

3. 专利、实用新型和工业设计。2003年颁布的《专利、实用新型与工业设计法》,主要目的为保护在柬埔寨授予的专利、实用新型和注册的工业设计。专利是指为保护发明所授予的权利,有效期为20年。实用新型证书主要是为保护具备新颖性及可实现产业化的实用新型,有效期为7年,不可延期。具备新颖性的工业设计可申请注册,有效期为5年,注册后可连续延期两次,每次5年。

(二)知识产权侵权的相关处罚规定

柬埔寨关于知识产权的保护工作尚待进一步完善,主要是商业部负责打击假冒伪劣商品的部门对盗版光碟进行没收和销毁,尚无明确的处罚细则。

七、投资合作相关法律及对中国企业投资合作保护政策

(一)投资合作相关法律

《投资法》制约所有柬埔寨人和外国人在柬埔寨境内的投资活动,对投资主管部门、投资程序、投资保障、鼓励政策、土地所有权及其使用、劳动力使用、纠纷解决等作出明确的规定。

《投资法修正法》是对《投资法》的补充和修正。在投资申请、投资项目购进与合并、合资经营、税收、土地所有权及其使用、劳动力、惩罚等方面给出相关定义,并作出明确规定。

《关于柬埔寨发展理事会组织与运作法令》规定柬埔寨投资主管部门——柬埔寨发展理事会的组织结构、职权任务和运作方式。

《关于特别经济区设立和管理的第148号法令》(2005年12月颁布)规定了建立经济特区的法律程序、经济特区的管理框架与任务、对经济特区的鼓励措施、对出口加工生产区的特别措施、劳动力管理与使用、职业培训、侵权与纠纷的解决。

《商业管理与商业注册法》对商业公司的成立、组织、运作、解散、转让和变更做出规定,对公司的类型进行划分。

《商业合同法》规定所有类型合同的成立、履行、解释和执行。它也进一步详细地描述了某些类型的合同,比如销售合同、租赁合同、借贷合同、个人财产抵押和担保。

(二)柬埔寨对中国企业投资合作的保护政策

1. 中国与柬埔寨签署双边投资保护协定。1996年7月,中国与柬埔寨签署《中华人民共和国政府和柬埔等政府关于促进和保护投资协定》。

2010年1月1日,中国—东盟自贸区的全面建成,进一步为中柬合作开辟更加宽广和畅通的渠道,提供更多的机会。2010年,中柬双方签署16项协议,涉及基础设施建设、水利资源开发通讯技术、能源开发等领域。

2. 中国与柬埔寨签署避免双重征税协定。中国尚未与柬埔寨签署避免双重征税协定。

3. 中国与柬埔寨签署的其他协定。包括:《中柬贸易协定》(1996年7月)、《中柬文化协定》(1999年2月)、《中柬旅游合作协定》(1999年2月)、《中柬关于成立经济贸易合作委员会协定》(2000年11月)、《中柬农业合作谅解备忘录》(2000年11月)、《中柬关于旅游规划合作的谅解备忘录》(2004年4月)、《中柬领事条约》(2010年2月)、《关于柬埔寨精米输华的植物卫生要求议定书》(2011年)、《关于柬埔寨木薯干输华的植物检验检疫要求议定书》等。

根据中国—东盟自贸区协议,中柬双方于2009年10月1日起正式启动降税程序。中国于2010年1月1日率先对柬埔寨绝大部分产品实现零关税,柬埔寨2011年实行降税,并将于2013年、2015年进一步实施降税安排,最终于2015年对中国90%以上产品实现零关税。

印度尼西亚投资贸易指南

一、对外贸易的法规和政策规定

(一)贸易主管部门

印尼主管贸易的政府部门是贸易部,其职能包括制定外贸政策,参与外贸法规的制定,划分进出口产品管理类别,进口许可证的申请管理,指定进口商和分派配额等事务。

(二)贸易法规体系

主要包括《贸易法》、《海关法》、《建立世界贸易组织法》、《产业法》等。与贸易相关的其他法律还涉及《国库法》、《禁止垄断行为》和《不正当贸易竞争法》等。

(三)贸易管理的相关规定

除少数商品受许可证、配额等限制外,大部分商品均放开经营。2007年底,印尼贸易部宣布了进出口单一窗口制度,大大简化了管理程序。

1. 进口管理。印尼政府在实施进口管理时,主要采用配额和许可证两种形式。适用配额管理的主要是酒精饮料及包含酒精的直接原材料,其进口配额只发放给经批准的国内企业。适用许可证管理的产品包括工业用盐、乙烯和丙烯、爆炸物、机动车、废物废品、危险物品,获得上述产品进口许可的企业只能将其用于自己的生产。其中,氟氯化碳、溴化甲烷、危险物品、酒精饮料及包含酒精的直接原材料、工业用盐、乙烯和丙烯、爆炸物及其直接原材料、废物废品、旧衣服等九类进口产品主要适用自动许可管理;丁香、纺织品、钢铁、合成润滑油、糖类、农用手工工具等六类产品主要适用非自动许可管理。为方便进口,印尼贸易部2009年大力推行网上办理进口许可证,目前大部分工作已经完成,办理进口许可证过程更加简便,原本手工办理许可证需要5~10天时间,利用网上全国一站式服务只需8小时。

2. 出口限制。出口货物必须持有商业企业注册号/商业企业准字或由技术部根据有关法律签发的商业许可,以及企业注册证。出口货物分为四类:受管制的出口货物、受监视的出口货物、严禁出口的货物和免检出口货物。受管制的出口货物包括咖啡、藤、林业产品、钻石和棒状铅。受监视的出口货物包括奶牛与水牛、鳄鱼皮(蓝湿皮)、野生动植物、拿破仑幼鱼、拿破仑鱼、棕榈仁、石油与天然气、纯金银、钢铁废料(特指源自巴淡岛的)、不锈钢、铜、黄铜和铝废料。严禁出口的货物包括幼鱼与金龙鱼等,未加工藤以及原料来自天然森林未加工藤的半成品,圆木头,列车铁轨或木轨以及锯木,天然砂、海砂,水泥土、上层土(包括表面土),白铅矿石及其化合物、粉,含有砷、金属或其化合物以及主要含有白铅的残留物,宝石(除钻石),未加工符合质量标准的橡胶,原皮,受国家保护野生动植物,铁制品废料(源自巴淡岛的除外)和古董。除以上受管制、监视和严禁的出口货物外,其余均属免检的出口货物。

(四)进出口商品检验检疫

1. 卫生与植物卫生措施。印尼所有进口食品必须注册,进口商必须向印尼药品食品管理局申请注册号,并由其进行检测。检测过程繁琐且费用昂贵,每项检测费用从5万印尼盾(约合6美元)到250万印尼盾(约合300美元)不等,每一件产品的检测费用在100万印尼盾(约合120美元)到1000万印尼盾(约合1200美元)之间。此外,印尼药品食品管理局在测试过程中要求提供详细的产品配料和加工工艺情况说明,这可能侵害商业秘密。这些规定加重了出口商的负担。

2007年11月,印尼针对新鲜球茎蔬菜采取更为严格的检验检疫措施和技术要求,以提高印尼新鲜植物产品的国际竞争力。此次颁布的植物产品进口检验检疫要求是印尼政府自2007年第二次针对进口植物产品的修改规定,重点对以球茎形式进口的新鲜蔬菜的检验检疫和技术两方面提出要求。在检验检疫方面,该规定扩大证书要求范围,除须具备与2005年法规相同的原产国权威机构签发的证书外,经转运的产品还须被提供转运国授权的证书。在技术要求方面,该规定加严原产国无虫害地区的调查及对植物性检疫虫害进行风险分析。上述规定在一定程度上提高了中国植物产品的出口门槛。

2. 国家标准。2009年以来,印尼政府开始在食品、饮料、渔业等诸多行业强制推行国家标准。印尼贸易部出台新规定,要求包括进口产品在内的所有产品必须附有印尼文说明。印尼海洋渔业部规定要求81种渔业产品必须符合印尼国家标准,甚至将捕鱼工具、渔产加工程序及微生物学测试程序等也列入印尼国家标准。印尼工业部等政府部门在2011年对电线、电子、汽车零部件、家电、五金建材、玩具等几十种产品强制推行国家标准。

印尼贸易部出台新规,要求包括进口产品在内的所有产品必须附有印尼文说明。

(五)海关管理规章制度

1. 管理制度。印尼关税制度的基本法律是1973年颁布的《海关法》。现行的进口关税税率由印尼财政部于1988年制定。自1988年起,财政部每年以部长令的方式发布一揽子"放松工业和经济管制"计划,其中包括对进口关税税率的调整。印尼进口产品的关税分为一般关税和优惠关税两种。印尼关税制度的执行机构是财政部下属的关税总局。为促进进出口贸易,改善投资环境,印尼财政部关税局2009年宣布,决定在部分港口推行和提供每周7日每日24小时的海关和港口服务。

2. 关税税率。根据WTO对各成员2006年进口关税水平的统计,2006年印尼的简单平均进口关税税率为9.5%。其中,工业品的简单平均税率为9.2%,农产品为11.4%。印尼对超过99%的进口产品征收从价税,但对大米和糖类等进口产品征收从量税。

根据《中国—东盟全面经济合作框架协议货物贸易协议》,中国和印尼逐步削减货物贸易关税水平。中国—东盟自贸区在2010年初建成后,中国和印尼90%以上的进出口产品实现零关税。

二、外国投资市场准入规定

(一)投资主管部门

印尼主管国内投资和外国投资的政府部门分别是:投资协调委员会、财政部、能矿部。他们的职责分工是:印尼投资协调委员会负责促进外商投资,管理工业及服务部门的投资活动,但不包括金融服务部门;财政部负责管理包括银行和保险部门在内的金融服务投资活动;能矿部负责批准能源项目,而与矿业有关的项目则由能矿部的下属机构负责。

(二)投资行业的规定

1. 鼓励、限制、禁止投资的领域。根据2007年第25号《投资法》,国内外投资者可自由投资任何营业部门,除非已为法令所限制与禁止。法令限制与禁止投资的部门包括生产武器、火药、爆炸工具与战争设备的部门。另外,根据该法规定,基于健康、道德、文化、环境、国家安全和其他国家利益的标准,政府可依据总统令对国内与国外投资者规定禁止行业。相关禁止行业或有条件开放行业的标准及必要条件,均由总统令确定。

2007年7月4日,印尼颁布第25号《投资法》的衍生规定,即《2007年关于有条件的封闭式和开放式投资行业的标准与条件的第76号总统决定》和《2007年关于有条件的封闭式和开放式行业名单的第77号总统决定》。根据这两个决定,25个行业被宣布为禁止投资行业,仅能由政府从事经营,禁止外商投资的行业主要包括无线电广播与电视广播、公路设备、经营机动车辆定期检验、含酒精饮料工业、糖精工业和黑锡金属工业等。另外,有43个行业鼓励中小型企业投资,36个行业为有条件开放的投资行业。

2007年7月5日,印尼出台新的电信投资法案,该法案规定外资对手机公司的所有权从95%降至65%,对固线电话公司的控股比例降为49%外资对印尼航空公司的所有权比例上限为49%。为限制外资对战略性行业的控股比例,外资对机场和海港的所有权上限为49%。该法案不影响现有的合资项目。该法案从2007年7月4日起生效,有效期为3年。

2. 2009年调整的外资政策。2009年初,印尼颁布新的《矿产和煤炭法》。根据该法,外国公司不再被禁止申请和持有矿业许可权,这是印尼矿业领域利用外资政策的重大突破。但新法规定,已在印尼获得矿产经营准字(IUP)和矿产经营协议(PUP)的已生产的企业,需建设矿产冶炼加工厂,而按照原有工作合同生产的企业,最迟在新法实施后5年内建立上述冶炼厂。按照新法规定,企业面临采矿期被缩短,采矿面积也被缩小的局面。在企业缴纳正常的所得税和矿产税之外,新法还增加了一项税率为10%的附加税,中央和地方政府分别得到4%和6%。印尼能矿部颁布的相关实施细则规定,对优先使用本土公司提供的矿业服务、外资公司向当地政府或企业转让股权等问题作出具体规定。

2009年以来,印尼的外资政策调整还包括:根据2009年通过的新电力法,印尼向私营企业开放电力投资领域。政府拟修改《非鼓励投资目录》,放宽医疗、教育、物流、电信等行业的外资准入。与此同时,印尼对外资进入某些领域做出限制:(1)限制外企在基建工程投资。印尼国家计委称,将限制外国企业在政府基础设施工程的投资,以保护国内企业市场份额。外资企业只被允许参加基础设施部门建筑价值在1000亿盾以上,其他部门采购和服务价值在200亿印尼盾以上的投标。此外,外资企业只许参加合同价值在10印尼盾以上的服务咨询投标。(2)限制外国投资者拥有农用地股权。印尼农业部表示,将限制外国投资者对与食品有关的土地如稻田的所有权,其拥有的股份比例不得超过49%。

2010年以来印尼法律政策变动中涉及的主要投资壁垒,政府采购须使用国货。为更好地扶植国内工业发展,印尼政府拟修改有关条例,规定今后凡政府单位采购价值超过50亿印尼盾(约合56万美元),必须使用本国的物资与服务。

3. 出台绿色建筑法令。印尼于2010年实施首个绿色建筑标准法令,意在发展低碳建筑来提高能源利用效率。该法令以大城市的酒店、办公楼和公寓等碳排放量较大的建筑为对象,设定符合绿色建筑标准的九项条件,包括环保材料、低碳燃料、水和废物管理以及室内空气质量等。法令要求,绿色建筑所使用的材料应来源于当地且具有绿色证书,该证书由印尼环境部指定的独立机构出具。

(三)投资方式的规定

1. 合资企业。根据2007年第25号《投资法》及相关规定,在规定范围内,外国投资者可与印尼的个人、公司成立合资企业。

2. 独资企业。依照印尼《投资法》的规定,外国直接投资可以设立独资企业,但须参照《非鼓励投资目录》规定,属于没有被该《目录》禁止或限制外资持股比例的行业。

3. 股票收购。外国投资者可以通过公开市场操作,购买上市公司的股票,但受到投资法律关于对外资开放行业相关规定的限制。

三、外国投资优惠政策

(一)优惠政策框架

东盟旅游部长会议(东盟旅游论坛)于1999年1月在新加坡举行,各国一致同意对外资投资旅游业提供以下优惠措施:兴建观光旅馆、休闲中心、高尔夫球场可免税,外资可持有100%股权;旅游设施进口手续简化并免征关税。印尼考虑将旅游土地使用年限延长为70年(目前为30年),使旅游业成为吸引外资的火车头。印尼投资部考虑像泰国一样成立投资单一窗口,帮助外商办理各项繁杂事务;投资部还将授权印尼驻外使领馆办理外商投资申请前的协调、咨询事务,以使外商能在入境10天内完成所有行政手续。

1998年12月,东盟各国首脑峰会在越南河内召开,这次会议发表了包括《河内宣言》、《河内行动计划》、《东南亚自由贸易区》及《共同优惠税率计划》在内的《大胆措施方案》。在该方案中,印尼对外商的优惠措施有:所有制造业均允许外资拥有100%股权(包括经审核的批发零售业)。外商可拥有已登记注册的新银行的100%股权。1亿美元以下的投资案,审核时间将在10天内完成。

1999年1月,印尼政府第7号总统令,公布了恢复鼓励投资的"免税期"政策。对纺织、化工、钢铁、机床、汽车零件等22个行业的新设企业给予3~5年的所得税免征。如投资项目雇用工人超过2000人,或有合作社20%以上的股份,或投资额不少于2亿美元,则增加1年优惠。对于已超过30%的规模进行扩大再生产的项目,减免其资本货物以及两年生产所需材料的进口关税。对于某些行业或一些被视为国家优先出口项目和有利于边远地区开发的项目,政府将提供一些税收优惠。上述行业及项目将由总统令具体决定。对出口加工企业减免其进口原料的关税和增值税及奢侈品销售税。对位于保税区的工业企业,政府还有其他的鼓励措施。

(二)行业鼓励政策

1. 行业优惠。自2007年1月1日起,印尼政府对6种战略物资豁免增值税,即原装或拆散属机器和工厂工具的资本物资(不包括零部件),禽畜鱼饲料或制造饲料的原材料,农产品,农业、林业、畜牧业和渔业的苗或种子,通过水管疏导的饮用水,以及电力(供家庭用户6600瓦以上者例外)。

2007年2月,为吸引外商进入印尼,与当地企业合作从事鱼类加工业,印尼政府采取多项税收措施,具体包括免除国内加工鱼产品的出口税,减轻渔业加工机械进口税,减免收入税及增值税,在综合经济开发区和东部地区投资的企业还可获得土地建设税减免优惠。2009年,印尼政府进一步明确对工业发展用机器、货物和原料免征进口税。2010年,对部分行业的投资给予财政奖励或税收优惠。印尼政府对至少10个营业部门提供财政奖励以支持其发展,即食品饮料业、纺织业、电子行业、交通运输业、通讯信息产业、基础金属与机器工业、石化工业、农畜产品加工业、林业和海洋产品加工业、创意产业。此外,印尼政府还拟对环保型企业、大型投资项目、在落后地区投资的基建项目,以及具有较多附加值、提供广泛就业机会和运用先进科技的工业部门提供税收减免等优惠。

2. 税收优惠。根据2007年印尼《有关所规定的企业或所规定的地区之投资方面所得税优惠的第1号政府条例》,印尼政府对有限公司和合作社形式的新投资或扩充投资提供所得税优惠。提供的所得税优惠包括:(1)企业所得税税率为30(根据新《所得税法》,2010年后为25%),可以在6年之内付清,即每年支付5%。(2)加速偿还和折旧。(3)在分红利时,外资企业所缴纳的所得税税率是10%,或者根据现行的有关避免双重征税协议,采用较低的税率缴税。(4)给予5年以上的亏损补偿期,但最多不超过10年。上述所得税优惠,由财政部长颁发,并且每年给予评估。

3. 投资便利。2007年8月,印尼中央与地方政府实行投资审批一站式服务。实行一站式服务之后,每个部门都派代表到投资统筹机构办事处,以便加快办理审批手续。依据2007年第25号《投资法》第30条第7款,需要中央政府审批的投资领域包括对环保有高破坏风险的天然资源投资,跨省级地区的投资,与国防战略和国家安全有关的投资。

4. 地区鼓励政策。2009年,印尼通过了经济特区新法律。根据该法,印尼在2010年成立2~3个特别经济区。在特别经济区开展业务的公司,可以享受税收(包括增值税、销售税及进口税等)、土地使用等方面的优惠政策。政府将简化投资人申请设立公司或申办其他事项的手续。

四、外国企业在印尼获得土地的规定

(一)土地法的主要变动

2011年,印尼政府拟修订征地法令,通过给被征地人更合理的补偿,来获取基础设施建设用地;对拒绝出让土地的,政府有权强制征地。一直以来,因实行土地私有制、征地补偿不合理等,印尼政府很难从私人手中征取基建用地,这严重制约了该国基础设施建设和投资环境改善。

(二)外资企业获得土地的规定

印尼实行土地私有,外国人或外国公司在印尼都不能拥有土地,但外商直接投资企业可以拥有以下三种受限制的权利:建筑权,允许在土地上建筑并拥有该建筑物30年,并可再延期20年;使用权,允许为特定目的使用土地25年,可以再延期20年;开发权,允许为多种目的开发土地,如农业、渔业和畜牧业等,使用期35年,可再延长25年。

五、环境保护法律法规

印尼基础环保法律法规是1997年的《环境保护法》。《环境保护法》主要规定了环境保护目标、公民权利与义务、环境保护机构、环境功能维持、环境管理、环境纠纷、调查及惩罚违反该法的行为。

1997年的《环境保护法》是印尼环境保护的基本法,其对环境保护的重大问题作出原则规定,是制定和执行其他单项法律法规的依据,其他环境单项法律法规不得与本法相冲突和抵触。

本法较注重对生态和环境的保护,明确规定:"环境可持续发展是指在经济发展中充分考虑到环境的有限容量和资源,使发展既满足现代人又满足后代人生存需要的发展模式。"这表明,印尼在发展经济的同时,对自然资源的利用采取优化合理的方式,关注到环境的承载能力,力求使人民获得最大利益,形成人与环境之间的平衡和谐关系。

六、保护知识产权规定

(一)印尼当地有关知识产权保护的法律规定

印尼现行的知识产权法主要有2001年《专利法》、2001年《商标法》、2002年《著作权法》、2000年《商业秘密法》、2000年《工业设计法》、2000年《集成电路布图设计法》和2000年《植物品种保护法》。

印尼加入的国际条约包括:《保护工业产权巴黎公约》、《专利合作条约》、《商标法条约》、《伯尔尼公约》以及《WIPO版权条约》和《WIPO表演和录音制品条约》、《与贸易有关的知识产权协议》,也是世界知识产权组织的成员国。

《专利法》规定,专利保护期为20年,期满后不得续展。《商标法》规定,商标保护期为10年,保护期可以续展。《著作权法》规定,有效期分别不同情况为作者生前及其死后50年和首次发表后50年。

（二）知识产权侵权的相关处罚规定

印尼法律规定，违反知识产权保护法规的行为，将受到法律制裁，包括经济处罚和刑事处罚。

七、投资合作相关法律及对中国企业投资合作保护政策

（一）印尼与投资合作相关的主要法律

主要法律有：《投资法》、《公司法》、《所得税法》、《劳动法》《知识产权法》、《破产法》、《贸易法》、《海关法》等。

（二）印尼对中国企业投资合作的保护政策

1. 中国与印度尼西亚签署双边投资保护协定。中国与印尼政府在1994年签署《促进和保护投资协定》。

2. 中国与印度尼西亚签署避免双重征税协定。中国与印尼政府在2001年签署《避免双重征税和防止偷漏税协定》。

老挝投资贸易指南

一、对外贸易法规和政策规定

（一）贸易主管部门

老挝贸易主管部门为老挝工业与贸易部（下设省市工业与贸易厅、县工业与贸易办公室），主要职责是制订、实施有关法律法规，发展与各国、地区及世界的经济贸易联系与合作，管理进出口、边贸及过境贸易，管理市场、商品及价格，对商会或经济咨询机构进行指导以及企业与产品原产地证明管理等。

（二）贸易法规体系

老挝与贸易相关的主要法律有《投资促进管理法》、《关税法》、《企业法》、《进出口管理令》、《进口关税统一与税率制度商品目录条例》等。

（三）贸易管理的相关规定

老挝所有经济实体享有经营对外经济贸易的同等权利，除少数商品受禁止和许可证限制外，其余商品均可进出口。

1. 禁止进口商品。枪支、弹药、战争用武器及车辆；鸦片、大麻；危险性杀虫剂；不良性游戏；淫秽刊物等5类商品禁止进口。

2. 禁止出口商品。枪支、弹药、战争用武器及车辆；鸦片、大麻；法律禁止出口的动物及其制品；原木、锯材、自然林出产的沉香木；自然采摘的石解花和龙血树；藤条；硝石；古董、佛像、古代圣物等9类商品禁止出口。

3. 进口许可证管理商品。活动物、鱼、水生物；食用肉及其制品；奶制品；稻谷、大米；食用粮食、蔬菜及其制品；饮料、酒、醋；养殖词料；水泥及其制品；燃油；天然气；损害臭氧层化学物品及其制品；生物化学制品；药品及医疗器械；化肥；部分化妆品；杀虫剂、毒鼠药、细菌；锯材；原木及树苗；书籍、课本；未加工宝石；银块、金条；钢材；车辆及其配件（自行车及手扶犁田机除外）；游戏机；爆炸物等25类商品进口需许可证。

4. 出口许可证管理商品。活动物（含鱼及水生物）；稻谷、大米；虫胶、树脂、林产品；矿产品；木材及其制品；未加工宝石；金条、银块等7类商品出口需许可证。

（四）进出口商品检验检疫

老挝对各类动植物产品的进口有检疫要求，要求对进口产品的特征及进口商的相关信息进行检查。

1. 动物检疫。根据老挝动物检疫规定，活动物、鲜冻肉及肉罐头等进口商须向农林部动物检疫司申请动物检疫许可证。商品入境时由驻口岸的动物检疫员查验产地国签发的动物检疫证和老挝农林部签发的检疫许可证。

2. 植物检疫。老挝农林部负责植物检疫工作进口植物及其产品须在老挝的边境口岸接受驻口岸检查员检查，并出示产品原产国有关机构签发的植物检疫证。

（五）海关管理规章制度

1. 管理制度。老挝政府于1994年12月颁布实施《统一制度和进口关税商品目录条令》，2005年5月颁布实施《关税法》及2001年10月颁布实施《商品进出口管理法令》等法律法规，对海关管理作了系列规定。其中《关税法》对进出口商品限制、禁止种类、报关、纳税、仓储、提货、出关、关税文件管理及报关复核等做了相关规定。

2. 关税税率。老挝关税分自主关税、协定关税、优惠关税、减让关税和零关税等5种不同的税率。详情可参看《统一制度和进口关税商品目录条令》及有关关税调整通知等文件。

3. 报关流程。货物进入仓库—过磅—做仓库临时报关单—打货物临时报关单、报海关审核、报海关领导签字、打税单上税、海关检验货物、付仓库费—海关做记录、进关。

4. 报关所需材料。老挝计划投资部批文、企业投资许可证、企业申请报告、企业营业执照（复印件）、企业税务登记（复印件）和货物老文清单（含数量、价格、重量、规格等）。

二、外国投资市场准入规定

（一）投资主管部门

工贸部、计划投资部、政府办公厅分别对老挝投资的一般投资、特许经营投资和经济特区投资负责。

（二）投资行业的规定

除了危及国家稳定，严重影响环境、人民身体健康和民族文化的行业和领域外，老挝政府鼓励外国公司及个人对各行业各领域投资。

（三）投资方式的规定

外国投资者可以按照"协议联合经营"、与老挝投资者成立"混合企业"和"外国独资企业"等3种方式到老挝投资。

"协议联合经营"是指老挝投资法人与外方在不成立新法人的基础上联合经营。

"混合企业"是指由外国投资者和老挝投资者依照老挝法律成立、注册并共同经营、共同拥有所有权的企业。外国投资者所持股份不得低于注册资金的30%。

"外国独资企业"是指由外国投资者独立在老挝成立的企业，形式可以是新法人或者分公司。

（四）特殊经济区域的规定

2011年底，老挝政府颁布《2011年至2020年在老挝开发经济特区和专业经济区战略规划》，规划到2015年建立14个经济特区和专业经济区。即：万象市的东坡喜专区、会山专区、塔蛮湖专区、赛萨坛专区；占巴色省的西潘敦专区、巴松菠萝芬高原专区、万道专区；甘蒙省的甘蒙黄金城专区；沙耶武里省的南横口岸专区；波里坎赛省的万坎开发区；华潘省的浓康专区；沙湾拿吉省的老堡边境贸易区；川扩省的石缸平原专区和波乔省的泥公河大桥桥头专区等。

截至2011年底，老挝政府批准7个经济特区和专业经济区，其中万象市的挪通贸易工业园区和甘蒙省的普乔经济专区2个经济特区已开始开发建设，5个专业经济区正在筹建。

三、老挝对外国投资的政策

（一）优惠政策框架

老挝对外国投资给予税收、制度、措施、提供信息服务及便利方面的优惠政策。

（二）行业鼓励政策

老挝鼓励外国投资的行业有：（1）出口商品生产；（2）农林、农林加工和手工业；（3）加工、使用先进工艺和技术、研究科学和发展、生态环境和生物保护；（4）人力资源开发、劳动者素质提高、医疗保健；（5）基础设施建设；（6）重要工业用原料及设备生产；（7）旅游及过境服务。

（三）税收优惠政策

进口用于在老挝国内销售的原材料、半成品和成品可享受减征或免征进口关税、消费税和营业税。即：进口经有关部门证明并批准的原材料可免征进口关税和营业税；进口老挝国内有但数量不足的半成品5年内可按最高正常税率减半征收进口关税和营业税；进口经有关部门证明并批准的老挝国内有但数量不足或质量不达标的配件可按照东盟统一关税目录中的税率征收配件关税及消费税。

进口的原材料、半成品和成品在加工后销往国外的，可享受免征进口和出口的关税、消费税和营业税。

经老挝计划投资部批准进口的设备、机器配件可免征进口关税、消费税和营业税。

经老挝计划投资部或相关部门批准进口的老挝国内没有或有但不达标的固定资产可免征第一次进口关税、消费税和营业税。

经老挝计划投资部或相关部门批准进口的车辆（如载重车、推土机、货车、35座以上客车及某些专业车辆等）可免征进口关税、消费税和营业税。

（四）地区鼓励政策

老挝政府根据不同地区的实际情况给予投资优惠政策：（1）一类地区，指没有经济基础设施的山区、高原和平原。免征7年利润税，7年后按10%征收利润税。（2）二类地区，指有部分经济基础设施的山区、高原和平原。免征5年利润税，之后3年按7.5%征收利润税，再之后按15%征收利润税。（3）三类地区，指有经济基础设施的山区、高原和平原。免征2年利润税，之后2年按10%征收利润税，再之后按20%征收利润税。免征利润税时间按企业开始投资经营之日起算；如果是林木种植项目，从企业获得利润之日起算。

此外，企业还可以获得如下4项优惠：（1）在免征或减征利润税期间，企业还可以获得免征最低税的优惠。（2）利润用于拓展获批业务者，将获得免征年度利润税。（3）对直接用于生产车辆配件、设备，老挝国内没有或不足的原材料，用于加工出口的半成品等进口可免征进口关税和赋税。（4）出口产品免征关税。

对用来进口替代的加工或组装的进口原料及半成品可以获得减征关税和赋税的优惠；经济特区、工业区、边境贸易区以及某些特殊经济区等按照各区的专门法律法规执行。

四、外国企业在老挝获得土地的规定

（一）土地法的主要内容

老挝实行土地公有制，土地所有权禁止交易。地产市场的交易仅为土地使用权交易。老挝土地法根据老挝宪法的规定将土地国家所有权制度确立为国家唯一的土地所有权制度，即作为土地唯一所有者的国家对于自己所有的土地依法享有的占有、使用、收益和处分的权利。国家按照法律和规划统一管理全部土地，保证有目的和有成效地使用土地。

老挝《土地法》（1997年颁布）规定，全国范围内的土地划分为以下八个类型：农业用地、林业用地、建筑用地、工业用地、交通用地、文化用地、国防、治安用地和水域用地。关于各类土地范围划分权和程序方面，中央一级政府在全国范围内分配和划分各类土地，然后向国会提议以便审议通过。地方政府在自己负责的范围内规定各类土地的范围，使之符合政府制定的土地类型范围的规定，然后向自己的上级政府提议以便审议通过。

老挝《土地法》规定，一旦认为有必要，可以把一种土地类型转向另一种类型，但在用作其他目标前，必须事先征得有关部门的许可并不得对自然环境和社会造成不良影响。

（二）外资企业获得土地的规定

老挝《土地法》对本国人与外国人在土地使用形式上作了区分。本国个人、家庭及组织享有土地使用权和土地租赁权，而外国人、无国籍人仅仅享有土地租赁权。两者区别在于：土地租赁是从土地使用权中分离出来的一项独立财产权利。老挝《土地法》没有对土地使用权的期限作出规定；土地使用权一般要求支付地租，但也可无偿。土地租赁为有偿形式，租金是必要条件：土地使用权具有流通性，可让与作为抵押权的标的，设定权利抵押权。而土地租赁权一般不得让与，转租也受到限制或禁止。

外国人以及其他组织没有土地的使用权，只享有土地租赁权。其如果需要从老挝公民手中租赁已开发的土地，则应由土地所在地的省、市或特区政府向财政部建议审批。至于外国人及上述个人的组织，是由土地所在地的省、市或特区政府向财政部建议决定。根据外国人投资的项目、产业、规模、特性，其租期最高不得超过50年，但可按政府的决定视情形续租。

（三）老挝目前实行土地特许经营的项目

1. 农业项目。老挝实行土地特许经营的农业项目有360个，按项目数量排序主要有：咖啡（59个）、牲畜（58个）、麻风树（49个）、木薯（34个）、水果蔬菜（31个）、大米（12个）、甘蔗（10个）；按占地面积排序居前者有：甘蔗（3.4969万公顷）、畜牧（3.1494万公顷）、麻风树（2.5179万公顷）。咖啡种植项目95%位于老挝南部占巴色省，种植总面积1.9105万公顷。甘蔗项目几乎全是泰国投资，多位于老挝南部靠近泰国的地方。中国投资老挝的农业项目占地1.3万公顷，其中5个木薯种植项目覆盖1万公顷土地。

2. 林业项目。老挝实行土地特许经营的林业项目有367个，最常见的是橡胶种植园，共有225个项目，覆盖13万公顷土地。其次是49个桉树项目，覆盖9.5万公顷土地。中国以86个项目占地8.6万公顷名列林业项目第一位，其后是越南和印度。中国企业投资的橡胶园主要在老挝北部，便于采购商运输到云南西双版纳加工。越南主要投资的项目也是橡胶，相较中国每个项目平均只有341公顷土地，越南投资橡胶项目平均占地面积为1477公顷。

3. 采矿项目。采矿业564个项目占地接近55万公顷，即老挝土地特许经营项目总面积的一半。三个最主要的产品类别分别是：锌矿（18.9万公顷），铜矿（8.6万公顷），铁矿（5.7万公顷）。项目数量最大类别是沙和碎石开采项目，共165个项目，但总面积仅为2987公顷。就采矿业投资项目数量而言，中国有69个项目，越南32个项目，泰国9个项目。但是从项目面积看，越南在采矿业投资的土地面积为23.2

万公顷,中国则仅有9.7万公顷。

4. 其他项目。电力、制造、加工业特许经营项目共829个项目占地2.2万公顷。通信、服务、旅游、运输、贸易特许经营项目共520个项目占地7.7万公顷。

由于老挝土地投资及特许经营项目的规模急剧扩大,无论政府还是民间都对其影响予以关注。2012年6月老挝政府停止橡胶及桉树的特许经营许可,进行全国范围内的土地特许经营情况审查复核,对项目影响进行重新评估,土地特许经营权的审批程序趋于严格。

五、环境保护法律规定

(一)环保管理部门

老挝环保管理部门包括自然资源环境部、部派驻处、省/直辖市自然资源环境厅、县、和村委会等5级机构。主要职责有:(1)制定和实施环保法律法规;(2)研究、分析和处理项目环保问题;(3)颁发或没收环保许可证;(4)指导环评工作;(5)开展环保国际合作等。

(二)主要环保法律法规名称

老挝主要环保法律法规有《环境保护法》(1999年4月颁布实施)、《环境保护法实施令》、《水和水资源法》、《水和水资源法实施令》等。

(三)环保法律法规基本要点

老挝环保法规定,个人或组织在实施项目中必须负责预防和控制水、土地、空气、垃圾、有毒化学物品、辐射性物品、振动、声音、光线、颜色和气味等污染;禁止随意向沟渠、水源等倾倒、排放超标污水和废水;禁止排放超出空气质量指标的烟雾、气体、气味、有毒性化学品和尘土;生产、进口、使用、运输、储藏和处理有毒化学物品或辐射性物品必须按照相关规定执行;禁止随意倒放垃圾,必须在扔弃、燃烧、埋藏或销毁前行划定或区分垃圾倒放区域;禁止进口、运输、移动危险物品通过老挝水源区、境内或领空。个人或组织违反环保法的,情节较轻者处以教育、罚金;情节重者可按相关民事法律和刑事法律进行处罚。

(四)环保评估的相关规定

2010年2月16日老挝对《环境评价条例》进行修订。此次修订严格环评程序,进一步完善公众参与制度新修订的《环境评价条例》将所有项目分成两大类,一类包括小规模投资项目和对环境与社会影响小的项目,这类只要求IE民一类是大规模投资的项目,包括复杂的和显著影响环境与社会的项目,要求EIA环评机构:自然资源和环境部、费用根据项目类型、规模收取,没有统一收费标准,需要双方洽谈;环评报告上交自然资源和环境部环境监察中心后在半年内给予答复,如未通过则需重新评估。

六、保护知识产权规定

(一)老挝当地有关知识产权保护的法律规定

老挝政府于1995年颁布实施《商标令》,2008年1月颁布实施《知识产权法》。

《商标令》规定,在老挝的个人或法人可以向老挝科技部提出商标注册申请。商标保护期为10年,可延长10年/次。连续5年不用或者商标注册批准证书过期,则失去效力。

《知识产权法》规定,知识产权包括工业产权、物种和专利3大类。工业产权保护期限一般为10~20年,期间支付费用;物种保护期乔木类为25年、灌木类为15年,期间支付费用;专利保护期为创作者终生及死后50年。

(二)知识产权侵权的相关处罚规定

老挝《知识产权法》规定,违反知识产权保护规章的行为,受法律制裁。

七、投资合作相关法律及对中国企业投资合作保护政策

(一)老挝与投资合作相关的主要法律

1.《投资促进法》。2010年3月,老挝国家主席签署第75号主席令,正式颁布实施老挝新版《投资促进法》。新版《投资促进法》由原来的《国内投资促进管理法》和《外国投资股促进管理法》合并而成,并对其中8处作了修订和完善,如:投资方式、投资类型、审批程序、一站式投资服务、投资指导目录、优惠政策、专门经济区开发投资以及中央与地方管理职能划分等内容。

2.《民法》。规定老挝的自然人之间、法人之间以及自然人与法人之间的财产关系,为私有财产提供保护。

3.《企业法》。规定企业成立、组织、运作、解散、转让和变更,划分企业类型,规范企业章程。

4.《矿产法》。1997年5月实施,后进行修订。对矿产资源的所有权、保护和开发、环境保护、矿山经营者权益和当地居民权益和保护等做出规定。

(二)老挝对中国企业投资合作的保护政策

1. 中国与老挝签署双边贸易保护协定。中国与老挝于1988年12月签署了《中老贸易协定》、《中老边境贸易的换文》。

2. 中国与老挝签署避免双重征税协定。中国与老挝于1999年1月签署了《中老避免双重征税协定》。

3. 中国与老挝签署的其他协定。中国与老挝还签署了《中老关于鼓励和相互保护投资协定》(1993年1月)、《中老汽车运输协定》(1993年12月)、《中老澜沧江—湄公河客货运输协定》(1994年11月)、《中老旅游合作协定》(1996年10月)、《中老关于成立两国经贸技术合作委员会协定》(1997年5月)、《中国、老挝、缅甸和泰国四国澜沧江—湄公河商船通航协定》(2000年4月)等协定,在投资、旅游、运输等方面规定了相关保护政策。

4. 其他相关保护政策。中国与老挝签署《中老领事条约》(1989年10月)、《中老民事刑事司法协助条约》(1999年1月)、《中华人民共和国和老挝人民民主共和国引渡条约》(2002年2月)等协定,在司法方面规定相关保护政策。2002年11月,中国与东盟国家签署《中国—东盟全面经济合作框架协议》。2004年11月29日,在老挝万象召开的第8次中国—东盟领导人会议上,中老签署《货物贸易协议》和《争端解决机制协议》。

马来西亚投资贸易指南

一、对外贸易法规和政策规定

(一)贸易主管部门

马来西亚主管对外贸易的政府部门是国际贸易和工业部,主要职责是负责制定投资、工业发展及外贸等有关政策,拟定工业发展战略,促进多双边贸易合作,规划和协调中小企业发展,促进和提升私人企业界和土著的管理和经营能力。

(二)贸易法规体系

主要对外贸易法律有《海关法》、《海关进口管制条例》、《海关出口管制条例》、《海关估价规定》、《植物检疫法》、《保

护植物新品种法》、《反补贴和反倾销法》、《反补贴和反倾销实施条例》、《2006年保障措施法》、《外汇管理法令》等。

（三）贸易管理的相关规定

马来西亚实行自由开放的对外贸易政策，部分商品的进出口会受到许可证或其他限制。

1. 进口管理。1998年马来西亚海关禁止进口令规定了四类不同级别的限制进口。第一类是14种禁止进口品，包括含有冰片、附子成分的中成药，45种植物药以及13种动物及矿物质药。第二类是需要许可证的进口产品，主要涉及卫生、检验检疫、安全、环境保护等领域。包括禽类和牛肉（还必须符合清真认证）、蛋、大米、糖、水泥熟料、烟花、录音录像带、爆炸物、木材、安全头盔、钻石、碾米机、彩色复印机、一些电信设备、武器、军火以及糖精。目前大约有27%的税目产品需要进口许可证。第三类是临时进口限制品，包括牛奶、咖啡、谷类粉、部分电线电缆以及部分钢铁产品。第四类是符合一定特别条件后方可进口的产品，包括动物、动物产品、植物及植物产品、香烟、土壤、动物肥料、防弹背心、电子设备、安全带及仿制武器。

为了保护敏感产业或战略产业，马来西亚对部分商品实施非自动进口许可管理，主要涉及建筑设备、农业、矿业和机动车辆部门。如所有重型建筑设备进口须经国际贸易和工业部批准，且只有在马来西亚当地企业无法生产的情况下方可进口。马来西亚海关负责发放进口许可证，国际贸易及工业部及其他部门负责进口许可证的日常管理工作。

2. 出口管理。马来西亚规定，除以色列外，大部分商品可以自由出口至任何国家。但是，部分商品需获得政府部门出口许可，其中包括：短缺物品、敏感或战略性或危险性产品，以及受国家公约控制或禁止进出口的野生保护物种。此外，马来西亚《1988年海关令（禁止出口）》规定对三类商品的出口管理措施：第一类为绝对禁止出口，包括禁止出口海龟蛋和藤条；禁止向海地出口石油、石油产品和武器及相关产品。第二类为需要出口许可证方可出口；第三类为需要视情况出口。大多数第二和第三类商品为初级产品，如牲畜及其产品、谷类、矿物/有害废弃物；第三类还包括武器、军火及古董等。

国际贸易与工业部及国内贸易与消费者事务部负责大部分商品出口许可证的管理。

3. 进出口商品检验检疫。马来西亚要求所有肉类、加工肉制品、禽肉、蛋和蛋制品必须来自经农业部兽医服务局检验和批准的工厂，所有进口产品必须获得兽医服务局颁发的进口许可证。

所有肉类、加工肉制品、禽肉、蛋和蛋制品必须通过回教中心的清真认证，牛、羊、家禽的屠宰场以及肉蛋加工设备必须获得穆斯林发展部的检验和批准。

4. 海关管理规章制度。（1）管理制度。马来西亚关税有两种归类系统：一种用于东盟内部贸易，税则号为6位数字；另一种用于与其他国家贸易。国际贸易及工业部下属关税特别顾问委员会负责对关税进行评审，每年在政府预算中公布。（2）关税水平。马来西亚关税99.3%是从价税，0.7%是从量税、混合税和选择关税。世界贸易组织《2011世界关税研究》公布数据显示，2009年，马来西亚最惠国关税简单平均关税税率约8.0%，农产品最惠国平均简单关税为10.9%，非农产品该税率为7.6%。

二、外国投资市场准入规定

（一）投资主管部门

马来西亚主管工业领域投资的政府部门是贸工部下属的马来西亚投资发展局（www.mida.gov.my），主要职责是：制定工业发展规划；促进制造业和服务业领域的国内外投资；审批工业执照、外籍员工职位以及企业税务优惠；协助企业落实和执行投资项目。

马来西亚其他行业投资由马来西亚总理府经济计划署（EPU）及有关政府部门负责，EPU负责审批涉及外资与土著（Bumiputra）持股比例变化的投资申请，而政府部门则负责其他业务有关事宜的审批。

（二）投资行业规定

1. 限制的行业。外商投资下述行业会在股权方面受到严格限制：金融、保险、法律服务、电信、直销及分销等。一般外资持股比例不能超过50%或30%。

2. 新开放领域。2009年4月，马来西亚政府为了进一步吸引外资，刺激本国经济发展，开放了八个服务业领域的27个分支行业，允许外商独资，不设股权限制，包括：（1）计算机相关服务领域。包括电脑硬件咨询服务，软件应用服务（包括软件系统咨询服务、系统分析服务、系统设计服务、电脑程序服务、系统维护服务），资料处理服务（包括资料输入服务、资料处理与制表服务、共享服务等），数据库服务，电脑维修服务，其他（包括资料准备、训练、资料修复、内容开发等服务）。（2）保健与社会服务领域。包括兽医服务，老人院及残疾中心提供的服务，孤儿院服务，育儿服务（包括残疾儿童中心提供的服务），为残疾人士提供的职业培训服务。（3）旅游服务领域。包括主题公园，旅行社（仅限国内旅游部分），酒店与餐馆（仅限4星级及5星级酒店），食品服务（仅限4星级及5星级酒店），饮品服务（仅限4星级及5星级酒店）。（4）运输服务领域。（5）体育及休闲服务领域。（6）商业服务领域。包括区域分销中心，国际采购中心，科学检验与分析服务（包括成分与纯度化验分析服务、固体物检验分析服务、机械与电子系统检验分析服务、科技监督服务等），管理咨询服务（包括常规服务、金融、人力资源、产品与公关服务等）。（7）租赁服务领域。包括船只租赁（不包括沿海及岸外贸易）、国际货轮租赁（光船租赁）。（8）运输救援服务领域。包括海事机构服务、船只救护服务。

为了进一步刺激外资流入，马来西亚政府将在2012年逐步开放17个服务业分支行业的外资股权限制，包括：电讯领域的服务供应商执照申请、电讯领域的网络设备供应与网络服务供应商执照申请、快递服务、私立大学、国际学校、技工及职业学校、特殊技术与职业教育、技能培训、私立医院、独立医疗门诊、独立牙医门诊、百货商场与专卖店、焚化服务、会计与税务服务、建筑业、工程服务以及法律服务。

马来西亚服务业发展理事会（MSDC）是分支领域开放的监管单位，负责审查服务业限制领域发展的有关规定，监督和协调各部门相关工作。

3. 鼓励的行业。马来西亚政府鼓励外国投资进入其出口导向型的生产企业和高科技领域。

马来西亚比较适合外国投资的产业包括：农业生产、农产品加工、林业、橡胶制品、棕油产品、石油化工、医药、木材、纸浆制品、纺织、非金属矿物制品、钢铁业、有色金属、机械设备及零部件、交通设备及部件、电子电器、专业医学、科学测量仪器制造、相机及光学产品、塑料制品、酒店与旅游业、影视制作以及一些制造业相关的服务业等。

马来西亚贸工部曾公开表示,希望中国重点投资在高科技领域及一些新兴行业,如半导体相关产业、医疗器材设备、光电科技和纳米技术等。

(三)投资方式的规定

1. 直接投资。外商可直接在马来西亚投资设立各类企业,开展业务。直接投资包括现金投入、设备入股、技术合作以及特许权等。

2. 跨国并购。马来西亚允许外资收购本地注册企业股份,并购当地企业。一般而言,在制造业、采矿业、超级多媒体地位公司、伊斯兰银行等领域或鼓励外商投资的五大经济发展走廊,外资可获得100%股份;马来西亚政府还先后撤销了27个服务业分支领域和上市公司30%的股权配额限制,进一步开放了服务业和金融业。

3. 股权收购。马来西亚股票市场向外国投资者开放,允许外国企业或投资者收购本地企业上市,2009年,马来西亚首相纳吉布宣布取消外资公司在马来西亚上市必须分配30%土著股权的限制,变为规定的25%公众认购的股份中,要求有50%分配给土著,即强制分配给土著的股份实际只有12.5%;此外,拥有多媒体超级地位、生物科技公司地位以及主要在海外运营的公司可不受土著股权需占公众股份50%的限制。纳吉布同时废除外资委员会(FIC)的审批权,拟在马上市的外资公司直接将申请递交给马来西亚证券委员会。

(四)特殊经济区域的规定

1. 五大经济特区。近年来,马来西亚政府鼓励外资政策力度逐步加大,为平衡区域发展,陆续推出五大经济发展走廊,基本涵盖了西马半岛大部分区域以及东马的两个州,凡投资该地区的公司,均可申请5~10年免缴所得税,或5年内合格资本支出全额补贴。根据具体区域实际情况,联邦政府制定了不同的重点发展行业。(1)伊斯干达开发区(Iskandar Malaysia)。位于马来半岛南端柔佛州,占地面积约2200平方千米,重点推动服务业成为经济发展的关键动力。鼓励投资行业包括:旅游服务、教育服务、医疗保健、物流运输、创意产业及金融咨询服务等。(2)北部经济走廊(Northern Corridor Economic Region,NCER)。涵盖马来半岛北部玻璃市州、吉打州、槟州及霹雳州北部区域,占地面积约1.8万平方千米,重点鼓励投资行业包括农业、制造业、旅游及保健、教育及人力资本和社会发展等。(3)东海岸经济区(East Coast Economic Region,ECER)。包括东海岸吉兰丹州、登加楼州、彭亨州及柔佛州的丰盛港地区,占地面积约6.7万平方千米,重点鼓励投资行业包括旅游业、油气及石化产业、制造业、农业和教育等。(4)沙巴发展走廊(Sabah Development Corridor,SDC)。涵盖东马沙巴州大部分地区,占地面积约7.4万平方千米,重点鼓励投资行业包括旅游业、物流业、农业及制造业等。(5)沙捞越再生能源走廊(Sarawak Corridor of Renewable Energy,SCORE)。位于东马沙捞越州西北部,占地面积约7.1万平方千米,沙州拥有丰富的能源资源,重点鼓励投资行业包括油气产品、铝业、玻璃、旅游业、棕油、木材、畜牧业、水产养殖、船舶工程和钢铁业等。

自2006年推行经济走廊计划以来,五大经济走廊已吸引投资264.5亿马币,创造13.2万个工作机会。其中伊斯干达发展区吸引投资额最高,达83.4亿马币,创造5.6万个工作机会;北部经济走廊(NCER)吸引投资68.9亿马币,创造2.6万个工作机会;东海岸经济区(ECER)吸引投资51.4亿马币,创造2.7万个工作机会;沙巴发展走廊(SDC)吸引投资54.2亿马币,创造1万个工作机会;砂捞越再生能源走廊(SCORE)吸引投资额8.3亿马币,创造1.3万个工作机会。

2. "大吉隆坡"计划。马来西亚"大吉隆坡"计划全线启动。大吉隆坡地区:经济转型计划中提出的国家关键经济领域之一,位于吉隆坡—巴生河谷流域,涵盖了吉隆坡附近10个城市,占地面积约2800平方千米。概念参考了大伦敦和大多伦多地区,计划从基础设施、人民收入和居住环境三方面着手,将吉隆坡打造成为世界前二十大适合居住的国际大都市之一。

马来西亚鼓励外国投资政策的主要内容是:特区鼓励创意、教育服务、金融咨询、保健、物流和旅游这6个领域,特区首个中心点主要发展休闲、住宅、金融和高端工业园等。

3. 财务优惠措施。对于具有特区地位的公司而言,在2015年前开业的特区地位公司,可免税10年;非国民预扣的服务税和权利金可获10年豁免。对于发展商而言,2015估税年前,在区内第一中心出售土地所获得的法定收入可免税;2020估税年前,商业建筑物租赁或买卖收入免税;非国民的服务税、利息及权利金豁免预扣税直至2015年12月31日。对于产业发展管理人而言,提供管理、监督或行销服务的产业发展管理人,法定收入可免税直至2020年估税年;提供相关服务的非国民,可免预扣税直至2015年12月31日。

4. 非财务优惠措施。豁免遵守外国投资委员会条例。享有宽松的外汇管理,其中包括:向国民支付或收取外币;向境内银行及非国民借贷任何数额的外币;可用外币在境内及境外投资;可将出口收入保留在境内;聘请外国专门人才无限制,境外专业人才可进口或购买免税汽车自用。

三、外国投资优惠政策

(一)优惠政策框架

马来西亚投资政策以《1986年促进投资法》、《1967年所得税法》、《1967年关税法》、《1972年销售税法》、《1976年国内税法》以及《1990年自由区法》等为法律基础,这些法律涵盖了对制造业、农业、旅游业等领域投资活动的批准程序和各种鼓励与促进措施。

2010年,马来西亚联邦政府出台了一系列新的举措,以促进投资增长。包括设立国家投资委员会,由马贸工部长和首相府绩效管理实施署长作为联席主席,委员由马财政部、首相府经济计划署、央行、绩效管理实施署、贸工部、投资发展局、统计局的官员组成,负责实时审批投资项目;将投资主管机构马投资发展局(原名工业发展局)企业化,授予更多权限,以提高该机构施政灵活性,吸引更多投资;修订了《促进行动及产品列表》(即鼓励外商投资产业目录);关注五大经济发展走廊吸引投资情况,强化各走廊发展局的职能。

鼓励政策和优惠措施主要是以税务减免的形式出现的,分为直接税激励和间接税激励两种。直接税激励是指对一定时期内的所得税进行部分或全部减免;间接税激励则以免除进口税、销售税或国内税的形式出现:

1. 投资税务补贴(Investment Tax Allowance,ITA)。获得新兴工业地位(Pioneer Status,PS)称号的企业可享受为期5年的所得税部分减免,仅需就其法定收入的30%征收所得税。即:获得投资税务补贴的企业,可享受为期5年合格资本支出60%的投资税务补贴。该补贴可用于冲抵其纳税年法定收入的70%,其余30%按规定纳税,未用完的补贴可转至下一年使用,直至用完为止。

享受新兴工业地位或投资税务补贴的资格是以企业具备的某方面优势为基础的,包括较高的产品附加值、先进的技术水平以及产业关联等。符合这些条件的投资被称为“促进行动”(promoted activities)或“促进产品”(promoted products)。马政府专门制订了有关制造业的《促进行动及产品列表》。除制造业外,两项鼓励政策均可适用于其他行业申请,如农业、旅游业及制造业相关的服务业等。

2. 再投资补贴(Reinvestment Allowance,RA)。再投资补贴主要适用于制造业与农业。运营12个月以上的制造类企业因扩充产能需要,进行生产设备现代化或产品多样化升级改造的开销,可申请再投资补贴。合格资本支出额60%的补贴可用于冲抵其纳税年法定收入的70%,其余30%按规定纳税。

3. 加速资本补贴(Accelerated Capital Allowance,ACA)。使用15年的再投资补贴后,再投资在“促进产品”的企业可申请加速资本补贴,为期3年,第一年享受合格资本支出40%的初期补贴,之后两年均为20%。除制造业外,加速资本补贴还适用于其他行业申请,如农业、环境管理及信息通讯技术等。

(二)行业鼓励政策

1. 清真食品加工及认证。包括:凡生产清真食品的公司,自符合规定的第一笔资本支出之日起5年内所发生符合规定资本支出的100%可享受投资税赋抵减。

2. 多媒体超级走廊公司。为了成为全球信息与通讯技术产业的中心,马来西亚政府于1996年创建了信息与通讯技术计划,即多媒体超级走廊。所有取得多媒体超级走廊地位的公司都可享受马来西亚政府提供的一系列财税、金融鼓励政策及保障,主要包括:提供世界级的硬体及资讯基础设施;无限制地聘请国内外知识型雇员;公司所有权自由化;长达10年的税收豁免政策或五年的财税津贴等。

3. 鼓励发展生物科技。马来西亚2007年财政预算报告宣布一系列新举措,鼓励在生物科技领域的投资,推动生物科技的发展。投资鼓励政策包括:(1)生物科技公司从首年盈利开始,免交10年所得税;(2)从第11年开始缴纳20%的所得税,优惠期仍为10年;(3)在生物科技领域进行投资的个人和公司,将减去与其原始资本投资相等的税收,并获得前期的融资支持;(4)生物科技公司在进行兼并或收购时,可免征印花税,并免交5年的不动产收益税;(5)用于生物科技研究的建筑物可获得有关的工业建筑物津贴。

4. 在马来西亚2011年政府预算案项下,特别提出几个行业领域的鼓励政策。(1)可再生能源领域:部分企业税务优惠申请期延至2015年底。①以可再生资源为原料产能或提供节能服务的企业;②生产可再生能源以自用或节能以自用产生的资本支出的企业。(2)混合动力车辆生产领域:混合动力汽车、摩托车免缴进口税及国内税的申请期限延长至2011年底。(3)石油天然气产业。①投资税务补贴,合格资本支出的60%~100%的补贴可冲抵其纳税年法定收入,以鼓励资本密集型项目的开发,具体包括提高原油采收率、高含量二氧化碳天然气田、深水和基础设施的石油作业项目等;②为改善开发商的经济收益,边际油田开发项目所得税从38%降至25%;③增强项目可行性,边际油田开发企业可享受的加速资本补贴期增至5~10年;④为改善开发商项目收益,免除边际油田开采及输出的产品出口税。(4)旅游业。酒店的翻新、装修、扩建可获得第三轮投资税务补贴,额度为合格资本支出的60%,为期5年;同时可享受所得税部分减免,最低可仅就其法定收入的30%纳税。(5)其他行业。①联邦政府将为从事电子电器领域高附加值生产经营的本地公司提供8.6亿马币的资金支持;②为内资油脂衍生物公司提供1.3亿马币支持,为棕榈油下游产业拨款2300万;③贷款购买价值35万马币以内首套房的购房者,印花税减半;④为政府与私营领域合作项目提供125亿马币资金支持;⑤取消相机、手表、香水等旅游商品的进口税;⑥投资“最后一英里”(Last Mile)宽带设施项目优惠申请期延长至2012年底。

四、外国企业在马来西亚获得土地的规定

马来西亚宪法规定土地事务属于州务管辖范畴,各州均设有土地局,各州在联邦政府监督下,可制定本州的土地政策。宪法和国家土地法均规定,马来西亚土地可以作为私有财产受法律的保护,可自由买卖。获得土地的方式主要分两种,一种是永久拥有权(Freehold),可以获得永久地契(目前此权限已很难获得),另一种是租赁性拥有权(Leasehold),可获有效期为99年的租契。目前,联邦政府公布了新的修订政策,允许业主在99年地契到期之前支付一定费用,便可再延续新的99年所有权。

(一)土地法的主要内容

1966年1月1日起生效的《1965年国家土地法》是马来西亚最主要的土地法律框架,此外,马来西亚现行的主要土地法律还包括:《1976年地方政府法》(171号法令)、《1960年土地征用法》和《1976年城镇与乡村规划法》(172号法令)及其1995年修正案(993法案)。之后各州又颁布了自己的“马来人保留地法”等法律法规。

《1965年国家土地法》确定了联邦政府与州政府的权限、土地用途的分类、土地所有权转移、土地的买卖、没收、划分及抵押等内容。同时,无论何种用途的土地,必须在地契注明的规定时间内开发,如果违反,将无条件收回土地。《1976年城镇与乡村规划法》及其1995年修正案规定,申请取得土地,以及更改土地用途的方案必须呈报审批,只有在不违反地方政府规划原则与目标的情况下,方可获得批准。《1960年土地征用法》规定政府部门、企业或个人不得随意征用土地,只有州政府有权征用州内土地及改变土地使用性质,联邦政府征用土地也要通过州政府进行,并向后者支付费用。凡征用土地,必须公布征用理由和确定补偿标准。“马来人保留地法”将土地总面积约1/4划为“马来人保留地”,并规定除非获得州政府批准,否则不能出售、出租或抵押给非马来人。

(二)外资企业获得土地的规定

马来西亚总理府经济计划署(EPU)公布的2010年1月1日生效的《产业购置指南》是马来西亚对外资最主要的产业规定,明确了各机构在外资购置产业申请事宜的审批权限。

需要报EPU审批的产业购置包括:(1)直接购置价值超过2000万马币的非住宅产业,降低当地土著企业或政府机构的股份比例;(2)通过并购控股方式,间接购置土著企业或政府机构的价值超过2000万马币的非住宅产业。这两种购置申请,均有强制的30%土著股权限制,且外资企业缴纳的资本不得低于25万马币。

无需EPU批准,但要报相关部门审核的产业购置包括:

(1)购置价值超过50万马币的商业房屋;(2)价值超过50万马币或购置面积为5英亩以上的农业用地,用于农业投资、高新技术的商业投资、农业旅游项目开发或开展出口型农产品加工;(3)购置价值超过50万马币的工业用地;(4)购置价值超过50万马币住宅。

禁止外资购置的产业有:(1)价值50万马币以下的产业;(2)州政府划分的中/低成本住宅;(3)"马来人保留地"上的产业;(4)州政府分给土著企业开发项目的产业。

无需EPU批准的产业购置包括:购置马来西亚"第二家园计划"的住宅;多媒体超级走廊(MSC)区域内具MSC地位的公司,为了企业运营或员工住宿所购置的产业、在马来西亚任一发展走廊由政府相关机构批准的公司购置的产业;获得马来西亚国际伊斯兰金融中心(MIFC)秘书处颁发执照的公司购置的产业;公司的员工宿舍(外资控股的公司需购置10万马币以上的住宅),该业务由州政府批准;遗嘱或法院判决书要求转移给外资的产权;制造业公司购置的产业;联邦州政府、州务大臣/首席部长公司及其他政府关联公司(GLCS)购置的产业;私有化转型机制下的产业;获得财政部、贸工部等相关部门颁发的国际采购中心、运营总部、代表处、区域办事处、纳闵离岸公司以及生物科技公司等特殊地位公司所购置的产业。

五、环境保护法律规定

(一)环保管理部门

马来西亚政府环保主管部门是天然资源和环境部下属的环境局,主要负责环境政策的制定及环境保护措施的监督和执行。环境局下设负责处理空气、河流、水利以及工业废物的部门。

(二)主要环保法律法规名称

马来西亚基础环保法律法规包括《1974年环境素质法》和《1987年环境素质法令》(指定活动的环境影响评估)。涉及投资环境影响评估的法规包括《1990年马来西亚环境影响评估程序》、《1994年环境影响评估指南》(海边酒店、石化工业、地产发展、高尔夫球项目发展)。

(三)环保法律法规基本要点

根据《马来西亚环境素质法》,投资者必须在提交投资方案时关注到环境因素,进行投资环境评估,在生产过程中控制污染,尽量减少废物的排放,把预防污染作为生产的一部分。根据《1987年环境素质法令》(指定活动环境影响评估),以下投资须进行环境影响评估:将森林地改为农业生产地,土地面积达500公顷或以上;水库、人工造湖的建造,水面面积达200公顷或以上;涉及面积50公顷以上住宅地开发;石化及钢铁项目;电站项目等。

根据《1974年环境素质法》,马来西亚污染事故处理或赔偿的标准主要根据污染事故的性质、影响以及造成的后果来加以判定。空气污染、噪音污染、土壤污染、内陆水污染,视情况处以不超过10万马币的罚款或5年以下的监禁,或二者兼施;污水排放、油污排放、公开焚烧、使用有毒物质或特定设备进行生产,处以不超过50万马币的罚款或5年以下的监禁,或二者兼施。

(四)环保评估的相关规定

马来西亚环境评估主管机构为环境局。

马来西亚环境评估程序分两种:

1. 初步环境评估。要求初步环境评估的项目主要包括农业、机场、水库及灌溉、土地开垦、渔业、林业、住宅开发、石化、钢铁、纸浆,基础设施、港口、矿产、油气行业、电站、铁路、交通、垃圾废物处理、供水等。

具体申请程序:将符合政府整体规划的初步环评报告提交给环境局(12份报告提交州环境局,3份报告和电子版的摘要提交国家环境局总部)→州环境局召开初期环境评估技术委员会审核、若要求另行提供有关材料,需在两周内提交→若符合《1974年环境质量法》,则批准该项目。

初步环境评估由州环境局牵头审核,审批时间为5周。

2. 详细环境评估。要求详细环境评估的项目主要包括钢铁厂、纸浆厂、水泥厂、煤电站、水坝、土地开垦、垃圾废物处理、伐木、化工产业、炼油、辐射危害行业等。

具体申请程序:将详细环评报告提交给环境局(50份报告和电子版的摘要提交国家环境局总部)→国家环境局将报告公示,征求公众意见→国家环境局召开临时委员会审核→若要求另行提供有关材料,需在两周内提交、若符合《1974年环境质量法》,则批准该项目。

详细环境评估由国家环境局总部牵头审核,审批时间为12周。

六、保护知识产权规定

(一)马来西亚当地有关知识产权保护的法律法规

马来西亚涉及保护知识产权和工业产权的法律法规包括《专利法》、《商标法》、《工业设计法》、《版权法》和《集成电路设计布局法》。

《专利法》规定,专利保护期限为20年,工业创新证书保护期限为10年。保护期间应按规定缴纳年费,否则将导致专利失效。

《商标法》规定,商标保护期限为10年,之后每次申请可再延长10年。

《工业设计法》规定,工业设计最初保护期限为5年,之后可申请延长2次,每次5年,总保护期限为15年。

《版权法》规定,文学、音乐或艺术著作保护期是作者有生之年,加上逝世后的50年;录音、广播及电影保护期为作品出版或制作后的50年。

《集成电路设计布局法》规定,商业开发的保护期是开发之日起10年,未进行商业开发的保护期是从创作完成之日算起15年。

(二)知识产权侵权的相关处罚规定

马来西亚法律规定,违反知识产权保护法律法规,将受到法律制裁。

1. 与投资合作相关的主要法律。《合同法》规定了合同的订立、撤销、履行、代理等内容,是马来西亚民商法律的基础。《公司法》对公司登记成立、股份债券、抵押登记、公司管理、股份公司、公司账目与审计以及公司清盘做出了详细规定,还明确了投资公司、外国公司的概念。《工业协调法》规定了从事制造业的公司,如果投资超过250万马币,或其全职雇员超过75人,必须向贸工部(MITT)申请工业执照;工业执照需每年申请更新。《投资促进法》是马来西亚工业投资促进方面最重要的法律,投资优惠措施以直接或间接税赋减免形式出现,直接税激励指对一定时期内所得税进行部分或全部减免,间接税激励则以免除进口税、销售税或消费税的形式出现。《劳资关系法》调整资方、劳工和工会之间的关系,预防与解决劳资争端。

七、投资合作相关法律及对中国企业投资合作保护政策

（一）马来西亚与投资合作相关的主要法律

《合同法》规定了合同的订立、撤销、履行、代理等内容，是马来西亚民商法律的基础。

《公司法》对公司登记成立、股份债券、抵押登记、公司管理、股份公司、公司账目与审计以及公司清盘做出了详细规定，还明确了投资公司、外国公司的概念。

《工业协调法》规定了从事制造业的公司，如果投资超过250万马币，或其全职雇员超过75人，必须向贸工部（MITT）申请工业执照；工业执照需每年申请更新。

《投资促进法》是马来西亚工业投资促进方面最重要的法律，投资优惠措施以直接或间接税赋减免形式出现，直接税激励指对一定时期内所得税进行部分或全部减免，间接税激励则以免除进口税、销售税或消费税的形式出现。

《劳资关系法》调整资方、劳工和工会之间的关系，预防与解决劳资争端。

（二）马来西亚对中国企业投资合作保护政策

1. 中国与马来西亚签署双边投资保护协定。1988年11月21日，中国和马来西亚签署了《中华人民共和国政府和马来西亚政府关于相互鼓励和保护投资的协定》。

2. 中国与马来西亚签署避免双重征税协定。1985年11月23日，中马双方签署了《中华人民共和国政府和马来西亚政府关于对所得避免双重征税和防止偷漏税的协定》，协定于1987年1月1日起正式生效。

3. 中国与马来西亚签署的其他协定。中马两国经贸关系由来已久。除上述投资保护和避免双重征税协定外，近年来，两国政府先后签署《海运协定》、《贸易协定》、《民用航空运输协定》、《资讯谅解备忘录》、《科学工艺合作协定》、《体育协定》、《教育谅解备忘录》等10余项合作协议。1999年5月31日，中马双方签署《中华人民共和国政府和马来西亚政府关于迈向21世纪全方位合作的框架文件》。2000年4月12日，中马双方签署《中华人民共和国政府和马来西亚政府就中国加入WTO的双边协议》。2009年2月8日，中马双方签署《中马双边本币互换协议》。2012年2月8日，中国人民银行与马来西亚国家银行续签该协议，有效期3年。2009年6月3日，中马双方签署《中华人民共和国政府和马来西亚政府关于部分互免持外交、公务（官员）护照人员签证的协定》。2011年4月28日，中马双方签署了《中华人民共和国政府和马来西亚政府关于扩大和深化经济贸易合作的协定》。

4. 其他相关保护政策。2005年7月《中国—东盟全面经济合作框架协议货物贸易协议》正式实行，至2007年1月，中国和东盟6个成员国（泰国、马来西亚、印度尼西亚、菲律宾、新加坡、文莱）的60%的商品关税降至5%以下；2010年中国—东盟自由贸易区全面建成，绝大多数产品正常关税降为零。

缅甸投资贸易指南

一、缅甸对外贸易的法规和政策规定

（一）贸易主管部门

缅甸贸易主管部门为缅甸商务部，负责办理批准颁发进出口营业执照、签发进出口许可证，管理举办国内外展览会、办理边境贸易许可、研究缅甸对外经济贸易问题、制订和颁布各种法令法规等。下设贸易司和边贸司，边贸司在各边境口岸设有边境贸易办公室负责办理边境贸易各种事务。缅甸私商从事对外贸易须向进出口贸易注册办公室领取营业执照，申领进出口许可证，在国家政策许可范围内自由从事对外贸易活动。

（二）贸易法规体系

与贸易管理相关的法律和规定有：《缅甸联邦进出口贸易（临时）管理法》（1947年），《缅甸联邦贸易部关于进出口商必须遵守和了解的有关规定》（1989年），《缅甸联邦关于边境贸易的规定》（1991年），《缅甸联邦进出口贸易实施细则》（1992年），《缅甸联邦进出口贸易修正法》（1992年）。

（三）贸易管理相关规定

1988年以来，缅甸政府实行市场经济，允许私人从事对外贸易，对外贸易实行许可证管理制度。1989年3月31日，政府颁布《国营企业法》，宣布实行市场经济，并逐步对外开放，军政府放宽对外贸的限制，允许外商投资，农民可自由经营农产品，私人可经营进出口贸易，并开放边境贸易。

自2006年以来，在中缅边境地区出口的木材及矿产品贸易，需获得缅甸商务部、林业部木材公司出具的证明及中国驻缅使馆经商参处的证明。

（四）进出口商品检验检疫

缅甸进出口检验检疫工作由农业部主管。

《缅甸植物检疫法》（1993年）规定禁止有害生物通过各种方法进入缅甸；切实有效抵制有害生物；对准备运往国外的植物、植物产品，必要时给予消毒、灭菌处理，并发给植物检疫证书。无论是从国外进口的货物，还是旅客自己携带的物品入境时，都必须接受缅甸农业服务公司的检查、检疫。

《缅甸植物细菌防疫法》（1993年）规定不论任何人未取得进口许可证，不准从国外进口植物、植物产品、细菌、有益生物和土壤。必要时对即将运往国外的植物或植物产品进行杀虫和灭菌工作，发给无菌证书。根据接收国的需要，规定进行检验的方法。

《缅甸联邦对从事进出口贸易的最新规定》对进出口需要申报进行植物检疫的商品做了详细规定。

（五）海关管理规章制度

《缅甸海关进出口程序》（1991年）对禁止进出口的物品做了详细规定，《缅甸海关计征制度及通关程序》对进出口关税、通关程序做了详细规定。

与海关管理相关的法规还有：《海洋关税法》（1978年）、《陆地海关法》（1924年）、《关税法》（1953年）、《国家治安建设委员会1989年第4号令》、《商业税法》（1990年）、《进出口管制暂行条例》（1947年）、《外汇管制法》（1974年）。

二、外国投资市场准入规定

（一）投资主管部门

缅甸投资委是主管投资的部门。其主要职能是根据《缅甸联邦外国投资法》、《缅甸联邦公民投资法》的规定，投资委对申报项目的资信情况、项目核算、工业技术等进行审批、核准并颁发项目许可证，在项目实施过程中提供必要帮助、监督和指导，同时也受理许可证协定时限的延长、缩短或变更的申请等。

缅甸投资委员会由相关经济部门领导组成，自2007年以来，由畜牧水产部长貌貌登准将兼任投资委主席，国家计划与经济发展部副部长都迎佐上校兼任秘书长，商务部长、交通部长、建设部副部长为投资委员会成员。国家计划与经

济发展部下属的投资和公司管理局主管公司设立及变更登记、投资建议分析及报批、对投资项目的监督等日常事务。

（二）投资行业的规定

缅甸政府欢迎外国企业到缅甸投资，其允许投资的范围广泛，包括农业、畜牧水产业、林业、矿业、能源、电力、制造业、建筑业、交通运输业和贸易等。

1. 农业。缅甸是农业大国，闲置土地和农村劳动力众多，逾60%的人口在农村，热带、亚热带地区的农产品均可以开发种植。缅甸政府欢迎外国公司来缅甸进行农业资源开发投资及农产品种植、加工。农业部是缅甸从事农业开发、发展的职能部门。外资来缅甸进行农业投资的程序是通过农业部上报。农业投资没有控股的任何限制，外国公司可以通过合资、独资形式与缅甸开展合作，作为合资公司外资最低要占到35%的份额。投资时间不分长短，多年生、一年生植物种植均可租用土地，土地租赁期限可长达30年，期满后根据要求还可以续租5～10年。农业部有5000英亩的审批权，超过5000英亩要通过农业部上报。可垦荒地的年租金为15美元/英亩，农民的熟地不属出租范围。

2. 畜牧水产业。缅甸有长达2832千米的海岸线，与之相连的是22.9万平方千米的大陆架以及48.6万平方千米的专属经济区。缅甸领海的渔业开采还相对较少。缅甸的渔业可分为淡水渔业和海水渔业。淡水渔业可以依靠广阔的河流和大量降雨来实现。同时，很多地方也利用池塘、湖泊和水库进行渔业养殖。按照联合国关于海洋法会议制定的相关条款，考虑到与邻国共同分享盈余的渔业资源，缅甸渔业部从1989年开始批准渔业合作捕捞项目以及合资公司的设立。

3. 林业。缅甸有丰富的林业资源。缅甸林业部行使林业的管理职能，主要从事植树造林、林产品生产加工等。植树造林属于林业司管理；林产品加工方面由林业部下属的林业公司管理；伐木要在保持生态平衡的基础上实行可持续发展，需要经过上报、审批的过程。

缅甸政府鼓励外国公司来缅甸建立林产品加工厂，但是要与缅甸国家木材公司合作。缅甸政府非常鼓励外国公司来缅甸植树造林，尤其十分欢迎进行柚木、硬木等珍贵林木种植。缅甸十分欢迎外国企业到缅甸进行竹类、林木资源方面的开发与合作。1993年始，缅甸政府规定木材须经林业部下属的国家木材公司通过招标方式才能出口，并限制原木出口——缅甸外国投资法规定，外资可独资或与缅甸国营和私营木材公司合资进行林业开发合作。合作公司中，外资占股份49%，缅方占51%，外资以机械设备和技术入股，利润按股比分成，缅甸政府保证年供应1.2万吨柚木和杂木；独资公司中，缅甸政府以土地、原材料入股，享有25%的利润股。

4. 矿业。缅甸矿产资源丰富，重要的矿产有铜、金、铅、锌、银、锡、钨、锑、铬、镍。缅甸的矿产储量在亚洲国家中处于领先地位，但资源很少得以开发利用。缅甸矿业部的政策目标就是尽快提高目前矿物产量，以满足国内日益增长的对矿石和金属制品的需求，同时扩大出口一根据缅甸政府规定，外资企业有意向与缅甸开展矿业合作，需按程序直接与缅甸矿业部接洽，提出申请并取得相关许可证后才能视为合法。缅甸矿业部负责矿产资源开发与合作，下设矿业司、地质调查与矿产勘探司、第一矿业公司、第二矿业公司、第三矿业公司、珠宝公司、珍珠公司、盐业公司6个公司。

缅甸对外资开发矿产的程序是：提出项目建议—勘探—实验—提交可行性研究报告—提交项目建议书一缅方安排与有关矿业公司合作。合同期限根据不同的矿种，由双方谈判确定；每个项目都有具体的地域划分。截至2008年底，以上程序不适用珠宝矿，缅甸珠宝矿不允许外国公司实验、开采，只允许加工。

5. 石油和天然气。缅甸《外国投资法》颁布以来，缅甸能源部邀请了许多外国石油公司来缅甸和缅甸石油天然气公司合作，以产品分成区块（PSC）、勘探/生产区块（EP）、提高采收率区块（IOR、老油田恢复生产能力区块（RSF）等方式勘探开采原油和天然气。截至2012年3月，缅甸共与11家外国公司签署陆上区块14个，12家外国公司签署海上区块27个。

6. 电力。缅甸在水力发电方面的潜力巨大，伊洛瓦底江、锡唐、萨尔温江以及钦敦江通过水力发电可以生产5000万千瓦的电力。自实行市场经济体制以来，全国对电力的需求不断增加，缅甸政府鼓励外国投资者投资水力发电厂项目。

7. 制造业。缅甸制造业尚未发展起来。缅甸《外国投资法》和《公民投资法》鼓励发展劳动密集型产业，如纺织厂、制鞋厂、电子零件厂等。此外，为了促进工业的进一步发展，缅甸政府也鼓励建立劳动密集型产业。

（三）投资方式的规定

1. 投资方式。根据《外国投资法》规定，外商投资活动可以通过外商独资形式来实现，也可以与缅甸的个人、私有企业、合作社或者国有企业组成合资公司来完成。在所有的合资公司里，外商至少要占到本公司35%以上的股份。酒店以及房地产项目可以采取BOT（建造、运营和转让体系）方式，而自然资源开发和开采则可以采用PSC（产品分成合同）方式。

2. 外商投资的最低标准。缅甸投资委公布的外商投资的最低金额是：生产制造业为50万美金，服务业为30万美金，投资可以是货物也可以是现金的形式。由投资委根据投资数额来决定投资时间的长短。

3. 土地利用。根据现行的缅甸土地法，任何外国的个人和公司不得拥有土地，但可以长期租用土地用于其投资活动。

（四）特殊经济区域的规定

缅甸规划建设的经济特区主要有缅甸南部德林达依省的土瓦经济特区、缅甸西部若开邦的皎漂经济开发区以及仰光南部迪洛瓦工业区。但目前上述经济开发区仅处于规划阶段，尚未开工建设实施。现尚无保税区。

缅甸政府于2011年1月27日颁布了《经济特区法》，于2011年3月颁布了《土瓦经济特区法》。2012年3月1日，缅甸投资委主席兼工业部长吴梭登对国内媒体表示，由于上届政府颁布的经济特区法在操作过程中存在缺陷并备受非议，目前正聘请日本专家协助起草新的经济特区法。

土瓦经济特区内划分为9个区域，分别是：高技术工业区、信息通讯区、出口产品生产区、港口区、后勤运输区、科技研发区、服务区、二级贸易区、政府临时指定的区域。缅甸国家和平与发展委员会颁布第2011/17号法律《土瓦经济特区法》。该法共分12章58条。投资人在该特区内可从事的行业有：（1）原料加工、机械化深加工、仓储、运输、服务；（2）投资项目所需的原材料、包装材料、机器零配件、机械用油可以从国内外进口;(3)进出口贸易;(4)生产的产品除药品和食品以外,其他未达到质量标准但还可以使用的产品,如果符合特区管委会的规定的可以在国内市场销售;(5)经特区管委会批准,投资人和国外服务商可以在特区内设办事处。

此外,在特区可以开展的行业还有:建深水港、钢铁厂、化肥厂、原油炼油厂、油气厂、火电厂、天然气发电厂等工业项目;在特区还可以开展服务业、修建从项目所在地通往边境地区的公路、铁路,修建输变电线路、铺设油气管道,建立包括住宅、旅游景点和度假设施在内的基础设施以及经管委会批准的不违反现行法律的其他经济项目。

该专项特区法比《缅甸经济特区法》的个别规定更加明确,如第36条规定在特区内开展的项目要向政府或指定组织缴纳土地租赁费、土地使用保险费等。

(五)外国公司承包当地工程的规定

1. 许可制度。缅甸政府对于在缅甸承包工程项目的外国公司资质资格没有成文规定,欢迎有实力、讲信誉的外国企业来缅甸承揽工程项目。

2. 重点发展领域。由于缅甸外汇短缺,政府优先发展可以为国家节省外汇或者增加创汇的项目——电力、能源、农业、铁路交通等属于缅甸重点发展的领域。

3. 禁止领域。虽无明文规定,但一般来讲,涉及缅甸国防的敏感项目、贵重矿产资源(如金矿、玉矿)的开发、少数民族地区政府的项目一般不允许外国公司介入。

4. 招标方式。工程建设项目一般实行公开招标制度,对于部分工期紧张、前期项目的延续性项目、国家高层领导有明确指示的项目,也可能会采取有限邀标或者议标的方式。由企业带资参与的卖方信贷项目,则一般只采取议标方式。

三、外国投资优惠政策

(一)优惠政策框架

为引进更多外资,《外国投资法》提供了很多激励和担保措施。按照《外国投资法》批准的企业将享受3年免税期,其中包括企业开始商业运营的当年。如果企业申请,而且投资委认为项目符合国家利益,也可将免税期延长、此外,投资委也可能批准以下一项或几项减免措施:(1)任何生产性或服务性的企业,从开业的第1年起,连续3年免征所得税。如果对国家有贡献,根据投资项目的效益,还可继续适当地减免税收;(2)企业将所得利润在1年内进行再投资,对其所得的经营利润,给予减免税收;(3)为加强所得税的管理,委员会可按原值比例,从利润中扣除机械、设备、建筑场地及企业设施折旧费后进行征收;(4)凡是商品生产企业,其产品远销国外所得利润的50%减征所得税;(5)投资者有义务向国家支付来自国外受聘于企业的外国人的所得税,此项税收可从应征税收中扣除;(6)上述外国人的收入按照国内公民支付所得税的税率征收;(7)如属国内确需的有关科研项目和开发性项目的费用支出,允许从应征的税收中扣除;(8)每个企业在享受上述第一款减免所得税后,连续两年内确实出现亏损,从亏损的当年起,连续3年予以接转和抵消;(9)企业在开办期间,确因需要而进口的机器、设备、仪器、机器零部件、备件和用于业务的材料,可减免关税或其他国内税或两种税收同时减免;(10)企业建成前3年,因用于生产而进口的原材料,可减免关税或其他国税,或两种税收同时减免。

《外国投资法》提供主权担保,保证投资委承认的合法企业在批准期间或延长期间(如有)将不会被国有化。《投资法》同时保证,允许所有扣除应缴税款之后的资金收益可以返回投资人本国。

(二)行业鼓励政策

缅甸政府鼓励外商企业投资能够促进当地就业、增加出口、无污染的加工制造型企业。对于符合外商投资领域的加工制造,外商企业可向政府或缅甸私营企业、个人租赁土地,在签订土地租赁协议后,直接去缅甸投资管理委员会(MIC)申请注册外资公司。一般情况下,在填报资料提交后2周,MIC可给外商企业颁发外资企业注册执照。外商投资鼓励政策需根据《外国投资法》中相关规定。

(三)地区鼓励政策

缅甸政府于2011年1月27日颁布《经济特区法》,于2011年3月颁布了《土瓦经济特区法》。《土瓦经济特区法》第12条对投资人应享有的特殊待遇作了明确表述:如投资人在该特区内可从事的行业有:(1)原料加工、机械化深加工、仓储、运输、服务;(2)投资项目所需的原材料、包装材料、机器零配件、机械用油可以从国内外进口;(3)进出口贸易;(4)生产的产品除药品和食品以外,其他未达到质量标准但还可以使用的产品,如果符合特区管委会的规定的可以在国内市场销售;(5)经特区管委会批准,投资人和国外服务商可以在特区内设办事处。

四、外国企业在缅甸获得土地的规定

(一)土地法的主要内容

缅甸土地为国家所有,1991年11月13日缅甸政府颁布《缅甸关于中央空地、闲地、荒地管理委员会的职责与权力的命令》,同年12月12日,颁布《缅甸空地、闲地、荒地管理实施细则》。细则规定:

1. 土地使用权申请。空地、闲地、荒地中央管理委员会有权为拟从事种植、养殖业的公民审批种植业、养殖业的土地使用权。使用空地、闲地和荒地从事种植业和养殖业投资的申请者必须是缅甸联邦公民,申请的组织,其成员必须全是缅甸联邦公民,该组织必须是依现行法律成立的组织;提出申请的个人或组织,必须出具为拟申请从事的种植/养殖业拥有足够资金的证明;提出申请的个人或组织,必须出具拟申请从事的种植养殖业实施细则。

2. 地税和利润的减免。对投资使用的土地将按以下规定免收地税:(1)种植业。①种植长年果树地,从开始种植之年起,8年内免收地税。②种植园林作物,从开始使用之年起,6年内免收地税。(2)养殖业。①用于养鱼业的土地,从开始使用之年起,3年内免收地税。②用于家禽牲畜饲养业的土地。如用于饲养水牛、黄牛和马,从开始使用之年起,8年内免收地税。饲养绵羊和山羊,从开始使用之年起,4年内免收地税。饲养猪,从开始使用之年起,3年内免收地税。饲养鸡、鸭,从开始使用之年起,4年内免收地税。已投资用于种植业和养殖的土地,其生产或服务性行业的利润税,自生产或服务业创造利润之年起至少3年内免征利润税。

3. 土地使用期限规定。已投资使用土地期限规定:(1)用于长年果树种植和园林作物种植的土地,主要不违犯规定,从批准使用之年起,30年内有效;(2)季节性作物,只要不违犯规定,使用期无限;(3)用于饲养鱼的土地,只要不违犯规定,从批准使用之年起,30年内有效;(4)用于饲养家禽及牲畜的土地,只要不违犯规定,从批准使用之年起,30年内有效。

（二）外资企业获得土地的规定

外资企业在缅投资项目一般以 BD 下形式运营，缅甸政府将批给外资企业一定规模项目建设开发用地进行项目建设和经营，经营期满之后，缅甸政府将项目收归国有。1998年9月28日，缅甸荒地空闲地中央管理委员会颁布1998年1号法令，宣布农业部有权批准由本国公民或外国人参与的组织提出的在规定非发展区内进行农业开发的申请，在对批准的农业用地上，只能进行与农业有关的经济发展项目，不得进行地上和地下资源的开采。

根据缅甸外国投资法，外资企业可向农业部申请租用缅甸闲置土地进行农作物种植和开发利用项目投资，租用年限一般为30年，可根据项目情况进行协商延长土地租用期。

五、缅甸环境保护法律规定

（一）环保管理部门

缅甸环境保护部隶属于缅甸林业部。根据职能分工，涉及保护环境的相关政府部门还有家畜饲养和渔业部、野生动物保护委员会、林业部、农业服务局等。

（二）主要环保法律法规名称

缅甸关于环境保护方面的法律主要有：《缅甸植物检验检疫法》、《缅甸肥料法》、《缅甸动物健康和发展法》、《缅甸空地、闲地、荒地管理实施细则》、《缅甸森林法》和《缅甸野生动植物和自然区域保护法》和《环境保护法》。

缅甸《环境保护法》由联邦议会通过并由总统吴登盛签署于2012年3月30日正式颁布。

（三）环保法律法规基本要点

1.《缅甸环境保护法》。该法规定环保部职责，并要求对涉及自然资源开发、工业等领域的项目需提前办理项目许可，在工业区、经济特区企业或环保部指定的企业需履行相应的责任。环保部具体职责如下：（1）落实环保政策。（2）制定全国及地方环境管理工作计划。（3）制定、实施和监管环境保护及改善，防止、控制和减少污染的相关工作措施。（4）为维护和提高环境质量，规定烟雾排放、污水排放、废弃固体、生产环节及产品等环境质量标准。（5）向委员会提出与环境相关的法律法规建议，为实现可持续发展，提出最佳的经济活动环保方案及制约方案等意见。（6）协助调解环境纠纷，并视情成立工作组。（7）负责规定工业、农业、矿业、排污等领域的化学废弃危险品的分级分类。（8）规定对环境具有现实及中长期影响的物品种类。（9）进一步加强包括有毒物质在内的废弃固体、污水、烟雾等处理设施建设。（10）规定工业区、建筑物等地的污水处理工作要求及机器、车辆等排放指标。（11）开展与环境事务相关的国际、地区及国家间协议方案的讨论、合作和落实工作。（12）按照联邦政府及委员会的工作意见，落实被缅甸认可的国际、地区及国家间协议。（13）针对政府部门、组织或个体从事的生产经营活动，制定环境监测制度和社会影响评估规范。（14）为保护臭氧层、生物多样性、海滩环境，减缓全球变暖、气候异常，治理沙漠化及管理持续污染物，制定环境管理、维护工作要求。（15）管理处理环境污染赔付，环境服务机构赢利缴纳及自然资源开采经营企业的部分利润的归口缴纳工作。（16）完成联邦政府交办的其他环保工作。

2.《缅甸动物健康和发展法》。该法规定在单独规范动物健康和发展工作的同时，就促进家畜发展、防止和控制动物传染性疾病、规范兽医行医资格、规范动物及动物产品和饲料的国际贸易、对动物及动物产品和饲料进行进出境检验检疫，以及防止虐待动物等作了综合性规定。

3.《缅甸植物检验检疫法》。该法规定进出境植物检验检疫主要针对植物及植物产品等货物进出口进行检验检疫，同时对进出境旅客携带的物品如水果、花卉等植物进行检验检疫。该法规定，植物及植物产品进口需要获得缅甸农业服务局批准发放的进口许可证和检疫证书，并规定了申领许可和申请检疫的程序。

4.《缅甸空地、闲地、荒地管理实施细则》。该法规定任何组织和个人只要符合条件并履行必要的程序，均可申请投资空地、闲地和荒地，从事种植业和养殖业，并根据相关规定享受一定的地税和利润税减免。

5.《缅甸森林法》。该法规定为了环境保护的需要，保证林产品的产量，经政府批准，林业部可以建立以下类型的储备林：（1）商业采伐储备林；（2）供应当地储备林；（3）分水或集水储备林；（4）保护环境和生物差异储备林；（5）其他类型储备林。同时，为保护水资源和森林资源，保护旱地森林和红树森林，运输林产品应当持有有效的运输通行证，并接受林业局设立的税务站的检查和收费。违反森林法相关规定者，将会受到一定金额的罚款和6～36个月的监禁。

6.《缅甸野生动植物和自然区域保护法》。该法规定，自然区域是指为保护野生动植物、生态系统或者重要的自然风景区以及有代表性的地理、地貌特征而划定并加以保护的专门区域。分为科学研究保护区、自然保护区、国家森林公园、国家海洋公园、鸟兽禁猎区、意义重大的地球物理保护区等。该法律规定：（1）除了科学研究、环境调查和环境改造外，禁止在自然区域开展其他活动；（2）科学研究在自然区得到保护；（3）在不对自然生态造成损害的前提下，允许公众以休闲娱乐为目的参观国家公园；（4）保护区内野生动植物资源及其可持续发展；（5）与国际组织开展交流合作，保障禁猎区内野生动植物的生存和繁衍，保护候鸟栖息地和湿地；（6）在地球物理保护区内，保护并保存独特地理地貌特征和传统风俗习惯；（7）受保护的濒危野生动物分为三类：即完全受保护的野生动物物种、正常受保护的野生动物物种、季节性受保护的野生动物物种，未经林业部长批准和相关部门核准，捕猎、杀死、饲养、保管、销售、运输、转让、出口野生动物，将处以一定金额的罚款和相应时间的监禁。

（四）环保评估的相关规定

2012年3月缅甸颁布《环境保护法》。缅甸环境保护主管部门为缅甸环保部，其隶属于缅甸林业部。目前，外资企业在缅甸开展投资项目，在报投资管理委员会前，需向缅甸环保部提交《环境评估报告》和《拆迁移民安置方案》，缅环保部根据项目情况进行审核。2012年前，外商投资项目并不需要向环保部门提交环评报告，只需向主管部门提交即可。目前，缅甸新政府和缅甸民众要求外商投资项目必须满足环保要求，环保部的成立和《环境保护法》的颁布对中国企业在缅投资合作提出了更高的要求。因缅甸政府过去并没有开展环评的具体经验，因此对环评涉及的相关内容也并没有明确要求，环评费用、时间也没有明确规定。企业需与环保部加强联系，根据环保部要求提供相关材料，完成具体审批手续。

六、保护知识产权规定

（一）当地有关知识产权保护的法律法规

缅甸知识经济发展落后，知识产权立法和管理还处于较低的水平,颁布的专门法律法规很少,没有专门主管知识产权的机构,如果权益受到侵犯,权利人主要依据民事和刑事的相关规定来保护自己的权益。

作为世界贸易组织(WTO)、世界知识产权组织(WIPO)和东盟的成员之一,缅甸政府正由司法部抓紧起草颁布知识产权方面的法律法规,以符合《与贸易有关的知识产权协议》和《东盟知识产权合作框架协定》的相关规定。

1. 商标。截至2008年底,缅甸没有商标方面的特别法,有关商标的法律规定散见于《刑法》、《商品市场法》、《注册法》、《特定救济法》等法律中。

2. 专利。缅甸在专利方面仅有《缅甸专利设计法》,该法颁布生效于1945年,尽管目前仍然有效,但它颁布的目的在于应用《印度专利设计法》,而《印度专利设计法》从未在缅甸施行,因此,《缅甸专利设计法》在实际生活中也没有被使用。

3. 著作权。《缅甸著作权法》颁布生效于1914年,目前仍在施行。该法适用于原创文学、戏剧、音乐和艺术作品,对出版物的保护年限为作者终生及死亡后50年。如果著作权受到侵犯,作者可以依据《特定救济法》等其他民事、刑事法律来保护自己的权益。

除了《缅甸著作权法》外,近年来,缅甸先后颁布《电视广播法》(1996年)、《计算机科学发展法》(1996年)、《电子交易法》(2004年)等涉及著作权的相关法律,对新出现的著作权问题做出规定。

(二)知识产权侵权的相关处罚规定

商标保护方面,缅甸《刑法》规定,非法使用他人商标的,将被处以一年监禁,同时处以罚款,或者单独处以罚款;伪造他人商标的,处以两年监禁,同时处以罚款,或者单独处以罚款;伪造公务员使用的、用于表示特定品质物品的标识(商标)的,处以三年监禁,同时处以罚款,或者单独处以罚款。

专利保护方面,由于《缅甸专利设计法》没有真正施行,因此在专利法方面也没有相关处罚规定。

著作权保护方面,1914年颁布的《缅甸著作权法》年代久远,处罚部分的规定已失去意义。例如,制作侵犯他人著作权的复制品的,依据法律规定应当被处以每件20缅币的罚款,但总额不超过500缅币。根据2008年12月的市场汇率,仅分别相当于0.017美元和0.45美元,无法发挥法律的威慑力——在缅甸司法实践中,没有适用《缅甸著作权法》的案例,缅甸的民事法庭也缺乏在著作权案件方面的审判经验。如果发生文学、艺术、音乐等方面的著作权纠纷,通常都通过友好协商的方式解决。作为著作权人,当事人也可以依据《特定救济法》等其他民事、刑事法律来保护自己的权益。

七、投资合作相关法律及对中国企业投资合作保护政策

(一)缅甸与投资合作相关的主要法律

缅甸与投资合作相关的主要法律有:《缅甸联邦外国投资法》、《缅甸联邦外国投资法实施细则》、《缅甸联邦外国投资委员会1989年第一号令》、《缅甸联邦贸易部关于国内外合资企业的规定》、《外国对缅甸联邦投资程序及优惠政策》、《缅甸联邦公民投资法》、《缅甸联邦公民投资法实施细则》、《缅甸允许私人投资的经济项目》等。

2012年11月2日缅甸联邦共和国总统吴登盛签署新的《缅甸外国投资法》。

(二)对中国企业投资合作的保护政策

主要有2001年12月12日,中国和缅甸签订《投资促进和保护协定》;《避免双重征税协定》;1971年,中缅签署贸易协定,双方给予最惠国待遇;1994年,《关于边境贸易的谅解备忘录》;1995年6月29日,《中华人民共和国政府和缅甸联邦政府关于农业合作的协定》;1997年5月28日《中华人民共和国政府和缅甸联邦政府关于成立经济贸易和技术合作联合工作委员会的协定》;2000年2月3日,《中华人民共和国政府和缅甸联邦政府农业合作谅解备忘录》;2001年12月12日,《中华人民共和国政府和缅甸联邦政府渔业合作协定》;2001年7月,《中缅两国关于开展地质矿产合作的谅解备忘录》;2004年3月24日,《中华人民共和国政府和缅甸联邦政府关于促进贸易、投资和经济合作的谅解备忘录》;2004年7月12日,《关于信息通讯领域合作的谅解备忘录》;2006年2月,《中缅航空运输协议》等。

菲律宾投资贸易指南

一、对外贸易的法规和政策规定

(一)菲律宾贸易主管部门

贸工部(DTI)是菲律宾的外贸政策制定及管理部门,成立于1898年6月,其前身为菲律宾商务部。

贸易管理机关还有:海关总署、国家经济发展署、中央银行、贸工部的工业局、投资署、环境管理署、卫生部、技术转让署、食品和医药品局、危险药品局、渔业和水产资源局、国家肉类检疫委员会、计划工业局、能源管理署和服装纺织品出口局等。

(二)菲律宾贸易法规体系

菲律宾是世界贸易组织(WTO)和亚太经合组织(APEC)成员,也是东南亚国家联盟(ASEAN)的成员国,实行多边的、自由的、外向型的贸易政策,同时对国内幼稚产业进行适当保护非政府对其贸易政策不断进行调整,并出台了一系列出口鼓励措施。

菲律宾管理进出口贸易相关法律主要包括:《海关法》、《出口发展法》、《反倾销法》、《反补贴法》、《保障措施法》等。

1. 贸易管理的相关规定。

(1)进口商品管理。菲律宾对进口商品分为三类:自由进口商品、限制进口商品、禁止进口商品。

禁止进口商品包括:枪支弹药;不道德的印刷品、底片、电影、像片、艺术品;用于违法堕胎的物品及宣传广告;用于赌博的装备及用具;含金、银或其他贵重金属或合金制成的物品;假冒劣质的食品或药品;鸦片或其他麻醉品及其合成品;合成盐或成品盐;鸦片吸管及配件;有关菲律宾法律禁止进口的物品及配件。

限制进口产品必须经过菲律宾政府机构如农业部、食品药品局核发的进口许可证才能进口,主要涉及汽车、拖拉机、小汽车、柴油机、汽油机、摩托车、耐用消费品、新闻出版和印刷设备、水泥、与健康及公共安全有关的产品等130多种,约占进口商品的4%。

菲律宾政府对出口贸易采取鼓励政策,主要包括简化进口手续并免征出口附加税,进口商品再出口可享受增值税退税、外汇资助和使用出口加工区的低成本设施等。

(2)进出口商品检验检疫。菲律宾是《关税与贸易总协

定》东京回合中《技术贸易壁垒协议》的签约国。该技术协议要求在采用标准程序和建立争端解决审议程序时公开,目的是确保政府机构遵守这些规定。菲律宾产品质量局是负责产品质量标准的机构,它通过质量管理认证的手段来促进产品质量的提高,对进口商品粘贴合格标志来管理进口商品。适用的标准是ISO9000和ISO14000。

工业品　有28种产品要在当地进行产品标准检验,包括:照明用品、电线电缆、卫生洁具、家用电器、轮胎和水泥等。至于其他产品,海关通常接受产品质量证明或原产国标准证明。产品生产者应依据本国或普遍国际标准进行生产,其产品上要附有产品标准质量标志。

民生、健康、安全和财产的商品　菲贸工部要求出具产品标准许可和产品标准局的证明。这些产品包括:医用氧气、消费品、电器和防火设备、建筑材料等。非公制的度量衡用品、仪器、仪表的进口由产品标准局事先发放许可。

(3)环保要求和规定。菲律宾环境和自然资源部主要负责实施政府的环境保护政策。进口商要符合环保要求和规定。

(4)食品健康和安全规定。食品方面,如成分、添加剂、非酒精饮料及混合物、糖果类、咖啡、茶、点心、乳制品、蔬菜、水果、肉类等必须符合食品法典委员会和世界动物卫生组织(OIE)制定的标准;新鲜、冷冻鱼类产品必须取得菲律宾农业部1999年颁布的《195号行政法规》中规定的国际健康证和卫生植物检疫证;如果进口来自有害虫区的蔬菜和水果,则应具有消毒证明;化妆品、医药在生产时必须取得生产许可证,并提供国际认证机构的临床试验报告。对于危险品的进口,必须依照菲卫生部标准进行标签、销售和扩散。规定中的危险品包括刺激物和腐蚀性、易燃和放射性物质。

植物及植物产品　植物及植物产品进入菲市场须办理如下检疫手续:出口商将发票和箱单传给菲律宾进口商,进口商凭出口商的发票和箱单向菲农业部农作物局植物检疫处(BPI)申请进口许可证,该证会注明每种产品离岸前的要求。进口商将该证交给出口商,出口商提请出口国检疫部门对产品进行离岸检疫并出具检疫证明。出口商将检疫证明和其他运输单据一起以适当渠道转交菲律宾进口商。在货物到达菲律宾港口后,进口商提供给菲检疫部门进口许可证和出口国的检疫证明。菲检疫部门根据进口许可证和检疫证明进行复验,合格后方可入关。

动物、动物产品及其副产品　菲律宾农业部动物产业局是负责动物、动物产品及其副产品进出口检疫的政府部门。动物产业局对不同动物的进出口有不同的进出口程序和检疫规定。

2. 海关管理规章制度。菲律宾进出口关税的主要法律是《菲律宾关税与海关法》,进口关税税率由菲关税委员会确定公布,出口关税的税率由海关总署确定,并由海关通过有授权的菲中央银行征收。

菲律宾对大部分进口产品征收从价关税,但对酒精饮料、烟花爆竹、烟草制品、手表、矿物燃料、卡通、糖精、扑克等产品征收从量关税。根据《税收法》,海关对汽车、烟草、汽油、酒精以及其他非必要商品征收进口消费税。进口产品还应向菲律宾海关当局缴纳12%的增值税,征税基础为海关估价价值加上所征关税和消费税。

菲律宾还对进口货物征收印花税,该税一般用于提货单、接货单、汇票,其他交易单、保险单、抵押契据、委托书及其他文件。从2010年1月1日起,中国与包括菲律宾在内的东盟6个老成员国之间,共有7000多种,即超过90%的产品实行零关税。中国对东盟平均关税将从目前的9.8%降到0.1,东盟6个老成员国对中国的平均关税将从目前的12.8%降到0.6%。除了货物贸易之外,双方服务部门的开放水平也有进一步的提升,投资政策和环境得到法律制度的保障,更加稳定和透明。随着中国与东盟之间基本实现自由贸易,资金、资源、技术和人才的生产要素的流动效率会显著提高,双方之间经济一体化程度将会达到前所未有的水平。

进口关税　菲律宾关税与海关法将应税进口商品分为21类,进口关税税率一般为3%～30%。另外,菲律宾对部分农产品实行关税与配额并用措施,对配额内产品征收正常关税,对配额外商品则征收高关税。如活动物及其产品、新鲜蔬菜等。菲律宾对东盟成员国全部产品实行零关税。

出口关税　菲律宾对以下出口商品征收关税,且关税税率均为20%。圆木、木材、饰面用薄板和胶合板、金属矿砂及其精矿、金、矿渣水泥硅酸盐水泥;船用燃料油、石油沥青、银、香蕉、椰子及椰子产品、菠萝及其成品、糖及糖制品、烟草、小虾和对虾。

出口退税　《菲律宾关税和海关法》规定,用于从事对外贸易或沿海贸易的船舶推进器燃料油,可退还不超过99%已征关税或给予税收折免;用进口原材料生产或制造的产品(包括包装、标签等)出口时,对所用原材料进口时征收的关税将予以退还或给予税收抵免;财政部根据海关总署的建议可发布允许对本法规定的商品实行部分退税的法规规章。退税将由海关总署在收到一套正确、完整的文件后60天内支付。

二、外国投资市场准入规定

(一)投资主管部门

贸工部是负责投资政策实施和协调、促进投资便利化的主要职能部门。贸工部下设的投资署(BOI)、经济特区管理委员会(PEZA)负责投资政策包括外资政策的实施和管理。此外,菲律宾在苏比克、克拉克等地设立了自由港区或经济特区,并成立了相应的政府机构进行管理。

(二)投资行业的规定

菲律宾政府将所有投资领域分为三类,即优先投资领域、限制投资领域和禁止投资领域。

对于优先投资领域,菲律宾政府每年制定一个《投资优先计划》,列出政府鼓励投资的领域和可以享受的优惠条件,引导内外资向国家指定行业投资。优惠条件包括减免所得税、免除进口设备及零部件的进口关税、免除进口码头税、免除出口税费等财政优惠,以及无限制使用托运设备、简化进出口通关程序等非财政优惠。

"投资优先计划"中鼓励投资的领域包括:出口产业、农业、农业企业、渔业、创意产业、知识型服务产业、造船业、住

菲律宾进口关税表

税率	项　　目
3%	国内缺乏或不能生产的原材料,如天然石墨、黏土、金属矿砂、精矿、煤炭等矿产品及无机化学品等
10%	国内生产的原材料,如大理石、石油、棉花及制品等
20%	零配件如小五金工具、各种方式切割的木材、汽车、摩托车零配件等
30%	制成品如部分农产品、各类服装、烟酒、汽车、摩托车整车等

资料来源:菲律宾海关署

宅建设、能源行业、基础设施、绿色产业、汽车行业、旅游业、战略性投资活动、公私合营项目、防灾减灾产品、灾后重建项目与研发活动等。此外,菲律宾林业法、矿业法、书籍或教材印刷出版法、解除对石油下游产业管制法、生态固体废物管理法、清洁水法、残疾人权利宪章、可再生能源法与旅游法等法律也规定了对有关投资的优惠措施。对于在棉兰老岛穆斯林自治区投资的企业,"投资优先计划"中专门规定了可享受优惠措施的投资领域。

菲律宾政府每两年更新一次限制外资项目清单。部分领域外国人权益不得超过25%,绝大多数领域外国人权益不得超过40%。

2010年2月5日由阿罗约总统签署的第八版限制外资项目清单详见菲律宾国家经济发展署网站:www. neda. gov. ph/references/EOs/Bth RFINL-2010. pdf.

1. 投资方式的规定。对于绝大多数公司,菲律宾公民须拥有至少60%的股份以及表决权,不少于60%的董事会成员是菲律宾公民。如果公司不能满足上述关于菲律宾公民所占比例的要求,则必须满足以下条件:(1)经投资署批准,属于先进项目,菲律宾公民无法承担,且至少70%的产品用于出口。(2)从注册之日起30年内,必须成为菲律宾本国企业,但是产品100%出口的公司无须满足该要求。(3)公司涉及的先进项目领域不属于宪法或其他法律规定应由菲律宾公民所有或控制的领域。

2. 特殊经济区域的规定。菲律宾目前共有各类经济区239个,分为以下几类:(1)工业园区。指为工业发展所设立的专门区域,拥有一定的基础设施,如道路、供水、排水系统、厂房和住宅。(2)出口加工区。区域内企业主要为出口导向型的工业园区。出口加工区的优惠政策包括进口设备、原材料和零部件的税收和关税减免等。(3)自由贸易区。设在交通枢纽附近,如海港或空港周边。进口的货物可以免交进口关税,并在此进行卸货、分类、重新包装等。但如果这些货物进入非自由贸易区,仍需缴纳关税。(4)旅游经济区。指专门为旅游业发展而设立的经济特区,区域适合建立旅游休闲设施,比如体育休闲中心、宾馆、文化和会议设施、餐饮中心等以及相应的基础设施。(5)IT园区或建筑。指专门为IT项目或服务设立的区域。IT园区可以是一片区域或一栋建筑,其整体或部分将具备为IT企业提供相应设施和服务的条件。根据经济特区内的企业从事不同性质的活动,可享受的优惠政策有:①进口固定设备、原材料、零部件、良种牲畜和基因材料等免除关税;②传统项目4年免所得税,先锋项目6年免所得税;③免所得税后的收入,仅需根据5%的税率纳税,以此替代其他各项国家和地方税收;④扣除进口替代品课税;⑤免除码头费用、出口税和进口费;⑥减免国内固定设备、良种牲畜和基因材料的课税;⑦可征税收入中额外减去人工费用;⑧托运设备的非限制使用;⑨外国投资者和家庭的永久居留权;⑩雇用外国公民;⑪可不经菲律宾央行审批汇出收入;⑫免除地方营业税;⑬如果已交纳5%综合所得税,外企在菲分支机构免纳利润汇回。

三、外国投资优惠政策

(一)财政优惠政策

1. 免所得税。新注册的优先项目企业将免除6年的所得税,传统企业免交4年所得税。扩建和升级改造项目免税期为3年,如项目位于欠发达地区,免税期为6年。

新注册企业如满足下列其中一个条件,还将多享有1年免税奖励:(1)本地生产的原材料至少占总原材料的50%;(2)进口和本地生产的固定设备价值与工人的比例不超过每人1万美元;(3)营业前3年,年外汇存款或收入达到50万美元以上。

2. 可征税收入中减去人工费用。

3. 减免用于制造、加工或生产出口商品的原材料的赋税。

4. 可征税收入中减去必要和主要的基建费用。

5. 进口设备的相关材料和零部件减免关税。

6. 减免码头费用以及出口关税。

7. 自投资署注册起免除4~6年地方营业税。

(二)非财政优惠措施

菲律宾制定了以下优惠措施:(1)简化海关手续;(2)托运设备的非限制使用:托运到菲的设备贴上可出口的标签;(3)进入保税工厂系统;(4)雇用外国公民:外国公民可在注册企业从事管理、技术和咨询岗位5年时间,经投资署批准,期限还可延长。总裁、总经理、财务主管或者与之相当的职位可居留更长时间。

(三)行业鼓励政策

菲律宾投资署每年制定一部"投资优先计划",规定政府优先发展的项目领域,该计划经总统批准后发布,计划详情可以查询菲律宾投资署网站:www. boi. gov. ph,需要注意的是,这些领域中有一些是限制或禁止外国投资的领域。

(四)经济特区鼓励政策

菲律宾经济区主要由PEZA所辖的96个各类经济区和独立经营的菲弗德克工业区、苏比克、卡加延、三宝颜、克拉克自由港等组成。这些经济特区的优惠政策包括:(1)企业可获得4年所得税免缴期,最长可延至8年。所得税免缴期结束后,可选择缴纳5%的"毛收入税"(GROSS INCOME TAX),以代替所有国家(中央)和地方税,其中3%上缴中央政府,2%上缴地方财政。(2)进口资本货物(设备)、散件、配件、原材料、种畜或繁殖用基因物质,免征进口关税及其他税费。同类物品如在菲国内采购,可享受税收信贷(TAX CREDIT),即先按规定缴纳各项税费,待产品出口后再返还(包括进口关税部分的折算征收、返还)。(3)经批准,允许企业生产产品的30%在菲律宾国内销售,但须根据国内税法纳税。(4)免缴码头税费和出口税费。(5)给予初始投资在15万美元以上的投资者及其配偶和未成年子女(21岁以下)在经济区内永久居留的身份,他们可以自由出入经济区,而不需向其他部门另行申请。(6)简化进出口程序。(7)允许聘用外籍雇员,为外国经理人员和技术人员办理2年的可延期工作签证,但外籍雇员数量不能超过企业总雇员人数的5%。(8)企业用于员工技术培训和提高管理能力的费用的一半可以从上缴中央政府的3%税收中扣除。此外,是否给予E. O. 226规定的其他优惠待遇,由PEZA自行决定。

(五)地区鼓励政策

菲律宾将棉兰老岛地区专门列入投资优先投资计划。2011年投资优先投资计划的《棉兰老岛自治区特别清单》规定该地区以下产业享受优惠政策:出口行业(包括出口商和供应商)、农业、农业企业、渔业、基础工业(包括药业、纺织业、无机和有机肥、矿业勘探和开发以及水泥制造业等)、消费品生产、基础设施及水电供给、工业服务业、工程工业、物流、旅游业、卫生和教育行业、穆斯林产业等。

此外,根据2011年投资优先计划,菲律宾对在阿布拉省、阿巴耀省、伊富高省、卡林噶省和高山省等19个欠发达省的郊区从事主要必需基础设施建设的企业,以及在高山省、朗布隆省、保和省、东内格罗斯省和北三宝颜省等30个极贫困省的乡村经营的企业给予鼓励。

四、外国企业在菲律宾获得土地的规定

(一)土地法的主要内容

菲律宾土地归私人所有。菲律宾禁止外国人拥有土地,但可以购买高层住宅,不能购买别墅。具有双重国籍的菲律宾人可以100%拥有地产权,但必须在菲律宾出生后移民到其他国家并取得他国身份的。

土地管理部门除环境与自然资源部、土地管理局外,还有其他部门如房产与城市发展协调委员会和国家经济发展署等直接或间接地控制土地的使用、甚至法院都有权利颁发土地所有权证明。

土地交易法律程序:(1)买卖双方通过律师签订并得到公证的合同;(2)向城市资产评估办公室递交国内收入局出具的土地税申报;(3)买方向市财政局交付地产税;(4)市资产评估员对资产进行评估;(5)买方向市资产评估办公室支付交易税;(6)向国内收入局缴纳资产收益税及印花税;(7)交易资产注册:更换产权所有者名称;(8)新产权所有人获得新产权证的影印件以及向资产评估办公室索取税收申报表。

(二)外资企业获得土地的规定

菲律宾宪法规定,外国人不得在菲律宾购买土地,但外国公民或公司可以先成立一家菲律宾公司。公司的股权外方占40%以下(含40%),菲方占60%以上(含60%),并且公司至少有5人,公司成立后,必须在菲开立主要的公司银行账户。账户的户头可以单独为外国公民,可以由外国公民控制房产收入所获得的资金。该公司在购买菲律宾土地前,须得到菲律宾投资委员会(BOI)的许可,才可进行土地买卖的交易。

投资者租赁法案(第7652号共和国法案)允许外国投资者在菲律宾租用商业用地最长不超过75年(过去规定为50年)。根据该法,任何到菲律宾投资的外国投资者在遵守菲律宾法律和下列条件的情况下,可租赁私人土地:(1)土地租赁合同期限为50年,仅可一次性延长25年;(2)租赁的土地仅做投资用途;(3)租赁合同应符合《综合土地改革法》和《地方政府法案》。

五、外资公司参与当地证券交易的规定

菲律宾允许外国公司参与菲律宾证券交易所的证券投资交易,但所持公司股份会有上限,通常为40%菲律宾证券交易所每月都会发布外国持有股票情况报告。

六、环境保护法律规定

(一)环保管理部门

菲律宾环保管理部门为菲律宾环境与自然资源部内设的环境管理局,该局在全国13个行政区均设有分局。

(二)主要环保法律法规

主要有:(1)菲律宾宪法关于保护环境的有关条款;(2)984号总统令《污染控制法》;(3)1152号总统令《菲律宾环境法典》,主要内容包括:空气质量管理、水质量管理、土地利用管理、自然资源管理及保护、废弃物管理等;(4)菲律宾环境与自然资源部14号行政令《防止空气污染法》;(5)菲律宾环境与自然资源部29号行政令《有毒有害物及核废料控制法》;(6)菲律宾环境与自然资源部34号行政令《水质量分级标准》。

(三)环保法律法规基本要点

如果投资项目或其执行有可能影响到环境质量,菲律宾1586号总统令要求项目内容中要包含"环境影响评估",以确保项目可能带来的环境影响问题得以解决,使其与国家可持续发展目标协调一致。根据项目地点和性质的不同,项目执行单位要准备一份"环境影响声明"或"初始环境检测报告"。最终报告将递交至菲律宾环境与自然资源部,附带文件还包括其他政府部门的批准文件和地方政府对项目的批准文件。复核后,菲律宾环境与自然资源部决定发放或拒发"环境合格证"。如无此证,项目就不能合法执行。

"环境合格证"包括了所有项目实施应该遵守的环境法律、法规和规章,确保项目连续执行。如果被拒发"环境合格证",项目方应该递交一份新的"环境影响声明",选择另外的项目地点或变更设计及执行。

1586号总统令同时列出了项目可能对环境产生影响的领域:一是自然环境,包括土地、水、空气、地上生命、水中生命和生态平衡;二是社会经济,包括人口、生活方式、建筑、少数民族文化、名胜古迹、健康和当地经济。该总统令还举例说明有能对环境造成的负面影响:(1)水和空气污染;(2)历史和考古遗迹的破坏;(3)野生动物栖息地的破坏;(4)城市拥挤程度上升;(5)对健康的威胁;(6)土地的不当使用。

(四)环保评估相关规定

菲律宾负责环保评估的机构为环境管理局。

投资者须向环境管理局提出要求取得"环境合格证"的申请,并随申请附上项目介绍。项目介绍应包括项目将使用的基础材料、项目建设的程序和应用的科技、项目完工后的产量和(废水、废气等)排放量、投资人资产证明、项目所在区域地图、人力资源要求等内容。

环境管理局委员会每月召开两次会议接受申请,并进行讨论。如申请满足所有程序要求,且项目对周边环境无严重影响,将于会上批准申请,并由环境与自然资源部发放"环境合格证"。根据项目不同,整个周期在2~6个月之间。

七、外国公司承包当地工程的规定

菲律宾没有专门适用于国际工程承包的法律规则,其对国际工程承包法律关系的调整,主要是由国内一些相关法律来进行,而且对国际工程承包中的执照、承包商的登记、监督和管理都有专门的部门负责。

(一)许可制度

1. 国际工程承包法律法规。主要有:《合同法》、《外国投资法》(共和国第7042号法令)、《承包执照法》(共和国第4566号法令)、《BOT法》(共和国第6957号法令,后经修改为第7718号法令)、《政府采购法》(共和国第9184号法令)、《建筑行业仲裁法》(第1008号行政命令)、《建筑业职业安全与卫生指导方针》(菲律宾劳工部1998年第13号令),菲律宾承包商认证协会的相关规定。

2. 国际工程承包管理机构。菲律宾管理特别事务的专门机构非常多,外国承包商在菲律宾从事工程承包主要由以下机构进行管理和调整:(1)菲律宾证券交易委员会。根据菲律宾法律,外国承包商若要在菲律宾承包建筑工程,从事建筑业活动,首先必须到菲律宾证券交易委员会注册登记。(2)菲律宾有关政府部门。菲律宾政府项目通常需要经过国家经济发展署立项审批,预算部、财政部为出资方或贷款担保人,公造部、农业部等部门作为业主单位负责招标、监督执行等具体实施工作。目前,中国公司在菲律宾承包工程仍以政府项目为主。(3)菲律宾承包商认证协会。该协会负责审查外国承包商的资格,外国承包商在菲律宾承包建筑工程,从事建筑业活动,必须持有菲律宾承包商认证协会颁发的特别执照,否则不能开展业务。(4)菲律宾建筑行业仲裁委员会。该仲裁委员会专门管辖建筑行业因争议和纠纷而提起的调解或仲裁。(5)菲律宾建筑工业局。该工程局有权对工程承包商进行监督和管理,当承包商不遵守相关的建筑行业法律法规时,可以将其列入"黑名单",限制其经营政府工程承包业务。(6)菲律宾劳动就业部。该部门负责制订建筑行业职业安全与卫生方面的法规,规范建筑行业的职业安全与卫生。(7)菲律宾劳动条件局。该部门负责审核工程承包商递交的建筑施工安全与卫生制度。

(二)禁止领域

菲律宾对外国承包商进入的承包工程领域无限制,但对于菲律宾本国政府出资的项目,外国承包商承揽部分不能超过项目金额的25%。

(三)招投标方式

根据菲律宾承包商认证协会的规定,外国承包商在菲律宾承包工程,必须遵守菲律宾第1594号总统令关于政府工程招投标的规定。

1. 招标。无论国内或国外投资的工程项目,都适用相同的公开招标程序:(1)工程成本超过500万比索的项目,招标广告应在一段合理的期间至少在全国范围内定期发行的2家报纸上公告至少3次,公告期间根据招标项目的规模和复杂性决定,但不能少于2周。(2)工程成本为500万比索或500万比索以下的项目,招标广告必须在2周内在工程所在地区公开发行的一家报纸上至少公告2次。(3)若招标项目需要专业技术,发包方可直接对掌握该专业技能的承包商发出投标邀请。

2. 投标人资格预审。投标人参加资格预审必须提交法定的各种文件,这些文件必须经过投标人宣誓和公证。

法律方面:(1)菲律宾承包商认证协会发放的有效承包商执照。(2)合营企业须提交有效的合营企业协议。(3)授权政府部门、代理机构或公司的领导或其授权代表的与资格审查相关的文件和信件。(4)投标人陈述其没被列入菲律宾建筑行业局"黑名单"的声明。

技术方面:(1)按照资格预审通知里的详细规定填写的、投标人最近3年承包并已完工的、与招标项目性质和复杂性相类似的所有政府或私营工程项目的报表。针对每一个工程,投标人的报表都应包括:工程项目的名称、业主的名称与地址、工程性质、承包商的地位(总承包、分包、或合营企业的一方)、完工的总承包价、决标工期、完工日期和工程期限。报表应由相应的承包商业绩评价等级表,和(或)竣工及业主验收证书加以证实。(2)所有正在进行的政府或私营工程项目的报表,包括已经中标的还未开始建设的项目。报表应列明:工程项目的名称、业主的名称与地址、工程性质、承包商的地位、中标时的总承包价、中标日期、计划和实际完成的比例、未完成的工程的价值、预计的完工时间。报表应由中标通知书和(或)业主的施工通知加以证实。(3)参与建筑施工的主要工作人员的报表,如项目经理、项目工程师、材料工程师和工头等。(4)投标人拥有的、或租用的、或正在购买过程中的可用于建筑施工的设备的清单。财务方面要有投标人最近3个年度的财务审计报表。

3. 投标保证金。需按规定交纳投标保证金。

4. 投标书及其附件。除投标书外,还需提交一系列附件。根据菲律宾法律规定,投标人应把投标书及其附件分装在两个密封的信封里呈给招标人。投标人应在信封上用大写字母写上招标项目和投标人的名字,并写上"在开标时间前请勿启封"。第一个信封里装与工程安排、进度、投标保证有关的各种文件,第二个信封里装投标报价单与财务文件。

5. 承包形式。根据《BOT法》,外国承包商在菲律宾从事工程承包,可选择适用菲律宾BOT法规定的所有承包形式。菲律宾BO下法规定了9种承包形式,即BOT、BT、BOO、BLT、BTO、CAO(承包—增加—经营)、DOT(开发—经营—转让)、ROT(修缮—经营—转让)和ROO(修缮—拥有—经营)。

(四)承揽工程项目的程序

1. 获取信息。在菲律宾可以通过以下几个途径获取工程招标信息:(1)菲政府部门或企业业主在当地媒体上发布招标邀请信息;(2)业主直接邀请;(3)业主通过中国驻菲使馆经商参处、中资企业(菲律宾)协会承包分会发布信息。

2. 招标投标。菲律宾政府工程承包项目根据业务性质分属不同部门管理,如公共工程与公路部负责公路及桥梁等项目,交通部负责铁路、机场、港口等项目,农业部灌溉局主管水利灌溉项目等。使用菲政府财政资金的政府项目,只能由本地企业或外资比例不超过25%的合资企业承揽。通讯、电力、房地产等行业多为私企经营,对外资承包商一般没有限制。

工程项目招投标一般需要经历以下程序,业主或融资方还会有各自具体的要求:(1)招标信息发布;(2)企业报名,递交意向书;(3)资格预审;(4)编制发售招标文件;(5)投标预备会;(6)投标;(7)开标、评标、决授标。

3. 许可手续。外资企业在菲承揽工程项目,均须向菲承包商资格评审委员会(PCAB,隶属菲贸工部)申请特别执照。具体步骤根据企业是否在菲注册略有不同。以在证券委员会注册的中资企业为例,需向PCAB递交外国承包商特殊许可申请表、综合信息表、菲证券委员会出具的公司注册证明、公司章程、公司对授权代表的董事会决议、中国政府部门出具的并由所在地的菲律宾使领馆认可的公司资质证明原件及复印件、菲招标企业出具的工程项目是由外国融资的证明、投标邀请函、母公司出具的背对背保证书、自述书、近6月财务审计报告、资产负债表、银行账户、用于运输及建设的机动车注册证及发票、国内收入局出具的证明、工程技术人员有关证明、历史纪录(有关完工的大型工程合同、证明文件以及菲律宾使领馆认证文件)等PCAB要求一个项目一个执照,承包商需每年更新特别执照。

不同行业的项目业主对承包商的资质要求有所不同,有关程序和手续也有差异,但核心是审查承包商(或设备供应商)在财务、技术等各方面的履约能力(或交付能力)。另一方面,公共项目业主和私营项目业主的资质要求也不相同。公共项目业主要求承包商履行的资格认证手续往往比较复杂,私营项目业主则相对简单。以菲律宾公造部主管的路桥项目为例,承包商须先通过公造部资格审查并注册,审核过程中需提供营业执照、税务登记证、SEC登记证、公司章程、财务审计报告、公司业绩等材料。项目招标时,公造部将在投标邀请函中就具体项目提出资质要求。

八、知识产权保护法律法规

菲律宾全面保护外国投资者的知识产权。在亚太地区的其他国家，对于知识产权的保护，有的国家缺少相应法律，有的国家刚刚起步，而菲律宾在未独立的1946年前就有知识产权保护方面的法律措施，这些措施与美国的法律法规相一致。1997年，菲律宾颁布了《知识产权法典》(RA8293)，并成立了知识产权办公室。菲律宾是下列国家知识产权条约的签字国：《伯尔尼保护文学和艺术作品公约》(1948年布鲁塞尔版本)、《保护工业产权巴黎公约(里斯本修正案)》、《保护表演者、录音制品制作者和广播组织罗马公约》。

菲律宾知识产权的核心法规是《菲律宾知识产权法典》(RA8293)，其主要内容包括：第一章知识产权办公室，第二章专利法，第三章商标、商品名、服务商标法，第四章版权法，第五章总则。知识产权的执法单位有菲律宾贸工部、知识产权办公室和音像法规委员会。

在菲律宾侵权处罚规定分两种情况：情节较轻时，可由上述执法单位责令停止侵权行为、罚款(6000～10万比索)、吊销执照等。情节较重时(指损失超过20万比索，约合4166美元)，可由当事人提起司法诉讼，由上诉法院或高级法院裁决，给予刑事处罚。菲律宾贸工部负责受理侵权投诉，知识产权办公室负责纠纷调解。

九、投资合作相关法律及菲律宾对中国企业投资合作的保护政策

(一)菲律宾与投资合作相关的主要法律

菲律宾有数个涉及投资的重要法律，目前有关方面正在推动将所有促进投资的法律合并成一部法律，进一步规范各部门出台财政或非财政激励政策。

1.《1987年综合投资法典》共和国第226号法令，共和国第7918号法令进行修正。该法典为国内外企业提供一系列国家优先发展领域的综合激励措施。企业需参与“投资优先计划”所列的领域以享受这些优惠措施。如果企业未参与列入“投资优先计划”的领域，在满足以下任一条件后也能享受这些优惠措施：(1)50%以上的产品出口(菲律宾公民所有的企业)；(2)70%以上的产品出口(外商持股40%以上的企业)。

2.《1991年外国投资法》共和国第7042号法令，共和国第8179号法令进行了修正。外国公司被允许在菲律宾从事未列入《外国投资限制清单》的行业。在《外国投资限制清单》中列举了禁止和限制外国投资的领域，主要包括两部分：(1)清单A为宪法或其他法律规定禁止和限制外国投资的领域；(2)清单B为外商所有权受法律限制的领域，包括与国防、执法、公众卫生、道德、保护中小企业等相关的领域。

3.《1995年经济特区法案》共和国第7916号法令，共和国第8748号法令进行了修正。该法案于1995年通过，旨在通过发展经济特区促进经济增长菲律宾经济特区署(PEZA)负责该法的实施和给予经济特区内的合格企业优惠政策。经济特区分为工业园区，出口加工区、自由贸易区、旅游经济区、IT园区、农业经济区等各类经济园区。

每个经济特区都朝着政府干预最小化、独立自由区域的目标发展。经济特区不需政府提供特别帮助，自我管理经济、金融、工业及旅游发展，同时与周边区域建立起相应的联系。

4.《1992年基地转型及发展法案》共和国第7227号法令。根据该法案成立了基地转型发展委员会、苏比克湾管理署(SBMA)以及苏比克经济特区和自由港区(SSEFZ)。在苏比克经济特区和自由港区注册的企业将享受各种投资优惠，包括一流的商业、居住和旅游设施。

5.《地区总部、地区生产总部和地区仓储中心相关法案》共和国第8756号法令。该法案明确了关于在菲律宾设立跨国公司地区总部(RHQS)、地区生产总部(ROHQS)和地区仓储中心(RWS)的规定和指南。地区总部是指跨国公司在菲律宾设立、但并不从菲律宾获取收入的分支机构。地区生产总部指跨国公司在菲律宾设立、可以通过提供服务而获取收入的分支机构。

6.《投资者租赁法案》共和国第7652号法令。该法案允许外国投资者在菲律宾租用商业用地最长不超过75年(过去规定为50年)。根据该法，任何到菲律宾投资的外国投资者在遵守菲律宾法律和下列条件的情况下，可租赁私人土地：(1)土地租赁合同期限为50年，仅可一次性延长25年；(2)租赁的土地仅做投资用途；(3)租赁合同应符合《综合土地改革法》和《地方政府法案》。

7.《1994年出口发展法案》共和第7844号法令。该法案向出口商提供优惠政策，鼓励增加在出口方面的投入，包括：(1)设立出口发展委员会；(2)鼓励私营部门参与出口推介活动，包括建立世界水准的菲律宾贸易中心；(3)设立私营部门为主导的融资中心，直接为促进出口服务；(4)为出口商提供财政激励政策。

8.《出口发展法案》在相关政府部门如投资署和菲律宾经济区管委会给予优惠政策的同时，还给予其他优惠政策。

9.《BOT法》共和国第7718号法令。明确私营企业参与一般由政府负责的基础设施建设和有关服务的政策和规定。

(二)中国与菲律宾签署双边投资保护协定

1992年7月，中菲两国签署《中华人民共和国政府和菲律宾共和国政府关于鼓励和相互保护投资协定》。

1999年11月，中菲两国签署《中华人民共和国政府和菲律宾共和国政府关于对所得避免双重征税和防止偷漏税的协定》，该协议自2002年1月1日生效。

2007年1月，中菲两国签署《中华人民共和国政府和菲律宾共和国政府关于扩大和深化双边经济贸易合作的框架协定》。

2011年8月，中菲两国签署《中菲经贸合作五年发展规划》。

新加坡投资贸易指南

一、对外贸易法规和政策规定

(一)贸易主管部门

新加坡国际企业发展局(International Enterprise Singapore，简称企发局或IE Singapore)，是隶属于新加坡贸易工业部的法定机构，是新加坡对外贸易主管部门，其前身是成立于1983年的新加坡贸易发展局(贸发局)。企发局下设贸易促进部，并分设商务合作伙伴策划署和出口促进署，主要职责是宣传新加坡作为国际企业都会的形象以及提升以新加坡为基地公司的出口能力。

(二)贸易法规体系

新加坡与贸易相关的主要法律有《商品对外贸易法》、《进出口管理办法》、《商品服务税法》、《竞争法》、《海关法》、

《商务争端法》、《自由贸易区法》、《商船运输法》、《禁止化学武器法》、《战略物资管制法》等。

（三）贸易管理的相关规定

1. 开展进出口和转运业务的基本条件。(1)必须在新加坡组建一家公司并向会计与企业管理局注册。(2)注册公司后，需向新加坡关税局免费申请中央注册号码。中央注册号码将允许您通过贸易网系统提交进出口和转运准证申请。

贸易交换网系统是新加坡全国范围内的贸易电子信息交换系统，能让公共和私营部门在此平台上交换电子贸易数据和信息。一般情况下，在新加坡开展进出口或转运业务必须在贸易交换网上获得相关业务准证。

2. 货物进口。货物进口到新加坡前，进口商需通过贸易交换网向新加坡关税局提交准证申请。如符合有关规定，新加坡关税局将签发新加坡进口证书和交货确认书给进口商，以保证货物真正进口到新加坡，没有被转移或出口到被禁止的目的地。一般情况下，所有进口货物都要交纳消费税。如果进口货物是受管制的货物，必须向相关主管部门提交准证申请并获得批准。

3. 货物出口。非受管制货物通过海运或空运出口，必须在出口之后3天内，通过贸易交换网提交准证申请。受管制货物，或非受管制货物通过公路和铁路出口的，需要在出口之前通过贸易交换网提交准证申请。出口受管制货物还必须事先取得相关主管机构的批准或许可。

4. 货物转运。所有从一个自由贸易区转运至另一个自由贸易区的货物，或在同一个自由贸易区内转运受主管部门管制的货物，必须事先通过贸易交换网取得有效的转运准证才能将货物装载到运输工具上。

（四）进出口商品检验检疫

新加坡对进口商品检验检疫的标准和程序十分严格。负责进口食品、动植物检验检疫的部门是农粮兽医局（简称农粮局或AVA），负责进口药品、化妆品等商品检验的部门是卫生科学局（简称HSA）。

1. 农产品和食品检验。农产品和食品的进口商须向AVA申请执照，只有获得AVA进口执照的贸易商才能在新加坡从事农产品和食品进口业务。AVA有完整的一套食品安全计划，对肉、鱼、新鲜水果和蔬菜、蛋、加工食品等商品的进口来源、包装运输、检验程序、检验标准有不同的要求和详尽的规定。

2. 动物检疫。只有获得AVA执照的进口商才可以在新加坡从事商业用途的动物进口。每次进口动物须向AVA申请许可，并提前获得海关清关许可。所有进口动物需符合AVA的兽医标准。

3. 植物检疫。进口植物及植物产品需出示原产国有关机构签发的植物检疫证书并获得AVA的进口许可。所有进口植物及植物产品必须符合AVA规定的健康标准，除另有规定外，植物及植物产品进口后必须接受AVA检查。受华盛顿公约保护的濒临绝种植物，必须备有CITES许可证方可进口。

4. 药品、化妆品检验。根据《药品法》、《有毒物质法》、《滥用药物法令》，新加坡所有从事药品进口、批发、零售以及出口的经营者需向HSA取得相关许可方可开展业务。进口药品和化妆品前，需向HSA如实申报其成分、疗效等相关信息，获得批准后方可进口。HSA对进口相关产品进行抽检，一旦与申报不符，即取消其经营相关产品的资格。

（五）海关管理规章制度

新加坡《海关法》规定，进口商品分为应税货物和非应税货物，应税货物包括石油、酒类、烟类和机动车辆等4大类商品，非应税货物为上述4大类商品之外的所有商品。应税货物和非应税货物进口到新加坡都要征收7%消费税，应税货物除征收消费税外，还需征收国内货物税和关税。

2008年10月中新签署的自由贸易协议中，新加坡对从中国进口的应税货物税率给予优惠安排。

新加坡应纳税商品及关税/国内货物税

商品名称	国内货物税
酒类商品	S$48－70per liter
烟草类商品	S$181－352per kgm
石油类商品	S$3.7－7.1per dal
机动车	20%
带引擎的摩托车、自行车	12%

资料来源：新加坡海关

二、外国投资市场准入规定

（一）投资主管部门

新加坡负责投资的主管部门是经济发展局（EDB简称经发局），成立于1961年，是隶属新加坡贸工部的法定机构，也是专门负责吸引外资的机构，具体制订和实施各种吸引外资的优惠政策并提供高效的行政服务。其远景目标是将新加坡打造成为具有强烈吸引力的全球商业与投资枢纽。

（二）投资行业的规定

新加坡对外资准入政策宽松，除国防相关行业及个别特殊行业外，对外资的运作基本没有限制。此外，新加坡政府还制定了特许国际贸易计划、区域总部奖励、跨国营业总部奖励、金融与资金管理中心奖励等多项计划以鼓励外资进入。同时，经发局还推出了一些优惠政策和发展计划来推动企业拓展业务，如创新发展计划、企业研究奖励计划、新技能资助计划等。

根据新加坡政府公布的2010年长期战略发展计划，电子、石油化工、生命科学、工程、物流等9个行业被列为奖励投资领域。

（三）投资方式的规定

外资进入新加坡的方式无限制。除金融、保险、证券等特殊领域需向主管部门报备外，绝大多数产业领域对外资的股权比例等无限制性措施。

（四）特殊经济区域的规定

1. 商业园和特殊工业园。新加坡境内的商业园和特殊工业园有：(1)商业园。国际商业园、樟宜商业园、资讯园。(2)特殊工业园。①石油化学工业园：裕廊岛；②晶圆厂房：淡滨尼、巴西立、兀兰；③先进显示器工业园：淡滨尼；④生物医学园区：大士生物医药园、生物科技园；⑤物流园区：樟宜机场物流园、裕廊岛化工物流园；⑥食品工业园：麦波申大士。(3)科技企业家园。裕廊东的企业家园、新加坡科学园的iAxil、红山—新达城科技企业家中心、莱市科技园新加坡是城市国家，实行全国统一的税收制度，对外资也实行国民待遇，上述园区内无特殊税收优惠政策，各个园区主要根据区内产业发展的特点而建，区内相关产业的配套基础设施比较完备，可发挥产业集群效应。

2. 海外工业区。新加坡临近的主要海外工业区有：(1)巴淡岛工业区。该园区距新加坡20千米，仅1小时船程。土地面积1570平方千米，总人口99.1万。现有外资企业894家。(2)民丹岛工业区。该园区距新加坡50千米，70分钟船程。土地面积1866平方千米，总人口约50万。现有外资企业23家。巴淡岛和民丹岛工业园区都具有完备的基础设施和较低的制造成本，工人最低月工资约118美元。主要适合电子加工业、服装鞋帽、玩具等轻工业以及钢铁、钻油等重工业，还可发展贸易、旅游和转运。属于自由贸易区，无进口税，无销售税与奢侈品税，免增值税；可享有东盟特惠关税，享有与52个国家签署的避免双重征税协议优惠，与33个国家达成普惠制协议，允许100%海外控股，无外汇管制。(3)马来西亚伊斯干达开发区。马来西亚政府于2006年11月推出伊斯干达开发区（Iskandar Development Region，简称IDR），它是马来西亚目前着力打造的境内最庞大的发展计划。马来西亚政府计划将IDR打造成马来西亚半岛南部最发达的地区，以及居住、娱乐、环境和商业完美融合的国际化大都市。IDR位于马来半岛南部的柔佛州，包括南柔佛的新山、哥打丁宜和笨珍等数个地区，占地2217平方千米。陆海空交通方便，与新加坡隔柔佛海峡相望，距离亚洲的主要大城市（如班加罗尔、迪拜、香港、首尔、上海、台北、东京）仅6~8小时飞行航程。从IDR通过公路到吉隆坡仅3个小时车程，距新加坡樟宜国际机场仅55分钟车程，IDR人口约135万人，人均GDP约1.48万美元。目前新加坡是该地区最大的外资来源地，一些经济学家将IDR与新加坡的关系喻为深圳之于香港。依斯干达开发区的经济支柱为制造业和服务业。根据马来西亚国库有限公司拟订的全面发展计划，除继续加强电子电器、石油化工与油脂化工、食品与农业加工、物流及相关服务业和旅游业5大领域外，依斯干达开发区还将把医疗保健、教育、金融以及信息产业定为新的增长领域。依斯干达开发区的重点规划项目包括物流枢纽、国际教育中心、医疗中心、金融中心等。

马来西亚鼓励投资的优惠措施主要包括公司所得税和投资税赋减免、进口税及销售税减免等。

由于新加坡土地资源有限，生产成本较高，新加坡政府鼓励企业赴上述临近的海外工业区投资。企业如在上述园区投资设厂，可将区域总部、管理中心、研发中心、营销中心等设立在新加坡，既可降低生产成本，也可充分利用新加坡在物流、金融、税收、知识产权保护等各方面的优势条件。

三、外国投资的优惠政策

（一）优惠政策框架

新加坡优惠政策主要依据是《公司所得税法案》和《经济扩展法案》以及每年政府财政预算案中涉及的一些优惠政策。

新加坡采取的优惠政策主要是为了鼓励投资、出口、增加就业机会、鼓励研发和高新技术产品的生产以及使整个经济更具有活力的生产经营活动。如对涉及特殊产业和服务（如高技术、高附加值企业）、大型跨国公司、研发机构、区域总部、国际船运以及出口企业等给予一定期限的减、免税优惠或资金扶持等。政府推出的各项优惠政策，外资企业基本上可以和本土企业一样享受。

新加坡经济发展局为鼓励、引导企业投资先进制造业和高端服务业、提升企业劳动生产力，推出先锋计划、投资加计扣除计划、业务扩展奖励计划、金融与资金管理中心税收优惠、特许权使用费奖励计划、批准的外国贷款计划、收购知识产权的资产减值税计划、研发费用分摊的资产减值税计划等税收优惠措施，以及企业研究奖励计划和新技能资助计划等财政补贴措施。

新加坡国际企业发展局为支持企业开展国际贸易活动、打造环球都市，推出了环球贸易商计划。

新加坡标新局为扶持中小企业发展、鼓励创新、提升企业劳动生产力，推出了天使投资者税收减免计划、天使基金、孵化器开发计划、标新局起步公司发展计划、技术企业商业化计划、企业家创业行动计划、企业实习计划、管理人才奖学金、高级管理计划、业务咨询计划、人力资源套餐、知识产权管理计划、创意代金券计划、技术创新计划、品牌套餐、企业标准化计划、生产力综合管理计划、本地企业融资计划、微型贷款计划等财税优惠措施。

为了实施新加坡经济战略委员会2010年提出的未来十年一七大经济发展战略，围绕提高劳动生产率、提升企业能力和打造环球都市这三大战略目标，新加坡政府出台了一系列优惠措施，比如，推出了生产力及创新优惠计划、培训资助计划和特别红利计划，设立了国家生产力基金，强化了就业人息补助计划，通过税收减免鼓励企业并购重组和土地集约化经营，并将于近期组建项目融资机构支持企业国际化经营。

特别值得一提的是生产力及创新优惠计划一年共计5.2亿新元。该计划于2010年推出，有效期为2011~2015年。根据该计划，企业在规定的6项经营活动中，首30万新元符合规定的费用可以享受250%的税额抵扣。这6项费用包括：研究与开发费用、认可的设计费用、收购知识产权费用、知识产权注册费用、购买/租赁自动化设备、员工培训费用。政府于2011年预算案中宣布加强计划的各项优惠。在六大项目中，每个项目可享受税额抵扣的上限从首笔30万新元提高到40万新元，可享受的税额抵扣比率从以前的250%提高到400%。也就是说，企业在规定的六项活动中的任一项中，每花费100元即可从政府处收到68元的补贴。2011年预算中还提升了该计划的现金发放额，除了税收抵扣外，企业也可选择在首笔10万新元符合规定的费用中享受现金发放，最高套现额从2010年的2.1万新元提升到3万新元。

（二）行业鼓励政策

1. 先锋企业奖励。享有先锋企业（包括制造业和服务业）称号的公司，自生产之日起，其从事先锋活动取得的所得可享受免征5~10年所得税的优惠待遇。先锋企业由新加坡政府部门界定。通常情况下，从事新加坡目前还未大规模开展而且经济发展需要的生产或服务的企业，或从事良好发展前景的生产或服务的企业可以申请“先锋企业”资格。

2. 发展和扩展奖励。从政府规定之日起，一定基数以上的公司所得可享受最低为5%的公司所得税率，为期10年，最长可延长到20年。此项政策主要是为鼓励企业不断增加在高新技术和高附加值领域的投资并提升设备和营运水平。曾享受过先锋企业奖励的企业以及其他符合条件的企业均可申请享受此项优惠。

3. 服务出口企业奖励。从政府规定之日起，向非新加坡居民或在新加坡没有常设机构的公司或个人提供与海外项目有关的符合条件的服务的公司，其符合条件的服务收入的90%可享受10年的免征所得税待遇，最长可延长到20年。

4. 区域/国际总部计划。将区域总部（RHO）或国际总部(IHO)设在新加坡的跨国公司,可适用较低的企业所得税税率。区域总部为15%,期限为3~5年;国际总部为10%或更低,期限为5~20年。此项政策主要是为鼓励跨国公司将区域或国际总部设立在新加坡。具体优惠企业可与新加坡企业发展局(EBD)进行商谈,企业发展局可根据公司规模和对新加坡贡献为企业量身定做优惠配套。

5. 国际船运企业优惠。拥有或运营新加坡船只或外国船只的国际航运公司,可以申请10年免征企业所得税的优惠,最长期限可延长到30年。申请企业应具备以下条件:是新加坡居民公司;拥有并运营一定规模的船队;在新加坡的运营成本每年超过400万新元;至少10%的船队(或最少一只船)在新加坡注册。此类优惠项目由新加坡海运管理局(MPA)负责评估。

6. 金融和财务中心奖励。此项政策是为鼓励跨国企业在新加坡设立金融和财务中心(FTC),从事财务、融资和其他金融服务业务。金融和财务中心从事符合条件的活动取得的收入可申请享受10%的企业所得税优惠税率,为期10年,最长可延长到20年。

7. 研发业务优惠。为鼓励企业加大研发力度,新加坡政府规定,自2009估税年度起,企业在新加坡发生的研发费用可享受150%的扣除,并对从事研发业务的企业每年给予一定金额的研发资金补助。

8. 国际贸易商优惠。为鼓励全球贸易商在新加坡开展国际贸易业务,对政府批准的"全球贸易商"给予5~10年的企业所得税优惠,税率减低为5%或10%。此项优惠项目由新加坡国际企业发展局(IES)负责评估。

此外,新加坡还对部分金融业务、海外保险业务、风险投资、海事企业等行业给予一定的所得税优惠或资金扶持。

四、外国企业在新加坡获得土地的政策

(一)新加坡土地法的主要内容

新加坡土地主要有国有和私有两种形式,其中国有土地又分为国有土地和公有土地两种。目前国有土地约占53%,公有土地约占27%,私有土地约占20%。

根据《土地征用法》规定,凡为公共目的所需的土地,政府都可强制性征用。为防止该权力被滥用,政府规定了详细的征地程序、操作流程和土地补偿标准。

土地的交易采用拍卖、招标、有价划拨和临时出租等方式,将一定年限的土地使用权出售给使用者。出让后的土地可以自由转让、买卖和租赁,但年限不变。使用期结束后,政府无偿收回土地及其地上附着物;若要继续使用,须经政府批准,再获得一个规定年限的使用期,但须按当时的市价重估地价,第二次买地。

(二)外资企业获得土地的规定

外资企业可以在新加坡参与土地交易,具体程序参考新加坡土地管理局网站(www. sla. gov. sg)。

五、环境保护法律规定

(一)环保管理部门

新加坡环保管理部门是环境及水源部,主要职责是构建和保障清洁、健康的环境以及水源供应。环境和水资源部下设国家环境局和公共事业局(PUB)两个法定机构,分别负责落实环保政策和水务管理。

(二)主要环保法律法规名称

新加坡环保法律法规包括:《环境保护和管理法》、《公共环境卫生法》、《水源污化管理及排水法令》、《制造业排放污染水条例》、《公共事业条例》、《污染物控制条例》、《媒介和农药防治法》、《危险废物法》、《辐射防护法》、《禁烟法案》等。

(三)环保法律法规基本要点

根据新加坡《环境保护和管理法》,所有企业和个人都有责任和义务维护大气、水体、土地以及动植物的洁净和安全。任何企业和个人违反《环境保护和管理法》等法规和规定,都视为犯罪。环保部门有权根据违法的严重程度对责任人处以2万至10万新元的罚款,逮捕责任人并处以1年以内监禁,或逮捕责任人并提起诉讼。

(四)环保评估的相关规定

根据新加坡政府的要求,企业在新开展投资项目,业主需委托有资质的第三方咨询公司进行污染控制研究分析(Polution Control Studies,PCS),相当于国内的环评。PCS主要是对工厂产生的三废、噪声、危险化学品等情况,识别可能存在的风险,以及采取的控制措施。

开展PCS前期,业主需向咨询公司提供相关资料;咨询公司完成分析报告后,由业主提交新加坡国家环境局(NEA)审批,审批周期约为2~3个月,审批过程中,NEA可能提出问题要求进行解释和澄清;评估费用通常为2万新币。

六、保护知识产权规定

(一)新加坡当地有关知识产权保护的法律法规

新加坡政府一直致力于把新加坡建成重要的区域知识产权中枢,因此十分重视知识产权的保护和鼓励,制定了一系列保护知识产权的法律法规,同时通过资金支持等手段积极营造鼓励创新、方便智力成果产业化的科研、政策和商业环境。

新加坡还是众多与知识产权有关的公约和国际组织的成员,包括《巴黎公约》、《伯尔尼公约》、《马德里协议》、《专利合作条约》、《布达佩斯条约》、《与贸易有关的知识产权协议》和世界知识产权组织等。

在新加坡国内受到保护的知识产权有专利、商标、注册外观设计、版权(著作权)、集成电路设计、地理标识、商业秘密和机密信息以及植物品种。新加坡分别制定了单项法规对这些知识产权进行保护。

1. 专利。在新加坡规范专利权保护的法律是《专利法》(Patents Act)。要获得专利法保护必须向专利登记处(Registry of Patents)提交专利申请,申请中要包含专利的相关信息,包括发明以及操作说明和相关披露。专利法没有明确列出哪些发明是受法律保护的,但规定了不能取得专利的发明,如具有攻击性、不道德以及反社会的行为。而可以获得专利的发明要具有新颖性、创造性和工业应用性。专利有效期是自申请之日起20年。

2. 商标。新加坡保护商标的主要法律是《商标法》(Trademarks Act)。商标注册可以通过新加坡知识产权局的网站或到该局注册。知识产权局会对商标特性进行审查,整个注册过程通常需要1~2年。商标注册后保护期一般为10年,在支付更新费用后可以不断延续。

3. 版权。新加坡规范版权的主要法律是《版权法》(Copyright Act),它的保护范围包括小说、软件程序、剧本、活页乐谱、绘画作品等。在新加坡取得版权需要满足的条件是作品的作者或创作人是新加坡公民或居民,该作品首次在新加坡出版。在新加坡以外的地方取得版权的作品也可以在

新加坡得到保护，条件是作品的作者或创作人是加入 WTO 或《伯尔尼公约》的成员国的国民或居民，该作品首次在 WTO 或《伯尔尼公约》的成员国出版。版权期限根据受保护对象不同而有所区别，如文学、戏剧、音乐或非摄影艺术作品的版权期限为作者的终生以及之后的 70 年，录音作品和电影作品的版权期限为作品首次发表后的 70 年，电视广播、电台广播或有线电视节目的版权期限为节目发表后的 50 年。有关新加坡知识产权保护的法律法规以及各项优惠政策可查询新加坡知识产权局网站。

（二）知识产权侵权的相关处罚规定

新加坡法律将知识产权侵权行为区分不同情形，可提起民事诉讼，构成犯罪的须承担刑事责任。刑事责任包括罚款和监禁，也可两者并罚。罚款从 1000 ~ 10 万新元不等，监禁根据情形从 12 个月到 5 年不等。

七、投资合作相关法律及对中国企业投资合作保护政策

（一）新加坡与投资合作相关的主要法律

与在新加坡投资合作相关的法律主要有：企业注册法、公司法、合伙企业法、合同法、国内货物买卖法、进出口管理法、竞争法等。

（二）新加坡对中国企业投资合作的保护政策

1. 中国与新加坡签署双边投资保护协定。1985 年 11 月，中国与新加坡签署了《关于促进和保护投资协定》。

2. 中国与新加坡签署避免双重征税协定。1986 年 4 月，中国与新加坡签署了《避免双重征税和防止漏税协定》。

3. 中国与新加坡签署的其他协定。1999 年 10 月，中国与新加坡签署《经济合作和促进贸易与投资的谅解备忘录》，建立了两国经贸磋商机制。双方还签署了《海运协定》、《邮电和电信合作协议》、《成立中新双方投资促进委员会协议》等多项经济合作协议。

2008 年 10 月 23 日，中国与新加坡签署了《中华人民共和国政府和新加坡共和国政府自由贸易协定》。同时，双方还签署了《中华人民共和国政府和新加坡共和国政府关于双边劳务合作的谅解备忘录》。

泰国投资贸易指南

一、对外贸易法规和政策

（一）贸易主管部门

泰国主管贸易的政府部门是商业部，其主要职责分为两部分，对内负责促进企业发展、推动国内商品贸易和服务贸易发展、监管商品价格、维护消费者权益和保护知识产权等；对外负责参与 WTO 和各类多双边贸易谈判、推动进国际贸易良性发展等。泰国商业部主管对外业务的部门有贸易谈判厅、国际贸易促进厅和对外贸易厅等，主管国内业务的部门有商业发展厅、国内贸易厅、知识产权厅等。

（二）贸易法规体系

主要法律有 1960 年《出口商品促进法》、1979 年《出口和进口商品法》、1973 年《部分商品出口管理条例》、1979 年《出口商品标准法》、1999 年《反倾销和反补贴法》、2000 年《海关法》和 2007 年《进口激增保障措施法》等。

（三）贸易管理的相关规定

1. 进口管理。泰国对多数商品实行自由进口政策，任何开具信用证的进口商均可从事进口业务。泰国仅对部分产品实施禁止进口、关税配额和进口许可证等管理措施。禁止进口产品主要涉及公共安全和健康、国家安全等的产品，如摩托车旧发动机、博彩设备等；关税配额产品包括桂圆等 24 种农产品，如大米、糖、椰肉、大蒜、饲料用玉米、棕榈油、椰子油、龙眼、茶叶、大豆和豆饼等，但关税配额措施不适用于从东盟成员国的进口；进口许可分为自动进口许可和非自动进口许可，非自动进口许可产品包括关税配额产品和加工品，如鱼肉、生丝、旧柴油发动机等。自动进口许可产品包括部分服装、凹版打印机和彩色复印机。泰国商业部负责制定受进口许可管理的产品清单。

2. 出口管理。泰国除通过出口登记、许可证、配额、出口税、出口禁令或其他限制措施加以控制的产品外，大部分产品可以自由出口，受出口管制的产品目前有 45 种，其中征收出口税的有大米、皮毛皮革、柚木与其他木材、橡胶、钢渣或铁渣、动物皮革等。

3. 贸易壁垒。泰国对 WTO 成员方的平均实施关税是 11.2%，

关税高峰　泰国现对大量的进口产品征收超过 30% 的关税，包括农产品、汽车和汽车零部件、酒精饮料、纤维和一些电子产品。如丝织品、羊毛织物、棉纺织品及其他一些纤维织物的进口关税多为 60%，摩托车及一些特殊用途车的进口关税达到或超过 80%、大米 52%、奶制品 216%。

关税升级　泰国对绝大多数工业原材料和必需品，如医疗设备征收零关税；对有选择的一些原材料、电子零配件以及用于国际运输的交通工具征收 1% 的关税；一些化工原料，如氯化钙、氯化镁等氯化物的关税也仅为 1%；对初级产品和资本货物大部分征收 5% 的关税；对中间产品一般征收 10% 的关税；对成品一般征收 20% 的关税；对需要保护的特殊产品征收 30% 的关税。

关税配额　根据 WTO《农业协定》，泰国对 24 种农产品实行关税配额管理，分别是桂圆、椰肉、牛奶、土豆、洋葱、大蒜、椰子、咖啡、茶、干辣椒、玉米、大米、大豆、洋葱籽、豆油、椰子油、速溶咖啡、土烟丝、生丝等。这些产品在配额内实行低关税，在配额外实行高关税，如大蒜进口配额仅 64.6 吨，配额内关税为 27%，配额外关税高达 57%。

进口限制　泰国规定 42 种产品需要进口许可，包括原材料、石油、工业原料、纺织品、医药品及农产品泰国禁止进口二手摩托车及其零件和游戏机。产品进口必须满足规定的要求，如缴纳特别费用、需要原产地证明等。进口食品、医药产品、矿产品、武器弹药、艺术品，需要相关部长的特别许可。泰国要求在食品进口登记中提供关于食品生产工艺及组成成分的详细产品经营信息。泰国卫生部食品药品管理局规定所有食品、药品及部分医疗设备的进口均须符合进口许可证的管理。食品进口许可证每三年换一次，每次均需要重新认证，文件送达食品药品管理局后还需重新收费、药品进口许可证每年更换一次，同样需要缴纳有关费用。

技术性贸易壁垒　泰国对 10 个领域的 60 种产品实行强制性认证，包括农产品、建筑原料、消费品、电子设备及附件、PVC 管、医疗设备、LPG 气体容器、表层涂料及交通工具等。泰国卫生部食品药品管理局规定，所有进口食品、药品及部分医疗设备要符合标准、检测、标签和认证要求。进口上述产品必须附有泰文说明产品名称、重量或容量、生产和失效日期的标签，并经泰国卫生部食品药品管理局批准。

政府采购　泰国不是WTO《政府采购协定》的签署国。在政府采购招标中，泰国对外国投标企业设置一系列限制，使外国企业无法投标或难以中标。如泰国常在招标文件中规定非泰国产品不得参与投标；政府采购部门对投标资格的规定不确定，有权在任何时候接受或拒绝部分或所有投标，甚至可以在招标过程中修改技术要求；投标者对招标结论没有申诉权利等。根据2000年5月泰国颁布的《对销贸易法》，对金额超过3亿泰铢的政府采购合同，外国中标企业须易货回购价值不低于合同金额50%的泰国产品，该规定大大提高了外国中标企业的经营成本。

（四）进出口商品检验检疫

泰国负责商品质量监督、检验和标准认证的管理部门主要是卫生部下属的食品与药品监督管理局（简称FDA）及农业合作部下属的国家农业食品和食品标准局（简称ACFS）。

FDA行使职责依据的国内法规和国际协议主要有：泰国1967年《药品法》、1975年《精神类物质法》、1979年《食品法》、1979年《麻醉品法》、1988年《医疗器械法》、1990年《防止滥用挥发性物质法》、1992年《化妆品法》、1992年《危险物质法》和1971年《关于精神类物质的国际公约》、1988年联合国《关于反对非法买卖麻醉品和精神类物质的协定》等。FDA根据相关法律法规对商品的市场准入进行控制，审核发放各类商品相应的卫生证明、GMP证明、HACCP证明和自由销售证明等。进口商必须申请进口许可证后才能进口食品，指定的食品储藏室必须经FDA检验后才能使用，进口许可证要每三年更新一次；对于特别控制的食品，进口商必须到FDA注册，获得批准才能进口。

ACFS的主要职责是制定初级农产品、食品和加工农产品的标准，发放许可证明，对有关产品的认证机构及企业进行认证等，此外，还协助和参与技术问题、非关税措施及国际标准等方面的对外谈判，其主要工作目标是发展泰国农产品和食品标准体系使其适应国际标准，以扩大泰国农产品和食品的出口额。ACFS自成立以来，共制定公布了22项植物食品标准、10项动物产品标准、3项鱼类食品标准和20项其他标准。

（四）海关管理规章制度

《海关法》是泰国实施海关管理的根本法律制度。目前，泰国海关进出口商品代码和关税管理体系是根据1987年修订的海关关税法令制定的。泰国政府根据管理需要会对商品代码分类和海关关税进行不定期调整，有关法令和公告可在泰国海关厅网站上查询。

在泰国，大部分进口商品都需要缴纳两部分税，一是海关关税，二是增值税（VAT）。关税计税方法一般为按价计税，也有部分商品按照特定单位税率的方式征税。一般情况下，进口商品关税额计算公式为商品到岸价（CIF）乘以该项商品的进口税率，绝大部分商品的进口关税在0～80%之间；增值税的计算公式为进口商品缴纳关税和消费税（部分商品需缴纳）后的总价值乘以7%。

泰国给予东盟成员国和与其签订多双边贸易协定的国家地区不同程度的关税减让，具体商品的关税税率和减让情况均可以通过HS税号或商名称在海关网站上查询，网址为：www. Igtf. customs. go. th.

二、外国投资市场准入的规定

（一）投资主管部门

泰国主管投资促进的部门是泰国投资促进委员会（简称BOI），负责根据1977年颁布的《投资促进法》及1991年第二次修正和2001年第三次修正的版本制定投资政策。投资促进委员会办公厅是隶属于泰国工业部的国家厅局级单位，负责审核和批准享受泰国投资优惠政策的项目、提供投资咨询和服务等。

（二）投资行业的规定

根据《外商经营企业法》（Alien Business Act）（1999）有关规定，泰国限制外国人投资的行业有以下三类：

1. 因特殊理由禁止外国人投资的业务。包括（1）报业、广播电台、电视台；（2）水稻种植、旱地种植、果园种植、牧业、林业、原木加工；（3）在泰领海、泰经济特区的捕鱼；（4）泰药材炮制；（5）涉及泰国古董或具有历史价值之文物的经营和拍卖；（6）佛像、钵盂制作或铸造；（7）土地交易等。

2. 涉及国家安全稳定或对艺术文化、风俗习惯、民间手工业、自然资源、生态环境造成不良影响的投资业务。须经商业部长根据内阁的决定批准后外国投资者方可从事的行业：（1）涉及国家安全稳定的投资业务，包括生产、销售、修理枪械、子弹、火药、爆炸物及其有关配件，武器、军用船、飞机、车辆，一切占用设备的机件设备或有关配件；国内陆上、水上、空中等运输业，包括国内航空业。（2）对艺术文化、风俗习惯、民间手工业、自然资料、生态环境造成不良影响的投资业务，包括泰国传统工艺品的古董、艺术品买卖，木雕制造，养蚕、泰丝生产、泰绸织造、泰绸花纹印制，泰国民族乐器制造，金器、银器、乌银镶嵌器、镶石金器、漆器制造，涉及泰国传统工艺的盘器、碗器、陶器制造。（3）对自然资源、生态环境造成不良影响的投资业务，包括蔗糖生产，海盐、矿盐生产，石盐生产，采矿业、石头爆破或碎石加工，家具、木材加工等。

3. 本国人对外国人未具竞争能力的投资业务，须经商业部商业注册厅长根据外籍人经商营业委员会决定批准后可以从事的行业。包括（1）碾米业、米粉和其他植物粉加工。（2）水产养殖业。（3）营造林木的开发与经营。（4）胶合板、饰面板、刨木板、硬木板制造。（5）石灰生产。（6）会计、法律、建筑、工程服务业。（7）工程建设，但不包含①外国人投入的最低资本在5亿铢以上的公共基本设施建设、运用新型机械设备、特种技术和专业管理的公共设施、交通设施建设；

泰国主要进口商品的关税税率统计表

商品名称	HS编码	一般关税税率
原油	2709	25%
集成电路	8542	35%
打字机等办公机器的零部件	8473	40%
摩托车零部件	8708	60%
光盘、磁带、记忆卡等未录制内容的固定媒体存储介质（交卷除外）	8523	60%
成品油	2710	税号27101211－20税率为2.91/升，其余部分以30%的税率按价计税
天然气和其他气体燃料	2711	采用特定单位税率0.001株/千克
未加工的精铜和铜合金	7403	6%
自动数据处理设备	8471	40%
未加工的金、金粉	7108	35%

②部级法规规定的其他工程建设。(8)中介或代理业务,但不包含①证券交易中介或代理、农产品期货交易、有价证券买卖业务;②为联营企业的生产、服务需要提供买卖、采购、寻求服务的中介或代理业务;③为外国人投入最低资本1亿铢以上的、行销国内产品或进口产品的国际贸易企业提供买卖、采购、推销、寻求国内外市场的中介或代理业务。(9)拍卖业,但不包含①国际性拍卖业,其拍卖标的物不涉及具有泰国传统工艺、考古或历史价值的古董、古物、艺术品之拍卖;②部级法规规定的其他拍卖。(10)法律未有明文禁止涉及地方特产或农产品的国际贸易。(11)最低资本总额低于1亿铢的百货零售业、最低资本少于2500万铢的商店。(12)最低资本少于100万的商品批发业。(13)宣传广告业。(14)旅店业,不含旅店管理、旅游业、餐饮业。(15)植物新品种开发和品种改良。(16)除部级法规规定的服务业以外的其他服务业等。

外国人除需经商业部长根据内阁决议批准外,还需满足以下两个条件方可从事上述第二类规定的行业:一是泰籍人或按照本法规定的非外国法人所持的股份不少于外国法人公司资本的40%(除非有适当原因,商业部长根据内阁的批准可以放宽上述持股比例,但最低不得低于25%)。二是泰国人所占的董事职位不少于2/5。

对上述属于外商经营企业法所规定的需得到允许方可进行投资的二、三类行业,外国人在泰国开始商业经营的最低投资额不得少于300万泰铢,其他行业最低不少于200万泰铢。最低投资额对在泰国注册的法人来说是指注册资本,对未在泰国注册的外国投资者或法人来说是指来泰经商所汇入的外汇。如果外国人属于《投资促进法》、《工业园管理条例》或其他有关法律规定可享受投资优惠或得到经营许可的投资者,则可以从事第二、三类中规定的某些行业。

根据泰国投资促进法的有关规定,在泰国获得投资优惠的企业,投资额在1000泰铢以上(不包括土地费和流动资金),须获得ISO9000国际质量标准或其他相等的国际标准的认证。具体审批标准如下:(1)投资额不超过5亿铢(不包括土地费和流动资金)的项目,产品增加值必须不低于销售收入的20%,但电子产品及其配件、农产品加工和投资促进委员会特别批准的项目除外;新投资项目的负债与注册资本之比不得超过3:1;投资项目必须使用先进生产技术和新机械设备,若需使用旧机器,其效率必须获得权威机构的验证,并获得投资促进委员会的准许;必须有足够的环境保护措施,对环境有不良影响的项目,投资促进委员会将着重审核其工厂设立地点及其污染处理方法。(2)投资额在5亿铢以上(不包括土地费和流动资金)的项目,除按上述规定执行,尚需按投资促进委员会的规定提交项目可行性报告。

以下行业的泰国籍投资者的持股比例不得低于21%:农业、畜牧业、渔业、勘探与采矿业和1999年颁布的《外籍人经商法》附录第一类行业中的服务行业。

(三)投资方式规定

1. 股权投资。外籍人对泰开展投资经营活动的方式可分为以下两类:一是按照泰国法律在泰国注册为某种法人实体,具体形式有合伙企业、有限公司和大众有限公司等;二是成立合资公司,通常指一些自然人或法人根据协议为从事某项商业活动而组建的实体。根据泰国《民商法典》,合资公司不是法人实体,但是根据《税法典》,合资公司在缴纳企业所得税时被视为单一实体。

2. 上市。泰国法律规定,只有大众有限公司才有资格申请登记加入证券交易市场。根据1992年颁布的《大众有限公司法》的有关规定,有限公司可以转为大众有限公司。泰国没有关于外资公司在泰上市的特殊限制,在泰国注册成立的大众有限公司,符合泰国证券交易委员会(简称SEC)和股票交易所(简称SET)的有关规定,即可申请上市。

3. 收购。泰国没有关于跨国并购的专门法律法规,规范收购行为的法律法规是《大众有限公司法》和1992年颁布的《证券交易法》。收购行为通常有股票收购、兼并和资产收购——收购上市公司,必须符合《证券交易法》和泰国证券交易委员会的有关规定,当收购量达到上市公司股份的25%,收购者必须正式提出股权收购。

(四)特殊经济区域的规定

泰国工业部下设有工业园管理局(简称IEA),负责发展工业园区和科技园区等工业地产。2007年,IEA第四次修改《工业园机构条例》,以提高工业园内投资者的竞争能力。

根据《工业园机构条例》,泰国的工业园分为两类:一般工业区和自由经营区(原出口加工区)。在一般工业区投资的外国投资者,不必向BOI提交申请,就可以获得工业园内的土地所有权和引进外国技术人员、专家来泰国工作的权利。此外,IEA还向工业园内的投资者提供便利设施和一条龙服务,如运输服务、仓库、培训中心和医疗服务等。在自由经营区的投资者,还可以享有更多的优惠政策,如无条件向国外出口产品,享受更大的进口物件和原材料便利,除BOI鼓励投资政策提供的优惠条件外,还可以享受更多的税务优惠。

根据IEA统计,截至2009年底,泰国共在14个府建立各类工业园41个,其中IEA下独立开发的工业园11个,IEA下与合作者联合开发的工业园28个,另有2个工业港,各工业园总占地面积14.8万莱(1莱约合1600平方米)。泰国各工业园的优惠政策与BOI的地区鼓励政策基本保持一致,根据所处的府别分别享受当地最高的投资优惠(包括税收、土地、人员引进及进口机械设备或原材料免税等诸多方面优惠),各入园企业无需特别申请即可享受BOI的投资优惠政策。

泰国目前实施的是1992年修订后的《工厂法》,该法明确规定工厂建设、运行、扩建和安全的有关要求。由工业部工业建设厅根据该法负责管理,对于工厂建设项目的管理控制程度通常取决于环境保护的需要,例如对排放造成污染的产业控制就更加严格。根据该法,工厂被分为三类:第一类,不需要政府许可就可以建设运行;第二类,开始建设运行前需要事先告知政府有关部门,业主在收到工业部确认的回执后即可开始建设;第三类,工厂建设前需要向工业部工业建设厅申请许可证。在工厂试运行前和正式开工生产之前,业主要至少提前15天告知有关政府部门。许可证的有效期为自项目运营起至第5年年底结束,如果工厂转让、出租或者停产,则在新业主取得许可证之日原许可证作废,或者在停产之日原许可证作废。业主在许可证到期前可以申请延期。

三、外国投资优惠政策

(一)优惠政策框架

BOI向投资者提供两种形式的优惠政策:一是税务上的优惠权益,主要包括免缴或减免法人所得税及红利税、免缴或减免机器进口税、减免必需的原材料进口税、免缴出口产品所需要的原材料进口税等;二是非税务上的优惠权益,主要包括允许引进专家技术人员、允许获得土地所有权、允许汇出外汇以及其他保障和保护措施等。

非税务优惠适用于所有获 BOI 批准的项目,税务优惠则根据项目所在地和所属行业等不同情况享受相应的优惠。一般来说,位于受到特别鼓励投资区域的项目、生产出口型的项目或者属于泰国政府鼓励支持产业范畴内的项目均可以获得更大程度的优惠。

此外,为鼓励外商投资,BOI 还放宽了对外商持股比例的限制,对于工业企业投资,无论工厂设在何处,允许外商持大部分或全部股份,如果有适当理由,BOI 可规定外商在某些受鼓励的行业持股比例的限额。

(二)行业鼓励政策

BOI 将鼓励投资的行业分为七大类:农业及农产品加工业,矿业、陶瓷及基础金属工业,轻工业,金属产品,机械设备和运输设备制造业,电子与电器工业,化工产品,造纸及塑胶,服务业及公用事业。

每个大类下还细分为许多小类,BOI 对一些重点鼓励投资的行业都规定了特别的优惠条件,其中,农产品加工业、人才及科技发展业、公共事业、基础设施、环境保护等属于特别重视的项目。

(三)地区鼓励政策

BOI 根据全国 77 个府的收入和基础设施等经济发展因素,将其划分为三级投资区域:第一区共 6 个府,分别是曼谷、北榄、龙仔厝、巴吞他尼、暖武里和佛统。第二区共 12 个府,分别是夜功、叻巫、北碧、素攀、大城、红统、北标、坤西育、北柳、春武里、罗勇和普吉。第三区为其他 59 个府,分为两组,即 36 个府一组和 23 个低收入府一组。

BOI 对各级投资区域分别给予不同的投资优惠政策。

(四)外国公司承包当地工程的规定

1. 许可制度。根据《外商经营企业法》的有关规定,建筑业和工程服务业为限制外籍人从事的行业,外籍人只有与泰籍人组成合资公司或联合体才能承揽泰国的工程项目,且合资公司或联合体必须由泰籍人控股,外籍人投资所占比例不得超过 49%。

2. 禁止领域。从法律方面看,除关于合资公司或联合体外籍人不得持大股的要求外,泰国未针对外国承包商在工程承包领域做出任何限制规定。但在实际操作层面,泰国几家大的本土工程承包商在一些项目招标中(尤其是政府公共项目)占有天然优势地位。

3. 招标方式。泰国的承包工程项目可分为两类:一是国家投资的公共项目,通常采取国际招标的方式,仅有少数采取邀标的形式;二是私人投资的工程项目,目前通行的国际招标、邀标和议标等招标形式均有采用。

四、外国企业在泰国获得土地的规定

(一)土地法的主要内容

泰国关于土地和房产法律主要基于大陆法系的法律体系而制订,主要内容都参照大陆法系国家的相关法律。《泰国土地法》由泰国内务部颁布,自 1954 年 12 月 10 日起实施。土地法包括土地分配、土地所有权的授予和界定、相关文件的发布等内容,明确对于宗教用地、外国人用地、部分行业法人用地的限制条件、并对土地调查、土地交易和费用及处罚条例都做明确规定。

内务部又于 1999 年和 2008 年颁布对《土地法》的 3 条的修订案,分别对外国人用地、土地相关费用及处罚条款进行调整。除 1954 年《土地法》之外,《泰国工商不动产租赁法》、《泰国工业区法》等法律都有涉及外国人在泰用地的规定。

(二)外资企业获得土地的规定

1954 年《土地法》对外国人拥有土地做出规定:“外国人可根据双边条约关于允许拥有房地产权的规定,并在本土地法管辖下拥有土地。”根据该法,外国人及外籍法人根据内务部法规,经内务部部长批准可拥有土地,以作为居住和从事商业、工业、农业、坟场、慈善、宗教等活动需要之用。并针对不同用途对外国人最多可持有的土地面积做了规定。

为了适应经济与社会发展的需要,内务部于 1999 年 5 月 19 日又颁布《土地法》修订案《Land Code Amendment Act No. 8》,对土地法有关外国人及外籍法人产业问题做了修改,允许外国人及外籍法人在符合某种规定条件下可以拥有土地产业。其规定主要内容包括:“凡需在泰持有土地的外国人,必须按内务部规定从国外携入不少于 4000 万株,并经内务部长批准,可以拥有不超过 1 莱(泰面积单位,1 莱 = 1600 平方米)的土地,作为其居住用地。”“上述外国人还必须满足以下条件:(1)其在泰投资必须是有益于泰本国经济社会发展或满足泰投资促进委员会(BOI)规定可予以投资促进的项目;(2)投资持续时间不少于 3 年;(3)持有的土地应在曼谷市区、芭提雅或其他《城市规划法》规定的居住用地范围内。”

对于在泰投资可观并使泰经济受益的外国企业,其在泰经营期间若适用《泰国投资促进法》第 27 条、《泰国工业园管理局法》第 44 条或《泰国石油法》第 65 条规定,在持有泰国土地方面可享受一定特权和豁免。(1)《泰国投资促进法》第 27 条:在获得董事会批准的情况下,投资人可拥有超出其他法律规定范围的土地用于进行投资活动;在投资人是外籍人的情况,若其在泰投资活动停止或将土地转让给他人,土地局有权收回土地。(2)《泰国工业园管理局法》第 44 条:在获得董事会批准的情况,工业经营者可在工业园区内拥有超出其他法律规定范围的土地用于工业活动。在投资人是外籍人的情况,若其在泰商业活动停止或转让给他人,须将所有用土地退还给泰工业园管理局或转让给其企业受让者。(3)《泰国石油法》第 65 条:委员会有权批准特许权获得者拥有超出其他法律规定范围的土地用于石油经营。

按照泰国法律规定,只允许外国人在符合上述条件情况下拥有用于居住的土地,或满足条件的外国企业有限制的拥有用于企业经营之用的土地。外国企业不得自由开展对泰土地的投资业务。此外,即便泰国人占多数(按股权人和股权计算)的合资企业,泰政府也出台有关条例防范以此为名义从事土地经营的行为。

五、环境保护法律规定

(一)环保管理部门

泰国负责环境保护的政府部门是自然资源和环境部(简称 MNRE),其主要职责是制定政策和规划,提出自然资源和环境管理的措施并协调实施,下设有自然资源和环境政策规划办公室、污染控制厅、环境质量促进厅等部门。

(二)主要环保法律法规名称

泰国关于环保的基本法律是 1992 年颁布的《国家环境质量促进和保护法》,此外泰国自然资源和环境部还发布了一系列关于大气和噪音、水、土壤等方面的一系列公告。

(三)环保法律法规基本要点

泰国有关环保法律法规对于空气和噪音污染、水污染、土壤污染、废弃物和危险物质排放等标准都有明确的规定，对于违法违规行为有相应的处罚。此外，泰国1975年第一次提出关于环境影响评估（简称EIA）的强制要求，目前，相关规定详见1992年国家环境质量促进和保护法第46条。在泰国自然环境委员会的批准下，泰国自然资源和环境部有权规定必须进行EIA的项目规模和类型。可能对自然环境造成影响的大型项目，必须向自然资源和环境政策规划办公室提交EIAS报告，接受审核和修改。EIAS报告必须由在自然资源和环境政策规划办公室注册认可的咨询公司出具。

（四）环保评估的相关规定

根据泰国《国家环境质量促进和保护法》（1992年）有关规定，为保护和提高环境质量，经自然环境委员会批准，自然资源和环境保护部应对自然环境可能产生影响并需提交环评报告的由政府部门、国有企业和个人进行的投资或工程项目的类型和规模进行分类，并由部长签发后在政府报刊上进行公布。公布的内容还应包括所需提交的其他相关材料。针对特定投资或工程项目的环评报告如具有普遍性，经自然环境委员会批准，自然资源和环境保护部长可将之作为范本在政府报刊上予以公示，其他类似的投资或工程项目在同意此范本内容基础上，可免除提交环评报告。

根据上述法律规定，需提交环评报告的投资或工程项目，如由政府部门、国有企业实施或者前两者与民营企业联合实施并需报内阁最终批准的，政府部门或国有企业需在项目可研阶段准备环评报告，并征得国家环境委员会同意后报内阁审批。如有必要，内阁可请有关专家或专业机构参与项目评审。

如投资或工程项目根据有关法律规定需于建设或实施前准备环评报告的，负责人需将该报告同时提交给相关的项目审批机构和环境政策和计划办公室。提交的报告可以采用标准范本的形式项目审批机构需待环境政策和计划办公室审批同意后方可发放投资或项目实施许可如环境政策和计划办公室发现提交的环评报告不符合相关要求或材料有缺失，需于收到报告15日内反馈提交人。如各方面材料齐备并符合有关要求，应于收到报告30日内出具初步意见并转专家委员会进行进一步审核。专家委员会应自收到报告起45日内出具审核结果，如规定时间内未能出具审核意见，则视为审核通过。

经国家环境委员会批准，自然资源和环境保护部长可就环评报告编制人的资格条件提出具体要求，根据此项要求，编制人应为该项领域的专家并获得相关的资质认证。资质证书的申请及发放、成为专家的资格条件和证书换发、暂停、吊销以及有关费用标准等，均需按自然资源和环境保护部制定的有关规章执行。

目前，泰国设有很多从事环评咨询和服务工作的专业事务所，可为企业提供有关服务。

六、保护知识产权的规定

（一）泰国有关知识产权保护的法律法规

泰国有关知识产权保护的法律主要涉及三部：《专利法》（1979年）、《商标法》（1991年）和《著作权法》（1994年），三部法律分别针对专利、商标和著作权的定义、类型、申请、使用和保护等有关内容做出了明确规定。

（二）知识产权侵权的相关处罚规定

根据泰国《专利法》（1979年）有关规定，未具备本法规定的权利者，不得在产品容器、产品包装上或在发明、外观设计的宣传上使用“泰国专利权”、“泰国实用新型专利权”，或其他意思、相同的外国文字，或其他意思相同的词语，任何人不得在产品容器、产品包装或发明、外观设计的宣传上使用“正在办理专利”或“正在办理实用新型专利”或其他意思相同的词语（但正在审批中的专利申请或实用新型专利申请不在此限），如有违犯可处一年以下监禁或罚以20万泰铢以下罚金，或两罪并罚；未经专利权人许可擅自使用属于专利权人所有的产品、技术或外观设计（但为教学和研究需要使用该外观设计专利的不在此限）专利的，可处二年以下监禁，或罚以40万泰铢以下罚金，或两者并罚；任何人未经实用新型专利权人许可，侵犯使用实用新型专利权人各项权利的，可处1年以下监禁，或罚以20万泰铢罚金，或两罪并罚；任何人在申请发明专利、外观设计专利或实用新型专利时向执行工作人员提供虚假材料，以期获得专利证书或实用新型证书的，可处6个月以下监禁，或罚以5000泰铢以下罚金，或两者并罚；因触犯本法受罚者为法人的，其法人执行人或法人代表须受到法律相应规定的处罚，除非该法人行为能被证实与本人无关，或并未得到本人认可。

泰国《商标法》（1991年）和《著作权法》（1994年）未规定有关违法处罚的内容。

七、投资合作相关法律及对中国企业投资合作保护政策

（一）泰国与投资合作相关的主要法律

《民商法典（Civil and Commercial Code）》，明确了自然人、团体和法人之间的民事关系，对法人的设立、组织、经营、变更等行为做出了规定。

《外籍人经商法（Alien Business Act）》，规定外籍人在泰经商行为的根本法律。

《税法典（Revenue Code）》，规定泰国税种、税率和计算方式等税务相关问题的根本法律。

《投资促进法门（nvestment Promotion Act）》（以及历次修改公告），明确了外商在泰投资可以享受的各项优惠权益。

《劳动保护法（Labour Protection Act）》，明确了雇主和雇员的权利及义务。

《外籍人工作法（Alien Employment Act）》，规定外籍人在泰工作的根本法律。

《海关法（Customs Acts）》，规定了商品进出泰国关境的原则和方式，明确了进出口经营者和海关管理机构的权益义务等。

（二）泰国对中国企业投资合作的保护政策

1. 中国与泰国签署双边投资保护协定。1985年3月12日，中泰两国政府在曼谷签署了《中华人民共和国政府和泰王国关于促进和保护投资的协定》。

2. 中国与泰国签署避免双重征税协定。1986年10月27日，中泰两国政府签署了《关于避免双重征税和防止偷漏税的协定》。

3. 中国与泰国签署的其他协定。1994年3月16日，中泰两国政府签署了《关于民商事司法协助和仲裁合作的协定》。2000年3月10日，中泰两国政府在北京签署了《中华人民共和国政府和泰王国关于中国加入世界贸易组织的双边协议》，协议附件中列出了中国给予泰国的货物贸易和服务贸易减让表。

越南投资贸易指南

一、对外贸易法规和政策

（一）贸易主管部门

越南主管贸易的部门是工贸部，设有36个司局和研究院，负责全国工业生产（包括机械、冶金、电力、能源、油气、矿产及食品、日用消费品等行业生产）、国内贸易、对外贸易、WTO事务、自由贸易区谈判等。

（二）贸易法规体系

越南主要贸易法律法规包括：《民法》（2005年）、《贸易法》（第12/2006/N D－C P号函）、《电子交易法》（2005年）、《海关法》（2001年）、《进出口税法》、《知识产权法》（2005年）、《信息技术法》、《反倾销法》（2004年10月1日起实施）、《反补贴法》（2005年1月1日起实施）、《企业法》（2005年）、《会计法》、《统计法》等。

（三）贸易管理的相关规定

1. 进口管理。根据加入WTO的承诺，越南逐步取消进口配额限制，基本按照市场原则管理。禁止进口的商品主要包括：武器、弹药、毒品、有毒化学品、军事技术设备、麻醉剂、部分儿童玩具、颓废和反动的文化品、爆竹、烟草制品、二手消费品、右舵驾驶机动车、二手物资、低于30马力的二手内燃机、含有石棉的产品和材料、各类专用密码及各种密码软件等。

2. 出口管理。关于出口，越南主要采取出口禁令、出口关税、数量限制等措施进行管理。禁止出口的商品主要包括：武器、弹药、爆炸物和军事装备器材、毒品、有毒化学品、古玩、伐自国内天然林的圆木、锯材、来源为国内天然林的木材、木炭、野生动物和珍稀动物、用于保护国家秘密的专用密码和密码软件等。

（四）进出口商品检验检疫

越南进出口商品检验检疫工作根据不同商品种类由不同部门负责，食品和药品检验由卫生部负责，动植物和其他农产品检验由农业与农村发展部负责，具体规定可在网上查询。

（五）海关管理规章制度

1. 管理制度。越南现行关税制度包括4种税率：普通税率、最惠国税率、东盟自由贸易区税率及中国—东盟自由贸易区优惠税率。普通税率比最惠国税率高50%，适用于未与越南建立正常贸易关系国家的进口产品。原产于中国的商品享受中国—东盟自贸区优惠税率，其中属于越南海关税则1～8章的商品适用“早期收获”税率，即零关税。根据中国—东盟自贸区货物贸易协议，从2011年始，越南将对从中国进口的商品每两年削减一次进口关税。到2015年，除少量敏感产品外，将对95%以上的商品征收零关税。

2. 关税税率。越南部分商品进口税率见下表：

2011年越南部分商品进口税率

商品名称	关税税率	商品名称	关税税率
香烟原料	30%	纺织原料	5%～15%
皮革原料	0～10%	成衣	5%～20%
皮革制品	30%	鞋	30%
木材原料	3%～5%	玻璃	3%～5%
纸浆	0	钢材	10%～30%
纸张	5%～30%	发动机	5%～25%
农机	5%～15%	汽车（5座）	83%

资料来源：越南海关

二、外国投资市场准入规定

（一）投资主管部门

越南主管投资的政府部门是计划投资部，设26个司局和研究院，主要负责全国“计划和投资”管理，为制定全国经济社会发展规划和经济管理政策提供综合参考，负责管理国内外投资，负责管理工业区和出口加工区建设，牵头管理对官方发展援助（ODA）的使用，负责管理部分项目的招投标等。

（二）投资行业规定

1. 禁止投资项目。（1）危害国防、国家安全和公共利益的项目；（2）危害越南文化历史遗迹、道德和风俗的项目；（3）危害人民身体健康、破坏资源和环境的项目；（4）处理从国外输入越南的有毒废弃物、生产有毒化学品或使用国际条约禁用毒素的项目。

2. 限制投资项目。（1）对国防、国家安全、社会秩序有影响的项目；（2）财政、金融项目；（3）影响大众健康的项目；（4）文化、通信、报纸、出版等项目；（5）娱乐项目；（6）房地产项目；（7）自然资源的考察、寻找、勘探、开采及生态环境项目；（8）教育和培训项目；（9）法律规定的其他项目。

3. 鼓励投资项目。（1）新材料、新能源的生产，高科技产品的生产，生物技术，信息技术，机械制造，配套工业；（2）种植、养殖，农林水产品加工，制盐，培育新的植物和畜禽种子；（3）应用高科技、现代技术，保护生态环境，研究、发展、创造高技术；（4）劳动密集型；（5）基础设施项目；（6）发展教育、培训、医疗、体育和民族文化事业的项目；（7）传统手工艺项目；（8）其他需鼓励的生产和服务项目。

（三）投资方式的规定

根据越南《投资法》，外国投资者可选择投资领域、投资形式、融资渠道、投资地点和规模、投资伙伴及投资项目活动期限。外国投资者可登记注册经营一个或多个行业，根据法律规定成立企业，自主决定已登记注册的投资经营活动。

1. 直接投资。包括外商独资企业，成立与当地投资商合资的企业，按BOO、BOT、BTO和BT合同方式进行投资，通过购买股份或融资方式参与投资活动管理，通过合并、并购当地企业的方式投资，其他直接投资方式。

2. 间接投资。包括购买股份、股票、债券和其他有价证券，通过证券投资基金进行投资，通过其他中介金融机构进行投资，通过对当地企业和个人的股份、股票、债券和其他有价证券进行买卖的方式投资。间接投资的手续根据证券法和其他相关法律的规定办理。

3. 外资并购。越南正在对隶属于70多家集团和总公司的1600多家国企进行改革，包括银行、航空、通信、造船、汽车、电力、水泥、交通等重要行业，鼓励外商参与，允许外商购买股份和参与管理，仅保留554家与国防、安全等有关的国有全资企业。外商可通过购买上市企业的股票，或购买股份制企业的股权等方式进行并购。

（四）特殊经济区域的规定

越南革新开放以来，重视发展工业区和经济区建设，全国已有260个工业区（含出口加工区）和15个经济区。截至2011年底，各工业区已吸收外资项目4000个，协议外资总额536亿美元，吸收内资项目4400个，协议总额336万亿越南盾（约合165亿美元）。各经济区吸收国内外投资项目约700个，协议总额分别为330万亿越南盾（约合160亿美元）和330亿美元。各工业区和经济区已创造就业机会160万个。

越南的工业区、出口加工区对外资企业实行优惠税收政策。这些优惠的税收政策,不仅有力地促进了越南吸收外资的工作,而且增大了越南工业区和出口加工区的发展后劲。

1. 工业区。工业区内的外资企业按以下规定缴税:(1)进出口税。①生产性企业和服务性企业均免征出口税。②鼓励投资的生产性企业进口构成企业固定资产的各种机械设备、专用运输车免征进口税;对用于生产出口商品的物资,原料,零配件和其他原料可暂不缴进口税,企业出口成品时,再按进出口税法补缴进口税。③服务性企业按进口税法缴税。(2)企业所得税。①产品出口80%以上的生产性企业从盈利之年起免税4年,接着4年按纯利润的5%缴税,以后每年按纯利润的10%缴税。②出口50% ~80%的生产性企业从盈利之年起免税2年,接着3年按纯利润的7.5%缴税,以后每年按纯利润的15%缴税。③50%以下的生产性企业从盈利之年起免税1年,随后2年按纯利润的10%缴税,以后每年按纯利润的20%缴税。④服务性企业从盈利之年起免税1年,随后2年按纯利润的10%缴税,以后每年按纯利润的20%缴税。

2. 出口加工区。出口加工区内的外资企业按以下规定缴税:(1)进出口税。①生产性企业和服务性企业均免征出口税。②生产性企业和服务性企业进口构成企业固定资产的各种机械设备、专用运输车辆和各类物资,原料免征进口税。(2)企业所得税。①产品出口80%以上的生产性企业从盈利之年起免税4年,随后4年按纯利润的5%缴税,以后每年按纯利润的10%缴税。②服务性企业从盈利之年起免税2年,随后3年按纯利润的7.5%缴税,以后每年按纯利润的15%缴税。

中资企业在越南共投资建设4个工业园区,即铃中出口加工区(约600公顷)、龙江工业园(600公顷)、深圳—海防经贸合作区(800公顷)、仁会工业区B区(450公顷),都取得不同进展。其中,铃中出口加工区已实施三期项目,效果较好,成为越南工业区建设典范。龙江工业园和深圳—海防经贸合作区成为中国国家级境外经贸合作区,有利于推动中国企业"集群式"走出去,扩大对越投资合作规模。

3. 口岸经济区。越南鼓励在边境地区建设口岸经济区,目的是促进地方经济社会发展,维护边疆稳定和安全。中央和地方政府在口岸经济区建设过程中提供土地、税收和资金方面的支持。1996年,越南试点在广宁省芒街市建立口岸经济区,随后分别在谅山省同登市和老街省老街市建立口岸经济区。迄今为止,越南25个边境省份(分别与中国、老挝和柬埔寨接壤)中已有21个省份建立口岸经济区。

口岸经济区享受以下优惠政策:政府优先考虑利用外国政府和国际组织提供的官方发展援助促进口岸经济区基础设施建设,同时鼓励外商以BOT、BT和BTO等方式参与基础设施建设;在口岸经济区投资的项目,可享受所得税4免9减半、之后连续10年减10%的优惠;在口岸经济区工作的外国人,可免50%的个人所得税;接壤国家公民持因私护照(按规定应办理签证)可免签进入口岸经济区并停留15天;接壤国家的货车可进入口岸经济区,在区内交接货物。

三、外国投资优惠政策

(一)优惠政策框架

2006年7月1日,越南出台新的《投资法》,对国内和外商投资实行统一管理,取消之前《外国投资法》的诸多限制,进一步开放市场。取消的限制包括:要求优先购买、使用国内商品和服务,或必须购买国内某一生产厂家的产品和服务;要求商品或服务出口必须达到一定比例;限制出口商品和服务的种类、数量和价值;要求商品进口数量和价值与商品出口数量和价值相当或必须通过自身出口来平衡进口所需外汇;要求商品生产要达到一定的国产化比例;要求研发工作要达到一定水平或价值;要求在国内外某一具体地点提供商品及服务;要求总部设在某一具体地点等。

(二)行业鼓励政策

越南鼓励外商直接投资发展高新技术产业,尤其是鼓励到高新技术开发区投资建厂。根据规定,入驻高新技术园区的企业应符合以下条件:高科技产品的销售额占营业收入的70%以上;生产技术需达到先进程度;产品可以出口或替代同类进口产品;产品质量达到ISO9000标准;人均产值达4万美元以上等。为加快人才培养,越南还规定:至少40%的企业员工拥有高等学历,并在国外研究机构或现代化生产一线受过业务培训;100%的中层干部和工人应得到业务和技术培训,其中至少5%的员工需经过国外现代生产线操作培训;科研经费的支出不得低于年营业收人的2%;对于法定资超过1000万美元的项目,科研和培训经费至少每年20万美元,人均营业收入需达到7万美元(法定资金超过3000万美元,员工超过1000人的企业除外)等。

越南对此类投资项目提供以下政策优惠:(1)外商投资高新技术产业,可长期适用10%的企业所得税税率(园区外高科技项目为15%,一般性生产项目为20% ~25%),并从盈利之时起,享受4年免税和随后9年减半征税优惠政策。(2)在高新技术企业工作的越南籍员工与外籍员工在缴纳个人所得税方面适用同等纳税标准。(3)外国投资者和越国内投资者适用统一租地价格;投资者可以土地使用权价值及与该土地使用面积相关联的财产作抵押,依法向在越南经营的金融机构贷款;对高新技术研发和高科技人才培训项目,可根据政府规定免缴土地使用租金。(4)外籍员工及其家属可申请签发与其工作期限相等的多次入境签证;越政府依据有关法律规定为外籍员工在居留、租房购房等方面提供便利条件。(5)高新技术项目:投资者根据其他投资优惠政策法规文件的规定享受最高的优惠政策待遇。

四、外国企业在越南获得土地的政策规定

(一)土地法的主要内容

越南1987年出台首部《土地法》,1993年出台第二部《土地法》,1998年对第二部《土地法》进行修改和补充,2001年继续进行修改和补充,2003年颁布第三部《土地法》。

越南现行土地法规定,土地所有权属于国家,不承认私人拥有土地所有权,但集体和个人可对国有的土地享有使用权。国家统一管理土地,制定土地使用规章制度,规定土地使用者的权利和义务。土地使用期限分为长期稳定使用和有期限使用两种情况。对于有期限使用的土地,其使用期限分为5年、20年、50年、70年、90年不等。

土地使用者的基本权利:获得土地使用权证明;享有土地上的劳动成果、投资结果;享有国家对农用地采取保护、改造措施带来的利益;国家指导帮助改造农用地,增加地力;当合法的土地使用权受侵犯时,国家予以保护;对侵犯合法使用权的行为可进行起诉、控告;在土地出让、转让、出租、再出租、继承、赠送、抵押、担保、投资以及国家收回土地时,享有

获得补偿的权利；享有土地分配、租用形式上的选择权。

公民、家庭户的土地使用权是一项重要财产权利，可以和其他财产权利一样进行交换、转让、抵押、租赁和继承等转移。土地使用权的转移必须在国家主管部门办理相关手续。土地使用权的转让主要通过交换、买卖、租赁或抵押等方式进行，按规定须交纳土地使用权转让税。

（二）外资企业获得土地的规定

按照越南现行法律规定，外国投资者不能在越南购买土地，可租赁土地并获得土地使用权，使用期限一般为50年，特殊情况可申请延期，但最长不超过70年。

外国投资者需要租赁土地进行投资时，可与项目所在地的土地管理部门联系，办理土地交接和租用手续。土地交接和租用手续根据土地法的相关规定办理。投资者租用土地，当地政府部门可协助进行征地拆迁，但补偿费用由投资者负责。投资者获得土地使用权后，如在规定期限内未实施项目，或土地使用情况与批准内容不符，国家有权收回土地，并撤销其投资许可证。

五、环境保护法律规定

（一）环保管理部门

越南政府主管环境保护的部门是资源环境部，其主要职责是管理全国土地、环境保护、地质矿产、地图测绘、水资源、水文气象等工作。

（二）主要环保法律法规名称

越南基础环保法规为《环境保护法》（1999年4月颁布）、《土地法》等。

（三）环保法律法规基本要点

越南现行《环境保护法》规定，禁止开发和毁坏水源林；禁止采用毁灭性的工具和方式开发生物资源；禁止将有毒物质、放射性物质和废弃物品掩埋在不符合规定的地方；禁止排放未经处理并达标的废弃物品、有毒物质和放射性物质；禁止进口不符合环保标准的机械设备；禁止进口或过境运输废弃物品；禁止进口未经检疫的动植物。

越南政府对环境保护日益重视，其国内工程开工前，都必须经过严格的环保核查，环保部门定期对企业的环保情况进行检查，不达标的企业须马上进行停工整顿并接受处罚。所有生产企业须安装污染控制和处理设备，以确保符合相关的环境标准。此外，越南对部分行业征收环保税，如原油开采需缴纳环保费10万越南盾（约合40元人民币）/吨；天然气开采需缴纳20万越南盾（约合80元人民币）/吨，环保费上缴中央财政，用于环保工作支出。

（四）环保评估的相关规定

越南国家环境标准体系主要包括周边环境质量和废弃物质排放环保标准。周边环境质量标准包括：各种用途的土地环保标准；各种用途的地表水和地下水环保标准；服务于水产养殖和娱乐项目的沿海水域环保标准；城市和农村居民区空气标准；居民区噪音环保标准。废弃物质排放环保标准包括：工农业生产废水排放、工业气体和固定排放及有毒物质排放环保标准。

负责环境评估的机构：对于国家级或跨省的投资和工程项目，环境评估委员会成员由项目审批部门、政府相关部委、有关省份人民委员会的代表以及相关行业的专家组成；对于省级投资和工程项目，环境评估委员会成员由所有省或直辖市人民委员会和环保部门代表及相关行业专家组成。环境评估结果将作为项目审批的依据之一。

越南资源环境部负责组织对国会、政府和政府总理审批的项目进行环境评估；政府相关部委负责组织对本部门审批的项目进行环境评估；省人民委员会负责对本省审批的项目进行环境评估。

需要提供环境报告的投资或工程项目：国家级重点建设项目；使用自然保护区、国家公园、历史文化遗迹和旅游胜地部分土地的项目；有可能对内河流域、沿海地区和生态保护区造成不良影响的项目；工业区、经济区、高新技术区和出口加工区建设项目；新都市和居民聚集区建设项目；地下水和自然资源大规模开发和利用项目；对环境有较大潜在不良影响的项目。

环境报告主要内容包括：列明项目具体建设细节、对项目所在地环境状况总体评价、项目建成后可能对环境造成的影响及具体应对方案，承诺在项目建设和运营过程中采取环保措施，当地乡一级人民委员会和居民代表的意见等。主管部门对环境报告的审批时间为15个工作日。

六、知识产权保护规定

（一）越南当地有关知识产权保护的法律法规

越南主管知识产权的行政部门为隶属于越南科学技术部的知识产权局。目前，越南知识产权立法主要是2005年11月颁布的《知识产权法》和同年颁布的《民法》中关于知识产权的条款。越南是多项知识产权条约和公约的成员国，目前正在完善其国内知识产权保护体系。关于专利保护，越南共有3种专利保护类型，即发明专利、实用专利、外观设计专利。

（二）知识产权侵权的相关处罚规定

在专利侵权诉讼中，专利权人可申请执行初步禁令立即制止专利侵权行为。一旦侵权行为被认定成立，专利权人可获得下列任一救济措施：永久性禁令、损害赔偿、侵权所得利益。目前，越南尚未设立不侵权宣告诉讼和针对无理威胁诉讼的救济措施。

七、投资合作相关法律及对中国企业投资合作保护政策

（一）越南与投资合作相关的主要法律

《民法》规定越南的自然人之间、法人之间以及自然人与法人之间的财产关系，为私有财产提供保护。《投资法》规定外商在越南投资的项目审批、权利、义务、税收、政策优惠等。《海关法》规定商品进出越南的原则和方式，以及海关机构和进行商品外贸活动的人的权利和义务等。

（二）越南对中国企业投资合作的保护政策

1. 中国与越南签署双边投资保护协定。1992年12月，中国与越南签署了《关于鼓励和相互保护投资协定》。

2. 中越签署避免双重征税协定。1995年5月，中国与越南签署《关于对所得避免双重征税和防止偷漏税的协定》。

3. 中国与越南签署的其他协定。1991年中越关系正常化以来，两国政府签署的其他经贸合作协定包括：《贸易协定》（1991年11月）、《经济合作协定》（1992年2月）、《中国人民银行与越南国家银行关于结算与合作协定》（1993年5月）、《关于货物过境的协定》（1994年4月）、《关于保证进出口商品质量和相互认证的合作协定》（1994年11月）、《关于成立经济贸易合作委员会的协定》（1995年11月）、《边贸协定》（1998年10月）、《北部湾渔业合作协定》（2000年12月）、《关于扩大和深化双边经贸合作的协定》（2006年11月）、《中越经贸合作五年发展规划》（2011年12月）。

统 计 资 料

中国国民经济主要指标

指　　标	单　位	2011 年	2012 年	2012 年比 2011 年增减(%)
一、年末总人口	万人	134735	135404	—
二、国内生产总值	亿元人民币	471564	519322	7.8
第一产业增加值	亿元人民币	47712	52377	4.5
第二产业增加值	亿元人民币	220592	235319	8.1
工业增加值	亿元人民币	188572	199866	7.9
第三产业增加值	亿元人民币	203260	231626	8.1
三、人民币对美元汇价	元人民币/1 美元	6.3009	6.2855	0.25
四、城镇登记失业率	%	4.1	4.1	0
五、工业				
原煤产量	亿吨	35.2	36.5	3.8
原油产量	亿吨	2.04	2.07	2.3
发电量	亿千瓦时	47000.7	49377.7	4.8
钢产量	万吨	68388.3	71716.0	4.7
十种有色金属产量	万吨	3434	3672.2	6.9
六、农业				
粮食产量	万吨	57121	58957	3.2
油料产量	万吨	3279	3476	5.1
糖料产量	万吨	12520	13493	7.8
茶叶产量	万吨	162	180	11.2
烤烟产量	万吨	287	320	11.5
棉花产量	万吨	660	684	3.8
七、交通运输业				
货物周转量	亿吨千米	159014	173145	8.7
旅客周转量	亿人千米	30935.8	33369	7.7
港口完成货物吞吐量	亿吨	90.7	97.4	6.8
八、旅游业				
国内旅游总收入	亿元人民币	19306	22706	17.6
国际旅游外汇收入	亿美元	485	500	3.1
入境人数	万人次	13542	13241	-2.2
入境过夜人数	万人次	5758	5772	0.3
出境人数	万人次	7025	8318	18.4
因私出境人数	万人次	6412	7706	20.2
十、财政、金融				
财政收入	亿元	103740	117210	12.8
年末各项存款余额	亿元人民币	826701	943102	14.1
年末各项贷款余额	亿元人民币	581893	672875	15.6
十一、对外贸易				
年末国家外汇储备	亿美元	31811	33116	—
进出口总额	亿美元	36421	38668	6.2
出口额	亿美元	18986	20489	7.9
进口额	亿美元	17435	18178	4.3
十二、外资直接投资				
实际利用金额	亿美元	1160	1117	-3.7
十三、全社会固定资产投资	亿元人民币	311022	374676	20.3

资料来源：国家统计局《中国 2012 年国民经济和社会发展统计公报》

文莱国民经济主要指标

指　　标	单　位	2011 年	2012 年	2012 年比 2011 年增减(%)
一、年末总人口	万人	42.77	41.22	-3.62
二、国内生产总值	亿美元	163.3	178	0.9
人均国内生产总值	美元	—	44490	—
三、文莱元对美元汇价	文莱元/1 美元	1.25※	1.25	0
四、通货膨胀率	%	2	0.5	-1.5
五、失业率	%	—	—	—
六、工业				
工业总产值	亿美元	—	—	—
石油日产量	万桶	—	40	—
天然气日产量	万立方米	—	—	—
油气收入	亿文莱元	40.5	40.01	-1.2
油气出口总量	亿美元	—	149	—
原油出口	亿文莱元	79.6	79	-0.6
天然气出口	亿文莱元	—	70	—
七、农业				
农业总产值	亿美元	1.05	1.98	88.57
蔬菜产量	吨	—	1.2965	—
水果产量	吨	—	—	—
大米产量	吨	2.43	—	—
八、旅游业				
旅游入境人数	万人次	—	24.1	—
旅游收入	亿文莱元	16.9	2.91亿美元	—
九、财政、金融				
财政收入	亿文莱元	117.75	—	—
财政支出	亿文莱元	39	—	—
外汇储备	亿美元	—	—	—
十、对外贸易				
进出口总额	亿美元	124.55	156	10.4
出口总额	亿美元	98.49	127	29.1
进口总额	亿美元	26.06	29	10.4
十一、引进外资总额	亿美元	10.7	12.1	13.08

资料来源:文莱首相署经济计划发展局,2012 年文莱统计公报,文莱《联合日报》
注:※为 2011 年前 3 季度数据

柬埔寨国民经济主要指标

指　　标	单　位	2011 年	2012 年	2012 年比 2011 年增减(%)
一、年末总人口	万人	1470	1486	1.09
二、国内生产总值	亿美元	129.37	140.6	7.3
人均国内生产总值	美元	909	987	—
三、柬埔寨瑞尔对美元汇价	瑞尔/1 美元	4065	4040	1.1
四、通货膨胀率	%	5.5	2.9	-2.6
五、失业率	%	—	1.7	—
六、工业				
工业总产值	亿美元	—	—	13.3
服装业出口额	亿美元	33	46	8
服装业占出口额比重	%	67.7	83.7	23.63
七、农业				
农业总产值	亿美元	38.86	40.65	4.3
林业种植面积	万公顷	3.4	—	—
水稻种植面积	万公顷	300	297.1	0.1
稻谷产量	万吨	841.7	931	6
天然橡胶产量	万吨	4.9	6.5	26
渔业产量	万吨	59.8	66.2	13
八、旅游业				
旅游入境人数	万人	288	358.43	24.4
旅游收入	亿美元	18	22.1	11.1
九、财政、金融				
财政收入	亿瑞尔、亿美元	71750 (亿瑞尔)	78100 亿瑞尔 19.53 亿美元	17
财政支出	亿瑞尔、亿美元	100040 (亿瑞尔)	67810 亿瑞尔 16.95 亿美元	2
外汇储备	亿美元	30	37	23.3
十、对外贸易				
进出口总额	亿美元	114.78	136.3	18.7
出口总额	亿美元	48.76	54.9	12.6
进口总额	亿美元	66.22	81.4	23
十一、引进外资总额	亿美元	70.1	22.8	-67

资料来源:柬埔寨发展理事会,中国驻柬埔寨王国大使馆经济商务参赞处,柬埔寨商业部

印度尼西亚国民经济主要指标

指　　标	单　位	2011 年	2012 年	2012 年比 2011 年增减(%)
一、年末总人口	万人	24232.56	24596.2	0.98
二、国内生产总值	万亿盾	7427	8818	6.23
人均国内生产总值	美元	3543	3563	—
三、印尼盾对美元汇价	盾/1 美元	8776	9387	6.3
四、通货膨胀率	%	3.79	4.3	0.51
五、公开失业率	%	3.2	6.14	2.94
六、工业				
工业总产值	万亿印尼盾	1803	1871.51	3.8
七、农业				
农业总产值	万亿印尼盾	1093	1136.72	4.0
稻谷产量	万吨	6574	6905	5
玉米产量	万吨	1763	1938	9.9
大豆产量	万吨	84	85.2	1.43
木薯产量	万吨	—	—	—
绿豆产量	万吨	—	—	—
花生产量	万吨	—	—	—
红薯产量	万吨	—	—	—
水产品产量	万吨	—	—	—
八、旅游业				
旅游入境人数	万人次	800	804	5
旅游收入	亿美元	87	—	—
九、财政、金融				
财政收入	万亿盾	877.6	1358	54.74
财政支出	万亿盾	878.7	—	—
外汇储备	亿美元	1246.4	1128	-9.5
十、对外贸易				
进出口总额	亿美元	3809.2	3817.1	0.21
出口总额	亿美元	2036.2	1900.4	-6.6
进口总额	亿美元	1773	1916.7	8.09
十一、引进外资				
引进外资实际金额	亿美元	175.3	246	26.1

资料来源:印尼中央统计局,印尼中央银行,印尼财政部,中国驻棉兰总领馆经商室

老挝国民经济主要指标

指　　标	单　位	2011 年	2012 年	2012 年比 2011 年增减(%)
一、年末总人口	万人	643.6	664.6	3.26
二、国内生产总值	亿美元	73.5	92.99	8.3*
人均国内生产总值	美元	1203	1260	4.74
三、老挝基普对美元汇价	基普/1 美元	8100	8013	2
四、通货膨胀率	%	7.58	6.74	-0.84
五、工业				
工业总产值	亿美元	27.5	31.21	13.5
从业人数	万人	—	—	—
水电产值	亿美元	—	—	—
胶合板产量	万张	—	—	—
盐产量	万吨	—	—	—
卷烟产量	百万盒	—	—	—
啤酒产量	万升	—	—	—
布匹产量	万米	—	—	—
水泥产量	万吨	—	—	—
七、农业				
农林业总产值	亿美元	28.1	29.08	3.5
耕地面积	万公顷	—	—	—
粮食总产量	万吨	—	360	—
水稻产量	万吨	—	288.6	—
玉米产量	万吨	—	182	—
薯类产量	万吨	—	60.1	—
蔬菜产量	万吨	—	118.5	—
花生产量	万吨	—	—	—
棉花产量	万吨	—	—	—
咖啡产量	万吨	—	—	—
七、服务业产值	亿美元	38.1	—	8.1
八、交通运输业				
公路总长	千米	—	—	—
公路客运量	万人次	—	—	—
公路货运量	万吨	—	—	—
水运客运量	万人次	—	—	—
水运货运量	万吨	—	—	—
空运客运量	万人次	—	—	—
空运货运量	万吨	—	—	—
九、旅游业				
旅游入境人数	万人次	295	310	14
旅游收入	亿美元	—	5.14	—
十、财政、金融				
财政收入	亿基普	10.7※	15	40.19
财政支出	亿基普	11※	23	109.1
外汇储备	亿美元	5.95	—	—
十一、对外贸易				
进出口贸易总额	亿美元	43.02	42.63	-0.9
出口总额	亿美元	19.77	16.96	-16.3
进口总额	亿美元	23.25	25.67	7.8
十二、引进外资总额	亿美元	19.2	25	30.21

资料来源:《东南亚纵横》,新加坡东南亚研究所《东南亚 2011~2012》

注:※为 2010~2011 年财政年度前 10 个月统计。“*”为公布的国内生产总值增长率

马来西亚国民经济主要指标

指　　标	单　位	2011 年	2012 年	2012 年比 2011 年增减(%)
一、年末总人口	万人	2934	2917.99	—
二、国内生产总值	亿美元	2879	3034.29	—
人均国内生产总值	美元	9827	10449	—
三、马来西亚林吉特对美元汇价	林吉特/1 美元	3.02	3.09	2.32
四、通货膨胀率	%	3.2	1.7	-1.5
五、失业率	%	3.1	3.0	-0.1
六、工业				
工业总产值	亿林吉特	—	—	3.8
石油产量	万吨	—	—	—
液化天然气产量	亿吨	—	—	—
七、农业				
农业增加值	亿林吉特	—	—	0.8
水稻产量	万吨	—	—	—
原木产量	千立方米	—	—	—
棕榈油产量	万吨	1820.87	1850	1.6
渔业产量	万吨	—	—	—
八、服务业增加值	亿林吉特	—	—	7.7
九、旅游业				
旅游入境人数	万人次	2470	2503	1.34
旅游收入	亿林吉特	583	—	—
十、财政、金融				
财政收入	亿林吉特	1870	2000	—
财政支出	亿林吉特	—	2400	—
外汇储备	亿美元	1202.21	1500	24.77
十一、对外贸易				
进出口总额	亿林吉特	12690	13096	3.2
进口总额	亿林吉特	5742.3	6074	5.78
出口总额	亿林吉特	6945.5	7022	1.1
十二、引进外资总额	亿林吉特	264.5	309.3	16.9

资料来源：马来西亚财政部，马来西亚统计局

缅甸国民经济主要指标

指　　标	单　位	2011 年	2012 年	2012 年比 2011 年增减(%)
一、年末总人口	万人	6038	6120	0.79
二、国内生产总值	亿美元	529.6	535.44	6.3
人均国内生产总值	美元	934	934	—
三、缅甸元对美元汇价				
官方汇价	缅元/1 美元	5.3	6	—
市场汇价	缅元/1 美元	810	853.5	5.37
四、通货膨胀率	%	8.3	1.5	-81.93
五、工业				
工业总产值	亿美元	—	—	8.6
从业人数	万人	—	—	—
六、农业				
农业总产值	亿美元	—	—	3.9
从业人数	万人	—	—	—
水稻耕种面积	万公顷	—	—	—
稻谷产量	万吨	—	—	—
棉花种植面积	英亩	—	—	—
棉花产量	万吨	—	—	—
七、交通运输业				
公路总长	千米	—	—	—
铁路总长	千米	—	—	—
陆上输油管道	千米	—	—	—
天然气管道	千米	—	—	—
八、旅游业				
旅游入境人数	万人次	81.6	100	22.55
旅游收入	亿美元	—	5.34	—
九、财政金融				
财政收入	亿缅元	—	13243	—
财政支出	亿缅元	—	—	—
外汇储备	亿美元	39	—	—
十、对外贸易				
进出口总额	亿美元	181.5	182.42	0.4
出口总额	亿美元	90.9	89.22	-1.85
进口总额	亿美元	90.53	93.2	2.95
十一、吸引外资总额	亿美元	7.347	13.96	90

资料来源:缅甸农业与灌溉部,缅甸政府统计,《经济学家国别报告—缅甸》

菲律宾国民经济主要指标

指　　标	单　位	2011 年	2012 年	2012 年比 2011 年增减(%)
一、年末总人口	万人	9361.68	9727.9	1.68
二、国内生产总值	亿美元	97347.83 (亿比索)	2503	6.6
人均国内生产总值	美元	1887.19	2470	—
三、菲律宾比索对美元汇价	比索/1 美元	43.94	42.23	-3.89
四、通货膨胀率	%	4.5	3.1	-1.4
五、失业率	%	7.2	7.0	-0.2
六、工业				
工业总产值	亿比索	—	—	7.2
采矿业产值	亿比索	—	—	—
制造业产值	亿比索	—	—	—
建筑业产值	亿比索	—	—	—
电、气、水产值	亿比索	—	—	—
七、农业				
农林渔业总产值	亿比索	—	—	2.9
稻谷产量	万吨	1805.31	2040	13
玉米产量	万吨	697.1	741	6.3
棉花产量	万吨	—	—	—
渔业产量	万吨	—	—	-0.04
家禽肉类产量	万吨	—	—	4.5
牲畜肉类产量	万吨	—	—	1.1
八、服务业				
服务业总产值	亿比索	—	—	7.4
九、旅游业				
旅游入境人数	万人次	2471.14	427	—
旅游总收入	亿比索	583	—	—
十、财政、金融				
财政收入	亿比索	9231.4	10570	14.5
财政支出	亿比索	—	—	—
外债总额	亿美元	—	1286.5	—
外汇储备	亿美元	639	839	11
十一、对外贸易				
进出口贸易总额	亿美元	1088.01	1136.6	4.5
进口总额	亿美元	604.96	616.6	1.9
出口总额	亿美元	483.05	519.94	7.6
十二、引进外资总额	亿美元	12.987	15	15.5

资料来源:菲律宾国家统计局,《2012 年菲律宾统计数字》

新加坡国民经济主要指标

指　　标	单　位	2011 年	2012 年	2012 年比 2011 年增减(%)
一、年末总人口	万人	518.4	531.24	2.48
常住人口	万人	379	381.82	0.74
新加坡公民	万人	326	328.51	0.77
永久居民	万人	53.2	53.31	0.21
非常住人口	万人	139.4	150	7.6
二、国内生产总值	亿美元	2996.2	2747	1.2*
人均国内生产总值	美元	50123	50323	0.40
三、新加坡元对美元汇价	新元/1 美元	1.2579	3.4	170.29
四、通货膨胀率	%	5.2	3.6	-1.6
五、失业率	%	2.0	1.8	-0.2
六、工业总产值	亿新元	2854.54	3007.03	2.2
七、农业总产值	亿新元	—	—	—
八、服务业总产值	亿新元	2210.4	—	—
九、旅游业				
旅客入境人数(不含从陆地入境的马来公民)	万人次	1317	1442.28	9.5
旅游收入	亿新元	222	—	—
十、交通运输业				
公路总长	千米	—	—	—
港口处理货物总量	亿吨	5.312	5.376	1.2
空运客运量	万人次	—	—	—
空运货物量	万吨	186.53	—	—
十一、财政金融				
财政收入	亿新元	510	—	—
财政支出	亿美元	302.478	305.2	0.9
外汇储备	亿美元	3084	3167	2.69
十二、对外贸易				
进出口总额	亿新元	9744	9849	1.1
出口总额	亿新元	5147	5103.29	-0.9
进口总额	亿新元	4597	4745.71	3.2
十三、外资净流入	亿新元	118.6	141.703	19.48

资料来源:新加坡统计局,《新加坡 2012 年统计年鉴》,《星报》

注:* 为公布的国内生产总值增长率

泰国国民经济主要指标

指　　标	单　位	2011 年	2012 年	2012 年比 2011 年增减(%)
一、年末总人口	万人	6813.9	7006.7	0.5
二、国内生产总值	亿铢	106625.31	3655.64亿美元	6.4
人均国内生产总值	铢	—	5383 美元	—
三、泰铢对美元汇价	铢/1 美元	30.5	30.63	6
四、通货膨胀率	%	3.8	3.02	-0.78
五、失业率	%	—	0.7	—
六、工业总产值	亿铢	—	—	7.2
七、农业				
农业总产值	亿铢	—	—	3.1
木薯产量	万吨	—	—	—
棕榈油产量	万吨	—	1133	—
橡胶产量	万吨	—	—	—
稻谷产量	万吨	—	—	—
肉鸡出栏量	亿只	—	—	—
八、交通运输业				
公路总长	万千米	—	—	—
铁路总长	千米	—	—	—
九、旅游业				
旅游入境人数	万人次	1923	2230	16
旅游收入	亿铢	7782	—	—
十、财政、金融				
财政收入	亿铢	28227	19770	4.5
财政支出	亿铢	30303	—	—
外汇储备	亿美元	1912	1816	3.7
十一、对外贸易				
对外贸易总额	亿美元	4573.16	4778.9	—
出口总额	亿美元	2288.25	2284.1	—
进口总额	亿美元	2284.91	2494.9	—
十二、引进外资				
引进外资总额	亿铢	3960.12	6455	63
日本投资总额	亿铢	1877.5	3740	93
欧盟投资总额	亿铢	—	—	—
中国香港投资总额	亿铢	132.6	—	—
中国台湾投资总额	亿铢	—	—	—
新加坡投资总额	亿铢	237	84(亿美元)	3.9

资料来源:泰国央行,泰国投资局,亚洲开发银行

越南国民经济主要指标

指　　标	单　位	2011 年	2012 年	2012 年比 2011 年增减(%)
一、年末总人口	万人	8784	9018.6	1.02
二、国内生产总值	亿美元	1220	1284.66	5.03*
人均国内生产总值	美元	1400	1455	3.93
三、越南盾对美元汇价	越盾/1 美元	21000	20890	-0.52
四、通货膨胀率	%	18.58	6.81	-11.77
五、失业率	%	2.27	—	—
六、工业				
工业总产值	万亿越盾	485.9	509.22	4.8
原油产量	万吨	1518	1670	10.01
发电量	百万度	101.3	—	—
七、农业				
农业渔业总产值	万亿越盾	244.8	255	3.35
林业产值	万亿越盾	7.82	8.31	6.35
渔业产值	万亿越盾	60.37	63.32	4.48
稻谷产量	万吨	4230	4370	3.31
玉米产量	万吨	—	480	—
茶叶产量	万吨	90.86	92.31	5
咖啡产量	万吨	—	129.24	1.2
橡胶产量	万吨	82.92	86.36	9.4
胡椒产量	万吨	11.29	11.27	0.6
甘蔗产量	万吨	—	—	—
水产产量	万吨	543.29	573.29	5.2
八、商业、服务业				
邮电通信业产值	万亿越盾	167.1	179.9	7.6
商业和服务业总收入	万亿越盾	—	—	—
新增电话用户	户	1180	1250	5.5
互联网用户	万户	3260	4300	5.4
九、交通运输业				
客运量	亿人次	26.36	—	—
货运量	亿吨	8.99	—	—
空运客运量	万人	1362	1750	5.2
十、旅游业				
旅游入境人数	万人次	601.4	644.77	9.5
旅游收入	万亿越盾	—	—	—
十一、财政、金融				
财政收入	万亿越盾	674.5	658.6	-2.36
财政支出	万亿越盾	796	1001.89	25.87
外汇储备	亿美元	150	230	53.3
十二、对外贸易				
进出口总额	亿美元	2036.6	2289	24.35
出口总额	亿美元	969.1	1146.31	18.3
进口总额	亿美元	1067.5	1143.47	7.1
十二、引进外资				
实际利用外资	亿美元	146.96	163	4.7

资料来源:越南国家统计总局,越南海关总局,越南外国投资局

注:* 为公布的国内生产总值增长率

文莱部分经济指标(2008～2012年)

指　标	单　位	2008年	2009年	2010年	2011年(E)	2012年
GDP(不变价格)	10亿文莱元	11.754	11.546	11.846	12.174	12.369
GDP(不变价格)	%	-1.938	-1.765	2.598	2.768	1.5
GDP(当年价)	10亿文莱元	20.398	15.611	16.867	19.311	20.7
GDP(当年价)	10亿美元	14.417	10.733	12.371	15.599	16.6
人均GDP(不变价格)	文莱元	29532.41	28425.41	28417.39	28502.46	—
人均GDP(当年价格)	文莱元	51250.75	38432.79	40461.87	45211.32	—
人均GDP(当年价格)	美元	36223.18	26423.10	29674.82	36520.66	3880.1
通货膨胀率(平均消费价格)	指数	103.306	104.383	104.75	106.675	—
通货膨胀率(平均消费价格)	%	2.085	1.043	0.351	1.838	0.5
失业率	%	3.748	3.748	3.748	3.7	—
人口	百万	0.398	0.406	0.417	0.427	0.4
财政收入	10亿文莱元	12.209	6.651	8.18	11.775	—
财政收入(占GDP比重)	%	59.856	42.606	48.494	60.974	—
财政支出	10亿文莱元	6.146	6.038	6.757	7.069	—
财政支出(占GDP比重)	%	30.13	38.676	40.061	36.606	—
当前账户平衡	10亿美元	7.835	4.318	5.573	7.56	—
当前账户平衡(占GDP比重)	%	54.345	40.23	45.049	48.467	—

资料来源:新加坡东南亚研究所《东南亚2012～2013》,《经济学家国别报告—文莱》
注:E表示估计数据,F表示预测数据(下同)

柬埔寨部分经济指标(2008～2012年)

指　标	单　位	2008年	2009年	2010年	2011年	2012年
GDP增长率(IMF)	%	6.7	-2.0	6.0	6.7	7.3
农业部门增长率	%	5.7E	4.9E	4.4	5	4.3
工业部门增长率	%	4.1E	-15.0E	8	7.5	9.2
服务部门增长率	%	8.9E	2.9E	3.3	6.9	8.1
出口额	百万美元	4708	4302	5538	6541	5490
进口额	百万美元	-6509	-5876	-7421	-9136	8140
贸易差额	百万美元	-1800	-1574	-1883	-2595	-2650
财政收支差额占GDP比重	%	-2.8E	-8.1E	-5.9	-5.7	-3.0
偿债率(IMF)	%	-6.2	-5.2E	-4.1	-9.3	—
通货膨胀率(IMF)	%	25.0	-0.7	4.0	6.4	2.9
通货膨胀率(ADB)	%	25.0	-0.7	4.0	5.5	—
M2货币增长率	%	5.4	35.6	21.3	14.9	—
债务总额	百万美元	4215	4364	4433	4787	—
外汇储备	百万美元	2641	3288	3802	4121	3700
汇率	瑞尔/美元	4077	4165	4051	4146	4040

资料来源:新加坡东南亚研究所《东南亚2012～2013》,《经济学家国别报告—柬埔寨》

印度尼西亚部分经济指标（2008～2012年）

指　标	单　位	2008年	2009年	2010年	2011年(F)	2012年
出口额	10亿美元	139.6	119.5	157.9	198.9	190.04
进口额	10亿美元	116.1	84.3	119.7	157.3	191.67
偿债率	%	0.1	2.0	0.9	0.2	—
通货膨胀率	%	11.1	2.8	7.0	4.0	4.3
财政收支差额占GDP比重	%	-1.0	-1.6	-1.0	-1.4	-2.2
外债占GDP比重	%	33.0	28.8	26.5	25.0	33.22
外汇储备	10亿美元	52.1	66.1	96.2	130.0	112.8
汇率	印尼盾/1美元	10950	9403	8991	8700	9387

资料来源：新加坡东南亚研究所《东南亚2012～2013》，《经济学家国别报告—印度尼西亚》

注：F表示预测数据

老挝部分经济指标（2008～2012年）

指　标	单　位	2008年	2009年	2010年	2011年	2012年
国土总面积	万平方千米	23.68	23.68	23.68	23.68	23.68
年末总人口	万人	576.3	592	—	643.6	664.6
GDP增长率	%	7.9	7.6	7.9	8.1	8.3
人均国内生产总值	美元	900	969.6	1030	1203	1260
对美元汇价	基普/1美元	8466	8400	—	8100	8013
通货膨胀率	%	8	3.3	5	7.58	6.74
工业总产值	万亿基普	15	4	5.18	27.5	31.21
农业总产值	万亿基普	16	18.98	19.76	28.1	29.08
旅游入境人数	万人次	200.48	130.37	203	—	310
旅游收入	亿美元	—	2.9	2.96	—	5.14
财政收支差额占GDP比重	%	-2.0	-6.6	-4.9	-2.4	—
外汇储备	亿美元	7	5.36	5.12	5.95	—
进出口总额	亿美元	25.02	22.93	34.6	24.7886	42.63
出口总额	亿美元	8.63	10	17.89	12.2973	16.96
进口总额	亿美元	16.39	12.93	16.71	12.2913	25.67
引进外资总额	亿美元	—	—	16.41	19.2	30.21

资料来源：新加坡东南亚研究所《东南亚2012～2013》，《经济学家国别报告—老挝》

马来西亚部分经济指标（2008～2012年）

指　标	单　位	2008年	2009年	2010年	2011年	2012年
国土总面积	万平方千米	33.0257	33.0434	33.0434	33.0434	330.252
年末总人口	万人	2772	2789	2825	2934	2924
国内生产总值	亿林吉特	7407.21	6919.27	5583.82	8527.34	9375.32
人均国内生产总值	林吉特	26711.9	24272	27786.8	29541	32287
对美元汇价	林吉特	3.46	3.56	3.08	3.02	3.09
通货膨胀率	%	5.4	-0.1	1.7	3.2	1.7
失业率	%	3.3	3.9	3.2	3.1	3.0
工业总产值	亿林吉特	—	—	649.38	—	—
农业总产值	亿林吉特	—	—	—	—	—
旅游入境人数	万人次	2250	2364	2457.7	2470	2503
旅游收入	亿林吉特	440	—	183.44	583	—
财政收入	亿林吉特	—	1621	—	1870	1507.37（前三季度）
外汇储备	亿美元	960	959.54	1065	1202.21	1500
进出口总额	亿林吉特	11850	10394	3794.23	12690	12040
出口总额	亿林吉特	6635	5572	2076.06	6945.5	6454.6
进口总额	亿林吉特	5215	4822	1718.17	5742.3	5583.4
引进外资总额	亿林吉特	—	—	94.48	264.5	100.1（亿美元）

资料来源：新加坡东南亚研究所《东南亚2012～2013》，《经济学家国别报告—马来西亚》

缅甸部分经济指标（2008～2012年）

指　标	单　位	2008/2009财年	2009/2010财年	2010/2011财年	2011/2012财年	2012/2013财年
国土总面积	万平方千米	67.65	67.65	67.65	67.65	67.65
年末总人口	万人	5750	5953	—	6038	6120
GDP增长率	%	10.8	10.1	12	8.8	6.3
人均国内生产总值	美元	446	403.5	648	877	934
对美元汇价	缅元	5.4	5.5	5.6	5.3	—
通货膨胀率	%	22.5	7.5	8.5	8.3	1.5
失业率	%	—	—	1.7	—	37
农业总产值	亿美元	—	—	3.2	—	—
旅游入境人数	万人次	66.08	76.25	—	81.6	100
财政赤字占GDP比重	%	-3.5	-4.8	-5.1	-5.2	-4.8
外汇储备	亿美元	34	35	37	39	—
进出口总额	亿美元	100.11	117.87	130	181.7	182.42
出口总额	亿美元	63.59	76.05	80	90.9	89.22
进口总额	亿美元	36.52	41.81	50	90.53	93.2
引进外资总额	亿美元	157.07	160.5	199.99	46.44	13.96（当年新增）

资料来源：新加坡东南亚研究所《东南亚2012～2013》，《经济学家国别报告—缅甸》

菲律宾部分经济指标（2008～2012 年）

指　标	单　位	2008 年	2009 年	2010 年	2011 年	2012 年
国土总面积	万平方千米	29.97	30.00	30.00	30.00	43
年末总人口	万人	9080	9035	9234	9234	9727.9
GDP 增长率	%	3.84	1.1	7.3	3.7	6.6
人均 GDP	美元	1866	1747	1840	1887.19	2470
汇率	比索/1 美元	48.09	46.5	44.20	42.9	40.70
通货膨胀率	%	9.3	3.2	3.8	4.5	—
失业率	%	7.4	7.5	7.3	7.2	7.0
工业总产值	亿美元	—	0.9	12.1	—	—
农业总产值	亿美元	261.78	258.06	256.77	—	—
旅游入境人数	万人次	314	—	352	391.7	—
旅游收入	亿美元	104	—	24.9	583（亿林吉特）	—
财政收支差额占 GDP 比重	%	-0.8	3.1	-3.7	-2.6	—
外汇储备	亿美元	376	442	624	549	839
进出口总额	亿美元	1058.24	813.38	1032.95	1088.01	1136.6
出口总额	亿美元	490.78	383.35	513.9	483.05	616.6
进口总额	亿美元	567.46	430.03	519.05	604.96	519.94
引进外资总额	亿美元	38.96	20	17	12.987	15

资料来源：新加坡东南亚研究所《东南亚 2012～2013》，《经济学家国别报告—菲律宾》

新加坡部分经济指标（2008～2012 年）

指　标	单　位	2008 年	2009 年	2010 年	2011 年	2012 年
国土总面积	万平方千米	0.0707	0.0710	0.0712	0.0712	0.07102
年末总人口	万人	483.90	498.76	508	518	531.24
GDP 增长率	%	1.1	-2.0	14.8	4.9	1.3
人均国内生产总值	美元	39255	37220	44790	50123	47606
汇率	新元/美元	1.415	1.454	1.3635	1.239	1.25
通货膨胀率	%	6.6	0.6	2.8	5.2	3.6
失业率	%	2.2	3.3	2.2	2.0	1.8
工业总产值	亿新元	—	2136.99	2704.95	2854.54	3007.03
服务业增长率	%	—	—	—	14.4	—
旅游入境人数	万人次	1010	968.1	1163	1320	1442.28
旅游收入	亿新元	148	—	165.06	222	—
财政收入	亿新元	—	—	445.8	—	—
外汇储备	亿美元	1770	2639.55	2889.54	3084	3167
进出口总额	亿新元	9276.5	7474.17	9020	9744	9849
出口总额	亿新元	3369.8	3911.18	4788	5147	5103.29
进口总额	亿新元	3187	3562.99	4232	4597	4745.71
外资净流入	亿美元	194.48	136.32	107.84	118.6	141.703

资料来源：新加坡东南亚研究所《东南亚 2012～2013》，《经济学家国别报告—新加坡》

泰国部分经济指标（2008～2012年）

指　标	单　位	2008年	2009年	2010年	2011年	2012年
国土总面积	万平方千米	51.3115	51.3115	51.3115	—	51.3115
年末总人口	万人	6339	6595	6731.3	6813.9	7006.7
GDP增长率	%	2.5	-2.3	7.8	0.1	6.4
人均国内生产总值	美元	4116	3949	143612.5(铢)	3655.64	5383
对美元汇价	铢	33.40	34.5	30.10	30.5	30.63
通货膨胀率	%	5.5	-1.2	3.3	3.8	3.02
失业率	%	1.4	1.5	1.0	—	0.7
旅游入境人数	万人次	1459	1410	1580	1923	2230
旅游收入	亿铢	5738	5270	5982	7345.9	—
财政收入	亿铢	23093	21800	25942	28227	19770
外汇储备	亿美元	1110	1424	1721	1912	1816
进出口总额	亿美元	3503.58	2711.90	3760.69	4573.16	4473.19
出口总额	亿美元	1752.98	1454.97	1936.63	2288.25	2295.19
进口总额	亿美元	1750.60	1256.93	1824.06	2284.91	2178

资料来源：新加坡东南亚研究所《东南亚2012～2013》，《经济学家国别报告—泰国》

越南部分经济指标（2008～2012年）

指　标	单　位	2008年	2009年	2010年	2011年	2012年
国土总面积	万平方千米	32.9	32.9	32.9	32.9	32.9
年末总人口	万人	8512	8602	8693	8784	9018.6
国内生产总值	亿美元	890	905	966.36	1023.28	1417
GDP增长率	%	6.23	5.32	6.78	5.89	5.03
人均国内生产总值	美元	1024	1104.2	1200	1374	1400
对美元汇价	越盾	16245	17875	19238	21000	20890
通货膨胀率	%	23	6.9	9.4	18.58	6.8
失业率	%	4.6	6.5	2.88	2.27	—
工业总产值	万亿越盾	650	—	14	6.8	—
农业总产值	万亿越盾	—	222.25	232.7	244.8	255
旅游入境人数	万人次	430	380	500	601.4	644.77
旅游收入	万亿越盾	13	—	44.5	—	—
财政收入	万亿越盾	321.4	390.6	570.29	674.5	658.6
外汇储备	亿美元	242	216	123.82	150	230
进出口总额	亿美元	1428	1260	1556	2036.6	2289
出口总额	亿美元	629	570	716	969.1	1146.31
进口总额	亿美元	799.2	690	840	1067.5	1143.47
引进外资总额	亿美元	115	100	198.86	146.96	163

资料来源：新加坡东南亚研究所《东南亚2012～2013》，《经济学家国别报告—越南》

东盟国家的实际国内生产总值增长率

单位:%

国别	1994~2003年	2004年	2005年	2006年	2007年	2008年	2009年	2010年	2011年	2012年
文莱	2.4	0.5	0.4	4.4	0.2	-1.9	-1.8	2.6	2.2	2.7
柬埔寨	7.4	10.3	13.3	10.8	10.2	6.7	0.1	6.1	7.1	6.5
印尼	3.1	5.0	5.7	5.5	6.3	6.0	4.6	6.2	6.5	6.0
老挝	6.1	7.0	6.8	8.6	7.8	7.8	7.5	8.1	8.0	8.3
马来西亚	5.4	6.8	5.0	5.6	6.3	4.8	-1.5	7.2	5.1	4.4
缅甸	—	13.6	13.6	13.1	12.0	3.6	5.1	5.3	5.5	6.2
菲律宾	3.8	6.7	4.8	5.2	6.6	4.2	1.1	7.6	3.9	4.8
新加坡	5.4	9.2	7.4	8.8	8.9	1.7	-1.0	14.8	4.9	2.1
泰国	3.4	6.3	4.6	5.1	5.1	2.6	-2.3	7.8	0.1	5.6
越南	7.4	7.8	8.4	8.2	8.5	6.3	5.3	6.8	5.9	5.1

注:1994~2003年为年平均增长率;2012年为预测数

资料来源:根据IMF World Economic Outlook October 2012数据编制

中国对东盟国家贸易统计(2012年)

出口目的地 / 进口来源地	双边进出口总额			中方出口			中方进口		
	绝对值(亿美元)	比上年增长(%)	比重(%)	绝对值(亿美元)	比上年增长(%)	比重(%)	绝对值(亿美元)	比上年增长(%)	比重(%)
马来西亚	948.1	5.3	23.7	365.2	31.0	17.9	582.9	-6.2	29.8
泰国	697.5	7.7	17.4	312.0	21.4	15.3	385.4	-1.3	19.7
新加坡	692.8	8.7	17.3	407.5	14.6	19.9	285.2	1.4	14.5
印尼	662.2	9.4	16.6	342.9	17.4	16.8	319.3	1.9	16.3
越南	504.4	25.4	12.6	342.1	17.6	16.7	162.3	46.0	8.3
菲律宾	363.7	12.8	9.1	167.3	17.4	8.2	196.4	9.2	10.0
缅甸	69.7	7.2	1.8	56.7	17.7	2.8	13.0	-22.7	0.7
柬埔寨	29.2	17.0	0.7	27.1	17.0	1.3	2.2	16.8	0.1
老挝	17.3	32.8	0.4	9.4	96.8	0.5	7.9	-4.1	0.4
文莱	16.1	22.6	0.4	12.5	68.2	0.6	3.6	-37.3	0.2
东盟合计	4000.9	10.2	100.0	2042.7	20.1	100	1958.2	1.5	100

资料来源:中国海关总署

中国部分省份对东盟贸易情况(2012 年)

区域	对东盟贸易总额			对东盟出口		从东盟进口	
	金额(亿美元)	比上年增长(%)	比重(%)	金额(亿美元)	比上年增长(%)	金额(亿美元)	比上年增长(%)
合计	4000.9	10.2	100.0	2042.7	20.1	1958.2	1.5
广东省	923.3	-0.9	23.1	397.0	4.8	526.3	-4.8
江苏省	578.8	1.5	14.5	306.9	17.6	271.9	-12.0
上海市	570.2	5.6	14.2	209.1	2.7	361.1	7.3
山东省	296.4	3.6	7.4	108.1	9.6	188.3	0.4
浙江省	283.1	11.5	7.1	169.7	15.1	113.4	6.5
福建省	215.4	17.6	5.4	142.1	22.3	73.3	9.5
北京市	187.3	-1.2	4.7	76.3	10.5	111.0	-7.9
天津市	121.4	22.3	3.0	60.9	33.3	60.5	12.9
广西壮族自治区	120.5	26.0	3.0	93.4	36.8	27.1	-0.9
辽宁省	106.1	23.2	2.6	80.5	25.4	25.6	16.5
重庆市	98.2	114.1	2.4	50.6	106.8	47.6	122.4
四川省	83.3	118.8	2.1	61.4	143.1	21.9	71.0
云南省	67.6	13.6	1.7	36.7	3.6	30.9	28.4
河南省	46.6	83.3	1.2	19.8	39.1	26.8	139.6
安徽省	44.1	65.1	1.1	33.5	95.6	10.6	10.7
前 10 强省市区	3402.6	5.2	85.0	1644.1	13.1	1758.5	-1.2
前 15 强省市区	3742.5	8.7	93.5	1846.2	16.3	1896.3	2.1
泛珠三角内地 9 省区	1504.7	9.6	37.6	802.9	20.2	701.8	-0.4

资料来源:根据中国海关总署公布的贸易数据计算

印度尼西亚与主要贸易伙伴进出口情况(2012 年)

出口				进口			
国家和地区	金额(百万美元)	比上年增减(%)	占比重(%)	国家和地区	金额(百万美元)	比上年增减(%)	占比重(%)
总值	190032	-6.6	100.0	总值	191691	8.0	100.0
日本	30135	-10.6	15.9	中国	29387	12.1	15.3
中国	21660	-5.6	11.4	新加坡	26087	0.5	13.6
新加坡	17135	-7.1	9.0	日本	22768	17.1	11.9
韩国	15049	-8.2	7.9	马来西亚	12244	17.7	6.4
美国	14874	-9.6	7.8	韩国	11970	-7.9	6.3
印度	12496	-6.3	6.6	美国	11603	7.3	6.1
马来西亚	11280	2.6	5.9	泰国	11437	9.9	5.9
泰国	6635	12.5	3.5	澳大利亚	5298	2.3	2.8
台湾	6243	-5.2	3.3	沙特	5199	-4.2	2.7
澳大利亚	4905	-12.1	2.6	台湾	4693	10.2	2.5
荷兰	4664	-9.1	2.5	印度	4306	-0.4	2.3
菲律宾	3708	0.2	2.0	德国	4189	23.4	2.2
德国	3075	-6.9	1.6	尼日利亚	2771	70.3	1.5
香港	2634	-18.1	1.4	越南	2595	8.9	1.4
意大利	2277	-28.1	1.2	俄罗斯	2506	49.1	1.3

资料来源:中国商务部网站

马来西亚与主要贸易伙伴进出口情况（2012 年）

出口				进口			
国家和地区	金额（百万美元）	比上年增减（%）	占比重（%）	国家和地区	金额（百万美元）	比上年增减（%）	占比重（%）
总值	227617	-0.3	100.0	总值	196814	4.9	100.0
新加坡	30944	7.4	13.6	中国	29763	20.3	15.1
中国	28767	-4.0	12.6	新加坡	26081	8.1	13.3
日本	26879	1.1	11.8	日本	20218	-5.5	10.3
美国	19699	4.4	8.7	美国	15897	-12.4	8.1
泰国	12231	4.4	5.4	泰国	11771	4.3	5.9
香港	9741	-4.8	4.3	印度尼西亚	10088	-12.2	5.1
印度	9510	3.2	4.2	台湾	8175	-7.9	4.2
澳大利亚	9437	12.4	4.2	韩国	7992	4.9	4.1
印度尼西亚	8954	31.4	3.9	德国	7521	4.7	3.8
韩国	8202	-4.5	3.6	越南	5214	54.1	2.7
台湾	7073	-6.9	3.1	澳大利亚	4732	12.9	2.4
荷兰	6030	-4.4	2.7	香港	4319	-2.8	2.2
德国	5194	-14.1	2.3	法国	4221	35.7	2.2
阿联酋	4023	-5.1	1.8	阿联酋	4017	49.7	2.0
越南	3827	0.0	1.7	印度	3826	14.9	1.9

资料来源：中国商务部网站

新加坡与主要贸易伙伴进出口情况（2012 年）

出口				进口			
国家和地区	金额（百万美元）	比上年增减（%）	占比重（%）	国家和地区	金额（百万美元）	比上年增减（%）	占比重（%）
总值	408621	-0.3	100.0	总值	379935	3.8	100.0
马来西亚	50339	0.6	12.3	马来西亚	40438	3.3	10.6
香港	44776	-0.9	11.0	中国	39211	3.2	10.3
中国	43974	3.0	10.8	美国	38582	-1.1	10.2
印度尼西亚	43323	1.2	10.6	韩国	25679	18.1	6.8
美国	21977	-0.1	5.4	台湾省	25322	16.5	6.7
日本	18102	-1.6	4.4	日本	23649	-9.9	6.2
澳大利亚	17089	6.5	4.2	印度尼西亚	20204	4.6	5.3
韩国	16579	7.1	4.1	沙特阿拉伯	17202	-2.4	4.5
泰国	15607	11.0	3.8	阿联酋	15676	34.7	4.1
台湾省	14455	-1.1	3.5	印度	12976	-8.3	3.4
巴拿马	12246	7.0	3.0	德国	10570	1.5	2.8
印度	10873	-22.7	2.7	泰国	10145	-10.9	2.7
越南	10360	1.5	2.5	法国	9062	6.7	2.4
荷兰	7107	-6.0	1.7	荷兰	7825	12.3	2.1
菲律宾	6338	-6.3	1.6	卡塔尔	7658	2.9	2.0

资料来源：中国商务部网站

泰国与主要贸易伙伴进出口情况（2012 年）

出口				进口			
国家和地区	金额（百万美元）	比上年增减（%）	占比重（%）	国家和地区	金额（百万美元）	比上年增减（%）	占比重（%）
总值	228407	3.7	100.0	总值	249487	8.8	100.0
中国	26759	3.0	11.7	日本	49926	18.0	20.0
日本	23366	-1.1	10.2	中国	37201	21.7	14.9
美国	22668	5.1	9.9	阿联酋	15750	8.6	6.3
香港	13057	10.3	5.7	马来西亚	13203	6.8	5.3
马来西亚	12365	0.7	5.4	美国	12988	-3.2	5.2
印度尼西亚	11154	11.8	4.9	韩国	9043	-2.1	3.6
新加坡	10774	-4.7	4.7	沙特阿拉伯	8308	12.1	3.3
澳大利亚	9721	22.7	4.3	台湾省	8270	9.9	3.3
越南	6652	-4.8	2.9	印度尼西亚	8146	10.0	3.3
印度	5449	6.2	2.4	新加坡	7889	1.0	3.2
瑞士	5080	7.9	2.2	瑞士	7349	-17.0	3.0
菲律宾	4835	5.3	2.1	德国	6020	11.0	2.4
韩国	4756	5.0	2.1	澳大利亚	5480	-31.1	2.2
荷兰	4156	-8.1	1.8	俄罗斯	4072	-10.2	1.6
英国	3782	-1.7	1.7	缅甸	3702	6.0	1.5

资料来源：中国商务部网站

印度尼西亚对中国出口主要商品构成（2011 ~ 2012 年）

金额单位：百万美元

商品类别	2011 年	2012 年	2012 年比上年增减（%）	2012 年占比重（%）
总值	22941	21660	-5.6	100.0
矿物燃料、矿物油及其产品；沥青等	8923	8123	-9.0	37.5
动、植物油、脂、蜡；精制食用油脂	3102	3602	16.1	16.6
矿砂、矿渣及矿灰	2828	2423	-14.3	11.2
橡胶及其制品	2007	1736	-13.5	8.0
木浆等纤维状纤维素浆；废纸及纸板	804	850	5.7	3.9
有机化学品	1495	674	-54.9	3.1
杂项化学产品	426	636	49.1	2.9
木及木制品；木炭	421	552	31.1	2.6
电机、电气、音像设备及其零附件	453	416	-8.1	1.9
铜及其制品	374	314	-15.9	1.5
塑料及其制品	290	312	7.8	1.4
鱼及其他水生无脊椎动物	129	190	47.5	0.9
洗涤剂、润滑剂、人造蜡、塑型膏等	67	151	125.4	0.7
纸及纸板；纸浆、纸或纸板制品	196	143	-27.3	0.7
鞋靴、护腿和类似品及其零件	87	126	45.0	0.6
棉花	78	124	59.5	0.6
核反应堆、锅炉、机械器具及零件	174	123	-29.4	0.6
化学纤维短纤	143	119	-16.6	0.6

续表

商 品 类 别	2011 年	2012 年	2012 年比上年增减(%)	2012 年占比重(%)
油籽;子仁;工业或药用植物;饲料	92	99	7.8	0.5
可可及可可制品	111	83	-25.3	0.4
车辆及其零附件,但铁道车辆除外	53	77	45.9	0.4
锡及其制品	13	76	488.5	0.4
鞣料;着色料;涂料;油灰;墨水等	36	48	33.0	0.2
化学纤维长丝	43	48	10.9	0.2
咖啡、茶、马黛茶及调味香料	15	44	201.4	0.2
乐器及其零件、附件	31	43	41.2	0.2
非针织或非钩编的服装及衣着附件	37	41	13.3	0.2
食品工业的残渣及废料;配制的饲料	15	41	165.5	0.2
针织或钩编的服装及衣着附件	21	34	57.8	0.2
谷物粉、淀粉等或乳的制品;糕饼	28	33	17.6	0.2
以上合计	22490	21279	5.4	98.2

资料来源:中国商务部网站

印度尼西亚自中国进口主要商品构成(2011 ~ 2012 年)

金额单位:百万美元

商 品 类 别	2011 年	2012 年	2012 年比上年增减(%)	2012 年占比重(%)
总值	26212	29387	12.1	100.0
核反应堆、锅炉、机械器具及零件	6065	7121	17.4	24.2
电机、电气、音像设备及其零附件	5814	6526	12.3	22.2
钢铁	990	1306	31.9	4.4
钢铁制品	890	1278	43.7	4.4
有机化学品	887	1030	16.2	3.5
塑料及其制品	693	834	20.3	2.8
车辆及其零附件,但铁道车辆除外	543	654	20.4	2.2
肥料	394	598	51.6	2.0
无机化学品;贵金属等的化合物	519	575	10.7	2.0
棉花	652	550	-15.7	1.9
化学纤维长丝	421	472	12.2	1.6
矿物燃料、矿物油及其产品;沥青等	772	453	-41.2	1.5
化学纤维短纤	370	436	17.9	1.5
食用水果及坚果;甜瓜等水果的果皮	412	410	-0.5	1.4
船舶及浮动结构体	428	376	-12.1	1.3
鞣料;着色料;涂料;油灰;墨水等	321	357	11.1	1.2
光学、照相、医疗等设备及零附件	320	347	8.6	1.2
铝及其制品	439	346	-21.2	1.2
家具;寝具等;灯具;活动房	261	318	22.0	1.1
食用蔬菜、根及块茎	343	306	-10.8	1.0
杂项化学产品	280	291	3.9	1.0
陶瓷产品	167	290	74.2	1.0
针织物及钩编织物	279	290	3.9	1.0
烟草、烟草及烟草代用品的制品	246	280	13.6	1.0
贱金属杂项制品	222	240	8.4	0.8
橡胶及其制品	202	239	18.2	0.8
鞋靴、护腿和类似品及其零件	175	202	15.1	0.7
纸及纸板;纸浆、纸或纸板制品	210	199	-5.2	0.7
浸、包或层压织物;工业用纺织制品	150	191	27.3	0.7
玻璃及其制品	140	170	22.0	0.6
以上合计	23604	26685	13.1	90.8

资料来源:中国商务部网站

马来西亚对中国出口主要商品构成（2011～2012年）

金额单位：百万美元

商品类别	2011年	2012年	2012年比上年增减(%)	2012年占比重(%)
总值	29953	28767	-4.0	100.0
电机、电气、音像设备及其零附件	9958	10089	1.3	35.1
核反应堆、锅炉、机械器具及零件	4088	3654	-10.6	12.7
动、植物油、脂、蜡；精制食用油脂	4644	3560	-23.4	12.4
橡胶及其制品	3488	2956	-15.3	10.3
矿物燃料、矿物油及其产品；沥青等	1887	2320	23.0	8.1
有机化学品	1125	1283	14.1	4.5
塑料及其制品	1042	1050	0.8	3.7
光学、照相、医疗等设备及零附件	522	633	21.4	2.2
杂项化学产品	445	473	6.3	1.7
矿砂、矿渣及矿灰	288	431	49.8	1.5
木及木制品；木炭	237	209	-12.0	0.7
铜及其制品	297	185	-37.7	0.6
锡及其制品	136	183	34.7	0.6
可可及可可制品	104	122	17.3	0.4
车辆及其零附件，但铁道车辆除外	123	116	-5.4	0.4
棉花	213	105	-50.8	0.4
钢铁	117	99	-14.7	0.4
铝及其制品	68	98	44.1	0.3
洗涤剂、润滑剂、人造蜡、塑型膏等	115	97	-15.5	0.3
锌及其制品	30	78	161.8	0.3
其他特殊产品	71	73	3.5	0.3
无机化学品；贵金属等的化合物	34	71	105.5	0.3
玻璃及其制品	74	70	-5.9	0.2
杂项食品	51	66	28.5	0.2
钢铁制品	72	59	-18.3	0.2
纸及纸板；纸浆、纸或纸板制品	40	53	34.3	0.2
鞣料；着色料；涂料；油灰；墨水等	61	53	-14.2	0.2
谷物粉、淀粉等或乳的制品；糕饼	40	52	32.4	0.2
家具；寝具等；灯具；活动房	42	46	9.5	0.2
化学纤维长丝	52	40	-23.9	0.1
以上合计	29463	28325	-3.9	

资料来源：中国商务部网站

马来西亚自中国进口主要商品构成（2011～2012年）

金额单位：百万美元

商品类别	2011年	2012年	2012年比上年增减(%)	2012年占比重(%)
总值	24747	29763	20.3	100.0
电机、电气、音像设备及其零附件	8150	11173	37.1	37.5
核反应堆、锅炉、机械器具及零件	5432	5821	7.2	19.6
钢铁	870	1135	30.4	3.8
钢铁制品	741	860	16.0	2.9
塑料及其制品	771	845	9.6	2.8
光学、照相、医疗等设备及零附件	696	808	16.1	2.7
车辆及其零附件，但铁道车辆除外	452	634	40.4	2.1
有机化学品	517	527	1.8	1.8
铝及其制品	498	482	-3.2	1.6
铁道车辆；轨道装置；信号设备	152	479	214.3	1.6
无机化学品；贵金属等的化合物	452	453	0.3	1.5
铜及其制品	228	370	62.1	1.2
食用蔬菜、根及块茎	354	349	-1.5	1.2
纸及纸板；纸浆、纸或纸板制品	283	294	3.9	1.0
杂项化学产品	242	271	11.9	0.9
家具；寝具等；灯具；活动房	242	270	11.5	0.9

续表

商品类别	2011年	2012年	2012年比上年增减(%)	2012年占比重(%)
肥料	217	268	23.4	0.9
鱼及其他水生无脊椎动物	273	265	-3.0	0.9
玩具、游戏或运动用品及其零附件	176	203	15.6	0.7
矿物燃料、矿物油及其产品;沥青等	92	202	120.1	0.7
船舶及浮动结构体	238	189	-20.7	0.6
玻璃及其制品	197	187	-5.0	0.6
橡胶及其制品	196	171	-12.8	0.6
其他特殊商品	151	171	13.2	0.6
非针织或非钩编的服装及衣着附件	162	141	-12.9	0.5
鞣料;着色料;涂料;油灰;墨水等	119	140	17.2	0.5
针织或钩编的服装及衣着附件	121	136	12.9	0.5
皮革制品;旅行箱包;动物肠线制品	120	136	12.8	0.5
鞋靴、护腿和类似品及其零件	143	133	-7.1	0.5
木及木制品;木炭	115	124	7.3	0.4
以上合计	22400	27236	21.6	

资料来源:中国商务部网站

新加坡对中国出口主要商品构成(2011~2012年)

金额单位:百万美元

商品类别	2011年	2012年	2012年比上年增减(%)	2012年占比重(%)
总值	42685	43974	3.0	100.0
电机、电气、音像设备及其零附件	16469	18537	12.6	42.2
矿物燃料、矿物油及其产品;沥青等	7671	6744	-12.1	15.3
核反应堆、锅炉、机械器具及零件	5568	4965	-10.8	11.3
塑料及其制品	3474	3867	11.3	8.8
有机化学品	2933	2623	-10.6	6.0
光学、照相、医疗等设备及零附件	915	1473	61.0	3.4
杂项化学产品	720	891	23.8	2.0
航空器、航天器及其零件	394	504	27.8	1.2
饮料、酒及醋	288	420	46.0	1.0
精油及香膏;香料制品及化妆盥洗品	252	338	33.8	0.8
橡胶及其制品	325	283	-12.8	0.6
贱金属器具、利口器、餐具及零件	270	280	3.8	0.6
谷物粉、淀粉等或乳的制品;糕饼	342	272	-20.3	0.6
车辆及其零附件,但铁道车辆除外	247	268	8.4	0.6
铜及其制品	484	208	-56.9	0.5
钢铁制品	114	162	41.8	0.4
钢铁	166	136	-17.6	0.3
锡及其制品	220	128	-41.7	0.3
鞣料;着色料;涂料;油灰;墨水等	122	123	0.9	0.3
洗涤剂、润滑剂、人造蜡、塑型膏等	112	110	-2.0	0.3
铝及其制品	53	94	77.6	0.2
印刷品;手稿、打字稿及设计图纸	106	85	-19.6	0.2
药品	23	76	234.2	0.2
纸及纸板;纸浆、纸或纸板制品	48	70	45.9	0.2
珠宝、贵金属及制品;仿首饰;硬币	98	68	-30.2	0.2
可可及可可制品	51	54	5.8	0.1
钟表及其零件	56	44	-20.3	0.1
船舶及浮动结构体	16	38	139.8	0.1
镍及其制品	163	37	-77.5	0.1
家具;寝具等;灯具;活动房	26	30	14.1	0.1
以上合计	41724	42928	2.9	97.6

资料来源:中国商务部网站

新加坡自中国进口主要商品构成（2011～2012年）

金额单位：百万美元

商品类别	2011年	2012年	2012年比上年增减（%）	2012年占比重（%）
总值	38003	39211	3.2	100.0
电机、电气、音像设备及其零附件	13777	14374	4.3	36.7
核反应堆、锅炉、机械器具及零件	9493	9786	3.1	25.0
矿物燃料、矿物油及其产品；沥青等	3066	2516	-18.0	6.4
钢铁	1024	1357	32.5	3.5
钢铁制品	1057	1123	6.3	2.9
船舶及浮动结构体	329	872	165.0	2.2
光学、照相、医疗等设备及零附件	794	869	9.4	2.2
有机化学品	620	651	5.1	1.7
塑料及其制品	513	551	7.3	1.4
家具；寝具等；灯具；活动房	399	489	22.6	1.3
非针织或非钩编的服装及衣着附件	377	382	1.3	1.0
玩具、游戏或运动用品及其零附件	349	366	4.7	0.9
针织或钩编的服装及衣着附件	321	347	8.2	0.9
铝及其制品	342	330	-3.5	0.8
皮革制品；旅行箱包；动物肠线制品	317	300	-5.3	0.8
杂项化学产品	243	286	18.0	0.7
珠宝、贵金属及制品；仿首饰；硬币	229	260	13.6	0.7
鞋靴、护腿和类似品及其零件	231	239	3.6	0.6
纸及纸板；纸浆、纸或纸板制品	225	213	-5.2	0.5
橡胶及其制品	209	199	-5.0	0.5
无机化学品；贵金属等的化合物	186	177	-4.6	0.5
烟草、烟草及烟草代用品的制品	128	161	25.6	0.4
贱金属器具、利口器、餐具及零件	149	154	3.6	0.4
玻璃及其制品	150	154	2.4	0.4
车辆及其零附件，但铁道车辆除外	210	152	-27.4	0.4
食用蔬菜、根及块茎	137	137	0.0	0.4
陶瓷产品	125	135	7.8	0.3
贱金属杂项制品	138	134	-2.8	0.3
精油及香膏；香料制品及化妆盥洗品	188	133	-29.5	0.3
木及木制品；木炭	124	129	4.2	0.3
以上合计	35450	36976	4.3	94.3

资料来源：中国商务部网站

泰国对中国出口主要商品构成（2011～2012年）

金额单位：百万美元

商品类别	2011年	2012年	2012年比上年增减（%）	2012年占比重（%）
总值	25987	26759	3.0	100.0
橡胶及其制品	6448	5788	-10.2	21.6
核反应堆、锅炉、机械器具及零件	4866	5124	5.3	19.2
塑料及其制品	2611	2763	5.8	10.3
有机化学品	2442	2697	10.4	10.1
电机、电气、音像设备及其零附件	2810	2344	-16.6	8.8
矿物燃料、矿物油及其产品；沥青等	1112	1775	59.7	6.6
食用蔬菜、根及块茎	963	1077	11.8	4.0
木及木制品；木炭	905	948	4.8	3.5
糖及糖食	161	533	230.6	2.0
食用水果及坚果；甜瓜等水果的果皮	458	409	-10.5	1.5
光学、照相、医疗等设备及零附件	384	409	6.7	1.5
铜及其制品	104	287	175.7	1.1
制粉工业产品；麦芽；淀粉等；面筋	260	264	1.5	1.0

续表

商品类别	2011年	2012年	2012年比上年增减(%)	2012年占比重(%)
车辆及其零附件,但铁道车辆除外	164	168	2.6	0.6
谷物	234	157	-32.8	0.6
蛋白类物质;改性淀粉;胶;酶	114	151	32.0	0.6
鱼及其他水生无脊椎动物	107	126	17.4	0.5
航空器、航天器及其零件	114	117	2.0	0.4
杂项化学产品	116	115	-0.9	0.4
生皮(毛皮除外)及皮革	102	101	-0.9	0.4
化学纤维长丝	108	98	-9.3	0.4
钢铁制品	85	81	-4.7	0.3
棉花	80	75	-6.3	0.3
化学纤维短纤	121	72	-40.7	0.3
鞣料;着色料;涂料;油灰;墨水等	55	66	19.9	0.3
矿砂、矿渣及矿灰	71	64	-9.8	0.2
玻璃及其制品	45	60	34.6	0.2
食品工业的残渣及废料;配制的饲料	44	53	19.8	0.2
纸及纸板;纸浆、纸或纸板制品	60	52	-14.4	0.2
钢铁	37	50	35.3	0.2
以上合计	25181	26025	3.4	97.3

资料来源:中国商务部网站

泰国自中国进口主要商品构成(2011～2012年)

金额单位:百万美元

商品类别	2011年	2012年	2012年比上年增减(%)	2012年占比重(%)
总值	30575	37201	21.7	100.0
电机、电气、音像设备及其零附件	9068	11273	24.3	30.3
核反应堆、锅炉、机械器具及零件	6689	8348	24.8	22.4
钢铁	1562	2088	33.7	5.6
钢铁制品	1193	1505	26.2	4.1
塑料及其制品	1039	1347	29.6	3.6
车辆及其零附件,但铁道车辆除外	544	888	63.2	2.4
光学、照相、医疗等设备及零附件	582	862	48.1	2.3
有机化学品	798	793	-0.7	2.1
无机化学品;贵金属等的化合物	592	647	9.4	1.7
杂项化学产品	599	593	-1.1	1.6
铝及其制品	466	563	20.9	1.5
家具;寝具等;灯具;活动房	271	377	39.2	1.0
食用水果及坚果;甜瓜等水果的果皮	270	367	35.8	1.0
铜及其制品	279	347	24.5	0.9
船舶及浮动结构体	125	343	173.7	0.9
贱金属杂项制品	165	323	95.9	0.9
肥料	374	314	-16.0	0.8
陶瓷产品	246	306	24.4	0.8
橡胶及其制品	236	301	27.2	0.8
纸及纸板;纸浆、纸或纸板制品	310	286	-7.9	0.8
珠宝、贵金属及制品;仿首饰;硬币	481	285	-40.7	0.8
鞣料;着色料;涂料;油灰;墨水等	234	244	4.0	0.7
化学纤维长丝	178	227	27.9	0.6
玻璃及其制品	189	225	19.5	0.6
浸、包或层压织物;工业用纺织制品	193	217	12.4	0.6
皮革制品;旅行箱包;动物肠线制品	172	217	25.9	0.6
棉花	251	213	-15.1	0.6
化学纤维短纤	212	195	-7.8	0.5
非针织或非钩编的服装及衣着附件	154	192	24.2	0.5
食用蔬菜、根及块茎	181	185	2.2	0.5
以上合计	27654	34070	23.2	91.6

资料来源:中国商务部网站

附　　录

中国驻东南亚各国大使馆

（名称/大使/地址/电话/电子邮箱）

驻文莱达鲁萨兰国大使馆/郑祥林（Zheng Xianglin）/No. 1,3, 5 Simpang 462, Kampung Sungai Hanching Baru, Jalan Muara, BC 2115, Bandar Seri Begawan, Brunei Darussalam/00673 -2 -334163,00673 -2 -335710（传真）/EMBPROC@ BRUNET. BN

驻柬埔寨王国大使馆/潘广学（Pan Guangxue）/No. 156, Blvd Mao Tsetung, Phnom Penh, Cambodia/ 00855 -12810928（值班手机）,00855 -12901923（值班手机）,00855 -23 -364738（传真）/chinaemb_kh@ mfa. gov. cn

驻印度尼西亚共和国大使馆/刘建超（Liu Jianchao）/JL. Mega Kuningan No. 2 Jakarta Selatan 12950 Indonesia/0062 -21 -5761037,5761038（传真）/administrative@ chnemb. or. id

驻老挝人民民主共和国大使馆/布建国（女）（Bu Jianguo）/ Wat Nak Road, Sisattanak, Vientiane, Lao P.D.R./00856 -21 -315100, 00856 -21 -315104（传真）/chinaemb_la@ mfa. gov. cn

驻马来西亚大使馆/柴玺（Chai Xi）/229, Jalan Ampang, 50450 Kuala Lumpur, Malaysia/0060 - 3 - 21428495, 21416732,（012）3720197（电话）, 0060 - 3 - 21414552, 21453924（传真）/CHINAEMBMY@ MFA. GOV. CN

驻缅甸联邦大使馆/杨厚兰（Yang Houlan）/No. 1 Pyidaungsu Yeiktha Road, Yangon, Union of Myanmar/0095 -1 -221280, 221281,0095 -1 -227019（传真）/chinaemb_mm@ mfa. gov. cn

驻菲律宾共和国大使馆/马克卿（Ma Keqing）/4896 Pasay Road, Dasmarinas Village, Makati, Metro Manila, the Philippines/（0063 -2）8443148, 8437715, 8452465（传真）/chinaemb_ph@ mfa. gov. cn

驻新加坡共和国大使馆/魏苇（Wei Wei）/东陵路 150 号新加坡 247969 邮区/0065 - 64180252, 67344737, 64793250（传真）/chinaemb_sg@ mfa. gov. cn

驻泰王国大使馆/管木（Guan Mu）/57 Rachadapisake Road Huay Kwang, Bangkok 10310, Thailand/0066 -2 -2457044, 0066 -2 -2468247（传真）/chinaemb_th@ mfa. gov. cn

驻越南社会主义共和国大使馆/孔铉佑（Kong Xuanyou）/46 Hoang Dieu Road, Hanoi, Vietnam/0084 -4 -38453736, 0084 -4 -38232826（传真）/chinaemb_vn@ mfa. gov. cn

驻东帝汶民主共和国大使馆/田广凤（Tian Guangfeng）/东帝汶帝力市灯塔区塞尔帕·罗莎总督路（Rua Governador Serpa Rosa, Farol, Dili, East Timor）/00670 -3325168, 7231918（手机）, 3325166（传真）/chinaemb_tp@ mfa. gov. cn

东南亚各国驻中国外交机构

（名称/大使/地址/电话/电子邮箱）

文莱达鲁萨兰国大使馆/张慈祥（Teo Chee Siong Magdalene）/北京市朝阳区亮马桥北街 1 号/（010）65329773, 65329776, 65324093, 65324097（传真）

柬埔寨王国大使馆/凯·西索达（Khek Sysoda）/北京市朝阳区东直门外大街 9 号/（010）65321889, 65323507（传真）/cambassy@ public2. bta. net. cn

印度尼西亚共和国大使馆/易慕龙（Imron Cotan）/北京市朝阳区东直门外大街 4 号/（010）65325485 -88, 65325368（传真）/set. indonesia. kbri@ deplu. go. id

老挝人民民主共和国大使馆/宋迪·本库（Somdy Bounkhoum）/北京市朝阳区三里屯东四街 11 号/（010）65321224, 65326748（传真）

马来西亚大使馆/伊斯甘达·萨鲁丁（Iskandar Sarndin）/北京市朝阳区亮马桥北街 2 号/（010）65322531, 65325032（传真）/mwbjing@ 95777. com

缅甸联邦大使馆/吴丁乌（Tin Oo）/北京市朝阳区东直门外大街 6 号/（010）65320359, 65320408（传真）/info@ myanmarembassy. com

菲律宾共和国大使馆/蔡福炯(Mcnoster)/北京市朝阳区建国门外秀水北街23号/(010)65321872,65323761(传真)/Philemb_beijing@yahoo.com

新加坡共和国大使馆/罗家良(Loh Ka Lang)/北京市朝阳区建国门外秀水北街1号/(010)65321115,65329405(传真)

泰王国大使馆/伟文·丘氏君(Wiboon Khusakul)/北京市朝阳区光华路40号/(010)65321749,65321748(传真)/thaibej@eastnet.com.cn

越南社会主义共和国大使馆/阮文诗/北京市建国门外光华路32号/(010)65321125,65321155,65326521(传真)

东帝汶民主共和国大使馆/张芬霞(Vicky Fun Ha Tchong, Ambassador Extraordinary and Plenipotentiary)/北京市朝阳区霄云路18号京润水上花园别墅雅趣园D区15号/(010)64681316,64684360(传真)/rdtlemb_beijing04@yahoo.com

中国驻东南亚各国总领事馆

(名称/总领事/地址/电话/电子邮箱)

驻棉兰总领事馆(印度尼西亚)/杨玲珠(Yang Lingzhu)/Jalan Walikota No. 9, Medan 20152/0062－61－4571232,0062－82165631079(值班电话),0062－61－4571261(传真)/chinaconsul_mdn_id@mfa.gov.cn

驻泗水总领事馆(印度尼西亚)/王华根(Wang Huagen)/Jalan Mayjend. Sungkono Kav. B1/105, Surabaya, Jalan Paris Argosari V D－3, Surabaya(签证厅)/0062－31－5687225,5674667(传真)/chinaconsul_sur@mfa.gov.cn

驻古晋总领事馆(马来西亚)/李树钢(Li Shugang)/马来西亚沙捞越州古晋市王长水路10段276号/0060－82－240344,0060－82－232344(传真)/ZHICUN@TM.NET.MY

驻曼德勒总领事馆(缅甸)/郁伯仁(Yu Boren)/Yadanar Lnae, Yangyi Aung Road/00952－34457,34458,35937,35944(传真)/chinaconsul_man_mm@mfa.gov.cn

驻宿务总领事馆(菲律宾)/张卫国(Zhang Weiguo)/Cebu Fil－Chinese Volunteers Fire Brigade Building, Don Julio Llorente Street, Barangay Capitol Site, Cebu City 6000, Philippines/0063－32－2563422,2563455,2563499(传真)/chinaconsul_cb_ph@mail.mfa.gov.cn

驻拉瓦格总领事馆(菲律宾)/李可武(Li Kewu)/菲律宾北伊罗戈省圣尼古拉斯县三蕃镇一区国道216号(No 216 National Highway, Brgy. 1, San Francisco San Nicolas, Ilocos Norte 2901, Philippines)/0063－77－6706600,6706338(传真)/Chinaconsul_lg_ph@mfa.gov.cn

驻清迈总领事馆(泰国)/张伟才(Zhang Weicai)/泰国清迈昌罗路111号。(No. 111, Changlo Road, Chiangmai 50000, Thailand)/(6653)276125,274614(传真)

驻宋卡总领事馆(泰国)/许明亮(Xu Mingliang)/No. 9, Sadao Road, Ampur Muang, Songkhla/0066－74－322034,323772(传真)/chinaconsul_skh_th@mfa.gov.cn

驻胡志明市总领事馆(越南)/翟雷鸣(Zhai Leiming)/胡志明市第三郡二征夫人路175号(175 Hai Ba Trung Road, District 3, Ho Chi Minh City)/00848－38292457,38295009,38231142(传真)/chinaconsul_hcm_vn@mfa.gov.cn

(据中华人民共和国外交部网站)

东南亚各国驻中国总领事馆

(名称/总领事/地址/电话/领区)

柬埔寨王国驻重庆总领事馆/聂桑瑞马(Neang Samrithkomar)/重庆市北部新区新南路264号水晶国际8楼804－805房/023－63113666,63113300(传真)/重庆、湖北、湖南、陕西

柬埔寨王国驻昆明总领事馆/索科拉丁(Sao Khoradin)/云南省昆明市新迎小区新迎路172号官房大酒店4楼/0871－3317320,3316220(传真)/云南、四川、贵州

柬埔寨王国驻广州总领事馆/霍所帕拉(Hour Sophara)/广东省广州市环市东路368号花园酒店东楼804－808室510064/020－83338999－808,83879006(传真)/广东、福建、海南

柬埔寨王国驻南宁总领事馆/尹索飞(Im Sophy)/广西壮族自治区南宁市中国—东盟商务区桂花路16－6号/0771－5672358,5672352,5672358(传真)/广西

柬埔寨王国驻上海总领事馆/苏杰(Chea Sok)/上海市天目中路267号蓝宝石大厦12楼A座/021－51015850,51015855(传真)/上海、浙江、江苏、安徽

印度尼西亚共和国驻广州总领事馆/余树富(Edi Yusuf)/广东省广州市流花路120号东方宾馆西座2楼1201－1223室510016/020－86018772,86018790,86018850,86018870,86018773(传真),86018722(传真)/广东、广西、福建、海南

老挝人民民主共和国驻南宁总领事馆/普坎·印塔布李(Phonekham Inthaboualy)/广西壮族自治区南宁市中国—东盟商务区桂花路16－1号/0771－5672544,5672502,5672503(传真)/广西、广东

老挝人民民主共和国驻昆明总领事馆/蓬塔伟·布达拉(Phonethavy Boutdara)/云南省昆明市彩云北路6800/0871－7334522,7334511,7335489,7334533(传真)/云南

老挝人民民主共和国驻昆明总领事馆驻景洪办公室/维莱·平西亚(Vilay Phengsya)/云南省西双版纳州景洪市景德路6号景兰大酒店/0691 -8988090,8980669(传真)/西双版纳州

马来西亚驻昆明总领馆/罗斯里·阿卜杜(Roseli Bin Abdul)/云南省昆明市东风东路29号樱花酒店401 -405/0871 -3165088,3113503(传真)/云南、广西、贵州、四川、重庆

马来西亚驻广州总领事馆/方世凯(Francisco Munis)/广东省广州市天河北路233号中信广场商业大楼19楼15 -18室510613/020 -38770765,38772320(传真),38770769(传真)/广东、江西、福建、海南、湖南

马来西亚驻上海总领事馆/汉迪·阿散(Hendy A/K Assan)/上海市红宝石路500号东银大厦B栋9层01、04室/021 -60900360,60900371(传真)/上海、浙江、江苏、安徽

缅甸联邦共和国驻南宁总领事馆/敏隋(Myint Swe)/广西壮族自治区南宁市中国—东盟商务区桂花路16 -7号/0771 -5672845,5672391,5672192(传真)/广西、广东、湖南

缅甸联邦驻昆明总领事馆/吴佐朴温(U Zaw Phyo Win)/云南省昆明市彩云北路6800/0871 -8162806,8162818,8162805(传真)/云南、四川、贵州、重庆

菲律宾共和国驻重庆总领事馆/亚美丽达·阿基诺(Maria Amelita C Aquino)/重庆市渝中区邹容路68号大都会写字楼2903 -2905单位/023 -63810832,63729809(传真)/重庆、云南、贵州

菲律宾共和国驻广州总领事馆/金举深(Joselito A. Jimeno)/广东省广州市环市东路339号广东国际大酒店主楼706 -712室/020 -83311461,83310996,83330573(传真)/广东、广西、海南、湖南

菲律宾共和国驻厦门总领事馆/卢德安(Adelio Angelito S. Cruz)/福建省厦门市莲花新村凌香里2号/0592 -5130355,5130366,5530803(传真)/福建省、江西省

菲律宾共和国驻上海总领事馆/傅查理(Charles C Jose)/上海市延安西路1160号首信银都广场301室/021 -62818020,62818023(传真)/上海、浙江、江苏、安徽、湖北

新加坡共和国驻成都总领事馆/彭迪成(Pang Te Cheng)/四川省成都市顺城大街308号冠城广场31楼D座/028 -86527222,86527555(传真)/四川,陕西,重庆

新加坡共和国驻广州总领事馆/洪齐全(Ang Chay Chuan)/广东省广州市天河北路233号中信广场办公楼2418室510613/020 -38912345,38912933(传真)/广东、海南、广西、湖南、贵州、云南

新加坡共和国驻上海总领事馆/王首毅(Ong Siew Gay)/上海市万山路89号/021 -62785566,62956038(传真)/上海、浙江、江苏、安徽

新加坡共和国驻厦门总领事馆/郑美乐(Tee Bee Lock)/福建省厦门市厦禾路189号银行中心5楼07、08单元/0592 -2684691,2684694(传真)/福建、江西

泰王国驻成都总领事馆/孙建功(Narumit Hinshiranan)/四川省成都市航空路6号丰德国际广场C座12楼/028 -66897861,66897863(传真)/四川、重庆

泰王国驻昆明总领事馆/陈维钦(Vichit Chitvimarn)/云南省昆明市东风东路52号昆明饭店南楼1楼/0871 -3168916,3149296,3166891(传真)/云南、贵州、湖南

泰王国驻广州总领事馆/梅碧珍(Suphatra Seemaitreephitak)/广东省广州市环市东路368号花园酒店2楼/020 -83858988,83804277,83801043(传真),83889567(传真)/广东、海南

泰王国驻上海总领事馆/芙诗功(Buskorn Prugsapongse)/上海市威海路567号晶采世纪大厦15楼/021 -62883030,62889072(传真)/上海、浙江、江苏、安徽

泰王国驻厦门总领事馆/哲萨搭·差湾帕克(Jesada Chavarnbhark)/福建省厦门市思明区虎园路16号厦门宾馆3号楼/0592 -2027980,2027982,2058816(传真)/福建、江西

泰王国驻南宁总领事馆/季妲蓬·阿蓬乐(Chitraporn Arpornrat)/广西壮族自治区南宁市金湖路52 -1号东方曼哈顿大厦一层/0771 -5526945,5526946,5526949(传真)/广西

泰王国驻西安总领事馆/蒙才·帕差尼(潘孟财)(Monchai Phatchanee)/陕西省西安市解放路77号裕朗国际大厦4楼/029 -87433320,87433393,87420709,87438980(传真)/陕西,甘肃,宁夏

越南社会主义共和国驻昆明总领事馆/阮正胜(Nguyen Chinh Thang)/云南省昆明市北京路155号附1号红塔大厦507室/0871 -3522669,3572985(传真)/云南

越南社会主义共和国驻广州总领事馆/苏国俊(To Quoc Tuan)/广东省广州市侨光路华夏大酒店B座二楼北部510115/020 -83305911,83305910,83306801,83305915(传真)/广东

越南社会主义共和国驻上海总领事馆/阮翠娥(Nguyen Thuy Nga)/上海市浦东大道900号华辰金融大厦304室/021 -68555871,68555873(传真)/上海

越南社会主义共和国驻南宁总领事馆/范星梅(Pham Sao Mai)/广西壮族自治区南宁市金湖路55号亚航财富中心27楼/0771 -5510560,5510562(传真)/广西

中国和东南亚各国简况

国　家	国名全称	首　都	主要语言	主要宗教	货币	省级行政区（个）	人口（万人）	民族（个）
中国	中华人民共和国	北京	汉语	佛教	人民币	34	135404	56
文莱	文莱达鲁萨兰国	斯里巴加湾	马来语	伊斯兰教	文莱元	4	40.6(2009 年)	20
柬埔寨	柬埔寨王国	金边	高棉语	佛教	瑞尔	24	1470	20 多
印度尼西亚	印度尼西亚共和国	雅加达	印尼语	伊斯兰教	印尼盾	30	23760(2010 年)	100 多
老挝	老挝人民民主共和国	万象	老挝语	佛教	基普	18	626(2010 年)	68
马来西亚	马来西亚联邦	吉隆坡	马来语	伊斯兰教	林吉特	16	2854.14	30 多
缅甸	缅甸联邦共和国	内比都	缅甸语	佛教	缅元	14	6038	135
菲律宾	菲律宾共和国	大马尼拉	菲律宾语	天主教	比索	15	10377.5(2011年)	约 90
新加坡	新加坡共和国	新加坡	马来语		新加坡元	6	518(2011 年)	
泰国	泰王国	曼谷	泰语	佛教	铢	76	6740	30 多
越南	越南社会主义共和国	河内	越南语		越南盾	64	8784(2011 年)	54
东帝汶	东帝汶民主共和国	帝力	德顿语	天主教	美元	13	115	

注:根据《中国—东盟自由贸易区与广西》(广西社会科学院编)有关资料编制

中国和东南亚各国首都简况

国　家	首　都	面　积（平方千米）	人口（万）	年平均气温（°C）	行政区划	主　要　景　点
中国	北京	16410.54	2018.6（2011年初）	13	辖 14 个区和 2 个县	故宫、天坛、北海公园、颐和园、长城等
文莱	斯里巴加湾	15.8	约 6	28		努鲁尔·阿里·赛义夫汀清真寺、水上村落——艾尔村、丘吉尔纪念馆、腾云殿、文莱博物馆等
柬埔寨	金边	290	约 102	27	辖 7 个区和 76 个社区	皇宫、银寺、国家博物馆、塔山、杀人场等
印度尼西亚	雅加达	650.4	916	27		独立广场公园、印度尼西亚缩影公园、安佐尔梦幻公园、千岛群岛、伊斯蒂赫拉尔清真寺、中央博物馆等
老挝	万象	3920	76.9（2010年）	22.6～31.7		塔銮、瓦帕娇寺、瓦细刹吉寺、瓦翁第寺、凯旋门、塔当塔、尤鲁纪念碑等
马来西亚	吉隆坡	243.65	172.25	27.5	辖 13 个州	王宫、国会大厦、国立博物馆、国家回教堂、黑风洞、云顶高原等
缅甸	内比都	725	92.36	26.9	3 个镇区	彬马那、累韦、德光
菲律宾	大马尼拉	626.58	2000	28	辖 4 个市和 13个自治市	千岛缩影、黎刹公园、国立博物馆、西班牙古城、唐人街、马拉坎阑宫、柯里基多岛、美军纪念公墓等
新加坡	新加坡	714.3（2011 年）	518（2011 年）	24～27	辖 6 个地区	圣淘沙、鱼尾狮公园、知新馆、苏丹回教堂、裕廊飞禽公园等
泰国	曼谷	1568	800	24～30	24 个县、150 个区	大皇宫、金佛寺、云石寺、四面佛、玉佛寺、郑皇庙、水上市场等
越南	河内	3344.6（2010年）	656.2（2010 年）	23.4	7 个郡 5 个县	巴亭广场、胡志明陵墓、独柱寺、文庙、还剑湖、西湖等
东帝汶	帝力		23.4	26	辖13个地区	联合国沙滩等

中国和东南亚各国自然状况简表

国　家	陆地国土总面积(万平方千米)	气　候	年平均气温(℃)	海岸线长度(千米)	主　要　资　源
中国	960	热带、亚热带、温带季风		32000	石油、天然气、煤炭、铁矿、锰矿、铬矿、铜矿、铅锌矿、铝矿、镍矿、钨矿、锡矿、金矿、银矿、森林、水力、动植物等
文莱	0.5765	热带雨林	28	约161	石油、天然气、金矿、煤炭、锑矿、铝矿、矾土等
柬埔寨	18.1035	热带季风	27	460	金矿、磷酸盐、宝石、石油、铁矿、煤炭、森林、渔业等
印度尼西亚	190.44	热带雨林	25～27	54716	石油、天然气、煤炭、锡矿、铝矾土、镍矿、金矿、银矿、森林等
老挝	23.6800	热带、亚热带季风	20～30		锡矿、铅矿、钾矿、铜矿、铁矿、金矿、石膏、煤炭、盐、森林等
马来西亚	33.0257	热带海洋	25～30	4192	石油、天然气、锡矿、铁矿、金矿、钨矿、铝土、锰矿、森林等
缅甸	67.6578	热带季风	27	3200	石油、天然气、锡矿、钨矿、锌矿、铝矿、锑矿、锰矿、金矿、银矿、宝石、玉石、森林、水力等
菲律宾	29.9700	热带海洋	26.6	18533	铜矿、金矿、银矿、铁矿、铬矿、镍矿、地热、石油、渔业等
新加坡	0.07143	热带海洋	24～27	193	植物
泰国	51.3115	热带季风	27	2616.4	钾盐、锡矿、褐煤、油页岩、天然气、锌矿、铝矿、钨矿、铁矿、铬矿、重晶石、宝石、石油、森林等
越南	32.9556	热带季风	23～25	3260	煤炭、铁矿、锰矿、铬矿、铝矿、锡矿、磷矿、水产、森林等
东帝汶	1.4874	热带雨林	26	735	石油、天然气、金矿、锰矿、铬矿、锡矿、铜矿、咖啡、橡胶、紫檀木等

注:根据《中国—东盟自由贸易区与广西》(广西社会科学院编),外交部网站等有关资料编制

中国与东南亚各国货币名称

国家、地区	货币名称		货币符号		辅币进位制
	中文	英文	原有旧符号	标准符号	
中国	人民币	Renminbi	RMB ¥	CNY	1CNY = 10 jiao(角)　1jiao = 10 fen(分)
文莱	文莱元	Brunei Dollar	B $	BND	1BND = 100cents(分)
柬埔寨	瑞尔	Camboddian Riel	CR. ;J Ri.	KHR	1KHR = 100 sen(仙)
印度尼西亚	印尼盾	Indonesian Rupiah	Rps.	IDR	1IDR = 100 cents(分)
老挝	基普	Laotian Kip	K.	LAK	1LAK 1LAK = 100 ats(阿特)
马来西亚	林吉特	Malaysian Dollar	M. $;Mal. $	MYR	1MYR = 100 cents(分)
缅甸	缅元	Burmese Kyat	K.	BUK	1BUK = 100 pyas
菲律宾	比索	Philippine Peso	Ph. Pes. ; Phil. P.	PHP	1PHP = 100 centavos(分)
新加坡	新加坡元	Singapore Dollar	S. $	SGD	1SGD = 100 cents(分)
泰国	铢	Thai Baht (Thai Tical)	BT. ;Tc.	THP	1THP = 100 satang(萨当)
越南	越南盾	Vietnamese Dong	D.	VND	1VND = 10 角 = 100 分

中国与东南亚国家或地区通信代码与区号

Countries and Regions	国家或地区	国际域名缩写	电话代码	与中国北京时间时差
China	中　国	CN	86	0
Brunei	文　莱	BN	673	0
Burma	缅　甸	MM	95	-1.3
Philippines	菲律宾	PH	63	0
Malaysia	马来西亚	MY	60	-0.5
Singapore	新加坡	SG	65	+0.3
Thailand	泰　国	TH	66	-1
Laos	老　挝	LA	856	-1
Vietnam	越　南	VN	84	-1
Kampuchea (Cambodia)	柬埔寨	KH	855	-1
Indonesia	印度尼西亚	ID	62	-0.3
Hongkong	中国香港	HK	852	0
Taiwan	中国台湾	TW	886	0

东南亚国家独立时间及与中国建立外交关系时间一览表

国　家	独立前的宗主国	独立时间	与中国建交时间
文莱	英国	1984 年 1 月 1 日	1991 年 9 月 30 日
柬埔寨	法国	1953 年 11 月 9 日	1958 年 7 月 19 日
印度尼西亚	荷兰	1945 年 8 月 17 日	1950 年 4 月 13 日
老挝	法国	1945 年10月 12 日	1961 年 4 月 25 日
马来西亚	英国	1957 年 8 月 31 日	1974 年 5 月 31 日
缅甸	英国	1948 年 1 月 4 日	1950 年 6 月 8 日
菲律宾	美国	1946 年 7 月 4 日	1975 年 6 月 9 日
新加坡	英国	1965 年 8 月 9 日	1990 年 10 月 3 日
泰国			1975 年 7 月 1 日
越南	法国	1945 年 9 月 2 日	1950 年 1 月 18 日
东帝汶	印度尼西亚	1999 年 8 月 30 日	2002 年 5 月 20 日

注:根据《中国—东盟自由贸易区与广西》(广西社会科学院编)有关资料编制

历次中国—东盟领导人会议简况

会议名称	时　　间	地　　点	出席会议的中国领导人
第 1 次领导人非正式会晤	1997 年 12 月 16 日	马来西亚吉隆坡	江泽民主席
第 2 次领导人非正式会晤	1998 年 12 月 16 日	越南河内	胡锦涛副主席
第 3 次领导人非正式会晤	1999 年 11 月 28 日	菲律宾马尼拉	朱镕基总理
第 4 次领导人会议	2000 年 11 月 25 日	新加坡	朱镕基总理
第 5 次领导人会议	2001 年 11 月 5 日	文莱斯里巴加湾	朱镕基总理
第 6 次领导人会议	2002 年 11 月 4 日	柬埔寨金边	朱镕基总理
第 7 次领导人会议	2003 年 10 月 8 日	印尼巴厘岛	温家宝总理
第 8 次领导人会议	2004 年 11 月 29 日	老挝万象	温家宝总理
第 9 次领导人会议	2005 年 12 月 12 日	马来西亚吉隆坡	温家宝总理
第 10 次领导人会议	2007 年 1 月 14 日	菲律宾宿务	温家宝总理
第 11 次领导人会议	2007 年 11 月 20 日	新加坡	温家宝总理
第 12 次领导人会议	2009 年 10 月 24 日	泰国华欣	温家宝总理
第 13 次领导人会议	2010 年 10 月 29 日	越南河内	温家宝总理
第 14 次领导人会议	2011 年 11 月 18 日	印尼巴厘岛	温家宝总理
第 15 次领导人会议	2012 年 11 月 19 日	柬埔寨金边	温家宝总理

中国—东盟领导人特别会议

会议名称	时　间	地　点	出席会议的中国领导人
中国—东盟领导人非典问题特别会议	2003 年 4 月 29 日	泰国曼谷	温家宝总理
东盟地震和海啸灾后问题领导人特别会议	2005 年 1 月 6 日	印尼雅加达	温家宝总理

注:资料来自中华人民共和国外交部

中国—东盟自由贸易区部分关税削减时间表

起始时间	关税税率	覆盖关税条目	参与的国家
2000 年	对所有东盟成员国 0～5%	85% 的 CEPT 条目	原东盟 6 国
2002 年 1 月 1 日	对所有东盟成员国 0～5%	全部 CEPT 条目	原东盟 6 国
2003 年 7 月 1 日	WTO 最惠国关税税率	全部	中国与东盟 10 国
2003 年 10 月 1 日	中国与泰国果蔬关税降至 0	中泰水果蔬菜	中国、泰国
2004 年 1 月 1 日	农产品关税开始下调	农产品	中国与东盟 10 国
2005 年 1 月	对所有成员开始削减关税	全部	中国与东盟 10 国
2006 年	农产品关税降至 0	农产品	中国与东盟 10 国
2010 年	对所有东盟成员国 0	全部减税产品	原东盟 6 国
2010 年	关税降至 0	全部产品(部分敏感产品除外)	中国与原东盟 6 国
2015 年	对所有东盟成员国 0	全部产品(部分敏感产品除外)	东盟新成员国
2015 年	对中国—东盟自由贸易区成员国关税降至 0	全部产品(部分敏感产品除外)	东盟新成员国
2018 年	对东盟自由贸易区和中国—东盟自由贸易区所有成员国 0	剩余的部分敏感产品	东盟新成员国

注:资料来自 2002 年 11 月签署的《中国与东盟全面经济合作框架协议》

东盟、欧盟、北美自由贸易区简况

名称	成立时间	成立文件	成员国	人口和面积	生产总值和贸易额	宗旨和特点	组织机构
东盟(东南亚国家联盟)	1967年8月	《东南亚国家联盟成立宣言》(也称《曼谷宣言》)	印度尼西亚、马来西亚、菲律宾、泰国、新加坡、文莱、越南、老挝、缅甸、柬埔寨	人口 5.6 亿,面积 450 万平方千米	国民生产总值 1.5 万亿美元,对外贸易总额达到近 1 万亿美元(2008 年)	宗旨是以平等协作精神,共同努力促进本地区的经济增长、社会进步和文化发展;遵循正义、国家关系准则和《联合国宪章》,促进本地区的和平与稳定;同国际和地区组织进行紧密和互利的合作。特点是以经济合作为基础的政治、经济、安全一体化合作组织	首脑会议、外长会议、常务委员会、经济部长会议、其他部长会议、秘书处、专门委员会以及民间和半官方机构。现任东盟秘书长素林
欧盟(欧洲联盟)	1993年11 月	《欧洲联盟条约》(又称《马斯特里赫特条约》)	德国、法国、意大利、荷兰、比利时、卢森堡、英国、丹麦、爱尔兰、希腊、西班牙、葡萄牙、奥地利、芬兰、瑞典、波兰、匈牙利、捷克、斯洛伐克、斯洛文尼亚、马耳他、塞浦路斯、爱沙尼亚、拉脱维亚、立陶宛、罗马尼亚、保加利亚	人口 4.8 亿,面积 400 多万平方千米	国民生产总值 12.5 万亿美元(2008年)	通过建立无内部边界的空间,促进经济、社会的协调发展和建立最终实现统一货币的经济货币联盟,促进经济和社会的均衡、持久进步,并通过实行最终包括共同防务政策的共同外交和安全政策,在国际舞台上弘扬联盟的个性	理事会、委员会、欧洲议会、欧洲法院、欧洲审计院、经社委员会、地区委员会、欧洲中央银行等。现任欧盟委员会主席巴罗佐
北美自由贸易区	1994年1月1日	《北美自由贸易协定》	美国、墨西哥、加拿大	人口 4.2 亿,面积 2130 多万平方千米	国民生产总值 11.4 万亿美元(2006 年),年贸易总额 1.37 亿美元	宗旨是取消贸易壁垒,创造公平竞争的条件,增加投资机会,对知识产权提供适当的保护,建立执行协定和解决争端的有效程序,促进三边的、地区的以及多边的合作。特点是大国主导型、经济互补型、战略过渡型	贸易委员会(秘书处、辅助组织等)、环境合作委员会(理事会、秘书处、联合咨询委员会)、劳工委员会(理事会、秘书处、国别行政办公室)

中国和东南亚各国主要港口及国际航空港名录

国　家	主　要　港　口	国际航空港(机场)
中国	海港:大连、营口、秦皇岛、天津、烟台、青岛、日照、连云港、上海、宁波、厦门、汕头、广州、湛江、北海、钦州、防城港、海口、香港、澳门、基隆、高雄 河港:重庆、万州、武汉、芜湖、南京、扬州、常州、张家港、南通、广州、梧州、贵港	北京首都、广州白云、上海浦东、上海虹桥、深圳宝安、昆明巫家坝、成都双流、西安咸阳、厦门高崎、重庆江北、天津滨海、大连周水子、杭州萧山、福州长乐、南京禄口、沈阳桃仙、桂林两江、南宁吴圩、哈尔滨阎家岗、台北桃园、高雄、香港、澳门
文莱	海港:穆阿拉、斯里巴加湾、马来亦、卢穆	斯里巴加湾
柬埔寨	海港:西哈努克	金边、暹粒
印度尼西亚	海港:丹戎不碌、泗水(丹戎佩拉)、三宝垄、勿拉湾	巴厘岛登帕萨、雅加达苏加诺—哈达
老挝	河港:沙湾拿吉	琅勃拉邦、万象瓦岱、巴色
马来西亚	海港:巴生港、槟城、关丹、新山、纳闽(拉布安)、哥打基纳巴卢。河港:古晋	吉隆坡、槟城、兰卡威、哥打基纳巴卢、古晋
缅甸	海港:仰光。河港:勃生	仰光敏加拉洞、曼德勒
菲律宾	海港:宿务、马尼拉、怡朗、三宝颜	马尼拉阿基诺、宿务马克丹、达沃、苏比克、克拉克、拉瓦格
新加坡	海港:新加坡	新加坡樟宜
泰国	海港:宋卡、普吉。河港:曼谷	曼谷素旺那普、清迈、普吉、合艾
越南	海港:海防、岘港、金兰湾、广宁、炉门、归仁、义安、芽庄、西贡	河内内排、岘港、胡志明市新山一
东帝汶	海港:帝力、欧库西、潘特马卡萨	帝力

注:根据《中国—东盟自由贸易区与广西》(广西社会科学院编)、新华网、凤凰网有关资料编制

中国和东南亚各国重点风景名胜区名录

国　家	景　区　名　称
中国	八达岭—十三陵、承德避暑山庄、外八庙、秦皇岛北戴河、五台山、恒山、鞍山千山、镜泊湖、五大连池、太湖、南京钟山、杭州西湖、富春江—新安江、雁荡山、普陀山、黄山、九华山、天柱山、武夷山、庐山、井冈山、泰山、青岛崂山、鸡公山、洛阳龙门、嵩山、武汉东湖、武当山、衡山、肇庆星湖、桂林漓江、峨眉山、长江三峡、黄龙寺、九寨沟、重庆缙云山、青城山—都江堰、剑门蜀道、黄果树瀑布、云南石林、大理、西双版纳、华山、临潼骊山、麦积山、天山天池、野三坡、苍岩山、黄河壶口瀑布、鸭绿江、金石滩、兴城海滨、大连海滨—旅顺口、松花湖、八大部—净月潭、云台山、蜀岗瘦西湖、楠溪江、琅邪山、清源山、鼓浪屿—万石山、太姥山、三清山、龙虎山、胶东半岛海滨、大洪山、武陵源、岳阳楼—洞庭湖、西樵山、丹霞山、桂平西山、花山、贡嘎山、金佛山、蜀南竹海、织金洞、红枫湖、龙宫、三江并流、昆明滇池、丽江玉龙雪山、雅隆江、西夏王陵等
文莱	水村、王室陈列馆、赛福鼎清真寺、杰鲁东公园等
柬埔寨	吴哥古迹、金边、西哈努克港、马德望、荔枝山等
印度尼西亚	巴厘岛、婆罗浮屠佛塔、普兰班南寺庙群、“美丽的印度尼西亚”缩影公园、日惹苏丹王宫、多巴湖等
老挝	琅勃拉邦古城、巴色瓦普寺、万象塔銮、玉佛寺、占巴色孔埠瀑布、琅勃拉邦光西瀑布、万荣、石缸平原、沙湾拿吉的伊准塔等
马来西亚	吉隆坡、云顶、槟城、马六甲、兰卡威岛、刁曼岛、乐浪岛、邦咯岛、国家清真寺、大汉山国家公园等
缅甸	仰光大金塔、文化古都曼德勒、万塔之城蒲甘、额不里海滩等
菲律宾	百胜滩、蓝色港湾、碧瑶市、马荣火山、伊富高省巴纳韦高山梯田等
新加坡	圣淘沙岛、植物园、夜间动物园、天福宫、虎豹别墅等
泰国	曼谷、普吉、清迈、巴堤雅、清莱、华欣、苏梅岛等
越南	还剑湖、胡志明陵墓、文庙、巴亭广场、统一宫、古芝地道、下龙湾、芽庄等

注:中国的重点风景名胜区为1982年11月8日和1988年8月1日公布的第一、第二批名单

中国和东南亚国家世界文化遗产、世界自然遗产、世界文化和自然双重遗产名录

国　家	世　界　文　化　遗　产	世界自然遗产、世界文化和自然双重遗产
中国	北京故宫(1987),长城(1987),周口店北京猿人遗址(1987),陕西秦始皇陵及兵马俑(1987),甘肃敦煌莫高窟(1987),西藏布达拉宫(1994),河北承德避暑山庄及周围寺庙(1994),山东曲阜孔庙、孔府、孔林(1994),湖北武当山古建筑群(1994),江西庐山风景名胜区(1996),山西平遥古城(1997),江苏苏州古典园林(1997),云南丽江古城(1997),北京天坛(1998),北京颐和园(1998),重庆大足石刻(1999),皖南古村落—西递、宏村(2000),明清皇室陵寝(2000),河南龙门石窟(2000),四川青城山—都江堰(2000),山西云冈石窟(2000),中国高句丽王城、王陵及贵族墓葬(2004),沈阳故宫、盛京二陵(2004),澳门历史城区(2005),安阳殷墟(2006),广东开平碉楼与村落(2007),福建土楼(2008),登封"天地之中"历史建筑群(2010),杭州西湖文化景观(2011),元上都遗址(2012)	世界自然遗产:四川九寨沟风景名胜区(1992),四川黄龙风景名胜区(1992),湖南武陵源风景名胜区(1992),云南三江并流保护区(2003),四川大熊猫栖息地(2006),中国南方喀斯特(2007),江西三清山(2008) 世界文化和自然双重遗产:山东泰山风景名胜区(1987),安徽黄山风景名胜区(1990),四川峨眉山—乐山风景名胜区(1996),福建武夷山风景名胜区(1999),中国丹霞[贵州赤水、福建泰宁、湖南崀山、广东丹霞山、江西龙虎山(包含龟峰)、浙江江郎山](2010),澄江化石地(2012) 文化景观:庐山(1996),山西五台山(2009)
柬埔寨	吴哥窟区(1992),柏威夏古庙(2007)	
印度尼西亚	婆罗浮屠寺庙群(1991),普兰班南寺庙群(1991),桑义兰早期人类遗址(1996),巴厘文化景观:体现"幸福三要素"哲学的苏巴克灌溉系统	世界自然遗产:乌绒库伦国家公园(1991),科莫多国家公园(1991),洛伦茨国家公园(1999),苏门答腊热带雨林(2004,2011年列为《世界濒危遗产名录》)
老挝	琅勃拉邦古城(1995),占巴塞文化风景区(2001)	
马来西亚	马六甲市,槟城乔治市(2008),玲珑谷地考古遗址	世界自然遗产:基纳巴卢山公园(2000),穆鲁山国家公园(2000)
菲律宾	菲律宾巴洛克教堂(1993),菲律宾巴纳韦高山梯田(1995),维甘历史古城(1999)	世界自然遗产:图巴塔哈礁群公园(1993),普林塞萨港地下河国家公园(1999),延申扩充Tubbataha Reef National Park(2009)
泰国	素可泰历史城镇及相关历史城镇(1991),阿育他亚(大城)历史城镇及相关城镇(1991),班清阿考古遗址(1992)	世界自然遗产:童·艾·纳雷松野生生物保护区(1991)
越南	顺化历史建筑群(1993),美山遗址(1999),会安古镇(1999),升龙皇城中心区(2010),胡朝时期的城堡(2011)	世界自然遗产:下龙湾(1994),丰芽格邦国家公园(2003)

注:括号中数字为列入《世界遗产名录》的年份

东南亚国家主要报纸

国家	本国文报纸	华文报纸	英文（其他语文）报纸
文莱	《婆罗洲公报》、《文莱灯塔》	《文莱美里日报》、《文莱诗华日报》	《婆罗洲公报》
柬埔寨	《柬埔寨之光报》、《人民报》、《和平岛报》、《柬埔寨日报》、《柬埔寨时报》	《华商日报》、《柬华日报》、《星洲日报》、《大众日报》、《新时代日报》	《柬埔寨日报》、《金边邮报》、《柬埔寨时报》
印度尼西亚	《罗盘报》、《专业之声报》、《印尼媒体报》、《共和国日报》、《革新之声报》、《印尼商报》、《华文邮报》	《印度尼西亚日报》、《华文邮报》、《国际日报》、《世界日报》、《商报》、《新生日报》、《和平日报》、《龙阳日报》、《广告日报》、《千岛日报》	《雅加达邮报》、《印尼观察家报》
老挝	《人民报》、《新万象报》、《人民军报》、《青年报》		《VINTIANETIMES》（英文报）、《LE RENOVATEUR》（法文报）
马来西亚	《马来西亚使者报》、《每日新闻》、《祖国报》	《南洋商报》、《星洲日报》、《中国报》等	《新海峡时报》、《星报》、《马来邮报》
缅甸	《缅甸之光》、《镜报》、《首都报》、《曼德勒报》、《雅德那崩报》	《缅甸华报》	《缅甸新光》
菲律宾	《消息报》、《菲律宾快报》	《世界日报》、《商报》、《菲华时报》、《联合日报》、《环球日报》	《马尼拉公报》、《菲律宾星报》、《菲律宾每日询问日报》、《自由报》、《马尼拉时报》、《马尼拉纪事报》
新加坡	《每日新闻》、《泰米尔日报》	《联合早报》、《联合晚报》、《新明日报》	《海峡时报》、《商业时报》、《新报》
泰国	《泰叻报》、《民意报》、《每日新闻》、《国家报》、《沙炎叻报》、《经理报》等	《新中原报》、《中华日报》、《星暹日报》、《亚洲日报》、《京华中原日报》、《世界日报》等	《曼谷邮报》、《民族报》等
越南	《人民报》、《人民军队报》、《大团结报》、《西贡解放日报》	《西贡解放日报》	《西贡时报》
东帝汶	《国家日报》、《帝汶邮报》、《东帝汶之声》		

中国和东南亚各国主要通讯社、电台、电视台

国　家	通　讯　社	电　　台	电　视　台
中国	新华通讯社、中国新闻社	中央人民广播电台、中国国家广播电台(1949年12月5日正式开播)、中国国际广播电台(中国唯一以外国语言向全世界广播的电台)	中国中央电视台(1958年9月2日正式开播)
文莱	文莱新闻社	文莱广播电视台(创建于1957年5月)	文莱广播电视台(从1975年起开设彩色电视频道)
柬埔寨	柬新社(成立于1980年)	FM96(国家台)	国家电视台(以柬语广播为主)、仙女11台(人民党资产)、第9台(私人台)、第5台(军队台)、首都第3台(官方台)、巴戎台(私人台)
印度尼西亚	安塔拉通讯社(官方)、印尼民族通讯社(私营)、武装部队新闻社(国防安全部)	印尼共和国广播电台(成立于1945年9月)	印尼共和国电视台、印尼鹰记电视台、太阳电视台、教育电视台、美都电视台等11家电视台
老挝	巴特寮通讯社(1968年1月成立,国营)	老挝国家广播电台、老挝人民军广播电台	老挝国家电视台(建于1983年12月)
马来西亚	马来西亚国家新闻社(简称马新社,半官方)	马来西亚广播电台(建于1946年)、马来西亚之声电台(建于1963年)	马来西亚电视台(建于1963年)、第三电视台(TV3)、城市电视台(Metro Vision)、国民电视台(NTV)、Astro卫星有线电视频道
缅甸	缅甸通讯社	缅甸之声(建于1937年)	缅甸电视台(建于1980年)、妙瓦底电视台(创办于1995年3月27日)
菲律宾	菲律宾通讯社(成立于1973年)	菲律宾广播台	人民电视台
新加坡		新加坡广播电台(于1936年开播)	新加坡电视台
泰国	泰国通讯社	泰国国家广播电台	泰国国家电视台
越南	越南通讯社(1945年成立,1976年越南南方解放通讯社与之合并)	越南之声广播电台(成立于1954年)	越南中央电视台(成立于1971年)
东帝汶	尚未成立通讯社,主要葡语新闻来源于葡萄牙卢萨社(LUSA,又名葡通社)	东帝汶国家电台(RNTL)、东帝汶民族解放军电台—希望之声(Radio Falintil - Voz Daesperanca)	东帝汶电视台(TVTL)

注:根据中国网、新华网有关资料编制

东南亚国家贸促机构与商协会通讯录

国家	机构名称	地址	电话、传真
文莱	文莱国际工会	Post Box 2246,1922 Bandar Seri Beganoan	Tel:00673 -2 -2236601
	中华商会	Dowan Pernigaan Tionghua,P. O. 1. Box 281,B. S. Begawan 1902,Negara	
柬埔寨	商业部	20A,borlevard Norodom	Tel:00855-23-210365 Fax:00855-23-217353
	柬埔寨总商会/金边总商会	Building No. 7B, the corner of Road No. 81&109, Sangkat Boeung Raing, Khan Daun Penh, Phnom Penh,Kingdom of Cambodia	Tel:00855 -23 -212265 Fax:00855 -23 -212270
印度尼西亚	工贸部国家出口发展局	8,JI. Gajah Mada,P. O. Box 443/JKT	Tel:0062-21-6341082 Fax:0062-21-6338360
	中华工业委员会	20,M. H. Thamrin,Jakarta	
	印度尼西亚商工会	Chandra Builoling,20 Jalan M. N.`Thamrin, Jakarta 10350	
老挝	老挝商工会	Rue Ponexay Post Box 4596 Vieentiane	Tel:00856-21-414383 Fax:00856-21-414383
马来西亚	国际贸易工业部	Blick 10, Gov. Building Complex, Jalan Data 50622	Tel:0060 -3 -6200033 Fax:0060 -3 -62031303
	马来西亚中华商工会	Office Tower, 8th floor, Plaza Berjaya -12, Jalan Imb, 55100 Kuala Lumpur	Tel:0060 -3 -2452503 Fax:0060 -3 -2452562
	马来西亚商会	Plaza Pekeliling, 17th Floor 2, Jalan Tun Razak, 50400 Kuala Lumpar	Tel:0060 -3 -4427664 Fax:0060 -3 -4414502
缅甸	缅甸工商联合会	No. 29, Min Ye Kyawswa Road, Lanmadaw Township, Yangon, Myanmar.	Tel:0095 -1 -214344/214345 Fax:0095 -1 -214484
菲律宾	菲律宾商工会	14th floor, 6805 Ayala Avenue Makati City	Tel:0063-2-8433374 Fax:0063-2-8434102
	菲华商联总会	6th Floor, Federation Center, Muelle De Binondo St. Manila, Philippines.	Tel:0063 -2 -2419201 Fax:0063 -2 -2422361
新加坡	贸易工业部	Znfo Centre 100, High Street No. 04 -01 The Treasary	Tel 0065 -3327258 Fax:0065 -3327634
	中小企业协会	Information and Doc. Centre 141, Market Street, Internat. Factor Buliding 04 -03/04	Tel:0065 -2240868 Fax:0065 -2241507
	太平洋经济合作委员会	4,Nassim Road	Tel:0065 -7379823 Fax:0065 -7379824
	新加坡工业联合会	20,Orchard Rock 23883 Singapore	Tel:0065 -3388787 Fax:0065 -3383358
	新加坡商业工业联合会	47 Hill Street # 03 -1,Chimese Chamber of Commerce Bulidtng 179365 Singapore	Tel:0065 -3389761 Fax:0065 -3395630
	新加坡中华机械进出口商协会	6001 Beach Road, No. 1101, Golden Mile Tower, Songapore 0719	
	新加坡中华总商会	47 Hill Street #09 -00, Singapore 179365	Tel:(65)63378381 Fax:(65)63390605
	新加坡工商联合总会	19 Tanglin Shopping Centre, Singapore 247909	Tel:(65)68276828 Fax:(65)68276807
泰国	泰国贸易局	150, Rajorpit Road, 10200 Bang KoK Thailand	Tel:0066 -22211827 Fax:0066 -22219350
	泰国商会	150 Rajopit Road, BangKoK 10200	Tel:0066 -26221860 Fax:0066 -22253372
	国际贸易经济合作处	1.22 Ac. Pilyuain St. ,2,2 Vnited Natians Bulid-ing, Rajadnmnern Avenue, Bangkok 10i	
	泰国中华总商会	No. 889 Thai C. C. Tower, 9th Floor, Sathorn Road. Bangkok 10120, Thailand	Tel:0066 -26758574 -84 Fax:0066 -22123917
	泰国投资促进委员会	555 Vibhavadi -Rangsit RD,Chatuchak, Bangkok, 10900, Thailand	Tel:0066 -25378111 Fax:0066 -25378177
越南	越南商工会	9 Dao Duy Anh Street 10000 Dong Da Hanoi	Tel:0084-4-5742162 Fax:0084-4-5742020
	越南计划投资部外国投资局	河内市(Hoang Van Thu -Ha Noi)	Tel:0084 -4 -7343759 Fax:0084 -4 -7343769
	越南计划投资部南方外国投资中心	胡志明市(178, Nguyen Dinh Trieu, Tp. Ho Chi Minh)	Tel:0084 -8 -9303287 Fax:0084 -4 -9305413
	胡志明市企业家协会	胡志明市第一郡边章阳路51号(51 Ben Chuong Duong st. ,Dist. 1, Ho Chi Minh City,Vietnam)	Tel:0084 -8 -8293389 Fax:0084 -8 -8215448

索　引

说　明

一、本索引是《中国—东盟年鉴·2013》的内容分析索引。正文(包括条目、文献、资料、图片和表格)中凡具有独立检索意义的完整资料,都可以通过本索引进行检索。

二、索引按汉语拼音字母(同音字按声调)顺序排列。类目、分目作索引款目用黑体字排印,其余款目用宋体字排印。表格、图片在其款目后分别注明"表"、"图"。

三、索引款目后的数字表示内容所在的页码,数字后的拉丁字母(a、b)表示栏别(即版面的1、2栏)。

四、空两字起排的款目为上一主题的"附见"。同一主题的"参见",只标页码。内容有交叉的款目,为便于读者检索,在本索引中重复出现。

A

B

C

D

E

F

G

H

J

K

L

M

N

T

X

Z

GUANGXI MINZU JIEQING HUODONG

广西民族节庆活动

①彝族跳弓节
②京族唱哈节—迎神
③侗族花炮节—抢花炮
④彝族火把节
⑤苗族芦笙节
⑥壮族三月三歌节—对歌
⑦苗族正月十三坡会—斗马
⑧壮族铜鼓节

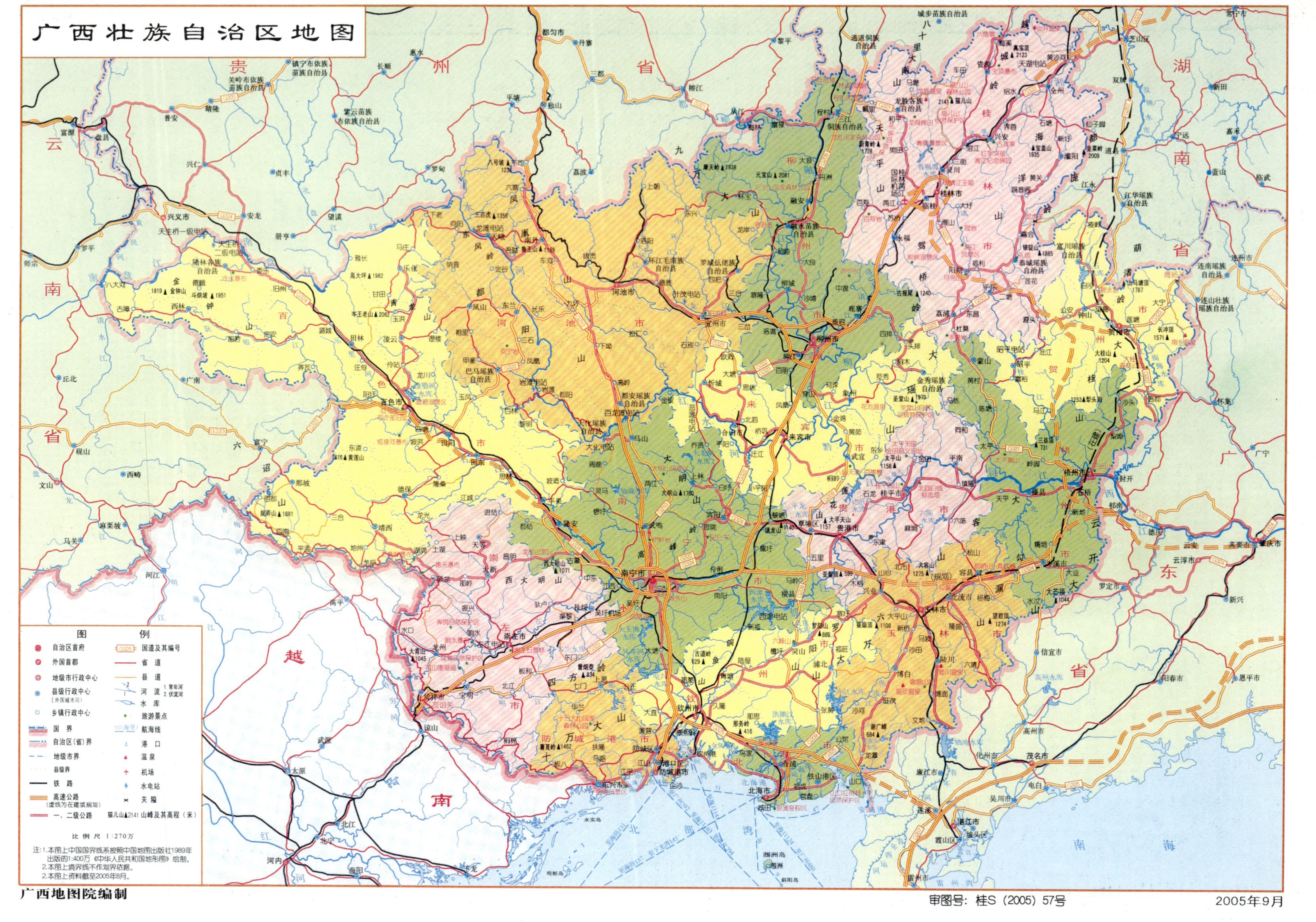
广西壮族自治区地图
图例
自治区首府
外国首都
地级市行政中心
县级行政中心
(外国城市同)
乡镇行政中心
国界
自治区(省)界
地级市界
县级界
铁路
高速公路
(虚线为在建或规划)
一、二级公路
国道及其编号
省道
县道
河流 1.常年河 2.伏流河
水库
旅游景点
航海线
港口
温泉
机场
水电站
关隘
猫儿山▲2141 山峰及其高程(米)
比例尺 1:270万
注:1.本图上中国国界线系按照中国地图出版社1989年出版的1:400万《中华人民共和国地形图》绘制。
2.本图上境界线不作划界依据。
2.本图上资料截至2005年8月。
广西地图院编制
审图号:桂S(2005)57号
2005年9月